2025 대비

공인노무사

5개년

1차 기출문제(모의문제 포함)

노동법 (1) (2) / 민 법 / 사회보험법 / 경영학개론 / 경제학원론

공인노무사 1차 단기팀

임재진 김광수 이지영
김병석 신경수 공 편저

고시계사

머리말

이 책이 『공인노무사 5개년 1차 기출문제』로 출간된지도 어언 5년이 되어갑니다.

이번 개정판에서는 그동안의 개정사항과 수험생들이 보내주신 여러가지 요구사항을 반영하려고 노력하였고, 최근 5년간의 각 과목의 전반적인 출제분석과 내년 시험인 2025년(제34회)도에 예상되는 출제경향도 분석하여 반영하였습니다.

특히, 공인노무사 1차시험의 문항수가 40문제로 대폭 늘어나면서 수험생들의 고충도 그만큼 늘어나고 있음을 예상할 수 있습니다. 따라서, 대폭 늘어난 문항수에 대비할 수 있도록 도움을 드려야 함을 또한 염두에 두고 제작하였습니다.

매년 공인노무사에 대한 수요 및 사회적 인지도가 상승하고 있으며, 내년에는 공인노무사를 주인공으로 한 드라마까지 방영 예정이어서 이후로는 공인노무사 자격증에 대한 선호도가 더 높아지면서 공인노무사 시험을 준비하는 수험생이 지금보다 더 늘어날 것으로 전망되어집니다.

늘어난 응시생만큼이나 출제문제도 지문이 장문화되고 복합문제가 증가하고 있으며, 문항수가 40문제로 늘어나면서 심지어 주요 시행규칙에서 출제되는 점도 간과할 수 없을 정도로 공인노무사 1차시험이 점점 어려워지는 추세입니다. 즉, 이제는 더 이상 혼자 독학으로 준비하기에는 벅찬 시험이 되어가고 있는 것도 사실입니다.

새로운 유형의 문제에 대비하는 것만큼 출제되었던 기출문제의 분석은 모든 수험공부의 시작입니다. 수험공부 방향의 흐름을 파악하는데 있어서 기출문제의 분석은 절대적으로 유용한 수험공부의 기본패턴임을 모두 아실 것입니다. 이에 공인노무사 전문강사진이 수험생 여러분들의 조기합격에 도움을 드리고자 이 책을 출간하게 되었습니다.

일반적으로 객관식 시험은 기본문제 60% 내외, 중·상급문제가 30% 내외, 만점방지용 문제가 10% 내외 출제가 된다는 것이 수험가의 정설입니다. 공인노무사 제1차시험의 기출문제도 정밀하게 분석해보면 이 패턴을 벗어나지 않는다는 것을 알 수 있습니다. 더구나 문항수가 40문제로 늘어나면서, 짧은 시간에 집중해서 준비하면 충분히 합격권을 넘어설 수 있었던 경험담은 과거의 추억이 되고 말았습니다.

아시다시피 수험공부는 학문을 하는 것이 아니기 때문에 선택과 집중을 하여야 합니다. 합격을 위한 가장 효율적인 공부방법을 선택한 후 그 부분에만 집중할 필요가 있음은 아무리 강조해도 지나치지 않습니다. 공인노무사 제1차시험의 경우 절대평가 방식을 택하고 있기 때문에 기출문제를 정확하게 이해하고 숙지하는 것이 합격권의 점수를 획득할 수 있는 첫걸음이 될 것입니다.

이 책은 이러한 기출문제의 중요성에 착안하여 최근 5년(2024년~2020년)간 공인노무사 제1차시험에서 출제된 기출문제를 실제 시험장에 있는 마음으로 풀어볼 수 있도록 구성하였습니다. 또한 시간이 지나면서 폐지된 제도나 개정된 조문·판례가 많이 있어 개정된 내용을 충실히 반영하도록 노력하였습니다.

기출문제는 그 자체로 출제확률이 높은 예상문제인 만큼 문제를 푸는 과정에서 정답을 확인하는 데에만 시간을 소비하지 마시고, 각각의 지문이 OX지문이라고 생각하며 왜 틀렸는지 오답과 해설까지 꼼꼼이 확인하면서 학습하시면 어느 순간 본인의 실력이 늘어났음을 실감하실 수 있으실 겁니다.

본 교재의 주요 특장점은 다음과 같습니다.

- **기출문제와 정답 및 해설을 분리하지 않고 바로 확인이 가능하도록 편제하였습니다.**
- **「공인노무사단기학원」에서 과목별 편저자 강사님께서 직접 강의를 진행할 예정입니다.**
- **2025년 대비 모의문제와 해설을 수록하여 최종적으로 실력점검을 할 수 있도록 배려하였습니다.**

수험생 여러분들 각자 가지고 계신 기본 교재와 더불어 본 교재를 적극 활용하신다면 합격의 순간에 한발짝 더 다가가실 수 있으실 겁니다.

끝으로 이 책을 출간하는데 많은 도움을 주신 『공인노무사단기전문학원』의 천인철 원장님과 『고시계사』의 관계임직원 여러분들께 편저자를 대표하여 깊은 감사를 드립니다.

2024년 10월

편저자들을 대표하여 **임 재 진** 공인노무사

출제경향 분석표(5년간)

노동법 (1)

구 분	2024년(제33회)	2023년(제32회)	2022년(제31회)	2021년(제30회)	2020년(제29회)	누 계
총 설	★	★	★	★	★	5
근로기준법 개설	★★★★	★★★★	★★★	★★★	★★★★★	19
근로관계의 성립	★	★	★	★	-	4
임 금	★★	★	★★	★★	★★	9
근로시간	★★	★	★★★	★	★	8
휴게·휴일·휴가 및 여성과 연소근로자의 보호	★★★	★★★★	★★	★★★	★★★	15
취업규칙 및 기숙사	★★	★	★	★	★	6
근로관계의 변경	★★	-	★	-	★	4
근로관계의 종료	★★	-	★	★★★	★	7
기타 법령	★X21	★★★★★★ ★★★★★★	★★★★★ ★★★★★	★★★★★ ★★★★★	★★★★★ ★★★★★	63

노동법 (2)

구 분	2024년(제33회)	2023년(제32회)	2022년(제31회)	2021년(제30회)	2020년(제29회)	누 계
총 설	★★	★	★	★	★★	7
단결권	★★★★★★	★★★★★★	★★★★	★★★★★	★★★★★	26
단체교섭권	★★★★★	★★★★★★	★★★★★★	★★★★★	★★★★	26
단체행동권	★★★★	★★★	★★★★	★★★★★	★★★★	20
노동쟁의 조정제도	★★★★★	★★	★★★	★★★	★★★★	17
부당노동행위 구제제도	★★	★	★★★	★★	★★	9
노사협의회	★★★★	★★	★	★	★	9
노동위원회	★★★★	★★	★	★	★	9
기타 법령	★★★★★★★★	★★	★★	★★	★★	16

민 법

구 분	2024년(제33회)	2023년(제32회)	2022년(제31회)	2021년(제30회)	2020년(제29회)	누 계
민법 서론	-	-	-	-	-	-
권리 일반	-	-	★	-	-	1
권리의 주체	★★★	★★	★★	★★	★★★	12
권리의 객체	★	★	★	★	★	5
권리의 변동	★★★★★ ★★★★	★★★★★★★	★★★★★★	★★★★★★★	★★★★★★	35
기 간	-	★	★	★	-	3
소멸시효	★★	★	★	★	★	6
채권법 서론	-	-	-	-	-	-
채권의 목적	-	-	★	-	★	2
채권의 효력	★★★★★	★★★★	★	★★★★	★★★★	18
다수당사자의 채권관계	★	★	★	★	★	5
채권양도와 채무인수	★★	-	★	★	★	5
채권의 소멸	★★	-	★★	-	★	5
계약 총론	★★★★★	★★★	★★★	★★★	★	15
계약 각론	★★★★★★★	★★★	★★	★★	★★★	15
법정채권관계	★★★	★★	★★	★★	★★	11

〔2024년(제33회) ~ 2020년(제29회)〕

사회보험법

구 분	2024년(제33회)	2023년(제32회)	2022년(제31회)	2021년(제30회)	2020년(제29회)	누 계
사회보장기본법	★★★	★★★	★★★★	★★★	★★★	16
고용보험법	★★★★★ ★★★★★	★★★★★★★	★★★★★★	★★★★★★	★★★★★★★	36
산업재해보상보험법	★★★★★ ★★★★★	★★★★★★	★★★★★★	★★★★★★	★★★★★★	34
국민연금법	★★★★★	★★	★★	★★	★★	13
국민건강보험법	★★★★★★	★★★★	★★	★★	★★	16
고용보험 및 산업재해 보상보험의 징수 등에 관한 법률	★★★★★★	★★★	★★★★★	★★★★★★	★★★★★	25

경영학개론

구 분	2024년(제33회)	2023년(제32회)	2022년(제31회)	2021년(제30회)	2020년(제29회)	누 계
경영의 기초	-	-	★	-	★	2
경영의 역사	★★★	-	★	★★	-	6
경영환경	★	★	-	-	-	2
기업형태 및 기업집중	-	★	-	★	★	3
경영목표와 의사결정	-	★	-	★	-	2
경영관리론	★	★	★	-	-	3
전략수립과 전략실행	★	★	★★	★	★★	7
조직구조와 조직문화	★★★★★★★	★★★★★★	★★★	★★★★	★★★★★★	26
인사관리와 노사관리관계	★★★★★	-	★★★	★★★	★	12
생산관리	★★★★★★	★★★★	★★★	★★	★★	17
마케팅	★★★★★	★★★	★★★★	★★★	★★★	18
재무관리	★★★★★★	★	★★★★	★★★★	★★★	18
경영정보	★★	★★	★★	★	★★★	10
회계학	★★★	★★★★	★★	★★★	★★★	15

경제학원론

구 분	2024년(제33회)	2023년(제32회)	2022년(제31회)	2021년(제30회)	2020년(제29회)	누 계
수요와 공급	★★★★	★★	★★	★	★★	11
소비자이론	★	★	★	★	★★	6
생산자이론	★★★★	★★★	★	★	★	10
시장이론	★★★★★★	★★★	★★	★★★★★★	★★★	20
생산요소시장과 소득분배	★★★	★★★	★★★★★	★★★	★★★	17
시장과 효율성	-	-	★★	★★★	★★	7
국민소득 결정이론	★★★	★	★★★	★★★	★★★	13
거시경제의 균형	★★★	★★	★	★★	★★	8
거시경제 안정화 정책	-	-	★	★	★	3
미시적 기초	★	★★	★	★	★★	7
인플레이션과 실업	★★★★★★★	★★★★★★	★★★★★	★★	★★★	23
경기변동과 경제성장	★★★★★	★	-	★	-	7
국제경제학	★★★	★	★	-	★	6

※ ★의 표시는 실제 출제문항 수 입니다.

Contents

공인노무사 1차시험 기출문제와 해설

부록 I 2025년 공인노무사 1차 대비 모의문제

부록 1 | 2025년 공인노무사 1차 대비 모의문제

부록 2 | 2025년 공인노무사 1차 대비 모의문제 정답과 해설

Certified Public Labor Attorney

제1과목

노동법 (1)

제2024년도 제33회

제2023년도 제32회

제2022년도 제31회

제2021년도 제30회

제2020년도 제29회

2024년도 제33회 공인노무사 노동법 (1) 기출문제

01 근로기준법령상 평균임금에 관한 설명으로 옳은 것은? (다툼이 있으면 판례에 따름)

① 계속적·정기적으로 지급되고 지급대상, 지급조건 등이 확정되어 있어 사용자에게 지급의무가 있는 경영평가성과급은 평균임금 산정의 기초가 되는 임금에 포함된다.
② 사용자는 연장근로에 대하여는 평균임금의 100분의 50 이상을 가산하여 근로자에게 지급하여야 한다.
③ 평균임금의 산정기간 중에 출산전후휴가 기간이 있는 경우 그 기간은 산정기간에 포함된다.
④ 일용근로자의 평균임금은 최저임금위원회가 정하는 금액으로 한다.
⑤ 평균임금이란 이를 산정하여야 할 사유가 발생한 날 이전 3개월 동안에 그 근로자에게 지급된 임금의 총액을 그 기간의 총 근로시간 수로 나눈 금액을 말한다.

해설 ① 대법 2018.10.12.,2015두36157

> 평균임금 산정의 기초가 되는 임금은 사용자가 근로의 대가로 근로자에게 지급하는 금품으로서, 근로자에게 계속적·정기적으로 지급되고 단체협약, 취업규칙, 급여규정, 근로계약, 노동관행 등에 의하여 사용자에게 그 지급의무가 지워져 있는 것을 말한다.
> 경영평가성과급이 계속적·정기적으로 지급되고 지급대상, 지급조건 등이 확정되어 있어 사용자에게 지급의무가 있다면, 이는 근로의 대가로 지급되는 임금의 성질을 가지므로 평균임금 산정의 기초가 되는 임금에 포함된다고 보아야 한다. 경영실적 평가결과에 따라 그 지급 여부나 지급률이 달라질 수 있다고 하더라도 그러한 이유만으로 경영평가성과급이 근로의 대가로 지급된 것이 아니라고 볼 수 없다.

② 근기법 제56조 제1항. '**통상임금**의 100분의 50이상'
③ 근기법 시행령 제2조 제1항 제3호

> **제2조(평균임금의 계산에서 제외되는 기간과 임금)** ① 「근로기준법」(이하 "법"이라 한다) 제2조제1항제6호에 따른 평균임금 산정기간 중에 다음 각 호의 어느 하나에 해당하는 기간이 있는 경우에는 그 기간과 그 기간 중에 지급된 임금은 평균임금 **산정기준이 되는 기간과 임금의 총액에서 각각 뺀다.** 〈개정 2008. 6. 5., 2011. 3. 2., 2012. 7. 10., 2016. 11. 29., 2019. 7. 9., 2021. 10. 14.〉
> 1. 근로계약을 체결하고 수습 중에 있는 근로자가 수습을 시작한 날부터 3개월 이내의 기간
> 2. 법 제46조에 따른 사용자의 귀책사유로 휴업한 기간
> 3. 법 제74조제1항부터 제3항까지의 규정에 따른 **출산전후휴가 및 유산 · 사산 휴가 기간**
> 4. 법 제78조에 따라 업무상 부상 또는 질병으로 요양하기 위하여 휴업한 기간
> 5. 「남녀고용평등과 일·가정 양립 지원에 관한 법률」 제19조에 따른 육아휴직 기간
> 6. 「노동조합 및 노동관계조정법」 제2조제6호에 따른 쟁의행위기간
> 7. 「병역법」, 「예비군법」 또는 「민방위기본법」에 따른 의무를 이행하기 위하여 휴직하거나 근로하지 못한 기간. 다만, 그 기간 중 임금을 지급받은 경우에는 그러하지 아니하다.
> 8. 업무 외 부상이나 질병, 그 밖의 사유로 사용자의 승인을 받아 휴업한 기간
>
> ② 법 제2조제1항제6호에 따른 임금의 총액을 계산할 때에는 임시로 지급된 임금 및 수당과 통화 외의 것으로 지급된 임금을 포함하지 아니한다. 다만, 고용노동부장관이 정하는 것은 그러하지 아니하다. 〈개정 2010. 7. 12.〉

④ 근기법 시행령 제3조. '고용노동부장관이 사업이나 직업에 따라 정하는 금액'
⑤ 근기법 제2조 제1항 제6호 전문. '그 기간의 총일수로 나눈 금액'

 ①

02 근로기준법상 기본원칙에 관한 설명으로 옳지 않은 것은? (다툼이 있으면 판례에 따름)

① 「근로기준법」상 균등대우원칙은 헌법상 평등원칙을 근로관계에서 실질적으로 실현하기 위한 것이다.
② 「근로기준법」 제6조에서 말하는 사회적 신분은 그 지위에 변동가능성이 없어야 한다.
③ 사용자는 근로자가 근로시간 중에 공(公)의 직무를 집행하고자 필요한 시간을 청구하는 경우 그 공(公)의 직무를 수행하는 데에 지장이 없으면 청구한 시간을 변경할 수 있다.
④ 근로자와 사용자는 각자가 단체협약, 취업규칙과 근로계약을 지키고 성실하게 이행할 의무가 있다.
⑤ 누구든지 법률에 따르지 아니하고는 영리로 다른 사람의 취업에 개입하거나 중간인으로서 이익을 취득하지 못한다.

해설 ① 대법 2019.3.14.,2015두46321
② 대법 2023.9.21.,2016다255941(전합)

> 근로기준법 제6조에서 말하는 사회적 신분이 반드시 선천적으로 고정되어 있는 사회적 지위에 국한된다거나 **그 지위에 변동가능성이 없을 것까지 요구되는 것은 아니지만,** 개별 근로계약에 따른 고용상 지위는 공무원과의 관계에서 근로기준법 제6조가 정한 차별적 처우 사유인 '사회적 신분'에 해당한다고 볼 수 없고, 공무원은 그 근로자와의 관계에서 동일한 근로자 집단에 속한다고 보기 어려워 비교대상 집단이 될 수도 없다.

③ 근기법 제10조
④ 근기법 제5조
⑤ 근기법 제9조

 ②

03 근로기준법령상 적용범위에 관한 설명으로 옳지 않은 것은? (다툼이 있으면 판례에 따름)

① 가사(家事) 사용인에 대하여는 적용하지 아니한다.
② 상시 5명인 이상의 근로자를 사용하는 사업이라면 그 사업이 1회적이라도 근로기준법의 적용대상이다.
③ 근로조건의 명시(제17조)는 상시 4명 이하의 근로자를 사용하는 사업에 적용한다.
④ 근로기준법상 사업은 그 사업의 종류를 한정하지 아니하고 영리사업이어야 한다.
⑤ 연차 유급휴가(제60조)는 상시 4명 이하의 근로자를 사용하는 사업에 적용하지 않는다.

해설 ① 근기법 제11조 제1항 단서
② 대법 2007.10.26.,2005도9218
③ 근기법 시행령 [별표1]
④ 대법 2007.10.26.,2005도9218

> 근로기준법의 적용범위를 규정한 구 근로기준법(2007. 4. 11. 법률 제8372호로 전문 개정되기 전의 것, 이하 같다) 제10조(현행 제11조 참조)는 상시 5인 이상의 근로자를 사용하는 모든 사업 또는 사업장에 적용한다고 규정하고 있는바, 여기서 말하는 사업장인지 여부는 하나의 활동주체가 유기적 관련 아래 사회적 활동으로서

계속적으로 행하는 모든 작업이 이루어지는 단위 장소 또는 장소적으로 구획된 사업체의 일부분에 해당되는지에 달려있으므로, 그 사업의 종류를 한정하지 아니하고 **영리사업인지 여부도 불문**하며, 1회적이거나 그 사업기간이 일시적이라 하여 근로기준법의 적용대상이 아니라 할 수 없고(대법원 1994. 10. 25. 선고 94다21979 판결 참조), 근로자를 정의한 같은 법 제14조(현행 제2조 제1항 제1호 참조)에서도 직업의 종류를 한정하고 있지 아니하므로, 정치단체도 위 각 조문의 사업이나 사업장 또는 직업에 해당된다 할 것이다.

⑤ 근기법 시행령 [별표1]

정답 ④

04 근로기준법상 근로계약에 관한 설명으로 옳지 않은 것은? (다툼이 있으면 판례에 따름)

① 근로계약 체결에 관한 의사표시에 무효 또는 취소의 사유가 있으면 상대방은 이를 이유로 근로계약의 무효 또는 취소를 주장할 수 있다.

② 시용기간 중에는 사용자의 해약권이 유보되어 있으므로 그 기간 중에 확정적 근로관계는 존재한다고 볼 수 없다.

③ 사용자는 근로계약 체결 후 소정근로시간을 변경하는 경우에 근로자에게 이를 명시하여야 한다.

④ 시용기간 중에 있는 근로자를 해고하는 것은 보통의 해고보다는 넓게 인정된다.

⑤ 피용자가 노무를 제공하는 과정에서 생명을 해치는 일이 없도록 필요한 조치를 강구하여야 할 사용자의 보호의무는 근로계약에 수반되는 신의칙상의 부수적 의무이다.

해설 ① 대법 2017.12.22.,2013다25194

② 대법 2022.4.14.,2019두55859

시용(시용)이란 근로계약을 체결하기 전에 해당 근로자의 직업적 능력, 자질, 인품, 성실성 등 업무적격성을 관찰·판단하고 평가하기 위해 일정 기간 시험적으로 고용하는 것을 말한다. 시용기간에 있는 근로자의 경우에도 사용자의 해약권이 유보되어 있다는 사정만 다를 뿐 그 기간에 **확정적 근로관계는 존재**한다.

③ 근기법 제17조 제1항 제2호

④ 대법 2023.11.16.,2019두59349

⑤ 대법 2021.8.19.,2018다270876

정답 ②

05 근로기준법상 인사와 징계에 관한 설명으로 옳지 않은 것은? (다툼이 있으면 판례에 따름)

① 인사명령은 원칙적으로 인사권자인 사용자의 고유권한에 속한다.

② 사용자가 근로자 측과 성실한 협의절차를 거쳤는지는 전직처분이 정당한 이유가 있는지를 판단하는 요소의 하나이다.

③ 사용자가 인사처분을 함에 있어 노동조합의 사전 동의를 얻도록 단체협약에 규정하는 것은 사용자의 인사권의 본질적 내용을 침해하는 것으로 무효이다.

④ 근로자의 사생활에서의 비행이 기업의 사회적 평가를 훼손할 염려가 있는 것이라면 정당한 징계사유가 될 수 있다.

⑤ 여러 개의 징계사유 중 인정되는 일부 징계사유만으로 해당 징계처분의 타당성을 인정하기에 충분한지에 대한 증명책임은 사용자가 부담한다.

해설 ① 대법 2007.5.31.,2007두1460
② 대법 2023.9.21.,2022다286755

근로자 측과 성실한 협의절차를 거쳤는지는 정당한 이유의 유무를 판단하는 하나의 요소라고 할 수 있으나, 그러한 절차를 거치지 아니하였다는 사정만으로 전직처분 등이 무효가 된다고 볼 수 없다.

③ 대법 2003.6.10.,2001두3136

사용자가 인사처분을 함에 있어 노동조합의 사전 동의나 승낙을 얻어야 한다거나 노동조합과 인사처분에 관한 논의를 하여 의견의 합치를 보아 인사처분을 하도록 단체협약 등에 규정된 경우에는 그 절차를 거치지 아니한 인사처분은 원칙적으로 무효라고 보아야 할 것이나, 이는 사용자의 노동조합 간부에 대한 부당한 징계권 행사를 제한하자는 것이지 사용자의 본질적 권한에 속하는 피용자에 대한 인사권 내지 징계권의 행사 그 자체를 부정할 수는 없는 것이므로 노동조합의 간부인 피용자에게 징계사유가 있음이 발견된 경우에 어떠한 경우를 불문하고 노동조합측의 적극적인 찬성이 있어야 그 징계권을 행사할 수 있다는 취지로 해석할 수는 없다.

④ 대법 1994.12.13.,93누23275
⑤ 대법 2019.11.28.,2017두57318

 ③

06 근로기준법상 경영상 이유에 의한 해고에 관한 설명으로 옳지 않은 것은? (다툼이 있으면 판례에 따름)

① 경영 악화를 방지하기 위한 사업의 양도·인수·합병은 긴박한 경영상의 필요가 있는 것으로 본다.
② 해고가 요건을 모두 갖추어 정당한지 여부는 각 요건을 구성하는 개별 사정들을 종합적으로 고려하여 판단한다.
③ 사용자가 근로자의 과반수로 조직된 노동조합과의 협의 외에 해고의 대상인 일정 급수 이상 직원들만의 대표를 새로이 선출케 하여 그 대표와 별도로 협의를 하지 않았다고 하여 해고를 협의절차의 흠결로 무효라 할 수는 없다.
④ 사용자는 해고된 근로자에 대하여 생계안정, 재취업, 직업훈련 등 필요한 조치를 우선적으로 취하여야 한다.
⑤ 해고 근로자는 사용자의 우선 재고용의무 불이행에 대하여 우선 재고용의무가 발생한 때부터 고용관계가 성립할 때까지의 임금 상당 손해배상금을 청구할 수 있다.

해설 ① 근기법 제24조 제1항
② 대법 2002.7.9.,2000두9373
③ 대법 2002.7.9.,2001다29452
④ 근기법 제25조 제2항. '정부는'
⑤ 대법 2020.11.16.,2016다13437

근로기준법 제25조 제1항에 따라 사용자는 해고 근로자를 우선 재고용할 의무가 있으므로 해고 근로자는 사용자가 위와 같은 우선 재고용의무를 이행하지 아니하는 경우 사용자를 상대로 고용의 의사표시를 갈음하는 판결을 구할 사법상의 권리가 있고, 판결이 확정되면 사용자와 해고 근로자 사이에 고용관계가 성립한다. 또한 해고 근로자는 사용자가 위 규정을 위반하여 우선 재고용의무를 이행하지 않은 데 대하여, **우선 재고용의무가 발생한 때부터 고용관계가 성립할 때까지의 임금 상당 손해배상금을 청구할 수 있다.**

 ④

07 근로기준법상 근로관계와 영업양도에 관한 설명으로 옳지 않은 것은? (다툼이 있으면 판례에 따름)

① 영업양도란 일정한 영업목적에 의하여 조직화된 업체를 그 동일성은 유지하면서 일체로서 이전하는 것이다.

② 영업양도에 의하여 근로계약관계가 포괄적으로 승계된 경우에는 승계 후의 퇴직금 규정이 승계 전의 퇴직금 규정보다 근로자에게 불리하더라도 승계 후의 퇴직금 규정을 적용한다.

③ 영업 전부의 양도가 이루어진 경우 영업양도 당사자 사이에 정당한 이유 없이 해고된 근로자를 승계의 대상에서 제외하기로 하는 특약은 「근로기준법」제23조제1항에서 정한 정당한 이유가 있어야 유효하다.

④ 영업재산의 일부를 유보한 채 영업시설을 양도했어도 그 양도한 부분만으로도 종래의 조직이 유지되어 있다고 사회관념상 인정되면 영업의 양도이다.

⑤ 근로관계의 승계를 거부하는 근로자에 대하여는 그 근로관계가 양수하는 기업에 승계되지 아니하고 여전히 양도하는 기업과 사이에 존속된다.

해설 ① 대법 2005.6.9.,2002다70822

② 대법 1997.12.26.,97다17575

승계 후의 퇴직금 규정이 승계 전의 퇴직금 규정보다 근로자에게 불리하다면 근로기준법 제95조 제1항 소정의 당해 근로자집단의 집단적인 의사결정 방법에 의한 동의 없이는 승계 후의 퇴직금 규정을 적용할 수 없고….

③ 대법 2020.11.5.,2018두54705

④ 대법 2007.6.1.,2005다5812

⑤ 대법 2010.9.30.,2010다41089

정답 ②

08 근로기준법령상 구제신청과 구제명령에 관한 설명으로 옳은 것을 모두 고른 것은?

ㄱ. 노동위원회는 구제신청에 따라 당사자를 심문할 때 직권으로 증인을 출석하게 하여 필요한 사항을 질문할 수 있다. ㄴ. 노동위원회는 근로계약기간의 만료로 원직복직이 불가능한 경우에도 부당해고가 성립한다고 판정하면 근로자가 해고기간 동안 근로를 제공하였더라면 받을 수 있었던 임금 상당액에 해당하는 금품을 사업주가 근로자에게 지급하도록 명할 수 있다. ㄷ. 노동위원회가 사용자에게 구제명령을 하는 때에 정하는 이행기간은 사용자가 구제명령을 서면으로 통지받은 날부터 30일 이내로 한다. ㄹ. 지방노동위원회의 구제명령에 불복하는 사용자는 중앙노동위원회에 재심을 신청하거나 「행정소송법」의 규정에 따라 소(訴)를 제기할 수 있다.

① ㄱ, ㄴ　② ㄷ, ㄹ　③ ㄱ, ㄴ, ㄷ
④ ㄴ, ㄷ, ㄹ　⑤ ㄱ, ㄴ, ㄷ, ㄹ

노동법 (1)

해설 ㄱ.(O) 근기법 제19조 제2항
ㄴ.(O) 근기법 제30조 제4항
ㄷ.(O) 근기법 시행령 제11조
ㄷ.(X) 근기법 제31조 제1항, 제2항

> **제31조(구제명령 등의 확정)** ① 「노동위원회법」에 따른 지방노동위원회의 구제명령이나 기각결정에 불복하는 사용자나 근로자는 구제명령서나 기각결정서를 통지받은 날부터 **10일 이내에 중앙노동위원회에 재심을** 신청할 수 있다.
> ② 제1항에 따른 중앙노동위원회의 재심판정에 대하여 사용자나 근로자는 재심판정서를 송달받은 날부터 **15일 이내에 「행정소송법」의 규정에 따라 소(訴)를** 제기할 수 있다.
> ③ 제1항과 제2항에 따른 기간 이내에 재심을 신청하지 아니하거나 행정소송을 제기하지 아니하면 그 구제명령, 기각결정 또는 재심판정은 확정된다.

정답 ③

09 근로기준법령상 체불사업주 명단 공개에 관한 설명으로 옳지 않은 것은?

① 고용노동부장관은 명단 공개를 할 경우에 체불사업주에게 3개월 이상의 기간을 정하여 소명 기회를 주어야 한다.
② 명단 공개는 공공장소에 1년간 게시한다.
③ 체불사업주가 법인인 경우에는 그 대표자의 성명·나이·주소 및 법인의 명칭·주소를 공개한다.
④ 관련 법령에 따라 임금등 체불자료를 받은 종합신용정보집중기관은 이를 체불사업주의 신용도·신용거래능력 판단과 관련한 업무에 이용할 수 있다.
⑤ 고용노동부장관은 체불사업주의 사망·폐업으로 임금등 체불자료 제공의 실효성이 없는 경우에는 종합신용정보집중기관에 임금등 체불자료를 제공하지 아니할 수 있다.

해설 ① 근기법 제43조의2 제2항
② 근기법 시행령 제23조의3 제2항. '공공장소에 **3년간** 게시…'
③ 근기법 제43조의2 제1항, 동법 시행령 제23조의3 제1항 1호
④ 근기법 제43조의3 제1항, 제2항. '**업무 외**의 목적으로 이용하거나 누설하여서는 **아니된다**.'
⑤ 근기법 제43조의3 제1항

정답 ②

10 근로기준법상 휴식에 관한 설명으로 옳지 않은 것은?

① 사용자는 8시간을 초과한 휴일근로에 대하여는 통상임금의 100분의 50 이상을 가산하여 근로자에게 지급하여야 한다.
② 사용자는 근로자에게 1주에 평균 1회 이상의 유급휴일을 보장하여야 한다.
③ 사용자는 근로시간이 4시간인 경우에는 30분 이상의 휴게시간을 근로시간 도중에 주어야 한다.
④ 사용자는 계속하여 근로한 기간이 1년 미만인 근로자에게 1개월 개근 시 1일의 유급휴가를 주어야 한다.
⑤ 휴게(제54조)에 관한 규정은 감시(監視) 근로에 종사하는 사람으로서 사용자가 고용노동부장관의 승인을 받은 사람에 대하여는 적용하지 아니한다.

해설 ① 근기법 제56조 제2항 제2호. '통상임금의 100분의 100이상'
② 근기법 제55조 제1항
③ 근기법 제54조 제1항
④ 근기법 제60조 제2항
⑤ 근기법 제63조 제3호

 ①

11 근로기준법상 탄력적 근로시간제에서 임금 정산에 관한 규정이다. (　　)에 들어갈 내용으로 옳은 것은?

> 사용자는 제51조 및 제51조의2에 따른 단위기간 중 근로자가 근로한 기간이 그 단위기간보다 짧은 경우에는 그 단위기간 중 해당 근로자가 근로한 (　　) 전부에 대하여 제56조제1항에 따른 가산임금을 지급하여야 한다.

① 기간에서 1일 8시간을 초과하여 근로한 시간
② 기간에서 1주 40시간을 초과하여 근로한 시간
③ 기간에서 1일 8시간을 초과하거나 1주 40시간을 초과하여 근로한 시간
④ 기간을 평균하여 1일 8시간을 초과하여 근로한 시간
⑤ 기간을 평균하여 1주간에 40시간을 초과하여 근로한 시간

> **제51조의3(근로한 기간이 단위기간보다 짧은 경우의 임금 정산)** 사용자는 제51조 및 제51조의2에 따른 단위기간 중 근로자가 근로한 기간이 그 단위기간보다 짧은 경우에는 그 단위기간 중 해당 근로자가 근로한 **기간을 평균하여 1주간에 40시간을 초과하여 근로한 시간** 전부에 대하여 제56조제1항에 따른 가산임금을 지급하여야 한다.

 ⑤

12 근로기준법상 야간근로에 관한 설명으로 옳지 않은 것은?

① 사용자는 야간근로에 대하여 통상임금의 100분의 50 이상을 가산하여 근로자에게 지급하여야 한다.
② 사용자는 근로자대표와의 서면 합의에 따라 야간근로에 대하여 임금을 지급하는 것을 갈음하여 휴가를 줄 수 있다.
③ 사용자는 18세 미만자의 경우 그의 동의가 있고 고용노동부장관의 인가를 받으면 야간근로를 시킬 수 있다.
④ 사용자는 18세 이상의 여성에 대하여는 그 근로자의 동의가 있는 경우에도 1일에 2시간, 1주에 6시간, 1년에 150시간을 초과하는 야간근로를 시키지 못한다.
⑤ 사용자는 임신 중의 여성이 명시적으로 청구하고 고용노동부장관의 인가를 받으면 야간근로를 시킬 수 있다.

해설 ① 근기법 제56조 제3항
② 근기법 제57조
③ 근기법 제70조 제2항 제1호
④ 근기법 제70조 제1항, 근기법 제71조

> **제70조(야간근로와 휴일근로의 제한)** ① 사용자는 18세 이상의 여성을 오후 10시부터 오전 6시까지의 시간 및 휴일에 근로시키려면 그 근로자의 동의를 받아야 한다.
> **제71조(시간외근로)** 사용자는 산후 1년이 지나지 아니한 여성에 대하여는 단체협약이 있는 경우라도 1일에 2시간, 1주에 6시간, 1년에 150시간을 초과하는 시간외근로를 시키지 못한다.

⑤ 근기법 제70조 제2항 제3호

정답 ④

13 근로기준법상 근로시간 및 휴게시간의 특례가 적용되는 사업을 모두 고른 것은?

ㄱ. 노선여객자동차운송사업	ㄴ. 수상운송업
ㄷ. 보건업	ㄹ. 영화업

① ㄱ, ㄴ　② ㄱ, ㄷ　③ ㄴ, ㄷ
④ ㄴ, ㄷ, ㄹ　⑤ ㄱ, ㄴ, ㄷ, ㄹ

해설 ㄴ. 수상운송업
ㄷ. 보건업

> **제59조(근로시간 및 휴게시간의 특례)** ① 「통계법」 제22조제1항에 따라 통계청장이 고시하는 산업에 관한 표준의 중분류 또는 소분류 중 다음 각 호의 어느 하나에 해당하는 사업에 대하여 사용자가 근로자대표와 서면으로 합의한 경우에는 제53조제1항에 따른 주(週) 12시간을 초과하여 연장근로를 하게 하거나 제54조에 따른 휴게시간을 변경할 수 있다.
> 1. 육상운송 및 파이프라인 운송업. 다만, 「여객자동차 운수사업법」 제3조제1항제1호에 따른 노선(路線) 여객자동차운송사업은 제외한다.
> **2. 수상운송업**
> 3. 항공운송업
> 4. 기타 운송관련 서비스업
> **5. 보건업**
> ② 제1항의 경우 사용자는 근로일 종료 후 다음 근로일 개시 전까지 근로자에게 연속하여 11시간 이상의 휴식시간을 주어야 한다.

정답 ③

14 근로기준법상 임산부의 보호에 관한 설명으로 옳지 않은 것은?

① 사용자는 산후 1년이 지나지 아니한 여성 근로자가 1일 소정근로시간을 유지하면서 업무의 시작 및 종료 시각의 변경을 신청하는 경우 이를 허용하여야 한다.

② 사용자는 한 명의 자녀를 임신한 여성에게 출산 전과 출산 후를 통하여 90일의 출산 전후휴가를 주어야 한다.

③ 사용자는 만 42세의 임신 중인 여성 근로자가 출산전후휴가를 청구하는 경우 출산 전 어느 때라도 휴가를 나누어 사용할 수 있도록 하여야 한다.

④ 사용자는 임신한 여성 근로자가 「모자보건법」상 임산부 정기건강진단을 받는데 필요한 시간을 청구하는 경우 이를 허용하여야 한다.

⑤ 사용자는 임산부를 도덕상 또는 보건상 유해·위험한 사업에 사용하지 못한다.

노동법 (1)

해설 ① 근기법 제74조 제9항 본문. '사용자는 임신중인 여성근로자가...'

② 근기법 제74조 제1항 전문

③ 근기법 제74조 제2항 전문, 시행령 제43조 제1항 제2호

> **제74조(임산부의 보호)** ② 사용자는 임신 중인 여성 근로자가 유산의 경험 등 대통령령으로 정하는 사유로 제1항의 휴가를 청구하는 경우 출산 전 어느 때 라도 휴가를 나누어 사용할 수 있도록 하여야 한다. 이 경우 출산 후의 휴가 기간은 연속하여 45일(한 번에 둘 이상 자녀를 임신한 경우에는 60일) 이상이 되어야 한다.
>
> **제43조(유산 · 사산휴가의 청구 등)** ① 법 제74조제2항 전단에서 "대통령령으로 정하는 사유"란 다음 각 호의 어느 하나에 해당하는 경우를 말한다. 〈신설 2012. 6. 21.〉
>
> 1. 임신한 근로자에게 유산 · 사산의 경험이 있는 경우
> 2. **임신한 근로자가 출산전후휴가를 청구할 당시 연령이 만 40세 이상인 경우**
> 3. 임신한 근로자가 유산 · 사산의 위험이 있다는 의료기관의 진단서를 제출한 경우

④ 근기법 제74조의2 제1항

⑤ 근기법 제65조 제1항

 ①

15 근로기준법상 취업규칙의 불이익변경에서 근로자 측의 집단적 동의권에 관한 설명으로 옳지 않은 것은? (다툼이 있으면 판례에 따름)

① 노동조합이나 근로자들이 집단적 동의권을 남용하였다고 볼 만한 특별한 사정이 없는 한 해당 취업규칙의 변경에 사회통념상 합리성이 있다는 이유만으로 그 유효성을 인정할 수는 없다.

② 취업규칙의 불리한 변경에 대하여 근로자가 가지는 집단적 동의권은 변경되는 취업규칙의 내용이 갖는 타당성이나 합리성으로 대체될 수 없다.

③ 권리남용금지 원칙의 적용은 당사자의 주장이 있어야 가능하므로, 집단적 동의권의 남용에 해당하는지에 대하여는 법원이 직권으로 판단할 수 없다.

④ 근로자의 집단적 동의가 없다고 하여 취업규칙의 불리한 변경이 항상 불가능한 것은 아니다.

⑤ 근로자가 가지는 집단적 동의권은 사용자의 일방적 취업규칙의 변경 권한에 한계를 설정하고 헌법 제32조제3항의 취지와 「근로기준법」 제4조가 정한 근로조건의 노사대등결정 원칙을 실현하는 데에 중요한 의미를 갖는 절차적 권리이다.

해설 ① 대법 2023.5.11.,2017다35588(전합)

② 대법 2023.5.11.,2017다35588(전합)

③ 대법 2023.5.11.,2017다35588(전합)

> 한편 신의성실 또는 권리남용금지 원칙의 적용은 강행규정에 관한 것으로서 당사자의 주장이 없더라도 법원이 그 위반 여부를 직권으로 판단할 수 있으므로, 집단적 동의권의 남용에 해당하는지에 대하여도 법원은 직권으로 판단할 수 있다.

④ 대법 2023.5.11.,2017다35588(전합)

> 또한 노동조합이나 근로자들이 집단적 동의권을 남용하였다고 볼 만한 특별한 사정이 있는 경우에는 취업규칙의 불이익변경의 유효성을 인정할 여지가 있으므로, 근로자의 집단적 동의가 없다고 하여 취업규칙의 불리한 변경이 항상 불가능한 것도 아니다.

⑤ 대법 2023.5.11.,2017다35588(전합)

정답 ③

16 근로기준법상 취업규칙의 작성과 변경에 관한 설명으로 옳지 않은 것은? (다툼이 있으면 판례에 따름)

① 취업규칙에서 정한 기준에 미달하는 근로조건을 정한 근로계약은 그 부분에 관하여는 무효로 한다.

② 근로관계 종료 후의 권리·의무에 관한 사항은 사용자와 근로자 사이에 존속하는 근로관계와 직접 관련되는 것으로서 근로자의 대우에 관하여 정한 사항이라도 취업규칙에서 정한 근로조건에 해당한다고 할 수 없다.

③ 취업규칙의 작성·변경에 관한 권한은 원칙적으로 사용자에게 있다.

④ 취업규칙은 원칙적으로 객관적인 의미에 따라 해석하여야 하고, 문언의 객관적 의미를 벗어나는 해석은 신중하고 엄격하여야 한다.

⑤ 사용자가 근로자들에게 불리하게 취업규칙을 변경함에 있어서 근로자들의 집단적 의사결정 방법에 의한 동의를 얻지 아니하였다고 하더라도, 현행의 법규적 효력을 가진 취업규칙은 변경된 취업규칙이다.

해설 ① 근기법 제97조 전문

② 대법 2022.9.29.,2018다301527

> 취업규칙에서 정한 복무규율과 근로조건은 근로관계의 존속을 전제로 하는 것이지만, 사용자와 근로자 사이의 근로관계 종료 후의 권리·의무에 관한 사항이라고 하더라도 사용자와 근로자 사이에 존속하는 근로관계와 직접 관련되는 것으로서 근로자의 대우에 관하여 정한 사항이라면 이 역시 취업규칙에서 정한 근로조건에 해당한다.

③ 대법 2022.10.14.,2022다245518

④ 대법 2022.9.29.,2018다301517

⑤ 대법 2003.12.18.,2002다2843(전합)

정답 ②

17 근로기준법상 직장 내 괴롭힘의 금지 등에 관한 설명으로 옳은 것을 모두 고른 것은?

ㄱ. 사용자는 직장 내 괴롭힘 예방 교육을 매년 실시하여야 한다.
ㄴ. 사용자는 조사 기간 동안 직장 내 괴롭힘과 관련하여 피해를 입은 근로자를 보호하기 위하여 필요한 경우 해당 피해근로자에 대하여 근무장소의 변경 등 적절한 조치를 하여야 한다. 이 경우 사용자는 피해근로자의 의사에 반하는 조치를 하여서는 아니 된다.
ㄷ. 사용자는 조사 결과 직장 내 괴롭힘 발생 사실이 확인된 때에는 피해근로자가 요청하면 배치전환, 유급휴가 명령 등 적절한 조치를 하여야 한다.

① ㄱ ② ㄴ ③ ㄱ, ㄷ ④ ㄴ, ㄷ ⑤ ㄱ, ㄴ, ㄷ

해설 ㄱ. (X) 근기법에는 예방 교육의 의무적 실시에 대한 규정은 존재하지 않는다.
ㄴ. (O) 근기법 제76조의3 제3항
ㄷ. (O) 근기법 제76조의3 제4항

정답 ④

18 파견근로자 보호 등에 관한 법률상 근로자파견 대상 업무에 해당하지 않는 것을 모두 고른 것은?

ㄱ. 건설공사현장에서 이루어지는 업무
ㄴ. 「선원법」상 선원의 업무
ㄷ. 「물류정책기본법」상 하역업무로서 「직업안정법」에 따라 근로자공급사업 허가를 받은 지역의 업무

① ㄱ ② ㄴ ③ ㄱ, ㄷ ④ ㄴ, ㄷ ⑤ ㄱ, ㄴ, ㄷ

해설 ㄱ.ㄴ.ㄷ 모두
파견법 제5조 제3항에서 절대적 파견금지 대상업무로 규정하고 있음.

정답 ⑤

19 파견근로자 보호 등에 관한 법률에 관한 설명으로 옳지 않은 것은?

① 파견사업주는 쟁의행위 중인 사업장에 그 쟁의행위로 중단된 업무의 수행을 위하여 근로자를 파견하여서는 아니 된다.
② 파견사업주는 자기의 명의로 타인에게 근로자파견사업을 하게 하여서는 아니 된다.
③ 「결혼중개업의 관리에 관한 법률」상 결혼중개업에 해당하는 사업을 하는 자는 근로자 파견사업을 할 수 없다.
④ 근로자파견사업을 하려는 자는 고용노동부장관의 허가를 받아야 한다.
⑤ 근로자파견사업 갱신허가의 유효기간은 그 갱신 전의 허가의 유효기간이 끝나는 날부터 기산하여 2년으로 한다.

해설 ① 파견법 제16조 제1항
② 파견법 제15조
③ 파견법 제14조 제3호
④ 파견법 제7조 제1항 전문
⑤ 파견법 제10조 제2항, 제3항

> **제10조(허가의 유효기간 등)** ① 근로자파견사업 허가의 유효기간은 3년으로 한다.
> ② 제1항에 따른 허가의 유효기간이 끝난 후 계속하여 근로자파견사업을 하려는 자는 고용노동부령으로 정하는 바에 따라 갱신허가를 받아야 한다.
> ③ 제2항에 따른 갱신허가의 유효기간은 그 갱신 전의 허가의 유효기간이 끝나는 날의 다음 날부터 기산(起算)하여 **3년으로 한다.**
> ④ 제2항에 따른 갱신허가에 관하여는 제7조부터 제9조까지의 규정을 준용한다.

정답 ⑤

20 기간제 및 단시간근로자 보호 등에 관한 법률에 관한 설명으로 옳은 것을 모두 고른 것은?

> ㄱ. 근로자가 학업, 직업훈련 등을 이수함에 따라 그 이수에 필요한 기간을 정한 경우 2년을 초과하여 기간제근로자로 사용할 수 있다.
> ㄴ. 「고령자고용촉진법」상 고령자와 근로계약을 체결하는 경우 2년을 초과하여 기간제근로자로 사용할 수 있다.
> ㄷ. 국가 및 지방자치단체의 기관에 대하여는 상시 사용하는 근로자의 수와 관계없이 이 법을 적용한다.
> ㄹ. 휴직·파견 등으로 결원이 발생하여 해당 근로자가 복귀할 때까지 그 업무를 대신할 필요가 있는 경우 2년을 초과하여 기간제근로자로 사용할 수 있다.

① ㄱ, ㄴ, ㄷ ② ㄱ, ㄴ, ㄹ ③ ㄱ, ㄷ, ㄹ
④ ㄴ, ㄷ, ㄹ ⑤ ㄱ, ㄴ, ㄷ, ㄹ

해설 ㄱ. (O) 기단법 제4조 제1항 제3호
ㄴ. (O) 기단법 제4조 제1항 제4호
ㄷ. (O) 기단법 제3조 제3항
ㄹ. (O) 기단법 제4조 제1항 제2호

정답 ⑤

21 기간제 및 단시간근로자 보호 등에 관한 법률상 기간제근로자 차별적 처우의 시정에 관한 설명으로 옳지 않은 것은? (다툼이 있으면 판례에 따름)

① 노동위원회는 신청인이 주장한 비교대상 근로자와 동일성이 인정되는 범위 내에서 조사, 심리를 거쳐 적합한 근로자를 비교대상 근로자로 선정할 수 있다.
② 기간제근로자가 차별 시정신청을 하는 때에는 차별적 처우의 내용을 구체적으로 명시하여야 한다.
③ 기간제근로자는 계속되는 차별적 처우를 받은 경우 차별적 처우의 종료일부터 3개월이 지난 때에는 노동위원회에 그 시정을 신청할 수 없다.

④ 고용노동부장관은 사용자가 기간제근로자에 대해 차별적 처우를 한 경우에는 그 시정을 요구할 수 있다.
⑤ 노동위원회는 사용자의 차별적 처우에 명백한 고의가 인정되거나 차별적 처우가 반복되는 경우에는 손해액을 기준으로 3배를 넘지 아니하는 범위에서 배상을 명령할 수 있다.

해설 ① 대법 2023.11.30.,2019두53952
② 기단법 제9조 제2항
③ 기단법 제9조 제1항

제9조(차별적 처우의 시정신청) ①기간제근로자 또는 단시간근로자는 차별적 처우를 받은 경우 「노동위원회법」 제1조의 규정에 따른 노동위원회(이하 "노동위원회"라 한다)에 그 시정을 신청할 수 있다. 다만, **차별적 처우가 있은 날(계속되는 차별적 처우는 그 종료일)부터 6개월**이 지난 때에는 그러하지 아니하다.

④ 기단법 제15조의2 제1항, 제8조 제1항
⑤ 기단법 제13조 제2항 단서

정답 ③

22 기간제 및 단시간근로자 보호 등에 관한 법률상 사용자가 기간제근로자와 근로계약을 체결하는 때 서면으로 명시하여야 하는 것을 모두 고른 것은?

ㄱ. 휴일·휴가에 관한 사항 ㄴ. 근로시간·휴게에 관한 사항 ㄷ. 취업의 장소와 종사하여야 할 업무에 관한 사항 ㄹ. 근로일 및 근로일별 근로시간

① ㄱ, ㄴ ② ㄴ, ㄹ ③ ㄷ, ㄹ ④ ㄱ, ㄴ, ㄷ ⑤ ㄱ, ㄴ, ㄷ, ㄹ

해설 기단법 제17조
ㄹ. 근로일 및 근로일별 근로시간은 단시간근로자에 한정.

정답 ④

23 남녀고용평등과 일·가정 양립 지원에 관한 법률에 관한 설명으로 옳지 않은 것은?

① 사업주는 사업장의 남녀고용평등 이행을 촉진하기 위하여 그 사업장 소속 근로자 중노사협의회가 추천하는 사람을 명예고용평등감독관으로 위촉하여야 한다.
② 사업주가 동일 가치 노동의 기준을 정할 때에는 노사협의회의 근로자를 대표하는 위원의 의견을 들어야 한다.
③ 사업주가 가족돌봄을 위한 근로시간 단축을 허용하는 경우 단축 후 근로시간은 주당 15시간 이상이어야 하고 30시간을 넘어서는 아니 된다.
④ 사업주는 근로자가 인공수정 등 난임치료를 받기 위하여 휴가를 청구하는 경우에 연간 3일 이내의 휴가를 주어야 하며, 이 경우 최초 1일은 유급으로 한다.
⑤ 사업주는 55세 이상의 근로자에게 은퇴를 준비하기 위한 근로시간 단축을 허용한 경우에 그 근로자가 단축된 근로시간 외에 연장근로를 명시적으로 청구하면 주 12시간 이내에서 연장근로를 시킬 수 있다.

해설 ① 남녀고평법 제24조 제1항

> **제24조(명예고용평등감독관)** ① 고용노동부장관은 사업장의 남녀고용평등 이행을 촉진하기 위하여 그 사업장 소속 근로자 중 노사가 추천하는 사람을 명예고용평등감독관(이하 "명예감독관"이라 한다)으로 **위촉할 수 있다.**

② 남녀고평법 제8조 제2항
③ 남녀고평법 제22조의3 제3항
④ 남녀고평법 제18조의3 제1항 본문
⑤ 남녀고평법 제22조의4 제3항, 제22조의3 제1항 제3호

정답 ①

24 남녀고용평등과 일 · 가정 양립 지원에 관한 법률상 (　　)에 들어갈 내용을 옳게 나열한 것은?

> ○ 사업주는 근로자가 배우자의 출산을 이유로 휴가를 청구하는 경우에 (ㄱ)일의 휴가를 주어야 한다.
> ○ 배우자 출산휴가는 근로자의 배우자가 출산한 날부터 (ㄴ)일이 지나면 청구할 수 없다.
> ○ 가족돌봄휴직 기간은 연간 최장 (ㄷ)일로 한다.

① ㄱ: 5, ㄴ: 30, ㄷ: 90　② ㄱ: 5, ㄴ: 60, ㄷ: 90　③ ㄱ: 5, ㄴ: 90, ㄷ: 180
④ ㄱ: 10, ㄴ: 90, ㄷ: 90　⑤ ㄱ: 10, ㄴ: 90, ㄷ: 180

> **제18조의2(배우자 출산휴가)** ① 사업주는 근로자가 배우자의 출산을 이유로 휴가(이하 "배우자 출산휴가"라 한다)를 청구하는 경우에 **10일**의 휴가를 주어야 한다. 이 경우 사용한 휴가기간은 유급으로 한다.
> ③ 배우자 출산휴가는 근로자의 배우자가 출산한 날부터 **90일**이 지나면 청구할 수 없다.
>
> **제22조의2(근로자의 가족 돌봄 등을 위한 지원)** ④ 가족돌봄휴직 및 가족돌봄휴가의 사용기간과 분할횟수 등은 다음 각 호에 따른다. 〈신설 2019. 8. 27., 2020. 9. 8.〉
> 1. 가족돌봄휴직 기간은 연간 **최장 90일**로 하며, 이를 나누어 사용할 수 있을 것. 이 경우 나누어 사용하는 1회의 기간은 30일 이상이 되어야 한다.

정답 ④

25 남녀고용평등과 일 · 가정 양립 지원에 관한 법률상 육아기 근로시간 단축에 관한 설명으로 옳지 않은 것은?

① 육아기 근로시간 단축을 한 근로자의 평균임금을 산정하는 경우에는 그 근로자의 육아기 근로시간 단축 기간을 평균임금 산정기간에서 제외한다.
② 사업주가 육아기 근로시간 단축을 허용하지 아니하는 경우에는 해당 근로자에게 그 사유를 서면으로 통보하여야 한다.
③ 육아기 근로시간 단축을 허용하는 경우 단축 후 근로시간은 주당 10시간 이상이어야 하고 30시간을 넘어서는 아니 된다.
④ 근로자는 육아기 근로시간 단축을 나누어 사용할 수 있다.

⑤ 사업주는 근로자의 육아기 근로시간 단축기간이 끝난 후에 그 근로자를 육아기 근로시간 단축 전과 같은 업무 또는 같은 수준의 임금을 지급하는 직무에 복귀시켜야 한다.

해설 ① 남녀고평법 제19조의3 제4항
② 남녀고평법 제19조의2 제2항
③ 남녀고평법 제19조의2 제3항

> **제19조의2(육아기 근로시간 단축)** ③ 사업주가 제1항에 따라 해당 근로자에게 육아기 근로시간 단축을 허용하는 경우 단축 후 근로시간은 **주당 15시간 이상이어야 하고 35시간을 넘어서는 아니 된다.**

④ 남녀고평법 제19조의4 제2항 전문
⑤ 남녀고평법 제19조의2 제6항

 ③

26 산업안전보건법령상 안전보건관리규정에 관한 설명으로 옳지 않은 것은?

① 취업규칙은 안전보건관리규정에 반할 수 없다. 이 경우 취업규칙 중 안전보건관리규정에 반하는 부분에 관하여는 안전보건관리규정으로 정한 기준에 따른다.
② 상시근로자 수가 300명인 보험업 사업주는 안전보건관리규정을 작성하여야 한다.
③ 사업주는 안전보건관리규정을 작성할 때 산업안전보건위원회가 설치되어 있지 아니한 사업장의 경우에는 근로자대표의 동의를 받아야 한다.
④ 근로자는 안전보건관리규정을 지켜야 한다.
⑤ 사고조사 및 대책수립에 관한 사항은 안전보건관리규정에 포함되어야 한다.

해설 ① 산안법 제25조 제2항

> **제25조(안전보건관리규정의 작성)** ② 제1항에 따른 **안전보건관리규정**(이하 "안전보건관리규정"이라 한다)은 **단체협약 또는 취업규칙에 반할 수 없다.** 이 경우 안전보건관리규정 중 단체협약 또는 취업규칙에 반하는 부분에 관하여는 그 단체협약 또는 취업규칙으로 정한 기준에 따른다.

② 산안법 제25조 제3항, 동법 시행규칙 제25조 제1항, 동법 시행규칙 [별표2]

사업의 종류	상시근로자 수
1. 농업 2. 어업 3. 소프트웨어 개발 및 공급업 4. 컴퓨터 프로그래밍, 시스템 통합 및 관리업 **4의2. 영상 · 오디오물 제공 서비스업** 5. 정보서비스업 6. 금융 및 보험업 7. 임대업; 부동산 제외 8. 전문, 과학 및 기술 서비스업**(연구개발업은 제외한다)** 9. 사업지원 서비스업 10. 사회복지 서비스업	**300명 이상**
11. 제1호부터 제4호까지, 제4호의2 및 제5호부터 제10호까지의 사업을 제외한 사업	100명 이상

③ 산안법 제26조 단서
④ 산안법 제27조
⑤ 산안법 제25조 제1항 제4호

정답 ①

27 산업안전보건법상 용어의 정의로 옳지 않은 것은?

① "산업재해"란 노무를 제공하는 사람이 업무에 관계되는 건설물 · 설비 · 원재료 · 가스 · 증기 · 분진 등에 의하거나 작업 또는 그 밖의 업무로 인하여 사망 또는 부상하거나 질병에 걸리는 것을 말한다.
② "작업환경측정"이란 산업재해를 예방하기 위하여 잠재적 위험성을 발견하고 그 개선대책을 수립할 목적으로 조사 · 평가하는 것을 말한다.
③ "관계수급인"이란 도급이 여러 단계에 걸쳐 체결된 경우에 각 단계별로 도급받은 사업주 전부를 말한다.
④ "건설공사발주자"란 건설공사를 도급하는 자로서 건설공사의 시공을 주도하여 총괄 · 관리하지 아니하는 자를 말한다. 다만, 도급받은 건설공사를 다시 도급하는 자는 제외한다.
⑤ "도급인"이란 물건의 제조 · 건설 · 수리 또는 서비스의 제공, 그 밖의 업무를 도급하는 사업주를 말한다. 다만, 건설공사발주자는 제외한다.

해설 ① 산안법 제2조 제1호
② 산안법 제2조 제12호

> 제2조(정의)
> 12. **"안전보건진단"이란** 산업재해를 예방하기 위하여 잠재적 위험성을 발견하고 그 개선대책을 수립할 목적으로 조사 · 평가하는 것을 말한다.
> 13. **"작업환경측정"이란** 작업환경 실태를 파악하기 위하여 해당 근로자 또는 작업장에 대하여 사업주가 유해인자에 대한 측정계획을 수립한 후 시료(試料)를 채취하고 분석 · 평가하는 것을 말한다.

③ 산안법 제2조 제9호
④ 산안법 제2조 제10호
⑤ 산안법 제2조 제7호

정답 ②

28 산업안전보건법령상 근로자의 보건관리에 관한 설명으로 옳지 않은 것은?

① 사업주는 잠수 작업에 종사하는 근로자에게는 1일 5시간을 초과하여 근로하게 해서는 아니 된다.
② 도급인의 사업장에서 관계수급인의 근로자가 작업을 하는 경우에는 도급인이 법정 자격을 가진 자로 하여금 작업환경측정을 하도록 하여야 한다.
③ 사업주는 근로자대표(관계수급인의 근로자대표를 포함한다)가 요구하면 작업환경측정시 근로자대표를 참석시켜야 한다.
④ 사업주는 건강진단을 실시하는 경우 근로자대표가 요구하면 근로자대표를 참석시켜야 한다.
⑤ 사업주는 근로자(관계수급인의 근로자를 포함한다)가 신체적 피로와 정신적 스트레스를 해소할 수 있도록 휴식시간에 이용할 수 있는 휴게시설을 갖추어야 한다.

해설 ① 산안법 시행령 제99조 제2항

> **제99조(유해 · 위험작업에 대한 근로시간 제한 등)** ① 법 제139조제1항에서 "높은 기압에서 하는 작업 등 대통령령으로 정하는 작업"이란 잠함(潛函) 또는 잠수 작업 등 높은 기압에서 하는 작업을 말한다.
> ② 제1항에 따른 작업에서 **잠함 · 잠수 작업시간,** 가압 · 감압방법 등 해당 근로자의 안전과 보건을 유지하기 위하여 필요한 사항은 **고용노동부령**으로 정한다.
>
> ※단, 위임사항에 대한 시행규칙은 제정되어 있지 않다.

② 산안법 제125조 제2항
③ 산안법 제125조 제4항
④ 산안법 제132조 제1항
⑤ 산안법 제128조의2 제1항

정답 ①

29 직업안정법상 직업소개에 관한 설명으로 옳지 않은 것은?

① 국외 무료직업소개사업을 하려는 자는 고용노동부장관에게 신고하여야 한다.
② 근로복지공단이 업무상 재해를 입은 근로자를 대상으로 하는 직업소개의 경우 신고를 하지 아니하고 무료직업소개사업을 할 수 있다.
③ 국내 유료직업소개사업을 하려는 자는 고용노동부장관에게 등록하여야 한다.
④ 유료직업소개사업을 등록한 자는 그 등록증을 대여하여서는 아니 된다.
⑤ 유료직업소개사업을 하는 자는 구직자에게 제공하기 위하여 구인자로부터 선급금을 받아서는 아니 된다.

해설 ① 직업안정법 제18조 제1항 전문
② 직업안정법 제18조 제4항 제4호
③ 직업안정법 제19조 제1항 전문. '특별자치도지사 · 시장 · 군수 및 구청장에게 등록하여야 하고…'
④ 직업안정법 제21조
⑤ 직업안정법 제21조의2

정답 ③

30 최저임금법령상 최저임금의 결정 등에 관한 설명으로 옳지 않은 것은?

① 고용노동부장관은 매년 3월 31일까지 최저임금위원회에 최저임금에 관한 심의를 요청하여야 한다.
② 최저임금위원회는 고용노동부장관으로부터 최저임금에 관한 심의 요청을 받은 경우 이를 심의하여 최저임금안을 의결하고 심의 요청을 받은 날부터 90일 이내에 고용노동부장관에게 제출하여야 한다.
③ 고용노동부장관은 최저임금위원회가 심의하여 제출한 최저임금안에 따라 최저임금을 결정하기가 어렵다고 인정되면 20일 이내에 그 이유를 밝혀 위원회에 10일 이상의 기간을 정하여 재심의를 요청할 수 있다.
④ 고용노동부장관은 매년 8월 5일까지 최저임금을 결정하여야 한다.
⑤ 사용자를 대표하는 자는 고시된 최저임금안에 대하여 이의가 있으면 고시된 날부터 30일 이내에 고용노동부장관에게 이의를 제기할 수 있다.

해설 ① 최저임금법 시행령 제7조
② 최저임금법 제8조 제2항
③ 최저임금법 제8조 제3항
④ 최저임금법 제8조 제1항 전문
⑤ 최저임금법 제9조 제2항 전문. '고시된 날부터 10일 이내에'

정답 ⑤

31 최저임금법령상 최저임금위원회에 관한 설명으로 옳지 않은 것은?

① 위원장과 부위원장은 공익위원 중에서 위원회가 선출한다.
② 위원회에 2명의 상임위원을 두며, 상임위원은 근로자위원과 사용자위원 각 1명으로 한다.
③ 위원의 임기는 3년으로 하되, 연임할 수 있다.
④ 위원회의 회의는 이 법으로 따로 정하는 경우 외에는 재적위원 과반수의 출석과 출석위원 과반수의 찬성으로 의결한다.
⑤ 위원은 임기가 끝났더라도 후임자가 임명되거나 위촉될 때까지 계속하여 직무를 수행한다.

해설 ① 최저임금법 제15조 제2항
② 최저임금법 제14조 제2항. '상임위원은 **공익위원**이 된다.'
③ 최저임금법 제14조 제3항
④ 최저임금법 제17조 제3항
⑤ 최저임금법 제14조 제5항

정답 ②

32 근로자퇴직급여 보장법상 퇴직급여제도에 관한 설명으로 옳지 않은 것은?

① 사용자는 계속근로기간이 1년 미만인 근로자에 대하여는 퇴직급여제도를 설정하지 않아도 된다.
② 퇴직급여제도를 설정하는 경우에 하나의 사업에서 급여 및 부담금 산정방법의 적용등에 관하여 차등을 두어서는 아니 된다.
③ 사용자가 퇴직급여제도를 다른 종류의 퇴직급여제도로 변경하려는 경우에는 근로자의 과반수를 대표하는 자와 사전협의를 하여야 한다.
④ 사용자는 근로자가 퇴직한 경우에는 그 지급사유가 발생한 날부터 14일 이내에 퇴직금을 지급하여야 하나, 특별한 사정이 있는 경우에는 당사자 간의 합의에 따라 지급기일을 연장할 수 있다.
⑤ 퇴직금을 받을 권리는 3년간 행사하지 아니하면 시효로 인하여 소멸한다.

해설 ① 근퇴법 제4조 제1항

> **제4조(퇴직급여제도의 설정)** ① 사용자는 퇴직하는 근로자에게 급여를 지급하기 위하여 퇴직급여제도 중 하나 이상의 제도를 설정하여야 한다. **다만, 계속근로기간이 1년 미만인 근로자, 4주간을 평균하여 1주간의 소정근로시간이 15시간 미만인 근로자에 대하여는 그러하지 아니하다.**

② 근퇴법 제4조 제2항
③ 근퇴법 제4조 제3항

제4조(퇴직급여제도의 설정) ③ 사용자가 퇴직급여제도를 설정하거나 설정된 퇴직급여제도를 다른 종류의 퇴직급여제도로 변경하려는 경우에는 근로자의 과반수가 가입한 노동조합이 있는 경우에는 그 노동조합, 근로자의 과반수가 가입한 노동조합이 없는 경우에는 근로자 과반수(이하 "근로자대표"라 한다)의 **동의를 받아야** 한다.

④ 근퇴법 제9조 제1항
⑤ 근퇴법 제10조

정답 ③

노동법(1)

33 **근로자퇴직급여 보장법령상 확정기여형퇴직연금제도에 가입한 근로자가 적립금을 중도인출할 수 있는 경우를 모두 고른 것은?**

ㄱ. 무주택자인 가입자가 주거를 목적으로 「주택임대차보호법」 제3조의2에 따른 보증금을 부담하는 경우(가입자가 하나의 사업 또는 사업장에 근로하는 동안 1회로 한정한다)
ㄴ. 무주택자인 가입자가 본인 명의로 주택을 구입하는 경우
ㄷ. 가입자 배우자의 부양가족의 장례비를 가입자가 부담하는 경우

① ㄱ ② ㄷ ③ ㄱ, ㄴ ④ ㄴ, ㄷ ⑤ ㄱ, ㄴ, ㄷ

해설 근퇴법 제22조, 시행령 제2조 제1항 제4호의2 다목

제22조(적립금의 중도인출) 확정기여형퇴직연금제도에 가입한 근로자는 주택구입 등 대통령령으로 정하는 사유가 발생하면 적립금을 중도인출할 수 있다.

시행령 제14조(확정기여형퇴직연금제도의 중도인출 사유) ① 법 제22조에서 "주택구입 등 대통령령으로 정하는 사유"란 다음 각 호의 어느 하나에 해당하는 경우를 말한다. 〈개정 2015. 12. 15., 2019. 7. 2., 2019. 10. 29., 2020. 11. 3.〉
1. 제2조 제1항 제1호 · 제1호의2 또는 제5호(재난으로 피해를 입은 경우로 한정한다)에 해당하는 경우
1의2. 제2조제1항제2호에 해당하는 경우로서 가입자가 본인 연간 임금총액의 1천분의 125를 초과하여 의료비를 부담하는 경우
2. 중도인출을 신청한 날부터 거꾸로 계산하여 5년 이내에 가입자가 「채무자 회생 및 파산에 관한 법률」에 따라 파산선고를 받은 경우
3. 중도인출을 신청한 날부터 거꾸로 계산하여 5년 이내에 가입자가 「채무자 회생 및 파산에 관한 법률」에 따라 개인회생절차개시 결정을 받은 경우
4. 법 제7조제2항 후단에 따라 퇴직연금제도의 급여를 받을 권리를 담보로 제공하고 대출을 받은 가입자가 그 대출 원리금을 상환하기 위한 경우로서 고용노동부장관이 정하여 고시하는 사유에 해당하는 경우
② 제1항제4호에 해당하는 사유로 적립금을 중도인출하는 경우 그 중도인출 금액은 대출 원리금의 상환에 필요한 금액 이하로 한다.

시행령 제2조(퇴직연금제도 수급권의 담보제공 사유 등) ① 「근로자퇴직급여 보장법」(이하 "법"이라 한다) 제7조제2항 전단에서 "주택구입 등 대통령령으로 정하는 사유와 요건을 갖춘 경우"란 다음 각 호의 어느 하나에 해당하는 경우를 말한다. 〈개정 2015. 12. 15., 2019. 7. 2., 2019. 10. 29., 2020. 11. 3.〉

1. 무주택자인 가입자가 본인 명의로 주택을 구입하는 경우
1의2. 무주택자인 가입자가 주거를 목적으로 「민법」 제303조에 따른 전세금 또는 「주택임대차보호법」 제3조의2에 따른 보증금을 부담하는 경우. 이 경우 가입자가 하나의 사업 또는 사업장(이하 "사업"이라 한다)에 근로하는 동안 1회로 한정한다.
2. 가입자가 6개월 이상 요양을 필요로 하는 다음 각 목의 어느 하나에 해당하는 사람의 질병이나 부상에 대한 의료비(「소득세법 시행령」 제118조의5제1항 및 제2항에 따른 의료비를 말한다. 이하 같다)를 부담하는 경우
가. 가입자 본인
나. 가입자의 배우자
다. 가입자 또는 그 배우자의 부양가족(「소득세법」 제50조제1항제3호에 따른 부양가족을 말한다. 이하 같다)
3. 담보를 제공하는 날부터 거꾸로 계산하여 5년 이내에 가입자가 「채무자 회생 및 파산에 관한 법률」에 따라 파산선고를 받은 경우
4. 담보를 제공하는 날부터 거꾸로 계산하여 5년 이내에 가입자가 「채무자 회생 및 파산에 관한 법률」에 따라 개인회생절차개시 결정을 받은 경우
4의2. 다음 각 목의 어느 하나에 해당하는 사람의 대학등록금, 혼례비 또는 장례비를 가입자가 부담하는 경우
가. 가입자 본인
나. 가입자의 배우자
다. 가입자 또는 그 배우자의 부양가족
5. 사업주의 휴업 실시로 근로자의 임금이 감소하거나 재난(「재난 및 안전관리 기본법」 제3조제1호에 따른 재난을 말한다. 이하 같다)으로 피해를 입은 경우로서 고용노동부장관이 정하여 고시하는 사유와 요건에 해당하는 경우

정답 ③

34 임금채권보장법령에 관한 설명으로 옳지 않은 것은?

① 도산대지급금을 지급받으려는 사람은 도산등사실인정이 있은 날부터 3년 이내에 근로복지공단에 직접 대지급금의 지급을 청구해야 한다.
② 이 법은 국가와 지방자치단체가 직접 수행하는 사업에 적용하지 아니한다.
③ 재직 근로자에 대한 대지급금은 해당 근로자가 하나의 사업에 근로하는 동안 1회만 지급한다.
④ 임금채권보장기금은 고용노동부장관이 관리·운용한다.
⑤ 고용노동부장관은 사업주로부터 임금등을 지급받지 못한 근로자의 생활안정을 위하여 근로자의 신청에 따라 생계비에 필요한 비용을 융자할 수 있다.

해설 ① 임금채권보장법 시행령 제9조 제1항 제1호
도산등사실인정이 있은 날부터 2년 이내에 고용노동부장관에게…'
② 임금채권보장법 제3조 단서
③ 임금채권보장법 제7조의2 제4항
④ 임금채권보장법 제20조 제1항
⑤ 임금채권보장법 제7조의3 제2항

정답 ①

35 임금채권보장법상 사업주로부터 징수하는 부담금에 관한 설명으로 옳지 않은 것은?

① 사업주가 부담하여야 하는 부담금은 그 사업에 종사하는 근로자의 보수총액에 1천분의 2의 범위에서 임금채권보장기금심의위원회의 심의를 거쳐 고용노동부장관이 정하는 부담금비율을 곱하여 산정한 금액으로 한다.

② 이 법은 사업주의 부담금에 관하여 다른 법률에 우선하여 적용한다.

③ 「외국인근로자의 고용 등에 관한 법률」에 따라 외국인근로자 출국만기보험·신탁에 가입한 사업주에 대하여는 부담금을 경감할 수 있다.

④ 「근로기준법」 또는 「근로자퇴직급여 보장법」에 따라 퇴직금을 미리 정산하여 지급한 사업주에 대하여는 부담금을 경감할 수 있다.

⑤ 사업주의 부담금을 산정할 때 해당 연도의 보수총액을 결정하기 곤란한 경우에는 전년도의 보수총액을 기준으로 부담금을 결정한다.

해설 ① 임금채권보장법 제9조 제2항

② 임금채권보장법 제9조 제5항

③ 임금채권보장법 제10조 제4호

④ 임금채권보장법 제10조 제2호

⑤ 임금채권보장법 제9조 제2항, 제3항

> **제9조(사업주의 부담금)** ① 고용노동부장관은 제7조 또는 제7조의2에 따른 대지급금의 지급이나 제7조의3에 따른 체불 임금등 및 생계비의 융자 등 임금채권보장사업에 드는 비용에 충당하기 위하여 사업주로부터 부담금을 징수한다. 〈개정 2010. 6. 4., 2021. 4. 13., 2024. 2. 6.〉
> ② 제1항에 따라 **사업주가 부담하여야 하는 부담금은 그 사업에 종사하는 근로자의 보수총액에 1천분의 2의 범위에서 위원회의 심의를 거쳐 고용노동부장관이 정하는 부담금비율을 곱하여 산정한 금액으로 한다.** 〈개정 2010. 1. 27., 2010. 6. 4.〉
> ③ **보수총액을 결정하기 곤란한 경우에는** 고용산재보험료징수법 제13조제6항에 따라 고시하는 **노무비율(勞務比率)에 따라** 보수총액을 결정한다. 〈개정 2010. 1. 27., 2021. 4. 13.〉
> ④ 도급사업의 일괄적용에 관한 고용산재보험료징수법 제9조는 제1항의 부담금 징수에 관하여 준용한다. 이 경우 같은 법 제9조 제1항 단서 중 "공단"을 "고용노동부장관"으로 본다. 〈개정 2010. 6. 4., 2021. 4. 13.〉
> ⑤ 이 법은 사업주의 부담금에 관하여 다른 법률에 우선하여 적용한다.〈신설 2018. 10. 16.〉

정답 ⑤

36 근로복지기본법에 관한 설명으로 옳지 않은 것은?

① 누구든지 국가 또는 지방자치단체가 근로자의 주거안정, 생활안정 및 재산형성 등 근로복지를 위하여 이 법에 따라 융자한 자금을 그 목적사업에만 사용하여야 한다.

② 국가 또는 지방자치단체는 근로자가 아니면서 자신이 아닌 다른 사람의 사업을 위하여 다른 사람을 사용하지 아니하고 자신이 직접 노무를 제공하여 노무수령자로부터 대가를 얻는 사람을 대상으로 근로복지사업을 실시할 수 있다.

③ 사업주는 선택적 복지제도를 실시할 때에는 근로자의 직급, 근속연수, 부양가족 등을 고려하여 합리적인 기준에 따라 수혜 수준을 달리할 수 있다.

④ 근로복지시설을 설치·운영하는 자는 근로자의 소득수준, 가족관계 등을 고려하여 근로복지시설의 이용자를 제한하거나 이용료를 차등하여 받을 수 없다.
⑤ 우리사주조합의 규약 제정과 변경에 관한 사항은 반드시 우리사주조합원총회의 의결을 거쳐야 한다.

해설 ① 근로복지기본법 제6조
② 근로복지기본법 제95조의2 제1항 제1호
③ 근로복지기본법 제81조 제2항
④ 근로복지기본법 제30조

> **제30조(이용료 등)** 근로복지시설을 설치·운영하는 자는 근로자의 소득수준, 가족관계 등을 고려하여 근로복지시설의 이용자를 제한하거나 이용료를 차등하여 **받을 수 있다.**

⑤ 근로복지기본법 제35조 제2항 제1호

정답 ④

37 외국인근로자의 고용 등에 관한 법률상 취업활동 기간 제한의 특례에 관한 내용이다. (   )에 들어갈 내용을 옳게 나열한 것은?

> 고용허가를 받은 사용자에게 고용된 외국인근로자로서 취업활동 기간 (ㄱ)이 만료되어 출국하기 전에 사용자가 고용노동부장관에게 재고용 허가를 요청한 근로자는 한 차례만 (ㄴ) 미만의 범위에서 취업활동 기간을 연장받을 수 있다.

① ㄱ: 2년, ㄴ: 1년
② ㄱ: 2년, ㄴ: 2년
③ ㄱ: 3년, ㄴ: 1년
④ ㄱ: 3년, ㄴ: 2년
⑤ ㄱ: 3년, ㄴ: 3년

해설 외국인고용법 제18조의2 제1항 제1호

> **제18조의2(취업활동 기간 제한에 관한 특례)** ① 다음 각 호의 외국인근로자는 제18조에도 불구하고 한 차례만 **2년 미만**의 범위에서 취업활동 기간을 연장받을 수 있다. 〈개정 2010. 6. 4., 2012. 2. 1., 2020. 5. 26.〉
> 1. 제8조제4항에 따른 고용허가를 받은 사용자에게 고용된 외국인근로자로서 제18조에 따른 취업활동 기간 **3년이** 만료되어 출국하기 전에 사용자가 고용노동부장관에게 재고용 허가를 요청한 근로자

정답 ④

38 외국인근로자의 고용 등에 관한 법령에 관한 설명으로 옳지 않은 것은?

① 「직업안정법」에 따른 직업안정기관이 아닌 자는 외국인근로자의 선발, 알선, 그 밖의 채용에 개입하여서는 아니 된다.
② 법무부장관은 송출국가가 송부한 송출대상 인력을 기초로 외국인구직자 명부를 작성하고, 관리하여야 한다.
③ 외국인근로자 고용허가를 최초로 받은 사용자는 노동관계법령·인권 등에 관한 교육을 받아야 한다.
④ 외국인근로자는 입국한 후 15일 이내에 외국인 취업교육을 받아야 한다.
⑤ 고용허가에 따라 체결된 근로계약의 효력발생 시기는 외국인근로자가 입국한 날로 한다.

해설 ① 외국인고용법 제8조 제6항
② 외국인고용법 시행령 제12조 제2항. '고용노동부장관은…'
③ 외국인고용법 제11조의2 제1항
④ 외국인고용법 제11조 제1항, 동법 시행규칙 제10조
⑤ 외국인고용법 시행령 제17조 제1항, 외국인고용법 제9조 제1항

정답 ②

39 헌법 제32조에 명시된 내용으로 옳은 것은?

① 국가는 근로의 의무의 내용과 조건을 민주주의원칙에 따라 법률로 정한다.
② 사용자는 적정임금의 보장에 노력하여야 한다.
③ 전몰군경은 법률이 정하는 바에 의하여 우선적으로 근로의 기회를 부여받는다.
④ 근로의 권리는 인간의 존엄성을 보장하도록 법률로 정한다.
⑤ 미성년자의 근로는 고용·임금 및 근로조건에 있어서 부당한 차별을 받지 아니한다.

해설 ① 헌법 제32조 제2항 후문
② 헌법 제32조 제1항 후문. '국가는…'
③ 헌법 제32조 제6항. '전몰군경의 유가족은…'
④ 헌법 제32조 제3항. '근로조건의 기준은…'
⑤ 헌법 제32조 제4항. '여자의 근로는…'

정답 ①

40 우리나라가 비준한 국제노동기구(ILO)의 협약을 모두 고른 것은?

ㄱ. 취업최저연령에 관한 협약(제138호)
ㄴ. 산업안전보건과 작업환경에 관한 협약(제155호)
ㄷ. 결사의 자유 및 단결권 보호에 관한 협약(제87호)
ㄹ. 단결권 및 단체교섭권 원칙의 적용에 관한 협약(제98호)

① ㄱ, ㄴ
② ㄱ, ㄴ, ㄷ
③ ㄱ, ㄷ, ㄹ
④ ㄴ, ㄷ, ㄹ
⑤ ㄱ, ㄴ, ㄷ, ㄹ

해설 ㄱ, ㄴ, ㄷ, ㄹ 모두
ㄱ. 1999년 1월
ㄴ. 2008년 2월
ㄷ, ㄹ. 2021년 2월

정답 ⑤

제1과목
02

2023년도 제32회 공인노무사 노동법 (1) 기출문제

01 헌법 제32조에 명시적으로 규정된 내용은?

① 국가는 법률이 정하는 바에 의하여 적정임금제를 시행하여야 한다.
② 국가는 사회적·경제적 방법으로 근로자의 고용을 보장하여야 한다.
③ 장애인의 근로는 특별한 보호를 받으며, 고용·임금 및 근로조건에 있어서 부당한 차별을 받지 아니한다.
④ 국가는 근로의 의무의 내용과 조건을 민주주의 원칙에 따라 법률로 정한다.
⑤ 국가는 전몰군경의 유가족이 우선적으로 근로의 기회를 부여받도록 노력하여야 한다.

해설 ① 국가는 사회적 · 경제적 방법으로 근로자의 고용의 증진과 적정임금의 보장에 노력하여야 하며, 법률이 정하는 바에 의하여 **최저임금제를 시행하여야** 한다.
② 국가는 사회적 · 경제적 방법으로 근로자의 고용의 증진과 적정임금의 보장에 **노력하여야 하며,**
③ **여자의** 근로는 특별한 보호를 받으며, 고용 · 임금 및 근로조건에 있어서 부당한 차별을 받지 아니한다.
④ 제32조 제2항
⑤ 국가유공자 · 상이군경 및 전몰군경의 유가족은 법률이 정하는 바에 의하여 우선적으로 근로의 기회를 부여받는다.(제6항)

정답 ④

02 노동법의 법원(法源)에 관한 설명으로 옳지 않은 것은?(다툼이 있으면 판례에 다름)

① 헌법에 따라 체결 공포된 조약은 국내법과 같은 효력을 가지므로 노동법의 법원이 된다.
② 노동조합규약은 일종의 자치적구 법규범으로서 소속조합원에 대하여 법적 효력을 가진다.
③ 고용노동부의 행정해석은 고용노동부의 그 소속기관의 내부적 업무처리 지침에 불과하여 노동법의 법원이 아니다.
④ 노동관행은 그 자체로서는 법적 구속력을 가지지 않지만, 일정한 요건을 갖춘 경우에는 법원으로 인정된다.
⑤ 근로자와 사용자가 개별적으로 체결한 근로계약은 노동법의 법원이 아니다.

해설 ⑤ 근로자와 사용자가 개별적으로 체결한 근로계약은 노동법의 법원이다.
(그 적용을 받는 당사자의 권리·의무를 규율하고 있으므로)

정답 ⑤

03 근로기준법상 근로계약에 관한 설명으로 옳지 않은 것은?

① 「근로기준법」에 정하는 기준에 미치지 못하는 근로조건을 정한 근로계약은 그 부분에 한정하여 무효로 한다.
② 사용자는 근로계약에 덧붙여 저축금의 관리를 규정하는 계약을 체결할 수 잇다.

③ 근로자는 근로계약 체결 시 명시된 근로조건이 사실과 다를 경우에 근로조건 위반을 이유로 손해의 배상을 청구할 수 있다.
④ 사용자는 근로계약 체결 후 소정근로시간을 변경하는 경우에 근로자에게 명시하여야 한다.
⑤ 단시간근로자의 근로조건은 그 사업장의 같은 종류의 업무에 종사하는 통상 근로자의 근로시간을 기준으로 산정한 비율에 따라 결정되어야 한다.

해설 ① 근로기준법 제15조 제1항
② 근로기준법 제22조 제1항
'사용자는 근로계약에 덧붙여 강제 저축 또는 저축금의 관리를 규정하는 계약을 체결하지 못한다.'
③ 근로기준법 제19조 제1항
④ 근로기준법 제17조 제1항
⑤ 근로기준법 제18조 제1항

정답 ②

노동법(1)

04 근로기준법상 기본원리에 관한 설명으로 옳지 않은 것은?

① 사용자뿐만 아니라 근로자도 취업규칙과 근로계약을 지키고 성실하게 이행할 의무가 있다.
② 사용자는 근로자에 대하여 국적·신앙 또는 사회적 신분을 이유로 근로조건에 대한 차별적 처우를 하지 못한다.
③ 누구든지 법률에 따르지 아니하고는 영리로 다른 사람의 취업에 개입하지 못한다.
④ 「근로기준법」에서 정하는 근로조건은 최저기준이므로 근로 관계 당사자는 이 기준을 이유로 근로조건을 낮출 수 없다.
⑤ 사용자는 근로자가 근로시간 중에 공(公)의 직무를 집행하기 위하여 필요한 시간을 청구하면 유급으로 보장하여야 한다.

해설 ① 근로기준법 제5조
② 근로기준법 제6조
③ 근로기준법 제9조
④ 근로기준법 제3조
⑤ 근로기준법 제10조. '유급으로 보장하여야 하는 것은 아님.'

정답 ⑤

05 근로기준법 제23조(해고 등의 제한) 제1항이 적용되는 사업장을 모두 고른 것은?

ㄱ. 상시 5명의 동거하는 친족만을 사용하는 사업장
ㄴ. 상시 1명의 공무원이 아닌 근로자를 사용하는 지방자치단체
ㄷ. 상시 3명의 근로자를 사용하는 건설업체
ㄹ. 상시 5명의 유치원 교사를 채용하여 사용하는 종교단체

① ㄱ, ㄴ ② ㄱ, ㄷ ③ ㄴ, ㄷ ④ ㄴ, ㄹ ⑤ ㄴ, ㄷ, ㄹ

해설 • 근로기준법 제23조 제1항은 상시 5인이상의 사업장에 적용
• 동거하는 친족만을 사용하는 사업장에는 근로기준법 적용x (근기법 제11조 제1항 단서)
• 이 법과 이 법에 따른 대통령령은 국가, 특별시 · 광역시 · 도, 시 · 군 · 구, 읍 · 면 · 동, 그 밖에 이에 준하는 것에 대하여도 적용된다.(근기법 제12조)
• 상시 5명이상의 근로자를 사용하면 종교단체에도 근기법은 적용

정답 ④

06 근로기준법령상 여성과 소년의 보호에 관한 설명으로 옳지 않은 것은?

① 15세 미만인 자를 사용하는 사용자가 취직인허증을 갖추어 둔 경우에는 가족관계기록 사항에 관한 증명서와 친권자나 후견인의 동의서를 갖추어 두지 않아도 된다.

② 사용자는 취직인허증이 못쓰게 된 경우에는 고용노동부령으로 정하는 바에 따라 지체없이 재교부 신청을 하여야 한다.

③ 사용자는 임신 중의 여성이 명시적으로 청구하는 경우로서 고용노동부장관의 인가를 받은 경우 휴일에 근로하게 할 수 있다.

④ 생후 1년 미만의 유아를 가진 여성 근로자가 청구하면 1일 2회 각각 60분 이상의 유급 수유 시간을 주어야 한다.

⑤ 사용자는 관리 감독 업무를 수행하기 위하여 일시적으로 필요한 경우 여성을 갱내(坑內)에서 근로시킬 수 있다.

해설 ① 근기법 시행령 제36조 제2항
'15세 미만인 자를 사용하는 사용자가 취직인허증을 갖추어 둔 경우에는 법 제66조에 따른 가족관계기록사항에 관한 증명서와 친권자나 후견인의 동의서를 갖추어 둔 것으로 본다.'
② 근기법 시행령 제39조
'사용자 또는 15세 미만인 자는 취직인허증이 못쓰게 되거나 이를 잃어버린 경우에는 고용노동부령으로 정하는 바에 따라 지체 없이 재교부 신청을 하여야 한다.'
③ 근기법 제70조 제2항 제3호
④ 근기법 제75조. 1일 2회 각각 30분 이상
⑤ 근기법 제72조

사용자는 여성과 18세 미만인 사람을 갱내(坑內)에서 근로시키지 못한다. 다만, 보건 · 의료, 보도 · 취재 등 **대통령령으로** 정하는 업무를 수행하기 위하여 일시적으로 필요한 경우에는 그러하지 아니하다.
[근기법 시행령 제42조]
법 제72조에 따라 여성과 18세 미만인 자를 일시적으로 갱내에서 근로시킬 수 있는 업무는 다음 각 호와 같다.
1. 보건, 의료 또는 복지 업무
2. 신문 · 출판 · 방송프로그램 제작 등을 위한 보도 · 취재업무
3. 학술연구를 위한 조사 업무
4. **관리 · 감독 업무**
5. 제1호부터 제4호까지의 규정의 업무와 관련된 분야에서 하는 실습 업무

정답 ④

07 근로기준법상 임산부의 보호에 관한 설명으로 옳지 않은 것은?

① 사용자는 임신 중의 여성 근로자에게 시간외근로를 하게 하여서는 아니되며, 그 근로자의 요구와 관계없이 쉬운 종류의 근로로 전환하여야 한다.

② 사용자는 임신 중인 여성이 사산한 경우로서 그 근로자가 청구하면 대통령령으로 정하는 바에 따라 사산 휴가를 주어야 한다.

③ 사용자는 한 번에 둘 이상 자녀를 임신 중의 여성에게 출산 전과 출산 후를 통하여 120일의 출산전후휴가를 주어야 한다.

④ 사업주는 출산전후휴가가 종료 후에는 휴가 전과 동일한 업무 또는 동등한 수준의 임금을 지급하는 직무에 복귀시켜야 한다.

⑤ 사용자는 1일 근로시간이 8시간인 임신 후 36주 이후에 있는 여성 근로자가 1일 2시간의 근로시간 단축을 신청하는 경우 이를 허용하여야 한다.

해설 ① 근기법 제74조 제5항

'사용자는 임신 중의 여성 근로자에게 시간외근로를 하게 하여서는 아니 되며, 그 근로자의 **요구가 있는 경우에는** 쉬운 종류의 근로로 전환하여야 한다.'

② 근기법 제74조 제3항

③ 근기법 제74조 제1항

④ 근기법 제74조 제6항

⑤ 근기법 제74조 제7항 본문

 ①

08 근로기준법상 직장 내 괴롭힘에 관한 설명으로 옳지 않은 것은?

① 사용자는 직장 내 괴롭힘 발생 사실을 인지한 경우에는 지체 없이 당사자 등을 대상으로 그 사실 확인을 위하여 객관적으로 조사를 실시하여야 한다.

② 사용자는 조사 기간 동안 직장 내 괴롭힘과 관련하여 피해를 입은 근로자를 보호하기 위하여 행위자에 대하여 근무장소의 변경 조치를 하여야 한다.

③ 직장 내 괴롭힘 발생 사실을 조사한 사람은 해당 조사 과정에서 알게 된 비밀을 피해자등의 의사에 반하는 경우에도 관계 기관의 요청에 따라 필요한 정보를 제공할 수 있다.

④ 근로자는 직장에서의 지위 또는 관계 등의 우위를 이용하여 업무상 적정범위를 넘어 다른 근로자에게 신체적·정신적 고통을 주거나 근무환경을 악화시키는 행위를 하여서는 아니 된다.

⑤ 사용자가 직장 내 괴롭힘의 금지를 위반하여 직장 내 괴롭힘을 한 경우에는 1천만원 이하의 과태료를 부과한다.

해설 ① 근기법 제76조의3 제2항

② 근기법 제76조의3 제3항

'사용자는 제2항에 따른 조사 기간 동안 직장 내 괴롭힘과 관련하여 피해를 입은 근로자 또는 피해를 입었다고 주장하는 근로자(이하 "피해근로자등"이라 한다)를 보호하기 위하여 필요한 경우 **해당 피해근로자등에 대하여** 근무장소의 변경, 유급휴가 명령 등 적절한 조치를 하여야 한다. 이 경우 사용자는 피해근로자등의 의사에 반하는 조치를 하여서는 아니 된다.'

③ 근기법 제76조의3 제7항

④ 근기법 제76조의2
⑤ 근기법 제116조 제1항

정답 ②

09 근로기준법상 근로시간에 관한 설명으로 옳은 것은?

① 3개월 이내의 탄력적 근로시간제에 따라 근로자를 근로시킬 경우에는 근로일 종료 후 다음 근로일 개시 전까지 근로자에게 연속하여 11시간 이상의 휴식 시간을 주어야 한다.
② 3개월 이내의 탄력적 근로시간제에 따라 근로자를 근로시킬 경우에는 기존의 임금수준이 낮아지지 않도록 임금보전방안을 강구하여 고용노동부장관에게 신고하여야 한다.
③ 3개월 이내의 탄력적 근로시간제는 15세 이상 18세 미만의 근로자에 대하여는 적용하지 아니한다.
④ 3개월을 초과하는 탄력적 근로시간제에 있어 업무량 급증의 불가피한 사유가 발생한 때에는 근로자대표와의 합의를 거쳐 단위기간의 주별 근로시간을 변경해야 한다.
⑤ 15세 이상 18세 미만인 사람의 근로시간은 1일에 6시간, 1주에 30시간을 초과하지 못한다.

해설 ① 근기법 제51조의2 제2항 본문. 3개월을 초과하는 탄력적 근로시간제
② 근기법 제51조의2 제5항 본문. 3개월을 초과하는 탄력적 근로시간제
③ 근기법 제51조 제3항
④ 근기법 제51조의2 제4항
'사용자는 제1항에 따른 근로자대표와의 서면 합의 당시에는 예측하지 못한 천재지변, 기계 고장, 업무량 급증 등 불가피한 사유가 발생한 때에는 제1항제2호에 따른 단위기간 내에서 평균하여 1주간의 근로시간이 유지되는 범위에서 근로자대표와의 협의를 거쳐 제1항제3호의 사항을 **변경할 수 있다**.'
⑤ 근기법 제69조
'15세 이상 18세 미만인 사람의 근로시간은 **1일에 7시간, 1주에 35시간**을 초과하지 못한다. 다만, 당사자 사이의 합의에 따라 1일에 1시간, 1주에 5시간을 한도로 연장할 수 있다.'

정답 ③

10 근로자기준법령상 임금에 관한 설명으로 옳지 않은 것은?(다툼이 있으면 판례에 따름)

① 근로자가 임금채권을 양도한 경우 양수인이 스스로 사용자에 대하여 임금의 지급을 청구할 수 있다.
② 사용자가 근로자의 임금지급에 갈음하여 사용자가 제3자에 대하여 가지는 채권을 근로자에게 양도하기로 하는 약정은 전부 무효임이 원칙이다.
③ 사용자가 근로자에게 퇴직금 명목으로 지급한 금원 상당의 부당이득반환채권을 자동채권으로 하여 근로자의 퇴직금채권을 상계하는 것은 퇴직금채권의 2분의 1을 초과하는 부분에 해당하는 금액에 관하여만 허용된다.
④ 「근로기준법」에서 정한 통상임금에 산입될 수당을 통상임금에서 제외하기로 하는 노사 간의 합의는 「근로기준법」에서 정한 기준과 전체적으로 비교하여 그에 미치지 못하는 근로조건이 포함된 부분에 한하여 무효로 된다.
⑤ 근로자가 퇴직하여 더 이상 근로계약 관계에 있지 않은 상황에서 퇴직 시 발생한 퇴직금청구권을 나중에 포기하는 것은 허용된다.

해설 ① 대법 1988.12.13.,87다카2803(전합)

'근로자가 임금채권을 타인에게 양도한 경우에도 양수인에게 임금을 지급할 수 없고 직접 근로자에게 지급해야 한다.'

② 대법 2012.3.29., 2011다101308

'민법 제138조의 무효행위 전환의 법리에 따라 그 채권양도 합의가 임금의 지급을 위하여 한 것으로 인정되는 것은 별개의 문제이다.'

③ 대법 2010.5.20.,2007다90760(전합)

④ 대법 2019.11.28.,2019다261084

⑤ 대법 2018.7.12.,2018다21821

 ①

노동법 (1)

11 근로기준법령상 연차 유급휴가에 관한 설명으로 옳지 않은 것은?(다툼이 있으면 판례에 따름)

① 사용자는 1년간 80퍼센트 미만 출근한 근로자에게 1개월 개근 시 1일의 유급휴가를 주어야 한다.

② 연차 휴가기간에 지급하여야 하는 임금은 유급휴가를 주기 전이나 준 직후의 임금지급일에 지급하여야 한다.

③ 근로자가 업무상 재해 등의 사정으로 말미암아 연차휴가를 사용할 해당 연도에 전혀 출근하지 못한 경우라 하더라도 이미 부여받은 연차휴가를 사용하지 않은 데 따른 연차휴가수당은 청구할 수 있다.

④ 사용자는 근로자대표와의 서면 합의에 따라 연차 유급휴가일을 갈음하여 특정한 근로일에 근로자를 휴무시킬 수 있다.

⑤ 근로자가 업무상 재해로 휴업한 기간은 소정근로일수와 출근일수에 모두 제외시켜 출근율을 계산하여야 한다.

해설 ① 근기법 제60조 제2항

② 근기법 시행령 제33조

'법 제60조제5항에 따라 지급하여야 하는 임금은 유급휴가를 주기 전이나 준 직후의 임금지급일에 지급하여야 한다.'

③ 대법 2017.5.17.,2014다232296

'근로자가 업무상 재해 등의 사정으로 말미암아 연차휴가를 사용할 해당 연도에 전혀 출근하지 못한 경우라 하더라도, 이미 부여받은 연차휴가를 사용하지 않은 데 따른 연차휴가수당은 청구할 수 있다.'

④ 근기법 제62조

⑤ 대법 2017.5.17.,2014다232296

'근로자가 업무상 재해로 휴업한 기간은 장단을 불문하고 소정근로일수와 출근일수에 모두 포함시켜 출근율을 계산하여야 한다.'

 ⑤

12 근로기준법 위반사항 중 피해자의 명시적인 의사와 다르게 공소를 제기할 수 없는 경우는 몇 개인가?

> ○ 근로자에게 1주에 평균 1회 이상의 유급휴일을 보장하지 않는 경우
> ○ 사용자의 귀책사유로 휴업하면서 휴업수당을 지급하지 않는 경우
> ○ 연장 · 야간 · 휴일근로에 대한 가산수당을 지급하지 않는 경우
> ○ 친권자나 후견인이 미성년자의 근로계약을 대리하는 경우
> ○ 근로자를 즉시 해고하면서 해고예고수당을 지급하지 않는 경우

① 1개 ② 2개 ③ 3개 ④ 4개 ⑤ 5개

해설 [근기법 제109조 제2항 참조](반의사불벌죄)
사용자의 귀책사유로 휴업하면서 휴업수당을 지급하지 않는 경우(근기법 제46조)
연장 · 야간 · 휴일근로에 대한 가산수당을 지급하지 않는 경우(근기법 제56조)

정답 ②

13 근로기준법상 취업규칙 불이익 변경에 관한 설명으로 옳지 않은 것은?(다툼이 있으면 판례에 따름)

① 취업규칙의 개정이 근로자들에게 불이익하게 변경된 것인지는 취업규칙의 개정이 이루어진 시점을 기준으로 판단하여야 한다.
② 근로조건이 이원화되어 있어 변경된 취업규칙이 적용되어 직접적으로 불이익을 받게 되는 근로자 집단 이외에 변경된 취업규칙의 적용이 예상되는 근로자 집단이 없는 경우에는 변경된 취업규칙이 적용되어 불이익을 받는 근로자 집단만이 동의주체가 된다.
③ 취업규칙이 근로자의 동의 없이 불이익하게 변경된 후에 이루어진 자의에 따른 사직 및 재입사로 근로관계가 단절된 근로자에 대하여 재입사 후 적용되는 취업규칙은 변경 전 취업규칙이다.
④ 근로자의 동의를 얻지 않은 취업규칙 불이익 변경의 경우 그 변경으로 기득이익이 침해되는 기존의 근로자에게는 종전 취업규칙의 효력이 그대로 유지되지만, 변경 후에 근로관계를 갖게 된 근로자에게는 변경된 취업규칙이 적용된다.
⑤ 취업규칙 불이익 변경 시 근로자 과반수로 구성된 노동조합이 없는 때에는 근로자들의 회의 방식에 의한 과반수 동의가 필요하다.

해설 ① 대법 2022.10.14.,2022다245518
② 대법 2009.5.28.,2009두2238
'근로조건이 이원화되어 있어 변경된 취업규칙이 적용되어 직접적으로 불이익을 받게 되는 근로자 집단 이외에 변경된 취업규칙의 적용이 예상되는 근로자 집단이 없는 경우에는 변경된 취업규칙이 적용되어 불이익을 받는 근로자 집단만이 동의 주체가 된다.'
③ 대판 1996.10.15.,95다53188
'보수규정이 근로자 집단의 동의 없이 불이익하게 변경될 당시 청원경찰로 근무하던 근로자가 다른 직종으로의 전직을 위하여 자유로운 의사에 따라 청원경찰을 사직하고 그 다음날 신규채용 형식으로 고용원으로 재입사함으로써 근로관계가 단절된 경우, 그 재입사 당시 시행중인 법규적 효력을 가진 취업규칙은 개정된 보수규정이므로 재입사 후의 근속기간에 적용되는 보수규정은 개정된 보수규정이며, 그 근로자의 최초 입사일이 근로자 집단의 동의 없이 불이익하게 변경된 보수규정의 개정 이전이라고 하여 이와 달리 볼 것은 아니다.'
④ 대법 2022.10.14.,2022다245518

'변경된 취업규칙에 따른 근로조건을 수용하고 근로관계를 갖게 된 근로자에 대한 관계에서는 당연히 변경된 취업규칙이 적용되고, 기득이익의 침해라는 효력배제사유가 없는 변경 후 취업근로자에 대해서까지 변경의 효력을 부인하여 종전 취업규칙이 적용되어야 한다고 볼 수는 없다.'

⑤ 대법 2008.2.29.,2007다85997

'그 동의방법은 근로자 과반수로 조직된 노동조합이 있는 경우에는 그 노동조합의, 그와 같은 노동조합이 없는 경우에는 근로자들의 회의방식에 의한 과반수의 동의가 있어야 하고, 여기서 말하는 근로자의 과반수라 함은 기존 취업규칙의 적용을 받는 근로자 집단의 과반수를 뜻한다.'

정답 ③

14 기간제 및 단시간근로 보호 등에 관한 법률상 사용기간의 제한과 관련된 설명으로 옳지 않은 것은?(다툼이 있으면 판례에 다름)

① 사용자의 부당한 갱신거절로 인해 근로자가 실제로 근로를 제공하지 못한 기간도 계약갱신에 대한 정당한 기대권이 존속하는 범위에서는 「기간제 및 단시간근로자 보호등에 관한 법률」에서 정한 2년의 사용제한기간에 포함된다.

② 사용자는 4주 동안을 평균하여 1주 동안의 소정근로시간이 15시간 미만인 근로자를 2년을 초과하여 기간제근로자로 사용할 수 없다.

③ 사용자는 외국에서 수여받은 박사 학위를 소지하고 해당 분야에 종사하는 근로자를 2년을 초과하여 기간제근로자로 사용할 수 있다.

④ 사용자는 기간의 정함이 없는 근로계약을 체결하고자 하는 경우에는 해당 사업 또는 사업장의 동종 또는 유사한 업무에 종사하는 기간제근로제를 우선적으로 고용하도록 노력하여야 한다.

⑤ 「기간제 및 단시간근로자 보호 등에 관한 법률」은 총 사용기간을 2년으로 제한할 뿐 그 기간 중에 반복갱신의 횟수는 제한하고 있지 않다.

해설 ① 대법 2018.6.19.,2013다85523

'사용자의 부당한 갱신거절로 인해 근로자가 실제로 근로를 제공하지 못한 기간도 계약갱신에 대한 정당한 기대권이 존속하는 범위에서는 기간제법 제4조 제2항에서 정한 2년의 사용제한기간에 포함된다고 보아야 한다.'

② 기간제법 제4조 제1항 제6호, 동법 시행령 제3조 제3항 제6호

[기간제 및 단시간근로자 보호 등에 관한 법률]

제4조(기간제근로자의 사용) ①사용자는 2년을 초과하지 아니하는 범위 안에서(기간제 근로계약의 반복갱신 등의 경우에는 그 계속근로한 총기간이 2년을 초과하지 아니하는 범위 안에서) 기간제근로자를 사용할 수 있다. **다만, 다음 각 호의 어느 하나에 해당하는 경우에는 2년을 초과하여 기간제근로자로 사용할 수 있다.** 〈개정 2020. 5. 26.〉

1. 사업의 완료 또는 특정한 업무의 완성에 필요한 기간을 정한 경우
2. 휴직 · 파견 등으로 결원이 발생하여 해당 근로자가 복귀할 때까지 그 업무를 대신할 필요가 있는 경우
3. 근로자가 학업, 직업훈련 등을 이수함에 따라 그 이수에 필요한 기간을 정한 경우
4. 「고령자고용촉진법」 제2조제1호의 고령자와 근로계약을 체결하는 경우
5. 전문적 지식 · 기술의 활용이 필요한 경우와 정부의 복지정책 · 실업대책 등에 따라 일자리를 제공하는 경우로서 대통령령으로 정하는 경우
6. 그 밖에 제1호부터 제5호까지에 준하는 합리적인 사유가 있는 경우로서 **대통령령으로 정하는 경우**

[기간제 및 단시간근로자 보호 등에 관한 법률 시행령]
제3조(기간제근로자 사용기간 제한의 예외) ③ 법 제4조 제1항 제6호에서 "대통령령이 정하는 경우"란 다음 각 호의 어느 하나에 해당하는 경우를 말한다.
2. 「근로기준법」 제18조 제3항에 따른 **1주 동안의 소정근로시간이 뚜렷하게 짧은 단시간근로자를 사용하는 경우**

③ 기간제법 제4조 제1항 제5호, 동법 시행령 제3조 제1항 제1호

[기간제 및 단시간근로자 보호 등에 관한 법률 시행령]
제3조(기간제근로자 사용기간 제한의 예외) ① 법 제4조 제1항 제5호에서 "전문적 지식 · 기술의 활용이 필요한 경우로서 대통령령이 정하는 경우"란 다음 각 호의 어느 하나에 해당하는 경우를 말한다.
1. **박사 학위(외국에서 수여받은 박사 학위를 포함한다)를 소지하고 해당 분야에 종사하는 경우**

④ 기간제법 제5조
⑤ 기간제법 제4조 제1항 참조

정답 ②

15 기간제 및 단시간근로자 보호 등에 관한 내용으로 옳지 않은 것은?

① 사용자는 가사를 이유로 근로자가 단시간근로를 신청하는 때에는 해당 근로자를 단시간근로자로 전환하도록 노력하여야 한다.
② 단시간근로자의 동의를 받으면 소정근로시간을 초과하여 근로를 하게 할 수 있으나, 1주 12시간을 초과할 수는 없다.
③ 사업장에서 「기간제 및 단시간근로자 보호 등에 관한 법률」을 위반한 사실이 있는 경우 근로자는 그 사실을 고용노동부장관 또는 근로감독관에게 통지할 수 있다.
④ 기간제근로자와 근로계약을 체결할 때 근로계약기간 등 근로조건의 서면명시를 하지 않으면 500만원 이하의 벌금에 처한다.
⑤ 사용자는 단시간근로자와 근로계약을 체결하는 때에는 근로일 및 근로일별 근로시간을 서면으로 명시하여야 한다.

해설 ① 기간제법 제7조 제2항
② 기간제법 제6조 제1항
③ 기간제법 제18조
④ 기간제법 제24조 제2항 제2호. '500만원 이하의 과태료'
⑤ 기간제법 제17조 단서

정답 ④

16 남녀고용평등과 일·가정 양립 지원에 관한 법률상 분쟁의 예방과 해결에 관한 설명으로 옳지 않은 것은?

① 근로자가 노동위원회에 차별적 처우등의 시정신청을 하는 경우에는 차별적 처우등의 내용을 구체적으로 명시하여야 한다.
② 노동위원회는 확정된 시정명령에 대하여 사업주에게 이행상황을 제출할 것을 요구할 수 있다.
③ 노동위원회는 사업주의 차별적 처우등이 반복되는 경우에는 손해액을 기준으로 3배를 넘지 아니하는 범위에서 배상을 명령할 수 있다.
④ 고용노동부장관은 사업주가 차별적 처우를 한 경우에는 그 시정을 요구할 수 있다.
⑤ 근로자는 사업주로부터 차별적 처우등을 받은 경우 노동위원회에 차별적 처우등을 받은 날(차별적 처우등이 계속되는 경우에는 그 종료일)부터 6개월 이내에 그 시정을 신청할 수 있다.

해설 ① 남녀고평법 제26조 제2항
② 남녀고평법 제29조의4 제1항. '고용노동부장관'
③ 남녀고평법 제29조의2 제2항 단서
④ 남녀고평법 제29조의5 제1항
⑤ 남녀고평법 제26조 제1항

정답 ②

17 남녀고용평등과 일·가정 양립 지원에 관한 법률상 가족돌봄 등을 위한 근로시간단축에 관한 설명으로 옳지 않은 것은?

① 사업주는 근로시간 단축을 하고 있는 근로자가 명시적으로 청구하는 경우에는 단축된 근로시간 외에 주 12시간 이내에서 연장근로를 시킬 수 있다.
② 사업주가 해당 근로자에게 근로시간 단축을 허용하는 경우 단축 후 근로시간을 주당 15시간 이상이어야 하고 30시간을 넘어서는 아니된다.
③ 근로자는 근로자의 학업을 위한 경우에는 근로시간 단축의 기간을 연장할 수 없다.
④ 사업주가 근로시간 단축을 허용하지 아니하는 경우에는 해당 근로자에게 그 사유를 서면으로 통보하고 그 밖의 조치를 통하여 지원할 수 있는지를 해당 사업장의 근로자대표와 서면으로 협의하여야 한다.
⑤ 근로시간 단축을 한 근로자의 근로조건은 사업주와 그 근로자 간에 서면으로 정한다.

해설 ① 남녀고평법 제22조의4 제3항
② 남녀고평법 제22조의3 제3항
③ 남녀고평법 제22조의3 제4항

제22조의3(가족돌봄 등을 위한 근로시간 단축) ① 사업주는 근로자가 다음 각 호의 어느 하나에 해당하는 사유로 근로시간의 단축을 신청하는 경우에 이를 허용하여야 한다. 다만, 대체인력 채용이 불가능한 경우, 정상적인 사업 운영에 중대한 지장을 초래하는 경우 등 대통령령으로 정하는 경우에는 그러하지 아니하다.
1. 근로자가 가족의 질병, 사고, 노령으로 인하여 그 가족을 돌보기 위한 경우
2. 근로자 자신의 질병이나 사고로 인한 부상 등의 사유로 자신의 건강을 돌보기 위한 경우
3. 55세 이상의 근로자가 은퇴를 준비하기 위한 경우
4. 근로자의 학업을 위한 경우

② 제1항 단서에 따라 사업주가 근로시간 단축을 허용하지 아니하는 경우에는 해당 근로자에게 그 사유를 서면으로 통보하고 휴직을 사용하게 하거나 그 밖의 조치를 통하여 지원할 수 있는지를 해당 근로자와 협의하여야 한다.
③ 사업주가 제1항에 따라 해당 근로자에게 근로시간 단축을 허용하는 경우 단축 후 근로시간은 주당 15시간 이상이어야 하고 30시간을 넘어서는 아니 된다.
④ 근로시간 단축의 기간은 1년 이내로 한다. **다만, 제1항제1호부터 제3호까지의 어느 하나에 해당하는 근로자는 합리적 이유가 있는 경우에 추가로 2년의 범위 안에서 근로시간 단축의 기간을 연장할 수 있다.**
⑤ 사업주는 근로시간 단축을 이유로 해당 근로자에게 해고나 그 밖의 불리한 처우를 하여서는 아니 된다.
⑥ 사업주는 근로자의 근로시간 단축기간이 끝난 후에 그 근로자를 근로시간 단축 전과 같은 업무 또는 같은 수준의 임금을 지급하는 직무에 복귀시켜야 한다.
⑦ 근로시간 단축의 신청방법 및 절차 등에 필요한 사항은 대통령령으로 정한다.

④ 남녀고평법 제22조의3 제2항. '해당 근로자와 협의하여야'
⑤ 남녀고평법 제22조의4 제2항

 ④

18 파견근로자 보호 등에 관한 법률상 근로기준법의 적용 특례에 관한 설명으로 옳지 않은 것은?

① 휴업수당의 지급에 대해서는 사용사업주를 사용자로 본다.
② 근로자 퇴직 시 금품청산에 대해서는 파견사업주를 사용자로 본다.
③ 휴게시간의 부여에 대해서는 사용사업주를 사용자로 본다.
④ 연차유급휴가의 부여에 대해서는 파견사업주를 사용주로 본다.
⑤ 야간근로수당의 지급에 대해서는 파견사업주를 사용자로 본다.

파견법

제34조(「근로기준법」의 적용에 관한 특례) ① 파견 중인 근로자의 파견근로에 관하여는 파견사업주 및 사용사업주를 「근로기준법」 제2조제1항제2호의 사용자로 보아 같은 법을 적용한다. 다만, 「근로기준법」 제15조부터 **제36조(근로자 퇴직 시 금품청산)**까지, 제39조, 제41조부터 제43조까지, 제43조의2, 제43조의3, 제44조, 제44조의2, 제44조의3, **제45조부터 제48조까지(제46조 휴업수당)**, **제56조(야간근로수당)**, **제60조(연차유급휴가)**, 제64조, 제66조부터 제68조까지 및 제78조부터 제92조까지의 규정을 적용할 때에는 **파견사업주를 사용자로 보고,** 같은 법 제50조부터 제55조까지, 제58조, 제59조, 제62조, 제63조, 제69조부터 제74조까지, 제74조의2 및 제75조를 적용할 때에는 사용사업주를 사용자로 본다.

 ①

19 산업안전보건법상 유해·위험 방지 조치 중 사업주의 의무로 명시되어 있지 않은 것은?

① 위험평가의 실시(산업안전법 제36조)
② 공정안전보고서의 작성·제출(산업안전보건법 제44조)
③ 중대재해 원인조사(산업안전보건법 제56조)
④ 유해·위험방지계획서의 작성·제출(산업안전보건법 제42조)
⑤ 안전보건표지의 설치· 부착(산업안전보건법 제37조)

해설 ③ 중대재해 원인조사는 고용노동부장관의 권한

 ③

20 최저임금법령상 최저임금의 적용을 받는 사용자가 근로자에게 주지시켜야 할 최저임금의 내용을 모두 고른 것은?

ㄱ. 적용을 받는 근로자의 최저임금액
ㄴ. 최저임금에 산입하지 아니하는 임금
ㄷ. 해당 사업에서 최저임금의 적용을 제외할 근로자의 범위
ㄹ. 최저임금의 효력발생 연월일

① ㄱ, ㄷ ② ㄴ, ㄹ ③ ㄱ, ㄴ, ㄷ ④ ㄱ, ㄴ, ㄹ ⑤ ㄱ, ㄴ, ㄷ, ㄹ

해설 최저임금법 제11조, 동법 시행령 제11조 제1항

정답 ⑤

21 외국인근로자의 고용 등에 관한 법률에 관한 설명으로 옳지 않은 것은?

① 사용자는 외국인근로자의 귀국 시 필요한 비용에 충당하기 위해 보험 또는 신탁에 가입해야 한다.
② 외국인근로자를 고용하려는 자는 「직업안정법」에 따른 직업안정기관에 우선 내국인 구인 신청을 하여야 한다.
③ 외국인근로자는 입국한 후에 국내 취업활동에 필요한 사항을 주지시키기 위하여 실시하는 교육을 받아야 한다.
④ 취업활동 기간이 연장되는 외국인근로자와 사용자는 연장된 취업활동 기간의 범위에서 근로계약을 체결할 수 있다.
⑤ 「선원법」의 적용을 받는 선박에 승무하는 선원중 대한민국 국적을 가지지 아니한 선원에 대하여는 「외국인근로자의 고용 등에 관한 법률」을 적용하지 않는다.

해설 ① 외국인고용법 제15조 제1항, 외국인고용법 제13조 제1항

제13조(출국만기보험 · 신탁) ① 외국인근로자를 고용한 사업 또는 사업장의 사용자(이하 "사용자"라 한다)는 **외국인근로자의 출국** 등에 따른 **퇴직금 지급을 위하여** 외국인근로자를 피보험자 또는 수익자(이하 "피보험자 등"이라 한다)로 하는 **보험 또는 신탁**(이하 "출국만기보험등"이라 한다)에 가입하여야 한다.

제15조(귀국비용보험 · 신탁) ① 외국인근로자는 **귀국 시 필요한 비용**에 충당하기 위하여 **보험 또는 신탁**에 가입하여야 한다.

② 외국인고용법 제6조 제1항
③ 외국인고용법 제11조 제1항
④ 외국인고용법 제9조 제4항
⑤ 외국인고용법 제3조 제1항

정답 ①

22 근로복지기본법에 따라 근로자의 복지향상을 위한 지원을 할 때 우대될 수 있도록 하여야 하는 근로자를 모두 고른 것은?

ㄱ. 중소 영세기업 근로자
ㄴ. 저소득근로자
ㄷ. 장기근속근로자
ㄹ. 「파견근로자 보호 등에 관한 법률」에 따른 파견근로자

① ㄱ, ㄴ
② ㄱ, ㄷ
③ ㄱ, ㄴ, ㄹ
④ ㄴ, ㄷ, ㄹ
⑤ ㄱ, ㄴ, ㄷ, ㄹ

제3조(근로복지정책의 기본원칙)
③ 이 법에 따른 근로자의 복지향상을 위한 지원을 할 때에는 **중소 · 영세기업 근로자**, 기간제근로자(「기간제 및 단시간근로자 보호 등에 관한 법률」 제2조 제1호에 따른 기간제근로자를 말한다), 단시간근로자(「근로기준법」 제2조 제1항 제9호에 따른 단시간근로자를 말한다), **파견근로자**(「파견근로자 보호 등에 관한 법률」 제2조 제5호에 따른 파견근로자를 말한다. 이하 같다), 하수급인(「고용보험 및 산업재해보상보험의 보험료징수 등에 관한 법률」 제2조 제5호에 따른 하수급인을 말한다)이 고용하는 근로자, **저소득근로자 및 장기근속근로자가 우대될 수 있도록** 하여야 한다.

 ⑤

23 직업안정법에 관한 설명으로 옳은 것은?

① 고용노동부장관은 직업안정기관에 직업소개, 직업지도 및 고용정보 제공 등의 업무를 담당하는 민간직업상담원을 배치하여야 한다.
② 고용노동부장관은 새로 취업하려는 사람에게 직업지도를 하여야 한다.
③ 누구든지 국외에 취업할 근로자를 모집한 경우에는 고용노동부장관에게 신고하여야 한다.
④ 고용노동부장관은 무료직업소개사업 경비의 전부 또는 일부를 보조하여야 한다.
⑤ 직업안정기관의 장은 구직신청 내용이 법령을 위반한 경우에도 구직신청의 수리를 거부하여서는 아니 된다.

해설 ① 직업안정법 제4조의4 제1항. '배치할 수 있다.'
② 직업안정법 제14조의4 제1항 제1호. '고용노동부장관'
③ 직업안정법 제30조 제1항
④ 직업안정법 제45조. '보조할 수 있다.'
⑤ 직업안정법 제9조 제1항.
'~다만, 그 신청 내용이 법령을 위반한 경우에는 그러하지 아니하다.'

정답 ③

24 근로자퇴직급여 보장법령상 퇴직급여제도에 관한 설명으로 옳지 않은 것은?

① 가입자의 부양가족의 혼례비를 가입자가 부담하는 경우에는 퇴직연금제동의 급여를 받을 권리는 담보로 제공할 수 없다.
② 무주택자인 가입자가 본인 명의로 주택을 구입하는 경우 가입자별 적립금의 100분의 50 한도에서 퇴직연금제도의 급여를 받을 권리를 담보로 제공할 수 있다.
③ 6개월 이상 요양을 필요로 하는 근로자의 부상의료비를 근로자 본인 연간 임금총액의 1천분의 125를 초과하여 부담하는 경우 퇴직금을 미리 정산하여 지급할 수 있다.
④ 퇴직금을 중간정산하여 지급한 후의 퇴직금 산정을 위한 계속근로기간은 정산시점부터 새로 계산한다.
⑤ 사용자는 퇴직금을 미리 정산하여 지급한 경우 근로자가 퇴직한 후 5년이 되는 날까지 관련 증명 서류를 보존하여야 한다.

해설 ① 근퇴법 제7조 제2항 전문, 동법 시행령 제2조 제1항 제4의2호

근퇴법 제7조(수급권의 보호) ② 제1항에도 불구하고 가입자는 주택구입 등 **대통령령**으로 정하는 사유와 요건을 갖춘 경우에는 대통령령으로 정하는 한도에서 퇴직연금제도의 급여를 받을 권리를 **담보로 제공할 수 있다.**

근퇴법 시행령 제2조(퇴직연금제도 수급권의 담보제공 사유 등) ① 「근로자퇴직급여 보장법」(이하 "법"이라 한다) 제7조 제2항 전단에서 "주택구입 등 대통령령으로 정하는 사유와 요건을 갖춘 경우"란 다음 각 호의 어느 하나에 해당하는 경우를 말한다. 〈개정 2015. 12. 15., 2019. 7. 2., 2019. 10. 29., 2020. 11. 3.〉
1. 무주택자인 가입자가 본인 명의로 주택을 구입하는 경우
1의2. 무주택자인 가입자가 주거를 목적으로 「민법」 제303조에 따른 전세금 또는 「주택임대차보호법」 제3조의2에 따른 보증금을 부담하는 경우. 이 경우 가입자가 하나의 사업 또는 사업장(이하 "사업"이라 한다)에 근로하는 동안 1회로 한정한다.
2. 가입자가 6개월 이상 요양을 필요로 하는 다음 각 목의 어느 하나에 해당하는 사람의 질병이나 부상에 대한 의료비(「소득세법 시행령」 제118조의5 제1항 및 제2항에 따른 의료비를 말한다. 이하 같다)를 부담하는 경우
가. 가입자 본인
나. 가입자의 배우자
다. 가입자 또는 그 배우자의 부양가족(「소득세법」 제50조 제1항 제3호에 따른 부양가족을 말한다. 이하 같다)
3. 담보를 제공하는 날부터 거꾸로 계산하여 5년 이내에 가입자가 「채무자 회생 및 파산에 관한 법률」에 따라 파산선고를 받은 경우
4. 담보를 제공하는 날부터 거꾸로 계산하여 5년 이내에 가입자가 「채무자 회생 및 파산에 관한 법률」에 따라 개인회생절차개시 결정을 받은 경우
4의2. 다음 각 목의 어느 하나에 해당하는 사람의 대학등록금, 혼례비 또는 장례비를 가입자가 부담하는 경우
가. 가입자 본인
나. 가입자의 배우자
다. 가입자 또는 그 배우자의 부양가족
5. 사업주의 휴업 실시로 근로자의 임금이 감소하거나 재난(「재난 및 안전관리 기본법」 제3조 제1호에 따른 재난을 말한다. 이하 같다)으로 피해를 입은 경우로서 고용노동부장관이 정하여 고시하는 사유와 요건에 해당하는 경우
② 법 제7조 제2항 전단에서 "대통령령으로 정하는 한도"란 다음 각 호의 구분에 따른 한도를 말한다. 〈개정 2015. 12. 15., 2020. 11. 3.〉
1. 제1항 제1호, 제1호의2, 제2호부터 제4호까지 및 제4호의2의 경우: 가입자별 적립금의 100분의 50

2. 제1항제5호의 경우: 임금 감소 또는 재난으로 입은 가입자의 피해 정도 등을 고려하여 고용노동부장관이 정하여 고시하는 한도

② 근퇴법 제7조 제2항 전문, 동법 시행령 제2조 제1항 제1호, 제2항 제1호
③ 근퇴법 제8조 제2항 전문, 동법 시행령 제3조 제1항 제3호 가목
④ 근퇴법 제8조 제2항 후문
⑤ 동법 시행령 제3조 제2항

정답 ①

25 임금채권보장법령상 대지급금에 관한 설명으로 옳지 않은 것은?

① 퇴직한 근로자의 대지급금을 지급받을 권리는 양도 또는 압류하거나 담보로 제공할 수 없다.
② 대지급금을 받을 권리가 있는 사람이 부상으로 대디급금을 수령할 수 없는 경우에는 그 가족에게 수령을 위임할 수 있다.
③ 도산대지급금의 경우 도산등사실인정이 있은 날부터 1년 이내 고용노동부장관에게 대지급금 지급을 청구해야 한다.
④ 대지급금수급계좌의 예금에 관한 채권은 압류할 수 없다.
⑤ 재직 근로자에 대한 대지급금은 해당 근로자가 하나의 사업에 근로하는 동안 1회만 지급한다.

해설 ① 임금채권보장법 제11조의2 제1항
② 임금채권보장법 제11조의2 제2항, 동법 시행령 제18조의2 제1항
③ 동법 시행령 제9조 제1항 제1호
'도산 등 사실인정이 있은 날부터 2년 이내에'
④ 임금채권보장법 제11조의2 제4항
⑤ 임금채권보장법 제7조의2 제4항

정답 ③

2022년도 제31회 공인노무사 노동법 (1) 기출문제

01 근로기준법령상 3개월을 초과하는 탄력적 근로시간제에 관한 규정에 따라 사용자와 근로자대표가 서면 합의로 정하는 사항에 해당하지 않는 것은?

① 대상 근로자의 범위
② 단위기간(3개월을 초과하고 6개월 이내의 일정한 기간으로 정하여야 한다)
③ 단위기간의 주별 근로시간
④ 단위기간의 일별 근로시간
⑤ 서면 합의의 유효기간

해설 근로기준법령상 3개월을 초과하는 탄력적 근로시간제에 관한 규정에 따라 사용자와 근로자대표가 서면 합의로 정하는 사항은 다음과 같다.
(근로기준법 제51조의 2 제1항, 근로기준법 시행령 제28조의 2 제1항)
1. 대상 근로자의 범위
2. 단위기간(3개월을 초과하고 6개월 이내의 일정한 기간으로 정하여야 한다)
3. 단위기간의 주별 근로시간
4. 서면 합의의 유효기간

정답 ④

02 근로기준법상 직장 내 괴롭힘의 금지 및 발생 시 조치에 관한 설명으로 옳은 것은?

① 근로자에게 신체적·정신적 고통을 주는 행위 외에 근무환경을 악화시키는 행위는 직장 내 괴롭힘에 관한 규정으로 규율되지 아니한다.
② 직장 내 괴롭힘의 발생 사실을 알게 된 경우 그 피해근로자의 동의가 없으면 누구든지 그 사실을 사용자에게 신고할 수 없다.
③ 사용자는 직장 내 괴롭힘 사실을 인지하더라도 그 신고의 접수가 없으면 사실 확인을 위한 조사를 실시할 수 없다.
④ 사용자는 조사 결과 직장 내 괴롭힘 발생 사실이 확인된 때에는 피해근로자의 요청과 무관하게 피해근로자의 근무장소 변경, 배치전환 등 적절한 조치를 하여야 한다.
⑤ 사용자는 직장 내 괴롭힘의 피해근로자는 물론 그 발생 사실을 신고한 근로자에게도 해고나 그 밖의 불리한 처우를 하여서는 아니된다.

해설 ① 사용자 또는 근로자는 직장에서의 지위 또는 관계 등의 우위를 이용하여 업무상 적정범위를 넘어 다른 근로자에게 신체적·정신적 고통을 주거나 근무환경을 악화시키는 행위(이하 '직장 내 괴롭힘'이라 한다)를 하여서는 아니 된다(근로기준법 제76조의 2)
② 누구든지 직장 내 괴롭힘 발생 사실을 알게 된 경우 그 사실을 사용자에게 신고할 수 있다(근로기준법 제76조의 3 제1항). 신고는 피해근로자의 동의와는 무관하게 할 수 있다.

③ 사용자는 신고를 접수하거나 직장 내 괴롭힘 발생 사실을 인지한 경우에는 지체 없이 당사자 등을 대상으로 그 사실 확인을 위하여 객관적으로 조사를 실시하여야 한다(근로기준법 제76조의3 제2항).
④ 사용자는 제2항에 따른 조사 결과 직장 내 괴롭힘 발생 사실이 확인된 때에는 피해근로자가 요청하면 근무장소의 변경, 배치전환, 유급휴가 명령 등 적절한 조치를 하여야 한다(근로기준법 제76조의3 제4항).
⑤ 근로기준법 제76조의3 제6항

정답 ⑤

03 근로기준법상 근로감독관 등에 관한 설명으로 옳지 않은 것은?

① 근로조건의 기준을 확보하기 위하여 고용노동부와 그 소속 기관에 근로감독관을 둔다.
② 근로감독관은 사업장을 현장조사하고 장부와 서류의 제출을 요구할 수 있으며 사용자와 근로자에 대하여 심문(尋問)할 수 있다.
③ 의사인 근로감독관은 취업을 금지하여야 할 질병에 걸릴 의심이 있는 근로자에 대하여 검진할 수 있다.
④ 근로감독관은 근로감독관을 그만 둔 경우에도 직무상 알게 된 비밀을 엄수하여야 한다.
⑤ 「근로기준법」에 따른 현장조사, 서류의 제출, 근로감독관의 직무에 관한 범죄 등의 수사는 검사와 근로감독관이 전담하여 수행한다.

해설 ① 근로기준법 제101조 제1항
② 근로기준법 제102조 제1항
③ 근로기준법 제102조 제2항
④ 근로기준법 제103조
⑤ 이 법이나 그 밖의 노동 관계 법령에 따른 현장조사, 서류의 제출, 심문 등의 수사는 검사와 근로감독관이 전담하여 수행한다. 다만, 근로감독관의 직무에 관한 범죄의 수사는 그러하지 아니하다(근로기준법 제105조).

정답 ⑤

04 근로기준법령상 임금명세서의 기재사항으로 명시된 것을 모두 고른 것은?

ㄱ. 임금 총액	ㄴ. 임금지급일	ㄷ. 고용 연월일	ㄹ. 종사하는 업무

① ㄱ, ㄴ ② ㄷ, ㄹ ③ ㄱ, ㄴ, ㄹ ④ ㄴ, ㄷ, ㄹ ⑤ ㄱ, ㄴ, ㄷ, ㄹ

해설 (1) 사용자는 임금을 지급하는 때에는 근로자에게 임금의 구성항목 · 계산방법, 제43조제1항 단서에 따라 임금의 일부를 공제한 경우의 내역 등 대통령령으로 정하는 사항을 적은 임금명세서를 서면(「전자문서 및 전자거래 기본법」 제2조제1호에 따른 전자문서를 포함한다)으로 교부하여야 한다(근로기준법 제48조 제2항, 신설 2021. 5. 18.)
(2) 사용자는 법 제48조 제2항에 따른 임금명세서에 다음 각호의 사항을 적어야 한다(근로기준법 시행령 제27조의 2, 본조신설 2021. 11. 19.).
1. 근로자의 성명, 생년월일, 사원번호 등 근로자를 특정할 수 있는 정보
2. 임금지급일
3. 임금 총액
4. 기본급, 각종 수당, 상여금, 성과금, 그 밖의 임금의 구성항목별 금액(통화 이외의 것으로 지급된 임금이 있는 경우에는 그 품명 및 수량과 평가총액을 말한다)
5. 임금의 구성항목별 금액이 출근일수 · 시간 등에 따라 달라지는 경우에는 임금의 구성항목별 금액의 계산방법(연

장근로, 야간근로 또는 휴일근로의 경우에는 그 시간 수를 포함한다)
6. 법 제43조 제1항 단서에 따라 임금의 일부를 공제한 경우에는 임금의 공제 항목별 금액과 총액 등 공제내역

※참조 : 근로기준법 시행령 제27조(임금대장의 기재사항)
① 사용자는 법 제48조 제1항에 따른 임금대장에 다음 각 호의 사항을 근로자 개인별로 적어야 한다. 〈개정 2021. 10. 14., 2021. 11. 19.〉
1. 성명
2. 생년월일, 사원번호 등 근로자를 특정할 수 있는 정보
3. 고용 연월일
4. 종사하는 업무
5. 임금 및 가족수당의 계산기초가 되는 사항
6. 근로일수
7. 근로시간수
8. 연장근로, 야간근로 또는 휴일근로를 시킨 경우에는 그 시간수
9. 기본급, 수당, 그 밖의 임금의 내역별 금액(통화 외의 것으로 지급된 임금이 있는 경우에는 그 품명 및 수량과 평가총액)
10. 법 제43조 제1항 단서에 따라 임금의 일부를 공제한 경우에는 그 금액
② 사용기간이 30일 미만인 일용근로자에 대해서는 제1항 제2호 및 제5호의 사항을 적지 않을 수 있다. 〈개정 2021. 10. 14.〉
③ 다음 각 호의 어느 하나에 해당하는 근로자에 대해서는 제1항 제7호 및 제8호의 사항을 적지 않을 수 있다. 〈개정 2021. 10. 14.〉
1. 법 제11조 제2항에 따른 상시 4명 이하의 근로자를 사용하는 사업 또는 사업장의 근로자
2. 법 제63조 각 호의 어느 하나에 해당하는 근로자

정답 ①

05 근로기준법령상 재량근로의 대상업무로 명시되지 않은 것은?

① 인문사회과학분야의 연구 업무
② 정보처리시스템의 교육 업무
③ 신문 사업에서의 기사의 취재 업무
④ 의복의 디자인 업무
⑤ 영화 제작 사업에서의 프로듀서 업무

해설 정보처리시스템의 설계 또는 분석 업무는 대상업무이나 교육업무는 대상업무가 아님

근로기준법 시행령 제31조(재량근로의 대상업무)
1. 신상품 또는 신기술의 연구개발이나 인문사회과학 또는 자연과학분야의 연구 업무
2. 정보처리시스템의 설계 또는 분석 업무
3. 신문, 방송 또는 출판 사업에서의 기사의 취재, 편성 또는 편집 업무
4. 의복·실내장식·공업제품·광고 등의 디자인 또는 고안 업무
5. 방송 프로그램·영화 등의 제작 사업에서의 프로듀서나 감독 업무
6. 그 밖에 고용노동부장관이 정하는 업무

정답 ②

06 근로기준법상 18세 미만인 사람에 관한 설명으로 옳지 않은 것은?

① 사용자는 18세 미만인 사람을 보건상 유해·위험한 사업에 사용하지 못한다.
② 사용자는 18세 미만인 사람에 대하여는 그 연령을 증명하는 가족관계기록사항에 관한 증명서 또는 친권자나 후견인의 동의서를 사업장에 갖추어 두어야 한다.
③ 사용자는 18세 미만인 사람과 근로계약을 체결하는 경우에는 법령에 따른 근로조건을 서면으로 명시하여 교부하여야 한다.
④ 18세 미만인 사람의 근로시간은 당사자 사이의 합의에 따라 1일에 1시간, 1주에 5시간을 한도로 연장할 수 있다.
⑤ 18세 미만인 사람의 동의가 있는 경우로서 고용노동부장관의 인가를 받으면 사용자는 18세 미만인 사람을 휴일에 근로시킬 수 있다.

해설 ① 근로기준법 제65조 제1항
② 사용자는 18세 미만인 사람에 대하여는 그 연령을 증명하는 가족관계기록사항에 관한 증명서와 친권자 또는 후견인의 동의서를 사업장에 갖추어 두어야 한다(근로기준법 제66조). '또는' 이 아니다. 연소자증명서는 가족관계증명서와 동의서 둘 다 갖추어 두어야 한다.
③ 근로기준법 제67조 제3항
④ 근로기준법 제69조
⑤ 근로기준법 제70조 제2항 제1호

정답 ②

07 근로기준법상 근로시간과 휴식에 관한 설명으로 옳은 것은?

① 사용자는 모든 근로자에게 근로시간이 8시간인 경우에는 30분의 휴게시간을 근로시간 도중에 주어야 한다.
② 사용자는 근로자에게 매월 평균 1회 이상의 유급휴일을 보장해야 한다.
③ 사용자는 근로자에게 대통령령으로 정하는 휴일을 유급으로 보장하여야 하므로 근로자대표와 서면 합의를 하였더라도 특정한 근로일로 대체할 수 없다.
④ 사용자는 8시간을 초과한 연장근로에 대하여는 통상임금의 100분의 100 이상을 가산하여 지급하여야 한다.
⑤ 사용자는 근로자대표와의 서면 합의에 따라 야간근로에 대하여 임금을 지급하는 것을 갈음하여 휴가를 줄 수 있다.

해설 ① 사용자는 근로시간이 4시간인 경우에는 30분 이상, 8시간인 경우에는 1시간 이상의 휴게시간을 근로시간 도중에 주어야 한다(근로기준법 제54조 제1항).
② 사용자는 근로자에게 1주에 평균 1회 이상의 유급휴일을 보장하여야 한다(근로기준법 제55조 제1항).
③ 사용자는 근로자에게 대통령령으로 정하는 휴일을 유급으로 보장하여야 한다. 다만, 근로자대표와 서면으로 합의한 경우 특정한 근로일로 대체할 수 있다(근로기준법 제55조 제2항).
④ 사용자는 연장근로에 대하여는 통상임금의 100분의 50 이상을 가산하여 근로자에게 지급하여야 한다(근로기준법 제56조 제1항).
⑤ 사용자는 근로자대표와의 서면 합의에 따라 연장근로, 야간근로 및 휴일근로 등에 대하여 임금을 지급하는 것을 갈음하여 휴가를 줄 수 있다(근로기준법 제57조).

정답 ⑤

08 근로기준법상 취업규칙에 관한 설명으로 옳지 않은 것은? (다툼이 있으면 판례에 따름)

① 근로자에게 불이익하게 변경된 취업규칙은 집단적 동의를 받았다고 하더라도 근로자의 개별적 동의가 없는 한 그 취업규칙보다 유리한 근로계약의 내용이 우선하여 적용된다.

② 사용자는 취업규칙의 작성 시 해당 사업 또는 사업장에 근로자의 과반수로 조직된 노동조합이 없는 경우에는 근로자의 과반수의 의견을 들어야 한다.

③ 취업규칙에서 근로자에 대하여 감급(減給)의 제재를 정할 경우에 그 감액은 1회의 금액이 통상임금의 1일분의 2분의 1을, 총액이 1임금지급기의 임금 총액의 5분의 1을 초과하지 못한다.

④ 표창과 제재에 관한 사항이 없는 취업규칙의 경우 고용노동부장관은 그 변경을 명할 수 있다.

⑤ 취업규칙이 기존의 근로자에게 불이익하게 변경되었는지 여부를 불문하고 사용자가 취업규칙을 변경한 후 신규 취업한 근로자에게는 변경된 취업규칙이 적용된다.

노동법 (1)

해설 ① 근로자에게 불리한 내용으로 변경된 취업규칙은 집단적 동의를 받았다고 하더라도 그보다 유리한 근로조건을 정한 기존의 개별 근로계약 부분에 우선하는 효력을 갖는다고 할 수 없다. 이 경우에도 근로계약의 내용은 유효하게 존속하고, 변경된 취업규칙의 기준에 의하여 유리한 근로계약의 내용을 변경할 수 없으며, 근로자의 개별적 동의가 없는 한 취업규칙보다 유리한 근로계약의 내용이 우선하여 적용된다(대판 2019. 11. 14. 2018다200709).

② 근로기준법 제94조 제1항

③ 취업규칙에서 근로자에 대하여 감급(減給)의 제재를 정할 경우에 그 감액은 1회의 금액이 평균임금의 1일분의 2분의 1을, 총액이 1임금지급기의 임금 총액의 10분의 1을 초과하지 못한다(근로기준법 제95조). 통상임금이 아니라 평균임금이고 5분의 1이 아니라 10분의 1을 초과하지 못한다.

④ 표창과 제재에 관한 사항은 취업규칙의 필요적 기재사항으로 근로기준법이 규정하고 있으며(근로기준법 제93조 제8호), 고용노동부장관은 법령이나 단체협약에 어긋나는 취업규칙의 변경을 명할 수 있다(근로기준법 제96조 제2항).

⑤ 사용자가 취업규칙을 변경한 경우에 취업규칙의 변경이 기존의 근로자에게 불이익한지 여부를 불문하고 취업규칙의 변경은 유효하여 현행의 법규적 효력을 가진 취업규칙은 변경된 취업규칙이므로, 그 변경 후에 근로관계를 갖게 된 근로자에 대하여는 변경된 취업규칙이 적용된다(대판 1999. 11. 12. 99다30473).

정답 ③

09 근로기준법령상 임금에 관한 설명으로 옳지 않은 것은? (다툼이 있으면 판례에 따름)

① 통상임금에는 1개월 이내의 주기마다 정기적으로 지급되는 임금과 수당만이 포함된다.

② 산출된 평균임금액이 그 근로자의 통상임금보다 적으면 그 통상임금액을 평균임금으로 한다.

③ 임금은 매월 1회 이상 일정한 날짜를 정하여 지급하여야 하며, 다만 임시로 지급하는 임금에 대하여는 그러하지 아니하다.

④ 평균임금의 산정기간 중에 출산전후휴가 기간이 있는 경우에는 그 기간과 그 기간 중에 지급된 임금은 평균임금 산정기준이 되는 기간과 임금의 총액에서 각각 뺀다.

⑤ 평균임금이란 이를 산정하여야 할 사유가 발생한 날 이전 3개월 동안에 그 근로자에게 지급된 임금의 총액을 그 기간의 총일수로 나눈 금액을 말한다.

해설 ① 정기상여금의 경우 그 지급주기가 1개월을 넘는다는 사정만으로 통상임금에서 제외된다고 할 수 없다[대판(전합) 2013. 12. 18. 2012다89399].

② 근로기준법 제2조 제2항

③ 근로기준법 제34조 제2항
④ 근로기준법 시행령 제2조 제1항
⑤ 근로기준법 제2조 제1항 제6호

정답 ①

10 근로기준법상 구제명령 등에 관한 설명으로 옳은 것은?

① 중앙노동위원회의 재심판정에 대하여 사용자나 근로자는 재심판정서를 송달받은 날부터 20일 이내에 「행정소송법」의 규정에 따라 소(訴)를 제기할 수 있다.
② 노동위원회의 구제명령, 기각결정 또는 재심판정은 중앙노동위원회에 대한 재심 신청이나 행정소송 제기에 의하여 그 효력이 정지된다.
③ 노동위원회는 부당해고에 대한 구제명령을 할 때에 근로자의 의사와 무관하게 사용자가 원하지 아니하면 원직복직을 명하는 대신 해고기간 동안 임금 상당액 이상의 금품을 근로자에게 지급하도록 명하여야 한다.
④ 노동위원회가 이행강제금을 부과할 때에는 이행강제금의 액수, 부과 사유 등을 구두로 통보하여야 한다.
⑤ 노동위원회는 이행강제금 납부의무자가 납부기한까지 이행강제금을 내지 아니하면 기간을 정하여 독촉을 하고 지정된 기간에 이행강제금을 내지 아니하면 국세 체납처분의 예에 따라 징수할 수 있다.

해설 ① 중앙노동위원회의 재심판정에 대하여 사용자나 근로자는 재심판정서를 송달받은 날부터 15일 이내에 「행정소송법」의 규정에 따라 소(訴)를 제기할 수 있다(근로기준법 제31조 제2항).
② 노동위원회의 구제명령, 기각결정 또는 재심판정은 제31조에 따른 중앙노동위원회에 대한 재심 신청이나 행정소송 제기에 의하여 그 효력이 정지되지 아니한다(근로기준법 제32조).
③ 노동위원회는 제1항에 따른 구제명령(해고에 대한 구제명령만을 말한다)을 할 때에 근로자가 원직복직(原職復職)을 원하지 아니하면 원직복직을 명하는 대신 근로자가 해고기간 동안 근로를 제공하였더라면 받을 수 있었던 임금 상당액 이상의 금품을 근로자에게 지급하도록 명할 수 있다(근로기준법 제30조 제3항).
④ 이행강제금을 부과할 때에는 이행강제금의 액수, 부과 사유, 납부기한, 수납기관, 이의제기방법 및 이의제기기관 등을 명시한 문서로써 하여야 한다(근로기준법 제33조 제3항).
⑤ 근로기준법 제33조 제7항

정답 ⑤

11 근로자의 징계 등에 관한 설명으로 옳지 않은 것은? (다툼이 있으면 판례에 따름)

① 징계처분에서 징계사유로 삼지 아니한 비위행위라도 피징계자의 평소의 소행과 근무성적, 그 징계처분 사유 전후에 저지른 비위행위사실 등은 징계양정의 참작자료로 삼을 수 있다.
② 취업규칙에 따라 소명기회를 부여하였더라도 징계위원회가 그 개개의 혐의 사항에 대하여 구체적으로 질문하고 징계대상자가 이에 대하여 빠짐없이 진술하도록 조치하지 않았다면 부당한 징계가 된다.
③ 대기발령은 그 사유가 정당한 경우에도 그 기간은 합리적인 범위 내에서 이루어져야 한다.
④ 여러 개의 징계사유 중 일부가 인정되지 않더라도 인정되는 다른 일부 징계사유만으로도 해당 징계처분의 타당성을 인정하기에 충분한 경우에는 그 징계처분이 위법하지 않다.
⑤ 노동조합 간부에 대한 징계처분을 함에 있어 노동조합과 합의하도록 단체협약에 규정된 경우 그 합의를 거치지 않은 징계처분은 원칙적으로 무효이다.

해설 ① 해고는 사회통념상 고용관계를 계속할 수 없을 정도로 근로자에게 책임 있는 사유가 있는 경우에 행하여져야 정당하다고 인정되고, 사회통념상 당해 근로자와 고용관계를 계속할 수 없을 정도에 이르렀는지 여부는 당해 사용자의 사업 목적과 성격, 사업장의 여건, 당해 근로자의 지위 및 담당직무의 내용, 비위행위의 동기와 경위, 이로 인하여 기업의 위계질서가 문란하게 될 위험성 등 기업질서에 미칠 영향, 과거의 근무태도 등 여러 가지 사정을 종합적으로 검토하되, 근로자에게 여러 가지 징계혐의 사실이 있는 경우에는 징계사유 하나씩 또는 그 중 일부의 사유만을 가지고 판단할 것이 아니고 전체의 사유에 비추어 판단하여야 하며, 징계처분에서 징계사유로 삼지 아니한 비위행위라도 징계종류 선택의 자료로서 피징계자의 평소 소행과 근무성적, 당해 징계처분 사유 전후에 저지른 비위행위 사실 등은 징계양정을 하면서 참작자료로 삼을 수 있다(대판 2011. 3. 24. 2010다21962)

② 단체협약에서 당사자에게 징계사유와 관련한 소명기회를 주도록 규정하고 있는 경우에도 그 대상자에게 그 기회를 제공하면 되며, 소명 그 자체가 반드시 이루어져야 하는 것은 아니다(대판 2007. 12. 27. 2007다51758 참조). 그리고 징계위원회에서 징계대상자에게 징계혐의 사실을 고지하고 그에 대하여 진술할 기회를 부여하면 충분하며, 그 혐의사실 개개의 사항에 대하여 구체적으로 발문하여 징계대상자가 이에 대하여 빠짐없이 진술하도록 조치하여야 하는 것은 아니다(대판 1995. 7. 14. 94누11491 참조)

③ 대기발령과 같은 잠정적인 인사명령이 명령 당시에는 정당한 경우라고 하더라도, 그러한 명령의 목적과 실제 기능, 유지의 합리성 여부 및 그로 인하여 근로자가 받게 될 신분상·경제상의 불이익 등 구체적인 사정을 모두 참작하여 그 기간은 합리적인 범위 내에서 이루어져야 한다.

④ 여러 개의 징계사유 중 일부가 인정되지 않더라도 인정되는 다른 일부 징계사유만으로도 해당 징계처분의 타당성을 인정하기에 충분한 경우에는 그 징계처분을 유지하여도 위법하지 아니하다(대판 1983. 4. 26. 82누405; 대판 2004. 6. 25. 2002다51555 등 참조)

⑤ 사용자가 인사처분을 할 때 노동조합의 사전 동의나 승낙을 얻어야 한다거나 노동조합과 인사처분에 관한 논의를 하여 의견 합치를 보아 인사처분을 하도록 단체협약 등에 규정된 경우 그 절차를 거치지 아니한 인사처분은 원칙적으로 무효로 보아야 한다. 다만, 노동조합이 사전합의권을 남용하거나 스스로 사전합의권 행사를 포기하였다고 인정되는 경우에는 사용자가 이러한 합의 없이 한 인사처분도 유효하다고 보아야 한다(대판 2012. 6. 28. 2010다38007)

 정답 ②

12 근로기준법상 연차 유급휴가에 관한 설명으로 옳지 않은 것은?

① 사용자는 계속하여 근로한 기간이 1년 미만인 근로자에게 1개월 개근 시 1일의 연차유급휴가를 주어야 한다.

② 사용자는 1년간 80퍼센트 미만 출근한 근로자에게 1개월 개근 시 1일의 연차 유급휴가를 주어야 한다.

③ 연차 유급휴가 일수의 산정 시 근로자가 업무상의 질병으로 휴업한 기간은 출근한 것으로 보지 않는다.

④ 사용자가 근로자에게 주어야 하는 연차 유급휴가의 총 휴가 일수는 가산휴가를 포함하여 25일을 한도로 한다.

⑤ 사용자는 근로자대표와의 서면 합의에 따라 연차 유급휴가일을 갈음하여 특정한 근로일에 근로자를 휴무시킬 수 있다.

해설 ①, ② 사용자는 계속하여 근로한 기간이 1년 미만인 근로자 또는 1년간 80퍼센트 미만 출근한 근로자에게 1개월 개근 시 1일의 유급휴가를 주어야 한다(근로기준법 제60조 제2항).

③ 제1항 및 제2항을 적용하는 경우 다음 각 호의 어느 하나에 해당하는 기간은 출근한 것으로 본다(근로기준법 제60조 제6항).

1. 근로자가 업무상의 부상 또는 질병으로 휴업한 기간
2. 임신 중의 여성이 제74조 제1항부터 제3항까지의 규정에 따른 휴가로 휴업한 기간

3. 「남녀고용평등과 일·가정 양립 지원에 관한 법률」 제19조 제1항에 따른 육아휴직으로 휴업한 기간

④ 근로기준법 제60조 제4항

⑤ 사용자는 근로자대표와의 서면 합의에 따라 제60조에 따른 연차 유급휴가일을 갈음하여 특정한 근로일에 근로자를 휴무시킬 수 있다(근로기준법 제62조).

정답 ③

13 근로기준법상 근로계약에 관한 설명으로 옳은 것을 모두 고른 것은? (다툼이 있으면 판례에 따름)

ㄱ. 사용자는 근로계약에 덧붙여 강제 저축 또는 저축금의 관리를 규정하는 계약을 체결하지 못한다.
ㄴ. 단시간근로자의 근로조건은 그 사업장의 같은 종류의 업무에 종사하는 통상 근로자의 근로시간을 기준으로 산정한 비율에 따라 결정되어야 한다.
ㄷ. 소정근로시간은 사용자가 근로계약을 체결할 때에 근로자에게 명시하여야 할 사항에 해당한다.
ㄹ. 시용근로관계는 사용자가 본 근로계약 체결의 거절을 구두로 통보하면 그 근로관계 종료의 정당성이 인정된다.

① ㄱ, ㄴ ② ㄷ, ㄹ ③ ㄱ, ㄴ, ㄷ ④ ㄴ, ㄷ, ㄹ ⑤ ㄱ, ㄴ, ㄷ, ㄹ

해설 ㄱ. (○) 근로기준법 제22조 제1항

ㄴ. (○) 근로기준법 제18조 제1항

ㄷ. (○) 근로기준법 제17조 제1항 제2호

ㄹ. (×) 근로기준법 규정의 내용과 취지, 시용기간 만료 시 본 근로계약 체결 거부의 정당성 요건 등을 종합하면, 시용근로관계에서 사용자가 본 근로계약 체결을 거부하는 경우에는 근로자에게 거부사유를 파악하여 대처할 수 있도록 구체적·실질적인 거부사유를 서면으로 통지하여야 한다(대판 2015. 11. 27. 2015두48136; 근로기준법 제27조 참조).

정답 ③

14 파견근로자 보호 등에 관한 법률에 대한 설명으로 옳지 않은 것은?

① 파견사업주는 쟁의행위 중인 사업장에 그 쟁의행위로 중단된 업무의 수행을 위하여 근로자를 파견하여서는 아니 된다.
② 파견사업주는 파견근로자의 고용관계가 끝난 후 사용사업주가 그 파견근로자를 고용하는 것을 정당한 이유 없이 금지하는 내용의 근로자파견계약을 체결하여서는 아니 된다.
③ 파견사업주는 파견근로자의 적절한 파견근로를 위하여 사용사업관리책임자를 선임하여야 한다.
④ 파견사업주의 근로자파견사업을 폐지하는 신고가 있을 때에는 근로자파견사업의 허가는 신고일부터 그 효력을 잃는다.
⑤ 근로자파견사업 허가의 유효기간은 3년으로 한다.

해설 ① 파견근로자 보호 등에 관한 법률 제16조 제1항

② 파견근로자 보호 등에 관한 법률 제25조 제2항

③ 사용사업주는 파견근로자의 적절한 파견근로를 위하여 사용사업관리책임자를 선임하여야 한다(파견근로자 보호 등에 관한 법률 제32조 제1항). 파견사업주가 아니라 사용사업주이다.

한편, 파견사업주는 파견근로자의 적절한 고용관리를 위하여 결격사유에 해당하지 아니하는 사람 중에서 파견사업관리책임자를 선임하여야 한다(파견근로자 보호 등에 관한 법률 제28조 제1항).
④ 파견근로자 보호 등에 관한 법률 제11조 제2항
⑤ 파견근로자 보호 등에 관한 법률 제10조 제1항

 ③

15 기간제 및 단시간근로자 보호 등에 관한 법률에 대한 설명으로 옳은 것은?

① 상시 5인 이상의 동거의 친족만을 사용하는 사업 또는 사업장에 적용된다.
② 휴직·파견 등으로 결원이 발생하여 해당 근로자가 복귀할 때까지 그 업무를 대신할 필요가 있는 경우에는 2년을 초과하여 기간제근로자로 사용할 수 있다.
③ 단시간근로자의 초과근로에 대하여 사용자는 평균임금의 100분의 100 이상을 가산하여 지급하여야 한다.
④ 사용자는 단시간근로자와 근로계약을 체결할 때 근로일별 근로시간을 서면으로 명시 하지 않아도 된다.
⑤ 사용자는 통상근로자를 채용하고자 하는 경우에는 해당 사업 또는 사업장의 동종 또는 유사한 업무에 종사하는 단시간근로자를 우선적으로 고용하여야 한다.

해설 ① 이 법은 상시 5인 이상의 근로자를 사용하는 모든 사업 또는 사업장에 적용한다. 다만, 동거의 친족만을 사용하는 사업 또는 사업장과 가사사용인에 대하여는 적용하지 아니한다(기간제 및 단시간근로자 보호 등에 관한 법률 제3조 제1항).
② 기간제 및 단시간근로자 보호 등에 관한 법률 제4조 제1항 제2호
③ 사용자는 제1항에 따른 초과근로에 대하여 통상임금의 100분의 50 이상을 가산하여 지급하여야 한다(기간제 및 단시간근로자 보호 등에 관한 법률 제6조 제3항).
④ 사용자는 기간제근로자 또는 단시간근로자와 근로계약을 체결하는 때에는 다음 각 호의 모든 사항을 서면으로 명시하여야 한다. 다만, 제6호는 단시간근로자에 한정한다(기간제 및 단시간근로자 보호 등에 관한 법률 제17조).
1. 근로계약기간에 관한 사항
2. 근로시간·휴게에 관한 사항
3. 임금의 구성항목·계산방법 및 지불방법에 관한 사항
4. 휴일·휴가에 관한 사항
5. 취업의 장소와 종사하여야 할 업무에 관한 사항
6. 근로일 및 근로일별 근로시간
⑤ 사용자는 통상근로자를 채용하고자 하는 경우에는 해당 사업 또는 사업장의 동종 또는 유사한 업무에 종사하는 단시간근로자를 우선적으로 고용하도록 노력하여야 한다(기간제 및 단시간근로자 보호 등에 관한 법률 제7조 제1항). 고용의무가 아니다.

 ②

16 산업안전보건법령에 관한 설명으로 옳지 않은 것은?

① 직업성 질병자가 동시에 2명 발생한 재해는 중대재해에 해당한다.
② 사업주는 전기, 열, 그 밖의 에너지에 의한 위험으로 인한 산업재해를 예방하기 위하여 필요한 조치를 하여야 한다.
③ 사업주는 산업재해가 발생할 급박한 위험이 있을 때에는 즉시 작업을 중지시키고 근로자를 작업장소에서 대피시키는 등 안전 및 보건에 관하여 필요한 조치를 하여야 한다.
④ 사업주는 산업재해 예방을 위한 조치를 할 수 있는 능력을 갖춘 사업주에게 도급하여야 한다.
⑤ 사업주는 「산업안전보건법」과 이 법에 따른 명령의 요지 및 안전보건관리규정을 각 사업장의 근로자가 쉽게 볼 수 있는 장소에 게시하거나 갖추어 두어 근로자에게 널리 알려야 한다.

해설 ① 법 제2조 제2호(중대재해)에서 '고용노동부령으로 정하는 재해'란 다음 각 호의 어느 하나에 해당하는 재해를 말한다(산업안전보건법 시행규칙 제3조 제3호).
1. 사망자가 1명 이상 발생한 재해
2. 3개월 이상의 요양이 필요한 부상자가 동시에 2명 이상 발생한 재해
3. 부상자 또는 직업성 질병자가 동시에 10명 이상 발생한 재해
② 산업안전보건법 제38조
③ 산업안전보건법 제51조
④ 산업안전보건법 제61조
⑤ 산업안전보건법 제34조

정답 ①

17 직업안정법에 관한 설명으로 옳지 않은 것은?

① 직업안정기관의 장은 구인자가 구인조건을 밝히기를 거부하는 경우 구인신청의 수리(受理)를 거부할 수 있다.
② 직업안정기관의 장은 통근할 수 있는 지역에서 구직자에게 그 희망과 능력에 알맞은 직업을 소개할 수 없을 경우에는 광범위한 지역에 걸쳐 직업소개를 할 수 있다.
③ 한국장애인고용공단이 장애인을 대상으로 하는 직업소개의 경우에는 신고를 하지 아니하고 무료직업소개사업을 할 수 있다.
④ 유료직업소개사업의 등록을 하고 유료직업소개사업을 하는 자는 구직자에게 제공하기 위하여 구인자로부터 선급금을 받을 수 있다.
⑤ 근로자를 고용하려는 자는 광고, 문서 또는 정보통신망 등 다양한 매체를 활용하여 자유롭게 근로자를 모집할 수 있다.

해설 ① 직업안정법 제8조 제3호
② 직업안정법 제12조
③ 직업안정법 제18조 제4항 제2호
④ 유료직업소개사업의 등록을 하고 유료직업소개사업을 하는 자는 구직자에게 제공하기 위하여 구인자로부터 선급금을 받아서는 아니 된다(직업안정법 제21조의 2).
⑤ 직업안정법 제28조

정답 ④

18 남녀고용평등과 일·가정 양립 지원에 관한 법률에 대한 설명으로 옳지 않은 것은?

① 이 법과 관련한 분쟁에서 입증책임은 사업주와 근로자가 각각 부담한다.
② 사업주는 근로자를 모집·채용할 때 그 직무의 수행에 필요하지 아니한 용모·키·체중등의 신체적 조건, 미혼 조건을 제시하거나 요구하여서는 아니 된다.
③ 사업주가 임금차별을 목적으로 설립한 별개의 사업은 동일한 사업으로 본다.
④ 누구든지 직장 내 성희롱 발생 사실을 알게 된 경우 그 사실을 해당 사업주에게 신고 할 수 있다.
⑤ 적극적 고용개선조치란 현존하는 남녀 간의 고용차별을 없애거나 고용평등을 촉진하기 위하여 잠정적으로 특정 성을 우대하는 조치를 말한다.

노동법 (1)

해설 ① 이 법과 관련한 분쟁해결(제26조부터 제29조까지 및 제29조의2부터 제29조의7까지를 포함한다)에서 입증책임은 사업주가 부담한다(남녀고용평등과 일·가정 양립 지원에 관한 법률 제30조).
② 남녀고용평등과 일·가정 양립 지원에 관한 법률 제7조 제2항
③ 남녀고용평등과 일·가정 양립 지원에 관한 법률 제8조 제3항
④ 남녀고용평등과 일·가정 양립 지원에 관한 법률 제14조 제1항
⑤ 남녀고용평등과 일·가정 양립 지원에 관한 법률 제2조 제3호

정답 ①

19 최저임금법에 관한 설명으로 옳지 않은 것은?

① 「선원법」의 적용을 받는 선원과 선원을 사용하는 선박의 소유자에게는 적용하지 아니한다.
② 고용노동부장관은 최저임금을 결정한 때에는 지체 없이 그 내용을 고시하여야 한다.
③ 최저임금은 근로자의 생계비, 유사 근로자의 임금, 노동생산성 및 소득분배율 등을 고려하여 정한다.
④ 최저임금액은 시간·일(日)·주(週)·월(月) 또는 연(年)을 단위로 하여 정한다.
⑤ 고용노동부장관은 최저임금위원회가 심의하여 의결한 최저임금안에 따라 최저임금을 결정하여야 한다.

해설 ① 최저임금법 제3조 제2항
② 최저임금법 제10조 제1항
③ 최저임금법 제4조 제1항
④ 최저임금액은 시간·일(日)·주(週) 또는 월(月)을 단위로 하여 정한다. 이 경우 일·주 또는 월을 단위로 하여 최저임금액을 정할 때에는 시간급(時間給)으로도 표시하여야 한다(최저임금법 제5조 제1항).
⑤ 최저임금법 제8조 제1항

정답 ④

20 근로자퇴직급여 보장법령에 관한 설명으로 옳지 않은 것은?

① 사용자가 퇴직급여제도를 설정하려는 경우에 근로자 과반수가 가입한 노동조합이 있는 경우에는 그 노동조합의 동의를 받아야 한다.
② 무주택자인 근로자는 본인 명의로 주택을 구입하는 경우에 퇴직금 중간정산을 요구할 수 있다.
③ 퇴직금을 받을 권리는 3년간 행사하지 아니하면 시효로 인하여 소멸한다.
④ 중소기업퇴직연금기금제도의 급여를 받을 권리는 양도 또는 압류할 수 없다.
⑤ 퇴직연금사업자는 매분기당 1회 이상 적립금액 및 운용수익률 등을 고용노동부령으로 정하는 바에 따라 가입자에게 알려야 한다.

해설 ① 근로자퇴직급여 보장법 제4조 제3항
② 근로자퇴직급여 보장법 시행령 제3조 제1항 제1호
③ 근로자퇴직급여 보장법 제10조
④ 근로자퇴직급여 보장법 제7조
⑤ 퇴직연금사업자는 매년 1회 이상 적립금액 및 운용수익률 등을 고용노동부령으로 정하는 바에 따라 가입자에게 알려야 한다(근로자퇴직급여 보장법 제18조).

정답 ⑤

21 임금채권보장법상 대지급금에 관한 설명으로 옳지 않은 것은?

① 고용노동부장관은 근로자에게 대지급금을 지급하였을 때에는 그 지급한 금액의 한도에서 그 근로자가 해당 사업주에 대하여 미지급 임금등을 청구할 수 있는 권리를 대위(代位)한다.
② 「근로기준법」에 따른 휴업수당 중 최종 3개월분은 퇴직한 근로자에 대한 대지급금 범위에 든다.
③ 대지급금에 관한 규정은 국가와 지방자치단체가 직접 수행하는 사업에 적용된다.
④ 미성년자인 근로자는 독자적으로 대지급금의 지급을 청구할 수 있다.
⑤ 대지급금수급계좌의 예금에 관한 채권은 압류할 수 없다.

해설 ① 임금채권보장법 제8조 제1항
② 임금채권보장법 제7조 제2항 제2호
③ 이 법은 산업재해보상보험법에 따른 사업 또는 사업장에 적용한다. 다만, 국가와 지방자치단체가 직접 수행하는 사업은 그러하지 아니하다(임금채권보장법 제3조).
④ 임금채권보장법 제11조의 2 제3항
⑤ 임금채권보장법 제11조의 2 제4항

정답 ③

22 근로복지기본법에 관한 설명으로 옳은 것은?

① 사용자는 사내근로복지기금의 설립 및 출연을 이유로 근로관계 당사자 간에 정하여진 근로조건을 낮출 수 있다.
② 국가가 근로자의 근로복지를 위하여 「근로복지기본법」에 따라 보조 또는 융자한 자금은 그 목적 외 사업에 사용될 수 있다.
③ 사내근로복지기금은 법인으로 한다.

④ 노동조합 및 근로자가 생산성 향상과 근로복지정책에 협력하도록 사용자는 임금 수준 상향의 조치를 취하여야 한다.

⑤ 사용자는 우리사주조합원의 의사와 무관하게 우리사주조합원을 소속, 계급 등 일정한 기준으로 분류하여 우리사주를 할당할 수 있다.

해설 ① 사용자는 이 법에 따른 사내근로복지기금의 설립 및 출연을 이유로 근로관계 당사자 간에 정하여진 근로조건을 낮출 수 없다(근로복지기본법 제51조).

② 누구든지 국가 또는 지방자치단체가 근로자의 주거안정, 생활안정 및 재산형성 등 근로복지를 위하여 이 법에 따라 보조 또는 융자한 자금을 그 목적사업에만 사용하여야 한다(근로복지기본법 제6조).

③ 근로복지기본법 제52조 제1항

④ 노동조합 및 근로자는 근로의욕 증진을 통하여 생산성 향상에 노력하고 근로복지정책에 협력하여야 한다(근로복지기본법 제5조 제2항). 노동조합과 근로자가 협력하도록 사용자가 임금 수준 상향의 조치를 취하여야 하는 것은 아니다.

⑤ 우리사주제도 실시회사(지배관계회사 또는 수급관계회사를 포함한다)의 사용자는 제38조에 따라 우리사주조합원에게 주식을 우선배정하는 경우 다음 각 호의 어느 하나에 해당하는 행위를 하여서는 아니 된다(근로복지기본법 제42조의2 제1항).

1. 우리사주조합원의 의사에 반하여 우리사주의 취득을 지시하는 행위
2. 우리사주조합원의 의사에 반하여 우리사주조합원을 소속, 계급 등 일정한 기준으로 분류하여 우리사주를 할당하는 행위
3. 우리사주를 취득하지 아니한다는 이유로 우리사주조합원에 대하여 해고나 그 밖의 불리한 처우를 하는 행위
4. 그 밖에 우리사주조합원의 의사에 반하여 우리사주를 취득·보유하게 함으로써 제32조에 따른 우리사주제도의 목적에 어긋나는 행위로서 대통령령으로 정하는 행위

정답 ③

23 외국인근로자의 고용 등에 관한 법령에 대한 설명으로 옳지 않은 것은?

① 직업안정기관의 장은 「출입국관리법」을 위반하여 처벌을 받은 사용자에 대하여 그 사실이 발생한 날부터 6년간 외국인근로자의 고용을 제한할 수 있다.

② 고용허가서를 발급받은 날부터 6개월 이내에 내국인근로자를 고용조정으로 이직시킨 사용자는 외국인근로자의 고용이 제한될 수 있다.

③ 고용허가서를 발급받은 사용자는 고용허가서 발급일로부터 3개월 이내에 외국인근로자와 근로계약을 체결하여야 한다.

④ 외국인근로자는 입국한 날부터 3년의 범위에서 취업활동을 할 수 있다.

⑤ 외국인근로자를 고용하려는 자는 「직업안정법」에 따른 직업안정기관에 우선 내국인 구인 신청을 하여야 한다.

해설 ① 6년이 아니라 3년간 고용을 제한할 수 있다(외국인근로자의 고용 등에 관한 법률 20조 제1항 제3호).

② 외국인근로자의 고용 등에 관한 법률 제20조 제1항제4호 및 시행령 제25조제1호

③ 외국인근로자의 고용 등에 관한 법률 시행령 제14조 제1항

④ 외국인근로자의 고용 등에 관한 법률 제18조

⑤ 외국인근로자의 고용 등에 관한 법률 제6조 제1항

정답 ①

24 노동법 법원(法源)의 상충 등에 관한 설명으로 옳은 것을 모두 고른 것은?

ㄱ. 근로계약에서 정한 근로조건이 「근로기준법」에서 정하는 기준에 미치지 못 하는 경우에는 그 근로계약을 무효로 한다.
ㄴ. 취업규칙에서 정한 기준에 미달하는 근로조건을 정한 근로계약은 그 부분에 관하여는 무효로 하며 무효로 된 부분은 취업규칙에 정한 기준에 따른다.
ㄷ. 취업규칙은 「근로기준법」과 어긋나서는 아니 된다.
ㄹ. 취업규칙은 해당 사업 또는 사업장에 대하여 적용되는 단체협약과 어긋나서는 아니 된다.

① ㄱ, ㄴ ② ㄷ, ㄹ ③ ㄱ, ㄴ, ㄹ ④ ㄴ, ㄷ, ㄹ ⑤ ㄱ, ㄴ, ㄷ, ㄹ

해설 ㄱ. (×) 이 법에서 정하는 기준에 미치지 못하는 근로조건을 정한 근로계약은 그 부분에 한정하여 무효로 한다(근로기준법 제15조 제1항). 근로계약이 무효로 되는 것은 아니다.
ㄴ. (○) 근로기준법 제97조
ㄷ. (○) 취업규칙은 법령이나 해당 사업 또는 사업장에 대하여 적용되는 단체협약과 어긋나서는 아니 된다(근로기준법 제96조 제1항).
ㄹ. (○) 근로기준법 제96조 제1항

정답 ④

25 헌법상 근로의 권리와 의무에 관한 설명으로 옳지 않은 것은?

① 법인은 헌법상 근로의 권리의 주체가 될 수 없다.
② 근로조건의 기준은 인간의 존엄성을 보장하도록 법률로 정한다.
③ 근로의 권리는 공공복리를 위하여 필요한 경우에 한하여 법률로써 제한할 수 있다.
④ 국가유공자·상이군경 및 전몰군경의 유가족은 법률이 정하는 바에 의하여 우선적으로 근로의 의무를 이행하여야 한다.
⑤ 여자의 근로는 특별한 보호를 받으며, 고용·임금 및 근로조건에 있어서 부당한 차별을 받지 아니한다.

해설 ① 헌법 제32조 제1항의 근로의 권리 주체는 모든 국민이며, 헌법 제32조 제1항은 국가의 개입·간섭을 받지 않고 자유로이 근로를 할 자유와, 국가에 대하여 근로의 기회를 제공하는 정책을 수립해 줄 것을 요구할 수 있는 권리 등을 기본적인 내용으로 하고 있고, 이 때 근로의 권리는 근로자를 개인의 차원에서 보호하기 위한 권리로서 개인인 근로자가 근로의 권리의 주체가 되는 것이고, 노동조합이나 법인과 같은 단체는 그 주체가 될 수 없는 것으로 이해되고 있다(헌재 2009. 2. 26. 2007헌바27 참조).
② 헌법 제32조 제3항
③ 국민의 모든 자유와 권리(근로의 권리 포함)는 국가안전보장·질서유지 또는 공공복리를 위하여 필요한 경우에 한하여 법률로써 제한할 수 있으며, 제한하는 경우에도 자유와 권리의 본질적인 내용을 침해할 수 없다(헌법 제37조 제2항).
④ 국가유공자·상이군경 및 전몰군경의 유가족은 법률이 정하는 바에 의하여 우선적으로 근로의 기회를 부여받는다(헌법 제32조 제6항). 국가유공자·상이군경 및 전몰군경의 유가족이 우선적으로 근로의 의무를 이행하여야 할 헌법상 의무는 없다.
⑤ 헌법 제32조 제4항

정답 ④

2021년도 제30회 공인노무사 노동법 (1) 기출문제

01 노동법의 법원(法源) 등에 관한 설명으로 옳은 것은? (다툼이 있으면 판례에 따름)

① 취업규칙은 노동법의 법원(法源)으로 인정되지 않는다.
② 단체협약은 노동법의 법원(法源)으로 인정되지 않는다.
③ 고용노동부 예규가 그 성질과 내용이 행정기관 내부의 사무처리지침에 불과한 경우에는 법원(法院)을 구속하지 않는다.
④ ILO 제100호 협약(동등보수에 관한 협약)은 국내법과 동일한 효력을 갖지 않는다.
⑤ 노동관행이 기업사회에서 일반적으로 근로관계를 규율하는 규범적인 사실로서 명확히 승인되더라도 근로계약의 내용으로 인정되지 않는다.

해설 ① 취업규칙은 사용자가 다수의 개별적 근로관계를 효율적·통일적으로 처리하기 위하여 근로조건 또는 복무규율 등에 관하여 작성한 것으로 법원성이 인정된다.
② 단체협약은 단체교섭의 주체가 단체교섭을 실시하고 그 결과 합의된 사항을 문서화하고, 당사자가 서명 또는 날인 한 것으로 법원성이 인정된다.
③ 고용노동부의 예규·질의회시 등의 행정해석은 행정기관 내부의 사무처리 지침에 불과하므로 법원성이 부정되므로 법원을 구속하지 않는다.
④ 기업의 내부에 존재하는 특정 관행이 기업 사회에서 일반적으로 근로관계를 규율하는 규범적인 사실로서 명확히 승인된 경우 그 특정 관행은 근로계약의 내용을 이루게 되므로 법원성인 인정된다(대판 2002. 4. 24. 2000다50701).

정답 ③

02 헌법 제32조에 명시된 내용으로 옳은 것을 모두 고른 것은?

㉠ 근로조건의 기준은 인간의 존엄성을 보장하도록 법률로 정한다. ㉡ 국가는 사회적·경제적 방법으로 근로자의 고용의 증진과 최저임금의 보장에 노력하여야 한다. ㉢ 국가는 여자의 복지와 권익의 향상을 위하여 노력하여야 한다. ㉣ 국가는 근로의 의무의 내용과 조건을 민주주의원칙에 따라 법률로 정한다.

① ㉠ ② ㉠, ㉣ ③ ㉡, ㉢
④ ㉡, ㉢, ㉣ ⑤ ㉠, ㉡, ㉢, ㉣

해설 ㉠, ㉣이 옳은 지문이다.
㉠ 헌법 제32조 제3항
㉡ 국가는 사회적·경제적 방법으로 근로자의 고용의 증진과 적정임금의 보장에 노력하여야 하며, 법률이 정하는 바에 의하여 최저임금제를 시행하여야 한다(헌법 제32조 제1항).

㉢ 여자의 근로는 특별한 보호를 받으며, 고용·임금 및 근로조건에 있어서 부당한 차별을 받지 아니한다(헌법 제32조 제4항).

㉣ 헌법 제32조 제2항

> **헌법 제32조**
> ① 모든 국민은 근로의 권리를 가진다. 국가는 사회적·경제적 방법으로 근로자의 고용의 증진과 적정임금의 보장에 노력하여야 하며, 법률이 정하는 바에 의하여 최저임금제를 시행하여야 한다.
> ② 모든 국민은 근로의 의무를 진다. 국가는 근로의 의무의 내용과 조건을 민주주의원칙에 따라 법률로 정한다.
> ③ 근로조건의 기준은 인간의 존엄성을 보장하도록 법률로 정한다.
> ④ 여자의 근로는 특별한 보호를 받으며, 고용·임금 및 근로조건에 있어서 부당한 차별을 받지 아니한다.
> ⑤ 연소자의 근로는 특별한 보호를 받는다.
> ⑥ 국가유공자·상이군경 및 전몰군경의 유가족은 법률이 정하는 바에 의하여 우선적으로 근로의 기회를 부여받는다.

 ②

03 근로기준법상 근로계약에 관한 설명으로 옳지 않은 것은?

① 사용자는 전차금(前借金)이나 그 밖에 근로할 것을 조건으로 하는 전대(前貸)채권과 임금을 상계하지 못한다.

② 취업규칙에서 정한 기준에 미달하는 근로조건을 정한 근로계약은 그 부분에 관하여는 무효로 한다. 이 경우 무효로 된 부분은 취업규칙에 정한 기준에 따른다.

③ 근로계약서에 명시된 근로조건이 사실과 다를 경우에 근로자는 근로조건 위반을 이유로 손해의 배상을 청구할 수 있으나 즉시 근로계약을 해제할 수는 없다.

④ 사용자는 근로계약 불이행에 대한 손해배상액을 예정하는 계약을 체결하지 못한다.

⑤ 사용자는 근로계약에 덧붙여 강제 저축을 규정하는 계약을 체결하지 못한다.

해설 ① 사용자는 전차금(前借金)이나 그 밖에 근로할 것을 조건으로 하는 전대채권과 임금을 상계하지 못한다(근로기준법 제21조).

② 취업규칙에서 정한 기준에 미달하는 근로조건을 정한 근로계약은 그 부분에 관하여는 무효로 한다. 이 경우 무효로 된 부분은 취업규칙에 정한 기준에 따른다(근로기준법 제97조).

③ 제17조에 따라 명시된 근로조건이 사실과 다를 경우에 근로자는 근로조건 위반을 이유로 손해의 배상을 청구할 수 있으며 즉시 근로계약을 해제할 수 있다(근로기준법 제19조 제1항).

④ 사용자는 근로계약 불이행에 대한 위약금 또는 손해배상액을 예정하는 계약을 체결하지 못한다(근로기준법 제20조).

⑤ 사용자는 근로계약에 덧붙여 강제 저축 또는 저축금의 관리를 규정하는 계약을 체결하지 못한다(근로기준법 제22조 제1항).

 ③

04 **근로기준법령상 상시 4명 이하의 근로자를 사용하는 사업 또는 사업장에 적용되지 않는 것은?**

① 근로조건의 명시(근로기준법 제17조)
② 해고의 예고(근로기준법 제26조)
③ 미지급 임금에 대한 지연이자(근로기준법 제37조)
④ 근로자의 명부 작성(근로기준법 제41조)
⑤ 근로시간(근로기준법 제50조)

해설 근로시간(근로기준법 제50조)에 관한 규정은 적용되지 않는다.

근로기준법	적용제외 규정	주의사항
제1장 총 칙	제14조(법령요지 등의 게시)	
제2장 근로계약	제19조 제2항(귀향여비지급) 제23조 제1항(해고의 정당한 이유) 제24조(경영상이유에 의한 해고의 제한) 제27조(해고사유 등의 서면 통지) 제28조(정당한 이유 없는 해고구제신청) cf.) 제26조(해고예고)적용	○ 제17조(근로조건 명시의무) 적용 → 적용됨 ○ 제26조(해고예고) → 적용됨
제3장 임 금	제46조(휴업수당)	
제4장 근로시간과 휴식	제50조(근로시간) 제51조(탄력적 근로시간제) 제52조(선택적 근로시간제) 제53조(연장근로의 제한) 제56조(연장·야간·휴일근로) 제57조(보상휴가제) 제58조(근로시간계산특례) 제59조(근로시간 및 휴게시간의 특례) 제60조(연차유급휴가) 제61조(연차유급휴가의 사용촉진) 제62조(유급휴가의 대체) ※ 제54조(휴게) 제55조(주휴일) 제63조(적용제외)만 적용	○ 제54조(휴게) → 적용됨 ○ 제55조(주휴일) → 적용됨 ○ 제63조(적용 제외) → 적용됨
제5장 여성과 소년	제73조(생리휴가) 제65조 제2항(도덕상 보건상 유해사업사용금지) 제70조 제1항(야간 및 휴일근로의 제한) 제75조(육아시간)	
제7장 기능습득	제77조(기능습득자의 보호)	
제9장 취업규칙	모두 적용제외	
제10장 기숙사	모두 적용제외	

정답 ⑤

05 근로기준법령상 임금에 관한 설명으로 옳지 않은 것은? (다툼이 있으면 판례에 따름)

① 근로자가 소정근로시간을 초과하여 근로를 제공함으로써 사용자로부터 추가로 지급받는 임금은 통상임금에 속한다.

② 평균임금 산정기간 중에 업무 외 질병을 사유로 사용자의 승인을 받아 휴업한 기간이 있는 경우에는 그 기간과 그 기간 중에 지급된 임금은 평균임금 산정기준이 되는 기간과 임금의 총액에서 각각 뺀다.

③ 법령 또는 단체협약에 특별한 규정이 있는 경우에는 임금의 일부를 공제하거나 통화 이외의 것으로 지급할 수 있다.

④ 상여금이 계속적·정기적으로 지급되고 그 지급액이 확정되어 있다면 이는 근로의 대가로 지급되는 임금의 성질을 가진다.

⑤ 사용자는 근로자가 혼인한 경우의 비용에 충당하기 위하여 임금 지급을 청구하면 지급기일 전이라도 이미 제공한 근로에 대한 임금을 지급하여야 한다.

해설 ① 근로자가 소정근로를 제공하더라도 추가적인 조건을 충족하여야 지급되는 임금이나 조건 충족 여부에 따라 지급액이 변동되는 임금 부분은 고정성을 갖춘 것이라고 할 수 없어 통상임금에 해당하지 않는다(대판 2013. 12. 18. 2012다89399).

② 평균임금 산정기간 중에 업무 외 부상이나 질병, 그 밖의 사유로 사용자의 승인을 받아 휴업한 기간은 그 기간 중에 지급된 임금은 평균임금 산정기준이 되는 기간과 임금의 총액에서 각각 뺀다(근로기준법 시행령 제2조 제1항 제8호).

③ 임금은 통화(通貨)로(통화불) 직접 근로자에게(직접불) 그 전액을 지급(전액불)하여야 한다. 다만, 법령 또는 단체협약에 특별한 규정이 있는 경우에는 임금의 일부를 공제하거나 통화 이외의 것으로 지급할 수 있다(근로기준법 제43조 제1항).

④ 임금이라 함은 사용자가 근로의 대가로 근로자에게 지급하는 일체의 금원으로서, 근로자에게 계속적·정기적으로 지급되고 그 지급에 관하여 단체협약, 취업규칙 등에 의하여 사용자에게 지급의무가 지워져 있다면, 그 명칭 여하를 불문하고 모두 그에 포함된다(대판 1999. 9. 3. 98다34393). 따라서 상여금이 이러한 성질을 가질 경우 임금에 해당한다.

⑤ 사용자는 근로자가 출산, 질병, 재해, 혼인 등 비상(非常)한 경우의 비용에 충당하기 위하여 임금 지급을 청구하면 지급기일 전이라도 이미 제공한 근로에 대한 임금을 지급하여야 한다(근로기준법 제45조, 동법 시행령 제25조 제2호).

정답 ①

06 근로기준법령상 체불사업주 명단공개 등에 관한 설명으로 옳은 것은?

① 고용노동부장관은 체불사업주가 명단 공개 기준일 이전 1년 이내 임금 등의 체불총액이 2천만원 이상인 경우에는 그 인적사항을 공개하여야 한다.

② 체불사업주의 인적사항 등에 대한 공개 여부를 심의하기 위하여 고용노동부에 임금 체불정보심의위원회를 둔다.

③ 고용노동부장관이 체불사업주 명단을 공개할 경우, 체불사업주가 법인이라면 그 대표자의 성명·나이는 명단 공개의 내용에 포함되지 않는다.

④ 고용노동부장관은 체불사업주 명단을 공개할 경우에 체불사업주에게 1개월간 소명기회를 주어야 한다.

⑤ 임금등 체불자료를 받은 종합신용정보집중기관은 이를 체불사업주의 신용도·신용거래능력 판단과 관련한 업무 외의 목적으로 이용할 수 있다.

해설 ① 명단 공개 기준일 이전 1년 이내 임금 등의 체불총액이 3천만원 이상인 경우에는 그 인적사항 등을 공개할 수 있다(근로기준법 제43조의2 제1항).
② 체불사업주의 인적사항 등에 대한 공개 여부를 심의하기 위하여 고용노동부에 임금체불정보심의위원회를 둔다(근로기준법 제43조의2 제3항).
③ 고용노동부 장관은 체불사업주가 법인인 경우에는 그 대표자의 성명·나이·주소 및 법인의 명칭·주소를 공개한다(근로기준법 시행령 제23조의3 제1항 제1호).
④ 고용노동부장관은 명단 공개를 할 경우에 체불사업주에게 3개월 이상의 기간을 정하여 소명 기회를 주어야 한다(근로기준법 제43조의2 제2항).
⑤ 임금등 체불자료를 받은 자는 이를 체불사업주의 신용도·신용거래능력 판단과 관련한 업무 외의 목적으로 이용하거나 누설하여서는 아니 된다(근로기준법 제43조의3 제2항).

 ②

07 근로기준법령상 경영상 이유에 의한 해고에 관한 설명으로 옳지 않은 것은? (다툼이 있으면 판례에 따름)

① 경영 악화를 방지하기 위한 사업의 양도·인수·합병은 긴박한 경영상의 필요가 있는 것으로 본다.
② 상시 근로자수 99명 이하인 사업 또는 사업장의 사용자는 1개월 동안에 10명 이상의 인원을 경영상의 이유에 의하여 해고하려면 최초로 해고하려는 날의 30일 전까지 고용노동부장관에게 신고하여야 한다.
③ 사용자가 해고를 피하기 위한 방법과 해고의 기준 등에 관하여 근로자대표에게 해고를 하려는 날의 50일 전까지 통보하지 않은 경우 그 이유만으로 경영상 이유에 의한 해고는 부당하다.
④ 경영상의 이유에 의하여 근로자를 해고한 사용자는 근로자를 해고한 날로부터 3년이내에 해고된 근로자가 해고 당시 담당하였던 업무와 같은 업무를 할 근로자를 채용하려고 할 경우 경영상의 이유에 의하여 해고된 근로자가 원하면 그 근로자를 우선적으로 고용하여야 한다.
⑤ 긴박한 경영상의 필요란 장래에 올 수도 있는 위기에 미리 대처하기 위하여 인원삭감이 필요한 경우도 포함하지만, 그런한 인원삭감은 객관적으로 보아 합리성이 있다고 인정되어야 한다.

해설 ① 사용자가 경영상 이유에 의하여 근로자를 해고하려면 긴박한 경영상의 필요가 있어야 한다. 이 경우 경영 악화를 방지하기 위한 사업의 양도·인수·합병은 긴박한 경영상의 필요가 있는 것으로 본다(근로기준법 제24조 제1항).
② 상시 근로자수가 99명 이하인 사업 또는 사업장의 사용자가 1개월 동안에 10명 이상의 근로자를 해고하려면 최초로 해고하려는 날의 30일 전까지 고용노동부장관에게 신고하여야 한다(근로기준법 시행령 제10조 제1항 제1호).
③ 사전통보 후 정리해고 실시까지의 기간이 그와 같은 행위를 하는데 소요되는 시간으로 부족하였다는 등의 특별한 사정이 없고 정리해고의 그 밖의 요건을 충족하였다면 정리해고는 유효하다(대판 2003. 11. 13. 2003두4119).
④ 경영상 이유에 의해 근로자를 해고한 사용자는 근로자를 해고한 날부터 3년 이내에 해고된 근로자가 해고 당시 담당하였던 업무와 같은 업무를 할 근로자를 채용하려고 할 경우 제24조에 따라 해고된 근로자가 원하면 그 근로자를 우선적으로 고용하여야 한다(근로기준법 제25조 제1항).
⑤ 긴박한 경영상의 필요에 대하여 판례는 「생산성향상, 이윤증대를 위하여 인원삭감이 객관적으로 보아 합리성이 있다고 인정될 때에는 긴박한 경영상의 필요성이 있는 것으로 보아야 할 것」이라고 하거나 「반드시 기업의 도산을 회피하기 위한 경우에 한정되지 아니하고, 장래에 올 수도 있는 위기에 미리 대처하기 위하여 인원삭감이 객관적으로 보아 합리성이 있다고 인정되는 경우도 포함되는 것」이라고 판시하여 소위 합리적 필요설의 입장을 취하고 있다(대판 2003. 9. 26. 2001두10776 등).

 ③

08 근로기준법상 직장 내 괴롭힘에 관한 설명으로 옳지 않은 것은?

① 누구든지 직장 내 괴롭힘 발생 사실을 알게 된 경우 그 사실을 사용자에게 신고하여야 한다.

② 사용자는 직장 내 괴롭힘 발생 사실을 인지한 경우에는 지체 없이 그 사실 확인을 위한 조사를 실시하여야 한다.

③ 사용자는 직장 내 괴롭힘에 대한 조사 기간 동안 피해근로자 등을 보호하기 위하여 필요한 경우 해당 피해근로자등에 대하여 근무장소의 변경, 유급휴가 명령 등 적절한 조치를 하여야 한다. 이 경우 사용자는 피해근로자 등의 의사에 반하는 조치를 하여서는 아니 된다.

④ 사용자는 직장 내 괴롭힘과 관련한 조사 결과 직장 내 괴롭힘 발생 사실이 확인된 때에는 지체 없이 행위자에 대하여 징계, 근무장소의 변경 등 필요한 조치를 하여야 한다. 이 경우 사용자는 징계 등의 조치를 하기 전에 그 조치에 대하여 피해근로자의 의견을 들어야 한다.

⑤ 사용자는 직장 내 괴롭힘에 대한 조사 결과 직장 내 괴롭힘 발생 사실이 확인된 때에는 피해근로자가 요청하면 근무장소의 변경, 배치전환, 유급휴가 명령 등 적절한 조치를 하여야 한다.

해설 ① 누구든지 직장 내 괴롭힘 발생 사실을 알게 된 경우 그 사실을 사용자에게 신고할 수 있다(근로기준법 제76조의3 제1항).

② 사용자는 제1항에 따른 신고를 접수하거나 직장 내 괴롭힘 발생 사실을 인지한 경우에는 지체 없이 당사자 등을 대상으로 그 사실 확인을 위하여 객관적으로 조사를 실시하여야 한다(근로기준법 제76조의3 제2항).

③ 사용자는 제2항에 따른 조사 기간 동안 직장 내 괴롭힘과 관련하여 피해를 입은 근로자 또는 피해를 입었다고 주장하는 근로자(이하 '피해근로자 등'이라 한다)를 보호하기 위하여 필요한 경우 해당 피해근로자등에 대하여 근무장소의 변경, 유급휴가 명령 등 적절한 조치를 하여야 한다. 이 경우 사용자는 피해근로자등의 의사에 반하는 조치를 하여서는 아니 된다(근로기준법 제76조의3 제3항).

④ 사용자는 제2항에 따른 조사 결과 직장 내 괴롭힘 발생 사실이 확인된 때에는 지체 없이 행위자에 대하여 징계, 근무장소의 변경 등 필요한 조치를 하여야 한다. 이 경우 사용자는 징계 등의 조치를 하기 전에 그 조치에 대하여 피해근로자의 의견을 들어야 한다(근로기준법 제76조의3 제5항).

⑤ 사용자는 제2항에 따른 조사 결과 직장 내 괴롭힘 발생 사실이 확인된 때에는 피해근로자가 요청하면 근무장소의 변경, 배치전환, 유급휴가 명령 등 적절한 조치를 하여야 한다(근로기준법 제76조의3 제4항).

정답 ①

09 근로기준법령상 구제명령 등에 관한 설명이다. ( )에 들어갈 내용을 옳게 나열한 것은?

ㅇ 중앙노동위원회의 재심판정에 대하여 사용자나 근로자는 재심판정서를 송달받은 날부터 (ㄱ) 이내에 「행정소송법」의 규정에 따라 소(訴)를 제기할 수 있다. ㅇ 노동위원회의 구제명령 이행기한은 사용자가 구제명령을 서면으로 통지받은 날부터 (ㄴ)일 이내에 한다.

① ㄱ: 10, ㄴ: 15　② ㄱ: 10, ㄴ: 30　③ ㄱ: 15, ㄴ: 15
④ ㄱ: 15, ㄴ: 30　⑤ ㄱ: 30, ㄴ: 30

○ 중앙노동위원회의 재심판정에 대하여 사용자나 근로자는 재심판정서를 송달받은 날부터 (15) 이내에 「행정소송법」의 규정에 따라 소(訴)를 제기할 수 있다(근로기준법 제31조 제2항).
○ 노동위원회의 구제명령 이행기한은 사용자가 구제명령을 서면으로 통지받은 날부터 (30)일 이내에 한다(근로기준법 시행령 제11조).

정답 ④

10 근로기준법령상 이행강제금에 관한 설명으로 옳지 않은 것은?

① 노동위원회는 이행강제금을 부과하기 30일 전까지 이행강제금을 부과·징수한다는 뜻을 사용자에게 미리 문서로써 알려 주어야 한다.
② 노동위원회는 구제명령을 받은 자가 구제명령을 이행하면 구제명령을 이행하기 전에 이미 부과된 이행강제금을 징수하지 아니한다.
③ 노동위원회는 이행강제금을 부과하는 때에는 이행강제금의 부과통지를 받은 날부터 15일 이내의 납부 기한을 정하여야 한다.
④ 노동위원회는 천재·사변, 그 밖의 부득이한 사유로 구제명령을 이행하기 어려운 경우에는 직권 또는 사용자의 신청에 따라 그 사유가 없어진 뒤에 이행강제금을 부과할 수 있다.
⑤ 노동위원회는 중앙노동위원회의 재심판정이나 법원의 확정판결에 따라 노동위원회의 구제명령이 취소되면 직권 또는 사용자의 신청에 따라 이행강제금의 부과·징수를 즉시 중지하고 이미 징수한 이행강제금을 반환하여야 한다.

해설 ① 노동위원회는 제1항에 따른 이행강제금을 부과하기 30일 전까지 이행강제금을 부과·징수한다는 뜻을 사용자에게 미리 문서로써 알려 주어야 한다(근로기준법 제33조 제2항).
② 노동위원회는 구제명령을 받은 자가 구제명령을 이행하면 새로운 이행강제금의 부과하지 아니하되, 구제명령을 이행하기 전에 이미 부과된 이행강제금은 징수하여야 한다(근로기준법 제33조 제6항).
③ 노동위원회는 법 제33조 제1항에 따라 이행강제금을 부과하는 때에는 이행강제금의 부과통지를 받은 날부터 15일 이내의 납부기한을 정하여야 한다(근로기준법 시행령 제12조 제1항).
④ 노동위원회는 천재·사변, 그 밖의 부득이한 사유가 발생하여 제1항에 따른 납부기한 내에 이행강제금을 납부하기 어려운 경우에는 그 사유가 없어진 날부터 15일 이내의 기간을 납부기한으로 할 수 있다(근로기준법 시행령 제12조 제2항).
⑤ 노동위원회는 중앙노동위원회의 재심판정이나 법원의 확정판결에 따라 노동위원회의 구제명령이 취소되면 직권 또는 사용자의 신청에 따라 이행강제금의 부과·징수를 즉시 중지하고 이미 징수한 이행강제금을 반환하여야 한다(근로기준법 시행령 제15조 제1항).

정답 ②

11 근로기준법 제51조 제2항의 규정이다. ( )에 들어갈 내용을 옳게 나열한 것은?

> 사용자는 근로자대표와의 서면 합의에 따라 다음 각 호의 사항을 정하면 3개월 이내의 단위기간을 평균하여 1주 간의 근로시간이 제50조 제1항의 근로시간을 초과하지 아니하는 범위에서 특정한 주에 제50조 제1항의 근로시간을, 특정한 날에 제50조 제2항의 근로시간을 초과하여 근로하게 할 수 있다. 다만, 특정한 주의 근로시간은 (ㄱ)시간을, 특정한 날의 근로시간은 (ㄴ)시간을 초과할 수 없다.

① ㄱ: 48, ㄴ: 10 ② ㄱ: 48, ㄴ: 12 ③ ㄱ: 52, ㄴ: 10
④ ㄱ: 52, ㄴ: 12 ⑤ ㄱ: 68, ㄴ: 12

> 사용자는 근로자대표와의 서면 합의에 따라 다음 각호의 사항을 정하면 3개월 이내의 단위기간을 평균하여 1주 간의 근로시간이 제50조 제1항의 근로시간을 초과하지 아니하는 범위에서 특정한 주에 제50조 제1항의 근로시간을, 특정한 날에 제50조 제2항의 근로시간을 초과하여 근로하게 할 수 있다. 다만, 특정한 주의 근로시간은 52시간을, 특정일의 근로시간은 12시간을 초과할 수 없다(근로기준법 제51조 제2항).

정답 ④

12 근로기준법령상 연차 유급휴가에 관한 설명으로 옳지 않은 것은? (다툼이 있으면 판례에 따름)

① 근로자가 연차휴가에 관한 권리를 취득한 후 1년이 지나기 전에 퇴직하는 등의 사유로 인하여 더 이상 연차휴가를 사용하지 못하게 될 경우 사용자에게 그 연차휴가일수에 상응하는 연차휴가수당을 청구할 수 없다.

② 연간 소정근로일수에 정당한 쟁의행위 기간이 차지하는 일수가 포함되어 있는 경우 연차 유급휴가 취득 요건과 관련한 출근율은 소정근로일수에서 그 쟁의행위 기간이 차지하는 일수를 제외한 나머지 일수를 기준으로 산정한다.

③ 사용자는 근로자대표와의 서면 합의에 따라 연차 유급휴가일을 갈음하여 특정한 근로일에 근로자를 휴무시킬 수 있다.

④ 사용자는 계속하여 근로한 기간이 1년 미만인 근로자에게 1개월 개근 시 1일의 유급휴가를 주어야 한다.

⑤ 연간 소정근로일수와 출근일수를 계산함에 있어서 사용자의 부당해고로 인하여 근로자가 출근하지 못한 기간은 연간 소정근로일수 및 출근일수에 모두 산입된다.

해설 ① 연차휴가권 취득 후 사용하기 전 퇴직 등의 사유로 근로관계가 종료된 경우 근로관계의 존속을 전제로 하지 않는 연차휴가수당을 청구할 권리는 그대로 잔존하는 것이기 때문에 근로관계 종료 시까지 사용하지 못한 연차휴가일수 전부에 상응하는 연차휴가수당을 청구할 수 있다(대판 2005. 5. 7. 2003다48556 등).

② 정당한 권리행사이므로 결근은 아니지만 출근간주규정을 두고 있지 않으므로 출근율 계산시 연간 소정근로일수에서 쟁의행위 기간 등이 차지하는 일수를 제외한 나머지 일수를 기준으로 출근율을 산정한 후 연차유급휴가 취득요건의 충족시 '연간 소정근로일수에서 쟁의행위 등 기간이 차지하는 일수를 제외한 나머지 일수'를 '연간 소정근로일수'로 나눈 비율을 곱하여 산출된 연차 유급휴가일수를 근로자에게 부여하는 것이 합리적이다(대판 2013. 12. 26. 2011다4629).

③ 사용자는 근로자대표와의 서면 합의에 따라 제60조에 따른 연차 유급휴가일을 갈음하여 특정한 근로일에 근로자를 휴무시킬 수 있다(근로기준법 제62조).

④ 사용자는 계속하여 근로한 기간이 1년 미만인 근로자 또는 1년간 80퍼센트 미만 출근한 근로자에게 1개월 개근 시 1일의 유급휴가를 주어야 한다(근로기준법 제60조 제2항).

⑤ 연간 소정근로일수와 출근일수를 계산할 때 사용자의 부당해고로 인하여 근로자가 출근하지 못한 기간을 근로자에 대하여 불리하게 고려할 수는 없으므로 그 기간은 연간 소정근로일수 및 출근일수에 모두 산입되는 것으로 보는 것이 타당하며, 설령 부당해고기간이 연간 총근로일수 전부를 차지하고 있는 경우에도 달리 볼 수는 없다(대판 2014. 3. 13. 2011다95519).

 ①

노동법 (1)

13 근로기준법상 여성과 소년에 관한 설명으로 옳지 않은 것은?

① 사용자는 임신 중인 여성을 도덕상 또는 보건상 유해·위험한 사업에 사용하지 못한다.
② 고용노동부장관은 근로계약이 미성년자에게 불리하다고 인정하는 경우에는 이를 해지할 수 있다.
③ 15세 이상 18세 미만인 사람의 근로시간은 1일에 7시간, 1주에 35시간을 초과하지 못한다. 다만, 당사자 사이의 합의에 따라 1일에 1시간, 1주에 5시간을 한도로 연장할 수 있다.
④ 사용자는 18세 이상의 여성 근로자에 대하여는 그 근로자의 동의 없이 휴일근로를 시킬 수 있다.
⑤ 사용자는 산후 1년이 지나지 아니한 여성에 대하여는 단체협약이 있는 경우라도 1일에 2시간, 1주에 6시간, 1년에 150시간을 초과하는 시간외근로를 지키지 못한다.

해설 ① 사용자는 임신 중이거나 산후 1년이 지나지 아니한 여성과 18세 미만자를 도덕상 또는 보건상 유해·위험한 사업에 사용하지 못한다(근로기준법 제65조 제1항).

② 친권자, 후견인 또는 고용노동부장관은 근로계약이 미성년자에게 불리하다고 인정하는 경우에는 이를 해지할 수 있다(근로기준법 제67조 제2항).

③ 15세 이상 18세 미만인 자의 근로시간은 1일에 7시간, 1주에 35시간을 초과하지 못한다. 다만, 당사자 사이의 합의에 따라 1일에 1시간, 1주에 5시간을 한도로 연장할 수 있다(근로기준법 제69조).

④ 사용자는 18세 이상의 여성을 오후 10시부터 오전 6시까지의 사이(야간근로) 및 휴일에 근로시키려면 그 근로자의 동의를 받아야 한다(근로기준법 제70조 제1항).

⑤ 사용자는 산후 1년이 지나지 아니한 여성에 대하여는 단체협약이 있는 경우라도 1일에 2시간, 1주에 6시간, 1년에 150시간을 초과하는 시간외근로를 시키지 못한다(근로기준법 제71조).

 ④

14 근로기준법령상 취직인허증에 관한 설명으로 옳지 않은 것은?

① 예술공연 참가를 위한 경우에는 13세 미만인 자도 취직인허증을 받을 수 있다.
② 의무교육 대상자가 취직인허증을 신청하는 경우 신청인은 사용자가 될 자의 취업확인서를 받아 친권자 또는 후견인과 연명으로 고용노동부장관에게 신청하여야 한다.
③ 고용노동부장관은 취직인허증 신청에 대하여 취직을 인허할 경우에는 고용노동부령으로 정하는 취직인허증에 직종을 지정하여 신청한 근로자와 사용자가 될 자에게 내주어야 한다.
④ 고용노동부장관은 거짓으로 취직인허증을 발급받은 사람에게는 그 인허를 취소하여야 한다.
⑤ 사용자 또는 15세 미만인 자는 취직인허증이 못쓰게 되거나 이를 잃어버린 경우에는 고용노동부령으로 정하는 바에 따라 지체 없이 재교부 신청을 하여야 한다.

해설 ① 취직인허증을 받을 수 있는 자는 13세 이상 15세 미만인 자로 한다. 다만, 예술공연 참가를 위한 경우에는 13세 미만인 자도 취직인허증을 받을 수 있다(근로기준법 시행령 제35조 제1항).
② 신청은 학교장(의무교육 대상자와 재학 중인 자 로 한정한다) 및 친권자 또는 후견인의 서명을 받아 사용자가 될 자와 연명(連名)으로 하여야 한다(근로기준법 시행령 제35조 제3항).
③ 고용노동부장관은 제35조 제2항에 따른 신청에 대하여 취직을 인허할 경우에는 고용노동부령으로 정하는 취직인허증에 직종을 지정하여 신청한 근로자와 사용자가 될 자에게 내주어야 한다(근로기준법 시행령 제36조 제1항).
④ 고용노동부장관은 거짓이나 그 밖의 부정한 방법으로 제1항 단서의 취직인허증을 발급받은 자에게는 그 인허를 취소하여야 한다(근로기준법 제64조 제3항).
⑤ 사용자 또는 15세 미만인 자는 취직인허증이 못쓰게 되거나 이를 잃어버린 경우에는 노동부령으로 정하는 바에 따라 지체없이 재교부 신청을 하여야 한다(근로기준법 시행령 제39조).

정답 ②

15 근로기준법상 취업규칙에 관한 설명으로 옳지 않은 것은?

① 취업규칙을 작성하여 고용노동부장관에게 신고하여야 하는 사용자는 상시 10명 이상의 근로자를 사용하는 사용자이다.
② 사용자가 취업규칙을 작성하여 고용노동부장관에게 신고하여야 하는 경우 해당 취업규칙에는 업무상외 업무 외의 재해부조(災害扶助)에 관한 사항이 포함되어야 한다.
③ 사용자는 취업규칙의 작성에 관하여 해당 사업 또는 사업장에 근로자의 과반수로 조직된 노동조합이 있는 경우에는 그 노동조합, 근로자의 과반수로 조직된 노동조합이 없는 경우에는 근로자의 과반수의 의견을 들어야 한다.
④ 취업규칙에서 근로자에 대하여 감급(減給)의 제재를 정할 경우에 그 감액은 1회의 금액이 평균임금의 1일분의 2분의 1을, 총액이 1임금지급기의 임금총액의 10분의 1을 초과하지 못한다.
⑤ 고용노동부장관은 법령이나 단체협약에 어긋나는 취업규칙에 대하여 노동위원회의 의결을 받아 그 변경을 명하여야 한다.

해설 ① 상시 10명 이상의 근로자를 사용하는 사용자는 다음 각 호의 사항에 관한 취업규칙을 작성하여 고용노동부장관에게 신고하여야 한다(근로기준법 제93조).
② '업무상과 업무 외의 재해부조(災害扶助)에 관한 사항'은 취업규칙에 포함되어야 하는 사항이다(근로기준법 제93조 제10호).
③ 사용자는 취업규칙의 작성 또는 변경에 관하여 해당 사업 또는 사업장에 근로자의 과반수로 조직된 노동조합이 있는 경우에는 그 노동조합, 근로자의 과반수로 조직된 노동조합이 없는 경우에는 근로자의 과반수의 의견을 들어야 한다(근로기준법 제94조 제1항 본문).
④ 취업규칙에서 근로자에 대하여 감급(減給)의 제재를 정할 경우에 그 감액은 1회의 금액이 평균임금의 1일분의 2분의 1을, 총액이 1임금지급기의 임금 총액의 10분의 1을 초과하지 못한다(근로기준법 제95조).
⑤ 고용노동부장관은 법령이나 단체협약에 어긋나는 취업규칙의 변경을 명할 수 있다(근로기준법 제96조 제2항).

정답 ⑤

16 **산업안전보건법상 작업중지에 관한 설명으로 옳지 않은 것은?**

① 사업주는 산업재해가 발생할 급박한 위험이 있을 때에는 즉시 작업을 중지시키고 근로자를 작업장소에서 대피시키는 등 안전 및 보건에 관하여 필요한 조치를 하여야 하고, 근로자는 산업재해가 발생할 급박한 위험이 있는 경우에는 작업을 중지하고 대피할 수 있다.

② 근로자는 산업재해가 발생할 급박한 위험이 있는 경우에는 작업을 중지하고 대피할 수 있다.

③ 사업주는 중대재해가 발생하였을 때에는 즉시 해당 작업을 중지시키고 근로자를 작업장소에서 대피시키는 등 안전 및 보건에 관하여 필요한 조치를 하여야 한다.

④ 중대재해 발생으로 작업이 중지된 경우 사업주는 작업중지 해제에 관한 전문가 등으로 구성된 심의위원회의 심의를 거쳐 작업중지를 해제하여야 한다.

⑤ 사업주는 산업재해가 발생할 급박한 위험이 있다고 근로자가 믿을 만한 합리적인 이유가 있을 때에는 작업을 중지하고 대피한 근로자에 대하여 해고나 그 밖의 불리한 처우를 해서는 아니 된다.

해설 ① 사업주는 산업재해가 발생할 급박한 위험이 있을 때에는 즉시 작업을 중지시키고 근로자를 작업장소에서 대피시키는 등 안전 및 보건에 관하여 필요한 조치를 하여야 한다(산업안전보건법 제51조).

② 근로자는 산업재해가 발생할 급박한 위험이 있는 경우에는 작업을 중지하고 대피할 수 있다(산업안전보건법 제52조 제1항).

③ 사업주는 중대재해가 발생하였을 때에는 즉시 해당 작업을 중지시키고 근로자를 작업장소에서 대피시키는 등 안전 및 보건에 관하여 필요한 조치를 하여야 한다(산업안전보건법 제54조 제1항).

④ 고용노동부장관은 사업주가 중대재해 발생으로 중지된 작업중지의 해제를 요청한 경우에는 작업중지 해제에 관한 전문가 등으로 구성된 심의위원회의 심의를 거쳐 고용노동부령으로 정하는 바에 따라 제1항 또는 제2항에 따른 작업중지를 해제하여야 한다(산업안전보건법 제55조 제3항).

⑤ 사업주는 산업재해가 발생할 급박한 위험이 있다고 근로자가 믿을 만한 합리적인 이유가 있을 때에는 제1항에 따라 작업을 중지하고 대피한 근로자에 대하여 해고나 그 밖의 불리한 처우를 해서는 아니 된다(산업안전보건법 제52조 제4항).

정답 ④

17 **직업안정법상 근로자공급사업에 관한 설명으로 옳지 않은 것은?**

① 누구든지 고용노동부장관의 허가를 받지 아니하고는 근로자공급사업을 하지 못한다.

② 근로자공급사업은 공급대상이 되는 근로자가 취업하려는 장소를 기준으로 국내 근로자공급사업과 국외 근로자공급사업으로 구분한다.

③ 「파견근로자 보호 등에 관한 법률」에 따른 파견사업주는 국내 근로자공급사업의 허가를 받을 수 있다.

④ 국내에서 제조업을 하고 있는 자는 국외 근로자공급사업의 허가를 받을 수 있다.

⑤ 「민법」에 따른 비영리법인은 연예인을 대상으로 하는 국외 근로자공급사업의 허가를 받을 수 있다.

해설 ① 누구든지 고용노동부장관의 허가를 받지 아니하고는 근로자공급사업을 하지 못한다(직업안정법 제33조 제1항).

② 근로자공급사업은 공급대상이 되는 근로자가 취업하려는 장소를 기준으로 국내 근로자공급사업과 국외 근로자공급사업으로 구분한다(직업안정법 제33조 제3항).

③ "근로자공급사업"이란 공급계약에 따라 근로자를 타인에게 사용하게 하는 사업을 말한다. 다만, 「파견근로자 보호 등에 관한 법률」 제2조제2호에 따른 근로자파견사업은 제외한다(직업안정법 제2조의2 제7호).

④ 국외 근로자공급사업의 경우는 국내에서 제조업·건설업·용역업, 그 밖의 서비스업을 하고 있는 자가 사업의 허가를 받을 수 있다(직업안정법 제33조 제3항 제2호).
⑤ 연예인을 대상으로 하는 국외 근로자공급사업의 허가를 받을 수 있는 자는 「민법」 제32조에 따른 비영리법인으로 한다(직업안정법 제33조 제3항 제2호).

 ③

18 남녀고용평등과 일·가정 양립 지원에 관한 법률상 육아기 근로시간 단축에 관한 설명으로 옳지 않은 것은?

① 사업주가 해당 근로자에게 육아기 근로시간 단축을 허용하는 경우 단축 후 근로시간은 주당 15시간 이상이어야 하고 35시간을 넘어서는 아니 된다.
② 사업주는 정상적인 사업 운영에 중대한 지장을 초래하는 경우에는 육아기 근로시간 단축을 허용하지 아니할 수 있다.
③ 사업주는 육아기 근로시간 단축을 하고 있는 근로자에게 단축된 근로시간 외에 연장근로를 요구할 수 없다. 다만, 그 근로자가 명시적으로 청구하는 경우에는 사업주는 주 12시간 이내에서 연장근로를 시킬 수 있다.
④ 사업주는 근로자의 육아기 근로시간 단축기간이 끝난 후에 그 근로자를 육아기 근로시간 단축 전과 같은 업무 또는 같은 수준의 임금을 지급하는 직무에 복귀시켜야 한다.
⑤ 육아기 근로시간 단축을 한 근로자에 대하여 「근로기준법」에 따른 평균임금을 산정하는 경우에는 그 근로자의 육아기 근로시간 단축 시간은 평균임금 산정기간에 포함한다.

해설 ① 사업주가 근로자에게 육아기 근로시간 단축을 허용하는 경우 단축 후 근로시간은 주당 15시간 이상이어야 하고 35시간을 넘어서는 아니 된다(남녀고용평등과 일·가정 양립 지원에 관한 법률 제19조의2 제3항).
② 대체인력 채용이 불가능한 경우, 정상적인 사업 운영에 중대한 지장을 초래하는 경우 등 대통령령으로 정하는 경우에는 허용하지 아니할 수 있다(남녀고용평등과 일·가정 양립 지원에 관한 법률 제19조의2 제1항).
③ 사업주는 제19조의2에 따라 육아기 근로시간 단축을 하고 있는 근로자에게 단축된 근로시간 외에 연장근로를 요구할 수 없다. 다만, 그 근로자가 명시적으로 청구하는 경우에는 사업주는 주 12시간 이내에서 연장근로를 시킬 수 있다(남녀고용평등과 일·가정 양립 지원에 관한 법률 제19조의3 제3항).
④ 사업주는 근로자의 육아기 근로시간 단축기간이 끝난 후에 그 근로자를 육아기 근로시간 단축 전과 같은 업무 또는 같은 수준의 임금을 지급하는 직무에 복귀시켜야 한다(남녀고용평등과 일·가정 양립 지원에 관한 법률 제19조의2 제6항).
⑤ 육아기 근로시간 단축을 한 근로자에 대하여 「근로기준법」 제2조 제6호에 따른 평균임금을 산정하는 경우에는 그 근로자의 육아기 근로시간 단축 기간을 평균임금 산정기간에서 제외한다(남녀고용평등과 일·가정 양립 지원에 관한 법률 제19조의3 제4항).

 ⑤

19 파견근로자 보호 등에 관한 법령상 파견이 허용되는 업무는?

① 출산으로 결원이 생긴 제조업의 직접생산공정업무
② 건설공사현장에서 이루어지는 업무
③ 「선원법」 제2조 제1호의 선원의 업무

④「산업안전보건법」 제58조에 따른 유해하거나 위험한 업무
⑤「여객자동차 운수사업법」 제2조 제3호에 따른 여객자동차운송사업에서의 운전업무

해설 ① 근로자파견사업은 제조업의 직접생산공정업무를 제외하지만, 출산·질병·부상 등으로 결원이 생긴 경우 또는 일시적·간헐적으로 인력을 확보하여야 할 필요가 있는 경우에는 근로자파견사업을 할 수 있다(파견근로자 보호 등에 관한 법률 제5조 제2항).
② 파견근로자 보호 등에 관한 법률 제5조 제3항 제1호
③ 파견근로자 보호 등에 관한 법률 제5조 제3항 제3호
④ 파견근로자 보호 등에 관한 법률 제5조 제3항 제4호
⑤ 파견근로자 보호 등에 관한 법률 시행령 제2조 제2항 제5호

※ 참고(파견 대상업무)

원칙적 허용업무	대상업무	① 제조업의 직접생산공정업무를 제외하고 전문지식·기술·경험 또는 업무의 성질 등을 고려하여 적합하다고 판단되는 업무로서 대통령령이 정하는 업무 (ex. 컴퓨터관련 전문가의 업무, 행정, 경영 및 재정 전문가의 업무 등) ② 근로자파견의 확대로 인한 사회적·경제적 부작용을 방지할 수 있는 여건이 충분히 갖추어져 있지 않은 상황 하에서 동 규정은 불가피하므로 사업주의 직업수행의 자유를 침해하지 않음
	파견기간	① 원칙적으로 1년 ② 파견사업주·사용사업주·파견근로자간의 합의가 있는 경우 1회 연장할 때 1년 범위에서 연장가능 → 총 파견기간은 2년 ③ 고령자(55세 이상)인 파견근로자는 2년 초과가능
임시적 허용업무	대상업무	① 출산·질병·부상 등으로 결원이 생긴 경우 ② 일시적·간헐적으로 인력을 확보하여야 할 필요가 있는 경우
	허용절차	사용사업주가 근로자 대표와 성실하게 협의
	파견기간	① 출산 등 사유의 해소에 필요한 기간 ② 일시적·간헐적인 경우 3월 이내의 기간 → 3자 합의로 1회에 한하여 3월 범위 안에서 연장가능
절대적 금지업무	① 건설공사현장에서 이루어지는 업무 ②「항만운송사업법」,「한국철도공사법」,「농수산물유통 및 가격안정에 관한 법률」,「물류정책기본법」의 하역업무로서「직업안정법」에 따라 근로자공급사업 허가를 받은 지역의 업무 ③「선원법」에 따른 선원의 업무 ④「산업안전보건법」에 따른 유해하거나 위험한 업무 ⑤「진폐의 예방과 진폐근로자의 보호 등에 관한 법률」에 따른 분진작업을 하는 업무 ⑥「산업안전보건법」에 따른 건강관리수첩의 교부대상 업무 ⑦「의료법」에 따른 의료인의 업무 및 간호조무사의 업무 ⑧「의료기사 등에 관한 법률」에 따른 의료기사의 업무 ⑨「여객자동차 운수사업법」 에 따른 여객자동차운송사업의 운전업무 ⑩「화물자동차 운수사업법」에 따른 화물자동차운송사업의 운전업무	

정답 ①

20 기간제 및 단시간근로자 보호 등에 관한 법령에 관한 설명으로 옳지 않은 것은?

① 박사 학위를 소지하고 해당 분야에 종사하는 경우에는 2년을 초과하여 기간제근로자로 사용할 수 있다.

② 특정한 업무의 완성에 필요한 기간을 정한 경우에는 2년을 초과하여 기간제근로자로 사용할 수 있다.

③ 사용자는 기간의 정함이 없는 근로계약을 체결하려는 경우에 당해 사업 또는 사업장의 동종 유사한 업무에 종사하는 기간제근로자를 우선적으로 고용하여야 한다.

④ 고용노동부장관은 확정된 시정명령에 대하여 사용자에게 이행상황을 제출할 것을 요구할 수 있다.

⑤ 사용자는 기간제근로자임을 이유로 해당 사업 또는 사업장에서 동종 또는 유사한 업무에 종사하는 기간의 정함이 없는 근로계약을 체결한 근로자에 비하여 차별적 처우를 하여서는 아니된다.

해설 ① 기간제 및 단시간근로자 보호 등에 관한 법률 시행령 제3조 제1항 제1호

② 기간제 및 단시간근로자 보호 등에 관한 법률 제4조 제1항 제1호

③ 사용자는 기간의 정함이 없는 근로계약을 체결하고자 하는 경우에는 해당 사업 또는 사업장의 동종 또는 유사한 업무에 종사하는 기간제근로자를 우선적으로 고용하도록 노력하여야 한다(기간제 및 단시간근로자 보호 등에 관한 법률 제5조).

④ 고용노동부장관은 확정된 시정명령에 대하여 사용자에게 이행상황을 제출할 것을 요구할 수 있다(기간제 및 단시간근로자 보호 등에 관한 법률 제15조 제1항).

⑤ 사용자는 기간제근로자임을 이유로 해당 사업 또는 사업장에서 동종 또는 유사한 업무에 종사하는 기간의 정함이 없는 근로계약을 체결한 근로자에 비하여 차별적 처우를 하여서는 아니 된다(기간제 및 단시간근로자 보호 등에 관한 법률 제8조 제1항).

※ 정리(기간제 근로자의 사용기간 제한과 예외)

사용기간 제한	원 칙	① 2년을 초과하지 아니하는 범위 안에서 사용가능 ② 기간제 근로계약의 반복갱신 등의 경우에는 총기간이 2년을 초과하지 아니하는 범위 안에서 사용가능 判) 초단시간 근로자로 사용 후 기간제 근로계약을 체결한 경우 초단시간근무기간은 2년에 포함되지 않음 ③ 고평법상 육아휴직 기간은 사용기간에 불산입 ④ 업무상 재해로 인한 요양기간은 사용기간에 산입
	예 외 (2년 초과)	① 사업의 완료 또는 특정한 업무의 완성에 필요한 기간을 정한 경우 ② 휴직·파견 등으로 결원이 발생하여 당해 근로자가 복귀할 때까지 그 업무를 대신할 필요가 있는 경우 ③ 근로자가 학업, 직업훈련 등을 이수함에 따라 그 이수에 필요한 기간을 정한 경우 ④ 고령자(55세 이상인 사람)와 근로계약을 체결하는 경우 ⑤ 전문적 지식·기술의 활용이 필요한 경우(박사학위 소지 해당분야 종사자) ⑥ 정부의 복지정책·실업대책 등에 따라 일자리를 제공하는 경우로서 대통령령이 정하는 경우(직업능력개발, 제대군인 고용증진, 국가보훈 대상자 등) ⑦ 1주 동안의 소정근로시간이 뚜렷하게 짧은 초단시간 근로자 ⑧ 대통령령이 정하는 경우(안보 및 군사학 과목강의, 국가안전보장, 국방, 외교, 통일과 관련된 업무, 대학 조교, 시간강사, 체육지도자, 국공립연구기관의 연구업무 등)
	고용의제	예외사유가 없음에도 2년을 초과하여 기간제 근로자로 사용하는 경우 → 기간의 정함이 없는 근로계약을 체결한 근로자로 본다.

정답 ③

21 최저임금법령에 관한 설명으로 옳지 않은 것은?

① 1년 미만의 기간을 정하여 근로계약을 체결하고 수습 중에 있는 근로자로서 수습을 시작한 날부터 6개월 이내인 사람에 대하여는 고용노동부장관에 의해 고시된 최저임금액보다 적은 최저임금액을 정할 수 있다.

② 사용자가 고용노동부장관의 인가를 받아 최저임금의 적용을 제외할 수 있는 자는 정신 또는 신체의 장애가 업무 수행에 직접적으로 현저한 지장을 주는 것이 명백하다고 인정되는 사람으로 한다.

③ 최저임금위원회는 필요하다고 인정하면 사업의 종류별 또는 특정 사항별로 전문위원회를 둘 수 있다.

④ 고용노동부장관은 매년 8월 5일까지 최정임금을 결정하여야 한다.

⑤ 최저임금위원회에는 관계 행정기관의 공무원 중에서 3명 이내의 특별위원을 둘 수 있다.

해설 ① 1년 이상의 기간을 정하여 근로계약을 체결하고 수습 중에 있는 근로자로서 수습을 시작한 날부터 3개월 이내인 사람에 대하여는 대통령령으로 정하는 바에 따라 제1항에 따른 최저임금액과 다른 금액으로 최저임금액을 정할 수 있다(최저임금법 제5조 제2항).

② 최저임금법 제7조 제1호

③ 위원회는 필요하다고 인정하면 사업의 종류별 또는 특정 사항별로 전문위원회를 둘 수 있다(최저임금법 제19조 제1항).

④ 고용노동부장관은 매년 8월 5일까지 최저임금을 결정하여야 한다(최저임금법 제8조 제1항).

⑤ 위원회에는 관계 행정기관의 공무원 중에서 3명 이내의 특별위원을 둘 수 있다(최저임금법 제16조 제1항).

정답 ①

22 근로자퇴직급여 보장법에 관한 설명으로 옳은 것은?

① 확정급여형퇴직연금제도란 급여의 지급을 위하여 사용자가 부담하여야 할 부담금의 수준이 사전에 결정되어 있는 퇴직연금제도를 말한다.

② 확정기여형퇴직연금제도란 근로자가 받을 급여의 수준이 사전에 결정되어 있는 퇴직연금제도를 말한다.

③ 사용자는 계속근로기간이 1년 미만이 근로자에 대하여도 퇴직급여제도를 설명하여야 한다.

④ 사용자는 근로자가 퇴직한 경우에는 그 지급사유가 발생한 날부터 14일 이내에 퇴직금을 지급하여야 하지만, 특별한 사정이 있는 경우에는 당사자 간의 합의에 따라 퇴직금의 지급기일을 연장할 수 있다.

⑤ 퇴직급여제도의 일시금을 수령한 사람은 개인형퇴직연금제도를 설정할 수 없다.

해설 ① '확정급여형퇴직연금제도'란 근로자가 받을 급여의 수준이 사전에 결정되어 있는 퇴직연금제도를 말한다(근로자퇴직급여 보장법 제2조 제8호).

② '확정기여형퇴직연금제도'란 급여의 지급을 위하여 사용자가 부담하여야 할 부담금의 수준이 사전에 결정되어 있는 퇴직연금제도를 말한다(근로자퇴직급여 보장법 제2조 제9호).

③ 퇴직금제도를 설정하려는 사용자는 계속근로기간 1년에 대하여 30일분 이상의 평균임금을 퇴직금으로 퇴직 근로자에게 지급할 수 있는 제도를 설정하여야 한다(근로자퇴직급여 보장법 제8조 제1항).

④ 사용자는 근로자가 퇴직한 경우에는 그 지급사유가 발생한 날부터 14일 이내에 퇴직금을 지급하여야 한다. 다만, 특별한 사정이 있는 경우에는 당사자 간의 합의에 따라 지급기일을 연장할 수 있다(근로자퇴직급여 보장법 제9조 제1항).

⑤ 퇴직급여제도의 일시금을 수령한 사람은 개인형 퇴직연급제도를 설정할 수 있다(근로자퇴직급여 보장법 제24조 제2항 제1호).

정답 ④

23 임금채권보장법에 관한 설명으로 옳지 않은 것은?

① 임금채권보장기금의 관리·운영에 관한 중요사항을 심의하기 위하여 고용노동부에 임금채권보장기금 심의위원회를 둔다.
② 거짓으로 체당금이 지급된 사실을 지방고용노동관서 또는 수사기관에 신고하거나 고발한 자에게는 대통령령으로 정하는 기준에 따라 포상금을 지급할 수 있다.
③ 미성년자인 근로자는 독자적으로 체당금의 지급을 청구할 수 있다.
④ 체당금을 지급받을 권리는 담보로 제공할 수 있다.
⑤ 고용노동부장관이 사업주로부터 부담금을 징수할 권리는 3년간 행사하지 아니하면 시효로 소멸한다.

해설 ① 임금채권보장기금의 관리·운용에 관한 중요사항을 심의하기 위하여 고용노동부에 임금채권보장기금심의위원회를 둔다(임금채권보장법 제6조 제1항).
② 거짓이나 그 밖의 부정한 방법으로 제7조 또는 제7조의2에 따른 대지급금이 지급된 사실을 지방고용노동관서 또는 수사기관에 신고하거나 고발한 자에게는 대통령령으로 정하는 기준에 따라 포상금을 지급할 수 있다(임금채권보장법 제15조).
③ 미성년자인 근로자는 독자적으로 대지급금의 지급을 청구할 수 있다(임금채권보장법 제11조의2 제3항).
④ 제7조 또는 제7조의2에 따른 대지급금(체당금)을 지급받을 권리는 양도 또는 압류하거나 담보로 제공할 수 없다(임금채권보장법 제11조의2 제1항).
⑤ 부담금이나 그 밖에 이 법에 따른 징수금을 징수하거나 대지급금·부담금을 반환받을 권리는 3년간 행사하지 아니하면 시효로 소멸한다(임금채권보장법 제26조 제1항).

 ④

24 근로복지기본법에 관한 설명으로 옳은 것은?

① 누구든지 국가 또는 지방자치단체가 근로자의 주거안정, 생활안정 및 재산형성 등 근로복지를 위하여 이 법에 따라 보조 또는 융자한 자금을 그 목적사업 외에도 사용할 수 있다.
② 고용노동부장관은 관계 중앙행정기관의 장과 협의하여 근로복지증진에 관한 기본계획을 3년마다 수립하여야 한다.
③ 국가의 보조를 받는 비영리법인이 근로복지사업을 추진하는 경우에는 고용노동부장관의 허가를 받아야 한다.
④ 근로자주택의 종류, 규모, 공급대상 근로자, 공급방법과 그 밖에 필요한 사항은 고용노동부장관이 정한다.
⑤ 국가는 근로자의 생활안정을 지원하기 위하여 근로자 및 그 가족의 의료비·혼례비·장례비 등의 융자 등 필요한 지원을 하여야 한다.

해설 ① 누구든지 국가 또는 지방자치단체가 근로자의 주거안정, 생활안정 및 재산형성 등 근로복지를 위하여 이 법에 따라 보조 또는 융자한 자금을 그 목적사업에만 사용하여야 한다(근로복지기본법 제6조).
② 고용노동부장관은 관계 중앙행정기관의 장과 협의하여 근로복지증진에 관한 기본계획(이하 "기본계획"이라 한다)을 5년마다 수립하여야 한다(근로복지기본법 제9조 제1항).
③ 지방자치단체, 국가의 보조를 받는 비영리법인이 근로복지사업을 추진하는 경우에는 고용노동부장관과 협의하여야 한다(근로복지기본법 제11조).
④ 근로자주택의 종류, 규모, 공급대상 근로자, 공급방법과 그 밖에 필요한 사항은 국토교통부장관이 고용노동부장

관과 협의하여 정한다(근로복지기본법 제15조 제3항).
⑤ 국가는 근로자의 생활안정을 지원하기 위하여 근로자 및 그 가족의 의료비·혼례비·장례비 등의 융자 등 필요한 지원을 하여야 한다(근로복지기본법 제19조 제1항).

정답 ⑤

25 외국인근로자의 고용 등에 관한 법률에 관한 설명으로 옳지 않은 것은?

① 외국인력정책위원회는 외국인근로자 도입 업종 및 규모 등에 관한 사항을 심의·의결한다.
② 외국인근로자를 고용하려는 자는 「직업안정법」에 따른 직업안정기관에 우선 내국인 구인 신청을 하여야 한다.
③ 사용자는 외국인 근로자가 외국인 취업교육을 받을 수 있도록 하여야 한다.
④ 외국인근로자를 고용한 사업 또는 사업장의 사용자는 외국인근로자의 출국 등에 따른 퇴직금 지급을 위하여 외국인근로자를 피보험자 또는 수익자로 하는 보험 또는 신탁에 가입하여야 한다.
⑤ 외국인근로자는 고용허가를 받은 날부터 5년의 범위에서 취업활동을 할 수 있다.

해설 ① 외국인근로자의 고용 등에 관한 법률 제4조 제2항 제2호
② 외국인근로자를 고용하려는 자는 「직업안정법」 제2조의2 제1호에 따른 직업안정기관에 우선 내국인 구인 신청을 하여야 한다(외국인근로자의 고용 등에 관한 법률 제6조 제1항).
③ 외국인근로자의 고용 등에 관한 법률 제11조 제2항
④ 외국인근로자를 고용한 사업 또는 사업장의 사용자는 외국인근로자의 출국 등에 따른 퇴직금 지급을 위하여 외국인근로자를 피보험자 또는 수익자로 하는 보험 또는 신탁에 가입하여야 한다(외국인근로자의 고용 등에 관한 법률 제13조 제1항).
⑤ 외국인근로자는 입국한 날부터 3년의 범위에서 취업활동을 할 수 있다(외국인근로자의 고용 등에 관한 법률 제18조).

정답 ⑤

2020년도 제29회 공인노무사 노동법 (1) 기출문제

01 근로기준법상 해고에 관한 설명으로 옳지 않은 것은? (다툼이 있으면 판례에 따름)

① 부당해고등의 구제신청은 부당해고등이 있었던 날부터 3개월 이내에 하여야 한다.

② 사용자의 근로자에 대한 해고가 무효로 판단되는 경우에는 그 해고가 곧바로 불법행위를 구성한다.

③ 사용자가 해고사유 등을 서면으로 통지할 때는 근로자의 처지에서 해고사유가 무엇인지를 구체적으로 알 수 있어야 한다.

④ 노동위원회는 최초의 구제명령을 한 날을 기준으로 매년 2회의 범위에서 구제명령이 이행될 때까지 반복하여 최대 2년간 이행강제금을 부과할 수 있다.

⑤ 노동위원회는 해고에 대한 구제명령을 할 때에 근로자가 원직복직을 원하지 아니하면 원직복직 대신 근로자가 해고기간 동안 근로를 제공하였더라면 받을 수 있었던 임금상당액 이상의 금품을 근로자에게 지급하도록 명할 수 있다.

해설 ① 제1항에 따른 구제신청은 부당해고등이 있었던 날부터 3개월 이내에 하여야 한다(근로기준법 제28조 제2항).

② 사용자가 근로자를 징계해고할 만한 사유가 전혀 없는데도 (i) 오로지 근로자를 사업장에서 몰아내려는 의도하에 고의로 어떤 명목상의 해고사유를 만들거나 내세워 징계라는 수단을 동원하여 해고한 경우나, (ii) 해고의 이유로 된 어느 사실이 취업규칙 등 소정의 해고사유에 해당되지 아니하거나 해고사유로 삼을 수 없는 것임이 객관적으로 명백하고 (iii) 또 조금만 주의를 기울이면 이와 같은 사정을 쉽게 알아볼 수 있는데도 그것을 이유로 징계해고에 나아간 경우 등 징계권의 남용이 우리의 건전한 사회통념이나 사회상규상 용인될 수 없음이 분명한 경우에 있어서는 그 해고가 근로기준법 제23조 제1항에서 말하는 정당성을 갖지 못하여 효력이 부정되는 데 그치는 것이 아니라, 위법하게 상대방에게 정신적 고통을 가하는 것이 되어 근로자에 대한 관계에서 불법행위를 구성한다(대판 1999. 2. 23. 98다12157).

③ 사용자가 해고사유 등을 서면으로 통지할 때는 근로자의 처지에서 해고사유가 무엇인지를 구체적으로 알 수 있어야 하고, 특히 징계해고의 경우에는 해고의 실질적 사유가 되는 구체적 사실 또는 비위내용을 기재하여야 하며 징계대상자가 위반한 단체협약이나 취업규칙의 조문만 나열하는 것으로는 충분하다고 볼 수 없다(대판 2011. 10. 27. 2011다42324).

④ 노동위원회는 최초의 구제명령을 한 날을 기준으로 매년 2회의 범위에서 구제명령이 이행될 때까지 반복하여 제1항에 따른 이행강제금을 부과·징수할 수 있다. 이 경우 이행강제금은 2년을 초과하여 부과·징수하지 못한다(근로기준법 제33조 제5항).

⑤ 노동위원회는 제1항에 따른 구제명령(해고에 대한 구제명령만을 말한다)을 할 때에 근로자가 원직복직(原職復職)을 원하지 아니하면 원직복직을 명하는 대신 근로자가 해고기간 동안 근로를 제공하였더라면 받을 수 있었던 임금 상당액 이상의 금품을 근로자에게 지급하도록 명할 수 있다(근로기준법 제30조 제3항).

 ②

02 근로기준법상연차유급휴가에 관한 설명으로 옳지 않은 것은? (다툼이 있으면 판례에 따름)

① 사용자는 계속하여 근로한 기간이 1년 미만인 근로자에게 1개월 개근 시 1일의 유급휴가를 주어야 한다.
② 연차 유급휴가의 산정을 위한 출근율의 계산에서 출산전후휴가로 휴업한 기간은 출근한 것으로 본다.
③ 사용자는 근로자대표와의 서면합의에 따라 연차 유급휴가일을 갈음하여 특정한 근로일에 근로자를 휴무시킬 수 있다.
④ 근로자가 업무상 재해로 연차 유급휴가를 사용할 해당 연도에 전혀 출근하지 못한 경우라면 미사용 연차 유급휴가에 대한 연차휴가수당은 청구할 수 없다.
⑤ 미사용 연차 유급휴가에 대하여는 통상임금의 100분의 50을 가산하여 지급하지 않아도 된다.

해설 ① 사용자는 계속하여 근로한 기간이 1년 미만인 근로자 또는 1년간 80퍼센트 미만 출근한 근로자에게 1개월 개근 시 1일의 유급휴가를 주어야 한다(근로기준법 제60조 제2항).
② 연차유급휴가를 산정할 경우 '임신 중의 여성이 제74조제1항부터 제3항까지의 규정에 따른 휴가로 휴업한 기간'은 출근한 것으로 본다(근로기준법 제60조 제6항 제2호).
③ 사용자는 근로자대표와의 서면 합의에 따라 제60조에 따른 연차 유급휴가일을 갈음하여 특정한 근로일에 근로자를 휴무시킬 수 있다(근로기준법 제62조).
④ 근로기준법 제60조 제1항이 규정한 유급 연차휴가는 1년간 80% 이상 출근한 근로자에게 부여된다. 이 경우 근로자가 1년간 80% 이상 출근하였는지는, 1년간의 총 역일(曆日)에서 법령·단체협약·취업규칙 등에 의하여 근로의무가 없는 것으로 정해진 날을 뺀 일수(이하 '소정근로일수'라고 한다.) 중 근로자가 현실적으로 근로를 제공한 출근일수의 비율, 즉 출근율을 기준으로 판단하여야 한다. 한편 근로기준법 제60조 제6항 제1호는 위와 같이 출근율을 계산할 때 근로자가 업무상의 부상 또는 질병(이하 '업무상 재해'라고 한다)으로 휴업한 기간은 출근한 것으로 간주하도록 규정하고 있다. 이는 근로자가 업무상 재해 때문에 근로를 제공할 수 없었음에도 업무상 재해가 없었을 경우보다 적은 연차휴가를 부여받는 불이익을 방지하려는 데에 취지가 있다. 그러므로 근로자가 업무상 재해로 휴업한 기간은 장단(長短)을 불문하고 소정근로일수와 출근일수에 모두 포함시켜 출근율을 계산하여야 한다. 설령 그 기간이 1년 전체에 걸치거나 소정근로일수 전부를 차지한다고 하더라도, 이와 달리 볼 아무런 근거나 이유가 없다(대판 2017. 5. 17. 2014다232296,232302).
⑤ 근로기준법 제56조가 정하는 할증임금지급제도와 동법 제60조 소정의 연차휴가제도는 그 취지가 상이한 제도이고, 각 법조문도 휴일과 휴가를 구별하여 규정하고 있는 점에 비추어, 동법 제56조 소정의 '휴일'에는 동법 제60조 소정의 연차휴가는 포함되지 않는다고 봄이 상당하다(대판 1991. 7. 26. 90다카11636).

 ④

03 상시 5명 이상의 근로자를 사용하는 사업장의 휴업수당 지급과 관련하여 근로기준법령에 위반하지 않은 것을 모두 고른 것은?

> ㉠ 사용자 A의 휴업에 귀책사유가 있어 평균임금의 100분의 80에 해당하는 금액을 휴업수당으로 지급하였다.
> ㉡ 사용자 B의 휴업에 귀착사유가 없어 휴업수당을 지급하지 아니하였다.
> ㉢ 사용자 C의 휴업에 귀책사유가 있는데 평균임금의 100분의 70에 해당하는 금액이 통상임금을 초과하므로 통상임금을 휴업수당으로 지급하였다.

① ㉠ ② ㉡ ③ ㉠, ㉡ ④ ㉡, ㉢ ⑤ ㉠, ㉡, ㉢

해설 ㉠, ㉡, ㉢ 모두 근로기준법령에 위반되지 않는다.

㉠ (O) 사용자의 귀책사유로 휴업하는 경우에 사용자는 휴업기간 동안 그 근로자에게 평균임금의 100분의 70 이상의 수당을 지급하여야 한다(근로기준법 제46조 제1항). 따라서 100분의 80에 해당하는 금액을 휴업수당으로 지급한 것은 근로기준법령에 위반되지 않는다.

㉡ (O) 휴업수당은 휴업에 사용자의 귀책사유가 있을 경우 발생하는 것이므로 휴업에 사용자의 귀책사유가 없다면 휴업수당을 지급하지 않아도 근로기준법령에 위반되지 않는다.

㉢ (O) 평균임금의 100분의 70에 해당하는 금액이 통상임금을 초과하는 경우에는 통상임금을 휴업수당으로 지급할 수 있다(근로기준법 제46조 제1항 단서). 따라서 통상임금을 휴업수당으로 지급한 사용자 C의 행위는 근로기준법령에 위반되지 않는다.

정답 ⑤

04 근로기준법상 임금에 관한 설명으로 옳지 않은 것은? (다툼이 있으면 판례에 따름)

① 실비변상적 금원은 평균임금 산정의 기초가 되는 임금 총액에 포함되지 않는다.
② 산출된 평균임금액이 그 근로자의 통상임금보다 적으면 그 통상임금액을 평균임금으로 한다.
③ 사용자와 근로자는 통상임금의 의미나 범위에 관하여 단체협약 등에 의해 따로 합의할 수 있다.
④ "평균임금"이란 이를 산정하여야 할 사유가 발생한 날 이전 3개월 동안에 그 근로자에게 지급된 임금의 총액을 그 기간의 총일수로 나눈 금액을 말한다.
⑤ 정기상여금의 지급주기가 1개월을 넘는다는 사정만으로 그 임금이 통상임금에서 제외된다고 할 수는 없다.

해설 ① 출장식대를 지급하게 된 경위는 근로자가 피고 회사의 구내를 벗어나 작업하게 되어 가정이나 구내식당에서 식사를 하지 못하게 됨에 따라 근로자 개인의 돈으로 매식을 하는 경우 그 식사 비용을 실비변상하기 위하여 지급하게 된 것임을 넉넉히 알아볼 수 있으며, 기록에 의하면 일반 근로자들은 1끼에 금 3,300원씩 1달에 금 82,500원의 식대만을 일률적으로 지급받았다는 것인바, 구내 근로자의 경우와 출장 근로자의 경우에 식대의 금액에 차이가 있다는 점은 근로의 여건에 따른 차이이지 그것이 근로의 질이나 양에 따른 차이라고는 볼 수 없을 것이라는 점에서 위 출장식대가 근로의 대가를 반영하고 있다고 보기는 어려울 것이며, 피고 회사가 위와 같은 작업출장비를 지급하게 된 이유는 시급제하에서 피고 회사의 화물 운전자들의 근로의욕을 제고하여 업무 능률을 향상시키고 화주에 대한 부당한 금품 요구 관행 등을 시정하는 한편 운행 중 발생할 수 있는 경미한 사고 또는 고장의 수리비용이나 화주 공장 내 콘테이너 적입·출시 현장 직원 독려 비용 등 작업출장 중 운전원 개인 비용 지출에 따른 비용 부담을 해소하기 위한 것이며, 그리하여 운전원들은 매번 작업이 끝나고 귀가할 때마다 운행경비로서 앞에서 본 출장식대, 고속도로비 등과 함께 위 작업출장비를 계산하여 그때그때 지급받아 왔고, 피고 회사의 회계처리상으로도 위 작업출장비는 운행경비의 항목으로 취급되고 있으며, 위 작업출장비는 시간외 근무수당이나 야간근무수당 등의 초과근무수당과는 별도로 지급되고 있고, 그 구체적 지급 기준은 지역이나 지점의 특성에 따라 달라질 수 있는 것으로 보여질 뿐만 아니라 그 액수 또한 월 평균 금 300,000원을 초과하여 이를 받지 아니하는 운전직 근로자들에 비하여 지나치게 많은 금액이라 할 것이므로 이는 근로의 대가라고 보기 어렵다고 할 것이다(대판 1998. 1. 20. 97다18936).

② 산출된 금액이 그 근로자의 통상임금보다 적으면 그 통상임금액을 평균임금으로 한다(근로기준법 제2조 제2항).

③ 통상임금은 근로조건의 기준을 마련하기 위하여 법이 정한 도구개념이므로, 사용자와 근로자가 통상임금의 의미나 범위 등에 관하여 단체협약 등에 의해 따로 합의할 수 있는 성질의 것이 아니다. 따라서 성질상 근로기준법상의 통상임금에 속하는 임금을 통상임금에서 제외하기로 노사 간에 합의하였다 하더라도 그 합의는 효력이 없다. 연장·야간·휴일 근로에 대하여 통상임금의 50% 이상을 가산하여 지급하도록 한 근로기준법의 규정은 각 해당 근로

에 대한 임금산정의 최저기준을 정한 것이므로, 통상임금의 성질을 가지는 임금을 일부 제외한 채 연장·야간·휴일 근로에 대한 가산임금을 산정하도록 노사 간에 합의한 경우 그 노사합의에 따라 계산한 금액이 근로기준법에서 정한 위 기준에 미달할 때에는 그 미달하는 범위 내에서 노사합의는 무효이고, 무효로 된 부분은 근로기준법이 정하는 기준에 따라야 한다[대판(전합) 2013. 12. 18. 2012다89399].
④ '평균임금'이란 이를 산정하여야 할 사유가 발생한 날 이전 3개월 동안에 그 근로자에게 지급된 임금의 총액을 그 기간의 총일수로 나눈 금액을 말한다(근로기준법 제2조 제1항 제6호).
⑤ 어떤 임금이 통상임금에 속하기 위해서 정기성을 갖추어야 한다는 것은 그 임금이 일정한 간격을 두고 계속적으로 지급되어야 함을 의미한다. 통상임금에 속하기 위한 성질을 갖춘 임금이 1개월을 넘는 기간마다 정기적으로 지급되는 경우, 이는 노사간의 합의 등에 따라 근로자가 소정근로시간에 통상적으로 제공하는 근로의 대가가 1개월을 넘는 기간마다 분할지급되고 있는 것일 뿐, 그러한 사정 때문에 갑자기 그 임금이 소정근로의 대가로서의 성질을 상실하거나 정기성을 상실하게 되는 것이 아님은 분명하다. 따라서 정기상여금과 같이 일정한 주기로 지급되는 임금의 경우 단지 그 지급주기가 1개월을 넘는다는 사정만으로 그 임금이 통상임금에서 제외된다고 할 수는 없다[대판(전합) 2013. 12. 18. 2012다89399].

 ③

05 사용자의 징계권 행사에 관한 설명으로 옳지 않은 것은? (다툼이 있으면 판례에 따름)

① 징계처분에서 징계사유로 삼은 비위행위가 아닌 평소의 소행과 근무성적, 당해 징계처분 사유 전후에 저지른 비위행위사실 등은 징계양정의 참작자료로 삼을 수 없다.
② 학력 등을 허위로 기재한 행위를 이유로 징계해고를 하는 경우에 그 정당성은 고용당시의 사정뿐 아니라, 고용 이후 해고에 이르기까지 그 근로자가 종사한 근로의 내용과 기간, 허위기재를 한 학력 등이 종사한 근로의 정상적인 제공에 지장을 초래하는지 여부 등을 종합적으로 고려하여 판단하여야 한다.
③ 사생활에서의 비행은 사업활동에 직접 관련이 있거나 기업의 사회적 평가를 훼손할 염려가 있는 것에 한하여 정당한 징계사유가 될 수 있다.
④ 근로기준법 제23조 제1항의 '정당한 이유'란 징계해고의 경우에는 사회통념상 근로계약을 계속시킬 수 없을 정도로 근로자에게 책임있는 사유가 있는 것을 말한다.
⑤ 여러 개의 징계사유 중 일부가 인정되지 않더라도 인정되는 다른 일부 징계사유만으로도 해당 징계처분의 타당성을 인정하기에 충분한 경우에는 그 징계처분이 위법하지 않다.

해설 ① 징계사유가 인정되는 피징계자에 대하여 어떠한 징계처분을 할 것인가는 징계권자의 재량에 맡겨진 것이고, 이 경우 징계사유의 내용과 성질은 물론이고 피징계자의 평소의 소행, 근무성적 외에 과거의 전력, 징계사유로 삼지는 않았지만 징계사유 발생 이후에 저지른 비위행위 등도 징계종류의 선택의 자료로 참작할 수 있으며, 다만 선택한 징계처분이 사회통념상 현저하게 타당성을 잃어 징계권자에게 맡겨진 재량권을 남용한 것이라고 인정되는 경우에 한하여 위법하다고 할 것이다(대판 1999. 9. 3. 97누2528,2535).
② 이상의 법리에 비추어 보면(해고의 정당성 법리), 학력 등의 허위기재를 징계해고사유로 규정한 취업규칙에 근거하여 근로자를 해고하는 경우에도, 고용 당시에 사용자가 근로자의 실제 학력 등을 알았더라면 어떻게 하였을지에 대하여 추단하는 이른바 가정적 인과관계의 요소뿐 아니라 고용 이후 해고 시점까지의 제반사정을 보태어 보더라도 그 해고가 사회통념상 현저히 부당한 것은 아니라고 인정이 되어야만 정당성이 인정될 수 있다고 할 것이다(대판 2012. 7. 5. 2009두16763).
③ 사용자가 근로자에 대하여 징계권을 행사할 수 있는 것은 사업 활동을 원활하게 수행하기 위하여 필요한 범위 내에서 규율과 질서를 유지하기 위한 데에 그 근거가 있으므로, 근로자의 사생활에서의 비행은 사업활동에 직접 관련이 있거나 기업의 사회적 평가를 훼손할 염려가 있는 것에 한하여 정당한 징계사유가 될 수 있다 할 것이다. 여

기서 기업의 사회적 평가를 훼손할 염려가 있다고 하기 위해서는 반드시 구체적인 업무저해의 결과나 거래상의 불이익이 발생하여야 하는 것은 아니고 당해 행위의 성질과 정상, 기업의 목적과 경영방침, 사업의 종류와 규모 및 그 근로자의 기업에 있어서의 지위와 담당 업무 등 제반 사정을 종합적으로 고려하여 그 비위행위가 기업의 사회적 평가에 미친 악영향이 상당히 중대하다고 객관적으로 평가될 수 있어야 한다(대판 2001. 12. 14. 2000두3689).
④ 정당한 이유라 함은 사회통념상 고용계약을 계속시킬 수 없을 정도로 근로자에게 책임 있는 사유가 있다든가 부득이한 경영상의 필요가 있는 경우를 말하는 것이다(대판 1990. 11. 23. 90다카21589 등).
⑤ 여러 개의 징계사유 중 일부가 인정되지 않더라도 인정되는 다른 일부 징계사유만으로도 해당 징계처분의 타당성을 인정하기에 충분한 경우에는 그 징계처분이 위법하지 않다(대판 1983. 4. 26. 82누405).

정답 ①

06 근로기준법령상 근로시간제도에 관한 설명으로 옳지 않은 것은?

① 임신 중인 여성 근로자에 대하여는 탄력적 근로시간제를 적용하지 아니한다.
② 선택적 근로시간제의 정산기간은 3개월 이내의 일정한 기간으로 정하여야 한다.
③ 당사자 간에 합의하면 1주 간에 12시간을 한도로 제50조의 근로시간을 연장할 수 있다.
④ 재량근로의 대상업무는 사용자가 근로자대표와 서면 합의로 정한 시간을 근로한 것으로 본다.
⑤ 사용자는 야간근로에 대하여는 통상임금의 100분의 50 이상을 가산하여 근로자에게 지급하여야 한다.

해설 ① 탄력적근로시간제에 관한 제51조 제1항과 제2항은 15세 이상 18세 미만의 근로자와 임신 중인 여성 근로자에 대하여는 적용하지 아니한다(근로기준법 제51조 제3항).
② 사용자는 취업규칙(취업규칙에 준하는 것을 포함한다)에 따라 업무의 시작 및 종료 시각을 근로자의 결정에 맡기기로 한 근로자에 대하여 근로자대표와의 서면 합의에 따라 다음 각 호의 사항을 정하면 1개월 이내의 정산기간을 평균하여 1주간의 근로시간이 제50조 제1항의 근로시간을 초과하지 아니하는 범위에서 1주 간에 제50조 제1항의 근로시간을, 1일에 제50조 제2항의 근로시간을 초과하여 근로하게 할 수 있다(근로기준법 제52조).
③ 당사자 간에 합의하면 1주 간에 12시간을 한도로 제50조의 근로시간을 연장할 수 있다(근로기준법 제53조 제1항).
④ 업무의 성질에 비추어 업무 수행 방법을 근로자의 재량에 위임할 필요가 있는 업무로서 대통령령으로 정하는 업무는 사용자가 근로자대표와 서면 합의로 정한 시간을 근로한 것으로 본다(근로기준법 제58조 제3항).
⑤ 사용자는 야간근로(오후 10시부터 다음 날 오전 6시 사이의 근로를 말한다)에 대하여는 통상임금의 100분의 50 이상을 가산하여 근로자에게 지급하여야 한다(근로기준법 제56조 제3항).

정답 ②

07 근로기준법령상 상시 4명 이하의 근로자를 사용하는 사업 또는 사업장에 적용되지 않는 것은?

① 공민권 행사의 보장(제10조)
② 근로조건의 명시(제17조)
③ 전차금 상계의 금지(제21조)
④ 휴게(제54조)
⑤ 연차 유급휴가(제60조)

해설 근로기준법 제60조(연차유급휴가)는 적용이 제외되는 규정이다.

근로기준법	적용제외 규정	주의사항
제1장 총 칙	제14조(법령요지 등의 게시)	
제2장 근로계약	제19조 제2항(귀향여비지급) 제23조 제1항(해고의정당한 이유) 제24조(경영상이유에 의한 해고의 제한) 제27조(해고사유 등의 서면통지) 제28조(정당한 이유 없는 해고구제신청) cf.) 제26조(해고예고)적용	○ 제17조(근로조건 명시의무) 적용 → 적용됨 ○ 제26조(해고예고) →적용됨
제3장 임 금	제46조(휴업수당)	
제4장 근로시간과 휴식	제50조(근로시간) 제51조(탄력적 근로시간제) 제52조(선택적 근로시간제) 제53조(연장근로의 제한) 제56조(연장·야간·휴일근로) 제57조(보상휴가제) 제58조(근로시간계산특례) 제59조(근로시간 및 휴게시간의 특례) 제60조(연차유급휴가) 제61조(연차유급휴가의 사용촉진) 제62조(유급휴가의 대체) ※ 제54조(휴게) 제55조(주휴일) 제63조(적용제외) 만 적용	○ 제54조(휴게) → 적용됨 ○ 제55조(주휴일) → 적용됨 ○ 제63조(적용 제외) → 적용됨
제5장 여성과 소년	제73조(생리휴가) 제65조 제2항(도덕상 보건상 유해사업사용금지) 제70조 제1항(야간 및 휴일근로의 제한) 제75조(육아시간)	
제7장 기능습득	제77조(기능습득자의 보호)	
제9장 취업규칙	모두 적용제외	
제10장 기숙사	모두 적용제외	

 ⑤

08 근로기준법령상 미성년자 또는 연소자의 보호에 관한 설명으로 옳지 않은 것은?

① 미성년자는 독자적으로 임금을 청구할 수 있다.
② 친권자나 후견인은 미성년자의 근로계약을 대리할 수 없다.
③ 예술공연 참가를 위한 경우에는 13세 미만인 자도 취직인허증을 받을 수 있다.
④ 15세 이상 18세 미만인 자의 근로시간은 1일에 6시간, 1주에 34시간을 초과하지 못한다.
⑤ 고용노동부장관은 근로계약이 미성년자에게 불리하다고 인정하는 경우에는 이를 해지할 수 있다.

해설 ① 미성년자는 독자적으로 임금을 청구할 수 있다(근로기준법 제68조).
② 친권자나 후견인은 미성년자의 근로계약을 대리할 수 없다(근로기준법 제67조 제1항).
③ 법 제64조에 따라 취직인허증을 받을 수 있는 자는 13세 이상 15세 미만인 자로 한다. 다만, 예술공연 참가를 위한 경우에는 13세 미만인 자도 취직인허증을 받을 수 있다(근로기준법 시행령 제1항).
④ 15세 이상 18세 미만인 자의 근로시간은 1일에 7시간, 1주에 35시간을 초과하지 못한다. 다만, 당사자 사이의 합의에 따라 1일에 1시간, 1주에 5시간을 한도로 연장할 수 있다(근로기준법 제69조).
⑤ 친권자, 후견인 또는 고용노동부장관은 근로계약이 미성년자에게 불리하다고 인정하는 경우에는 이를 해지할 수 있다(근로기준법 제67조 제2항).

정답 ④

09 근로기준법령상 임산부의 보호에 관한 설명으로 옳지 않은 것은?

① 한 번에 둘 이상 자녀를 임신한 경우 출산전후휴가 기간의 배정은 출산 후에 60일 이상이 되어야 한다.
② 사업주는 출산전후휴가 종료 후에 출산 전과 동일한 업무 또는 동등한 수준의 임금을 지급하는 직무에 복귀시켜야 한다.
③ 사용자는 임신 후 36주 이후에 있으며 1일 근로시간시간인 여성 근로자가 1일 2시간의 근로시간 단축을 신청하는 경우 이를 허용하여야 한다.
④ 사용자는 임신 중의 여성 근로자에게 시간외 근로를 하게 하여서는 아니 된다.
⑤ 사업주는 유산휴가를 청구한 근로자에게 임신기간이 28주 이상인 경우 유산한 날부터 30일까지 유산휴가를 주어야 한다.

해설 ① 사용자는 임신 중의 여성에게 출산 전과 출산 후를 통하여 90일(한 번에 둘 이상 자녀를 임신한 경우에는 120일)의 출산전후휴가를 주어야 한다. 이 경우 휴가 기간의 배정은 출산 후에 45일(한 번에 둘 이상 자녀를 임신한 경우에는 60일) 이상이 되어야 한다(근로기준법 제74조 제1항).
② 사업주는 제1항에 따른 출산전후휴가 종료 후에는 휴가 전과 동일한 업무 또는 동등한 수준의 임금을 지급하는 직무에 복귀시켜야 한다(근로기준법 제74조 제6항).
③ 사용자는 임신 후 12주 이내 또는 36주 이후에 있는 여성 근로자가 1일 2시간의 근로시간 단축을 신청하는 경우 이를 허용하여야 한다(근로기준법 제74조 제7항).
④ 사용자는 임신 중의 여성 근로자에게 시간외근로를 하게 하여서는 아니 되며, 그 근로자의 요구가 있는 경우에는 쉬운 종류의 근로로 전환하여야 한다(근로기준법 제74조 제5항).
⑤ 임신기간별 유산사산 휴가의 일수(근로기준법 시행령 제43조 제3항)

> 1. 유산 또는 사산한 근로자의 임신기간(이하 '임신기간'이라 한다)이 11주 이내인 경우 : 유산 또는 사산한 날부터 5일까지
> 2. 임신기간이 12주 이상 15주 이내인 경우 : 유산 또는 사산한 날부터 10일까지

3. 임신기간이 16주 이상 21주 이내인 경우 : 유산 또는 사산한 날부터 30일까지 4. 임신기간이 22주 이상 27주 이내인 경우 : 유산 또는 사산한 날부터 60일까지 5. 임신기간이 28주 이상인 경우 : 유산 또는 사산한 날부터 90일까지

 ⑤

10 근로기준법상 취업규칙에 관한 설명으로 옳은 것은? (다툼이 있으면 판례에 따름)

① 사용자는 취업규칙을 근로자에게 불리하게 변경하는 경우에는 근로자 과반수의 의견을 들어야 한다.

② 상시 5명 이상의 근로자를 사용하는 사용자는 근로기준법에서 정한 사항에 관한 취업규칙을 작성하여 고용노동부장관에게 신고하여야 한다.

③ 사용자가 애초에 취업규칙을 작성함에 있어 근로자 과반수의 의견을 듣지 아니하거나 그 동의를 얻지 아니한 경우 그 취업규칙의 내용이 근로기준법에 위반되는지와 관계없이 그 취업규칙은 전부 무효다.

④ 취업규칙의 일부를 이루는 급여규정의 변경이 일부의 근로자에게는 유리하고 일부의 근로자에게는 불리한 경우 그러한 변경에 근로자집단의 동의를 요하는지를 판단하는 것은 근로자 전체에 대하여 획일적으로 결정되어야 한다.

⑤ 근로자의 집단적 의사결정방법에 의한 동의 없이 이루어진 취업규칙의 불리한 변경은 그 변경 후에 취업한 근로자에 대하여 효력이 없다.

해설 ① 사용자는 취업규칙의 작성 또는 변경에 관하여 해당 사업 또는 사업장에 근로자의 과반수로 조직된 노동조합이 있는 경우에는 그 노동조합, 근로자의 과반수로 조직된 노동조합이 없는 경우에는 근로자의 과반수의 의견을 들어야 한다. 다만, 취업규칙을 근로자에게 불리하게 변경하는 경우에는 그 동의를 받아야 한다(근로기준법 제94조 제1항).

② 상시 10명 이상의 근로자를 사용하는 사용자는 다음 각 호의 사항에 관한 취업규칙을 작성하여 고용노동부장관에게 신고하여야 한다(근로기준법 제93조).

③ 근로기준법 제94조 제1항은 근로자의 의견을 존중하여 취업규칙의 작성 또는 변경에 이를 반영시키기 위한 것으로서 그 의견청취절차규정 자체는 훈시규정에 불과하고 효력규정이 아니므로 이를 거치지 않았다고 하여 그 취업규칙이 무효로 되지는 않으나 그 취업규칙의 작성 또는 변경이 근로자가 가지고 있는 기득의 권리나 이익을 박탈하여 불이익한 근로조건을 부과하는 내용일 때에는 종전 근로조건 또는 취업규칙의 적용을 받던 근로자집단의 집단의사 결정방법에 의한 동의를 요하고 이러한 동의 없이 작성, 변경된 취업규칙은 근로조건의 변경이 근로자의 동의를 받지 않아도 사회통례상 합리성이 있다고 인정될 만한 것이 아닌 한 무효이다(대판 1989. 5. 9. 88다카4277).

④ 취업규칙의 일부인 퇴직금 규정의 개정이 근로자들에게 유리한지 불리한지 여부를 판단하기 위하여는 퇴직금 지급률의 변화와 함께 그와 대가관계나 연계성이 있는 기초임금의 변화도 고려하여 종합적으로 판단하여야 하지만, 그 판단의 기준 시점은 퇴직금 규정의 개정이 이루어진 시점이며, 그 종합 판단의 결과, 일부 근로자에게는 유리하고 일부 근로자에게는 불리하여 근로자 상호간에 유·불리에 따른 이익이 충돌되는 경우에는 전체적으로 보아 근로자에게 불리한 것으로 취급하여 종전의 급여규정의 적용을 받고 있던 근로자들의 집단적 의사결정 방법에 의한 동의를 필요로 한다(대판 1997. 8. 26. 96다1726).

⑤ 사용자가 취업규칙에서 정한 근로조건을 근로자에게 불리하게 변경함에 있어서 근로자의 동의를 얻지 않은 경우에 그 변경으로 기득이익이 침해되는 기존의 근로자에 대한 관계에서는 그 변경의 효력이 미치지 않게 되어 종전 취업규칙의 효력이 그대로 유지되지만, 그 변경 후에 변경된 취업규칙에 따른 근로조건을 수용하고 근로관계를 갖게 된 근로자에 대한 관계에서는 당연히 변경된 취업규칙이 적용되어야 하고, 기득이익의 침해라는 효력배제사

유가 없는 변경 후의 취업근로자에 대해서까지 그 변경의 효력을 부인하여 종전 취업규칙이 적용되어야 한다고 볼 근거가 없다. 위와 같은 경우에 취업규칙 변경 후에 취업한 근로자에게 적용되는 취업규칙과 기존 근로자에게 적용되는 취업규칙이 병존하는 것처럼 보이지만, 현행의 법규적 효력을 가진 취업규칙은 변경된 취업규칙이고 다만, 기존 근로자에 대한 관계에서 기득이익침해로 그 효력이 미치지 않는 범위 내에서 종전 취업규칙이 적용될 뿐이므로 하나의 사업 내에 둘 이상의 취업규칙을 둔 것과 같이 볼 수는 없다[대판(전합) 1992. 12. 22. 91다45165].

정답 ④

11 근로기준법상 직장 내 괴롭힘의 금지에 관한 설명으로 옳지 않은 것은?

① 누구든지 직장 내 괴롭힘 발생 사실을 알게 된 경우 그 사실을 사용자에게 신고할 수 있다.
② 사용자는 직장 내 괴롭힘 발생 사실을 인지한 경우에는 지체 없이 그 사실 확인을 위한 조사를 실시하여야 한다.
③ 사용자는 직장 내 괴롭힘 발생 사실의 확인 조사 결과 그 사실이 확인된 때에는 피해 근로자가 요청하면 근무장소의 변경 등 적절한 조치를 하여야 한다.
④ 사용자는 직장 내 괴롭힘 발생 사실을 신고한 근로자 및 피해근로자등에게 해고나 그 밖의 불리한 처우를 하여서는 아니 된다.
⑤ 사용자가 직장 내 괴롭힘 발생 사실의 확인 조사 결과 그 사실이 확인되었음에도 이에 대한 필요한 조치를 하지 아니한 경우 500만원 이하의 과태료를 부과한다.

해설 ① 누구든지 직장 내 괴롭힘 발생 사실을 알게 된 경우 그 사실을 사용자에게 신고할 수 있다(근로기준법 제76조의3 제1항).
② 사용자는 제1항에 따른 신고를 접수하거나 직장 내 괴롭힘 발생 사실을 인지한 경우에는 지체 없이 그 사실 확인을 위한 조사를 실시하여야 한다(근로기준법 제76조의3 제2항).
③ 사용자는 제2항에 따른 조사 결과 직장 내 괴롭힘 발생 사실이 확인된 때에는 피해근로자가 요청하면 근무장소의 변경, 배치전환, 유급휴가 명령 등 적절한 조치를 하여야 한다(근로기준법 제76조의3 제3항).
④ 사용자는 직장 내 괴롭힘 발생 사실을 신고한 근로자 및 피해근로자등에게 해고나 그 밖의 불리한 처우를 하여서는 아니 된다(근로기준법 제76조의3 제6항).
⑤ 근로기준법 제76조의3 제3항 위반에 대한 과태료 부과 규정은 존재하지 않는다.

정답 ⑤

12 근로기준법상 근로감독관에 관한 설명으로 옳지 않은 것은?

① 근로감독관은 사용자와 근로자에 대하여 심문할 수 있다.
② 근로조건의 기준을 확보하기 위하여 고용노동부와 그 소속 기관에 근로감독관을 둔다.
③ 근로감독관은 사업장, 기숙사, 그 밖의 부속 건물을 현장조사하고 장부와 서류의 제출을 요구할 수 있다.
④ 근로감독관의 위촉을 받은 의사는 취업을 금지하여야 할 질병에 걸릴 의심이 있는 근로자에 대하여 검진할 수 있다.
⑤ 근로감독관은 근로기준법 위반의 죄에 관하여 경찰관직무집행법에서 정하는 바에 따라 사법경찰관의 직무를 수행한다.

해설 ①, ③ 근로감독관은 사업장, 기숙사, 그 밖의 부속 건물을 현장조사하고 장부와 서류의 제출을 요구할 수 있으며 사용자와 근로자에 대하여 심문(尋問)할 수 있다(근로기준법 제102조 제1항).

② 근로조건의 기준을 확보하기 위하여 고용노동부와 그 소속 기관에 근로감독관을 둔다(근로기준법 제101조 제1항).

④ 의사인 근로감독관이나 근로감독관의 위촉을 받은 의사는 취업을 금지하여야 할 질병에 걸릴 의심이 있는 근로자에 대하여 검진할 수 있다(근로기준법 제102조 제2항).

⑤ 근로감독관은 이 법이나 그 밖의 노동 관계 법령 위반의 죄에 관하여 「사법경찰관리의 직무를 행할 자와 그 직무범위에 관한 법률」에서 정하는 바에 따라 사법경찰관의 직무를 수행한다(근로기준법 제102조 제5항). 근로감독관은 특별사법경찰에 해당하기 때문에 '경찰관직무집행법'이 아니라 '사법경찰관리의 직무를 행할 자와 그 직무범위에 관한 법률' 에 정하는 바에 따라 사법경찰관의 직무를 수행한다. 경찰학이나 형사소송법에서 다뤄야 하는 주제인데 단순 말장난 문제로 치부하기엔 적절한 출제로는 보이지 않는다.

 ⑤

13 근로기준법에 규정된 내용으로 옳은 것을 모두 고른 것은?

> ㉠ 이 법에서 정하는 근로조건은 최저기준이므로 근로관계 당사자는 이 기준을 이유로 근로조건을 낮출 수 없다.
> ㉡ 사용자는 근로자에 대하여 국적·신앙 또는 사회적 신분을 이유로 근로조건에 대한 차별적 처우를 하지 못한다.
> ㉢ 사용자가 근로자를 폭행한 경우 피해자의 명시적인 의사와 다르게 공소를 제기할 수 없다.
> ㉣ 누구든지 법률에 따르지 아니하고는 영리로 다른 사람의 취업에 개입하거나 중간인으로서 이익을 취득하지 못한다.

① ㉠, ㉡　② ㉢, ㉣　③ ㉠, ㉡, ㉣　④ ㉡, ㉢, ㉣　⑤ ㉠, ㉡, ㉢, ㉣

해설 ㉠, ㉡, ㉣ 항목이 옳은 지문이다.

㉠ (○) 이 법에서 정하는 근로조건은 최저기준이므로 근로 관계 당사자는 이 기준을 이유로 근로조건을 낮출 수 없다(근로기준법 제3조).

㉡ (○) 사용자는 근로자에 대하여 남녀의 성(性)을 이유로 차별적 대우를 하지 못하고, 국적·신앙 또는 사회적 신분을 이유로 근로조건에 대한 차별적 처우를 하지 못한다(근로기준법 제6조).

㉢ (×) 사용자는 사고의 발생이나 그 밖의 어떠한 이유로도 근로자에게 폭행을 하지 못한다(근로기준법 제8조). 형법과 달리 반의사 불벌죄에 해당하지 않는다.

㉣ (○) 누구든지 법률에 따르지 아니하고는 영리로 다른 사람의 취업에 개입하거나 중간인으로서 이익을 취득하지 못한다(근로기준법 제9조).

 ③

14 헌법 제32조(근로의 권리)에 명시된 내용으로 옳지 않은 것은?

① 모든 국민은 근로의 권리를 가지며 근로의 의무를 진다.
② 여자 및 연소자의 근로는 특별한 보호를 받는다.
③ 신체장애자는 우선적으로 근로의 기회를 부여받는다.
④ 근로조건의 기준은 인간의 존엄성을 보장하도록 법률로 정한다.
⑤ 국가는 법률이 정하는 바에 의하여 최저임금제를 시행하여야 한다.

해설 ① 모든 국민은 근로의 권리를 가진다(헌법 제32조 제1항). 모든 국민은 근로의 의무를 진다(헌법 제32조 제2항).
② 여자의 근로는 특별한 보호를 받으며, 고용·임금 및 근로조건에 있어서 부당한 차별을 받지 아니한다(헌법 제32조 제4항). 연소자의 근로는 특별한 보호를 받는다(헌법 제32조 제5항).
③ 신체장애자 및 질병·노령 기타의 사유로 생활능력이 없는 국민은 법률이 정하는 바에 의하여 국가의 보호를 받는다(헌법 제34조 제5항).
④ 근로조건의 기준은 인간의 존엄성을 보장하도록 법률로 정한다(헌법 제32조 제3항).
⑤ 국가는 사회적·경제적 방법으로 근로자의 고용의 증진과 적정임금의 보장에 노력하여야 하며, 법률이 정하는 바에 의하여 최저임금제를 시행하여야 한다(헌법 제32조 제1항).

 ③

15 노동법의 법원(法源)에 관한 설명으로 옳은 것은? (다툼이 있으면 판례에 따름)

① 근로관계 당사자의 권리와 의무를 규율하는 취업규칙은 노동법의 법원에 해당한다.
② 국제노동기구(ILO)의 강제근로에 관한 협약(제29호)은 노동법의 법원에 해당한다.
③ 노동사건에 관련한 대법원 전원합의체 판결은 노동법의 법원에 해당한다.
④ 노동관계법령에 대한 법제처의 유권해석은 노동법의 법원에 해당한다.
⑤ 사용자와 개별근로자가 체결한 근로계약은 노동법의 법원에 해당하지 않는다.

해설 ① 취업규칙은 사용자가 다수의 개별적 근로관계를 보다 용이하게 처리하기 위해 근로계약의 내용이 되는 사항과 직장질서에 관한 사항을 일방적으로 정한 것으로서 일정한 사업장에서 근로관계와 기업질서를 규율하는 역할을 담당하며, 다수 근로자의 근로관계의 내용을 형성하는 역할을 하기 때문에 법원성이 인정된다(근기법 제97조 참조).
② 2021. 4. 20. 국제노동기구(ILO) 8개 핵심협약 중 강제노동에 관한 협약(제29호), 결사의 자유 및 단결권 보호에 관한 협약(제87호), 단결권 및 단체교섭권에 대한 원칙의 적용에 관한 협약(제98호)이 비준되어 2022. 4. 20.부터 발효되고 있다. 국제노동기구(ILO) 협약이 비준절차를 거치면 국내법적 효력이 인정되고 법원성이 인정된다. 이제 우리나라는 ILO핵심협약 8개중 7개가 비준되었고, 강제노동 철폐에 관한 협약(제105호)만이 미비준 상태이다.
③ 우리나라는 성문법 국가이므로 판례의 법원성은 부정된다.
④ 고용노동부의 예규·질의회시, 법제처의 유권해석 등은 행정기관 내부의 사무처리 지침에 불과하므로 법원성이 부정된다.
⑤ 근로계약은 단체협약이나 취업규칙 내에 규정되어 있지 않은 부가적 근로조건을 규율하거나 그 적용을 받는 당사자의 권리 의무를 규율하고 있으므로 노동법의 법원으로 인정된다(김형배, 임종률).

정답 ①,②

16 산업안전보건법에 관한 설명으로 옳지 않은 것은?

① 근로자는 산업재해가 발생할 급박한 위험이 있는 경우에는 작업을 중지하고 대피할 수 있다.
② 사업주는 사업장에 근로자위원, 사용자위원 및 공익위원이 같은 수로 구성되는 산업안전보건위원회를 운영하여야 한다.
③ 산업재해 예방에 관한 기본계획은 고용노동부장관이 수립하며 산업재해보상보험 및 예방심의위원회의 심의를 거쳐 공표하여야 한다.
④ 고용노동부장관은 산업재해를 예방하기 위하여 대통령령으로 정하는 사업장의 근로자 산업재해 발생건수, 재해율 또는 그 순위 등을 공표하여야 한다.
⑤ 고용노동부장관은 역학조사를 하는 경우 근로자대표가 요구할 때 그를 역학조사에 참석하게 할 수 있다.

해설 ① 근로자는 산업재해가 발생할 급박한 위험이 있는 경우에는 작업을 중지하고 대피할 수 있다(산업안전보건법 제52조 제1항).
② 사업주는 사업장의 안전 및 보건에 관한 중요 사항을 심의·의결하기 위하여 사업장에 근로자위원과 사용자위원이 같은 수로 구성되는 산업안전보건위원회를 구성·운영하여야 한다(산업안전보건법 제24조 제1항).
③ 고용노동부장관은 산업재해 예방에 관한 기본계획을 수립하여야 한다(산업안전보건법 제7조 제1항). 고용노동부장관은 제1항에 따라 수립한 기본계획을 「산업재해보상보험법」 제8조 제1항에 따른 산업재해보상보험및예방심의위원회의 심의를 거쳐 공표하여야 한다(산업안전보건법 제7조 제2항).
④ 고용노동부장관은 산업재해를 예방하기 위하여 대통령령으로 정하는 사업장의 근로자 산업재해 발생건수, 재해율 또는 그 순위 등(이하 '산업재해발생건수 등'이라 한다)을 공표하여야 한다(산업안전보건법 제10조 제1항).
⑤ 고용노동부장관은 직업성 질환의 진단 및 예방, 발생 원인의 규명을 위하여 필요하다고 인정할 때에는 근로자의 질환과 작업장의 유해요인의 상관관계에 관한 역학조사(이하 '역학조사'라 한다)를 할 수 있다. 이 경우 사업주 또는 근로자대표, 그 밖에 고용노동부령으로 정하는 사람이 요구할 때 고용노동부령으로 정하는 바에 따라 역학조사에 참석하게 할 수 있다(산업안전보건법 제52조 제5항).

 ②

17 직업안정법상 용어의 정의로 옳지 않은 것은?

① "직업안정기관"이란 직업소개, 직업지도 등 직업안정업무를 수행하는 지방고용노동행정기관을 말한다.
② "직업소개"란 구인 또는 구직의 신청을 받아 구직자 또는 구인자(求人者)를 탐색하거나 구직자를 모집하여 구인자와 구직자 간에 고용계약이 성립되도록 알선하는 것을 말한다.
③ "무료직업소개사업"이란 수수료, 회비 또는 그 밖의 어떠한 금품도 받지 아니하고 하는 직업소개사업을 말한다.
④ "근로자공급사업"이란 근로자파견사업을 포함하여 공급계약에 따라 근로자를 타인에게 사용하게 하는 사업을 말한다.
⑤ "고용서비스"란 구인자 또는 구직자에 대한 고용정보의 제공, 직업소개, 직업지도 또는 직업능력개발 등 고용을 지원하는 서비스를 말한다.

해설 ① '직업안정기관'이란 직업소개, 직업지도 등 직업안정업무를 수행하는 지방고용노동행정기관을 말한다(직업안정법 제2조의2 제1호).
② '직업소개'란 구인 또는 구직의 신청을 받아 구직자 또는 구인자(求人者)를 탐색하거나 구직자를 모집하여 구인자와 구직자 간에 고용계약이 성립되도록 알선하는 것을 말한다(직업안정법 제2조의2 제2호).
③ '무료직업소개사업'이란 수수료, 회비 또는 그 밖의 어떠한 금품도 받지 아니하고 하는 직업소개사업을 말한다(직업안정법 제2조의2 제1호).
④ '근로자공급사업'이란 공급계약에 따라 근로자를 타인에게 사용하게 하는 사업을 말한다. 다만, 「파견근로자 보호 등에 관한 법률」 제2조 제2호에 따른 근로자파견사업은 제외한다(직업안정법 제2조의2 제7호).
⑤ '고용서비스'란 구인자 또는 구직자에 대한 고용정보의 제공, 직업소개, 직업지도 또는 직업능력개발 등 고용을 지원하는 서비스를 말한다(직업안정법 제2조의2 제1호).

정답 ④

18 남녀고용평등과 일·가정 양립 지원에 관한 법률상 배우자 출산휴가에 대한 설명으로 옳은 것은?

① 사업주는 근로자가 배우자 출산휴가를 청구하는 경우 5일의 휴가를 주어야 한다.
② 배우자 출산휴가를 사용한 휴가기간 중 3일은 유급으로 한다.
③ 배우자 출산휴가는 2회에 한정하여 나누어 사용할 수 있다.
④ 배우자 출산휴가는 근로자의 배우자가 출산한 날부터 90일이 지나면 청구할 수 없다.
⑤ 출산전후휴가급여가 지급되었더라도 배우자 출산휴가에 대한 급여는 전액 지급되어야 한다.

해설 ①, ② 사업주는 근로자가 배우자의 출산을 이유로 휴가(이하 '배우자 출산휴가'라 한다)를 청구하는 경우에 10일의 휴가를 주어야 한다. 이 경우 사용한 휴가기간은 유급으로 한다(남녀고용평등과 일·가정 양립 지원에 관한 법률 제18조의2 제1항).
③ 배우자 출산휴가는 1회에 한정하여 나누어 사용할 수 있다(남녀고용평등과 일·가정 양립 지원에 관한 법률 제18조의2 제4항).
④ 배우자 출산휴가는 근로자의 배우자가 출산한 날부터 90일이 지나면 청구할 수 없다(남녀고용평등과 일·가정 양립 지원에 관한 법률 제18조의2 제3항).
⑤ 출산전후휴가급여등이 지급된 경우에는 그 금액의 한도에서 지급의 책임을 면한다(남녀고용평등과 일·가정 양립 지원에 관한 법률 제18조의2 제2항).

정답 ④

19 파견근로자 보호 등에 관한 법률에 대한 설명으로 옳지 않은 것은?

① 사용사업주는 파견근로자를 사용하고 있는 업무에 근로자를 직접 고용하려는 경우에는 해당 파견근로자를 우선적으로 고용하여야 한다.
② 파견근로자는 차별적 처우를 받은 경우 차별적 처우가 있은 날부터 6개월 이내에 노동위원회에 그 시정을 신청할 수 있다.
③ 차별적 처우와 금지 및 시정에 관한 규정은 사용사업주가 상시 4명 이하의 근로자를 사용하는 경우에는 적용하지 아니한다.
④ 고용노동부장관은 확정된 차별시정명령을 이행할 의무가 있는 파견사업주의 사업장에서 해당 시정명령의 효력이 미치는 근로자 이외의 파견근로자에 대하여 차별적 처우가 있는 경우에는 그 시정을 요구할 수 있다.

⑤ 사용사업주는 파견근로자의 적절한 파견근로를 위하여 사용사업관리 책임자를 선임하여야 한다.

해설 ① 사용사업주는 파견근로자를 사용하고 있는 업무에 근로자를 직접 고용하려는 경우에는 해당 파견근로자를 우선적으로 고용하도록 노력하여야 한다(파견근로자 보호 등에 관한 법률 제6조의2 제4항).
② 파견근로자 보호 등에 관한 법률 제21조 제3항, 기간제 및 단시간근로자 보호 등에 관한 법률 제9조 제1항
③ 제1항부터 제3항까지의 규정은 사용사업주가 상시 4명 이하의 근로자를 사용하는 경우에는 적용하지 아니한다(파견근로자 보호 등에 관한 법률 제21조 제4항).
④ 고용노동부장관은 제21조 제3항 또는 제21조의2 제4항에 따라 준용되는 「기간제 및 단시간근로자 보호등에 관한 법률」 제14조에 따라 확정된 시정명령을 이행할 의무가 있는 파견사업주 또는 사용사업주의 사업 또는 사업장에서 해당 시정명령의 효력이 미치는 근로자 이외의 파견근로자에 대하여 차별적 처우가 있는지를 조사하여 차별적 처우가 있는 경우에는 그 시정을 요구할 수 있다(파견근로자 보호 등에 관한 법률 제21조의3 제1항).
⑤ 사용사업주는 파견근로자의 적절한 파견근로를 위하여 사용사업관리책임자를 선임하여야 한다(파견근로자 보호 등에 관한 법률 제32의 제1항).

정답 ①

20 기간제 및 단시간근로자 보호 등에 관한 법률에 대한 설명으로 옳지 않은 것은?

① 동거의 친족만을 사용하는 사업에 대하여는 적용하지 아니한다.
② 사용자는 가사, 학업 그 밖의 이유로 근로자가 단시간근로를 신청하는 때에는 당해 근로자를 단시간근로자로 전환하도록 노력하여야 한다.
③ 차별적 처우와 관련한 분쟁에 있어서 입증책임은 사용자가 부담한다.
④ 노동위원회는 사용자의 차별적 처우에 명백한 고의가 인정되는 경우에는 손해액을 기준으로 3배를 넘지 아니하는 범위에서 배상을 명령할 수 있다.
⑤ 노동위원회는 차별시정명령을 받은 후 이행기한까지 시정명령을 이행하지 아니한 사용자에게 이행강제금을 부과한다.

해설 ① 이 법은 상시 5인 이상의 근로자를 사용하는 모든 사업 또는 사업장에 적용한다. 다만, 동거의 친족만을 사용하는 사업 또는 사업장과 가사사용인에 대하여는 적용하지 아니한다(기간제 및 단시간근로자 보호에 관한 법률 제3조 제1항).
② 사용자는 가사, 학업 그 밖의 이유로 근로자가 단시간근로를 신청하는 때에는 당해 근로자를 단시간근로자로 전환하도록 노력하여야 한다(기간제 및 단시간근로자 보호에 관한 법률 제7조 제2항).
③ 제8조 및 제1항 내지 제3항과 관련한 분쟁에 있어서 입증책임은 사용자가 부담한다(기간제 및 단시간근로자 보호에 관한 법률 제9조 제4항).
④ 제1항에 따른 배상액은 차별적 처우로 인하여 기간제근로자 또는 단시간근로자에게 발생한 손해액을 기준으로 정한다. 다만, 노동위원회는 사용자의 차별적 처우에 명백한 고의가 인정되거나 차별적 처우가 반복되는 경우에는 손해액을 기준으로 3배를 넘지 아니하는 범위에서 배상을 명령할 수 있다(기간제 및 단시간근로자 보호에 관한 법률 제13조 제2항).
⑤ 고용노동부장관은 확정된 시정명령에 대하여 사용자에게 이행상황을 제출할 것을 요구할 수 있고, 시정신청을 한 근로자는 사용자가 확정된 시정명령을 이행하지 아니하는 경우 이를 고용노동부장관에게 신고할 수 있다(기간제 및 단시간근로자 보호에 관한 법률 제15조). 노동위원회의 이행강제금 부과제도는 존재하지 않는다.

정답 ⑤

21 최저임금법에 관한 설명으로 옳은 것을 모두 고른 것은?

㉠ 선원법의 적용받는 선원과 선원을 사용하는 선박의 소유자에게는 적용하지 아니한다.
㉡ 최저임금은 매년 12월 31일까지 결정하여 고시한다.
㉢ 최저임금위원회는 대통령 소속으로 둔다.
㉣ 고용노동부장관은 근로자의 생계비와 임금실태 등을 매년 조사하여야 한다.

① ㉠, ㉡ ② ㉠, ㉢ ③ ㉠, ㉣ ④ ㉡, ㉢ ⑤ ㉢, ㉣

해설 ㉠, ㉣ 2개 항목이 옳은 지문이다.
㉠ (○) 이 법은 「선원법」의 적용을 받는 선원과 선원을 사용하는 선박의 소유자에게는 적용하지 아니한다(최저임금법 제3조 제2항).
㉡ (×) 고용노동부장관은 매년 8월 5일까지 최저임금을 결정하여야 한다(최저임금법 제8조 제1항).
㉢ (×) 최저임금에 관한 심의와 그 밖에 최저임금에 관한 중요 사항을 심의하기 위하여 고용노동부에 최저임금위원회를 둔다(최저임금법 제12조).
㉣ (○) 고용노동부장관은 근로자의 생계비와 임금실태 등을 매년 조사하여야 한다(최저임금법 제23조).

 ③

22 근로자퇴직급여 보장법에 관한 설명으로 옳지 않은 것은?

① 중소기업퇴직연금기금제도의 급여를 받을 권리는 양도 또는 압류할 수 없다.
② 퇴직연금사업자는 자산관리업무에 관한 계약 체결과 관련된 약관을 변경하려는 경우 미리 고용노동부장관에게 보고하여야 한다.
③ 퇴직금제도를 설정하려는 사용자는 계속근로기간 1년에 대하여 30일분 이상의 평균임금을 퇴직금으로 퇴직 근로자에게 지급할 수 있는 제도를 설정하여야 한다.
④ 퇴직금을 받을 권리는 3년간 행사하지 아니하면 시효로 인하여 소멸한다.
⑤ 확정기여형퇴직연금제도에 가입한 근로자는 주택구입 등 대통령령으로 정하는 사유가 발생하면 적립금을 중도인출할 수 있다.

해설 ① 퇴직연금제도의 급여를 받을 권리는 양도하거나 담보로 제공할 수 없다(근로자퇴직급여 보장법 제7조 제1항).
② 퇴직연금사업자는 제28조 제1항 및 제29조 제1항에 따른 계약 체결과 관련된 약관 또는 표준계약서(이하 '약관 등'이라 한다)를 제정하거나 변경하려는 경우에는 미리 금융감독원장에게 보고하여야 한다. 다만, 근로자 또는 사용자의 권익이나 의무에 불리한 영향을 주지 아니하는 경우로서 금융위원회가 정하는 경우에는 약관등의 제정 또는 변경 후 10일 이내에 금융감독원장에게 보고할 수 있다(근로자퇴직급여 보장법 제33조 제7항).
③ 퇴직금제도를 설정하려는 사용자는 계속근로기간 1년에 대하여 30일분 이상의 평균임금을 퇴직금으로 퇴직 근로자에게 지급할 수 있는 제도를 설정하여야 한다(근로자퇴직급여 보장법 제8조 제1항).
④ 이 법에 따른 퇴직금을 받을 권리는 3년간 행사하지 아니하면 시효로 인하여 소멸한다(근로자퇴직급여 보장법 제10조).
⑤ 확정기여형퇴직연금제도에 가입한 근로자는 주택구입 등 대통령령으로 정하는 사유가 발생하면 적립금을 중도인출할 수 있다(근로자퇴직급여 보장법 제22조).

 ②

23 임금채권보장법령상 체당금에 관한 설명으로 옳지 않은 것은?

① 고용노동부장관은 체당금의 지급에 충당하기 위하여 임금채권보장기금을 설치한다.
② 체당금은 근로기준법에 따른 휴업수당을 포함하지 않는다.
③ 소액체당금은 판결이 있는 날부터 1년 이내에 청구하여야 한다.
④ 체당금을 받을 권리가 있는 사람이 부상으로 체당금을 수령할 수 없는 경우에는 그 가족에게 수령을 위임할 수 있다.
⑤ 체당금을 지급받을 권리는 양도 또는 압류할 수 없다.

해설 ① 고용노동부장관은 제7조 또는 제7조의2에 따른 대지급금의 지급에 충당하기 위하여 임금채권보장기금(이하 '기금'이라 한다)을 설치한다(임금채권보장법 제17조).
② 최종 3개월분의 휴업수당이 포함된다(임금채권보장법 제7조 제2항 제2호).
③ 임금채권보장법 시행령 제9조 제1항 제2호
④ 대지급금의 수령은 대통령령으로 정하는 바에 따라 위임할 수 있다(임금채권보장법 제11조 제2항).
⑤ 대지급금을 지급받을 권리는 양도 또는 압류하거나 담보로 제공할 수 없다(임금채권보장법 제11조 제1항).

 ②

24 근로복지기본법상 근로복지증진에 관한 기본계획에 포함되어야 하는 사항이 아닌 것은?

① 고용동향과 인력수급전망에 관한 사항
② 사내근로복지기금제도에 관한 사항
③ 근로자의 생활안정에 관한 사항
④ 근로자의 주거안정에 관한 사항
⑤ 우리사주제도에 관한 사항

해설 근로복지증진에 관한 기본계획에는 다음 사항이 포함되어야 한다(근로복지기본법 제9조 제2항).

1. 근로자의 주거안정에 관한 사항
2. 근로자의 생활안정에 관한 사항
3. 근로자의 재산형성에 관한 사항
4. 우리사주제도에 관한 사항
5. 사내근로복지기금제도에 관한 사항
6. 선택적 복지제도 지원에 관한 사항
7. 근로자지원프로그램 운영에 관한 사항
8. 근로자를 위한 복지시설의 설치 및 운영에 관한 사항
9. 근로복지사업에 드는 재원 조성에 관한 사항
10. 직전 기본계획에 대한 평가
11. 그 밖에 근로복지증진을 위하여 고용노동부장관이 필요하다고 인정하는 사항

정답 ①

25 외국인근로자의 고용 등에 관한 법률에 대한 설명으로 옳지 않은 것은?

① 사용자가 법률에 따라 선정한 외국인근로자를 고용하려면 고용노동부령으로 정하는 표준 근로계약서를 사용하여 근로계약을 체결하여야 한다.

② 고용허가를 받은 사용자와 외국인근로자는 입국한 날부터 3년의 범위 내에서 당사자 간의 합의에 따라 근로계약을 체결하거나 갱신할 수 있다.

③ 사용자는 외국인근로자의 귀국시 필요한 비용에 충당하기 위하여 보험에 가입하여야 한다.

④ 직업안정기관의 장은 사용자의 임금체불로 근로계약을 유지하기 어렵다고 인정되는 경우 외국인근로자 고용허가를 취소할 수 있다.

⑤ 직업안정기관의 장은 외국인근로자 고용허가 또는 특례고용가능확인을 받지 아니하고 외국인근로자를 고용한 자에 대하여 그 사실이 발생한 날부터 3년간 외국인근로자의 고용을 제한할 수 있다.

해설 ① 사용자가 제8조 제4항에 따라 선정한 외국인근로자를 고용하려면 고용노동부령으로 정하는 표준근로계약서를 사용하여 근로계약을 체결하여야 한다(외국인근로자의 고용 등에 관한 법률 제9조 제1항).

② 고용허가를 받은 사용자와 외국인근로자는 제18조(3년)에 따른 기간 내에서 당사자 간의 합의에 따라 근로계약을 체결하거나 갱신할 수 있다(외국인근로자의 고용 등에 관한 법률 제9조 제3항).

③ 외국인근로자는 귀국 시 필요한 비용에 충당하기 위하여 보험 또는 신탁에 가입하여야 한다(외국인근로자의 고용 등에 관한 법률 제15조 제1항).

④ 외국인근로자의 고용 등에 관한 법률 제19조 제1항 제3호

⑤ 외국인근로자의 고용 등에 관한 법률 제20조 제1항 제1호

정답 ③

Certified Public Labor Attorney

제2과목

노동법 (2)

제2024년도 제33회

제2023년도 제32회

제2022년도 제31회

제2021년도 제30회

제2020년도 제29회

2024년도 제33회 공인노무사 노동법 (2) 기출문제

01 노동조합 및 노동관계조정법의 연혁에 관한 설명으로 옳지 않은 것은?

① 1953년 제정된 「노동조합법」에는 복수노조 금지조항이 있었다.
② 1953년 제정된 「노동쟁의조정법」에는 쟁의행위 민사면책조항이 있었다.
③ 1963년 개정된 「노동조합법」에는 노동조합의 정치활동 금지 규정이 신설되었다.
④ 1997년에는 「노동조합 및 노동관계조정법」이 제정되었다.
⑤ 2010년 개정된 「노동조합 및 노동관계조정법」에는 교섭창구단일화의 절차와 방법에 관한 규정이 신설되었다.

해설 ① 복수노조 금지조항은 1963년 노조법을 개정하면서 처음 도입.

정답 ①

02 헌법상 노동3권에 관한 설명으로 옳지 않은 것은? (다툼이 있으면 판례에 따름)

① 노동3권은 근로조건의 향상을 위한다는 생존권의 존재목적에 비추어 볼 때 노동3권 가운데에서도 단체교섭권이 가장 중핵적 권리이다.
② 노동3권의 사회권적 성격은 입법조치를 통하여 근로자의 헌법적 권리를 보장할 국가의 의무에 있다.
③ 근로자의 단결하지 않을 자유, 즉 소극적 단결권은 개인의 자기결정의 이념에 따라 적극적 단결권과 동등하게 보장되어야 한다는 것이 헌법재판소의 입장이다.
④ 법률이 정하는 주요방위산업체에 종사하는 근로자의 단체행동권은 법률이 정하는 바에 의하여 이를 제한하거나 인정하지 아니할 수 있다.
⑤ 단체협약에서 다른 노동조합의 단체교섭권을 사전에 배제하는 이른바 유일교섭단체조항은 단체교섭권의 본질적 내용을 침해할 우려가 있다.

해설 ① 대법 1990.5.15.,90도357
② 헌재 1998.2.27.,94헌바13
③ 헌재 2005.11.24.,2002헌바95

> 헌법상 보장된 근로자의 단결권은 단결할 자유만을 가리킬 뿐이고, 단결하지 아니할 자유 이른바 소극적 단결권은 이에 포함되지 않는다고 보는 것이 우리 재판소의 선례라고 할 것이다(중략) 근로자가 노동조합을 결성하지 아니할 자유나… 가입한 노동조합을 탈퇴할 자유는… 헌법 제10조의 행복추구권에서 파생되는 **일반적 행동의 자유** 또는 제21조 제1항의 **결사의 자유**에서 그 근거를 찾을 수 있다.

④ 헌법 제33조 제3항
⑤ 대법 2016.4.15.,2013두11789

 ③

03 노동조합 및 노동관계조정법령상 노동조합에 관한 설명으로 옳지 않은 것은?

① 사업 또는 사업장에 종사하는 근로자(이하 "종사근로자"라 한다)인 조합원이 해고되어 노동위원회에 부당노동행위의 구제신청을 한 경우에는 중앙노동위원회의 재심판정이 있을 때까지 종사근로자로 본다.
② 동일한 등기소의 관할구역안에서 주된 사무소를 이전한 경우에는 그 이전한 날부터 3주 이내에 변경등기를 해야 한다.
③ 노동조합에 대하여는 그 사업체를 제외하고는 세법이 정하는 바에 따라 조세를 부과하지 아니한다.
④ 노동조합의 대표자는 명칭이 변경된 경우에는 그 변경이 있는 날부터 3주 이내에 변경등기를 해야 한다.
⑤ 노동조합 및 노동관계조정법에 의하여 설립된 노동조합이 아니면 노동조합이라는 명칭을 사용할 수 없다.

해설 ① 노조법 제5조 제3항
② 노조법 시행령 제5조 제2항. '그 이전한 날부터 3주 이내에 **이전등기**를…'
③ 노조법 제8조
④ 노조의 법인등기는 강제되지 않고 있으며, 법인등기를 전제로 하지 아니한다면 노조는 설립신고서에 기재한 명칭의 변경이 있는 경우에는 그 날부터 30일 이내에 행정관청에 **변경신고**를 해야 하므로, 이 지문은 법인등기를 전제하고 있음을 명확히 밝히지 않았음으로 틀린 지문으로 이해할 여지가 있기에 오답으로 처리.
⑤ 노조법 제7조 제3항

정답 ②,④

04 노동조합 및 노동관계조정법상 노동조합의 설립에 관한 설명으로 옳지 않은 것은?

① 노동조합의 설립신고서에는 목적과 사업을 기재해야 한다.
② 노동조합은 매년 1월 31일까지 전년도 12월 31일 현재의 조합원수를 행정관청에 통보하여야 한다.
③ 노동조합이 신고증을 교부받은 경우에는 설립신고서가 접수된 때에 설립된 것으로 본다.
④ 행정관청은 설립신고서 또는 규약이 기재사항의 누락등으로 보완이 필요한 경우에는 대통령령이 정하는 바에 따라 20일 이내의 기간을 정하여 보완을 요구하여야 한다.
⑤ 행정관청은 설립하고자 하는 노동조합이 근로자가 아닌 자의 가입을 허용하는 경우 설립신고서를 반려하여야 한다.

해설 ① 노조법 제10조 제1항, 동법 제11조 제2호

제10조(설립의 신고) ① 노동조합을 설립하고자 하는 자는 다음 각호의 사항을 기재한 **신고서**에 제11조의 규정에 의한 규약을 첨부하여 연합단체인 노동조합과 2 이상의 특별시 · 광역시 · 특별자치시 · 도 · 특별자치도에 걸치는 단위노동조합은 고용노동부장관에게, 2 이상의 시 · 군 · 구(자치구를 말한다)에 걸치는 단위노동조합은 특별시장 · 광역시장 · 도지사에게, 그 외의 노동조합은 특별자치시장 · 특별자치도지사 · 시장 · 군수 · 구청장(자치구의 구청장을 말한다. 이하 제12조제1항에서 같다)에게 제출하여야 한다. 〈개정 1998. 2. 20., 2006. 12. 30., 2010. 6. 4., 2014. 5. 20.〉
1. 명칭
2. 주된 사무소의 소재지
3. 조합원수
4. 임원의 성명과 주소

5. 소속된 연합단체가 있는 경우에는 그 명칭
6. 연합단체인 노동조합에 있어서는 그 구성노동단체의 명칭, 조합원수, 주된 사무소의 소재지 및 임원의 성명 · 주소

② 제1항의 규정에 의한 연합단체인 노동조합은 동종산업의 단위노동조합을 구성원으로 하는 산업별 연합단체와 산업별 연합단체 또는 전국규모의 산업별 단위노동조합을 구성원으로 하는 총연합단체를 말한다.

제11조(규약) 노동조합은 그 조직의 자주적 · 민주적 운영을 보장하기 위하여 당해 노동조합의 **규약에** 다음 각호의 사항을 기재하여야 한다. 〈개정 2006. 12. 30.〉

1. 명칭
2. **목적과 사업**
3. 주된 사무소의 소재지
4. 조합원에 관한 사항(聯合團體인 勞動組合에 있어서는 그 構成團體에 관한 사항)
5. 소속된 연합단체가 있는 경우에는 그 명칭
6. 대의원회를 두는 경우에는 대의원회에 관한 사항
7. 회의에 관한 사항
8. 대표자와 임원에 관한 사항
9. 조합비 기타 회계에 관한 사항
10. 규약변경에 관한 사항
11. 해산에 관한 사항
12. 쟁의행위와 관련된 찬반투표 결과의 공개, 투표자 명부 및 투표용지 등의 보존 · 열람에 관한 사항
13. 대표자와 임원의 규약위반에 대한 탄핵에 관한 사항
14. 임원 및 대의원의 선거절차에 관한 사항
15. 규율과 통제에 관한 사항

② 노조법 제13조 제2항 제3호
③ 노조법 제12조 제4항
④ 노조법 제12조 제2항 전문
⑤ 노조법 제12조 제3항 제1호, 제2조 제4호 라목

 ①

05 노동조합 및 노동관계조정법상 노동조합의 관리에 관한 설명으로 옳은 것은?

① 노동조합은 조합원 명부를 3년간 보존하여야 한다.
② 예산 · 결산에 관한 사항은 총회에서 재적조합원 과반수의 출석과 출석조합원 3분의 2이상의 찬성으로 의결한다.
③ 하나의 사업 또는 사업장을 대상으로 조직된 노동조합의 대의원은 그 사업 또는 사업장에 종사하는 조합원 중에서 선출하여야 한다.
④ 노동조합의 대표자는 대의원의 3분의 1 이상이 회의에 부의할 사항을 제시하고 회의의 소집을 요구한 때에는 15일 이내에 임시대의원회를 소집하여야 한다.
⑤ 행정관청은 노동조합에 총회의 소집권자가 없는 경우에 조합원의 3분의 1 이상이 회의에 부의할 사항을 제시하고 소집권자의 지명을 요구한 때에는 지체없이 회의의 소집권자를 지명하여야 한다.

해설 ① 노조법 제14조 제1항, 제2항 참조

> **제14조(서류비치등)** ① 노동조합은 조합설립일부터 30일 이내에 다음 각호의 서류를 작성하여 그 주된 사무소에 비치하여야 한다.
> 1. 조합원 명부(聯合團體인 勞動組合에 있어서는 그 構成團體의 명칭)
> 2. 규약
> 3. 임원의 성명 · 주소록
> **4. 회의록**
> **5. 재정에 관한 장부와 서류**
> ② 제1항 **제4호 및 제5호**의 서류는 **3년간 보존**하여야 한다.

② 노조법 제16조 제1항 제4호, 제2항 참조
'재적조합원 과반수의 출석과 출석조합원 과반수의 찬성으로 의결'
③ 노조법 제17조 제3항
④ 노조법 제18조 제2항. '**지체없이** 임시총회 또는 임시대의원회를 소집하여야'
⑤ 노조법 제18조 제4항. '**15일 이내**에 회의의 소집권자를 지명하여야'

정답 ③

06 노동조합 및 노동관계조정법령상 근로시간면제심의위원회에 관한 설명으로 옳은 것은?

① 근로시간면제심의위원회는 근로시간 면제 한도를 심의·의결하고, 3년마다 그 적정성 여부를 재심의하여 의결해야 한다.
② 근로시간면제심의위원회 위원장은 근로시간면제심의위원회가 의결한 사항을 고용노동부장관에게 즉시 통보하여야 한다.
③ 근로시간면제심의위원회 위원의 임기는 3년으로 한다.
④ 근로시간면제심의위원회의 위원은 임기가 끝났더라도 후임자가 위촉될 때까지 계속하여 그 직무를 수행한다.
⑤ 근로시간면제심의위원회는 경제사회노동위원회 위원장으로부터 근로시간 면제 한도를 정하기 위한 심의 요청을 받은 때에는 그 심의 요청을 받은 날부터 90일 이내에 심의·의결해야 한다.

해설 ① 노조법 제24조의2 제2항. '…**의결할 수** 있다.'
② 노조법 제24조의2 제3항. '**경제사회노동위원회 위원장**은…'
③ 노조법 시행령 제11조의5 제1항. '**2년**'
④ 노조법 시행령 제11조의5 제3항

> **제11조의5(위원회 위원의 임기)** ① 위원회 위원의 임기는 2년으로 한다.
> ② 위원회의 위원이 궐위된 경우에 보궐위원의 임기는 전임자(前任者) 임기의 남은 기간으로 한다.
> ③ 위원회의 위원은 **임기가 끝났더라도 후임자가 위촉될 때까지 계속하여** 그 직무를 수행한다.

⑤ 노조법 시행령 제11조의6 제1항. '**60일** 이내에…'

정답 ④

07 노동조합 및 노동관계조정법령상 노동조합의 관리에 관한 설명으로 옳지 않은 것은?

① 근로자는 사용자의 동의가 있는 경우에는 사용자로부터 급여를 지급받으면서 근로계약 소정의 근로를 제공하지 아니하고 노동조합의 업무에 종사할 수 있다.

② 노동조합이 특정 조합원에 관한 사항을 의결할 경우에는 그 조합원은 표결권이 없다.

③ 노동조합의 대표자는 그 회계감사원으로 하여금 회계연도마다 당해 노동조합의 모든 재원 및 용도, 주요한 기부자의 성명, 현재의 경리 상황등에 대한 회계감사를 실시하게 하고 그 내용과 감사결과를 전체 조합원에게 공개하여야 한다.

④ 노동조합의 대표자는 회계연도마다 결산결과와 운영상황을 공표하여야 하며 조합원의 요구가 있을 때에는 이를 열람하게 하여야 한다.

⑤ 행정관청은 노동조합으로부터 결산결과 또는 운영상황의 보고를 받으려는 경우에는 그 사유와 그 밖에 필요한 사항을 적은 서면으로 10일 이전에 요구해야 한다.

해설 ① 노조법 제24조 제1항
② 노조법 제20조
③ 노조법 제25조 제1항. '회계연도마다(X) → 6월에 1회 이상'
④ 노조법 제26조
⑤ 노조법 시행령 제12조, 동법 제27조

정답 ③

08 노동조합 및 노동관계조정법령상 노동조합의 해산에 관한 설명으로 옳지 않은 것은?

① 노동조합의 임원이 없고 계속하여 1년 이상 조합원으로부터 조합비를 징수한 사실이 없어서 행정관청이 노동위원회의 의결을 얻은 경우 노동조합은 해산한다.

② 합병 또는 분할로 소멸한 경우 노동조합은 해산한다.

③ 총회 또는 대의원회의 해산결의가 있는 경우 노동조합은 해산한다.

④ 규약에서 정한 해산사유가 발생하여 노동조합이 해산한 때에는 그 대표자는 해산한 날부터 15일 이내에 행정관청에게 이를 신고하여야 한다.

⑤ 노동조합의 해산사유가 있는 경우, 노동위원회가 의결을 할 때에는 해산사유 발생일 이후의 해당 노동조합의 활동을 고려하여야 한다.

해설 ① 노조법 제28조 제1항 제4호, 동법 시행령 제13조 제1항
② 노조법 제28조 제1항 제2호
③ 노조법 제28조 제1항 제3호
④ 노조법 제28조 제1항 제1호, 제2항
⑤ 노조법 시행령 제13조 제2항, 제3항

제28조(해산사유) ① 노동조합은 다음 각호의 1에 해당하는 경우에는 해산한다. 〈개정 1998. 2. 20.〉
1. 규약에서 정한 해산사유가 발생한 경우
2. 합병 또는 분할로 소멸한 경우
3. 총회 또는 대의원회의 해산결의가 있는 경우
4. 노동조합의 임원이 없고 노동조합으로서의 활동을 1년 이상 하지 아니한 것으로 인정되는 경우로서 행정관청이 노동위원회의 의결을 얻은 경우

노동법 (2)

② 제1항 제1호 내지 제3호의 사유로 노동조합이 해산한 때에는 그 대표자는 해산한 날부터 15일 이내에 행정관청에게 이를 신고하여야 한다. 〈개정 1998. 2. 20.〉

시행령 제13조(노동위원회의 해산의결 등) ① 법 제28조 제1항 제4호에서 "노동조합으로서의 활동을 1년 이상 하지 아니한 것으로 인정되는 경우"란 계속하여 1년 이상 조합원으로부터 조합비를 징수한 사실이 없거나 총회 또는 대의원회를 개최한 사실이 없는 경우를 말한다. 〈개정 2021. 6. 29.〉
② 법 제28조 제1항 제4호에 따른 노동조합의 해산사유가 있는 경우에는 행정관청이 관할 노동위원회의 의결을 얻은 때에 해산된 것으로 본다. 〈개정 1998 · 4 · 27, 2021.6.29〉
③ 노동위원회는 제2항에 따른 의결을 할 때에는 법 제28조 제1항 제4호에 따른 **해산사유 발생일 이후의 해당 노동조합의 활동을 고려해서는 아니 된다.** 〈개정 2021. 6. 29.〉
④ 행정관청은 법 제28조 제1항 제4호에 따른 노동위원회의 의결이 있거나 같은 조 제2항에 따른 해산신고를 받은 때에는 지체 없이 그 사실을 관할 노동위원회(법 제28조 제2항에 따른 해산신고를 받은 경우만 해당한다)와 해당 사업 또는 사업장의 사용자나 사용자단체에 통보해야 한다. 〈개정 1998 · 4 · 27, 2021.6.29〉

정답 ⑤

09 노동조합 및 노동관계조정법령상 교섭단위 결정 등에 관한 설명으로 옳지 않은 것은?

① 노동조합 또는 사용자는 사용자가 교섭요구 사실을 공고하기 전에는 노동위원회에 교섭단위를 분리하는 결정을 신청할 수 없다.
② 노동위원회는 법령에 따라 교섭단위 분리의 결정 신청을 받은 때에는 해당 사업 또는 사업장의 모든 노동조합과 사용자에게 그 내용을 통지하여야 한다.
③ 하나의 사업 또는 사업장에서 현격한 근로조건의 차이, 고용형태, 교섭 관행 등을 고려하여 교섭단위를 분리할 필요가 있다고 인정되는 경우에 노동위원회는 노동관계 당사자의 양쪽 또는 어느 한쪽의 신청을 받아 교섭단위를 분리하는 결정을 할 수 있다.
④ 교섭단위의 분리결정 신청은 사용자가 교섭요구 사실을 공고한 경우에는 교섭대표노동조합이 결정된 날 이후에 할 수 있다.
⑤ 교섭단위의 분리결정을 통지 받은 노동조합이 사용자와 교섭하려는 경우 자신이 속한 교섭단위에 단체협약이 있는 때에는 그 단체협약의 유효기간 만료일 이전 3개월이 되는 날부터 법령에 따라 필요한 사항을 적은 서면으로 교섭을 요구할 수 있다.

해설 ① 노조법 시행령 제14조의11 제1항, 제1호

제14조의11(교섭단위 결정) ① 노동조합 또는 사용자는 법 제29조의3 제2항에 따라 교섭단위를 분리하거나 분리된 교섭단위를 통합하여 교섭하려는 경우에는 다음 각 호에 해당하는 기간에 노동위원회에 교섭단위를 분리하거나 분리된 교섭단위를 통합하는 결정을 **신청할 수 있다.** 〈개정 2021. 6. 29.〉
1. 제14조의3에 따라 **사용자가 교섭요구 사실을 공고하기 전**

② 노조법 시행령 제14조의11 제1항, 제2항
③ 노조법 제29조의3 제2항
④ 노조법 시행령 제14조의11 제1항, 제2호
⑤ 노조법 시행령 제14조의11 제4항

정답 ①

10 노동조합 및 노동관계조정법상 단체교섭 및 단체협약에 관한 설명으로 옳지 않은 것은? (다툼이 있으면 판례에 따름)

① 노동조합과 사용자 또는 사용자단체는 정당한 이유없이 교섭 또는 단체협약의 체결을 거부하거나 해태하여서는 아니된다.

② 단체협약의 유효기간이 만료되는 때를 전후하여 당사자 쌍방이 새로운 단체협약을 체결하고자 단체교섭을 계속하였음에도 불구하고 새로운 단체협약이 체결되지 아니한 경우에는 별도의 약정이 있더라도 종전의 단체협약은 그 효력만료일부터 3월까지 계속 효력을 갖는다.

③ 단체협약의 일반적 구속력으로서 그 적용을 받게 되는 '동종의 근로자'라 함은 당해 단체협약의 규정에 의하여 그 협약의 적용이 예상되는 자를 가리키며, 단체협약의 규정에 의하여 조합원의 자격이 없는 자는 단체협약의 적용이 예상된다고 할 수 없어 단체협약의 적용을 받지 아니한다.

④ 단체협약에 그 유효기간을 정하지 아니한 경우에 그 유효기간은 3년으로 한다.

⑤ 노동조합과 사용자 또는 사용자단체는 교섭 또는 단체협약의 체결에 관한 권한을 위임한 때에는 그 사실을 상대방에게 통보하여야 한다.

해설 ① 노조법 제30조 제2항

② 노조법 제32조 제3항 본문. '별도의 약정이 있는 경우를 제외하고는'

③ 대법 2004.1.29.,2001다5142

> 근로자는 자유로이 노동조합을 조직하거나 이에 가입할 수 있고, 구체적으로 노동조합의 조합원의 범위는 당해 노동조합의 규약이 정하는 바에 의하여 정하여지며, 근로자는 노동조합의 규약이 정하는 바에 따라 당해 노동조합에 자유로이 가입함으로써 조합원의 자격을 취득하는 것인바, 한편 사용자와 노동조합 사이에 체결된 단체협약은 특약에 의하여 일정 범위의 근로자에 대하여만 적용하기로 정하고 있는 등의 특별한 사정이 없는 한 협약당사자로 된 노동조합의 구성원으로 가입한 조합원 모두에게 현실적으로 적용되는 것이 원칙이고, 다만 단체협약에서 노사간의 상호 협의에 의하여 규약상 노동조합의 조직 대상이 되는 근로자의 범위와는 별도로 조합원이 될 수 없는 자를 특별히 규정함으로써 일정 범위의 근로자들에 대하여 위 단체협약의 적용을 배제하고자 하는 취지의 규정을 둔 경우에는, 비록 이러한 규정이 노동조합 규약에 정해진 조합원의 범위에 관한 규정과 배치된다 하더라도 무효라고 볼 수 없다.
>
> **단체협약의 일반적 구속력으로서 그 적용을 받게 되는 '동종의 근로자'라 함은 당해 단체협약의 규정에 의하여 그 협약의 적용이 예상되는 자를 가리키며, 단체협약의 규정에 의하여 조합원의 자격이 없는 자는 단체협약의 적용이 예상된다고 할 수 없어 단체협약의 적용을 받지 아니한다.**

④ 노조법 제32조 제2항

⑤ 노조법 제29조 제4항

정답 ②

11 노동조합 및 노동관계조정법상 부당노동행위에 관한 설명으로 옳은 것은 모두 몇 개인가?

> ○ 사용자의 부당노동행위로 인하여 그 권리를 침해당한 근로자 또는 노동조합은 노동위원회에 그 구제를 신청할 수 있다.
> ○ 노동위원회는 부당노동행위 구제신청을 받은 때에는 지체없이 필요한 조사와 관계 당사자의 심문을 하여야 한다.
> ○ 근로자가 노동조합의 업무를 위한 정당한 행위를 한 것을 이유로 그 근로자에게 불이익을 주는 사용자의 행위는 부당노동행위에 해당한다.
> ○ 부당노동행위 구제의 신청은 부당노동행위가 있은 날(계속하는 행위는 그 종료일)부터 3월 이내에 이를 행하여야 한다.

① 0개 ② 1개 ③ 2개 ④ 3개 ⑤ 4개

해설 노조법 제82조 제1항
노조법 제83조 제1항
노조법 제81조 제1항 제1호
노조법 제82조 제2항

정답 ⑤

12 노동조합 및 노동관계조정법상 부당노동행위에 관한 설명으로 옳지 않은 것은?(다툼이 있으면 판례에 따름)

① 사용자는 노동조합의 운영비를 원조하는 행위를 할 수 없으나, 노동조합의 자주적인 운영 또는 활동을 침해할 위험이 없는 범위에서의 운영비 원조행위는 할 수 있다.
② 노동조합 및 노동관계조정법 제81조(부당노동행위) 제1항 제4호 단서에 따른 "노동조합의 자주적인 운영 또는 활동을 침해할 위험" 여부를 판단할 때 원조된 운영비 금액과 원조방법을 고려할 필요가 없다.
③ 노동위원회는 부당노동행위가 성립한다고 판정한 때에는 사용자에게 구제명령을 발하여야 하며, 부당노동행위가 성립되지 아니한다고 판정한 때에는 그 구제신청을 기각하는 결정을 하여야 한다.
④ 지배·개입으로서의 부당노동행위의 성립에 반드시 근로자의 단결권의 침해라는 결과의 발생까지 요하는 것은 아니다.
⑤ 지방노동위원회의 구제명령은 중앙노동위원회에의 재심신청에 의하여 그 효력이 정지되지 아니한다.

해설 ① 노조법 제81조 제1항 제4호 단서
② 노조법 제81조 제1항 제3호.

> **제81조(부당노동행위)** ① 사용자는 다음 각 호의 어느 하나에 해당하는 행위(이하 "不當勞動行爲"라 한다)를 할 수 없다. 〈개정 2006. 12. 30., 2010. 1. 1., 2020. 6. 9., 2021. 1. 5.〉
> 1. 근로자가 노동조합에 가입 또는 가입하려고 하였거나 노동조합을 조직하려고 하였거나 기타 노동조합의 업무를 위한 정당한 행위를 한 것을 이유로 그 근로자를 해고하거나 그 근로자에게 불이익을 주는 행위
> 2. 근로자가 어느 노동조합에 가입하지 아니할 것 또는 탈퇴할 것을 고용조건으로 하거나 특정한 노동조합의 조합원이 될 것을 고용조건으로 하는 행위. 다만, 노동조합이 당해 사업장에 종사하는 근로자의 3분의 2 이상을 대표하고 있을 때에는 근로자가 그 노동조합의 조합원이 될 것을 고용조건으로 하는 단체협약의 체결은 예

외로 하며, 이 경우 사용자는 근로자가 그 노동조합에서 제명된 것 또는 그 노동조합을 탈퇴하여 새로 노동조합을 조직하거나 다른 노동조합에 가입한 것을 이유로 근로자에게 신분상 불이익한 행위를 할 수 없다.
3. 노동조합의 대표자 또는 노동조합으로부터 위임을 받은 자와의 단체협약체결 기타의 단체교섭을 정당한 이유없이 거부하거나 해태하는 행위
0. 근로자가 노동조합을 조직 또는 운영하는 것을 지배하거나 이에 개입하는 행위와 근로시간 면제한도를 초과하여 급여를 지급하거나 노동조합의 운영비를 원조하는 행위. 다만, 근로자가 근로시간 중에 제24조제2항에 따른 활동을 하는 것을 사용자가 허용함은 무방하며, 또한 근로자의 후생자금 또는 경제상의 불행 그 밖에 재해의 방지와 구제 등을 위한 기금의 기부와 최소한의 규모의 노동조합사무소의 제공 및 그 밖에 이에 준하여 노동조합의 자주적인 운영 또는 활동을 침해할 위험이 없는 범위에서의 운영비 원조행위는 예외로 한다.
1. 근로자가 정당한 단체행위에 참가한 것을 이유로 하거나 또는 노동위원회에 대하여 사용자가 이 조의 규정에 위반한 것을 신고하거나 그에 관한 증언을 하거나 기타 행정관청에 증거를 제출한 것을 이유로 그 근로자를 해고하거나 그 근로자에게 불이익을 주는 행위
② 제1항 제4호단서에 따른 **"노동조합의 자주적 운영 또는 활동을 침해할 위험" 여부를 판단할 때에는 다음 각 호의 사항을 고려하여야** 한다. 〈신설 2020. 6. 9.〉
1. 운영비 원조의 목적과 경위
2. 원조된 운영비 횟수와 기간
3. 원조된 운영비 금액과 원조방법
0. 원조된 운영비가 노동조합의 총수입에서 차지하는 비율
1. 원조된 운영비의 관리방법 및 사용처 등
[2020. 6. 9. 법률 제17432호에 의하여 2018. 5. 31. 헌법재판소에서 헌법불합치 결정된 이 조를 개정함.]

③ 노조법 제84조 제1항
④ 대법 2019.4.25.,2017두33510
⑤ 노조법 제86조

정답 ②

13 노동조합 및 노동관계조정법상 단체협약 등에 관한 설명으로 옳지 않은 것은?

① 노동위원회는 단체협약중 위법한 내용이 있는 경우에는 그 시정을 명할 수 있다.
② 노동조합의 대표자는 그 노동조합 또는 조합원을 위하여 사용자나 사용자단체와 교섭하고 단체협약을 체결할 권한을 가진다.
③ 단체협약의 당사자는 단체협약의 체결일부터 15일 이내에 단체협약을 행정관청에게 신고하여야 한다.
④ 단체협약의 이행방법에 관하여 관계 당사자간에 의견의 불일치가 있는 때에는 단체협약에 정하는 바에 의하여 사용자가 노동위원회에 그 이행방법에 관한 견해의 제시를 요청할 수 있다.
⑤ 노동위원회는 단체협약의 이행방법에 관한 견해 제시를 요청받은 때에는 그 날부터 30일 이내에 명확한 견해를 제시하여야 한다.

해설 ① 노조법 제31조 제3항

제31조(단체협약의 작성) ① 단체협약은 서면으로 작성하여 당사자 쌍방이 서명 또는 날인하여야 한다. 〈개정 2006. 12. 30.〉
② 단체협약의 당사자는 단체협약의 체결일부터 15일 이내에 이를 행정관청에게 신고하여야 한다. 〈개정 1998. 2. 20.〉

③ **행정관청은** 단체협약중 위법한 내용이 있는 경우에는 **노동위원회의 의결을 얻어** 그 시정을 **명할 수 있다**. 〈개정 1998. 2. 20.〉

② 노조법 제29조 제1항
③ 노조법 제31조 제2항
④ 노조법 제34조 제1항. '어느 일방이... 요청할 수 있다.'
⑤ 노조법 제34조 제2항

정답 ①

14 노동조합 및 노동관계조정법상 단체교섭 및 단체협약에 관한 설명으로 옳지 않은 것은? (다툼이 있으면 판례에 따름)

① 교섭대표노동조합과 사용자는 교섭창구 단일화 절차에 참여한 노동조합 또는 그 조합원 간에 합리적 이유 없이 차별을 하여서는 아니 된다.
② 사용자가 단체협약 등에 따라 교섭대표노동조합에게 상시적으로 사용할 수 있는 노동조합 사무실을 제공한 이상, 특별한 사정이 없는 한 교섭창구 단일화 절차에 참여한 다른 노동조합에게도 반드시 일률적이거나 비례적이지는 않더라도 상시적으로 사용할 수 있는 일정한 공간을 노동조합 사무실로 제공하여야 한다.
③ 노동조합과 사용자 또는 사용자단체는 신의에 따라 성실히 교섭하고 단체협약을 체결하여야 하며 그 권한을 남용하여서는 아니 된다.
④ 국가 및 지방자치단체는 기업·산업·지역별 교섭 등 다양한 교섭방식을 노동관계 당사자가 자율적으로 선택할 수 있도록 지원하고 이에 따른 단체교섭이 활성화될 수 있도록 노력하여야 한다.
⑤ 교섭대표노동조합이나 사용자가 교섭창구 단일화 절차에 참여한 다른 노동조합을 차별한 것으로 인정되는 경우, 그와 같은 차별에 합리적인 이유가 있다는 점에 대하여 교섭대표노동조합이나 사용자에게는 주장·증명책임이 없다.

해설 ① 노조법 제29조의4 제1항
② 대법 2018.9.13.,2017두40655
③ 노조법 제30조 제1항
④ 노조법 제30조 제3항
⑤ 대법 2018.9.13.,2017두40655
'교섭대표노동조합이나 사용자에게 그 **주장·증명책임이 있다.**'

정답 ⑤

15 노동조합 및 노동관계조정법령상 교섭창구 단일화 절차에 관한 설명으로 옳지 않은 것은? (다툼이 있으면 판례에 따름)

① 노동조합은 해당 사업 또는 사업장에 단체협약이 2개 이상 있는 경우에는 먼저 이르는 단체협약의 유효기간 만료일 이전 3개월이 되는 날부터 사용자에게 교섭을 요구할 수 있다.

② 하나의 사업 또는 사업장 단위에서 유일하게 존재하는 노동조합은, 설령 노동조합 및 노동관계조정법 및 그 시행령이 정한 절차를 형식적으로 거쳤다고 하더라도, 교섭대표노동조합의 지위를 취득할 수 없다.

③ 사용자는 노동조합으로부터 교섭 요구를 받은 때에는 그 요구를 받은 날부터 7일간 그 교섭을 요구한 노동조합의 명칭 등 고용노동부령으로 정하는 사항을 해당 사업 또는 사업장의 게시판 등에 공고하여 다른 노동조합과 근로자가 알 수 있도록 하여야 한다.

④ 교섭대표노동조합의 지위 유지기간이 만료되었음에도 불구하고 새로운 교섭대표노동조합이 결정되지 못할 경우 기존 교섭대표노동조합은 새로운 교섭대표노동조합이 결정될 때까지 기존 단체협약의 갱신을 위한 교섭대표노동조합의 지위를 유지한다.

⑤ 교섭대표노동조합으로 결정된 노동조합이 그 결정된 날부터 1년 동안 단체협약을 체결하지 못한 경우에는 어느 노동조합이든지 사용자에게 교섭을 요구할 수 있다.

노동법 (2)

해설 ① 노조법 시행령 제14조의2 제1항
② 대법 2017.10.31.,2016두36956
③ 노조법 시행령 제14조의3 제1항
④ 노조법 시행령 제14조의10 제2항
'**기존 단체협약의 이행과 관련**해서는 교섭대표노동조합의 지위를 유지한다.'
⑤ 노조법 시행령 제14조의10 제3항

정답 ④

16 노동조합 및 노동관계조정법상 위반 행위에 대하여 벌칙이 적용되지 않는 것은?

① 조합원이 노동조합에 의하여 주도되지 아니한 쟁의행위를 한 경우

② 노동조합 및 노동관계조정법에 의하여 설립된 노동조합이 아니면서 노동조합이라는 명칭을 사용한 경우

③ 노동조합이 사용자의 점유를 배제하여 조업을 방해하는 형태로 쟁의행위를 한 경우

④ 확정된 부당노동행위 구제명령에 위반한 경우

⑤ 조합원의 직접·비밀·무기명투표에 의한 조합원 과반수의 찬성으로 결정하지 아니한 쟁의행위를 행한 경우

해설 ① 노조법 제89조 제1호, 제37조 제2항. '3년 이하의 징역 또는 3천만원 이하의 벌금'
② 노조법 제93조 제1호, 제7조 제3항. '500만원 이하의 벌금'
③ 노조법 제37조 제3항 → 벌칙규정 없음.
④ 노조법 제89조 제2호, 제85조 제3항, 제29조의4 제4항.
'3년 이하의 징역 또는 3천만원 이하의 벌금'
⑤ 노조법 제91조, 제41조 제1항. '1년 이하의 징역 또는 1천만원 이하의 벌금'

정답 ③

17 노동조합 및 노동관계조정법령상 쟁의행위에 관한 설명으로 옳지 않은 것은?

① 작업시설의 손상이나 원료·제품의 변질 또는 부패를 방지하기 위한 작업은 쟁의행위 기간중에도 정상적으로 수행되어야 한다.

② 행정관청은 쟁의행위가 그 쟁의행위와 관계없는 자의 정상적인 업무를 방해하는 방법으로 행하여지는 경우 즉시 관할 노동위원회에 신고하여야 한다.

③ 쟁의행위는 근로를 제공하고자 하는 자의 출입·조업을 방해하는 방법으로 행하여져서는 아니된다.

④ 근로자는 쟁의행위 기간중에는 현행범외에는 노동조합 및 노동관계조정법 위반을 이유로 구속되지 아니한다.

⑤ 사용자는 노동조합이 쟁의행위를 개시한 이후에만 직장폐쇄를 할 수 있다.

해설 ① 노조법 제38조 제2항

② 노조법 시행령 제18조 제1항, 노조법 제38조 제1항

'사용자는··· 행정관청과 관할 노동위원회에 신고하여야···'

③ 노조법 제38조 제1항

④ 노조법 제39조

⑤ 노조법 제46조 제1항

정답 ②

18 노동조합 및 노동관계조정법상 쟁의행위에 관한 설명으로 옳지 않은 것은?

① 노동조합은 쟁의행위 기간에 대한 임금의 지급을 요구하여 이를 관철할 목적으로 쟁의행위를 하여서는 아니된다.

② 「방위사업법」에 의하여 지정된 주요방위산업체에 종사하는 근로자중 전력, 용수 및 주로 방산물자를 생산하는 업무에 종사하는 자는 쟁의행위를 할 수 없다.

③ 쟁의행위는 생산 기타 주요업무에 관련되는 시설과 이에 준하는 시설로서 대통령령이 정하는 시설을 점거하는 형태로 이를 행할 수 없다.

④ 노동관계 당사자는 노동쟁의가 발생한 때에는 어느 일방이 이를 상대방에게 서면으로 통보하여야 한다.

⑤ 노동위원회는 쟁의행위가 안전보호시설에 대하여 정상적인 유지·운영을 정지·폐지 또는 방해하는 행위에 해당한다고 인정하는 경우에는 그 행위를 중지할 것을 통보하여야 한다.

해설 ① 노조법 제44조 제2항

② 노조법 제41조 제2항

③ 노조법 제42조 제1항

④ 노조법 제45조 제1항

⑤ 노조법 제42조 제2항, 제3항 본문

> **제42조(폭력행위등의 금지)** ① 쟁의행위는 폭력이나 파괴행위 또는 생산 기타 주요업무에 관련되는 시설과 이에 준하는 시설로서 대통령령이 정하는 시설을 점거하는 형태로 이를 행할 수 없다.
> ② **사업장의 안전보호시설에 대하여 정상적인 유지 · 운영을 정지 · 폐지 또는 방해하는 행위는 쟁의행위로서 이를 행할 수 없다.**

③ **행정관청은** 쟁의행위가 **제2항의 행위**에 해당한다고 인정하는 경우에는 **노동위원회의 의결을 얻어 그 행위를 중지할 것을 통보하여야** 한다. 다만, 사태가 급박하여 노동위원회의 의결을 얻을 시간적 여유가 없을 때에는 그 의결을 얻지 아니하고 즉시 그 행위를 중지할 것을 통보할 수 있다. 〈개정 1998. 2. 20., 2006. 12. 30.〉
④ 제3항 단서의 경우에 행정관청은 지체없이 노동위원회의 사후승인을 얻어야 하며 그 승인을 얻지 못한 때에는 그 통보는 그때부터 효력을 상실한다. 〈개정 1998. 2. 20., 2006. 12. 30.〉

정답 ⑤

19 노동조합 및 노동관계조정법령상 필수유지업무에 관한 설명으로 옳지 않은 것은?

① 객실승무 업무는 항공운수사업의 필수유지업무에 해당한다.
② 필수유지업무의 정당한 유지·운영을 정지·폐지 또는 방해하는 쟁의행위는 할 수 없다.
③ 노동관계 당사자는 쟁의행위기간 동안 필수유지업무의 정당한 유지、운영을 위하여 필수유지업무협정을 쌍방이 서명 또는 날인하여 서면으로 체결하여야 한다.
④ 사용자는 필수유지업무협정이 체결된 경우 필수유지업무에 근무하는 조합원 중 쟁의 행위기간 동안 근무하여야 할 조합원을 노동위원회에 통보하여야 한다.
⑤ 노동관계 당사자가 필수유지업무 유지、운영 수준, 대상직무 및 필요인원 등의 결정을 신청하면 관할 노동위원회는 지체 없이 그 신청에 대한 결정을 위한 특별조정위원회를 구성하여야 한다.

노동법 (2)

해설 ① 노조법 시행령 [별표1]

2. **항공운수사업의** 필수유지업무
가. 승객 및 승무원의 탑승수속 업무
나. 승객 및 승무원과 수하물 등에 대한 보안검색 업무
다. 항공기 조종 업무
라. **객실승무 업무**
마. 비행계획 수립, 항공기 운항 감시 및 통제 업무
바. 항공기 운항과 관련된 시스템·통신시설의 유지·보수 업무
사. 항공기의 정비[창정비(Depot Maintenance, 대규모 정비시설 및 장비를 운영하여 수행하는 최상위 정비 단계)는 제외한다] 업무
아. 항공안전 및 보안에 관련된 법령, 국제협약 또는 취항 국가의 요구에 따른 항공운송사업자의 안전 또는 보안 조치와 관련된 업무
자. 항공기 유도 및 견인 업무
차. 항공기에 대한 급유 및 지상전원 공급 업무
카. 항공기에 대한 제설·제빙 업무
타. 승객 승하기 시설·차량 운전 업무
파. 수하물·긴급물품의 탑재·하역 업무
하. 「항공법」 제2조제16호에 따른 항행안전시설과 항공기 이·착륙 시설의 유지·운영(관제를 포함한다)을 위한 업무

② 노조법 제42조의2 제2항
③ 노조법 제42조의3
④ 노조법 제42조의6 제1항 본문

> **제42조의6(필수유지업무 근무 근로자의 지명)** ① **노동조합은** 필수유지업무협정이 체결되거나 제42조의4제2항의 규정에 따른 노동위원회의 결정이 있는 경우 **사용자에게** 필수유지업무에 근무하는 조합원 중 쟁의행위기간 동안 근무하여야 할 **조합원을 통보하여야 하며,** 사용자는 이에 따라 근로자를 지명하고 이를 노동조합과 그 근로자에게 통보하여야 한다. 다만, 노동조합이 쟁의행위 개시 전까지 이를 통보하지 아니한 경우에는 사용자가 필수유지업무에 근무하여야 할 근로자를 지명하고 이를 노동조합과 그 근로자에게 통보하여야 한다. 〈개정 2010. 1. 1.〉

⑤ 노조법 시행령 제22조의3 제1항

정답 ④

20 노동조합 및 노동관계조정법령상 사적 조정·중재에 관한 설명으로 옳지 않은 것은?

① 사적 조정의 신고는 조정이 진행되기 전에 하여야 한다.
② 노동관계 당사자는 사적 조정에 의하여 노동쟁의를 해결하기로 한 때에는 이를 노동위원회에 신고하여야 한다.
③ 사적 조정에 의하여 조정이 이루어진 경우에 그 내용은 단체협약과 동일한 효력을 가진다.
④ 노동조합 및 노동관계조정법 제2절(조정) 및 제3절(중재)의 규정은 노동관계 당사자가 쌍방의 합의 또는 단체협약이 정하는 바에 따라 각각 다른 조정 또는 중재방법에 의하여 노동쟁의를 해결하는 것을 방해하지 아니한다.
⑤ 사적 조정을 수행하는 자는 노동관계 당사자로부터 수수료, 수당 및 여비 등을 받을 수 있다.

해설 ① 노조법 시행령 제23조 제1항, 제2항

> **제23조(사적 조정 · 중재의 신고)** ① 노동관계당사자는 법 제52조에 따른 사적 조정 · 중재에 의하여 노동쟁의를 해결하기로 한 경우에는 고용노동부령이 정하는 바에 따라 관할 노동위원회에 신고해야 한다. 〈개정 2010. 7. 12., 2021. 6. 29.〉
> ② 제1항에 따른 신고는 법 제5장제2절부터 제4절까지의 규정에 따른 **조정 또는 중재가 진행 중인 경우에도 할 수 있다.** 〈개정 2021. 6. 29.〉

② 노조법 제52조 제2항
③ 노조법 제52조 제4항
④ 노조법 제52조 제1항
⑤ 노조법 제52조 제5항 후문

정답 ①

21 노동조합 및 노동관계조정법상 노동쟁의의 조정 등에 관한 설명이다. ( )에 들어갈 내용으로 옳은 것은?

> ○ 조정위원회는 조정안이 관계 당사자의 쌍방에 의하여 수락된 후 그 해석 또는 이행방법에 관하여 관계 당사자간에 의견의 불일치가 있어 명확한 견해의 제시를 요청받은 때에는 그 요청을 받은 날부터 (ㄱ)일 이내에 명확한 견해를 제시하여야 한다.
> ○ 노동쟁의가 중재에 회부된 때에는 그 날부터 (ㄴ)일간은 쟁의행위를 할 수 없다.

○ 관계 당사자는 긴급조정의 결정이 공표된 때에는 즉시 쟁의행위를 중지하여야 하며, 공표일부터 (ㄷ)일이 경과하지 아니하면 쟁의행위를 재개할 수 없다.

① ㄱ: 7, ㄴ: 7, ㄷ: 10 ② ㄱ: 7, ㄴ: 15, ㄷ: 30 ③ ㄱ: 10, ㄴ: 10, ㄷ: 15
④ ㄱ: 10, ㄴ: 15, ㄷ: 30 ⑤ ㄱ: 15, ㄴ: 30, ㄷ: 30

해설

제60조(조정안의 작성) ① 조정위원회 또는 단독조정인은 조정안을 작성하여 이를 관계 당사자에게 제시하고 그 수락을 권고하는 동시에 그 조정안에 이유를 붙여 공표할 수 있으며, 필요한 때에는 신문 또는 방송에 보도 등 협조를 요청할 수 있다.
② 조정위원회 또는 단독조정인은 관계 당사자가 수락을 거부하여 더 이상 조정이 이루어질 여지가 없다고 판단되는 경우에는 조정의 종료를 결정하고 이를 관계 당사자 쌍방에 통보하여야 한다.
③ 제1항의 규정에 의한 조정안이 관계 당사자의 쌍방에 의하여 수락된 후 그 해석 또는 이행방법에 관하여 관계 당사자간에 의견의 불일치가 있는 때에는 관계 당사자는 당해 조정위원회 또는 단독조정인에게 그 해석 또는 이행방법에 관한 명확한 견해의 제시를 요청하여야 한다.
④ 조정위원회 또는 단독조정인은 제3항의 규정에 의한 요청을 받은 때에는 그 요청을 받은 날부터 **7일 이내에** 명확한 견해를 제시하여야 한다.
⑤ 제3항 및 제4항의 해석 또는 이행방법에 관한 견해가 제시될 때까지는 관계 당사자는 당해 조정안의 해석 또는 이행에 관하여 쟁의행위를 할 수 없다.

제63조(중재시의 쟁의행위의 금지) 노동쟁의가 중재에 회부된 때에는 그 날부터 **15일간**은 쟁의행위를 할 수 없다.

제77조(긴급조정시의 쟁의행위 중지) 관계 당사자는 제76조제3항의 규정에 의한 긴급조정의 결정이 공표된 때에는 즉시 쟁의행위를 중지하여야 하며, 공표일부터 **30일**이 경과하지 아니하면 쟁의행위를 재개할 수 없다.

정답 | ②

노동법 (2)

22 노동조합 및 노동관계조정법상 노동쟁의의 조정에 관한 설명으로 옳은 것은?

① 조정위원회의 조정위원은 당해 노동위원회의 공익을 대표하는 위원중에서 관계 당사자의 합의로 선정한 자에 대하여 그 노동위원회의 위원장이 지명한다.
② 노동위원회의 위원장은 조정위원회의 구성이 어려운 경우 노동위원회의 각 근로자를 대표하는 위원, 사용자를 대표하는 위원 및 공익을 대표하는 위원 각 1인씩 3인을 조정위원으로 지명할 수 있다.
③ 단독조정인은 그 노동위원회의 공익을 대표하는 위원중에서 노동조합과 사용자가 순차적으로 배제하고 남은 4인 내지 6인중에서 노동위원회의 위원장이 지명한다.
④ 중재위원회의 중재위원은 당해 노동위원회의 위원중에서 사용자를 대표하는 자, 근로자를 대표하는 자 및 공익을 대표하는 자 각 1인을 그 노동위원회의 위원장이 지명한다.
⑤ 특별조정위원회의 특별조정위원은 관계 당사자가 합의로 당해 노동위원회의 위원이 아닌 자를 추천하는 경우에는 그 추천된 자를 노동위원회의 위원장이 지명한다.

해설 ① 노조법 제55조 제3항 본문

> **제55조(조정위원회의 구성)** ③ 제2항의 규정에 의한 조정위원은 **당해 노동위원회의 위원중에서 사용자를 대표하는 자, 근로자를 대표하는 자 및 공익을 대표하는 자 각 1인을 그 노동위원회의 위원장이 지명하되,** 근로자를 대표하는 조정위원은 사용자가, 사용자를 대표하는 조정위원은 노동조합이 각각 추천하는 노동위원회의 위원중에서 지명하여야 한다. 다만, 조정위원회의 회의 3일전까지 관계 당사자가 추천하는 위원의 명단제출이 없을 때에는 당해 위원을 위원장이 따로 지명할 수 있다.

② 노조법 제55조 제4항 본문

> **제55조(조정위원회의 구성)** ④노동위원회의 위원장은 근로자를 대표하는 위원 또는 사용자를 대표하는 위원의 불참 등으로 인하여 제3항의 규정에 따른 조정위원회의 구성이 어려운 경우 **노동위원회의 공익을 대표하는 위원 중에서 3인을 조정위원으로 지명할 수 있다.** 다만, 관계 당사자 쌍방의 합의로 선정한 노동위원회의 위원이 있는 경우에는 그 위원을 조정위원으로 지명한다. 〈신설 2006. 12. 30.〉

③ 노조법 제57조 제2항

> **제57조(단독조정)** ① 노동위원회는 관계 당사자 쌍방의 신청이 있거나 관계 당사자 쌍방의 동의를 얻은 경우에는 조정위원회에 갈음하여 단독조정인에게 조정을 행하게 할 수 있다.
> ② 제1항의 규정에 의한 단독조정인은 **당해 노동위원회의 위원중에서 관계 당사자의 쌍방의 합의로 선정된 자**를 그 노동위원회의 위원장이 지명한다.

④ 노조법 제64조 제3항 본문

> **제64조(중재위원회의 구성)** ① 노동쟁의의 중재 또는 재심을 위하여 노동위원회에 중재위원회를 둔다.
> ② 제1항의 규정에 의한 중재위원회는 중재위원 3인으로 구성한다.
> ③ 제2항의 중재위원은 당해 노동위원회의 **공익을 대표하는 위원중에서 관계 당사자의 합의로 선정한 자에 대하여 그 노동위원회의 위원장이 지명**한다. 다만, 관계 당사자간에 합의가 성립되지 아니한 경우에는 노동위원회의 공익을 대표하는 위원중에서 지명한다.

⑤ 노조법 제72조 제3항

> **제72조(특별조정위원회의 구성)** ① 공익사업의 노동쟁의의 조정을 위하여 노동위원회에 특별조정위원회를 둔다.
> ② 제1항의 규정에 의한 특별조정위원회는 특별조정위원 3인으로 구성한다.
> ③ 제2항의 규정에 의한 특별조정위원은 **그 노동위원회의 공익을 대표하는 위원중에서 노동조합과 사용자가 순차적으로 배제하고 남은 4인 내지 6인중에서 노동위원회의 위원장이 지명**한다. **다만, 관계 당사자가 합의로 당해 노동위원회의 위원이 아닌 자를 추천하는 경우에는 그 추천된 자를 지명한다.** 〈개정 2006. 12. 30.〉

정답 ⑤

23 노동조합 및 노동관계조정법령상 중재재정에 관한 설명으로 옳지 않은 것은?

① 중재재정은 서면으로 작성하며 그 서면에는 효력발생 기일을 명시하여야 한다.
② 중재재정의 해석 또는 이행방법에 관하여 관계 당사자간에 의견의 불일치가 있는 때에는 당해 중재위원회의 해석에 따르며 그 해석은 중재재정과 동일한 효력을 가진다.
③ 중앙노동위원회는 지방노동위원회 또는 특별노동위원회의 중재재정을 재심한 때에는 지체 없이 그 재심결정서를 관계 당사자와 관계 노동위원회에 각각 송달해야 한다.

④ 관계 당사자는 중앙노동위원회의 중재재정이나 재심결정이 위법이거나 월권에 의한 것이라고 인정하는 경우에는 중재재정 또는 재심결정을 한 날부터 15일 이내에 행정소송을 제기할 수 있다.

⑤ 노동위원회의 중재재정 또는 재심결정은 중앙노동위원회에의 재심신청 또는 행정소송의 제기에 의하여 그 효력이 정지되지 아니한다.

해설 ① 노조법 제68조 제1항

② 노조법 제68조 제2항

③ 노조법 시행령 제29조 제2항

④ 노조법 제69조 제2항

> **제69조(중재재정등의 확정)** ② 관계 당사자는 중앙노동위원회의 중재재정이나 제1항의 규정에 의한 재심결정이 위법이거나 월권에 의한 것이라고 인정하는 경우에는 행정소송법 제20조의 규정에 불구하고 **그 중재재정서 또는 재심결정서의 송달을 받은 날부터 15일 이내**에 행정소송을 제기할 수 있다.

⑤ 노조법 제70조 제2항

정답 ④

24 노동조합 및 노동관계조정법상 필수공익사업에 해당하지 않는 사업을 모두 고른 것은?

ㄱ. 철도사업	ㄴ. 수도사업	ㄷ. 공중위생사업
ㄹ. 조폐사업	ㅁ. 방송사업	

① ㄱ ② ㄱ, ㄴ ③ ㄴ, ㄷ ④ ㄴ, ㄹ, ㅁ ⑤ ㄷ, ㄹ, ㅁ

해설 '공중위생사업, 조폐사업, 방송사업'은 노조법 제71조 제1항에서 정한 공익사업

정답 ⑤

25 근로자참여 및 협력증진에 관한 법률상 노사협의회의 운영에 관한 설명으로 옳지 않은 것은?

① 노사협의회는 3개월마다 정기적으로 회의를 개최하여야 하며, 필요에 따라 임시회의를 개최할 수 있다.

② 노사협의회 의장은 회의 개최 7일 전에 회의 일시, 장소, 의제 등을 각 위원에게 통보하여야 한다.

③ 노사협의회는 그 조직과 운영에 관한 규정을 제정하고 노사협의회를 설치한 날부터 30일 이내에 고용노동부장관에게 제출하여야 한다.

④ 노사협의회의 회의는 공개한다. 다만, 노사협의회의 의결로 공개하지 아니할 수 있다.

⑤ 노사협의회 회의는 근로자위원과 사용자위원 각 과반수의 출석으로 개최하고 출석위원 3분의 2 이상의 찬성으로 의결한다.

해설 ① 근참법 제12조

② 근참법 제13조 제3항

③ 근참법 제18조 제1항 전문. '**15일** 이내에'

④ 근참법 제16조

⑤ 근참법 제15조

정답 ③

26 근로자참여 및 협력증진에 관한 법률상 벌칙 등에 관한 설명으로 옳지 않은 것은?

① 제4조(노사협의회의 설치) 제1항에 따른 노사협의회의 설치를 정당한 사유 없이 거부하거나 방해한 자는 1천만원 이하의 벌금에 처한다.

② 제24조(의결 사항의 이행)를 위반하여 노사협의회에서 의결된 사항을 정당한 사유 없이 이행하지 아니한 자는 1천만원 이하의 벌금에 처한다.

③ 제25조(임의 중재) 제2항을 위반하여 중재 결정의 내용을 정당한 사유 없이 이행하지 아니한 자는 1천만원 이하의 벌금에 처한다.

④ 사용자가 정당한 사유 없이 제11조(시정명령)에 따른 시정명령을 이행하지 아니하면 1천만원 이하의 벌금에 처한다.

⑤ 사용자가 제18조(협의회규정)를 위반하여 노사협의회규정을 제출하지 아니한 때에는 200만원 이하의 과태료를 부과한다.

해설 ① 근참법 제30조 제1호, 제4조 제1항
② 근참법 제30조 제2호, 제24조
③ 근참법 제30조 제3호, 제25조 제2항
④ 근참법 제31조, 제11조. '**500만원** 이하의 벌금'
⑤ 근참법 제33조 제1항, 제18조

정답 ④

27 근로자참여 및 협력증진에 관한 법률상 노사협의회의 협의 사항으로 옳은 것은?

① 인력계획에 관한 사항
② 근로자의 복지증진
③ 사내근로복지기금의 설치
④ 각종 노사공동위원회의 설치
⑤ 복지시설의 설치와 관리

해설 ② 근참법 제20조 제1항 제13호
※ 의결 사항 : 근참법 제21조
※ 보고 사항 등 : 근참법 제22조

정답 ②

28 노동위원회법상 노동위원회의 화해의 권고 등에 관한 설명으로 옳지 않은 것은?

① 노동위원회는 「노동조합 및 노동관계조정법」 제84조에 따른 판정 · 명령 또는 결정이 있기 전까지 관계 당사자의 신청을 받아 화해를 권고하거나 화해안을 제시할 수 있다.

② 노동위원회는 「노동조합 및 노동관계조정법」 제84조에 따른 판정 · 명령 또는 결정이 있기 전까지 직권으로 화해를 권고하거나 화해안을 제시할 수 있다.

③ 노동위원회는 관계 당사자가 화해안을 수락하였을 때에는 화해조서를 작성하여야 한다.

④ 노동위원회법에 따라 작성된 화해조서는 「민사소송법」에 따른 재판상 화해의 효력을 갖는다.

⑤ 단독심판의 위원을 제외하고 화해에 관여한 부문별 위원회의 위원 전원은 화해조서에 모두 서명하거나 날인하여야 한다.

해설 ① 노동위원회법 제16조의3 제1항. '관계당사자의 신청을 받아 또는 직권으로'
② 노동위원회법 제16조의3 제1항. '관계당사자의 신청을 받아 또는 직권으로'
③ 노동위원회법 제16조의3 제3항
④ 노동위원회법 제16조의3 제5항
⑤ 노동위원회법 제16조의3 제4항

> 제16조의3(화해의 권고 등) ④ 화해조서에는 다음 각 호의 사람이 모두 서명하거나 날인하여야 한다.
> 1. 관계 당사자
> 2. 화해에 관여한 부문별 위원회(제15조의2에 따른 **단독심판을 포함**한다)의 위원 전원

정답 ⑤

노동법 (2)

29 노동위원회법상 노동위원회의 공시송달에 관한 설명으로 옳은 것은?

① 노동위원회는 서류의 송달을 받아야 할 자의 주소가 분명하지 아니한 경우에는 공시송달을 하여야 한다.
② 노동위원회는 서류의 송달을 받아야 할 자의 주소가 통상적인 방법으로 확인할 수 없어 서류의 송달이 곤란한 경우에는 공시송달을 하여야 한다.
③ 공시송달은 노동위원회의 게시판이나 인터넷 홈페이지에 게시하는 방법으로 하며, 게시한 날부터 14일이 지난 때에 효력이 발생한다.
④ 노동위원회는 서류의 송달을 받아야 할 자에게 등기우편 등으로 송달하였으나 송달을 받아야 할 자가 없는 것으로 확인되어 반송되는 경우에는 공시송달을 하여야 한다.
⑤ 노동위원회는 서류의 송달을 받아야 할 자의 주소가 국외에 있어서 서류의 송달이 곤란한 경우에는 공시송달을 하여야 한다.

해설 ① 노동위원회법 제17조의3 제1항 제1호. '공시송달을 **할 수 있다.**'
② 노동위원회법 제17조의3 제1항 제2호. '공시송달을 **할 수 있다.**'
③ 노동위원회법 제17조의3 제2항, 제3항
④ 노동위원회법 제17조의3 제1항 제3호. '공시송달을 **할 수 있다.**'
⑤ 노동위원회법 제17조의3 제1항 제2호. '공시송달을 **할 수 있다.**'

정답 ③

30 노동위원회법상 노동위원회의 권한 등에 관한 설명으로 옳지 않은 것은?

① 노동위원회는 그 사무집행을 위하여 필요하다고 인정하는 경우에 관계 행정기관에 협조를 요청할 수 있으며, 협조를 요청받은 관계 행정기관은 특별한 사유가 없으면 이에 따라야 한다.
② 노동위원회는 관계 행정기관으로 하여금 근로조건의 개선에 필요한 조치를 하도록 명령하여야 한다.
③ 중앙노동위원회는 지방노동위원회 또는 특별노동위원회에 대하여 노동위원회의 사무처리에 관한 기본방침 및 법령의 해석에 관하여 필요한 지시를 할 수 있다.
④ 중앙노동위원회는 당사자의 신청이 있는 경우 지방노동위원회 또는 특별노동위원회의 처분을 재심하여 이를 인정·취소 또는 변경할 수 있다.
⑤ 중앙노동위원회의 처분에 대한 소송은 중앙노동위원회 위원장을 피고로 하여 처분의 송달을 받은 날부터 15일 이내에 제기하여야 한다.

해설 ① 노동위원회법 제22조 제1항

② 노동위원회법 제22조 제2항. '필요한 조치를 하도록 **권고할 수 있다.**'

③ 노동위원회법 제24조

④ 노동위원회법 제26조 제1항

⑤ 노동위원회법 제27조 제1항

정답 ②

31 노동위원회법상 위원이 해당 사건에 관한 직무집행에서 제척(除斥)되는 경우를 모두 고른 것은?

ㄱ. 위원이 해당 사건의 당사자와 친족이었던 경우
ㄴ. 위원이 해당 사건에 관하여 진술한 경우
ㄷ. 위원이 당사자의 대리인으로서 업무에 관여하였던 경우
ㄹ. 위원 또는 위원이 속한 법인, 단체 또는 법률사무소가 해당 사건의 원인이 된 처분 또는 부작위에 관여한 경우

① ㄱ
② ㄱ, ㄴ
③ ㄱ, ㄷ, ㄹ
④ ㄴ, ㄷ, ㄹ
⑤ ㄱ, ㄴ, ㄷ, ㄹ

해설

제21조(위원의 제척 · 기피 · 회피 등) ① 위원은 다음 각 호의 어느 하나에 해당하는 경우에 해당 사건에 관한 직무집행에서 제척(除斥)된다. 〈개정 2016. 1. 27.〉

1. 위원 또는 위원의 배우자이거나 배우자였던 사람이 해당 사건의 당사자가 되거나 해당 사건의 당사자와 공동권리자 또는 공동의무자의 관계에 있는 경우
2. 위원이 해당 사건의 당사자와 친족이거나 친족이었던 경우
3. 위원이 해당 사건에 관하여 진술이나 감정을 한 경우
4. 위원이 당사자의 대리인으로서 업무에 관여하거나 관여하였던 경우
4의2. 위원이 속한 법인, 단체 또는 법률사무소가 해당 사건에 관하여 당사자의 대리인으로서 관여하거나 관여하였던 경우
5. 위원 또는 위원이 속한 법인, 단체 또는 법률사무소가 해당 사건의 원인이 된 처분 또는 부작위에 관여한 경우

정답 ⑤

32 근로자참여 및 협력증진에 관한 법률상 고충처리에 관한 설명으로 옳은 것은?

① 고충처리위원이 처리하기 곤란한 사항은 노사협의회의 회의에 부쳐 협의 처리한다.
② 고충처리위원은 노사를 대표하는 5명 이내의 위원으로 구성한다.
③ 고충처리위원은 근로자로부터 고충사항을 청취한 경우에는 15일 이내에 조치 사항과 그 밖의 처리결과를 해당 근로자에게 통보하여야 한다.
④ 고충처리위원은 임기가 끝난 경우에는 후임자가 선출되기 전이라도 계속 그 직무를 담당하지 못한다.
⑤ 모든 사업 또는 사업장에는 근로자의 고충을 청취하고 이를 처리하기 위하여 고충처리위원을 두어야만 한다.

해설 ① 근참법 제28조 제2항

② 근참법 제27조 제1항. '**3명** 이내의 위원'

③ 근참법 제28조 제1항. '**10일** 이내에'

④ 근참법 제27조 제2항, 제8조 제3항. '후임자가 선출될 때까지 계속 그 직무를 담당한다.'

⑤ 근참법 제26조

> **제26조(고충처리위원)** 모든 사업 또는 사업장에는 근로자의 고충을 청취하고 이를 처리하기 위하여 고충처리위원을 두어야 한다. **다만, 상시 30명 미만**의 근로자를 사용하는 사업이나 사업장은 **그러하지 아니하다.**

정답 ①

33 교원의 노동조합 설립 및 운영 등에 관한 법률의 내용으로 옳지 않은 것은?

① 교원의 노동조합은 어떠한 정치활동도 하여서는 아니 된다.

② 교원은 임용권자의 동의를 받아 노동조합으로부터 급여를 지급받으면서 노동조합의 업무에만 종사할 수 있다.

③ 교원의 노동조합과 그 조합원은 노동운동이나 그 밖에 공무 외의 일을 위한 어떠한 집단행위도 하여서는 아니 된다.

④ 법령·조례 및 예산에 의하여 규정되는 내용은 단체협약으로 체결되더라도 효력을 가지지 아니한다.

⑤ 교원의 노동조합의 전임자는 그 전임기간 중 전임자임을 이유로 승급 또는 그 밖의 신분상의 불이익을 받지 아니한다.

해설 ① 교원노조법 제3조

② 교원노조법 제5조 제1항

③ 교원노조법 제4조, 제6조

> **제4조(노동조합의 설립)** ① 제2조 제1호 · 제2호에 따른 교원은 특별시 · 광역시 · 특별자치시 · 도 · 특별자치도(이하 "시 · 도"라 한다) 단위 또는 전국 단위로만 노동조합을 설립할 수 있다. 〈개정 2020. 6. 9.〉
> ② 제2조 제3호에 따른 교원은 개별학교 단위, 시 · 도 단위 또는 전국 단위로 노동조합을 설립할 수 있다. 〈신설 2020. 6. 9.〉
> ③ 노동조합을 설립하려는 사람은 고용노동부장관에게 설립신고서를 제출하여야 한다. 〈개정 2010. 6. 4., 2020. 6. 9.〉
> **제6조(교섭 및 체결 권한 등)** ① 노동조합의 대표자는 그 노동조합 또는 조합원의 임금, 근무 조건, 후생복지 등 경제적 · 사회적 지위 향상에 관하여 다음 각 호의 구분에 따른 자와 **교섭하고 단체협약을 체결할 권한을 가진다.**

④ 교원노조법 제7조 제1항

⑤ 교원노조법 제5조 제4항

정답 ③

34 교원의 노동조합 설립 및 운영 등에 관한 법령상 근무시간 면제에 관한 설명으로 옳지 않은 것은?

① 근무시간 면제 시간 및 사용인원의 한도를 정하기 위하여 경제사회노동위원회에 교원근무시간면제심의위원회를 둔다.

② 「고등교육법」에 따른 교원에 대해서는 시·도 단위를 기준으로 근무시간 면제 한도를 심의·의결한다.

③ 교원근무시간면제심의위원회는 3년마다 근무시간 면제 한도의 적정성 여부를 재심의 하여 의결할 수 있다.

④ 근무시간 면제 한도를 초과하는 내용을 정한 단체협약 또는 임용권자의 동의는 그 부분에 한정하여 무효로 한다.

⑤ 임용권자는 전년도에 노동조합별로 근무시간을 면제받은 시간 및 사용인원, 지급된 보수 등에 관한 정보를 고용노동부장관이 지정하는 인터넷 홈페이지에 3년간 게재하는 방법으로 공개하여야 한다.

해설 ① 교원노조법 제5조의2 제2항
② 교원노조법 제5조의2 제3항 제2호
'고등교육법에 따른 교원의 경우, **개별학교 단위를 기준**으로…'
③ 교원노조법 제5조의2 제3항
④ 교원노조법 제5조의2 제4항
⑤ 교원노조법 제5조의3, 시행령 제2조의6

정답 ②

35 공무원의 노동조합 설립 및 운영 등에 관한 법률의 내용으로 옳은 것은?

① 교원과 교육공무원은 공무원의 노동조합에 가입할 수 없다.

② 업무의 주된 내용이 다른 공무원에 대하여 지휘·감독권을 행사하거나 다른 공무원의 업무를 총괄하는 업무에 종사하는 공무원 중 대통령령으로 정하는 공무원은 공무원의 노동조합에 가입할 수 없다.

③ 교정·수사 등 공공의 안녕과 국가안전보장에 관한 업무에 종사하는 공무원은 공무원의 노동조합에 가입할 수 있다.

④ 공무원의 노동조합이 있는 경우 공무원이 공무원직장협의회를 설립·운영할 수 없다.

⑤ 공무원은 임용권자의 동의를 받아 노동조합으로부터 급여를 지급받으면서 노동조합의 업무에만 종사할 수 있으며, 그 기간 중 휴직명령을 받은 것으로 본다.

해설 ① 공무원노조법 제6조 제1항 제2호

> **제6조(가입 범위)** ① **노동조합에 가입할 수 있는** 사람의 범위는 다음 각 호와 같다. 〈개정 2011. 5. 23., 2012. 12. 11., 2021. 1. 5.〉
> 1. 일반직공무원
> 2. 특정직공무원 중 외무영사직렬 · 외교정보기술직렬 외무공무원, 소방공무원 및 **교육공무원(다만, 교원은 제외한다)**
> 3. 별정직공무원
> 4. 제1호부터 제3호까지의 어느 하나에 해당하는 공무원이었던 사람으로서 노동조합 규약으로 정하는 사람
> 5. 삭제 〈2011. 5. 23.〉

② 공무원노조법 제6조 제2항 제1호, 시행령 제3조 제1항

③ 공무원노조법 제6조 제2항 제3호

제6조(가입 범위) ② 제1항에도 불구하고 다음 각 호의 어느 하나에 해당하는 공무원은 노동조합에 가입할 수 없다. 〈개정 2021. 1. 5.〉
1. 업무의 주된 내용이 다른 공무원에 대하여 지휘 · 감독권을 행사하거나 다른 공무원의 업무를 총괄하는 업무에 종사하는 공무원
2. 업무의 주된 내용이 인사 · 보수 또는 노동관계의 조정 · 감독 등 노동조합의 조합원 지위를 가지고 수행하기에 적절하지 아니한 업무에 종사하는 공무원
3. 교정 · 수사 등 공공의 안녕과 국가안전보장에 관한 업무에 종사하는 공무원

④ 공무원노조법 제17조 제1항

제17조(다른 법률과의 관계) ① 이 법의 규정은 공무원이 「공무원직장협의회의 설립 · 운영에 관한 법률」에 따라 **직장협의회를 설립 · 운영하는 것을 방해하지 아니한다.**

⑤ 공무원노조법 제7조 제2항

제7조(노동조합 전임자의 지위) ① 공무원은 임용권자의 동의를 받아 노동조합으로부터 급여를 지급받으면서 노동조합의 업무에만 종사할 수 있다. 〈개정 2022. 6. 10.〉
② 제1항에 따른 동의를 받아 노동조합의 업무에만 종사하는 사람[이하 "전임자"(專任者)라 한다]에 대하여는 그 기간 중 「국가공무원법」 제71조 또는 「지방공무원법」 제63조에 따라 **휴직명령을 하여야 한다.**
③ 삭제 〈2022. 6. 10.〉
④ 국가와 지방자치단체는 공무원이 전임자임을 이유로 승급이나 그 밖에 신분과 관련하여 불리한 처우를 하여서는 아니 된다.

정답 ②

36 공무원의 노동조합 설립 및 운영 등에 관한 법률상 단체교섭 및 단체협약에 관한 설명으로 옳지 않은 것은?

① 공무원의 노동조합 설립 및 운영 등에 관한 법률은 단체교섭에 대하여 개별교섭방식만을 인정하고 있다.
② 단체협약의 유효기간은 3년을 초과하지 않는 범위에서 노사가 합의하여 정할 수 있다.
③ 정부교섭대표는 교섭을 요구하는 노동조합이 둘 이상인 경우에는 해당 노동조합에 교섭창구를 단일화하도록 요청할 수 있으며, 교섭창구가 단일화된 때에는 교섭에 응하여야 한다.
④ 법령 또는 조례에 의하여 위임을 받아 규정되는 내용은 단체협약으로 체결되더라도 효력을 가지지 않지만, 정부교섭대표는 그 내용이 이행될 수 있도록 성실하게 노력하여야 한다.
⑤ 법령 등에 따라 국가나 지방자치단체가 그 권한으로 행하는 정책결정에 관한 사항, 임용권의 행사 등 그 기관의 관리·운영에 관한 사항으로서 근무조건과 직접 관련되지 아니하는 사항은 교섭의 대상이 될 수 없다.

해설 ① 공무원노조법 시행령 제8조 제2항 본문

제8조(교섭위원의 선임) ② 교섭노동조합이 둘 이상인 경우에는 교섭노동조합 사이의 합의에 따라 **교섭위원을 선임하여 교섭창구를 단일화해야 한다.**
※ 따라서, 개별교섭을 금지하고 있다고 보아야 한다.

② 공무원노조법 제17조 제2항 전문, 노조법 제32조 제1항
③ 공무원노조법 제9조 제4항
④ 공무원노조법 제10조 제1항, 제2항
⑤ 공무원노조법 제8조 제1항 단서

정답 ①

37 공무원의 노동조합 설립 및 운영 등에 관한 법률상 조정 및 중재에 관한 설명으로 옳은 것은?

① 단체교섭이 결렬된 경우 이를 조정·중재하기 위하여 중앙노동위원회에 특별조정위원회를 둔다.
② 중앙노동위원회 위원장이 직권으로 중재에 회부한다는 결정을 하는 경우 지체 없이 중재를 한다.
③ 관계 당사자는 중앙노동위원회의 중재재정이 위법하거나 월권에 의한 것이라고 인정하는 경우에는 중재재정서를 송달받은 날부터 30일 이내에 중앙노동위원회 위원장을 피고로 하여 행정소송을 제기할 수 있다.
④ 관계 당사자는 확정된 중재재정을 따라야 하나, 위반에 대한 벌칙 규정은 없다.
⑤ 중앙노동위원회의 중재재정에 대한 행정소송이 제기되면 중재재정의 효력은 정지된다.

해설 ① 공무원노조법 제14조 제1항. '**공무원 노동관계 조정위원회**를 둔다.'
② 공무원노조법 제13조 제2호

> **제13조(중재의 개시 등) 중앙노동위원회는** 다음 각 호의 어느 하나에 해당하는 경우에는 **지체 없이 중재(仲裁)를 한다.**
> 1. 제8조에 따른 단체교섭이 결렬되어 관계 당사자 양쪽이 함께 중재를 신청한 경우
> 2. 제12조에 따른 조정이 이루어지지 아니하여 제14조에 따른 **공무원 노동관계 조정위원회 전원회의에서 중재 회부를 결정한 경우**

③ 공무원노조법 제16조 제1항. '중재재정서를 송달받은 날부터 **15일** 이내에'
④ 공무원노조법 제16조 제3항 참조
⑤ 공무원노조법 제16조 제4항. '그 효력이 **정지되지 아니한다.**'

 ④

38 노동조합 및 노동관계조정법의 내용 중 공무원의 노동조합 설립 및 운영 등에 관한 법률에 적용되는 것으로 옳은 것은?

① 공정대표의무 등 (노동조합 및 노동관계조정법 제29조의4)
② 일반적 구속력 (노동조합 및 노동관계조정법 제35조)
③ 조정의 전치 (노동조합 및 노동관계조정법 제45조)
④ 사적 조정·중재 (노동조합 및 노동관계조정법 제52조)
⑤ 긴급조정의 결정 (노동조합 및 노동관계조정법 제76조)

해설 공무원노조법 제17조 제2항 전문, 제3항

> **제17조(다른 법률과의 관계)** ② 공무원(제6조제1항제4호에 해당하는 사람을 포함한다)에게 적용할 노동조합 및 노동관계 조정에 관하여 이 법에서 정하지 아니한 사항에 대해서는 제3항에서 정하는 경우를 제외하고는 「노동조합 및 노동관계조정법」에서 정하는 바에 따른다.
> ③ 「노동조합 및 노동관계조정법」 제2조제4호라목, 제24조, 제24조의2제1항 · 제2항, 제29조, **제29조의2부터 제29조의5까지**, 제36조부터 제39조까지, 제41조, 제42조, 제42조의2부터 제42조의6까지, **제43조부터 제46조까지**, **제51조부터 제57조까지**, 제60조제1항 · 제5항, 제62조부터 제65조까지, 제66조제2항, 제69조부터 제73조까지, **제76조부터 제80조까지**, 제81조제1항제2호 단서, 제88조부터 제92조까지 및 제96조제1항제3호는 이 법에 따른 노동조합에 대해서는 적용하지 아니한다.

정답 ②

39 교원의 노동조합 설립 및 운영 등에 관한 법령상 단체교섭에 관한 설명으로 옳지 않은 것은?

① 노동조합의 대표자는 교섭하려는 사항에 대하여 권한을 가진 자에게 서면으로 교섭을 요구하여야 한다.
② 「초 · 중등교육법」 제19조 제1항에 따른 교원의 노동조합의 대표자는 교육부장관, 시 · 도 교육감 또는 사립학교 설립 · 경영자와 교섭하고 단체협약을 체결할 권한을 가진다.
③ 교섭위원의 수는 교섭노동조합의 조직 규모 등을 고려하여 정하되, 10명 이내로 한다.
④ 노동조합의 교섭위원은 해당 노동조합의 대표자와 그 조합원으로 구성하여야 한다.
⑤ 교섭노동조합이 둘 이상인 경우 교섭창구 단일화 합의가 이루어지지 않으면 교섭창구 단일화 절차에 참여한 노동조합의 전체 조합원 과반수로 조직된 노동조합이 교섭대표노동조합이 된다.

해설 ① 교원노조법 제6조 제4항
② 교원노조법 제6조 제1항 제1호
③ 교원노조법 시행령 제3조의2 제2항
④ 교원노조법 제6조 제2항
⑤ 교원노조법 시행령 제3조의2 제3항 전문

> 제3조의2(교섭위원의 선임) ① 교섭노동조합은 제3조제5항에 따른 **공고일부터 20일 이내**에 법 제6조제2항에 따른 노동조합의 교섭위원(이하 "교섭위원"이라 한다)을 선임하여 상대방에게 교섭노동조합의 대표자가 서명 또는 날인한 서면으로 그 사실을 알려야 한다. 이 경우 교섭노동조합이 법 제6조제6항에 해당하면 교섭노동조합의 대표자가 연명으로 서명 또는 날인해야 한다.
> ② 교섭위원의 수는 교섭노동조합의 조직 규모 등을 고려하여 정하되, 10명 이내로 한다.
> ③ 교섭노동조합이 둘 이상인 경우에는 교섭노동조합 사이의 합의에 따라 교섭위원을 선임하여 교섭창구를 단일화하되, **제1항 전단에 따른 기간에 자율적으로 합의하지 못했을 때에는 교섭노동조합의 조합원 수(교원인 조합원의 수를 말한다. 이하 이 조에서 같다)에 비례(산출된 교섭위원 수의 소수점 이하의 수는 0으로 본다)하여 교섭위원을 선임**한다. 이 경우 교섭노동조합은 전단에 따른 조합원 수를 확인하는 데 필요한 기준과 방법 등에 대하여 성실히 협의하고 필요한 자료를 제공하는 등 교섭위원의 선임을 위하여 적극 협조해야 한다.

정답 ⑤

40 교원의 노동조합 설립 및 운영 등에 관한 법률상 조정 및 중재에 관한 설명으로 옳은 것은?

① 중앙노동위원회가 제시한 조정안을 당사자의 어느 한쪽이라도 거부한 경우 중앙노동위원회는 중재를 하며, 중재기간에 대하여는 법률의 정함이 없다.
② 관계 당사자 쌍방의 동의를 얻은 경우에는 교원 노동관계 조정위원회에 갈음하여 단독조정인에게 조정을 행하게 할 수 있다.
③ 조정은 신청을 받은 날부터 30일 이내에 마쳐야 하며, 다만 당사자들이 합의한 경우에는 30일 이내의 범위에서 조정기간을 연장할 수 있다.
④ 관계 당사자의 일방이 단체협약에 의하여 중재를 신청한 때 중앙노동위원회는 중재를 한다.
⑤ 중앙노동위원회 위원장은 직권으로 중재에 회부한다는 결정을 할 수 없다.

해설 ① 교원노조법 제10조 제2호 참조
② 교원노조법 제11조 제1항 참조. '단독조정인에 의한 조정 규정은 존재하지 않는다.'
③ 교원노조법 제9조 제3항 참조. '별도의 조정기간 연장 규정은 존재하지 않는다.'
④ 교원노조법 제10조

> **제10조(중재의 개시)** 중앙노동위원회는 다음 각 호의 어느 하나에 해당하는 경우에는 중재(仲裁)를 한다. 〈개정 2010. 6. 4.〉
> 1. 제6조에 따른 단체교섭이 결렬되어 **관계 당사자 양쪽이 함께 중재를 신청**한 경우
> 2. 중앙노동위원회가 제시한 조정안을 당사자의 어느 한쪽이라도 거부한 경우
> 3. **중앙노동위원회 위원장이 직권**으로 또는 고용노동부장관의 요청에 따라 중재에 회부한다는 결정을 한 경우

⑤ 교원노조법 제10조 제3호. '위의 조문 참조'

정답 ①

2023년도 제32회 공인노무사 노동법 (2) 기출문제

01 노동조합 및 노동관계조정법상 총회 및 대의원회의 회의 등에 관한 설명으로 옳지 않은 것은?

① 총회에서 임원의 선임에 관한 사항을 의결할 때에는 재적조합원 과반수의 출석과 출석조합원 3분의 2 이상의 찬성이 있어야 한다.

② 연합단체인 노동조합의 대표자는 그 구성단체의 3분의 1 이상이 회의에 부의할 사항을 제시하고 회의의 소집을 요구한 때에는 지체없이 임시총회 또는 임시대의원회를 소집하여야 한다.

③ 노동조합이 특정 조합원에 관한 사항을 의결할 경우에는 그 조합원은 표결권이 없다.

④ 하나의 사업 또는 사업장을 대상으로 조직된 노동조합의 대의원은 그 사업 또는 사업장에 종사하는 조합원 중에서 선출하여야 한다.

⑤ 대의원회는 회의개최일 7일전까지 그 회의에 부의할 사항을 공고하여야 하나, 노동조합이 동일한 사업장내의 근로자로 구성된 경우에는 그 규약으로 공고기간을 단축할 수 있다.

해설 ① 노조법 제16조 제2항
'총회는 재적조합원 과반수의 출석과 출석조합원 과반수의 찬성으로 의결한다. 다만, 규약의 제정 · 변경, **임원의 해임**, 합병 · 분할 · 해산 및 조직형태의 변경에 관한 사항은 재적조합원 **과반수의 출석과 출석조합원 3분의 2 이상의 찬성**이 있어야 한다.'
② 노조법 제18조 제2항
③ 노조법 제20조
④ 노조법 제17조 제3항
⑤ 노조법 제19조

정답 ①

02 노동조합 및 노동관계조정법상 근로시간 면제에 관한 설명으로 옳은 것은 몇 개인가?

○ 근로시간면제심의위원회는 「노동위원회법」에 따른 중앙노동위원회에 둔다. ○ 고용노동부장관이 고시한 근로시간 면제 한도를 초과하는 내용의 단체협약은 그 초과한 부분에 한정하여 무효로 한다. ○ 근로시간면제심의위원회는 성별을 고려하여 구성한다. ○ 고용노동부장관은 통보받은 근로시간 면제 한도를 합리적인 범위 내에서 조종하여 고시할 수 있다.

① 0개　② 1개　③ 2개　④ 3개　⑤ 4개

해설 – 노조법 제24조의2 제1항. '근로시간면제심의위원회는 **경제사회노동위원회**에 둔다.'
– 노조법 제24조의2 제3항,제4항, 제24조 제4항.
'고용노동부장관이 고시한 **근로시간면제한도를 초과하는 내용을 정한 단체협약** 또는 사용자의 동의는 **그 부분에 한정하여 무효**로 한다.'

– 노조법 제24조의2 제5항.
'근로자를 대표하는 위원과 사용자를 대표하는 위원 및 공익을 대표하는 위원 각 5명씩 **성별을 고려하여 구성**한다.'
– 노조법 제24조의2 제4항.
'고용노동부장관은 통보받은 근로시간면제한도를 **단순히 고시**하여야. **합리적인 범위내에서 조정할 수 없음**.'

정답 ③

03 노동조합 및 노동관계조정법상 노동조합의 관리 등에 관한 설명으로 옳지 않은 것은?

① 연합단체인 노동조합은 조합설립일부터 30일 이내에 그 구성단체의 명칭을 기재한 명부를 작성하여 그 주된 사무소에 비치하여야 한다.
② 노동조합의 대표자는 그 회계감사원으로 하여금 3월에 1회 이상 당해 노동조합의 현재의 경리 상황등에 대한 회계감사를 실시하게 하여야 한다.
③ 노동조합은 재정에 관한 장부와 서류를 3연간 보존하여야 한다.
④ 임원의 임기를 2년으로 정한 규약의 규정은 적법하다.
⑤ 노동조합의 대표자는 필요하다고 인정할 때에는 임시총회 또는 임시대의원회를 소집할 수 있다.

해설 ① 노조법 제14조 제1항 제1호
② 노조법 제25조 제1항. '6월에 1회 이상'
③ 노조법 제14조 제1항 제5호, 동조 제2항
④ 노조법 제23조 제2항. '3년 초과 금지. 따라서, 임원의 임기를 2년으로 정한 규약의 규정은 적법.'
⑤ 노조법 제18조 제1항

정답 ②

04 노동조합 및 노동관계조정법령상 노동조합에 관한 설명으로 옳지 않은 것은?(다툼이 있으면 판례에 따름)

① 근로조건의 결정권이 있는 독립된 사업 또는 사업장에 조직된 노동단체는 지부·분회 등 명칭이 무엇이든 상관없이 노동조합의 설립신고를 할 수 있다.
② 주로 정치운동을 목적으로 하는 경우에는 노동조합의 설립신고를 마치고 신고증을 교부받았다고 하더라도, 그러한 단체는 적법한 노동조합으로 인정받지 못할 수 있다.
③ 「노동조합 및 노동관계조정법」상 노동조합이 아님을 통보하는 것을 행정입법으로 규정하려면 반드시 법률의 명시적이고 구체적인 위임이 있어야 한다.
④ 산업별 노동조합의 지회가 기업별로 구성된 노동조합에 준하는 실질을 가지고 있다면 총회의 의결을 거쳐 독립한 기업별 노동조합으로 조직형태를 변경할 수 있다.
⑤ 복수 노동조합 중 어느 한 노동조합은 다른 노동조합을 상대로 그 노동조합의 설립무효확인을 구하는 소를 제기할 수 없다.

해설 ① 노조법 시행령 제7조
② 노조법 제2조 제4호 마목
③ 대법 2020.9.3.,2016두32992(전합)

'[다수의견] 법외노조 통보는 적법하게 설립된 노동조합의 법적 지위를 박탈하는 중대한 침익적 처분으로서 원칙적으로 국민의 대표자인 입법자가 스스로 형식적 법률로써 규정하여야 할 사항이고, 행정입법으로 이를 규정하기 위하여는 반드시 법률의 명시적이고 구체적인 위임이 있어야 한다. 그런데 노동조합 및 노동관계조정법 시행령(이하 '노동조합법 시행령'이라 한다) 제9조 제2항은 법률의 위임 없이 법률이 정하지 아니한 법외노조 통보에 관하여 규정함으로써 헌법상 노동3권을 본질적으로 제한하고 있으므로 그 자체로 무효이다.'

④ 대법 2018.1.24.,2014다203045

'산업별 노동조합의 지부·분회·지회 등의 하부조직(이하 '지회 등'이라 한다)이라고 하더라도 독자적인 단체교섭과 단체협약체결 능력이 있어 기업별 노동조합에 준하는 실질을 가지고 있거나 그렇지 않더라도 **기업별 노동조합과 유사한 근로자단체**로서 독립성이 인정되어 법인 아닌 사단이라고 볼 수 있는 경우에는 **총회의 결의를 통하여 소속을 변경하고 독립한 기업별 노동조합으로 전환할 수 있다고 보아야** 한다.'

⑤ 대법 2021.2.25.,2017다51610

'그러므로 **단체교섭의 주체가 되고자 하는 노동조합으로서는** 위와 같은 제약에 따르는 현재의 권리 또는 법률상 지위에 대한 **위험이나 불안을 제거하기 위하여** 다른 노동조합을 상대로 해당 노동조합이 설립될 당시부터 노동조합법 제2조 제4호가 규정한 주체성과 자주성 등의 실질적 요건을 흠결하였음을 들어 **설립무효의 확인을 구하거나 노동조합으로서의 법적 지위가 부존재한다는** 확인을 구하는 소를 제기할 수 있다고 보는 것이 타당하다.'

정답 ⑤

05 노동조합 및 노동관계조정법상 노동조합의 규약 및 규정에 관한 설명으로 옳지 않은 것은?(다툼이 있으면 판례에 따름)

① 행정관청은 노동조합의 규약이 노동관계법령에 위반한 경우에는 고용노동부장관의 승인을 받아 그 시정을 명할 수 있다.

② 노동조합이 규약에 따라 자체적으로 마련한 선거관리규정은 조합 민주주의를 실현하기 위한 강행법규에 적합한 범위 내에서는 일종의 자치적 법규범으로서 국가법질서 내에서 법적 효력을 가진다.

③ 노동조합의 총회가 규약의 제 개정결의를 통하여 총회에 갈음할 대의원회를 두고 규약의 개정에 관한 사항을 대의원회의 의결사항으로 정한 경우라도 이로써 총회의 규약개정권한이 소멸된다고 볼 수 없다.

④ 단체협약 체결 업무 수행에 대한 적절한 통제를 위하여 규약 등에서 내부 절차를 거치도록 하는 등 대표자의 단체협약체결권한의 행사를 절차적으로 제한하는 것은, 그것이 단체협약체결권한을 전면적·포괄적으로 제한하는 것이 아닌 이상 허용된다.

⑤ 조합원의 재산권을 둘러싼 노동조합과 조합원 간의 분쟁에 관하여 그 분쟁이 발생하기 전 조합원이 노동조합을 상대로 일절 소송을 제기할 수 없도록 한 노동조합의 규정은 무효이다.

해설 ① 노조법 제21조 제1항. '노동위원회의 의결을 얻어'

② 대법 1998.2.27.,97다43567

'노동조합은 근로자들이 자신들의 이익을 옹호하기 위하여 자주적으로 결성한 임의단체로서 그 내부 운영에 있어서 조합 규약 및 다수결에 의한 자치가 보장되므로, 노동조합이 자체적으로 마련한 선거관리규정은 조합 민주주의를 실현하기 위한 강행법규에 적합한 범위 내에서는 일종의 자치적 법규범으로서 국가법질서 내에서 법적 효력을 가진다.'

③ 대법 2014.8.26.,2012두6063

'노동조합이 규약에서 총회와는 별도로 총회에 갈음할 대의원회를 두고 총회의 의결사항과 대의원회의 의결사항을 명확히 구분하여 정하고 있는 경우, 특별한 사정이 없는 이상 총회가 대의원회의 의결사항으로 정해진 사항을 곧바로 의결하는 것은 규약에 반한다.

다만 규약의 제정은 총회의 의결사항으로서(노동조합법 제16조 제1항 제1호) 규약의 제·개정권한은 조합원 전원으로 구성되는 총회의 근원적·본질적 권한이라는 점, 대의원회는 규약에 의하여 비로소 설립되는 것으로서(노동조합법 제17조 제1항) 대의원회의 존재와 권한은 총회의 규약에 관한 결의로부터 유래된다는 점 등에 비추어 볼 때, 총회가 규약의 제·개정결의를 통하여 총회에 갈음할 대의원회를 두고 **'규약의 개정에 관한 사항'을 대의원회의 의결사항으로 정한 경우라도 이로써 총회의 규약개정권한이 소멸된다고 볼 수 없고,** 총회는 여전히 노동조합법 제16조 제2항 단서에 정해진 재적조합원 과반수의 출석과 출석조합원 3분의 2 이상의 찬성으로 '규약의 개정에 관한 사항'을 의결할 수 있다.'

④ 대법 2018.7.26.,2016다205908

'그리하여 노동조합이 조합원들의 의사를 반영하고 대표자의 단체교섭 및 단체협약 체결 업무 수행에 대한 적절한 통제를 위하여 규약 등에서 내부 절차를 거치도록 하는 등 대표자의 단체협약체결권한의 행사를 절차적으로 제한하는 것은, 그것이 단체협약체결권한을 전면적·포괄적으로 제한하는 것이 아닌 이상 허용된다.'

⑤ 대법 2002.2.22.,2000다65086

'헌법 제27조 제1항은 "모든 국민은 헌법과 법률이 정한 법관에 의하여 법률에 의한 재판을 받을 권리를 가진다."고 규정하여 국민의 재판을 받을 권리를 기본적 인권 중의 하나로 보장하고 있고, 법원조직법 제2조 제1항은 "법원은 헌법에 특별한 규정이 있는 경우를 제외한 일체의 법률상의 쟁송을 심판하고, 이 법과 다른 법률에 의하여 법원에 속하는 권한을 가진다."고 규정하여 국민의 재판청구권을 실질적으로 보장하고 있으며 한편, 권리의무의 주체인 당사자 간에서의 부제소 합의라도 그 당사자가 처분할 수 있는 특정된 법률관계에 관한 것으로서 그 합의 당시 각 당사자가 예상할 수 있는 상황에 관한 것이어야 유효하게 되는바, 그러한 법리와 규정 취지들을 고려할 때, 노동조합이 조합규약에 근거하여 자체적으로 만든 신분보장대책기금관리규정에 기한 위로금의 지급을 둘러싼 노동조합과 조합원 간의 분쟁에 관하여 노동조합을 상대로 일절 소송을 제기할 수 없도록 정한 노동조합의 신분보장대책기금관리규정 제11조는 조합원의 재산권에 속하는 위로금의 지급을 둘러싸고 생기게 될 조합원과 노동조합 간의 법률상의 쟁송에 관하여 헌법상 보장된 조합원의 재판을 받을 권리를 구체적 분쟁이 생기기 전에 미리 일률적으로 박탈한 것으로서 국민의 재판을 받을 권리를 보장한 위의 헌법 및 법원조직법의 규정과 부제소 합의 제도의 취지에 위반되어 무효라고 할 것이다.'

 ①

06 노동조합 및 노동관계조정법령상 노동조합에 관한 설명으로 옳은 것은?(다툼이 있으면 판례에 따름)

① 노동조합을 법인으로 하려는 그 주된 사무소의 소재지를 관할하는 행정관청에 등기하여야 한다.
② 노동조합은 그 규약으로 조합비를 납무하지 아니하는 조합원의 권리를 제한할 수 있다.
③ 「노동조합 및 노동관계조정법」에 의하여 설립되지 아니한 노동조합도 노동위원회에 노동쟁의의 조정을 신청할 수 있다.
④ 「노동조합 및 노동관계조정법」에 의하여 설립된 노동조합이 아니더라도 노동조합이라는 명칭을 사용할 수 있다.
⑤ 노동조합의 사업체에 대해서는 세법이 정하는 바에 따라 조세를 부과하지 아니한다.

해설 ① 노조법 시행령 제2조. '등기소에 등기'
② 노조법 제22조
③ 노조법 제7조 제1항. '노동쟁의의 조정 및 부당노동행위의 구제를 신청할 수 없다.'
④ 노조법 제7조 제3항. '~명칭을 사용할 수 없다.'
⑤ 노조법 제8조. '그 사업체를 제외하고는'

정답 ②

07 노동조합 및 노동관계조성법상 노동조합과 조합원 등에 관한 설명으로 옳은 것은?

① 사업 또는 사업장에 종사하는 근로자가 아닌 노동조합의 조합원은 사용자의 사업운영 지장 여부와 무관하게 사업 또는 사업장 내에서 노동조합 활동을 할 수 없다.

② 유니언 숍 협정이 체결된 사업장의 사용자는 단체협약에 명문 규정이 있는 경우에도 노동조합에서 제명된 것을 이유로 근로자에게 신분상 불이익한 행위를 할 수 없다.

③ 유니언 숍 협정에 따라 사용자가 노동조합을 탈퇴한 근로자를 해고한 경우에 해고된 근로자가 조합원 지위확인을 구하는 소를 제기하여 승소하면 그 해고는 취소된 것으로 본다.

④ 일정 범위의 근로자에 대하여만 단체협약을 적용하기로 규정하였더라도 단체협약은 조합원 모두에게 현실적으로 적용된다.

⑤ 헌법재판소는 헌법 제33조 제1항에서 정한 근로자의 단결권은 단결할 자유뿐 아니라 단결하지 아니할 자유를 포함한다고 해석한다.

해설 ① 노조법 제5조 제2항. '사업 운영에 지장을 주지 아니하는 범위에서'

② 노조법 제81조 제1항 제2호 단서

③ 대법 1995.2.28.,94다15363

'유니언 숍 협약에 따라 사용자가 노동조합을 탈퇴한 근로자를 해고한 경우에 해고근로자가 노동조합을 상대로 하여 조합원지위확인을 구하는 소를 제기하여 승소한다고 하더라도 **바로 해고의 효력이 부정되는 것은 아닐 뿐 아니라**…'

④ 2004.1.29.,2001다5142

'단체협약은 **특약에 의하여 일정 범위의 근로자에 대하여만 적용하기로 정하고 있는 등의 특별한 사정이 없는 한** 협약당사자로 된 노동조합의 구성원으로 가입한 조합원 모두에게 현실적으로 적용되는 것이 원칙이고…'

⑤ 헌재 2005.11.24.,2002헌바95

'단결하지 아니할 자유 이른바 소극적 단결권은 단결권에 포함되지 않는다고 보는 것이 우리 재판소의 선례…'

 ②

08 노동조합 및 노동관계조정법령상 교섭단위 결정 등에 관한 설명으로 옳지 않은 것은?

① 교섭대표노동조합을 결정하여야 하는 단위는 하나의 사업 또는 사업장으로 한다.

② 노동위원회는 사용자의 신청을 받아 교섭단위를 분리하는 결정을 할 수 있다.

③ 노동위원회는 노동조합의 신청을 받아 분리된 교섭단위를 통합하는 결정을 할 수 있다.

④ 노동조합이 교섭단위를 분리하여 교섭하려는 경우 사용자가 교섭요구 사실을 공고하기 전에는 교섭단위를 분리하는 결정을 신청할 수 있다.

⑤ 사용자는 분리된 교섭단위를 통합하여 교섭하려는 경우 교섭대표노동조합이 결정된 날 이후에는 그 통합하는 결정을 신청할 수 없다.

해설 ① 노조법 제29조의3 제1항

② 노조법 제29조의3 제2항. '노동관계 당사자의 양쪽 또는 어느 한쪽의 신청을 받아'

③ 노조법 제29조의3 제2항

④ 노조법 시행령 제14조의11 제1항

'노동조합 또는 사용자는 법 제29조의3제2항에 따라 교섭단위를 분리하거나 분리된 교섭단위를 통합하여 교섭하려는 경우에는 다음 각 호에 해당하는 기간에 노동위원회에 **교섭단위를 분리하거나 분리된 교섭단위를 통합하**

는 결정을 신청할 수 있다. 〈개정 2021. 6. 29.〉
1. 제14조의3에 따라 **사용자가 교섭요구 사실을 공고하기 전**
2. 제14조의3에 따라 **사용자가 교섭요구 사실을 공고한 경우**에는 법 제29조의2에 따른 **교섭대표노동조합이 결정된 날 이후**'
⑤ 노조법 시행령 제14조의11 제1항. '위의 조문 참조'

정답 ⑤

09 노동조합 및 노동관계조정법상 노동조합의 해산에 관한 설명으로 옳지 않은 것은?

① 노동조합이 해산한 때에는 그 대표자는 해산한 날부터 30일 이내에 행정관청에게 이를 신고하여야 한다.
② 총회의 해산결의가 있는 경우 노동조합은 해산한다.
③ 분할로 소멸한 경우 노동조합은 해산한다.
④ 규약에서 정한 해산사유가 발생한 경우 노동조합은 해산한다.
⑤ 노동조합의 임원이 없고 노동조합으로서의 활동을 1년 이상 하지 아니한 것으로 인정되는 경우로서 행정관청이 노동위원회의 의결을 얻은 경우 노동조합은 해산한다.

해설 ① 노조법 제28조 제2항. '해산한 날부터 15일 이내'
② 노조법 제28조 제1항 제3호
③ 노조법 제28조 제1항 제2호
④ 노조법 제28조 제1항 제1호
⑤ 노조법 제28조 제1항 제4호

정답 ①

10 노동조합 및 노동관계조정법령상 공정대표의무 등에 관한 설명으로 옳지 않은 것은?

① 교섭창구 단일화 절차에 참여한 노동조합은 단체협약의 내용의 일부가 공정대표의무에 위반되는 경우에는 단체협약 체결일부터 3개월 이내에 그 시정을 요청할 수 있다.
② 교섭대표노동조합과 사용자는 교섭창구 단일화 저차에 참여한 노동조합의 조합원 간에 합리적 이유 없이 차별을 하여서는 아니 된다.
③ 노동위원회는 공정대표의무 위반의 시정 신청을 받은 때에는 지체 없이 필요한 조사와 관계 당사자에 대한 심문(審問)을 하여야 한다.
④ 노동위원회는 공정대표의무 위반의 시정 신청에 따른 심문을 할 때에는 관계 당사자의 신청이 없는 경우 직권으로 증인을 출석하게 하여 질문할 수 없다.
⑤ 교섭대표노동조합이 교섭창구 단일화 절차에 참여한 다른 노동조합을 차별한 것으로 인정되는 경우, 그와 같은 차별에 합리적인 이유가 있다는 점은 교섭대표노동조합에게 주장·증명책임이 있다.

해설 ① 노조법 제29조의4 제2항
② 노조법 제29조의4 제1항
③ 노조법 시행령 제14조의12 제2항
④ 노조법 시행령 제14조의12 제2항. '직권으로 증인을 출석하게 하여 필요한 사항을 질문할 수 있다.'
⑤ 대법 2018.8.30.,2017다218642

정답 ④

11 노동조합 및 노동관계조정법령상 단체협약에 관한 규정 중 (   )에 들어갈 내용으로 옳은 것은?

제31조(단체협약의 작성) ② 단체협약의 당사자는 단체협약의 체결일부터 (ㄱ)일 이내에 이를 행정관청에게 신고하여야 한다. 제32조(단체협약 유효기간의 상한) ① 단체협약의 유효기간은 (ㄴ)년을 초과하지 않는 범위에서 노사가 합의하여 정할 수 있다.

① ㄱ: 10, ㄴ: 2　② ㄱ: 10, ㄴ: 3　③ ㄱ: 15, ㄴ: 2
④ ㄱ: 15, ㄴ: 3　⑤ ㄱ: 20, ㄴ: 2

해설 노조법 제31조 제2항. '15일'
노조법 제32조 제1항. '3년'

정답 ④

12 노동조합 및 노동관계조정법령상 단체협약 및 단체협약에 관한 설명으로 옳은 것은?

① 교섭대표노동조합의 대표자는 교섭요구와 무관하게 사업장내 모든 노동조합 또는 조합원을 위하여 사용자와 교섭하고 단체협약을 체결할 권한을 가진다.
② 교섭대표노동조합이 결정된 후 교섭창구단일화절차가 개시된 날부터 1년 동안 단체협약을 체결하지 못한 경우에는 어느 노동조합이든지 사용자에게 교섭을 요구할 수 있다.
③ 노동조합으로부터 적법한 교섭 요구를 받은 사용자는 그 요구를 받은 날부터 5일간 그 교섭요구 사실을 공고하여야 한다.
④ 노동조합은 사용자가 교섭요구 사실의 공고를 하지 아니하거나 다르게 공고하는 경우에는 고용노동부령으로 정하는 바에 따라 행정관청에 그 시정을 요구할 수 있다.
⑤ 단체협약의 당사자가 하여야 할 단체협약의 신고는 당사자 쌍방이 연명으로 해야 한다.

해설 ① 노조법 제29조 제2항. '교섭을 요구한 모든 노동조합 또는 조합원을 위하여'
② 노조법 시행령 제14조의10 제3항. '그 결정된 날부터 1년 동안'
③ 노조법 시행령 제14조의3 제1항. '그 요구를 받은 날부터 7일간'
④ 노조법 시행령 제14조의3 제2항. '노동위원회에 시정을 요청할 수 있다.'
⑤ 노조법 시행령 제15조

정답 ⑤

13 노동조합 및 노동관계조정법령상 쟁의행위에 관한 설명으로 옳지 않은 것은?

① 노동조합은 사용자의 점유를 배제하여 조업을 방해하는 형태로 쟁의행위를 해서는 아니 된다.
② 쟁의행위가 사업장의 안전보호시설에 대하여 정상적인 운영을 방해하는 행위로 행하여지는 경우에 사용자가 행정관청과 관할 노동위원회에 하여야 할 신고는 전화로도 가능하다.
③ 피케팅은 파업에 가담하지 않고 조업을 계속하려는 자에 대하여 평화적 설득, 구두와 문서에 의한 언어적 설득의 범위 내에서 정당성이 인정되는 것이 원칙이고, 위력에 의한 물리적 강제는 정당화될 수 없다.

④ 사업장의 안전보호시설의 정상적인 유지·운영을 정지하는 쟁의행위에 대하여 노동위원회는 그 의결로 쟁의행위와 중지를 통보하여야 한다.

⑤ 「방위사업법」에 의하여 지정된 주요방위산업체에 종사하는 근로자중 방산물자의 완성에 필요한 정비업무에 종사하는 자는 쟁의행위를 할 수 없다.

해설 ① 노조법 제37조 제3항

② 노조법 제42조 제2항, 동법 시행령 제18조. '서면·구두 또는 전화 기타의 적당한 방법으로'

③ 대법 1990.10.12.,90도1431

④ 노조법 제42조 제3항 본문. '행정관청은...... 노동위원회의 의결을 얻어...'

⑤ 노조법 제41조 제2항, 동법 시행령 제20조

> **제41조(쟁의행위의 제한과 금지)** ① 노동조합의 쟁의행위는 그 조합원(제29조의2에 따라 교섭대표노동조합이 결정된 경우에는 그 절차에 참여한 노동조합의 전체 조합원)의 직접 · 비밀 · 무기명투표에 의한 조합원 과반수의 찬성으로 결정하지 아니하면 이를 행할 수 없다. 이 경우 조합원 수 산정은 종사근로자인 조합원을 기준으로 한다. 〈개정 2021. 1. 5.〉
>
> **② 「방위사업법」에 의하여 지정된 주요방위산업체에 종사하는 근로자중 전력, 용수 및 주로 방산물자를 생산하는 업무에 종사하는 자는 쟁의행위를 할 수 없으며 주로 방산물자를 생산하는 업무에 종사하는 자의 범위는 대통령령으로 정한다.** 〈개정 2006. 1. 2.〉
>
> **시행령 제20조(방산물자 생산업무 종사자의 범위)** 법 제41조 제2항에서 "주로 방산물자를 생산하는 업무에 종사하는 자"라 함은 **방산물자의 완성에 필요한 제조 · 가공 · 조립 · 정비 · 재생 · 개량 · 성능검사 · 열처리 · 도장 · 가스취급 등의 업무에 종사하는 자**를 말한다.

정답 ④

14 노동조합 및 노동관계조정법령상 필수유지업무 및 필수유지업무협정 등에 관한 설명으로 옳지 않은 것은?

① 철도 차량 운행에 필요한 통신시설을 유지·관리하는 업무는 철도사업의 필수유지업무에 해당한다.

② 필수유지업무협정은 노동관계 당사자가 서면으로 체결되어야 하고, 쌍방이 서명 또는 날인하여야 한다.

③ 노동관계 당사자 쌍방 또는 일방은 필수유지업무협정이 체결되지 아니하는 때에는 노동위원회에 필수유지업무의 대상직무 등의 결정을 신청하여야 한다.

④ 노동관계 당사자가 필수유지업무 수준 등 결정 신청을 하는 경우 그 결정은 공익사업의 노동쟁의 조정을 위한 노동위원회의 특별조정위원회가 담당한다.

⑤ 노동조합이 쟁의행위 개시 전까지 쟁의행위기간 동안 근무하여야 할 조합원을 통보하지 아니한 경우 사용자의 신청에 의하여 노동위원회가 필수유지업무에 근무하여야 할 근로자를 지명하고 이를 노동조합과 그 근로자에게 통보하여야 한다.

해설 ① 노조법 제42조의2 제1항, 동법 시행령 제22조의2에 의한 [별표1]

> 1. **철도사업**과 도시철도사업의 필수유지업무
> 가. 철도·도시철도 차량의 운전 업무
> 나. 철도·도시철도 차량 운행의 관제 업무(정거장·차량기지 등에서 철도신호 등을 취급하는 운전취급 업무를 포함한다)

다. 철도·도시철도 차량 운행에 필요한 전기시설·설비를 유지·관리하는 업무
라. 철도·도시철도 차량 운행과 이용자의 안전에 필요한 신호시설·설비를 유지·관리하는 업무
마. **철도·도시철도 차량 운행에 필요한 통신시설·설비를 유지·관리하는 업무**
바. 안전 운행을 위하여 필요한 차량의 일상적인 점검이나 정비 업무
사. 선로점검·보수 업무

② 노조법 제42조의3
③ 노조법 제42조의4 제1항
④ 노조법 제42조의4 제3항, 제72조
⑤ 노조법 제42조의6 제1항

제42조의6(필수유지업무 근무 근로자의 지명) ① 노동조합은 필수유지업무협정이 체결되거나 제42조의4 제2항의 규정에 따른 노동위원회의 결정이 있는 경우 사용자에게 필수유지업무에 근무하는 조합원 중 쟁의행위기간 동안 근무하여야 할 조합원을 통보하여야 하며, 사용자는 이에 따라 근로자를 지명하고 이를 노동조합과 그 근로자에게 통보하여야 한다. **다만, 노동조합이 쟁의행위 개시 전까지 이를 통보하지 아니한 경우에는 사용자가 필수유지업무에 근무하여야 할 근로자를 지명하고 이를 노동조합과 그 근로자에게 통보하여야 한다.**

노동법 (2)

15 노동조합 및 노동관계조정법령상 쟁의행위에 관한 설명으로 옳지 않은 것은?(다툼이 있으면 판례에 따름)

① 조합원은 노동조합에 의하여 주도되지 아니한 쟁의행위를 하여서는 아니된다.
② 노동조합은 쟁의행위가 적법하게 수행될 수 있도록 지도·관리·통제할 책임이 있다.
③ 조합원의 민주적 의사결정이 실질적으로 확보된 때에는 쟁의행위 찬반투표절차를 거치지 아니하였다는 사정만으로 쟁의행위의 정당성이 상실되지 아니한다.
④ 사용자는 노동조합이 쟁의행위를 개시한 이후에만 직장폐쇄를 할 수 있다.
⑤ 노동조합은 쟁의행위 기간에 대한 임금의 지급을 요구하여 이를 관철할 목적으로 쟁의행위를 하여서는 아니된다.

해설 ① 노조법 제37조 제2항
② 노조법 제38조 제3항
③ 대법 2001.10.25.,99도4837(전합)

특히 그 절차에 관하여 쟁의행위를 함에 있어 조합원의 직접·비밀·무기명투표에 의한 찬성결정이라는 절차를 거쳐야 한다는 노동조합및노동관계조정법 제41조 제1항의 규정은 노동조합의 자주적이고 민주적인 운영을 도모함과 아울러 쟁의행위에 참가한 근로자들이 사후에 그 쟁의행위의 정당성 유무와 관련하여 어떠한 불이익을 당하지 않도록 그 개시에 관한 조합의사의 결정에 보다 신중을 기하기 위하여 마련된 규정이므로 위의 절차를 위반한 쟁의행위는 **그 절차를 따를 수 없는 객관적인 사정이 인정되지 아니하는 한 정당성이 상실된다.**

④ 노조법 제46조 제1항
⑤ 노조법 제44조 제2항

 ③

16 노동조합 및 노동관계조정법령상 공익사업등의 우선적 취급에 관한 규정에서 (   )에 들어갈 내용으로 옳은 것은?

> 제51조(공익사업등의 우선적 취급) 국가 지방자치단체 국공영기업체 방위산업체 및 공익사업에 있어서의 (   )은(는) 우선적으로 취급하고 신속히 처리하여야 한다.

① 쟁의행위의 조정　② 부당노동행위의 구제　③ 단체협약의 해석
④ 노동쟁의의 조정　⑤ 노동조합 해산의 의결

해설 노조법 제51조

> **제51조(공익사업등의 우선적 취급)** 국가 · 지방자치단체 · 국공영기업체 · 방위산업체 및 공익사업에 있어서의 노동쟁의의 조정은 우선적으로 취급하고 신속히 처리하여야 한다.

정답 ④

17 노동조합 및 노동관계조정법령상 노동쟁의 조정에 관한 설명으로 옳은 것은?

① 사적조정등을 수행하는 자는 노동관계 당사자로부터 수수료, 수당 및 여비 등을 받을 수 있다.
② 노동관계 당사자가 노동쟁의를 단체협약에서 정하는 바에 따라 해결하기로 한 경우 이를 행정관청에 신고하여야 한다.
③ 노동관계 당사자가 단체협약이 정하는 바에 따라 노동쟁의의 조정을 한 경우 그 내용은 재판상 화해와 같은 효력을 가진다.
④ 고용노동부장관은 긴급조정의 결정을 하고자 할 때에는 중앙노동위원회 의결을 거쳐야 한다.
⑤ 중앙노동위원회는 고용노동부장관의 긴급조정결정 통고를 받은 때에는 지체없이 주재를 개시하여야 한다.

해설 ① 노조법 제52조 제5항 후문
② 노조법 제52조 제1항, 제2항

> 제52조(사적 조정 · 중재) ① 제2절 및 제3절의 규정은 노동관계 당사자가 쌍방의 합의 또는 단체협약이 정하는 바에 따라 각각 다른 조정 또는 중재방법(이하 이 조에서 "사적조정등"이라 한다)에 의하여 노동쟁의를 해결하는 것을 방해하지 아니한다. 〈개정 2006. 12. 30.〉
> ② 노동관계 당사자는 제1항의 규정에 의하여 노동쟁의를 해결하기로 한 때에는 이를 **노동위원회에 신고하여야** 한다.

③ 노조법 제52조 제4항. '단체협약과 동일한 효력'
④ 노조법 제76조 제2항. '미리 중앙노동위원회 위원장의 의견을 들어야'
⑤ 노조법 제78조. '지체없이 조정을 개시하여야'

정답 ①

18 노동조합 및 노동관계조정법령상 부당노동행위에 관한 설명으로 옳은 것은?(다툼이 있으면 판례에 따름)

① 부당노동행위에 대한 입증책임은 사용자가 부담한다.
② 노동위원회가 부당노동행위의 구제신청을 받고 심문을 할 때에는 그 직권으로 증인을 출석하게 하여 필요한 사항을 질문할 수 있다.
③ 부당노동행위를 한 사용자는 3년 이하의 징역 또는 3천만원 이하의 벌금에 처한다.
④ 중앙노동위원회의 재심판정에 대하여 행정소송을 제기한 경우에 관할법원은 부당노동행위 구제 신청자의 신청에 의하여 판결이 확정될 때까지 중앙노동위원회의 구제명령의 전부를 이행하도록 명할 수 있다.
⑤ 부당노동행위 규정 위반에 관한 명문의 양벌규정은 존재하지 아니한다.

해설 ① 대법 1991.7.26.,91누2557
'판례의 취지를 고려할 때 부당노동행위에 대한 증명책임은 부당노동행위임을 주장하는 근로 자 또는 노동조합에게 있다.'
② 노조법 제83조 제2항
③ 노조법 제90조, 제81조 제1항. '2년 이하의 징역 또는 2천만원 이하의 벌금'
④ 노조법 제85조 제5항

> **제85조(구제명령의 확정)**
> ⑤ 사용자가 제2항의 규정에 의하여 행정소송을 제기한 경우에 관할법원은 **중앙노동위원회의 신청에 의하여 결정으로써,** 판결이 확정될 때까지 중앙노동위원회의 구제명령의 전부 또는 일부를 이행하도록 명할 수 있으며, 당사자의 신청에 의하여 또는 직권으로 그 결정을 취소할 수 있다.

⑤ 노조법 제94조 본문

> **제94조(양벌규정)** 법인 또는 단체의 대표자, 법인 · 단체 또는 개인의 대리인 · 사용인 기타의 종업원이 그 법인 · 단체 또는 개인의 업무에 관하여 제88조 내지 제93조의 위반행위를 한 때에는 행위자를 벌하는 외에 그 법인 · 단체 또는 개인에 대하여도 각 해당 조의 벌금형을 과한다. 다만, 법인 · 단체 또는 개인이 그 위반행위를 방지하기 위하여 해당 업무에 관하여 상당한 주의와 감독을 게을리하지 아니한 경우에는 그러하지 아니하다. 〈개정 2020. 6. 9.〉

 ②

19 근로자참여 및 협력증진에 관한 법률상 노사협의회에 관한 설명으로 옳지 않은 것은?

① 노사협의회란 근로자와 사용자가 참여와 협력을 통하여 근로자의 복지증진과 기업의 건전한 발전을 도모하기 위하여 구성하는 협의기구를 말한다.
② 사업장 내 근로자 감시 설비의 설치는 노사협의회가 협의하여야 할 사항에 해당한다.
③ 사용자는 고충처리위원회에서 의결되지 아니한 사항에 대하여는 노사협의회의 의결을 거쳐야 한다.
④ 노사협의회는 노사협의회에서 의결된 사항의 해석에 관하여 의견이 일치하지 아니하는 경우 노동위원회의 중재를 받을 수 있다.
⑤ 법령에 따른 노사협의회의 설치를 정당한 사유 없이 거부하거나 방해한 자는 1년 이하의 징역 또는 1천만원 이하의 벌금에 처한다.

① 근참법 제3조 제1호
② 근참법 제20조 제1항 제14호
③ 근참법 제21조 제4호
④ 근참법 제25조 제1항
⑤ 근참법 제30조 제1호, 제4조 제1항. '1천만원 이하의 벌금'

 ⑤

20 근로자참여 및 협력증진에 관한 법령상 노사협의회의 위원 등에 관한 설명으로 옳지 않은 것은?

① 노사협의회는 근로자와 사용자를 대표하는 같은 수의 의원으로 구성하여야 하며 위원 수에 대한 제한이 있다.
② 노사협의회의 근로자위원의 선출에 입후보하려는 사람은 해당 사업이나 사업장의 근로자여야 한다.
③ 노사협의회의 근로자위원의 결원이 생기면 30일 이내에 보궐위원을 위촉하거나 선출하되, 근로자의 과반수로 구성된 노동조합이 조직되어 있지 아니한 사업 또는 사업장에서는 근로자위원 선출 투표에서 선출되지 못한 사람 중 득표 순에 따른 차점자를 근로자위원으로 할 수 있다.
④ 노사협의회의 위원은 무보수로 한다는 명문의 규정상 위원의 노사협의회 출석 시간과 이와 관련된 시간은 노사협의회 규정으로 정한 경우에도 근로한 시간으로 볼 수 없다.
⑤ 사용자는 근로자위원의 업무를 위하여 장소의 사용 등 기본적인 편의를 제공하여야 할 의무가 있다.

해설 ① 근참법 제6조 제1항. '각 3명 이상 10명 이하'
② 근참법 시행령 제3조
③ 근참법 시행령 제4조
④ 근참법 제9조 제1항, 제3항

> **제9조(위원의 신분)** ① 위원은 비상임 · 무보수로 한다.
> ② 사용자는 협의회 위원으로서의 직무 수행과 관련하여 근로자위원에게 불이익을 주는 처분을 하여서는 아니 된다.
> ③ **위원의 협의회 출석 시간과 이와 직접 관련된 시간으로서 제18조에 따른 협의회규정으로 정한 시간은 근로한 시간으로 본다.**
> [전문개정 2007. 12. 27.]

⑤ 근참법 제10조 제2항

 ④

21 노동위원회법상 노동위원회에 관한 설명으로 옳은 것을 모두 고른 것은?

> ㄱ. 중앙노동위원회와 지방노동위원회는 고용노동부장관 소속으로 둔다.
> ㄴ. 특별노동위원회는 관계 법률에서 정하는 사항을 관장하기 위하여 피요한 경우에 해당 사항을 관장하는 중앙행정기관의 장 소속으로 둔다.
> ㄷ. 중앙노동위원회 위원장은 중앙노동위원회 및 지방노동위원회의 예산 · 인사 · 교육훈련, 그 밖의 행정사무를 총괄한다.

ㄹ. 노동위원회 위원장은 해당 노동위원회의 공익위원이 되며, 심판사건, 차별적 처우 시정사건을 담당하되 조정사건은 담당할 수 없다.

① ㄱ ② ㄴ, ㄷ ③ ㄱ, ㄴ, ㄷ ④ ㄱ, ㄴ, ㄹ ⑤ ㄴ, ㄷ, ㄹ

해설 노위법 제2조 제2항
노위법 제2조 제3항
노위법 제4조 제2항
노위법 제9조 제2항, 제4항. '조정사건을 담당할 수 있다.'

정답 ③

22 노동위원회법상 노동위원회에 관한 설명으로 옳은 것은?

① 중앙노동위원회 및 지방노동위원회에는 사무처를 둔다.
② 중앙노동위원회 상임위원은 사무처장을 겸직할 수 없다.
③ 부문별 위원회 위원장은 부문별 위원회의 원활한 운영을 의하여 필요하다고 인정하는 경우에 주심위원을 지명하여 사건의 처리를 주관하게 하여야 한다.
④ 노동위원회는 판정·명령 또는 결정이 있기 전까지 화해안을 제시할 수 있으며 관계 당사자가 화해안을 수락하였을 때에는 취하조서를 작성하여야 한다.
⑤ 노동위원회의 부문별 위원회의 회의는 구성위원 전원의 출석으로 개의한다.

해설 ① 노위법 제14조 제1항. '지방노동위원회에는 사무국을 둔다.'
② 노위법 제14조의2 제2항. '중앙노동위원회 상임위원 중 1명이 겸직'
③ 노위법 제16조의2 '사건의 처리를 주관하게 **할 수 있다**.'
④ 노위법 제16조의3 제1항, 제3항. '관계 당사자가 화해안을 수락하였을 때에는 **화해조서**를 작성하여야 한다.'
⑤ 노위법 제17조 제2항

정답 ⑤

23 공무원의 노동조합 설립 및 운영 등에 관한 법률에 관한 설명으로 옳지 않은 것은?

① 공무원은 노동조합 활동을 할 때 다른 법령에서 규정하는 공무원의 의무에 반하는 행위를 하여서는 아니 된다.
② 교정· 수사 등 공공의 안녕과 국가안전보장에 관한 업무에 종사하는 공무원은 노동조합에 가입할 수 없다.
③ 단체협약의 내용 중 법령·조례 또는 예산에 의하여 규정되는 내용과 법령 또는 조례에 의하여 위임을 받아 규정되는 내용은 단체협약으로서의 효력을 가지지 아니한다.
④ 정부교섭대표는 효율적인 교섭을 위하여 필요한 경우 다른 정부교섭대표와 공동으로 교섭할 수 있으나 정부교섭대표가 아닌 관계 기관의 장으로 하여금 교섭에 참여하게 할 수 없다.
⑤ 단체교섭이 결렬된 경우 이를 조정·중재하기 위하여 중앙노동위원회에 공무원 노동관계 조정위원회를 둔다.

해설 ① 공노법 제3조 제2항
② 공노법 제6조 제2항 제3호
③ 공노법 제10조 제1항
④ 공노법 제8조 제3항, 제4항

> **제8조(교섭 및 체결 권한 등)** ① 노동조합의 대표자는 그 노동조합에 관한 사항 또는 조합원의 보수 · 복지, 그 밖의 근무조건에 관하여 국회사무총장 · 법원행정처장 · 헌법재판소사무처장 · 중앙선거관리위원회사무총장 · 인사혁신처장(행정부를 대표한다) · 특별시장 · 광역시장 · 특별자치시장 · 도지사 · 특별자치도지사 · 시장 · 군수 · 구청장(자치구의 구청장을 말한다) 또는 특별시 · 광역시 · 특별자치시 · 도 · 특별자치도의 교육감 중 어느 하나에 해당하는 사람(이하 "정부교섭대표"라 한다)과 각각 교섭하고 단체협약을 체결할 권한을 가진다. 다만, 법령 등에 따라 국가나 지방자치단체가 그 권한으로 행하는 정책결정에 관한 사항, 임용권의 행사 등 그 기관의 관리 · 운영에 관한 사항으로서 근무조건과 직접 관련되지 아니하는 사항은 교섭의 대상이 될 수 없다. 〈개정 2013. 3. 23., 2014. 5. 20., 2014. 11. 19.〉
> ② 정부교섭대표는 법령 등에 따라 스스로 관리하거나 결정할 수 있는 권한을 가진 사항에 대하여 노동조합이 교섭을 요구할 때에는 정당한 사유가 없으면 그 요구에 따라야 한다. 〈개정 2020. 5. 26.〉
> **③ 정부교섭대표는 효율적인 교섭을 위하여 필요한 경우 다른 정부교섭대표와 공동으로 교섭하거나, 다른 정부교섭대표에게 교섭 및 단체협약 체결 권한을 위임할 수 있다.**
> **④ 정부교섭대표는 효율적인 교섭을 위하여 필요한 경우 정부교섭대표가 아닌 관계 기관의 장으로 하여금 교섭에 참여하게 할 수 있고, 다른 기관의 장이 관리하거나 결정할 권한을 가진 사항에 대하여는 해당 기관의 장에게 교섭 및 단체협약 체결 권한을 위임할 수 있다.**
> ⑤ 제2항부터 제4항까지의 규정에 따라 정부교섭대표 또는 다른 기관의 장이 단체교섭을 하는 경우 소속 공무원으로 하여금 교섭 및 단체협약 체결을 하게 할 수 있다.
> [전문개정 2010. 3. 17.]

⑤ 공노법 제14조 제1항

정답 ④

24 교원의 노동조합 설립 및 운영 등에 관한 법률에 관한 설명으로 옳지 않은 것은?

① 교원으로 임용되어 근무하였던 사람으로서 노동조합 규약으로 정하는 사람은 노동조합에 가입할 수 있다.
② 전임자는 그 전임기간 중 봉급을 받지 못하며, 그 전임기간 중 전임자임을 이유로 승급 또는 그 밖의 신분상의 불이익을 받지 아니한다.
③ 단체교섭이 결렬된 경우 중앙노동위원회는 당사자 양쪽이 조정을 신청하는 경우에 한하여 조정을 시작할 수 있다.
④ 중앙노동위원회가 제시한 조정안을 당사자의 어느 한쪽이라도 거부한 경우에는 중앙노동위원회는 중재를 한다.
⑤ 관계 당사자는 중앙노동위원회의 중재재정이 위법하거나 월권에 의한 것이라고 인정하는 경우에는 중재재정서를 송달받은 날부터 15일 이내에 중앙노동위원회 위원장을 피고로 하여 행정소송을 제기할 수 있다.

해설 ① 교노법 제4조의2 제2호
② 교노법 제5조 제4항
③ 교노법 제9조 제1항

제9조(노동쟁의의 조정신청 등) ① 제6조에 따른 단체교섭이 결렬된 경우에는 **당사자 어느 한쪽 또는 양쪽**은 「노동위원회법」 제2조에 따른 중앙노동위원회(이하 "중앙노동위원회"라 한다)에 조정(調停)을 신청할 수 있다.

④ 교노법 제10조
⑤ 교노법 제12조 제1항

정답 ③

25 노동법 등의 연혁에 관한 설명으로 옳지 않은 것은?

① 우리나라의 「노동위원회법」은 1953년에 처음 제정되었다.
② 우리나라는 1991년 국제노동기구(ILO)에 가입되었다.
③ 우리나라의 「공무원의 노동조합 설립 및 운영 등에 관한 법률」은 「교원의 노동조합 설립 및 운영 등에 관한 법률」보다 먼저 제정되었다.
④ 미국의 1935년 와그너법은 근로자의 단결권·단체교섭권·단체행동권을 명문화하였다.
⑤ 우리나라 제헌헌법에는 영리를 목적으로 하는 사기업에 있어서는 근로자는 법률의 정하는 바에 의하여 이익의 분배에 균점할 권리가 있다는 규정이 잇었다.

해설 ③ 공노법은 2005.1.27.제정, 교노법은 1999.1.29.제정

정답 ③

제4과목
03

2022년도 제31회 공인노무사 노동법 (2) 기출문제

01 헌법상 노동3권에 관한 설명으로 옳지 않은 것은?

① 헌법재판소는 노동3권의 법적 성격을 사회적 보호기능을 담당하는 자유권 또는 사회권적 성격을 띤 자유권이라고 보는 입장을 취하고 있다.

② 근로자는 근로조건의 향상을 위하여 자주적인 단결권·단체교섭권 및 단체행동권을 가진다.

③ 헌법재판소는 노동조합의 적극적 단결권은 근로자 개인의 단결하지 않을 자유보다 중시된다고 할 것이고, 또 노동조합에게 위와 같은 조직강제권을 부여한다고 하여 이를 근로자의 단결하지 아니할 자유의 본질적인 내용을 침해하는 것으로 단정할 수는 없다는 입장을 취하고 있다.

④ 헌법상 보장된 근로자의 단결권은 단결할 자유만을 가리킬 뿐이고, 단결하지 아니할 자유 이른바 소극적 단결권은 이에 포함되지 않는다고 보는 것이 헌법재판소의 입장이다.

⑤ 헌법재판소는 노동3권 제한에 관한 개별적 제한규정을 두고 있지 않는 경우, 헌법 제37조 제2항의 일반유보조항에 따라 노동3권을 제한할 수 없다는 입장을 취하고 있다.

해설 ① 근로3권은 국가공권력에 대하여 근로자의 단결권의 방어를 일차적인 목표로 하지만, 근로3권의 보다 큰 헌법적 의미는 근로자단체라는 사회적 반대세력의 창출을 가능하게 함으로써 노사관계의 형성에 있어서 사회적 균형을 이루어 근로조건에 관한 노사간의 실질적인 자치를 보장하려는 데 있다. 근로자는 노동조합과 같은 근로자단체의 결성을 통하여 집단으로 사용자에 대항함으로써 사용자와 대등한 세력을 이루어 근로조건의 형성에 영향을 미칠 수 있는 기회를 가지게 되므로 이러한 의미에서 근로3권은 '사회적 보호기능을 담당하는 자유권' 또는 '사회권적 성격을 띤 자유권'이라고 말할 수 있다(헌재 1998. 2. 27. 94헌바13·26, 95헌바44(병합)).

② 헌법 제33조 제1항

③ 노동조합의 조직유지·강화를 위하여 당해 사업장에 종사하는 근로자의 3분의 2 이상을 대표하는 노동조합(이하 '지배적 노동조합'이라 한다)의 경우 단체협약을 매개로 한 조직강제[이른바 유니언 샵(Union Shop) 협정의 체결]를 용인하고 있다. 이 경우 근로자의 단결하지 아니할 자유와 노동조합의 적극적 단결권(조직강제권)이 충돌하게 되나, 근로자에게 보장되는 적극적 단결권이 단결하지 아니할 자유보다 특별한 의미를 갖고 있고, 노동조합의 조직강제권도 이른바 자유권을 수정하는 의미의 생존권(사회권)적 성격을 함께 가지는 만큼 근로자 개인의 자유권에 비하여 보다 특별한 가치로 보장되는 점 등을 고려하면, 노동조합의 적극적 단결권은 근로자 개인의 단결하지 않을 자유보다 중시된다고 할 것이고, 또 노동조합에게 위와 같은 조직강제권을 부여한다고 하여 이를 근로자의 단결하지 아니할 자유의 본질적인 내용을 침해하는 것으로 단정할 수는 없다(헌재 2005. 11. 24. 2002헌바95등).

④ 헌법 제33조 제1항은 "근로자는 근로조건의 향상을 위하여 자주적인 단결권·단체교섭권 및 단체행동권을 가진다."고 규정하고 있다. 여기서 헌법상 보장된 근로자의 단결권은 단결할 자유만을 가리킬 뿐이고, 단결하지 아니할 자유 이른바 소극적 단결권은 이에 포함되지 않는다고 보는 것이 우리 재판소의 선례라고 할 것이다(헌재 1999. 11. 25. 98헌마141 참조).

⑤ 노동3권도 절대적인 권리가 아니라 제한 가능한 권리이므로 단체교섭권도 헌법 제37조 제2항에 의하여 국가안전보장·질서유지 또는 공공복리 등의 공익상의 이유로 제한이 가능하며, 그 제한은 노동기본권의 보장과 공익상의 필요를 구체적인 경우마다 비교형량하여 양자가 서로 적절한 균형을 유지하는 선에서 결정된다(헌재 2012. 4. 24. 2011헌마338). 즉 헌법재판소는 노동3권도 제한 가능한 권리로서 헌법 제37조 제2항의 일반유보조항에 따라 노동3권을 제한할 수 있다는 입장을 취하고 있다.

⑤

02 노동조합 및 노동관계조정법령에 관한 설명이다. ( )에 들어갈 숫자로 옳은 것은?

○ 노동조합의 대표자는 노동조합의 법인 등기사항 중 변경된 사항이 있는 경우에는 그 변경이 있는 날부터 (ㄱ)주 이내에 변경등기를 해야 한다.
○ 행정관청은 설립신고서 또는 규약이 기재사항의 누락 등으로 보완이 필요한 경우 (ㄴ)일 이내의 기간을 정하여 보완을 요구하여야 한다.
○ 노동조합은 매년 (ㄷ)회 이상 총회를 개최하여야 한다.

① ㄱ: 1, ㄴ: 10, ㄷ: 1
② ㄱ: 2, ㄴ: 10, ㄷ: 1
③ ㄱ: 3, ㄴ: 20, ㄷ: 1
④ ㄱ: 3, ㄴ: 20, ㄷ: 2
⑤ ㄱ: 3, ㄴ: 30, ㄷ: 2

해설 ㄱ. 노동조합의 대표자는 제3조 각 호의 사항 중 변경된 사항이 있는 경우에는 그 변경이 있는 날부터 3주 이내에 변경등기를 해야 한다(노동조합 및 노동관계조정법 시행령 제6조).
ㄴ. 행정관청은 설립신고서 또는 규약이 기재사항의 누락등으로 보완이 필요한 경우에는 대통령령이 정하는 바에 따라 20일 이내의 기간을 정하여 보완을 요구하여야 한다. 이 경우 보완된 설립신고서 또는 규약을 접수한 때에는 3일 이내에 신고증을 교부하여야 한다(노동조합 및 노동관계조정법 제12조 제2항).
ㄷ. 노동조합은 매년 1회 이상 총회를 개최하여야 한다(노동조합 및 노동관계조정법 제15조 제1항).

정답 ③

03 노동조합 및 노동관계조정법상 노동조합에 관한 설명으로 옳지 않은 것은?

① 행정관청은 노동조합의 결의가 규약에 위반된다고 인정할 경우에는 이해관계인의 신청이 있는 경우에 한하여 노동위원회의 의결을 얻어 그 시정을 명할 수 있다.
② 노동조합의 합병·분할 또는 해산, 조직형태 변경을 위해서는 총회의 의결을 거쳐야 한다.
③ 총회는 임원의 해임에 관한 사항을 재적조합원 과반수의 출석과 출석조합원 3분의 2이상의 찬성으로 의결한다.
④ 단체협약에 관한 사항은 총회의 의결사항이다.
⑤ 종사근로자인 조합원이 해고되어 노동위원회에 부당해고의 구제신청을 한 경우에는 중앙노동위원회의 재심판정이 있을 때까지는 종사근로자로 본다.

해설 ① 노동조합 및 노동관계조정법 제21조 제2항
② 노동조합 및 노동관계조정법 제16조 제1항 제7호 및 제8호
③ 노동조합 및 노동관계조정법 제16조 제2항
④ 노동조합 및 노동관계조정법 제16조 제1항 제3호
⑤ 종사근로자인 조합원이 해고되어 노동위원회에 부당노동행위의 구제신청을 한 경우에는 중앙노동위원회의 재심판정이 있을 때까지는 종사근로자로 본다(노동조합 및 노동관계조정법 제5조 제3항). 부당해고가 아니라 부당노동행위의 구제신청을 한 경우에 종사근로자로 본다.

정답 ⑤

04 노동조합 및 노동관계조정법상 기한이 다른 하나는?

① 노동조합의 처분이 노동관계 법령에 위반하여 행정관청의 시정명령을 받은 노동조합이 이를 이행하여야 할 기한

② 노동조합에 임시총회 소집권자가 없는 경우 행정관청의 회의소집권자 지명 기한

③ 노동조합의 대표자가 회의의 소집을 고의로 기피하거나 이를 해태하여 조합원 또는 대의원의 3분의 1 이상이 소집권자의 지명을 요구할 때 행정관청의 노동위원회에 대한 의결 요청 기한

④ 합병 또는 분할로 소멸하여 노동조합이 해산한 때 노동조합 대표자가 해산한 날부터 이를 행정관청에게 신고하여야 할 기한

⑤ 단체협약 당사자가 단체협약의 체결일부터 이를 행정관청에게 신고하여야 할 기한

해설 ①만 30일이고, 나머지는 15일이다.

① 행정관청은 노동조합의 결의 또는 처분이 노동관계법령 또는 규약에 위반된다고 인정할 경우에는 노동위원회의 의결을 얻어 그 시정을 명할 수 있다. 다만, 규약위반시의 시정명령은 이해관계인의 신청이 있는 경우에 한한다. 제2항의 규정에 의하여 시정명령을 받은 노동조합은 30일 이내에 이를 이행하여야 한다. 다만, 정당한 사유가 있는 경우에는 그 기간을 연장할 수 있다(노동조합 및 노동관계조정법 제21조 제2항 및 제3항).

② 행정관청은 노동조합에 총회 또는 대의원회의 소집권자가 없는 경우에 조합원 또는 대의원의 3분의 1 이상이 회의에 부의할 사항을 제시하고 소집권자의 지명을 요구한 때에는 15일 이내에 회의의 소집권자를 지명하여야 한다(노동조합 및 노동관계조정법 제18조 제4항).

③ 행정관청은 노동조합의 대표자가 제2항의 규정에 의한 회의의 소집을 고의로 기피하거나 이를 해태하여 조합원 또는 대의원의 3분의 1 이상이 소집권자의 지명을 요구한 때에는 15일 이내에 노동위원회의 의결을 요청하고 노동위원회의 의결이 있는 때에는 지체없이 회의의 소집권자를 지명하여야 한다(노동조합 및 노동관계조정법 제18조 제3항).

④ (노동조합의 해산사유) ① 노동조합은 다음 각호의 1에 해당하는 경우에는 해산한다.

1. 규약에서 정한 해산사유가 발생한 경우
2. 합병 또는 분할로 소멸한 경우
3. 총회 또는 대의원회의 해산결의가 있는 경우
4. 노동조합의 임원이 없고 노동조합으로서의 활동을 1년 이상 하지 아니한 것으로 인정되는 경우로서 행정관청이 노동위원회의 의결을 얻은 경우

② 제1항 제1호 내지 제3호의 사유로 노동조합이 해산한 때에는 그 대표자는 해산한 날부터 15일 이내에 행정관청에게 이를 신고하여야 한다(노동조합 및 노동관계조정법 제28조 제1항 제2호 및 제2항).

⑤ 단체협약의 당사자는 단체협약의 체결일부터 15일 이내에 이를 행정관청에게 신고하여야 한다(노동조합 및 노동관계조정법 제31조 제2항).

 ①

05 노동조합 및 노동관계조정법령에 관한 설명으로 옳지 않은 것은? (다툼이 있으면 판례에 따름)

① 근로자는 단체협약으로 정하거나 사용자의 동의가 있는 경우에는 사용자 또는 노동조합으로부터 급여를 지급받으면서 근로계약 소정의 근로를 제공하지 아니하고 노동조합의 업무에 종사할 수 있다.

② 노동조합의 하부단체인 분회나 지부가 독자적인 규약 및 집행기관을 가지고 독립된 조직체로서 활동을 하는 경우 당해 조직이나 그 조합원에 고유한 사항에 대하여는 독자적으로 단체교섭하고 단체협약을 체결할 수 있다.

③ 근로조건의 결정권이 있는 독립된 사업 또는 사업장에 조직된 노동단체는 지부·분회 등 명칭이 무엇이든 상관없이 노동조합의 설립신고를 할 수 있다.

④ 근로시간면제자에 대한 근로시간 면제 한도를 정하기 위하여 근로시간면제심의위원회를 고용노동부에 둔다.

⑤ 연합단체인 노동조합을 설립하고자 하는 자는 노동조합의 명칭, 주된 사무소의 소재지, 조합원수 등을 기재한 신고서에 규약을 첨부하여 고용노동부장관에게 제출하여야 한다.

해설 ① 노동조합 및 노동관계조정법 제24조 제1항

② 노동조합의 하부단체인 분회나 지부가 독자적인 규약 및 집행기관을 가지고 독립된 조직체로서 활동을 하는 경우 당해 조직이나 그 조합원에 고유한 사항에 대하여는 독자적으로 단체교섭하고 단체협약을 체결할 수 있고, 이는 그 분회나 지부가 시행령 제7조에 따라 그 설립신고를 하였는지 여부에 영향 받지 아니한다(대판 2001. 2. 23. 2000도4299).

③ 노동조합 및 노동관계조정법 시행령 제7조

④ 근로시간면제자에 대한 근로시간 면제 한도를 정하기 위하여 근로시간면제심의위원회를 「경제사회노동위원회법」에 따른 경제사회노동위원회에 둔다(노동조합 및 노동관계조정법 제24조의2 제1항, 개정 2021. 1. 5.). 고용노동부가 아니라 경제사회노동위원회이다.

⑤ 노동조합 및 노동관계조정법 제10조 제1항

정답 ④

06 노동조합 및 노동관계조정법령상 단체교섭 및 단체협약에 관한 설명으로 옳지 않은 것은? (다툼이 있으면 판례에 따름)

① 노동조합은 정당한 이유없이 교섭 또는 단체협약의 체결을 거부하거나 해태하여서는 아니된다.

② 사용자로부터 교섭의 체결에 관한 권한을 위임받은 자는 그 사용자를 위하여 위임받은 범위안에서 그 권한을 행사할 수 있다.

③ 교섭대표노동조합의 대표자는 단체협약 체결 여부에 대해 원칙적으로 소수노동조합이나 그 조합원의 의사에 기속된다고 볼 수 없다.

④ 노동조합은 해당 사업에 단체협약이 2개 이상 있는 경우에는 나중에 이르는 단체협약의 유효기간 만료일 이전 3개월이 되는 날부터 사용자에게 교섭을 요구할 수 있다.

⑤ 국가 및 지방자치단체는 다양한 교섭방식을 노동관계 당사자가 자율적으로 선택할 수 있도록 지원하고 이에 따른 단체교섭이 활성화될 수 있도록 노력하여야 한다.

해설 ① 노동조합 및 노동관계조정법 제30조 제2항

② 노동조합 및 노동관계조정법 제29조 제3항

③ 교섭창구 단일화 제도의 취지나 목적, 노동조합 및 노동관계조정법(이하 '노동조합법'이라 한다) 제29조 제2항의 규정 내용과 취지 등을 고려하면, 교섭대표노동조합의 대표자는 교섭창구 단일화 절차에 참여한 노동조합 및 조합원 전체를 대표하여 독자적인 단체협약체결권을 가지므로, 단체협약 체결 여부에 대해 원칙적으로 소수노동조합이나 그 조합원의 의사에 기속된다고 볼 수 없다(대판 2020. 10. 29. 2019다262582).

④ 노동조합은 해당 사업 또는 사업장에 단체협약이 있는 경우에는 법 제29조제1항 또는 제29조의2제1항에 따라 그 유효기간 만료일 이전 3개월이 되는 날부터 사용자에게 교섭을 요구할 수 있다. 다만, 단체협약이 2개 이상 있는 경우에는 먼저 이르는 단체협약의 유효기간 만료일 이전 3개월이 되는 날부터 사용자에게 교섭을 요구할 수 있

다(노동조합 및 노동관계조정법 시행령 제14조의2 제1항).
⑤ 노동조합 및 노동관계조정법 제30조 제3항

 ④

07 노동조합 및 노동관계조정법령상 교섭창구 단일화 절차 등에 관한 설명으로 옳지 않은 것은?

① 하나의 사업장에서 조직형태에 관계없이 근로자가 설립하거나 가입한 노동조합이 2개 이상인 경우 노동조합은 교섭대표노동조합을 정하여 교섭을 요구하여야 한다.
② 교섭대표노동조합을 자율적으로 결정하는 기한 내에 사용자가 교섭창구 단일화 절차를 거치지 아니하기로 동의한 경우에는 사용자는 교섭을 요구한 모든 노동조합과 성실히 교섭하여야 한다.
③ 교섭대표노동조합을 자율적으로 결정하는 기한까지 교섭대표노동조합을 정하지 못하고 사용자의 동의를 얻지 못한 경우에는 교섭창구 단일화 절차에 참여한 노동조합의 종사근로자가 아닌 조합원을 포함한 전체 조합원 과반수로 조직된 노동조합이 교섭대표노동조합이 된다.
④ 공동교섭대표단의 구성에 합의하지 못할 경우에 노동위원회는 해당 노동조합의 신청에 따라 조합원 비율을 고려하여 이를 결정할 수 있다.
⑤ 사용자에게 공동교섭대표단의 통지가 있은 이후에는 그 공동교섭대표단 결정 절차에 참여한 노동조합 중 일부 노동조합이 그 이후의 절차에 참여하지 않더라도 교섭대표 노동조합의 지위는 유지된다.

해설 ① 노동조합 및 노동관계조정법 제29조의2 제1항 본문
② 노동조합 및 노동관계조정법 제29조의2 제1항 단서 및 제2항
③ (4항) 제3항에 따른 기한까지 교섭대표노동조합을 정하지 못하고 제1항 단서에 따른 사용자의 동의를 얻지 못한 경우에는 교섭창구 단일화 절차에 참여한 노동조합의 전체 조합원 과반수로 조직된 노동조합(2개 이상의 노동조합이 위임 또는 연합 등의 방법으로 교섭창구 단일화 절차에 참여한 노동조합 전체 조합원의 과반수가 되는 경우를 포함한다)이 교섭대표노동조합이 된다. (10항) 제4항부터 제7항까지 및 제9항의 조합원 수 산정은 종사근로자인 조합원을 기준으로 한다(노동조합 및 노동관계조정법 제29조의2 제4항 및 제10항).
④ 노동조합 및 노동관계조정법 제29조의2 제6항
⑤ 노동조합 및 노동관계조정법 시행령 제14조의8 제2항

 ③

08 노동조합 및 노동관계조정법령상 교섭단위 결정 등에 관한 설명으로 옳은 것은?

① 노동조합 또는 사용자는 사용자가 교섭요구 사실을 공고하기 전에는 노동위원회에 교섭단위를 분리하는 결정을 신청할 수 없다.
② 노동조합 또는 사용자는 분리된 교섭단위를 통합하여 교섭하려는 경우에는 노동위원회에 분리된 교섭단위를 통합하는 결정을 신청할 수 없다.
③ 노동위원회는 노동관계 당사자의 어느 한쪽이 신청한 경우에는 교섭단위를 분리하는 결정을 할 수 없다.
④ 노동위원회는 교섭단위를 분리하는 결정을 하고 해당 사업 또는 사업장의 모든 노동조합과 사용자에게 통지해야 한다.
⑤ 교섭단위 분리신청에 대한 노동위원회의 결정이 있기 전에 교섭 요구가 있는 때에는 교섭단위 분리 결정과 관계없이 교섭요구 사실의 공고 등 교섭창구단일화절차는 진행된다.

해설 ①, ② 노동조합 또는 사용자는 법 제29조의3제2항에 따라 교섭단위를 분리하거나 분리된 교섭단위를 통합하여 교섭하려는 경우에는 다음 각 호에 해당하는 기간에 노동위원회에 교섭단위를 분리하거나 분리된 교섭단위를 통합하는 결정을 신청할 수 있다(노동조합 및 노동관계조정법 시행령 제14조의11 제1항).

1. 제14조의3에 따라 사용자가 교섭요구 사실을 공고하기 전
2. 제14조의3에 따라 사용자가 교섭요구 사실을 공고한 경우에는 법 제29조의2에 따른 교섭대표노동조합이 결정된 날 이후

③ 하나의 사업 또는 사업장에서 현격한 근로조건의 차이, 고용형태, 교섭 관행 등을 고려하여 교섭단위를 분리하거나 분리된 교섭단위를 통합할 필요가 있다고 인정되는 경우에 노동위원회는 노동관계 당사자의 양쪽 또는 어느 한쪽의 신청을 받아 교섭단위를 분리하거나 분리된 교섭단위를 통합하는 결정을 할 수 있다(노동조합 및 노동관계조정법 제29조의3 제2항).
④ 노동조합 및 노동관계조정법 시행령 제14조의11 제3항
⑤ 교섭단위 분리신청에 대한 노동위원회의 결정이 있기 전에 교섭 요구가 있는 때에는 교섭단위를 분리하거나 분리된 교섭단위를 통합하는 결정이 있을 때까지 제14조의3에 따른 교섭요구 사실의 공고 등 교섭창구단일화절차의 진행은 정지된다.(노동조합 및 노동관계조정법 시행령 제14조의11 제5항).

정답 ④

노동법(2)

09 노동조합 및 노동관계조정법령상 단체협약에 관한 설명으로 옳지 않은 것은?

① 행정관청은 단체협약중 위법한 내용이 있는 경우에는 노동위원회의 의결을 얻어 그 시정을 명할 수 있다.
② 하나의 사업장에 상시 사용되는 동종의 근로자 반수 이상이 하나의 단체협약의 적용을 받게 된 때에는 행정관청은 직권으로 다른 동종의 근로자에 대하여도 당해 단체협약을 적용한다는 결정을 하여야 한다.
③ 단체협약에 그 유효기간을 정하지 아니한 경우 그 유효기간은 3년으로 한다.
④ 단체협약의 신고는 당사자 쌍방이 연명으로 해야 한다.
⑤ 단체협약의 이행방법에 관하여 노동위원회가 제시한 이행방법에 관한 견해는 중재재정과 동일한 효력을 가진다.

해설 ① 노동조합 및 노동관계조정법 제31조 제3항
② 하나의 사업 또는 사업장에 상시 사용되는 동종의 근로자 반수 이상이 하나의 단체협약의 적용을 받게 된 때에는 당해 사업 또는 사업장에 사용되는 다른 동종의 근로자에 대하여도 당해 단체협약이 적용된다(노동조합 및 노동관계조정법 제35조). 노조법 제35조의 일반적 구속력의 경우에는 행정관청의 결정 절차가 필요치 않다.
③ 노동조합 및 노동관계조정법 제32조 제2항
④ 노동조합 및 노동관계조정법 시행령 제15조
⑤ 노동조합 및 노동관계조정법 제34조 제3항

정답 ②

10 노동조합 및 노동관계조정법령상 단체교섭 및 단체협약에 관한 설명이다. ( )에 들어갈 내용으로 옳은 것은?

> ○ 교섭창구 단일화 절차에 따라 결정된 교섭대표노동조합은 그 결정이 있은 후 사용자와 체결한 첫 번째 단체협약의 효력이 발생한 날을 기준으로 (ㄱ)년이 되는 날까지 그 교섭대표노동조합의 지위를 유지한다.
> ○ 단체협약에 그 유효기간이 경과한 후에도 새로운 단체협약이 체결되지 아니한 때에는 새로운 단체협약이 체결될 때까지 종전 단체협약의 효력을 존속시킨다는 취지의 별도의 약정이 있는 경우에는 그에 따르되, 당사자 일방은 해지하고자 하는 날의 (ㄴ)월전까지 상대방에게 통고함으로써 종전의 단체협약을 해지할 수 있다.

① ㄱ: 2, ㄴ: 2 ② ㄱ: 2, ㄴ: 3 ③ ㄱ: 2, ㄴ: 6
④ ㄱ: 3, ㄴ: 3 ⑤ ㄱ: 3, ㄴ: 6

해설 ㄱ. 법 제29조의2제3항부터 제6항까지의 규정에 따라 결정된 교섭대표노동조합은 그 결정이 있은 후 사용자와 체결한 첫 번째 단체협약의 효력이 발생한 날을 기준으로 2년이 되는 날까지 그 교섭대표노동조합의 지위를 유지하되, 새로운 교섭대표노동조합이 결정된 경우에는 그 결정된 때까지 교섭대표노동조합의 지위를 유지한다(노동조합 및 노동관계조정법 시행령 제14조의10 제1항, 개정 2021. 6. 29).
ㄴ. 단체협약의 유효기간이 만료되는 때를 전후하여 당사자 쌍방이 새로운 단체협약을 체결하고자 단체교섭을 계속하였음에도 불구하고 새로운 단체협약이 체결되지 아니한 경우에는 별도의 약정이 있는 경우를 제외하고는 종전의 단체협약은 그 효력만료일부터 3월까지 계속 효력을 갖는다. 다만, 단체협약에 그 유효기간이 경과한 후에도 새로운 단체협약이 체결되지 아니한 때에는 새로운 단체협약이 체결될 때까지 종전 단체협약의 효력을 존속시킨다는 취지의 별도의 약정이 있는 경우에는 그에 따르되, 당사자 일방은 해지하고자 하는 날의 6월전까지 상대방에게 통고함으로써 종전의 단체협약을 해지할 수 있다(노동조합 및 노동관계조정법 제32조 제3항 단서).

정답 ③

11 노동조합 및 노동관계조정법상 단체협약에 관한 설명으로 옳지 않은 것은? (다툼이 있으면 판례에 따름)

① 노동조합은 신의에 따라 성실히 교섭하고 단체협약을 체결하여야 하며 그 권한을 남용하여서는 아니된다.
② 단체협약에 정한 근로조건 기타 근로자의 대우에 관한 기준에 위반하는 취업규칙 또는 근로계약의 부분은 무효로 한다.
③ 단체협약의 당사자인 노동조합은 단체협약의 유효기간 중에 단체협약에서 정한 근로조건 등에 관한 내용의 변경이나 폐지를 요구하는 쟁의행위를 행하지 않을 평화의무를 지고 있다.
④ 사용자가 인사처분을 할 때 노동조합의 사전 동의나 승낙을 얻어 인사처분을 하도록 단체협약 등에 규정된 경우 그 절차를 거치지 아니한 인사처분은 원칙적으로 무효로 보아야 한다.
⑤ 노동조합은 근로조건의 향상을 목적으로 하므로 사용자와 사이에 근로조건을 불리하게 변경하는 내용의 단체협약을 체결할 수 없다.

해설 ① 노동조합 및 노동관계조정법 제30조 제1항
② 노동조합 및 노동관계조정법 제33조 제1항
③ 노동조합의 위원장이 조합원들의 의사를 제대로 반영하지 아니하여 단체협약이 만족스럽지 못하게 체결됨에 따라 조합원들이 단체협약의 무효화를 위한 투쟁의 일환으로 비상대책위원회를 구성하여 그 비상대책위원회가 위와 같은 파업농성을 주도하게 된 것이라고 하더라도, 단체협약의 당사자인 노동조합은 단체협약의 유효기간 중에 단체협약에서 정한 근로조건 등에 관한 내용의 변경이나 폐지를 요구하는 쟁의행위를 행하지 아니하여야 함은 물론, 조합원들에 대하여도 통제력을 행사하여 그와 같은 쟁의행위를 행하지 못하게 방지하여야 할 이른바 평화의무를 지고 있다고 할 것인바, 이와 같은 평화의무가 노사관계의 안정과 단체협약의 질서 형성적 기능을 담보하는 것인 점에 비추어 보면, 단체협약이 새로 체결된 직후부터 뚜렷한 무효사유를 내세우지도 아니한 채 단체협약의 전면무효화를 주장하면서 평화의무에 위반되는 쟁의행위를 행하는 것은 이미 노동조합활동으로서의 정당성을 결여한 것이라고 하지 아니할 수 없다(대판 1992. 9. 1. 92누7733).
④ 사용자가 인사처분을 할 때 노동조합의 사전 동의나 승낙을 얻어야 한다거나 노동조합과 인사처분에 관한 논의를 하여 의견 합치를 보아 인사처분을 하도록 단체협약 등에 규정된 경우 그 절차를 거치지 아니한 인사처분은 원칙적으로 무효로 보아야 한다. 다만, 노동조합이 사전합의권을 남용하거나 스스로 사전합의권 행사를 포기하였다고 인정되는 경우에는 사용자가 이러한 합의 없이 한 인사처분도 유효하다고 보아야 한다(대판 2012. 6. 28. 2010다38007).
⑤ 협약자치의 원칙상 노동조합은 사용자와 사이에 근로조건을 유리하게 변경하는 내용의 단체협약뿐만 아니라 근로조건을 불리하게 변경하는 내용의 단체협약을 체결할 수 있으므로, 근로조건을 불리하게 변경하는 내용의 단체협약이 현저히 합리성을 결하여 노동조합의 목적을 벗어난 것으로 볼 수 있는 경우와 같은 특별한 사정이 없는 한 그러한 노사간의 합의를 무효라고 볼 수는 없고, 노동조합으로서는 그러한 합의를 위하여 사전에 근로자들로부터 개별적인 동의나 수권을 받을 필요가 없으며, 단체협약이 현저히 합리성을 결하였는지 여부는 단체협약의 내용과 그 체결 경위, 당시 사용자측의 경영상태 등 여러 사정에 비추어 판단해야 한다(대판 2000. 9. 29. 99다67536).

정답 ⑤

노동법 (2)

12 노동조합 및 노동관계조정법상 노동위원회가 행하는 노동쟁의의 조정 등에 관한 설명으로 옳지 않은 것은?

① 노동위원회는 관계 당사자의 일방이 노동쟁의의 조정을 신청한 때에는 지체없이 조정을 개시하여야 한다.
② 조정은 조정의 신청이 있은 날부터 일반사업에 있어서는 10일, 공익사업에 있어서는 15일 이내에 종료하여야 한다.
③ 노동위원회는 조정신청 전에는 교섭을 주선하는 등 관계 당사자의 자주적인 분쟁해결을 지원할 수 없다.
④ 노동위원회는 관계 당사자 쌍방의 신청 또는 동의를 얻은 경우에는 조정위원회에 갈음하여 단독조정인에게 조정을 행하게 할 수 있다.
⑤ 조정서의 내용을 준수하지 아니한 자는 벌칙에 처한다.

해설 ① 노동조합 및 노동관계조정법 제53조 제1항
② 노동조합 및 노동관계조정법 제54조 제1항
③ 노동위원회는 제1항의 규정에 따른 조정신청 전이라도 원활한 조정을 위하여 교섭을 주선하는 등 관계 당사자의 자주적인 분쟁 해결을 지원할 수 있다(노동조합 및 노동관계조정법 제53조 제2항).
④ 노동조합 및 노동관계조정법 제57조 제1항
⑤ 1천만원 이하의 벌금에 처한다(노동조합 및 노동관계조정법 제92조 제3호).

정답 ③

13 노동조합 및 노동관계조정법상 노동위원회가 행하는 노동쟁의의 중재에 관한 설명으로 옳은 것은?

① 노동쟁의가 중재에 회부된 때에는 그 날부터 20일간은 쟁의행위를 할 수 없다.
② 관계 당사자의 일방이 단체협약에 의하여 중재를 신청한 때에도 노동위원회는 중재를 행한다.
③ 중재는 조정을 거치지 않으면 신청할 수 없다.
④ 관계 당사자는 지방노동위원회의 중재재정이 월권에 의한 것이라고 인정하는 경우에는 중앙노동위원회에 재심을 신청할 수 없다.
⑤ 중재재정의 내용은 관계 당사자의 동의를 받아야 단체협약과 동일한 효력을 가진다.

해설 ① 노동쟁의가 중재에 회부된 때에는 그 날부터 15일간은 쟁의행위를 할 수 없다(노동조합 및 노동관계조정법 제63조).
② 노동위원회는 다음 각 호의 어느 하나에 해당하는 때에는 중재를 행한다(노동조합 및 노동관계조정법 제62조).
1. 관계 당사자의 쌍방이 함께 중재를 신청한 때
2. 관계 당사자의 일방이 단체협약에 의하여 중재를 신청한 때
③ 중재는 조정절차를 거치지 않아도 신청할 수 있다.
④ 관계 당사자는 지방노동위원회 또는 특별노동위원회의 중재재정이 위법이거나 월권에 의한 것이라고 인정하는 경우에는 그 중재재정서의 송달을 받은 날부터 10일 이내에 중앙노동위원회에 그 재심을 신청할 수 있다(노동조합 및 노동관계조정법 제69조 제1항).
⑤ 중재재정의 내용은 단체협약과 동일한 효력을 가진다(노동조합 및 노동관계조정법 제70조 제1항). 관계 당사자의 동의와 관계없이 단체협약과 동일한 효력을 가진다.

정답 ②

14 노동조합 및 노동관계조정법상 필수공익사업에 해당하는 것을 모두 고른 것은?

ㄱ. 공중위생사업	ㄴ. 통신사업	ㄷ. 방송사업	ㄹ. 한국은행사업	ㅁ. 조폐사업	ㅂ. 병원사업

① ㄱ, ㄹ, ㅂ ② ㄴ, ㄷ, ㅁ ③ ㄴ, ㄹ, ㅂ ④ ㄷ, ㄹ, ㅁ ⑤ ㄷ, ㅁ, ㅂ

해설 이 법에서 '공익사업'이라 함은 공중의 일상생활과 밀접한 관련이 있거나 국민경제에 미치는 영향이 큰 사업으로서 다음 각호의 사업을 말한다.
1. 정기노선 여객운수사업 및 항공운수사업
2. 수도사업, 전기사업, 가스사업, 석유정제사업 및 석유공급사업
3. 공중위생사업, 의료사업 및 혈액공급사업
4. 은행 및 조폐사업
5. 방송 및 통신사업
② 이 법에서 '필수공익사업'이라 함은 제1항의 공익사업으로서 그 업무의 정지 또는 폐지가 공중의 일상생활을 현저히 위태롭게 하거나 국민경제를 현저히 저해하고 그 업무의 대체가 용이하지 아니한 다음 각호의 사업을 말한다.
1. 철도사업, 도시철도사업 및 항공운수사업
2. 수도사업, 전기사업, 가스사업, 석유정제사업 및 석유공급사업
3. 병원사업 및 혈액공급사업
4. 한국은행사업
5. 통신사업

정답 ③

15 노동조합 및 노동관계조정법상 사용자의 직장폐쇄에 관한 설명으로 옳지 않은 것은?(다툼이 있으면 판례에 따름)

① 사용자의 직장폐쇄가 정당한 쟁의행위로 평가받는 경우에는 사업장 내의 노조사무실 등 정상적인 노조활동에 필요한 시설이라 하더라도 조합원의 출입은 허용되지 않는다.

② 직장폐쇄의 개시 자체는 정당하더라도 근로자가 쟁의행위를 중단하고 진정으로 업무에 복귀할 의사를 표시하였음에도 사용자가 직장폐쇄를 계속 유지하면서 공격적 직장폐쇄의 성격으로 변질된 경우에는 그 이후의 직장폐쇄는 정당성을 상실하게 된다.

③ 사용자의 직장폐쇄는 근로자측의 쟁의행위에 대한 대항·방위 수단으로서 상당성이 인정되는 경우에 한하여 정당한 쟁의행위로 평가받을 수 있다.

④ 사용자의 직장폐쇄가 정당한 쟁의행위로 인정되지 아니하는 때에는 적법한 쟁의행위로서 사업장을 점거 중인 근로자들이 사용자로부터 퇴거 요구를 받고 이에 불응한 채 직장점거를 계속하더라도 퇴거불응죄가 성립하지 아니한다.

⑤ 사용자의 직장폐쇄가 정당한 쟁의행위로 평가받을 때 비로소 사용자는 직장폐쇄 기간 동안의 대상 근로자에 대한 임금지불의무를 면한다.

노동법 (2)

해설 ① 사용자의 직장폐쇄가 정당한 쟁의행위로 평가받는 경우에도 사업장 내의 노조사무실 등 정상적인 노조활동에 필요한 시설, 기숙사 등 기본적인 생활근거지에 대한 출입은 허용되어야 하고, 다만 쟁의 및 직장폐쇄와 그 후의 상황전개에 비추어 노조가 노조사무실 자체를 쟁의장소로 활용하는 등 노조사무실을 쟁의행위와 무관한 정상적인 노조활동의 장소로 활용할 의사나 필요성이 없음이 객관적으로 인정되거나, 노조사무실과 생산시설이 장소적·구조적으로 분리될 수 없는 관계에 있어 일방의 출입 혹은 이용이 타방의 출입 혹은 이용을 직접적으로 수반하게 되는 경우로서 생산시설에 대한 노조의 접근 및 점거가능성이 합리적으로 예상되고, 사용자가 노조의 생산시설에 대한 접근, 점거 등의 우려에서 노조사무실 대체장소를 제공하고 그것이 원래 장소에서의 정상적인 노조활동과 견주어 합리적 대안으로 인정된다면, 합리적인 범위 내에서 노조사무실의 출입을 제한할 수 있다(대판 2010. 6. 10. 2009도12180).

② 대판 2018. 3. 29. 2014다30858
③ 대판 2000. 5. 26. 98다34331
④ 대판 2002. 9. 24. 2002도2243
⑤ 대판 2010. 1 .28. 2007다76566

정답 ①

16 노동조합 및 노동관계조정법령상 노동조합이 쟁의행위를 하고자 할 경우에 행정관청과 관할노동위원회에 신고하여야 할 사항이 아닌 것은?

① 쟁의행위의 목적 ② 쟁의행위의 일시 ③ 쟁의행위의 장소
④ 쟁의행위의 참가인원 ⑤ 쟁의행위의 방법

해설 노동조합은 쟁의행위를 하고자 할 경우에는 고용노동부령이 정하는 바에 따라 행정관청과 관할노동위원회에 쟁의행위의 일시·장소·참가인원 및 그 방법을 미리 서면으로 신고하여야 한다.

정답 ①

17 노동조합 및 노동관계조정법상 쟁의행위에 관한 설명으로 옳은 것은?

① 근로자는 쟁의행위 기간중에는 어떠한 경우라도 노동조합 및 노동관계조정법 위반을 이유로 구속되지 아니한다.

② 노동조합의 쟁의행위는 직접·비밀·무기명투표에 의한 종사근로자인 조합원 과반수의 찬성으로 결정하지 아니하면 이를 행할 수 없다.

③ 노동조합은 쟁의행위의 본질상 사용자의 점유를 배제하여 조업을 방해하는 형태로 쟁의행위를 할 수 있다.

④ 노동조합은 쟁의행위 기간에 대한 임금의 지급을 요구하여 이를 관철할 목적으로 쟁의행위를 할 수 있다.

⑤ 필수공익사업의 사용자는 쟁의행위 기간중 그 쟁의행위로 중단된 업무의 수행을 위하여 당해 사업과 관계없는 자를 채용 또는 대체할 수 없다.

해설 ① 근로자는 쟁의행위 기간중에는 현행범외에는 이 법 위반을 이유로 구속되지 아니한다(노동조합 및 노동관계조정법 제39조). 현행범은 이 법 위반을 이유로 구속이 가능하다.
② 노동조합 및 노동관계조정법 제41조 제1항
③ 노동조합은 사용자의 점유를 배제하여 조업을 방해하는 형태로 쟁의행위를 해서는 아니 된다(노동조합 및 노동관계조정법 제37조 제3항, 신설 2021. 1. 5.).
④ 노동조합은 쟁의행위 기간에 대한 임금의 지급을 요구하여 이를 관철할 목적으로 쟁의행위를 하여서는 아니된다(노동조합 및 노동관계조정법 제44조 제2항).
⑤ 필수공익사업의 사용자는 당해 사업 또는 사업장 파업참가자의 100분의 50을 초과하지 않는 범위 안에서 채용 또는 대체하거나 도급 또는 하도급 줄 수 있다(노동조합 및 노동관계조정법 제43조 제4항).

정답 ②

18 노동조합 및 노동관계조정법상 쟁의행위에 관한 설명으로 옳지 않은 것은? (다툼이 있으면 판례에 따름)

① 근로자의 쟁의행위가 정당한 것으로 인정받기 위해서는 그 목적이 근로조건의 향상을 위한 노사간의 자치적 교섭을 조성하는 데에 있어야 한다.

② 노동조합 및 노동관계조정법상 적법한 절차를 거친 후 이루어진 쟁의행위에 대하여 쟁의발생 신고절차의 미준수만을 이유로 그 정당성을 부정할 수는 없다.

③ 쟁의행위 수단으로서 피케팅은 파업에 가담하지 않고 조업을 계속하려는 자에 대하여 평화적 설득, 구두와 문서에 의한 언어적 설득의 범위 내에서 정당성이 인정되는 것이 원칙이다.

④ 쟁의행위가 조정전치의 규정에 따른 절차를 거치지 않았더라도 무조건 정당성을 결여한 쟁의행위가 되는 것은 아니다.

⑤ 노동조합이 사용자가 수용할 수 없는 과다한 요구를 하였다면 그 쟁의행위의 목적의 정당성은 부정된다.

해설 ① 대판 1994. 9. 30. 94다4042
② 대판 2007. 12. 28. 2007도5204
③ 대판 1990. 10. 12. 90도1431
④ 조정전치에 관한 규정의 취지는 분쟁을 사전에 조정하여 쟁의행위 발생을 회피하는 기회를 주려는 데에 있는 것이지 쟁위행위 자체를 금지하려는 것이 아니므로, 쟁의행위가 조정전치의 규정에 따른 절차를 거치지 않았더라

도 무조건 정당성을 결여한 쟁의행위가 되는 것은 아니다(대판 2000. 10. 13. 99도4812).
⑤ 노동조합이 회사로서는 수용할 수 없는 요구를 하고 있었다고 하더라도 이는 단체교섭의 단계에서 조정할 문제이지 노동조합측으로부터 과다한 요구가 있었다고 하여 막바로 그 쟁의행위의 목적이 부당한 것이라고 해석할 수는 없다(대판 1992. 1. 21. 91누5204).

 ⑤

19 노동조합 및 노동관계조정법상 부당노동행위에 관한 설명으로 옳지 않은 것은?

① 근로시간 면제한도를 초과하여 사용자가 급여를 지급하더라도 부당노동행위가 성립하지 않는다.
② 사용자가 근로자의 후생자금을 위해 기금을 기부하는 경우에 부당노동행위가 성립하지 않는다.
③ 노동조합이 해당 사업장에 종사하는 근로자의 3분의 2 이상을 대표하고 있을 때에 근로자가 그 노동조합의 조합원이 될 것을 고용조건으로 하는 단체협약의 체결은 부당노동행위에 해당하지 않는다.
④ 사용자가 최소한의 규모의 노동조합 사무소를 제공하는 경우 부당노동행위가 성립하지 않는다.
⑤ 사용자가 노동조합으로부터 위임을 받은 자와의 단체협약체결 기타의 단체교섭을 정당한 이유없이 거부하거나 해태하는 경우 부당노동행위가 성립할 수 있다.

해설 ① 근로자가 노동조합을 조직 또는 운영하는 것을 지배하거나 이에 개입하는 행위와 근로시간 면제한도를 초과하여 급여를 지급하거나 노동조합의 운영비를 원조하는 행위. 다만, 근로자가 근로시간 중에 제24조제2항에 따른 활동을 하는 것을 사용자가 허용함은 무방하며, 또한 근로자의 후생자금 또는 경제상의 불행 그 밖에 재해의 방지와 구제 등을 위한 기금의 기부와 최소한의 규모의 노동조합사무소의 제공 및 그 밖에 이에 준하여 노동조합의 자주적인 운영 또는 활동을 침해할 위험이 없는 범위에서의 운영비 원조행위는 예외로 한다(노동조합 및 노동관계조정법 제81조 제1항 제4호). 근로시간 면제한도를 초과하여 급여를 지급하는 행위는 부당노동행위이다.
②, ④ 운영비 원조의 예외로서 허용된다(노동조합 및 노동관계조정법 제81조 제1항 제4호 단서).
③ 유니언 숍 협정은 반조합계약에 대한 예외로서 허용된다(노동조합 및 노동관계조정법 제81조 제1항 제2호 단서).
⑤ 정당한 이유 없는 단체교섭의 거부 해태는 부당노동행위가 된다(노동조합 및 노동관계조정법 제81조 제1항 제3호).

 ①

20 노동조합 및 노동관계조정법 제81조(부당노동행위)제1항제4호단서에 따른 "노동조합의 자주적인 운영 또는 활동을 침해할 위험" 여부를 판단할 때 고려하여야 하는 사항이 아닌 것은?

① 원조된 운영비의 관리방법 및 사용처
② 원조된 운영비가 노동조합의 총지출에서 차지하는 비율
③ 원조된 운영비 금액과 원조방법
④ 원조된 운영비 횟수와 기간
⑤ 운영비 원조의 목적과 경위

해설 '노동조합의 자주적 운영 또는 활동을 침해할 위험' 여부를 판단할 때에는 다음 각 호의 사항을 고려하여야 한다(노동조합 및 노동관계조정법 제81조 제2항, 신설 2020. 6. 9.).
1. 운영비 원조의 목적과 경위

2. 원조된 운영비 횟수와 기간
3. 원조된 운영비 금액과 원조방법
4. 원조된 운영비가 노동조합의 총수입에서 차지하는 비율
5. 원조된 운영비의 관리방법 및 사용처 등

정답 ②

21 노동조합 및 노동관계조정법상 부당노동행위 구제에 관한 설명으로 옳은 것은?

① 사용자의 부당노동행위로 인하여 그 권리를 침해당한 근로자는 노동위원회에 그 구제를 신청할 수 없다.
② 노동위원회가 관계 당사자의 심문을 할 때에는 관계당사자의 신청 없이는 증인을 출석하게 하여 필요한 사항을 질문할 수 없다.
③ 부당노동행위 구제의 신청은 계속하는 부당노동행위의 경우 그 종료일부터 3월 이내에 행하여야 한다.
④ 지방노동위원회의 기각결정에 불복이 있는 관계 당사자는 그 결정이 있은 날부터 10일 이내에 중앙노동위원회에 그 재심을 신청할 수 있다.
⑤ 중앙노동위원회의 재심판정은 행정소송의 제기에 의하여 그 효력이 정지된다.

해설 ① 사용자의 부당노동행위로 인하여 그 권리를 침해당한 근로자 또는 노동조합은 노동위원회에 그 구제를 신청할 수 있다(노동조합 및 노동관계조정법 제82조 제1항).
② 노동위원회는 제1항의 규정에 의한 심문을 할 때에는 관계 당사자의 신청에 의하거나 그 직권으로 증인을 출석하게 하여 필요한 사항을 질문할 수 있다.(노동조합 및 노동관계조정법 제83조 제2항).
③ 제1항의 규정에 의한 구제의 신청은 부당노동행위가 있은 날(계속하는 행위는 그 종료일)부터 3월 이내에 이를 행하여야 한다(노동조합 및 노동관계조정법 제82조 제2항). 맞는 지문이다.
④ 지방노동위원회 또는 특별노동위원회의 구제명령 또는 기각결정에 불복이 있는 관계 당사자는 그 명령서 또는 결정서의 송달을 받은 날부터 10일 이내에 중앙노동위원회에 그 재심을 신청할 수 있다(노동조합 및 노동관계조정법 제85조 제1항).
⑤ 노동위원회의 구제명령·기각결정 또는 재심판정은 제85조의 규정에 의한 중앙노동위원회에의 재심신청이나 행정소송의 제기에 의하여 그 효력이 정지되지 아니한다(노동조합 및 노동관계조정법 제86조).

정답 ③

22 노동위원회법상 노동위원회에 관한 설명으로 옳지 않은 것은?

① 공익위원은 해당 노동위원회 위원장, 노동조합 및 사용자단체가 각각 추천한 사람 중에서 노동조합과 사용자단체가 순차적으로 배제하고 남은 사람을 위촉대상 공익위원으로 한다.
② 관계 당사자 양쪽이 모두 단독심판을 신청하거나 단독심판으로 처리하는 것에 동의한 경우 단독심판으로 사건을 처리할 수 있다.
③ 노동위원회 위원의 임기는 3년으로 하되, 연임할 수 없다.
④ 중앙노동위원회의 처분에 대한 소송은 중앙노동위원회 위원장을 피고(被告)로 하여 제기하여야 한다.
⑤ 노동위원회법에 따라 작성된 화해조서는 「민사소송법」에 따른 재판상 화해의 효력을 갖는다.

해설 ① 공익위원은 해당 노동위원회 위원장, 노동조합 및 사용자단체가 각각 추천한 사람 중에서 노동조합과 사용자단체가 순차적으로 배제하고 남은 사람을 위촉대상 공익위원으로 하고, 그 위촉대상 공익위원 중에서 다음 각 호의 구분에 따라 위촉한다(노동위원회법 제6조 제4항).
1. 중앙노동위원회 공익위원: 고용노동부장관의 제청으로 대통령이 위촉
2. 지방노동위원회 공익위원: 지방노동위원회 위원장의 제청으로 중앙노동위원회 위원장이 위촉
② 위원장은 다음 각 호의 어느 하나에 해당하는 경우에 심판담당 공익위원 또는 차별시정담당 공익위원 중 1명을 지명하여 사건을 처리하게 할 수 있다(노동위원회법 제15조의2).
1. 신청기간을 넘기는 등 신청 요건을 명백하게 갖추지 못한 경우
2. 관계 당사자 양쪽이 모두 단독심판을 신청하거나 단독심판으로 처리하는 것에 동의한 경우
③ 노동위원회 위원의 임기는 3년으로 하되, 연임할 수 있다(노동위원회법 제7조 제1항).
④ 중앙노동위원회의 처분에 대한 소송은 중앙노동위원회 위원장을 피고로 하여 처분의 송달을 받은 날부터 15일 이내에 제기하여야 한다(노동위원회법 제27조 제1항).
⑤ 제3항 및 제4항에 따라 작성된 화해조서는 「민사소송법」에 따른 재판상 화해의 효력을 갖는다(노동위원회법 제16조의3 제5항).

정답 ③

23 공무원의 노동조합 설립 및 운영 등에 관한 법률에 관한 설명으로 옳지 않은 것은?

① 정부교섭대표는 다른 정부교섭대표와 공동으로 교섭할 수 있지만, 다른 정부교섭대표에게 교섭 및 단체협약 체결 권한을 위임할 수 없다.
② 전임자에 대하여는 그 기간 중 「국가공무원법」 제71조 또는 「지방공무원법」 제63조에 따라 휴직명령을 하여야 한다.
③ 정부교섭대표는 법령 등에 따라 스스로 관리하거나 결정할 수 있는 권한을 가진 사항에 대하여 노동조합이 교섭을 요구할 때에는 정당한 사유가 없으면 그 요구에 따라야 한다.
④ 단체교섭이 결렬된 경우 이를 조정·중재하기 위하여 중앙노동위원회에 공무원 노동관계 조정위원회를 둔다.
⑤ 정부교섭대표는 단체협약으로서의 효력을 가지지 아니하는 내용에 대하여는 그 내용이 이행될 수 있도록 성실하게 노력하여야 한다.

해설 ① 정부교섭대표는 효율적인 교섭을 위하여 필요한 경우 다른 정부교섭대표와 공동으로 교섭하거나, 다른 정부교섭대표에게 교섭 및 단체협약 체결 권한을 위임할 수 있다(공무원의 노동조합 설립 및 운영에 관한 법률 제8조 제3항).
② 공무원의 노동조합 설립 및 운영에 관한 법률 제7조 제2항
③ 공무원의 노동조합 설립 및 운영에 관한 법률 제8조 제2항
④ 공무원의 노동조합 설립 및 운영에 관한 법률 제14조 제1항
⑤ 공무원의 노동조합 설립 및 운영에 관한 법률 제10조 제2항

정답 ①

24 교원의 노동조합 설립 및 운영 등에 관한 법률에 관한 설명으로 옳은 것은?

① 초·중등교육법에 따른 교원은 개별학교 단위로 노동조합을 설립할 수 있다.
② 교원으로 임용되어 근무하였던 사람은 규약에 정함이 있더라도 노동조합에 가입할 수 없다.
③ 노동조합과 그 조합원은 파업, 태업 또는 그 밖에 업무의 정상적인 운영을 방해하는 쟁의행위를 할 수 있다.
④ 단체교섭을 하거나 단체협약을 체결하는 경우에 관계 당사자는 국민여론과 학부모의 의견을 수렴하여 성실하게 교섭하고 단체협약을 체결하여야 한다.
⑤ 교원은 임용권자의 허가가 있는 경우에는 노동조합의 업무에만 종사할 수 있으며 그 교원은 전임기간 중 봉급을 받는다.

해설 ① 유아교육법, 초·중등교육법 따른 교원은 특별시·광역시·특별자치시·도·특별자치도(이하 '시·도'라 한다) 단위 또는 전국 단위로만 노동조합을 설립할 수 있다. 고등교육법에 따른 교원은 개별학교 단위, 시·도 단위 또는 전국 단위로 노동조합을 설립할 수 있다(교원의 노동조합 설립 및 운영에 관한 법률 제4조 제1항 및 제2항).
초,중등교육법 따른 교원은 개별학교 단위로 설립할 수 없고 시도단위 또는 전국단위로만 노동조합을 설립할 수 있다.
② 노동조합에 가입할 수 있는 사람의 범위는 다음 각 호와 같다(교원의 노동조합 설립 및 운영에 관한 법률 제4조의2 제2호, 본조신설 2021. 1. 5.).
1. 교원
2. 교원으로 임용되어 근무하였던 사람으로서 노동조합 규약으로 정하는 사람
③ 노동조합과 그 조합원은 파업, 태업 또는 그 밖에 업무의 정상적인 운영을 방해하는 어떠한 쟁의행위도 하여서는 아니 된다(교원의 노동조합 설립 및 운영에 관한 법률 제8조).
④ 교원의 노동조합 설립 및 운영에 관한 법률 제6조 제8항
⑤ 교원은 임용권자의 허가가 있는 경우에는 노동조합의 업무에만 종사할 수 있으며,전임자는 그 전임기간 중 봉급을 받지 못한다(교원의 노동조합 설립 및 운영에 관한 법률 제5조 제1항 및 제3항).
한편, 위 3항은 2022. 6. 10. 삭제 개정되었고, 2023. 12. 11.부터 시행됨에 유의할 것

 ④

25 근로자참여 및 협력증진에 관한 법령상 노사협의회에 관한 설명으로 옳지 않은 것은? (다툼이 있으면 판례에 따름)

① 노사협의회는 근로조건에 대한 결정권이 있는 사업이나 사업장 단위로 설치하여야 한다.
② 하나의 사업에 종사하는 전체 근로자 수가 30명 이상이면 해당 근로자가 지역별로 분산되어 있더라도 그 주된 사무소에 노사협의회를 설치하여야 한다.
③ 근로자의 교육훈련 및 능력개발 기본계획의 수립에 대하여는 노사협의회의 의결을 거쳐야 한다.
④ 임금의 지불방법·체계·구조 등의 제도 개선은 노사협의회의 협의사항이다.
⑤ 근로조건 기타 노사관계에 관한 합의가 노사협의회의 협의를 거쳐서 단체협약의 실질적·형식적 요건을 갖추었다 하더라도 이는 단체협약이라고 볼 수 없다.

해설 ① 노사협의회는 근로조건에 대한 결정권이 있는 사업이나 사업장 단위로 설치하여야 한다. 다만, 상시(常時) 30명 미만의 근로자를 사용하는 사업이나 사업장은 그러하지 아니하다(근로자참여 및 협력증진에 관한 법률 제4조 제1항).
② 근로자참여 및 협력증진에 관한 법률 시행령 제2조

③ 사용자는 다음 각 호의 어느 하나에 해당하는 사항에 대하여는 협의회의 의결을 거쳐야 한다(근로자참여 및 협력증진에 관한 법률 제21조).

1. 근로자의 교육훈련 및 능력개발 기본계획의 수립
2. 복지시설의 설치와 관리
3. 사내근로복지기금의 설치
4. 고충처리위원회에서 의결되지 아니한 사항
5. 각종 노사공동위원회의 설치

④ 협의회가 협의하여야 할 사항은 다음 각 호와 같다(근로자참여 및 협력증진에 관한 법률 제20조).

1. 생산성 향상과 성과 배분
2. 근로자의 채용·배치 및 교육훈련
3. 근로자의 고충처리
4. 안전, 보건, 그 밖의 작업환경 개선과 근로자의 건강증진
5. 인사·노무관리의 제도 개선
6. 경영상 또는 기술상의 사정으로 인한 인력의 배치전환·재훈련·해고 등 고용조정의 일반원칙
7. 작업과 휴게 시간의 운용
8. 임금의 지불방법·체계·구조 등의 제도 개선
9. 신기계·기술의 도입 또는 작업 공정의 개선
10. 작업 수칙의 제정 또는 개정
11. 종업원지주제와 그 밖에 근로자의 재산형성에 관한 지원
12. 직무 발명 등과 관련하여 해당 근로자에 대한 보상에 관한 사항
13. 근로자의 복지증진
14. 사업장 내 근로자 감시 설비의 설치
15. 여성근로자의 모성보호 및 일과 가정생활의 양립을 지원하기 위한 사항
16. 「남녀고용평등과 일·가정 양립 지원에 관한 법률」 제2조제2호에 따른 직장 내 성희롱 및 고객 등에 의한 성희롱 예방에 관한 사항
17. 그 밖의 노사협조에 관한 사항

⑤ 단체협약은 노동조합이 사용자 또는 사용자단체와 근로조건 기타 노사관계에서 발생하는 사항에 관한 협정(합의)을 문서로 작성하여 당사자 쌍방이 서명날인함으로써 성립하는 것이고, 그 협정(합의)이 반드시 정식의 단체교섭절차를 거쳐서 이루어져야만 하는 것은 아니라고 할 것이므로 노동조합과 사용자 사이에 근로조건 기타 노사관계에 관한 합의가 노사협의회의 협의를 거쳐서 성립되었더라도, 당사자 쌍방이 이를 단체협약으로 할 의사로 문서로 작성하여 당사자 쌍방의 대표자가 각 노동조합과 사용자를 대표하여 서명날인하는 등으로 단체협약의 실질적·형식적 요건을 갖추었다면 이는 단체협약이라고 보아야 할 것이다(대판 2005. 3. 11. 2003다27429).

정답 ⑤

노동법 (2)

제2과목 04

2021년도 제30회 공인노무사 노동법 (2) 기출문제

01 우리나라 노동법 등의 연혁에 관한 설명으로 옳은 것을 모두 고른 것은?

ㄱ. 우리나라는 1991년에 국제노동기구(ILO)에 가입하였다.
ㄴ. 1980년에 제정된 「노사협의회법」에서 노사협의회를 처음으로 규정하였다.
ㄷ. 2005년에 「공무원의 노동조합 설립 및 운영 등에 관한 법률」이 제정되었다.
ㄹ. 1953년에 제정된 「노동조합법」에서는 사용자 및 노동조합의 부당노동행위 금지와 그 위반에 대한 처벌을 규정하였다.

① ㄱ, ㄴ ② ㄱ, ㄷ ③ ㄱ, ㄹ ④ ㄴ, ㄷ ⑤ ㄴ, ㄹ

해설 ㄱ. 우리나라는 1991년에 가입 UN 회원국 자격으로 152번째 ILO에 가입하였다.
ㄴ. 노사협의회는 근로자와 사용자의 이해와 협조를 이끌어 내기 위해 설치한 기구로 1980년 12월 31일 제정공포된 노사협의회법에 규정되어 있다가 1997년 3월 13일 근로자참여 및 협력증진에 관한 법률로 대체 입법되었다. 다만 노사협의제도가 처음 규정된 건 1963년 노조법이다.
ㄷ. 공무원의 노동조합 설립 및 운영 등에 관한 법률은 2005년 1월 27일 제정되어 2006년 1월 28일 시행되었다.
ㄹ. 1953년 노동조합법 제10조는 사용자의 부당노동행위를 규정하고, 5천환 이하의 벌금 규정(제43조)을 두고 있었다. 한편 1953년 노동조합법에서는 노동조합의 부당노동행위를 금지하는 규정도 두고 있었다.

정답 모두 정답처리됨

02 노동조합 및 노동관계조정법에 관한 설명으로 옳지 않은 것은? (다툼이 있으면 판례에 따름)

① 사용자라 함은 사업주, 사업의 경영담당자 또는 그 사업의 근로자에 관한 사항에 대하여 사업주를 위하여 행동하는 자를 말한다.
② 사용자단체라 함은 노동관계에 관하여 그 구성원인 사용자에 대하여 조정 또는 규제할 수 있는 권한을 가진 사용자의 단체를 말한다.
③ 노동조합 및 노동관계조정법상 근로자에 해당하는지는 근로조건을 보호할 필요성이 있는지의 관점에서 판단하여야 하므로, 동법상의 근로자는 근로기준법상 근로자에 한정된다.
④ 노동조합에 대하여는 그 사업체를 제외하고는 세법이 정하는 바에 따라 조세를 부과하지 아니한다.
⑤ 이 법에 의하여 설립된 노동조합이 아니면 노동위원회에 노동쟁의의 조정 및 부당노동행위의 규제를 신청할 수 없다.

해설 ① '사용자'라 함은 사업주, 사업의 경영담당자 또는 그 사업의 근로자에 관한 사항에 대하여 사업주를 위하여 행동하는 자를 말한다(노동조합 및 노동관계조정법 제2조 제2호).
② '사용자단체'라 함은 노동관계에 관하여 그 구성원인 사용자에 대하여 조정 또는 규제할 수 있는 권한을 가진 사용자의 단체를 말한다(노동조합 및 노동관계조정법 제2조 제3호).
③ 특정한 사용자에게 고용되어 현실적으로 취업하고 있는 자 뿐만 아니라, 일시적으로 실업상태에 있는 자, 구직중

인 자도 노동3권을 보장할 필요성이 있는 한 근로자에 포함된다(대판 2004. 2. 27. 2001두8568).
④ 노동조합에 대하여는 그 사업체를 제외하고는 세법이 정하는 바에 따라 조세를 부과하지 아니한다(노동조합 및 노동관계조정법 제8조).
⑤ 이 법에 의하여 설립된 노동조합이 아니면 노동위원회에 노동쟁의의 조정 및 부당노동행위의 구제를 신청할 수 없다(노동조합 및 노동관계조정법 제7조 제1항).

정답 ③

03 노동조합 및 노동관계조정법령상 노동조합의 설립 등에 관한 설명으로 옳지 않은 것은?

① 행정관청은 설립신고서에 규약이 첨부되어 있지 아니한 경우에는 설립신고서를 반려하여야 한다.
② 노동조합이 신고증을 교부받은 경우에는 설립신고서가 접수된 때에 설립된 것으로 본다.
③ 노동조합은 설립신고된 사항 중 대표자의 성명에 변경이 있는 때에는 그 달부터 30일 이내에 행정관청에게 변경신고를 하여야 한다.
④ 2인 이상의 시·군·구(자치구를 말한다)에 걸치는 단위노동조합을 설립하고자 하는 자는 설립신고서에 규약을 첨부하여 특별시장·광역시장·도지사에게 제출하여야 한다.
⑤ 행정관청은 설립신고서 또는 규약이 기재사항의 누락등으로 보완이 필요한 경우에는 대통령령이 정하는 바에 따라 20일 이내의 기간을 정하여 보완을 요구하여야 한다.

해설 ① 행정관청은 노동조합의 설립신고시 설립신고서에 규약이 첨부되어 있지 아니하거나 설립신고서 또는 규약의 기재사항 중 누락 또는 허위사실이 있는 경우에는 보완을 요구하여야 한다(노동조합 및 노동관계조정법 시행령 제9조 제1항 제1호).
② 노동조합이 신고증을 교부받은 경우에는 설립신고서가 접수된 때에 설립된 것으로 본다(노동조합 및 노동관계조정법 제12조 제4항).
③ 노동조합 및 노동관계조정법 제13조 제1항 제3호
④ 노동조합 및 노동관계조정법 제10조 제1항
⑤ 노동조합 및 노동관계조정법 제12조 제2항

정답 ①

04 노동조합 및 노동관계조정법상 노동조합의 규약에 기재하여야 하는 사항으로 명시되어 있지 않은 것은?

① 회의에 관한 사항
② 규약변경에 관한 사항
③ 소속된 연합단체가 있는 경우에는 그 명칭
④ 단체협약의 체결에 관한 권한의 위임에 관한 사항
⑤ 쟁의행위와 관련된 찬반투표 결과의 공개, 투표자 명부 및 투표용지 등의 보존·열람에 관한 사항

해설 노동조합의 규약에는 다음의 사항을 기재하여야 한다(노동조합 및 노동관계조정법 제11조).

1. 명칭
2. 목적과 사업
3. 주된 사무소의 소재지

4. 조합원에 관한 사항(연합단체인 노동조합에 있어서는 그 구성단체에 관한 사항)
5. 소속된 연합단체가 있는 경우에는 그 명칭
6. 대의원회를 두는 경우에는 대의원회에 관한 사항
7. 회의에 관한 사항
8. 대표자와 임원에 관한 사항
9. 조합비 기타 회계에 관한 사항
10. 규약변경에 관한 사항
11. 해산에 관한 사항
12. 쟁의행위와 관련된 찬반투표 결과의 공개, 투표자 명부 및 투표용지 등의 보존 · 열람에 관한 사항
13. 대표자와 임원의 규약위반에 대한 탄핵에 관한 사항
14. 임원 및 대의원의 선거절차에 관한 사항
15. 규율과 통제에 관한 사항

정답 ④

05 노동조합 및 노동관계조정법상 노동조합의 운영 등에 관한 설명으로 옳지 않은 것은?

① 단체협약에 관한 사항은 총회의 의결을 거쳐야 한다.
② 대의원은 조합원의 직접 · 비밀 · 무기명투표에 의하여 선출되어야 한다.
③ 행정관청은 노동조합의 규약이 노동관계법령에 위반한 경우에는 직권으로 그 시정을 명할 수 있다.
④ 임원의 임기는 규약으로 정하되 3년을 초과할 수 없다.
⑤ 노동조합은 그 규약으로 조합비를 납부하지 아니하는 조합원의 권리를 제한할 수 있다.

해설 ① 노동조합 및 노동관계조정법 제16조 제1항 제3호
② 노동조합 및 노동관계조정법 제17조 제2항
③ 행정관청은 노동조합의 규약이 노동관계법령에 위반한 경우에는 노동위원회의 의결을 얻어 그 시정을 명할 수 있다(노동조합 및 노동관계조정법 제21조 제1항).
④ 노동조합 및 노동관계조정법 제23조 제2항
⑤ 노동조합 및 노동관계조정법 제22조

정답 ③

06 노동조합 및 노동관계조정법상 단체교섭 등에 관한 설명으로 옳지 않은 것은? (다툼이 있으면 판례에 따름)

① 교섭대표노동조합을 결정하여야 하는 단위는 하나의 사업 또는 사업장으로 한다.
② 노동조합의 하부단체인 분회나 지부가 독자적인 규약 및 집행기관을 가지고 독립된 조직체로서 활동을 하더라도 당해 조직이나 그 조합원에 고유한 사항에 대하여 독자적으로 단체교섭하고 단체협약을 체결할 수는 없다.
③ 일반적으로 구성원인 근로자의 노동조건 기타 근로자의 대우 또는 당해 단체적 노사관계의 운영에 관한 사항으로 사용자가 처분할 수 있는 사항은 단체교섭의 대상인 단체교섭사항에 해당한다.
④ 기업의 구조조정 실시 여부는 경영주체에 의한 고도의 경영상 결단에 속하는 사항으로서 원칙적으로 단체교섭의 대상이 될 수 없다.

⑤ 노동조합이 조합원들의 의사를 반영하고 대표자의 단체교섭 및 단체협약 체결 업무 수행에 대한 적절한 통제를 위하여 대표자의 단체협약체결권한의 행사를 절차적으로 제한하는 것은, 그것이 단체협약체결권한을 전면적·포괄적으로 제한하는 것이 아닌 이상 허용된다.

해설 ① 하나의 사업 또는 사업장에서 조직형태에 관계없이 근로자가 설립하거나 가입한 노동조합이 2개 이상인 경우 노동조합은 교섭대표노동조합(2개 이상의 노동조합 조합원을 구성원으로 하는 교섭대표기구를 포함한다. 이하 같다)을 정하여 교섭을 요구하여야 한다(노동조합 및 노동관계조정법 제29조의2 제1항).

② 노동조합의 하부단체인 분회나 지부가 독자적인 규약 및 집행기관을 가지고 독립된 조직체로서 활동을 하는 경우 당해 조직이나 그 조합원에 고유한 사항에 대하여는 독자적으로 단체교섭하고 단체협약을 체결할 수 있고, 이는 그 분회나 지부가 시행령 제7조에 따라 그 설립신고를 하였는지 여부에 영향 받지 아니한다(대판 2001. 2. 23. 2000도4299).

③ 일반적으로 구성원인 근로자의 노동조건 기타 근로자의 대우 또는 당해 단체적 노사관계의 운영에 관한 사항으로 사용자가 처분할 수 있는 사항이 대상이 된다(대판 2003. 12. 26. 2003두8906).

④ 정리해고나 사업조직의 통폐합 등 기업의 구조조정의 실시 여부는 경영주체에 의한 고도의 경영상 결단에 속하는 사항으로서 이는 원칙적으로 단체교섭의 대상이 될 수 없으나, 사용자의 경영권에 속하는 사항이라 하더라도 그에 관하여 노사는 임의로 단체교섭을 진행하여 단체협약을 체결할 수 있고, 그 내용이 강행법규나 사회질서에 위배되지 아니하는 이상 단체협약으로서의 효력이 인정된다(대판 2014. 3. 27. 2011두20406).

⑤ 단체협약의 내용에 합의한 후 가부에 관하여 조합원의 의견을 수렴하여야 한다는 규정은 노동조합이 조합원들의 의사를 반영하고 대표자의 단체교섭 및 단체협약 체결 업무 수행에 대한 적절한 통제를 위하여 규약 등에서 내부 절차를 거치도록 하는 등 대표자의 단체협약체결권한의 행사를 절차적으로 제한하는 것에 해당하므로 노동조합 대표자의 단체협약 체결권한을 전면적·포괄적으로 제한하는 규정으로서 노조법 제29조 제1항에 위배된다고 보기는 어렵다(대판 2013. 9. 27. 2011두15404).

정답 ②

07 노동조합 및 노동관계조정법령상 단체협약에 관한 설명으로 옳지 않은 것은? (다툼이 있으면 판례에 따름)

① 노동조합과 사용자 또는 사용자단체는 정당한 이유없이 단체협약의 체결을 거부하거나 해태하여서는 아니된다.

② 이미 구체적으로 지급청구권이 발생한 임금은 노동조합이 근로자들로부터 개별적인 동의나 수권을 받지 않더라도, 단체협약만으로 이에 대한 반환이나 포기 및 지급유예와 같은 처분행위를 할 수 있다.

③ 단체협약의 당사자는 단체협약의 체결일부터 15일 이내에 당사자 쌍방의 연명으로 단체협약을 행정관청에서 신고하여야 한다.

④ 단체협약은 노동조합이 사용자 또는 사용자단체와 근로조건 기타 노사관계에서 발생하는 사항에 관한 협의를 문서로 작성하여 당사자 쌍방이 서명날인함으로써 성립하는 것이고, 그 합의가 반드시 정식의 단체교섭절차를 거쳐서 이루어져야만 하는 것은 아니다.

⑤ 단체협약이 실효되었다고 하더라도 임금 등 그 밖 개별적인 노동조건에 관한 부분은 그 단체협약의 적용을 받고 있던 근로자의 근로계약 내용이 되어 그것을 변경하는 새로운 단체협약, 취업규칙이 체결·작성되거나 또는 개별적인 근로자의 동의를 얻지 아니하는 한 개별적인 근로자의 근로계약 내용으로서 효력을 갖는다.

해설 ① 노동조합 및 노동관계조정법 제30조 제2항

② 이미 구체적으로 그 지급청구권이 발생한 임금(상여금 포함)이나 퇴직금은 근로자의 사적 재산영역으로 옮겨져 근로자의 처분에 맡겨진 것이어서, 노동조합이 근로자들로부터 개별적인 동의나 수권을 받지 않는 이상 사용자와 사이의 단체협약만으로 이에 대한 포기나 지급유예와 같은 처분행위를 할 수 없으므로, 단체협약으로 근로자에게 이미 지급한 임금을 반환하도록 하는 것은 그에 관하여 근로자들의 개별적인 동의나 수권이 없는 한 효력이 없다(대판 2010. 1. 28. 2009다76317).

③ 노동조합 및 노동관계조정법 제31조 제2항

④ 단체협약은 노동조합이 사용자 또는 사용자단체와 근로조건 기타 노사관계에서 발생하는 사항에 관한 협정(합의)을 문서로 작성하여 당사자 쌍방이 서명날인함으로써 성립하는 것이고, 그 협정(합의)이 반드시 정식의 단체교섭 절차를 거쳐서 이루어져야만 하는 것은 아니라고 할 것이다. 따라서 노동조합과 사용자 사이에 근로조건 기타 노사관계에 관한 합의가 노사협의회의 협의를 거쳐서 성립되었더라도, 당사자 쌍방이 이를 단체협약으로 할 의사로 문서로 작성하여 당사자 쌍방의 대표자가 각 노동조합과 사용자를 대표하여 서명날인하는 등으로 단체협약의 실질적·형식적 요건을 갖추었다면 이는 단체협약이라고 보아야 할 것이다(대판 2005. 3. 11. 2003다27429).

⑤ 단체협약이 실효되었다고 하더라도 임금, 퇴직금이나 노동시간, 그 밖에 개별적인 노동조건에 관한 부분은 그 단체협약의 적용을 받고 있던 근로자의 근로계약의 내용이 되어 그것을 변경하는 새로운 단체협약, 취업규칙이 체결, 작성되거나 또는 개별적인 근로자의 동의를 얻지 아니하는 한 개별적인 근로자의 근로계약의 내용으로서 여전히 남아 있어 사용자와 근로자를 규율한다(대판 2000. 6. 9. 98다13747).

 ②

08 노동조합 및 노동관계조정법상 교섭대표노동조합 등에 관한 설명으로 옳지 않은 것은? (다툼이 있으면 판례에 따름)

① 교섭대표노동조합의 대표자는 교섭을 요구한 모든 노동조합 또는 조합원을 위하여 사용자와 교섭하고 단체협약을 체결할 권한을 가진다.

② 교섭대표노동조합 결정 절차에 참여한 모든 노동조합은 대통령령으로 정하는 기한 내에 자율적으로 교섭대표노동조합을 정한다.

③ 교섭창구 단일화 절차에서 교섭대표노동조합이 가지는 대표권은 법령에서 특별히 권한으로 규정하지 아니한 이상 단체교섭 및 단체협약 체결(보충교섭이나 보충협약 체결을 포함한다)과 체결된 단체협약의 구체적인 이행 과정에만 미치는 것이고, 이와 무관하게 노사관계 전반에까지 당연히 미치다고 볼 수는 없다.

④ 공동교섭대표단에 참여할 수 있는 노동조합은 그 조합원 수가 교섭창구 단일화 절차에 참여한 노동조합의 전체 조합원 100분의 10 이상인 노동조합으로 한다.

⑤ 공동교섭대표단의 구성에 합의하지 못할 경우에 고용노동부장관은 해당 노동조합의 신청에 따라 조합원 비율을 고려하여 이를 결정할 수 있다.

해설 ① 노동조합 및 노동관계조정법 제29조 제2항

② 노동조합 및 노동관계조정법 제29조 제3항

③ 교섭창구 단일화 및 공정대표의무에 관련된 법령 규정의 문언, 교섭창구 단일화 제도의 취지와 목적, 교섭대표노동조합이 아닌 노동조합 및 그 조합원의 노동3권 보장 필요성 등을 고려하면, 교섭창구 단일화 절차에서 교섭대표노동조합이 가지는 대표권은 법령에서 특별히 권한으로 규정하지 아니한 이상 단체교섭 및 단체협약 체결(보충교섭이나 보충협약 체결을 포함한다)과 체결된 단체협약의 구체적인 이행 과정에만 미치는 것이고, 이와 무관하게 노사관계 전반에까지 당연히 미친다고 볼 수는 없다(대판 2019. 10. 31. 2017두37772).

④ 노동조합 및 노동관계조정법 제29조 제5항
⑤ 공동교섭대표단의 구성에 합의하지 못할 경우에 노동위원회는 해당 노동조합의 신청에 따라 조합원 비율을 고려하여 이를 결정할 수 있다(노동조합 및 노동관계조정법 제29조 제6항).

 ⑤

09 노동조합 및 노동관계조정법상 단체협약에 관한 설명으로 옳지 않은 것은? (다툼이 있으면 판례에 따름)

① 단체협약에 자동연장협정 규정이 있더라도 당초의 유효기간이 만료된 후 3월까지에 한하여 단체협약의 효력이 유효하다.
② 단체협약의 내용 중 임금·복리후생비, 퇴직금에 관한 사항을 위반한 자는 1천만원 이하의 벌금에 처한다.
③ 행정관청은 단체협약 중 위법한 내용이 있는 경우에는 노동위원회의 의결을 얻어 그 시정을 명할 수 있다.
④ 단체협약의 해석에 관하여 관계 당사자간에 의견의 불일치가 있는 때에는 당사자 쌍방 또는 단체협약에 정하는 바에 의하여 어느 일방이 노동위원회에 그 해석에 관한 견해의 제시를 요청할 수 있다.
⑤ 단체협약과 같은 처분문서를 해석함에 있어서는 그 명문의 규정을 근로자에게 불리하게 변형 해석할 수 없다.

해설 ① 자동연장협정 규정이 있는 경우 당사자 일방이 해지하고자 하는 날의 6개월 전까지 상대방에게 통고하여 종전 단체협약을 해지하지 않는 한 계속 효력을 가지게 된다(대판 2015. 10. 29. 2012다71138 참고).
② 노동조합 및 노동관계조정법 제92조 제2호 마목
③ 노동조합 및 노동관계조정법 제31조 제3항
④ 노동조합 및 노동관계조정법 제34조 제1항
⑤ 대판 2011. 10. 13. 2009다102452

 ①

10 노동조합 및 노동관계조정법상 공정대표의무에 관한 설명으로 옳지 않은 것은? (다툼이 있으면 판례에 따름)

① 교섭대표노동조합은 교섭청구 단일화 절차에 참여한 노동조합 또는 그 조합원 간에 합리적 이유 없이 차별을 하여서는 아니 된다.
② 교섭 창구 단일화 절차에 참여한 노동조합은 교섭대표노동조합이 공정대표의무를 위반하여 차별한 경우에는 그 행위가 있은 날(단체협약 내용의 일부 또는 전부가 공정대표의무에 위반되는 경우에는 단체협약 체결일을 말한다)부터 3개월 이내에 대통령령으로 정하는 방법과 절차에 따라 노동위원회에 그 시정을 요청할 수 있다.
③ 노동위원회는 공정대표의무 위반의 시정 신청에 대하여 합리적 이유 없이 차별하였다고 인정한 때에는 그 시정에 필요한 명령을 하여야 한다.
④ 공정대표의무는 단체교섭의 과정이나 그 결과물인 단체협약의 내용에 한하여 인정되므로 단체협약의 이행과정에서도 준수되어야 하는 것은 아니다.
⑤ 사용자의 공정대표의무 위반에 대한 벌칙 규정은 없다.

노동법 (2)

해설 ① 노동조합 및 노동관계조정법 제29조의4 제1항

② 노동조합 및 노동관계조정법 제29조4 제2항

③ 노동조합 및 노동관계조정법 제29조4 제3항

④ 공정대표의무는 헌법이 보장하는 단체교섭권의 본질적 내용이 침해되지 않도록 하기 위한 제도적 장치로 기능하고, 교섭대표노동조합과 사용자가 체결한 단체협약의 효력이 교섭창구 단일화 절차에 참여한 다른 노동조합에게도 미치는 것을 정당화하는 근거가 된다. 따라서 공정대표의무는 단체교섭의 과정이나 그 결과물인 단체협약의 내용뿐만 아니라 단체협약의 이행과정에서도 준수되어야 한다고 봄이 타당하다(대판 2018. 8. 30. 2017다218642).

⑤ 공정대표의무 위반 자체에 대한 벌칙규정은 존재하지 않지만, 확정된 구제명령을 이행하지 않을 경우 3년 이하의 징역 또는 3천만원 이하의 벌금에 처한다(노동조합 및 노동관계조정법 제89조 제2호).

정답 ④

11 노동조합 및 노동관계조정법상 노동조합에 관한 설명으로 옳지 않은 것은? (다툼이 있으면 판례에 따름)

① 조직형태의 변경에 관한 사항은 총회에서 재적조합원 과반수의 출석과 출석조합원 3분의 2 이상의 찬성이 있어야 한다.

② 노동조합이 존속 중에 그 조합원의 범위를 변경하는 조직변경은 변경 전후의 조합의 실질적 동일성이 인정되는 범위 내에서 인정된다.

③ 산업별 노동조합의 지회는 산업별 노동조합의 활동을 위한 내부적인 조직에 그치더라도 총회의 결의를 통하여 그 소속을 변경하고 독립한 기업별 노동조합으로 전환할 수 있다.

④ 총회의 해산결의로 인하여 노동조합이 해산한 때에는 그 대표자는 해산한 날부터 15일 이내에 행정관청에서 이를 신고하여야 한다.

⑤ 노동조합의 임원이 없고 노동조합으로서의 활동을 1년 이상 하지 아니한 것으로 인정되는 경우로서 행정관청이 노동위원회의 의결을 얻은 경우에 노동조합은 해산한다.

해설 ① 노동조합 및 노동관계조정법 제16조 제2항

② 대판 2016. 12. 29. 2015두1151 등

③ 산업별 노동조합의 지회 등이라 하더라도 실질적으로 하나의 기업 소속 근로자를 조직대상으로 구성돼 독자적인 규약과 집행기관을 가지고 독립된 단체로서 활동하면서 해당 조직이나 그 조합원의 고유한 사항에 관해 독자적인 단체교섭 및 단체협약체결 능력이 있어 기업별 노동조합에 준하는 실질을 가지고 있는 경우에는 규약 등이 정한 절차에 따라 기업별 노동조합으로 전환함으로써 조직형태를 변경할 수 있다(대판 2008. 12. 24. 2006두15400).

④ 노동조합 및 노동관계조정법 제28조 제2항

⑤ 노동조합 및 노동관계조정법 제28조 제1항 제4호

정답 ③

12 노동조합 및 노동관계조정법령상 쟁의행위에 관한 설명으로 옳지 않은 것은?

① 「방위사업법」에 의하여 지정된 주요방위산업체에 종사하는 근로자 중 방산물자의 완성에 필요한 개량 업무에 종사하는 자는 쟁의행위를 할 수 없다.

② 근로자는 쟁의행위 기간 중에는 현행범 외에는 노동조합 및 노동관계조정법 위반을 이유로 구속되지 아니한다.

③ 교섭대표노동조합이 결정된 경우에는 그 절차에 참여한 노동조합의 전체 조합원(해당 사업 또는 사업장 소속 조합원으로 한정한다)의 직접·비밀·무기명투표에 의한 과반수의 찬성으로 결정하지 아니하면 쟁의행위를 할 수 없다.

④ 필수공익사업의 사용자라 하더라도 쟁의행위 기간 중에 그 쟁의행위로 중단된 업무를 도급 줄 수 없다.

⑤ 쟁의행위는 그 쟁의행위와 관계없는 자 또는 근로를 제공하고자 하는 자의 출입·조업 기타 정상적인 업무를 방해하는 방법으로 행하여져서는 아니된다.

노동법 (2)

해설 ① "주로 방산물자를 생산하는 업무에 종사하는 자"라 함은 방산물자의 완성에 필요한 제조·가공·조립·정비·재생·개량·성능검사·열처리·도장·가스취급 등의 업무에 종사하는 자를 말한다(노동조합 및 노동관계조정법 시행령 제20조).

② 근로자는 쟁의행위 기간 중에는 현행범 외에는 이 법 위반을 이유로 구속되지 아니한다(노동조합 및 노동관계조정법 제39조).

③ 2021년 1월 5일 노동조합법 개정으로 제41조 제1항의 단서조항이 삭제됨으로써 현재는 조합원의 범위를 한정하고 있지 아니하다.

④ 사용자의 채용제한 규정은 필수공익사업의 사용자가 쟁의행위기간 중에 한하여 당해 사업과 관계없는 자를 채용 또는 대체하거나 그 업무를 도급 또는 하도급 주는 경우에는 적용하지 아니한다(노동조합 및 노동관계조정법 제43조 제3항). 즉 사용자는 당해 사업 또는 사업장 파업참가자의 100분의 50을 초과하지 않는 범위 내에서 채용 또는 대체하거나, 도급 또는 하도급 줄 수 있다(동조 제4항).

⑤ 쟁의행위는 그 쟁의행위와 관계없는 자 또는 근로를 제공하고자 하는 자의 출입·조업 기타 정상적인 업무를 방해하는 방법으로 행하여져서는 아니되며 쟁의행위의 참가를 호소하거나 설득하는 행위로서 폭행·협박을 사용하여서는 아니된다(노동조합 및 노동관계조정법 제38조 제1항).

정답 ③, ④

13 노동조합 및 노동관계조정법상 직장폐쇄 등에 관한 설명으로 옳지 않은 것은? (다툼이 있으면 판례에 따름)

① 노동조합의 쟁의행위에 대한 방어적인 목적을 벗어나 적극적으로 노동조합의 조직력을 약화시키기 위한 목적 등을 갖는 공격적 직장폐쇄는 정당성이 인정될 수 없다.

② 적법하게 사업장을 점거 중인 근로자들이 사용자로부터 퇴거 요구를 받고도 이에 불응한 채 직장점거를 계속하면 직장폐쇄의 정당성 여부와 관계없이 퇴거불응죄가 성립한다.

③ 사용자는 노동조합이 쟁의행위를 개시한 이후에만 직장폐쇄를 할 수 있다.

④ 직장폐쇄를 할 경우 사용자는 미리 행정관청 및 노동위원회에 각각 신고하여야 한다.

⑤ 직장폐쇄가 정당한 쟁의행위를 인정되는 경우 사용자는 직장폐쇄 기간 동안의 대상 근로자에 대한 임금지불의무를 면한다.

해설 ① 대판 2016. 5. 24. 2012다85335 등
② 직장폐쇄가 정당한 쟁의행위로 인정될 경우에만 퇴거불응죄가 성립한다(대판 2002.9.24, 2002도2242).
③ 노동조합 및 노동관계조정법 제46조 제1항
④ 노동조합 및 노동관계조정법 제46조 제2항
⑤ 대판 2005. 6. 9. 2004도7218

정답 ②

14 노동조합 및 노동관계조정법령상 쟁의행위 등에 관한 설명으로 옳지 않은 것은? (다툼이 있으면 판례에 따름)

① 하나의 쟁의행위에서 추구되는 목적이 여러 가지이고 그 중 일부가 정당하지 못한 경우에는 주된 목적 내지 진정한 목적의 당부에 의하여 그 쟁의목적의 당부를 판단하여야 한다.
② 산업별 노동조합의 경우에는 총파업이 아닌 이상 쟁의행위를 예정하고 있는 당해 지부나 분회소속 조합원의 과반수의 찬성이 있으면 쟁의행위는 절차적으로 적법하다.
③ 조합원의 과반수의 찬성결정을 거치지 아니하고 쟁의행위에 나아간 경우 조합원의 민주적 의사결정이 실질적으로 확보되었다면 쟁의행위가 정당성을 상실하지 않는다.
④ 쟁의행위가 폭력이나 파괴행위의 형태로 행하여질 경우 사용자는 즉시 그 상황을 행정관청과 관할 노동위원회에 신고하여야 한다.
⑤ 사용자는 노동조합 및 노동관계조정법에 의한 쟁의행위로 인하여 손해를 입은 경우에 노동조합 또는 근로자에 대하여 그 배상을 청구 할 수 없다.

해설 ① 대판 2001. 6. 26. 2000도2871
② 대판 2004. 9. 24. 2004도4641
③ 쟁의행위 찬반투표 절차를 위반한 쟁의행위는 그 절차를 따를 수 없는 객관적인 사정이 인정되지 아니하는 한 정당성이 상실된다(대판 2000. 5. 26. 99도4836).
④ 노동조합 및 노동관계조정법 시행령 제18조 제1항
⑤ 노동조합 및 노동관계조정법 시행령 제3조

정답 ③

15 노동조합 및 노동관계조정법령상 필수유지업무 등에 관한 설명으로 옳지 않은 것은?

① 필수공익사업의 모든 업무는 필수유지업무에 해당한다.
② 필수유지업무협정에는 노동관계 당사자 쌍방이 서명 또는 날인하여야 한다.
③ 노동위원회는 노동조합 및 노동관계조정법상의 규정에 따라 필수유지업무 수준 등 결정을 하면 지체없이 이를 서면으로 노동관계 당사자에게 통보하여야 한다.
④ 노동관계 당사자 쌍방 또는 일방은 필수유지업무협정이 체결되지 아니하는 데에는 노동위원회에 필수유지업무의 최소한의 유지·운영 수준, 대상직무 및 필요인원 등의 결정을 신청하여야 한다.
⑤ 노동위원회의 필수유지업무 수준 등 결정에 따라 쟁의행위를 한 때에는 필수유지업무를 정당하게 유지·운영하면서 쟁의행위를 한 것으로 본다.

해설 ① 필수유지업무란 필수공익사업의 업무 중 그 업무가 정지되거나 폐지되는 경우 공중의 생명·건강 또는 신체의 안전이나 공중의 일상생활을 현저히 위태롭게 하는 업무로서 대통령령이 정하는 업무를 말한다(노동조합 및 노동관계조정법 제42조의2 제1항).
② 노동조합 및 노동관계조정법 제42조의3
③ 노동조합 및 노동관계조정법 시행령 제22조의3 제2항
④ 노동조합 및 노동관계조정법 제42조의4 제1항
⑤ 노동조합 및 노동관계조정법 제42조의5

정답 ①

16 다음 노동조합 및 노동관계조정법 조항의 규정을 위반한 자에 대해 동법에 벌칙 규정이 없는 것은?

① 제37조 제2항(조합원은 노동조합에 의하여 주도되지 아니한 쟁의행위를 하여서는 아니된다.)
② 제38조 제2항(작업시설의 손상이나 원료·제품의 변질 또는 부패를 방지하기 위한 작업은 쟁의행위 기간중에도 정상적으로 수행되어야 한다.)
③ 제38조 제3항(노동조합은 쟁의행위가 적법하게 수행될 수 있도록 지도·관리·통제할 책임이 있다.)
④ 제42조의2 제2항(필수유지업무의 정당한 유지·운영을 정지·폐지 또는 방해하는 행위는 쟁의행위로서 이를 행할 수 없다.)
⑤ 제44조 제2항(노동조합은 쟁의행위 기간에 대한 임금의 지급을 요구하여 이를 관철할 목적으로 쟁의행위를 하여서는 아니된다.)

해설 ① 3년 이하의 징역 또는 3천만원 이하의 벌금에 처한다(노동조합 및 노동관계조정법 제89조 제1호).
② 1년 이하의 징역 또는 1천만원 이하의 벌금에 처한다(노동조합 및 노동관계조정법 제91조).
③ 해당 규정에 대한 처벌규정은 존재하지 않는다.
④ 3년 이하의 징역 또는 3천만원 이하의 벌금에 처한다(노동조합 및 노동관계조정법 제89조 제1호).
⑤ 2년 이하의 징역 또는 2천만원 이하의 벌금에 처한다(노동조합 및 노동관계조정법 제90조).

정답 ③

17 노동조합 및 노동관계조정법상 노동쟁의의 조정 등에 관한 설명으로 옳지 않은 것은?

① 노동위원회는 관계 당사자 쌍방의 신청이 있는 경우에는 조정위원회에 갈음하여 단독 조정인에게 조정을 행하게 할 수 있다.
② 조정서의 내용은 단체협약과 동일한 효력을 가진다.
③ 노동위원회는 관계 당사자의 일방이 단체협약에 의하여 중재를 신청한 때에는 중재를 행한다.
④ 중재재정은 서면으로 작성하여 이를 행하여 그 서면에는 효력발생 기일을 명시하여야 한다.
⑤ 노동위원회 중재재정은 중앙노동위원회에의 재심신청에 의하여 그 효력이 정지된다.

해설 ① 노동조합 및 노동관계조정법 제57조 제1항
② 노동조합 및 노동관계조정법 제61조 제2항
③ 노동조합 및 노동관계조정법 제62조 제2호
④ 노동조합 및 노동관계조정법 제68조 제1항

⑤ 노동위원회의 중재재정 또는 재심결정은 제69조제1항 및 제2항의 규정에 따른 중앙노동위원회에의 재심신청 또는 행정소송의 제기에 의하여 그 효력이 정지되지 아니한다(노동조합 및 노동관계조정법 제70조 제2항).

정답 ⑤

18 노동조합 및 노동관계조정법상 노동쟁의의 조정 등에 관한 설명이다. ( )에 들어갈 내용으로 옳은 것은?

ㅇ 노동쟁의가 중재에 회부된 때에는 그 날부터 (ㄱ)일간은 쟁의행위를 할 수 없다. ㅇ 관계 당사자는 긴급조정의 결정이 공표된 때에는 즉시 쟁의행위를 중지하여야 하며, 공표일로부터 (ㄴ)일이 경과하지 아니하면 쟁의행위를 재개할 수 없다.

① ㄱ: 10, ㄴ: 10
② ㄱ: 10, ㄴ: 15
③ ㄱ: 15, ㄴ: 15
④ ㄱ: 15, ㄴ: 30
⑤ ㄱ: 30, ㄴ: 30

해설 ㅇ 노동쟁의가 중재에 회부된 때에는 그 날부터 (15)일간은 쟁의행위를 할 수 없다(노동조합 및 노동관계조정법 제63조).

ㅇ 관계 당사자는 긴급조정의 결정이 공표된 때에는 즉시 쟁의행위를 중지하여야 하며, 공표일로부터 (30)일이 경과하지 아니하면 쟁의행위를 재개할 수 없다(노동조합 및 노동관계조정법 제77조).

정답 ④

19 노동조합 및 노동관계조정법상 부당노동행위 구제에 관한 설명으로 옳지 않은 것은?

① 부당노동행위 구제의 신청은 부당노동행위가 있은 날(계속하는 행위는 그 종료일)부터 3월 이내에 이를 행하여야 한다.
② 노동위원회는 부당노동행위 구제신청을 받은 때에는 지체없이 필요한 조사와 관계 당사자의 심문을 하여야 한다.
③ 사용자의 부당노동행위로 인하여 그 권리를 침해당한 노동조합은 노동위원회에 그 구제를 신청할 수 있다.
④ 노동위원회는 부당노동행위 구제신청에 따른 심문을 할 때에는 직권으로 증인을 출석하게 하여 필요한 사항을 질문할 수 있다.
⑤ 지방노동위원회의 구제명령에 불복이 있는 관계 당사자는 그 명령서의 송달을 받은 날부터 15일 이내에 중앙노동위원회에 그 재심을 신청할 수 있다.

해설 ① 노동조합 및 노동관계조정법 제82조 제2항
② 노동조합 및 노동관계조정법 제83조 제1항
③ 노동조합 및 노동관계조정법 제82조 제1항
④ 노동조합 및 노동관계조정법 제83조 제2항
⑤ 지방노동위원회 또는 특별노동위원회의 구제명령 또는 기각결정에 불복이 있는 관계 당사자는 그 명령서 또는 결정서의 송달을 받은 날부터 10일 이내에 중앙노동위원회에 그 재심을 신청할 수 있다(노동조합 및 노동관계조정법 제85조 제1항).

정답 ⑤

20 노동조합 및 노동관계조정법상 부당노동행위에 관한 설명으로 옳지 않은 것은? (다툼이 있으면 판례에 따름)

① 노동조합을 조직하려고 하였다는 이유로 근로자에 대하여 한 부당노동행위에 대하여는 후에 설립된 노동조합은 독자적인 구제신청권을 가지지 않는다.

② 단체협약 등 노사 간 합의에 의한 경우라도 타당한 근거없이 과다하게 책정된 급여를 근로시간 면제자에게 지급하는 사용자의 행위는 부당노동행위가 될 수 있다.

③ 근로자가 노동조합의 업무를 위한 정당한 행위를 한 것을 이유로 그 근로자에게 불이익을 주는 사용자의 행위는 부당노동행위에 해당한다.

④ 특정 근로자가 파업에 참가하였거나 노조활동에 적극적이라는 이유로 해당 근로자에게 연장근로 등을 거부하는 것은 해당 근로자에게 경제적 내지 업무상의 불이익을 주는 행위로서 부당노동행위에 해당할 수 있다.

⑤ 부당노동행위에 대한 사실의 주장 및 증명책임은 부당노동행위임을 주장하는 측에 있다.

해설 ① 노동조합을 조직하려고 하였다는 이유로 근로자에 대하여 한 부당노동행위에 대하여는 후에 설립된 노동조합도 노조법 제40조 제1항에 의하여 독자적인 구제신청권을 가지고 있다고 보아야 한다(대판 1991. 1. 25. 90누4952).

② 근로시간 면제자에게 급여를 지급하는 행위는 특별한 사정이 없는 한 부당노동행위가 되지 않는 것이 원칙이지만, 타당한 근거 없이 과다하게 책정된 급여를 지급하는 행위는 운영비 원조행위에 해당하여 부당노동행위가 될 수 있다(대판 2016. 4. 28. 2014두11137).

③ 노동조합 및 노동관계조정법 제81조 제1호

④ 일반적으로 근로자가 연장 또는 휴일근로를 희망할 경우 회사에서 반드시 이를 허가하여야 할 의무는 없지만, 특정 근로자가 파업에 참가하였거나 노조 활동에 적극적이라는 이유로 해당 근로자에게 연장근로 등을 거부하는 것은 해당 근로자에게 경제적 내지 업무상의 불이익을 주는 행위로서 부당노동행위에 해당할 수 있다(대판 2006. 9. 8. 2006도388).

⑤ 대판 2011. 7. 28. 2009두9574

정답 ①

21 노동조합 및 노동관계조정법상 공익사업 등의 조정에 관한 특칙의 내용으로 옳지 않은 것은?

① 의료사업은 공익사업에 해당한다.

② 방송사업은 필수공익사업에 해당한다.

③ 공익사업의 노동쟁의의 조정을 위하여 노동위원회에 특별조정위원회를 둔다.

④ 특별조정위원회는 특별조정위원 3인으로 구성한다.

⑤ 공익을 대표하는 위원인 특별조정위원이 1인인 경우에는 당해 위원이 특별조정위원회의 위원장이 된다.

해설 ① 노동조합 및 노동관계조정법 제71조 제1항 제3호

② 방송사업은 공인사업에는 해당하지만 필수공익사업에는 해당하지 않는다(노동조합 및 노동관계조정법 제71조 제1항 제5호).

③ 노동조합 및 노동관계조정법 제72조 제1항

④ 노동조합 및 노동관계조정법 제72조 제2항

⑤ 노동조합 및 노동관계조정법 제73조 제2항

정답 ②

22 노동위원회법상 노동위원회에 관한 설명으로 옳은 것은?

① 노동위원회 상임위원은 심판사건을 담당할 수 있으나, 차별적 처우 시정사건을 담당할 수 없다.
② 지방노동위원회 공익위원은 중앙노동위원회 위원장의 제청으로 고용노동부장관이 위촉한다.
③ 노동위원회 처분의 효력은 판정·명령·결정 또는 재심판정을 한 날부터 발생한다.
④ 노동위원회의 사건 처리에 관여한 위원이나 직원 또는 그 위원이었거나 직원이었던 변호사·공인노무사 등은 영리를 목적으로 그 사건에 관한 직무를 하면 아니 된다.
⑤ 차별시정위원회는 「남녀고용평등과 일·가정 양립지원에 관한 법률」「기간제 및 단시간근로자 보호 등에 관한 법률」에 따른 차별적 처우의 시정과 관련된 사항을 처리한다.

해설 ① 상임위원은 해당 노동위원회의 공익위원이 되며, 심판사건, 차별적 처우 시정사건, 조정사건을 담당할 수 있다(노동위원회법 제11조 제2항).
② 지방노동위원회 공익위원은 지방노동위원회 위원장의 제청으로 중앙노동위원회 위원장이 위촉한다(노동위원회법 제6조 제4항 제2호).
③ 노동위원회는 처분 결과를 당사자에게 서면으로 송달하여야 하며, 처분의 효력은 판정서·명령서·결정서 또는 재심판정서를 송달받은 날부터 발생한다(노동위원회법 제17조의2 제2항).
④ 노동위원회의 사건 처리에 관여한 위원이나 직원 또는 그 위원이었거나 직원이었던 변호사·공인노무사 등은 영리를 목적으로 그 사건에 관한 직무를 하면 아니 된다(노동위원회법 제28조 제2항).
⑤ 차별시정위원회는 차별시정담당 공익위원 중 위원장이 지명하는 3명으로 구성하며, 「기간제 및 단시간근로자 보호 등에 관한 법률」, 「파견근로자 보호 등에 관한 법률」, 「산업현장 일학습병행 지원에 관한 법률」 또는 「남녀고용평등과 일·가정 양립 지원에 관한 법률」에 따른 차별적 처우의 시정 등과 관련된 사항을 처리한다(노동위원회법 제15조 제4항).

정답 ④,⑤(시험 시행후의 개정법에 의하면 복수정답이 됨)

23 근로자참여 및 협력증진에 관한 법률상 노사협의회에 관한 설명으로 옳지 않은 것은?

① 노사협의회는 근로자와 사용자를 대표하는 같은 수의 위원으로 구성하되, 각 3명 이상 10명 이하로 한다.
② 노사협의회는 3개월마다 정기적으로 회의를 개최하여야 한다.
③ 노사협의회 의장은 노사 일방의 대표자가 회의의 목적을 문서로 밝혀 회의의 소집을 요구하면 그 요구에 따라야 한다.
④ 노사협의회 회의는 근로자위원과 사용자위원 각 과반수의 출석으로 개최하고 출석위원 과반수의 찬성으로 의결한다.
⑤ 사용자는 각종 노사공동위원회의 설치에 해당하는 사항에 대하여는 노사협의회의 의결을 거쳐야 한다.

해설 ① 근로자참여 및 협력증진에 관한 법률 제6조 제1항
② 근로자참여 및 협력증진에 관한 법률 제12조 제1항
③ 근로자참여 및 협력증진에 관한 법률 제13조 제2항
④ 회의는 근로자위원과 사용자위원 각 과반수의 출석으로 개최하고 출석위원 3분의 2 이상의 찬성으로 의결한다(근로자참여 및 협력증진에 관한 법률 제15조).
⑤ 근로자참여 및 협력증진에 관한 법률 제21조 제5호

정답 ④

24 교원의 노동조합 설립 및 운영에 관한 법률에 관한 설명으로 옳지 않은 것은?

① 교원의 노동조합을 설립하려는 사람은 교육부장관에게 설립신고서를 제출하여야 한다.

② 교원의 노동조합과 그 조합원은 업무의 정상적인 운영을 방해하는 어떠한 쟁의행위도 하여서는 아니 된다.

③ 교원의 노동쟁의를 조정·중재하기 위하여 중앙노동위원회에 교원 노동관계 조정위원회를 둔다.

④ 교원은 임용권자의 허가가 있는 경우에는 노동조합의 업무에만 종사할 수 있다.

⑤ 중앙노동위원회가 제시한 조정안을 당사자의 어느 한쪽이라도 거부한 경우 중앙노동위원회는 중재를 한다.

해설 ① 노동조합을 설립하려는 사람은 고용노동부장관에게 설립신고서를 제출하여야 한다(교원의 노동조합 설립 및 운영에 관한 법률 제4조 제3항).

② 교원의 노동조합 설립 및 운영에 관한 법률 제8조

③ 교원의 노동조합 설립 및 운영에 관한 법률 제11조 제1항

④ 2022년 6월 10일 교원노조법 제5조 제1항이 개정되었다(제5조 참조).

⑤ 교원의 노동조합 설립 및 운영에 관한 법률 제10조 제2호

정답 ①, ④

25 공무원의 노동조합 설립 및 운영 등에 관한 법률에 관한 설명으로 옳지 않은 것은?

① 노동조합과 그 조합원은 정치활동을 하여서는 아니된다.

② 정부교섭대표는 효율적인 교섭을 위하여 필요한 경우 다른 정부교섭대표와 공동으로 교섭하거나, 다른 정부교섭대표에게 교섭 및 단체협약 체결 권한을 위임할 수 있다.

③ 노동조합은 단체교섭을 위하여 노동조합의 대표자와 조합원으로 교섭위원을 구성하여야 한다.

④ 국가와 지방자치단체는 공무원이 전임자임을 이유로 승급이나 그 밖에 신분과 관련하여 불리한 처우를 하여서는 아니된다.

⑤ 단체교섭이 결렬된 경우에는 당사자 어느 한쪽 또는 양쪽은 중앙노동위원회에 조정을 신청 할 수 있고, 조정은 신청을 받은 날부터 15일 이내에 마쳐야 한다.

해설 ① 공무원의 노동조합 설립 및 운영에 관한 법률 제4조

② 공무원의 노동조합 설립 및 운영에 관한 법률 제8조 제3항

③ 공무원의 노동조합 설립 및 운영에 관한 법률 제9조 제1항

④ 공무원의 노동조합 설립 및 운영에 관한 법률 제7조 제4항

⑤ 단체교섭이 결렬된 경우에는 당사자 어느 한쪽 또는 양쪽은 「노동위원회법」 제2조에 따른 중앙노동위원회에 조정을 신청할 수 있다(공무원의 노동조합 설립 및 운영에 관한 법률 제12조 제1항). 조정은 제1항에 따른 조정신청을 받은 날부터 30일 이내에 마쳐야 한다. 다만, 당사자들이 합의한 경우에는 30일 이내의 범위에서 조정기간을 연장할 수 있다(동조 제4항).

정답 ⑤

2020년도 제29회 공인노무사 노동법 (2) 기출문제

01 헌법상 노동3권에 관한 설명으로 옳지 않은 것은? (다툼이 있으면 판례에 따름)

① 근로자는 근로조건의 향상을 위하여 자주적인 단결권·단체교섭권 및 단체행동권을 가진다.
② 공무원인 근로자는 법률이 정하는 자에 한하여 단결권·단체교섭권 및 단체행동권을 가진다.
③ 단체교섭권은 사실행위로서의 단체교섭의 권한 외에 교섭한 결과에 따라 단체협약을 체결할 권한을 포함한다.
④ 법률이 정하는 주요방위산업체에 종사하는 근로자의 단체행동권은 법률이 정하는 바에 의하여 이를 제한할 수 있다.
⑤ 취업활동을 할 수 있는 체류자격을 받지 않은 외국인은 타인과의 사용종속관계하에서 근로를 제공하고 그 대가로 임금 등을 받아 생활하더라도 노동조합에 가입할 수 없다.

해설 ① 근로자는 근로조건의 향상을 위하여 자주적인 단결권·단체교섭권 및 단체행동권을 가진다(헌법 제33조 제1항).
② 공무원인 근로자는 법률이 정하는 자에 한하여 단결권·단체교섭권 및 단체행동권을 가진다(헌법 제33조 제2항).
③ 헌법 제33조 제1항이 "근로자는 근로조건의 향상을 위하여 자주적인 단결권, 단체교섭권, 단체행동권을 가진다."고 규정하여 근로자에게 '단결권, 단체교섭권, 단체행동권'을 기본권으로 보장하는 뜻은 근로자가 사용자와 대등한 지위에서 단체교섭을 통하여 자율적으로 임금 등 근로조건에 관한 단체협약을 체결할 수 있도록 하기 위한 것이다. 비록 헌법이 위 조항에서 '단체협약체결권'을 명시하여 규정하고 있지 않다고 하더라도 근로조건의 향상을 위한 근로자 및 그 단체의 본질적인 활동의 자유인 '단체교섭권'에는 단체협약체결권이 포함되어 있다고 보아야 한다(헌재 1998. 2. 27. 94헌바13·26, 95헌바44(병합)).
④ 법률이 정하는 주요방위산업체에 종사하는 근로자의 단체행동권은 법률이 정하는 바에 의하여 이를 제한하거나 인정하지 아니할 수 있다(헌법 제33조 제3항).
⑤ 노동조합법상 근로자란 타인과의 사용종속관계 하에서 근로를 제공하고 그 대가로 임금 등을 받아 생활하는 사람을 의미하며, 특정한 사용자에게 고용되어 현실적으로 취업하고 있는 사람뿐만 아니라 일시적으로 실업 상태에 있는 사람이나 구직 중인 사람을 포함하여 근로3권을 보장할 필요성이 있는 사람도 여기에 포함되는 것으로 보아야 한다(대판 2004. 2. 27. 2001두8568 ; 대판 2014. 2. 13. 2011다78804 ; 대판 2015. 1. 29. 2012두28247 등 참조). 그리고 출입국관리 법령에서 외국인고용제한규정을 두고 있는 것은 취업자격 없는 외국인의 고용이라는 사실적 행위 자체를 금지하고자 하는 것뿐이지, 나아가 취업자격 없는 외국인이 사실상 제공한 근로에 따른 권리나 이미 형성된 근로관계에 있어서 근로자로서의 신분에 따른 노동관계법상의 제반권리 등의 법률효과까지 금지하려는 것으로 보기는 어렵다(대판 1995. 9. 15. 94누12067 등 참조). 따라서 타인과의 사용종속관계 하에서 근로를 제공하고 그 대가로 임금 등을 받아 생활하는 사람은 노동조합법상 근로자에 해당하고, 노동조합법상의 근로자성이 인정되는 한, 그러한 근로자가 외국인인지 여부나 취업자격의 유무에 따라 노동조합법상 근로자의 범위에 포함되지 아니한다고 볼 수는 없다(대판 2015. 6. 25. 2007두4995).

정답 ⑤

02 우리나라가 비준한 ILO협약을 모두 고른 것은?

ㄱ 강제근로에 관한 협약(제29호)
ㄴ 공업 및 상업부문에서 근로감독에 관한 협약(제81호)
ㄷ 결사의 자유 및 단결권 보호에 관한 협약(제87호)
ㄹ 동일가치에 대한 남녀근로자의 동등보수에 관한 협약(제100호)
ㅁ 가혹한 형태의 아동노동 철폐에 관한 협약(제182호)

① ㄱ, ㄴ, ㄷ ② ㄱ, ㄹ, ㅁ ③ ㄴ, ㄷ, ㅁ
④ ㄴ, ㄹ, ㅁ ⑤ ㄷ, ㄹ, ㅁ

해설 2021. 4. 20. 국제노동기구(ILO) 8개 핵심협약 중 강제노동에 관한 협약(제29호), 결사의 자유 및 단결권 보호에 관한 협약(제87호), 단결권 및 단체교섭권에 대한 원칙의 적용에 관한 협약(제98호)이 비준되어 2022. 4. 20.부터 발효되고 있다. 국제노동기구(ILO) 협약이 비준절차를 거치면 국내법적 효력이 인정되고 법원성이 인정된다. 이제 우리나라는 ILO핵심협약 8개중 7개가 비준되었고, 강제노동 철폐에 관한 협약(제105호)만이 미비준 상태이다.

정답 출제당시에는 ④가 정답이었으나 현재는 비준되어 모두 정답임

03 노동조합 및 노동관계조정법령상 설립신고증을 교부받은 노동조합이 아닌 근로자 단체의 법적 지위에 관한 설명으로 옳지 않은 것은?

① 노동위원회에 노동쟁의의 조정(調停)을 신청할 수 없다.
② 노동조합이라는 명칭을 사용할 수 없다.
③ 단체교섭 거부를 이유로 노동위원회에 부당노동행위의 구제를 신청할 수 있다.
④ 노동위원회의 근로자위원을 추천할 수 없다.
⑤ 노동위원회에 노동쟁의의 중재를 신청할 수 없다.

해설 ①, ③, ⑤ 이 법에 의하여 설립된 노동조합이 아니면 노동위원회에 노동쟁의의 조정 및 부당노동행위의 구제를 신청할 수 없다(노동조합 및 노동관계조정법 제7조 제1항).
② 이 법에 의하여 설립된 노동조합이 아니면 노동조합이라는 명칭을 사용할 수 없다(노동조합 및 노동관계조정법 제7조 제3항).
④ 노동위원회법 제6조 제3항

노동위원회법 제6조
③ 근로자위원은 노동조합이 추천한 사람 중에서, 사용자위원은 사용자단체가 추천한 사람 중에서 다음 각 호의 구분에 따라 위촉한다.
1. 중앙노동위원회: 고용노동부장관의 제청으로 대통령이 위촉
2. 지방노동위원회: 지방노동위원회 위원장의 제청으로 중앙노동위원회 위원장이 위촉

정답 ③

04 노동조합 및 노동관계조정법 제9조(차별대우의 금지)의 규정이다. ( )에 명시되어 있는 내용이 아닌 것은?

> 노동조합의 조합원은 어떠한 경우에도 ( )에 의하여 차별대우를 받지 아니한다.

① 국적 ② 성별 ③ 연령
④ 종교 ⑤ 고용형태

해설 제9조(차별대우의 금지) 노동조합의 조합원은 어떠한 경우에도 인종, 종교, 성별, 연령, 신체적 조건, 고용형태, 정당 또는 신분에 의하여 차별대우를 받지 아니한다.

정답 ①

05 노동조합 및 노동관계조정법령상 교섭단위 결정에 관한 설명으로 옳은 것은?

① 노동위원회는 사용자의 신청을 받아 교섭단위를 분리하는 결정을 할 수 없다.
② 교섭대표노동조합을 결정하여야 하는 단위는 하나의 사업 또는 사업장으로 한다.
③ 사용자가 교섭요구 사실을 공고한 경우에는 교섭대표노동조합이 결정된 날 이후부터 교섭단위 분리 신청을 할 수 없다.
④ 노동위원회는 교섭단위 분리 신청을 받은 날부터 60일 이내에 교섭단위 분리에 관한 결정을 하여야 한다.
⑤ 교섭단위 분리에 관한 노동위원회의 결정에 대하여 중앙노동위원회에 재심을 신청하려는 자는 그 결정서를 송달받은 날로부터 15일 이내에 할 수 있다.

해설 ① 하나의 사업 또는 사업장에서 현격한 근로조건의 차이, 고용형태, 교섭 관행 등을 고려하여 교섭단위를 분리할 필요가 있다고 인정되는 경우에 노동위원회는 노동관계 당사자의 양쪽 또는 어느 한 쪽의 신청을 받아 교섭단위를 분리하는 결정을 할 수 있다(노동조합 및 노동관계조정법 제29조의3 제2항).
② 교섭대표노동조합을 결정하여야 하는 단위(이하 '교섭단위'라 한다)는 하나의 사업 또는 사업장으로 한다(노동조합 및 노동관계조정법 제29조의3 제1항).
③ 노동조합 또는 사용자는 법 제29조의3 제2항에 따라 교섭단위를 분리하여 교섭하려는 경우에는 '사용자가 교섭요구 사실을 공고하기 전, 사용자가 교섭요구 사실을 공고한 경우에는 법 제29조의2에 따른 교섭대표노동조합이 결정된 날 이후'에 해당하는 기간에 노동위원회에 교섭단위 분리의 결정을 신청할 수 있다(노동조합 및 노동관계조정법 시행령 제14조의11 제1항).
④ 노동위원회는 제1항에 따른 신청을 받은 날부터 30일 이내에 교섭단위 분리에 관한 결정을 하고 해당 사업 또는 사업장의 모든 노동조합과 사용자에게 통지하여야 한다(노동조합 및 노동관계조정법 시행령 제14조의11 제3항).
⑤ 노동위원회의 결정에 대한 불복절차 및 효력은 제69조(10일 이내)와 제70조 제2항을 준용한다(노동조합 및 노동관계조정법 제29조의3 제3항).

정답 ②

06 노동조합 및 노동관계조정법상 이해관계인의 신청이 있는 경우에 한하여 행정관청이 노동위원회의 의결을 얻어 시정을 명할 수 있는 경우는?

① 노동조합의 결의 또는 처분이 규약에 위반된다고 인정할 경우
② 노동조합의 결의 또는 처분이 노동관계법령에 위반된다고 인정할 경우
③ 노동조합환 규약이 노동관계법령에 위반한 경우
④ 노동조합의 결의 또는 처분이 단체협약에 위반된다고 인정할 경우
⑤ 노동조합의 규약이 취업규칙에 위반한 경우

해설 행정관청은 노동조합의 결의 또는 처분이 노동관계법령 또는 규약에 위반된다고 인정할 경우에는 노동위원회의 의결을 얻어 그 시정을 명할 수 있다. 다만, 규약위반시의 시정명령은 이해관계인의 신청이 있는 경우에 한한다(노동조합 및 노동관계조정법 제21조 제2항).

정답 ①

07 노동조합 및 노동관계조정법상 근로시간면제심의위원회(이하 "위원회"라 한다)에 관한 설명으로 옳지 않은 것은?

① 근로시간 면제 한도를 정하기 위하여 위원회를 고용노동부에 둔다.
② 근로시간 면제 한도는 위원회가 심의·의결한 바에 따라 고용노동부장관이 고시하되 3년마다 그 적정성 여부를 재심의하여 결정할 수 있다.
③ 위원회는 노동계와 경영계가 추천하는 위원 각 5명, 정부가 추천하는 공익위원 5명으로 구성된다.
④ 위원장은 공익위원 중에서 고용노동부장관이 지명한다.
⑤ 위원회는 재적위원 과반수의 출석과 출석위원 과반수의 찬성으로 의결한다.

해설 ① 근로시간 면제 한도를 정하기 위하여 근로시간면제심의위원회(이하 이 조에서 "위원회"라 한다)를 고용노동부에 둔다(노동조합 및 노동관계조정법 제24조의2 제1항).
② 근로시간 면제 한도는 위원회가 심의·의결한 바에 따라 고용노동부장관이 고시하되, 3년마다 그 적정성여부를 재심의하여 결정할 수 있다(노동조합 및 노동관계조정법 제24조의2 제2항).
③ 위원회는 노동계와 경영계가 추천하는 위원 각 5명, 정부가 추천하는 공익위원 5명으로 구성된다(노동조합 및 노동관계조정법 제24조의2 제3항).
④ 위원장은 공익위원 중에서 위원회가 선출한다(노동조합 및 노동관계조정법 제24조의2 제4항).
⑤ 위원회는 재적위원 과반수의 출석과 출석위원 과반수의 찬성으로 의결한다(노동조합 및 노동관계조정법 제24조의2 제5항).

정답 ④

08 노동조합 및 노동관계조정법상 노동조합의 해산에 관한 설명으로 옳지 않은 것은?

① 규약에서 정한 해산사유가 발생한 경우에 노동조합은 해산한다.
② 노동조합이 합병으로 소멸한 경우에 노동조합은 해산한다.
③ 노동조합의 임원이 없고 노동조합으로서의 활동을 1년 이상 하지 아니한 경우에 노동조합은 해산한다.

④ 노동조합 규약으로 총회에 갈음하는 대의원회를 둔 때에는 대의원회의 해산결의가 있는 경우에 노동조합은 해산한다.
⑤ 노동조합이 분할로 소멸한 경우에 노동조합은 해산한다.

해설 다음의 경우에 해당하면 노동조합은 해산한다(노동조합 및 노동관계조정법 제28조 제1항).

1. 규약에서 정한 해산사유가 발생한 경우
2. 합병 또는 분할로 소멸한 경우
3. 총회 또는 대의원회의 해산결의가 있는 경우
4. 노동조합의 임원이 없고 노동조합으로서의 활동을 1년 이상 하지 아니한 것으로 인정되는 경우로서 행정관청이 노동위원회의 의결을 얻은 경우

 ③

09 노동조합 및 노동관계조정법령상 단체교섭에 관한 설명으로 옳지 않은 것은?

① 교섭대표노동조합의 대표자는 교섭을 요구한 모든 노동조합을 위하여 사용자와 교섭하고 단체협약을 체결할 권한을 가진다.
② 노동조합으로부터 단체교섭에 관한 권한을 위임받은 자는 자유롭게 권한을 행사할 수 있다.
③ 사용자는 단체교섭에 관한 권한을 위임한 때에는 그 사실을 노동조합에게 통보하여야 한다.
④ 노동조합은 해당 사업 또는 사업장에 단체협약이 2개 이상 있는 경우에는 먼저 이르는 단체협약의 유효기간 만료일 이전 3개월이 되는 날부터 사용자에게 교섭을 요구할 수 있다.
⑤ 교섭대표노동조합과 사용자가 교섭창구 단일화 절차에 참여한 노동조합과 그 조합원 간에 합리적 이유없이 차별한 경우에는 노동조합은 그 행위가 있은 날부터 3개월 이내에 노동위원회에 그 시정을 요청할 수 있다.

해설 ① 교섭대표노동조합(이하 "교섭대표노동조합"이라 한다)의 대표자는 교섭을 요구한 모든 노동조합 또는 조합원을 위하여 사용자와 교섭하고 단체협약을 체결할 권한을 가진다(노동조합 및 노동관계조정법 제29조 제2항).
② 노동조합과 사용자 또는 사용자단체로부터 교섭 또는 단체협약의 체결에 관한 권한을 위임받은 자는 그 노동조합과 사용자 또는 사용자단체를 위하여 위임받은 범위안에서 그 권한을 행사할 수 있다(노동조합 및 노동관계조정법 제29조 제3항).
③ 노동조합과 사용자 또는 사용자단체는 제3항에 따라 교섭 또는 단체협약의 체결에 관한 권한을 위임한 때에는 그 사실을 상대방에게 통보하여야 한다(노동조합 및 노동관계조정법 제29조 제4항).
④ 노동조합은 해당 사업 또는 사업장에 단체협약이 있는 경우에는 법 제29조 제1항 또는 제29조의2 제1항에 따라 그 유효기간 만료일 이전 3개월이 되는 날부터 사용자에게 교섭을 요구할 수 있다. 다만, 단체협약이 2개 이상 있는 경우에는 먼저 이르는 단체협약의 유효기간 만료일 이전 3개월이 되는 날부터 사용자에게 교섭을 요구할 수 있다(노동조합 및 노동관계조정법 시행령 제14조의2 제1항).
⑤ 노동조합은 교섭대표노동조합과 사용자가 제1항을 위반하여 차별한 경우에는 그 행위가 있은 날(단체협약의 내용의 일부 또는 전부가 제1항에 위반되는 경우에는 단체협약 체결일을 말한다)부터 3개월 이내에 대통령령으로 정하는 방법과 절차에 따라 노동위원회에 그 시정을 요청할 수 있다(노동조합 및 노동관계조정법 제29조의4 제2항).

 ②

10 **상시 근로자 100명을 고용하고 있는 A사업장에는 갑, 을, 병, 정 노동조합이 설립되어 있으며 각각 26명, 15명, 14명, 5명의 조합원이 가입되어 있다. 정 노동조합을 제외한 갑, 을, 병 3개 의 노동조합이 교섭창구단일화절차에 참여하였다. 사용자가 교섭절차를 거치지 아니하기로 별도로 동의하지 아니한 상황에서 자율적으로 결정하는 기한내에 교섭대표노동조합을 결정하지 못한 경우 교섭대표노동조합이 될 수 없는 것은?**

① 갑, 을, 병의 연합 ② 갑, 병의 연합 ③ 을의 위임을 받은 갑
④ 병의 위임을 받은 을 ⑤ 정의 위임을 받은 갑

해설 ⑤ 기한내에 교섭대표노동조합을 정하지 못하고 제1항 단서에 따른 사용자의 동의를 얻지 못한 경우에는 교섭창구 단일화 절차에 참여한 노동조합의 전체 조합원 과반수로 조직된 노동조합(2개 이상의 노동조합이 위임 또는 연합 등의 방법으로 교섭창구 단일화 절차에 참여한 노동조합 전체 조합원의 과반수가 되는 경우를 포함한다)이 교섭대표노동조합이 된다(노동조합 및 노동관계조정법 제29조의2 제3항). 丁은 교섭창구 단일화 절차에 참여하지 않았으므로 丁의 위임을 받은 甲은 여전히 26명의 조합원 밖에 되지 않는다. 따라서 창구단일화 절차에 참여한 조합원 55명의 과반수가 되지 않아 교섭대표노동조합이 될 수 없다.

 정답 ⑤

노동법 (2)

11 **노동조합 및 노동관계조정법상 단체협약에 관한 설명으로 옳지 않은 것은?**

① 단체협약은 서면으로 작성하여 당사자 쌍방이 서명 또는 날인하여야 한다.
② 단체협약의 당사자는 단체협약의 체결일부터 15일 이내에 이를 행정관청에게 신고하여야 한다.
③ 행정관청은 단체협약중 위법·부당한 내용이 있는 경우에는 노동위원회의 의결을 얻어 그 시정을 명하여야 한다.
④ 단체협약에 정한 근로조건 기타 근로자의 대우에 관한 기준에 위반하는 취업규칙 또는 근로계약의 부분은 무효로 한다.
⑤ 근로계약에 규정되지 아니한 사항은 단체협약에 정한 기준에 의한다.

해설 ① 단체협약은 서면으로 작성하여 당사자 쌍방이 서명 또는 날인하여야 한다(노동조합 및 노동관계조정법 제31조의 제1항).
② 단체협약의 당사자는 단체협약의 체결일부터 15일 이내에 이를 행정관청에게 신고하여야 한다(노동조합 및 노동관계조정법 제31조의 제2항).
③ 행정관청은 단체협약 중 위법한 내용이 있는 경우에는 노동위원회의 의결을 얻어 그 시정을 명할 수 있다(노동조합 및 노동관계조정법 제31조의 제3항).
④ 단체협약에 정한 근로조건 기타 근로자의 대우에 관한 기준에 위반하는 취업규칙 또는 근로계약의 부분은 무효로 한다(노동조합 및 노동관계조정법 제33조의 제1항).
⑤ 근로계약에 규정되지 아니한 사항 또는 제1항의 규정에 의하여 무효로 된 부분은 단체협약에 정한 기준에 의한다(노동조합 및 노동관계조정법 제33조의 제2항).

 정답 ③

12 노동조합 및 노동관계조정법상 쟁의행위에 관한 설명으로 옳지 않은 것은? (다툼이 있으면 판례에 따름)

① 쟁의행위 자체의 정당성과 이를 구성하거나 부수되는 개개의 행위의 정당성은 구별되어야 하므로 일부 소수의 근로자가 폭력행위 등의 위법행위를 하였다고 하더라도 전체로서의 쟁의행위가 위법하게 되는 것은 아니다.

② 노동위원회는 사업장의 안전보호시설에 대하여 정상적인 유지·운영을 정지·폐지 또는 방해하는 쟁의행위에 해당한다고 인정하는 경우 직권으로 그 행위를 중지할 것을 통보하여야 한다.

③ 노동조합은 쟁의행위가 적법하게 수행될 수 있도록 지도·관리·통제할 책임이 있다.

④ 근로자는 쟁의행위 기간중에는 현행범외에는 노동조합 및 노동관계조정법 위반을 이유로 구속되지 아니한다.

⑤ 쟁의행위는 그 쟁의행위와 관계없는 자 또는 근로를 제공하고자 하는 자의 출입·조업 기타 정상적인 업무를 방해하는 방법으로 행하여져서는 아니되며 쟁의행위의 참가를 호소하거나 설득하는 행위로서 폭행·협박을 사용하여서는 아니된다.

해설 ① 당해 쟁의행위 자체의 정당성과 이를 구성하거나 부수되는 개개의 행위의 정당성은 구별되어야 하므로 일부 소수의 근로자가 폭력행위 등의 위법행위를 하였다고 하더라도 전체로서의 쟁의행위가 위법하게 되는 것은 아니다(대판 2003. 12. 26.2003두8906).

② 행정관청은 쟁의행위가 제2항의 행위에 해당한다고 인정하는 경우에는 노동위원회의 의결을 얻어 그 행위를 중지할 것을 통보하여야 한다(노동조합 및 노동관계조정법 제42조의 제3항).

③ 노동조합은 쟁의행위가 적법하게 수행될 수 있도록 지도·관리·통제할 책임이 있다(노동조합 및 노동관계조정법 제38조 제3항).

④ 근로자는 쟁의행위 기간중에는 현행범외에는 이 법 위반을 이유로 구속되지 아니한다(노동조합 및 노동관계조정법 제39조).

⑤ 쟁의행위는 그 쟁의행위와 관계없는 자 또는 근로를 제공하고자 하는 자의 출입·조업 기타 정상적인 업무를 방해하는 방법으로 행하여져서는 아니되며 쟁의행위의 참가를 호소하거나 설득하는 행위로서 폭행·협박을 사용하여서는 아니된다(노동조합 및 노동관계조정법 제38조 제1항).

정답 ②

13 노동조합 및 노동관계조정법상 필수유지업무에 관한 설명으로 옳지 않은 것은? (다툼이 있으면 판례에 따름)

① 필수유지업무란 필수공익사업의 업무 중 그 업무가 정지되거나 폐지되는 경우 공중의 생명·건강 또는 신체의 안전이나 공중의 일상생활을 현저히 위태롭게 하는 업무로서 대통령령이 정하는 업무를 말한다.

② 노동관계 당사자는 필수유지업무의 필요 최소한의 유지·운영 수준, 대상직무 및 필요인원 등을 정한 협정을 서면으로 체결하여야 한다.

③ 필수유지업무협정에는 노동관계 당사자 쌍방이 서명 또는 날인하여야 한다.

④ 노동관계 당사자 쌍방 또는 일방은 필수유지업무협정이 체결되지 아니하는 때에는 노동위원회에 필수유지업무의 필요 최소한의 유지·운영 수준, 대상직무 및 필요인원 등의 결정을 신청하여야 한다.

⑤ 필수유지업무가 공중의 생명·건강 또는 신체의 안전이나 공중의 일상생활을 현저히 위태롭게 하는 업무라 하더라도 다른 업무 영역의 근로자보다 쟁의권 행사에 더 많은 제한을 가하는 것은 평등원칙에 위반된다.

해설 ① 이 법에서 "필수유지업무"라 함은 제71조 제2항의 규정에 따른 필수공익사업의 업무 중 그 업무가 정지되거나 폐지되는 경우 공중의 생명·건강 또는 신체의 안전이나 공중의 일상생활을 현저히 위태롭게 하는 업무로서 대통령령이 정하는 업무를 말한다(노동조합 및 노동관계조정법 제42조의2 제1항).

②, ③ 노동관계 당사자는 쟁의행위기간 동안 필수유지업무의 정당한 유지·운영을 위하여 필수유지업무의 필요 최소한의 유지·운영 수준, 대상직무 및 필요인원 등을 정한 협정(이하 "필수유지업무협정"이라 한다)을 서면으로 체결하여야 한다. 이 경우 필수유지업무협정에는 노동관계 당사자 쌍방이 서명 또는 날인하여야 한다(노동조합 및 노동관계조정법 제42조의3).

④ 노동관계 당사자 쌍방 또는 일방은 필수유지업무협정이 체결되지 아니하는 때에는 노동위원회에 필수유지업무의 필요 최소한의 유지·운영 수준, 대상직무 및 필요인원 등의 결정을 신청하여야 한다(노동조합 및 노동관계조정법 제42조의4 제1항).

⑤ 근로자의 단체행동권을 보장하기 위해 어느 정도는 노사의 다툼 사이에서 일반 국민이 일정한 고통을 감수할 수밖에 없다고 하더라도 그러한 감수가 국민의 생명이나 신체의 안전 등을 위협하도록 하여서는 안될 것인바, 이 사건 필수유지업무는 필수공익사업 중 그 업무가 정지되거나 폐지되는 경우 공중의 생명·건강 또는 신체의 안전이나 공중의 일상생활을 현저히 위태롭게 하는 업무이므로 이에 대한 쟁의권 행사는 그 영향이 치명적일 수밖에 없다는 점에서 다른 업무 영역의 근로자보다 쟁의권 행사에 더 많은 제한을 가한다고 하더라도 그 차별의 합리성이 인정된다 할 것이다. 따라서 이 사건 필수유지업무에 대한 쟁의권제한이 평등원칙을 위반하고 있다고 보기 어렵다(헌재 2011. 12. 29. 2010헌바385 등).

 ⑤

노동법 (2)

14 노동조합 및 노동관계조정법령상 사용자의 채용제한에 관한 내용으로 옳지 않은 것은?

① 사용자는 쟁의행위 기간중 그 쟁의행위로 중단된 업무를 도급 또는 하도급 줄 수 없다.
② 필수공익사업의 사용자는 쟁의행위 기간 중에 한하여 당해 사업과 관계없는 자를 채용 또는 대체할 수 있다.
③ 필수공익사업의 경우 사용자는 당해 사업 또는 사업장 파업참가자의 100분의 50을 초과하지 않는 범위 안에서 도급 또는 하도급 줄 수 있다.
④ 필수공익사업의 사업 또는 사업장 파업참가자수는 근로의무가 있는 근로시간 중 파업참가를 이유로 근로의 일부 또는 전부를 제공하지 아니한 자의 수를 7일 단위로 산정한다.
⑤ 사용자는 쟁의행위 기간중 그 쟁의행위로 중단된 업무의 수행을 위하여 당해 사업과 관계없는 자를 채용 또는 대체할 수 없다.

해설 ① 사용자는 쟁의행위 기간중 그 쟁의행위로 중단된 업무를 도급 또는 하도급 줄 수 없다(노동조합 및 노동관계조정법 제43조 제2항).

② 제1항 및 제2항의 규정은 필수공익사업의 사용자가 쟁의행위 기간 중에 한하여 당해 사업과 관계없는 자를 채용 또는 대체하거나 그 업무를 도급 또는 하도급 주는 경우에는 적용하지 아니한다(노동조합 및 노동관계조정법 제43조 제3항).

③ 제3항의 경우 사용자는 당해 사업 또는 사업장 파업참가자의 100분의 50을 초과하지 않는 범위 안에서 채용 또는 대체하거나 도급 또는 하도급 줄 수 있다(노동조합 및 노동관계조정법 제43조 제4항).

④ 법 제43조 제4항 후단에 따른 파업참가자 수는 근로의무가 있는 근로시간 중 파업 참가를 이유로 근로의 일부 또는 전부를 제공하지 아니한 자의 수를 1일 단위로 산정한다(노동조합 및 노동관계조정법 시행령 제22조의4 제1항).

⑤ 사용자는 쟁의행위 기간 중 그 쟁의행위로 중단된 업무의 수행을 위하여 당해 사업과 관계없는 자를 채용 또는 대체할 수 없다(노동조합 및 노동관계조정법 제43조 제1항).

 ④

15 노동조합 및 노동관계조정법상 쟁의행위에 관한 설명으로 옳지 않은 것은? (다툼이 있으면 판례에 따름)

① 직장폐쇄는 사용자의 쟁의행위로서 노동조합이 쟁의행위를 개시하기 전에도 직장폐쇄를 할 수 있다.

② 노동조합은 쟁의행위 기간에 대한 임금의 지급을 요구하여 이를 관철할 목적으로 쟁의행위를 하여서는 아니된다.

③ 근로자가 쟁의행위를 중단하고 진정으로 업무에 복귀할 의사를 표시하였음에도 사용자가 직장폐쇄를 계속 유지하면서 근로자의 쟁의행위에 대한 방어적인 목적에서 벗어나 공격적 직장폐쇄의 성격으로 변질된 경우에는 그 이후의 직장폐쇄는 정당성을 상실한다.

④ 사용자는 쟁의행위에 참가하여 근로를 제공하지 아니한 근로자에 대하여는 그 기간 중의 임금을 지급할 의무가 없다.

⑤ 쟁의행위는 그 조합원의 직접·비밀·무기명투표에 의한 조합원 과반수의 찬성으로 결정하지 아니하면 이를 행할 수 없다.

해설 ① 사용자는 노동조합이 쟁의행위를 개시한 이후에만 직장폐쇄를 할 수 있다(노동조합 및 노동관계조정법 제46조 제1항).

② 노동조합은 쟁의행위 기간에 대한 임금의 지급을 요구하여 이를 관철할 목적으로 쟁의행위를 하여서는 아니된다(노동조합 및 노동관계조정법 제44조 제2항).

③ 근로자의 쟁의행위 등 구체적인 사정에 비추어 직장폐쇄의 개시 자체는 정당하더라도 어느 시점 이후에 근로자가 쟁의행위를 중단하고 진정으로 업무에 복귀할 의사를 표시하였음에도 사용자가 직장폐쇄를 계속 유지함으로써 근로자의 쟁의행위에 대한 방어적인 목적에서 벗어나 공격적 직장폐쇄로 성격이 변질되었다고 볼 수 있는 경우에는 그 이후의 직장폐쇄는 정당성을 상실하게 되므로, 사용자는 그 기간 동안의 임금에 대해서는 지불의무를 면할 수 없다. 그리고 노동조합이 쟁의행위를 하기 위해서는 투표를 거쳐 조합원 과반수의 찬성을 얻어야 하고(노동조합 및 노동관계조정법 제41조 제1항) 사용자의 직장폐쇄는 노동조합의 쟁의행위에 대한 방어수단으로 인정되는 것이므로, 근로자가 업무에 복귀하겠다는 의사 역시 일부근로자들이 개별적·부분적으로 밝히는 것만으로는 부족하다. 복귀 의사는 반드시 조합원들의 찬반투표를 거쳐 결정되어야 하는 것은 아니지만 사용자가 경영의 예측가능성과 안정을 이룰 수 있는 정도로 집단적·객관적으로 표시되어야 한다(대판 2017. 4. 7. 2013다101425).

④ 사용자는 쟁의행위에 참가하여 근로를 제공하지 아니한 근로자에 대하여는 그 기간중의 임금을 지급할 의무가 없다(노동조합 및 노동관계조정법 제44조 제1항).

⑤ 노동조합의 쟁의행위는 그 조합원의 직접·비밀·무기명투표에 의한 조합원 과반수의 찬성으로 결정하지 아니하면 이를 행할 수 없다(노동조합 및 노동관계조정법 제41조 제1항).

 ①

16 노동조합 및 노동관계조정법상 노동쟁의의 조정(調停)에 관한 설명으로 옳지 않은 것은?

① 노동위원회는 관계 당사자의 일방이 노동쟁의의 조정을 신청한 때에는 지체없이 조정을 개시하여야 하며 관계 당사자 쌍방은 이에 성실히 임하여야 한다.

② 조정은 그 신청이 있은 날부터 일반사업에 있어서는 10일 이내에, 공익사업에 있어서는 15일 이내에 종료하여야 한다.

③ 근로자를 대표하는 조정위원은 사용자가 추천하는 당해 노동위원회의 위원중에서 그 노동위원회의 위원장이 지명하여야 한다.

④ 노동위원회는 관계 당사자 쌍방의 신청이 있거나 관계 당사자 쌍방의 동의를 얻은 경우에는 조정위원회에 갈음하여 단독조정인에게 조정을 행하게 할 수 있다.

⑤ 조정위원회의 조정안의 해석 또는 이행방법에 관한 견해가 제시되기 전이라도 관계 당사자는 당해 조정안의 해석 또는 이행에 관하여 쟁의행위를 할 수 있다.

해설 ① 노동위원회는 관계 당사자의 일방이 노동쟁의의 조정을 신청한 때에는 지체없이 조정을 개시하여야 하며 관계 당사자 쌍방은 이에 성실히 임하여야 한다(노동조합 및 노동관계조정법 제53조 제1항).
② 조정은 제53조의 규정에 의한 조정의 신청이 있은 날부터 일반사업에 있어서는 10일, 공익사업에 있어서는 15일 이내에 종료하여야 한다(노동조합 및 노동관계조정법 제54조 제1항).
③ 조정위원은 당해 노동위원회의 위원중에서 사용자를 대표하는 자, 근로자를 대표하는 자 및 공익을 대표하는 자 각 1인을 그 노동위원회의 위원장이 지명하되, 근로자를 대표하는 조정위원은 사용자가, 사용자를 대표하는 조정위원은 노동조합이 각각 추천하는 노동위원회의 위원중에서 지명하여야 한다. 다만, 조정위원회의 회의 3일전까지 관계 당사자가 추천하는 위원의 명단제출이 없을 때에는 당해 위원을 위원장이 따로 지명할 수 있다(노동조합 및 노동관계조정법 제55조 제3항).
④ 노동위원회는 관계 당사자 쌍방의 신청이 있거나 관계 당사자 쌍방의 동의를 얻은 경우에는 조정위원회에 갈음하여 단독조정인에게 조정을 행하게 할 수 있다(노동조합 및 노동관계조정법 제57조 제1항).
⑤ 제3항 및 제4항의 해석 또는 이행방법에 관한 견해가 제시될 때까지는 관계 당사자는 당해 조정안의 해석 또는 이행에 관하여 쟁의행위를 할 수 없다(노동조합 및 노동관계조정법 제60조 제5항).

 ⑤

17 노동조합 및 노동관계조정법상 노동쟁의의 중재에 관한 설명으로 옳은 것은?

① 노동쟁의의 조정(調整)에서 사적 중재는 허용되지 않는다.
② 중재재정은 서면으로 작성하여 이를 행하며 그 서면에는 효력발생 기일을 명시하여야 한다.
③ 중재위원회 위원장은 중재위원 중에서 당해 노동동위원회 위원장이 지명한다.
④ 노동쟁의가 중재에 회부된 때에는 그 날부터 30일간은 쟁의행위를 할 수 없다.
⑤ 노동위원회의 중재재정은 중앙노동위원회에의 재심신청 또는 행정소송의 제기에 의하여 그 효력이 정지된다.

해설 ① 제2절 및 제3절의 규정은 노동관계 당사자가 쌍방의 합의 또는 단체협약이 정하는 바에 따라 각각 다른 조정 또는 중재방법(이하 이 조에서 '사적조정 등'이라 한다)에 의하여 노동쟁의를 해결하는 것을 방해하지 아니한다(노동조합 및 노동관계조정법 제52조 제1항).
② 중재재정은 서면으로 작성하여 이를 행하며 그 서면에는 효력발생 기일을 명시하여야 한다(노동조합 및 노동관계조정법 제68조 제1항).
③ 중재위원회에 위원장을 둔다. 위원장은 중재위원중에서 호선한다(노동조합 및 노동관계조정법 제65조).
④ 노동쟁의가 중재에 회부된 때에는 그 날부터 15일간은 쟁의행위를 할 수 없다(노동조합 및 노동관계조정법 제52조 제1항).
⑤ 노동위원회의 중재재정 또는 재심결정은 제69조 제1항 및 제2항의 규정에 따른 중앙노동위원회에의 재심신청 또는 행정소송의 제기에 의하여 그 효력이 정지되지 아니한다(노동조합 및 노동관계조정법 제70조 제2항).

 ②

18 노동조합 및 노동관계조정법상 긴급조정에 관한 설명으로 옳지 않은 것은?

① 고용노동부장관은 쟁의행위가 공익사업에 관한 것이거나 그 규모가 크거나 그 성질이 특별한 것으로서 현저히 국민경제를 해하거나 국민의 일상생활을 위태롭게 할 위험이 현존하는 때에는 긴급조정의 결정을 할 수 있다.

② 고용노동부장관은 긴급조정을 결정한 때에는 지체없이 그 이유를 붙여 이를 공표함과 동시에 중앙노동위원회와 관계당사자에게 각각 통고하여야 한다.

③ 관계 당사자는 긴급조정의 결정이 공표된 때에는 즉시 쟁의행위를 중지하여야 하며, 공표일부터 30일이 경과하지 아니하면 쟁의행위를 재개할 수 없다.

④ 중앙노동위원회의 위원장은 긴급조정이 성립될 가망이 없다고 인정한 경우에는 관계 당사자의 의견을 들어 그 사건을 중재에 회부할 것인가의 여부를 결정하여야 한다.

⑤ 중앙노동위원회의 위원장이 중재회부의 결정을 한 때에는 중앙노동위원회는 지체없이 중재를 행하여야 한다.

해설 ① 고용노동부장관은 쟁의행위가 공익사업에 관한 것이거나 그 규모가 크거나 그 성질이 특별한 것으로서 현저히 국민경제를 해하거나 국민의 일상생활을 위태롭게 할 위험이 현존하는 때에는 긴급조정의 결정을 할 수 있다(노동조합 및 노동관계조정법 제76조 제1항).

② 고용노동부장관은 제1항 및 제2항의 규정에 의하여 긴급조정을 결정한 때에는 지체없이 그 이유를 붙여 이를 공표함과 동시에 중앙노동위원회와 관계 당사자에게 각각 통고하여야 한다(노동조합 및 노동관계조정법 제76조 제3항).

③ 관계 당사자는 제76조 제3항의 규정에 의한 긴급조정의 결정이 공표된 때에는 즉시 쟁의행위를 중지하여야 하며, 공표일부터 30일이 경과하지 아니하면 쟁의행위를 재개할 수 없다(노동조합 및 노동관계조정법 제77조).

④ 중앙노동위원회의 위원장은 제78조의 규정에 의한 조정이 성립될 가망이 없다고 인정한 경우에는 공익위원의 의견을 들어 그 사건을 중재에 회부할 것인가의 여부를 결정하여야 한다(노동조합 및 노동관계조정법 제79조 제1항).

⑤ 중앙노동위원회는 당해 관계 당사자의 일방 또는 쌍방으로부터 중재신청이 있거나 제79조의 규정에 의한 중재회부의 결정을 한 때에는 지체없이 중재를 행하여야 한다(노동조합 및 노동관계조정법 제80조).

정답 ④

19 노동조합 및 노동관계조정법령상 부당노동행위에 관한 설명으로 옳지 않은 것은? (다툼이 있으면 판례에 따름)

① 사용자가 근로자를 해고함에 있어서 표면적으로 내세우는 해고사유와는 달리 실질적으로 근로자의 정당한 조합활동을 이유로 해고한 것으로 인정되는 경우에는 그 해고는 부당노동행위라고 보아야 한다.

② 근로자에 대한 인사고과가 상여금의 지급기준이 되는 사업장에서 사용자가 특정 노동조합의 조합원이라는 이유로 다른 노동조합의 조합원 또는 비조합원보다 불리하게 인사고과를 하여 상여금을 적게 지급하는 불이익을 주었다면 그러한 사용자의 행위도 부당노동행위에 해당할 수 있다.

③ 지배·개입으로서의 부당노동행위가 성립하기 위해서는 근로자의 단결권의 침해라는 결과의 발생을 요한다.

④ 노동조합의 자주성을 저해하거나 저해할 위험이 현저하지 않은 운영비 원조 행위를 부당노동행위로 규제하는 것은 헌법에 합치되지 아니한다.

⑤ 단체협약 등 노사 간 합의에 의한 경우라도 타당한 근거 없이 과다하게 책정된 급여를 근로시간 면제자에게 지급하는 사용자의 행위는 부당노동행위가 될 수 있다.

해설 ① 사용자가 근로자를 해고함에 있어서 표면적으로 내세우는 해고사유와는 달리 실질적으로는 근로자의 정당한 노동조합 활동을 이유로 해고한 것으로 인정되는 경우에 있어서는 그 해고는 부당노동행위라고 보아야 할 것이고, 근로자의 노동조합 업무를 위한 정당한 행위를 실질적인 해고사유로 한 것인지의 여부는 사용자측이 내세우는 해고사유와 근로자가 한 노동조합 업무를 위한 정당한 행위의 내용, 해고를 한 시기, 사용자와 노동조합과의 관계, 동종의 사례에 있어서 조합원과 비조합원에 대한 제재의 불균형 여부, 종래 관행에의 부합 여부, 사용자의 조합원에 대한 언동이나 태도, 기타 부당노동행위 의사의 존재를 추정할 수 있는 제반 사정 등을 비교 검토하여 판단하여야 한다(대판 2000. 4. 11. 99두2963).
② 근로자에 대한 인사고과가 상여금의 지급기준이 되는 사업장에서 사용자가 특정 노동조합의 조합원이라는 이유로 다른 노동조합의 조합원 또는 비조합원보다 불리하게 인사고과를 하여 상여금을 적게 지급하는 불이익을 주었다면 그러한 사용자의 행위도 부당노동행위에 해당할 수 있다(대판 2018. 12. 27. 2017두47311).
③ 노조법 제81조 제4호의 지배·개입의 성립은 조합활동에 대한 사용자의 개입 내지 간섭행위가 존재하면 인정되는 것이고, 그러한 사용자의 행위로 인하여 일정한 단결권의 침해의 현실적인 결과 내지 손해가 반드시 발생해야 하는 것은 아니다(대판 1997. 5. 7. 96누2057).
④ 운영비 원조 행위가 노동조합의 자주성을 저해할 위험이 없는 경우에는 이를 금지하더라도 위와 같은 입법목적의 달성에 아무런 도움이 되지 않는다. 그런데 운영비원조금지조항은 단서에서 정한 두 가지 예외를 제외한 일체의 운영비 원조 행위를 금지함으로써 노동조합의 자주성을 저해할 위험이 없는 경우까지 금지하고 있으므로, 입법목적 달성을 위한 적합한 수단이라고 볼 수 없다. 사용자의 노동조합에 대한 운영비 원조에 관한 사항은 대등한 지위에 있는 노사가 자율적으로 협의하여 정하는 것이 근로3권을 보장하는 취지에 가장 부합한다. 따라서 운영비 원조 행위에 대한 제한은 실질적으로 노동조합의 자주성이 저해되었거나 저해될 위험이 현저한 경우에 한하여 이루어져야 한다. 그럼에도 불구하고 운영비원조금지조항은 단서에서 정한 두 가지 예외를 제외한 일체의 운영비 원조 행위를 금지하고 있으므로, 그 입법목적 달성을 위해서 필요한 범위를 넘어서 노동조합의 단체교섭권을 과도하게 제한한다. 운영비원조금지조항으로 인하여 오히려 노동조합의 활동이 위축되거나 노동조합과 사용자가 우호적이고 협력적인 관계를 맺기 위해서 대등한 지위에서 운영비 원조를 협의할 수 없게 되는데, 이는 실질적 노사자치를 구현하고자 하는 근로3권의 취지에도 반한다(헌재 2018. 5. 31. 2012헌바90).
⑤ 단순히 노동조합의 업무에만 종사하는 근로자(이하 '노조전임자'라 한다)에 불과할 뿐 근로시간 면제 대상으로 지정된 근로자(이하 '근로시간 면제자'라 한다)로 지정된 바 없는 근로자에게 급여를 지원하는 행위는 그 자체로 부당노동행위가 되지만, 근로시간 면제자에게 급여를 지급하는 행위는 특별한 사정이 없는 한 부당노동행위가 되지 않는 것이 원칙이다. 다만 근로시간 면제자로 하여금 근로제공의무가 있는 근로시간을 면제받아 경제적인 손실 없이 노동조합 활동을 할 수 있게 하려는 근로시간 면제 제도 본연의 취지에 비추어 볼 때, 근로시간 면제자에게 지급하는 급여는 근로제공의무가 면제되는 근로시간에 상응하는 것이어야 한다. 그러므로 단체협약 등 노사 간 합의에 의한 경우라도 타당한 근거 없이 과다하게 책정된 급여를 근로시간 면제자에게 지급하는 사용자의 행위는 노동조합 및 노동관계조정법 제81조 제4호 단서에서 허용하는 범위를 벗어나는 것으로서 노조전임자 급여 지원 행위나 노동조합 운영비 원조 행위에 해당하는 부당노동행위가 될 수 있다(대판 2016. 4. 28. 2014두11137).

정답 ③

20 노동조합 및 노동관계조정법상 필수공익사업에 해당하는 것을 모두 고른 것은?

㉠ 도시철도사업	㉡ 공중위생사업	㉢ 혈액공급사업
㉣ 방송사업	㉤ 은행사업	㉥ 석유공급사업

① ㉠, ㉡, ㉢　② ㉠, ㉢, ㉥　③ ㉠, ㉤, ㉥
④ ㉡, ㉢, ㉣　⑤ ㉢, ㉤, ㉥

노동법 (2)

해설 필수공익사업은 다음과 같다(노동조합 및 노동관계조정법 제71조 제2항).

1. 철도사업, 도시철도사업 및 항공운수사업
2. 수도사업, 전기사업, 가스사업, 석유정제사업 및 석유공급사업
3. 병원사업 및 혈액공급사업
4. 한국은행사업
5. 통신사업

정답 ②

21 노동조합 및 노동관계조정법상 부당노동행위 구제에 관한 설명으로 옳지 않은 것은?

① 지방노동위원회의 구제명령 또는 기각결정에 불복이 있는 관계 당사자는 그 명령서 또는 결정서의 송달을 받은 날부터 10일 이내에 중앙노동위원회에 그 재심을 신청할 수 있다.

② 중앙노동위원회의 재심판정에 대하여 관계 당사자는 그 재심판정서의 송달을 받은 날부터 15일 이내에 행정소송법이 정하는 바에 의하여 소를 제기할 수 있다.

③ 노동위원회의 판정·명령 및 결정은 서면으로 하되 이를 당해 사용자와 신청인에게 각각 교부하여야 한다.

④ 사용자가 행정소송을 제기한 경우 관할법원은 노동조합의 신청에 의하여 결정으로써, 판결이 확정될 때까지 중앙노동위원회의 구제명령의 전부 또는 일부를 이행하도록 명할 수 있다.

⑤ 노동위원회의 구제명령·기각결정 또는 재심판정은 중앙노동위원회에의 재심신청이나 행정소송의 제기에 의하여 효력이 정지되지 아니한다.

해설 ① 지방노동위원회 또는 특별노동위원회의 구제명령 또는 기각결정에 불복이 있는 관계 당사자는 그 명령서 또는 결정서의 송달을 받은 날부터 10일 이내에 중앙노동위원회에 그 재심을 신청할 수 있다(노동조합 및 노동관계조정법 제85조 제1항).

② 제1항의 규정에 의한 중앙노동위원회의 재심판정에 대하여 관계 당사자는 그 재심판정서의 송달을 받은 날부터 15일 이내에 행정소송법이 정하는 바에 의하여 소를 제기할 수 있다(노동조합 및 노동관계조정법 제85조 제2항).

③ 제1항의 규정에 의한 판정·명령 및 결정은 서면으로 하되, 이를 당해 사용자와 신청인에게 각각 교부하여야 한다(노동조합 및 노동관계조정법 제84조 제2항).

④ 사용자가 제2항의 규정에 의하여 행정소송을 제기한 경우에 관할법원은 중앙노동위원회의 신청에 의하여 결정으로써, 판결이 확정될 때까지 중앙노동위원회의 구제명령의 전부 또는 일부를 이행하도록 명할 수 있으며, 당사자의 신청에 의하여 또는 직권으로 그 결정을 취소할 수 있다(노동조합 및 노동관계조정법 제85조 제5항).

⑤ 노동위원회의 구제명령·기각결정 또는 재심판정은 제85조의 규정에 의한 중앙노동위원회에의 재심신청이나 행정소송의 제기에 의하여 그 효력이 정지되지 아니한다(노동조합 및 노동관계조정법 제86조).

정답 ④

22 교원의 노동조합 설립 및 운영 등에 관한 법률의 내용으로 옳지 않은 것은?

① 노동조합을 설립하려는 사람은 고용노동부장관에게 설립신고서를 제출하여야 한다.
② 노동조합의 대표자는 그 노동조합 또는 조합원의 임금, 근무 조건, 후생복지 등 경제적·사회적 지위 향상에 관하여 교육부장관, 시·도 교육감과 교섭하고 단체협약을 체결할 권한을 가진다.
③ 노동조합의 대표자가 사립학교 설립·경영자와 교섭하고 단체협약을 체결할 경우 사립학교 설립·경영자가 개별적으로 교섭에 응하여야 한다.
④ 노동조합의 교섭위원은 해당 노동조합의 대표자와 그 조합원으로 구성하여야 한다.
⑤ 단체교섭을 하거나 단체협약을 체결하는 경우에 관계 당사자는 국민여론과 학부모의 의견을 수렴하여 성실하게 교섭하고 단체협약을 체결하여야 한다.

해설 ① 노동조합을 설립하려는 사람은 고용노동부장관에게 설립신고서를 제출하여야 한다(교원의 노동조합 설립 및 운영에 관한 법률 제4조 제2항).
② 노동조합의 대표자는 그 노동조합 또는 조합원의 임금, 근무 조건, 후생복지 등 경제적·사회적 지위 향상에 관하여 교육부장관, 시·도 교육감 또는 사립학교 설립·경영자와 교섭하고 단체협약을 체결할 권한을 가진다(교원의 노동조합 설립 및 운영에 관한 법률 제6조 제1항).
③ 이 경우 사립학교는 사립학교 설립·경영자가 전국 또는 시·도 단위로 연합하여 교섭에 응하여야 한다(교원의 노동조합 설립 및 운영에 관한 법률 제6조 제1항).
④ 노동조합의 교섭위원은 해당 노동조합의 대표자와 그 조합원으로 구성하여야 한다(교원의 노동조합 설립 및 운영에 관한 법률 제6조 제2항).
⑤ 단체교섭을 하거나 단체협약을 체결하는 경우에 관계 당사자는 국민여론과 학부모의 의견을 수렴하여 성실하게 교섭하고 단체협약을 체결하여야 하며, 그 권한을 남용하여서는 아니 된다(교원의 노동조합 설립 및 운영에 관한 법률 제4조 제4항).

정답 ③

23 공무원의 노동조합 설립 및 운영 등에 관한 법률의 내용으로 옳지 않은 것은?

① 노동조합과 그 조합원은 정치활동을 하여서는 아니 되며, 파업, 태업 또는 그 밖에 업무의 정상적인 운영을 방해하는 일체의 행위를 하여서는 아니 된다.
② 교정·수사 또는 그 밖에 이와 유사한 업무에 종사하는 공무원은 노동조합에 가입할 수 없다.
③ 공무원은 임용권자의 동의를 받아 노동조합의 업무에만 종사할 수 있으며, 동의를 받아 노동조합의 업무에만 종사하는 사람에 대하여는 그 기간 중 휴직명령을 하여야 한다.
④ 국가와 지방자치단체는 전임자에게 그 전임기간 중 보수를 지급하여서는 아니 되나, 근로시간 면제한도를 초과하지 아니하는 범위에서 임금의 손실 없이 노동조합의 유지·관리업무를 담당하게 할 수 있다.
⑤ 단체협약의 내용 중 법령·조례 또는 예산에 의하여 규정되는 내용과 법령 또는 조례에 의하여 위임을 받아 규정되는 내용은 단체협약으로서의 효력을 가지지 아니한다.

해설 ① 노동조합과 그 조합원은 정치활동을 하여서는 아니 된다(공무원의 노동조합 설립 및 운영에 관한 법률 제4조). 노동조합과 그 조합원은 파업, 태업 또는 그 밖에 업무의 정상적인 운영을 방해하는 일체의 행위를 하여서는 아니 된다(공무원의 노동조합 설립 및 운영에 관한 법률 제11조).
② 공무원의 노동조합 설립 및 운영에 관한 법률 제6조 제2항 제3호

다음 각 호의 어느 하나에 해당하는 공무원은 노동조합에 가입할 수 없다.
1. 다른 공무원에 대하여 지휘·감독권을 행사하거나 다른 공무원의 업무를 총괄하는 업무에 종사하는 공무원
2. 인사·보수에 관한 업무를 수행하는 공무원 등 노동조합과의 관계에서 행정기관의 입장에서 업무를 수행하는 공무원
3. 교정·수사 또는 그 밖에 이와 유사한 업무에 종사하는 공무원
4. 업무의 주된 내용이 노동관계의 조정·감독 등 노동조합의 조합원 지위를 가지고 수행하기에 적절하지 아니하다고 인정되는 업무에 종사하는 공무원

③ 제1항에 따른 동의를 받아 노동조합의 업무에만 종사하는 사람[이하 '전임자'(專任者)라 한다]에 대하여는 그 기간 중 「국가공무원법」 제71조 또는 「지방공무원법」 제63조에 따라 휴직명령을 하여야 한다(공무원의 노동조합 설립 및 운영에 관한 법률 제7조 제2항).
④ 국가와 지방자치단체는 전임자에게 그 전임기간 중 보수를 지급하여서는 아니 된다(공무원의 노동조합설립 및 운영에 관한 법률 제7조 제3항). 노동조합 및 노동관계조정법 제24조(노조전임자)는 이 법에 따른 노동조합에 대하여는 적용하지 아니한다(공무원의 노동조합 설립 및 운영에 관한 법률 제17조).
⑤ 제9조에 따라 체결된 단체협약의 내용 중 법령·조례 또는 예산에 의하여 규정되는 내용과 법령 또는 조례에 의하여 위임을 받아 규정되는 내용은 단체협약으로서의 효력을 가지지 아니한다(공무원의 노동조합설립 및 운영에 관한 법률 제10조 제1항).

 ④

24 근로자참여 및 협력증진에 관한 법률상 노사협의회에 관한 설명으로 옳지 않은 것은?

① 노사협의회는 근로조건에 대한 결정권이 있는 사업이나 사업장 단위로 설치하여야 한다. 다만, 상시(常時) 30명 미만의 근로자를 사용하는 사업이나 사업장은 그러하지 아니 하다.
② 노사협의회는 근로자와 사용자를 대표하는 같은 수의 위원으로 구성하되, 각 3명 이상 10명 이하로 한다.
③ 노사협의회에 의장을 두며, 의장은 위원 중에서 사용자가 지명한다. 이 경우 근로자위원과 사용자위원 중 각 1명을 공동의장으로 할 수 있다.
④ 사용자는 노사협의회 위원으로서의 직무 수행과 관련하여 근로자위원에게 불이익을 주는 처분을 하여서는 아니 된다.
⑤ 노사협의회 위원은 비상임·무보수로 하며, 위원의 협의회 출석 시간과 이와 직접 관련된 시간으로서 노사협의회규정으로 정한 시간은 근로한 시간으로 본다.

해설 ① 노사협의회(이하 '협의회'라 한다)는 근로조건에 대한 결정권이 있는 사업이나 사업장 단위로 설치하여야 한다. 다만, 상시 30명 미만의 근로자를 사용하는 사업이나 사업장은 그러하지 아니하다(근로자참여 및 협력증진에 관한 법률 제4조 제1항).
② 협의회는 근로자와 사용자를 대표하는 같은 수의 위원으로 구성하되, 각 3명 이상 10명 이하로 한다(근로자참여 및 협력증진에 관한 법률 제4조 제1항).
③ 협의회에 의장을 두며, 의장은 위원 중에서 호선한다. 이 경우 근로자위원과 사용자위원 중 각 1명을 공동의장으로 할 수 있다(근로자참여 및 협력증진에 관한 법률 제7조 제1항).
④ 사용자는 협의회 위원으로서의 직무 수행과 관련하여 근로자위원에게 불이익을 주는 처분을 하여서는 아니된다(근로자참여 및 협력증진에 관한 법률 제9조 제2항).
⑤ 위원은 비상임·무보수로 한다(근로자참여 및 협력증진에 관한 법률 제9조 제1항). 위원의 협의회 출석 시간과 이와 직접 관련된 시간으로서 제18조에 따른 협의회규정으로 정한 시간은 근로한 시간으로 본다(근로자참여 및 협력증진에 관한 법률 제9조 제3항).

 ③

25 노동위원회법상 노동위원회에 관한 설명으로 옳지 않은 것은?

① 노동위원회는 중앙노동위원회, 지방노동위원회 및 특별노동위원회로 구분한다.
② 중앙노동위원회와 지방노동위원회는 고용노동부장관 소속으로 둔다.
③ 노동위원회는 그 권한에 속하는 업무를 독립적으로 수행한다.
④ 중앙노동위원회는 지방노동위원회 및 특별노동위원회의 처분에 대한 재심사건을 관장한다.
⑤ 고용노동부장관은 중앙노동위원회 및 지방노동위원회의 예산 · 인사 · 교육훈련, 그 밖의 행정사무를 총괄하며, 소속 공무원을 지휘 · 감독한다.

해설 ① 노동위원회는 중앙노동위원회, 지방노동위원회 및 특별노동위원회로 구분한다(노동위원회법 제2조 제1항).
② 중앙노동위원회와 지방노동위원회는 고용노동부장관 소속으로 두며, 지방노동위원회의 명칭 · 위치 및 관할구역은 대통령령으로 정한다(노동위원회법 제2조 제2항).
③ 노동위원회는 그 권한에 속하는 업무를 독립적으로 수행한다(노동위원회법 제4조 제1항).
④ 노동위원회법 제3조 제1항 제1호
⑤ 중앙노동위원회 위원장은 중앙노동위원회 및 지방노동위원회의 예산 · 인사 · 교육훈련, 그 밖의 행정사무를 총괄하며, 소속 공무원을 지휘 · 감독한다(노동위원회법 제4조 제2항).

정답 ⑤

Certified Public Labor Attorney

제3과목

민 법

제2024년도 제33회

제2023년도 제32회

제2022년도 제31회

제2021년도 제30회

제2020년도 제29회

제3과목
01

2024년도 제33회 공인노무사 민법 기출문제

01 민법상 법인의 정관에 관한 설명으로 옳지 않은 것은? (다툼이 있으면 판례에 따름)

① 이사의 대표권에 대한 제한은 이를 정관에 기재하지 아니하면 그 효력이 없다.
② 정관의 변경사항을 등기해야 하는 경우, 이를 등기하지 않으면 제3자에게 대항할 수 없다.
③ 재단법인의 재산보전을 위하여 적당한 때에는 명칭이나 사무소 소재지를 변경할 수 있다.
④ 정관의 변경을 초래하는 재단법인의 기본재산 변경은 기존의 기본재산을 처분하는 행위를 포함하지만, 새로이 기본재산으로 편입하는 행위를 포함하지 않는다.
⑤ 정관에서 대표이사의 해임사유를 정한 경우, 대표이사의 중대한 의무위반 등 특별한 사정이 없는 한 법인은 정관에서 정하지 아니한 사유로 대표이사를 해임할 수 없다.

해설 ① 제41조 참조
② 제54조에 따라 등기후가 아니면 제3자에게 대항하지 못한다.
③ 제45조 제2항 참조
④ 재단법인 출연재산의 변경은 감소뿐만 아니라 증가의 경우도 정관변경 사항으로 주무관청의 허가를 받아야 한다. 따라서 틀린 지문이다.
⑤ 법인 정관에 이사의 해임사유에 관한 규정이 있는 경우, 정관에서 정하지 아니한 사유로 이사를 해임할 수 있는지 여부(원칙적 소극)에 관하여 판례는 법인의 정관에 이사의 해임사유에 관한 규정이 있는 경우 법인으로서는 이사의 중대한 의무위반 또는 정상적인 사무집행 불능 등의 특별한 사정이 없는 이상, 정관에서 정하지 아니한 사유로 이사를 해임할 수 없다(대법원 2013. 11. 28. 선고 2011다41741 판결).

정답 ④

02 주물과 종물에 관한 설명으로 옳은 것은? (다툼이 있으면 판례에 따름)

① 부동산은 종물이 될 수 없다.
② 종물은 주물의 구성부분이 아닌 독립한 물건이어야 한다.
③ 종물을 주물의 처분에서 제외하는 당사자의 특약은 무효이다.
④ 주물의 효용과 직접 관계가 없는 물건도 주물의 소유자나 이용자의 상용에 공여되는 물건이면 종물이 된다.
⑤ 물건과 물건 상호간의 관계에 관한 주물과 종물의 법리는 권리와 권리 상호간의 관계에는 유추적용될 수 없다.

해설 ①, ② 독립한 물건이기만 하면 종물은 부동산, 동산을 불문한다.
③ 제100조 제2항은 임의규정이므로 당사자의 특약으로 종물을 주물을 처분에 따르지 않게 할 수도 있다.
④ 주물의 효용과 직접 관계가 없는 물건이라면 주물의 소유자나 이용자의 상용에 공여되는 물건이더라도 종물이 아니다.
⑤ 유추적용된다. 예컨대 경매에서 주된 권리인 건물의 소유권과 그에 종된 권리인 토지임차권은 법률적 운명을 같이한다.

정답 ②

03 권리능력 없는 사단 A와 그 대표자 甲에 관한 설명으로 옳지 않은 것은? (다툼이 있으면 판례에 따름)

① 甲이 외형상 직무에 관한 행위로 乙에게 손해를 가한 경우, 甲의 행위가 직무범위에 포함되지 아니함을 乙이 중대한 과실로 알지 못하였더라도 A는 乙에게 손해배상책임을 진다.

② 甲의 대표권에 관하여 정관에 제한이 있는 경우, 그러한 제한을 위반한 甲의 대표행위에 대하여 상대방 乙이 대표권 제한 사실을 알았다면 甲의 대표행위는 A에게 효력이 없다.

③ 甲이 丙을 대리인으로 선임하여 A와 관련된 제반 업무처리를 포괄적으로 위임한 경우, 丙이 행한 대행행위는 A에 대하여 효력이 미치지 않는다.

④ 甲이 자격을 상실하여 법원이 임시이사 丁을 선임한 경우, 丁은 원칙적으로 정식이사와 동일한 권한을 가진다.

⑤ A의 사원총회 결의는 법률 또는 정관에 다른 규정이 없으면 사원 과반수의 출석과 출석사원 의결권의 과반수로써 한다.

해설 ① 제35조는 비법인사단에도 준용된다. 한편 제35조는 외관법리가 적용되는 대표적인 경우이다. 따라서 상대방이 악의 또는 중과실이 있으면 보호될 수 없다.

② 이사의 대표권에 대한 제한은 등기하지 않으면 제3자에게 대항하지 못하고(제60조), 제3자는 선악불문하고 보호되는데, 비법인사단의 경우에는 등기할 수 없으므로 제60조가 준용되지 않는다. 따라서 제3자는 선의, 무과실의 경우에만 보호된다.

③ 법인의 이사는 정관 또는 총회의 결의로 금지하지 아니한 사항에 대하여 타인으로 하여금 특정한 행위를 대리하게 할 수 있을 뿐 포괄위임은 할 수 없는데(제62조), 이는 비법인사단에도 준용된다.

④ 제63조에 의하여 법인이 선임한 임시이사는 원칙적으로 새로운 정식이사를 선임할 수 있는 등 정식이사와 동일한 권리의무가 있다(대법원 2013. 6. 13. 선고 2012다40332 판결).

⑤ 제75조 참조

정답 ①

04 민법상 조건과 기한에 관한 설명으로 옳은 것은? (다툼이 있으면 판례에 따름)

① 대여금채무의 이행지체에 따른 확정된 지연손해금채무는 그 이행청구를 받은 때부터 지체책임이 발생한다.

② 지명채권의 양도에 대한 채무자의 승낙은 채권양도 사실을 승인하는 의사를 표명하는 행위로 조건을 붙여서 할 수 없다.

③ 부당이득반환채권과 같이 이행기의 정함이 없는 채권이 자동채권으로 상계될 때 상계적상에서 의미하는 변제기는 상계의 의사표시를 한 시점에 도래한다.

④ 조건을 붙이고자 하는 의사는 법률행위의 내용으로 외부에 표시되어야 하므로 묵시적 의사표시나 묵시적 약정으로는 할 수 없다.

⑤ 당사자가 금전소비대차계약에 붙인 기한이익 상실특약은 특별한 사정이 없는 한 정지조건부 기한이익 상실특약으로 추정한다.

해설 ① 금전채무의 지연손해금채무는 금전채무의 이행지체로 인한 손해배상채무로서 이행기의 정함이 없는 채무에 해당한다. 따라서 채무자는 확정된 지연손해금채무에 대하여 채권자로부터 이행청구를 받은 때로부터 지체책임을 부담하게 된다(대법원 2004. 7. 9. 선고 2004다11582 판결).

② 채권양도 통지와 달리 승낙에는 조건을 붙일 수 있다.

③ 이행기의 정함이 없는 채권은 언제든지 청구할 수 있으므로, 채권의 성립과 동시에 이행기가 도래한 것으로 된다(대법원 1968. 8. 30. 선고 67다1166 판결). 한편 상계의 요건으로서의 이행기가 도래한 때는 이행청구를 할 수 있는 시기가 도래하였음을 의미한다. 그 결과 상계적상시는 채권의 성립시가 된다.
④ 민법에서 동의, 허락, 추인 등에서 묵시적으로 가능하지 않은 것은 없다고 봐도 무방하다.
⑤ 형성권적 기한이익상실 특약으로 추정한다는 것이 판례이다(대법원 2002. 9. 4. 선고 2002다28340 판결).

 ①

05 제척기간과 소멸시효에 관한 설명으로 옳지 않은 것은? (다툼이 있으면 판례에 따름)

① 제척기간이 완성된 채권이 그 완성 전에 상계할 수 있었던 것이면 채권자는 이를 자동채권으로 하여 상대방의 채권과 상계할 수 있다.
② 제척기간이 도과하였는지 여부는 법원이 직권으로 조사하여 고려할 수 없고, 당사자의 주장에 따라야 한다.
③ 보증채무의 부종성을 부정하여야 할 특별한 사정이 있는 경우, 보증인은 주채무의 시효소멸을 이유로 보증채무의 시효소멸을 주장할 수 없다.
④ 부작위를 목적으로 하는 채권의 소멸시효는 위반행위를 한 때로부터 진행한다.
⑤ 도급받은 자의 공사에 관한 채권은 3년간 행사하지 아니하면 소멸시효가 완성한다.

해설 ① 소멸시효가 완성된 채권이 그 완성 전에 상계할 수 있었던 것이면 그 채권자는 상계할 수 있다는 제495조가 제척기간에도 준용된다는 것이 판례이다(대법원 2019. 3. 14. 선고 2018다255648 판결).
② 직권조사사항이다. 이점이 변론주의가 적용되는 소멸시효와 다르다.
③ 특별한 사정을 인정하여 보증채무의 부종성을 부정하려면 보증인이 주채무의 시효소멸에도 불구하고 보증채무를 이행하겠다는 의사를 표시하거나 채권자와 그러한 내용의 약정을 하여야 하고, 단지 보증인이 주채무의 시효소멸에 원인을 제공하였다는 것만으로는 보증채무의 부종성을 부정할 수 없다(대법원 2018. 5. 15. 선고 2016다211620 판결).
④ 제166조 제2항 참조
⑤ 제163조 제3호 참조

 ②

06 제한능력자에 관한 설명으로 옳은 것은?

① 미성년자가 친권자의 동의를 얻어 법률행위를 한 후에도 친권자는 그 동의를 취소할 수 있다.
② 법정대리인이 미성년자에게 특정한 영업을 허락한 경우, 그 영업 관련 행위에 대한 법정대리인의 대리권은 소멸한다.
③ 상대방이 계약 당시에 제한능력자와 계약을 체결하였음을 알았더라도 제한능력자 측의 추인이 있을 때까지는 자신의 의사표시를 철회할 수 있다.
④ 피성년후견인이 속임수로써 상대방으로 하여금 성년후견인의 동의가 있는 것으로 믿게 하여 체결한 토지매매계약은 특별한 사정이 없는 한 제한능력을 이유로 취소할 수 없다.
⑤ 법정대리인이 제한능력을 이유로 법률행위를 취소한 경우, 제한능력자의 부당이득 반환범위는 법정대리인의 선의 또는 악의에 따라 달라진다.

해설 ① 법정대리인의 동의의 취소는 미성년자가 아직 법률행위를 하기 전에만 가능하다(제7조). 이는 영업의 허락도 마찬가지다.

② 미성년자가 법정대리인으로부터 허락을 얻은 특정한 영업에 관하여는 성년자와 동일한 행위능력이 있다(제8조 제1항). 즉 이 경우에는 성년자와 동일하므로 법정대리인의 대리권은 그 범위에서 소멸한다. 따라서 맞는 지문이다.

③ 따라서 악의의 경우에는 철회할 수 없다(제16조 제1항).

④ 피성년후견인은 원칙적으로 단독으로 법률행위를 하지 못한다(취소할 수 있는 법률행위). 이 점이 동의만 있으면 단독으로 법률행위를 할 수 있는 미성년자나 피한정후견인과 다르다. 이런 이유로 제17조 제2항은 제1항과 달리(제17조 제1항은 제한능력자가 주체이다) 미성년자나 피한정후견인만 주체로 하고 있다. 즉 동의 있는 것으로 속임수를 쓴 경우의 취소권 배제는 오로지 미성년자와 피한정후견인이 속임수를 쓴 경우에 한한다.

⑤ 제한능력자의 선악을 불문하고 현존이익에 대한 반환책임을 진다(제141조 단서). 법정대리인의 선악 여부에 따라 달라지지 않는다.

 ②

07 甲은 乙에 대하여 2023. 10. 17.을 변제기로 하는 대여금채권을 갖고 있다. 이에 관한 설명으로 옳은 것을 모두 고른 것은? (다툼이 있으면 판례에 따름)

> ㄱ. 甲이 乙을 상대로 2023. 12. 20. 대여금의 지급을 구하는 소를 제기하였으나 그 소가 취하된 경우, 甲의 재판상 청구는 재판 외의 최고의 효력을 갖는다.
> ㄴ. 甲이 乙에 대한 대여금채권을 丙에게 양도한 경우, 채권양도의 대항요건을 갖추지 못한 상태에서 2023. 12. 20. 丙이 乙을 상대로 양수금의 지급을 구하는 소를 제기하였다면 양수금채권의 소멸시효가 중단되지 않는다.
> ㄷ. 甲이 乙을 상대로 2023. 12. 20. 대여금의 지급을 구하는 소를 제기하여 2024. 4. 20. 판결이 확정된 경우, 甲의 乙에 대한 대여금채권의 소멸시효는 2023. 10. 17.부터 다시 진행된다.

① ㄱ ② ㄴ ③ ㄱ, ㄷ ④ ㄴ, ㄷ ⑤ ㄱ, ㄴ, ㄷ

해설 ㄱ. 판례로서 맞다(대법원 1987. 12.22. 선고 87다카2337 판결). 따라서 소취하 후 다시 6월 내에 다시 소를 제기하면 취하된 소를 제기한 때로 소급하여 시효중단의 효력이 생긴다. cf) 2000. 1. 1. 최고, 2000. 3. 1. 시효만료, 2000. 4. 1. 소제기의 경우에는 최고 후 6월 내에 소를 제기하면 최고시에 시효중단의 효력이 있는데, 더 나아가 2000. 4. 1. 제기한 소를 그 뒤 취하하였다가 2000. 9. 1. 다시 소를 제기하면, 취하한 소제기시로부터 6월 내에 청구한 이상 위 법리상 2000. 4. 1.로 소급하여 시효중단의 효력이 생기나, 그렇다고 다시 2000. 1. 1. 소급하여 시효중단까지 되는 것은 아니다. 결국 이미 시효가 만료된 뒤 소가 제기된 것이 된다.

ㄴ. 채권양수인이 채무자에 대한 대항요건을 갖추지 않고 소를 제기한 경우에도 시효중단의 효력이 있다는 것이 판례이다(대법원 2005. 11. 10. 선고 2005다41818 판결).

ㄷ. 판결이 확정된 경우에는 단기 소멸시효의 적용을 받는 채권이라도 소멸시효 기간이 10년이 되는데, 이는 재판이 확정된 시점부터 새롭게 소멸시효가 진행한다. 따라서 2024. 4. 20.부터 진행한다. cf) 판결확정 당시 아직 변제기가 도래하지 않은 채권에 대하여는 10년으로 시효기간이 연장되는 것이 적용되지 않는다(제165조 제3항).

 ①

08 착오로 인한 의사표시에 관한 설명으로 옳은 것은? (다툼이 있으면 판례에 따름)

① 착오로 인한 불이익이 법령의 개정 등 사정의 변경으로 소멸하였다면 그 착오를 이유로 한 취소권의 행사는 신의칙에 의해 제한될 수 있다.
② 과실로 착오에 빠져 의사표시를 한 후 착오를 이유로 이를 취소한 자는 상대방에게 신뢰이익을 배상하여야 한다.
③ 착오를 이유로 의사표시를 취소하려는 자는 자신의 착오가 중과실로 인한 것이 아님을 증명하여야 한다.
④ 법률에 관해 경과실로 착오를 한 경우, 표의자는 그것이 법률행위의 중요부분에 관한 것이더라도 그 착오를 이유로 취소할 수 없다.
⑤ 전문가의 진품감정서를 믿고 이를 첨부하여 서화 매매계약을 체결한 후에 그 서화가 위작임이 밝혀진 경우, 매수인은 하자담보책임을 묻는 외에 착오를 이유로 하여 매매계약을 취소할 수 없다.

해설 ① 법률행위의 중요부분에 착오가 있음을 이유로 한 의사표시의 취소가 신의성실의 원칙에 비추어 허용될 수 없다고 본 사례이다(대법원 1995. 3. 24. 선고 94다44620 판결).
② 중과실이 아닌한 과실이 있더라도 착오취소가 가능한바, 과실에 불과하여 착오취소한 자가 손해배상의무를 부담하는 것은 아니다.
③ 착오를 이유로 취소권을 행사하는 경우, 그 상대방이 취소권자에게 중과실이 있음을 이유로 취소할 수 없다는 항변을 하는 것이므로, 상대방이 증명해야 한다.
④ 법률에 관한 착오(양도소득세가 부과될 것인데도 부과되지 아니하는 것으로 오인)라도 그것이 법률행위의 내용의 중요부분에 관한 것인 때에는 표의자는 그 의사표시를 취소할 수 있다. 물론 경과실이 있어야 가능하고, 중과실이 있으면 착오취소할 수 없다(대법원 1981. 11. 10. 선고 80다2475 판결).
⑤ 담보책임과 착오취소는 경합이 가능하다.

정답 ①

09 통정허위표시에 관한 설명으로 옳지 않은 것은? (다툼이 있으면 판례에 따름)

① 표의자가 진의 아닌 표시를 하는 것에 관하여 상대방과 사이에 합의가 있어야 한다.
② 통정허위표시로 행해진 부동산 매매계약이 사해행위로 인정되는 경우, 채권자취소권의 대상이 될 수 있다.
③ 민법 제108조 제2항의 선의의 제3자에 대해서는 그 누구도 통정허위표시의 무효로써 대항할 수 없다.
④ 악의의 제3자로부터 전득한 선의의 제3자는 민법 제108조 제2항의 선의의 제3자에 포함되지 않는다.
⑤ 甲과 乙 사이에 행해진 X토지에 관한 가장매매예약이 철회되었으나 아직 가등기가 남아 있음을 기화로 乙이 허위의 서류로써 이에 기한 본등기를 한 후 X를 선의의 丙에게 매도하고 이전등기를 해주었다면 丙은 X의 소유권을 취득하지 못한다.

해설 ① 이점이 그것이 없는 비진의표시와 다르다.
② 무효인 법률행위라도 채권자취소권의 대상이 된다.
③ 비진의표시, 통정허위표시에 의한 무효는 상대적 무효이다. 따라서 그 무효를 선의의 제3자에게는 대항할 수 없다. 따라서 맞는 지문이다.
④ 악의의 자로부터 전득한 자가 선의라면 역시 제108조 제2항의 선의의 제3자에 포함된다.
⑤ 이는 제108조 제2항의 제3자에 해당하지 않는다는 것이 판례이다(대법원 2020. 1. 30. 선고 2019다280375 판결).

정답 ④

10 사기·강박에 의한 의사표시에 관한 설명으로 옳지 않은 것은? (다툼이 있으면 판례에 따름)

① 항거할 수 없는 절대적 폭력에 의해 의사결정을 스스로 할 수 있는 여지를 완전히 박탈당한 상태에서 행해진 의사표시는 무효이다.
② 사기로 인한 의사표시의 취소는 기망행위의 위법성을 요건으로 한다.
③ 강박으로 인한 의사표시의 취소는 강박의 고의를 요건으로 한다.
④ 계약당사자 일방의 대리인이 계약을 하면서 상대방을 기망한 경우, 본인이 그 사실을 몰랐거나 알 수 없었다면 계약의 상대방은 그 기망을 이유로 의사표시를 취소할 수 없다.
⑤ 근로자가 허위의 이력서를 제출하여 근로계약이 체결되어 실제로 노무제공이 행해졌다면 사용자가 후에 사기를 이유로 하여 근로계약을 취소하더라도 그 취소에는 소급효가 인정되지 않는다.

해설 ① 강박으로 인한 의사표시가 취소되는 것에 그치지 아니하고 더 나아가 무효로 되기 위하여는 강박의 정도가 극심하여 의사표시자의 의사결정의 자유가 완전히 박탈되는 정도에 이를 것을 요한다(대법원 1974. 2. 26. 선고 73다1143 판결).
②③ 사기에 의한 의사표시가 성립하려면 사기의 고의(2단의 고의), 기망행위의 위법성이 있어야 하며, 강박에 의한 의사표시 역시 강박의 고의(역시 2단의 고의)가 있어야 성립한다.
④ 제110조 제2항은 제3자에 의한 사기나 강박에 적용되는 것이고, 대리인은 본인과 동일한 지위에 있어서 적용되지 않는다. 따라서 이 경우 상대방은 본인이 알았는지 여부와 상관 없이 제1항과 같이 취소할 수 있다.
⑤ 근로계약의 취소는 소급효가 없다(대법원 2017. 12. 22. 선고 2013다25194 판결).

 ④

11 무권대리 및 표현대리에 관한 설명으로 옳은 것은? (다툼이 있으면 판례에 따름)

① 표현대리가 성립하는 경우에는 대리권 남용이 문제될 여지가 없다.
② 민법 제135조의 상대방에 대한 무권대리인의 책임은 무과실책임이다.
③ 사회통념상 대리권을 추단할 수 있는 직함의 사용을 묵인한 것만으로는 민법 제125조에서 말하는 대리권수여의 표시가 인정될 수 없다.
④ 소멸한 대리권의 범위를 벗어나서 대리행위가 행해진 경우에는 민법 제126조의 권한을 넘은 표현대리가 성립할 수 없다.
⑤ 대리인이 대리권 소멸 후 복대리인을 선임한 경우, 그 복대리인의 대리행위에 대해서는 표현대리가 성립할 여지가 없다.

해설 ① 판례는 표현대리가 성립하여 대리인에 의한 계약이 유효하다고 하면서도 상대방이 대리권 남용행위를 알았거나 알 수 있었을 경우에는 본인에게 그 계약상 책임을 물을 수 없다는 입장이다(대법원 1987. 7. 7. 선고 86다카1004 판결).
② 제125조에서의 본인에 의한 대리권 수여의 표시는 반드시 대리권 또는 대리인이라는 말을 사용하여야 하는 것이 아니라 사회통념상 대리권을 추단할 수 있는 직함이나 명칭 등의 사용을 승낙 또는 묵인한 경우에도 인정될 수 있다는 것이 판례이다(대법원 1998. 6. 12. 선고 97다53762 판결).
③ 사기에 의한 의사표시가 성립하려면 사기의 고의(2단의 고의), 기망행위의 위법성이 있어야 하며, 강박에 의한 의사표시 역시 강박의 고의(역시 2단의 고의)가 있어야 성립한다.
④ 대리권이 소멸되었으나 그 소멸 전 대리권의 범위 내에서 한 행위에 대하여 상대방이 선의, 무과실이면 제129조의 표현대리가 성립하고, 만일 소멸 전 대리권의 범위를 넘는 행위를 하면 제126조의 표현대리가 성립한다(대법

원 2008. 1. 31. 선고 2007다74713 판결).
⑤ 이 경우에도 제129조의 표현대리가 성립한다는 것이 판례이다(대법원 1998. 5. 29. 선고 97다55317 판결)

정답 ②

12 법률행위에 관한 설명으로 옳지 않은 것은?

① 보증계약은 요식행위이다.
② 증여계약은 낙성계약이다.
③ 채무면제는 처분행위이다.
④ 유언은 생전행위이다.
⑤ 상계는 상대방 있는 단독행위이다.

해설 ① 보증계약은 채권자와 보증인 사이의 계약으로 일반 계약과 마찬가지로 낙성계약이다. 다만 보증의 의사가 보증인의 기명날인 또는 서명이 있는 서면으로 표시되어야 효력이 발생하는(제428조의2 제1항) 요식행위이다.
② 증여계약도 낙성계약이다. 요물계약으로는 대물변제, 계약금계약 등이 있다.
③ 채무면제는 채권자가 채무자에 대하여 하는 권리의 포기로, 처분행위이다.
④ 생전에 효력이 발생하는 행위를 생전행위, 사후에 그 효력이 발생하는 행위를 사후행위라고 하는데, 유언, 유증, 사인증여는 사후에 효력이 발생하는 사후행위이다.
⑤ 상계는 자동채권자가 수동채권자에 대하여 하는 단독행위이다.

정답 ④

13 임의대리인의 권한에 관한 설명으로 옳지 않은 것을 모두 고른 것은? (다툼이 있으면 판례에 따름)

ㄱ. 부동산 매도의 대리권을 수여받은 자는 그 부동산의 매도 후 해당 매매계약을 합의해제할 권한이 있다.
ㄴ. 자동차 매도의 대리권을 수여받은 자가 본인의 허락 없이 본인의 자동차를 스스로 시가보다 저렴하게 매수하는 계약을 체결한 경우, 그 매매계약은 유동적 무효이다.
ㄷ. 통상의 오피스텔 분양에 관해 대리권을 수여받은 자는 본인의 명시적 승낙이 없더라도 부득이한 사유없이 복대리인을 선임할 수 있다.
ㄹ. 원인된 계약관계가 종료되더라도 수권행위가 철회되지 않았다면 대리권은 소멸하지 않는다.

① ㄱ, ㄴ　② ㄴ, ㄷ　③ ㄷ, ㄹ　④ ㄱ, ㄴ, ㄹ　⑤ ㄱ, ㄷ, ㄹ

해설 ㄱ. 합의해제할 권한까지 수여받은 것이 아니다(대법원 2008. 1. 31. 선고 2007다74713 판결). 대리권을 수여받아 매매계약을 체결하면 원인된 법률관계가 목적을 달성해서 대리권은 소멸하는 것이다. 따라서 틀린지문이다.
ㄴ. 매도대리권을 준 것이므로 매수대리권은 포함되지 않는다. 따라서 무권대리가 되고, 이는 유동적 무효이다. 따라서 맞는 지문이다.
ㄷ. 임의대리인의 복임권은 본인의 승낙이 있거나 부득이한 사유가 있는 경우에만 인정된다(제120조). 따라서 부득이한 사유 없이는 복대리인을 선임할 수 없다. 따라서 틀린 지문이다.
ㄹ. 수권행위의 철회 외에도 원인관계의 종료로도 임의대리권은 소멸한다. 따라서 틀린 지문이다.

정답 ⑤

14 X토지 소유자인 甲이 사망하고, 그 자녀인 乙과 丙이 이를 공동으로 상속하였다. 그런데 丙은 乙의 예전 범죄사실을 사법당국에 알리겠다고 乙을 강박하여 X에 관한 乙의 상속지분을 丙에게 증여한다는 계약을 乙과 체결하였다. 그 직후 변호사와 상담을 통해 불안에서 벗어난 乙은 한 달 뒤 그간의 사정을 전해들은 丁에게 X에 관한 자신의 상속지분을 매도하고 지분이전등기를 마쳐준 후 5년이 지났다. 이에 관한 설명으로 옳은 것은? (다툼이 있으면 판례에 따름)

① 乙과 丙의 증여계약은 공서양속에 반하는 것으로 무효이다.
② 乙의 丙에 대한 증여의 의사표시는 비진의표시로서 무효이다.
③ 乙과 丁의 매매계약은 공서양속에 반하는 것으로 무효이다.
④ 乙은 강박을 이유로 하여 丙과의 증여계약을 취소할 수 있다.
⑤ 乙이 丙에게 증여계약의 이행을 하지 않는다면 채무불이행의 책임을 져야 한다.

해설 대법원 2002. 12. 27. 선고 2000다47361 판례에 기초한 문제이다.
① 법률행위의 성립 과정에서 강박이라는 불법적 방법이 사용됨에 불과한 경우, 그 법률행위가 민법 제103조 소정의 반사회질서의 법률행위로서 무효에 해당하지 않는다.
② 비진의의사표시에 있어서의 진의란 특정한 내용의 의사표시를 하고자 하는 표의자의 생각을 말하는 것이지 표의자가 진정으로 마음속에서 바라는 사항을 뜻하는 것은 아니라고 할 것이므로, 비록 재산을 강제로 뺏긴다는 것이 표의자의 본심으로 잠재되어 있었다 하여도 표의자가 강박에 의하여서나마 증여를 하기로 하고 그에 따른 증여의 의사표시를 한 이상 증여의 내심의 효과의사가 결여된 것이라고 할 수는 없다.
③, ⑤ 강박에 의해 증여의 의사표시를 한 후 그 취소권을 행사하지 않은 채 그 부동산을 제3자에게 이중양도하고 취소권의 제척기간 마저 도과하여 버린 후 그 이중양도계약에 기하여 제3자에게 부동산에 관한 소유권이전등기를 경료하여 줌으로써 증여계약상의 소유권이전등기의무를 이행불능케 한 경우, 이는 증여계약 자체에 대한 채무불이행이 성립하고, 이중양도 행위가 사회상규에 위배되지 않는 정당행위 등에 해당하여 위법성이 조각된다고 볼 수 없다. 명확하게 을과 정의 법률행위가 공서양속에 반하지 않는다는 표현은 없지만 이를 내포하고 있다.
④ 취소할 수 있는 법률행위가 제척기간의 경과로 더 이상 취소할 수 없다.

정답 ⑤

15 甲은 토지거래허가구역에 있는 자신 소유의 X토지에 관하여 허가를 받을 것을 전제로 乙과 매매계약을 체결한 후 계약금을 수령하였으나 아직 토지거래허가는 받지 않았다. 이에 관한 설명으로 옳지 않은 것을 모두 고른 것은? (다툼이 있으면 판례에 따름)

ㄱ. 甲은 乙에게 계약금의 배액을 상환하면서 매매계약을 해제할 수 있다.
ㄴ. 甲이 허가신청절차에 협력하지 않는 경우, 乙은 甲의 채무불이행을 이유로 하여 매매계약을 해제할 수 있다.
ㄷ. 乙은 부당이득반환청구권을 행사하여 甲에게 계약금의 반환을 청구할 수 있다.
ㄹ. 매매계약 후 X에 대한 토지거래허가구역 지정이 해제되었다면 더 이상 토지거래허가를 받을 필요 없이 매매계약은 확정적으로 유효로 된다.

① ㄱ, ㄴ ② ㄴ, ㄷ ③ ㄷ, ㄹ ④ ㄱ, ㄴ, ㄷ ⑤ ㄱ, ㄷ, ㄹ

해설 ㄱ. 유동적 무효 상태에서도 약정해제권 행사는 가능하다는 것이 판례이다(대법원 2009. 4. 23. 선고 2008다62427 판결).

ㄴ. 허가신청절차에 협력하지 않는다는 이유로는 계약 자체를 해제할 수 없다(대법원 1999. 6. 17. 선고 98다40459 전원합의체 판결).
ㄷ. 유동적 무효상태이므로 부당이득반환청구는 할 수 없다. 확정적으로 무효가 된 경우에만 가능하다(대법원 1996. 6. 28. 선고 95다54501 판결).
ㄹ. 지정해제와 동시에 자동적으로 확정적으로 유효하게 된다(대법원 1999. 6. 17. 선고 98다40459 전원합의체 판결).

 ②

16 손해배상에 관한 설명으로 옳은 것은? (다툼이 있으면 판례에 따름)

① 채무불이행으로 인한 손해배상액이 예정되어 있는 경우, 채권자는 채무불이행 사실 및 손해의 발생 사실을 모두 증명하여야 예정배상액을 청구할 수 있다.
② 특별한 사정으로 인한 손해배상에서 채무자가 그 사정을 알았거나 알 수 있었는지의 여부는 계약체결 당시를 기준으로 판단한다.
③ 부동산소유권이전채무가 이행불능이 되어 채권자가 채무자에게 갖게 되는 손해배상채권의 소멸시효는 계약체결시부터 진행된다.
④ 채무불이행으로 인한 손해배상액을 예정한 경우에는 특별한 사정이 없는 한 통상손해는 물론 특별손해까지도 예정액에 포함된다.
⑤ 불법행위로 영업용 건물이 일부 멸실된 경우, 그에 따른 휴업손해는 특별손해에 해당한다.

해설 ① 채무불이행 사실만 증명하면 된다.
② 계약체결당시가 아니라 채무의 이행기까지를 기준으로 판단하여야 한다(대법원 1985. 9. 10. 선고 84다카1532 판결).
③ 이행불능시부터 진행된다.
④ 당사자사이의 채무불이행에 관하여 손해배상액을 예정한 경우에 채권자는 통상의 손해뿐만 아니라 특별한 사정으로 인한 손해에 관하여도 예정된 배상액만을 청구할 수 있고 특약이 없는 한 예정액을 초과한 배상액을 청구할 수는 없다(대법원 1988. 9. 27. 선고 86다카2375 판결).
⑤ 영업용 건물(자가용도 마찬가지)의 경우에는 휴업손해도 통상손해에 해당한다(대법원 2005. 10. 13. 선고 2003다24147판결).

 ④

17 甲에 대하여 乙 및 丙은 1억 8,000만 원의 연대채무를 부담하고 있으며, 乙과 丙의 부담부분은 각각 1/3과 2/3이다. 이에 관한 설명으로 옳은 것은? (원본만을 고려하며, 다툼이 있으면 판례에 따름)

① 乙이 甲으로부터 위 1억 8,000만 원의 채권을 양수받은 경우, 丙의 채무는 전부 소멸한다.
② 乙이 甲에 대하여 9,000만 원의 반대채권이 있으나 乙이 상계를 하지 않은 경우, 丙은 그 반대채권 전부를 자동채권으로 하여 甲의 채권과 상계할 수 있다.
③ 甲이 乙에게 이행을 청구한 경우, 丙의 채무에 대해서는 시효중단의 효력이 없다.
④ 甲이 乙에게 채무를 면제해 준 경우, 丙도 1억 2,000만 원의 채무를 면한다.
⑤ 丁이 乙 및 丙의 부탁을 받아 그 채무를 연대보증한 후에 甲에게 위 1억 8,000만 원을 변제하였다면, 丁은 乙에게 1억 8,000만 원 전액을 구상할 수 있다.

민법

해설 ① 이경상면혼소채 외에는 상대적 효력일 뿐이다(제423조 참조). 따라서 丙에게는 영향이 없다.

② 제418조 제2항에 따라 그 채무자의 부담부분에 한하여만 다른 연대채무자가 상계할 수 있을 뿐이다. 따라서 9천만 원이 아닌 6천만 원에 대하여만 상계할 수 있다.

③ 이행청구에 따른 시효중단은 절대적 효력이 있다(제416조).

④ 면제는 절대적 효력이 있으나 부담부분형이다(제419조). 따라서 6천만 원만 면제된다. cf) 채권자가 연대보증인에게 채무를 면제한 경우 주채무자에게 미치는지에 대하여 판례는 연대보증인이라고 할지라도 주채무자에 대하여는 보증인에 불과하므로 연대채무에 관한 면제의 절대적 효력을 규정한 민법 제419조의 규정은 주채무자와 보증인 사이에는 적용되지 아니하는 것이니, 채권자가 연대보증인에 대하여 그 채무의 일부 또는 전부를 면제하였다 하더라도 그 면제의 효력은 주채무자에 대하여 미치지 아니한다고 한다(대법원 1992. 9. 25. 선고 91다37553 판결).

⑤ 연대채무들 모두의 부탁을 받아 연대채무를 연대보증한 丁이 채무 전액을 변제한 경우 丁은 연대채무자들에 대하여 구상권이 생기는바(제441조), 乙과 丙은 丁에 대하여 연대채무를 부담한다. 따라서 연대채무 일반의 경우처럼(제414조 참조), 어느 연대채무자에 대하여 전부의 이행을 청구할 수 있다.

정답 ⑤

18 이행지체에 관한 설명으로 옳지 않은 것은? (다툼이 있으면 판례에 따름)

① 이행지체를 이유로 채권자에게 전보배상청구가 인정되는 경우, 그 손해액은 원칙적으로 최고할 당시의 시가를 기준으로 산정하여야 한다.

② 중도금지급기일을 '2층 골조공사 완료시'로 한 경우, 그 공사가 완료되었더라도 채무자가 그 완료사실을 알지 못하였다면 특별한 사정이 없는 한 지체책임을 지지 않는다.

③ 금전채무의 이행지체로 인하여 발생하는 지연이자의 성질은 손해배상금이다.

④ 저당권이 설정된 부동산 매도인의 담보책임에 기한 손해배상채무는 이행청구를 받은 때부터 지체책임이 있다.

⑤ 이행기의 정함이 없는 채권을 양수한 채권양수인이 채무자를 상대로 그 이행을 구하는 소를 제기하고 소송 계속 중 채무자에 대한 채권양도통지가 이루어진 경우, 특별한 사정이 없는 한 채무자는 채권양도통지가 도달된 다음날부터 지체책임을 진다.

해설 ① 이행지체에 의한 전보배상에 있어서의 손해액 산정은 본래의 의무이행을 최고한 후 상당한 기간이 경과한 당시의 시가를 표준으로 하고, 이행불능으로 인한 전보배상액은 이행불능 당시의 시가 상당액을 표준으로 한다(대법원 2007. 9. 20. 선고 2005다63337 판결). 따라서 틀린 지문이다.

② 지문의 경우 불확정기한으로 이행기를 정한 것이라는 것이 판례이다(대법원 2002. 3. 29. 선고 2001다41766 판결). 이 경우 기한이 도래함을 안 때로부터 지체책임이 있다(제387조 제1항). 따라서 맞는 지문이다.

③ 지연이자는 이자가 아니라 손해배상금이다.

④ 제576조의 매도인의 담보책임에 기한 손해배상채무는 이행기의 정함이 없는 채무라는 것이 판례이다(대법원 2009. 5. 28. 선고 2009다9539 판결). 따라서 이행청구를 받은 때로부터(다음 날부터) 지체책임이 있다(제387조 제2항). 따라서 맞는 지문이다.

⑤ 채권양도의 경우 채권의 동일성이 유지된 채 이전된다. 채무이행의 기한이 없는 경우에는 채무자는 이행청구를 받은 때로부터(다음 날부터) 지체책임이 있는바(제387조 제2항), 채권양도에 있어서는 비록 소가 그 이전에 제기되었어도 대항요건을 나중에 갖춘 경우에는 대항요건을 기준으로 지체가 된다. 따라서 맞는 지문이다.

정답 ①

19 채권자대위권에 관한 설명으로 옳은 것을 모두 고른 것은? (다툼이 있으면 판례에 따름)

ㄱ. 피보전채권이 특정채권인 경우에 채무자의 무자력은 그 요건이 아니다.
ㄴ. 임차인은 특별한 사정이 없는 한 임차권 보전을 위하여 제3자에 대한 임대인의 임차목적물 인도청구권을 대위행사 할 수 있다.
ㄷ. 채권자대위권도 채권자대위권의 피대위권리가 될 수 있다.

① ㄱ ② ㄷ ③ ㄱ, ㄴ ④ ㄴ, ㄷ ⑤ ㄱ, ㄴ, ㄷ

해설 ㄱ. 이와 달리 금전채권인 경우에는 원칙적으로 무자력이 필요하다.
ㄴ. 임차인은 임대인의 방해배제청구권을 대위행사할 수는 있으나, 제3자에게 직접 반환을 청구할 수는 없다(대법원 1962. 1. 25. 선고 4294민상607 판결).
ㄷ. 채권자대위권은 일신전속적 권리가 아니다. 따라서 피대위권리가 될 수 있다. cf) 공공임대주택 임차인의 해지권은 일신전속적 권리라서 채권자대위권의 객체가 될 수 없다(대법원 2022. 9. 7. 선고 2022다230165 판결).

정답 ⑤

20 甲은 乙에 대하여 1억 원의 물품대금채권을 가지고 있고, 乙은 丙에 대한 1억 원의 대여금채권을 채무초과상태에서 丁에게 양도한 후 이를 丙에게 통지하였다. 甲은 丁을 피고로 하여 채권자취소소송을 제기하였다. 이에 관한 설명으로 옳은 것을 모두 고른 것은? (다툼이 있으면 판례에 따름)

ㄱ. 甲의 乙에 대한 물품대금채권이 시효로 소멸한 경우, 丁은 이를 甲에게 원용할 수 있다.
ㄴ. 乙의 丁에 대한 채권양도행위가 사해행위로 취소되는 경우, 丁이 丙에게 양수금채권을 추심하지 않았다면 甲은 원상회복으로서 丁이 丙에게 채권양도가 취소되었다는 취지의 통지를 하도록 청구할 수 있다.
ㄷ. 乙의 丁에 대한 채권양도행위가 사해행위로 취소되어 원상회복이 이루어진 경우, 甲은 乙을 대위하여 丙에게 대여금채권의 지급을 청구할 수 있다.

① ㄱ ② ㄷ ③ ㄱ, ㄴ ④ ㄴ, ㄷ ⑤ ㄱ, ㄴ, ㄷ

해설 ㄱ. 채권자취소소송에서 피고인 수익자 또는 전득자는 피보전채권이 시효로 소멸하였음을 주장할 수 있는 시효원용권자에 해당한다(즉 권리 소멸에 의해 직접 이익을 받는 자에 해당; 대법원 2007. 11. 29. 선고 2007다54849 판결). cf) 채권자대위소송에서 피고인 제3채무자는 피보전채권이 시효로 소멸하였음을 주장할 수 있는 시효원용권자에 포함되지 않는다.
ㄴ. 채권양도가 사해행위에 해당하고, 아직 채권이 추심되기 전의 판례의 태도이다(대법원 2015. 11. 17. 선고 2012다2743 판결).
ㄷ. 사해행위취소소송의 상대적 효력에 의하여 채권자와 수익자 사이에서만 그 채권이 채무자의 책임재산으로 취급될 뿐, 채무자가 직접 그 채권을 취득하여 권리자가 되는 것은 아니다(대법원 2015. 11. 17. 선고 2012다2743 판결).

정답 ③

21 사해행위취소의 소에 관한 설명으로 옳지 않은 것을 모두 고른 것은? (다툼이 있으면 판례에 따름)

ㄱ. 취소채권자의 채권이 정지조건부 채권인 경우에는 특별한 사정이 없는 한 이를 피보전채권으로 하여 채권자취소권을 행사할 수 없다.
ㄴ. 사해행위 후 그 목적물에 관하여 선의의 제3자가 저당권을 취득하였음을 이유로 가액배상을 명하는 경우, 그 목적물의 가액에서 제3자가 취득한 저당권의 피담보채권액을 공제하여야 한다.
ㄷ. 사해행위의 목적물이 동산이고 그 원상회복으로 현물반환이 가능하더라도 취소채권자는 직접 자기에게 그 목적물의 인도를 청구할 수 없다.

① ㄱ　② ㄷ　③ ㄱ, ㄴ　④ ㄴ, ㄷ　⑤ ㄱ, ㄴ, ㄷ

해설 ㄱ. 정지조건부채권이라고 하더라도 장래에 조건이 성취되기 어려울 것으로 보이는 특별한 사정이 없는 한 피보전채권이 될 수 있다(대법원 2011. 12. 8. 선고 2011다55542 판결).
ㄴ. 사해행위 후 그 목적물에 관하여 선의의 제3자가 저당권을 취득하였음을 이유로 가액배상을 명하는 경우에는 사해행위 당시 일반 채권자들의 공동담보로 되어 있었던 부동산 가액 전부의 배상을 명하여야 하고, 그 가액에서 선의의 제3자가 취득한 저당권의 피담보채권액을 공제하지 않는다(대법원 2003. 12. 12. 선고 2003다40286 판결).
ㄷ. 사해행위의 목적물이 동산이고 그 현물반환이 가능한 경우에는 취소채권자는 직접 자기에게 그 목적물의 인도를 청구할 수 있다(대법원 1999. 8. 24. 선고 99다23468, 23475 판결).

정답 ⑤

22 변제에 관한 설명으로 옳지 않은 것을 모두 고른 것은? (다툼이 있으면 판례에 따름)

ㄱ. 미리 저당권의 등기에 그 대위를 부기하지 않은 피담보채무의 보증인은 저당물에 후순위 근저당권을 취득한 제3자에 대하여 채권자를 대위할 수 없다.
ㄴ. 변제자가 주채무자인 경우 보증인이 있는 채무와 보증인이 없는 채무의 변제이익은 차이가 없다.
ㄷ. 채무자로부터 담보부동산을 취득한 제3자와 물상보증인 상호 간에는 각 부동산의 가액에 비례하여 채권자를 대위할 수 있다.

① ㄱ　② ㄴ　③ ㄱ, ㄷ　④ ㄴ, ㄷ　⑤ ㄱ, ㄴ, ㄷ

해설 ㄱ. 대법원 2013. 2. 15. 선고 2012다48855 판결에 의하면 '제482조 제2항 제2호의 제3취득자에 후순위 근저당권자는 포함하지 않는다(즉 후순위 근저당권자는 보증인에 대하여 채권자를 대위할 수 있다는 의미). 또 2호에서는 제3취득자에 후순위 근저당권자고 포함되지 않음에도 제1호에서의 제3자에는 포함된다고 하면, 후순위 근저당권자는 항상 보증인에 대하여 채권자를 대위할 수 있다고 하는 반면 보증인은 대위등기를 미리 해야만 하는 결과가 되므로 제1호의 제3자에 후순위 근저당권자는 포함되지 않는다(따라서 후순위 근저당권자에 대하여는 미리 부기등기를 하지 않아도 대위가 가능하다는 의미).
ㄴ. 변제자가 주채무자인 경우에 보증인이 있는 채무와 보증인이 없는 채무사이에 있어서 전자가 후자에 비하여 변제이익이 더 많다고 볼 근거는 전혀 없어 양자는 변제이익의 점에 있어 차이가 없다(대법원 1985. 3. 12. 선고 84다카2093 판결).
ㄷ. 대법원 2014. 12. 18. 선고 2011다50233 전원합의체 판결에 의하면 '물상보증인이 채무를 변제하거나 담보권의 실행으로 소유권을 잃은 경우, 채무자로부터 담보부동산을 취득한 제3자에 대하여 채권자를 대위할 수 있고

그 범위는 구상권의 범위 내에서 출재한 전액이다. 한편 채무자로부터 담보부동산을 취득한 제3자가 채무를 변제하거나 담보권의 실행으로 소유권을 잃은 경우, 물상보증인에 대하여 채권자를 대위할 수 없다고 한다.

정답 ③

23 지명채권양도에 관한 설명으로 옳지 않은 것은? (다툼이 있으면 판례에 따름)

① 채권양도에 대하여 채무자가 이의를 보류하지 않은 승낙을 하였더라도 채무자는 채권이 이미 타인에게 양도되었다는 사실로써 양수인에게 대항할 수 있다.

② 채권양도에 있어서 주채무자에 대하여 대항요건을 갖추었다면 보증인에 대하여도 그 효력이 미친다.

③ 채권양도가 다른 채무의 담보조로 이루어진 후 그 피담보채무가 변제로 소멸된 경우, 양도채권의 채무자는 이를 이유로 채권양수인의 양수금 지급청구를 거절할 수 있다.

④ 채권양도금지특약의 존재를 경과실로 알지 못하고 그 채권을 양수한 자는 악의의 양수인으로 취급되지 않는다.

⑤ 당사자 사이에 양도금지의 특약이 있는 채권이라도 압류 및 전부명령에 의하여 이전될 수 있다.

해설 ① 제451조 제1항의 '양도인에게 대항할 수 있으나 양수인에게 대항하지 못하는 사유'에 채권의 귀속, 즉 채권이 이미 제3자에게 양도되었다는 사유는 포함되지 않아 주장할 수 있다(대법원 1994. 4. 29. 선고 93다35551 판결). 따라서 맞다.

② 주채권과 보증인에 대한 채권의 귀속주체를 달리하는 것은, 주채무자의 항변권으로 채권자에게 대항할 수 있는 보증인의 권리가 침해되는 등 보증채무의 부종성에 반하고, 주채권을 가지지 않는 자에게 보증채권만을 인정할 실익도 없기 때문에 주채권과 분리하여 보증채권만을 양도하기로 하는 약정은 그 효력이 없다(대법원 2002. 9. 10. 선고 2002다21509 판결).

③ 채권양도가 다른 채무의 담보조로 이루어졌으며 또한 그 채무가 변제되었다고 하더라도, 이는 채권 양도인과 양수인 간의 문제일 뿐이고, 양도채권의 채무자는 채권 양도·양수인 간의 채무 소멸 여하에 관계없이 양도된 채무를 양수인에게 변제하여야 하는 것이므로, 설령 그 피담보채무가 변제로 소멸되었다고 하더라도 양도채권의 채무자로서는 이를 이유로 채권양수인의 양수금 청구를 거절할 수 없다(대법원 1999. 11. 26. 선고 99다23093 판결). 채무자의 입장에서는 채권자와 양수인간의 관계에 상관 없이 전부 변제해야 하는 것이다.

④ 채권양도금지특약은 선의, 무중과실의 양수인에게는 대항하지 못한다. 경과실만으로 악의로 취급되지 않는다.

⑤ 양도금지특약이 있는 채권이라도 압류 및 전부명령에 의해 이전할 수 있고, 이 경우 압류채권자가 그 특약의 존재에 대하여 선의, 악의인가는 전부명령의 효력에 영향을 미치지 않는다(대법원 1976. 10. 29. 선고 76다1623 판결).

정답 ③

24 채권자 甲, 채무자 乙, 인수인 丙으로 하는 채무인수 등의 법률관계에 관한 설명으로 옳은 것은? (다툼이 있으면 판례에 따름)

① 乙과 丙 사이의 합의에 의한 면책적 채무인수가 성립하는 경우, 甲이 乙 또는 丙을 상대로 승낙을 하지 않더라도 그 채무인수의 효력은 발생한다.

② 乙과 丙 사이의 합의에 의한 이행인수가 성립한 경우, 丙이 그에 따라 자신의 출연으로 乙의 채무를 변제하였다면 특별한 사정이 없는 한 甲의 채권을 법정대위할 수 있다.

③ 乙의 의사에 반하여 이루어진 甲과 丙 사이의 합의에 의한 중첩적 채무인수는 무효이다.

④ 乙과 丙 사이의 합의에 의한 채무인수가 면책적 인수인지, 중첩적 인수인지 분명하지 않은 때에는 이를 면책적 채무인수로 본다.

민법

⑤ 乙의 부탁을 받은 丙이 甲과 합의하여 중첩적 채무인수 계약을 체결한 경우, 乙과 丙은 부진정연대채무관계에 있다.

해설 ① 채무자와 인수인 사이의 합의만으로는 면책적 채무인수의 효력이 생기지 않는다(제454조 참조). 채권자의 승낙이 있어야 한다(승낙이 채무인수의 효력발생요건).
② 변제자대위(제481조의 법정대위)에서 변제할 정당한 이익이 있는 자가 채권자를 대위하는데, 이행인수인도 여기에 포함된다는 것이 판례이다(대법원 2012. 7. 16.자 2009마461 결정).
③ 중첩적 채무인수의 경우에는 채무자의 의사에 반하여도 성립할 수 있다. 이점이 그렇지 않은 면책적 채무인수와 다르다.
④ 양자 중 어느 것인지 분명하지 않을 때에는 중첩적 채무인수로 본다는 것이 판례이다.
⑤ 중첩적 채무인수에서 인수인이 채무자의 부탁 없이 채권자와의 계약으로 채무를 인수하는 것은 매우 드문 일이므로 채무자와 인수인은 원칙적으로 주관적 공동관계가 있는 연대채무관계에 있고, 인수인이 채무자의 부탁을 받지 아니하여 주관적 공동관계가 없는 경우에는 부진정연대관계에 있는 것으로 보아야 한다(대법원 2009. 8. 20. 선고 2009다32409 판결).

 ②

25 채권의 소멸에 관한 설명으로 옳지 않은 것은? (다툼이 있으면 판례에 따름)

① 변제공탁은 채권자의 수익의 의사표시 여부와 상관없이 공탁공무원의 수탁처분과 공탁물보관자의 공탁물수령으로 그 효력이 발생한다.
② 기존 채권·채무의 당사자가 그 목적물을 소비대차의 목적으로 할 것을 약정한 경우, 당사자의 의사가 명백하지 않을 때에는 특별한 사정이 없는 한 그 약정은 경개가 아닌 준소비대차로 보아야 한다.
③ 벌금형이 확정된 이상 벌금채권의 변제기는 도래한 것이므로 법률상 이를 금지할 근거가 없는 한 벌금채권은 상계의 자동채권이 될 수 있다.
④ 상계로 인한 채무소멸의 효력은 소멸한 채무 전액에 관하여 다른 부진정연대채무자에 대하여도 미치며, 이는 부진정연대채무자 중 1인이 채권자와 상계계약을 체결한 경우에도 마찬가지이다.
⑤ 손해배상채무가 중과실에 의한 불법행위로 발생한 경우, 그 채무자는 이를 수동채권으로 하는 상계로 채권자에게 대항하지 못한다.

해설 ① 채권자의 출급의 의사표시와 상관 없이 공탁 자체에 의하여 채무는 소멸한다.
② 준소비대차는 기존채무를 소멸하게 하고 신채무를 성립시키는 계약인 점에 있어서는 경개와 동일하지만 경개에 있어서는 기존채무와 신채무 사이에 동일성이 없는 반면, 준소비대차에 있어서는 원칙적으로 동일성이 인정되는 차이가 있는데, 양자가 분명하지 않은 경우에는 준소비대차로 본다는 것이 판례이다(대법원 2007. 1. 11. 선고 2005다47175 판결).
③ 벌금채권도 상계에서의 자동채권을 긍정하는 것이 판례이다(대법원 2004. 4. 27. 선고 2003다37891 판결).
④ 부진정연대채무자 중 1인이 자신의 채권자에 대한 반대채권으로 상계를 한 경우에도 채권은 변제, 대물변제, 또는 공탁이 행하여진 경우와 동일하게 현실적으로 만족을 얻어 그 목적을 달성하는 것이므로, 그 상계로 인한 채무소멸의 효력은 소멸한 채무 전액에 관하여 다른 부진정연대채무자에 대하여도 미친다고 보아야 한다. 이는 부진정연대채무자 중 1인이 채권자와 상계계약을 체결한 경우에도 마찬가지이다. 나아가 이러한 법리는 채권자가 상계 내지 상계계약이 이루어질 당시 다른 부진정연대채무자의 존재를 알았는지 여부에 의하여 좌우되지 아니한다(대법원 2010. 9. 16. 선고 2008다97218 전원합의체 판결).
⑤ 판례는 고의 불법행위 손해배상채권을 수동채권으로 하여 상계할 수 없다는 제496조가 중과실에 의한 불법행

위까지 유추적용될 수는 없다는 입장이다(대법원 1994. 8. 12. 선고 93다52808 판결). 따라서 틀린 지문이다.

정답 ⑤

26 계약의 성립에 관한 설명으로 옳은 것은? (다툼이 있으면 판례에 따름)

① 민법은 청약의 구속력에 관한 규정에서 철회할 수 있는 예외를 규정하고 있다.
② 승낙기간을 정하지 않은 청약은 청약자가 상당한 기간 내에 승낙 통지를 받지 못한 때에 그 효력을 잃는다.
③ 민법은 격지자간의 계약은 승낙의 통지가 도달한 때에 성립한다고 규정하고 있다.
④ 청약은 그에 응하는 승낙이 있어야 계약이 성립하므로 구체적이거나 확정적일 필요가 없다.
⑤ 아파트의 분양광고가 청약의 유인인 경우, 피유인자가 이에 대응하여 청약을 하는 것으로써 분양계약은 성립한다.

해설 ① 제527조가 청약의 구속력에 관한 것인데(청약은 철회하지 못한다), 법문으로는 구속력의 예외가 없고, 해석론으로 구속력의 배제를 인정한다(예, 청약자가 미리 철회할지도 모른다는 뜻을 표시하여 둔 경우).
② 제529조로 옳다.
③ 도달주의의 예외로 격지자간의 계약은 발신주의를 취하고 있다(제531조).
④ 청약은 그에 응하는 승낙만 있으면 곧 계약을 성립시키는 의사표시로 확정적 의사표시어야 한다.
⑤ 청약의 유인은 청약이 아니므로 별도 청약과 승낙이 있어야 계약이 성립한다.

정답 ②

27 계약의 불성립이나 무효에 관한 설명으로 옳지 않은 것은? (다툼이 있으면 판례에 따름)

① 목적이 원시적·객관적 전부불능인 계약을 체결할 때 불능을 알았던 자는 선의·무과실의 상대방이 계약의 유효를 믿었음으로 인해 받은 손해를 배상해야 한다.
② 목적물이 타인의 소유에 속하는 매매계약은 원시적 불능인 급부를 내용으로 하는 것으로 당연무효이다.
③ 계약이 의사의 불합치로 성립하지 않은 경우, 그로 인해 손해를 입은 당사자는 계약이 성립되지 않을 수 있다는 것을 알았던 상대방에게 민법 제535조(계약체결상의 과실)에 따른 손해배상청구를 할 수 없다.
④ 수량을 지정한 부동산매매계약에서 실제면적이 계약면적에 미달하는 경우, 미달 부분의 원시적 불능을 이유로 민법 제535조에 따른 책임의 이행을 구할 수 없다.
⑤ 계약교섭의 부당파기가 신의성실원칙에 위반되어 위법한 행위이면 불법행위를 구성한다.

해설 ①, ③이른바 계약체결상의 과실책임이다(제535조 제1항). 다만 상대방이 그 불능을 알았거나 알 수 있었을 경우에는 적용하지 아니하다(동조 제2항).
② 무효가 아니고, 소유권을 이전해주지 못하는 경우 담보책임을 질 뿐이다(제569조 참조).
④ 판례는 대금감액청구권은 별론으로 하고, 원시적 불능임을 이유로 계약체결상의 과실책임이나 부당이득반환책임을 물을 수는 없다고 한다(대법원 2002. 4. 9. 선고 99다47396 판결).
⑤ 어느 일방이 교섭단계에서 계약이 확실하게 체결되리라는 정당한 기대 내지 신뢰를 부여하여 상대방이 그 신뢰에 따라 행동하였음에도 상당한 이유 없이 계약의 체결을 거부하여 손해를 입혔다면 이는 신의성실의 원칙에 비추어 볼 때 계약자유 원칙의 한계를 넘는 위법한 행위로서 불법행위를 구성한다고 할 것이다(대법원 2001. 6. 15. 선고 99다40418 판결).

정답 ②

28 동시이행의 항변권에 관한 설명으로 옳지 않은 것은? (다툼이 있으면 판례에 따름)

① 동시이행관계에 있는 쌍방의 채무 중 어느 한 채무가 이행불능으로 인하여 손해배상채무로 변경된 경우도 다른 채무와 동시이행의 관계에 있다.

② 선이행의무 있는 중도금지급을 지체하던 중 매매계약이 해제되지 않고 잔대금 지급기일이 도래하면, 특별한 사정이 없는 한 중도금과 이에 대한 지급일 다음날부터 잔대금지급일까지의 지연손해금 및 잔대금 지급의무와 소유권이전의무는 동시이행관계이다.

③ 일방의 의무가 선이행의무라도 상대방의 이행이 곤란할 현저한 사유가 있는 때에는 상대방이 그 채무이행을 제공할 때까지 자기의 채무이행을 거절할 수 있다.

④ 동시이행관계의 경우 일방의 채무의 이행기가 도래하더라도 상대방 채무의 이행제공이 있을 때까지 그 일방은 이행지체책임을 지지 않는다.

⑤ 동시이행항변권에 따른 이행지체 책임 면제의 효력은 그 항변권을 행사해야 발생한다.

해설 ① 동시이행의 관계에 있는 쌍방의 채무 중 어느 한 채무가 이행불능이 됨으로 인하여 발생한 손해배상채무도 여전히 다른 채무와 동시이행의 관계에 있다(대법원 2000. 2. 25. 선고 97다30066 판결).

② 매수인이 선이행의무 있는 중도금을 지급하지 않았다 하더라도 계약이 해제되지 않은 상태에서 잔대금 지급일이 도래하여 그 때까지 중도금과 잔대금이 지급되지 아니하고 잔대금과 동시이행관계에 있는 매도인의 소유권이전등기 소요서류가 제공된 바 없이 그 기일이 도과하였다면, 다른 특별한 사정이 없는 한, 매수인의 중도금 및 잔대금의 지급과 매도인의 소유권이전등기 소요서류의 제공은 동시이행관계에 있다 할 것이어서 그 때부터는 매수인은 중도금을 지급하지 아니한 데 대한 이행지체의 책임을 지지 아니한다(대법원 2002. 3. 29. 선고 2000다577 판결).

③ 제536조 제2항 참조

④, ⑤ 동이이행관계에 있는 경우 채무의 이행제공이 있어야 이를 상실시킬 수 있고, 한편 동이이행항변권의 존재 자체만으로 이행지체책임을 면한다.

정답 ⑤

29 제3자를 위한 계약에 관한 설명으로 옳지 않은 것은? (다툼이 있으면 판례에 따름)

① 요약자는 낙약자의 채무불이행을 이유로 제3자의 동의 없이 기본관계를 이루는 계약을 해제할 수 있다.

② 낙약자는 기본관계에 기한 항변으로 계약의 이익을 받을 제3자에게 대항할 수 있다.

③ 계약 당사자가 제3자에 대하여 가진 채권에 관하여 그 채무를 면제하는 계약도 제3자를 위한 계약에 준하는 것으로 유효하다.

④ 제3자를 위한 계약의 성립 시에 제3자는 요약자와 낙약자에게 계약의 이익을 받을 의사를 표시해야 권리를 직접 취득한다.

⑤ 채무자와 인수인 사이에 체결되는 중첩적 채무인수계약은 제3자를 위한 계약이다.

해설 ① 해제권은 계약당사자인 요약자에게 있는 것이므로 맞는 지문이다.

② 제542조 참조

③ 제3자를 위한 계약이 성립하기 위하여는 일반적으로 그 계약의 당사자가 아닌 제3자로 하여금 직접 권리를 취득하게 하는 조항이 있어야 할 것이지만, 계약의 당사자가 제3자에 대하여 가진 채권에 관하여 그 채무를 면제하는 계약도 제3자를 위한 계약에 준하는 것으로서 유효하다(대법원 2004. 9. 3. 선고 2002다37405 판결).

④ 제3자는 수익의 의사표시에 의하여 권리를 취득한다. 그런데 그 상대는 채무자인 낙약자이다. 따라서 요약자와

낙약자에게 의사표시한다는 것은 틀린 지문이다.

⑤ 용역경비계약의 약관에 나타난 계약의 목적 및 경비대상물의 정의 규정과 손해배상 규정상 경비회사의 용역경비의무의 불이행으로 인한 손해배상청구에 있어서 위 약관상의 사용자는 계약당사자 외의 다른 제3자를 의미하고, 따라서 위 계약은 최소한 그 범위 내에서 제3자를 위한 계약으로서, 여기서 제3자라 함은 계약상 용역경비업무의 성질, 손해배상책임의 대인배상한도액, 용역경비대상물의 소유 및 사용관계, 계약당사자가 위 계약을 체결한 동기 내지 경위 등에 비추어 보면 경비대상물인 건물을 일상적으로 사용하는 건물 소유자 및 그의 처를 포함한 동거가족을 말한다고 봄이 상당하고, 위 건물에 일시 방문한 자들은 위 제3자의 범위에 속하지 아니한다고 한 사례(대법원 1993. 8. 27. 선고 92다23339 판결).

 ④

30 합의해지에 관한 설명으로 옳은 것을 모두 고른 것은? (다툼이 있으면 판례에 따름)

ㄱ. 근로자의 사직원 제출에 따른 합의해지의 청약에 대해 사용자의 승낙의사가 형성되어 확정적으로 근로계약종료의 효과가 발생하기 전에는 특별한 사정이 없는 한 근로자는 사직의 의사표시를 철회할 수 있다.
ㄴ. 계약의 합의해지는 묵시적으로 이루어질 수도 있으나, 묵시적 합의해지는 계약에 따른 채무의 이행이 시작된 후에 당사자 쌍방의 계약실현 의사의 결여 또는 포기로 인하여 계약을 실현하지 아니할 의사가 일치되어야만 한다.
ㄷ. 당사자 사이에 약정이 없는 이상, 합의해지로 인하여 반환할 금전에 그 받은 날로부터의 이자를 가할 의무가 있다.

① ㄱ ② ㄷ ③ ㄱ, ㄴ ④ ㄴ, ㄷ ⑤ ㄱ, ㄴ, ㄷ

해설 ㄱ. 일방적 해약고지의 경우에는 철회가 되지 않으나, 합의해지의 경우에는 사용자의 승낙이 있기 전에는 철회가 가능하다는 것이 판례이다(대법원 2000. 9. 5. 선고 99두8657 판결).

ㄴ. 계약의 합의해지는 계속적 채권채무관계에 있어서 당사자가 이미 체결한 계약의 효력을 장래에 향하여 소멸시킬 것을 내용으로 하는 새로운 계약으로서 이를 인정하기 위하여는 계약이 성립하는 경우와 마찬가지로 기존 계약의 효력을 장래에 향하여 소멸시키기로 하는 내용의 청약과 승낙이라는 서로 대립하는 의사표시가 합치될 것을 그 요건으로 하는 것이고, 이러한 합의가 성립하기 위하여는 쌍방 당사자의 표시행위에 나타난 의사의 내용이 서로 객관적으로 일치하여야 하고, 또 계약의 합의해지는 묵시적으로 이루어질 수도 있으나, 이와 같은 묵시적 합의해지는 계약에 따른 채무의 이행이 시작된 후에 당사자 쌍방의 계약실현 의사의 결여 또는 포기로 인하여 계약을 실현하지 아니할 의사가 일치되어야만 한다(대법원 2000. 3. 10. 선고 99다70884 판결).

ㄷ. 합의해지(해제)의 경우 법정해제와 달리 약정이 없는 한 제548조 제2항이 적용되지 않는다. 마찬가지로 손해배상청구권도 인정되지 않는다.

정답 ③

31 상대부담없는 증여계약의 법정해제사유로 옳지 않은 것은? (다툼이 있으면 판례에 따름)

① 서면에 의하지 아니한 증여의 경우
② 수증자의 증여자에 대한 범죄행위가 있는 경우
③ 증여자에 대한 부양의무 있는 수증자가 그 부양의무를 불이행한 경우
④ 증여자의 재산상태가 현저히 변경되고 증여계약의 이행으로 생계에 중대한 영향을 미칠 경우
⑤ 증여 목적물에 증여자가 알지 못하는 하자가 있는 경우

해설 ①~④ 제555조, 제556조 제1항, 제557조 참조
⑤는 법정해제 사유가 아니다(제559조 참조).

정답 ⑤

32 매매계약에 관한 설명으로 옳은 것은? (다툼이 있으면 판례에 따름)

① 매매의 일방예약이 행해진 경우, 예약완결권자가 상대방에게 매매를 완결할 의사를 표시하면 매매의 효력이 생긴다.
② 매매계약에 관한 비용은 다른 약정이 없는 한 매수인이 부담한다.
③ 경매목적물에 하자가 있는 경우, 경매에서의 채무자는 하자담보책임을 부담한다.
④ 매매계약 후 인도되지 않은 목적물로부터 생긴 과실은 다른 약정이 없는 한 대금을 지급하지 않더라도 매수인에게 속한다.
⑤ 부동산 매매등기가 이루어지고 5년 후에 환매권의 보류를 등기한 때에는 매매등기시부터 제3자에 대하여 그 효력이 있다.

해설 ① 제564조 제1항 참조
② 쌍방이 균분하여 부담한다(제566조 제2항).
③ 매매목적물의 하자담보책임에 관한 제580조 제1항은 경매의 경우에는 적용하지 않는다(제580조 제2항).
④ 대금을 지급한 경우에는 매수인에게 귀속되나, 그렇지 않은 경우에는 매도인에게 귀속된다.
⑤ 환매권은 계약일 기준으로 부동산은 5년을 넘기지 못한다.

정답 ①

33 위임계약에 관한 설명으로 옳은 것을 모두 고른 것은? (다툼이 있으면 판례에 따름)

ㄱ. 수임인이 대변제청구권을 보전하기 위하여 위임인의 채권을 대위행사하는 경우에는 위임인의 무자력을 요건으로 한다.
ㄴ. 수임인은 특별한 사정이 없는 한 위임인에게 불리한 시기에 부득이한 사유로 위임계약을 해지할 수 없다.
ㄷ. 위임계약이 무상인 경우, 수임인은 특별한 사정이 없는 한 위임의 본지에 따라 선량한 관리자의 주의로써 위임사무를 처리하여야 한다.

① ㄱ ② ㄷ ③ ㄱ, ㄴ ④ ㄴ, ㄷ ⑤ ㄱ, ㄴ, ㄷ

해설 ㄱ. 판례는 제688조 제2항의 대변제청구권과 관련하여 대변제청구권을 '통상의 금전채권과는 다른 목적을 가진 채권'으로 보아, 수임인이 대변제청구권을 보전하기 위하여 채무자인 위임인의 채권을 대위행사하는 경우에는 채무자의 무자력을 요건으로 하지 아니한다고 판시하였다(대법원 2018. 11. 29. 선고 2016다48808 판결).
ㄴ. 위임계약의 각 당사자는 언제든지 계약을 해지할 수 있다(제689조 제1항). 부득이한 사유 없이 상대방에게 불리한 시기에 계약을 해지한 때에는(즉 해지를 못하는 것이 아니라) 손해를 배상하여야 한다(동조 제2항)
ㄷ. 위임은 선악불문하고 선관주의 의무를 부담한다(제681조). 이점이 선악불문하고 주의의무 정도가 다른 임치와는 다르다.

정답 ②

34 고용계약에 관한 설명으로 옳지 않은 것을 모두 고른 것은? (다툼이 있으면 판례에 따름)

ㄱ. 관행에 비추어 노무의 제공에 보수를 수반하는 것이 보통인 경우에도 보수에 관하여 명시적인 합의가 없다면 노무를 제공한 노무자는 사용자에게 보수를 청구할 수 없다.
ㄴ. 근로자를 고용한 기업으로부터 다른 기업으로 적을 옮겨 업무에 종사하게 하는 전적은 특별한 사정이 없는 한 근로자의 동의가 없더라도 효력이 생긴다.
ㄷ. 고용기간이 있는 고용계약을 해지할 수 있는 부득이한 사유에는 고용계약상 의무의 중대한 위반이 있는 경우가 포함되지 않는다.

① ㄱ ② ㄷ ③ ㄱ, ㄴ ④ ㄴ, ㄷ ⑤ ㄱ, ㄴ, ㄷ

해설 ㄱ. 판례는 "보수 지급을 전제로 하지 않는 고용계약은 존재할 수 없으나, 보수 지급에 관한 약정은 그 방법에 아무런 제한이 없고 반드시 명시적임을 요하는 것도 아니며, 관행이나 사회통념에 비추어 노무의 제공에 보수를 수반하는 것이 보통인 경우에는 당사자 사이에 보수에 관한 묵시적 합의가 있었다고 봄이 상당하고, 다만 이러한 경우에는 보수의 종류와 범위 등에 관한 약정이 없으므로 관행 등에 의하여 이를 결정하여야 한다" 하고 있다(대법원 1999. 7. 9. 선고 97다58767 판결).
ㄴ. 근로자를 그가 고용된 기업으로부터 다른 기업으로 적을 옮겨 다른 기업의 업무에 종사하게 하는 이른바 전적은 종래에 종사하던 기업과 사이의 근로계약을 합의해지하고 이적하게 될 기업과 사이에 새로운 근로계약을 체결하는 것이거나 근로계약상의 사용자의 지위를 양도하는 것이므로, 동일기업 내의 인사이동인 전근이나 전보와 달라 특별한 사정이 없는 한 근로자의 동의를 얻어야 효력이 생긴다는 것이 판례이다(대법원 1993. 1. 26. 선고 92다11695 판결).
ㄷ. 민법 제661조의 부득이한 사유라 함은 고용계약을 계속하여 존속시켜 그 이행을 강제하는 것이 사회통념상 불가능한 경우를 말하고, 고용은 계속적 계약으로 당사자 사이의 특별한 신뢰관계를 전제로 하므로 고용관계를 계속하여 유지하는 데 필요한 신뢰관계를 파괴하거나 해치는 사실도 부득이한 사유에 포함되며, 따라서 고용계약상 의무의 중대한 위반이 있는 경우에도 부득이한 사유에 포함된다(대법원 2004. 2. 27. 선고 2003다51675 판결).

정답 ⑤

35 도급계약에 관한 설명으로 옳지 않은 것은? (다툼이 있으면 판례에 따름)

① 공사도급계약의 수급인은 특별한 사정이 없는 한 이행대행자를 사용할 수 있다.
② 수급인의 담보책임에 관한 제척기간은 재판상 또는 재판 외의 권리행사기간이다.
③ 도급인이 하자보수에 갈음하여 손해배상을 청구하는 경우, 수급인이 그 채무이행을 제공할 때까지 도급인은 그 손해배상액에 상응하는 보수액 및 그 나머지 보수액에 대해서도 지급을 거절할 수 있다.
④ 부동산공사 수급인의 저당권설정청구권은 특별한 사정이 없는 한 공사대금채권의 양도에 따라 양수인에게 이전된다.
⑤ 민법 제673조에 따라 수급인이 일을 완성하기 전에 도급인이 손해를 배상하고 도급계약을 해제하는 경우, 도급인은 특별한 사정이 없는 한 그 손해배상과 관련하여 수급인의 부주의를 이유로 과실상계를 주장할 수 없다.

해설 ① 공사도급계약에 있어서 당사자 사이에 특약이 있거나 일의 성질상 수급인 자신이 하지 않으면 채무의 본지에 따른 이행이 될 수 없다는 등의 특별한 사정이 없는 한 반드시 수급인 자신이 직접 일을 완성하여야 하는 것은 아니고, 이행보조자 또는 이행대행자를 사용하더라도 공사도급계약에서 정한 대로 공사를 이행하는 한 계약을 불이행하였다고 볼 수 없다(대법원 2002. 4. 12. 선고 2001다82545, 82552 판결).
② 재판상 행사하여야 하는 것은 채권자취소권 뿐이다.
③ 도급계약에 있어서 완성된 목적물에 하자가 있는 때에는 도급인은 수급인에 대하여 하자의 보수를 청구할 수 있고, 그 하자의 보수에 갈음하여 또는 보수와 함께 손해배상을 청구할 수 있는바, 이들 청구권은 특별한 사정이 없는 한 수급인의 보수지급청구권과 동시이행의 관계에 있다. 도급인이 인도받은 목적물에 하자가 있는 것만을 이유로, 하자의 보수나 하자의 보수에 갈음하는 손해배상을 청구하지 아니하고 막바로 보수의 지급을 거절할 수는 없다(대법원 1991. 12. 10. 선고 91다33056 판결).
④ 채권양도에 따라 동일성이 유지된 채 이전된다. 저당권설정청구권도 이전된다.
⑤ 민법 제673조에 의하여 도급계약을 해제한 이상은 특별한 사정이 없는 한 도급인은 수급인에 대한 손해배상에 있어서 과실상계나 손해배상예정액 감액을 주장할 수는 없다(대법원 2002. 5. 10. 선고 2000다37296, 37302 판결).

 ③

36 여행계약에 관한 설명으로 옳은 것은? (다른 사정은 고려하지 않음)

① 여행자는 여행을 시작하기 전에는 여행계약을 해제할 수 없다.
② 여행대금지급시기에 관해 약정이 없는 경우, 여행자는 다른 관습이 있더라도 여행 종료 후 지체 없이 여행대금을 지급하여야 한다.
③ 여행의 하자에 대한 시정에 지나치게 많은 비용이 드는 경우에도 여행자는 그 시정을 청구할 수 있다.
④ 여행에 중대한 하자로 인해 여행계약이 중도에 해지된 경우, 여행자는 실행된 여행으로 얻은 이익을 여행주최자에게 상환하여야 한다.
⑤ 여행계약의 담보책임 존속기간에 관한 규정과 다른 합의가 있는 경우, 그 합의가 여행자에게 유리하더라도 효력은 없다.

해설 ① 여행자는 여행을 시작하기 전에는 언제든지 계약을 해제할 수 있다. 다만, 상대방에게 발생한 손해를 배상하여야 한다(제674조의3)
② 제674조의5에 따르면 시기의 약정이 없으면 관습에 따르고, 관습이 없는 경우에 여행 종료 후 지체 없이 지급하여야 한다.

③ 여행에 하자가 있는 경우에는 여행자는 여행주최자에게 하자의 시정 또는 대금의 감액을 청구할 수 있다. 다만, 그 시정에 지나치게 많은 비용이 들거나 그 밖에 시정을 합리적으로 기대할 수 없는 경우에는 시정을 청구할 수 없다(제674조의6 제1항).

④ 제674조의7 제2항 참조

⑤ 편면적 강행규정이다. 따라서 여행자에게 유리하면 유효하다(제674조의8).

정답 ④

37 임대차에 관한 설명으로 옳지 않은 것은? (다툼이 있으면 판례에 따름)

① 부동산소유자인 임대인은 특별한 사정이 없는 한 임대차기간을 영구로 정하는 부동산임대차계약을 체결할 수 있다.

② 부동산임차인은 특별한 사정이 없는 한 지출한 필요비의 한도에서 차임의 지급을 거절할 수 있다.

③ 임대인이 임차인의 의사에 반하여 보존행위를 하는 경우, 임차인이 이로 인하여 임차목적을 달성할 수 없는 때에는 임대차계약을 해지할 수 있다.

④ 기간의 약정이 없는 토지임대차의 임대인이 임대차계약의 해지를 통고한 경우, 그 해지의 효력은 임차인이 통고를 받은 날부터 1개월 후에 발생한다.

⑤ 임차인이 임대인의 동의없이 임차권을 양도한 경우, 임대인은 특별한 사정이 없는 한 임대차계약을 해지할 수 있다.

해설 ① 종래 최장기간 제한의 규정이 헌법재판소에서 위헌결정을 받았다. 따라서 가능하다.

② 임차인이 필요비를 지출하면, 임대인은 이를 상환할 의무가 있다. 임대인의 필요비상환의무는 특별한 사정이 없는 한 임차인의 차임지급의무와 서로 대응하는 관계에 있으므로, 임차인은 지출한 필요비 금액의 한도에서 차임의 지급을 거절할 수 있다(대법원 2019. 11. 14. 선고 2016다227694 판결).

③ 제625조 참조

④ 토지는 6월이다(제635조 제2항 제1호).

⑤ 제629조 제2항 참조

정답 ④

38 사무관리에 관한 설명으로 옳지 않은 것은? (다툼이 있으면 판례에 따름)

① 제3자와의 약정에 따라 타인의 사무를 처리한 경우, 사무처리자와 그 타인과의 관계에서는 원칙적으로 사무관리가 인정되지 않는다.

② 타인의 사무처리가 본인의 의사에 반한다는 것이 명백하다면 특별한 사정이 없는 한 사무관리는 성립하지 않는다.

③ 사무관리의 성립요건인 '타인을 위하여 사무를 처리하는 의사'는 반드시 외부적으로 표시되어야 한다.

④ 사무관리에 의하여 본인이 아닌 제3자가 결과적으로 사실상 이익을 얻은 경우, 사무관리자는 그 제3자에 대하여 직접 부당이득반환을 청구할 수 없다.

⑤ 사무관리의 성립요건인 '타인을 위하여 사무를 처리하는 의사'는 관리자 자신의 이익을 위한 의사와 병존할 수 있다.

해설 ① 의무 없이 타인의 사무를 처리한 자는 그 타인에 대하여 민법상 사무관리 규정에 따라 비용상환 등을 청구할 수 있으나, 제3자와의 약정에 따라 타인의 사무를 처리한 경우에는 의무 없이 타인의 사무를 처리한 것이 아니므로 이는 원칙적으로 그 타인과의 관계에서는 사무관리가 된다고 볼 수 없다.

②, ③, ⑤ 사무관리가 성립하기 위하여는 우선 그 사무가 타인의 사무이고 타인을 위하여 사무를 처리하는 의사, 즉 관리의 사실상의 이익을 타인에게 귀속시키려는 의사가 있어야 하며, 나아가 그 사무의 처리가 본인에게 불리하거나 본인의 의사에 반한다는 것이 명백하지 아니할 것을 요한다. 여기에서 '타인을 위하여 사무를 처리하는 의사'는 관리자 자신의 이익을 위한 의사와 병존할 수 있고, 반드시 외부적으로 표시될 필요가 없으며, 사무를 관리할 당시에 확정되어 있을 필요가 없다(대법원 2013. 8. 22. 선고 2013다30882 판결).

④ 그 타인에 대하여 민법상 사무관리 규정에 따라 비용상환 등을 청구할 수 있을 뿐 결과적으로 사실상 이익을 얻은 다른 제3자에 대하여 직접 부당이득반환을 청구할 수는 없다.

정답 ③

39 불법행위에 관한 설명으로 옳지 않은 것을 모두 고른 것은? (다툼이 있으면 판례에 따름)

ㄱ. 법적 작위의무가 객관적으로 인정되더라도 의무자가 그 작위의무의 존재를 인식하지 못한 경우에는 부작위로 인한 불법행위가 성립하지 않는다.
ㄴ. 공작물의 하자로 인해 손해가 발생한 경우, 그 손해가 공작물의 하자와 관련한 위험이 현실화되어 발생한 것이 아니라도 공작물의 설치 또는 보존상하자로 인하여 발생한 손해라고 볼 수 있다.
ㄷ. 성추행을 당한 미성년자의 가해자에 대한 손해배상청구권의 소멸시효는 그 미성년자가 성년이 될 때까지는 진행되지 아니한다.

① ㄱ ② ㄷ ③ ㄱ, ㄴ ④ ㄴ, ㄷ ⑤ ㄱ, ㄴ, ㄷ

해설 ㄱ. 부작위로 인한 불법행위가 성립하려면 작위의무가 전제되어야 하지만, 작위의무가 객관적으로 인정되는 이상 의무자가 의무의 존재를 인식하지 못하였더라도 불법행위 성립에는 영향이 없다(대법원 2012. 4. 26. 선고 2010다8709 판결).

ㄴ. 공작물의 하자로 인해 어떤 손해가 발생하였다고 하더라도 그 손해가 공작물의 하자와 관련한 위험이 현실화되어 발생한 것이 아니라면 이는 '공작물의 설치 또는 보존상의 하자로 인하여 발생한 손해'라고 볼 수 없다는 것이 판례이다(대법원 2018. 7. 12. 선고 2015다249147 판결).

ㄷ. 제766조 제3항 참조

정답 ③

40 부당이득에 관한 설명으로 옳은 것을 모두 고른 것은? (다툼이 있으면 판례에 따름)

ㄱ. 계약해제로 인한 원상회복의무의 이행으로 금전을 반환하는 경우, 그 금전에 받은 날로부터 가산하는 이자의 반환은 부당이득반환의 성질을 갖는다.
ㄴ. 민법 제742조(비채변제)의 규정은 변제자가 채무 없음을 알지 못한 경우에는 그 과실 유무를 불문하고 적용되지 아니한다.
ㄷ. 수익자가 취득한 것이 금전상의 이득인 경우, 특별한 사정이 없는 한 그 금전은 이를 취득한 자가 소비하였는지 여부를 불문하고 현존하는 것으로 추정된다.

① ㄱ ② ㄷ ③ ㄱ, ㄴ ④ ㄴ, ㄷ ⑤ ㄱ, ㄴ, ㄷ

해설 ㄱ. 당사자 일방이 계약을 해제한 때에는 각 당사자는 상대방에 대하여 원상회복의무가 있고, 이 경우 반환할 금전에는 받은 날로부터 이자를 가산하여 지급하여야 한다. 여기서 가산되는 이자는 원상회복의 범위에 속하는 것으로서 일종의 부당이득반환의 성질을 가지는 것이고 반환의무의 이행지체로 인한 지연손해금이 아니다(대법원 2013. 4. 26. 선고 2011다50509 판결).

ㄴ. 민법 제742조 소정의 비채변제에 관한 규정은 변제자가 채무 없음을 알면서도 변제를 한 경우에 적용되는 것이고, 채무 없음을 알지 못한 경우에는 그 과실 유무를 불문하고 적용되지 아니한다(대법원 1998. 11. 13. 선고 97다58453 판결).

ㄷ. 법률상 원인 없이 타인의 재산 또는 노무로 인하여 이익을 얻고 이로 인하여 타인에게 손해를 가한 경우 선의의 수익자는 받은 이익이 현존하는 한도에서 반환책임이 있고(민법 제748조 제1항), 부당이득 반환의무자가 악의의 수익자라는 점에 대하여는 이를 주장하는 측에서 증명책임을 진다. 수익자가 취득한 것이 금전상의 이득인 때에는 그 금전은 이를 취득한 자가 소비하였는지 여부를 불문하고 현존하는 것으로 추정되나, 수익자가 급부자의 지시나 급부자와의 합의에 따라 그 금전을 사용하거나 지출하는 등의 사정이 있다면 위 추정은 번복될 수 있다(대법원 2022. 10. 14. 선고 2018다244488 판결).

정답 ⑤

2023년도 제32회 공인노무사 민법 기출문제

01 제한능력자에 대한 설명으로 옳지 않은 것은?

① 피성년후견인은 의사능력이 있더라도 단독으로 유효한 대리행위를 할 수 없다.
② 가정법원은 한정후견개시의 심판을 할 때 본인의 의사를 고려하여야 한다.
③ 제한능력을 이유로 취소할 수 있는 법률행위는 제한능력자가 단독으로 취소할 수 있다.
④ 가정법원은 취소할 수 없는 피성년후견인의 법률행위를 정한 경우, 피성년후견인은 그 범위에서 단독으로 유효한 법률행위를 할 수 있다.
⑤ 가정법원이 피한정후견인에 대하여 성년후견개시의 심판을 할 때에는 종전의 한정후견의 종료 심판을 해야 한다.

해설 ① 제117조 참조
② 제9조 제2항, 제12조 제2항 참조
③ 제140조 참조
④ 제10조 제2항 참조
⑤ 제14조의3 제1항 참조

정답 ①

02 권리의 객체에 관한 설명으로 옳은 것을 모두 고른 것은(다툼이 있으면 판례에 따름)

ㄱ. 주물과 종물은 원칙적으로 동일한 소유자에게 속하여야 한다.
ㄴ. 분묘에 안치되어 있는 피상속인의 유골은 제사주재자에게 승계된다.
ㄷ. 부동산 매수인이 매매대금을 완제한 후, 그 부동산이 인도되지 않은 상태에서 그로부터 발생한 특별한 사정이 없는 한 매도인에게 귀속된다.

① ㄱ　② ㄱ, ㄴ　③ ㄱ, ㄷ　④ ㄴ, ㄷ　⑤ ㄱ, ㄴ, ㄷ

해설 ㄱ. 종물은 물건의 소유자가 그 물건의 상용에 공하기 위하여 자기 소유인 다른 물건을 이에 부속하게 한 것을 말하므로(민법 제100조 제1항) 주물과 다른 사람의 소유에 속하는 물건은 종물이 될 수 없다(대법원 2008. 5. 8. 선고 2007다36933 판결).
ㄴ. 사람의 유체·유골은 매장·관리·제사·공양의 대상이 될 수 있는 유체물로서, 분묘에 안치되어 있는 선조의 유체·유골은 민법 제1008조의3 소정의 제사용 재산인 분묘와 함께 그 제사주재자에게 승계되고, 피상속인 자신의 유체·유골 역시 위 제사용 재산에 준하여 그 제사주재자에게 승계된다(대법원 2008. 11. 20. 선고 2007다27670 전원합의체 판결).
ㄷ. 원칙적으로 부동산이 인도되지 않은 상태에서의 과실은 매도인에게 귀속하나, 매매대금을 완제한 이상 인도되지 않았더라도 과실은 매수인에게 귀속한다(대법원 2021. 6. 24. 선고 2021다20666 판결)

정답 ②

03 민법상 사단법인 甲과 그 대표이사 乙에 관한 설명으로 옳은 것을 모두 고른 것은?(다툼이 있으면 판례에 따름)

ㄱ. 甲과 乙의 이익이 상반하는 사항에 관하여는 乙은 대표권이 없다.
ㄴ. 甲의 정관에 이사의 해임사유에 관한 규정이 있는 경우, 甲은 乙의 중대한 의무위반 등 특별한 사정이 없는 한 정관에서 정하지 아니한 사유로 乙을 해임할 수 없다.
ㄷ. 乙이 丙에게 대표자로서의 모든 권한을 포괄적으로 위임하여 丙이 甲의 사무를 집행한 경우, 丙의 그 사무집행행위는 원칙적으로 甲에 대하여 효력이 있다.

① ㄱ ② ㄷ ③ ㄱ, ㄴ ④ ㄴ, ㄷ ⑤ ㄱ, ㄴ, ㄷ

해설 ㄱ. 제64조 참조
ㄴ. 정관에 해임사유에 관한 규정이 있는 경우 법인으로서는 중대한 의무위반 또는 정상적인 사무집행 불능 등의 특별한 사정이 없는 이상, 정관에서 정하지 아니한 사유로 이사를 해임할 수는 없다(대법원 2024. 1. 4. 선고 2023다263537 판결).
ㄷ. 비법인사단에 대하여는 사단법인에 관한 민법 규정 가운데 법인격을 전제로 하는 것을 제외하고는 이를 유추 적용하여야 하는데, 민법 제62조에 비추어 보면 비법인사단의 대표자는 정관 또는 총회의 결의로 금지하지 아니한 사항에 한하여 타인으로 하여금 특정한 행위를 대리하게 할 수 있을 뿐 비법인사단의 제반 업무처리를 포괄적으로 위임할 수는 없으므로 비법인사단 대표자가 행한 타인에 대한 업무의 포괄적 위임과 그에 따른 포괄적 수임인의 대행행위는 민법 제62조를 위반한 것이어서 비법인사단에 대하여 그 효력이 미치지 않는다(대법원 2011. 4. 28. 선고 2008다15438 판결).

정답 ⑤

04 의사표시에 관한 설명으로 옳지 않은 것은?(다툼이 있으면 판례에 따름)

① 매매계약이 착오로 취소된 경우 특별한 사정이 없는 한 당사자 쌍방의 원상회복의무는 동시이행관계에 있다.
② 동기의 착오가 상대방의 부정한 방법에 의하여 유발된 경우, 동기가 표시되지 않았더라도 표의자는 착오를 이유로 의사표시를 취소할 수 있다.
③ 통정허위표시로 무효인 법률행위도 채권자취소권의 대상이 될 수 있다.
④ 사기에 의해 화해계약이 체결된 경우 표의자는 화해의 목적인 분쟁에 관한 사항에 착오가 있더라도 사기를 이유로 화해계약을 취소할 수 있다.
⑤ 경과실에 의한 착오를 이유로 의사표시를 취소한 자는 상대방이 그 의사표시의 유효를 믿었음으로 인하여 발생한 손해에 대하여 불법행위책임을 진다.

해설 ① 착오취소에 의하여 계약은 소급해서 무효가 되므로 쌍방은 원상회복의무로서 부당이득반환의무가 있고, 이는 동시이행관계에 있다.
② 동기의 착오라도 상대방의 부정한 방법에 의해 유발된 경우에는 표시되지 않아도 착오 취소할 수 있다.
③ 채무자가 유일한 재산인 부동산을 처분하였다는 사실을 채권자가 알았다면 특별한 사정이 없는 한 채무자의 사해의사도 채권자가 알았다고 봄이 타당하다. 채무자의 법률행위가 통정허위표시인 경우에도 채권자취소권의 대상이 됨은 마찬가지이다(대법원 2022. 5. 26. 선고 2021다288020 판결).
④ 화해계약은 화해당사자의 자격 또는 화해의 목적인 분쟁 이외의 사항에 착오가 있는 경우를 제외하고는 착오를

이유로 취소하지 못하지만, 화해계약이 사기로 인하여 이루어진 경우에는 화해의 목적인 분쟁에 관한 사항에 착오가 있는 때에도 민법 제110조에 따라 이를 취소할 수 있다고 할 것이다(대법원 2008. 9. 11. 선고 2008다15278 판결).

⑤ 민법상 취소하는 것이므로 위법성이 없어 불법행위가 되지 않는다(대법원 1997. 8. 22. 선고 97다13023 판결).

정답 ⑤

05 불공정한 법률행위에 관한 설명으로 옳은 것을 모두 고른 것은?(다툼이 있으면 판례에 따름)

ㄱ. 급부 상호 간에 현저한 불균형이 있는지의 여부는 법률행위 시를 기준으로 판단한다.
ㄴ. 무경험은 거래 일반에 관한 경험부족을 말하는 것이 아니라 특정영역에 있어서의 경험부족을 의미한다.
ㄷ. 불공정한 법률행위로서 무효인 법률행위는 원칙적으로 법정추인에 의하여 유효로 될 수 없다.
ㄹ. 대가관계 없는 일방적 급부행위에 대해서는 불공정한 법률행위에 관한 민법 제104조가 적용되지 않는다.

① ㄱ ② ㄴ, ㄷ ③ ㄴ, ㄹ ④ ㄱ, ㄷ, ㄹ ⑤ ㄱ, ㄴ, ㄷ, ㄹ

해설 ㄱ. 제103조 위반, 제104조 위반 모두 행위시를 기준으로 판단한다.

ㄴ. '무경험'이라 함은 일반적인 생활체험의 부족을 의미하는 것으로서 어느 특정영역에 있어서의 경험부족이 아니라 거래일반에 대한 경험부족을 뜻하고, 당사자가 궁박 또는 무경험의 상태에 있었는지 여부는 그의 나이와 직업, 교육 및 사회경험의 정도, 재산 상태 및 그가 처한 상황의 절박성의 정도 등 제반 사정을 종합하여 구체적으로 판단하여야 하며, 한편 피해 당사자가 궁박, 경솔 또는 무경험의 상태에 있었다고 하더라도 그 상대방 당사자에게 그와 같은 피해 당사자측의 사정을 알면서 이를 이용하려는 의사, 즉 폭리행위의 악의가 없었다거나 또는 객관적으로 급부와 반대급부 사이에 현저한 불균형이 존재하지 아니한다면 불공정 법률행위는 성립하지 않는다(대법원 2008. 3. 14. 선고 2007다11996 판결 등 참조).

ㄹ. 증여의 경우가 바로 그렇다.

정답 ④

06 甲은 자신 소유의 X토지에 대한 매매계약 체결의 대리권을 乙에게 수여하였고, 그에 따라 乙은 丙과 위 X토지에 대한 매매계약을 체결하였다. 이에 관한 설명으로 옳은 것은?(다툼이 있으면 판례에 따름)

① 乙은 원칙적으로 매매계약을 해제할 수 있는 권한을 가진다.
② 乙이 매매계약에 따라 丙으로부터 중도금을 수령하였으나 이를 甲에게 현실로 인도하지 않았더라도 특별한 사정이 없는 한 丙은 중도금 지급채무를 면한다.
③ 乙은 甲의 승낙이 있는 경우에만 복대리인을 선임할 수 있다.
④ 乙의 사기로 매매계약이 체결된 경우, 丙은 甲이 乙의 사기를 알았거나 알 수 있었을 경우에 한하여 사기를 이유로 그 계약을 취소할 수 있다.
⑤ 丙이 甲의 채무불이행을 이유로 계약을 해제한 경우, 그 채무불에행에 乙의 책임사유가 있다면 해제로 인한 원상회복의무는 乙이 부담한다.

해설 ① 어떠한 계약의 체결에 관한 대리권을 수여받은 대리인이 수권된 법률행위를 하게 되면 그것으로 대리권의 원인된 법률관계는 원칙적으로 목적을 달성하여 종료하는 것이고, 법률행위에 의하여 수여된 대리권은 그 원인된 법률관계의 종료에 의하여 소멸하는 것이므로(민법 제128조), 그 계약을 대리하여 체결하였던 대리인이 체결된 계약의 해제 등 일체의 처분권과 상대방의 의사를 수령할 권한까지 가지고 있다고 볼 수는 없다(대법원 2015. 12. 23. 선고 2013다81019 판결).
② 체약대리권을 가진 대리인은 대금수령권이 있으므로 대리인에게 매매대금을 지급한 이상 본인인 甲에게 지급한 것이 된다.
③ 제120조 참조
④ 제110조 제2항 참조
⑤ 당사자는 甲이지 乙이 아니다. 따라서 원상회복의무도 당사자인 甲이 부담한다.

정답 ②

07 민법상 무권대리와 표현대리에 관한 설명으로 옳은 것은?(다툼이 있으면 판례에 따름)

① 표현대리해위가 성립하는 경우에 상대방에게 과실이 있다면 과실상계의 법리가 유추적용되어 본인의 책임이 경감될 수 있다.
② 권한을 넘은 표현대리에 관한 제126조의 제3자는 당해 표현대리행위의 직접 상대방만을 의미한다.
③ 무권대리행위의 상대방이 제134조의 철회권을 유효하게 행사한 후에도 본인은 무권대리를 추인할 수 있다.
④ 계약체결 당시 대리인의 무권대리 사실을 알고 있었던 상대방은 최고권을 행사할 수 없다.
⑤ 대리인이 대리권 소멸 후 선임한 복대리인과 상대방 사이의 법률행위에는 대리권소멸 후의 표현대리가 성립할 수 없다.

해설 ① 표현대리행위가 성립하는 경우에 그 본인은 표현대리행위에 의하여 전적인 책임을 져야 하고, 상대방에게 과실이 있다고 하더라도 과실상계의 법리를 유추적용하여 본인의 책임을 경감할 수 없다(대법원 1996. 7. 12. 선고 95다49554 판결).
② 권한을 넘은 표현대리에 관한 민법 제126조의 규정에서 제3자라 함은 당해 표현대리행위의 직접 상대방이 된 자만을 지칭한다.
③ 민법 제134조는 "대리권 없는 자가 한 계약은 본인의 추인이 있을 때까지 상대방은 본인이나 그 대리인에 대하여 이를 철회할 수 있다. 그러나 계약 당시에 상대방이 대리권 없음을 안 때에는 그러하지 아니하다."고 규정하고 있다. 민법 제134조에서 정한 상대방의 철회권은, 무권대리행위가 본인의 추인에 따라 효력이 좌우되어 상대방이 불안정한 지위에 놓이게 됨을 고려하여 대리권이 없었음을 알지 못한 상대방을 보호하기 위하여 상대방에게 부여된 권리로서, 상대방이 유효한 철회를 하면 무권대리행위는 확정적으로 무효가 되어 그 후에는 본인이 무권대리행위를 추인할 수 없다. 한편 상대방이 대리인에게 대리권이 없음을 알았다는 점에 대한 주장·입증책임은 철회의 효과를 다투는 본인에게 있다(대법원 2017. 6. 29. 선고 2017다213838 판결).
④ 제134조 참조
⑤ 대리인이 대리권 소멸 후 직접 상대방과 사이에 대리행위를 하는 경우는 물론 대리인이 대리권 소멸 후 복대리인을 선임하여 복대리인으로 하여금 상대방과 사이에 대리행위를 하도록 한 경우에도, 상대방이 대리권 소멸 사실을 알지 못하여 복대리인에게 적법한 대리권이 있는 것으로 믿었고 그와 같이 믿은 데 과실이 없다면 민법 제129조에 의한 표현대리가 성립할 수 있다(대법원 1998. 5. 29. 선고 97다55317 판결).

정답 ②

08 민법상 법률행위의 무효 또는 취소에 관한 설명으로 옳은 것은?(다툼이 있으면 판례에 따름)

① 불공정한 법률행위는 무효행위 전환에 관한 제138조가 적용될 수 없다.
② 선량한 풍속 기타 사회질서에 위반한 사항을 내용으로 하는 법률행위의 무효는 이를 주장할 이익이 있는 자라면 누구든지 무효를 주장할 수 있다.
③ 취소할 수 있는 법률행위를 취소한 후 그 취소 원인이 소멸하였다면, 취소할 수 있는 법률행위의 추인에 의하여 그 법률행위를 다시 확정적으로 유효하게 할 수 있다.
④ 법률행위의 일부분이 무효인 경우 원칙적으로 그 일부분만 무효이다.
⑤ 甲이 乙의 기망행위로 자신의 X토지를 丙에게 매도한 경우, 甲은 매매계약의 취소를 乙에 대한 의사표시로 하여야 한다.

해설 ① 매매계약이 약정된 매매대금의 과다로 말미암아 민법 제104조에서 정하는 '불공정한 법률행위'에 해당하여 무효인 경우에도 무효행위의 전환에 관한 민법 제138조가 적용될 수 있다(대법원 2010. 7. 15. 선고 2009다50308 판결).
② 거래 상대방이 배임행위를 유인·교사하거나 배임행위의 전 과정에 관여하는 등 배임행위에 적극 가담하는 경우에는 실행행위자와 체결한 계약이 반사회적 법률행위에 해당하여 무효로 될 수 있고, 선량한 풍속 기타 사회질서에 위반한 사항을 내용으로 하는 법률행위의 무효는 이를 주장할 이익이 있는 자는 누구든지 무효를 주장할 수 있다(대법원 2016. 3. 24. 선고 2015다11281 판결).
③ 취소한 법률행위는 처음부터 무효인 것으로 간주되므로 취소할 수 있는 법률행위가 일단 취소된 이상 그 후에는 취소할 수 있는 법률행위의 추인에 의하여 이미 취소되어 무효인 것으로 간주된 당초의 의사표시를 다시 확정적으로 유효하게 할 수는 없고, 다만 무효인 법률행위의 추인의 요건과 효력으로서 추인할 수는 있으나, 무효행위의 추인은 그 무효 원인이 소멸한 후에 하여야 그 효력이 있다(대법원 1997. 12. 12. 선고 95다38240 판결).
④ 제137조 참조
⑤ 취소의 상대방은 의사표시의 상대방이다. 따라서 丙에게 하여야 한다(제142조 참조).

정답 ②

09 甲은 「부동산 거래신고 등에 관한 법률」 상 토지거래허가 구역에 있는 자신 소유의 X토지를 을에게 매도하는 매매계약을 체결하였다. 아직 토지거래허가(이하 '허가')를 받지 않아 유동적 무효 상태에 있는 법률관계에 관한 설명으로 옳지 않은 것은?(다툼이 있으면 판례에 따름)

① 甲은 허가 전에 乙의 대금지급의무의 불이행을 이유로 매매계약을 해제할 수 없다.
② 甲의 허가신청절차 협력의무와 乙의 대금지급의무는 동시이행관계에 있다.
③ 甲과 乙이 허가신청절차 협력의무 위반에 따른 손해배상액을 예정하는 약정은 유효하다
④ 甲이 허가신청절차에 협력할 의무를 위반한 경우, 乙은 협력의무 위반을 이유로 매매계약을 해제할 수 없다.
⑤ 甲이 허가신청절차에 협력하지 않는 경우, 乙은 협력의무의 이행을 소구할 수 있다.

해설 ①~⑤ 토지거래허가구역 내의 토지매매계약은 허가 받기 전까지는 유동적 무효이다. 따라서 대금지급청구권이 발생하지 않아 대금지급의무 불이행을 이유로 계약을 해제할 수 없다. 다만 허가신청절차에 협력할 의무가 있으며 불이행시 소구할 수는 있다. 다만 협력의무 불이행을 이유로 계약을 해제할 수는 없다. 한편 토지매매계약을 체결하면서 일방이 협력의무 자체를 이행하지 아니하는 경우에 대비하여 손해액을 배상하기로 하는 약정도 유효하게 할 수 있다. 또 협력할 의무와 토지거래허가를 받으면 매매계약 내용에 따라 매수인이 이행하여야 할 매매대금 지급의무 사이에는 상호 이행상의 견련성이 있다고 할 수 없으므로 매도인으로서는 그러한 의무이행의 제공이

있을 때까지 위 협력의무의 이행을 거절할 수 없다.

정답 ②

10 민법상 기간에 관한 설명으로 옳지 않은 것은?(다툼이 있으면 판례에 따름)

① 기간의 기산점에 관한 제157조의 초일 불산입의 원칙은 당사자의 합의로 달리 정할 수 있다.
② 정관상 사원총회의 소집통지서를 1주간 전에 발송하여야 하는 사단법인의 사원총회일이 2023년 6월 2일(금) 10시인 경우, 총회소집통지는 늦어도 2023년 5월 25일 중에는 발송하여야 한다.
③ 2023년 5월 27일(토) 13시부터 9시간의 만료점은 2023년 5월 27일 22시이다.
④ 2023년 5월 21일(일) 14시부터 7일간의 만료점은 2023년 5월 28일 24시이다.
⑤ 2017년 1월 13일(금) 17시에 출생한 사람은 2036년 1월 12일 24시에 성년자가 된다.

해설 ① 민법 제157조는 "기간을 일, 주, 월 또는 년으로 정한 때에는 기간의 초일은 산입하지 아니한다"고 규정하여 초일 불산입을 원칙으로 정하고 있으나, 민법 제155조에 의하면 법령이나 법률행위 등에 의하여 위 원칙과 달리 정하는 것도 가능하다(대법원 2007. 8. 23. 선고 2006다62942 판결).
② 제157조 참조
③ 시, 분, 초는 즉시로부터 기산한다(제156조 참조).
④ 22일이 기산점이고 28일이 만료점이나, 일요일이므로 다음 날인 29일 24시이다(제161조 참조).
⑤ 제158조 참조

정답 ④

민법

11 민법상 조건에 관한 설명으로 옳지 않은 것은?(다툼이 있으면 판례에 따름)

① 조건을 붙이고자 하는 의사는 법률행위의 내용으로 외부에 표시되어야 하므로 그 의사표시는 묵시적 방법으로 할 수 없다.
② 조건이 법률행위의 당시 이미 성취한 것인 경우에는 그 조건이 정지조건이면 조건 없는 법률행위이다.
③ 조건의 성취로 인하여 불이익을 받을 당사자가 과실로 신의성실에 반하여 조건의 성취를 방해한 때에는 상대방은 그 조건이 성취한 것으로 주장할 수 있다.
④ 조건의 성취가 미정한 권리의무는 일반규정에 의하여 담보로 할 수 있다.
⑤ 선량한 풍속에 반하는 불법조건이 붙은 법률행위는 무효이다.

해설 ① 조건은 법률행위 효력의 발생 또는 소멸을 장래 불확실한 사실의 발생 여부에 따라 좌우되게 하는 법률행위의 부관이고, 법률행위에서 효과의사와 일체적인 내용을 이루는 의사표시 그 자체이다. 조건을 붙이고자 하는 의사는 법률행위의 내용으로 외부에 표시되어야 하고, 조건을 붙이고자 하는 의사가 있는지는 의사표시에 관한 법리에 따라 판단하여야 한다. 조건을 붙이고자 하는 의사의 표시는 그 방법에 관하여 일정한 방식이 요구되지 않으므로 묵시적 의사표시나 묵시적 약정으로도 할 수 있다. 이를 인정하려면, 법률행위가 이루어진 동기와 경위, 법률행위에 의하여 달성하려는 목적, 거래의 관행 등을 종합적으로 고려하여 법률행위 효력의 발생 또는 소멸을 장래의 불확실한 사실의 발생 여부에 따라 좌우되게 하려는 의사가 인정되어야 한다(대법원 2018. 6. 28. 선고 2016다221368 판결). 민법에서 묵시적으로 할 수 없는 것은 없다.
③ 제150조 제1항 참조
④ 제149조 참조
⑤ 제151조 참조

정답 ①

12 소멸시효에 관한 설명으로 옳지 않은 것은?(다툼이 있으면 판례에 따름)

① 주채무자가 소멸시효 이익을 포기하더라도 보증인에게는 그 효력이 미치지 않는다.
② 시효중단의 효력 있는 승인에는 상대방의 권리에 관한 처분의 능력이나 권한 있음을 요하지 않는다.
③ 당사자가 주장하는 소멸시효 기산일이 본래의 기산일과 다른 경우, 특별한 사정이 없는 한 당사자가 주장하는 기산일을 기준으로 소멸시효를 계산하여야 한다.
④ 어떤 권리의 소멸시효 기간이 얼마나 되는지는 법원이 직권으로 판단할 수 있다.
⑤ 민법 제163조 제1호의 '1년 이내의 기간으로 정한 금전 또는 물건의 지급을 목적으로 한 채권'이란 변제기가 1년 이내의 채권을 말한다.

해설 ① 주채무가 시효로 소멸한 때에는 보증인도 그 시효소멸을 원용할 수 있으며, 주채무자가 시효의 이익을 포기하더라도 보증인에게는 그 효력이 없다(대법원 1991. 1. 29. 선고 89다카1114 판결).
② 제177조 참조
③ 소멸시효의 기산일은 채권의 소멸이라고 하는 법률효과 발생의 요건에 해당하는 소멸시효기간 계산의 시발점으로서 시효소멸 항변의 법률요건을 구성하는 구체적인 사실에 해당하므로 이는 변론주의의 적용대상이라 할 것이고, 따라서 본래의 소멸시효 기산일과 당사자가 주장하는 기산일이 서로 다른 경우에는 변론주의의 원칙상 법원은 당사자가 주장하는 기산일을 기준으로 소멸시효를 계산하여야 하는데, 이는 당사자가 본래의 기산일보다 뒤의 날짜를 기산일로 하여 주장하는 경우는 물론이고, 특별한 사정이 없는 한 그 반대의 경우에 있어서도 마찬가지라고 보아야 할 것이다(대법원. 2009. 12. 24. 선고 2009다60244 판결).
④ 어떤 권리의 소멸시효기간이 얼마나 되는지에 관한 주장은 단순한 법률상의 주장에 불과하여 변론주의의 적용대상이 되지 않으므로 법원이 직권으로 판단할 수 있다(대법원 2023. 12. 14. 선고 2023다248903 판결). 소멸시효 기간은 직권조사사항이다.
⑤ 변제기가 1년 이내의 채권을 말하는 것이 아니라, 1년 이내의 정기로 지급되는 채권을 의미하는 것이다(대법원 2018. 2. 28. 선고 2016다45779 판결).

정답 ⑤

13 민법상 편무계약에 해당하는 것만 모두 고른 것은?

ㄱ. 도급	ㄴ. 조합	ㄷ. 증여	ㄹ. 사용대차

① ㄱ, ㄴ ② ㄱ, ㄷ ③ ㄴ, ㄷ ④ ㄴ, ㄹ ⑤ ㄷ, ㄹ

해설 ⑤ 증여는 증여자만, 사용대차는 대주만 채무를 부담하는 편무계약이다.

정답 ⑤

14 '민법 제390조의 채무불이행책임과 제750조의 불법행위책임'(이하 '양 책임')에 관한 비교 설명으로 옳지 않은 것은?

① 양 책임이 성립하기 위해서는 채무자 또는 가해자에게 귀책사유가 있어야 한다는 점에서 공통된다.
② 양 책임이 성립하는 경우, 채권자가 피해자에게 과실이 있다면 과실상계가 적용된다는 점에서 공통된다.
③ 양 책임이 성립하는 경우, 채권자나 피해자가 행사하는 손해배상채권의 소멸시효는 3년이 적용된다는

점에서 공통된다.

④ 양 책임이 성립하는 경우, 손해배상은 통상의 손해를 그 한도로 점에서 공통된다.

⑤ 양 책임이 성립하는 경우, 채무자가 가해자가 발생한 손해 전부를 배상한 때에는 손해배상자의 대위가 인정된다는 점에서 공통된다.

해설 ① 제390조, 제750조 참조

② 제396조, 제763조 참조

③ 불법행위 손해배상청구권의 소멸시효는 제766조에 따라 3년, 10년이 적용된다. 그러나 채무불이행에 기한 손해배상청구권은 본래의 채권과 동일성을 가지므로 그 소멸시효기간도 본래 채권의 그것에 따른다.

④ 제393조 제1항, 제763조 참조

⑤ 제399조, 제763조 참조

정답 ③

15 乙의 채권자 甲이 乙의 丙에 대한 금전채권에 대하여 채권자대위권을 행사하는 경우에 관한 설명으로 옳은 것은?(다툼이 있으면 판례에 따름)

① 甲은 乙의 동의를 받지 않는 한 채권자대위권을 행사할 수 없다.

② 甲의 乙에 대한 채권이 금전채권인 경우, 甲은 丙에게 직접 자기에게 이행하도록 청구하여 상계적상에 있는 자신의 채권과 상계할 수 없다.

③ 甲이 丙을 상대로 채권자대위권을 행사한 경우, 甲의 채권자대위소송의 제게로 인한 소멸시효 중단의 효력은 乙의 丙에 대한 채권에 생긴다.

④ 甲이 丙을 상대로 채권자대위권을 행사하고 그 사실을 乙에게 통지한 이후 乙이 丙에 대한 채권을 포기한 경우, 丙은 乙의 채권포기 사실을 들어 甲에게 대항할 수 있다.

⑤ 乙이 丙을 상대로 금전채무 이행청구의 소를 제기하여 패소판결이 확정된 경우, 甲은 乙에 대한 금전채권을 보전하기 위해 丙을 상대로 채권자대위권을 행사할 수 있다.

해설 ① 甲이 채권자대위권을 행사함에는 乙의 동의를 요하지 아니한다.

② 채권자가 자기의 금전채권을 보전하기 위하여 채무자의 금전채권을 대위행사하는 경우 제3채무자로 하여금 채무자에게 지급의무를 이행하도록 청구할 수도 있지만, 직접 대위채권자 자신에게 이행하도록 청구할 수도 있다(대법원 2016. 8. 29. 선고 2015다236547 판결).

③ 매매에 기한 소유권이전등기청구권과 같은 특정채권을 피보전채권으로 하는 취소권은 행사할 수 없다.

④ 채권자가 채무자를 대위하여 채무자의 제3채무자에 대한 권리를 행사하고 채무자에게 통지를 하거나 채무자가 채권자의 대위권 행사사실을 안 후에는 채무자는 그 권리에 대한 처분권을 상실하여 그 권리의 양도나 포기등 처분행위를 할 수 없고 채무자의 처분행위에 기하여 취득한 권리로서는 채권자에게 대항할 수 없으나, 채무자의 변제수령은 처분행위라 할 수 없고 같은 이치에서 채무자가 그 명의로 소유권이전등기를 경료하는 것 역시 처분행위라고 할 수 없으므로 소유권이전등기청구권의 대위행사 후에도 채무자는 그 명의로 소유권이전등기를 경료하는 데 아무런 지장이 없다(대법원 1991. 4. 12. 선고 90다9407 판결).

⑤ 소멸시효를 원용할 수 있는 사람은 권리의 소멸에 의하여 직접 이익을 받는 자에 한정되는바, 사해행위취소소송의 상대방이 된 사해행위의 수익자는, 사해행위가 취소되면 사해행위에 의하여 얻은 이익을 상실하고 사해행위취소권을 행사하는 채권자의 채권이 소멸하면 그와 같은 이익의 상실을 면하는 지위에 있으므로, 그 채권의 소멸에 의하여 직접 이익을 받는 자에 해당하는 것으로 보아야 한다.

정답 ③

16 乙의 채권자 甲은 乙이 채무초과상태에서 자신의 유일한 재산인 X부동산을 丙에게 매도하고 소유권이전등기를 해 준 사실을 알고 채권자취소권을 행사하려고 한다. 이에 관한 설명으로 옳은 것은?(다툼이 있으면 판례에 따름)

① 甲이 채권자취소권을 행사하기 위해서는 재판외 또는 재판상 이를 행사하여야 한다.
② 甲이 채권자취소권을 행사하기 위해서는을 및 丙의 사해의사 및 사해행위에 대한 악의를 증명하여야 한다.
③ 甲의 乙에 대한 채권이 X부동산에 대한 소유권이전등기청구권인 경우, 甲은 이를 보전채권으로 하여 채권자취소권을 행사할 수 없다.
④ 甲이 채권자취소권을 재판상 행사하는 경우, 사해행위를 직접 행한 乙을 피고로 하여 그 권리를 행사하여야 한다.
⑤ 甲의 乙에 대한 채권이 시효로 소멸한 경우, 丙은 이을 들어 채권자취소권을 행사하는 甲에게 대항할 수 없다.

해설 ① 사해행위의 취소는 법원에 소를 제기하는 방법으로 청구할 수 있을 뿐 소송상의 공격방어방법으로 주장할 수는 없다(대법원 1998. 3. 13. 선고 95다48599,48605 판결).
② 사해행위취소소송에서 채무자의 악의의 점에 대하여는 취소를 주장하는 채권자에게 증명책임이 있으나 수익자 또는 전득자가 악의라는 점에 관하여는 증명책임이 채권자에게 있는 것이 아니고 수익자 또는 전득자 자신에게 선의라는 사실을 증명할 책임이 있으며, 채무자의 재산처분행위가 사해행위에 해당할 경우에 사해행위 또는 전득행위 당시 수익자 또는 전득자가 선의였음을 인정함에 있어서는 객관적이고도 납득할 만한 증거자료 등에 의하여야 하고, 채무자나 수익자의 일방적인 진술이나 제3자의 추측에 불과한 진술 등에만 터 잡아 사해행위 또는 전득행위 당시 수익자 또는 전득자가 선의였다고 선뜻 단정하여서는 아니 된다(대법원 2015. 6. 11. 선고 2014다237192 판결).
③ 매매에 기한 소유권이전등기청구권과 같은 특정채권을 피보전채권으로 하는 취소권은 행사할 수 없다(대법원 1999. 4. 27. 선고 98다56690 판결).
④ 채권자가 채권자취소권을 행사하려면 사해행위로 인하여 이익을 받은 자나 전득한 자를 상대로 그 법률행위의 취소를 청구하는 소송을 제기하여야 한다(대법원 2004. 8. 30. 선고 2004다21923 판결 참조).
⑤ 소멸시효를 원용할 수 있는 사람은 권리의 소멸에 의하여 직접 이익을 받는 자에 한정되는바, 사해행위취소소송의 상대방이 된 사해행위의 수익자는, 사해행위가 취소되면 사해행위에 의하여 얻은 이익을 상실하고 사해행위취소권을 행사하는 채권자의 채권이 소멸하면 그와 같은 이익의 상실을 면하는 지위에 있으므로, 그 채권의 소멸에 의하여 직접 이익을 받는 자에 해당하는 것으로 보아야 한다(대법원 2007. 11. 29. 선고 2007다54849 판결).

 ③

17 민법상 채무의 종류에 따른 이행지체책임의 발생시기가 잘못 연결된 것을 모두 고른 것은?(당사자 사이에 다른 약정은 없으며, 다툼이 있으면 판례에 따름)

ㄱ. 부당이득반환채무-수익자가 이행청구를 받은 때
ㄴ. 불확정기한부 채무-채무자가 기한의 도래를 안 때
ㄷ. 동시이행의 관계에 있는 쌍방의 채무-쌍방의 이행제공 없이 쌍방 채무의 이행기가 도래한 때

① ㄱ ② ㄴ ③ ㄷ ④ ㄱ, ㄴ ⑤ ㄴ, ㄷ

해설 ㄱ. 기한의 정함이 없는 청구로서 이행청구를 받은 때 이행지체가 된다(제387조 제2항 참조). 따라서 맞다.
ㄴ. 불확정기한부는 채무자가 기한의 도래를 안 때에 이행지체가 된다(제387조 제1항 참조). 따라서 맞다.
ㄷ. 쌍무계약에서 쌍방의 채무가 동시이행관계에 있는 경우 일방의 채무의 이행기가 도래하더라도 상대방 채무의 이행제공이 있을 때까지는 그 채무를 이행하지 않아도 이행지체의 책임을 지지 않는다(대법원 2023. 4. 27. 선고 2022다302497 판결).

정답 ③

18 민법 제548조 제1항 단서의 계약해제의 소급효부터 보호받는 제3자에 해당하지 않는 자는?(다툼이 있으면 판례에 따름)

① X토지에 대한 매매계약이 해제되기 전에 매수인으로부터 X토지를 매수하여 소유권을 취득한 자
② X토지에 대한 매매계약이 해제되기 전에 매수인의 X토지에 저당권을 취득한 자
③ X토지에 대한 매매계약의 해제로 X토지의 소유권을 상실하게 된 매수인으로부터 해제 이전에 X토지를 임차하여 임차권등기를 마친 자
④ X토지에 대한 매매계약이 해제되기 전에 매수인과 매매예약 체결 후 그에 기한 소유권이전등기청구권 보전을 위한 가등기를 마친 자
⑤ X토지에 대한 매매계약이 해제되기 전에 매수인으로부터 X토지에 대한 소유권이전등기청구권을 양도받은 자

해설 ④ 제548조 제1항 단서 참조
⑤ 제548조 제1항 단서의 제3자는 해제의 의사표시가 있기 전에 해제된 계약에 기하여 생긴 법률관계를 기초로 하여 새로운 권리를 취득한 자로서 선악 불문한다. 즉 등기, 인도 등으로 완전환 권리를 취득하여야 한다. 그런데 ⑤의 경우에는 단지 채권자에 불과하여 새로운 권리를 취득한 자라고 보기 어렵다.

정답 ⑤

19 甲, 乙, 丙이 丁에 대하여 9백만 원의 연대채무를 부담하고 있고, 각자의 부담부분은 균등하다. 甲이 丁에 대하여 6백만 원의 상계적상에 있는 반대채권을 가지고 있는 경우에 관한 설명으로 옳은 것은?(당사자 사이에 다른 약정은 없으며, 다툼이 있으면 판례에 따름)

① 甲이 6백만 원에 대해 丁의 채무와 상계한 경우, 남은 3백만 원에 乙과 丙이 丁에게 각각 1백 5십만 원의 분할채무를 부담한다.
② 甲이 6백만 원에 대해 丁의 채무와 상계한 경우, 甲, 乙, 丙은 丁에게 3백만 원의 연대채무를 부담한다.
③ 甲이 상계권을 행사하지 않은 경우, 乙과 丙은 甲의 상계권을 행사할 수 없고, 甲, 乙, 丙은 丁에게 3백만 원의 연대채무를 부담한다.
④ 甲이 상계권을 행사하지 않은 경우, 乙은 丁을 상대로 甲의 6백만 원에 대해 상계할 수 있고, 乙과 丙이 丁에게 각각 1백 5십만 원의 분할채무를 부담한다.
⑤ 甲이 상계권을 행사하지 않은 경우, 丙은 丁을 상대로 甲이 6백만 원에 대해 상계할 수 있고, 乙과 丙이 丁에게 3백만 원의 연대채무를 부담한다.

민법

해설 ①, ② 상계권자의 상계는 부담부분을 넘어 6백만 원 전부가 소멸하고, 나머지 3백만 원에 대하여 甲, 乙, 丙이 연대채무로 남는다.

③, ④, ⑤ 상계권자 아닌 다른 연대채무자는 상계할 수 있고, 다만 이 경우 상계는 자동채권자의 부담부분에 한한다. 따라서 사안에서는 乙과 丙은 甲의 부담부분인 3백만 원에 대하여만 상계할 수 있다. 이 경우 나머지 6백만 원에 대하여 甲, 乙, 丙이 연대채무를 부담한다.

정답 ②

20 계약의 성립에 관한 설명으로 옳지 않은 것은?(다툼이 있으면 판례에 따름)

① 청약자가 청약의 의사표시를 발송한 후 상대방에게 도달 전에 사망한 경우, 그 청약은 효력을 상실한다.

② 명예퇴직의 신청이 근로계약에 대한 합의해지의 청약에 해당하는 경우, 이에 대한 사용자의 승낙으로 근로계약이 합의해지되기 전에는 근로자가 임의로 그 청약의 의사표시를 철회할 수 있다.

③ 승낙기간을 정하지 않은 청약은 청약자가 상단한 기간 내에 승낙의 통지를 받지 못한 때에는 그 효력을 잃는다.

④ 당사자 사이에 동일한 내용의 청약이 상호 교차된 경우에는 양 청약이 상대방에게 도달한 때에 계약이 성립한다.

⑤ 매도인이 매수인에게 매매계약의 합의해제를 청약한 경우, 매수인이 그 청약에 대하여 조건을 가하여 승낙한 때에는 그 합의해제의 청약은 거절된 것으로 본다.

해설 ① 청약이 상대방에게 발송된 후 도달하기 전에 발생한 청약자의 사망은 그 청약의 효력에 영향을 미치지 아니한다(제111조 제2항 참조).

② 명예퇴직은 근로자가 명예퇴직의 신청(청약)을 하면 사용자가 요건을 심사한 후 이를 승인(승낙)함으로써 합의에 의하여 근로관계를 종료시키는 것으로, 명예퇴직의 신청은 근로계약에 대한 합의해지의 청약에 불과하여 이에 대한 사용자의 승낙이 있어 근로계약이 합의해지되기 전에는 근로자가 임의로 그 청약의 의사표시를 철회할 수 있다(대법원 2003. 4. 25. 선고 2002다11458 판결).

③ 제529조 참조

④ 제533조 참조

⑤ 매매계약 당사자 중 매도인이 매수인에게 매매계약의 합의해제를 청약하였다고 할지라도, 매수인이 그 청약에 대하여 조건을 붙이거나 변경을 가하여 승낙한 때에는 민법 제534조의 규정에 비추어 그 청약의 거절과 동시에 새로 청약한 것으로 보게 되는 것이고, 그로 인하여 종전의 매도인의 청약은 실효된다 할 것이다(대법원 2002. 4. 12. 선고 2000다17834 판결 참조).

정답 ①

21 매매계약에 관한 설명으로 옳은 것은?(다툼이 있으면 판례에 따름)

① 매매목적물과 대금은 반드시 계약 체결 당시에 구체적으로 특정할 필요는 없고, 이를 나중에라도 구체적으로 특정할 수 있는 방법과 기준이 정해져 있으면 매매계약은 성립한다.

② 매도인이 매수인에게 현존하는 타인 소유의 물건을 매도하기로 약정한 경우, 그 매매계약은 원시적 불능에 해당하여 효력이 없다.

③ 매매예약완결권은 당사자 사이에 다른 약정이 없는 한 10년 내에 이를 행사하지 않으면 시효로 소멸한다.

④ 매도인과 매수인이 해제권을 유보하기 위해 계약금을 교부하기로 합의한 후 매수인이 약정한 계약금의 일부만 지급한 경우, 매도인은 실제 지급받은 금원의 배액을 상환하고 매매계약을 해제할 수 있다.
⑤ 매매계약에 관한 비용은 다른 약정이 없으면 매수인이 부담한다.

해설 ① 법률행위는 특정가능성이 있으면 유효하게 성립한다.
② 타인 권리에 대한 매매도 유효하고, 다만 이전하지 못할 경우에 담보책임이 문제 될 뿐이다.
③ 매매예약완결권은 형성권으로 제척기간의 적용을 받는다. 약정이 없으면 예약이 성립한 때로부터 10년의 제척기간의 적용된다(대법원 2018. 11. 29. 2017다247190 판결).
④ 매도인이 '계약금 일부만 지급된 경우 지급받은 금원의 배액을 상환하고 매매계약을 해제할 수 있다'고 주장한 사안에서, '실제 교부받은 계약금'의 배액만을 상환하여 매매계약을 해제할 수 있다면 이는 당사자가 일정한 금액을 계약금으로 정한 의사에 반하게 될 뿐 아니라, 교부받은 금원이 소액일 경우에는 사실상 계약을 자유로이 해제할 수 있어 계약의 구속력이 약화되는 결과가 되어 부당하기 때문에, 계약금 일부만 지급된 경우 수령자가 매매계약을 해제할 수 있다고 하더라도 해약금의 기준이 되는 금원은 '실제 교부받은 계약금'이 아니라 '약정 계약금'이라고 봄이 타당하므로, 매도인이 계약금의 일부로서 지급받은 금원의 배액을 상환하는 것으로는 매매계약을 해제할 수 없다고 한 사례(대법원 2015. 4. 23. 선고 2014다231378 판결).
⑤ 제566조 참조

정답 ①

민법

22 조합에 관한 설명으로 옳지 않은 것은?(다툼이 있으면 판례에 따름)

① 조합계약으로 업무집행자를 정하지 아니한 경우에는 조합원의 3분의 2 이상의 찬성으로써 이를 선임한다.
② 조합의 업무집행자가 수인인 때에는 그 과반수로써 업무집행을 결정한다.
③ 조합계약의 당사자가 손익분배의 비율을 정하지 아니한 때에는 각 조합원의 출자가액에 비례하여 이를 정한다.
④ 조합의 채무자는 그 채무와 조합원에 대한 채권으로 상계할 수 있다.
⑤ 2인 조합에서 조합원 1인이 탈퇴하면 조합관계는 종료된다.

해설 ① 제706조 제1항 참조
② 제706조 제2항 참조
③ 제711조 참조
④ 제715조 참조
⑤ 2인으로 구성된 조합에서 한 사람이 탈퇴하면 조합관계는 종료되나 특별한 사정이 없는 한 조합은 해산이나 청산이 되지 않고, 다만 조합원의 합유에 속한 조합재산은 남은 조합원의 단독소유에 속하여 탈퇴 조합원과 남은 조합원 사이에는 탈퇴로 인한 계산을 해야 한다(대법원 2021. 7. 29. 선고 2019다207851 판결).

정답 ④

23 건물 소유를 목적으로 X토지에 관하여 임대인 甲과 임차인 乙 사이에 적법한 임대차계약이 체결되었다. 이에 관한 설명으로 옳지 않은 것은?(다툼이 있으면 판례에 따름)

① 甲과 乙 사이에 체결된 임대차계약에 임대차기간에 관한 약정이 없는 때에는 甲은 언제든지 계약해지의 통고를 할 수 있다.
② 乙이 甲의 동의없이 X토지를 전대한 경우, 甲은 원칙적으로 乙과의 임대차 계약을 해지할 수 있다.
③ X토지의 일부가 乙의 과실없이 멸실되어 사용·수익할 수 없게 된 경우, 乙은 그 부분의 비율에 의한 차임의 감액을 청구할 수 있다.
④ 토지임차인에게 인정되는 지상물매수청구권은 乙이 X토지 위에 甲의 동의를 얻어 신축한 건물에 한해 인정된다.
⑤ 甲이 변제기를 경과한 최후 2년의 차임채권에 의하여 그 지상에 있는 乙 소유의 건물을 압류한 때에는 저당권과 동일한 효력이 있다.

해설 ① 제635조 제1항 참조
② 제629조 제1항 참조
③ 제627조 제1항
④ 임대차기간 중에 축조되었다고 하더라도 그 만료시에 그 가치가 잔존하고 있으면 그 범위에 포함되는 것이고, 반드시 임대차계약 당시의 기존건물이거나 임대인의 동의를 얻어 신축한 것에 한정된다고는 할 수 없다고 할 것이다(대법원 1993. 11. 12. 선고 93다34589 판결).
⑤ 제649조 참조

정답 ④

24 부당이득에 관한 설명으로 옳은 것은?(다툼이 있으면 판례에 따름)

① 법률상 원인 없는 이득이 있다면 그 이득으로 인해 타인에게 손해가 발생한 것이 아니더라도 그 타인은 부당이득반환청구권을 할 수 있다.
② 변제기에 있지 아니한 채무를 착오 없이 변제한 때에는 그 변제한 것의 반환을 청구할 수 있다.
③ 「부동산 실권리자명의 등기에 관한 법률」에 위반되어 무효인 명의신탁약정에 기하여 타인 명의로 등기를 마쳐준 것은 당연히 불법원인급여에 해당한다.
④ 선의의 수익자가 패소한 때에는 그 소가 확정된 때로부터 악의의 수익자로 본다.
⑤ 제한행위능력을 이유로 법률행위를 취소한 경우 제한능력자는 선의·악의를 묻지 않고 그 행위로 인하여 받은 이익이 현존하는 한도에서 상환할 책임이 있다.

해설 ① 부당이득은 법률상 원인 없이 타인의 재산 또는 노무로 인하여 이익을 얻고 이로 인하여 타인에게 손해를 가함으로써 성립하는 것이므로, 법률상 원인 없는 이득이 있다 하더라도 그로 인하여 타인에게 손해가 발생한 것이 아니라면 그 타인은 부당이득반환청구권자가 될 수 없다(대법원 1970. 11. 24. 선고 70다1012 판결; 대법원 1982. 5. 25. 선고 81다카1061 판결 등 참조).
② 변제기에 있지 아니한 채무를 변제한 때에는 그 반환을 청구하지 못한다. 채무자가 착오로 인하여 변제한 것이라도 마찬가지고, 다만 채권자는 이로 인하여 얻은 이익을 반환하여야 한다(제743조 참조).
③ 부동산 실권리자명의 등기에 관한 법률(이하 '부동산실명법'이라 한다) 규정의 문언, 내용, 체계와 입법 목적 등을 종합하면, 부동산실명법을 위반하여 무효인 명의신탁약정에 따라 명의수탁자 명의로 등기를 하였다는 이유만으로 그것이 당연히 불법원인급여에 해당한다고 단정할 수는 없다(대법원 2019. 6. 20. 선고 2013다218156 전

원합의체 판결).

④ 제749조 참조

⑤ 무능력자의 책임을 제한하는 민법 제141조 단서는 부당이득에 있어 수익자의 반환범위를 정한 민법 제748조의 특칙으로서 무능력자의 보호를 위해 그 선의·악의를 묻지 아니하고 반환범위를 현존 이익에 한정시키려는 데 그 취지가 있으므로, 의사능력의 흠결을 이유로 법률행위가 무효가 되는 경우에도 유추적용되어야 할 것이나, 법률상 원인 없이 타인의 재산 또는 노무로 인하여 이익을 얻고 그로 인하여 타인에게 손해를 가한 경우에 그 취득한 것이 금전상의 이득인 때에는 그 금전은 이를 취득한 자가 소비하였는가의 여부를 불문하고 현존하는 것으로 추정되므로, 위 이익이 현존하지 아니함은 이를 주장하는 자, 즉 의사무능력자 측에 입증책임이 있다(대법원 2009. 1. 15. 선고 2008다58367 판결).

정답 ⑤

25 불법행위에 관한 설명으로 옳지 않은 것은?(다툼이 있으면 판례에 따름)

① 과실로 불법행위를 방조한 자에 대해서는 공동불법행위가 인정될 수 없다.

② 고의로 심신상실을 초래한 자는 타인에게 심신상실 중에 가한 손해를 배상할 책임이 있다.

③ 사용자가 근로계약에 수반되는 보호의무를 위반함으로써 피용자가 손해를 입은 경우, 사용자는 이를 배상할 책임이 있다.

④ 고의로 불법행위를 한 가해자는 피해자의 손해배상채권을 피해자에 대한 자신의 다른 채권으로 상계할 수 없다.

⑤ 미성년자가 성폭력을 당한 경우에 이로 인한 손해배상청구권의 소멸시효는 그가 성년이 될 때까지는 진행되지 아니한다.

민법

해설 ① 공동불법행위에 있어 방조라 함은 불법행위를 용이하게 하는 직접·간접의 모든 행위를 가리키는 것으로서 형법과 달리 손해의 전보를 목적으로 하여 과실을 원칙적으로 고의와 동일시하는 민법의 해석으로서는 과실에 의한 방조도 가능하다고 할 것이며, 이 경우의 과실 내용은 불법행위에 도움을 주지 말아야 할 주의의무가 있음을 전제로 하여 이 의무를 위반하는 것을 말한다(대법원 2014. 4. 10. 선고 2011다72011,72028 판결).

② 제754조 단서 참조

③ 사용자는 근로계약에 수반되는 신의칙상의 부수적 의무로서 근로자가 노무를 제공하는 과정에서 생명, 신체, 건강을 해치는 일이 없도록 인적 · 물적 환경을 정비하는 등 필요한 조치를 강구하여야 하는 보호의무를 부담하고, 이러한 보호의무를 위반하여 근로자가 손해를 입었다면 이를 배상할 책임을 진다(대법원 2021. 8. 19. 선고 2018다270876 판결).

④ 제496조 참조

⑤ 제766조 제3항 참조

정답 ①

2022년도 제31회 공인노무사 민법 기출문제

01 신의성실의 원칙에 관한 설명으로 옳지 않은 것은? (다툼이 있으면 판례에 따름)

① 신의칙은 당사자의 주장이 없더라도 법원이 직권으로 그 위반 여부를 판단할 수 있다.
② 사정변경의 원칙에 기한 계약의 해제가 인정되는 경우, 그 사정에는 계약의 기초가 된 객관적 사정만이 포함된다.
③ 임대차계약에 차임을 증액하지 않기로 하는 특약이 있더라도 그 특약을 그대로 유지시키는 것이 신의칙에 반한다고 인정될 정도의 사정변경이 있는 경우에는 임대인에게 차임증액청구가 인정될 수 있다.
④ 채무자가 소멸시효 완성을 주장하는 것은 신의칙에 반하여 권리남용으로 될 여지가 없다.
⑤ 강행규정을 위반한 자가 그 위반을 이유로 하여 법률행위의 무효를 주장하는 것은 신의칙 위반으로 될 수 있다.

해설 ① 대판 2015. 3. 20. 2013다88829 판결 참조
② 대판 2007. 3. 29. 2004다31302 판결 참조
③ 대판 1996. 11. 12. 96다34061 판결 참조
④ 채무자가 시효완성 전에 채권자의 권리행사나 시효중단을 불가능 또는 현저히 곤란하게 하였거나, 그러한 조치가 불필요하다고 믿게 하는 행동을 하였거나, 객관적으로 채권자가 권리를 행사할 수 없는 장애사유가 있었거나, 또는 일단 시효완성 후에 채무자가 시효를 원용하지 아니할 것 같은 태도를 보여 권리자로 하여금 그와 같이 신뢰하게 하였거나, 채권자보호의 필요성이 크고, 같은 조건의 다른 채권자가 채무의 변제를 수령하는 등의 사정이 있어 채무이행의 거절을 인정함이 현저히 부당하거나 불공평하게 되는 등의 특별한 사정이 있는 경우에는, 채무자가 소멸시효의 완성을 주장하는 것이 신의성실의 원칙에 반하여 권리남용으로서 허용될 수 없다(대판 2005. 5. 13. 2004다71881).
⑤ 강행규정 위반의 무효주장이 예외 없이 신의칙의 적용이 배제되는 것은 아니라는 것이 판례이다(노사합의 내용이 근로기준법 위반된 경우의 사안). 다만 복수정답으로 이 지문도 옳지 않은 것으로 처리했다(대판 2011. 3. 10. 2007다17482).

정답 ④,⑤

02 미성년자에 관한 설명으로 옳지 않은 것은? (다툼이 있으면 판례에 따름)

① 미성년자가 자신의 채무를 면제하는 것만을 내용으로 하는 채무면제계약에 관해 승낙의 의사표시를 하는 것은 법정대리인의 동의가 없어도 확정적으로 유효하다.
② 법정대리인이 미성년자에게 범위를 정하여 재산의 처분을 허락하는 것은 묵시적으로도 가능하다.
③ 법정대리인이 미성년자에게 특정한 영업을 허락한 경우, 그 영업과 관련된 행위에 대해서 법정대리인의 대리권은 소멸한다.
④ 미성년자는 타인의 임의대리인이 될 수 없다.
⑤ 미성년자가 제한능력을 이유로 자신이 행한 법률행위를 단독으로 취소한 경우, 그 법정대리인은 미성년자가 행한 취소의 의사표시를 다시 취소할 수 없다.

해설 ④ 대리인은 행위능력자임을 요하지 않는다(민법 제117조).
⑤ 유효한 취소가 있는 경우 확정적으로 무효가 되기 때문이다(민법 제141조).

정답 ④

03 민법상 법인에 관한 설명으로 옳은 것은? (다툼이 있으면 판례에 따름)

① 생전처분으로 재단법인을 설립하는 자가 서면으로 재산출연의 의사표시를 하였다면 착오를 이유로 이를 취소할 수 없다.
② 생전처분으로 지명채권을 출연하여 재단법인을 설립하는 경우, 그 지명채권은 대외적으로는 양도통지나 채무자의 승낙이 행해진 때 법인의 재산이 된다.
③ 법인의 불법행위를 성립시키는 대표기관에는 법인을 실질적으로 운영하면서 그 법인을 사실상 대표하여 법인의 사무를 집행하는 사람이 포함된다.
④ 법인의 대표기관은 정관 또는 사원총회에 의해 금지되지 않는 한 타인에게 포괄적인 대리권을 수여할 수 있다.
⑤ 법인이 청산종결등기를 하였다면 실제로 청산사무가 종료되지 않았더라도 그 법인은 소멸한다.

해설 ① 서면에 의한 증여의 경우 해제할 수 없으나 착오취소는 가능하고, 재단법인 설립행위와 같은 단독행위라고 하여 달리 볼 것은 아니다(대판 1999. 7. 9. 98다9045).
② 당사자의 합의로 법인의 재산이 되고, 다만 이를 대항하기 위해서는 양도통지나 채무자의 승낙이 있어야 할 뿐이다.
③ 대판 2011. 4. 28. 2008다15438 판결 참조
④ 민법 제62조에 반한다. 특정한 행위를 대리하게 할 수 있을 뿐이다(민법 제62조).
⑤ 청산종결등기가 경료되었어도 청산사무가 종료되지 않는 한 그 범위에서 청산법인으로서 존속, 권리능력을 갖는다(대판 1980. 4. 8. 79다2036).

정답 ③

04 물건에 관한 설명으로 옳지 않은 것은? (다툼이 있으면 판례에 따름)

① 특정이 가능하다면 증감·변동하는 유동집합물도 하나의 물건으로 다루어질 수 있다.
② 타인의 토지에 권원 없이 자신의 수목을 식재한 자가 이를 무단히 관리하고 있다면 그 수목은 토지에 부합하지 않는다.
③ 명인방법을 갖춘 수목은 독립하여 거래의 객체가 될 수 있다.
④ 주물·종물 관계는 특별한 사정이 없는 한 동일인 소유의 물건 사이에서 인정된다.
⑤ 주물·종물 법리는 타인 소유 토지 위에 존재하는 건물의 소유권과 그 건물의 부지에 관한 건물 소유자의 토지임차권 사이에도 유추적용될 수 있다.

해설 ① 대판 2013. 2. 15. 2012다87089 참조
② 권원 없이 수목을 식재한 경우 그 수목은 원칙적으로 토지에 부합한다(대판 1980. 9. 30. 80도1874).
③ 대판 1998. 10. 28. 98마1817 참조
④ 제100조 제1항, 제2항 참조
⑤ 대판 1993. 4. 13. 92다24950 참조

정답 ②

05 반사회질서의 법률행위에 관한 설명으로 옳지 않은 것은? (다툼이 있으면 판례에 따름)

① 과도한 위약벌 약정은 법원의 직권감액이 가능하므로 선량한 풍속 기타 사회질서에 반할 여지가 없다.
② 부동산 매매계약에서 계약금을 수수한 후 당사자가 매매계약의 이행에 착수하기 전에 제3자가 매도인을 적극 유인하여 해당 부동산을 매수하였다면 매도인과 제3자 사이의 그 매매계약은 반사회질서의 법률행위가 아니다.
③ 보험사고를 가장하여 보험금을 부정취득할 목적으로 체결된 다수의 생명보험계약은 그 목적에 대한 보험자의 인식 여부를 불문하고 무효이다.
④ 부첩(夫妾)관계의 종료를 해제조건으로 하는 증여계약은 반사회질서의 법률행위로서 무효이다.
⑤ 선량한 풍속 기타 사회질서에 반하는 법률행위의 무효는 그 법률행위를 기초로 하여 새로운 이해관계를 맺은 선의의 제3자에 대해서도 주장할 수 있다.

해설 ① 과도한 위약벌 약정은 민법 제103조에 반하여 무효이다(대판 2013. 7. 25. 2013다27015).

정답 ①

06 통정허위표시에 관한 설명으로 옳은 것은? (다툼이 있으면 판례에 따름)

① 통정허위표시에 의하여 생긴 채권을 가압류한 경우, 가압류권자는 선의이더라도 통정허위표시와 관련하여 보호받는 제3자에 해당하지 않는다.
② 통정허위표시인 법률행위는 무효이므로 채권자취소권의 대상인 사해행위로 될 수 없다.
③ 표의자의 진의와 표시가 불일치함을 상대방이 명확하게 인식하였다면 그 불일치에 대하여 양자간에 합의가 없더라도 통정허위표시가 성립한다.
④ 파산관재인이 통정허위표시와 관련하여 보호받는 제3자로 등장하는 경우, 모든 파산채권자가 선의인 경우에 한하여 그의 선의가 인정된다.
⑤ 임대차보증금반환채권을 담보하기 위하여 임대인과 임차인 사이에 임차인을 전세권자로 하는 전세권설정계약이 체결된 경우, 그 계약이 전세권자의 사용·수익을 배제하는 것이 아니라 하더라도 임대차계약과 양립할 수 없는 범위에서는 통정허위표시로 무효이다.

해설 ① 새로운 법률관계를 맺은 제3자에 해당한다.
② 무효인 법률행위라도 채권자취소권의 대상이 될 수 있다.
③ 통정허위표시는 통정이 필요하다.
④ 파산관재인은 파산채권자 모두가 악으로 되지 않는 한 선의로 다루어진다.
⑤ 대판 2021. 12. 30. 2018다268538 판결 참조

정답 ⑤

07 대리에 관한 설명으로 옳지 않은 것은? (다툼이 있으면 판례에 따름)

① 대리인이 그 권한내에서 본인을 위한 것임을 표시한 의사표시는 직접 본인에게 효력이 생긴다.
② 복대리인은 본인에 대하여 대리인과 동일한 권리의무가 있다.
③ 대리인이 수인(數人)인 때에는 법률 또는 수권행위에서 다른 정함이 없으면 공동으로 본인을 대리한다.
④ 임의대리권은 대리인의 성년후견의 개시로 소멸된다.
⑤ 특정한 법률행위를 위임한 경우에 대리인이 본인의 지시에 좇아 그 행위를 한 때에는 본인은 자기가 안 사정에 관하여 대리인의 부지(不知)를 주장하지 못한다.

해설 ① 민법 제114조 제1항 참조
② 민법 제123조 제2항 참조
③ 각자가 본인을 대리한다(민법 제119조).
④ 민법 제127조 제2호 참조
⑤ 민법 제116조 제2항 참조

 ③

08 대리에 관한 설명으로 옳지 않은 것은? (다툼이 있으면 판례에 따름)

① 대리행위가 강행법규에 위반하여 무효인 경우에도 표현대리가 성립할 수 있다.
② 복임권이 없는 임의대리인이 선임한 복대리인의 행위에도 표현대리가 성립할 수 있다.
③ 하나의 무권대리행위 일부에 대한 본인의 추인은 상대방의 동의가 없으면 무효이다.
④ 무권대리인이 본인을 단독상속한 경우, 특별한 사정이 없는 한 자신이 행한 무권대리행위의 무효를 주장하는 것은 허용되지 않는다.
⑤ 제한능력자가 법정대리인의 동의 없이 계약을 무권대리한 경우, 그 제한능력자는 무권대리인으로서 계약을 이행할 책임을 부담하지 않는다.

해설 ① 강행법규에 위반되는 행위에 대하여는 표현대리 법리가 적용되지 않는다(대판 1996. 8. 23. 94다38199).
⑤ 민법 제135조 제2항 참조

정답 ①

09 법률행위의 무효와 취소에 관한 설명으로 옳은 것은? (다툼이 있으면 판례에 따름)

① 반사회질서의 법률행위는 당사자가 그 무효를 알고 추인하면 원칙적으로 유효가 된다.
② 담보의 제공은 법정추인사유에 해당하지 않는다.
③ 무효행위의 추인은 무효원인이 소멸하기 전에도 할 수 있다.
④ 피성년후견인은 법정대리인의 동의가 있으면 취소할 수 있는 법률행위를 추인할 수 있다.
⑤ 제한능력을 이유로 법률행위가 취소된 경우, 제한능력자는 현존이익의 한도에서 상환할 책임이 있다.

해설 ① 민법 제103조 위반은 절대적 무효이다. 따라서 추인의 여지가 없다.
② 민법 제245조 제4호의 사유에 해당한다.
③ 무효행위의 추인은 무효임을 알고 무효사유가 종료된 후에 하여야 한다(대판 1997. 12. 12. 95다38240).
④ 취소할 수 있는 법률행위의 추인은 취소의 원인이 종료한 후(제한능력자가 된 후)에 하여야 한다.
⑤ 민법 제141조 단서 참조

정답 ⑤

10 민법상 기간에 관한 설명으로 옳지 않은 것은?

① 연령계산에는 출생일을 산입한다.
② 월의 처음으로부터 기간을 기산하지 아니하는 때에는 최후의 월에서 그 기산일에 해당한 날의 익일로 기간이 만료한다.
③ 기간의 말일이 공휴일에 해당한 때에는 기간은 그 익일로 만료한다.
④ 기간을 분으로 정한 때에는 즉시로부터 기산한다.
⑤ 기간을 월로 정한 때에는 역(曆)에 의하여 계산한다.

해설 ① 민법 제158조 참조
② 민법 제160조 제2항에 따르면 "최후의 월에서 그 기산일에 해당한 날의 전일로 기간이 만료한다."고 되어 있다.
③ 민법 제161조 참조
④ 민법 제156조 참조
⑤ 민법 제160조 제1항 참조

정답 ②

11 조건과 기한에 관한 설명으로 옳은 것은? (다툼이 있으면 판례에 따름)

① 기한의 이익을 가지고 있는 채무자가 그가 부담하는 담보제공 의무를 이행하지 아니하더라도 그 기한의 이익은 상실되지 않는다.
② 해제조건 있는 법률행위는 조건이 성취한 때로부터 그 효력이 생긴다.
③ 기성조건이 정지조건이면 그 법률행위는 무효로 한다.
④ 기한이익 상실특약은 특별한 사정이 없는 한 정지조건부 기한이익 상실특약으로 본다.
⑤ 기한은 원칙적으로 채무자의 이익을 위한 것으로 추정한다.

해설 ① 민법 제388조 제2호 참조. 기한의 이익 상실사유이다.
② 해제조건있는 법률행위는 조건이 성취한 때로부터 그 효력을 잃는다(민법 제147조 제2항).
③ 민법 제151조 제2항 참조
④ 기한이익 상실의 특약은 형성권적 기한이익 상실의 특약으로 추정되는지 여부(적극)에 대하여 판례는 「기한이익 상실의 특약은 그 내용에 의하여 일정한 사유가 발생하면 채권자의 청구 등을 요함이 없이 당연히 기한의 이익이 상실되어 이행기가 도래하는 것으로 하는 정지조건부 기한이익 상실의 특약과 일정한 사유가 발생한 후 채권자의 통지나 청구 등 채권자의 의사행위를 기다려 비로소 이행기가 도래하는 것으로 하는 형성권적 기한이익 상실의 특약의 두 가지로 대별할 수 있고, 기한이익 상실의 특약이 위의 양자 중 어느 것에 해당하느냐는 당사자의 의사해석의 문제이지만 일반적으로 기한이익 상실의 특약이 채권자를 위하여 둔 것인 점에 비추어 명백히 정지조건부 기

한이익 상실의 특약이라고 볼 만한 특별한 사정이 없는 이상 형성권적 기한이익 상실의 특약으로 추정하는 것이 타당하다」(대판 2010. 8. 26. 2008다42416,42423)고 판시하였다.
⑤ 민법 제153조 제1항 참조

 ⑤

12 소멸시효의 중단에 관한 설명으로 옳지 않은 것은? (다툼이 있으면 판례에 따름)

① 3년의 소멸시효기간이 적용되는 채권이 지급명령에서 확정된 경우, 그 시효기간은 10년으로 한다.
② 채권자가 동일한 목적을 달성하기 위하여 복수의 채권을 가지고 있는 경우, 특별한 사정이 없으면 그 중 하나의 채권을 행사한 것만으로는 다른 채권에 대한 시효중단의 효력은 없다.
③ 대항요건을 갖추지 못한 채권양도의 양수인이 채무자를 상대로 재판상 청구를 하여도 시효중단사유인 재판상 청구에 해당하지 아니한다.
④ 채권자가 최고를 여러 번 거듭하다가 재판상 청구를 한 경우, 시효중단의 효력은 재판상 청구를 한 시점을 기준으로 하여 이로부터 소급하여 6월 이내에 한 최고시에 발생한다.
⑤ 동일한 당사자 사이에 계속적 거래관계로 인한 수개의 금전채무가 있고, 채무자가 그 채무 전액을 변제하기에는 부족한 금액으로 채무의 일부를 변제하는 경우에 그 수개의 채무전부에 관하여 시효중단의 효력이 발생하는 것이 원칙이다.

해설 ③ 채권의 양수인이 채권양도의 대항요건을 갖추지 못한 상태에서 채무자를 상대로 재판상의 청구를 한 경우, 소멸시효 중단사유인 재판상의 청구에 해당하는지 여부(적극)에 대하여 판례는 「채권양도는 구 채권자인 양도인과 신 채권자인 양수인 사이에 채권을 그 동일성을 유지하면서 전자로부터 후자에게로 이전시킬 것을 목적으로 하는 계약을 말한다 할 것이고, 채권양도에 의하여 채권은 그 동일성을 잃지 않고 양도인으로부터 양수인에게 이전되며, 이러한 법리는 채권양도의 대항요건을 갖추지 못하였다고 하더라도 마찬가지인 점, 민법 제149조의 "조건의 성취가 미정한 권리의무는 일반규정에 의하여 처분, 상속, 보존 또는 담보로 할 수 있다."는 규정은 대항요건을 갖추지 못하여 채무자에게 대항하지 못한다고 하더라도 채권양도에 의하여 채권을 이전받은 양수인의 경우에도 그대로 준용될 수 있는 점, 채무자를 상대로 재판상의 청구를 한 채권의 양수인을 '권리 위에 잠자는 자'라고 할 수 없는 점 등에 비추어 보면, 비록 대항요건을 갖추지 못하여 채무자에게 대항하지 못한다고 하더라도 채권의 양수인이 채무자를 상대로 재판상의 청구를 하였다면 이는 소멸시효 중단사유인 재판상의 청구에 해당한다고 보아야 한다」(대판 2005. 11. 10. 2005다41818)고 판시하였다.
⑤ 이 경우 잔존채무에 대하여도 승인한 것으로 보는 것이 판례의 원칙적 모습이다.

 ③

13 민법상 채권의 목적에 관한 설명으로 옳지 않은 것은? (다툼이 있으면 판례에 따름)

① 선택채권의 경우, 특별한 사정이 없는 한 선택의 효력은 소급하지 않는다.
② 금전으로 가액을 산정할 수 없는 것이라도 채권의 목적으로 할 수 있다.
③ 종류채권의 경우, 목적물이 특정된 때부터 그 특정된 물건이 채권의 목적물이 된다.
④ 특정물매매계약의 매도인은 특별한 사정이 없는 한 그 목적물을 인도할 때까지 선량한 관리자의 주의로 그 물건을 보존하여야 한다.
⑤ 금전채무에 관하여 이행지체에 대비한 지연손해금 비율을 따로 약정한 경우, 그 약정은 일종의 손해배상액의 예정이다.

① 선택의 효력은 그 채권이 발생한 때에 소급함이 원칙이다(민법 제386조).
⑤ 대판 2017. 7. 11. 2016다52265 참조

정답 ①

14 甲과 乙은 A에 대하여 2억 원의 연대채무를 부담하고 있으며, 甲과 乙사이의 부담 부분은 균등하다. 이에 관한 설명으로 옳은 것은? (다툼이 있으면 판례에 따름)

① 甲의 A에 대한 위 채무가 시효완성으로 소멸한 경우, 乙도 A에 대하여 위 채무 전부를 이행할 의무를 면한다.
② 甲이 A에게 2억 원의 상계할 채권을 가지고 있음에도 상계를 하지 않는 경우, 乙은 甲이 A에게 가지는 2억 원의 채권으로 위 채무 전부를 상계할 수 있다.
③ A가 甲에 대하여 채무의 이행을 청구하여 시효가 중단된 경우, 乙에게도 시효중단의 효력이 있다.
④ A의 신청에 의한 경매개시결정에 따라 甲소유의 부동산이 압류되어 시효가 중단된 경우, 乙에게도 시효중단의 효력이 있다.
⑤ A가 甲에 대하여 위 채무를 전부 면제해 준 경우, 乙도 A에 대하여 위 채무 전부를 이행할 의무를 면한다.

해설 ① 소멸시효는 부담부분형
② 상계권자 아닌 다른 연대채무자의 상계는 부담부분에 한한다.
③ 다른 연대채무자 乙에게도 시효중단의 효력이 있다(민법 제416조, 민법 제168조 제1호).
④ 이행청구 아닌 다른 시효중단 사유는 상대적 효력
⑤ 면제는 부담부분형

정답 ③

15 채권자대위권에 관한 설명으로 옳지 않은 것은? (다툼이 있으면 판례에 따름)

① 물권적 청구권도 채권자대위권의 피보전권리가 될 수 있다.
② 피보전채권의 이행기가 도래하기 전이라도 채권자는 법원의 허가를 얻어 채무자의 제3자에 대한 채권자취소권을 대위행사할 수 있다.
③ 민법상 조합원의 조합탈퇴권은 특별한 사정이 없는 한 채권자대위권의 목적이 될 수 없다.
④ 행사상 일신전속권은 채권자대위권의 목적이 되지 못한다.
⑤ 채권자대위소송에서 피보전채권의 존재 여부는 법원의 직권조사사항이다.

해설 ① 대판 2007. 5. 10. 2006다82700 판결 참조
② 대판 2001. 12. 27. 2000다73049 판결 참조
③ 민법상 조합원의 조합탈퇴권이 채권자대위권의 목적이 될 수 있는지 여부(적극)에 대하여 판례는 「민법상 조합원은 조합의 존속기간이 정해져 있는 경우 등을 제외하고는 원칙적으로 언제든지 조합에서 탈퇴할 수 있고(민법 제716조 참조), 조합원이 탈퇴하면 그 당시의 조합재산상태에 따라 다른 조합원과 사이에 지분의 계산을 하여 지분환급청구권을 가지게 되는바(민법 제719조 참조), 조합원이 조합을 탈퇴할 권리는 그 성질상 조합계약의 해지권으로서 그의 일반재산을 구성하는 재산권의 일종이라 할 것이고 채권자대위가 허용되지 않는 일신전속적 권리라고는 할 수 없다」(대결 2007. 11. 30. 자 2005마1130)고 판시하였다.

④ 민법 제404조 제1항 단서 참조
⑤ 대판 2012. 3. 29. 2011다106136 판결 참조

 ③

16 채무인수에 관한 설명으로 옳지 않은 것은? (다툼이 있으면 판례에 따름)

① 중첩적 채무인수는 채권자와 인수인 사이의 합의가 있으면 채무자의 의사에 반하여서도 이루어질 수 있다.
② 채무자와 인수인의 계약에 의한 면책적 채무인수는 채권자의 승낙이 없더라도 면책적 채무인수의 효력이 있다.
③ 채무인수가 면책적인지 중첩적인지 불분명한 경우에는 중첩적 채무인수로 본다.
④ 면책적 채무인수인은 전(前)채무자의 항변할 수 있는 사유로 채권자에게 대항할 수 있다.
⑤ 전(前)채무자의 채무에 대한 보증은 보증인의 동의가 없는 한 면책적 채무인수로 인하여 소멸한다.

해설 ① 대판 1988. 11. 22. 87다카1836 판결 참조
② 채권자의 승낙이 없는 이상 면책적 채무인수의 효력이 없다.
③ 대판 2013. 9. 13. 2011다56033 판결 참조
④ 민법 제458조 참조
⑤ 민법 제459조 참조

 ②

17 甲은 乙에 대하여 A채무(원본: 5천만 원, 대여일: 2021년 3월 1일, 이자: 월 0.5%, 변제기: 2021년 4월 30일)와 B채무(원본: 4천만 원, 대여일: 2021년 4월 1일, 이자: 월 1%, 변제기: 2021년 5월 31일)를 부담하고 있다. 이에 관한 설명으로 옳은 것을 모두 고른 것은? (다툼이 있으면 판례에 따름)

ㄱ. 甲은 2021년 6월 5일에 5천만 원을 변제하면서 乙과의 합의로 B채무의 원본에 충당한 후 나머지는 A채무의 원본에 충당하는 것으로 정할 수 있다.
ㄴ. 甲이 2021년 6월 5일에 5천만 원을 변제하면서 법정충당이 이루어지는 경우, B채무에 보증인이 있다면 A채무의 변제에 먼저 충당된다.
ㄷ. 甲이 2021년 5월 3일에 5천만 원을 변제하면서 법정충당이 이루어지는 경우, B채무에 먼저 충당된다.
ㄹ. 甲이 2021년 4월 28일에 5천만 원을 변제하면서 법정충당이 이루어지는 경우, B채무에 먼저 충당된다.

① ㄱ, ㄴ ② ㄱ, ㄹ ③ ㄴ, ㄷ ④ ㄱ, ㄷ, ㄹ ⑤ ㄴ, ㄷ, ㄹ

해설 ㄱ. 합의충당이 최우선이고, '비용, 이자, 원본' 순도 변경할 수 있다. 따라서 옳다.
ㄴ. 2021. 6. 5.은 두 채무 모두 이행기가 도래한 이상 변제이익이 많은 채무의 변제에 충당한다(민법 제477조 제2호). 주채무자의 경우 보증인의 유무는 변제이익에 차이가 없다. B채무가 A채무보다 고리이므로 전자에 충당된다. 따라서 틀린 지문이다.
ㄷ. 2021. 5. 3.은 A채무에 대하여만 이행기가 도래한 것이므로 민법 제477조 제1호에 따라 그 채무의 변제에 충

민법

당된다. 따라서 틀린 지문이다.
ㄹ. 2021. 4. 28.은 모든 채무에 대하여 이행기가 도래하지 않은 것이므로 위 ㄴ과 같이 고리에 충당된다. 따라서 옳다.

정답 ②

18 상계에 관한 설명으로 옳은 것은? (다툼이 있으면 판례에 따름)

① 고의의 불법행위로 인하여 손해배상채무를 부담하는 자는 그 채무를 수동채권으로 하여 상계하지 못한다.
② 자동채권의 변제기는 도래하였으나 수동채권의 변제기가 도래하지 않은 경우에는 상계를 할 수 없다.
③ 채권자가 주채무자에 대하여 상계적상에 있는 자동채권을 상계하지 않는 경우, 보증채무자는 이를 이유로 보증한 채무의 이행을 거부할 수 있다.
④ 채무자는 채권양도를 승낙한 후에도 양도인에 대한 채권을 새로 취득한 경우에 이를 가지고 양수인에 대하여 상계할 수 있다.
⑤ 벌금형이 확정된 경우, 그 벌금채권은 상계의 자동채권이 될 수 없다.

해설 ② 상계할 수 있다. 자동채권의 변제기만 도래하면 된다(민법 제496조).
③ 상계는 단독행위로서 상계를 하는 여부는 채권자의 의사에 따르는 것이고 상계적상에 있는 자동채권이 있다 하여 반드시 상계를 하여야 할 것은 아니므로 채권자가 주채무자에 대하여 상계적상에 있는 자동채권을 상계처리 하지 아니하였다 하여 이를 이유로 보증채무자가 신용보증한 채무의 이행을 거부할 수 없다.
④ 상계할 수 없다(대판 1984. 9. 11. 83다카2288).
⑤ 벌금형이 확정된 이상 벌금채권의 변제기는 도래한 것이므로 달리 이를 금하는 특별한 법률상 근거가 없는 이상 벌금채권은 적어도 상계의 자동채권이 되지 못할 아무런 이유가 없다(대판 2004. 4. 27. 2003다37891).

정답 ①

19 계약의 성립에 관한 설명으로 옳지 않은 것은? (다툼이 있으면 판례에 따름)

① 청약은 상대방이 있는 의사표시이지만, 상대방은 청약 당시에 특정되어 있지 않아도 된다.
② 관습에 의하여 승낙의 통지가 필요하지 않은 경우에 계약은 승낙의 의사표시로 인정되는 사실이 있는 때에 성립한다.
③ 청약이 상대방에게 발송된 후 도달하기 전에 발생한 청약자의 사망은 그 청약의 효력에 영향을 미치지 아니한다.
④ 승낙자가 승낙기간을 도과한 후 승낙을 발송한 경우에 이를 수신한 청약자가 승낙의 연착을 통지하지 아니하면 그 승낙은 연착되지 아니한 것으로 본다.
⑤ 교차청약에 의한 격지자간 계약은 양(兩) 청약이 상대방에게 모두 도달한 때에 성립한다.

해설 ② 민법 제532조 참조
③ 민법 제111조 제2항 참조
④ 민법 제528조 제2항은 보통 기간내에 도달할 수 있는 승낙의 발송이 기간 후에 도달한 경우에 연착통지를 하지 않으면 연착되지 않는 것으로 본다는 것이지, 애초부터 승낙기간 도과한 후 발송의 경우에까지 적용되는 것은 아니다(민법 제528조 제2항, 제3항).

⑤ 교차청약의 경우 양청약이 상대방에게 도달한 때에 효력이 생기는데, 이는 격지자간의 계약이라도 그렇다(민법 제533조).

 ④

20 제3자를 위한 계약에 관한 설명으로 옳은 것은? (다툼이 있으면 판례에 따름)

① 채무자와 인수인 사이에 체결되는 중첩적 채무인수계약은 제3자를 위한 계약이 아니다.

② 제3자를 위한 도급계약에서 수익의 의사표시를 한 제3자가 그 계약에 따라 완성된 목적물의 하자로 인해 손해를 입은 경우, 특별한 사정이 없는 한 낙약자는 그 제3자에게 해당 손해를 배상할 의무가 있다.

③ 요약자와 낙약자의 합의에 따라 제3자의 권리를 소멸시킬 수 있음을 미리 유보하였더라도 제3자에게 그 권리가 확정적으로 귀속되었다면 요약자와 낙약자는 제3자의 권리를 소멸시키지 못한다.

④ 제3자가 수익의 의사표시를 한 후에는 요약자는 원칙적으로 낙약자에 대하여 제3자에게 급부를 이행할 것을 요구할 수 있는 권리를 갖지 못한다.

⑤ 제3자가 수익의 의사표시를 한 경우, 특별한 사정이 없는 한 요약자는 낙약자의 채무불이행을 이유로 제3자의 동의 없이 계약을 해제할 수 없다.

해설 ① 중첩적 채무인수는 제3자를 위한 계약의 대표적인 예이다.

② 제3자를 위한 계약에 있어서 수익의 의사표시를 한 수익자는 낙약자에게 직접 그 이행을 청구할 수 있을 뿐만 아니라 요약자가 계약을 해제한 경우에는 낙약자에게 자기가 입은 손해의 배상을 청구할 수 있는 것이므로, 수익자가 완성된 목적물의 하자로 인하여 손해를 입었다면 수급인은 그 손해를 배상할 의무가 있다(대판 1994. 8. 12. 92다41559).

③ 제3자를 위한 계약에서, 제3자가 민법 제539조 제2항에 따라 수익의 의사표시를 함으로써 제3자에게 권리가 확정적으로 귀속된 경우에는, 요약자와 낙약자의 합의에 의하여 제3자의 권리를 변경·소멸시킬 수 있음을 미리 유보하였거나 제3자의 동의가 있는 경우가 아니면 계약의 당사자인 요약자와 낙약자는 제3자의 권리를 변경·소멸시키지 못하고(민법 제541조), 만일 계약의 당사자가 제3자의 권리를 임의로 변경·소멸시키는 행위를 한 경우 이는 제3자에 대하여 효력이 없다. 따라서 미리 유보한 경우에는 소멸시킬 수 있다(대판 2002. 1. 25. 2001다30285).

④ 수익자의 권리와는 별개로 당사자로서 제3자에게 급부를 이행할 것을 요구할 수 있다(대판 2022. 1. 27. 2018다259565).

⑤ 해제권은 요약자에게만 있다. 따라서 제3자의 동의 없이 해제할 수 있다(대판 1970. 2. 24. 69다1410).

 ②

21 계약의 해제에 관한 설명으로 옳지 않은 것은? (특별한 사정이 없음을 전제로 하며, 다툼이 있으면 판례에 따름)

① 당사자는 합의로 계약을 해제할 수 있다.

② 채권자가 채무액을 현저히 초과하는 금액의 지급을 최고하고, 이 금액을 지급하지 않으면 수령하지 않을 것이 분명한 경우에 이 최고에 터잡은 채권자의 해제는 무효이다.

③ 계약체결에 관한 대리권만을 수여받은 대리인은 계약체결 후 그 계약을 해제할 수 없다.

④ 하나의 계약에서 일방이 수인(數人)인 경우에 상대방은 그 수인 모두에게 해제의 의사표시를 하여야 한다.

민법

⑤ 매도인의 책임있는 사유로 이행불능이 되어 매수인이 계약을 해제한 경우의 손해배상은 해제시 목적물의 싯가를 기준으로 그 손해를 산정한다.

해설 ① 대판 2000. 9. 8. 99다36525 판결 참조
② 대판 1994. 11. 25. 94다35930 판결 참조
③ 대판 2015. 12. 23. 2013다81019 판결 참조
④ 민법 제547조 제1항 참조
⑤ 타인의 권리매매에 있어서 이행불능으로 인한 손해배상액에 대하여 판례는 「채무가 이행불능으로 되거나, 타인의 권리매매에 있어 매도인이 그 권리를 매수인에게 이전할 수 없게 된 경우의 손해배상은 이행불능 당시의 목적물의 싯가를 기준으로 그 손해를 산정한다」(대판 1980. 3. 11. 80다78)고 판시하였다.

정답 ⑤

22 담보책임에 관한 설명으로 옳은 것은? (특별한 사정이 없음을 전제로 하며, 다툼이 있으면 판례에 따름)

① 특정물매매계약에 있어 목적물에 하자가 있는 경우, 악의의 매수인은 대금감액청구권을 행사할 수 있다.
② 특정물의 수량지정매매에서 수량이 부족한 경우, 악의의 매수인은 계약한 날로부터 1년 이내에 대금감액청구권을 행사하여야 한다.
③ 부담부 증여의 증여자는 담보책임을 지지 않는다.
④ 일정한 면적(수량)을 가지고 있다는 데 주안을 두고, 대금도 면적을 기준으로 하여 정해지는 아파트분양계약은 수량지정매매가 될 수 없다.
⑤ 건물신축도급계약에 따라 완성된 건물의 하자로 계약의 목적을 달성할 수 없는 경우, 도급인은 이를 이유로 그 계약을 해제할 수 있다.

해설 ① 민법 제572조, 제574조, 제580조 제1항 참조
② 대판 2002. 11. 8. 99다58136 판결 참조
③ 민법 제559조 제2항 참조
④ 대판 2002. 11. 8. 99다58136 판결 참조
⑤ 민법 제668조 참조
모두 틀린 지문들이다. 따라서 답이 없다. 그래서 모두를 정답으로 처리했다.

정답 모두 정답

23 민법상 위임에 관한 설명으로 옳지 않은 것은? (다툼이 있으면 판례에 따름)

① 무상위임의 수임인은 선량한 관리자의 주의의무를 부담한다.
② 수임인은 부득이한 사유가 있으면 제3자로 하여금 자기에 갈음하여 위임사무를 처리하게 할 수 있다.
③ 변호사에게 계쟁사건의 처리를 위임함에 있어서 보수에 관하여 명시적으로 약정하지 않은 경우, 특별한 사정이 없는 한 응분의 보수를 지급할 묵시의 약정이 있는 것으로 볼 수 있다.
④ 위임인에게 불리한 시기에 부득이한 사유로 계약을 해지한 수임인은 그 해지로 인해 위임인에게 발생한 손해를 배상하여야 한다.
⑤ 위임이 종료된 경우, 수임인은 특별한 사정이 없는 한 지체없이 그 전말을 위임인에게 보고하여야 한다.

해설 ① 민법 제681조 참조
② 민법 제682조 제1항 참조
③ 변호사에게 사건을 위임하면서 보수에 관한 명시적 약정이 없는 경우의 의사해석에 대하여 판례는「변호사는 당사자 기타 관계인의 위임 또는 공무소의 위촉 등에 의하여 소송에 관한 행위 및 행정처분의 청구에 관한 대리행위와 일반 법률사무를 행함을 그 직무로 하고 사회통념에 비추어 현저히 부당한 보수를 받을 수 없을 뿐이므로, 변호사에게 계쟁사건의 처리를 위임함에 있어서 그 보수지급 및 수액에 관하여 명시적인 약정을 아니하였다 하여도, 무보수로 한다는 등 특별한 사정이 없는 한 응분의 보수를 지급할 묵시의 약정이 있는 것으로 봄이 상당하다」(대판 1993. 11. 12. 93다36882)고 판시하였다.
④ 부득이한 사유가 있다면 수임인은 그 해지로 인해 위임인에게 발생한 손해를 배상할 책임이 있다(민법 제689조 제2항).
⑤ 민법 제683조 참조

 ④

24 부당이득에 관한 설명으로 옳은 것은? (다툼이 있으면 판례에 따름)

① 채무자가 착오로 변제기 전에 채무를 변제한 경우, 채권자는 이로 인해 얻은 이익을 반환할 의무가 없다.
② 수익자가 이익을 받은 후 법률상 원인없음을 안 때에는 그 이익을 받은 날로부터 악의의 수익자로서 이익반환의 책임이 있다.
③ 선의의 수익자가 패소한 때에는 패소가 확정된 때부터 악의의 수익자로 본다.
④ 불법원인급여에서 수익자의 불법성이 현저히 크고, 그에 비하여 급여자의 불법성은 경미한 경우라 하더라도 급여자의 반환 청구는 허용되지 않는다.
⑤ 법률상 원인 없이 이득을 얻은 자는 있지만 그로 인해 손해를 입은 자가 없는 경우, 부당이득반환청구권은 인정되지 않는다.

해설 ① 반환하여야 한다(민법 제743조 단서).
② 안날로부터 악의의 수익자가 된다(민법 제749조 제1항).
③ 그 소를 제기한 때로부터 악의의 수익자로 본다(민법 제749조 제2항).
④ 불법원인급여에서 수익자의 불법성이 급여자의 불법성보다 현저히 큰 데 반하여 급여자의 불법성은 미약한 경우, 급여자의 부당이득반환청구의 허용 여부(적극)에 대하여 판례는「민법 제746조에 의하면, 불법의 원인으로 인한 급여가 있고, 그 불법원인이 급여자에게 있는 경우에는 수익자에게 불법원인이 있는지 여부, 수익자의 불법원인의 정도, 그 불법성이 급여자의 그것보다 큰지 여부를 막론하고 급여자는 불법원인급여의 반환을 구할 수 없는 것이 원칙이나, 수익자의 불법성이 급여자의 그것보다 현저히 큰 데 반하여 급여자의 불법성은 미약한 경우에도 급여자의 반환청구가 허용되지 않는다면 공평에 반하고 신의성실의 원칙에도 어긋나므로, 이러한 경우에는 민법 제746조 본문의 적용이 배제되어 급여자의 반환청구는 허용된다」(대판 1999. 9. 17. 98도2036)고 판시하였다.
⑤ 법률상 원인 없는 이득이 있더라도 그로 인하여 타인에게 손해가 발생하지 않은 경우, 그 타인이 부당이득반환청구를 할 수 있는지 여부(소극)에 대하여 판례는「부당이득은 법률상 원인 없이 타인의 재산 또는 노무로 인하여 이익을 얻고 이로 인하여 타인에게 손해를 가함으로써 성립하는 것이므로, 법률상 원인 없는 이득이 있다 하더라도 그로 인하여 타인에게 손해가 발생한 것이 아니라면 그 타인은 부당이득반환청구권자가 될 수 없다」(대판 1970. 11. 24. 70다1012; 대판 1982. 5. 25. 81다카1061; 대판 2011. 7. 28. 2009다100418 등 참조)고 판시하였다.

정답 ⑤

25 불법행위에 기한 손해배상에 관한 설명으로 옳지 않은 것을 모두 고른 것은? (다툼이 있으면 판례에 따름)

> ㄱ. 작위의무 있는 자의 부작위에 의한 과실방조는 공동불법행위의 방조가 될 수 없다.
> ㄴ. 도급인이 수급인의 일의 진행과 방법에 관해 구체적으로 지휘·감독한 경우, 수급인의 그 도급업무와 관련된 불법행위로 인한 제3자의 손해에 대해 도급인은 사용자책임을 진다.
> ㄷ. 책임능력 없는 미성년자의 불법행위로 인해 손해를 입은 자는 그 미성년자의 감독자에게 배상을 청구하기 위해 그 감독자의 감독의무해태를 증명하여야 한다.
> ㄹ. 파견근로자의 파견업무에 관한 불법행위에 대하여 파견사업주는 특별한 사정이 없는 한 사용자로서의 배상책임을 부담하지 않는다.

① ㄱ ② ㄴ, ㄷ ③ ㄴ, ㄹ ④ ㄱ, ㄷ, ㄹ ⑤ ㄱ, ㄴ, ㄷ, ㄹ

해설 ㄱ. 부작위에 의한 방조 및 과실에 의한 방조도 성립한다(대판 2007. 6. 14. 2005다32999).
ㄴ. 대판 1987. 10. 28. 87다카1185 판결 참조
ㄷ. 책임능력이 없는 경우의 증명책임은 감독자에게 있다. 책임능력이 있는 경우에는 피해자에게 있다(대판 1994. 2. 8. 93다13605).
ㄹ. 파견근로자에 대한 사용자는 파견사업주이다. 다만 파견근로자가 사용사업주의 구체적인 지시·감독을 받아 사용사업주의 업무를 행하던 중에 불법행위를 한 경우에 파견사업자가 파견근로자의 선발 및 일반적 지휘·감독권의 행사에 있어서 주의를 다하였다고 인정되는 경우에는 면책된다(대판 2003. 10. 9. 2001다24655).

 ④

제3과목 04

2021년도 제30회 공인노무사 민법 기출문제

01 제한능력자에 관한 설명으로 옳은 것은? (다툼이 있으면 판례에 따름)

① 미성년자가 법정대리인의 동의 없이 매매계약을 체결하고 성년이 되기 전에 스스로 채무의 일부를 이행한 경우에는 그 계약을 추인한 것으로 본다.
② 피성년후견인이 속임수로써 상대방으로 하여금 성년후견인의 동의가 있는 것으로 믿게 하여 체결한 토지매매계약은 제한능력을 이유로 취소할 수 없다.
③ 가정법원은 본인의 의사에 반하여 한정후견개시의 심판을 할 수 없다.
④ 가정법원이 특정후견의 심판을 하는 경우에는 특정후견의 기간 또는 사무의 범위를 정하여야 한다.
⑤ 제한능력자의 취소권은 재판 외에서 의사표시를 하는 방법으로는 행사할 수 없다.

해설 ① 취소할 수 있는 법률행위의 추인(이른바 법정추인, 제145조)은 추인할 수 있은 후에, 즉 취소의 원인이 종료한 후에 한 사유에 한한다. 따라서 미성년인 상태에서는 사유가 있어도 법정추인이 되지 못한다.
② 제17조 제1항은 제한능력자가 주체이나, 제2항은 미성년자나 피한정후견인만 주체이고, 피성년후견인은 주체가 아니다.
③ 본인의 의사를 고려할 뿐 본인의 의사에 반하여 심판할 수 있다.
④ 제14조의2 제3항
⑤ 재판상 청구해야만 하는 형성권에 취소권은 포함되지 않는다.

정답 ④

02 법인 아닌 사단에 관한 설명으로 옳지 않은 것은? (다툼이 있으면 판례에 따름)

① 이사에 결원이 생겨 손해가 생길 염려가 있는 경우, 임시이사의 선임에 관한 민법 제63조가 유추적용될 수 있다.
② 법인 아닌 사단이 그 명의로 총유재산에 관한 소송을 제기할 때에는 특별한 사정이 없는 한 사원총회의 결의를 거쳐야 한다.
③ 대표자로부터 사단의 제반 업무처리를 포괄적으로 위임 받은 자의 대행행위의 효력은 원칙적으로 법인 아닌 사단에 미친다.
④ 대표자가 정관에 규정된 대표권 제한을 위반하여 법률행위를 한 경우, 그 상대방이 대표권 제한 사실을 알았거나 알 수 있었을 경우가 아니라면 그 법률행위는 유효하다.
⑤ 사원이 존재하지 않게 된 경우, 법인 아닌 사단은 청산사무가 완료될 때까지 청산의 목적 범위 내에서 권리의무의 주체가 된다.

해설 ①, ③ 비법인사단에 대하여는 사단법인에 관한 민법 규정 가운데서 법인격을 전제로 하는 것을 제외하고는 이를 유추적용하여야 한다. 제63조가 유추되어 임시이사 선임가능하고, 이 경우 임시이사는 정식이사와 동일한 권한을 갖는다. 한편 민법 제62조의 규정에 비추어 보면 비법인사단의 대표자는 정관 또는 총회의 결의로 금지하지 아니한 사항에 한하여 타인으로 하여금 특정한 행위를 대리하게 할 수 있을 뿐 비법인사단의 제반 업무처리를 포괄적으로 위임할 수는 없다 할 것이므로, 비법인사단 대표자가 행한 타인에 대한 업무의 포괄적 위임과 그에 따른 포괄적 수임인의 대행행위는 민법 제62조의 규정에 위반된 것이어서 비법인사단에 대하여는 그 효력이 미치지 아니한다.
② 대판 2010. 2. 11. 2009다83650 참조
④ 대판 2003. 7. 22. 2022다64780 참조

 ③

03 불공정한 법률행위에 관한 설명으로 옳지 않은 것은? (다툼이 있으면 판례에 따름)

① 법률행위가 대리인에 의해서 행해진 경우, 궁박 상태는 본인을 기준으로 판단하여야 한다.
② 불공정한 법률행위의 무효는 선의의 제3자에게 대항할 수 없다.
③ 불공정한 법률행위의 무효는 원칙적으로 추인에 의해 유효로 될 수 없다.
④ 경매절차에서 매각대금이 시가보다 현저히 저렴하더라도 불공정한 법률행위를 이유로 무효를 주장할 수 없다.
⑤ 매매계약이 불공정한 법률행위에 해당하여 무효인 경우, 특별한 사정이 없는 한 그 계약에 관한 부제소 합의도 무효가 된다.

해설 ① '경무대'(경솔, 무경험은 대리인 기준). 결국 궁박은 본인 기준
②③ 제103조, 제104조 무효는 절대적 무효라서 제3자가 선의라도 그 자에게 대항할 수 있다. 또 추인에 의하여 유효로 될 수도 없으나 무효행위의 전환은 가능하다.
④ 경매에 대하여는 제104조가 적용될 여지가 없다.

 ②

04 통정허위표시에 관한 설명으로 옳지 않은 것은? (다툼이 있으면 판례에 따름)

① 통정허위표시가 성립하기 위해서는 표의자의 진의와 표시의 불일치에 관하여 상대방과의 사이에 합의가 있어야 한다.
② 통정허위표시로 무효인 법률행위는 채권자취소권의 대상이 될 수 있다.
③ 통정허위표시로서 의사표시가 무효라고 주장하는 자는 그 무효사유에 해당하는 사실을 증명할 책임이 있다.
④ 가장근저당권설정계약이 유효하다고 믿고 그 피담보채권을 가압류한 자는 통정허위표시의 무표로 대항할 수 없는 제3자에 해당하지 않는다.
⑤ 가장양수인으로부터 소유권이전등기청구권 보전을 위한 가등기를 경료받은 자는 특별한 사정이 없는 한 선의로 추정된다.

해설 ① 이점이 합의가 없는 비진의표시와 다르다.
② 무효인 법률행위라도 취소의 대상이 된다.
④ 제3자에 해당한다.
⑤ 제108조 제2항의 제3자는 선의이기만 하면 되고 무과실은 필요 없고, 나아가 선의는 추정된다.

정답 ④

05 물건에 관한 설명으로 옳지 않은 것은? (다툼이 있으면 판례에 따름)

① 주물과 종물은 원칙적으로 동일한 소유자에게 속하여야 한다.
② 주물과 종물에 관한 민법 제100조 제2항의 법리는 압류와 같은 공법상 처분에는 적용되지 않는다.
③ 당사자는 주물을 처분할 때에 특약으로 종물을 제외하거나 종물만 별도로 처분할 수 있다.
④ 노동의 대가인 임금은 법정과실이 아니다.
⑤ 매매목적물이 인도되지 않았고 매수인도 대금을 완제하지 않은 경우, 특별한 사정이 없는 한 매도인의 이행지체가 있더라도 매매목적물로부터 발생하는 과실은 매도인에게 귀속된다.

해설 ① 제100조 참조
② 주물인 부동산에 대하여 처분의 등기가 있으면 종물에 대해서도 그 처분의 효력이 생기고, 여기서의 처분은 법률행위에 의한 권리변동 뿐만 아니라 주물의 권리관계가 압류와 같은 공법상의 처분 등에 의하여 생긴 경우도 포함한다.
④ 원물이 물건이어야 하기 때문이다.
⑤ 대판 2004. 4. 23. 2004다8210 참조

정답 ②

06 착오로 인한 의사표시에 관한 설명으로 옳은 것은? (다툼이 있으면 판례에 따름)

① 상대방이 표의자의 착오를 알고 이를 이용한 경우, 표의자에게 중과실이 있으면 그 의사표시를 취소할 수 없다.
② 착오의 존재와 그 착오가 법률행위의 중요부분에 관한 것이라는 점은 표의자의 상대방이 증명하여야 한다.
③ 신원보증서류에 서명날인한다는 착각에 빠진 상태로 연대보증서면에 서명날인한 것은 동기의 착오이다.
④ 재단법인설립을 위한 출연행위는 상대방 없는 단독행위이므로 착오를 이유로 취소할 수 없다.
⑤ 표시상 착오가 제3자의 기망행위에 의하여 일어난 경우, 표의자는 제3자의 기망행위를 상대방이 알았는지 여부를 불문하고 착오를 이유로 의사표시를 취소할 수 있다.

해설 ① 중과실이 있더라도 상대방이 착오를 알면서 이를 이용한 경우에는 취소할 수 있다.
② 착오가 있고, 그 착오가 법률행위의 중요부분에 대한 착오가 있음을 증명하면 표의자는 법률행위를 취소할 수 있고, 오히려 상대방이 표의자에게 중과실이 있음을 증명하여 취소를 못하게 하여야 한다.
③ 판례는 표시상의 착오라고 한다. 동기의 착오는 의사와 표시에 불일치가 없고 다만 그 의사 형성과정인 동기에 착오가 있는 것에 불과한 것이고, 표시상의 착오는 의사와 표시에 불일치가 있어야 한다. 참고로 사기에 의한 의사표시도 결국 의사와 표시의 불일치는 있을 수 없다(대판 2005. 5. 27. 2004다43824).
④ 서면에 의한 증여라도 착오가 있으면 이를 이유로 취소할 수 있는데, 그것이 상대방 없는 단독행위인 재단법인 설립행위라고 하여 달리 볼 것은 아니다.
⑤ 사기로 인한 의사표시에 관한 제110조 제2항과 같은 규정이 착오의 경우에는 없다. 따라서 착오의 경우에는 제3자의 기망행위로 인하여 일어난 경우 상대방의 지, 부지 여부를 불문하고 취소할 수 있다.

정답 ⑤

07 소멸시효에 관한 설명으로 옳지 않은 것은? (다툼이 있으면 판례에 따름)

① 공유관계가 존속하는 한 공유물분할청구권은 소멸시효에 걸리지 않는다.
② 소멸시효는 그 기산일에 소급하여 효력이 생긴다.
③ 정지조건부채권의 소멸시효는 조건성취 시부터 진행된다.
④ 시효중단의 효력있는 승인에는 상대방의 권리에 관한 처분의 능력이나 권한있음을 요하지 아니한다.
⑤ 천재지변으로 인하여 소멸시효를 중단할 수 없을 경우, 그 사유가 종료한 때로부터 6월내에는 시효가 완성되지 아니한다.

해설 ① 소유권에 수반하는 권리라서 그렇다.
② 제167조 참조
③ 조건성취시부터 권리행사가 가능하기 때문이다.
④ 제177조 참조
⑤ 1월이다(제182조).

정답 ⑤

08 민법상 대리에 관한 설명으로 옳지 않은 것은? (다툼이 있으면 판례에 따름)

① 매매계약 체결의 대리권을 수여받은 대리인은 특별한 사정이 없는 한 중도금을 수령할 권한이 있다.
② 권한의 정함이 없는 대리인은 기한이 도래한 채무를 변제할 수 있다.
③ 대리인이 수인인 경우 대리인은 특별한 사정이 없는 한 각자가 본인을 대리한다.④ 대리인의 쌍방대리는 금지되나 채무의 이행은 가능하므로, 쌍방의 허락이 없더라도 경개계약을 체결할 수 있다.
⑤ 사채알선업자가 대주와 차주 쌍방을 대리하여 소비대차계약을 유효하게 체결한 경우, 사채알선업자는 특별한 사정이 없는 한 차주가 한 변제를 수령할 권한이 있다.

해설 ① 대판 2015. 9. 10. 2010두1385 참조
② 권한의 정함이 없는 대리인은 보존행위 및 이용 또는 개량행위만 가능한바(제118조), 기한 도래한 채무의 변제는 보존행위에 해당한다.
③ 각자대리 원칙(제119조)
④ 쌍방대리는 본인의 허락이 없으면 안 되나 예외적으로 채무의 이행은 본인의 허락이 없어도 가능하다. 이 경우 경개(기존채무의 소멸과 새로운 채무의 성립)는 새로운 이해관계를 맺는 것이라서 채무의 이행이라고 보기 어렵다.
⑤ 사채알선업자라는 말이 생소할 뿐이지 사실은 소비대차계약을 체결할 대리권을 수여받은 자의 대리권의 범위에 차주로부터의 변제수령권도 포함되어 있다는 지문일 뿐이다.

정답 ④

09 법률행위의 조건에 관한 설명으로 옳은 것은? (다툼이 있으면 판례에 따름)

① 법률행위에 조건이 붙어 있는지 여부는 사실인정의 문제로서 그 조건의 존재를 주장하는 자가 이를 증명하여야 한다.
② 조건의 성취가 미정한 권리의무는 일반규정에 의하여 담보로 할 수 없다.
③ 조건이 선량한 풍속 기타 사회질서에 위반한 경우, 그 조건만 무효로 될 뿐 그 법률행위는 조건없는 법률행위로 유효하다.

④ 법률행위 당시 조건이 이미 성취된 경우, 그 조건이 정지조건이면 그 법률행위는 무효이다.
⑤ 당사자가 조건성취의 효력을 그 성취 전으로 소급하게 할 의사를 표시한 경우, 그 소급의 의사표시는 효력이 없다.

해설 ② 할 수 있다(제149조).
③ 그 법률행위 자체가 무효가 된다(제151조 제1항).
④ 제151조 제2항 참조
⑤ 조건성취는 장래효가 원칙이나 당사자의 의사로 소급하게 할 수 있다. 이 점이 기한과 다르다(제147조).

 ①

10 2021년 5월 8일(토)에 계약기간을 '앞으로 3개월'로 정한 경우, 기산점과 만료점을 바르게 나열한 것은? (단, 기간의 계산방법에 관하여 달리 정함이 없고, 8월 6일은 금요일임)

① 5월 8일, 8월 7일　② 5월 8일, 8월 9일　③ 5월 9일, 8월 8일
④ 5월 9일, 8월 9일　⑤ 5월 10일, 8월 9일

해설 ④ 초일은 불산입 하므로 기산점은 2.21. 5. 9.이 되고, 만료점은 8. 8. 24:00이다(제157조, 제161조).

 ④

11 무효행위에 관한 설명으로 옳지 않은 것은? (다툼이 있으면 판례에 따름)

① 취소할 수 있는 법률행위가 취소된 후에는 무효행위의 추인요건을 갖추더라도 다시 추인될 수 없다.
② 무효행위의 추인은 묵시적으로 이루어질 수 있다.
③ 무효행위의 추인이 있었다는 사실은 새로운 법률행위의 성립을 주장하는 자가 증명하여야 한다.
④ 법률행위의 일부분이 무효인 때에는 특별한 사정이 없는 한 그 전부를 무효로 한다.
⑤ 불공정한 법률행위에는 무효행위의 전환에 관한 민법 제138조가 적용될 수 있다.

해설 ① 가능하다.
② 대판 2021. 4. 8. 2020다284496, 2020다284502 참조
③ 제139조 참조
④ 제137조 참조
⑤ 대판 2017. 7. 15. 2009다50308 참조

정답 ①

12 계약의 무권대리에 관한 설명으로 옳은 것은? (다툼이 있으면 판례에 따름)

① 무권대리행위의 목적이 가분적인 경우, 본인은 상대방의 동의 없이 그 일부에 대하여 추인할 수 있다.
② 계약체결 당시 상대방이 대리인의 대리권 없음을 알았다는 사실에 관한 주장·증명 책임은 무권대리인에게 있다.
③ 상대방이 무권대리로 인하여 취득한 권리를 양도한 경우, 본인은 그 양수인에게 추인 할 수 없다.
④ 무권대리의 추인은 다른 의사표시가 없는 한 추인한 때로부터 그 효력이 생긴다.

⑤ 계약체결 당시 대리인의 무권대리 사실을 알 수 있었던 상대방은 최고권을 행사할 수 없다.

해설 ① 무권대리의 추인은 전부에 대하여 하여야 하고, 일부 추인은 상대방의 동의가 없는 이상 무효이다.
② 제135조 제2항의 내용인데, 무권대리인이 상대방의 악의, 과실을 증명하여야 한다.
③ 무권대리의 추인은 무권대리인 및 무권대리행위로 인한 권리의 승계인에게도 할 수 있다.
④ 무권대리 추인의 소급효(제133조)
⑤ 최고권은 악의의 상대방도 행사할 수 있다.

정답 ②

13 채권자취소권에 관한 설명으로 옳은 것을 모두 고른 것은? (다툼이 있으면 판례에 따름)

ㄱ. 채권자취소의 소는 취소원인을 안 날로부터 3년, 법률행위가 있은 날로부터 10년 내에 제기하여야 한다.
ㄴ. 채권자가 채무자의 사해의사를 증명하면 수익자의 악의는 추정된다.
ㄷ. 채무초과상태에 있는 채무자의 상속포기는 채권자취소권의대상이 되지 못한다.
ㄹ. 사해행위 이전에 성립된 채권을 양수하였으나, 그 대항요건을 사해행위 이후에 갖춘 양수인은 이를 피보전채권으로 하는 채권자취소권을 행사할 수 없다.
ㅁ. 건물신축의 도급인이 민법 제666조에 따른 수급인의 저당권설정청구권 행사에 의해 그 건물에 저당권을 설정하는 행위는 특별한 사정이 없는 한 사해행위에 해당하지 않는다.

① ㄱ, ㄴ, ㅁ ② ㄱ, ㄷ, ㄹ ③ ㄱ, ㄹ, ㅁ ④ ㄴ, ㄷ, ㄹ ⑤ ㄴ, ㄷ, ㅁ

해설 ㄱ. 1년, 5년이다(제406조 제2항).
ㄹ. 할 수 있다.
ㅁ. 대판 2018. 11. 29. 2015다19827 참조

정답 ⑤

14 이행보조자에 관한 설명으로 옳은 것은? (다툼이 있으면 판례에 따름)

① 이행보조자는 채무자에게 종속되어 지시 · 감독을 받는 관계에 있는 자를 말한다.
② 동일한 사실관계에 기하여 채무자와 이행보조자가 각 채무불이행책임과 불법행위책임을 지는 경우, 이들의 책임은 연대채무관계에 있다.
③ 채무자가 이행보조자의 선임 · 감독상의 주의의무를 다하더라도 채무자는 이행보조자에 의해 유발된 채무불이행책임을 면하지 못한다.
④ 이행보조자의 경과실에 대하여 채무자가 채무불이행 책임을 지지 아니한다는 내용의 특약은 원칙적으로 무효이다.
⑤ 이행보조자가 제3자를 복이행보조자로 사용하는 경우, 채무자가 이를 묵시적으로 동의했다면 복이행보조자의 경과실에 대해서 채무자는 책임을 부담하지 않는다.

해설 ① 이행보조자가 되기 위해 반드시 종속관계에 있어야 하는 것은 아니다.

② 부진정연대채무이다.

③ 이행보조자의 과실이 있으면 그것이 바로 채무자의 과실이 되는 것으로 간주되므로, 채무자는 이행보조자의 선임·감독상의 주의의무를 다하였다고 하여 면책될 수 없다. 이 점이 사용자책임과 다르다.

④ 그러한 특약은 유효하다.

⑤ 그런 경우 복이행보조자의 고의, 과실은 채무자의 그것이 된다.

 ③

15 매매계약의 불능에 관한 설명으로 옳지 않은 것은? (다툼이 있으면 판례에 따름)

① 계약목적이 원시적·객관적 전부불능인 경우, 악의의 매도인은 매수인이 그 계약의 유효를 믿었음으로 인하여 받은 손해를 배상하여야 한다.

② 계약목적이 원시적·주관적 전부불능인 경우, 선의의 매수인은 악의의 매도인에게 계약상 급부의 이행을 청구할 수 있다.

③ 당사자 쌍방의 귀책사유 없이 매도인의 채무가 후발적·객관적 전부불능된 경우, 매도인은 매수인에게 매매대금의 지급을 구하지 못한다.

④ 매도인의 귀책사유로 그의 채무가 후발적·객관적 전부불능된 경우, 매수인은 매도인에게 전보배상을 청구할 수 있다.

⑤ 대상(代償)을 발생시키는 매매목적물의 후발적 불능에 대하여 매도인의 귀책사유가 존재하는 경우, 매수인은 대상청구권을 행사하지 못한다.

해설 ① 제535조 참조

② 제569조 참조

③ 제537조 참조

⑤ 대상청구권은 귀책사유 유무와 무관하다.

정답 ⑤

16 채권양도와 채무인수에 관한 설명으로 옳지 않은 것은? (다툼이 있으면 판례에 따름)

① 매매로 인한 소유권이전등기청구권의 양도는 채무자의 동의나 승낙을 받아야 대항력이 생긴다.

② 중첩적 채무인수는 채권자와 채무인수인 사이에 합의가 있더라도 채무자의 의사에 반해서는 이루어질 수 없다.

③ 당사자간 지명채권양도의 효과는 특별한 사정이 없는 한 통지 또는 승낙과 관계없이 양도계약과 동시에 발생한다.

④ 가압류된 채권도 특별한 사정이 없는 한 양도하는 데 제한이 없다.

⑤ 채무의 인수가 면책적인지 중첩적인지 불분명한 경우에는 중첩적 채무인수로 본다.

해설 ② 면책적 채무인수와 달리 채무자의 의사에 반해여서도 이루어질 수 있다.

③ 제450조 참조

④ 대판 2002. 4. 26. 2001다59033 참조

⑤ 대판 2021. 9. 30. 2019다209345 참조

정답 ②

17 다수당사자간의 법률관계에 관한 설명으로 옳지 않은 것은? (다툼이 있으면 판례에 따름)

① 공동임차인의 차임지급의무는 특별한 사정이 없는 한 불가분채무이다.
② 특별한 사정이 없는 한 연대채무자 중 1인이 채무 일부를 면제받더라도 그가 지급해야 할 잔존 채무액이 그의 부담부분을 초과한다면, 다른 연대채무자는 채무 전액을 부담한다.
③ 연대채무자 중 1인이 연대의 면제를 받더라도, 다른 연대채무자는 채무 전액을 부담한다.
④ 부진정연대채무의 다액채무자가 일부 변제한 경우, 그 변제로 인하여 먼저 소멸하는 부분은 다액채무자가 단독으로 부담하는 부분이다.
⑤ 보증채무의 이행을 확보하기 위하여 채권자와 보증인은 보증채무에 관해서만 손해배상액을 예정할 수 있다.

해설 ① 수인이 공동하여 물건을 차용한 때에는 연대하여 그 의무를 부담한다(제616조).
② 일부 면제를 받았으나 그 연대채무자의 부담부분이 감소한 것은 아니기에 다른 연대채무자에게 영향을 주지 않는다. 반대의 경우에는 차액만큼 감소한다.
③ 제419조, 제427조 참조
④ 대판 2022. 11. 30. 2017다841, 2017다858 참조
⑤ 제429조 제2항 참조

정답 ①

18 채무불이행책임에 관한 설명으로 옳은 것은? (다툼이 있으면 판례에 따름)

① 강제이행과 손해배상청구는 양립할 수 없다.
② 채권자의 단순한 부주의라도 그것이 손해확대의 원인이 되는 경우, 이를 이유로 과실상계 할 수 있다.
③ 하는 채무에 대한 대체집행은 허용되지 않는다.
④ 손해배상청구권의 소멸시효는 본래의 채권을 행사할 수 있는 때로부터 진행된다.
⑤ 채무불이행으로 인하여 채권자의 생명침해가 있는 경우, 채권자의 직계존속은 민법 제752조를 유추적용하여 채무불이행을 이유로 한 위자료를 청구할 수 있다.

해설 ① 강제이행은 손해배상의 청구에 영향을 미치지 아니한다(제389조 제4항).
③ 하는 채무라도 대체적 급부의 경우에는 대체집행이 허용된다. 부대체적 급부를 내용을 하는 경우에는 간접강제만 가능하다.
④ 채무불이행시부터 진행한다.
⑤ 채무불이행의 경우에 제752조를 유추하지 않아, 채무불이행을 이유로 위자료는 계약당사자에 한하여 청구할 수 있다고 한다.

정답 ②

19 손해배상액의 예정에 관한 설명으로 옳지 않은 것은? (다툼이 있으면 판례에 따름)

① 채무자는 특별한 사정이 없는 한 자신의 귀책사유 없음을 이유로 예정배상액의 지급 책임을 면할 수 있다.
② 손해배상액의 예정에는 특별한 사정이 없는 한 통상손해뿐만 아니라 특별손해도 포함된다.
③ 손해배상액이 예정되어 있는 경우라도 과실상계 할 수 있다.
④ 예정배상액의 감액범위에 대한 판단은 사실심 변론종결 당시를 기준으로 한다.

⑤ 금전채무에 관하여 이행지체에 대비한 지연손해금비율에 대한 합의는 손해배상액의 예정으로 보아 감액의 대상이 된다.

해설 ① 귀책사유 여부를 묻지 않는다는 약정을 하지 않은 이상 귀책사유 없음을 주장, 증명함으로써 지급책임을 면할 수 있다.
② 따라서 특별한 사정으로 인한 손해에 관하여도 예정된 배상액만을 청구할 수 있는 있다.
③ 손해배상액 예정이 있는 경우 감액이 가능하므로 별도로 과실상계하지 않는다.
④ 대판 2023. 8. 18. 2022다227619 참조
⑤ 대판 2017. 8. 18. 2017다228762 참조

정답 ③

20 甲은 법률상 의무 없이 乙의 사무를 처리하고 있다. 이에 관한 설명으로 옳지 않은 것은? (다툼이 있으면 판례에 따름)

① 甲이 제3자와의 별도의 위임계약에 따라 乙의 사무를 처리한 경우, 원칙적으로 甲과 乙사이에 사무관리는 성립하지 않는다.
② 사무관리가 성립되기 위한 甲의 사무관리의사는 甲 자신을 위한 의사와 병존할 수 있다.
③ 사무관리가 성립하는 경우, 甲은 乙에게 부당이득반환을 청구할 수 없다.
④ 사무관리가 성립하는 경우, 甲이 乙의 의사를 알거나 알 수 있었다면 甲은 사무의 성질에 좇아 乙에게 이익이 되는 방법으로 관리하여야 한다.
⑤ 甲이 사무관리하면서 과실 없이 손해를 입은 경우, 甲은 乙의 현존이익의 한도 내에서 그 손해의 보상을 청구할 수 있다.

해설 ④ 그 의사에 적합하도록 관리하여야 한다(제734조 제2항).
⑤ 제740조 참조

정답 ④

21 불법행위책임에 관한 설명으로 옳지 않은 것은? (다툼이 있으면 판례에 따름)

① 피용자의 불법행위로 인하여 사용자책임을 지는 자가 그 피용자에 대하여 행사하는 구상권은 신의칙을 이유로 제한 또는 배제될 수 있다.
② 공동불법행위에서 과실상계를 하는 경우, 피해자에 대한 공동불법행위자 전원의 과실과 피해자의 공동불법행위자 전원에 대한 과실을 전체적으로 평가하여야 한다.
③ 가해자 중 1인이 다른 가해자에 비하여 불법행위에 가공한 정도가 경미한 경우, 그 가해자의 피해자에 대한 책임범위를 손해배상액의 일부로 제한하여 인정할 수 있다.
④ 불법행위에 경합된 당사자들의 과실정도에 관한 사실인정이나 그 비율을 정하는 것은 특별한 사정이 없는 한 사실심의 전권사항에 속한다.
⑤ 일반육체노동을 하는 사람의 가동연한은 특별한 사정이 없는 한 경험칙상 만 65세로 보아야 한다.

해설 ③ 공동불법행위책임은 가해자 각 개인의 행위에 대하여 개별적으로 그로 인한 손해를 구하는 것이 아니라 그 가해자들이 공동으로 가한 불법행위에 대하여 그 책임을 추궁하는 것이므로, 공동불법행위로 인한 손해배상책

민법

임의 범위는 피해자에 대한 관계에서 가해자들 전원의 행위를 전체적으로 함께 평가하여 정하여야 하고, 그 손해배상액에 대하여는 가해자 각자가 그 금액의 전부에 대한 책임을 부담하는 것이며, 가해자 1인이 다른 가해자에 비하여 불법행위에 가공한 정도가 경미하다고 하더라도 피해자에 대한 관계에서 그 가해자의 책임 범위를 위와 같이 정하여진 손해배상액의 일부로 제한하여 인정할 수는 없다(대판 2012. 8. 17. 2012다30982).

정답 ③

22 계약해제에 관한 설명으로 옳지 않은 것은? (다툼이 있으면 판례에 따름)

① 제3자를 위한 계약에서 요약자는 낙약자의 채무불이행을 이유로 제3자의 동의 없이 기본관계를 이루는 계약을 해제할 수 있다.

② 계약이 해제된 경우 금전을 수령한 자는 해제한 날부터 이자를 가산하여 반환하여야 한다.

③ 甲,乙,丙 사이에 순차적으로 매매계약이 이루어지고 丙이 매매대금을 乙의 지시에 따라 甲에게 지급한 경우, 乙과 丙사이의 매매계약이 해제되더라도 丙은 甲에게 직접 부당이득반환을 청구할 수 없다.

④ 매도인이 계약금계약에 의한 해제를 하는 경우, 매도인은 해제의사표시와 약정 계약금의 배액을 제공하면 되고, 매수인의 수령거절 시 공탁할 필요는 없다.

⑤ 계약해제로 인한 원상회복의무가 이행지체에 빠진 이후의 지연손해금률에 관하여 당사자 사이에 별도의 약정이 있는 경우, 그 지연손해금률이 법정이율보다 낮더라도 약정에 따른 지연손해금률이 적용된다.

해설 ② 받은 날로부터의 이자를 가산하여 반환하여야 한다.

③ 일종의 제3자를 위한 계약인바, 요약자와 낙약자 사이의 법률관계가 해제가 되더라도, 낙약자가 이미 제3자에게 급부를 한 것이 있더라도 제3자를 상대로 부당이득반환청구를 할 수 없다.

⑤ 당사자 일방이 계약을 해제한 때에는 각 당사자는 상대방에 대하여 원상회복의무가 있고, 이 경우 반환할 금전에는 받은 날로부터 이자를 가산하여 지급하여야 한다. 여기서 가산되는 이자는 원상회복의 범위에 속하는 것으로서 일종의 부당이득반환의 성질을 가지는 것이고 반환의무의 이행지체로 인한 지연손해금이 아니다. 따라서 당사자 사이에 그 이자에 관하여 특별한 약정이 있으면 그 약정이율이 우선 적용되고 약정이율이 없으면 민사 또는 상사 법정이율이 적용된다. 반면 원상회복의무가 이행지체에 빠진 이후의 기간에 대해서는 부당이득반환의무로서의 이자가 아니라 반환채무에 대한 지연손해금이 발생하게 되므로 거기에는 지연손해금률이 적용되어야 한다. 그 지연손해금률에 관하여도 당사자 사이에 별도의 약정이 있으면 그에 따라야 할 것이고, 설사 그것이 법정이율보다 낮다 하더라도 마찬가지이다.

정답 ③

23 민법상 조합에 관한 설명으로 옳지 않은 것은? (다툼이 있으면 판례에 따름)

① 수인이 공동사업을 경영할 목적 없이 전매차익만을 얻기 위해 상호 협력한 경우, 특별한 사정이 없는 한 이들 사이의 법률관계는 조합에 해당하지 않는다.

② 조합채무자가 조합원들 중의 1인에 대하여 개인 채권을 가지고 있는 경우, 그 채권과 조합에 대한 채무를 서로 대등액에서 상계할 수 없다.

③ 조합계약에서 출자의무의 이행과 이익분배를 직접 연결시키는 특약을 두지 않은 경우, 조합은 출자의무를 이행하지 않은 조합원의 이익분배 자체를 거부할 수 없다.

④ 조합원의 지분에 대한 압류는 그 조합원의 장래의 이익배당 및 지분의 반환을 받을 권리에 대하여 효력이 있다.

⑤ 2인 조합에서 조합원 1인이 탈퇴하면 조합관계는 종료되고, 원칙적으로 조합은 즉시 해산된다.

해설 ④ 제714조 참조
⑤ 남은 조합원의 단독소유에 속하게 된다.

정답 ⑤

24 동시이행항변권에 관한 설명으로 옳은 것은? (다툼이 있으면 판례에 따름)

① 공사도급계약상 도급인의 지체상금채권과 수급인의 공사대금채권은 특별한 사정이 없는 한 동시이행관계에 있다
② 선이행의무자가 이행을 지체하는 동안 상대방의 채무가 이행기에 도래한 경우, 특별한 사정이 없는 한 양 당사자의 의무는 동시이행관계이 있지 않다.
③ 동시이행항변권에 따른 이행지체책임 면제의 효력은 그 항변권을 행사·원용하여야 발생한다.
④ 동시이행항변권은 연기적 항변권으로 동시이행관계에 있으면 소멸시효는 진행되지 아니한다.
⑤ 자동채권과 수동채권이 동시이행관계에 있더라도 서로 현실적으로 이행하여야 할 필요가 없는 경우, 특별한 사정이 없는 한 상계는 허용된다.

해설 ① 동시이행의 관계에 있지 않다. 공사대금채권과 동시이행관계에 있는 것은 완성물이전채무이다.
② 그 때부터는 동시이행의 관계에 있다.
③ 당연효이다.
④ 이행기로부터 소멸시효가 진행한다.

정답 ⑤

민법

25 매매에 관한 설명으로 옳은 것을 모두 고른 것은? (다툼이 있으면 판례에 따름)

ㄱ. 당사자가 매매예약완결권의 행사기간을 약정하지 않은 경우, 완결권은 예약이 성립한 때로부터 10년 내에 행사되어야 하고, 그 기간을 지난 때에는 제척기간의 경과로 인하여 소멸된다.
ㄴ. 목적물이 일정한 면적을 가지고 있다는 데 주안을 두고 대금도 면적을 기준으로 정하여지는 아파트분양계약은 특별한 사정이 없는 한 수량지정매매에 해당한다.
ㄷ. 건축목적으로 매매된 토지에 대하여 건축허가를 받을 수 없어 건축이 불가능한 경우, 이와 같은 법률적 제한 내지 장애는 권리의 하자에 해당한다.
ㄹ. 특정물매매에서 매도인의 하자담보책임이 성립하는 경우, 매수인은 매매계약 내용의 중요부분에 착오가 있더라도 이를 취소할 수 없다,

① ㄱ, ㄴ ② ㄱ, ㄹ ③ ㄴ, ㄷ ④ ㄱ, ㄷ, ㄹ ⑤ ㄴ, ㄷ, ㄹ

해설 ㄷ. 법률상 장애이고, 판례는 물건의 하자로 본다.
ㄹ. 경합이 가능하다.

정답 ①

2020년도 제29회 공인노무사 민법 기출문제

01 미성년자 甲과 행위능력자 乙간의 매매계약에 관한 설명으로 옳은 것은? (다툼이 있으면 판례에 따름)

① 甲의 법정대리인이 동의하면 위 계약은 확정적으로 유효하게 되는데 이때 그 동의는 명시적으로 행해져야 한다.
② 乙의 계약체결 시 甲이 미성년자임을 알았더라도 추인이 있기 전까지 자신의 의사표시를 철회할 수 있다.
③ 甲이 단독으로 乙과 계약을 체결한 후, 제한능력을 이유로 甲 스스로 위 계약을 취소하는 것은 신의칙에 반한다.
④ 계약체결 시 乙이 甲에게 나이를 물었을 때 甲이 만 20세라 답하였다고 하더라도 甲의 법정대리인은 위 계약을 취소할 수 있다.
⑤ 甲의 법정대리인에 의하여 위 계약이 甲의 제한능력을 이유로 취소되었다면, 甲의 부당이득반환범위는 그 법정대리인의 선의·악의에 따라 달라진다.

해설 ① 객관식 문제에서 동의 또는 승낙의 방법은 언제나 명시적인 경우 뿐만 아니라 묵시적인 경우도 가능하다.
② 선의인 경우에만 철회가 가능하다. 이점이 거절권과 다르다.
③ 미성년자 스스로 제한능력자의 행위임을 이유로 취소할 수 있고, 그것은 신의칙에 반하지 않는다.
④ 적극적인 기망이 있어야 취소할 수 없고, 지문의 경우만으로는 적극적 기망이 아니어서 취소할 수 있다.
⑤ 일반적인 부당이득 반환범위는 선악에 따라 다르나, 미성년자임을 이유로 한 취소의 경우에는 선악불문하고 현존이익에 한한다. 참고로 금전상의 이익은 현존하는 것으로 추정된다는 것이 판례이다.

정답 ④

02 민법상 법인에 관한 설명으로 옳은 것은? (다툼이 있으면 판례에 따름)

① 사단법인 정관의 법적 성질은 자치법규이다.
② 청산종결등기가 행해졌다면 청산사무가 아직 남아있다 하더라도 그 법인의 권리능력은 소멸된다.
③ 대표이사의 불법행위가 법인의 불법행위로 되는 경우에 대표이사는 자기의 불법행위 책임을 면한다.
④ 법인의 대표권을 가진 자가 하는 법률행위는 성립상 효과만 법인에게 귀속할 뿐 그 위반의 효과인 채무불이행책임까지 법인에 귀속하는 것은 아니다.
⑤ 사단법인 사원의 지위는 정관에 의하여도 상속할 수 없다.

해설 ① 계약이 아니라 자치법규이므로 이는 어디까지나 객관적인 기준에 따라 그 규범적인 의미 내용을 확정하는 법규해석의 방법으로 해석되어야 하는 것이지, 작성자의 주관이나 해석 당시의 사원의 다수결에 의한 방법으로 자의적으로 해석될 수는 없다는 것이 판례이다.
② 청산종결등기가 행해졌어도 청산사무가 남아있으면 그 범위 내에서 법인의 권리능력이 있다.
③ 공존하고 면치 못한다.
④ 채무불이행책임까지 법인에 귀속된다.

⑤ 민법 제56조는 "사단법인의 사원의 지위는 양도 또는 상속할 수 없다."고 규정하고 있지만 강행규정은 아니다. 따라서 정관에서 이를 달리 정할 수 있다.

 ①

03 비법인사단에 관한 설명으로 옳지 않은 것은? (다툼이 있으면 판례에 따름)

① 비법인사단의 대표자로부터 포괄적 위임을 받은 수임인의 대행행위는 비법인사단에 효력을 미치지 않는다.

② 비법인사단 대표자의 대표권이 정관으로 제한된 경우, 비법인사단은 그 등기가 없더라도 그 거래상대방이 악의라면 이로써 대항할 수 있다.

③ 법인의 불법행위책임에 관한 민법 제35조 제1항은 비법인사단에 유추적용된다.

④ 비법인사단의 구성원들이 집단으로 탈퇴하면 2개의 비법인사단으로 분열되고, 이때 각 비법인사단은 종전의 재산을 구성원 수의 비율로 총유한다.

⑤ 사원총회 결의를 거치지 않아 무효가 되는 비법인사단 대표자의 총유물 처분행위에 대해서는 '권한을 넘은 표현대리'의 법리가 적용되지 않는다.

해설 ① 민법 제62조에 비추어 보면 비법인사단의 대표자는 정관 또는 총회의 결의로 금지하지 아니한 사항에 한하여 타인으로 하여금 특정한 행위를 대리하게 할 수 있을 뿐 비법인사단의 제반 업무처리를 포괄적으로 위임할 수는 없으므로 비법인사단 대표자가 행한 타인에 대한 업무의 포괄적 위임과 그에 따른 포괄적 수임인의 대행행위는 민법 제62조를 위반한 것이어서 비법인사단에 대하여 그 효력이 미치지 않는다는 것이 판례이다.

② 대판 2003. 7. 22. 2002다64780 참조

③ 대판 2008. 1. 18. 2005다34711 참조

④ 위와 같은 분열은 인정되지 않고, 종전 교회의 구성원들의 총유가 된다.

⑤ 제126조 참조

 ④

04 물건에 관한 설명으로 옳지 않은 것은? (다툼이 있으면 판례에 따름)

① 주물과 다른 사람의 소유에 속하는 물건은 종물이 될 수 없다.

② 주물을 처분할 때 당사자 간의 특약으로 종물만을 별도로 처분할 수도 있다.

③ 국립공원의 입장료는 법정과실에 해당한다.

④ 관리할 수 있는 자연력은 동산이다.

⑤ 명인방법을 갖춘 수목의 경우 토지와 독립된 물건으로서 거래의 객체가 된다.

해설 ① 주물과 종물은 반드시 동일 소유이어야 한다.

② 제100조 제2항은 임의규정이다.

③ 민법상의 과실이 아니라, 이는 수익자 부담의 원칙에 따라 국립공원의 유지·관리비용의 일부를 국립공원 입장객에게 부담시키고자 하는 것일 뿐 토지소유권이나 그에 기한 과실수취권과는 아무런 관련이 없다. 민법과는 무관한 이야기지만 현재는 국립공원 입장료는 폐지되었다. 문화재 관람료가 남아있는데, 이마저도 폐지가 추진되고 있다.

정답 ③

05 무자력한 甲은 乙에게 3억 원의 금전채무를 부담하고 있으나, 乙의 강제집행을 피하기 위해 자신의 유일한 재산인 A부동산을 丙에게 가장매매하고 소유권이전등기를 해주었다. 이에 관한 설명으로 옳은 것은? (다툼이 있으면 판례에 따름)

① 乙은 甲에 대한 자신의 채권을 보전하기 위하여 甲의 丙에 대한 소유권이전등기의 말소등기청구권을 대위행사할 수 있다.

② 甲과 丙간의 가장매매는 무효이므로 乙은 이것이 사해행위라는 것을 이유로 하여 채권자취소권을 행사할 수 없다.

③ 허위표시는 불법원인이므로 甲은 丙에게 자신의 소유권에 기하여 A부동산의 반환을 청구할 수 없다.

④ 만약 丙이 丁에게 A부동산을 매도하였다면, 丁은 선의·무과실이어야 제3자로서 보호를 받을 수 있다.

⑤ 甲과 丙이 A부동산의 가장매매계약을 추인하면 그 계약은 원칙적으로 체결시로 소급하여 유효한 것이 된다.

해설 ①, ② 피보전채권이 금전채권이든 특정채권(예컨대 소유권이전등기청구권)이든 모두 채권자대위권의 대상이 된다. 다만 전자의 경우에는 채무자의 무자력이 필요하다. 이에 반해 채권자취소권의 경우에는 특정채권 보전을 위해서는 불가능하다. 한편 무효인 행위라도 채권자취소권의 대상이 된다.
③ 허위표시만으로는 불법원인급여의 불법이 아니어서 반환청구가 가능하다.
④ 통정의 허위표시는 무효이나, 그 무효를 가지고 선의의 제3자에게 대항하지 못한다. 정은 선의이기만 하면 되고, 무과실까지는 필요하지 않으며 선의는 추정된다는 것이 판례이다.
⑤ 무효행위의 추인에는 소급효가 없다.

정답 ①

06 비진의표시에 관한 설명으로 옳지 않은 것은? (다툼이 있으면 판례에 따름)

① 비진의표시에서 '진의'란 특정한 내용의 의사표시를 하고자 하는 표의자의 생각을 말하는 것이지 진정으로 마음속에서 바라는 사항을 뜻하는 것은 아니다.

② 법률상의 장애로 자기명의로 대출받을 수 없는 자를 위하여 대출금채무자로서 명의를 빌려준 자는 특별한 사정이 없는 한 채무부담의사를 가지지 않으므로 그가 행한 대출 계약상의 의사표시는 비진의표시이다.

③ 재산을 강제로 뺏긴다는 인식을 하고 있는 자가 고지된 해악이 두려워 어쩔 수 없이 증여의 의사표시를 한 경우 이는 비진의표시라 할 수 없다.

④ 근로자가 회사의 경영방침에 따라 사직원을 제출하고 회사가 이를 받아들여 퇴직처리를 하였다가 즉시 재입사하는 형식으로 실질적 근로관계의 단절 없이 계속 근무하였다면 그 사직의 의사표시는 무효이다.

⑤ 비리공무원이 감사기관의 사직권고를 받고 사직의 의사표시를 하여 의원면직처분이 된 경우, 그 사표제출자의 내심에 사직할 의사가 없었더라도 그 사직의 의사표시는 효력이 발생한다.

해설 ② 법률상 또는 사실상의 장애로 자기 명의로 대출받을 수 없는 자를 위하여 대출금채무자로서의 명의를 빌려준 자에게 그와 같은 채무부담의 의사가 없는 것이라고는 할 수 없으므로 그 의사표시를 비진의표시에 해당한다고 볼 수 없다.

①, ③, ④, ⑤ 모두 옳다. 특히 ⑤ 사인의 공법행위에는 적용되지 않는다.

정답 ②

07 **의사표시를 한 자가 착오를 이유로 그 의사표시를 취소할 수 없는 경우를 모두 고른 것은? (단, 표의자의 중대한 과실은 없으며 다툼이 있으면 판례에 따름)**

> ㄱ. 매매에서 매도인이 목적물의 시가를 몰라서 대금과 시가에 근소한 차이가 있는 경우
> ㄴ. 주채무자의 차용금반환채무를 보증할 의사로 공정증서에 서명·날인하였으나 그 공정증서가 주채무자의 기존의 구상금채무에 관한 준소비대차계약의 공정증서이었던 경우
> ㄷ. 건물 및 부지를 현상태대로 매수하였으나 그 부지의 지분이 근소하게 부족한 경우

① ㄱ　② ㄷ　③ ㄱ, ㄴ　④ ㄴ, ㄷ　⑤ ㄱ, ㄴ, ㄷ

해설 ㄱ, ㄷ. 근소한 차이는 중요부분의 착오가 아니다.

ㄴ. 소비대차와 준소비대차는 법률효과가 동일하므로 다른 법률효과를 발생시킨다고 보기 어렵고 연대보증할 의사가 있었던 잇아 경제적 불이익도 없다.

정답 ⑤

08 **민법 제104조(불공정한 법률행위)에 관한 설명으로 옳은 것은? (다툼이 있으면 판례에 따름)**

① 증여계약은 민법 제104조에서의 공정성 여부를 논의할 수 있는 성질의 법률행위가 아니다.
② 급부와 반대급부가 현저히 균형을 잃은 경우에는 법률행위가 궁박, 경솔, 무경험으로 인해 이루어진 것으로 추정된다.
③ 대리인에 의하여 법률행위가 이루어진 경우 경솔과 무경험은 본인을 기준으로, 궁박은 대리인을 기준으로 판단한다.
④ 불공정한 법률행위의 성립요건인 궁박, 경솔, 무경험은 모두 구비되어야 한다.
⑤ 불공정한 법률행위로서 무효인 경우라도 당사자의 추인에 의하여 유효로 된다.

해설 ① 증여는 대가적 의미의 출연이 없는 무상행위이므로 제104조의 적용이 없다.

②, ④ 현저히 불균형 이외에 궁박 등이 필요하고(단, 셋 중 어느 하나면 족), 전자의 존재로 후자가 추정되지 않는다.

③ '경무대'(경솔, 무경험은 대리인 기준)

⑤ 제103조, 제104조는 절대적 무효로서 추인의 여지가 없다.

정답 ①

09 민법상 조건에 관한 설명으로 옳은 것은? (다툼이 있으면 판례에 따름)

① '대금이 완납되면 매매목적물의 소유권이 이전된다'는 조항이 있는 소유권유보부 매매에서 대금완납은 해제조건이다.
② 선량한 풍속에 반하는 불법조건이 붙은 법률행위는 조건 없는 법률행위가 된다.
③ 당사자의 의사표시로 조건성취의 효력을 소급시킬 수 없다.
④ 조건은 법률행위의 내용을 이룬다.
⑤ 유언에는 조건을 붙일 수 없다.

해설 ① 정지조건이다. 조건이 성취되어야 비로소 소유권은 매수인에게 넘어간다.
② 제151조 제1항에 따라 무효이다.
③ 조건은 가능하고(제147조 제항), 기한은 특약으로도 소급하게 할 수 없다.
④ 조건은 법률행위의 부관으로서 당해 법률행위를 구성하는 의사표시의 일체적인 내용을 이루는 것이다.
⑤ 유언에 조건을 붙일 수 있고, 정지조건이 있는데 조건이 유언자의 사망 후에 성취된 때에는 그 조건성취한 때로부터 유언의 효력이 생긴다.

 ④

10 법률행위 무효 또는 취소에 관한 설명으로 옳은 것은? (다툼이 있으면 판례에 따름)

① 법률행위의 일부분이 무효인 경우 원칙적으로 그 일부분만 무효이다.
② 제한능력자가 법률행위를 취소한 경우 원칙적으로 그가 받은 이익전부를 상환하여야 한다.
③ 취소할 수 있는 법률행위는 추인권자의 추인이 있은 후에는 취소하지 못한다.
④ 법률행위의 취소권은 법률행위를 한 날부터 3년 내에, 추인할 수 있는 날부터 10년 내에 행사하여야 한다.
⑤ 매도인에게 부과될 공과금을 매수인이 책임진다는 취지의 특약은 사회질서에 반하므로 무효이다.

해설 ① 전부무효가 원칙이다(제137조).
② 제한능력을 이유로 한 취소의 경우에는 선악불문하고 현존이익 한도로 상환책임이 있다(제141조).
③ 제143조 제1항 참조
④ 추인할 수 있는 날로부터 3년이다(제146조).
⑤ 반사회질서적인 특약이 아니다.

 ③

11 대리에 관한 설명으로 옳은 것은? (다툼이 있으면 판례에 따름)

① 대리인 乙이 자신을 본인 甲이라고 하면서 계약을 체결한 경우 그것이 대리권의 범위 내일지라도 그 계약의 효력은 甲이 아닌 乙에게 귀속된다.
② 대리행위를 한 자에게 대리권이 있다는 점에 대한 증명책임은 대리행위의 효과를 주장하는 자에게 있다.
③ 금전소비대차계약에서 원리금반환채무 변제의 수령권한을 위임받은 대리인은 원칙적으로 그 원리금 반환채무를 면제해 줄 대리권도 있다.

④ 수인의 대리인이 본인을 위하여 각각 상충되는 내용의 계약을 체결한 경우 가장 먼저 체결된 계약만이 본인에게 효력이 있다.
⑤ 임의대리인은 본인의 승낙이 있는 경우에만 복대리인을 선임할 수 있다.

해설 ① 일단 계약당사자의 확정에 관하여 행위자인 을과 상대방은 명의인인 갑을 당사자로 하는 것에 의사가 일치했다. 따라서 계약당사자는 갑이고, 이 경우 을은 갑의 대리인이 되어 그 행위가 대리권의 범위 내라면 그 효력은 본인인 갑에게 미친다.
② 그래야 그 효과가 본인에게 귀속되기 때문이다.
③ 면제할 대리권까지 있다고 보기 어렵다.
④ 각자대리원칙상 모두가 본인에게 효력이 있다.
⑤ 임의대리인은 법정대리인과 달리 원칙적으로 복임권이 없으나 다만 본인의 승낙이나 부득이한 사유가 있으면 복임권이 있다(제120조).

 ②

12 소멸시효에 관한 설명으로 옳지 않은 것은? (다툼이 있으면 판례에 따름)

① 변론주의 원칙상 법원은 당사자가 주장하는 기산점을 기준으로 소멸시효를 계산하여야 한다.
② 매수인이 목적부동산을 인도받아 계속 점유하고 있다면 그 소유권이전등기청구권의 소멸시효는 진행하지 않는다.
③ 계속적 물품공급계약에 기하여 발생한 외상대금채권은 특별한 사정이 없는 한 거래종료일로부터 외상대금채권 총액에 대하여 한꺼번에 소멸시효가 기산한다.
④ 건물신축공사도급계약에서의 수급인의 도급인에 대한 저당권설정청구권의 소멸시효 기간은 3년이다.
⑤ 변론주의 원칙상 당사자의 주장이 없으면 법원은 소멸시효의 중단에 관해서 직권으로 판단할 수 없다.

해설 ① 소멸시효의 기산점은 주요사실로서 변론주의의 적용대상이 된다. 이에 반해 취득시효의 기산점은 간접사실이어서 다르다.
② 심지어 적극적인 권리행사의 일환으로 다른 사람에게 그 부동산을 처분하고 그 점유를 승계하여 준 경우에도 마찬가지다.
③ 계속적 물품공급계약에 기하여 발생한 외상대금채권(단기소멸시효 3년)은 변제기에 관한 특약이 없는 한 각 외상대금채권이 발생한 때부터 개별적으로 소멸시효가 진행한다.
④ 설문의 저당권설정청구권은 공사대금채권과 마찬가지로 3년이다.
⑤ 소멸시효 완성 여부, 소멸시효 중단여부 모두 변론주의의 대상이다.

 ③

13 금전채권에 관한 설명으로 옳지 않은 것은? (다툼이 있으면 판례에 따름)

① 우리나라 통화를 외화채권에 변제충당할 때 특별한 사정이 없는 한 채무이행기의 외국환시세에 의해 환산한다.
② 금전채무의 이행지체로 발생하는 지연손해금의 성질은 손해배상금이지 이자가 아니다.
③ 금전채무의 이행지체로 인한 지연손해금채무는 이행기의 정함이 없는 채무에 해당한다.
④ 금전채무의 약정이율은 있었지만 이행지체로 인해 발생한 지연손해금에 관한 약정이 없는 경우, 특별한 사정이 없는 한 지연손해금은 그 약정이율에 의해 산정한다.
⑤ 금전채무에 관하여 이행지체에 대비한 지연손해금 비율을 따로 약정한 경우, 이는 일종의 손해배상액의 예정이다.

해설 ① 이행기(변제기)가 아니라 이행시, 즉 현실로 이행할 때에 가장 가까운 사실심 변론종결시의 외국환시세를 기준으로 한다.

정답 ①

14 채무자의 이행지체책임 발생시기로 옳은 것을 모두 고른 것은? (다툼이 있으면 판례에 따름)

ㄱ. 불확정기한부 채무의 경우, 채무자가 기한이 도래함을 안 때
ㄴ. 부당이득반환채무의 경우, 수익자가 이행청구를 받은 때
ㄷ. 불법행위로 인한 손해배상채무의 경우, 가해자가 피해자로부터 이행청구를 받은 때

① ㄱ ② ㄱ, ㄴ ③ ㄱ, ㄷ ④ ㄴ, ㄷ ⑤ ㄱ, ㄴ, ㄷ

해설 ㄱ. 제387조 제1항 참조
ㄴ. 부당이득반환채무는 기한의 정함이 없는 채무이므로 이행청구를 받은 때로부터 이행지체(제387조 제2항)
ㄷ. 불법행위 손배채무는 불법행위시부터 이행지체(대판 2022. 11. 30. 2017다841, 2017다858)

정답 ②

15 민법상 과실상계에 관한 설명으로 옳지 않은 것은? (다툼이 있으면 판례에 따름)

① 불법행위의 성립에 관한 가해자의 과실과 과실상계에서의 피해자의 과실은 그 의미를 달리 한다.
② 피해자에게 과실이 있는 경우 가해자가 과실상계를 주장하지 않았더라도 법원은 손해배상액을 정함에 있어서 이를 참작하여야 한다.
③ 매도인의 하자담보책임은 법이 특별히 인정한 무과실책임이지만 그 하자의 발생 및 확대에 가공한 매수인의 잘못이 있다면 법원은 이를 참작하여 손해배상의 범위를 정하여야 한다.
④ 피해자의 부주의를 이용하여 고의의 불법행위를 한 자는 특별한 사정이 없는 한 피해자의 그 부주의를 이유로 과실상계를 주장할 수 없다.
⑤ 손해를 산정함에 있어서 손익상계와 과실상계를 모두 하는 경우 손익상계를 먼저 하여야 한다.

해설 ① 과실상계에서의 과실은 원래 의미의 추상적 과실을 의미하는 것이 아니다. 사회통념상, 신의칙상 공동생활상 요구되는 약한 부주의까지도 가리킨다.
② 과실상계는 가해자의 주장이 없어도 법원이 직권으로 심리, 판단하여야 한다(대판 2008. 2. 28. 2005다60369).
③ 대판 1995. 6. 30. 94다23920 참조
④ 대판 2005. 11. 10. 2003다66066 참조
⑤ 과실상계 후 손익상계(과손) ⇒ 대판 1990. 5. 8. 89다카29129 참조

정답 ⑤

16 채권자 甲, 채무자 乙, 수익자 丙을 둘러싼 채권자취소소송에 관한 설명으로 옳은 것은? (단, 乙에게는 甲 외에 다수의 채권자가 존재하며 다툼이 있으면 판례에 따름)

① 채권자취소소송에서 원고는 甲이고 피고는 乙과 丙이다.
② 원상회복으로 丙이 금전을 지급하여야 하는 경우에 甲은 직접 자신에게 이를 지급할 것을 청구할 수 있다.
③ 채권자취소권 행사의 효력은 소를 제기한 甲의 이익을 위해서만 발생한다.
④ 乙의 사해의사는 특정 채권자인 甲을 해한다는 인식이 필요하다.
⑤ 채권자취소소송은 甲이 乙의 대리인으로서 수행하는 것이다.

해설 ① 피고적격은 오로지 수익자 또는 전득자일 뿐 채무자는 아니다.
② 대판 2008. 11. 13. 2006다1442 참조
③ 제407조에 따르면 취소권 행사의 효과는 '모든 채권자의 이익을 위하여 그 효력이 있다'고 규정되어 있다. 즉 채무자의 책임재산의 유지라는 결과를 가져온다. 주의할 것은 '취소의 효력'은 상대적이라는 것이다.
④ 일반채권자에 대한 관계에서의 악의이다.
⑤ 취소소송은 甲의 자신의 권리를 행사하는 것이다.

정답 ②

17 민법상 보증채무에 관한 설명으로 옳지 않은 것은? (다툼이 있으면 판례에 따름)

① 주채무가 민사채무이고 보증채무가 상사채무인 경우 보증채무의 소멸시효기간은 주채무에 따라 결정된다.
② 보증은 불확정한 다수의 채무에 대하여도 할 수 있다.
③ 주채권과 분리하여 보증채권만을 양도하기로 하는 약정은 그 효력이 없다.
④ 보증채권을 주채권과 함께 양도하는 경우 대항요건은 주채권의 이전에 관하여만 구비하면 족하다.
⑤ 보증인은 주채무자의 채권에 의한 상계로 채권자에게 대항할 수 있다.

해설 ① 보증채무의 독립성상 주채무는 민사시효, 보증채무는 상사시효에 의한다.
② 보증은 그 의사가 보증인의 기명날인 또는 서명이 있는 서면으로 표시되어야 효력이 발생한다.
③ 부종성에 반하고 실효성도 없기 때문이다.
⑤ 제434조 참조

정답 ①

18 지명채권의 양도에 관한 설명으로 옳지 않은 것은? (다툼이 있으면 판례에 따름)

① 장래의 채권도 그 권리의 특정이 가능하고 가까운 장래에 발생할 것임이 상당 정도 기대되는 경우에는 채권양도의 대상이 될 수 있다.

② 채권의 양도를 승낙함에 있어서는 이의를 보류할 수 있고 양도금지의 특약이 있는 채권양도를 승낙하면서 조건을 붙일 수도 있다.

③ 채권양도에 대한 채무자의 승낙은 양도인 또는 양수인에 대하여 할 수 있다.

④ 채권이 이중으로 양도된 경우 양수인 상호간의 우열은 통지 또는 승낙에 붙여진 확정일자의 선후에 의하여 결정된다.

⑤ 채권양도 없이 채무자에게 채권양도를 통지한 경우 선의인 채무자는 양수인에게 대항할 수 있는 사유로 양도인에게 대항할 수 있다.

해설 ④ 확정일자의 선후가 아니라 그 확정일자 있는 양도통지가 채무자에게 도달한 일시 또는 확정일자 있는 승낙의 일시의 선후에 의하여 결정하여야 한다(대판 2013. 6. 28. 2011다83110).
⑤ 제452조 제1항 참조

정답 ④

19 변제에 관한 설명으로 옳지 않은 것은? (다툼이 있으면 판례에 따름)

① 금액이 서로 다른 채무가 부진정연대관계에 있을 때, 다액채무자가 일부 변제를 하는 경우 변제로 먼저 소멸하는 부분은 다액채무자가 단독으로 채무를 부담하는 부분이다.

② 채권의 준점유자에게 한 변제는 변제자가 선의이며 과실 없음을 입증하면 채권자에 대하여 효력이 있다.

③ 변제충당에 관한 당사자의 특별한 합의가 없으면 그 채무의 비용, 이자, 원본의 순서로 변제에 충당하여야 한다.

④ 채권의 일부에 대하여 변제자대위가 인정되는 경우 그 대위자는 채무자의 채무불이행을 이유로 채권자와 채무자간의 계약을 해제할 수 있다.

⑤ 채권자가 변제수령을 거절하면 채무자는 공탁함으로써 그 채무를 면할 수 있다.

해설 ① 피용자의 불법행위시 피용자의 책임과 사용자의 책임과 같이 금액이 서로 다른 채무가 부진정연대관계에 있을 때, 다액채무자가 일부 변제를 하는 경우 변제로 인하여 먼저 소멸하는 부분은 다액채무자가 단독으로 채무를 부담하는 부분이다. 그래야 피해자 구제에 더 도움이 되는 것이다.
② 제470조 제2항 참조
③ 대판 2006. 10 .12. 2004재다818 참조
④ 일부대위의 경우 대위자는 변제한 가액에 비례하여 채권자와 함께 그 권리를 행사하는데, 계약의 해지 또는 해제는 채권자만이 할 수 있고, 채권자는 대위자에게 그변제한 가액과 이자를 상환하여야 한다(제483조 제2항).
⑤ 제487조 제1항 참조

정답 ④

20 甲은 2020. 2. 1. 자기 소유 중고자동차를 1,000만원에 매수할 것을 乙에게 청약하는 내용의 편지를 발송하였다. 이에 관한 설명으로 옳지 않은 것은?

① 甲의 편지가 2020. 2. 5. 乙에게 도달하였다면 甲은 위 청약을 임의로 철회하지 못한다.

② 甲의 편지가 2020. 2. 5. 乙에게 도달하였다면 그 사이 甲이 사망하였더라도 위 청약은 유효하다.

③ 乙이 위 중고자동차를 900만원에 매수하겠다고 회신하였다면 乙은 甲의 청약을 거절하고 새로운 청약을 한 것이다.

④ 甲의 편지를 2020. 2. 5. 乙이 수령하였더라도 乙이 미성년자라면 甲은 원칙적으로 위 청약의 효력발생을 주장할 수 없다.

⑤ 乙이 위 청약을 승낙하는 편지를 2020. 2. 10. 발송하여 甲에게 2020. 2. 15. 도달하였다면 甲과 乙 간의 계약성립일은 2020. 2. 15.이다.

해설 ① 청약은 도달하여 효력이 발생하면 이를 철회하지 못한다(제527조).

② 제111조 제2항 참조

③ 변경을 가한 승낙은 청약의 거절과 동시에 새로 청약한 것으로 본다(제534조).

④ 제112조에 따라 미성년자에 대한 의사표시가 있는 경우 의사표시자는 그 의사표시로써 대항할 수 없음이 원칙이다.

⑤ 격지자간의 계약은 승낙의 통지를 발송한 때에 성립하는바(제531조), 편지를 발송한 것이므로 격지자간의 청약과 승낙이다. 따라서 2020. 2. 10. 계약이 성립한다.

 ⑤

21 민법상 특정물 매도인의 하자담보책임에 관한 설명으로 옳지 않은 것은? (다툼이 있으면 판례에 따름)

① 매도인의 고의·과실은 하자담보책임의 성립요건이 아니다.

② 악의의 매수인에 대해서 매도인은 하자담보책임을 지지 않는다.

③ 매매 목적물인 서화(書畫)가 위작으로 밝혀진 경우, 매도인의 담보책임이 발생하면 매수인은 착오를 이유로는 매매계약을 취소할 수 없다.

④ 경매목적물에 물건의 하자가 있는 경우 하자담보책임이 발생하지 않는다.

⑤ 목적물에 하자가 있더라도 계약의 목적을 달성할 수 있는 경우에는 매수인에게 해제권이 인정되지 않는다.

해설 ① 담보책임은 채무불이행책임과 별개이다. 담보책임의 경우에는 매도인의 귀책을 요건으로 하지 않고, 채무불이행책임의 경우에는 매도인의 귀책이 요건이다. 담보책임과 채무불이행책임은 경합이 가능하다.

② 특정물 하자에 대한 담보책임은 매수인이 하자에 대한 악의, 과실이 있는 경우에는 적용하지 아니한다.

③ 담보책임과 착오취소는 경합이 가능하다. 사기취소의 경우도 마찬가지다.

④ 경매의 경우에는 특정물에 대한 하자담보책임이 적용되지 않는다(제580조 제2항).

⑤ 제580조 제1항은 제575조 제1항을 준용하는바, 이에 따르면 계약의 목적을 달성할 수 없는 경우에 한하여 해제권이 인정된다.

정답 ③

22 수급인의 하자담보책임에 관한 설명으로 옳지 않은 것은? (다툼이 있으면 판례에 따름)

① 신축된 건물에 하자가 있는 경우 도급인은 수급인의 하자담보책임에 기하여 계약을 해제할 수 없다.
② 수급인의 하자담보책임에 관한 제척기간은 재판상 또는 재판 외의 권리행사 기간이다.
③ 완성된 목적물의 하자가 중요하지 아니하면서 동시에 보수에 과다한 비용을 요하는 경우 도급인은 수급인에게 하자의 보수에 갈음하는 손해배상을 청구할 수 있다.
④ 완성된 액젓저장탱크에 균열이 발생하여 보관 중이던 액젓의 변질로 인한 손해배상은 하자보수에 갈음하는 손해배상과는 별개의 권원에 의하여 경합적으로 인정된다.
⑤ 수급인의 하자담보책임을 면제하는 약정이 있더라도 수급인이 알면서 고지하지 아니한 사실에 대하여는 그 책임이 면제되지 않는다.

해설 ① 제668조 참조
③ 제667조 제1항에 따르면, 하자가 중요하지 아니한 경우에 그 보수에 과다한 비용을 요할 때에는 보수청구를 할 수 없다고 규정되어 있다. 한편 이 경우에는 보수에 갈음하는 또는 보수와 함께 하는 손해배상청구도 할 수 없다.
⑤ 제672조 참조

정답 ③

23 조합계약에 관한 설명으로 옳은 것을 모두 고른 것은? (다툼이 있으면 판례에 따름)

ㄱ. 2인이 상호출자하여 부동산 임대사업을 하기로 약정하고 이를 위해 부동산을 취득한 경우 그 부동산은 위 2인이 총유한다.
ㄴ. 업무집행자가 수인인 경우 그 조합의 통상사무는 각 업무집행자가 전행할 수 있다.
ㄷ. 당사자들이 공동이행방식의 공동수급체를 구성하여 도급인으로부터 공사를 수급받는 경우 그 공동수급체는 원칙적으로 민법상 조합에 해당한다.

① ㄱ ② ㄱ, ㄴ ③ ㄱ, ㄷ ④ ㄴ, ㄷ ⑤ ㄱ, ㄴ, ㄷ

해설 ㄱ. 민법상 조합의 재산 소유형태는 합유이다(제704조). 총유는 비법인사단·재단의 소유형태이다.
ㄴ. 업무집행자가 수인인 경우, 원칙은 과반수로 결정하는데, 통상사무는 각 업무집행자가 전행할 수 있다. 다만 다른 업무집행자의 이의가 있는 때에는 즉시 중지하여야 한다(제706조 제2항, 제3항).
ㄷ. 건설공동수급체에 대하여 판례는 민법상 조합으로 본다.

정답 ④

24 부당이득반환청구권에 관한 설명으로 옳지 않은 것은? (다툼이 있으면 판례에 따름)

① 부당이득반환청구권의 요건인 수익자의 이득은 실질적으로 귀속된 이득을 의미한다.
② 법률상 원인 없이 이득을 얻는 자는 있지만 그로 인해 손해를 입은 자가 없다면 부당이득반환청구권은 성립하지 않는다.
③ 수인이 공동으로 법률상 원인 없이 타인의 재산을 사용한 경우 발생하는 부당이득반환채무는 특별한 사정이 없는 한 부진정연대관계에 있다.

④ 부당이득이 금전상 이득인 경우 이를 취득한 자가 소비하였는지 여부를 불문하고 그 이득은 현존하는 것으로 추정된다.

⑤ 선의의 수익자가 부당이득반환청구소송에서 패소한 때에는 그 소가 제기된 때부터 악의의 수익자로 간주된다.

해설 ① 부당이득의 이익은 실질적인 이득이다.

② 제745조에 따르면 이익과 손실(손해) 사이에 인과관계가 있어야 한다.

③ 수인이 공동으로 부당이득한 경우의 수인의 채무는 불가분채무이다.

④ 선의수익자는 현존하는 한도에서 반환의무를 부담하는데, 부당이득한 것이 금전상의 이익인 경우에는 현존하는 것으로 추정한다.

⑤ 제749조 제2항. 주의할 것은 소를 제기한 때로부터이지, 패소 시부터가 아니다.

 ③

25 민법 제756조(사용자의 배상책임)에 관한 설명으로 옳지 않은 것은? (다툼이 있으면 판례에 따름)

① 사용자와 피용자 간의 고용계약이 무효이더라도 사실상의 지휘·감독관계가 인정된다면 사용자의 배상책임이 성립할 수 있다.

② 폭행과 같은 피용자의 범죄행위도 민법 제756조 소정의 사무집행관련성을 가질 수 있다.

③ 파견근로자의 파견업무에 관련한 불법행위에 대하여 파견사업주는 특별한 사정이 없는 한 사용자의 배상책임을 부담한다.

④ 고의로 불법행위를 한 피용자가 신의칙상 과실상계를 주장할 수 없는 경우에도 사용자는 특별한 사정이 없는 한 과실상계를 주장할 수 있다.

⑤ 피용자와 공동불법행위를 한 제3자가 있는 경우, 사용자가 피해자에게 손해 전부를 배상하였다면 사용자는 그 제3자에게 배상액 전부를 구상할 수 있다.

해설 ② 외형상 사무집행 행위인 이상 피용자의 범죄행위의 경우에도 사용자책임을 부담한다.

③ 파견근로자와 파견사업자 사이에는 지휘·감독관계에 있다. 따라서 사용자책임을 부담한다.

④ 피용자의 고의 불법행위의 경우 사용자는 과실상계를 주장할 수 있다. cf) 피용자의 고의에 의한 불법행위가 성립되어 사용자가 사용자책임을 지는 경우, 사용자는 이를 수동채권으로 하여 피해자의 채권과 상계할 수 없다.

⑤ 제3자에 대하여는 그 자의 책임 범위에 한정하여 구상할 수 있다(왜냐하면 공동불법행위자들끼지 부진정연대채무관계이고, 사용자와 제3자 역시 부진정연대채무관계이기 때문이다).

 ⑤

Certified Public Labor Attorney

제4과목

사회보험법

제2024년도 제33회

제2023년도 제32회

제2022년도 제31회

제2021년도 제30회

제2020년도 제29회

2024년도 제33회 공인노무사 사회보험법 기출문제

01 사회보장기본법령상 보건복지부장관이 중장기 사회보장 재정추계 및 사회보장통계업무를 효율적으로 수행하기 위하여 필요하다고 인정하는 경우 관련 자료의 수집·조사 및 분석에 관한 업무 등을 위탁할 수 있는 기관 또는 단체를 모두 고른 것은?

> ㄱ. 「정부출연연구기관 등의 설립·운영 및 육성에 관한 법률」에 따라 설립된 정부출연연구기관
> ㄴ. 「고등교육법」 제2조에 따른 학교
> ㄷ. 「특정연구기관 육성법」 제2조에 따른 특정연구기관
> ㄹ. 국공립 연구기관

① ㄱ, ㄴ, ㄷ ② ㄱ, ㄴ, ㄹ ③ ㄱ, ㄷ, ㄹ ④ ㄴ, ㄷ, ㄹ ⑤ ㄱ, ㄴ, ㄷ, ㄹ

 ㄱ, ㄴ, ㄷ, ㄹ 모두 포함된다.

> 사회보장기본법 제32조의2 및 시행령 제18조의2 :
> **사회보장 재정추계 및 사회보장통계 등에 대한 민간위탁**
> 보건복지부장관은 사회보장 재정추계 및 사회보장통계 업무를 효율적으로 수행하기 위하여 필요하다고 인정하는 경우에는 관련 자료의 수집 · 조사 및 분석에 관한 업무 등을 다음 각 호의 기관 또는 단체에 위탁할 수 있다.
> 1. 「정부출연연구기관 등의 설립 · 운영 및 육성에 관한 법률」에 따라 설립된 정부출연연구기관
> 2. 그 밖에 대통령령으로 정하는 전문기관 또는 단체
> 1) 「고등교육법」 제2조에 따른 학교
> 2) 「특정연구기관 육성법」 제2조에 따른 특정연구기관
> 3) 국공립 연구기관

정답 ⑤

02 사회보장기본법령에 관한 설명으로 옳지 않은 것은?

① 보건복지부장관은 사회보장 행정데이터 분석센터의 설치·운영에 관한 사무를 수행하기 위하여 불가피한 경우 「개인정보 보호법」 시행령 제18조제2호에 따른 범죄경력자료에 해당하는 정보를 처리할 수 있다.
② 보건복지부장관은 사회보장 분야 전문 인력 양성을 위하여 관계 중앙행정기관, 지방자치단체, 공공기관 및 법인·단체 등의 직원을 대상으로 사회보장에 관한 교육을 매년 1회 이상 실시할 수 있다.
③ 보건복지부장관은 사회보장정보시스템을 통해 다른 법령에 따라 국가 및 지방자치단체로부터 위탁받은 사회보장에 관한 업무를 수행할 수 있다.
④ 보건복지부장관은 사회보장통계의 작성·제출과 관련하여 작성 대상 범위, 절차 등의 내용을 포함한 사회보장통계 운용지침을 마련하여 매년 12월 31일까지 관계 중앙행정기관의 장과 지방자치단체의 장에게 통보하여야 한다.

⑤ 보건복지부장관이 사회보장정보시스템의 운영 · 지원을 위하여 설치할 수 있는 전담기구는 「사회보장급여의 이용 · 제공 및 수급권자 발굴에 관한 법률」 제29조에 따른 한국사회보장정보원으로 한다.

해설 ① 사회보장기본법 시행령 제21조 제1항 : 보건복지부장관은 사회보장정보시스템의 구축 및 운영 등에 관한 사무를 수행하기 위하여 불가피한 경우 범죄경력자료에 해당하는 정보를 처리할 수 있으나, **사회보장 행정데이터 분석센터 설치 · 운영에 관한 사무일 경우 건강에 관한 정보가 포함된 자료만 처리**할 수 있다.
② 사회보장기본법 시행령 제17조 제1항
③ 사회보장기본법 시행령 제19조 제1항
④ 사회보장기본법 시행령 제18조 제1항
⑤ 사회보장기본법 시행령 제19조 제6항

정답 ①

03 사회보장기본법령상 사회보장 재정추계(財政推計)에 관한 설명으로 옳지 않은 것은?

① 국가는 사회보장제도의 안정적인 운영을 위하여 중장기 사회보장 재정추계를 격년으로 실시하고 이를 공표하여야 한다.
② 보건복지부장관은 사회보장 재정추계를 위하여 재정추계를 실시하는 해의 1월 31일까지 재정추계 세부지침을 마련하여야 한다.
③ 보건복지부장관은 마련한 재정추계 세부지침에 따라 추계를 실시하는 해의 9월 30일까지 재정추계를 하고, 그 결과를 사회보장위원회의 심의를 거쳐 같은 해 10월 31일까지 관계 중앙행정기관의 장에게 통보하여야 한다.
④ 관계 중앙행정기관의 장은 재정추계 결과를 바탕으로 정책개선안을 마련하여 같은 해 12월 31일까지 보건복지부장관에게 제출하여야 한다.
⑤ 보건복지부장관은 정책개선안을 종합하여 이를 추계 실시 해의 다음 해 3월 31일까지 사회보장위원회에 보고하여야 한다.

해설 ① 사회보장기본법 제5조 제4항
② 사회보장기본법 시행령 제2조 제1항 : 보건복지부장관은 사회보장 재정추계를 위하여 재정추계를 실시하는 해의 **"3월 31일까지"** 재정추계 세부지침을 마련하여야 한다.
③ 사회보장기본법 시행령 제2조 제2항
④ 사회보장기본법 시행령 제2조 제3항
⑤ 사회보장기본법 시행령 제2조 제4항

정답 ②

04 고용보험법상 「장애인고용촉진 및 직업재활법」 제2조제1호에 따른 장애인의 피보험기간이 1년인 구직급여의 소정급여일수는?

① 120일 ② 180일 ③ 210일 ④ 240일 ⑤ 270일

해설 ○ 피보험기간 및 연령에 따른 소정급여일수

구분		피보험기간(적용사업에 고용된 기간)				
		1년미만	1년 이상 3년 미만	3년 이상 5년 미만	5년 이상 10년 미만	10년 이상
이직일 현재 연령	50세 미만	120	150	180	210	240
	50세 이상 및 장애인	120	**"180"**	210	240	270

정답 ②

05 고용보험법상 심사 및 재심사청구에 관한 설명으로 옳은 것은?

① 직업안정기관 또는 근로복지공단은 심사청구서를 받은 날부터 7일 이내에 의견서를 첨부하여 심사청구서를 고용보험심사관에 보내야 한다.

② 고용보험심사관은 원처분등의 집행에 의하여 발생하는 중대한 위해(危害)를 피하기 위하여 긴급한 필요가 있다고 인정되더라도 직권으로는 그 집행을 정지시킬 수 없다.

③ 육아휴직 급여와 출산전후휴가 급여등에 관한 처분에 대한 심사의 청구는 근로복지공단을 거쳐 고용보험심사관에게 하여야 한다.

④ 고용보험심사관은 심사의 청구에 대한 심리(審理)를 마쳤을 때에는 원처분등의 전부 또는 일부를 취소하거나 심사청구의 전부 또는 일부를 기각한다.

⑤ 심사청구에 대한 결정은 심사청구인 및 직업안정기관의 장 또는 근로복지공단에 결정서의 정본을 보낸 다음 날부터 효력이 발생한다.

해설 ① 고용보험법 제90조 제2항 : 직업안정기관 또는 근로복지공단은 심사청구서를 받은 날부터 **"5일"** 이내에 의견서를 첨부하여 심사청구서를 고용보험심사관에 보내야 한다.

② 고용보험법 제93조 제1항 : 고용보험심사관은 원처분등의 집행에 의하여 발생하는 중대한 위해(危害)를 피하기 위하여 긴급한 필요가 있다고 **"인정되면 직권으로 그 집행을 정지시킬 수 있다."**

③ 고용보험법 제90조 제1항 : 육아휴직 급여와 출산전후휴가 급여등에 관한 처분에 대한 심사의 청구는 **"직업안정기관의 장"**을 거쳐 고용보험심사관에게 하여야 한다.

④ 고용보험법 96조

⑤ 고용보험법 제98조 제1항 : 심사청구에 대한 결정은 심사청구인 및 직업안정기관의 장 또는 근로복지공단에 결정서의 정본을 **"보낸 날"**부터 효력이 발생한다.

정답 ④

06 고용보험법령상 육아휴직 급여 등의 특례에 관한 내용이다. (   )에 들어갈 내용은?

> 같은 자녀에 대하여 자녀의 출생 후 18개월이 될 때까지 피보험자인 부모가 모두 육아휴직을 하는 경우(부모의 육아휴직기간이 전부 또는 일부 겹치지 않은 경우를 포함한다) 그 부모인 피보험자의 육아휴직 급여의 월별 지급액은 육아휴직 7개월째부터 육아휴직 종료일까지는 육아휴직 시작일을 기준으로 한 각 피보험자의 월 통상임금의 (ㄱ)에 해당하는 금액으로 한다. 다만, 해당 금액이 (ㄴ)만원을 넘는 경우에는 부모 각각에 대하여 (ㄴ)만원으로 하고, 해당 금액이 70만원보다 적은 경우에는 부모 각각에 대하여 70만원으로 한다.

① ㄱ: 100분의 70, ㄴ: 150　② ㄱ: 100분의 70, ㄴ: 200　③ ㄱ: 100분의 80, ㄴ: 100
④ ㄱ: 100분의 80, ㄴ: 150　⑤ ㄱ: 100분의 80, ㄴ: 200

> 고용보험법 시행령 제95조의3 제1항 제2호
> 같은 자녀에 대하여 자녀의 출생 후 18개월이 될 때까지 피보험자인 부모가 모두 육아휴직을 하는 경우(부모의 육아휴직기간이 전부 또는 일부 겹치지 않은 경우를 포함한다) 그 부모인 피보험자의 육아휴직 급여의 월별 지급액은 육아휴직 7개월째부터 육아휴직 종료일까지는 육아휴직 시작일을 기준으로 한 각 피보험자의 월 통상임금의 (**100분의 80**)에 해당하는 금액으로 한다. 다만, 해당 금액이 (**150만원**)을 넘는 경우에는 부모 각각에 대하여 (**150만원**)으로 하고, 해당 금액이 70만원보다 적은 경우에는 부모 각각에 대하여 70만원으로 한다.

 ④

07 고용보험법령상 보험가입 등에 관한 설명으로 옳지 않은 것은?

① 「국가공무원법」에 따른 임기제 공무원(이하 "임기제 공무원"이라 한다)의 경우는 본인의 의사에 따라 고용보험(실업급여에 한정)에 가입할 수 있다.
② 임기제 공무원이 원하는 경우에는 임용된 날부터 3개월 이내에 고용노동부장관에게 직접 고용보험 가입을 신청할 수 있다.
③ 고용보험 피보험자격을 취득한 임기제 공무원이 공무원 신분의 변동에 따라 계속하여 다른 임기제 공무원으로 임용된 때에는 별도의 가입신청을 하지 않은 경우에도 고용보험의 피보험자격을 유지한다.
④ 임기제 공무원이 가입한 고용보험에서 탈퇴한 이후에 가입대상 공무원으로 계속 재직하는 경우 본인의 신청에 의하여 고용보험에 다시 가입할 수 있다.
⑤ 고용보험에 가입한 임기제 공무원에 대한 보험료는 소속기관과 고용보험에 가입한 임기제 공무원이 각각 2분의 1씩 부담한다.

해설 ① 고용보험법 제10조 제1항 제3호
② 고용보험법 시행령 제3조의2 제2항
③ 고용보험법 시행령 제3조의2 제3항
④ 고용보험법 시행령 제3조의2 제5항 : 임기제 공무원이 가입한 고용보험에서 탈퇴한 이후에 가입대상 공무원으로 계속 재직하는 경우 **"고용보험에 다시 가입할 수 없다."** 다만, 탈퇴한 공무원이 가입대상 공무원의 직에서 이직한 이후 법에 따라 다시 피보험자격을 취득할 수 있다.
⑤ 고용보험법 시행령 제3조의2 제6항

 ④

08 고용보험법령상 실업급여에 관한 설명으로 옳지 않은 것은?

① 실업급여수급계좌의 해당 금융기관은 「고용보험법」에 따른 실업급여만이 실업급여수급계좌에 입금되도록 관리하여야 한다.
② 직업안정기관의 장은 수급자격 인정신청을 한 사람에게 신청인이 원하는 경우에는 해당 실업급여를 실업급여수급계좌로 받을 수 있다는 사실을 안내하여야 한다.
③ 실업급여수급계좌에 입금된 실업급여 금액 전액 이하의 금액에 관한 채권은 압류할 수 없다.
④ 실업급여로서 지급된 금품에 대하여는 「국세기본법」 제2조제8호의 공과금을 부과한다.
⑤ 직업안정기관의 장은 정보통신장애로 인하여 실업급여를 실업급여수급계좌로 이체할 수 없을 때에는 해당 실업급여 금액을 수급자격자에게 직접 현금으로 지급할 수 있다.

해설 ① 고용보험법 제37조의2 제2항
② 고용보험법 시행령 제58조의2 제3항
③ 고용보험법 제38조 제2항
④ 고용보험법 제38조의2 : 실업급여로서 지급된 금품에 대하여는 국가나 지방자치단체의 **"공과금을 부과하지 아니한다."**
⑤ 고용보험법 제37조의2 제1항 단서

정답 ④

09 고용보험법상 최종 이직 당시 단기예술인인 피보험자에게만 적용되는 구직급여 지급요건을 모두 고른 것은?

ㄱ. 수급자격의 인정신청일 이전 1개월 동안의 노무제공일수가 10일 미만이거나 수급자격 인정신청일 이전 14일간 연속하여 노무제공내역이 없을 것
ㄴ. 이직일 이전 24개월 동안의 피보험 단위기간이 통산하여 9개월 이상일 것
ㄷ. 이직일 이전 24개월 중 3개월 이상을 예술인인 피보험자로 피보험자격을 유지하였을 것
ㄹ. 최종 이직일 이전 24개월 동안의 피보험 단위기간 중 다른 사업에서 제77조의5제2항에서 준용하는 제58조에 따른 수급자격의 제한 사유에 해당하는 사유로 이직한 사실이 있는 경우에는 그 피보험 단위기간 중 90일 이상을 단기예술인으로 종사하였을 것
ㅁ. 근로 또는 노무제공의 의사와 능력이 있음에도 불구하고 취업(영리를 목적으로 사업을 영위하는 경우를 포함한다)하지 못한 상태에 있을 것

① ㄱ, ㄹ ② ㄱ, ㄴ, ㅁ ③ ㄴ, ㄹ, ㅁ ④ ㄴ, ㄷ, ㄹ, ㅁ ⑤ ㄱ, ㄴ, ㄷ, ㄹ, ㅁ

해설

고용보험법 제77조의3 제1항 제6호 : **예술인인 피보험자에 대한 구직급여**
① 예술인의 구직급여는 다음 각 호의 요건을 모두 갖춘 경우에 지급한다. 다만, 제6호는 최종 이직 당시 단기예술인이었던 사람만 해당한다.
... (중략)
6. 다음 각 목의 요건을 모두 갖출 것
가. 수급자격의 인정신청일 이전 1개월 동안의 노무제공일수가 10일 미만이거나 수급자격 인정신청일 이전 14일간 연속하여 노무제공내역이 없을 것

> 나. 최종 이직일 이전 24개월 동안의 피보험 단위기간 중 다른 사업에서 제77조의5제2항에서 준용하는 제58조에 따른 수급자격의 제한 사유에 해당하는 사유로 이직한 사실이 있는 경우에는 그 피보험 단위기간 중 90일 이상을 단기예술인으로 종사하였을 것

최종 이직 당시 단기예술인인 피보험자에게만 적용되는 구직급여 지급요건은 ㄱ, ㄹ 이다.

정답 ①

10 고용보험법령상 연장급여의 상호 조정 등에 관한 설명으로 옳지 않은 것은?

① 훈련연장급여의 지급 기간은 1년을 한도로 한다.
② 훈련연장급여를 지급받고 있는 수급자격자에게는 그 훈련연장급여의 지급이 끝난 후가 아니면 특별연장급여를 지급하지 아니한다.
③ 개별연장급여를 지급받고 있는 수급자격자가 훈련연장급여를 지급받게 되면 개별연장 급여를 지급하지 아니한다.
④ 특별연장급여를 지급받고 있는 수급자격자에게는 특별연장급여의 지급이 끝난 후가 아니면 개별연장급여를 지급하지 아니한다.
⑤ 특별연장급여는 그 수급자격자가 지급받을 수 있는 구직급여의 지급이 끝난 후에 지급한다.

해설 ① 고용보험법 시행령 제72조 : 훈련연장급여의 지급 기간은 **"2년"**을 한도로 한다.
② 고용보험법 제55조 제2항
③ 고용보험법 제55조 제3항
④ 고용보험법 제55조 제4항
⑤ 고용보험법 제55조 제1항

정답 ①

11 고용보험법상 훈련연장급여에 관한 내용이다. ( )에 들어갈 숫자를 순서대로 옳게 나열한 것은?

> 제54조(연장급여의 수급기간 및 구직급여일액) ① 〈중략〉
> ② 제51조에 따라 훈련연장급여를 지급하는 경우에 그 일액은 해당 수급자격자의 구직급여일액의 100분의 ( )으로 하고, 제52조 또는 제53조에 따라 개별연장급여 또는 특별연장급여를 지급하는 경우에 그 일액은 해당 수급자격자의 구직급여일액의 100분의 ( )을 곱한 금액으로 한다.

① 60, 60 ② 70, 60 ③ 80, 60 ④ 90, 70 ⑤ 100, 70

해설

> 고용보험법 제54조 : 연장급여의 수급기간 및 구직급여일액
> ① 〈중략〉
> ② 제51조에 따라 훈련연장급여를 지급하는 경우에 그 일액은 해당 수급자격자의 구직급여일액의 100분의 (**100**)으로 하고, 제52조 또는 제53조에 따라 개별연장급여 또는 특별연장급여를 지급하는 경우에 그 일액은 해당 수급자격자의 구직급여일액의 100분의 (**70**)을 곱한 금액으로 한다.

정답 ⑤

12 고용보험법령상 고용유지지원금에 관한 설명이다. (   )에 들어갈 내용으로 옳은 것은? (다만, 2020년 보험연도의 경우는 제외한다.)

고용유지지원금은 그 조치를 실시한 일수(둘 이상의 고용유지조치를 동시에 실시한 날은 (ㄱ)로 본다)의 합계가 그 보험연도의 기간 중에 (ㄴ)에 이를 때까지만 각각의 고용유지조치에 대하여 고용유지지원금을 지급한다.

① ㄱ: 1일, ㄴ: 60일
② ㄱ: 1일, ㄴ: 90일
③ ㄱ: 1일, ㄴ: 180일
④ ㄱ: 2일, ㄴ: 90일
⑤ ㄱ: 2일, ㄴ: 180일

해설

고용보험법 시행령 제21조 제2항 고용유지지원금은 그 조치를 실시한 일수(둘 이상의 고용유지조치를 동시에 실시한 날은 (**1**)일로 본다)의 합계가 그 보험연도의 기간 중에 (**180**)일에 이를 때까지만 각각의 고용유지조치에 대하여 고용유지지원금을 지급한다.

 ③

13 고용보험법령상 고용보험위원회(이하 '위원회'라 한다)에 관한 설명으로 옳지 않은 것은?

① 위원회의 위원장은 고용노동부차관이 되며, 그 위원장은 위원을 임명하거나 위촉한다.
② 위원회에는 고용보험운영전문위원회와 고용보험평가전문위원회를 둔다.
③ 위원회의 위원 중 정부를 대표하는 사람은 임명의 대상이 된다.
④ 위원회의 간사는 1명을 두되, 간사는 고용노동부 소속 공무원 중에서 위원장이 임명한다.
⑤ 「고용보험 및 산업재해보상보험의 보험료징수 등에 관한 법률」에 따른 보험료율의 결정에 관한 사항은 위원회의 심의사항이다.

해설 ① 고용보험법 제7조 제4항 : 위원회의 위원장은 고용노동부차관이 되며, 위원은 **"고용노동부장관"**이 임명하거나 위촉한다.
② 고용보험법 시행령 제1조의7 제1항
③ 고용보험법 시행령 제1조의7 제3항
④ 고용보험법 시행령 제1조의10
⑤ 고용보험법 제7조 제2항 제2호

 ①

14 산업재해보상보험법령상 산업재해보상보험및예방심의위원회(이하 '위원회'라 한다)에 관한 내용으로 옳지 않은 것은?

① 위원회는 근로자를 대표하는 사람, 사용자를 대표하는 사람 및 공익을 대표하는 사람으로 구성하되, 그 수는 각각 같은 수로 한다.
② 사용자를 대표하는 위원은 전국을 대표하는 사용자 단체가 추천하는 사람 5명으로 한다.
③ 근로자를 대표하는 위원의 임기는 3년으로 하되, 연임할 수 있다.
④ 위원회의 회의는 재적위원 과반수의 출석으로 개의하고, 출석위원 3분의 2 이상의 찬성으로 의결한다.
⑤ 보궐위원의 임기는 전임자의 남은 임기로 한다.

해설 ① 산업재해보상보험법 제8조 제2항
② 산업재해보상보험법 시행령 제4조
③ 산업재해보상보험법 시행령 제5조 제1항
④ 산업재해보상보험법 시행령 제7조 제3항 : 위원회의 회의는 재적위원 과반수의 출석으로 개의하고, 출석위원 **"과반수의"** 찬성으로 의결한다.
⑤ 산업재해보상보험법 시행령 제5조 제2항

 ④

15 산업재해보상보험법령상 유족보상연금에 관한 내용으로 옳지 않은 것은?

① 유족보상연금 수급자격자인 유족이 사망한 근로자와의 친족 관계가 끝난 경우 그 자격을 잃는다.
② 대한민국 국민이 아닌 유족보상연금 수급자격자인 유족이 외국에서 거주하기 위하여 출국하는 경우 그 자격을 잃는다.
③ 근로복지공단은 근로자의 사망 당시 태아였던 자녀가 출생한 경우 유족보상연금 수급권자의 청구에 의하거나 직권으로 그 사유가 발생한 달 분부터 유족보상연금의 금액을 조정한다.
④ 근로자가 사망할 당시 대한민국 국민이었던 유족보상연금 수급자격자인 유족이 국적을 상실하고 외국에서 거주하고 있거나 외국에서 거주하기 위하여 출국하는 경우 그 자격을 잃는다.
⑤ 유족보상연금을 받을 권리가 있는 유족보상연금 수급자격자가 그 자격을 잃은 경우에 유족보상연금을 받을 권리는 같은 순위자가 있으면 같은 순위자에게, 같은 순위자가 없으면 다음 순위자에게 이전된다.

해설 ① 산업재해보상보험법 제64조 제1항 제3호
② 산업재해보상보험법 제64조 제1항 제7호
③ 산업재해보상보험법 시행령 제63조 : 근로복지공단은 근로자의 사망 당시 태아였던 자녀가 출생한 경우 유족보상연금 수급권자의 청구에 의하거나 직권으로 그 사유가 발생한 달의 **"다음 달"** 분부터 유족보상연금의 금액을 조정한다.
④ 산업재해보상보험법 제64조 제1항 제6호
⑤ 산업재해보상보험법 제64조 제2항

 ③

16 산업재해보상보험법령상 노무제공자에 대한 특례의 내용으로 옳지 않은 것은?

① "플랫폼 종사자"란 온라인 플랫폼을 통해 노무를 제공하는 노무제공자를 말한다.

② "평균보수"란 이를 산정하여야 할 사유가 발생한 날이 속하는 달의 전달 말일부터 이전 3개월 동안 노무제공자가 재해가 발생한 사업에서 지급받은 보수와 같은 기간 동안 해당 사업 외의 사업에서 지급받은 보수를 모두 합산한 금액을 해당 기간의 총 일수로 나눈 금액을 말한다.

③ 보험을 모집하는 사람으로서 「새마을금고법」 및 「신용협동조합법」에 따른 공제의 모집을 전업으로 하는 사람은 노무제공자의 범위에 포함된다.

④ 보험을 모집하는 사람으로서 「우체국예금·보험에 관한 법률」에 따른 우체국보험의 모집을 전업으로 하는 사람은 노무제공자의 범위에 포함된다.

⑤ "플랫폼 운영자"란 온라인 플랫폼을 이용하여 플랫폼 종사자의 노무제공을 중개 또는 알선하는 것을 업으로 하는 자를 말한다.

해설 ① 산업재해보상보험법 제91조의15 제2호

② 산업재해보상보험법 제91조의15 제6호 : "평균보수"란 이를 산정하여야 할 사유가 발생한 날이 속하는 달의 **"전전달"** 말일부터 이전 3개월 동안 노무제공자가 재해가 발생한 사업에서 지급받은 보수와 같은 기간 동안 해당 사업 외의 사업에서 지급받은 보수를 모두 합산한 금액을 해당 기간의 총 일수로 나눈 금액을 말한다.

③ 산업재해보상보험법 시행령 제83조의5 제1호 나목

④ 산업재해보상보험법 시행령 제83조의5 제1호 다목

⑤ 산업재해보상보험법 제91조의15 제3호

정답 ②

사회보험법

17 산업재해보상보험법상 요양급여의 범위에 해당하는 것은 모두 몇 개인가?

○ 재활치료
○ 간호
○ 이송
○ 간병
○ 약제 또는 진료재료와 의지(義肢)나 그 밖의 보조기의 지급

① 1개 ② 2개 ③ 3개 ④ 4개 ⑤ 5개

해설

산업재해보상보험법 제40조 제4항
요양급여의 범위는 다음 각 호와 같다.
1. 진찰 및 검사
2. 약제 또는 진료재료와 의지(義肢)나 그 밖의 보조기의 지급
3. 처치, 수술, 그 밖의 치료
4. 재활치료
5. 입원
6. 간호 및 간병

7. 이송
8. 그 밖에 고용노동부령으로 정하는 사항

정답 ⑤

18 산업재해보상보험법령상 장례비에 관한 설명으로 옳지 않은 것은?

① 장례비 최고금액 및 최저금액의 적용기간은 당해 연도 1월 1일부터 12월 31일까지로 한다.
② 장례비 최고금액은 전년도 장례비 수급권자에게 지급된 1명당 평균 장례비 90일분 +최고 보상기준 금액의 30일분으로 산정한다.
③ 장례비 최저금액은 전년도 장례비 수급권자에게 지급된 1명당 평균 장례비 90일분 +최저 보상기준 금액의 30일분으로 산정한다.
④ 장례비 최고금액 및 최저금액을 산정할 때 10원 미만은 버린다.
⑤ 장례비는 장례를 지낼 유족이 없거나 그 밖에 부득이한 사유로 유족이 아닌 사람이 장례를 지낸 경우에는 평균임금의 120일분에 상당하는 금액의 범위에서 실제 드는 비용을 그 장례를 지낸 사람에게 지급한다.

해설 ① 산업재해보상보험법 시행령 제66조 제3항 : 장례비 최고금액 및 최저금액의 적용기간은 **"다음 연도"** 1월 1일부터 12월 31일까지로 한다.
② 산업재해보상보험법 시행령 제66조 제1항 제1호
③ 산업재해보상보험법 시행령 제66조 제1항 제2호
④ 산업재해보상보험법 시행령 제66조 제2항
⑤ 산업재해보상보험법 제71조 제1항 단서

정답 ①

19 산업재해보상보험법령상 업무상질병판정위원회의 구성에 관한 내용으로 옳은 것은?

①「고등교육법」제2조에 따른 학교에서 조교수 이상으로 재직하고 있는 사람은 위원이 될 수 없다.
②「국가기술자격법」에 따른 산업위생관리 기사 이상의 자격을 취득하고 관련 업무에 3년 이상 종사한 치과의사는 위원이 될 수 없다.
③ 산업재해보상보험 관련 업무에 5년 이상 종사한 사람은 위원이 될 수 있다.
④「국가기술자격법」에 따른 인간공학 분야 기사 이상의 자격을 취득하고 관련 업무에 3년 이상 종사한 한의사는 위원이 될 수 없다.
⑤ 위원장과 위원의 임기는 3년으로 하되, 연임할 수 있다.

해설 ① 산업재해보상보험법 시행령 제6조 제2항 제2호 :「고등교육법」제2조에 따른 학교에서 **"조교수"** 이상으로 재직하고 있는 사람은 **"위원이 될 수 있다."**
② 산업재해보상보험법 시행령 제6조 제2항 제3호 :「국가기술자격법」에 따른 산업위생관리 기사 이상의 자격을 취득하고 관련 업무에 3년 이상 종사한 **"치과의사"**는 **"위원이 될 수 있다."**
③ 산업재해보상보험법 시행령 제6조 제2항 제4호
④ 산업재해보상보험법 시행령 제6조 제2항 제3호 :「국가기술자격법」에 따른 인간공학 분야 기사 이상의 자격을

취득하고 관련 업무에 3년 이상 종사한 **"한의사"**는 **"위원이 될 수 있다."**

⑤ 산업재해보상보험법 시행령 제6조 제5항 : 위원장과 위원의 임기는 **"2년"**으로 하되, 연임할 수 있다.

 ③

20 산업재해보상보험법에서 사용하는 용어의 정의로 옳지 않은 것은?

① "유족"이란 사망한 사람의 배우자(사실상 혼인 관계에 있는 사람을 포함한다)·자녀·부모·손자녀·조부모 또는 형제자매를 말한다.

② "장해"란 업무상의 부상 또는 질병에 따른 정신적 또는 육체적 훼손으로 노동능력이 상실되거나 감소된 상태로서 그 부상 또는 질병이 치유되지 아니한 상태를 말한다.

③ "치유"란 부상 또는 질병이 완치되거나 치료의 효과를 더 이상 기대할 수 없고 그 증상이 고정된 상태에 이르게 된 것을 말한다.

④ "출퇴근"이란 취업과 관련하여 주거와 취업장소 사이의 이동 또는 한 취업장소에서 다른 취업장소로의 이동을 말한다.

⑤ "진폐"(塵肺)란 분진을 흡입하여 폐에 생기는 섬유증식성(纖維增殖性) 변화를 주된 증상으로 하는 질병을 말한다.

해설 ① 산업재해보상보험법 제5조 제3호

② 산업재해보상보험법 제5조 제5호 : "장해"란 부상 또는 질병이 **"치유되었으나"** 정신적 또는 육체적 훼손으로 인하여 노동능력이 상실되거나 감소된 상태를 말한다.

③ 산업재해보상보험법 제5조 제4호

④ 산업재해보상보험법 제5조 제8호

⑤ 산업재해보상보험법 제5조 제7호

 ②

21 산업재해보상보험법상 장해보상연금에 관한 내용이다. ( )에 들어갈 숫자의 합은?

> 장해보상연금은 수급권자가 신청하면 그 연금의 최초 1년분 또는 ( )년분(대통령령으로 정하는 노동력을 완전히 상실한 장해등급의 근로자에게는 그 연금의 최초 1년분부터 ( )년분까지)의 ( )분의 1에 상당하는 금액을 미리 지급할 수 있다. 이 경우 미리 지급하는 금액에 대하여는 100분의 ( )의 비율 범위에서 대통령령으로 정하는 바에 따라 이자를 공제할 수 있다.

① 11　② 12　③ 13　④ 15　⑤ 18

해설

> 산업재해보상보험법 제57조 제4항
> 장해보상연금은 수급권자가 신청하면 그 연금의 최초 1년분 또는 (**2**)년분(대통령령으로 정하는 노동력을 완전히 상실한 장해등급의 근로자에게는 그 연금의 최초 1년분부터 (**4**)년분까지)의 (**2**)분의 1에 상당하는 금액을 미리 지급할 수 있다. 이 경우 미리 지급하는 금액에 대하여는 100분의 (**5**)의 비율 범위에서 대통령령으로 정하는 바에 따라 이자를 공제할 수 있다.

정답 ③

22 산업재해보상보험법령상 상병보상연금에 관한 설명으로 옳은 것은?

① 중증요양상태등급이 제3급인 경우 평균임금의 257일분을 지급한다.
② 상병보상연금을 받는 근로자가 60세가 되면 그 이후의 상병보상연금은 고령자의 1일 당 상병보상연금 지급기준에 따라 감액된 금액을 지급한다.
③ 상병보상연금을 지급받는 경우 요양급여와 휴업급여는 지급되지 아니한다.
④ 재요양을 시작한 지 1년이 지난 후에 부상·질병 상태가 상병보상연금의 지급요건 모두에 해당하는 사람에게는 상병보상연금을 지급한다.
⑤ 상병보상연금을 산정할 때 근로자의 평균임금이 최저임금액에 90분의 100을 곱한 금액보다 적을 때에는 최저임금액의 90분의 100에 해당하는 금액을 그 근로자의 평균임금으로 보아 산정한다.

해설 ① 산업재해보상보험법 제66조 제2항
② 산업재해보상보험법 제68조 : 상병보상연금을 받는 근로자가 **"61세"**가 되면 그 이후의 상병보상연금은 고령자의 1일 당 상병보상연금 지급기준에 따라 감액된 금액을 지급한다.
③ 산업재해보상보험법 제66조 제1항 : 상병보상연금을 지급받는 경우 **"요양급여"**는 지급된다.
④ 산업재해보상보험법 제69조 제1항 : 재요양을 시작한 지 **"2년"**이 지난 후에 부상 · 질병 상태가 상병보상연금의 지급요건 모두에 해당하는 사람에게는 상병보상연금을 지급한다.
⑤ 산업재해보상보험법 제67조 제1항 : 상병보상연금을 산정할 때 근로자의 평균임금이 최저임금액에 **"70분의 100"**을 곱한 금액보다 적을 때에는 최저임금액의 **"70분의 100"**에 해당하는 금액을 그 근로자의 평균임금으로 보아 산정한다.

 ①

23 산업재해보상보험법상 직장복귀지원금 등에 관한 것이다. ( )에 들어갈 숫자로 옳은 것은?

> 제75조(직장복귀지원금 등) ① 〈중략〉
> ② 제1항에 따른 직장복귀지원금은 고용노동부장관이 임금수준 및 노동시장의 여건 등을 고려하여 고시하는 금액의 범위에서 사업주가 장해급여자에게 지급한 임금액으로 하되, 그 지급기간은 (ㄱ) 개월 이내로 한다.
> ③ 제1항에 따른 직장적응훈련비 및 재활운동비는 고용노동부장관이 직장적응 훈련 또는 재활운동에 드는 비용을 고려하여 고시하는 금액의 범위에서 실제 드는 비용으로 하되, 그 지급기간은 (ㄴ)개월 이내로 한다.

① ㄱ: 3, ㄴ: 3 ② ㄱ: 3, ㄴ: 6 ③ ㄱ: 6, ㄴ: 6
④ ㄱ: 6, ㄴ: 12 ⑤ ㄱ: 12, ㄴ: 3

> 산업재해보상보험법 제75조 제2항 및 3항
> ② 제1항에 따른 직장복귀지원금은 고용노동부장관이 임금수준 및 노동시장의 여건 등을 고려하여 고시하는 금액의 범위에서 사업주가 장해급여자에게 지급한 임금액으로 하되, 그 지급기간은 (**12**)개월 이내로 한다.
> ③ 제1항에 따른 직장적응훈련비 및 재활운동비는 고용노동부장관이 직장적응 훈련 또는 재활운동에 드는 비용을 고려하여 고시하는 금액의 범위에서 실제 드는 비용으로 하되, 그 지급기간은 (**3**)개월 이내로 한다.

정답 ⑤

24 국민연금법에 관한 내용으로 옳지 않은 것은?

① 급여수급전용계좌에 입금된 급여와 이에 관한 채권은 압류할 수 없다.
② 장애연금액은 장애등급 2급에 해당하는 자에 대하여는 기본연금액의 1천분의 600에 해당하는 금액에 부양가족연금액을 더한 금액으로 한다.
③ 장애등급이 2급 이상인 장애연금 수급권자가 사망하면 그 유족에게 유족연금을 지급한다.
④ 가입자 또는 가입자였던 자가 가입기간이 10년 미만이고 60세가 된 때에는 본인이나 그 유족의 청구에 의하여 반환일시금을 지급받을 수 있다.
⑤ 장애연금 수급권자가 고의나 중대한 과실로 요양 지시에 따르지 아니하거나 정당한 사유 없이 요양 지시에 따르지 아니하여 회복을 방해한 때에는 급여의 전부 또는 일부의 지급을 정지할 수 있다.

해설 ① 국민연금법 제58조 제3항
② 국민연금법 제68조 제1항 제2호 : 장애연금액은 장애등급 2급에 해당하는 자에 대하여는 기본연금액의 **"1천분의 800"**에 해당하는 금액에 부양가족연금액을 더한 금액으로 한다.
③ 국민연금법 제72조 제1항 제5호
④ 국민연금법 제77조 제1항 제1호
⑤ 국민연금법 제82조 제2항 제3호

정답 ②

25 국민연금법상 소멸시효에 관한 내용이다. (　　)에 들어갈 숫자의 합은?

연금보험료, 환수금, 그 밖의 이 법에 따른 징수금을 징수하거나 환수할 권리는 (　　)년간, 급여(제77조제1항제1호에 따른 반환일시금은 제외한다)를 받거나 과오납금을 반환받을 수급권자 또는 가입자 등의 권리는 (　　)년간 행사하지 아니하면 각각 소멸시효가 완성된다.

① 4　　② 6　　③ 8　　④ 13　　⑤ 15

해설

국민연금법 제115조 제1항 연금보험료, 환수금, 그 밖의 이 법에 따른 징수금을 징수하거나 환수할 권리는 (**3**)년간, 급여(제77조제1항제1호에 따른 반환일시금은 제외한다)를 받거나 과오납금을 반환받을 수급권자 또는 가입자 등의 권리는 (**5**)년간 행사하지 아니하면 각각 소멸시효가 완성된다.

정답 ③

사회보험법

26 국민연금법령상 심사청구 및 재심사청구에 관한 내용으로 옳지 않은 것은?

① 가입자의 자격, 기준소득월액, 연금보험료, 그 밖의 이 법에 따른 징수금과 급여에 관한 국민연금공단 또는 국민건강보험공단의 처분에 이의가 있는 자는 그 처분을 한 국민연금공단 또는 국민건강보험공단에 심사청구를 할 수 있다.
② 국민연금심사위원회 위원의 임기는 2년으로 하며, 1차례만 연임할 수 있으며, 국민연금공단의 임직원인 위원의 임기는 그 직위의 재임기간으로 한다.
③ 청구인은 결정이 있기 전까지는 언제든지 심사청구를 문서로 취하할 수 있다.
④ 심사청구에 대한 결정에 불복하는 자는 그 결정통지를 받은 날부터 90일 이내에 국민연금재심사위원회에 재심사를 청구할 수 있다.
⑤ 국민연금재심사위원회의 재심사와 재결에 관한 절차에 관하여는 「행정심판법」을 준용한다.

해설 ① 국민연금법 제108조 제1항
② 국민연금법 시행령 제91조 : 국민연금심사위원회 위원의 임기는 2년으로 하며, **"2차례"**만 연임할 수 있으며, 국민연금공단의 임직원인 위원의 임기는 그 직위의 재임기간으로 한다.
③ 국민연금법 시행령 제98조
④ 국민연금법 제110조 제1항
⑤ 국민연금법 제112조 제1항

정답 ②

27 국민연금법령상 연금보험료 등의 독촉에 관한 내용이다. ( )에 들어갈 내용은?

> 제64조(연금보험료 등의 독촉) ① 국민건강보험공단은 법 제95조제1항에 따라 사업장가입자의 연금보험료와 그에 따른 징수금의 납부를 독촉할 때에는 납부기한이 지난 후 (ㄱ) 이내에 해당 사업장가입자의 사용자에게 독촉장을 발부하여야 한다.
> ② 국민건강보험공단은 법 제95조제1항에 따라 지역가입자의 연금보험료와 그에 따른 징수금의 납부를 독촉할 때에는 납부 기한이 지난 후 (ㄴ) 이내에 해당 가입자에게 독촉장을 발부하여야 한다.
> ③ 국민건강보험공단은 법 제95조제1항에 따라 제2차 납부의무자의 연금보험료, 연체금, 체납처분비의 납부를 독촉할 때에는 납부 기한이 지난 후 (ㄷ)이내에 제2차 납부의무자에게 독촉장을 발부하여야 한다.

① ㄱ: 10일, ㄴ: 1개월, ㄷ: 10일
② ㄱ: 20일, ㄴ: 1개월, ㄷ: 20일
③ ㄱ: 20일, ㄴ: 3개월, ㄷ: 20일
④ ㄱ: 30일, ㄴ: 3개월, ㄷ: 20일
⑤ ㄱ: 30일, ㄴ: 3개월, ㄷ: 30일

해설

> 국민연금법 시행령 제64조 : 연금보험료 등의 독촉
> ① 국민건강보험공단은 법 제95조제1항에 따라 사업장가입자의 연금보험료와 그에 따른 징수금의 납부를 독촉할 때에는 납부기한이 지난 후 (**20일**) 이내에 해당 사업장가입자의 사용자에게 독촉장을 발부하여야 한다.
> ② 국민건강보험공단은 법 제95조제1항에 따라 지역가입자의 연금보험료와 그에 따른 징수금의 납부를 독촉할 때에는 납부 기한이 지난 후 (**3개월**) 이내에 해당 가입자에게 독촉장을 발부하여야 한다.

③ 국민건강보험공단은 법 제95조제1항에 따라 제2차 납부의무자의 연금보험료, 연체금, 체납처분비의 납부를 독촉할 때에는 납부 기한이 지난 후 (**20일**)이내에 제2차 납부의무자에게 독촉장을 발부하여야 한다.

 ③

28 국민연금법령상 국민연금기금에 관한 설명으로 옳지 않은 것은?

① 국민연금기금은 연금보험료, 국민연금기금 운용 수익금, 적립금, 국민연금공단의 수입지출 결산상의 잉여금을 재원으로 조성한다.

② 국민연금기금운용위원회는 국민연금기금을 관리기금에 위탁할 경우 예탁 이자율의 협의에 관한 사항을 심의·의결할 수 있다.

③ 보건복지부장관은 다음 연도의 국민연금기금운용지침안을 작성하여 4월 말일까지 국민연금기금운용위원회에 제출하여야 하고, 국민연금기금운용위원회는 국민연금기금운용지침안을 5월 말일까지 심의·의결하여야 한다.

④ 보건복지부장관은 매년 국민연금기금 운용계획을 세워서 국민연금기금운용위원회 및 국무회의의 심의를 거쳐 대통령의 승인을 받아야 한다.

⑤ 보건복지부장관은 국민연금기금의 운용 내용과 관리기금에 예탁된 국민연금기금의 사용 내용을 다음 연도 6월 말까지 국민연금기금운용위원회에 제출하여야 한다.

해설 ① 국민연금법 제101조 제2항
② 국민연금법 제103조 제1항
③ 국민연금법 시행령 제81조
④ 국민연금법 제107조 제1항
⑤ 국민연금법 제107조 제3항 : 보건복지부장관은 국민연금기금의 운용 내용을, **"기획재정부장관은"** 관리기금에 예탁된 국민연금기금의 사용 내용을 다음 연도 6월 말까지 국민연금기금운용위원회에 제출하여야 한다.

 ⑤

사회보험법

29 국민건강보험법상 국민건강보험공단은 보험료등의 납부의무자가 납부기한까지 보험료등을 내지 아니하는 경우에 보건복지부령으로 정하는 부득이한 사유로 연체금을 징수하지 아니할 수 있다. 밑줄 친 사유에 해당하는 것을 모두 고른 것은?

ㄱ. 사변으로 인하여 체납하는 경우
ㄴ. 화재로 피해가 발생해 체납한 경우
ㄷ. 사업장 폐업으로 체납액을 징수할 수 없는 경우
ㄹ. 연체금의 금액이 국민건강보험공단의 정관으로 정하는 금액 이하인 경우

① ㄱ, ㄴ ② ㄴ, ㄷ ③ ㄱ, ㄴ, ㄹ ④ ㄱ, ㄷ, ㄹ ⑤ ㄱ, ㄴ, ㄷ, ㄹ

해설

국민건강보험법 시행령 제51조 : 연체금을 징수하지 아니할 수 있는 부득이한 사유
1. 전쟁 또는 사변으로 인하여 체납한 경우
2. 연체금의 금액이 공단의 정관으로 정하는 금액 이하인 경우

3. 사업장 또는 사립학교의 폐업 · 폐쇄 또는 폐교로 체납액을 징수할 수 없는 경우
4. 화재로 피해가 발생해 체납한 경우
5. 그 밖에 보건복지부장관이 연체금을 징수하기 곤란한 부득이한 사유가 있다고 인정하는 경우

정답 ⑤

30 국민건강보험법상 국내에 거주하는 국민으로서 건강보험 가입자의 자격의 변동시기에 관한 내용으로 옳은 것을 모두 고른 것은?

ㄱ. 지역가입자가 적용대상사업장의 사용자로 된 다음 날
ㄴ. 직장가입자가 다른 적용대상사업장의 근로자로 사용된 날
ㄷ. 지역가입자가 다른 세대로 전입한 날
ㄹ. 직장가입자인 근로자가 그 사용관계가 끝난 날의 다음 날

① ㄱ ② ㄱ, ㄴ ③ ㄴ, ㄷ ④ ㄴ, ㄷ, ㄹ ⑤ ㄱ, ㄴ, ㄷ, ㄹ

해설 ㄱ. 국민건강보험법 제9조 제1항 제1호 : 지역가입자가 적용대상사업장의 사용자로 되거나, 근로자 · 공무원 또는 교직원으로 사용된 **"날" (그날)**

ㄴ. 국민건강보험법 제9조 제1항 제2호 : 직장가입자가 다른 적용대상사업장의 근로자로 사용된 날
ㄷ. 국민건강보험법 제9조 제1항 제5호 : 지역가입자가 다른 세대로 전입한 날
ㄹ. 국민건강보험법 제9조 제1항 제3호 : 직장가입자인 근로자가 그 사용관계가 끝난 날의 다음 날

정답 ④

31 국민건강보험법상 국민건강보험공단(이하 '공단'이라 한다)에 관한 설명으로 옳지 않은 것은?

① 공단은 법인으로 한다.
② 공단의 해산에 관하여는 정관으로 정한다.
③ 공단은 주된 사무소의 소재지에서 설립등기를 함으로써 성립한다.
④ 공단의 설립등기에는 목적, 명칭, 주된 사무소 및 분사무소의 소재지, 이사장의 성명·주소 및 주민등록번호를 포함하여야 한다.
⑤ 공단의 주된 사무소의 소재지는 정관으로 정한다.

해설 ① 국민건강보험법 제15조 제1항

② 국민건강보험법 제19조 : 공단의 해산에 관하여는 **"법률"**로 정한다.
③ 국민건강보험법 제15조 제2항
④ 국민건강보험법 제18조
⑤ 국민건강보험법 제16조 제1항

정답 ②

32 국민건강보험법상 이의신청 및 심판청구 등에 관한 설명으로 옳지 않은 것은?

① 보험급여 비용에 관한 국민건강보험공단의 처분에 이의가 있는 자는 국민건강보험공단에 이의신청을 할 수 있다.

② 요양급여의 적정성 평가 등에 관한 건강보험심사평가원의 처분에 이의가 있는 자는 건강보험심사평가원에 이의신청을 할 수 있다.

③ 이의신청에 대한 결정에 불복하는 자는 건강보험분쟁조정위원회에 심판청구를 할 수 있다.

④ 정당한 사유로 이의신청을 할 수 없었음을 소명한 경우가 아니면 이의신청은 처분이 있은 날부터 90일을 지나면 제기하지 못한다.

⑤ 이의신청에 대한 결정에 불복하는 자는「행정소송법」이 정하는 바에 따라 행정소송을 제기할 수 있다.

해설 ① 국민건강보험법 제87조 제1항

② 국민건강보험법 제87조 제2항

③ 국민건강보험법 제88조 제1항

④ 국민건강보험법 제87조 제3항 : 정당한 사유로 이의신청을 할 수 없었음을 소명한 경우가 아니면 이의신청은 처분이 있은 날부터 **"180일"**을 지나면 제기하지 못한다.

⑤ 국민건강보험법 제90조

 ④

33 국민건강보험법령상 국내에 거주하는 국민인 피부양자의 자격 상실 시기로 옳은 것을 모두 고른 것은?

ㄱ. 대한민국의 국적을 잃은 날 ㄴ. 사망한 날의 다음 날 ㄷ. 직장가입자가 자격을 상실한 날 ㄹ. 피부양자 자격을 취득한 사람이 본인의 신고에 따라 피부양자 자격 상실신고를 한 경우에는 신고한 날

① ㄱ ② ㄹ ③ ㄱ, ㄴ ④ ㄴ, ㄷ ⑤ ㄷ, ㄹ

해설 ㄱ. 국민건강보험법 시행규칙 제2조 제3항 2호 : 대한민국의 국적을 잃은 **"다음 날"**

ㄴ. 국민건강보험법 시행규칙 제2조 제3항 1호 : 사망한 날의 다음 날

ㄷ. 국민건강보험법 시행규칙 제2조 제3항 4호 : 직장가입자가 자격을 상실한 날

ㄹ. 국민건강보험법 시행규칙 제8조 제3항 8호 : 피부양자 자격을 취득한 사람이 본인의 신고에 따라 피부양자 자격 상실신고를 한 경우에

정답 ④

34 국민건강보험법령상 보수월액에 관한 설명으로 옳지 않은 것은?

① 보수의 전부 또는 일부가 현물(現物)로 지급되는 경우에는 그 지역의 시가(時價)를 기준으로 국민건강보험공단이 정하는 가액(價額)을 그에 해당하는 보수로 본다.

② 직장가입자의 보수월액은 직장가입자가 지급받는 보수를 기준으로 하여 산정한다.

③ 도급(都給)으로 보수가 정해지는 경우에 직장가입자의 자격을 취득하거나 자격이 변동된 달의 전 1개월 동안에 그 사업장에서 해당 직장가입자와 같은 업무에 종사하고 같은 보수를 받는 사람의 보수액을 평균한 금액을 해당 직장가입자의 보수월액으로 결정한다.

④ 보수는 근로자등이 근로를 제공하고 사용자·국가 또는 지방자치단체로부터 지급받는 금품(실비변상적인 성격을 갖는 금품은 제외한다)으로서 이 경우 보수 관련 자료가 없거나 불명확한 경우 보건복지부장관이 정하여 고시하는 금액을 보수로 본다.

⑤ 휴직이나 그 밖의 사유로 보수의 전부 또는 일부가 지급되지 아니하는 가입자의 보수 월액보험료는 해당 사유가 생긴 달의 보수월액을 기준으로 산정한다.

해설 ① 국민건강보험법 시행령 제33조 제3항

② 국민건강보험법 제70조 제1항

③ 국민건강보험법 시행령 제37조

④ 국민건강보험법 제70조 제3항

⑤ 국민건강보험법 제70조 제2항 : 휴직이나 그 밖의 사유로 보수의 전부 또는 일부가 지급되지 아니하는 가입자의 보수 월액보험료는 해당 사유가 생긴 **"전 달"**의 보수월액을 기준으로 산정한다.

정답 ⑤

35 고용보험 및 산업재해보상보험의 보험료징수 등에 관한 법률 제49조의2(자영업자에 대한 특례)에 관한 설명으로 옳은 것은?

① 자영업자에 대한 고용보험료 산정의 기초가 되는 보수액은 자영업자의 소득, 보수수준 등을 고려하여 기획재정부장관이 정하여 고시한다.

② 고용보험에 가입한 자영업자는 매월 부과된 보험료를 다음 달 14일까지 납부하여야 한다.

③ 자영업자의 고용보험료는 근로복지공단이 매월 부과하고 징수한다.

④ 고용보험에 가입한 자영업자가 자신에게 부과된 월(月)의 고용보험료를 계속하여 3개월간 납부하지 아니한 경우에는 마지막으로 납부한 고용보험료에 해당되는 피보험기간의 다음날에 보험관계가 소멸된다.

⑤ 근로복지공단의 승인을 통해 고용보험에 가입한 자영업자가 50명 이상의 근로자를 사용하게 된 경우에도 본인이 피보험자격을 유지하려는 경우에는 계속하여 보험에 가입된 것으로 본다.

해설 ① 보험료징수법 제49조의2 제3항 : 자영업자에 대한 고용보험료 산정의 기초가 되는 보수액은 자영업자의 소득, 보수수준 등을 고려하여 **"고용노동부장관"**이 정하여 고시한다.

② 보험료징수법 제49조의2 제9항 : 고용보험에 가입한 자영업자는 매월 부과된 보험료를 **"다음 달 10일"**까지 납부하여야 한다.

③ 보험료징수법 제49조의2 제8항 : 자영업자의 고용보험료는 근로복지공단이 매월 부과하고 **"건강보험공단이 이를 징수"**한다.

④ 보험료징수법 제49조의2 제10항 : 고용보험에 가입한 자영업자가 자신에게 부과된 월(月)의 고용보험료를 계속하여 **"6개월간"** 납부하지 아니한 경우에는 마지막으로 납부한 고용보험료에 해당되는 피보험기간의 다음날에

보험관계가 소멸된다.
⑤ 보험료징수법 제49조의2 제2항

정답 ⑤

36 고용보험 및 산업재해보상보험의 보험료징수 등에 관한 법령상 보험료 등에 관한 설명으로 옳지 않은 것을 모두 고른 것은?

ㄱ. 고용보험 가입자인 근로자가 부담하여야 하는 고용보험료는 자기의 보수총액에 고용안정 · 직업능력개발사업 및 실업급여의 보험료율의 2분의 1을 곱한 금액으로 한다.
ㄴ. 보험료는 국민건강보험공단이 매월 부과하고, 이를 근로복지공단이 징수한다.
ㄷ. 보험사업에 드는 비용에 충당하기 위하여 보험가입자인 근로자와 사용자로부터 산업재해보상보험의 보험료를 징수한다.
ㄹ. 기획재정부장관은 산재예방요율을 적용받는 사업이 거짓이나 그 밖의 부정한 방법으로 재해예방활동의 인정을 받은 경우에는 재해예방활동의 인정을 취소하여야 한다.

① ㄱ, ㄴ, ㄷ ② ㄱ, ㄴ, ㄹ ③ ㄱ, ㄷ, ㄹ ④ ㄴ, ㄷ, ㄹ ⑤ ㄱ, ㄴ, ㄷ, ㄹ

해설 ㄱ. 보험료징수법 제13조 제2항 : 고용보험 가입자인 근로자가 부담하여야 하는 고용보험료는 자기의 보수총액에 **"실업급여의 보험료율"**의 2분의 1을 곱한 금액으로 한다.
ㄴ. 보험료징수법 제16조의2 : 보험료는 **"근로복지공단"**이 매월 부과하고, 이를 **"국민건강보험공단"**이 징수한다.
ㄷ. 보험료징수법 제13조 제1항 : 보험사업에 드는 비용에 충당하기 위하여 보험가입자인 **"사용자"**로부터 산업재해보상보험의 보험료를 징수한다. (산재보험료는 사용자만 징수)
ㄹ. 보험료징수법 제15조 제8항 : **"고용노동부장관"**은 산재예방요율을 적용받는 사업이 거짓이나 그 밖의 부정한 방법으로 재해예방활동의 인정을 받은 경우에는 재해예방활동의 인정을 취소하여야 한다.

정답 ⑤

사회보험법

37 고용보험 및 산업재해보상보험의 보험료징수 등에 관한 법률상 납부의무가 확정된 보험료가 600만원인 경우, 이를 납부기한 전이라도 징수할 수 있는 사유에 해당하지 않는 것은?

① 법인이 합병한 경우
② 공과금을 체납하여 체납처분을 받은 경우
③ 강제집행을 받은 경우
④ 법인이 해산한 경우
⑤ 「어음법」 및 「수표법」에 따른 어음교환소에서 거래정지처분을 받은 경우

해설 ① 보험료징수법 제27조의2 제1항 : 법인이 합병한 경우는 납부기한 전 징수사유에 해당하지 않는다.
② 보험료징수법 제27조의2 제1항 제2호
③ 보험료징수법 제27조의2 제1항 제3호
④ 보험료징수법 제27조의2 제1항 제6호
⑤ 보험료징수법 제27조의2 제1항 제4호

정답 ①

38 고용보험 및 산업재해보상보험의 보험료징수 등에 관한 법령상 보험료율의 인상 또는 인하 등에 따른 조치에 관한 설명으로 옳지 않은 것은?

① 근로복지공단은 보험료율 인하로 보험료를 감액 조정한 경우에는 보험료율의 인하를 결정한 날부터 20일 이내에 그 감액 조정 사실을 사업주에게 알려야 한다.
② 보험료율 인상으로 월별보험료가 증액된 때에는 국민건강보험공단이 징수한다.
③ 보험료율 인상으로 증액 조정된 보험료의 추가 납부를 통지받은 사업주는 납부기한까지 증액된 보험료를 내야 한다. 다만, 근로복지공단 또는 국민건강보험공단은 정당한 사유가 있다고 인정되는 경우에는 30일의 범위에서 그 납부기한을 한 번 연장할 수 있다.
④ 근로복지공단은 사업주가 보험연도 중에 사업의 규모를 축소하여 실제의 개산보험료총액이 이미 신고한 개산보험료 총액보다 100분의 20 이상으로 감소하게 된 경우에는 그 초과액을 감액해야 한다.
⑤ 보험료율 인상으로 개산보험료가 증액된 때에는 근로복지공단이 징수한다.

해설 ① 보험료징수법 시행령 제24조 제1항
② 보험료징수법 제18조 제1항
③ 보험료징수법 시행령 제24조 제4항
④ 보험료징수법 제18조 제2항 : 근로복지공단은 사업주가 보험연도 중에 사업의 규모를 축소하여 실제의 개산보험료총액이 이미 신고한 개산보험료 총액보다 **"100분의 30"** 이상으로 감소하게 된 경우에는 **"사업주의 신청을 받아"** 그 초과액을 **"감액할 수 있다."**
⑤ 보험료징수법 제18조 제1항

정답 ④

39 고용보험 및 산업재해보상보험의 보험료징수 등에 관한 법령상 거짓으로 보험사무대행기관 인가를 받아 근로복지공단으로부터 인가가 취소된 경우 보험사무대행기관 인가의 제한 기간은?

① 3개월 ② 6개월 ③ 1년 ④ 3년 ⑤ 5년

해설 보험료징수법 시행령 제48조 제1항 제2호 : 거짓으로 보험사무대행기관 인가를 받아 근로복지공단으로부터 인가가 취소된 경우: 1년

정답 ③

40 고용보험 및 산업재해보상보험의 보험료징수 등에 관한 법령상 고용안정 · 직업능력개발사업의 보험료율에 관한 내용이다. 다음 중 연결이 옳은 것은?

ㄱ. 상시근로자수가 120명인 사업주의 사업
ㄴ. 상시근로자수가 1,000명인 사업주의 사업
ㄷ. 국가 · 지방자치단체가 직접 하는 사업

a. 1만분의 18 b. 1만분의 25 c. 1만분의 65
d. 1만분의 85 e. 1천분의 18

① ㄱ – a, ㄴ – c　　② ㄱ – b, ㄷ – d　　③ ㄱ – c, ㄴ – e
④ ㄴ – d, ㄷ – a　　⑤ ㄴ – e, ㄷ - b

보험료징수법 시행령 제12조 제1항 1호
1. 고용안정 · 직업능력개발사업의 보험료율: 다음 각 목의 구분에 따른 보험료율
가. 상시근로자수가 150명 미만인 사업주의 사업: 1만분의 25
나. 상시근로자수가 150명 이상인 사업주의 사업으로서 우선지원대상기업의 범위에 해당하는 사업: 1만분의 45
다. 상시근로자수가 150명 이상 1천명 미만인 사업주의 사업으로서 나목에 해당하지 않는 사업: 1만분의 65
라. 상시근로자수가 1천명 이상인 사업주의 사업으로서 나목에 해당하지 않는 사업 및 국가 · 지방자치단체가 직접 하는 사업: 1만분의 85

정답 ②

사회보험법

2023년도 제32회 공인노무사 사회보험법 기출문제

01 사회보장기본법령에 관한 설명으로 옳은 것은?

① 국가와 지방자치단체는 모든 국민의 인간다운 생활과 자립, 사회참여, 자아실현 등을 지원하여 삶의 질이 향상될 수 있도록 사회서비스에 관한 시책을 마련하여야 한다.
② 보건복지부장관은 제공받은 사회보장 행정데이터의 원활한 분석, 활용 등을 위하여 사회보장 행정데이터 분석센터를 설치·운영하여야 한다.
③ 부담 능력이 있는 국민에 대한 사회서비스에 드는 비용은 국가가 부담함을 원칙으로 한다.
④ 사회보장수급권을 포기하는 것이 다른 사람에게 피해를 주는 경우에는 사회보장수급권을 포기할 수 있다.
⑤ 보건복지부장관은 재정추계의 결과를 사회보장위원회의 심의를 거쳐 같은 해 9월 30일까지 관계 중앙행정기관의 장에게 통보하여야 한다.

해설 ① 사회보장기본법 제23조 제1항
② 사회보장기본법 제43조 제1항 : 보건복지부장관은 제공받은 사회보장 행정데이터의 원활한 분석, 활용 등을 위하여 사회보장 행정데이터 분석센터를 **설치·운영할 수 있다.**
③ 사회보장기본법 제28조 제4항 : 부담 능력이 있는 국민에 대한 사회서비스에 드는 비용은 **그 수익자가** 부담함을 원칙으로 한다.
④ 사회보장기본법 제14조 제3항 : 사회보장수급권을 포기하는 것이 다른 사람에게 피해를 주는 경우에는 사회보장수급권을 **포기할 수 없다.**
⑤ 사회보장기본법 시행령 제2조 제2항 : 보건복지부장관은 재정추계의 결과를 사회보장위원회의 심의를 거쳐 같은 해 **10월 31일까지** 관계 중앙행정기관의 장에게 통보하여야 한다.

 ①

02 사회보장기본법상 사회보장위원회에서 심의·조정하는 사항은 모두 몇 개인가?

- 사회보장 관련 주요 계획
- 둘 이상의 중앙행정기관이 관련된 주요 사회보장정책
- 사회보장급여 및 비용 부담
- 국가와 지방자치단체의 역할 및 비용 분담
- 사회보장 전달체계 운영 및 개선

① 1개　② 2개　③ 3개　④ 4개　⑤ 5개

사회보장기본법 제20조 제2항 : **사회보장위원회의 심의·조정 사항**
1. 사회보장 증진을 위한 기본계획
2. **사회보장 관련 주요 계획**
3. 사회보장제도의 평가 및 개선
4. 사회보장제도의 신설 또는 변경에 따른 우선순위
5. **둘 이상의 중앙행정기관이 관련된 주요 사회보장정책**
6. **사회보장급여 및 비용 부담**
7. **국가와 지방자치단체의 역할 및 비용 분담**
8. 사회보장의 재정추계 및 재원조달 방안
9. **사회보장 전달체계 운영 및 개선**
10. 사회보장통계
11. 사회보장정보의 보호 및 관리
12. 보건복지부장관과 관계 중앙행정기관장의 협의 조정
13. 그 밖에 위원장이 심의에 부치는 사항

 ⑤

03 사회보장기본법에 관한 설명으로 옳은 것은?

① 사회보장수급권은 정당한 권한이 있는 기관에 서면이나 구두로 포기할 수 있다.
② 고용노동부장관은 관계 중앙행정기관의 장과 협의하여 사회보장에 관한 기본계획을 5년마다 수립하여야 한다.
③ 국가와 지방자치단체는 효과적인 사회보장정책의 수립·시행을 위하여 사회보장에 관한 통계를 작성·관리할 수 있다.
④ 국가는 사회보장제도의 안정적인 운영을 위하여 중장기 사회보장 재정추계를 매년 실시하고 공표하여야 한다.
⑤ 국가와 지방자치단체는 평생사회안전망을 구축·운영함에 있어 사회적 취약계층을 위한 공공부조를 마련하여 최저생활을 보장하여야 한다.

해설 ① 사회보장기본법 제14조 제1항: 사회보장수급권은 정당한 권한이 있는 기관에 **서면**으로 통지하여 포기할 수 있으나, **구두**로는 포기할 수는 없다.
② 사회보장기본법 제16조 제1항 : **보건복지부장관은** 관계 중앙행정기관의 장과 협의하여 사회보장에 관한 기본계획을 5년마다 수립하여야 한다.
③ 사회보장기본법 제32조 : 국가와 지방자치단체는 효과적인 사회보장정책의 수립·시행을 위하여 사회보장에 관한 통계를 **작성·관리하여야 한다.**
④ 사회보장기본법 제5조 제4항 : 국가는 사회보장제도의 안정적인 운영을 위하여 중장기 사회보장 재정추계를 **격년으로** 실시하고 공표하여야 한다.
⑤ 사회보장기본법 제22조 제2항

정답 ⑤

사회보험법

04 고용보험법령상 구직급여에 관한 설명으로 옳지 않은 것은?

① 마지막 이직 당시 일용근로자로서 피보험 단위기간이 1개월 미만인 사람이 수급자격을 갖추지 못한 경우에는 일용근로자가 아닌 근로자로서 마지막으로 이직한 사업을 기준으로 수급자격의 인정 여부를 결정한다.
② 구직급여는 수급자격자가 실업한 상태에 있는 날 중에서 직업안정기관의 장으로부터 실업의 인정을 받은 날에 대하여 지급한다.
③ 수급자격자가 사망한 경우 그 수급자격자에게 지급되어야 할 구직급여로서 아직 지급되지 않은 구직급여의 지급을 청구하려는 사람은 미지급 실업급여 청구서를 사망한 수급자격자의 신청지 관할 직업안정기관의 장에게 제출해야 한다.
④ 구직급여는 이 법에 따로 규정이 있는 경우 외에는 그 구직급여의 수급자격과 관련된 이직일부터 계산하기 시작하여 12개월 내에 하나의 수급자격에 따라 구직급여를 지급받을 수 있는 날을 한도로 하여 지급한다.
⑤ 수급자격자가 질병이나 부상으로 직업안정기관에 출석할 수 없었던 경우로서 그 기간이 계속하여 7일 미만인 경우에 해당하면 직업안정기관에 출석할 수 없었던 사유를 적은 증명서를 제출하여 실업의 인정을 받을 수 있다.

해설 ① 고용보험법 제43조 제3항 단서
② 고용보험법 제44조 제1항
③ 고용보험법 시행령 제76조 제1항
④ 고용보험법 제48조 제1항 : 구직급여는 이 법에 따로 규정이 있는 경우 외에는 그 구직급여의 수급자격과 관련된 이직일의 **다음 날부터** 계산하기 시작하여 12개월 내에 하나의 수급자격에 따라 구직급여를 지급받을 수 있는 날을 한도로 하여 지급한다.
⑤ 고용보험법 제44조 제3항 제1호

정답 ④

05 고용보험법령상 고용유지지원금에 관한 내용이다 (　)에 들어갈 내용은?

> 고용노동부장관이 실업의 급증 등 고용사정이 악화되어 고용안정을 위하여 필요하다고 인정할 때에는 (ㄱ)년의 범위에서 고용노동부장관이 정하여 고시하는 기간에 사업주가 피보험자의 임금을 보전하기 위하여 지급한 금품의 (ㄴ)로서 고용노동부장관이 정하여 고시하는 비율에 해당하는 금액으로 한다.

① ㄱ: 1, ㄴ: 3분의 2 이상 10분의 7 이하
② ㄱ: 1, ㄴ: 4분의 3 이상 10분의 9 이하
③ ㄱ: 2, ㄴ: 3분의 2 이상 10분의 7 이하
④ ㄱ: 2, ㄴ: 4분의 3 이상 10분의 9 이하
⑤ ㄱ: 3, ㄴ: 3분의 2 이상 10분의 9 이하

고용보험법 시행령 제21조 제1항 : **고용유지지원금의 금액**
고용노동부장관이 실업의 급증 등 고용사정이 악화되어 고용안정을 위하여 필요하다고 인정할 때에는 (1)년의 범위에서 고용노동부장관이 정하여 고시하는 기간에 사업주가 피보험자의 임금을 보전하기 위하여 지급한 금품의 (**4분의 3 이상 10분의 9 이하**)로서 고용노동부장관이 정하여 고시하는 비율에 해당하는 금액으로 한다.

정답 ②

06 고용보험법령상 예술인인 피보험자가 임신 13주차에 유산을 한 경우 출산전후급여등의 지급기간은?

① 5일 ② 10일 ③ 15일 ④ 20일 ⑤ 30일

고용보험법 시행령 제104조의9 제2항 제2호 :
예술인인 피보험자 또는 피보험자였던 사람이 유산 또는 사산한 경우
가. 임신기간이 11주 이내인 경우: 유산 또는 사산한 날부터 5일
나. 임신기간이 12주 이상 15주 이내인 경우: 유산 또는 사산한 날부터 10일
다. 임신기간이 16주 이상 21주 이내인 경우: 유산 또는 사산한 날부터 30일
라. 임신기간이 22주 이상 27주 이내인 경우: 유산 또는 사산한 날부터 60일
마. 임신기간이 28주 이상인 경우: 유산 또는 사산한 날부터 90일

정답 ②

07 고용보험법령상 고용보험위원회(이하 '위원회'라 한다)에 관한 설명으로 옳지 않은 것은?

① 위촉위원 중 정부를 대표하는 사람의 임기는 2년으로 한다.
② 위촉위원 중 보궐위원의 임기는 전임자 임기의 남은 기간으로 한다.
③ 위원회의 위원장이 부득이한 사유로 직무를 수행할 수 없을 때에는 위원장이 미리 지명하는 위원이 그 직무를 대행한다.
④ 위원회의 회의는 재적위원 과반수의 출석으로 개의(開議)하고 출석의원 과반수의 찬성으로 의결한다.
⑤ 위원회에 고용보험운영전문위원회와 고용보험평가전문위원회를 둔다.

해설 ① 고용보험법 시행령 제1조의4 제1항 : 근로자 대표, 사용자 대표, 공익 대표자의 임기는 2년이나, 정부를 대표하는 사람의 임기는 따로 정해지지 않았다.
② 고용보험법 시행령 제1조의4 제1항 단서
③ 고용보험법 시행령 제1조의5 제2항
④ 고용보험법 시행령 제1조의6 제2항
⑤ 고용보험법 시행령 제1조의7 제1항

정답 ①

08 고용보험법상 고용보험심사관(이하 '심사관'이라 한다)에 관한 설명으로 옳지 않은 것은?

① 실업급여에 관한 처분에 이의가 있는 자는 심사관에게 심사를 청구할 수 있다.

② 심사관은 심사청구를 받으면 30일 이내에 그 심사청구에 대한 결정을 하여야 한다. 다만, 부득이한 사정으로 그 기간에 결정할 수 없을 때에는 한 차례만 10일을 넘지 아니하는 범위에서 그 기간을 연장할 수 있다.

③ 심사관은 심사의 청구에 대한 심리를 위하여 필요하다고 인정하면 심사청구인의 신청 또는 직권으로 심사청구인 또는 관계인을 지정 장소에 출석하게 하여 질문하거나 의견을 진술하게 할 수 있다.

④ 당사자는 심사관에게 심리·결정의 공정을 기대하기 어려운 사정이 있으면 그 심사관에 대한 기피신청을 고용노동부장관에게 할 수 있다.

⑤ 직업안정기관 또는 근로복지공단은 심사청구서를 받은 날부터 14일 이내에 의견서를 첨부하여 심사청구서를 심사관에게 보내야 한다.

해설 ① 고용보험법 제87조 제1항
② 고용보험법 제89조 제2항
③ 고용보험법 제94조 제1항 제1호
④ 고용보험법 제89조 제4항
⑤ 고용보험법 제90조 제2항 : 직업안정기관 또는 근로복지공단은 심사청구서를 받은 날부터 **5일** 이내에 의견서를 첨부하여 심사청구서를 심사

정답 ⑤

09 고용보험법령상 폐업한 자영업자인 피보험자에 관한 설명으로 옳지 않은 것은?

① 법령을 위반하여 영업 정지를 받아 폐업한 경우라도 직업안정기관의 장이 인정하는 경우에는 수급자격이 있는 것으로 본다.

② 자영업자인 피보험자 본인의 중대한 귀책사유로서 본인의 사업과 관련하여 「특정경제범죄 가중처벌 등에 관한 법률」 제3조에 따라 징역형을 선고받고 폐업한 경우에 해당한다고 직업안정기관의 장이 인정하는 경우에는 수급자격이 없는 것으로 본다.

③ 자영업자인 피보험자로서 폐업한 수급자격자에 대한 소정급여일수는 대기기간이 끝난 다음 날부터 계산하기 시작하여 피보험기간이 5년 이상 10년 미만이면 180일까지로 한다.

④ 자영업자인 피보험자의 피보험기간은 그 수급자격과 관련된 폐업 당시의 적용 사업에의 보험가입기간 중에서 실제로 납부한 고용보험료에 해당하는 기간으로 한다.

⑤ 자영업자인 피보험자로서 폐업한 수급자격자에 대한 구직급여일액은 그 수급자격자의 기초일액에 100분 60을 곱한 금액으로 한다.

해설 ① 고용보험법 제69조의7 제1호 : 법령을 위반하여 영업 정지를 받아 폐업한 경우 등 폐업사유가 수급자격 제한사유에 해당한다고 직업안정기관의 장이 인정하는 경우에는 수급자격이 없는 것으로 본다.
② 고용보험법 시행규칙 제115조의2 제2호
③ 자영업자의 구직급여의 소정급여일수(제69조의6 관련)

구 분	피보험기간			
	1년 이상 3년 미만	3년 이상 5년 미만	**5년 이상 10년 미만**	10년 이상
소정급여일수	120일	150일	**180일**	210일

④ 고용보험법 제50조 제3항 단서
⑤ 고용보험법 제69조의5

 ①

10 고용보험법령상 고용노동부장관이 고용환경 개선, 근무형태 변경 등으로 고용의 기회를 확대한 사업주에게 임금의 일부를 지원할 수 있는 경우가 아닌 것은?

① 직무의 분할 등을 통하여 실업자를 근로계약기간을 정하지 않고 시간제로 근무하는 형태로 하여 새로 고용하는 경우
② 고용보험위원회에서 심의·의결한 국내복귀기업 또는 지역특화산업 등 고용지원이 필요한 업종에 해당하는 기업이 실업자를 고용하는 경우
③ 고용보험위원회에서 심의·의결한 업종에 해당하는 우선지원대상기업이 고용노동부장관이 정하는 전문적인 자격을 갖춘 자를 고용하는 경우
④ 임금을 감액하는 제도 또는 그 밖의 임금체계 개편 등을 통하여 18세 이상 35세 이하의 청년 실업자를 고용하는 경우
⑤ 고용노동부장관이 「고용상 연령차별 금지 및 고령자고용촉진에 관한 법률」에 따른 고령자가 근무하기에 적합한 것으로 인정하는 직무에 고령자를 새로 고용하는 경우

해설 ① 고보법 시행령 제17조 제1항 제3호 참조
② 고보법 시행령 제17조 제1항 제4호 참조
③ 고보법 시행령 제17조 제1항 제5호 참조
④ 15세 이상 34세 이하의 청년 실업자(고보법 시행령 제17조 제1항 제6호)
⑤ 고보법 시행령 제17조 제1항 제7호 참조

정답 ④

11 산업재해보상보험법상 진폐에 따른 보험급여 종류를 모두 고른 것은?

ㄱ. 장례비	ㄴ. 휴업급여	ㄷ. 직업재활급여
ㄹ. 간병급여	ㅁ. 유족급여	

① ㄱ, ㄹ　② ㄱ, ㄴ, ㅁ　③ ㄱ, ㄷ, ㄹ
④ ㄴ, ㄷ, ㄹ, ㅁ　⑤ ㄱ, ㄴ, ㄷ, ㄹ, ㅁ

해설 진폐에 따른 보험급여의 종류는 요양급여, 진폐보상연금, **간병급여**, 진폐유족연금, **장례비**, **직업재활급여**가 있다.

 ③

사회보험법

12 산업재해보상보험법상 심사 청구 및 재심사 청구에 관한 설명으로 옳지 않은 것은?

① 재심사위원회의 재결은 근로복지공단을 기속(羈束)한다.
② 재심사위원회 위원(당연직위원은 제외한다)의 임기는 3년으로 하되 연임할 수 있고, 위원장이나 위원의 임기가 끝난 경우 그 후임자가 임명될 때까지 그 직무를 수행한다.
③ 보험급여 결정등에 대하여는 「행정심판법」에 따른 행정심판을 제기할 수 없다.
④ 재심사위원회의 위원장 및 위원은 고용노동부장관이 임명한다.
⑤ 재심사 청구의 제기는 시효의 중단에 관하여 「민법」 제168조에 따른 재판상의 청구로 본다.

해설 ① 산업재해보상보험법 제109조 제2항
② 산업재해보상보험법 제107조 제7항
③ 산업재해보상보험법 제103조 제5항
④ 산업재해보상보험법 제107조 제5항 : 재심사위원회의 위원장 및 위원은 고용노동부장관의 제청으로 **대통령**이 임명한다.
⑤ 산업재해보상보험법 제111조 제1항

정답 ④

유사
13 산업재해보상보험법상 과태료 부과 대상이 되는 자를 모두 고른 것은?

ㄱ. 근로복지공단이 아닌 자가 근로복지공단과 비슷한 명칭을 사용한 자
ㄴ. 근로자가 보험급여를 신청한 것을 이유로 근로자를 해고한 사업주
ㄷ. 특수형태근로종사자로부터 노무를 제공받지 아니하게 된 경우에 이를 대통령령으로 정하는 바에 따라 근로복지공단에 신고를 하지 아니한 사업주

① ㄱ ② ㄴ ③ ㄱ, ㄷ ④ ㄴ, ㄷ ⑤ ㄱ, ㄴ, ㄷ

해설 ㄱ. 산업재해보상보험법 제129조 제2항 제1호
ㄴ. 산업재해보상보험법 제127조 제3항 제3호 : 근로자가 보험급여를 신청한 것을 이유로 근로자를 해고한 사업주는 2년 이하의 징역 또는 2천만원 이하의 **벌금**에 처해진다.
ㄷ. 산업재해보상보험법 제129조 제2항 제5호(현재는 삭제됨)

정답 ③

14 산업재해보상보험법상 유족급여에 관한 설명으로 옳지 않은 것을 모두 고른 것은?

ㄱ. 유족보상연금액은 기본금액과 가산금액을 곱한 금액으로 한다.
ㄴ. 유족보상연금액상 급여기초연액은 평균임금에 365를 곱하여 얻은 금액이다.
ㄷ. 유족보상연금액상 기본금액은 급여기초연액의 100분의 45에 상당하는 금액이다.
ㄹ. 유족보상연금액상 가산금액의 합산금액이 급여기초연액의 100분의 20을 넘을 때에는 급여기초연액의 100분의 20에 상당하는 금액으로 한다.

① ㄱ, ㄴ ② ㄱ, ㄷ ③ ㄴ, ㄷ ④ ㄴ, ㄹ ⑤ ㄷ, ㄹ

산업재해보상보험법 별표3 : 유족보상연금
유족보상연금액은 기본금액과 가산금액을 **합한 급액**을 한다.
1. 기본금액
급여기초연액(평균임금에 365를 곱하여 얻은 금액)의 **100분의 47**에 상당하는 금액
2. 가산금액
유족보상연금수급권자 및 근로자가 사망할 당시 그 근로자와 생계를 같이 하고 있던 유족보상연금수급자격자 1인당 급여기초연액의 100분의 5에 상당하는 금액의 합산액. 다만, 그 합산금액이 급여기초연액의 100분의 20을 넘을 때에는 급여기초연액의 100분의 20에 상당하는 금액으로 한다.

 ②

15 산업재해보상보험법령상 업무상 사고에 해당하지 않는 것은?

① 근로자가 근로계약에 따른 업무수행 행위를 하던 중 발생한 사고
② 업무를 준비하는 행위를 하던 중 발생한 사고
③ 천재지변·화재 등 사업장 내에 발생한 돌발적인 사고에 따른 긴급피난·구조행위 등 사회통념상 예견되는 행위를 하던 중에 발생한 사고
④ 사업장 밖에서 업무를 수행하던 중 사업주의 구체적인 지시를 위반한 행위로 인한 사고
⑤ 휴게시간 중 사업주의 지배관리하에 있다고 볼 수 있는 행위로 발생한 사고

해설 ① 산업재해보상보험법 시행령 제27조 제1항 제1호
② 산업재해보상보험법 시행령 제27조 제1항 제3호
③ 산업재해보상보험법 시행령 제27조 제1항 제4호
④ 산업재해보상보험법 시행령 제27조 제2항 단서 : 사업장 밖에서 업무를 수행하던 중 사업주의 구체적인 지시를 위반한 행위로 인한 사고는 업무상 사고로 보지 않는다.
⑤ 산업재해보상보험법 제37조 제1항 제1호 마목

 ④

16 산업재해보상보험법령상 업무상질병판정위원회의 심의에서 제외되는 질병이 아닌 것은?

① 진폐
② 이황화탄소 중독증
③ 유해·위험요인에 지속적으로 소량 노출되어 나타나는 만성 중독 증상 또는 소견 등의 질병
④ 「한국산업안전보건공단법」에 따른 한국산업안전보건공단에 자문한 결과 업무와의 관련성이 높다고 인정된 질병
⑤ 업무와 그 질병 사이에 상당인과관계가 있는지를 명백히 알 수 있는 경우로서 근로복지공단이 정하는 질병

해설 ① 산업재해보상보험법 시행규칙 제7조 제1호
② 산업재해보상보험법 시행규칙 제7조 제2호
③ 산업재해보상보험법 시행규칙 제7조 제3호 : 유해·위험요인에 **일시적으로 다량** 노출되어 나타나는 만성 중독

증상 또는 소견 등의 질병은 업무상질병판정위원회의 심의에서 제외되는 질병이다.
④ 산업재해보상보험법 시행규칙 제7조 제4호
⑤ 산업재해보상보험법 시행규칙 제7조 제6호

정답 ③

17 국민연금법령상 다음 A근로자의 경우 산입될 국민연금 가입기간은?

사용자가 A근로자의 임금에서 7개월간 기여금을 공제하였음에도 연금보험료를 내지 않았다.

① 3개월 ② 4개월 ③ 5개월 ④ 6개월 ⑤ 7개월

해설 국민연금법 제17조 제2항 단서 : 사용자가 근로자의 임금에서 기여금을 공제하고 연금보험료를 내지 아니한 경우에는 그 내지 아니한 기간의 **2분의 1**에 해당하는 기간을 근로자의 가입기간으로 산입한다. 이때 1개월 미만의 기간은 1개월로 한다. 7개월의 2분의 1은 3.5개월이고, 0.5개월은 1개월로 간주하므로 **4개월**의 기간이 국민연금 가입기간이 된다.

정답 ②

18 국민연금법상 다음 ( )에 들어갈 숫자의 합은?

제64조(분할연금 수급권자 등) ① 혼인 기간이 ( )년 이상인 자가 다음 각 호의 요건을 모두 갖추면 그때부터 그가 생존하는 동안 배우자였던 자의 노령연금을 분할한 일정한 금액의 연금(이하 "분할연금"이라 한다)을 받을 수 있다.
배우자와 이혼하였을 것
배우자였던 사람이 노령연금 수급권자일 것
60세가 되었을 것
〈중략〉
③ 제1항에 따른 분할연금은 제1항 각 호의 요건을 모두 갖추게 된 때부터 ( )년 이내에 청구하여야 한다.

① 6 ② 8 ③ 10 ④ 13 ⑤ 15

해설

국민연금법 제64조 : 분할연금
① 혼인 기간이 (**5**)년 이상인 자가 다음 각 호의 요건을 모두 갖추면 그때부터 그가 생존하는 동안 배우자였던 자의 노령연금을 분할한 일정한 금액의 연금(이하 "분할연금"이라 한다)을 받을 수 있다.
1. 배우자와 이혼하였을 것
2. 배우자였던 사람이 노령연금 수급권자일 것
3. 60세가 되었을 것
〈중략〉
③ 제1항에 따른 분할연금은 제1항 각 호의 요건을 모두 갖추게 된 때부터 (**5**)년 이내에 청구하여야 한다.

정답 ③

19 국민건강보험법령상 피부양자에 해당하지 않는 자는? (단, 직장가입자에게 주로 생계를 의존하는 사람으로서 소득 및 재산이 보건복지부령으로 정하는 기준 이하에 해당하는 사람에 한정한다.)

① 직장가입자의 형제의 배우자
② 직장가입자의 직계비속
③ 직장가입자의 배우자의 직계비속
④ 직장가입자의 직계존속
⑤ 직장가입자의 형제·자매

해설 ① 국민건강보험법 제5조 제2항 : 직장가입자의 형제·자매는 피부양자에 해당하나 **형제·자매의 배우자**는 피부양자에 해당하지 않는다.
② 국민건강보험법 제5조 제2항 제3호
③ 국민건강보험법 제5조 제2항 제3호
④ 국민건강보험법 제5조 제2항 제2호

국민건강보험법 제5조 제2항 피부양자는 다음 각 호의 어느 하나에 해당하는 사람 중 직장가입자에게 주로 생계를 의존하는 사람으로서 소득 및 재산이 보건복지부령으로 정하는 기준 이하에 해당하는 사람을 말한다. 직장가입자의 배우자 직장가입자의 직계존속(배우자의 직계존속을 포함한다) 직장가입자의 직계비속(배우자의 직계비속을 포함한다)과 그 배우자 직장가입자의 형제·자매

⑤ 국민건강보험법 제5조 제2항 제4호

 ①

20 국민건강보험법령에 관한 설명으로 옳은 것은?

① 요양급여비용 및 요양급여의 적정성 평가 등에 관한 건강보험심사평가원의 처분에 이의가 있는 국민건강보험공단, 요양기관 또는 그 밖의 자는 건강보험정책심의위원회에 이의신청을 할 수 있다.
② 직장가입자의 보수월액보험료 상한은 보험료가 부과되는 연도의 전전년도 직장가입자 평균 보수월액보험료의 20배에 해당하는 금액을 고려하여 보건복지부장관이 정하여 고시하는 금액으로 한다.
③ 국민건강보험공단은 보험급여를 받을 수 있는 사람이 고의 또는 중대한 과실로 국민건강보험공단이나 요양기관의 요양에 관한 지시에 따르지 아니한 경우 보험급여를 하지 아니한다.
④ 건강보험심사평가원은 요양급여에 대한 의료의 질을 향상시키기 위하여 요양급여의 적정성 평가를 격년으로 실시하여야 한다.
⑤ 보험료부과제도개선위원회는 성별을 고려하여 위원장 1명과 부위원장 1명을 포함하여 11명 이내의 위원으로 구성한다.

해설 ① 국민건강보험법 제87조 제2항 : 요양급여비용 및 요양급여의 적정성 평가 등에 관한 건강보험심사평가원의 처분에 이의가 있는 국민건강보험공단, 요양기관 또는 그 밖의 자는 **심사평가원**에 이의신청을 할 수 있다.
② 국민건강보험법 시행령 제32조 제1호 가목 : 직장가입자의 보수월액보험료 상한은 보험료가 부과되는 연도의 전전년도 직장가입자 평균 보수월액보험료의 **30배**에 해당하는 금액을 고려하여 보건복지부장관이 정하여 고시하는 금액으로 한다.

③ 국민건강보험법 제53조 제1항 제2호
④ 국민건강보험법 제47조의4 제1항 : 건강보험심사평가원은 요양급여에 대한 의료의 질을 향상시키기 위하여 요양급여의 적정성 평가를 **실시할 수 있다.**
⑤ 국민건강보험법 시행령 제42조의3 제1항 : 보험료부과제도개선위원회는 성별을 고려하여 위원장 1명과 부위원장 1명을 포함하여 **19명** 이내의 위원으로 구성한다.

정답 ③

21 국민건강보험법령상 보험료에 관한 설명으로 옳은 것은?

① 가입자의 자격을 취득한 날이 속하는 달의 다음 달부터 가입자의 자격을 잃은 날이 속하는 달까지 징수한다.
② 직장가입자의 소득월액보험료는 사용자가 납부한다.
③ 보험료 납부의무가 있는 자는 가입자에 대한 그 달의 보험료를 그 달 말일까지 납부하여야 한다.
④ 직장가입자의 보험료율은 1만분의 709로 한다.
⑤ 60세 이상인 사람은 보험료 경감대상이 될 수 있다.

해설 ① 국민건강보험법 제69조 제2항 : 가입자의 자격을 취득한 날이 속하는 달의 다음 달부터 가입자의 **자격을 잃은 날의 전날**이 속하는 달까지 징수한다.
② 국민건강보험법 제76조 제2항 : 직장가입자의 소득월액보험료는 **직장가입자**가 납부한다.
③ 국민건강보험법 제78조 제1항 : 보험료 납부의무가 있는 자는 가입자에 대한 그 달의 보험료를 **그 다음 달 10일**까지 납부하여야 한다.
④ 국민건강보험법 시행령 제44조 제1항
⑤ 국민건강보험법 제75조 제1항 제2호 : **65세 이상**인 사람은 보험료의 일부를 경감할 수 있다.

정답 ④

22 국민건강보험법령상 건강검진에 관한 설명으로 옳지 않은 것은?

① 사무직에 종사하지 않는 직장가입자에 대해서는 1년에 1회 실시한다.
② 검진기관이 건강검진을 받은 사람에게 직접 통보한 경우에는 국민건강보험공단은 그 통보를 생략할 수 있다.
③ 직장가입자, 세대주인 지역가입자, 18세 이상인 지역가입자는 일반건강검진 대상이다.
④ 영유아건강검진 대상은 6세 미만의 가입자 및 피부양자이다.
⑤ 국민건강보험공단은 직장가입자에게 실시하는 일반건강검진의 실시에 관한 사항을 해당 사용자에게 통보해야 한다.

해설 ① 국민건강보험법 시행령 제25조 제1항
② 국민건강보험법 시행령 제25조 제4항 단서
③ 국민건강보험법 제52조 제2항 제1호 : 일반건강검진의 대상은 직장가입자, 세대주인 지역가입자, **20세 이상인** 지역가입자 및 20세 이상인 피부양자이다.
④ 국민건강보험법 제52조 제2항 제3호
⑤ 국민건강보험법 시행령 제25조 제3항

정답 ③

23 **고용보험 및 산업재해보상보험의 보험료징수 등에 관한 법령상 고액·상습 체납자의 인적사항 공개에 관한 설명으로 옳지 않은 것은?**

① 국민건강보험공단은 체납된 보험료, 이 법에 따른 그 밖의 징수금과 체납처분비와 관련하여 행정심판이 계류 중인 경우에는 공개하여서는 아니된다.
② 체납자의 인적사항등에 대한 공개 여부를 심의하기 위하여 국민건강보험공단에 보험료정보공개심의위원회를 둔다.
③ 국민건강보험공단은 인적사항등의 공개가 결정된 자에 대하여 소명할 기회를 주어야 한다.
④ 체납자 인적사항등의 공개는 관보에 게재하거나, 고용·산재정보통신망 또는 국민건강보험공단 게시판에 게시하는 방법에 따른다.
⑤ 국민건강보험공단은 보험료정보공개심의위원회의 심의와 관련한 통지일부터 3개월이 지난 후 체납자 인적사항등의 공개 여부를 재심의하게 한 후 공개대상자를 선정한다.

해설 ① 보험료징수법 제28조의6 제1항 단서
② 보험료징수법 제28조의6 제2항
③ 보험료징수법 제28조의6 제3항
④ 보험료징수법 제28조의6 제4항
⑤ 보험료징수법 제28조의6 제3항 : 국민건강보험공단은 보험료정보공개심의위원회의 심의와 관련한 통지일부터 **6개월**이 지난 후 체납자 인적사항등의 공개 여부를 재심의하게 한 후 공개대상자를 선정한다.

 ⑤

24 **고용보험 및 산업재해보상보험의 보험료징수 등에 관한 법령상 예술인과 이들을 상대방으로 하여 문화예술용역 관련 계약을 체결한 사업의 사업주에 대한 고용보험료율은?**

① 1천분의 8 ② 1천분의 16 ③ 1천분의 24 ④ 1천분의 32 ⑤ 1천분의 40

해설 보험료징수법 시행령 제56조의5 제2항 : 예술인과 이들을 상대방으로 하여 문화예술용역 관련 계약을 체결한 사업의 사업주에 대한 고용보험료율은 **1천분의 16**으로 한다.

정답 ②

25 **고용보험 및 산업재해보상보험의 보험료징수 등에 관한 법령상 동일한 사업주가 하나의 장소에서 사업의 종류가 다른 사업을 아래와 같이 할 경우 산재보험료율을 적용하기 위한 주된 사업은?**

사업의 종류	매출액(억)	보수총액(억)	근로자 수(명)
A	150	15	30
B	150	15	40
C	250	15	40
D	250	12	40
E	300	12	40

해설 보험료징수법 시행령 제14조 제2항 : 동일한 사업주가 하나의 장소에서 사업의 종류가 다른 사업을 둘 이상 하는 경우 주된 사업의 결정은 다음의 순서에 따른다.

1. 근로자 수가 많은 사업
2. 보수총액이 많은 사업(근로자 수가 같거나 그 수를 파악할 수 없는 경우)
3. 매출액이 많은 제품을 제조하거나 서비스를 제공하는 사업

정답 ③

2022년도 제31회 공인노무사 사회보험법 기출문제

01 사회보장기본법에 관한 설명으로 옳지 않은 것은?

① 모든 국민은 자신의 능력을 최대한 발휘하여 자립·자활(自活)할 수 있도록 노력하여야 한다.
② 국가와 지방자치단체는 사회보장제도를 시행할 때에 가정과 지역공동체의 자발적인 복지활동을 촉진하여야 한다.
③ 사회보험이란 국민에게 발생하는 사회적 위험을 보험의 방식으로 대처함으로써 국민의 건강과 소득을 보장하는 제도를 말한다.
④ 국내에 거주하는 외국인에게 사회보장제도를 적용할 때에는 국민과 차별하지 아니하되 예외적으로 상호주의에 따를 수 있다.
⑤ 국가와 지방자치단체는 가정이 건전하게 유지되고 그 기능이 향상되도록 노력하여야 한다.

해설 ① 사회보장기본법 제7조 제1항
② 사회보장기본법 제6조 제2항
③ 사회보장기본법 제3조 제2호
④ 사회보장기본법 제8조 : 국내에 거주하는 외국인에게 사회보장제도를 적용할 때에는 **상호주의의 원칙에 따르되**, 관계 법령에서 정하는 바에 따른다.
⑤ 사회보장기본법 제6조 제1항

정답 ④

사회보험법

02 사회보장기본법상 사회보장제도의 운영에 관한 설명으로 옳지 않은 것은?

① 국가와 지방자치단체가 사회보장제도를 운영할 때에는 이 제도를 필요로 하는 모든 국민에게 적용하여야 한다.
② 국가와 지방자치단체는 공공부문과 민간부문의 사회보장 전달체계가 효율적으로 연계되도록 노력하여야 한다.
③ 공공부조는 국가의 책임으로 시행하고, 사회보험과 사회서비스는 국가와 지방자치단체의 책임으로 시행하는 것을 원칙으로 한다.
④ 국가와 지방자치단체는 사회보장 관계 법령에서 정하는 바에 따라 사회보장에 관한 상담에 응하여야 한다.
⑤ 국가와 지방자치단체는 효과적인 사회보장정책의 수립·시행을 위하여 사회보장에 관한 통계를 작성·관리하여야 한다.

해설 ① 사회보장기본법 제25조 제1항
② 사회보장기본법 제29조 제3항
③ 사회보장기본법 제25조 제5항 : 사회보험은 **국가의 책임**으로 시행하고, 공공부조와 사회서비스는 **국가와 지방자치단체의 책임**으로 시행하는 것을 원칙으로 한다.

④ 사회보장기본법 제35조
⑤ 사회보장기본법 제32조 제1항

 ③

03 사회보장기본법령상 사회보장 관련 주요 시책의 시행계획에 관한 내용이다. (　　)에 들어갈 내용으로 옳은 것은?

> 보건복지부장관은 사회보장과 관련된 소관 주요 시책의 시행계획에 따른 추진실적의 평가를 위한 지침을 작성하여 매년 (ㄱ)까지 관계 중앙행정기관의 장에게 통보하고, 관계 중앙행정기관의 장은 통보받은 평가지침에 따라 전년도 시행계획의 추진실적을 평가한 후 그 결과를 매년 (ㄴ)까지 보건복지부장관에게 제출하여야 한다.

① ㄱ: 1월 31일, ㄴ: 3월 31일
② ㄱ: 1월 31일, ㄴ: 6월 30일
③ ㄱ: 3월 31일, ㄴ: 6월 30일
④ ㄱ: 3월 31일, ㄴ: 9월 30일
⑤ ㄱ: 6월 30일, ㄴ: 9월 30일

해설 사회보장기본법 시행령 제6조 제1항 : 보건복지부장관은 시행계획에 따른 추진실적의 평가를 위한 지침을 작성하여 매년 **1월 31일**까지 관계 중앙행정기관의 장에게 통보하고, 관계 중앙행정기관의 장은 통보받은 평가지침에 따라 전년도 시행계획의 추진실적을 평가한 후 그 결과를 매년 **3월 31일**까지 보건복지부장관에게 제출하여야 한다.

정답 ①

04 사회보장기본법에 관한 설명으로 옳지 않은 것은?

① 국가는 관계 법령에서 정하는 바에 따라 최저보장수준과 최저임금을 매년 공표하여야 한다.
② 국가와 지방자치단체는 사회보장에 관한 책임과 역할을 합리적으로 분담하여야 한다.
③ 사회보장수급권이 제한되거나 정지되는 경우에는 제한 또는 정지하는 목적에 필요한 최소한의 범위에 그쳐야 한다.
④ 사회보장수급권은 정당한 권한이 있는 기관에 구두 또는 서면으로 통지하여 포기할 수 있다.
⑤ 사회보장에 관한 다른 법률을 제정하거나 개정하는 경우에는 사회보장기본법에 부합되도록 하여야 한다.

해설 ① 사회보장기본법 제10조 제2항
② 사회보장기본법 제5조 제2항
③ 사회보장기본법 제13조 제2항
④ 사회보장기본법 제14조 제1항 : 사회보장수급권은 정당한 권한이 있는 기관에 **서면으로** 통지하여 포기할 수 있다.
⑤ 사회보장기본법 제4조

정답 ④

05 고용보험법상 피보험자격의 취득 또는 상실 등에 관한 설명으로 옳지 않은 것은?

① 고용보험 및 산업재해보상보험의 보험료징수 등에 관한 법률(이하 "고용산재보험료징수법"이라 한다)에 따른 보험관계 성립일 전에 고용된 근로자의 경우에는 그 보험관계가 성립한 날의 다음 날에 피보험자격을 취득한 것으로 본다.

② 근로자인 피보험자가 이직한 경우에는 이직한 날의 다음 날에 피보험자격을 상실한다.

③ 근로자인 피보험자가 사망한 경우에는 사망한 날의 다음 날에 피보험자격을 상실한다.

④ 고용산재보험료징수법에 따라 보험관계가 소멸한 경우에는 그 보험관계가 소멸한 날에 그 피보험자격을 상실한다.

⑤ 피보험자 또는 피보험자였던 사람은 언제든지 고용노동부장관에게 피보험자격의 취득 또는 상실에 관한 확인을 청구할 수 있다.

해설 ① 고용보험법 제13조 제1항 제2호 : 고용산재보험료징수법 제7조에 따른 보험관계 성립일 전에 고용된 근로자의 경우에는 그 보험관계가 **성립한 날**

② 고용보험법 제14조 제1항 제3호

③ 고용보험법 제14조 제1항 제4호

④ 고용보험법 제14조 제1항 제2호

⑤ 고용보험법 제17조 제1항

정답 ①

06 고용보험법령상 고용보험법 적용이 제외되는 것을 모두 고른 것은?

ㄱ. 「별정우체국법」에 따른 별정우체국 직원
ㄴ. 「사립학교교직원 연금법」의 적용을 받는 사람
ㄷ. 어업 중 법인이 아닌 자가 상시 4명 이하의 근로자를 사용하는 사업

① ㄱ ② ㄱ, ㄴ ③ ㄱ, ㄷ ④ ㄴ, ㄷ ⑤ ㄱ, ㄴ, ㄷ

해설 ㄱ. 고용보험법 제10조 제1항 제5호 : 「별정우체국법」에 따른 **별정우체국 직원**에게는 고용보험법을 적용하지 않는다.

ㄴ. 고용보험법 제10조 제1항 제4호 : **「사립학교교직원 연금법」의 적용을 받는 사람**에게는 고용보험법을 적용하지 않는다.

ㄷ. 고용보험법 제8조 제1항 단서 및 시행령 제2조 제1항 제1호 : 농업·임업 및 **어업 중 법인이 아닌 자가 상시 4명 이하의 근로자를 사용하는 사업**에 대해서는 고용보험법을 적용하지 아니한다.

정답 ⑤

07 고용보험법상 자영업자의 구직급여에 관한 사항으로 피보험기간과 소정급여일수가 옳게 연결된 것은?

① 피보험기간 6개월 – 소정급여일수 120일
② 피보험기간 1년 – 소정급여일수 150일
③ 피보험기간 3년 – 소정급여일수 180일
④ 피보험기간 10년 – 소정급여일수 210일
⑤ 피보험기간 15년 – 소정급여일수 240일

해설 자영업자의 구직급여의 소정급여일수(제69조의6 관련)

구 분	피보험기간			
	1년 이상 3년 미만	3년 이상 5년 미만	5년 이상 10년 미만	**10년 이상**
소정급여일수	120일	150일	180일	**210일**

정답 ④

08 고용보험법령상 노무제공자인 피보험자에 해당하지 않는 것은?

① 한국표준직업분류표의 세세분류에 따른 대여 제품 방문점검원
② 가전제품의 판매를 위한 배송 업무를 주로 수행하고 가전제품의 설치, 시운전 등을 통해 작동상태를 확인하는 사람
③「초·중등교육법」에 따른 학교에서 운영하는 방과후학교의 과정을 담당하는 강사
④「방문판매 등에 관한 법률」에 따른 후원방문판매원으로서 자가 소비를 위한 후원방문판매원
⑤「우체국 예금·보험에 관한 법률」에 따른 우체국보험의 모집을 전업으로 하는 사람

해설 고용보험법 시행령 제104조의11 제1항 :
① 고용보험법 시행령 제104조의11 제1항 제7호
② 고용보험법 시행령 제104조의11 제1항 제8호
③ 고용보험법 시행령 제104조의11 제1항 제9호
④ 고용보험법 시행령 제104조의11 제1항 제6호 : 「방문판매 등에 관한 법률」에 따른 방문판매원 또는 후원방문판매원으로서 상시적으로 방문판매업무를 하는 사람은 노무제공자에 해당하나 **자가 소비를 위한 방문판매원 · 후원방문판매원은 제외**한다.
⑤ 고용보험법 시행령 제104조의11 제1항 제1호 나목

정답 ④

09 고용보험법령상 고용보험기금에 관한 설명으로 옳지 않은 것은?

① 고용노동부장관은 한국은행에 고용보험기금계정을 설치하여야 한다.
② 고용보험기금의 결산상 손실금이 생기는 경우 이를 적립금으로 보전(補塡)할 수 없다.
③ 기금수입징수관은 기금징수액보고서를 매월 말일을 기준으로 작성하여 다음 달 20일까지 고용노동부장관에게 제출하여야 한다.

④ 고용보험기금을 지출할 때 자금 부족이 발생할 것으로 예상되는 경우에는 고용보험기금의 부담으로 금융기관·다른 기금과 그 밖의 재원 등으로부터 차입을 할 수 있다.
⑤ 고용노동부장관의 고용보험기금 관리·운용 방법에는 금융기관에 예탁하는 방법이 있다.

해설 ① 고용보험법 제82조 제1항
② 고용보험법 제85조 제2항 : 기금의 결산상 손실금이 생기면 적립금을 사용하여 이를 **보전(補塡)할 수 있다.**
③ 고용보험법 시행령 제117조 제1항
④ 고용보험법 제86조
⑤ 고용보험법 제79조 제3항 제1호

정답 ②

10 고용보험법상 재심사에 관한 설명으로 옳지 않은 것은?

① 재심사의 청구는 심사청구에 대한 결정이 있음을 안 날부터 90일 이내에 제기하여야 한다.
② 재심사의 청구는 시효중단에 관하여 재판상의 청구로 본다.
③ 고용보험심사위원회의 재심사청구에 대한 심리는 공개하지 않음이 원칙이지만, 당사자의 양쪽 또는 어느 한 쪽이 신청한 경우에는 공개할 수 있다.
④ 고용보험심사위원회는 재심사의 청구를 받으면 그 청구에 대한 심리 기일(審理期日) 및 장소를 정하여 심리 기일 3일 전까지 당사자 및 그 사건을 심사한 고용보험심사관에게 알려야 한다.
⑤ 당사자는 고용보험심사위원회에 문서나 구두로 그 의견을 진술할 수 있다.

해설 ① 고용보험법 제87조 제1항
② 고용보험법 제87조 제3항
③ 고용보험법 제101조 제3항 : 심사위원회의 재심사청구에 대한 심리는 **공개한다.** 다만, 당사자의 양쪽 또는 어느 한 쪽이 신청한 경우에는 공개하지 아니할 수 있다.
④ 고용보험법 제101조 제1항
⑤ 고용보험법 제101조 제2항

정답 ③

11 산업재해보상보험법령상 산업재해보상보험및예방심의위원회의 심의사항이 아닌 것은?

① 요양급여의 범위나 비용 등 요양급여의 산정 기준에 관한 사항
② 「고용보험 및 산업재해보상보험의 보험료징수 등에 관한 법률」에 따른 산재보험료율의 결정에 관한 사항
③ 「산업안전보건법」에 따른 산업재해 보상의 세부계획에 관한 사항
④ 산업재해보상보험및예방기금의 운용계획 수립에 관한 사항
⑤ 고용노동부장관이 산업재해보상보험 사업 및 산업안전·보건 업무에 관하여 심의에 부치는 사항

해설 ① 산업재해보상보험법 시행령 제3조 제1호
② 산업재해보상보험법 시행령 제3조 제2호
③ 산업재해보상보험법 시행령 제3조 제4호 : 「산업안전보건법」에 따른 산업안전·보건 업무와 관련되는 주요 정책 및 산업재해 **예방에 관한 기본계획**이 심의사항이며, **산업재해 보상의 세부계획**에 관한 사항은 심의사항에 해당

하지 않는다.
④ 산업재해보상보험법 시행령 제3조 제3호
⑤ 산업재해보상보험법 시행령 제3조 제5호

정답 ③

12 산업재해보상보험법령상 산업재해보상보험법의 적용 제외 사업에 해당하지 않는 것은?

① 「군인 재해보상법」에 따라 재해보상이 되는 사업
② 「선원법」에 따라 재해보상이 되는 사업
③ 벌목업 중 법인이 아닌 자의 사업으로서 상시근로자 수가 5명 미만인 사업
④ 수렵업 중 법인이 아닌 자의 사업으로서 상시근로자 수가 5명 미만인 사업
⑤ 가구내 고용활동

해설 ① 산업재해보상보험법 시행령 제2조 제1항 제1호
② 산업재해보상보험법 시행령 제2조 제1항 제2호
③ 산업재해보상보험법 시행령 제2조 제1항 제6호 : 농업, 임업(**벌목업은 제외**한다), 어업 및 수렵업 중 법인이 아닌 자의 사업으로서 상시근로자 수가 5명 미만인 사업
④ 산업재해보상보험법 시행령 제2조 제1항 제6호
⑤ 산업재해보상보험법 시행령 제2조 제1항 제4호

정답 ③

13 산업재해보상보험법상 과태료 부과 대상이 되는 자를 모두 고른 것은?

ㄱ. 근로복지공단이 아닌 자가 근로복지공단과 비슷한 명칭을 사용한 자
ㄴ. 거짓으로 보험급여를 받도록 시키거나 도와준 자
ㄷ. 거짓으로 보험급여를 받은 자

① ㄱ ② ㄷ ③ ㄱ, ㄴ ④ ㄴ, ㄷ ⑤ ㄱ, ㄴ, ㄷ

해설 ㄱ. 산업재해보상보험법 제129조 제2항 제1호 : **근로복지공단 또는 이와 비슷한 명칭을 사용한 자**에게는 200만원 이하의 **과태료**를 부과한다.
ㄴ. 산업재해보상보험법 제127조 제3항 제2호 : **거짓**으로 보험급여를 받도록 시키거나 도와준 자는 2년 이하의 징역 또는 2천만원 이하의 **벌금**에 처한다.
ㄷ. 산업재해보상보험법 제127조 제3항 제1호: **거짓**으로 보험급여를 받은 자는 2년 이하의 징역 또는 2천만원 이하의 **벌금**에 처한다.

정답 ①

14 산업재해보상보험법상 상병보상연금의 지급요건을 모두 고른 것은?

ㄱ. 그 부상이나 질병이 치유되지 아니한 상태일 것 ㄴ. 요양으로 인하여 취업하지 못하였을 것 ㄷ. 그 부상이나 질병에 따른 중증요양상태의 정도가 대통령령으로 정하는 중증요양상태등급 기준에 해당할 것

① ㄱ ② ㄴ ③ ㄱ, ㄴ ④ ㄴ, ㄷ ⑤ ㄱ, ㄴ, ㄷ

해설 ㄱ. 산업재해보상보험법 제66조 제1항 제1호 : 그 부상이나 질병이 **치유되지 아니한 상태**일 것
ㄴ. 산업재해보상보험법 제66조 제1항 제3호 : 요양으로 인하여 **취업하지 못하였을 것**
ㄷ. 산업재해보상보험법 제66조 제1항 제2호 : 그 부상이나 질병에 따른 중증요양상태의 정도가 대통령령으로 정하는 **중증요양상태등급 기준**에 해당할 것

 ⑤

15 산업재해보상보험법령상 업무상의 재해의 인정 기준에 해당하는 사유가 아닌 것은?

① 근로자가 근로계약에 따른 업무나 그에 따르는 행위를 하던 중 발생한 사고
② 사업주의 구체적인 지시를 위반한 행위로 인한 사고
③ 사업주가 제공한 시설물 등을 이용하던 중 그 시설물 등의 결함이나 관리소홀로 발생한 사고
④ 사업주가 주관하거나 사업주의 지시에 따라 참여한 행사나 행사준비 중에 발생한 사고
⑤ 휴게시간 중 사업주의 지배관리하에 있다고 볼 수 있는 행위로 발생한 사고

해설 ① 산업재해보상보험법 제37조 제1항 제1호 가목
② 산업재해보상보험법 시행령 제27조 제2항 단서 : **사업주의 구체적인 지시를 위반한 행위**로 발생한 사고는 업무상 사고로 보지 않는다.
③ 산업재해보상보험법 제37조 제1항 제1호 나목
④ 산업재해보상보험법 제37조 제1항 제1호 라목
⑤ 산업재해보상보험법 제37조 제1항 제1호 마목

 ②

16 산업재해보상보험법에 따라 산정된 저소득 근로자의 휴업급여에 관한 내용이다. ( )에 들어갈 숫자로 옳은 것은?

1일당 휴업급여 지급액이 최저 보상기준 금액의 100분의 (ㄱ)보다 적거나 같으면 그 근로자에 대하여는 평균임금의 100분의 (ㄴ)에 상당하는 금액을 1일당 휴업급여 지급액으로 한다. 다만, 그 근로자의 평균임금의 100분의 (ㄴ)에 상당하는 금액이 최저 보상기준 금액의 100분의 (ㄱ)보다 많은 경우에는 최저 보상기준 금액의 100분의 (ㄱ)에 상당하는 금액을 1일당 휴업급여지급액으로 한다.

① ㄱ: 70, ㄴ: 70 ② ㄱ: 70, ㄴ: 80 ③ ㄱ: 80, ㄴ: 80
④ ㄱ: 80, ㄴ: 90 ⑤ ㄱ: 90, ㄴ: 90

사회보험법

해설 산업재해보상보험법 제54조 제1항 : 1일당 휴업급여 지급액이 최저 보상기준 금액의 **100분의 80**보다 적거나 같으면 그 근로자에 대하여는 평균임금의 **100분의 90**에 상당하는 금액을 1일당 휴업급여 지급액으로 한다. 다만, 그 근로자의 평균임금의 100분의 90에 상당하는 금액이 최저 보상기준 금액의 **100분의 80**보다 많은 경우에는 최저 보상기준 금액의 **100분의 80**에 상당하는 금액을 1일당 휴업급여 지급액으로 한다.

정답 ④

17 국민연금법상 급여에 관한 설명으로 옳은 것은?

① 급여는 노령연금과 장애연금 두 종류로 나뉜다.
② 급여수급전용계좌에 입금된 급여와 이에 관한 채권은 압류할 수 있다.
③ 급여로 지급된 금액에 대하여는 「조세특례제한법」이나 그 밖의 법률 또는 지방자치단체가 조례로 정하는 바에 따라 조세, 그 밖에 국가 또는 지방자치단체의 공과금을 감면할 수 없다.
④ 국민연금공단은 장애연금 수급권자의 장애 정도를 심사하여 장애등급에 해당되지 아니하면 장애연금액을 변경한다.
⑤ 자녀인 수급권자가 다른 사람에게 입양된 때에는 그에 해당하게 된 때부터 유족연금의 지급을 정지한다.

해설 ① 국민연금법 제49조 : 국민연금법에 따른 급여의 종류로는 **노령연금, 장애연금, 유족연금, 반환일시금**이 있다.
② 국민연금법 제58조 제3항 : 급여수급전용계좌에 입금된 급여와 이에 관한 채권은 **압류할 수 없다.**
③ 국민연금법 제60조 : 이 법에 따른 급여로 지급된 금액에 대하여는 「조세특례제한법」이나 그 밖의 법률 또는 지방자치단체가 조례로 정하는 바에 따라 조세, 그 밖에 국가 또는 지방자치단체의 **공과금을 감면한다.**
④ 국민연금법 제70조 제1항 : 국민연금공단은 장애연금 수급권자의 장애 정도를 심사하여 장애등급이 다르게 되면 그 등급에 따라 장애연금액을 변경하고, 장애등급에 해당되지 아니하면 **장애연금 수급권을 소멸시킨다.**
⑤ 국민연금법 제76조 제5항

정답 ⑤

18 국민연금법상 국민연금가입자에 관한 설명으로 옳지 않은 것은?

① 가입자는 사업장가입자, 지역가입자, 임의가입자 및 임의계속가입자로 구분한다.
② 임의가입자는 보건복지부령으로 정하는 바에 따라 국민연금공단에 신청하여 탈퇴할 수 있다.
③ 가입자의 가입 종류가 변동되면 그 가입자의 가입기간은 각 종류별 가입기간을 합산한 기간으로 한다.
④ 가입자의 자격을 상실한 후 다시 그 자격을 취득한 자에 대하여는 전후(前後)의 가입기간을 합산한다.
⑤ 임의가입자는 가입 신청을 한 날에 자격을 취득한다.

해설 ① 국민연금법 제7조
② 국민연금법 제10조 제2항
③ 국민연금법 제20조 제2항
④ 국민연금법 제20조 제1항
⑤ 국민연금법 제11조 제3항 : 임의가입자는 **가입 신청이 수리된 날**에 자격을 취득한다.

정답 ⑤

19 국민건강보험법령상 보수월액에 관한 설명으로 옳지 않은 것은?

① 직장가입자의 보수월액은 직장가입자가 지급받는 보수를 기준으로 하여 산정한다.
② 휴직으로 보수의 전부 또는 일부가 지급되지 아니하는 가입자의 보수월액보험료는 해당 사유가 생기기 전 달의 보수월액을 기준으로 산정한다.
③ 근로자가 근로를 제공하고 사용자로부터 지급받는 금품 중 퇴직금은 보수에서 제외한다.
④ 보수의 전부 또는 일부가 현물(現物)로 지급되는 경우에는 그 지역의 시가(時價)를 기준으로 국민건강보험공단이 정하는 가액(價額)을 그에 해당하는 보수로 본다.
⑤ 보수 관련 자료가 없거나 불명확한 경우에 해당하면 고용노동부장관이 정하여 고시하는 금액을 보수로 본다.

해설 ① 국민건강보험법 제70조 제1항
② 국민건강보험법 제70조 제2항
③ 국민건강보험법 제70조 제3항 및 시행령 제33조 제1항
④ 국민건강보험법 시행령 제33조 제3항
⑤ 국민건강보험법 제70조 제3항 후문 : 보수 관련 자료가 없거나 불명확한 경우 등 대통령령으로 정하는 사유에 해당하면 **보건복지부장관**이 정하여 고시하는 금액을 보수로 본다.

 ⑤

20 국민건강보험법령상 직장가입자 제외자에 해당하는 자를 모두 고른 것은?

ㄱ. 고용 기간이 1개월 미만인 일용근로자
ㄴ. 1개월 동안의 소정(所定)근로시간이 60시간 미만인 단시간근로자
ㄷ. 「병역법」에 따른 군간부후보생
ㄹ. 선거에 당선되어 취임하는 공무원으로서 매월 보수 또는 보수에 준하는 급료를 받지 아니하는 사람

① ㄱ, ㄴ ② ㄴ, ㄷ ③ ㄱ, ㄴ, ㄹ ④ ㄱ, ㄷ, ㄹ ⑤ ㄱ, ㄴ, ㄷ, ㄹ

해설 ㄱ. 국민건강보험법 제6조 제2항 제1호 : **고용 기간이 1개월 미만인 일용근로자**에 해당하는 사람은 직장가입자에서 제외된다.
ㄴ. 국민건강보험법 시행령 제9조 제1호 : 1개월 동안의 **소정근로시간이 60시간 미만인 단시간 근로자**에 해당하는 사람은 직장가입자에서 제외된다.
ㄷ. 국민건강보험법 제6조 제2항 제2호 : 「병역법」에 따른 **군간부후보생**에 해당하는 사람은 직장가입자에서 제외된다.
ㄹ. 국민건강보험법 제6조 제2항 제4호 : **선거에 당선되어 취임하는 공무원**으로서 매월 보수 또는 보수에 준하는 급료를 받지 아니하는 사람에 해당하는 사람은 직장가입자에서 제외된다.

 ⑤

사회보험법

21 **고용보험 및 산업재해보상보험의 보험료징수 등에 관한 법률상 보험료율의 인상 또는 인하 등에 따른 조치에 관한 내용이다. ( )에 들어갈 내용으로 옳은 것은?**

> (ㄱ)은 보험료율이 인상 또는 인하된 때에는 월별보험료 및 개산보험료를 증액 또는 감액 조정하고, 월별보험료가 증액된 때에는 (ㄴ)이, 개산보험료가 증액된 때에는 (ㄷ)이 각각 징수한다.

① ㄱ: 근로복지공단, ㄴ: 국민건강보험공단, ㄷ: 근로복지공단
② ㄱ: 근로복지공단, ㄴ: 근로복지공단, ㄷ: 국민건강보험공단
③ ㄱ: 근로복지공단, ㄴ: 근로복지공단, ㄷ: 근로복지공단
④ ㄱ: 국민건강보험공단, ㄴ: 근로복지공단, ㄷ: 국민건강보험공단
⑤ ㄱ: 국민건강보험공단, ㄴ: 국민건강보험공단, ㄷ: 근로복지공단

해설 보험료징수법 제18조 제1항 : **근로복지공단**은 보험료율이 인상 또는 인하된 때에는 월별보험료 및 개산보험료를 증액 또는 감액 조정하고, 월별보험료가 증액된 **건강보험공단**이, 개산보험료가 증액된 때에는 **근로복지공단**이 각각 징수한다.

정답 ①

22 **고용보험 및 산업재해보상보험의 보험료징수 등에 관한 법령상 보험관계의 성립 및 소멸에 관한 설명으로 옳지 않은 것은?**

① 산업재해보상보험법을 적용하지 아니하는 사업의 사업주는 근로복지공단의 승인을 받아 산업재해보상보험에 가입할 수 있다.
② 일괄적용사업의 사업주는 사업의 개시일부터 14일 이내에 끝나는 사업의 경우에는 그 끝나는 날의 다음 날까지 개시 및 종료 사실을 근로복지공단에 신고하여야 한다.
③ 고용보험법을 적용하지 아니하는 사업의 사업주가 고용보험에 가입된 경우 그 보험계약을 해지할 때에는 미리 근로복지공단의 승인을 받아야 한다.
④ 고용보험에 가입한 사업주는 기간의 정함이 있는 건설사업의 경우 사업의 기간이 변경되면 그 변경된 날부터 14일 이내에 그 변경사항을 근로복지공단에 신고하여야 한다.
⑤ 고용보험법을 적용하지 아니하는 사업의 사업주가 근로자의 과반수의 동의를 받아 근로복지공단의 승인을 받으면 그 사업의 사업주와 근로자는 고용보험에 가입할 수 있다.

해설 ① 보험료징수법 제5조 제4항
② 보험료징수법 제11조 제3항 단서 : 일괄적용사업의 사업주는 사업의 개시일부터 14일 이내에 끝나는 사업의 경우에는 그 끝나는 날의 **전날까지** 개시 및 종료사실을 공단에 신고하여야 한다.
③ 보험료징수법 제5조 제5항
④ 보험료징수법 시행령 제9조 제5호
⑤ 보험료징수법 제5조 제2항

정답 ②

23 **고용보험 및 산업재해보상보험의 보험료징수 등에 관한 법령상 상시근로자수가 150명 미만인 사업주의 사업의 고용안정 · 직업능력개발사업의 보험료율은?**

① 1만분의 15 ② 1만분의 25 ③ 1만분의 35 ④ 1만분의 45 ⑤ 1만분의 55

해설 보험료징수법 시행령 제12조 제1항 제1호 가목: 상시근로자수가 150명 미만인 사업주의 사업의 고용안정·직업능력개발사업의 보험료율은 **1만분의 25** 이다.

 ②

24 **고용보험 및 산업재해보상보험의 보험료징수 등에 관한 법령상 기준보수에 관한 설명으로 옳지 않은 것은?**

① 근로시간에 따라 보수를 지급받는 근로자가 주당 소정근로시간을 확정할 수 없는 경우에는 시간단위 기준보수를 적용한다.
② 기준보수는 사업의 규모, 근로형태 및 보수수준 등을 고려하여 고용보험법에 따른 고용보험위원회의 심의를 거쳐 시간·일 또는 월 단위로 정하되, 사업의 종류별 또는 지역별로 구분하여 정할 수 있다.
③ 사업 또는 사업장의 이전 등으로 사업의 소재지를 파악하기 곤란한 경우에는 기준보수를 보수로 할 수 있다.
④ 통상근로자로서 월정액으로 보수를 지급받는 근로자에게는 월단위 기준보수를 적용한다.
⑤ 사업의 폐업으로 보수를 산정하기 곤란한 경우에는 기준보수를 보수로 할 수 있다.

해설 ① 보험료징수법 시행령 제3조 제2항 제2호 단서 : 시간급근로자 또는 일급근로자임이 명확하지 아니하거나 주당 소정근로시간을 확정할 수 없는 경우에는 **월단위 기준보수**를 적용한다.
② 보험료징수법 제3조 제2항
③ 보험료징수법 제3조 제1항 제2호
④ 보험료징수법 제3조 제2항 제1호
⑤ 보험료징수법 제3조 제1항

정답 ①

25 **고용보험 및 산업재해보상보험의 보험료징수 등에 관한 법률상 보험관계의 변경신고에 관한 내용이다. (　　)에 들어갈 숫자로 옳은 것은?**

> 보험에 가입한 사업주는 그 이름, 사업의 소재지 등 대통령령으로 정하는 사항이 변경된 경우에는 그 날부터 (　　)일 이내에 그 변경사항을 근로복지공단에 신고하여야 한다.

① 7 ② 14 ③ 15 ④ 20 ⑤ 30

해설 보험료징수법 제12조 : 보험에 가입한 사업주는 그 이름, 사업의 소재지 등 대통령령으로 정하는 사항이 변경된 경우에는 그 날부터 **14일 이내**에 그 변경사항을 공단에 신고하여야 한다.

 ②

2021년도 제30회 공인노무사 사회보험법 기출문제

01 사회보장기본법령상 국가와 지방자치단체의 책임에 관한 내용으로 옳지 않은 것은?

① 국가와 지방자치단체는 국가 발전수준에 부응하고 사회환경의 변화에 선제적으로 대응하며 지속가능한 사회보장제도를 확립하고 매년 이에 필요한 재원을 조달하여야 한다.
② 국가와 지방자치단체는 사회보장 관계 법령에서 규정한 권리나 의무를 모든 국민에게 설명하여야 한다.
③ 국가와 지방자치단체는 사회보장에 관한 책임과 역할을 합리적으로 분담하여야 한다.
④ 국가는 사회보장제도의 안정적인 운영을 위하여 중장기 사회보장 재정추계를 격년으로 실시하고 이를 공표하여야 한다.
⑤ 국가와 지방자치단체는 모든 국민의 인간다운 생활을 유지·증진하는 책임을 가진다.

해설 ① 사회보장기본법 제5조 제3항
② 사회보장기본법 제34조 : 국가와 지방자치단체는 사회보장 관계 법령에서 규정한 권리나 의무를 해당 국민에게 설명하도록 **노력하여야 한다.**
③ 사회보장기본법 제5조 제2항
④ 사회보장기본법 제5조 제4항
⑤ 사회보장기본법 제5조 제1항

정답 ②

02 사회보장기본법령상 사회보장위원회에 관한 내용으로 옳지 않은 것은?

① 사회보장위원회의 부위원장은 기획재정부장관, 교육부장관 및 보건복지부장관이 된다.
② 사회보장위원회의 사무를 효율적으로 처리하기 위하여 보건복지부에 사무국을 둔다.
③ 사회보장위원회에 간사 1명을 두고, 간사는 보건복지부 사회복지정책실장으로 한다.
④ 대통령은 위촉한 사회보장위원회의 위원이 직무와 관련된 비위사실이 있는 경우에는 해당 위원을 해촉할 수 있다.
⑤ 사회보장위원회에 두는 실무위원회는 공동위원장 2명을 포함하여 30명 이내의 위원으로 구성한다.

해설 ① 사회보장기본법 제21조 제2항
② 사회보장기본법 제21조 제8항
③ 사회보장기본법 시행령 제9조 제2항 : 위원회에 간사 **2명**을 두고, 간사는 국무조정실 사회조정실장과 보건복지부 사회복지정책실장으로한다.
④ 사회보장기본법 시행령 제9조의2 제2호
⑤ 사회보장기본법 시행령 제11조 제3항

정답 ③

03 사회보장기본법령상 사회보장수급권에 관한 내용으로 옳지 않은 것은?

① 사회보장수급권이 정지되는 경우에는 정지하는 목적에 필요한 최소한의 범위에 그쳐야 한다.
② 사회보장수급권은 관계 법령에서 정하는 바에 따라 타인에게 양도할 수 있다.
③ 사회보장수급권은 관계 법령에서 따로 정하고 있는 경우에는 제한될 수 있다.
④ 사회보장수급권은 관계 법령에서 정하는 바에 따라 타인에게 담보로 제공할 수 없다.
⑤ 사회보장수급권을 포기하는 것이 다른 사람에게 피해를 주는 경우에는 사회보장수급권을 포기할 수 없다.

해설 ① 사회보장기본법 제13조 제2항
② 사회보장기본법 제12조 : 사회보장수급권은 관계 법령에서 정하는 바에 따라 다른 사람에게 **양도하거나 담보로 제공할 수 없으며, 이를 압류할 수 없다.**
③ 사회보장기본법 제13조 제1항
④ 사회보장기본법 제12조
⑤ 사회보장기본법 제14조 제3항

정답 ②

유사

04 고용보험법령상 사업주에게 지급하는 출산육아기 고용안정장려금의 지급요건 중 하나이다. ( )에 들어갈 내용으로 옳은 것은?

> 출산전후휴가, 유산·사산 휴가 또는 육아휴직등의 시작일 전 (ㄱ)개월이 되는 날[출산전후휴가에 연이어 유산·사산 휴가 또는 육아휴직동을 시작하는 경우 에는 출산전후휴가 시작일 전 (ㄴ)개월이 되는 날] 이후 새로 대체인력을 고용 하여 (ㄷ)일 이상 계속 고용한 경우

① ㄱ: 1, ㄴ: 1, ㄷ: 30 ② ㄱ: 1, ㄴ: 1, ㄷ: 60 ③ ㄱ: 1, ㄴ: 2, ㄷ: 60
④ ㄱ: 2, ㄴ: 2, ㄷ: 30 ⑤ ㄱ: 2, ㄴ: 2, ㄷ: 60

해설 고용보험법 시행령 제29조 제1항 제3호 가목 1) : 출산전후휴가, 유산 · 사산 휴가 또는 육아휴직등의 시작일 전 **2개월**이 되는 날(출산전후휴가에 연이어 유산 · 사산 휴가 또는 육아휴직등을 시작하는 경우에는 출산전후휴가 시작일 전 **2개월**이 되는 날) 이후 새로 대체인력을 고용하여 **30일**이상 계속 고용한 경우

정답 ④

05 고용보험법령상 장애인고용촉진 및 직업재활법에 따른 장애인인 甲(45세)은 근무하던 A회사를 퇴사하여 직업안정기관으로부터 구직급여 수급자격을 인정받았다. 피보험기간이 15년인 甲이 받을 수 있는 구직급여의 소정급여일수는?

① 120일 ② 180일 ③ 210일 ④ 240일 ⑤ 270일

해설 피보험기간이 10년 이상인 장애인의 소정급여일수는 **270일**이다.

○ 피보험기간 및 연령에 따른 소정급여일수

구분		피보험기간(적용사업에 고용된 기간)				
		1년미만	1년 이상 3년 미만	3년 이상 5년 미만	5년 이상 10년 미만	10년 이상
이직일 현재 연령	50세 미만	120	150	180	210	240
	50세 이상 및 장애인	120	180	210	240	**270**

정답 ⑤

06 고용보험법령상 예술인인 피보험자의 구직급여에 관한 내용으로 옳지 않은 것은?

① 이직일 이전 24개월 동안의 피보험 단위기간이 통산하여 9개월 이상일 것을 지급요건으로 한다.

② 이직일 이전 24개월 중 3개월 이상을 예술인인 피보험자로 피보험자격을 유지하였을 것을 지급요건으로 한다.

③ 실업의 신고일부터 계산하기 시작하여 30일간은 대기기간으로 보아 구직급여를 지급하지 아니한다.

④ 예술인의 구직급여일액은 기초일액에 100분의 60을 곱한 금액으로 한다.

⑤ 예술인의 구직급여일액의 상한액은 6만6천원이다.

해설 ① 고용보험법 제77조의3 제1항 제1호

② 고용보험법 제77조의3 제1항 제4호

③ 고용보험법 제77조의3 제6항 : 실업의 신고일부터 계산하기 시작하여 **7일간**은 대기기간으로 보아 구직급여를 지급하지 아니한다.

④ 고용보험법 제77조의3 제4항

⑤ 고용보험법 제77조의3 제5항 및 동법 시행령 제104조의8 제4항

정답 ③

유사

07 고용보험법령상 육아휴직 급여의 특례에 관한 내용이다. (　　)에 들어갈 내용으로 옳은 것은?

> 같은 자녀에 대하여 자녀의 출생 후 12개월이 될 때까지 피보험자인 부모가 모두 육아휴직을 하는 경우 그 부모인 피보험자의 최초 3개월의 육아휴직 급여는 (ㄱ)으로 한다. 이 경우 그 월별 하한액은 (ㄴ)으로 한다.

① ㄱ: 월 통상임금의 100분의 50에 해당하는 금액, ㄴ: 70만원

② ㄱ: 월 통상임금의 100분의 80에 해당하는 금액, ㄴ: 70만원

③ ㄱ: 월 통상임금의 100분의 80에 해당하는 금액, ㄴ: 120만원

④ ㄱ: 월 통상임금에 해당하는 금액, ㄴ: 120만원

⑤ ㄱ: 월 통상임금에 해당하는 금액, ㄴ: 70만원

해설 고용보험법 시행령 제95조의3 제1항 : 같은 자녀에 대하여 자녀의 출생 후 12개월이 될 때까지 피보험자인 부모가 모두 육아휴직을 하는 경우 그 부모인 피보험자의 육아휴직 급여는 **월 통상임금에 해당하는 금액**으로 한다. 이 경우 그 월별 하한액은 **70만원**으로 한다.

정답 ⑤

08 고용보험법령상 피보험자격에 관한 내용으로 옳지 않은 것은?

① 사업주는 그 사업에 고용된 근로자의 피보험자격 취득에 관한 사항을 신고하려는 경우 그 사유가 발생한 날이 속하는 달의 다음 달 말일까지 고용노동부장관에게 신고해야 한다.

② 사업주가 그 사업에 고용된 근로자의 피보험자격의 취득에 관한 사항을 신고하지 아니하면 근로자가 근로계약서 등 고용관계를 증명할 수 있는 서류를 제출하여 신고할 수 있다.

③ 자영업자인 피보험자는 피보험자격의 취득 및 상실에 관한 신고를 하지 아니한다.

④ 근로자가 보험관계가 성립되어 있는 둘 이상의 사업에 동시에 고용되어 있는 경우에는 고용노동부령으로 정하는 바에 따라 그 중 한 사업의 근로자로서의 피보험자격을 취득한다.

⑤ 피보험자는 언제든지 고용노동부장관에게 피보험자격의 취득 또는 상실에 관한 확인을 청구할 수 있다.

해설 ① 고용보험법 제15조 제1항 및 동법 시행령 제7조 제1항 : 피보험자격 취득 및 상실에 관한 사항을 신고하려는 경우에는 그 사유가 발생한 날이 속하는 달의 **다음달 15일까지** 신고해야 한다.
② 고용보험법 제15조 제3항 및 동법 시행령 제8조
③ 고용보험법 제15조 제7항
④ 고용보험법 제18조
⑤ 고용보험법 제17조 제1항

정답 ①

09 고용보험법령상 자영업자인 피보험자에 대한 실업급여 적용의 특례에 관한 내용으로 옳은 것은?

① 자영업자인 피보험자의 실업급여의 종류에는 광역 구직활동비가 포함되지 않는다.

② 폐업일 이전 12개월간 자영업자인 피보험자로서 갖춘 피보험 단위기간이 합산하여 6개월이면 구직급여를 지급한다.

③ 자영업자인 피보험자로서 폐업한 수급자격자에 대한 구직급여일액은 그 수급자격자의 기초일액에 100분의 60을 곱한 금액으로 한다.

④ 고용노동부장관은 자영업자의 피보험기간이 3년이면서 보험료 체납 횟수가 1회인 경우 실업급여를 지급하지 아니한다.

⑤ 자영업자의 실업급여를 받을 권리는 양도하거나 담보로 제공할 수 있다.

해설 ① 고용보험법 제69조의2 : 자영업자인 피보험자의 실업급여 종류에는 구직급여와 취업촉진수당(직업능력개발수당, **광역 구직활동비**, 이주비)가 있으며, 연장급여와 조기재취업수당이 제외된다.
② 고용보험법 제69조의3 제1호 : 폐업일 이전 **24개월**간 자영업자인 피보험자로서 갖춘 피보험 단위기간이 합산하여 **1년** 이상일 것
③ 고용보험법 제69조의5
④ 고용보험법 시행규칙 제115조의4 및 별표 2의2 : 자영업자의 피보험기간이 **3년 이상**인 경우에는 체납횟수가 **3회** 이상이어야 실업급여를 지급하지 않는다.

⑤ 고용보험법 제38조 제1항 : 실업급여를 받을 권리는 **양도 또는 압류하거나 담보로 제공할 수 없다.**

정답 ③

10 산업재해보상보험법령상 특수형태근로종사자의 직종에 해당하지 않는 사람은?

① 한국표준직업분류표의 세분류에 따른 택배원인 사람으로서 소화물을 집화·수송 과정을 거쳐 배송하는 택배사업에서 집화 업무를 하는 사람
② 우체국 예금·보험에 관한 법률에 따른 우체국보험의 모집을 전업으로 하는 사람
③ 한국표준직업분류표의 세세분류에 따른 대여 제품 방문점검원
④ 한국표준직업분류표의 세분류에 따른 가전제품 설치 및 수리원으로서 가전제품을 배송, 설치 및 시운전하여 작동상태를 확인하는 사람
⑤ 신용정보의 이용 및 보호에 관한 법률에 따른 위임직채권추심인

해설 산업재해보상보험법 제125조 및 동법 시행령 제125조 : 채권추심원은 산업재해보상보험법상 특수형태근로종사자의 범위에 포함되지 않는다.

특수형태근로종사자의 범위 등

1. 보험을 모집하는 사람
   - 「보험업법」에 따른 **보험설계사**
   - 「우체국 예금 · 보험에 관한 법률」에 따른 **우체국보험의 모집**을 전업으로 하는 사람
2. 「건설기계관리법」에 따라 등록된 **건설기계를 직접 운전**하는 사람
3. 한국표준직업분류표의 세세분류에 따른 **학습지 방문강사**, 교육 교구 방문강사 등 회원의 가정 등을 직접 방문하여 아동이나 학생 등을 가르치는 사람
4. 「체육시설의 설치 · 이용에 관한 법률」에 따라 골프장에서 골프경기를 보조하는 **골프장 캐디**
5. 한국표준직업분류표의 세분류에 따른 **택배원**인 사람으로서 택배사업에서 집화 또는 배송 업무를 하는 사람

5-2. 택배사업에서 주로 하나의 택배사업자나 운수사업자로부터 업무를 위탁받아 일반형 화물자동차 또는 특수용도형 화물자동차로 물류센터 간 화물 운송업무를 하는 **화물차주**

6. 한국표준직업분류표의 세분류에 따른 택배원인 사람으로서 고용노동부장관이 정하는 기준에 따라 주로 **하나의 퀵서비스업자**로부터 업무를 의뢰받아 배송 업무를 하는 사람
7. 「대부업 등의 등록 및 금융이용자 보호에 관한 법률」에 따른 **대출모집인**
8. 「여신전문금융업법」에 따른 **신용카드회원 모집인**
9. 고용노동부장관이 정하는 기준에 따라 주로 **하나의 대리운전업자**로부터 업무를 의뢰받아 대리운전 업무를 하는 사람
10. 「방문판매 등에 관한 법률」에 따른 **방문판매원** 또는 후원방문판매원으로서 고용노동부장관이 정하는 기준에 따라 상시적으로 방문판매업무를 하는 사람.
11. 한국표준직업분류표의 세세분류에 따른 대여 **제품 방문점검원**
12. 한국표준직업분류표의 세분류에 따른 **가전제품 설치 및 수리원**으로서 가전제품을 배송, 설치 및 시운전하여 작동상태를 확인하는 사람
13. 「화물자동차 운수사업법」에 따른 **화물차주**로서
   - 특수자동차로서 안전운임이 적용되는 수출입 컨테이너를 운송하는 사람
   - 특수자동차로서 안전운임이 적요되는 시멘트를 운송하는 사람
   - 피견인자동차 또는 안전운송원가가 적용되는 철강재를 운송하는 사람
   - 일반형 화물자동차 또는 특수용도형 화물자동차로 위험물질을 운송하는 사람

- 일반형 화물자동차 또는 특수용도형 화물자동차로 자동차를 운송하는 사람
- 특수용도형 화물자동차로 곡물 가루, 곡물 또는 사료를 운송하는 사람

14. 「소프트웨어 진흥법」의 소프트웨어사업에서 노무를 제공하는 **소프트웨어기술자**
15. **화물차주**로서 주로 하나의 운수사업자 등과 위수탁계약을 체결하여 일반형 화물자동차 또는 특수용도형 화물자동차로 상품 등을 운송 또는 **배송하는 업무**를 하는 사람

정답 ⑤

11 산업재해보상보험법령상 업무상질병판정위원회에 관한 내용으로 옳지 않은 것은?

① 한의사는 업무상질병판정위원회의 위원이 될 수 있다.
② 업무상질병판정위원회의 위원장과 위원의 임기는 2년으로 하되, 연임할 수 있다.
③ 이황화탄소 중독증은 업무상질병판정위원회의 심의에서 제외되는 질병에 해당한다.
④ 업무상질병판정위원회는 부득이한 사유로 심의를 의뢰받은 날부터 60일 이내에 심의를 마칠 수 없으면 20일 단위로 두 차례 연장할 수 있다.
⑤ 업무상질병판정위원회의 원활한 운영을 위하여 필요하면 위원장이 지명하는 위원이 회의를 주재할 수 있다.

해설 ① 산업재해보상보험법 시행규칙 제6조 제2항 제3호
② 산업재해보상보험법 시행규칙 제6조 제5항
③ 산업재해보상보험법 시행규칙 제7조 제2호
④ 산업재해보상보험법 시행규칙 제8조 제2항 : 업무상질병판정위원회는 심의를 의뢰받은 날부터 **20일** 이내에 업무상 질병으로 인정되는지 심의해야한다. 다만 부득이한 사유로 그 기간 내 심의를 마칠 수 없으면 **10일**을 넘지 않는 범위에서 **한 차례**만 그 기간을 연장할 수 있다.
⑤ 산업재해보상보험법 시행규칙 제9조 제1항

정답 ④

사회보험법

12 산업재해보상보험법령상 보험급여에 관한 내용으로 옳지 않은 것은?

① 장해보상연금의 수급권자가 재요양을 받는 경우에도 그 연금의 지급을 정지하지 아니한다.
② 진폐유족연금의 지급은 그 지급사유가 발생한 달의 다음 달 첫날부터 시작된다.
③ 유족보상연금 수급자격자인 손자녀 또는 형제자매가 19세가 된 때에는 그 자격을 잃는다.
④ 요양급여를 받는 근로자가 요양을 시작한 지 1년이 지난 이후에 취업하지 못하면 휴업급여 대신 상병보상연금을 그 근로자에게 지급한다.
⑤ 장해보상연금은 그 지급을 정지할 사유가 발생한 때에는 그 사유가 발생한 달의 다음달 첫날부터 그 사유가 소멸한 달의 말일까지 지급하지 아니한다.

해설 ① 산업재해보상보험법 제60조 제1항
② 산업재해보상보험법 제70조 제1항
③ 산업재해보상보험법 제64조 제1항 제4의2호
④ 산업재해보상보험법 제66조 제1항 : 요양급여를 받는 근로자가 요양을 시작한 지 **2년**이 지난 날 이후에 ㉠ 그 부상이나 질병이 치유되지 아니한 상태 ㉡ 중증요양상태등급 기준에 해당 ㉢ 요양으로 인하여 취업하지 못할 경우

모두에 해당하는 상태가 계속될 경우(㉠+㉡+㉢) 휴업급여 대신 상병보상연금을 받을 수 있다.
⑤ 산업재해보상보험법 제70조 제2항

정답 ④

13 산업재해보상보험법령상 진폐에 따른 보험급여의 종류에 해당하는 것을 모두 고른 것은?

ㄱ. 요양급여	ㄴ. 휴업급여	ㄷ. 장해급여
ㄹ. 간병급여	ㅁ. 유족급여	

① ㄱ, ㄹ ② ㄱ, ㄴ, ㅁ ③ ㄴ, ㄹ, ㅁ
④ ㄴ, ㄷ, ㄹ, ㅁ ⑤ ㄱ, ㄴ, ㄷ, ㄹ, ㅁ

해설 산업재해보상보험법 제36조 제1항 단서 : 진폐에 따른 보험급여의 종류는 **요양급여**, **간병급여**, 장례비, 직업재활급여, 진폐보상연금 및 진폐유족연금으로 한다.

정답 ①

14 . 산업재해보상보험법령상 과태료 부과 대상이 되는 자는?

① 근로복지공단의 임직원이나 그 직에 있었던 사람이 그 직무상 알게 된 비밀을 누설한 자
② 산재보험 의료기관의 종사자로서 거짓이나 그 밖의 부정한 방법으로 진료비를 지급받은 자
③ 거짓이나 그 밖의 부정한 방법으로 보험급여를 받도록 시키거나 도와준 자
④ 근로복지공단이 아닌 자가 근로복지공단과 비슷한 명칭을 사용한 자
⑤ 근로자가 보험급여를 신청한 것을 이유로 근로자를 해고한 사업주

해설 ① 산업재해보상보험법 제127조 제4항 : 벌금
② 산업재해보상보험법 제127조 제2항 : 벌금
③ 산업재해보상보험법 제127조 제3항 제2호 : 벌금
④ 산업재해보상보험법 제129조 제1항 제1호 : 근로복지공단이 아닌 자가 근로복지공단 또는 이와 비슷한 명칭을 사용한 경우 200만원 이하의 과태료를 부과한다.
⑤ 산업재해보상보험법 제127조 제3항 제3호 : 벌금

정답 ④

15 산업재해보상보험법령상 간병 및 이송에 관한 내용으로 옳지 않은 것은?

① 요양 중인 근로자가 회복실에서 요양 중인 경우 그 기간에는 별도의 간병을 제공하지 않는다.
② 간병은 요양 중인 근로자의 부상·질병 상태가 의학적으로 다른 사람의 간병이 필요하다고 인정되는 경우로서 신체 표면 면적의 35퍼센트 이상에 걸친 화상을 입어 수시로 적절한 조치를 할 필요가 있는 사람에게 제공한다.
③ 해당 근로자의 13세 이상의 자녀 또는 형제자매도 간병을 할 수 있는 사람이다.
④ 간병의 대상이 되는 근로자의 부상·질병 상태 등이 전문적인 간병을 필요로 하는 경우에는 의료법에 따른 간호사만 간병을 하도록 할 수 있다.

⑤ 해당 근로자의 부상·질병 상태로 보아 이송 시 간호인의 동행이 필요하다고 인정되는 경우에는 간호인 1명이 동행할 수 있으나, 의학적으로 특별히 필요하다고 인정되는 경우에는 2명까지 동행할 수 있다.

해설 ① 산업재해보상보험법 시행규칙 제11조 제1항 단서
② 산업재해보상보험법 시행규칙 제11조 제2항 제5호
③ 산업재해보상보험법 시행규칙 제12조 제1항 제3호
④ 산업재해보상보험법 시행규칙 제12조 제2항 : 「의료법」에 따른 ㉠ **간호사** 또는 ㉡ **간호조무사**, 「노인복지법」에 따른 ㉢ **요양보호사** 등 근로복지공단이 인정하는 간병 교육을 받은 사람도 간병을 하도록 할 수 있다.
⑤ 산업재해보상보험법 시행규칙 제17조 제1항

정답 ④

16 국민연금법령상 노령연금 수급권자에 관한 내용이다. (   )에 들어갈 숫자의 합은?

국민연금 가입기간이 (   )년 이상인 가입자 또는 가입자였던 자 중 특수직종근로자는 (   )세가 된 때부터 그가 생존하는 동안 노령연금을 지급한다.

① 55　② 60　③ 65　④ 70　⑤ 75

해설 국민연금법 제61조 제1항 : 가입기간이 **10년** 이상인 가입자 또는 가입자였던 자에 대하여는 **60세**(특수직종근로자는 **55세**)가 된 때부터 그가 생존하는 동안 노령연금을 지급한다.

정답 ③

17 국민연금법령에 관한 내용으로 옳지 않은 것은?

① 국민기초생활 보장법에 따른 생계급여 수급자는 지역가입자에서 제외된다.
② 지역가입자가 국적을 상실한 때에는 그에 해당하게 된 날에 그 자격을 상실한다.
③ 지역가입자가 사업장가입자의 자격을 취득한 때에는 그에 해당하게 된 날에 그 자격을 상실한다.
④ 임의가입자는 가입 신청이 수리된 날에 자격을 취득한다.
⑤ 사립학교교직원 연금법을 적용받는 사립학교 교직원은 국민연금 가입대상에서 제외된다.

해설 ① 국민연금법 제9조 제4호
② 국민연금법 제12조 제2항 제2호 : 지역가입자가 국적을 상실하거나 국외로 이주한 때에는 그에 해당하게 된 날의 **다음날**에 자격을 상실한다.
③ 국민연금법 제12조 제2항 제4호
④ 국민연금법 제11조 제3항
⑤ 국민연금법 제6조

정답 ②

18 **국민건강보험법령상 일반건강검진의 대상이 아닌 자는?**

① 직장가입자 ② 6세 미만의 피부양자 ③ 20세 이상인 지역가입자
④ 20세 이상인 피부양자 ⑤ 세대주인 지역가입자

해설 ①③④⑤ 국민건강보험법 제52조 제2항 제1호(일반건강검진) : 직장가입자, 세대주인 지역가입자, 20세 이상인 지역가입자 및 20세 이상인 피부양자
② 국민건강보험법 제52조 제2항 제3호(영유아건강검진) : 6세 미만의 가입자 및 피부양자

정답 ②

19 **국민건강보험법령상 보험가입자의 자격 상실 시기로 옳은 것을 모두 고른 것은?**

ㄱ. 사망한 날
ㄴ. 국적을 잃은 날
ㄷ. 국내에 거주하지 아니하게 된 날
ㄹ. 직장가입자의 피부양자가 된 날

① ㄹ ② ㄱ, ㄷ ③ ㄱ, ㄴ, ㄷ ④ ㄴ, ㄷ, ㄹ ⑤ ㄱ, ㄴ, ㄷ, ㄹ

해설 국민건강보험법 제10조 제1항 : 보험가입자는 ㉠ 사망한 날의 **다음날**, ㉡ 국적을 잃은 날의 **다음날**, ㉢ 국내에 거주하지 아니하게 된 날의 **다음날**, ㉣ 직장가입자의 피부양자가 **된 날**, ㉤ 수급권자가 된 날, ㉥ 건강보험을 적용받고 있던 사람이 유공자등 의료보호대상자가 되어 건강보험의 적용배제신청을 한 날 그 자격을 잃는다.

정답 ①

20 **고용보험 및 산업재해보상보험의 보험료 징수 등에 관한 법령상 보험료의 부과 및 징수에 관한 내용으로 옳은 것은?**

① 건설업 중 건설장비운영업은 보험료의 월별 부과·징수 제외대상 사업에 해당한다.
② 임업 중 벌목업은 보험료의 월별 부과·징수 대상 사업에 해당한다.
③ 근로복지공단은 사업주에게 납부기한 20일 전까지 월별보험료의 납입을 고지하여야 한다.
④ 장애인고용촉진 및 직업재활법상 장애인인 보험가입자의 보험료는 근로복지공단이 매월 부과하고, 한국장애인고용공단이 이를 징수한다.
⑤ 제조업의 보험료는 근로복지공단이 매월 부과하고, 국민건강보험공단이 이를 징수한다.

해설 ①② 보험료징수법 제16조의2 제2항 및 동법 시행령 제19조의2 : 건설업 중 **건설장비운영업**은 보험료의 월별 부과·징수 대상 사업에 해당하며, 임업 중 **벌목업**은 보험료의 월별부과·징수 제외대상 사업에 해당한다.
③ 보험료징수법 제16조의8 제1항 : **건강보험공단**은 사업주에게 납부기한 **10일** 전까지 월별보험료의 납입을 고지하여야 한다.
④ 보험료징수법 제16조의2 제1항 : 장애인·비장애인 구분 없이 보험가입자의 보험료는 근로복지공단이 매월 부과하고 **건강보험공단**이 이를 징수한다.

⑤ 보험료징수법 제16조의2 제1항 : 제조업은 보험료의 월별 부과·징수 대상 사업이므로, 보험료는 근로복지공단이 매월 부과하고 건강보험공단이 이를 징수한다.

정답 ⑤

21 **고용보험 및 산업재해보상보험의 보험료 징수 등에 관한 법령상 보험료의 납부등에 관한 내용으로 옳지 않은 것은?**

① 법인이 합병한 경우에 합병 후 존속하는 법인은 합병으로 소멸된 법인이 내야 하는 보험료를 낼 의무를 진다.

② 근로복지공단은 사업주가 국세를 체납하여 체납처분을 받은 경우에는 보험료와 이 법에 따른 징수금 총액이 300만원 미만이면 납부기한 전이라도 즉시 보험료를 징수하여야 한다.

③ 국민건강보험공단은 소멸시효가 완성된 경우에는 고용노동부장관의 승인을 받아 보험료와 이 법에 따른 그 밖의 징수금을 결손처분할 수 있다.

④ 공동사업에 관계되는 보험료, 이 법에 따른 그 밖의 징수금과 체납처분비는 공동사업자가 연대하여 낼 의무를 진다.

⑤ 상속이 개시된 때에 그 상속인은 피상속인에게 부과되거나 피상속인이 내야 하는 보험료를 상속받은 재산의 한도에서 낼 의무를 진다.

해설 ① 보험료징수법 제28조의2

② 보험료징수법 제27조의2 제1항 단서 : 국세를 체납하여 체납처분을 받은 경우에는 납부기한 전이라도 이미 납부의무가 확정된 보험료, 이 법에 따른 그 밖의 징수금을 **징수할 수 있다.** 다만, 보험료와 이 법에 따른 그 밖의 징수금의 총액이 **500만원 미만**인 경우에는 그러하지 아니하다.

③ 보험료징수법 제29조 제1항 제2호

④ 보험료징수법 제28조의4 제1항

⑤ 보험료징수법 제28조의3 제1항

정답 ②

22 **고용보험 및 산업재해보상보험의 보험료 징수 등에 관한 법령상 보험관계의 성립일 또는 소멸일에 관한 내용으로 옳지 않은 것은?**

① 사업이 폐업되거나 끝난 날의 다음 날에 소멸한다.

② 일괄적용을 받는 사업의 경우에는 처음 하는 사업이 시작된 날에 성립한다.

③ 근로복지공단이 계속하여 보험관계를 유지할 수 없다고 인정하여 그 보험관계를 소멸시키는 경우에는 그 소멸을 결정·통지한 날의 다음 날에 소멸한다.

④ 근로복지공단의 승인을 얻어 가입한 보험계약을 해지하는 경우에는 그 해지에 관하여 근로복지공단의 승인을 받은 날의 다음 날에 소멸한다.

⑤ 보험에 가입한 하수급인의 경우에는 그 하도급공사의 착공일의 다음 날에 성립한다.

해설 ① 보험료징수법 제10조 제1호

② 보험료징수법 제7조 제4호

③ 보험료징수법 제10조 제3호

④ 보험료징수법 제10조 제2호
⑤ 보험료징수법 제7조 제5호 : 보험에 가입한 하수급인의 경우에는 그 하도급공사의 **착공일**에 보험관계가 성립한다.

정답 ⑤

23 고용보험 및 산업재해보상보험의 보험료 징수 등에 관한 법령상 사업주는 보험에 가입된 사업에 변경사항이 있으면 그 변경된 날부터 14일 이내에 근로복지공단에 그 변경사항을 신고하여야 한다. 변경신고 사항에 해당하는 것을 모두 고른 것은?

ㄱ. 사업주의 이름 및 주민등록번호	ㄴ. 사업의 종류
ㄷ. 사업의 명칭 및 소재지	ㄹ. 사업자등록번호

① ㄱ, ㄴ ② ㄴ, ㄷ ③ ㄱ, ㄴ, ㄹ ④ ㄱ, ㄷ, ㄹ ⑤ ㄱ, ㄴ, ㄷ, ㄹ

해설 보험료징수법 제12조 및 동법 시행령 제9조 : 보험에 가입한 사업주는 다음의 사항이 변경되면 그 변경된 날부터 14일 이내에 근로복지공단에 신고하여야 한다.

1. 사업주(법인 대표자)의 **이름 및 주민등록번호**
2. **사업의 명칭 및 소재지**
3. **사업의 종류**
4. **사업자등록번호**(법인등록번호)
5. 건설공사 또는 벌목업 등 기간의 정함이 있는 사업의 경우 사업의 기간
6. 우선지원 대상기업의 해당 여부에 변경이 있는 경우 상시근로자수(* 다음 보험연도 첫날부터 14일 이내에 신고)

정답 ⑤

24 고용보험 및 산업재해보상보험의 보험료 징수 등에 관한 법령상 국가 · 지방자치단체가 직접하는 사업의 고용안정 · 직업능력개발사업의 보험료율은?

① 1만분의 25 ② 1만분의 45 ③ 1만분의 65 ④ 1만분의 85 ⑤ 1천분의 16

해설 보험료징수법 시행령 제12조 제1항 제1호 라목 : 국가 · 지방자치단체가 직접 하는 사업의 보험료율은 **1만분의 85**이다.

고용안정 · 직업능력개발사업의 보험료율	
상시근로자수가 150명 미만인 사업주의 사업	1만분의 25
상시근로자수가 150명 이상인 사업주의 사업 + 우선지원 대상기업	1만분의 45
상시근로자수가 150명 이상 1천명 미만인 사업주의 사업	1만분의 65
상시근로자수가 1천명 이상인 사업주의 사업, 국가 · 지방자치단체가 직접 하는 사업	1만분의 85

정답 ④

25 고용보험 및 산업재해보상보험의 보험료 징수 등에 관한 법령상 소멸시효에 관한 내용으로 옳지 않은 것은?

① 월별보험료의 고지로 중단된 소멸시효는 월별보험료를 고지한 날부터 새로 진행한다.
② 소멸시효에 관하여는 이 법에 규정된 것을 제외하고는 민법에 따른다.
③ 징수금의 독촉에 따라 중단된 소멸시효는 독촉에 의한 납부기한이 지난 때부터 새로 진행한다.
④ 이 법에 따른 그 밖의 징수금을 징수할 수 있는 권리는 3년간 행사하지 아니하면 시효로 인하여 소멸한다
⑤ 이 법에 따른 체납처분 절차에 따라 하는 교부청구로 중단된 소멸시효는 교부청구 중의 기간이 지난 때부터 새로 진행한다.

해설 ① 보험료징수법 제42조 제2항 제1호 : 월별보험료의 고지로 중단된 소멸시효는 **고지한 월별보험료의 납부기한이 지난 때**부터 새로 진행한다.
② 보험료징수법 제41조 제2항
③ 보험료징수법 제42조 제2항 제2호
④ 보험료징수법 제41조 제1항
⑤ 보험료징수법 제42조 제2항 제4호

정답 ①

사회보험법

2020년도 제29회 공인노무사 사회보험법 기출문제

01 사회보장기본법에 관한 설명으로 옳은 것은?

① 사회보장수급권은 다른 사람에게 양도하거나 담보로 제공할 수 있으며, 이를 압류할 수 있다.
② 국내에 거주하는 외국인에게 사회보장제도를 적용할 때에는 상호주의에 따르되, 관계 법령에서 정하는 바에 따른다.
③ 사회보장수급권의 포기는 원칙적으로 취소할 수 없다.
④ 국가는 사회보장제도의 안정적인 운영을 위하여 중장기 사회보장 재정추계를 3년마다 실시한다.
⑤ 공공부조란 국민에게 발생하는 사회적 위험을 보험의 방식으로 대처함으로써 국민의 건강과 소득을 보장하는 제도를 말한다.

해설 ① 사회보장기본법 제12조 : 사회보장수급권은 관계 법령에서 정하는 바에 따라 다른 사람에게 **양도하거나 담보로 제공할 수 없으며, 이를 압류할 수 없다.**
② 사회보장기본법 제8조
③ 사회보장기본법 제14조 제2항 : 사회보장수급권의 포기는 **취소할 수 있다.**
④ 사회보장기본법 제5조 제4항 : 국가는 사회보장제도의 안정적인 운영을 위하여 중장기 사회보장 재정추계를 **격년**으로 실시하고 이를 공표하여야 한다.
⑤ 사회보장기본법 제3조 제3호 : "공공부조"(公共扶助)란 국가와 지방자치단체의 책임 하에 생활 유지 능력이 없거나 생활이 어려운 국민의 최저생활을 보장하고 자립을 지원하는 제도를 말한다.

정답 ②

02 사회보장기본법상 사회보장 기본계획에 관한 설명으로 옳지 않은 것은?

① 사회보장 기본계획은 사회보장위원회와 국무회의의 심의를 거쳐 확정한다.
② 다른 법령에 따라 수립되는 사회보장에 관한 계획은 사회보장 기본계획에 우선한다.
③ 보건복지부장관은 관계 중앙행정기관의 장과 협의하여 사회보장 증진을 위하여 사회보장에 관한 기본계획을 5년마다 수립하여야 한다.
④ 사회보장 기본계획에는 사회보장 전달체계가 포함되어야 한다.
⑤ 보건복지부장관 및 관계 중앙행정기관의 장은 사회보장 기본계획에 따라 사회보장과 관련된 소관 주요 시책의 시행계획을 매년 수립·시행하여야 한다.

해설 ① 사회보장기본법 제16조 제3항
② 사회보장기본법 제17조 : 사회보장 기본계획은 다른 법령에 따라 수립되는 사회보장에 관한 계획에 우선하며 그 계획의 기본이 된다.
③ 사회보장기본법 제16조 제1항
④ 사회보장기본법 제16조 제2항
⑤ 사회보장기본법 제18조 제1항

정답 ②

03 사회보장기본법령상 사회보장위원회에 관한 설명으로 옳지 않은 것은?

① 국무총리 소속으로 둔다.
② 부위원장은 기획재정부장관, 교육부장관 및 보건복지부장관이 된다.
③ 보궐위원의 임기는 전임자 임기의 남은 기간으로 한다.
④ 사무 처리를 위한 사무국은 보건복지부에 둔다.
⑤ 심의사항을 전문적으로 검토하기 위하여 전문위원회를 두며, 전문위원회에 분야별 실무위원회를 둔다.

해설 ① 사회보장기본법 제20조 제1항
② 사회보장기본법 제21조 제2항
③ 사회보장기본법 제21조 제5항
④ 사회보장기본법 제21조 제8항
⑤ 사회보장기본법 제21조 제6항 : 사회보장위원회를 효율적으로 운영하고 위원회의 심의·조정 사항을 전문적으로 검토하기 위하여 위원회에 **실무위원회**를 두며, 실무위원회에 분야별 **전문위원회**를 둘 수 있다.

 ⑤

04 고용보험법상 구직급여에 관한 설명으로 옳지 않은 것은?

① 피보험 단위기간을 계산할 때, 최후로 피보험자격을 취득한 날 이전에 구직급여를 받은 사실이 있는 경우에는 그 구직급여와 관련된 피보험자격 상실일 이전의 피보험 단위기간은 산입한다.
② 최종 이직 당시 건설일용근로자였던 피보험자가 구직급여를 받으려는 경우에는 건설일용근로자로서 수급자격 인정신청일 이전 14일 간 연속하여 근로내역이 없어야 한다.
③ 구직급여를 지급받으려는 자는 이직 후 지체없이 직업안정기관에 출석하여 실업을 신고하여야 한다.
④ 직업안정기관의 장은 필요하다고 인정하면 수급자격자의 실업인정대상기간 중의 취업 사실에 대하여 조사할 수 있다.
⑤ 수급자격자가 질병이나 부상으로 직업안정기관에 출석할 수 없었던 경우로서 그 기간이 계속하여 7일 미만인 경우에는 직업안정기관에 출석할 수 없었던 사유를 적은 증명서를 제출하여 실업의 인정을 받을 수 있다.

해설 ① 고용보험법 제41조 제2항 : 피보험 단위기간을 계산할 때에는 최후로 피보험자격을 취득한 날 이전에 구직급여를 받은 사실이 있는 경우에는 그 구직급여와 관련된 피보험자격 상실일 이전의 **피보험 단위기간은 넣지 아니한다.**
② 고용보험법 제40조 제1항 제5호 나목
③ 고용보험법 제42조 제1항
④ 고용보험법 제47조 제2항
⑤ 고용보험법 제44조 제3항 제1호

 ①

05 고용보험법령상 고용조정의 지원에 관한 내용이다. (   )에 들어갈 내용으로 옳은 것은?

고용노동부장관은 사업의 폐업 또는 전환으로 고용조정이 불가피하게 된 사업주가 근로자에 대한 휴업, 휴직 등 근로자의 고용안정을 위한 조치를 하면 대통령령으로 정하는 바에 따라 그 사업주에게 필요한 지원을 할 수 있다. 이 경우 휴업이나 휴직 등 고용안정을 위한 조치로 근로자의 임금이 평균임금의 100분의 (   )미만(지급되는 임금이 없는 경우를 포함한다)으로 감소할 때에는 대통령령으로 정하는 바에 따라 그 근로자에게도 필요한 지원을 할 수 있다.

① 30 ② 40 ③ 50 ④ 60 ⑤ 70

해설 고용보험법 시행령 제21조의2 : 고용조정이 불가피하게 된 사업주가 근로자의 고용안정을 위한 조치(휴업이나 휴직 등)를 하여 근로자의 임금이 평균임금의 **100분의 50 미만**(지급되는 임금이 없는 경우를 포함)으로 감소할 때는 대통령령으로 정하는 바에 따라 그 근로자에게도 필요한 지원을 할 수 있다.

정답 ③

06 고용보험법령상 육아휴직 급여 신청기간의 연장사유가 아닌 것은?

① 천재지변
② 배우자의 질병·부상
③ 「병역법」에 따른 의무복무
④ 범죄혐의로 인한 구속
⑤ 배우자의 국외발령 등에 따른 동거 목적의 거소 이전

해설 ①, ②, ③, ④ 고용보험법 시행령 제94조 제1호, 제2호, 제4호 및 제5호
⑤ 고용보험법 시행령 제94조에 따라 ㉠ 천재지변, ㉡ 본인이나 배우자의 질병·부상, ㉢ 본인이나 배우자의 직계존속 및 직계비속의 질병·부상, ㉣ 「병역법」에 따른 의무복무, ㉤ 범죄혐의로 인한 구속이나 형의 집행의 경우에만 육아휴직 급여 신청의 연장사유로 인정된다.

정답 ⑤

07 고용보험법상의 취업촉진 수당에 해당하지 않는 것은?

① 이주비 ② 직업능력개발수당 ③ 구직급여
④ 광역 구직활동비 ⑤ 조기재취업 수당

해설 고용보험법 제37조 : 실업급여는 **구직급여**와 **취업촉진수당**으로 구분되며, 취업촉진수당으로는 조기재취업 수당, 직업능력개발수당, 광역 구직활동비, 이주비

정답 ③

08 고용보험법상 고용보험위원회에 관한 설명으로 옳은 것은?

① 근로복지공단에 고용보험위원회를 둔다.
② 심의 사항을 사전에 검토·조정하기 위하여 실무위원회를 둔다.
③ 위원장 1명을 포함한 15명 이내의 위원으로 구성한다.
④ 위원장은 고용노동부 장관이 된다.
⑤ 심의 사항에는 보험제도 및 보험사업의 개선에 관한 사항이 포함된다.

해설 ① 고용보험법 제7조 제1항 : 고용보험 및 고용산재보험료징수법 시행에 관한 주요 사항을 심의하기 위하여 **고용노동부**에 고용보험위원회를 둔다.
② 고용보험법 제7조 제5항 : 고용보험위원회는 심의사항을 사전에 검토·조정하기 위하여 **전문위원회**를 둘 수 있다.
③ 고용보험법 제7조 제3항 : 고용보험위원회는 위원장 1명을 포함한 **20명** 이내의 위원으로 구성한다.
④ 고용보험법 제7조 제4항 : 고용보험위원회의 위원장은 **고용노동부 차관**이 된다.
⑤ 고용보험법 제7조 제2항 제1호

정답 ⑤

09 고용보험법령상 고용보험법이 적용되지 않는 것을 모두 고른 것은?

ㄱ. 「주택법」 제4조에 따른 주택건설사업자가 시공하는 공사
ㄴ. 가구내 고용 활동 및 달리 분류되지 아니한 자가소비 생산 활동
ㄷ. 농업·임업 및 어업 중 법인이 아닌 자가 상시 4명 이하의 근로자를 사용하는 사업

① ㄱ　② ㄱ, ㄴ　③ ㄱ, ㄷ　④ ㄴ, ㄷ　⑤ ㄱ, ㄴ, ㄷ

해설 ㄱ. 고용보험법 시행령 제2조 제1항 제2호 : 총 공사금액이 2천만원 미만인 공사 또는 연면적이 100제곱미터 이하인 건축물의 건축 또는 연면적이 200제곱미터 이하인 건축물의 대수선에 관한 공사는 고용보험법의 적용을 받지 않는다. 그러나 「건설산업기본법」에 따른 건설사업자, **「주택법」에 따른 주택건설사업자,** 「전기공사업법」에 따른 공사업자, 「정보통신공사업법」에 따른 정보통신공사업자, 「소방시설공사업법」에 따른 소방시설업자, 「문화재수리 등에 관한 법률」에 따른 문화재수리업자는 고용보험법의 적용을 받는다.
ㄴ. 고용보험법 시행령 제2조 제1항 제3호 : 가구 내 고용활동 및 달리 분류되지 아니한 자가소비 생산 활동은 고용보험법의 적용을 받지 않는다.
ㄷ. 고용보험법 시행령 제2조 제1항 제1호 : 농업·임업 및 어업 중 법인이 아닌 자가 상시 4명 이하의 근로자를 사용하는 사업은 고용보험법의 적용을 받지 않는다.

정답 ④

10 고용보험법령상 구직급여와 관련한 내용이다. (　　)에 들어갈 내용으로 옳은 것은?

> • 훈련연장급여의 지급 기간은 (ㄱ)년을 한도로 한다.
> • 개별연장급여는 (ㄴ)일의 범위에서 대통령령으로 정하는 기간 동안 지급한다.

① ㄱ: 1, ㄴ: 60　② ㄱ: 1, ㄴ: 90　③ ㄱ: 2, ㄴ: 60
④ ㄱ: 2, ㄴ: 90　⑤ ㄱ: 3, ㄴ: 60

해설 ㄱ. 고용보험법 시행령 제72조 : 훈련연장급여의 지급기간은 **2년**으로 한다.
ㄴ. 고용보험법 제52조 제2항 : 개별연장급여는 **60일**의 범위에서 대통령령으로 정하는 기간 동안 지급한다.

 ③

11 산업재해보상보험법상 심사청구 및 재심사청구에 관한 설명으로 옳은 것은?

① 재심사위원회의 재결은 근로복지공단을 기속하지 아니한다.
② 재심사위원회 위원(당연직 위원은 제외)의 임기는 2년으로 하되 연임할 수 없다.
③ 보험급여에 관한 결정에 대해서는「행정심판법」에 따른 행정심판을 제기할 수 있다.
④ 재심사위원회의 위원장 및 위원은 고용노동부장관이 임명한다.
⑤ 재심사 청구의 시효의 중단에 관하여「민법」제168조에 따른 재판상의 청구로 본다.

해설 ① 산업재해보상보험법 제109조 제2항 : 재심사위원회의 재결은 공단을 **기속(羈束)**한다.
② 산업재해보상보험법 제107조 제7항 : 재심사위원회 위원의 임기는 **3년**으로 하되 **연임**할 수 있다.
③ 산업재해보상보험법 제103조 제5항 : 보험급여 결정 등에 대하여는「행정심판법」에 따른 **행정심판을 제기할 수 없다.**
④ 산업재해보상보험법 제107조 제5항 : 재심사위원회의 위원장 및 위원은 고용노동부장관의 제청으로 **대통령**이 임명한다.
⑤ 산업재해보상보험법 제111조 제1항

정답 ⑤

12 산업재해보상보험법상 진폐에 따른 보험급여의 특례에 관한 설명으로 옳지 않은 것은?

① 고용노동부에 진폐심사회의를 둔다.
② 진폐보상연금은 진폐장해등급별 진폐장해연금과 기초연금을 합산한 금액으로 한다.
③ 진폐유족연금은 사망 당시 진폐근로자에게 지급하고 있거나 지급하기로 결정된 진폐보상연금과 같은 금액으로 하되 유족보상연금을 초과할 수 없다.
④ 근로복지공단은 근로자가 진폐에 대한 요양급여를 청구하면「진폐의 예방과 진폐근로자의 보호 등에 관한 법률」에 따른 건강진단기관에 진폐판정에 필요한 진단을 의뢰하여야 한다.
⑤ 장해보상연금을 받고 있는 사람에게는 진폐에 대한 진단을 받는 경우 진단수당을 지급하지 아니한다.

해설 ① 산업재해보상보험법 제91조의7 제1항 : **근로복지공단**에 관계 전문가 등으로 구성된 진폐심사회의를 둔다.
② 산업재해보상보험법 제91조의3 제2항

③ 산업재해보상보험법 제91조의4 제2항
④ 산업재해보상보험법 제91조의6 제1항
⑤ 산업재해보상보험법 제91조의6 제5항 단서

 ①

13 산업재해보상보험법상 휴업급여에 관한 설명으로 옳은 것은?

① 1일당 지급액은 평균임금의 100분의 70에 상당하는 금액으로 하며 취업하지 못한 기간이 5일 이내이면 지급하지 아니한다.
② 요양을 받고 있는 근로자가 그 요양기간 중 단시간 취업을 하는 경우에는 취업 한 시간에 해당하는 그 근로자의 평균임금에서 취업한 시간에 대한 임금을 뺀 금액의 100분의 70에 상당하는 금액을 지급할 수 있다.
③ 휴업급여를 받는 근로자가 60세가 되면 그 이후의 휴업급여는 감액하여 지급한다.
④ 재요양을 받는 자에 대하여는 재요양 당시의 임금을 기준으로 산정한 평균임금의 100분의 90에 상당하는 금액을 1일당 휴업급여 지급액으로 한다.
⑤ 재요양을 받는 자에 대하여 산정한 1일당 휴업급여 지급액이 최저임금액보다 적으면 최저임금액을 1일당 휴업급여 지급액으로 한다.

해설 ① 산업재해보상보험법 제52조 단서 : 취업하지 못한 기간이 **3일** 이내이면 지급하지 아니한다.
② 산업재해보상보험법 제53조 제1항 : 요양 또는 재요양을 받고 있는 근로자가 그 요양기간 중 일정기간 또는 단시간 취업을 하는 경우에는 그 취업한 날 또는 취업한 시간에 해당하는 그 근로자의 평균임금에서 그 취업한 날 또는 취업한 시간에 대한 임금을 뺀 금액의 **100분의 90**에 상당하는 금액을 지급할 수 있다.
③ 산업재해보상보험법 제55조 : 휴업급여를 받는 근로자가 **61세**가 되면 그 이후의 휴업급여는 감액하여 지급한다.
④ 산업재해보상보험법 제56조 제1항 : 재요양을 받는 사람에 대하여는 재요양 당시의 임금을 기준으로 산정한 평균임금의 **100분의 70**에 상당하는 금액을 1일당 휴업급여 지급액으로 한다.
⑤ 산업재해보상보험법 제56조 제2항

 ⑤

14 산업재해보상보험법령에 따른 업무상 재해에 해당하는 것을 모두 고른 것은?

ㄱ. 업무수행 과정에서 하는 용변 등 생리적 필요 행위를 하던 중에 발생한 사고
ㄴ. 통상적인 경로와 방법으로 출퇴근하는 중 일상생활에 필요한 용품을 구입하기 위한 출퇴근 경로 일탈 중의 사고
ㄷ. 사업주가 제공한 시설물 등을 사업주의 구체적인 지시를 위반하여 이용한 행위로 발생한 사고
ㄹ. 직장 내 괴롭힘 등으로 인한 업무상 정신적 스트레스가 원인이 되어 발생한 질병

① ㄱ, ㄴ ② ㄴ, ㄷ ③ ㄱ, ㄴ, ㄹ ④ ㄱ, ㄷ, ㄹ ⑤ ㄴ, ㄷ, ㄹ

해설 ㄱ. 산업재해보상보험법 시행령 제27조 제1항 제2호
ㄴ. 산업재해보상보험법 시행령 제35조 제2항 제1호
ㄷ. 산업재해보상보험법 시행령 제28조 제2항 : 사업주가 제공한 시설물 등을 사업주의 구체적인 지시를 위반하

사회보험법

여 이용한 행위로 발생한 사고는 업무상 사고로 보지 않는다.
ㄹ. 산업재해보상보험법 제37조 제1항 제2호 다목

 ③

15 산업재해보상보험법상 직업재활급여에 관한 설명으로 옳은 것은?

① 직업훈련비용은 직업훈련을 받는 자에게 지급한다.
② 직업훈련비용의 금액은 고용노동부장관이 훈련비용, 훈련기간 및 노동시장의 여건 등을 고려하여 고시하는 금액의 범위에서 실제 드는 비용으로 한다.
③ 직업훈련비용을 지급하는 훈련기간은 24개월 이내로 한다.
④ 직장적응훈련비 및 재활운동비의 지급기간은 6개월 이내로 한다.
⑤ 직업훈련수당의 1일당 지급액은 평균임금의 100분의 70에 상당하는 금액으로 한다.

해설 ① 산업재해보상보험법 제73조 제2항 : 직업훈련비용은 직업훈련을 실시한 **직업훈련기관**에 지급한다.
② 산업재해보상보험법 제73조 제3항
③ 산업재해보상보험법 제73조 제3항 후단 : 직업훈련비용을 지급하는 훈련기간은 **12개월** 이내로 한다.
④ 산업재해보상보험법 제75조 제3항 : 직장적응훈련비 및 재활운동비의 지급기간은 **3개월** 이내로 한다.
⑤ 산업재해보상보험법 제74조 제1항 : 직업훈련수당 1일당 지급액은 **최저임금액**에 상당하는 금액으로 한다.

 ②

16 산업재해보상보험법상 보험급여의 일시 중지를 할 수 있는 사유가 아닌 것은?

① 질문이나 조사에 응하지 아니하는 경우
② 보고·서류제출 또는 신고를 하지 아니하는 경우
③ 거짓이나 그 밖의 부정한 방법으로 진료비나 약제비를 지급받은 경우
④ 진찰 요구에 따르지 아니하는 경우
⑤ 근로복지공단이 직권으로 실시하는 장해등급 또는 진폐장해등급 재판정 요구에 응하지 아니하는 경우

해설 ① 산업재해보상보험법 제120조 제1항 4호
② 산업재해보상보험법 제120조 제1항 3호
③ 산업재해보상보험법 제84조 제3항 제1호 : 거짓이나 그 밖의 부정한 방법으로 진료비나 약제비를 지급받은 경우 근로복지공단은 그 진료비나 약제비의 2배에 해당하는 금액을 **부당이득으로 징수**하여야 한다.
④ 산업재해보상보험법 제120조 제1항 5호
⑤ 산업재해보상보험법 제120조 제1항 2호

정답 ③

17 국민연금법상 가입자 자격의 상실 시기가 옳지 않은 것은?

① 사업장가입자의 경우 사용관계가 끝난 날
② 지역가입자의 경우 사망한 날의 다음 날
③ 지역가입자의 경우 국민연금가입 대상 제외자에 해당하게 된 날

④ 임의가입자의 경우 사업장가입자의 자격을 취득한 날
⑤ 임의가입자의 경우 60세가 된 날의 다음 날

해설 ① 국민연금법 제12조 제1항 : 사업장가입자는 사용관계가 끝난 날의 **다음 날**에 자격을 상실한다.
② 국민연금법 제12조 제2항 제1호
③ 국민연금법 제12조 제2항 제3호
④ 국민연금법 제12조 제3항 제6호
⑤ 국민연금법 제12조 제3항 제4호

정답 ①

18 국민연금법상 급여에 관한 설명으로 옳지 않은 것은?

① 급여의 종류는 노령연금, 장애연금, 유족연금, 반환일시금이 있다.
② 급여는 수급권자의 청구에 따라 국민연금공단이 지급한다.
③ 연금액은 지급사유에 따라 기본연금액과 부양가족연금액을 기초로 산정한다.
④ 연금은 매월 25일에 그 달의 금액을 지급하되, 지급일이 공휴일이면 그 다음날에 지급한다.
⑤ 급여수급전용계좌에 입금된 급여와 이에 관한 채권은 압류할 수 없다.

해설 ① 국민연금법 제49조
② 국민연금법 제50조 제1항
③ 국민연금법 제50조 제2항
④ 국민연금법 제54조 제2항 : 연금은 매월 25일에 그 달의 금액을 지급하되, 지급일이 토요일이나 공휴일이면 그 **전날에** 지급한다.
⑤ 국민연금법 제58조 제3항

정답 ④

사회보험법

19 국민건강보험법상 이의신청 및 심판청구에 관한 설명으로 옳은 것을 모두 고른 것은?

ㄱ. 요양급여비용에 관한 건강보험심사평가원의 처분에 이의가 있는 자는 건강보험심사평가원에 이의신청을 할 수 있다.
ㄴ. 이의신청은 처분이 있음을 안 날부터 90일 이내에, 처분이 있은 날부터 1년 이내에 문서로 하여야 한다.
ㄷ. 이의신청에 대한 결정에 불복하는 자는 건강보험분쟁조정위원회에 심판청구를 할 수 있다.

① ㄴ ② ㄱ, ㄴ ③ ㄱ, ㄷ ④ ㄴ, ㄷ ⑤ ㄱ, ㄴ, ㄷ

해설 ㄱ. 국민건강보험법 제87조 제2항
ㄴ. 국민건강보험법 제87조 제3항 : 이의신청은 처분이 있음을 안 날부터 **90일** 이내에 문서(전자문서를 포함한다)로 하여야 하며 처분이 있은 날부터 **180일**을 지나면 제기하지 못한다.
ㄷ. 국민건강보험법 제88조 제1항

정답 ③

20 **국민건강보험법상의 요양급여가 아닌 것은?**

① 입원 ② 이송 ③ 상병수당
④ 예방 · 재활 ⑤ 약제 · 치료재료의 지급

해설 국민건강보험법 제41조 제1항 : 가입자와 피부양자의 질병, 부상, 출산 등에 대하여 ㉠ 진찰 · 검사 ㉡ **약제(藥劑) · 치료재료의 지급** ㉢ 처치 · 수술 및 그 밖의 치료 ㉣ **예방 · 재활** ㉤ **입원** ㉥ 간호 ㉦ **이송(移送)**의 요양급여를 실시한다.

정답 ③

21 **고용보험 및 산업재해보상보험의 보험료 징수 등에 관한 법률상의 내용이다. ( )에 들어갈 내용으로 옳은 것은?**

- 국민건강보험공단은 보험가입자가 보험료를 납부기한까지 내지 아니하면 기한을 정하여 그 납부의무자에게 징수금을 낼 것을 독촉하여야 한다. 국민건강보험공단이 독촉을 하는 경우에는 독촉장을 발급하여야 한다. 이 경우의 납부기한은 독촉장 발급일부터 (ㄱ)일 이상의 여유가 있도록 하여야 한다.
- 보험료를 징수하거나 그 반환받을 수 있는 권리는 (ㄴ)년간 행사하지 아니하면 시효로 인하여 소멸한다.

① ㄱ: 7, ㄴ: 1 ② ㄱ: 7, ㄴ: 3 ③ ㄱ: 10, ㄴ: 1
④ ㄱ: 10, ㄴ: 3 ⑤ ㄱ: 14, ㄴ: 1

해설 ㄱ. 보험료징수법 제27조 제3항 : 납부기한은 독촉장 발급일부터 **10일** 이상의 여유가 있도록 하여야 한다.
ㄴ. 보험료징수법 제41조 제1항 : 보험료, 이 법에 따른 그 밖의 징수금을 징수하거나 그 반환받을 수 있는 권리는 **3년간** 행사하지 아니하면 시효로 인하여 소멸한다.

정답 ④

22 **고용보험 및 산업재해보상보험의 보험료 징수 등에 관한 법률상 산재보험료율의 결정에 관한 내용이다. ( )에 들어갈 내용으로 옳은 것은?**

- 업무상 사고에 따른 업무상 재해에 관한 산재보험료율은 매년 6월 30일 현재 과거 (ㄱ)년 동안의 보수총액에 대한 산재보험급여총액의 비율을 기초로 하여 「산업재해보상보험법」에 따른 연금 등 산재보험급여에 드는 금액, 재해예방 및 재해근로자의 복지증진에 드는 비용 등을 고려하여 사업의 종류별로 구분하여 고용노동부령으로 정한다.
- 고용노동부장관은 산재보험료율을 정하는 경우에는 특정 사업 종류의 산재보험료율이 전체 사업의 평균 산재보험료율의 (ㄴ)배를 초과하지 아니하도록 하여야 한다.

① ㄱ: 2, ㄴ: 20 ② ㄱ: 2, ㄴ: 30 ③ ㄱ: 3, ㄴ: 15
④ ㄱ: 3, ㄴ: 20 ⑤ ㄱ: 3, ㄴ: 30

해설 ㄱ. 보험료징수법 제14조 제3항 : 업무상의 재해에 관한 산재보험료율은 매년 6월 30일 현재 과거 **3년** 동안의 보수총액에 대한 산재보험급여총액의 비율을 기초로 하여, 「산업재해보상보험법」에 따른 연금 등 산재보험급여에 드는 금액, 재해예방 및 재해근로자의 복지증진에 드는 비용 등을 고려하여 사업의 종류별로 구분하여 고용노동부령으로 정한다.

ㄴ. 보험료징수법 제14조 제5항 : 고용노동부장관은 산재보험료율을 정하는 경우에는 특정 사업 종류의 산재보험료율이 전체 사업의 평균 산재보험료율의 **20배**를 초과하지 아니하도록 하여야 한다.

정답 ④

23 고용보험 및 산업재해보상보험의 보험료 징수 등에 관한 법률상 보험사무대행기관 등에 관한 설명으로 옳은 것을 모두 고른 것은?

ㄱ. 공인노무사가 보험사무를 대행하려는 경우에는 근로복지공단의 인가를 받아야 한다.
ㄴ. 근로복지공단은 보험료, 이 법에 따른 그 밖의 징수금의 납입의 통지 등을 보험사무대행기관에 함으로써 그 사업주에 대한 통지를 갈음한다.
ㄷ. 근로복지공단이 가산금을 부과하여 징수하는 경우에 그 징수사유가 보험사무대행기관의 귀책사유로 인한 것일 때에는 보험사무대행기관이 100분의 50에 해당하는 금액을 내야 한다.

① ㄱ ② ㄱ, ㄴ ③ ㄱ, ㄷ ④ ㄴ, ㄷ ⑤ ㄱ, ㄴ, ㄷ

해설 ㄱ. 보험료징수법 제33조 제2항 : 공인노무사가 보험사무를 대행하려는 경우에는 대통령령으로 정하는 바에 따라 공단의 인가를 받아야 한다.

ㄴ. 보험료징수법 제34조 : 공단은 보험료, 이 법에 따른 그 밖의 징수금의 납입의 통지 등을 보험사무대행기관에 함으로써 그 사업주에 대한 통지를 갈음한다.

ㄷ. 보험료징수법 제35조 : 가산금 징수사유가 보험사무대행기관의 귀책사유로 인한 것일 때에는 그 한도 안에서 보험사무대행기관이 **해당 금액**을 내야 한다.

정답 ②

사회보험법

유사

24 고용보험 및 산업재해보상보험의 보험료 징수 등에 관한 법률상 월별보험료 연체와 관련된 내용이다. ( )에 들어갈 내용으로 옳은 것은?

국민건강보험공단은 납부기한 후 30일이 지난 날부터 매 (ㄱ)일이 경과할 때마다 체납된 월별보험료의 (ㄴ)에 해당하는 연체금을 이미 발생한 연체금에 더하여 징수한다. 이 경우 연체금은 체납된 월별보험료의 (ㄷ)을 넘지 못한다.

① ㄱ: 1, ㄴ: 1천분의 1, ㄷ: 1천분의 30
② ㄱ: 1, ㄴ: 6천분의 1, ㄷ: 1천분의 50
③ ㄱ: 1, ㄴ: 1천분의 1, ㄷ: 1천분의 50
④ ㄱ: 7, ㄴ: 1천분의 1, ㄷ: 1천분의 30
⑤ ㄱ: 7, ㄴ: 6천분의 1, ㄷ: 1천분의 50

해설 보험료징수법 제25조 제3항 : 건강보험공단은 사업주가 보험료 또는 이 법에 따른 그 밖의 징수금을 내지 아니하면 납부기한 후 30일이 지난 날부터 매 1일이 지날 때마다 체납된 보험료, 그 밖의 징수금의 6천분의 1에 해당하는 연체금을 이미 발생한 연체금에 더하여 징수한다. 이 경우 연체금은 체납된 보험료, 그 밖의 징수금의 1천분의 50을 넘지 못한다.

정답 ②

25 고용보험 및 산업재해보상보험의 보험료 징수 등에 관한 법률상 보수총액등의 신고와 관련한 내용으로 옳지 않은 것은?

① 보수총액신고는 문서로 함을 원칙으로 한다.
② 사업주는 근로자가 다른 사업장으로 전보되는 등 대통령령으로 정하는 사유가 발생한 때에는 그 사유 발생일부터 14일 이내에 그 사실을 근로복지공단에 신고하여야 한다.
③ 사업주는 사업의 폐지 등으로 보험관계가 소멸한 때에는 그 보험관계가 소멸한 날부터 14일 이내에 근로자에게 지급한 보수총액 등을 근로복지 공단에 신고하여야 한다.
④ 사업주는 전년도에 근로자에게 지급한 보수총액 등을 매년 3월 15일까지 근로복지공단에 신고하여야 한다.
⑤ 사업주는 근로자와 고용관계를 종료한 때에는 그 근로자에게 지급한 보수총액, 고용관계 종료일 등을 그 근로자의 고용관계가 종료한 날이 속하는 달의 다음 달 15일까지 근로복지공단에 신고하여야 한다.

해설 ① 보험료징수법 제16조의10 제8항 : 보수총액을 신고하여야 하는 사업주는 해당 신고를 정보통신망을 이용하거나 콤팩트디스크(Compact Disc) 등 전자적 기록매체로 제출하는 방식으로 하여야 한다. 다만, 전년도 말일 현재 근로자 수가 10인 미만인 사업주는 보수총액의 신고를 문서로 할 수 있다.
② 보험료징수법 제16조의10 제5항
③ 보험료징수법 제16조의10 제2항
④ 보험료징수법 제16조의10 제1항
⑤ 보험료징수법 제16조의10 제4항

정답 ①

Certified Public Labor Attorney

제5과목(선택)

경영학개론

제2024년도 제33회

제2023년도 제32회

제2022년도 제31회

제2021년도 제30회

제2020년도 제29회

2024년도 제33회 공인노무사 경영학개론 기출문제

제5과목(선택) 01

01 테일러(F. W. Taylor)의 과학적 관리법에 제시된 원칙으로 옳은 것을 모두 고른 것은?

ㄱ. 작업방식의 과학적 연구	ㄴ. 과학적 선발 및 훈련
ㄷ. 관리자와 작업자들 간의 협력	ㄹ. 관리활동의 분업

① ㄱ, ㄴ　② ㄷ, ㄹ　③ ㄱ, ㄴ, ㄷ　④ ㄴ, ㄷ, ㄹ　⑤ ㄱ, ㄴ, ㄷ, ㄹ

해설 • 과학적 관리를 위한 기본원리(a Principle of Scientific Management, 1911)는 다음과 같다.

① 주먹구구식(rule of thumb) 작업방법을 과학적 방법으로 대체 : 숙련도가 높은 노동자를 선택하여 작업을 요소별 부분 동작으로 분해하고 소요시간을 측정한 뒤 여유시간을 고려하여 표준 작업 시간 내지 과업 결정하고, 이 방법 시간 연구(time study)와 동작 연구(motion study)에 기반
② 작업(근로자)자을 과학적인 방법으로 선발하고 훈련/개발
③ 경영자와 작업자 사이에 친밀하고 밀접한 협력체계를 유지/확립
④ 경영자와 작업자 사이에 균등한 업무 분담

• 과학적 관리를 위한 기본 원리를 통하여 테일러가 개발한 다양한 제도나 방법으로는 차별성과급제도, 계획부제도, 기능별(직능별) 직장제도, 작업지도표제도(지시표제도) 등으로 과학적 경영을 위한 구체적 제도는 다음과 같다.

① 차별적 성과급제 : 과업의 성공률이 높으면 높은 임금을 지불하고, 과업이 실패하면 낮은 임금 지불
② 계획부제도 : 계획부에서 모든 계획 및 관리 업무 담당
③ 직능별 직장제도 : 특정 업무영역에서만 종업원을 지휘·감독
④ 작업지도표제도(지시표제도) : 계획부와 작업현장연결수단

정답 ⑤

02 카츠(R. L. Katz)가 제시한 경영자의 기술에 관한 설명으로 옳은 것을 모두 고른 것은?

ㄱ. 전문적 기술은 자신의 업무를 정확히 파악하고 능숙하게 처리하는 능력을 말한다.
ㄴ. 인간적 기술은 다른 조직구성원과 원만한 인간관계를 유지하는 능력을 말다.
ㄷ. 개념적 기술은 조직의 현황이나 현안을 파악하여 세부적으로 처리하는 실무적 능력을 말한다.

① ㄱ　② ㄴ　③ ㄱ, ㄴ　④ ㄱ, ㄷ　⑤ ㄱ, ㄴ, ㄷ

해설 앤소프(Ansoff)는 경영계층별로 구분하면 상위부터 전략적 의사결정, 관리적 의사결정, 업무적 의사결정이 필요하다고 하였고, 캇츠(Katz)는 경영자에 요구되는 능력으로 개념적(conceptual) 능력, 인간적(human) 능력, 전문적(technical) 능력을 들고 계층별로 이의 배합기능이 달라야 한다고 하였다.

• 캇츠(Katz)는 경영자에 요구되는 능력
  – 개념적(conceptual) 능력

– 인간적(human) 능력
– 전문적(technical) 능력

⇒ ㄷ. 개념적 기술은 조직의 현황이나 현안을 파악하여 ~~세부적~~으로 처리하는 ~~실무적~~ 능력을 말한다.
(중장기적) (전략적)

정답 ③

03 기업 외부의 개인이나 그룹과 접촉하여 외부환경에 관한 중요한 정보를 얻는 활동은?

① 광고 ② 예측활동 ③ 공중관계(PR)
④ 활동영역 변경 ⑤ 경계연결(boundary spanning)

해설 경계연결(boundary spanning) 혹은 경계관리
조직과 (기업) 환경과의 관계에서 외부 환경의 핵심요소들과 조직의 각 부분을 연결하고 조정하는 전략으로서 완경과 정보를 주고 받는 역할을 의미한다.

정답 ⑤

04 조직의 목표를 달성하기 위하여 조직구성원들이 담당해야 할 역할 구조를 설정하는 관리과정의 단계는?

① 계획 ② 조직화 ③ 지휘 ④ 조정 ⑤ 통제

해설 조직화란 조직 전체 업무를 개인이나 집단에 할당하고, 구성원들을 집단화 한 후 해당 업 무에 권한을 부여하는 것을 말한다.

정답 ②

05 캐롤(B. A. Carroll)이 주장한 기업의 사회적 책임 중 책임성격이 의무성 보다 자발성에 기초하는 것을 모두 고른 것은?

ㄱ. 경제적 책임	ㄴ. 법적 책임	ㄷ. 윤리적 책임	ㄹ. 자선적 책임

① ㄱ, ㄴ ② ㄴ, ㄷ ③ ㄷ, ㄹ ④ ㄱ, ㄴ, ㄹ ⑤ ㄴ, ㄷ, ㄹ

해설 캐롤(B. A. Carroll)의 기업의 사회적 책임
- 경제적 책임 : 기업이 사회의 기본적인 경제 단위로서 재화와 서비스를 생산할 책임
- 법률적 책임 : 기업은 법률적 구조내에서 경제적 임무를 수행할 책임
- 윤리적 책임 : 법으로 규정되지는 않았지만, 사회 구성원으로서 기대하는 행동과 활동에 대한 책임
- 자선적 책임 : 기업의 개별적 판단과 선택에 의헤 수행되는 책임이며 사회적 기부행위, 약물오남용밥지 프로그램, 보육시설 운영 등 자발적 영역

정답 ③

06 포터(M. Porter)의 산업구조분석 모형에 관한 설명으로 옳지 않은 것은?

① 산업 내 경쟁이 심할수록 산업의 수익률은 낮아진다.
② 새로운 경쟁자에 대한 진입장벽이 낮을수록 해당 산업의 경쟁이 심하다.
③ 산업 내 대체재가 많을수록 기업의 수익이 많이 창출된다.
④ 구매자의 교섭력은 소비자들이 기업의 제품을 선택하거나 다른 제품을 구매할 수 있는 힘을 의미한다.
⑤ 공급자의 교섭력을 결정하는 요인으로는 공급자의 집중도, 공급물량, 공급자 판매품의 중요도 등이 있다.

해설 ③ 산업 내 대체재가 많을수록 기업의 수익이 많이 창출된다. → 수익이 악화된다.

정답 ③

07 효과적인 의사소통을 방해하는 요인 중 발신자와 관련된 요인이 아닌 것은?

① 의사소통 기술의 부족 ② 준거체계의 차이 ③ 의사소통 목적의 결여
④ 신뢰성의 부족 ⑤ 정보의 과부하

해설 의사소통은 발신자가 수신자에게 메시지를 전달하는 과정이며, 다양한 채널을 통하여 메시지가 전달될 수 있고, 발신자의 생각이 코드화되어서 메시지가 채널을 통하여 전달되고, 이를 해독하여 이해하고, 변화되는 과정이다.

정답 ⑤

08 변혁적 리더십의 구성요소 중 다음 내용에 해당하는 것은?

> ○ 높은 기대치를 전달하고, 노력에 집중할 수 있도록 상징을 사용
> ○ 미래에 대한 매력적인 비전 제시, 업무의 의미감 부여, 낙관주의와 열정을 표출

① 예외에 의한 관리 ② 영감적 동기부여 ③ 지적 자극
④ 이상적 영향력 ⑤ 개인화된 배려

해설 거래적 리더십과 변혁적 리더십

구 분	거래적 리더십	변혁적 리더십
현 상	현상을 유지하기 위해 노력함	현상을 변화시키고자 노력함
목표지향성	현상과 너무 괴리되지 않은 목표지향	보통 현상바다 매우 높은 이상적인 목표지향
시 간	단기적 전망, 기본적으로 가시적인 보상으로 동기부여	장기적인 전망, 부하들에게 장기적 목표를 위해 노력하도록 동기부여
동기부여 전략	부하들에게 즉각적이고도 가시적인 보상으로 동기부여	부하들에게 자아실현과 같은 높은 수준의 개인적 목표를 동경하도록 동기부여
행위표준	부하들은 규칙과 관례를 따르기를 좋아함.	변환적이며 새로운 시도에 도전하도록 부하를 격려함
문제해결	부하들을 위해 문제를 해결하거나 해답을 찾을 수 있는 곳을 알려줌	질문을 하여 부하들이 스스로 해결책을 찾도록 격려하고나 함께 일함.

정답 ②

09 다음 특성에 부합하는 직무평가 방법으로 옳은 것은?

○ 비계량적 평가 ○ 직무 전체를 포괄적으로 평가 ○ 직무와 직무를 상호 비교하여 평가

① 서열법 ② 등급법 ③ 점수법 ④ 분류법 ⑤ 요소비교법

해설 (1) 서열법

① 가장 오래되고 간단한 방법으로, 각 직무를 상호 비교하여 순서를 결정하는 방법이다.

② 평가자가 종업원의 직무수행에 있어서 요청되는 지식, 숙련, 책임 등을 비교하여 상대적으로 가장 단순한 직무를 최하위로 놓고, 가장 중요하고 가치 있는 직무를 최상위에 놓고 순위를 결정하게 된다.

③ 직무간의 차이가 명확하거나, 평가자가 모든 직무를 잘 알고 있을 경우에 적용이 용이하다.

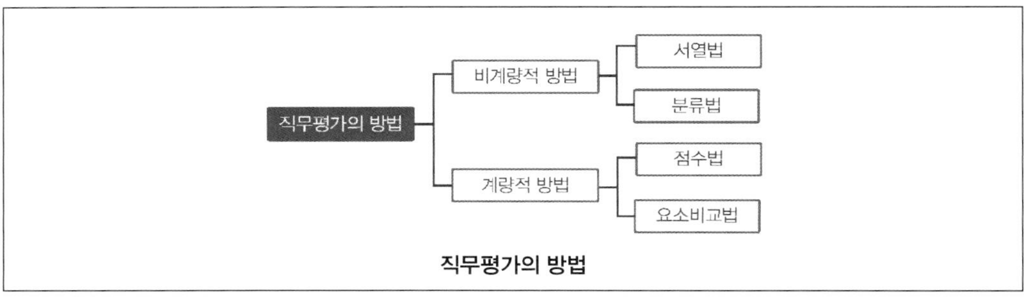

직무평가의 방법

정답 ①

10 기업이 종업원에게 지급하는 임금의 계산 및 지불 방법에 해당하는 것은?

① 임금수준 ② 임금체계 ③ 임금형태 ④ 임금구조 ⑤ 임금결정

해설 임금(지급)형태 : 임금의 계산 및 지불 방법

시간급, 성과급(개인·집단), 추가급제, 집단자극제, 성과배분제, 연봉제 등 **(★★★: 중요함)**

정답 ③

11 고과자가 평가방법을 잘 이해하지 못하거나 피고과자들 간의 차이를 인식하지 못하는 무능력에서 발생할 수 있는 인사고과의 오류는?

① 중심화 경향 ② 논리적 오류 ③ 현혹효과 ④ 상동적 태도 ⑤ 근접오차

해설 ② 논리적 오류 : 객관적이고 관찰가능한 사실로 평가

③ 현혹효과 : 여러 평가자의 독립적 평가, 피평가자간 평가, 한 특성에 대해 구성원 전부 평가

④ 상동적 태도 : 타인에 대한 평가가 그가 속한 사회적 집단에 대한 지각을 기초로 해서 이루어 지는 것을 말한다. 어느 지역출신, 학교출신이기 때문에 어떠할 것이다 고 판단하는 경우가 이에 속한다.

⑤ 근접오차 : 피평정자의 최근 실적과 능력을 중심으로 평가에서 발생하는 오류

정답 ①

12 **산업별 노동조합 또는 교섭권을 위임받은 상급단체와 개별 기업의 사용자 간에 이루어지는 단체교섭 유형은?**

① 대각선 교섭　② 통일적 교섭　③ 기업별 교섭　④ 공동교섭　⑤ 집단교섭

해설 단체교섭(collective bargaining)은 노동조합과 사용자 양자의 단체적 가치를 전제로 하여 근로자의 임금이나 근로시간 및 그 밖의 근로조건에 관한 협약의 체결을 위해 집단적 타협을 모색하고 또한 체결된 협약을 관리하는 절차와 행위를 말한다.

② 통일적 교섭 ; 전국에 걸친 산별노조나 하부단위 노조로부터 교섭권을 위임받은 연합노조와 이에 대응하는 산업별, 지역별 사용자단체 간의 교섭을 의미한다. 산업별 교섭 또는 복수사용자교섭이라고도 하며 영미를 비롯한 유럽각국에서 사용되고 있다.

③ 기업별 교섭 : 기업 내 조합원을 협약의 적용대상인 교섭단위로 하여 기업별 노조와 사용자간에 단체교섭이 이루어지는 방식이다. 우리나라와 일본에서의 단체교섭 대부분은 이에 해당한다.

④ 공동교섭 : 이는 기업별 단위노조 또는 지역별 단위노조가 그 상부단위 노조와 공동으로 참가하여 기업별 사용자측과 교섭하는 방식을 말한다.

⑤ 집단교섭 : 유럽에서 흔히 발견되며, 복수의 단위노조와 복수의 사용자가 업종, 기업규모, 지역 등을 기준으로 집단연합전선을 형성하여 교섭하는 방식이다. 여기서 노조간 연합은 상위단위노조인 산별노조나 연합노조를 의미하는 것이 아니라 개별 노조간 연대를 의미한다.

정답 ①

13 **외부 모집과 비교한 내부 모집의 장점을 모두 고른 것은?**

ㄱ. 승진기회 확대로 종업원 동기 부여
ㄴ. 지원자에 대한 평가의 정확성 확보
ㄷ. 인력수요에 대한 양적 충족 가능

① ㄱ　② ㄴ　③ ㄱ, ㄴ　④ ㄴ, ㄷ　⑤ ㄱ, ㄴ,

해설 [표] 내부와 외부 모집 장단점 비교

구 분	장 점	단 점
내부 모집	– 승진기회 확대로 종업원 동기부여(Motivation) 향상 – 모집에 드는 비용 절감 및 시간단축 – 기존의 인건비 및 급여수준 유지가능	– 인재선택의 폭이 좁아짐 – 부족한 업무능력 보충을 위한 교육훈련비 증가 – 능력주의와 배치되는 패거리 문화 형성
외부 모집	– 인력유입으로 새로운 지식, 경험 축적가능 – 업무능력 등 자격을 갖춘자를 채용하므로 교육훈련비 감소	– 모집에 장시간과 많은 비용소요 – 위험(Risk)발생(적응실패, 기술지식의 차이) – 내부인력의 승진기회 축소

정답 ③

14 다음과 같은 장점을 지닌 조직구조는?

> ○ 관리 비용을 절감할 수 있음
> ○ 작은 기업들도 전 세계의 자원과 전문적인 인력을 활용할 수 있음
> ○ 창업 초기에 공장이나 설비 등의 막대한 투자없이도 사업이 가능

① 사업별 조직구조 ② 프로세스 조직구조 ③ 매트릭스 조직구조
④ 지역별 조직구조 ⑤ 네트워크 조직구조

해설 네트워크조직(network organization)은 첨단의 정보통신기술을 활용하여 조직의 유연성과 유기적 연계성을 극대화함으로써 새로이 출현하는 기술이나 사회적 유행 및 조류변화에 신속히 적응할 수 있게 설계된 조직형태이다.

정답 ⑤

15 페로우(C. Perrow)의 기술분류 유형 중 과업다양성과 분석가능성이 모두 낮은 유형은?

① 일상적 기술 ② 비일상적 기술 ③ 장인기술 ④ 공학기술 ⑤ 중개기술

해설 페로우(Perrow) : 연구대상을 서비스업이나 일반조직까지 늘림

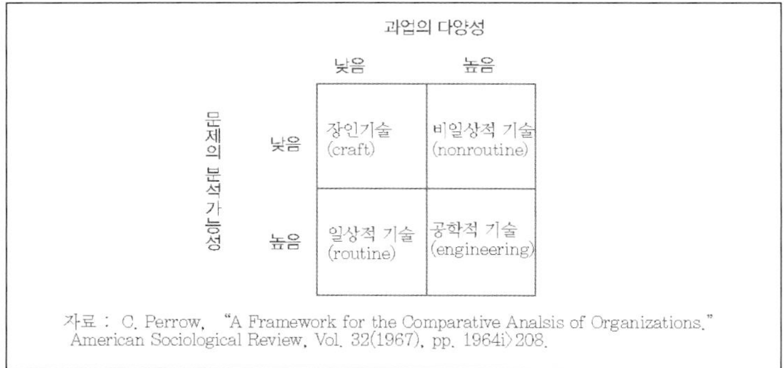

기술을 과업의 다양성과 문제의 분석 가능성의 차원에서 장인기술(craft), 비일상적 기술(nonroutine), 일상적 기술(routine), 공학적 기술(engineering)로 구분한다.

정답 ③

16 마일즈(R. Miles)와 스노우(C. Snow)의 전략 유형 중 유연성이 높고 분권화된 학습지향 조직구조로 설계하는 것이 적합한 전략은?

① 반응형 전략 ② 저원가 전략 ③ 분석형 전략 ④ 공격형 전략 ⑤ 방어형 전략

해설 마일즈(R. Miles)와 스노우(C. Snow)의 전략 유형은 경쟁 환경에 따라 조직의 네 가지 전략 유형을 제시하였다. 각 유형은 조직이 경쟁 환경에 적응하고 경쟁 우위를 확보하기 위한 접근 방식을 나타낸다. 이들의 전략 유형은 성과주의적인 시각에서 조직의 경쟁 환경에 대한 이해와 전략 수립, 성과 측정, 일관성 평가, 개선 등에 유용한 도구로 활용되는 의의를 가지고 있다. 마일즈(R. Miles)와 스노우(C. Snow)의 전략 유형은 시장 환경에 대한 대응방식에 따라 공격형/탐색형(prospector), 방어형(defender), 분석형(analyzer), 반응형/적응형(reactor)으로 분류될 수 있다.

탐색형(Prospector)
- 탐색형 조직은 새로운 기회를 찾고 혁신적인 제품과 서비스를 개발하는 데 중점을 둡니다.
- 이들은 시장의 변화를 빠르게 감지하고 새로운 시장을 창출하려는 경향이 있습니다.
- 위험을 감수하고 항상 변화하는 환경에 적응하려고 합니다.

방어형(Defender)
- 방어형 조직은 기존 시장을 안정적으로 유지하고 방어하는 전략을 취합니다.
- 이들은 이미 확립된 제품이나 서비스를 보호하고, 효율성을 높이며 비용을 절감하는 데 초점을 맞춥니다.
- 경쟁이 치열한 환경에서는 방어적인 접근 방식을 통해 시장 점유율을 유지하려고 합니다.

분석형(Analyzer)
- 분석형 조직은 탐색형과 방어형 전략을 혼합하여 사용합니다.
- 새로운 기회를 탐색하면서도, 안정성을 유지하고 기존 제품의 개선에 노력합니다.
- 이들은 변화하는 시장 환경에 적절히 대응하며, 새로운 제품 개발과 기존 제품 개선을 동시에 추구합니다.

적응형(Reactor)
- 적응형 조직은 명확한 전략이 없으며, 외부 환경의 변화에 반응적으로 대응합니다.
- 이들은 주로 위기 상황에서 행동하며, 사전 계획 없이 임시방편적인 해결책을 찾는 경향이 있습니다.
- 전략적 일관성이 부족하고, 환경 변화에 적절히 대응하지 못할 경우가 많습니다.

정답 ④

17 핵심자기평가(core self-evaluation)가 높은 사람들은 자신을 가능성 있고, 능력있고, 가치있는 사람으로 평가한다. 핵심자기평가의 구성요소를 모두 고른 것은?

ㄱ. 자존감	ㄴ. 관계성	ㄷ. 통제위치
ㄹ. 일반화된 자기효능감	ㅁ. 정서적 안정	

① ㄱ, ㄴ, ㄷ ② ㄱ, ㄴ, ㅁ ③ ㄱ, ㄴ, ㄹ, ㅁ ④ ㄱ, ㄷ, ㄹ, ㅁ ⑤ ㄴ, ㄷ, ㄹ, ㅁ

해설 핵심자기평가(core self-evaluation)의 구성요소
핵심자기평가를 구성하는 4개의 성격 특질로서 첫째, 자기존중감은 사람들이 자기 자신에 대해 내리는 기본적인 평가이고(Harter,1990), 둘째, 일반화된 자기효능감은 개인의 삶에서 발생하는 다양한 과업들을 수행하기 위해 필요한 능력에 대한 자기 자신의 추정이 며(Judge et al., 1997), 셋째, 신경증은 정서적으로 안정되지 못하고 불안감을 느끼며 높은 의존성과 무력감을 쉽게 느끼는 경향을 의미한다(Costa & McCrae, 1988). 그리고 넷째, 통제소재는 개인의 삶 속에서 일어나는 다양한 사건들을 자기 스스로 통제할 수 있다고 믿는 정도인 내적 통제소재와, 환경이나 운명이 사건을 통제한다고 믿는 정도인 외적 통제소재를의미한다(Rotter, 1966).

정답 ④

18 킬만(T. Kilmann)의 갈등관리 유형 중 목적달성을 위해 비협조적으로 자기 관심사만을 만족시키려는 유형은?

① 협력형 ② 수용형 ③ 회피형 ④ 타협형 ⑤ 경쟁형

경영학개론

해설 킬만(T. Kilmann)의 갈등관리 유형

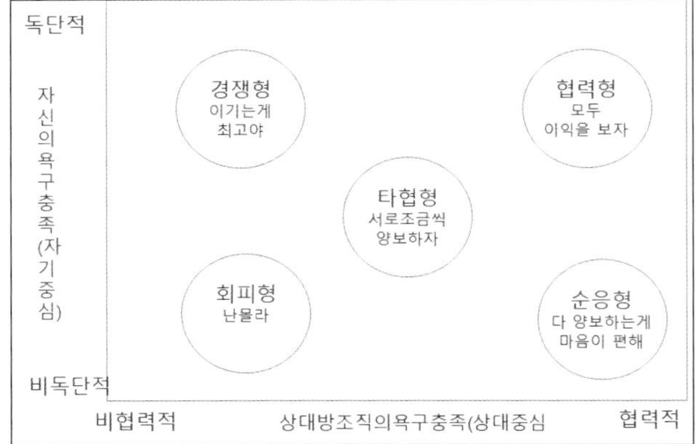

정답 ⑤

19 효과적인 시장세분화가 되기 위한 조건으로 옳지 않은 것은?

① 세분화를 위해 사용되는 변수들이 측정가능해야 한다.
② 세분시장에 속하는 고객들에게 효과적이고 효율적으로 접근할 수 있어야 한다.
③ 세분시장 내 고객들과 기업의 적합성은 가능한 낮아야 한다.
④ 같은 세분시장에 속한 고객들끼리는 최대한 비슷해야 하고 서로 다른 세분시장에 속한 고객들 간에는 이질성이 있어야 한다.
⑤ 세분시장의 규모는 마케팅활동으로 이익이 날 수 있을 정도로 충분히 커야 한다.

해설 시장을 세분화 한다는 것은 전체 시장을 단지 더 작은 시장으로 나누는 것만이 전부는 아니다. 그 시장에서 기업이 효율적으로 마케팅 활동을 할 수 있도록 소비자 집단을 나누는 것이다.

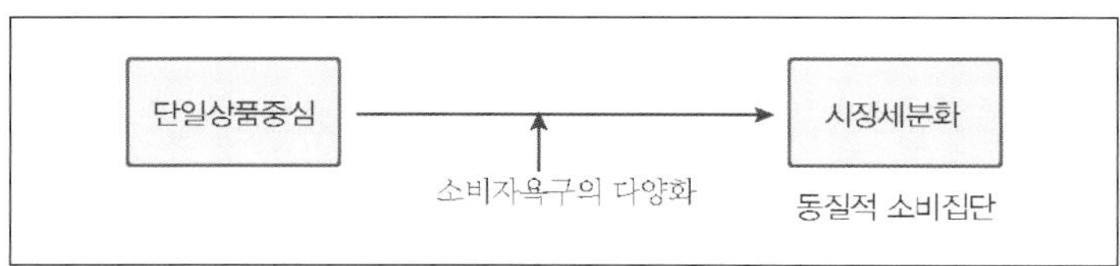

정답 ③

20 다음에서 설명하는 제품수명주기의 단계는?

○ 고객의 신제품수용이 늘어나 생산량이 급속히 증가하면서 단위당 제품원가,유통비용, 촉진비용이 하락한다.
○ 지속적인 판매량 증대로 이익이 빠르게 늘어난다.

① 도입기 ② 성장기 ③ 성숙기 ④ 정체기 ⑤ 쇠퇴

해설 **제품수명주기(PLC)(★★★: 중요함)**

① 상품수명주기가 갖는 의미는 상품이 지니는 여러 측면의 경쟁상황에서 더욱 중요
② 성장단계 : 상품특성이 지극히 중요한 역할을 함
③ 성숙단계 : 브랜드의 중요성이 높아짐

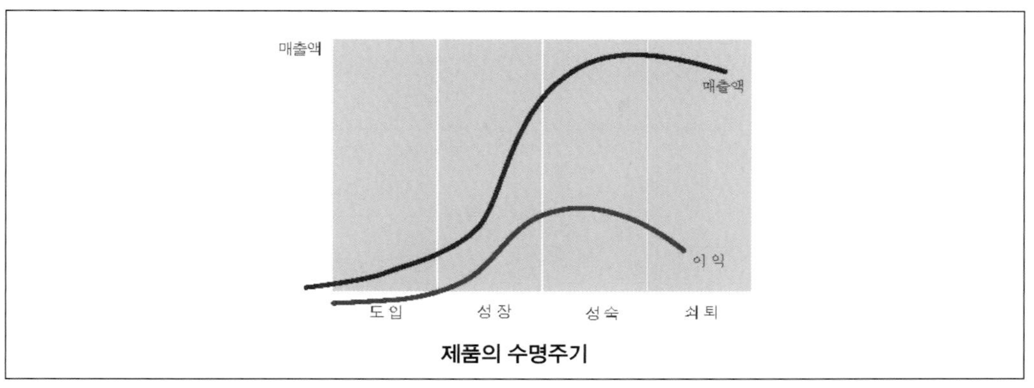

제품의 수명주기

정답 ②

21 4P 중 가격에 관한 설명으로 옳지 않은 것은?

① 가격은 다른 마케팅믹스 요소들과 달리 상대적으로 쉽게 변경할 수 있다.
② 구매자가 가격이 비싼지 싼지를 판단하는 기준으로 삼는 가격을 준거가격이라 한다.
③ 구매자가 어떤 상품에 대해 지불할 용의가 있는 최저가격을 유보가격이라 한다.
④ 가격변화를 느끼게 만드는 최소의 가격변화 폭을 JND(just noticeable difference)라 한다.
⑤ 구매자들이 가격이 높은 상품일수록 품질도 높다고 믿는 것을 가격-품질 연상이라 한다.

해설 유보가격 : 소비자가 지불할 의향 있는 최고 가격

정답 ③

22 판매촉진의 수단 중 소비자들의 구입가격을 인하시키는 효과를 갖는 가격수단의 유형을 모두 고른 것은?

ㄱ. 할인쿠폰	ㄴ. 샘플	ㄷ. 보상판매	ㄹ. 보너스팩

① ㄱ, ㄴ ② ㄷ, ㄹ ③ ㄱ, ㄴ, ㄷ ④ ㄱ, ㄷ, ㄹ ⑤ ㄱ, ㄴ, ㄷ, ㄹ

해설 판매촉진

① 광고, 인적판매, PR 이외의 활동
② 단기적·직접적 수단

③ 충동구매유발

	범 위	비 용	장 점	단 점
광 고	대 중	고 가	메시지 통제 가능 다수 대중에 전달	효과측정 어렵다 정보의 양이 제한
인적판매	개별고객	고 가	정보의 양과 질 즉각적 피드백	높은 비용 오랜 시간
판매촉진(판 촉)	대 중	보 통	즉각 효과, 측정 용이, 시행 용이	모방이 쉽다 단기적 효과
P R	대 중	무 료	신뢰도가 높다	통제가 어렵다 간접적 효과

정답 ④

23 브랜드에 관한 설명으로 옳지 않은

① 브랜드는 제품이나 서비스와 관련된 이름, 상징, 혹은 기호로서 그것에 대해 구매자가 심리적인 의미를 부여하는 것이다.
② 브랜드 자산은 소비자가 브랜드에 부여하는 가치, 즉 브랜드가 창출하는 부가가치를 말한다.
③ 켈러(J. Keller)에 따르면, 브랜드 자산의 원천은 브랜드의 인지도와 브랜드의 이미지이다.
④ 브랜드 이미지는 긍정적이고 독특하며 강력해야 한다.
⑤ 브랜드 개발은 창의적인 광고를 통해 관련 이미지를 만들어내는 것이다.

해설 브랜드(Brand)/상표 전략

상표(Brand)

경쟁회사의 제품과 구별하기 위해 사용하는 명칭, 술어, 상징, 도안 및 이것들의 조합

상표명 언어 및 문자적인 요소

상표마크 상징, 색채, 도안 등으로 구성

→ 누구나 만들어 사용할 수 있음

→ 특허청에 등록 독점적인 사용

등록상표(Trad Mark)

법률로 독점적 사용권이 부여된 상표

(1) 상 표(★★★: 중요함)

상표란 자사의 제품과 경쟁사의 제품을 구별하기 위해 사용하는 명칭, 술어, 상징, 및 도안 등과 이들의 조합이다.

정답 ⑤

24 금년 초에 5,000원의 배당(=d0)을 지급한 A기업의 배당은 매년 영원히 5%로 일정하게 성장할 것으로 예상된다. 요구수익률이 10%일 경우 이 주식의 현재가치는?

① 50,000원 ② 52,500원 ③ 100,000원 ④ 105,000원 ⑤ 110,000원

해설 정률성장배당할인모형(constant growth DDM)

배당주의 현재가치(V_0) = $\frac{D_0 \times (1+g)}{(k-g)}$

D_0 : 올해 말의 배당금

k : 할인율 또는 요구수익률

g : (배당)성장률

주식의 현재가치 = 배당금(5000원) * (1+0.05) / (0.1 − 0.05)

= 105,000원

정답 ④

25 자본시장선(CML)과 증권시장선(SML)에 관한 설명으로 옳지 않은 것은?

① 증권시장선 보다 아래에 위치하는 주식은 주가가 과대평가 된 주식이다.
② 자본시장선은 개별위험자산의 기대수익률과 체계적 위험(베타) 간의 선형관계를 설명한다.
③ 자본시장선 상에는 비체계적 위험을 가진 포트폴리오가 놓이지 않는다.
④ 동일한 체계적 위험(베타)을 가지고 있는 자산이면 증권시장선 상에서 동일한 위치에 놓인다.
⑤ 균형상태에서 모든 위험자산의 체계적 위험(베타) 대비 초과수익률(기대수익률 [E(ri)] − 무위험수익률 [rf])이 동일하다.

해설 자본시장선(CML)과 증권시장선(SML)의 비교

① 자본시장선(CML)은 완전분산투자된 효율적 포트폴리오의 총위험(표준편차)과 기대수익 률간의 선형관계
② 증권시장선(SML)은 효율적 포트폴리오는 물론 비효율적 포트폴리오나 개별자산을 포함한 모든 자산의 체계적 위험과 기대수익률간의 선형관계

정답 ②

26 투자안의 경제성 분석방법에 관한 설명으로 옳은 것은?

① 투자형 현금흐름의 투자안에서 내부수익률은 투자수익률을 의미한다.
② 화폐의 시간가치를 고려하는 분석방법은 순현재가치법이 유일하다.
③ 순현재가치법에서는 가치가산의 원칙이 성립하지 않는다.
④ 내부수익률법에서는 재투자수익률을 자본비용으로 가정한다.
⑤ 수익성지수법은 순현재가치법과 항상 동일한 투자선택의 의사결정을 한다.

해설 ① 투자형 현금흐름의 투자안에서 내부수익률은 투자수익률을 의미한다. → 「순현가 = 0」으로 만드는 할인율

• 순현가(NPV)법, 수익성지수(PI)법, 및 내부수익률(IRR)법 비교

	순현가(NPV)법	수익성지수(PI)법	내부수익률(IRR)법
개념	순현가 = 현금유입 현가−현금유출 현가	수익성지수= 현금유입현가÷현금유출현가	「순현가 = 0」으로 만드는 할인율
기준	① 독립적 투자안: 순현가>0 ② 배타적 투자안: 순현가>0 중 최고	① 독립적 투자안: PI>1 ② 배타적 투자안: PI>1 중 최고	① 독립적 투자안: IRR>자본비용 ② 배타적 투자안: IRR>자본비용 중 최고
특징	① 모든 현금흐름 고려 ② 화폐의 시간가치 고려 ③ 가치가산의 원리 적용 ④ 기회자본비용으로 할인(사전결정) ⑤ 요구수익률로 재투자	① 투자규모를 표준화하여 투자안 평가 ② 가치가산의 원리 적용 안됨 ③ 투자규모동일: 순현가법과 일치 ④ 투자규모상이(배타): NPV법과 일치 or 불일치 ⑤ 투자안과 동일한 수익률로 재투자	① 연평균수익률: 자본비용과 무관 ② 가치가산의 원리가 적용 안됨 ③ 내부수익률로 재투자 ④ 자본비용이 매기 다르면 적용 난이

정답 ①

27 총자산순이익률(ROA)이 20%, 매출액순이익률이 8%일 때 총자산회전율은?

① 2 ② 2.5 ③ 3 ④ 3.5 ⑤ 4

해설 총자산순이익률(ROA) = 매출액순이익률 * 총자산회전율
→ 총자산회전율 = 총자산순이익률(ROA) 20% / 매출액순이익률 8%
= 2.5

총자본수익률을 총자산이익률(Return On Asset ; ROA) 혹은 투자수익률(Return On Investment ; ROI)이라고 부른다.

$$총자본이익률(\%) = \frac{당기순이익}{총자본} \times 100$$

④ 위 비율의 변동요인을 분석하기 위해서 활동성 비율인 총자본회전율을 이용하면 아래의 식처럼 변형된다.

$$\frac{당기순이익}{총자본} = \frac{당기순이익}{매출액} \times \frac{매출액}{총자본}$$
$$= 매출액이익률 \times 총자본회전율$$

정답 ②

28 다음 채권의 듀레이션은? (단, 소수점 셋째 자리에서 반올림한다)

○ 액면가액 1,000원
○ 액면이자율 연 10%, 매년 말 이자지급
○ 만기 2년
○ 만기수익률 연 12%

① 1.75년 ② 1.83년 ③ 1.87년 ④ 1.91년 ⑤ 2.00년

해설 듀레이션은 채권의 현재가치의 현금흐름에서 차지하는 비중에서 현금흐름의 발생시저를 곱해준 값들을 모두 합한 값으로 다음과 같이 산출한다.

구분	1년	2년
미래가치	100원	1100원
현재가치	100/(1+0.12) = 89원	$1100/(1+0.12)^2$ = 880원
듀레이션	(89*1 + 880*2) / (89 + 880) = 191년	

정답 ④

29 가치분석/가치공학분석에서 사용하는 브레인스토밍(brainstorming)의 주제로 옳지 않은 것은?

① 불필요한 제품의 특성은 없는가?
② 추가되어야 할 공정은 없는가?
③ 무게를 줄일 수는 없는가?
④ 두 개 이상의 부품을 하나로 결합할 수 없는가?
⑤ 제거되어야 할 비표준화된 부품은 없는가?

해설 가치공학과 가치분석
제품이나 서비스의 가치를 증대시키기 위한 혁신기법으로 가치공학(VE)과 가치분석(VA)가 있다.
(1) 가치공학(VE)
가치공학은 주로 제품이나 공장의 설계분석에 관심을 둔다.
(2) 가치분석(VA)
가치분석은 주로 구매품의 원가분석에 관심을 둔다.
(3) 가치혁신(VI)
가치혁신은 제품의 라이프사이클의 모든 단계에서 VE, VA를 전개하는 것이다.

정답 ②

30 **최근 5개월간의 실제 제품의 수요에 대한 데이터가 주어져 있다고 할 때, 3개월 가중이동평균법을 적용하여 계산된 5월의 예측 수요 값은? (단, 가중치는 0.6, 0.2, 0.2이다.)**

구분	1월	2월	3월	4월	5월
실제 수요(개)	680만개	820만개	720만개	540만개	590만개

① 606만개 ② 632만개 ③ 658만개
④ 744만개 ⑤ 766만개

해설▶ 가중이동평균법 가까운 시기의 수요량을 예측치에 반영하기 위할 경우에 사용되고, 가중치의 합은 1이다.
5월 예측치이므로 가장 가까운 수요량은 3개월인 2월, 3월, 4월을 반영한다.
5월의 예측량은
2월(820만) * 0.2 = 164만
3월(720만) * 0.2 = 144만
4월(540만) * 0.6 = 324만
→ 전체의 합은 632만개임

정답▶ ②

31 **공급사슬관리의 효율성을 측정하는 지표로 옳은 것은?**

① 재고회전율 ② 원자재투입량 ③ 최종고객주문량
④ 수요통제 ⑤ 채찍효과

해설▶ • 공급사슬의 성과측정 척도: 주로 재고검토를 통해 파악
① 재고회전율 = 매출원가/재고가치
② 재고일수 = (재고가치/매출원가) x 기간
• 공급사슬관리의 핵심성공요인
① 구성원간 유기적 통합과 정보공유 필요
② 관리자들의 리더십과 강한 조직문화 및 효과적 인적자원관리 등이 필요

정답▶ ①

32 **준비비용이 일정하다고 가정하는 경제적 주문량(EOQ)과는 달리 준비비용을 최대한 줄이고자 하는 시스템은?**

① 유연생산시스템(FMS) ② 자재소요관리시스템(MRP) ③ 컴퓨터통합생산시스템(CIM)
④ ABC 재고관리시스템 ⑤ 적시생산시스템(JIT)

해설▶ **적시생산시스템(JIT ; Just In Time System) (★★★: 중요함)**
① 만일의 경우에 대비하는 생산을 지양하고 필요한 물품을 필요한 때에 필요한 만큼만 생산하도록 추구하며 풀 시스템에 의하여 이를 실현하도록 함

② 칸반(Kaban) 시스템 : 풀 시스템을 실행하기 위한 수단으로써 간판/칸반 카드를 이용하여 자재의 이동과 생산을 통제
③ 목적 : 생산시스템 내의 모든 낭비를 제거하는데 있으며 생산시스템에 대한 수요율과 생산시스템의 생산율을 경제적으로 일치시킬 수 있을 때 달성될 수 있음

정답 ⑤

33 기업에서 생산목표상의 경쟁우선순위에 해당하지 않는 것은?

① 기술 ② 품질 ③ 원가 ④ 시간 ⑤ 유연성

해설 생산 목표

- 원가(Cost): 생산원가의 최소화(재료비, 노무비, 간접비 등 절감)
- 품질(Quality): 고객만족도(제품만족율), 폐기물이나 재작업의 비율, 불량률 최소화
  - 설계품질(quality of design)
  - 적합품질(quality of conformance)
  - 다기능/고기능
  - 내구성/신뢰성
- 납품(Delivery) : 고객이 원하는 시간과 장소에 제품이나 서비스를 인도할 수 있는 생산과 이동 능력이다.
  - 재고생산: 재고로부터 바로 충족되는 주문의 비율(서비스 수준), 재고를 보충하는데 걸리는 시간(조달기간, 인도기간)
  - 주문생산: 납기의 길이, 납기준수율
- 유연성(Flexibility) : 수요의 질적 양적 변화에 신속하게 대응할 수 있는 능력
  - 질적 양적 변화 요소
    · 생산량 변동
    · 신제품도입
    · 제품설계변동
    · 제품믹스 변동
    · 다양한 제품라인
  - 수요변동에 대한 적응력, 신축성, 또는 여유생산능력

정답 ①

34 품질문제와 관련하여 발생하는 외부 실패비용에 해당하지 않는 것은?

① 고객불만 비용 ② 보증 비용 ③ 반품 비용
④ 스크랩 비용 ⑤ 제조물책임 비용

해설 폐기 및 재활용을 위한 처리비용 등이 스크랩 비용
→ 사내/내적 실패비용

정답 ④

품질비용 : 제품을 규격에 맞지 않게 만듦으로써 발생하는 비용

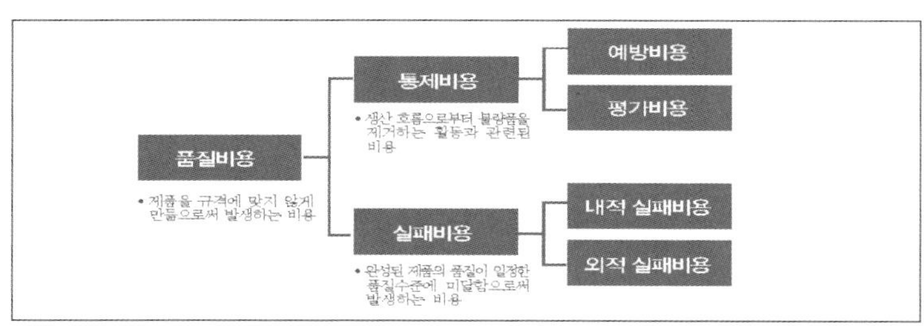

분류		내용	내역
예방비용		계획, 훈련, 설계 및 분석과 같이 예방활동에 관련된 비용	품질계획, 신제품검사, 공정관리, 품질감사, 공급자 품질평가, 교육훈련
평가비용		수입검사, 감사, 확인, 점검 및 최종검사 등과 같이 평가와 검사에 관련된 비용	수입검사 및 시험, 공정검사 및 시험, 최종검사 및 시험, 제품품질평가, 시험설비의 정도 관리, 검사재료 및 부대서비스, 보유품의 품질평가
실패비용	사내실패	고객에게 전달되기 이전의 재작업과 수리	폐기, 재작업, 고장해석, 전수선별, 재검사 및 재시험, 과다한 공정평균설정, 품질등급저하
	사외실패	고객에게 전달된 후의 수리, 교환, 환불	보증이행 부담, 고객 불평처리, 반품처리, 불량감안 여유분
	과잉속성	고객으로부터 그 가치를 인정받지 못하는 제품이나 서비스의 특성 때문에 발생하는 비용	VE(Value Engineering) 측면의 낭비
	기회상실	고객이 경쟁업체로부터 구매함으로써 초래되는 수입의 상실	기회손실비용

정답 ④

35 회계거래 분개 시 차변에 기록해야 하는 것은?

① 선수금의 증가 ② 미수수익의 증가 ③ 매출의 발생
④ 미지급비용의 증가 ⑤ 매입채무의 증가

해설 **계정기입의 규칙 (★★★: 중요함)**

자산의 증가는 왼쪽 (=차변)에, 자산의 감소는 오른쪽(=대변)에
부채의 증가는 오른쪽(=대변)에, 부채의 감소는 왼쪽(=차변)에
자본의 증가는 오른쪽(=대변)에, 자본의 감소는 왼쪽(=차변)에
비용의 발생은 왼쪽(=차변)에
수익의 발생은 오른쪽(=대변)에

차변(왼쪽)	대변(오른쪽)
자산의 증가 부채의 감소 자본의 감소 비용의 증가	자산의 감소 부채의 증가 자본의 증가 수익의 발생

정답 ②

36 재무비율에 관한 설명으로 옳지 않은 것은?

① 자산이용의 효율성을 분석하는 것은 활동성비율이다.
② 이자보상비율은 채권자에게 지급해야 할 고정비용인 이자비용의 안전도를 나타낸다.
③ 유동비율은 유동자산을 유동부채로 나눈 것이다.
④ 자기자본순이익률(ROE)은 주주 및 채권자의 관점에서 본 수익성비율이다.
⑤ 재무비율분석 시 기업 간 회계방법의 차이가 있음을 고려해야 한다.

해설 자기자본이익률

자기자본이익률(Return On Equity ; ROE)이란 당기순이익을 자기자본으로 나누어 산출한 비율로 기업의 주주 입장에서 투자자금 단위당 얼마의 이익을 벌어들였는지를 파악할 수 있는 지표가 된다.

$$\text{자기자본이익률(\%)} = \frac{\text{당기순이익}}{\text{자기자본}} \times 100$$

정답 ④

37 유형자산의 감가상각에 관한 설명으로 옳은 것은?

① 감가상각누계액은 내용연수 동안 비용처리 할 감가상각비의 총액이다.
② 정액법과 정률법에서는 감가대상금액을 기초로 감가상각비를 산정한다.
③ 정률법은 내용연수 후반부로 갈수록 감가상각비를 많이 인식한다.
④ 회계적 관점에서 감가상각은 자산의 평가과정이라기 보다 원가배분과정이라고 할 수 있다.
⑤ 모든 유형자산은 시간이 경과함에 따라 가치가 감소하므로 가치의 감소를 인식하기 위해 감가상각한다.

해설 감가상각비는 실제로 지불된 돈은 아니지만, 이미 당기순이익상의 장부에서 가감되는 비용

감가상각(減價償却, depreciation)이란 토지를 제외한 고정 자산에 생기는 가치의 소모를 셈하는 회계상의 절차로, 시간의 흐름에 따른 유형자산의 가치 감소를 회계에 반영하는 것이다. 경제학적으로는 유형자산의 가치 감소를 의미하나, 회계학의 관점에서 감가상각이란 고정 자산의 가치 소모를 각 회계 연도에 할당하여 자산의 가격을 줄여 가는 것, 취득한 자산의 원가(취득원가)를 자산의 사용기간에 걸쳐 비용으로 배분하는 과정(allocation)을 의미한다

• 정액법

정액법(定額法, Straight-line Depreciation)은 각 기간마다 일정액을 감가상각하는 방법으로, 간단하다는 장점 때문에 가장 많이 쓰이고 있다. 특히 건물의 경우에는 세법상 정액법으로 감가상각하는 것을 원칙으로 하고 있다. 정률법(定率法, Declining-Balance Method)은 자산의 기초 장부금액에서 일정 비율을 감가상각비로 산출하는 방법이다. 감가상각 첫 해에 가장 많은 상각비가 계산되지만, 점차 상각비가 감소하여 감가상각 마지막 해에는 가

경영학개론

장 적은 감가상각비가 계산되는 특징이 있다.

생산량비례법(生産量比例法, Units-of-Production Depreciation Method)은 자산의 이용정도를 고려하여 예상조업도나 예상생산량에 근거한 비율로 감가상각비를 계산하는 방법이다. 생산량비례법은 일반적인 유형자산보다 자연자원(광산, 유전 등)의 감모상각 방법에 적절하다.

연수합계법(年數合計法, Sum-of-Years' Digits Method)은 취득원가에서 잔존가치를 뺀 금액을 해당 자산의 내용연수의 합계로 나눈 후 남은 내용연수로 곱하여 감가상각비를 산출하는 방식이다. 급수법이라고도 한다. 기간이 지날수록 감가상각비가 감소하는 특징이 있다.

정답 ④

38 유형자산의 취득원가에 포함되는 것은?

① 파손된 유리와 소모품의 대체
② 마모된 자산의 원상복구
③ 건물 취득 후 가입한 보험에 대한 보험료
④ 유형자산 취득 시 발생한 운반비
⑤ 건물의 도색

해설 유형자산의 취득원가

- 토지취득 원가
- 건물취득 원가
- 기계설비(장치)의 취득원가(구입원가 + 준비관련 원가)
- 현금할인조건부 구입
- 할부구입
- 현물출자, 증여, 무상취득
- 교환에 의한 취득
- 공/공채 강제 취득
- 정부보조금 등의 징원에 의한 취득
- 안전, 환경 규제로 인한 취득
- 복구원가가 발생하는 취득

정답 ④

39 다음에서 설명하는 것은?

○ 데이터 소스에서 가까운 네트워크 말단의 서버들에서 일부 데이터 처리를 수행한다. ○ 클라우드 컴퓨팅 시스템을 최적화하는 방법이다.

① 엣지 컴퓨팅
② 그리드 컴퓨팅
③ 클라이언트/서버 컴퓨팅
④ 온디멘드 컴퓨팅
⑤ 엔터프라이즈 컴퓨팅

해설 • 엣지 컴퓨팅은 데이터 처리를 중앙 집중식 데이터 센터나 클라우드가 아닌, 데이터가 생성되는 지점 또는 '엣지'에서 수행하는 기술입니다. '엣지'라는 용어는 이러한 처리가 네트워크의 가장자리, 즉 사용자에게 가까운 곳에서 이루어진다는 의미에서 유래했습니다. 이 개념의 핵심은 지연 시간을 최소화하고, 네트워크 대역폭 사용을 줄이며, 데이터 처리의 효율성을 높이는 것입니다

• 온디멘드 컴퓨팅은 사용자가 필요에 따라 컴푸틴 리소스를 사용할 수 있도록 하는 모델
• 엔터프라이즈 컴퓨팅은 기존의 모든 기술을 사용하여 엔터프라이즈 환경에서 컴퓨티능 구현하는 것

정답 ①

40 비정형 텍스트 데이터의 가치와 의미를 찾아내는 빅데이터 분석기법은?

① 에쓰노그라피(ethnography) 분석
② 포커스그룹(focus group) 인터뷰
③ 텍스트 마이닝
④ 군집 분석
⑤ 소셜네트워크 분석

해설 **텍스트마이닝(Text Mining) :**

– 자연어 처리 기술에 기반한 이 기술은 비정형 텍스트 데이터에서 가치와 의미를 찾아내는 기술이다.
– 사용자는 이 기술을 통해 방대한 정보에서 의미있는 정보를 추출하고 다른 정보와 연계성을 파악, 텍스트가 가진 카테고리를 찾아내는 등 단순한 정보 검색 그 이상의 결과를 얻어낼 수 있다.

* 에쓰노그라피(ethnography) 분석은 질적 연구방법의 하나로, 어떤 하나의 문화를 기준으로 묶일 수 있는 민족 집단에 참여함으로써 그들이 경험하는 일상의 의미를 생생하게 해석하는 연구방법

정답 ③

2023년도 제32회 공인노무사 경영학개론 기출문제

01 다음 특성에 모두 해당되는 기업의 형태는?

○ 대규모 자본 조달이 용이하다
○ 출자자들은 유한책임을 진다.
○ 전문경영인을 고용하여 소유와 경염의 분리가 가능하다.
○ 자본의 증권화를 통해 소유권 이전이 용이하다.

① 개인 기업 ② 합명회사 ③ 합자회사 ④ 유한회사 ⑤ 주식회사

해설 **주식회사 (★★★★★: 매우 중요함)**

① 주식회사(joint stock company)는 모든 출자자가 유한 책임을 지고, 출자지분을 증권화 하여 자유롭게 양도할 수 있는 특징이 있다.
② 주식회사는 거대한 자본을 쉽게 조달할 수 있는 장점이 있다.
③ 주식회사의 주주는 경영권을 경영자에게 위임할 수 있어 소유와 경영의 분리를 달성할 수 있다.

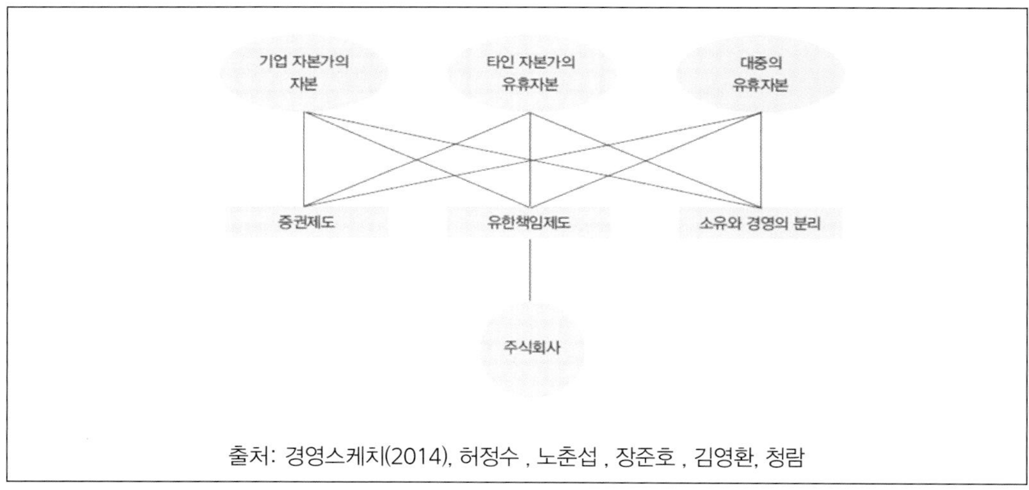

출처: 경영스케치(2014), 허정수 , 노춘섭 , 장준호 , 김영환, 청람

정답 ⑤

02 다음 BCG 매트릭스의 4가지 영역 중, 시장성장률이 높은(고성장) 영역과 상대적 시장점유율이 높은(고점유) 영역이 옳게 짝지어진 것은?

ㄱ. 현금 젖소 (cash cow) ㄴ. 별 (star)
ㄷ. 물음표(question mark) ㄹ. 개(dog)

	고성장	고점유		고성장	고점유
①	ㄱ, ㄴ	ㄴ, ㄷ	②	ㄱ, ㄴ	ㄴ, ㄹ
③	ㄱ, ㄹ	ㄱ, ㄴ	④	ㄴ, ㄷ	ㄱ, ㄴ
⑤	ㄴ, ㄷ	ㄱ, ㄷ			

해설 **BCG의 성장－점유 모형 (★★★: 중요함)**

① Question Mark(?, 개발사업) : 고성장, 저점유율 → 확대전략, 회수전략, 철수전략
② Star(★, 성장사업) : 고성장, 고점유율 → 확대전략, 유지전략
③ Cash Cow(₩ 수익주종사업) : 저성장, 고점유율 → 유지전략
④ Dog(X, 사양사업) : 저성장, 저점유율 → 철수전략

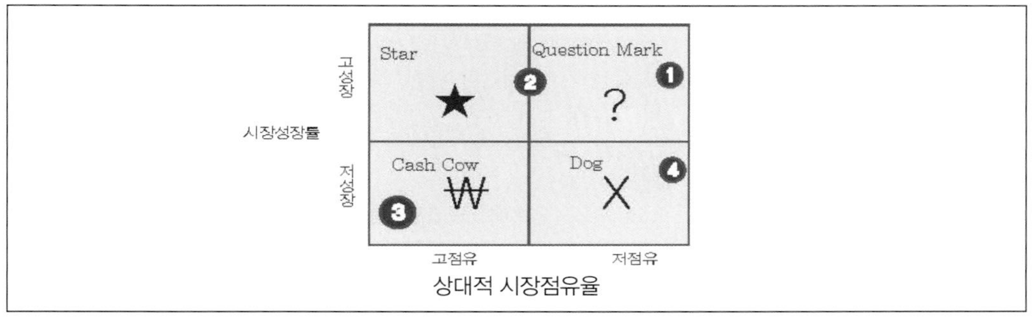

정답 ④

03 경영환경을 일반환경과 과업환경으로 구분할 때, 기업에게 직접적인 영향을 주는 과업환경에 해당하는 것은?

① 정치적 환경 ② 경제적 환경 ③ 기술적 환경 ④ 경쟁자 ⑤ 사회문화적 환경

해설 과업(산업)환경

Porter의 산업구조분석 : 5－forces 모델 (★★★★★: 매우 중요함)

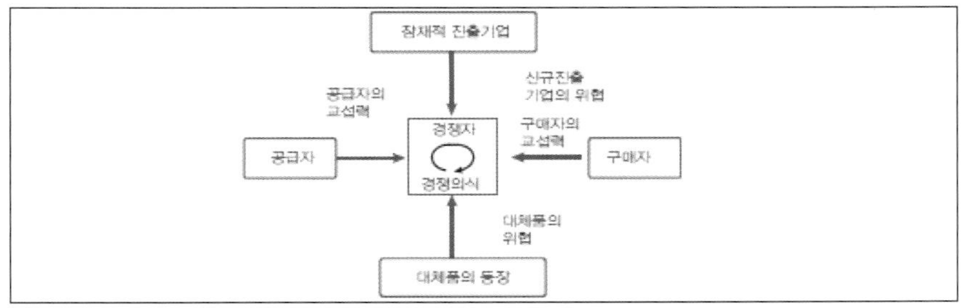

▶ Porter의 산업구조분석 모델을 5-Forces 모델이라 하는데, 이는 이 다섯 요소들의 강약에 따라 산업 내 잠재적인 이윤수준이 결정되기 때문이다.

정답 ④

경영학개론

04 민츠버그(H. Mintzberg)의 5가지 조직유형에 해당하지 않는 것은?

① 매트릭스 조직 ② 기계적 관료제 ③ 전문적 관료제
④ 애드호크라시 ⑤ 사업부제 조직

해설 민츠버그의 조직유형

조직의 5가지 주요부문 중 어떤 부문이 강조 되느냐에 따라 여러 형태로 구분

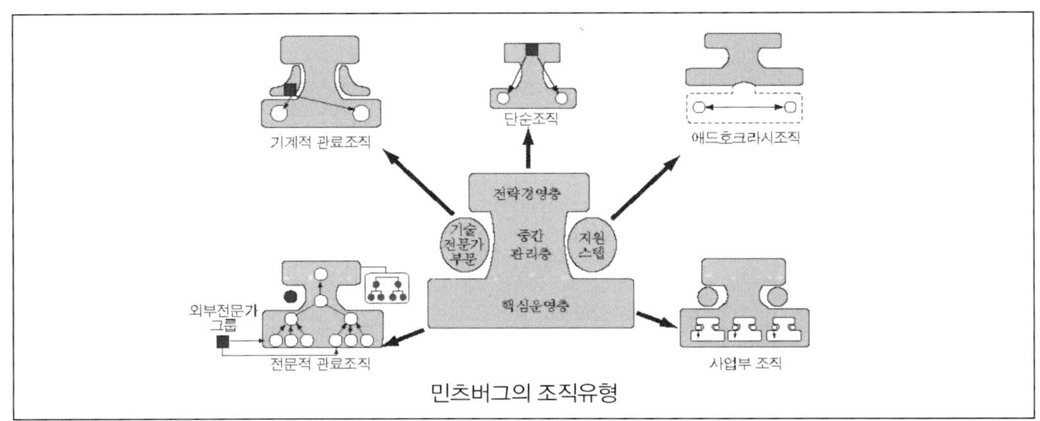

민츠버그의 조직유형

정답 ①

05 퀸과 카메론(R. Quinn & K. Cameron)이 제시한 조직수명주기 단계의 순서로 옳은 것은?

ㄱ. 창업 단계	ㄴ. 공식화 단계	ㄷ. 집단공동체 단계	ㄹ. 정교화 단계

① ㄱ→ㄴ→ㄷ→ㄹ ② ㄱ→ㄴ→ㄹ→ㄷ ③ ㄱ→ㄷ→ㄴ→ㄹ
④ ㄱ→ㄷ→ㄹ→ㄴ ⑤ ㄱ→ㄹ→ㄴ→ㄷ

해설 퀸과 카메론(R. Quinn & K. Cameron)이 제시한 조직수명주기 단계

단계	창업단계	집단공동체	공식화	정교화	
성장동력	창의력	리더십	시스템	팀웍	합리화 갱생 성숙유지 쇠퇴
변화유인	리더십	위임과 통제	지나친 관료주의	재활	

정답 ③

06 켈리(H. Kelley)의 귀인이론에서 행동의 원인을 내적 또는 외적으로 판단하는데 활용하는 것을 모두 고른 것은?

ㄱ. 특이성(distinctiveness)	ㄴ. 형평성(equity)	ㄷ. 일관성 (consistency)
ㄹ. 합의성(consensus)	ㅁ. 관계성(relationship)	

① ㄱ, ㄴ, ㄷ ② ㄱ, ㄷ, ㄹ ③ ㄱ, ㄹ, ㅁ ④ ㄴ, ㄷ, ㅁ ⑤ ㄴ, ㄹ, ㅁ

해설 **귀인이론 (★★★: 중요함)**

타인의 행동을 관찰하고 그 원인을 추측함으로써 평가

(1) 켈리의 입방체 이론
특이성, 합의성, 일관성 기준에 의해 내적 귀속과 외적 귀속의 패턴을 제시

(2) 귀속과정의 오류
자존적 편견, 행위자·관찰자 편견, 통제의 환상

정답 ②

07 집단사고(groupthink)의 증상에 해당하지 않는 것은?

① 자신의 집단은 잘못된 의사결점을 하지 않는다는 환상
② 의사결경이 만장일치로 이루어져야 한다는 환상
③ 반대의견을 스스로 자제하려는 자기검열
④ 외부집단에 대한 부정적인 상동적 태도
⑤ 개방적인 분위기를 형성해야 한다는 압력

해설 집단사고 [groupthink]

집단 구성원들 간에 강한 응집력을 보이는 집단에서, 의사 결정 시에 만장일치에 도달하려는 분위기가 다른 대안들을 현실적으로 평가하려는 경향을 억압할 때 나타나는 구성원들의 왜곡되고 비합리적인 사고방식 [네이버 지식백과] (심리학용어사전, 2014. 4.)

정답 ⑤

08 성격의 Big 5 모형에 해당하지 않는 것은?

① 정서적 안정성 ② 성실성 ③ 친화성 ④ 모험선호성 ⑤ 개방성

해설 성격의 Big 5 모형

신경과민성(neuroticism), 외향성(extraversion), 개방성(openea to experience), 우호성(agreeableness), 성실성(conscientiousness)

- 신경과민성(neoroticism) : 불안, 분노 등의 부정적인 정서의 성향/특질
- 외향성(extraversion): 다른 사람과 교류하는 인간관계를 추구하는 성향/특질
- 개방성(openea to experience) : 호기심이 많고 새로운 것을 종아하는 성향/특질
- 우호성(agreeableness) : 다른 사람에 대해 우호적인고 협동적인 성향/특질
- 성실성(conscientiousness) : 자기조절과 책림감이 강한 성취지향적인 성향/특질

 ④

09 피들러(F. Fiedler)와 상황적합 리더십이론에 관한 설명으로 옳지 않은 것 ?

① LPC 척도는 가장 선호하지 않는 동료작업자를 평가하는 것이다.
② LPC 점수를 이용하여 리더십 유형을 파악한다.
③ 상황요인 3가지는 리더 – 부하관계, 과업구조, 부하의 성숙도이다.
④ 상황의 호의성이 중간 정도인 경우에는 관계지향적 리더십이 효과적이다.
⑤ 상황의 호의성이 좋은 경우에는 과업지향적 리더십이 효과적이다.

해설 피들러(F. Fiedler)와 상황적합 리더십이론

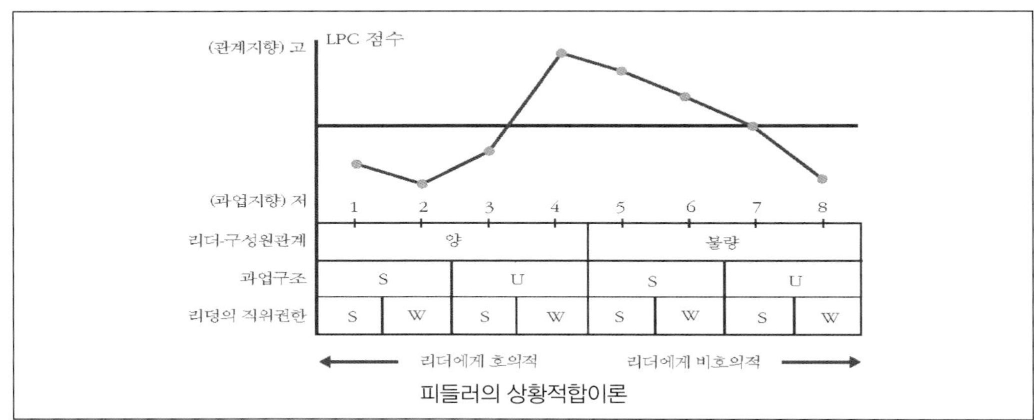

피들러의 상황적합이론

① 리더의 직위권한 : 강(s) 〉 약(w)
② 과업구조 : 구조적(s) 〉 비구조적(u)
③ 리더 – 구성원 관계 : 양 〉 불량

리더십 스타일을 과업지향형(task-oriented)과 관계지향형(relationship-oriented)으로 분류하고 있다.
과업지향형이 리더십 행사의 초점을 과업 자체의 진척과 성취에 맞추고, 여기에 방해되는 일탈행위를 예방하거나 차단하는데 주력하는 통제형 리더십(controlling leadership) 스타일이라면, 관계지향형은 통솔 하에 있는 부하직원들과의 원만한 관계형성을 통해 과업의 성취를 이끌어 내려는 배려형 리더십(considerate leadership) 스타일을 이다.
① LPC(Least Preferred Co-Worker) 점수가 낮을수록 과업지향 리더십
② LPC 점수가 높을수록 관계지향 리더십

 ③

10 직무특성모형에서 중요심리상태의 하나인 의미충만(meaningfulness)예 영향 미치는 핵심직무차원을 모두 고른 것은?

ㄱ. 기술다양성	ㄴ. 과업정체성	ㄷ. 과업중요성
ㄹ. 자율성	ㅁ. 피드백	

① ㄱ, ㄴ, ㄷ　② ㄱ, ㄴ, ㅁ　③ ㄱ, ㄹ, ㅁ　④ ㄴ, ㄷ, ㄹ　⑤ ㄷ, ㄹ, ㅁ

해설 **직무특성이론/직무특성모형(job characteristics model)(Hackmon & Oldham) (★★★★★: 매우 중요함)**

① 개인차를 고려한 직무충실화

② 개인에게 만족감 주고 동기부여 가능

③ 생산성 향상 등 양적 성과에 대한 예측이 어려움

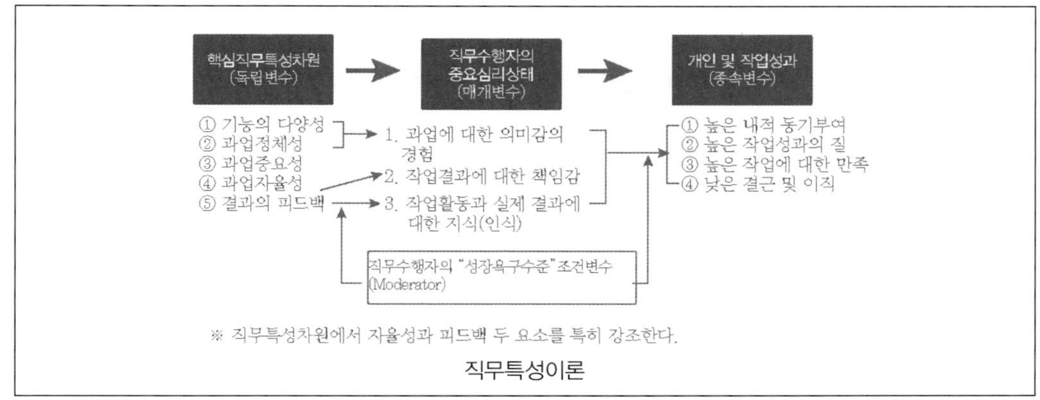

직무특성이론

정답 ①

11 기업 경영에서 마케팅 개념(marketing concept)이 발전해 온 순서로 옳은 것은?

① 생산 개념 – 제품 개념 – 판매 개념 – 마케팅 개념

② 생산 개념 – 판매 개념 – 제품 개념 – 마케팅 개념

③ 제품 개념 – 생산 개념 – 판매 개념 – 마케팅 개념

④ 제품 개념 – 판매 개념 – 생산 개념 – 마케팅 개념

⑤ 판매 개념 – 제품 개념 – 생산 개념 – 마케팅 개념

해설 마케팅 개념(marketing concept)이 발전해 온 순서

생산 개념 – 제품 개념 – 판매 개념 – 마케팅 개념

정답 ①

12 광고(advertising)와 홍보(publicity)에 관한 설명으로 옳지 않은 것은?

① 광고는 홍보와 달리 매체 비용을 지불한다.

② 홍보는 일반적으로 광고보다 신뢰성이 높다.

③ 광고는 일반적으로 홍보보다 기업이 통제할 수 있는 영역이 많다.

④ 홍보는 언론의 기사나 뉴스 형태로 많이 이루어진다.

⑤ 홍보의 세부 유형으로 PR(Public Relations)이 있다.

해설 홍보가 PR(Public Relations)이다.

정답 ⑤

13 로저스(E. Rogers)의 혁신에 대한 수용자 유형이 아닌 것은?

① 혁신자(innovators)
② 조기수용자(early adopters)
③ 후기수용자(late adopters)
④ 조기다수자(early majority)
⑤ 후기다수자(late majority)

해설 **신제품 수용자의 유형(★★★: 중요함) :로저스(E. Rogers)의 혁신에 대한 수용자 유형**

(1) 혁신자(innovators)
① 신제품을 가장 먼저 받아들임, 2.5%
② 모험적, 새로운 경험추구, 재정적 여유

(2) 조기수용자(early adopters)
① 비교적 빨리 수용, 조금은 신중함, 시장의 13.5%
② 사회의 존경받는 지도층, 의견선도자

(3) 조기다수자(early majorities)
심사숙고형, 시장의 34%

(4) 후기다수자(late majorities)
회의적인 성격, 사회활동, 매체접촉 좁음, 34%

(5) 느림보층(laggards)
전통지향적, 옹고집, 접촉이 아주 제한됨, 16%

정답 ③

14 (주)한국의 떼출 및 매출채권 자료가 다음과 같을 때, 매출채권의 평균회수기간은 ?(단, 1년은 360일로 가정한다.)

매출액	₩3,000,000
기초매출채권	150,000
기말매출채권	100,000

① 10일 ② 15일 ③ 18일 ④ 20일 ⑤ 24일

해설 매출채권의 평균회수기간 = 1년(가정 : 360일)/매출패권 회전율 = 360/24 = 15
매출재권회전율 = 매출액/평균매출채권잔액 = ₩3,000,000 / 125,000 = 24
평균매출채권잔액 = (기초매출채권 150,000 + 기말매출채권 100,000)/2 = 125,000

정답 ②

15 적대적 M&A의 방어전략 중 다음에서 설명하는 것은?

피인수기업의 기존 주주에게 일정조건이 충족되면 상당히 할인된 가격으로 주식을 매입할 수 있는 권리를 부여함으로써, 적대적 M&A를 시도하려는 세력에게 손실을 가하고자 한다

① 백기사(white knight)
② 그린메일(green mail)
③ 황금낙하산(golden parachute)
④ 독약조항(poison pill)
⑤ 왕관보석(crown jewel)

해설 적대적 M&A의 방어전략

① 백기사(white knight): 우호적인 제3자에게 협상을 통해서 우후적인 지분을 확보하고하게 하는 것
② 그린메일(green mail): 목표기업의 주식을 매집해서 논은 가격으로 주식을 재매입하게 해 이익을 얻는 것
③ 황금낙하산(golden parachute): 현경영진의 퇴사할 경우 비정상적인 높은 퇴직금을 지급하는 계역을 통해 기어븨 가치를 떨어트림
⑤ 왕관보석(crown jewel) : 핵심사업을 매각하여 매수의지를 약화시키는 것

 정답 ④

16 (주)한국은 다음과 같은 조건의 사체(액면금액 ₩1,000,000, 액면이자율 8%, 만기 5년, 이자는 매년말 지급)를 발행하였다. 시장이자율이 10%일 경우, 사채의 발행 금은? (단, 사채발행비는 없으며, 현가계수는 주어진 자료를 이용한다.)

기간(년)	단일금액 1의 현가계수		정상연금 1의 현가계수	
	8%	10%	8%	10%
5	0.68	0.62	3.99	3.79

① ₩896,800 ② ₩923,200 ③₩939,800 ④₩983,200 ⑤ ₩999,200

해설 사채의 발행금액

= 표시이자의 현재가치 + 액면금액의 현재가치 = 30320 + 62000 = ₩923,200

표시이자 = 액면금액 * 표시이자율 = 액면금액 ₩1,000,000 * 액면이자율 8% = 80000

표시이자의 현재가치 = 표시이자 * 연금의 현재가치(5년, 10%, 3.79)
= 80000 * 3.79 = 30320

액면금액의 현재가치 = 액면금액 * 단일금액 현가계수(5년, 10%, 0.62)
= 1,000,000 * 0.62) = 620000

 정답 ②

경영학개론

17 제품설계 기법에 관한 설명으로 옳은 것은?

① 동시공학은 부품이나 중간 조립품의 호환성과 공용화를 높여서 생산원가를 절감하는 기법이다
② 모듈러설계는 불필요한 원가요인을 발굴하여 제거함으로써 제품의 가치를 높이는 기법이다.
③ 가치공학은 신제품 출시과정을 병렬적으로 진행하여 신제품 출시기간을 단축하는 기법이다
④ 품질기능전개는 소비자의 요구사항을 체계적으로 제품의 기술적 설계에 반영하는 과정이다.
⑤ 가치분석은 제품이나 공정을 처음부터 환경변화의 영향을 덜 받도록 설계하는 것이다.

해설 ① 동시공학은 부품이나 중간 조립품의 호환성과 공용화를 높여서 생산원가를 절감하는 기법이다 → 모듈러 설계
② 모듈러설계는 불필요한 원가요인을 발굴하여 제거함으로써 제품의 가치를 높이는 기법이다. → 가치공학
③ 가치공학은 신제품 출시과정을 병렬적으로 진행하여 신제품 출시기간을 단축하는 기법이다 → 동시공학
⑤ 가치분석은 제품이나 공정을 처음부터 환경변화의 영향을 덜 받도록 설계하는 것이다. → 로버스트 설계

정답 ④

18 최종소비자의 수요변동 정보가 전달되는 과정에서 지연이나 왜곡현상이 발생하여 재고부족 또는 과잉 문제가 발생하고 공급사슬 상류로 갈수록 수요변동이 증폭되는 현상은?

① 채찍 효과　② 포지셔닝 효과　③ 리스크 풀링 효과
④ 크로스 도킹 효과　⑤ 레버리지 효과

해설 ③ 리스크 풀링 효과 : 지역별 수요를 통합 할 경우에 수용의 변동이 작아지므로 재고 수준의 감축된다는 것
④ 크로스 도킹 효과 : 효율적인 물류 간소화를 위한 출발지부터 최종 목적지까지 이동하는 것이 아니라 중간 지점에서 상품 등을 하역하는 것

정답 ①

19 다음 중 도요타 생산시스템에서 정의한 7가지 낭비유형에 해당하는 것을 모두 고른 것은?

ㄱ. 과잉생산에 의한 낭비　ㄴ. 대기시간으로 인한 낭비 ㄷ. 재고로 인한 낭비　ㄹ. 작업자 재교육으로 인한 낭비

① ㄱ, ㄴ　② ㄷ, ㄹ　③ ㄱ, ㄴ, ㄷ　④ ㄴ, ㄷ, ㄹ　⑤ ㄱ, ㄴ, ㄷ, ㄹ

해설 도요타 생산시스템에서 정의한 7가지 낭비유형
- 대기 : 작업이 멈추어 있거나 자원이 이용되지 않는 시간
- 운반 : 불필요한 움직임이나 제품, 재료, 장비 등의 이동에 소요되는 비용과 시간
- 과잉생산 : 수요를 초과하여 제품을 생산하는 것으로, 재고의 증가와 비효율적인 생산 과정을 초래
- 불필요한 작업 : 제품 또는 서비스를 만드는 과정에서 불필요한 작업이나 과정이 추가되는 것
- 재고 : 재료, 제품 또는 부품의 보유량이 필요 이상으로 쌓여 있는 상태
- 이동 : 인력 또는 장비의 불필요한 움직임이나 이동을 의미
- 결함 : 제품 또는 서비스의 품질에 결함이 발생하는 것

정답 ③

20 다음의 수요예측기법 중 시계열(time series) 예측기법에 해당하는 것을 모두 고른 것은?

ㄱ. 이동평균법	ㄴ. 지수평활법	ㄷ. 델파이 기법

① ㄱ ② ㄴ ③ ㄱ, ㄴ ④ ㄴ, ㄷ ⑤ ㄱ, ㄴ, ㄷ

해설 ㄷ. 델파이 기법 → 정량적 기법으로 전문가 집단을 통한 수요예측기법

정답 ③

21 거래의 결합관계가 비용의 발생과 부채의 증가에 해당하는 것은? (단, 거래금액은 고려하지 않는다.)

① 외상으로 구입한 업무용 컴퓨터를 현금으로 결제하였다
② 종업원 급여가 발생하였으나 아직 지급하지 않았다.
③ 대여금에 대한 이자를 현금으로 수령하지 못하였으나 결산기말에 인식하였다.
④ 거래처에서 영업용 상품을 외상으로 구입하였다.
⑤ 은행으로부터 빌린 차입금을 상환하였다.

해설 **계정기입의 규칙 (★★★: 중요함)**

자산의 증가는 왼쪽 (=차변)에, 자산의 감소는 오른쪽(=대변)에
부채의 증가는 오른쪽(=대변)에, 부채의 감소는 왼쪽(=차변)에
자본의 증가는 오른쪽(=대변)에, 자본의 감소는 왼쪽(=차변)에
비용의 발생은 왼쪽(=차변)에 수익의 발생은 오른쪽(=대변)에

차변(왼쪽)	대변(오른쪽)
자산의 증가 부채의 감소 자본의 감소 비용의 증가	자산의 감소 부채의 증가 자본의 증가 수익의 발생

정답 ②

22 도소대업을 영위하는 (주)한국의 재고 관련 자료가 다음과 같을 때, 매출이익은?

총매출액	₩10,000	총매입액	₩7,000
매출환입액	50	매입에누리액	80
기초재고액	200	매입운임액	20
기말재고약	250		

① ₩2,980 ② ₩3,030 ③ ₩3,060 ④ ₩3,080 ⑤ ₩3,110

해설 매출이익 = 매출액 10000 － 매출원가 6840 = 3060

매출액 10000

매출원가 = － 매출환입액 50
+ 기초재고액 200
+ 총매입액 7000
－ 매입에누리액 80
+ 매입운임액 20
－ 기말재고액 250

정답 ③

23 현행 K-IFRS에 의한 재무제표에 해당하지 않는 것은?

① 재무상태변동표 ② 포괄손익계산서 ③ 자본변동표
④ 현금흐름표 ⑤ 주석

해설 재무제표

- 재무상태표
- 포괄손익계산서
- 자본변동표
- 현금흐름표
- 주석

정답 ①

24 일반 사용자의 컴퓨터 시스템 접근을 차단한 후, 접근을 허용하는 조건으로 대가를 요구하는 악성코드는?

① 스니핑(sniffing) ② 랜섬웨어(ransomware) ③ 스팸웨어(spamware)
④ 피싱(phishing) ⑤ 파밍(pharming)

해설 ① 스니핑(sniffing) : 디지털 네트워크나 네트워크의 일부를 통해 전달되는 트래픽을 가로채거나 기록할 수 있는 컴퓨터 프로그램 또는 컴퓨터 하드웨어

② 랜섬웨어(ransomware) : 일반 사용자의 컴퓨터 시스템 접근을 차단한 후, 접근을 허용하는 조건으로 대가를 요구

④ 피싱(phishing) : 전자우편 또는 메신저를 사용해서 신뢰할 수 있는 사람 또는 기업이 보낸 메시지인 것처럼 가장, 비밀본호 및 신용카드 정보와 같이 기밀 요구

⑤ 파밍(pharming) : 악성코드에 감염된 PC를 조작해, 이용자가 인터넷 즐겨찾기 또는 포털사이트를 통해 금융회사 홈페이지에 접속하여도 피싱(가짜)사이트로 유도되어 금융정보를 탈취하여 유출된 정보로 예금 인출

정답 ②

25 다음에서 설명하는 기술발전의 법칙은?

○ 1965년 미국 반도체회사의 연구개발 적임자가 주장하였다
○ 마이크로프로세서의 성능은 18개월마다 2배색 향상된다.

① 길더의 법칙　② 메칼프의 법칙　③ 무어의 법칙
④ 롱테일 법칙　⑤ 파레토 법칙

해설
- 길더의 법칙 : 가장 비싼 자원을 아끼기 위한 최선의 방법은 가장 값싼 자원을 마구 사용하는 것으로, 현재 가장 값이 싼 자원인 컴퓨팅 전력과 광대역 통신의 성장세를 논리적으로 설명
- 무어의 법칙 : 반도체 집적회로의 성능이 18개월마다 2배로 증가한다는 법칙
- 메칼프의 법칙: 통신망 사용자에 대한 효용성을 나타내는 망의 가치는 대체로 사용자 수의 제곱에 비례한다는 법
- 롱테일 법칙 (= 역파레토 법칙) : 주목받지 못하는 다수가 핵심적인 소수보다 더 큰 가치를 창출
- 파레토의 법칙 : 상위 20%가 전체 80%를 차지하는 것

 ③

2022년도 제31회 공인노무사 경영학개론 기출문제

01　프랜차이즈(franchise)에 관한 설명으로 옳지 않은 것은?

① 가맹점은 운영측면에서 개인점포에 비해 자율성이 높다.
② 가맹본부의 사업확장이 용이하다.
③ 가맹점은 인지도가 있는 브랜드와 상품으로 사업을 시작할 수 있다.
④ 가맹점은 가맹본부로부터 경영지도와 지원을 받을 수 있다.
⑤ 가맹점은 프랜차이즈 비용이 부담이 될 수 있다

해설 프랜차이즈(franchise)는 특정한 상품이나 서비스를 제공하는 가맹본부가 정한 자격을 갖춘 사람(가맹점)에게 자기 상품에 대하여 일정 지역에서의 영업권을 주어 운영하는 방식으로 영업권을 주는 대가로 로열티 등을 징수하는 것이다. 가맹점과 가맹본사에 가입하여 계약조건에 따라 운영하므로 가맹점은 운영측면에서 개인점포에 비해 자율성이 높을 수는 없다.

정답 ①

02　앤소프(H. I. Ansoff)의 제품 – 시장 확장전략 중 기존 제품으로 기존 시장의 점유율을 확대해 가는 전략은?

① 원가우위 전략　② 시장침투 전략　③ 시장개발 전략
④ 제품개발 전략　⑤ 다각화

해설 **제품–시장 메트릭스(Ansoff)(★★★: 중요함)**

제품–시장매트릭스

	기존제품	신제품
기존시장	시장침투 전략	제품개발 전략
신시장	시장개발 전략	(다각화전략)

정답 ②

03 포터(M. Porter)의 산업구조분석 모형에서, 소비자 관점의 사용용도가 유사한 다른 제품을 고려하는 경쟁분석의 요소는?

① 산업내 기존 경쟁업체간 경쟁
② 잠재적 경쟁자의 진입 가능성
③ 대체재의 위협
④ 공급자의 교섭력
⑤ 구매자의 교섭력

해설 포터(M. Porter)의 산업구조분석 모형/경쟁세력모형(five forces model)

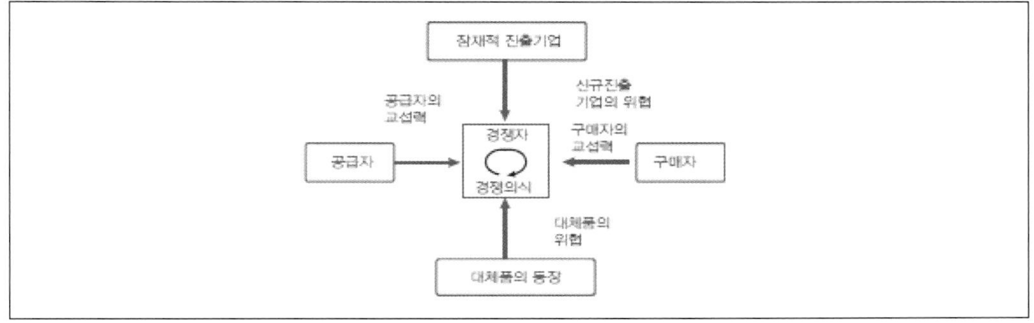

① 산업 분석의 목적
- 산업의 동태적 변화, 역동성(Dynamics)에 대한 이해
- 경쟁강도와 산업매력도 파악
- 경쟁규칙(Rules of the Game) 변화 포착
- 새로운 규칙창조의 가능성 발견
- 환경 시나리오 작성의 핵심동인 추출

② 산업내 경쟁자
- 동종 산업내에서 경쟁 관계에 있는 경쟁 기업들이다.
- 기업간에 경쟁관계와 경쟁강도가 중요하다.

③ 공급자
- 산업내의 기업에게 부품이나 설비 등을 공급하는 기업이다.
- 공급자와 산업내 기업간의 교섭력이 중요하다.

④ 구매자
- 산업내의 기업들이 만든 제품이나 서비스를 구매하는 기업이다.
- 구매자와 산업내 기업간의 교섭력이 중요하다.

⑤ 잠재적인 진출기업
- 지금은 산업내의 기업은 아니지만 잠재적으로 언제든지 진입할 수 있는 모든 기업
- 산업내의 진입 장벽이 중요하다.

⑥ 대체품 : 현재에 만들어진 제품을 대체할 수 있는 제품의 위협, 예를 들어 가솔린 자동차 에 대한 전기 자동차의 대체춤의 위협

정답 ③

04 직무스트레스에 관한 설명으로 옳지 않은 것은?

① 직무스트레스의 잠재적 원인으로는 환경요인, 조직적 요인, 개인적 요인이 존재한다.
② 직무스트레스 원인과 경험된 스트레스 간에 조정변수가 존재한다.
③ 사회적 지지는 직무스트레스의 조정변수이다.
④ 직무스트레스 결과로는 생리적 증상, 심리적 증상, 행동적 증상이 있다.
⑤ 직무스트레스와 직무성과간의 관계는 U자형으로 나타난다.

해설 직무스트레스가 증가하면 직무 성과는 감소하는 경향이 있으므로 어느 정도 직무 스트레스는 직무 성과를 증가 시키는 경향이 있다.

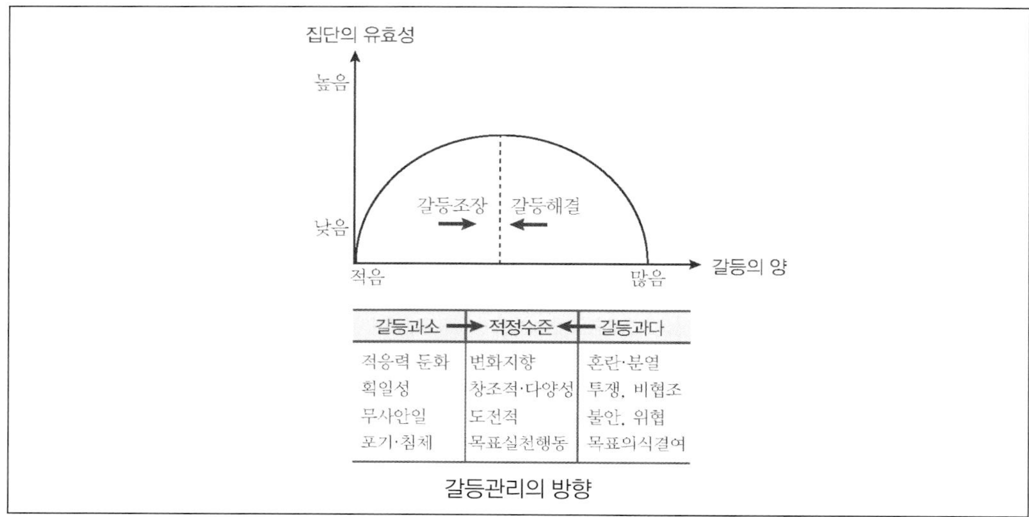

갈등과소 →	적정수준	← 갈등과다
적응력 둔화	변화지향	혼란·분열
획일성	창조적·다양성	투쟁, 비협조
무사안일	도전적	불안, 위협
포기·침체	목표실천행동	목표의식결여

갈등관리의 방향

직무스트레스란 직무요건이 근로자의 능력(capabilities)이나 자원(resources),필요한 것/바램(needs)과 일치하지 않을 때 생기는 유해한 신체적 · 정서적 반응이다.

* 직무스트레스 요인

(1) 시간적 압박, 업무시간표 및 속도
근로자 자신이 업무 속도를 조절할 수 있는지의 여부에 따른 업무요구도, 잔업, 교대근무, 기계의 속도, 품삯일 등

(2) 업무구조
시간적 압박 또는 마감시간을 지켜야 하는 등의 통제결여, 기술 과소 활용 등

(3) 물리적 환경
불쾌한 환경, 물리적 또는 독성학적유해요인의 위협, 인간공학적 유해요인 등

(4) 조직
업무요구사항이 명확하지 못하거나 업무에 대한 전망이 결여되고 책임범위가 명확하지 못하는 등의 역할모호성, 역할 갈등, 경쟁 등

(5) 조직 외적인 스트레스 요인
업무와 관련되어 있지만 개별 업무 또는 조직 차원을 뛰어넘는 상황의 것들로 지역사회, 고용불안, 경력에 대한 요구사항 등

(6) 비직업성 스트레스 요인
업무 이외의 스트레스 요인들로 개인, 가족, 지역사회가 처한 환경 등

정답 ⑤

05 메이요(E. Mayo)의 호손실험 중 배선작업 실험에 관한 설명으로 옳지 않은 것은?

① 작업자를 둘러싸고 있는 사회적 요인들이 작업능률에 미치는 영향을 파악하였다.
② 생산현장에서 비공식조직을 확인하였다.
③ 비공식조직이 작업능률에 영향을 미치는 것을 발견하였다.
④ 관찰연구를 통해 진행되었다.
⑤ 경제적 욕구의 중요성을 재확인하였다

해설 메이요(E. Mayo)의 호손실험 중 배선작업 실험

• 인간행동이론
인간적인 측면을 강조(1930년대) 하는 새로운 경영이론이 등장
→ 행동주의 경영이론 : 인간행동이론
인간관계접급방법론(1940~50년대)
행동과학적 접근방법(1950년대 후반)

• 인간관계론
▶ 호손실험
연도 : 1924년
주최 : 국립과학아카데미
실험장소 : 미국 서부전기공사의 호손 공장
실험내용 : 조명과 작업능률 관계조사
– 적절한 물적 작업환경과 상여금제도에 의해 작업자에게 동기를 부여하면 작업능률은 향상된다라는 가설 아래 실험

정답 ⑤

06 조직설계의 상황변수에 해당하는 것을 모두 고른 것은?

ㄱ. 복잡성	ㄴ. 전략	ㄷ. 공식화	ㄹ. 기술	ㅁ. 규모

① ㄱ, ㄴ, ㄷ ② ㄱ, ㄴ, ㄹ ③ ㄱ, ㄷ, ㅁ ④ ㄴ, ㄹ, ㅁ ⑤ ㄷ, ㄹ

해설 상황에 적합한 조작이 형태를 선택하는 것이 조직설계이다. 조직설계에는 기본적으로는 조직의 수평적/수직적 분업, 공식화, 권력의 분화 혹은 집중 등이 있고, 상황적인 것으로는 조직 규모, 조직연령, 조직환경, 조직기술, 조직전략, 조직 목표 등이 있다.

정답 ④

07 맥그리거(D. McGregor)의 XY이론 중 Y이론에 관한 설명으로 옳은 것을 모두 고른 것은?

ㄱ. 동기부여는 생리적 욕구나 안전욕구 단계에서만 가능하다.
ㄴ. 작업조건이 잘 갖추어지면 일은 놀이와 같이 자연스러운 것이다.
ㄷ. 대부분의 사람들은 엄격하게 통제되어야 하고 조직목표를 달성하기 위해서는 강제되어야 한다.
ㄹ. 사람은 적절하게 동기부여가 되면 자율적이고 창의적으로 업무를 수행한다.

① ㄱ, ㄴ ② ㄱ, ㄷ ③ ㄴ, ㄷ ④ ㄴ, ㄹ ⑤ ㄷ, ㄹ

해설 맥그리거의 XY이론(기업의 인간적인 측면)

맥그리거의 XY이론은 X이론의 관점은 전통적인 인간관으로서 인간의 부정적인 견해이고, Y이론은 인간의 긍정적인 관점을 설명한다.

X이론적 관점 (인간의 부정적인 견해전통적인 인간관계)	Y이론적 관점 (인간의 긍정적인 견해현대적
일을 싫어한다. 야망이 부족하다. 책임감이 없다. 변화에 대해 저항을 한다. 비자발적으로 행동한다.	일하기를 좋아한다. 자신을 통제할 수 있다. 책임감이 강하다. 상상력과 창조력이 강하다. 자신의 행동을 이끌어간다.

정답 ④

08 다음에서 설명하는 조직이론은?

○ 조직형태는 환경에 의하여 선택되거나 도태될 수 있다.
○ 기존 대규모 조직들은 급격한 환경변화에 적응하기 어려워 공룡신세가 되기 쉽다.
○ 변화과정은 변이(variation), 선택(selection), 보존(retention)의 단계를 거친다.

① 자원의존 이론 ② 제도화 이론 ③ 학습조직 이론
④ 조직군 생태학 이론 ⑤ 거래비용 이론

해설 ① 자원의존 이론 : 조직이 당면한 환경적 불확실성을 극복하기 위해서는 적절한 의사결정을 통해 필요한 자원을 획득하여야 한다는 이론으로, 페퍼(J. Pfeffer)와 살란시크(G.R. Salancik)로 대표되는 이론이다.
② 제도화 이론 : 조직의 형태나 제도/ 관행 등을 비교 설명하는 이론
③ 학습조직 이론은 환경변화에 유연하고 능동적으로 대처는 조직이론
⑤ 거래비용 이론은 기업조직의 생성과 관리는 거래비용을 최소화하기 위해 이루어지고 있다는 이론으로, 기업과 시장 사이의 효율적인 경계를 나타낸다.

정답 ④

09 직무분석에 관한 설명으로 옳은 것은?

① 직무의 내용을 체계적으로 정리하여 직무명세서를 작성한다.
② 직무수행자에게 요구되는 자격요건을 정리하여 직무기술서를 작성한다.
③ 직무분석과 인력확보를 연계하는 것은 타당하지 않다.
④ 직무분석은 작업장의 안전사고 예방에 도움이 된다.
⑤ 직무분석은 직무평가 결과를 토대로 실시한다.

해설 직무 분석은 직무요건과 인적요건을 분석하여, 조직관리와 인적자원계획 및 인적자원관리기능에 활용한다. 직무분석의 산출물인 직무기술서는 직무요건, 직무명세는 인적요건에 대한 것이다.
직무평가는 직무에 대한 상대적 가치를 분석허여 임금관리 등에 활용된다.

정답 ④

10 스캔론 플랜(Scanlon Plan)에 관한 설명으로 옳지 않은 것은?

① 기업이 창출한 부가가치를 기준으로 성과급을 산정한다.
② 집단성과급제도이다.
③ 생산제품의 판매가치와 인건비의 관계에서 배분액을 결정한다.
④ 실제인건비가 표준인건비보다 적을 때 그 차액을 보너스로 배분한다.
⑤ 산출된 보너스액 중 일정액을 적립한 후 종업원분과 회사분으로 배분한다.

해설 (2) 집단성과급제도(Group incentive plan))
① 집단 혹은 그룹에 대하여 성과급을 적용하는 방법이다.
② 이 방법은 집단의 성과가 기업의 이익의 증가나 비용의 감소가 있을 경우 종업원에게 정상임금 이상의 부가적 급여를 제공하는 방법이다.
③ 이 제도를 성과배분제도라고 하며, 생산성 이득배분제와 이윤분배제도가 있다.

(1) 이익분배제도
기본적인 보상이외에 각 영업기마다 결산이익의 일부를 종업원에게 지급하는 제도이다.

(2) 생산성 이득배분제도
① 스캔론 플랜 : 위원회 제도를 통한 종업원 참여 및 판매가치를 기초로 한 성과배분, 총매출액 대비 인건비 절약분의 이윤을 분배
② 럭커플랜 : 총인건비에 차지하는 부가가치를 기초로 한 성과배분
③ 프렌치 시스템 : 모든 비용 절감에 관심

정답 ①

11 기존 브랜드명을 새로운 제품범주의 신제품에 사용하는 것은?

① 공동 브랜딩(co – branding)
② 복수 브랜딩(multi – branding)
③ 신규 브랜드(new brand)
④ 라인 확장(line extension)
⑤ 브랜드 확장(brand extension)

경영학개론

해설 상표(브랜드)화 전략

(1) 상표화 여부 : 유상표 vs 무상표
(2) 상표 전략 : 제조업자 상표 vs 유통업자 상표(PB)
(3) 상표명 전략 : 개별상품 vs 공동상표 vs 혼합상표
(4) 공동 브랜드(co-brand) : 2개 이상의 기업들이 공동 사용하는 브랜드
(5) 복합 브랜드(co-brand) : 2개 이상의 기업의 브랜드 붙여서 사용(예 : LGIBM)
(6) 패밀리 브랜드=공동브랜드

① 수평적 패밀리 브랜드(계열 확장, 브랜드 확장) : 기업이 새로운 제품을 시장에 도입할 경우 제품에 어떤 브랜드명을 붙일 것인지는 마케팅전략상 상당히 중요한 테마이다. 이러한 전략과제는 브랜딩(branding)의 기본문제라고 할 수 있다. 구체적으로는 신규 브랜드 육성(new brand) 을 할 것인지 브랜드확장(brand extension)을 할 것인지, 아니면 노브랜드 전략(no branding)을 택할 것인지로 구분할 수 있다.

② 수직적 패밀리 브랜드 : 기업명
→ 모든 제품에 적용, 성공한 브랜드명
→ 기업명으로 사용

정답 ⑤

12 제품의 기본가격을 조정하여 세분시장별로 가격을 달리하는 가격결정이 아닌 것은?

① 고객집단 가격결정 ② 묶음제품 가격결정 ③ 제품형태 가격결정
④ 입지 가격결정 ⑤ 시간 가격결정

해설 묶음가격 : 순수 묶음 가격은 고객이 묶음으로만 구매할 수 있고, 혼합 묶음가격은 묶음으로도 개별로도 구매가 가능함

정답 ②

13 새로운 마케팅 기회를 확보하기 위해 동일한 유통경로 단계에 있는 둘 이상의 기업이 제휴하는 시스템은?

① 혁신 마케팅시스템 ② 수평적 마케팅시스템
③ 계약형 수직적 마케팅시스템 ④ 관리형 수직적 마케팅시스템
⑤ 기업형 수직적 시스템

해설 (1) 수직적 마케팅 시스템(VMS) : 유통기관 통제력 강화 목적

① 결합된 하나의 시스템, 생산자, 도소매상으로 구성
② 한 구성원이 타구성원을 협력체제로 묶어 힘 발휘
③ 경로지도자가 구성원의 행동을 통제, 갈등을 제거
④ 규모, 교섭력, 중복서비스를 제거함으로 경쟁 유리
⑤ 현 유통경로의 지배적인 시스템
㉠ 법인적 VMS : 하나의 소유권, 높은 수준의 통제
㉡ 관리적 VMS : 유통경로상의 규모나 명성 이용
㉢ 계약적 VMS : 프랜차이즈, 소매상 협동조합, 도매상후원 자발적 체인

(2) 수평적 마케팅 시스템(HMS)
공생적(symbiotic)마케팅, 같은 경로 단계에서 기업간의 협력

 ②

14 증권시장선(SML)에 관한 설명으로 옳은 것을 모두 고른 것은?

ㄱ. 개별주식의 기대수익률과 체계적 위험간의 선형관계를 나타낸다.
ㄴ. 효율적 포트폴리오에 한정하여 균형가격을 산출할 수 있다.
ㄷ. 증권시장선보다 상단에 위치하는 주식은 주가가 과소평가된 주식이다.
ㄹ. 증권시장선은 위험자산만을 고려할 경우 효율적 투자기회선이다.

① ㄱ, ㄴ　② ㄱ, ㄷ　③ ㄱ, ㄹ　④ ㄴ, ㄷ　⑤ ㄷ, ㄹ

해설 증권특성선(SCL ; security characteristic line)

(1) 의 의
① 샤프(W. Sharpe)의 단일지수모형(single index model) 또는 시장모형(market model)으로도 불리움
② 단일지수모형 : 모든 주식수익률의 변동을 설명할 수 있는 하나의 공통요인이 존재
③ 시장모형 : 개별주식의 수익률(Ri)은 시장포트폴리오의 수익률(RM)과 선형관계를 갖는다는 수익률생성모형

(2) 체계적 위험과 비체계적 위험
샤프의 시장모형에서 투자에 따른 위험을 체계적 위험과 비체계적 위험으로 나눌 수 있다.
① 체계적 위험 : 시장전체와 관련된 수익률변동의 위험을 말하며, 분산투자를 하더라도 제거되지 않는 위험으로 증권특성선을 따라 움직이는 수익률변동부분을 의미
② 비체계적 위험 : 개별주식과 관련된 수익률변동의 위험을 말하며, 분산투자를 통하여 제거되는 위험으로 증권특성선상에서 잔차에 의해 발생하는 부분을 의미

 ②

15 재무상태표의 자산 항목에 해당하지 않는 것은?

① 미수금　② 단기대여금　③ 선급금　④ 이익준비금　⑤ 선급비용

해설 * 자산

(1) 유동자산
① 유동자산은 큰 거래비용 없이 1년 이내에 현금화되는 자산으로 당좌자산과 재고자산으로 분류된다.
② 당좌자산은 특히 현금화속도가 빠른 항목들로서 현금, 단기금융상품, 유가 증권, 매출 채권, 단기대여금 등
③ 재고자산은 정상적인 영업활동에서 판매과정을 통해서 현금화되는 것으로 상품, 재공품, 원재료 등

(2) 비유동/고정 자산
비유동자산은 주로 영업을 위해 투입되며 1년 이상의 기간 동안 수익을 창출하는 데 기여하는 자산으로 투자자산, 유형자산, 무형자산으로 구분된다.
• 유형자산 : 유형자산(有形資産)은 비유동자산 중에서 기업의 영업활동과정에서 장기간에 걸쳐 사용되어 미래의 경제적 효익이 기대되는 유형의 자산을 말한다.
• 무형자산 : 추상적인 자산으로 눈에 보이지 않고 만질 수 없는 자산

* 자 본

자본은 자본금, 자본잉여금, 이익잉여금 등으로 구분된다. 자본금은 회사가 발행한 주식의 액면총액을 말하는데, 보통 자본금과 우선 자본금으로 구분된다.

 ④

16 투자안의 경제성 평가 방법에 관한 설명으로 옳은 것은?

① 회계적이익률법의 회계적이익률은 연평균 영업이익을 연평균 매출액으로 나누어 산출한다.
② 회수기간법은 회수기간 이후의 현금흐름을 고려한다.
③ 순현재가치법은 재투자수익률을 내부수익률로 가정한다.
④ 내부수익률법에서 개별투자안의 경우 내부수익률이 0보다 크면 경제성이 있다.
⑤ 수익성지수법에서 개별투자안의 경우 수익성 지수가 1보다 크면 경제성이 있다.

해설 순현가(NPV)법, 수익성지수(PI)법, 및 내부수익률(IRR)법 비교

* 순 현재 가치(Net Present Value, 줄여서 순현가 또는 NPV)
- 사업이나 투자의 가치를 나타내는 척도 중 하나로서, 최초 투자 시기부터 사업이 끝나는 시기까지의 연도별 순편익의 흐름을 각각 현재가치로 환산하여 합하여 구할 수 있다.

* 내부수익률(內部利益率法, internal rate of return, 줄여서 IRR)
- 사업 혹은 투자에 대해 사업기간 동안의 현금수익 흐름을 현재가치로 환산하여 합한 값이 투자지출과 같아지도록 할인하는 이자율을 말한다.
- 내부수익률법이란투자에 관한 의사결정에서 내부수익률을 고려하는 방법이다.

* 회계적이익률(Accounting Rate of Return, 줄여서 ARR)
- 자본 예산에 이용되는 투자 수익률 계산 방식이다.
- 회계학적으로 산출된 이익을 바탕으로 수익률을 계산하는 방식인데, 장부상 이익을 그대로 가져다 쓰는 데다 계산방법도 간편하다는 장점이 있으나 화폐의 시간가치를 고려하지 않으며 현금흐름에 의한 방식이 아니라는 문제점을 가지고 있다.

* 회수기간법(Payback Period Method)
- 자본예산에서 투자안의 가치를 평가하는 기법 중의 하나로써 회수기간법은 투자에 소요된 자금을 그 투자로 인하여 발생하는 현금 흐름으로부터 모두 회수하는 데 걸리는 기간을 재무관리자가 사전에 정해놓은 회수기간과 비교하여 투자안을 평가하는 방법이다.
- 단일투자안의 투자의사결정은 기업이 미리 설정한 최장의 회수기간보다 실제 투자안의 회수기간이 짧으면 선택하게 된다.

[표] 순현가(NPV)법, 수익성지수(PI)법, 및 내부수익률(IRR)법 비교

	순현가(NPV)법	수익성지수(PI)법	내부수익률(IRR)법
개념	순현가 = 현금유입 현가-현금유출 현가	수익성지수= 현금유입현가÷현금유출현가	「순현가 = 0」으로 만드는 할인율
기준	① 독립적 투자안: 순현가〉0 ② 배타적 투자안: 순현가〉0 중 최고	① 독립적 투자안: PI〉1 ② 배타적 투자안: PI〉1 중 최고	① 독립적 투자안: IRR〉자본비용 ② 배타적 투자안: IRR〉자본비용 중 최고

특징	① 모든 현금흐름 고려 ② 화폐의 시간가치 고려 ③ 가치가산의 원리 적용 ④ 기회자본비용으로 할인(사전 결정) ⑤ 요구수익률로 재투자	① 투자규모를 표준화하여 투자안 평가 ② 가치가산의 원리 적용 안됨 ③ 투자규모동일: 순현가법과 일치 ④ 투자규모상이(배타): NPV법과 일치 or 불일치 ⑤ 투자안과 동일한 수익률로 재투자	① 연평균수익률: 자본비용과 무관 ② 가치가산의 원리가 적용 안됨 ③ 내부수익률로 재투자 ④ 자본비용이 매기 다르면 적용 난이

정답 ⑤

17 **A주식에 대한 분산은 0.06이고, B주식에 대한 분산은 0.08이다. A주식의 수익률과 B주식의 수익률간의 상관계수가 0인 경우, 총 투자자금 중 A주식과 B주식에 절반씩 투자한 포트폴리오의 분산은?**

① 0.025 ② 0.035 ③ 0.045 ④ 0.055 ⑤ 0.065

해설 A주식의 수익률과 B주식의 수익률간의 상관계수가 0 → 두 수익율은 독리적이므로, 각각의 계수 값은 1/2=0.5의 값이고, 아래의 식에서 공분산 값은 '0'이라는 의미이다.
분산 값이므로

$Var(aX+bY)=a^2Var(X)+b^2Var(Y)+2abCov(X,Y)$
→ 0.5^2 *0.06 + 0.5^2 *0.08 = 0.035

분 산
① $Var(a)=0$
② $Var(aX)=a^2Var(X)$
③ $Var(aX+bY)=Var(aX)+Var(bY)+2Cov(aX, bY)$
$=a^2Var(X)+b^2Var(Y)+2abCov(X,Y)$

정답 ②

경영학개론

18 **경제적 주문량(EOQ)에 관한 설명으로 옳지 않은 것은?**

① 연간 재고유지비용과 연간 주문비용의 합이 최소화되는 주문량을 결정하는 것이다.
② 연간 재고유지비용과 연간 주문비용이 같아지는 지점에서 결정된다.
③ 연간 주문비용이 감소하면 경제적 주문량이 감소한다.
④ 연간 재고유지비용이 감소하면 경제적 주문량이 감소한다.
⑤ 연간 수요량이 증가하면 경제적 주문량이 증가한다.

해설 예 : 라면 주문
연간수요 : 7,300박스 1박스당 연간유지비용 : 1,460원
EOQ = $\sqrt{(2*7,300*1,000)/1,460}$ = 100
→ 100박스씩 주문함
* 배달소요기간이 2일이고, 하루 소비량이 2박스라면 ROP, 즉 재주문점은 40박스 임
즉 재고가 40박스일 때 100박스를 주문함

 ④

19 **생산 프로세스에서 낭비를 제거하여 부가가치를 극대화하기 위한 것은?**

① 린(lean) 생산
② 자재소요계획(MRP)
③ 장인생산(craft production)
④ 대량고객화(mass customization)
⑤ 오프쇼오링(off - shoring)

해설 ⑤ 오프쇼오링(off – shoring) : 저비용으로 제품 생산을 위해서 다른 국가에서 생산하는 방법

정답 ①

20 **(주)한국의 4개월간 제품 실제 수요량과 예측치가 다음과 같다고 할 때, 평균절대 오차(MAD)는?**

월(t)	실제 수요량(Dt)	예측치(Ft)
1월	200개	225개
2월	240개	220개
3월	300개	285개
4월	270개	290개

① 2.5 ② 10 ③ 20 ④ 412.5 ⑤ 16

해설 예측오차 : 실제치(A) – 예측치(F)

① 평균오차(ME) : 편의(bias)를 측정하는데 유용하나 (+)오차와 (–)오차의 상쇄문제 발생
② 평균자승오차(MSE) : (+)오차와 (–)오차의 상쇄문제를 제거하나, 각 오차의 단위오차가 서로 다른 가중치를 갖게 됨
③ 평균절대편차/오차(MAD) : 계산이 용이하고 각 단위오차가 같은 가중치를 가짐
④ 평균절대비율오차(MAPE) : 수요의 규모가 변할 때 유용하며 예측기법의 상대적 정확도 측정가능

월(t)	실제 수요량(Dt)	예측치(Ft)	예측오차(Dt–Ft)
1월	200개	225개	–25
2월	240개	220개	20
3월	300개	285개	15
4월	270개	290개	–20

→ 평균절대편차/오차(MAD)는 예측 오차에 절대값을 취한 값이므로
(25+20+15+20)/4 = 20

 ③

21 서비스 품질평가에 사용되는 SERVQUAL 모형의 서비스 차원이 아닌 것은?

① 유형성(tangibles) ② 신뢰성(reliability) ③ 반응성(responsiveness)
④ 공감성(empathy) ⑤ 소멸성(perishability)

해설 SERVQUAL 모형의 서비스 차원

- 신뢰성
- 확신성
- 유형성
- 공감성
- 대응성/반응성

정답 ⑤

22 다음의 주어진 자료를 이용하여 산출한 기말자본액은?

〈자료〉
기초자산: 380,000원, 기초부채: 180,000원
당기 중 유상증자: 80,000원, 당기 중 현금배당: 40,000원
당기순이익: 100,000원

① 260,000원 ② 300,000원 ③ 340,000원 ④ 380,000원 ⑤ 420,000원

해설 당기순이익 = 기말 자본액 - 기초 자본액
→ 기말자본액 = 당기순이익 + 기초 자본액
당기순이익 : 100,000원
기초 자본액 : 기초자산: 380,000원 - 기초부채: 180,000원 → 200.000원
+ 유상증자: 80,000원, 당기 중 현금배당: - 40,000원 → 40.00원
→ 기말자본액 340,000원

정답 ③

23 회계거래 분개에 관한 설명으로 옳은 것은?

① 매입채무의 증가는 차변에 기록한다. ② 장기대여금의 증가는 대변에 기록한다.
③ 자본금의 감소는 차변에 기록한다. ④ 임대료 수익의 발생은 차변에 기록한다.
⑤ 급여의 지급은 대변에 기록한다.

해설 **계정기입의 규칙 (★★★: 중요함)**
자산의 증가는 왼쪽 (=차변)에, 자산의 감소는 오른쪽(=대변)에
부채의 증가는 오른쪽(=대변)에, 부채의 감소는 왼쪽(=차변)에
자본의 증가는 오른쪽(=대변)에, 자본의 감소는 왼쪽(=차변)에
비용의 발생은 왼쪽(=차변)에
수익의 발생은 오른쪽(=대변)에

차변(왼쪽)	대변(오른쪽)
자산의 증가 부채의 감소 자본의 감소 비용의 증가	자산의 감소 부채의 증가 자본의 증가 수익의 발생

정답 ③

24 컴퓨터, 저장장치, 애플리케이션, 서비스 등과 같은 컴퓨팅 자원의 공유된 풀(pool)을 인터넷으로 접근할 수 있게 해주는 것은?

① 클라이언트/서버 컴퓨팅(client/server computing)
② 엔터프라이즈 컴퓨팅(enterprise computing)
③ 온프레미스 컴퓨팅(on – premise computing)
④ 그린 컴퓨팅(green computing)
⑤ 클라우드 컴퓨팅(cloud computing)

해설 ① 클라이언트/서버 컴퓨팅(client/server computing) ; 분산처리형태의 컴퓨팅
② 엔터프라이즈 컴퓨팅(enterprise computing) 전사지원의 컴퓨팅
③ 온프레미스 컴퓨팅(on – premise computing) : 개별 기업이 자체적으로 전산설비를 보유하고 운영하는 것
④ 그린 컴퓨팅(green computing) : 전산 기기에 사용되는 에너지를 줄이는 것

정답 ⑤

25 특정기업의 이메일로 위장한 메일을 불특정 다수에게 발송하여 권한 없이 데이터를 획득하는 방식은?

① 파밍(pharming)
② 스니핑(sniffing)
③ 피싱(phishing)
④ 서비스 거부 공격(denial – of – service attack)
⑤ 웜(worm)

해설 ① 파밍(pharming) :새로운 피싱 기법 중 하나이며, 사용자가 자신의 웹 브라우저에서 정확한 웹페이지 주소를 입력해도가짜 웹 페이지에 접속하게 하여 개인정보를 훔치는 것.
② 스니핑(sniffing) : 네트워크 상에서 다른 상대방 컴퓨터 등의 패킷을 엿보는 것
④ 서비스 거부 공격(denial – of – service attack) : 서버가 처리할 수 있는 능력 이상의 것을 요구하요 다른 서비스 등을 중지시키는 것
⑤ 웜(worm) : 컴퓨터 시스템을 파괴하거나 작업을 지연 또는 방해하는 악성프로그램

정답 ③

2021년도 제30회 공인노무사 경영학개론 기출문제

01 페이욜 (H. Fayol)의 일반적 관리원칙에 해당하지 않는 것은?

①지휘의 통일성 ② 직무의 분업화 ③ 보상의 공정성
④ 조직의 분권화 ⑤ 권한과 책임의 일치

해설 *페이욜이 제시한 14가지의 관리원칙

- 분업의 원칙
- 명령통일의 원칙
- 귀속의 원칙
- 집권화의 원칙
- 안정의 원칙
- 권한과 책임의 원칙
- 지휘통일의 원칙
- 질서의 원칙
- 계층구조의 원칙
- 주도의 원칙
- 규율의 원칙
- 개인이익의 조직이익에의
- 보상의 원칙
- 공평의 원칙
- 단체정신의 원칙

정답 ④

02 다음의 특성에 해당되는 기업집중 형태는?

○ 주식 소유, 금융적 방법 등에 의한 결합 ○ 외형상으로 독립성이 유지되지만 실질적으로는 종속관계 ○ 모회사와 자회사 형태로 존재

① 카르텔 (cartel) ② 콤비나트 (combinat) ③ 트러스트 (trust)
④ 콘체른 (concern) ⑤ 디베스티처 (divestiture)

해설 **(3) 기업 집중 참가 기업의 독립성 정도 (★★★: 중요함)**

1) 카르텔(Cartel ; 기업연합)
① 동종기업간의 수평적 결합
② 계약에 의한 결합
③ 내부간섭배제 및 낮은 결합력
④ 법률적·경제적 독립성 유지
정리 : 강력한 카르텔 형태로 신디케이트(Syndicate)가 있다.

2) 트러스트(Trust ; 기업합동)
① 독점적 기업지배 및 강력한 내부간섭
② 동종·이종기업간의 결합
③ 법률적·경제적 독립성 상실

3) 콘체른(konzern ; 기업연휴)
① 수직적, 다각적, 자본적 결합
② 기업의 지배적 강화

③ 법률적 독립성 유지, 경제적 독립성 상실
④ 주로 지주회사(holding company)를 이용
정리 : 지주회사는 타기업의 주식을 소유하여 타기업을 지배하려는 회사로, 독자사업 영 위 유무에 따라 순수지주회사와 사업지주회사로 나눌 수 있다.

(4) 기타의 기업집중 형태
1) 콤비나트(kombinat) : 다각적 결합 공장
2) 콘글로머릿(conglomerate) : 이종기업간의 다각적 결합
① 대개는 주식 매입을 통해 형성
② 사업부제 조직의 변형으로 법률적 독립성 유지
③ 계열 기업 간의 관련성이 없어 시너지 효과가 낮음
정리 : 콘글로머릿이 발전하면 지주회사의 형태가 될 수 있다.

3) 디베스티처 (divestiture)
디베스티처의 의의 디베스티처(divestiture)란 경영성과가 부진하거나 비효율적인 생산라인을 타사에 매각하여 기업의 체질을 개선하고 경쟁력을 향상시키려는 기업집중전략이다. 즉, 회사 전체를 매각하는 것은 흡수합병이 되지만, 디베스티처는 채산성이 떨어지는 부문이나 이익이 나지 않는 생산라인 일부를 부분 매각하는 것으로 기업의 체질을 개선하고 경쟁력을 향상시키기 위한 일종의 감량기업 전략이다.

정답 ④

03 캐롤 (B.A. Carrol)의 피라미드 모형에서 제시된 기업의 사회적 책임의 단계로 옳은 것은?

① 경제적 책임 → 법적 책임 → 윤리적 책임 → 자선적 책임
② 경제적 책임 → 윤리적 책임 → 법적 책임 → 자선적 책임
③ 경제적 책임 → 자선적 책임 → 윤리적 책임 → 법적 책임
④ 경제적 책임 → 법적 책임 → 자선적 책임 → 윤리적 책임
⑤ 경제적 책임 → 윤리적 책임 → 자선적 책임 → 법적 책임

해설 캐롤(B.A. Carrol)의 피라미드 모형(사회적 책임)

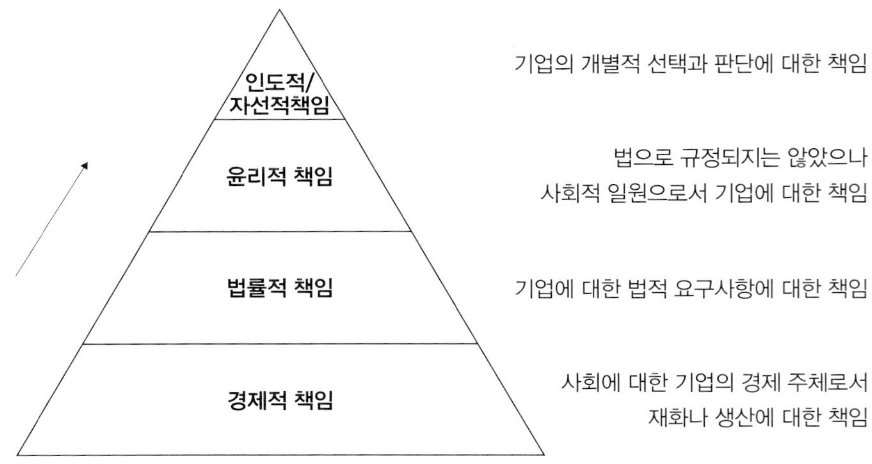

정답 ①

04 GE/맥킨지 매트릭스 (GE/McKinsey matrix) 에서 전략적 사업부를 분류하기 위한 두 기준은?

① 산업매력도 – 사업단위 위치(경쟁력)
② 시장성장률 – 시장점유율
③ 산업매력도– 시장성장률
④ 사업단위 위치(경쟁력)– 시장점유율
⑤ 시장점유율– 가격경쟁력

해설 GE/맥킨지 매트릭스 (GE/McKinsey matrix)
① 산업의 매력도와 사업의 강점의 두 차원으로 구성
② 산업의 매력도 : 제품시장크기, 성장률, 수익률, 경쟁정도 등을 포괄
③ 사업의 강점 : 시장점유율, 점유율의 성장률, 제품품질 등을 포괄
④ 각 변수별로 평가치와 가중치 결정 필요
⑤ 원의 크기는 각 시장의 크기를 나타냄

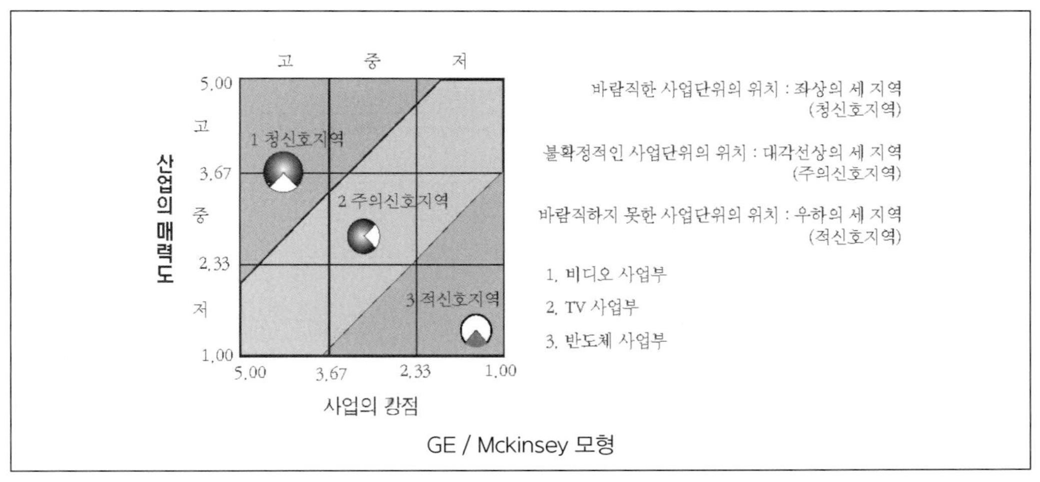

GE / Mckinsey 모형

정답 ①

05 허츠버그 (F. Herzberg) 의 2요인이론에서 위생요인에 해당하는 것은?

① 성취감 ② 도전감 ③ 임금 ④ 성장가능성 ⑤직무내용

해설 허츠버그의 2요인 이론
① 만족과 불만족은 전혀 별개의 차원
② 불만족은 직무환경(위생요인)에, 만족은 직무요인(동기요인)에 관련이 있음
③ 위생요인의 충족은 불만족 감소만 초래
④ 동기부여를 위해 동기요인의 중요성 강조

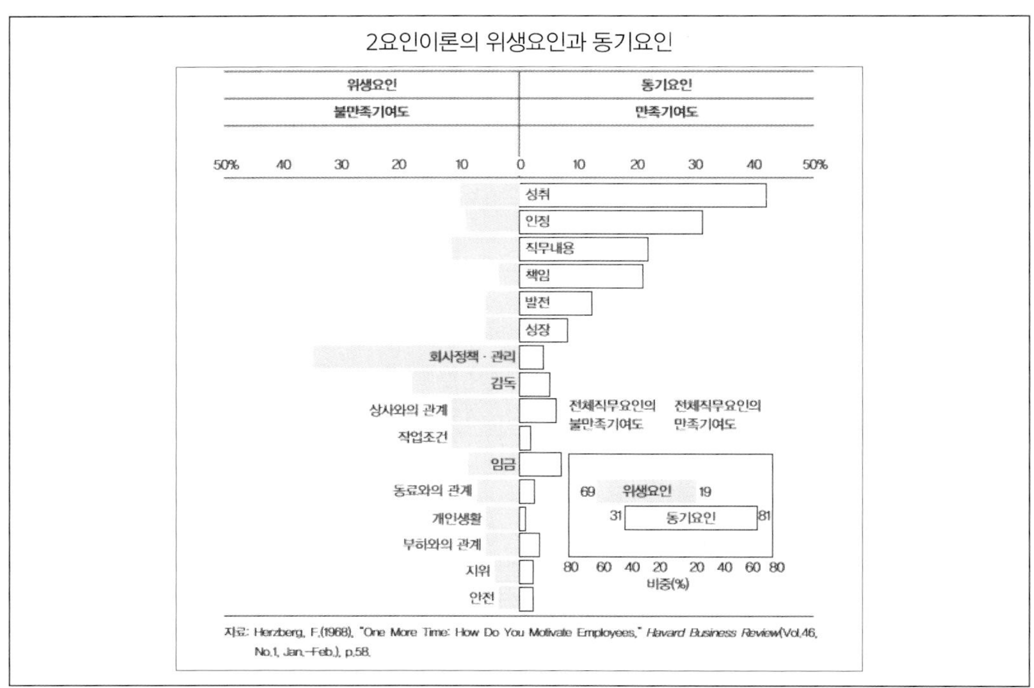

정답 ③

06 전통적 직무설계와 관련 없는 것은?

① 분업 ② 과학적 관리 ③ 전문화 ④ 표준화 ⑤ 직무순환

해설 직무설계

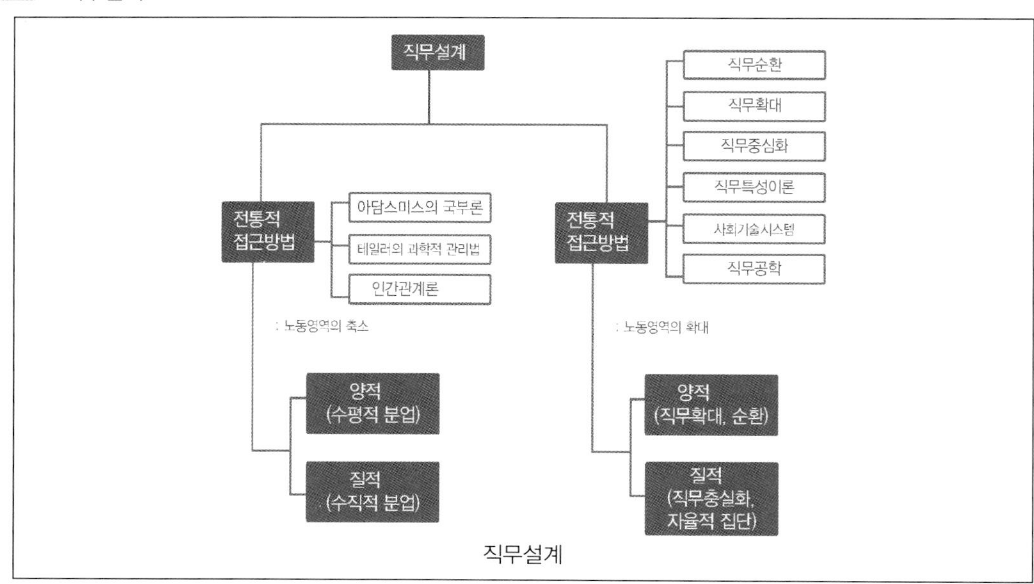

직무설계

정답 ⑤

07 인사평가의 분배적 오류에 해당하는 것은?

① 후광효과 ② 상동적 태도 ③ 관대화 경향 ④ 대비오류 ⑤ 확증편향

해설 인사평가의 오류

(1) 나와 유사성 오류 (similar-to-me): 피 평가자가 평가자와 입장과 처지가 높은 유사성을 보이는 경우 대체로 관대하게 평가하는 경향

(2) 분배적 오류 (distributional errors): 평가자가 평가측정을 하여 다수의 피 평가자 들에게 점수를 부여할 때 점수의 분포가 특정방향으로 쏠리는 현상

(3) 현혹효과 (halo/horns errors): 피 평가자의 지엽적인 사항을 가지고 그 사람의 전체적 평가를 긍정적으로 하거나 이와 반대로 부정적으로 평가하는 경향

(4) 상동적 태도 (Stereotyping): 타인에 대한 평가가 그가 속한 사회적 집단에 대한 지각을 기초로 해서 이루어지는 것을 말함. 고정관념

(5) 대비효과 (contrast errors): 여러 명의 피 평가자를 동시에 평가할 때 객관적인 표준을 잣대로 사용하지 않고 피 평가자간 비교에 의해 평가를 수행할 때 발생하는 오류

정답 ③

08 교육참가자들이 소규모 집단을 구성하여 팀워크로 경영상의 실제 문제를 해결하도록 하여 문제해결과정에 대한 성찰을 통해 학습하게 하는 교육방식은?

① team learning ② organizational learning ③ problem based learning
④ blended learning ⑤ action learning

해설 새로운 교육/훈련 방식

① 액션 런닝(action learning) : 실제경영현장에서 경영성과와 직결되는 이슈 혹은 과제를 정해진 시점까지 해결하기 위한 소규모 그룹 중심의 학습방법이고, 이를 통해 개인과 조직이 함께 성장하는 교육훈련기법

② 이런닝(e-learning) : 다양한 형태의 디지털 중심의 교육컨텐츠와 디지털 매체를 통해 교육자와 학습자, 학습자와 학습자간에 쌍방향의 커뮤니케이션이 가능하고, 학습자에게 다양한선택권이 주어지면서 참여자간에 상호평가가 가능한 온라인학습체계

③ 블렌드 런닝(blended learning) : 학습자의교육성과를높이기위해다양한교수방법, 설계전략, 콘텐츠개발방식등을적절히혼합하실시하는교육훈련기법

정답 ⑤

09 마키아밸리즘 (machiavellism)에 관한 설명으로 옳지 않은 것은?

① 마키아벨리즘은 자신의 이익을 위해 타인을 이용하고 조작하려는 성향이다
② 마키아벨리즘이 높은 사람은 감정적 거리를 잘 유지한다.
③ 마키아벨리즘이 높은 사람은 남을 잘 설득하며 자신도 잘 설득된다.
④ 마키아벨리즘이 높은 사람은 최소한의 규정과 재량권이 있을 때 높은 성과를 보이는 경향이 있다.
⑤ 마키아벨리즘이 높은 사람은 목적 이 수단을 정당화시킬 수 있다고 믿는 경향이 있다.

해설 마키아밸리즘(machiavellism)은 마키아벨리 저서 군주론에서 유래되었으며 목적을 위하여 수단을 가리지 않는 것을 의미한다.

정답 ③

10 조직으로부터 나오는 권력을 모두 고른 것은?

ㄱ. 보상적 권력	ㄴ. 전문적 권력	ㄷ. 합법적 권력
ㄹ. 준거적 권력	ㅁ. 강제적 권력	

① ㄱ, ㄴ, ㄷ ② ㄱ, ㄴ, ㄹ ③ ㄱ, ㄷ, ㅁ ④ ㄴ, ㄹ, ㅁ ⑤ ㄷ, ㄹ, ㅁ

해설 권력이란 개인이나 집단이 다른 개인이나 집단을 자신이 원하는 방향으로 행동하게 만들 수 있는 능력

리더의 권력

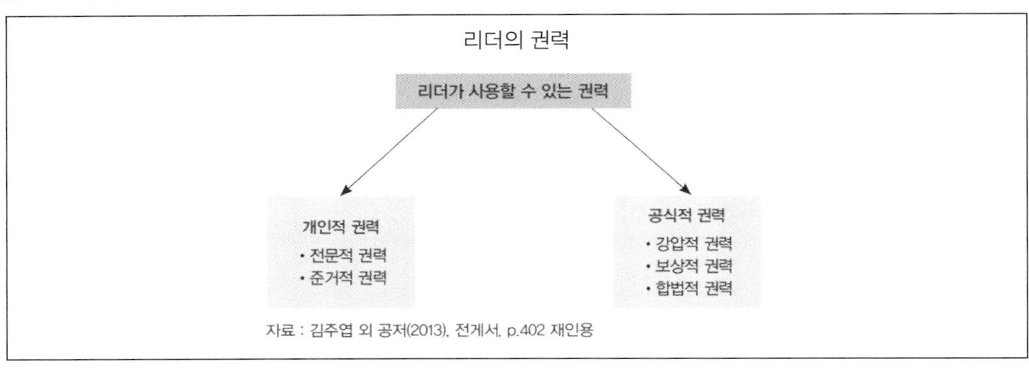

자료 : 김주엽 외 공저(2013), 전게서, p.402 재인용

정답 ③

11 직무특성모형(job characteristics model)의 핵심직무차원에 포함되지 않는 것은?

① 성장욕구 강도 (growth need strength)
② 과업정체성 (task identity)
③ 과업 중요성 (task significance)
④ 자율성 (autonomy)
⑤ 피드백 (feedback)

해설 직무특성모형에서는 5가지 직무특성을 핵심직무차원이라고 하며, 기술다양성, 과업정체성, 과업중요성, 과업자율성, 결과의 피드백(feedback)이 있다.

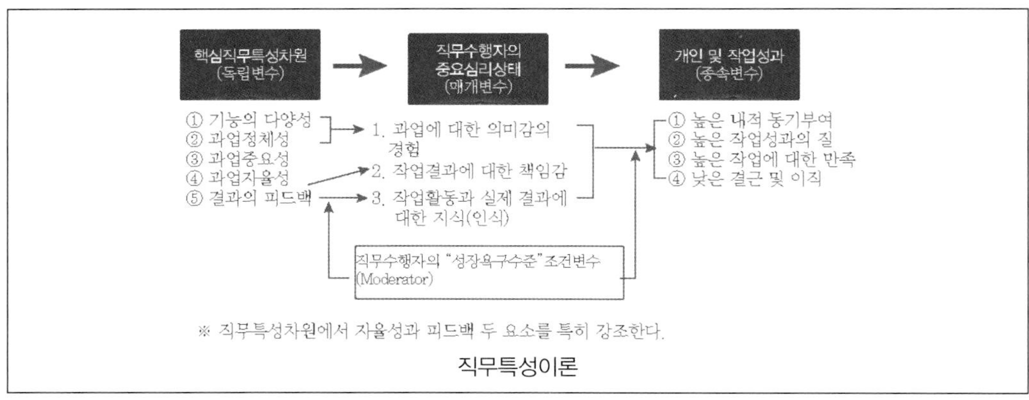

직무특성이론

정답 ①

12 다음 설명에 해당하는 의사결정기법은?

> ○ 자유롭게 아이디어를 제시할 수 있다.
> ○ 타인이 제시한 아이디어에 대해 비판은 금지된다.
> ○ 아이디어의 질보다 양을 강조한다.

① 브레인스토밍 (brainstorming)
② 명목집단법 (nominal group technique)
③ 델파이법 (delphi technique)
④ 지명반론자법 (devil's advocacy)
⑤ 프리모텀법 (premortem)

해설 ⑤ 프리모텀 기법(Premortem technique)
특정 프로젝트 실패했다고 미리 가정하고 그 원인을 구성원과 함께 찾는 과정으로, 모든 구성원 실패원인제시→리더는 원인 기록→구성원 의견 정리함, 대규모 신규사업 투자 시 활용성이 높음

④ 지명 반론자법/악마의주장법(Devil's advocate method)
2~3명 정도의 반대자, 반대안 필요 없음, 대안에 대해 의도적인 단점 지적하여 최종안이 나올 때까지 반복하는 방식, 집단사고 예방가능

정답 ①

13 선매품 (shopping goods) 에 관한 설명으로 옳은 것은?

① 소비자가 필요하다고 느낄 때 수시로 구매하는 경향을 보인다.
② 소비자는 가격, 품질 스타일 등 다양한 정보를 수집하여 신중하게 비교하는 경향을 보인다.
③ 소비자는 잘 알지 못하거나 알고 있어도 능동적으로 구매하려 하지 않는다.
④ 일상생활에서 빈번히 구매하는 저관여 제품들이 많다.
⑤ 독특한 특정을 지니거나 브랜드 차별성을 지니는 제품들이 많다.

해설 소비용품
① 편의품 : 구매의 편의 추구, 저단가, 고회전율, 식품
② 선매품 : 비교구매, 중단가, 중회전율, 의류, 가구
③ 전문품 : 독특한 매력, 고단가, 저회전율, 고가품
o 특정브랜드에 대한 고객충성도가 높다.
o 제품마다 고유한 특성을 지니고 있다.
o 브랜드마다 차이가 크다.
o 구매 시 많은 시간과 노력을 필요로 한다.

정답 ②

14 브랜드 (brand) 요소를 모두 고른 것은?

ㄱ. 징글(jingle)	ㄴ. 캐릭터 (character)
ㄷ. 슬로건 (slogan)	ㄹ. 심볼 (symbol)

① ㄱ, ㄴ ② ㄷ, ㄹ ③ ㄱ, ㄴ, ㄷ ④ ㄴ, ㄷ, ㄹ ⑤ ㄱ, ㄴ, ㄷ, ㄹ

해설 상표/브랜드 요소

브랜드 구성요소로는 브랜드 네임, 로고, 심볼, 캐릭터(구체적인 형상으로 구현), 슬로건, 징글(브랜드 이름을 음악적인 메시지로 표현) 그리고 패키지등으로 구성되어 있다.

정답 ⑤

15 서비스의 특성으로 옳지 않은 것은?

① 무형성 ② 비분리성 ③ 반응성 ④ 소멸성 ⑤ 변동성(이질성)

해설 서비스특징

특 징	내 용
동시성	생산과 소비가 동시에 이루어짐 생산과 소비가 동시에 발생하기 때문에 소비자(고객)의 서비스 생산과정 참여율이 높음 물리적 접촉이 필요하거나 의사소통이 필요한 경우에 고객이 서비스 창출과 제공과정에 참여하고 '공동 생산자'가 됨
무형성	서비스는 객관적으로 누구에게나 보이는 형태로 제시할 수 없으며 물체처럼 만지거나 볼 수 없음 서비스를 제공받기 전에는 그 실제를 알 수가 없음 서비스의 가치를 고객에 따라 각기 다르게 판단할 수 있음
비분리성	유형제품의 경유 소유권 이전이 가능하지만 서비스는 소유권 이전이 불가능함 (단지 누리거나 즐길 수만 있음) 제품은 생산과 소비가 분리되어 있지만, 서비스는 생산과 소비가 동시에 이루어진다
이질성	서비스는 표준화가 용이하지 않고, 다양한 상황 등에 따라 매우 가변적임 생산과 분배과정의 다양한 특성에 따라 유형 제품처럼 동질적이지 못함 서비스를 제공하는 사람과 서비스를 받는 사람이 달라지면 서비스 품질 역시 달라짐 서비스는 고객 특성에 따라 다르게 제공됨으로 서비스를 표준화하기 어려움이 있음
소멸성	서비스는 재고 형태로 보존할 수 없으며 즉시 사용되지 않으면 사라짐 서비스는 소멸하기 때문에 저장을 할 수 없음

정답 ③

16 **K사는 A, B, C 세 투자안을 검토하고 있다. 모든 투자안의 내용연수는 1 년으로 동일하며 , 투자안의 자본비용은 10% 이다. 투자액은 투자 실행 시 일시에 지출되며 모든 현금흐름은 기간 말에 발생한다. 투자안의 투자액과 순현재가치 (NPV)가 다음과 같을 경우 내부수익률 (IRR) 이 높은 순서대로 나열한 것은?**

투자안	A	B	C
투자액	100억원	200억원	250억원
순현재가치	20억원	30억원	40억원

① A, B, C　　② A, C, B　　③ B, A, C　　④ C, A, B　　⑤ C, B, A

해설 순현재가치 (NPV)와 내부수익률 (IRR)

투자액과 수익률을 곱하면 미래유입액이 나오고,

미래유입액(순현재가치 (NPV))을 할인율(= 내부수익률 (IRR))로 나누면 투자액이 나온다.

A : 20억 / 할인율(= 내부수익률 (IRR)) = 100억 --〉 할인율 0.2

B : 30억 / 할인율(= 내부수익률 (IRR)) = 200억 --〉 할인율 0.15

C : 40억 / 할인율(= 내부수익률 (IRR)) = 250억 --〉 할인율 0.16

정답 ②

17 **증권시장선 (SML)과 자본시장선 (CML) 에 관한 설명으로 옳지 않은 것은?**

① 증권시장선의 기울기는 표준편차로 측정된 위험 1 단위에 대한 균형가격을 의미한다.

② 증권시장선 아래에 위치한 자산은 과대평가된 자산이다.

③ 자본시장선은 효율적 자산의 기대수익률과 표준편차의 선형관계를 나타낸다.

④ 자본시장선에 위치한 위험자산은 무위험자산과 시장포트폴리오의 결합으로 구성된 자산이다.

⑤ 자본시장선에 위치한 위험자산과 시장포트폴리오의 상관계수는 1 이다.

해설 **증권시장선(SML ; security market line)(★★★: 중요함)**

(1) 의 의

시장이 균형일 때 모든 자산의 기대수익률과 체계적 위험간의 관계

증권시장선 (security market line, SML)

E(Rj)=Rf+[E(Rm)−Rf] bj

Rf : 무위험 자산수익률

E(Rm) : 기대수익률

bj : 개별자산 j의 체계적 위험

증권특성선(SCL ; security characteristic line)(★★★: 중요함)

(1) 의 의

① 샤프(W. Sharpe)의 단일지수모형(single index model) 또는 시장모형(market model)으로도 불리움

② 단일지수모형 : 모든 주식수익률의 변동을 설명할 수 있는 하나의 공통요인이 존재

③ 시장모형 : 개별주식의 수익률(Ri)은 시장포트폴리오의 수익률(RM)과 선형관계를 갖 는다는 수익률생성모형

자본시장선(CML ; capital market line) (★★★ : 중요함)

(1) 정의 : 무위험자산이 존재할 때의 새로운 효율적 투자선(efficient frontier)

① 무위험자산의 의의 : 미래수익을 확실히 예측할 수 있어 수익률의 변동가능성이 없는 자산(예 국공채, 정기예금)

② 무위험자산 존재 시의 기대수익률과 위험

③ 무위험자산 존재 시의 기대수익률과 위험의 관계

자본시장선(CML)과 증권시장선(SML)의 비교

① 자본시장선(CML)은 완전분산투자된 효율적 포트폴리오의 총위험(표준편차)과 기대수익 률간의 선형관계

② 증권시장선(SML)은 효율적 포트폴리오는 물론 비효율적 포트폴리오나 개별자산을 포함한 모든 자산의 체계적 위험과 기대수익률간의 선형관계

정답 ①

18 올해 말 (t = l) 에 예상되는 A사 보통주의 주당 배당금은 1,000원이며, 이후 배당금은 매년 10%씩 영구히 증가할 것으로 기대된다. 현재 (t=O) A사 보통주의 주가(내재가치)가 10,000원이라고 할 정우 이 주식의 자본비용은?

① 10% ② 15% ③ 20% ④ 25% ⑤ 30%

해설 배당평가모형 이용하는 방법

자기자본의 비용(k_e) = 주가분의 배당 + 배당성장율

= (1000/10000) + 0.1

→ 0.2(20%)

정답 ③

19 주식 A와 B 의 기대수익률은 각각 10%, 20% 이다. 총 투자자금 중 40%를 주식A에, 60%를 주식 B에 투자하여 구성한 포트폴리오 P의 기대수익률은?

① 15% ② 16% ③ 17% ④ 18% ⑤ 19%

해설 기대수익률 : 미래의 예상 수익률을 이에 상응하는 각 확률에 곱하여 합계하면 가중 평균치가 생산되는 데, 이 가중 평균치를 기대수익률이라고 한다.

기대수익률 = (0.1 * 0.4) + (0.2 * 0.6) = 0.04 + 0.12 = 0.16(16%)

정답 ②

20 식스시그마의 성공적 수행을 위한 5단계 활동으로 옳은 순서는?

① 계획 · 분석 · 측정 · 개선 · 평가 ② 계획 · 분석 · 측정 · 평가 · 개선

③ 계획 · 측정 · 평가 · 통제 · 개선 ④ 정의 · 측정 · 분석 · 개선 · 통제

⑤ 정의 · 측정 · 평가 · 통제 · 개선

해설 식스시그마의 성공적 수행을 위한 5단계 활동

→ 정의(Define)–측정 (Measure)–분석(Analyze)–개선(Improve)–관리/통제(Control)

정답 ④

21 **공급자에서 기업 내 변환과정과 유통망을 거쳐 최종 고객에 제품, 서비스 및 정보의 흐름을 전체 시스템 관점에서 설계하고 관리하는 것은 ?**

① EOQ ② MRP ③ TQM ④ SCM ⑤ FMS

해설 경제적 주문량(EOQ : Economic Order Quantity)
자재소요계획(MRP : Material Requirements Planning)
전사적 품질 경영(TQM : Total Quality Management)
공급망 관리(SCM :Supply Chain Management)
유연생산시스템(FMS : Flexible Manufacturing System)

정답 ④

22 **공장을 신축하고자 1억원의 토지를 현금으로 취득한 거래가 재무제표 요소에 미치는 영향은?**

① 자본의 감소, 자산의 감소
② 자산의 증가, 자산의 감소
③ 자산의 증가, 자본의 증가
④ 자산의 증가, 부채의 증가
⑤ 비용의 증가, 자산의 감소

해설 계정기입의 규칙
자산 = 부채 + 자본

차변(왼쪽)	대변(오른쪽)
자산의 증가 부채의 감소 자본의 감소 비용의 증가	자산의 감소 부채의 증가 자본의 증가 수익의 발생

정답 ②

23 **유형자산에 해당하는 항목을 모두 고른 것은?**

ㄱ. 특허권	ㄴ. 건물	ㄷ. 비품	ㄹ. 라이선스

① ㄱ, ㄴ ② ㄴ, ㄷ ③ ㄱ, ㄴ, ㄷ ④ ㄴ, ㄷ, ㄹ ⑤ ㄱ, ㄴ, ㄷ, ㄹ

해설 유형자산(有形資産)은 비유동자산 중에서 기업의 영업활동과정에서 장기간에 걸쳐 사용되어 미래의 경제적 효익이 기대되는 유형의 자산을 말한다.

정답 ②

24 **재무상태표의 부채에 해당하지 않는 것은?**

① 매입채무 ② 선급비용 ③ 선수금 ④ 사채 ⑤ 예수금

해설 유동자산

① 유동자산은 큰 거래비용 없이 1년 이내에 현금화되는 자산으로 당좌자산과 재고자산으로 분류된다.
② 당좌자산은 특히 현금화속도가 빠른 항목들로서 현금, 단기금융상품, 유가 증권, 매출 채권, 단기대여금 등
③ 재고자산은 정상적인 영업활동에서 판매과정을 통해서 현금화되는 것으로 상품, 재공품, 원재료 등

유동부채
유동부채는 대개 만기가 1년 이내에 도래하는 채무를 말한다. 영업거래에서 발생하는 매입채무와 영업거래 이외에서 발생하는 미지급금 등이 있다.

유동/고정 부채
비유동/고정 부채는 만기가 1년 이후에는 도래되는 채무로서 사채, 장기차입금, 장기성매입채무 등이 있다.

 ②

25 급여계산, 고객주문처리, 재고관리 등 일상적이고 반복적인 과업을 주로 수행하는 정보시스템은?

① EIS ② DSS ③ ES ④ SIS ⑤ TPS

해설 ① EIS 중역정보시스템
② DSS 의사결정시스템
③ ES 전문가시스템
④ SIS 전략정보시스템

정답 ⑤

2020년도 제29회 공인노무사 경영학개론 기출문제

01 페로우 (c. Perrow) 가 제시한 기술 분류 기준으로 옳은 것을 모두 고른 것은?

ㄱ. 기술복잡성	ㄴ. 과업다양성	ㄷ. 상호의존성
ㄹ. 과업정체성	ㅁ. 문제분석 가능성	

① ㄱ, ㄴ ② ㄴ, ㄹ ③ ㄴ, ㅁ ④ ㄷ, ㅁ ⑤ ㄱ, ㄷ, ㄹ

해설 페로우(Perrow) : 연구대상을 서비스업이나 일반조직까지 늘림

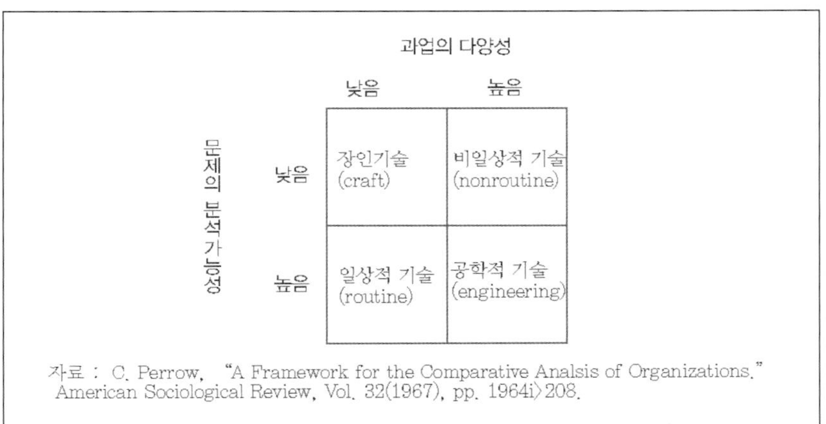

기술을 과업의 다양성과 문제의 분석 가능성의 차원에서 장인기술(craft), 비일상적 기술(nonroutine), 일상적 기술(routine), 공학적 기술(engineering)로 구분한다.

정답 ③

02 (주)한국은 정부의 대규모 사업에 참여하면서 다수 기업과 공동출자를 하고자 한다. 이 전략 유형에 해당하는 것은?

① 우회 전략 (turnaround strategy)
② 프랜차이징 (franchising)
③ 집중전략 (concentration strategy)
④ 컨소시엄 (consortium)
⑤ 포획전략 (captive strategy)

해설 ① 우회 전략 (turnaround strategy) → 우회 전략(turnaround strategy)은 산업매력도는 높지만 기업 내적으로 많은 문제점을 안고 있는 경우에 사용되는 전략으로 활동효율성(operational efficiency)을 높이는 데 중점을 두는 전략이다.
② 프랜차이징 (franchising) → 자신의 상호·상표 등을 제공하는 것을 말하며 이를 영업으로 하는 자를 의미한다.
③ 집중전략 (concentration strategy) → 틈새시장을 대상으로 모든 노력을 집중하는 전략

⑤ 포획전략 (captive strategy) → 중간 정도의 산업매력도를 나타내거나 쇠퇴하는 사업이기 때문에 우회전략을 강구할 수 없을 때 채택하는 전략

정답 ④

03 매트릭스 조직의 장점에 해당하지 않는 것은?

① 구성원들 간 갈등해결 용이
② 환경 불확실성에 신속한 대응
③ 인적자원의 유연한 활용
④ 제품 다양성 확보
⑤ 구성원들의 역량향상 기회 제공

해설 매트릭스 조직

(1) 의 의
① 직능식 조직과 프로젝트 조직의 혼합형태
② 조직구성원이 직능 부서와 프로젝트 팀의 업무를 동시에 진행
③ 효율성과 유연성을 동시에 추구

(2) 장·단점
① 종업원 능력 최대 활용
② 최고 경영층의 관리 업무 해방
③ 이중 지위 체계로 역할이 모호
④ 스트레스 유발 및 업무간 조정 어려움
⑤ 관리비 증가
⑥ 기능부서와 프로젝트 팀간의 갈등

정답 ①

04 사용자가 노동조합의 정당한 활동을 방해하는 것은?

① 태업 ② 단체교섭 ③ 부당노동행위 ④ 노동쟁의 ⑤ 준법투쟁

해설 부당노동행위

(1) 개별 근로자를 대상으로 한 행위
① 불이익대우 : 근로자의 일정한 행위로 인하여 불공정하게 대우
② 황견계약 : 근로기본권을 제한하는 위법적 계약

정답 ③

05 하우스 (R. House)가 제시한 경로-목표이론의 리더십 유형에 해당하지 않는 것은?

① 권한 위엄적 리더십　② 지시적 리더십　③ 지원적 리더십
④ 성취지향적 리더십　⑤ 참가적 리더십

해설 경로-목표이론 : 하우스와 에반스

① 오하이오 연구와 동기부여의 기대이론을 결합하여 경로-목적을 제시

② 하위자의 업무환경의 특성에 의해 조절된 리더 행동유형은 하위자의 유인성 및 기대인지 및 수단성에 영향을 미치고 있는 결국 더 높은 노력, 동기부여, 성과 및 만족을 가져오게 됨

③ 다양한 과업에 대해 수단적(지시적) 리더십 및 지원적 리더십과 하위자의 행동간의 관계에 초점

④ 수단적(지시적) 리더 행동은 비구조화된 과업에 종사하는 하위자들을 위해 더 효과적이고, 지원적 리더 행동은 하위자들이 구조화된 일상적 과업을 수행할 때 높은 만족을 가져온다는 것

⑤ 리더는 목표 달성에 대한 경로를 명확히 하는데 도움을 줌으로써 종업원의 행위에 도움을 줄 수 있다. 이는 종업원을 동기 부여하는 것이 바로 그들을 이끄는 것이라고 보고 있음

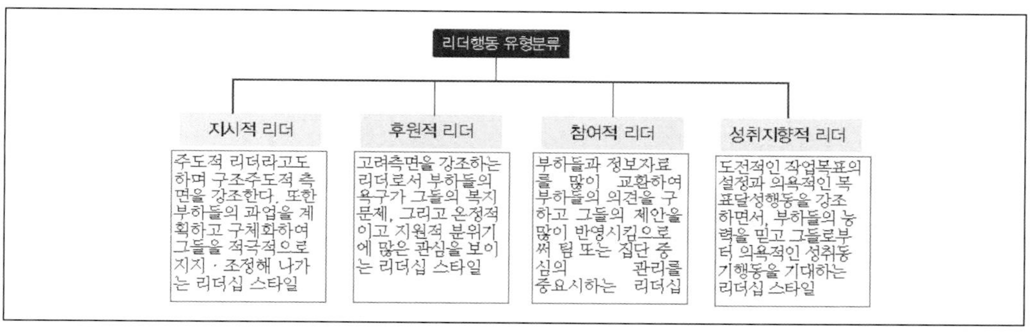

정답 ①

06 구성원들 간 의사소통이 강력한 특정 리더에게 집중되는 유형은?

① 원형　② Y자형　③ 수레바퀴형　④ 사슬형　⑤ 전체연결형

해설 의사소통 네트워크

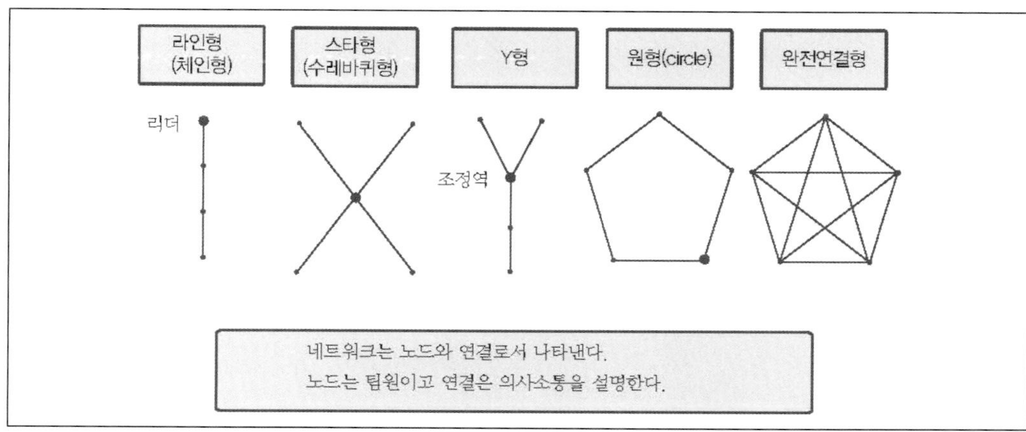

경영학개론

[표] 의사소통 네트워크와 조직행위

네트워크 조직행위	라인형	스타형 (수레바퀴형)	Y형	원 형(circle)	완전연결형
권한의 중도집	높 음	중 간	중 간	낮 음	매우 낮음
의사소통의 속도	중 간	단순과업 : 빠름 복잡과업 : 느림	중 간	모여있는 경우 : 빠름 떨어져있는 경우 : 느림	빠 름
의사소통의 정확성	문서 : 높음 구두 : 낮음	단순과업 : 높음 복잡과업 : 낮음	단순 : 높음 복잡 : 낮음	모여있는 경우 : 높음 떨어져있는 경우 : 낮음	중 간
구성원의 만족도	상층부 : 높음 하층부 : 낮음	중앙 : 높음 주변 : 낮음	중앙 : 높음 끝 : 낮음	높 음	높 음
의사결정속도	빠 름	중 간	중 간	느 림	빠 름
결정의 수용도	낮 음	중 간	중 간	높 음	높 음
조직구조형태	tall	flat	tall	flat	flat

 ③

07 기업의 사회적 책임 중에서 제 1 의 책임에 해당하는 것은?

① 법적 책임 ② 경제적 책임 ③ 윤리적 책임 ④ 자선적 책임 ⑤ 환경적 책임

해설 기업의 사회적 책임

① 경제적 책임: 기업의 사회적 책임 중 제1의 책임이며, 기업은 사회의 기본적인 경제단위로서 재화와 서비스를 생산할 책임 을 지고 있다.

② 법적 책임: 사회는 기업이 법적 요구사항의 구조 내에서 경제 적 임무를 수행할 것을 요구한다는 것을 말한다.

 ②

08 파스칼 (R. Pascale)과 피터스 (T. Peters) 의 조직문화 7S 중 다른 요소들을 연결시켜 주는 핵심적인 요소는?

① 전략 (strategy) ② 관리기술 (skill) ③ 공유가치 (shared value)
④ 관리시스템 (system) ⑤ 구성원 (staff)

해설 파스칼 (R. Pascale)과 피터스 (T. Peters) 의 조직문화 7S

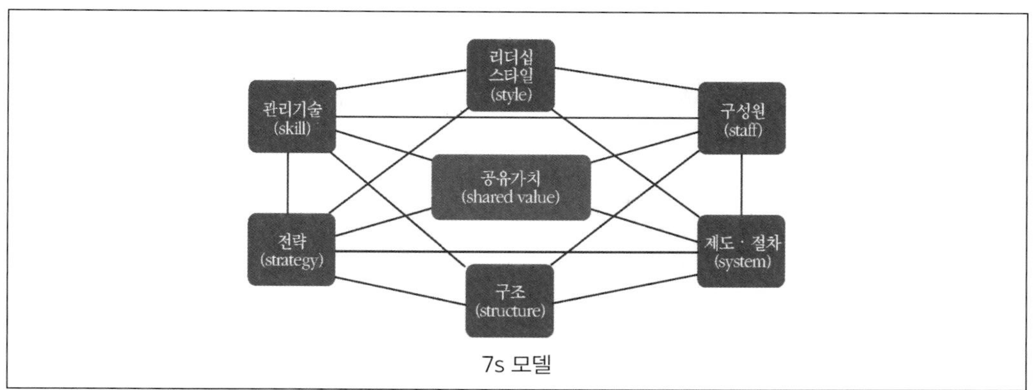

7s 모델

정답 ③

09 브룸 (V. Vroom) 이 제시한 기대이론의 작동순서로 올바른 것은?

① 기대감 → 수단성 → 유의성
② 기대감 → 유의성 → 수단성
③ 수단성 → 유의성 → 기대감
④ 유의성 → 수단성 → 기대감
⑤ 유의성 → 기대감 → 수단성

해설 브룸 (V. Vroom) 기대이론

사람의 동기부여 정도는 그 사람이 특정 행동을 하려 하는 욕구의 정도인 '동기의 강도'에 의해 좌우된다는 이론

- 동기의 강도=자신이 행할 행동이 가져올 결과에 대하여 인식하고 있는 가치×그러한 결과가 실현가능할 것으로 인식하고 있는 가능성 정도
- 노력, 성과, 보상 사이의 관계를 연구
- 동기부여의 요인: 기대감, 수단성, 유의성

정답 ①

10 MBO 에서 목표설정 시 SMART 원칙으로 옳지 않은 것은?

① 구체적 (specific) 이어야 한다.
② 측정가능 (measurable) 하여야 한다.
③ 조직목표와의 일치성 (aligned with organizational goals) 이 있어야 한다.
④ 현실적이며 결과지향적 (realistic and result-oriented) 이어야 한다.
⑤ 훈련가능(trainable) 하여야 한다.

해설 MBO 에서 목표설정 시 SMART 원칙

1. Specific (구체적) : 무엇을, 어떻게 할지, 명확해야 함
2. Measurable (측정가능) : 측정가능하고 계량화 해야 함
3. Achievable (달성가능) : 도전적이나 달성 가능해야 함
4. Realistic (실현가능한) : 현실적으로 가능해야 함
5. Tiem-limited (시간제한) : 기한이 정해져 있어야 함

정답 ⑤

11 (주)한국은 10,000 원에 상당하는 두루마리 화장지 가격을 9,990원으로 책정하였다. 이러한 가격결정 방법은?

① 단수가격 ② 명성가격 ③ 층화가격 ④ 촉진가격 ⑤ 관습가격

해설 **심리적 가격결정(★★★: 중요함)**

① 가격을 결정할 때 고객의 심리적 반응도 반영

② 긍지가격(prestige pricing) : 높은 가격으로 사회적 지위, 고품질 이미지 전달

③ 단수가격(odd pricing) : 단수로 가격매겨 가격이 싸다는 느낌 전달

④ 층화가격(price lining ; 가격단계설정법) : 가격을 몇 개의 층으로 결정

⑤ 유인가격(loss-leader pricing) : 소비자 유인 목적으로 초저가 책정

⑥ 준거가격(reference pricing) : 고객이 제품을 구입할 때 과거의 가격 등을 고려하여 심리적으로 적정하다고 생각하는 가격

⑦ 관습가격 : 껌이나 라면, 일회용 면도기 등과 같이 반복적/일상적으로 구매하는 소비자들이 일정금액으로 구매해 온 제품가격이며, 제품의 원가상승요인이 발생하더라도 종전과 동일한 가격을 유지하려는 가격정책으로, 이러한 경우에는 대개 성분이나 함량, 수량 같은 것으로 가격을 조절한다.

정답 ①

12 마약퇴치 운동과 같이 불건전한 수요를 파괴시키는 데 활용되는 마케팅은?

① 동시화 마케팅 (synchro marketing) ② 재마케팅 (remarketing)
③ 디마케팅 (demarketing) ④ 대항 마케팅 (counter marketing)
⑤ 터보 마케팅 (turbo marketing)

해설 수요의 상황에 따른 마케팅관리의 과제

수요상황	과 제	명 칭
① 부정적 수요(negative demand) 잠재적 시장의 대부분이 구매를 꺼리는 상황이다.	수요의 창조(create demand) 환경의 변화나 제품에 관한 충분한 정보의 유포를 통하여 수요를 창조한다.	전환적 마케팅 (conversionnal marketing)
② 無수요(no demand) 잠재적 시장의 대부분이 기호와 관심을 가지고 있지 않은 상황이다.	수요의 전환(reverse demand) 부정적 수요를 긍정적 수요로 전환시켜 공급수준과 동일한 수준까지 수요를 끌어올린다.	자극적 마케팅 (stimulational marketing)
③ 잠재적 수요(latent demand) 아직 존재하지 않는 제품이나 서비스에 대해 소비자들이 강한 욕구를 가지고 있는 상황이다.	수요의 개발(develop demand) 잠재적 수요가 실제수요가 될 수 있도록 수요를 개발한다.	개발적 마케팅 (developmental marketing)

④ 감퇴적 수요(faltering demand) 수요가 하락하거나 침체되어 있는 상황이다.	수요의 부활 (revitalize demand) 수요가 하락하거나 침체 이전과 같이 불러일으킨다.	再마케팅 (remarketing)
⑤ 불규칙적 수요(irregular demand) 수요시기가 계절성을 띠고 있어나 현재의 공급시기와 차질이 심한 상황이다.	수요와 공급의 시기 일치화 (synchronize demand) 불규칙적 수요의 평준화를 모색하여, 수요와 공급의 시기를 일치시키도록 한다.	동시화 마케팅 (synchro marketing)

정답 ④

13 마케팅전략에 관한 설명으로 옳은 것은?

① 마케팅 비용을 절감하기 위해 차별화 마케팅전략을 도입한다.
② 제품전문화 전략은 표적시장 선정전략의 일종이다.
③ 포지셔닝은 전체 시장을 목표로 하는 마케팅전략이다.
④ 제품의 확장속성이란 판매자가 제공하거나 구매자가 추구하는 본질적 편익을 말한다 .
⑤ 시장세분화 전제조건으로서의 실질성이란 세분시장의 구매력 등이 측정가능해야 함을 의미한다.

해설 ① 마케팅 비용을 절감하기 위해 차별화 마케팅전략을 도입한다. → 비차별적 마케팅
③ 포지셔닝은 전체 시장을 목표로 하는 마케팅전략이다. → 위상정립
④ 제품의 확장속성이란 판매자가 제공하거나 구매자가 추구하는 본질적 편익을 말한다. → 증폭 제품=확장 제품 : (2)+운반, 설치, 보증, A/S 등 추상적인 서비스와 혜택
⑤ 시장세분화 전제조건으로서의 실질성이란 세분시장의 구매력 등이 측정가능해야 함을 의미한다. → 시장을 세분화 한다는 것은 전체 시장을 단지 더 작은 시장으로 나누는 것만이 전부는 아니다. 그 시장에서 기업이 효율적으로 마케팅 활동을 할 수 있도록 소비자 집단을 나누는 것이다.

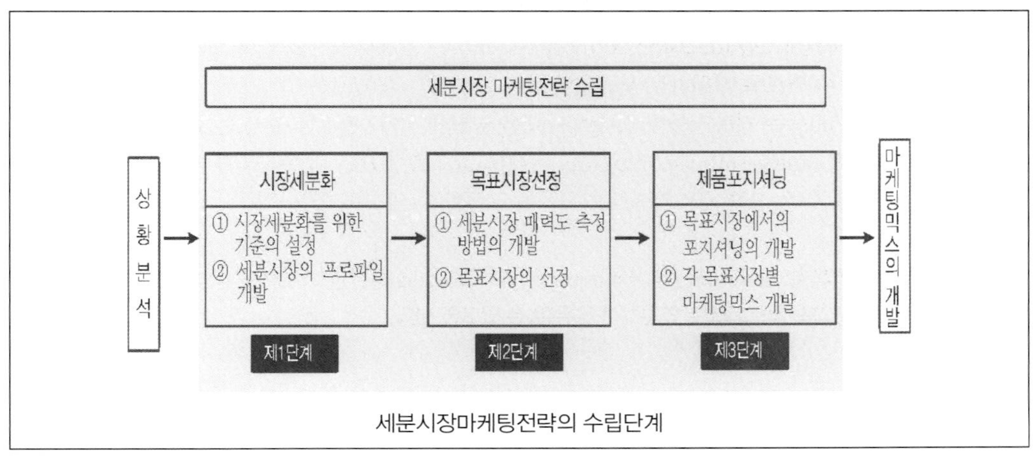

세분시장마케팅전략의 수립단계

정답 ②

14 포터 (M. Porter)의 가치사슬 (value chain)모델에서 주요활동 (primary activities)에 해당하는 것은?

① 인적자원관리 ② 서비스 ③ 기술개발
④ 기획 · 재무 ⑤ 법률자문

해설

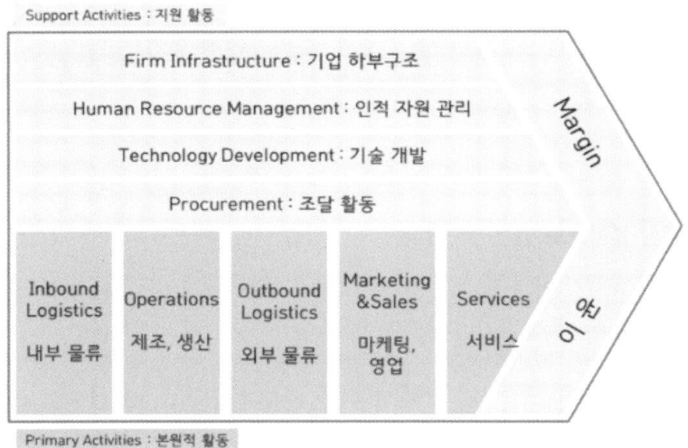

정답 ②

15 정영정보시스템 용어에 관한 설명으로 옳지 않은 것은?

① 비즈니스 프로세스 리엔지니어링 (business process reengineering) 은 새로운 방식으로최대한의 이득을 얻기 위해 기존의 비즈니스 프로세스를 변경하는 것이다.
② 비즈니스 인텔리전스 (business intelligence) 는 사용자가 정보에 기반하여 보다 나은 비즈니스 의사결정을 돕기 위한 응용프로그램, 기술 및 데이터 분석 등을 포함하는 시스템이다
③ 의사결정지원시스템 (decision support system) 은 컴퓨터를 이용하여 의사결정자가 효과적인 의사결정을 할 수 있도록 지원하는 시스템이다.
④ 위키스 (Wikis) 는 사용자들이 웹페이지 내용을 쉽게 추가 · 편집할 수 있는 웹사이트의 일종이다
⑤ 자율컴퓨팅 (autonomous computing)은 지리적으로 분산된 네트워크 환경에서 수많은 컴퓨터와 데이터베이스 등을 고속 네트워크로 연결하여 공유할 수 있도록 한다.

해설 ⑤ 자율컴퓨팅 (autonomous computing) 은 지리적으로 분산된 네트워크 환경에서 수많은 컴퓨터와 데이터베이스 등을 고속 네트워크로 연결하여 공유할 수 있도록 한다.
→ 분산컴퓨팅

정답 ⑤

16 **품질의 산포가 우연원인에 의한 것인지, 이상원인에 의한 것인지를 밝혀주는 역할을 하며, 제조공정의 상태를 파악하기 위해 공정관리에 이용되는 것은?**

① 파레토도 ② 관리도 ③ 산포도 ④ 특성요인도 ⑤ 히스토그램

해설 관리도

① 제품이나 서비스의 현재품질 상태를 측정하고 공정자체가 품질에 영향을 미치는 방향으로 변화하고 있는지를 발견하는데 유용한 통계적 품질관리기법

- 목적: 비정상적인 변동을 찾아내고 그 원인을 제거하고자 함
- 공정통제 : 제품이나 서비스가 생산되고 있는 과정에서 이에 대한 검사를 수행하여 품질 변동의 유무를 결정, 관리도는 이를 수행하는 하나의 도구

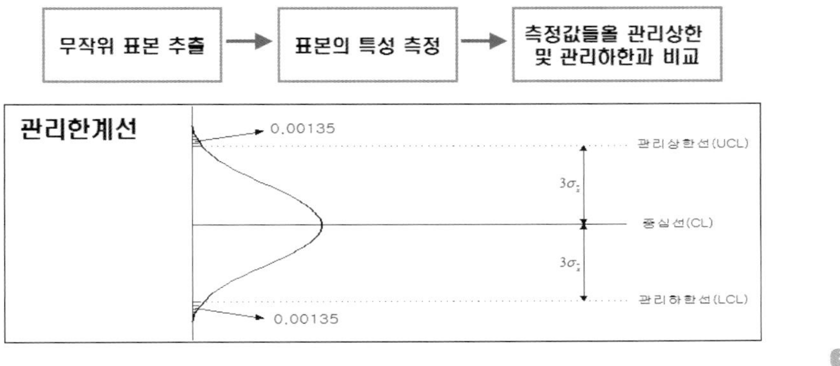

정답 ②

17 **(주)한국의 연도별 제품 판매량은 다음과 같다. 과거 3년간의 데이터를 바탕으로 단순이동평균법을 적용하였을 때 2020년도의 수요예측량은?**

연 도	판매량(개)
2014	2,260
2015	2,090
2016	2,110
2017	2,150
2018	2,310
2019	2,410

① 2,270 ② 2,280 ③ 2,290 ④ 2,300 ⑤ 2,310

해설 단순이동평균법 : 차기 예측치를 현시점에서 가까운 N개의 데이터를 평균하여 차례로 구하여 나가는 방법

→ 3년간 데이터를 바탕으로

(2017년 + 2018년 + 2019년) / 3 = (2150 + 2310 + 2410) / 3 = 2290

 ③

18 선물거래에 관한 설명으로 옳지 않은 것은?

① 조직화된 공식시장에서 거래가 이루어진다.
② 다수의 불특정 참가자가 자유롭게 시 장에 참여 한다 ,
③ 거래대상, 거래단위 등의 거래조건이 표준화되어 있다'
④ 계약의 이행을 보증하려는 제도적 장치로 일일정산, 증거금 등이 있다.
⑤ 반대매매를 통한 중도청산이 어려워 만기일에 실물의 인수·인도가 이루어진다.

해설 ⑤ 반대매매를 통한 중도청산이 어려워 만기일에 실물의 인수·인도가 이루어진다.
→ 선물의 만기일에 선물가격으로 기초자산을 인수·인도함으로써 선물포지션을 청산하는 것을 계약이행이라 한다. 그러나 대부분의 선물거래에 있어서는 선물만기일 전에 반대매매(reversing trade)를 통하여 청산한다.

정답 ⑤

19 다음에서 설명하는 투자안의 경제적 평가방법은?

○ 투자안으로부터 예상되는 미래 기대현금 유입액의 현재가치와 기대현금 유출액의 현재가치를 일치시키는 할인율을 구한다.
○ 산출된 할인율, 즉 투자수익률을 최소한의 요구수익률인 자본비용 또는 기회비용과 비교하여 투자안의 채택여부를 결정한다.

① 순현가법 ② 수익성지수법 ③ 회수기간법
④ 내부수익률법 ⑤ 평균회계이익률법

해설 [표] 순현가(NPV)법, 수익성지수(PI)법, 및 내부수익률(IRR)법 비교

	순현가(NPV)법	수익성지수(PI)법	내부수익률(IRR)법
개념	순현가 = 현금유입 현가−현금유출 현가	수익성지수 = 현금유입현가÷현금유출현가	「순현가 = 0」으로 만드는 할인율
기준	① 독립적 투자안: 순현가〉0 ② 배타적 투자안: 순현가〉0 중 최고	① 독립적 투자안: PI〉1 ② 배타적 투자안: PI〉1 중 최고	① 독립적 투자안: IRR〉자본비용 ② 배타적 투자안: IRR〉자본비용 중 최고
특징	① 모든 현금흐름 고려 ② 화폐의 시간가치 고려 ③ 가치가산의 원리 적용 ④ 기회자본비용으로 할인(사전 결정) ⑤ 요구수익률로 재투자	① 투자규모를 표준화하여 투자안 평가 ② 가치가산의 원리 적용 안됨 ③ 투자규모동일: 순현가법과 일치 ④ 투자규모상이(배타): NPV법과 일치 or 불일치 ⑤ 투자안과 동일한 수익률로 재투자	① 연평균수익률: 자본비용과 무관 ② 가치가산의 원리가 적용 안됨 ③ 내부수익률로 재투자 ④ 자본비용이 매기 다르면 적용 난이

정답 ④

20 (주)한국의 총자산이 40억원, 비유동자산이 25억원, 유동부채가 10억원인 경우 유동비율은?

① 50% ② 70% ③ 100% ④ 150% ⑤ 200%

해설 유동비율

유동비율이란 유동자산을 유동부채로 나누는 비율이고 기업의 단기부채상환능력을 측정하는 지표이다.

$$유동비율(\%) = \frac{유동자산}{유동부채} \times 100$$

총자산 = 유동자산+ 비유동자산 → 40억 = 유동자산 + 25억 → 유동자산 15억

유동비율 = (15억 / 10억) * 100 = 150%

정답 ④

21 자본항목의 분류가 다른 것은?

① 주식할인발행차금 ② 감자차손 ③ 자기주식
④ 미교부주식배당금 ⑤ 자기주식처분이익

해설 자 본

자본은 자본금, 자본잉여금, 이익잉여금 등으로 구분된다. 자본금은 회사가 발행한 주식의 액면총액을 말하는 데, 보통 자본금과 우선 자본금으로 구분된다.

> 자본잉여금(資本剩餘金 , capital surplus)
> - 자본잉여금은 주식발행초과금, 감자차익 및 기타 자본잉여금으로 구분된다. 주식발행초과금은 경영성적이 우수한 회사가 증자를 위하여 신주를 발행할 때, 액면금액을 초과하여 할증 발행하는 경우가 있는데, 이 액면 초과 금액을 말하며, 감자차익은 회사가 경영상의 이유로 감자를 하는 경우, 감소한 자본금이 주금의 환급액 또는 결손금의 보전액을 초과한 때, 그 초과액을 말한다.
> - 기타 자본잉여금에는 자기주식처분이익, 합병차익, 기타의 자본잉여금 등

정답 ⑤

22 부채에 관한 설명으로 옳지 않은 것은?

① 매입채무는 일반적인 상거래에서 발생한 외상매입금과 지급어음을 말한다
② 예수금은 거래처나 종업원을 대신하여 납부기관에 납부할 때 소멸하는 부채이다.
③ 미지급금은 비유동자산의 취득 등 일반적인 상거래 이외에서 발생한 채무를 말한다.
④ 장기차입금의 상환기일이 결산일로부터 1년 이내에 도래하는 경우 유동성장기차입금으로 대체하고 유동부채로 분류한다.
⑤ 매입채무, 차입금, 선수금, 사채 등은 금융부채에 속한다.

해설 유동부채

유동부채는 대개 만기가 1년 이내에 도래하는 채무를 말한다. 영업거래에서 발생하는 매입채무와 영업거래 이외에서 발생하는 미지급금 등이 있다.

비유동부채

비유동부채는 만기가 1년 이후에는 도래되는 채무로서 사채, 장기차입금, 장기성매입채무 등이 있다.

정답 ⑤

23 재무상태표와 관련되는 것을 모두 고른 것은?

ㄱ. 수익·비용대응의 원칙	ㄴ. 일정시점의 재무상태	ㄷ. 유동성배열법
ㄹ. 일정기간의 경영성과	ㅁ. 자산, 부채 및 자본	

① ㄱ, ㄴ　② ㄱ, ㄹ　③ ㄴ, ㄷ, ㄹ　④ ㄴ, ㄷ, ㅁ　⑤ ㄷ, ㄹ, ㅁ

해설 재무상태표(Statement of financial position, Balance sheet(B/S), 財務狀態表)
일정시점 현재 기업의 재무상태 즉, 기업의 자산, 부채, 자본의 상태를 보여주는 재무보고서로, 포괄손익계산서등과 함께 재무제표의 일부를 구성한다. 복식부기법(영업활동에 따른 기업의 재산변동을 다른 것과의 유기적 관련으로 파악하여 대차평균의 원리에 따라 기록·계산하는 방법)에 따라 작성된 재무상태표는 자산은 차변에, 부채 및 자본은 대변에 기재하기 때문에 과거에는 대차대조표라고도 하였으나, 한국채택국제회계기준(이하 'K-IFRS')이 도입되면서 재무상태표라는 명칭으로 불리고 있다. 재무상태표를 통해 정보이용자들은 기업의 유동성, 재무적 탄력성, 수익성과 위험 등을 평가하는 데 유용한 정보를 얻을 수 있다.

정답 ④

24 전자(상)거래의 유형에 관한 설명으로 옳은 것은?

① B2E는 기업과 직원 간 전자(상)거래를 말한다.
② B2C는 소비자와 소비자 간 전자(상)거래를 말한다.
③ B2B는 기업 내 전자(상)거래를 말한다.
④ C2C는 기업과 소비자 간 전자(상)거래를 말한다.
⑤ C2G는 기업간 전자(상)거래를 말한다.

해설 전자(상)거래의 유형
B2E(business-to-employee) : 비즈니스 대 종업원
B2C(business-to-customer) : 비즈니스 대 고객
B2B(business-to-business) : 비즈니스 대 비즈니스
C2C(customer-to-customer) : 고객 대 고객

정답 ①

25 기업이 미래 의사결정 및 예측을 위하여 보유하고 있는 고객, 거래, 상품 등의 데이터와 각종 외부 데이터를 분석하여 숨겨진 패턴이나 규칙을 발견하는 것은?

① 데이터 관리 (data management)　② 데이터 무결성 (data integrity)
③ 데이터 마이닝 (data mining)　④ 데이터 정제 (data cleaning)
⑤ 데이터 마트 (data mart)

해설 데이터 무결성 (data integrity) → 데이터 중복성 문제
⑤ 데이터 마트 (data mart) → 정제된 작은 데이터베이스

정답 ③

Certified Public Labor Attorney

제5과목(선택)

경제학원론

제2024년도 제33회

제2023년도 제32회

제2022년도 제31회

제2021년도 제30회

제2020년도 제29회

제5과목(선택)
01

2024년도 제33회 공인노무사 경제학원론 기출문제

01 **재화 X의 시장균형에 관한 설명으로 옳지 않은 것은? (단, 수요곡선은 우하향하고 공급곡선은 우상향한다.)**

① 수요의 감소와 공급의 증가가 발생하면 거래량이 증가한다.
② 수요와 공급이 동일한 폭으로 감소하면 가격은 변하지 않는다.
③ 생산요소의 가격하락은 재화 X의 거래량을 증가시킨다.
④ 수요의 증가와 공급의 감소가 발생하면 가격이 상승한다.
⑤ 수요와 공급이 동시에 증가하면 거래량이 증가한다.

해설 ① 수요가 감소하면 수요곡선이 좌측 이동하고, 공급이 증가하면 공급곡선이 우측 이동한다. 이때 균형가격은 반드시 하락하지만, 수요곡선과 공급곡선의 이동폭에 따라 균형거래량의 변화는 불확실하다.
② 수요와 공급이 동일한 폭으로 감소하면 수요곡선과 공급곡선의 좌측 이동폭이 동일하므로 균형가격은 변하지 않는다.
③ 생산요소의 가격이 하락하면 공급이 증가하므로 균형거래량은 증가한다.
④ 수요가 증가하면 수요곡선이 우측 이동하고, 공급이 감소하면 공급곡선이 좌측 이동한다. 이때 균형가격은 반드시 상승하지만, 수요곡선과 공급곡선의 이동폭에 따라 균형거래량의 변화는 불확실하다.
⑤ 수요와 공급이 동시에 증가하면 균형거래량은 반드시 증가하지만, 수요곡선과 공급곡선의 이동폭에 따라 균형가격의 변화는 불확실하다.

 정답 ①

02 **소비자잉여와 생산자잉여에 관한 설명으로 옳은 것을 모두 고른 것은? (단, 수요곡선은 우하향하고 공급곡선은 우상향한다.)**

ㄱ. 시장균형보다 낮은 수준에서 가격상한제를 실시하면 생산자잉여의 일부분이 소비자잉여로 이전된다.
ㄴ. 최저임금을 시장균형보다 높은 수준에서 설정하면 생산자잉여가 감소한다.
ㄷ. 만약 공급곡선이 완전탄력적이면 생산자잉여는 0이 된다.

① ㄱ　② ㄴ　③ ㄷ　④ ㄱ, ㄷ　⑤ ㄴ, ㄷ

 ㄱ. 시장균형보다 낮은 수준에서 가격상한제를 실시하면 유효한 가격상한제가 된다. 이때 생산자잉여의 일부분이 소비자잉여로 이전된다.
ㄴ. 최저임금을 시장균형보다 높은 수준에서 설정하면 유효한 최저임금제가 된다. 이때 소비자잉여는 반드시 감소하지만, 생산자잉여의 증감 여부는 불투명하다.
ㄷ. 만약 공급곡선이 완전탄력적이면 공급곡선이 수평이 되므로 생산자잉여는 0이 된다.

 정답 ④

경제학원론

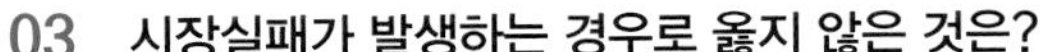

03 시장실패가 발생하는 경우로 옳지 않은 것은?

① 불완전경쟁이 존재하는 경우
② 규모에 따른 수확체감 현상으로 자연독점이 발생하는 경우
③ 재화가 비경합적이고 배제불가능한 경우
④ 전력생산에서 발생하는 대기오염물질의 피해비용이 전기요금에 반영되지 않는 경우
⑤ 역선택이나 도덕적 해이로 완벽한 보험 제공이 어려운 경우

해설 ① 불완전경쟁이 존재하는 경우 가격이 한계비용보다 높으므로 시장의 비효율성이 나타난다.
② 규모에 대한 수확체증이 규모의 경제를 가져오므로 자연독점을 유발한다.
③ 공공재는 비경합성과 비배제성으로 인해 시장에서 과소공급되는 시장실패가 나타난다.
④ 대기오염물질의 피해비용이 전기요금에 반영되지 않는 경우 과다사용되는 시장실패가 나타난다.
⑤ 공동보험제도나 공적보험제도가 완벽하게 제공되지 않으면 보험시장에서의 역선택이나 도덕적 해이가 발생한다.

정답 ②

04 기업 A의 생산함수가 $Q = \sqrt{2K+L}$이다. 이에 관한 설명으로 옳은 것은? (단, Q는 산출량, K는 자본, L은 노동이다.)

① 생산함수는 규모에 대한 수확불변이다.
② 등량곡선의 기울기는 −4이다.
③ 두 생산요소는 완전보완재이다.
④ 등량곡선과 등비용곡선의 기울기가 다르면 비용최소화점에서 한 생산요소만 사용한다.
⑤ 한계기술대체율은 체감한다.

해설 ① 주어진 생산함수는 0.5차 동차 선형생산함수이므로 규모에 대한 수확체감이다.
② 생산함수를 변형하면 $Q^2 = 2K+L$, $K = -\frac{1}{2}L + \frac{1}{2}Q^2$이므로 등량곡선의 기울기는 $-\frac{1}{2}$이다.
③ 주어진 생산함수는 선형생산함수이므로 두 생산요소는 완전대체관계에 있다.
④ 등량곡선과 등비용곡선의 기울기가 다른 경우 비용최소화점에서 구석해를 갖게 되므로 한 생산요소만 사용한다.
⑤ 주어진 생산함수는 선형생산함수이므로 한계기술대체율은 $\frac{1}{2}$로 불변이다.

정답 ④

05 이윤을 극대화하는 독점기업 A의 평균총비용함수는 $ATC = \frac{20}{Q} + Q$이고, 시장수요함수는 $P = 200 - 4Q$일 때, 독점이윤은? (단, Q는 거래량, P는 가격이다.)

① 800　② 1,600　③ 1,980　④ 2,490　⑤ 2,540

해설 • 주어진 수요함수를 통해 한계수입함수를 도출하면 $MR = 200-8Q$이다.
• 총비용함수는 $TC = ATC \times Q = 20+Q^2$이므로 한계비용함수는 $MC = 2Q$이다.
• 이윤극대화
▷ 이윤극대화조건 $MR = MC$, $200-8Q = 2Q$, $10Q = 200$에서 이윤극대화 생산량은 $Q = 20$이고, 이를 수요함수에 대입하면 가격은 $P = 120$이 된다.

▷$Q = 20$일 때 평균비용은 $ATC = 21$이므로 이윤은 $\Pi = (P-AC)Q = 99\times 20 = 1,980$이 된다.

정답 ③

06 가격하락에 따른 소득효과와 대체효과에 관한 설명으로 옳지 않은 것을 모두 고른 것은?

ㄱ. 기펜재의 수요량은 감소한다.
ㄴ. 두 재화가 완전보완재일 경우 소득효과는 항상 0이다.
ㄷ. 열등재는 소득효과가 음(−)이기 때문에 수요곡선이 우상향한다.
ㄹ. 정상재인 경우 대체효과와 소득효과 모두 수요량을 증가시킨다.

① ㄱ, ㄹ ② ㄴ, ㄷ ③ ㄱ, ㄴ, ㄷ ④ ㄱ, ㄴ, ㄹ ⑤ ㄴ, ㄷ, ㄹ

해설 ㄱ. 기펜재의 경우 수요의 법칙을 위배하므로 가격이 하락하면 수요량은 감소한다.
ㄴ. 두 재화가 완전보완재일 경우 대체효과가 0이므로 가격효과는 소득효과로만 구성된다.
ㄷ. 가격이 하락하여 실질소득이 증가할 때 열등재의 경우 수요가 감소한다. 따라서, 열등재의 소득효과는 양(+)이 된다.
ㄹ. 정상재인 경우 대체효과와 소득효과 모두 음(−)이므로 가격이 하락하면 수요량이 증가한다.

정답 ②

07 A국과 B국은 전기차 산업 육성을 위하여 수출보조금 지급 전략을 선택한다. 두 국가가 아래와 같이 3개의 보조금 전략과 보수행렬을 갖는 경우 내쉬균형은? (단, 1회성 동시게임이고, 괄호 안의 왼쪽 값은 A국, 오른쪽 값은 B국의 보수이다.)

		B국		
		높은 보조금	중간 보조금	낮은 보조금
A국	높은 보조금	(600, 100)	(400, 200)	(100, 650)
	중간 보조금	(300, 300)	(550, 500)	(350, 350)
	낮은 보조금	(100, 750)	(300, 350)	(200, 550)

① A국 높은 보조금, B국 높은 보조금
② A국 낮은 보조금, B국 낮은 보조금
③ A국 중간 보조금, B국 중간 보조금
④ A국 낮은 보조금, B국 높은 보조금
⑤ A국 중간 보조금, B국 낮은 보조금

해설 • B국이 높은 보조금을 선택할 때 A국은 높은 보조금을 선택하고, A국이 높은 보조금을 선택할 때 B국은 낮은 보조금을 선택하므로 이 경우 내쉬조건을 만족하지 않는다.
• B국이 중간 보조금을 선택할 때 A국은 중간 보조금을 선택하고, A국이 중간 보조금을 선택할 때 B국도 중간 보조금을 선택하므로 (중간 보조금, 중간 보조금)이 내쉬균형이 된다.
• B국이 낮은 보조금을 선택할 때 A국은 중간 보조금을 선택하고, A국이 중간 보조금을 선택할 때 B국은 중간 보조금을 선택하므로 이 경우 내쉬조건을 만족하지 않는다.

정답 ③

08 **완전경쟁시장에서 한 기업의 평균가변비용은 AVC = 3Q+5(Q는 생산량)이고 고정비용이 12이다. 이 기업의 손익분기점에서의 가격과 조업중단점에서의 가격은?**

① 15, 5　② 15, 12　③ 17, 5　④ 17, 12　⑤ 19, 0

해설 • 총고정비용이 $TFC = 12$이므로 평균고정비용은 $AFC = \frac{12}{Q}$이다.

• 평균고정비용이 $AFC = \frac{12}{Q}$이고, 평균가변비용이 $AVC = 3Q+5$이므로 평균비용은 $AC = AFC+AVC = \frac{12}{Q}+3Q+5$이다.

• 총비용은 $TC = AC\times Q = 12+3Q^2+5Q$이므로 한계비용은 $MC=6Q+5$이다.

• 손익분기점의 조건 $MC = AC$, $6Q+5 = \frac{12}{Q}+3Q+5$, $Q^2 = 4$에서 생산량은 $Q = 2$이므로 그때의 가격은 $P = AC = MC = 17$이다.

• 조업중단의 조건은 평균가변비용과 한계비용이 일치하는 수준으로서 평균가변비용의 최저의 수준이 된다. 따라서, 조업중단가격은 $P = AVC = MC = 5$이다.

 ③

09 **기업 A, B는 생산 1단위당 폐수 1단위를 방류한다. 정부는 적정수준의 방류량을 100으로 결정하고, 두 기업에게 각각 50의 폐수방류권을 할당했다. A의 폐수저감 한계비용은 MAC_A = 100−Q_A, B의 폐수저감 한계비용은 MAC_B = 120−Q_B인 경우, 폐수방류권의 균형거래량과 가격은? (단, Q_A, Q_B는 각각 A, B의 생산량이다.)**

① 5, 60　② 10, 60　③ 10, 80　④ 20, 80　⑤ 20, 100

해설 • 최적화 조건 $MAC_A = MAC_B$, $100-Q_A = 120-Q_B$에서 도출된 식 $Q_B = 20+Q_A$와 적정수준의 방류량 $Q_A+Q_B = 100$의 식을 연립하면 $Q_A = 40$, $Q_B = 60$이 된다.

• 기업 A의 생산량은 $Q_A = 40$인데 폐수방류권을 50만큼 보유하고 있으므로 폐수방류권을 10만큼 매각하고, 기업 B의 생산량은 $Q_B = 60$인데 폐수방류권을 50만큼 보유하고 있으므로 폐수방류권을 10만큼 매입하게 된다. 따라서, 폐수방류권의 균형거래량은 10이다.

• $Q_A = 40$, $Q_B = 60$을 폐수저감 한계비용함수에 대입하면 폐수방류권의 가격은 $P=MAC_A=MAC_B=60$이 된다.

 ②

10 **불완전경쟁시장에 관한 설명으로 옳은 것은? (단, 수요곡선은 우하향한다.)**

① 독점기업의 공급곡선은 우상향한다.

② 베르트랑(Bertrand) 과점모형은 상대기업 산출량이 유지된다는 기대 하에 자신의 행동을 선택한다.

③ 독점기업은 이부가격제를 통해 이윤을 추가적으로 얻을 수 있다.

④ 러너(Lerner)의 독점력지수는 이윤극대화점에서 측정되는 수요의 가격탄력성과 같은 값이다.

⑤ 독점적 경쟁시장에서 수평적 차별화는 소비자가 한 상품이 비슷한 다른 상품보다 품질이 더 좋은 것으로 인식하도록 하는 것이다.

해설 ① 독점기업의 공급곡선은 존재하지 않는다.

② 베르트랑(Bertrand) 과점모형은 상대기업 가격이 유지된다는 기대 하에 자신의 행동을 선택한다.
③ 독점기업이 이부가격제를 실시하면 소비자잉여의 전부가 독점기업의 이윤으로 귀속되므로 이윤을 추가적으로 얻을 수 있다.
④ 러너(Lerner)의 독점력지수는 이윤극대화점에서 수요의 가격탄력성의 역수이다.
⑤ 수직적 차별화는 특정 상품이나 서비스의 품질 및 기능적 또는 가격적인 가치를 높게 만들어 차별화하는 전략이고, 수평적 차별화란 전혀 다른 가치를 통해 경쟁자들과 차별화하는 전략이다.

• 수직적 차별화
▷경쟁자들과 비슷한 품질의 제품을 더 저렴한 가격이 판매한다.
▷제품에 투입되는 원자재의 비율을 조정하거나 화학첨가물을 사용하지 않는 등 품질의 차별화를 시도한다.
▷ISO나 HACCP 등과 같은 품질인증을 받아 제품의 신뢰도를 높인다.

• 수평적 차별화
▷다른 기업의 제품과 전혀 다른 제품을 개발한다.
▷경쟁기업들이 타켓으로 하지 않는 특수시장을 겨냥한 마케팅활동을 한다.

정답 ③

11 **X재와 Y재를 소비하는 어떤 소비자의 효용함수가 $U = X^{1/3}Y^{2/3}$이고, P_Y는 P_X의 2배이다. 효용극대화 행동에 관한 설명으로 옳은 것은? (단, P_X, P_Y는 각 재화의 가격이며, MU_X, MU_Y는 각 재화의 한계효용이다.)**

① 두 재화의 수요량은 같다.
② 소득이 증가할 경우 소비량의 증가분은 X재가 Y재보다 더 작다.
③ Y재의 가격이 하락하면 X재의 수요량이 증가한다.
④ 현재 소비조합에서 $\frac{MU_X}{MU_Y}$가 $\frac{1}{2}$보다 작다면 X재의 소비를 늘려야 한다.
⑤ 만약 두 재화의 가격이 같다면 두 재화의 수요량도 같다.

해설 ① 한계대체율은 $MRS_{XY} = \frac{MU_X}{MU_Y} = \frac{1}{2}\frac{Y}{X}$이고, 두 재화의 상대가격은 $\frac{P_X}{P_Y} = \frac{1}{2}$이므로 소비자균형조건 $MRS_{XY} = \frac{P_X}{P_Y}$, $\frac{1}{2}\frac{Y}{X} = \frac{1}{2}$에서 $X = Y$의 식이 도출된다.
② 두 재화의 소비량은 소득수준과 관계없이 동일하므로 소득이 증가할 때 소비량의 증가분도 동일하다. 두 재화 모두 소득탄력성이 $\epsilon_M = 1$이므로 소득의 변화율과 소비량의 변화율은 일치한다.
③ 콥-더글라스 효용함수의 수요함수에서 두 재화는 독립관계에 있으므로 교차탄력성은 $\epsilon_{XY} = 0$이 된다. 따라서, Y재 가격이 하락하더라도 X재 수요량은 불변이 된다.
④ $MRS_{XY} < \frac{P_X}{P_Y}$인 경우 소비자균형을 달성하기 위해 X재 소비를 감소시키고, Y재 소비를 증가시켜야 한다.
⑤ 두 재화의 가격이 같다면 두 재화의 상대가격은 $\frac{P_X}{P_Y} = 1$이 되므로 소비자균형조건 $MRS_{XY} = \frac{P_X}{P_Y}$, $\frac{1}{2}\frac{Y}{X} = 1$에서 $2X = Y$의 식이 도출된다. 따라서, Y재 소비량은 X재 소비량의 2배이다.

정답 ①

경제학원론

12 **전기차 제조업체인 A의 생산함수는 $Q = 4K+L$이다. 노동(L)의 단위 가격은 3, 자본(K)의 단위 가격은 9라고 할 때, 생산량 200을 최소비용으로 생산하기 위해 필요한 노동의 투입액과 자본의 투입액은?**

① 0, 450　② 60, 360　③ 90, 315　④ 210, 180　⑤ 600, 0

해설 • 한계기술대체율은 $MRTS_{LK} = \frac{1}{4}$로 일정하고, 두 생산요소의 상대가격은 $\frac{\omega}{r} = \frac{3}{9} = \frac{1}{3}$이므로 $MRTS_{LK} < \frac{\omega}{r}$의 조건이 성립한다. 따라서, 생산자균형점은 자본만 투입하는 구석해가 나타나므로 노동투입량은 $L = 0$이 된다.

• 노동투입량이 $L = 0$이면 생산함수는 $Q = 4K$가 되는데 생산량이 $Q = 200$이므로 자본투입량은 $K = 50$이다. 이때 자본투입액은 $rK = 9 \times 50 = 450$이 된다.

정답 ①

13 **X재와 Y재만을 소비하는 소비자의 가격소비곡선과 수요곡선에 관한 설명으로 옳은 것은? (단, 가로축은 X재, 세로축은 Y재이다.)**

① X재의 가격탄력성이 1이라면 가격소비곡선은 수평선이다.
② X재의 가격탄력성이 1인 경우, X재의 가격이 상승하면 Y재의 수요량이 증가한다.
③ X재의 가격탄력성이 1보다 작을 경우, X재의 가격이 하락하면 Y재의 수요량이 감소한다.
④ X재의 가격탄력성이 1보다 작다면 가격소비곡선은 우하향한다.
⑤ 가격소비곡선에 의해 도출된 수요곡선은 보상수요곡선이다.

해설 ① X재의 가격탄력성이 1이라면 가격소비곡선은 수평선이 되므로 두 재화는 독립관계에 있다.

② X재의 가격탄력성이 1인 경우, 교차탄력성은 $\epsilon_{XY} = 0$이므로 X재의 가격이 상승하더라도 Y재의 수요량은 불변이다.

③ X재의 가격탄력성이 1보다 작을 경우, 가격소비곡선은 우상향므로 두 재화는 보완관계에 있게 된다. 따라서, X재의 가격이 하락하면 Y재의 수요량이 증가한다.

④ X재의 가격탄력성이 1보다 작을 경우, 가격소비곡선은 우상향한다.

⑤ 가격소비곡선에 의해 도출된 수요곡선은 보통수요곡선이다.

정답 ①

14 **수요곡선이 우하향하는 직선이며, 이 곡선의 가로축과 세로축의 절편이 각각 a, b라고 할 때, 수요의 가격탄력성(E_P)에 관한 설명으로 옳지 않은 것은? (단, 가격과 수요량이 0보다 큰 경우만 고려한다.)**

① 어떤 가격에서의 수요량이 $\frac{a}{2}$보다 작다면 $E_P > 1$이다.
② 가격이 0에서 b에 가까워질수록 E_P가 더 커진다.
③ 현재의 가격에서 $E_P > 1$인 경우 기업이 가격을 올리면 총수입이 증가한다.
④ b가 일정할 경우, 동일한 수요량에서는 a가 클수록 E_P가 더 크다.
⑤ a가 일정할 경우, 동일한 가격에서는 b가 클수록 E_P가 더 작다.

해설 ① 수요량이 중점($\frac{a}{2}$)보다 낮은 수준이라면 수요의 가격탄력성은 1보다 크다.

② 수요곡선이 우하향하는 직선일 때 가격이 상승하고 수용량이 감소할수록 가격탄력성은 커진다.

③ 가격탄력성이 1보다 큰 경우 가격을 인상하면 가격상승률보다 수요량감소율이 더 크므로 총수입은 감소한다.
④ 가격축의 절편값이 고정된 상황에서 동일한 수요량수준이라면 수요곡선이 완만할수록 가격탄력성은 커진다.
⑤ 수량축의 절편값이 고정된 상황에서 동일한 가격수준이라면 수요곡선이 가파를수록 가격탄력성은 작아진다.

정답 ③

15 갑은 회사 취업 또는 창업을 선택할 수 있다. 각 선택에 따른 결과로 고소득과 저소득의 확률(P)과 보수(R)가 아래와 같을 때, 이에 관한 설명으로 옳지 않은 것은?

	고소득(P, R)	저소득(P, R)
회사 취업	(0.9, 600만 원)	(0.1, 300만 원)
창업	(0.2, 1,850만 원)	(0.8, 250만 원)

① 갑이 위험기피자라면 창업을 선택한다.
② 회사 취업을 선택하는 경우 기대소득은 570만 원이다.
③ 창업이 회사 취업보다 분산으로 측정된 위험이 더 크다.
④ 갑의 효용함수가 소득에 대해 오목하다면 회사 취업을 선택한다.
⑤ 창업을 선택하는 경우 기대소득은 570만 원이다.

해설 • 회사 취업을 선택했을 때 기대보수 : (0.9×600)+(0.1×300) = 540+30 = 570
• 창업을 선택했을 때 기대보수 : (0.2×1,850)+(0.8×250) = 370+200 = 570

① 갑이 위험기피자라면 소득의 편차가 작은 회사 취업을 선택한다.
④ 갑의 효용함수가 소득에 대해 오목하다면 위험기피자이므로 회사 취업을 선택한다.

정답 ①

16 수요가 가격에 대해 완전탄력적이고 공급함수는 $Q = \frac{1}{2}P - 6$(P는 가격, Q는 수량)일 때 시장균형에서 거래량이 5라고 하자. 생산자에게 단위당 2의 물품세를 부과할 경우에 관한 설명으로 옳지 않은 것은?

① 거래량은 4가 된다.
② 조세수입은 8이다.
③ 생산자잉여는 9만큼 감소한다.
④ 자중손실(deadweight loss)은 생산자잉여의 감소분과 일치한다.
⑤ 소비자에게 조세부담 귀착은 발생하지 않는다.

해설 • $Q = 5$일 때 가격은 $P = 22$이므로 수요함수도 $P = 22$가 된다.
• 생산자에게 단위당 2만큼의 종량세를 부과하면 공급함수는 $Q = \frac{1}{2}(P-2) - 6$, $Q = \frac{1}{2}P - 7$이 된다.

① $P = 22$를 조세부과 후 공급함수에 대입하면 거래량은 $Q = (\frac{1}{2} \times 22) - 7 = 4$가 된다.
② 단위당 종량세는 $t = 2$이고, 거래량은 $Q = 4$이므로 조세수입은 2×4 = 8이다.
③ 조세부과 전 생산자잉여는 $5 \times 10 \times \frac{1}{2} = 25$이고, 조세부과 후 생산자잉여는 $4 \times 8 \times \frac{1}{2} = 16$이므로 9만큼 감소한다.

④ 자중손실은 $1\times2\times\frac{1}{2}=1$이다.

⑤ 수요곡선은 수평이므로 소비자가격은 불변이므로 소비자에게 조세부담 귀착은 발생하지 않는다.

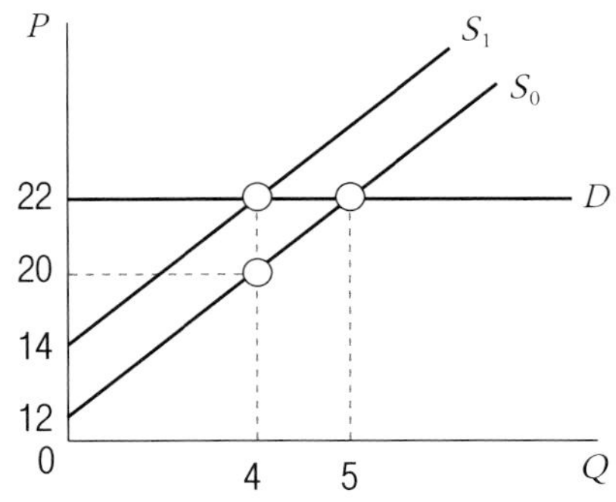

정답 ④

17 거시경제지표의 문제점에 관한 설명으로 옳지 않은 것은?

① 전년에 비하여 범죄율이 높아져 경찰 장비 구매가 증가했다면 전년보다 GDP는 증가하지만 삶의 질은 저하된 것이다.

② 소비자들이 가격이 오른 제품을 상대적으로 저렴해진 제품으로 대체하는 경우 소비자물가상승률은 실제 생활비 상승률을 과대평가한다.

③ 취업이 어려워 구직활동을 중단한 실망노동자는 잠재적 실업자이지만 비경제활동인구로 분류된다.

④ 자원봉사활동은 가치를 창출하지만 GDP에 포함되지 않는다.

⑤ 소비자물가지수에는 환율변화로 인한 수입재 가격 변화가 반영되지 않는다.

해설 ① 국내총생산은 생산과정에서 파생되는 공해와 자연파괴·교통체증·격증하는 사고·범죄증가 등의 외부비경제효과를 도외시한다.

② 소비자물가는 소비자의 대체 가능성을 배제함으로써 물가상승을 과대평가한다.

③ 실망노동자는 일할 의사가 없다고 판단하여 비경제활동인구로 분류되므로 실업률이 과소평가된다.

④ 자원봉사활동은 생산활동과 무관한 것으로 판단하여 국내총생산에 포함하지 않는다.

⑤ 소비자물가지수는 수입품의 가격변동을 반영하므로 경제개방도가 높은 경제에서 물가변동의 측정에 적합한 물가지수이다.

정답 ⑤

18 인플레이션의 비용에 관한 설명으로 옳지 않은 것은?

① 가격을 변경하는데 따른 메뉴비용이 발생한다.

② 누진세제에서 세율등급 상승이 발생하여 세후 실질소득이 감소할 수 있다.

③ 현금 보유를 줄이기 위한 비용이 발생한다.

④ 예상치 못한 인플레이션은 채권자에게 이익을 주고 채무자에게 손해를 준다.

⑤ 높고 변동성이 큰 인플레이션은 장기 계획의 수립을 어렵게 만든다.

해설 • 예상치 못한 인플레이션에서는 채권자로부터 채무자에게로 부와 소득이 재분배된다.
• 실질이자율의 하락으로 명목이자소득의 실질가치가 하락하면 실질이자소득의 감소로 이어지므로 채권자는 손해를 보고 채무자는 이득을 본다.

정답 ④

19 소비이론에 관한 설명으로 옳지 않은 것은?

① 케인즈의 소비함수는 평균소비성향이 장기적으로 일정하다는 현상을 설명하지 못한다.
② 기간 간 최적 소비선택모형에서 이자율이 상승하면 현재소비는 감소한다.
③ 생애주기가설에 따르면 강제적 공적연금저축은 민간의 연금저축을 감소시킨다.
④ 항상소득가설에 따르면 일시적 소득이 증가하는 호경기에는 평균소비성향이 감소한다.
⑤ 리카도 대등정리는 항상소득가설에 따른 소비결정이론과 부합한다.

해설 ① 케인즈의 소비함수에서 한계소비성향은 일정하지만, 소득이 증가할 때 평균소비성향은 감소한다.
② 기간 간 최적 소비선택모형에서 이자율이 상승하면 차입자의 현재소비는 감소하지만, 차입자의 경우 대체효과와 소득효과의 크기에 따라 현재소비의 증감 여부는 달라진다.
④ 항상소득가설에 따르면 일시적 소득이 증가할 때 대부분 저축하므로 호경기에는 평균소비성향이 감소한다.
⑤ 리카도의 등가성정리에 의하면 현재소비가 장기기대소득인 항상소득이나 평생소득에 의해 결정된다는 소비이론의 원리와 유사한 특성을 지닌다.

정답 ②

20 한 국가의 총생산(Y) 함수가 $Y = AK^{0.4}L^{0.6}$이고, 총생산 증가율이 0.02, 솔로우 잔차(Solow residual)가 0.05, 노동투입 증가율이 −0.08이라면, 성장회계식으로 계산한 자본투입 증가율은? (단, K는 자본투입, L은 노동투입이며, $A>0$이다.)

① 0.02 ② 0.025 ③ 0.03 ④ 0.04 ⑤ 0.045

해설 • 성장회계식 : $\frac{\varDelta Y}{Y} = \frac{\varDelta A}{A} + 0.4\frac{\varDelta K}{K} + 0.6\frac{\varDelta L}{L}$
• $0.02 = 0.05+(0.4\times\frac{\varDelta K}{K})+[0.6\times(-0.08)]$에서 $\frac{\varDelta K}{K} = 0.045$이다.

정답 ⑤

21 자산을 채권과 화폐만으로 보유할 때, 보몰–토빈(Baumol–Tobin) 화폐수요모형에 관한 설명으로 옳은 것은? (단, 채권을 화폐로 전환할 때마다 매번 b만큼의 고정비용이 발생한다.)

① b가 클수록 평균화폐보유액이 감소한다.
② 이자율이 높을수록 평균화폐보유액이 증가한다.
③ 소득수준이 높을수록 평균화폐보유액이 감소한다.
④ b가 클수록 전환횟수는 증가한다.
⑤ b가 클수록 1회당 전환금액은 증가한다.

해설 • 보몰–토빈(Baumol–Tobin) 실질화폐수요함수 : $\frac{M}{P}=\sqrt{\frac{bY}{2r}}$

① 거래비용(b)이 클수록 평균화폐보유액이 증가한다.
② 이자율(r)이 높을수록 평균화폐보유액이 감소한다.
③ 소득수준(Y)이 높을수록 평균화폐보유액이 증가한다.
④ 거래비용(b)이 클수록 평균화폐보유액이 증가하므로 전환횟수는 감소한다.
⑤ 거래비용(b)이 클수록 화폐보유가 증가할 것이므로 전환횟수는 감소하고, 1회당 전환금액은 증가한다.

 ⑤

22 자본이동이 완전히 자유롭고 물가수준이 고정되어 있는 먼델–플레밍(Mundell–Fleming) 모형에서 고정환율제를 채택하고 있는 소규모 개방경제에 관한 설명으로 옳은 것을 모두 고른 것은?

ㄱ. 정부지출이 증가하면 국민소득이 증가한다.
ㄴ. 정부지출이 증가하면 정부가 외환을 매입하여 외환보유고가 증가한다.
ㄷ. 확장적 통화정책은 국민소득을 증가시킨다.
ㄹ. 통화가치의 평가절상은 순수출을 증가시킨다.

① ㄱ, ㄴ ② ㄷ, ㄹ ③ ㄱ, ㄴ, ㄷ ④ ㄱ, ㄴ, ㄹ ⑤ ㄴ, ㄷ, ㄹ

해설 ㄱ. 확대재정정책의 효과
▷정부지출 증가 → IS곡선 우측 이동 → 이자율 상승 → 자본 유입 → 자본수지 증가
▷국제수지 흑자 → 환율하락 압력 → 외환 매입 → 본원통화 증가 → 통화량 증가 → LM곡선 우측 이동
▷IS곡선 우측 이동, LM곡선 우측 이동 → 국민소득 대폭 증가

ㄴ. 정부지출이 증가하면 외환시장에서 환율안정을 위해 정부가 외환을 매입하게 되므로 외환보유고가 증가한다.

ㄷ. 확대금융정책의 효과
▷화폐공급 증가 → LM곡선 우측 이동 → 이자율 하락 → 자본 유출 → 자본수지 감소
▷국제수지 적자 → 환율상승 압력 → 외환 매각 → 본원통화 감소 → 통화량 감소 → LM곡선 좌측 이동
▷LM곡선 불변 → 국민소득 불변

ㄹ. 통화가치가 평가절상(원–달러환율 하락)되면 순수출이 감소한다.

 ①

23 A국의 완전고용국민소득은 2,000이고, 소비함수는 C = 100+0.8Y_d, 투자는 300, 정부지출과 조세는 각각 200이다. 이에 관한 설명으로 옳은 것을 모두 고른 것은? (단, C는 소비, Y_d는 가처분소득이다.)

ㄱ. 정부지출승수는 5이다.
ㄴ. 조세승수는 −2이다.
ㄷ. 경기침체갭(recessionary gap)이 존재한다.
ㄹ. 총생산갭(output gap)의 절댓값은 200이다.

① ㄱ, ㄴ ② ㄱ, ㄹ ③ ㄴ, ㄷ ④ ㄴ, ㄹ ⑤ ㄷ, ㄹ

해설 ㄱ. 정부지출승수는 $\frac{\Delta Y}{\Delta G}=\frac{1}{1-MPC}=\frac{1}{1-0.8}=5$이다.

ㄴ. 조세승수는 $\frac{\Delta Y}{\Delta T}=\frac{-MPC}{1-MPC}=\frac{-0.8}{1-0.8}=-4$이다.

ㄷ. 현재의 국민소득은 $Y=C+I+G$, $Y=100+0.8(Y-200)+300+200$에서 $Y=2,200$이 된다. 현재의 국민소득은 $Y=2,200$이고, 완전고용국민소득은 $Y_F=2,000$이므로 $Y>Y_F$이므로 경기활황갭이 존재한다.

ㄹ. 총생산갭(output gap)의 절댓값은 $Y-Y_F=2,200-2,000=200$이다.

정답 ②

24 총 생산함수가 $Y=2K^{0.5}L^{0.5}E^{0.5}$인 솔로우(Solow) 경제성장모형에서, 인구 증가율과 노동자의 효율성(E) 증가율이 각각 −3%와 5%이다. 균제상태(steady state)에서 도출된 각 변수의 성장률로 옳지 않은 것은? (단, Y는 총생산량, K는 총자본량, L은 총노동량, $L\times E$는 유효 노동 투입량이다.)

① 유효 노동 1단위당 자본량 : 0%
② 총생산량 : 2%
③ 노동자 1인당 생산량 : 5%
④ 유효 노동 1단위당 생산량 : 0%
⑤ 노동자 1인당 자본량 : 3%

해설 • 생산함수 : $Y=2K^{0.5}(EL)^{0.5}$

• 유효노동 1인당 생산량이 $y=\frac{Y}{EL}$, 유효노동 1인당 자본량이 $k=\frac{k}{EL}$이면 유효노동 1인당 생산함수는 $y=2k^{0.5}$이다.

① 균제상태에서 $\frac{\Delta K}{K}=\frac{\Delta EL}{EL}$이므로 유효노동 1인당 자본량 $k=\frac{K}{EL}$의 증가율은 0이다.

② 균제상태에서 총생산량의 증가율은 유효노동의 증가율과 일치하므로 $\frac{\Delta Y}{Y}=\frac{\Delta E}{E}+\frac{\Delta L}{L}=5-3=2(\%)$이다.

③ 1인당 생산량의 증가율은 총생산량의 증가율에서 인구증가율은 차감한 값으로서 효율성증가율인 $\frac{\Delta E}{E}=5(\%)$와 일치한다.

④ 균제상태에서 $\frac{\Delta Y}{Y}=\frac{\Delta EL}{EL}$이므로 유효노동 1인당 생산량 $y=\frac{Y}{EL}$의 증가율은 0이다.

⑤ 1인당 자본량의 증가율은 총자본량의 증가율에서 인구증가율은 차감한 값으로서 효율성증가율인 $\frac{\Delta E}{E}=5(\%)$와 일치한다.

정답 ⑤

25 갑국의 생산함수는 $y=Ak$이고 저축률(s), 감가상각률(δ), 인구증가율(n)이 상수일 때, 이 경제의 성장경로에 관한 설명으로 옳은 것을 모두 고른 것은? (단, y, k는 각각 1인당 총생산, 1인당 자본, A는 양(+)의 상수이고, $sA>n+\delta$이다.)

ㄱ. 저축률이 높아지면 1인당 총생산 증가율이 높아진다.
ㄴ. 인구증가율이 높을수록 1인당 총생산 증가율이 높아진다.
ㄷ. 균형성장경로에서는 1인당 자본의 증가율과 1인당 총생산의 증가율이 동일하다.
ㄹ. 이 경제는 항상 균형성장경로에 있다.

① ㄱ, ㄴ ② ㄱ, ㄷ ③ ㄴ, ㄹ ④ ㄱ, ㄷ, ㄹ ⑤ ㄴ, ㄷ, ㄹ

해설 • 총생산함수 : $Y = AK$

• 총생산량의 증가율 : $\frac{\Delta Y}{Y} = \frac{\Delta K}{K} = \frac{I-\delta K}{K} = \frac{sY}{K} - \delta = sA - \delta$

ㄱ. 1인당 총생산 증가율은 $\frac{\Delta y}{y} = \frac{\Delta Y}{Y} - \frac{\Delta L}{L} = (sA-\delta)-n = sA-(n+\delta)$이므로 저축률($s$)이 높아지면 1인당 총생산 증가율이 높아진다.

ㄴ. 1인당 총생산 증가율은 $\frac{\Delta y}{y} = \frac{\Delta Y}{Y} - \frac{\Delta L}{L} = (sA-\delta)-n = sA-(n+\delta)$이므로 인구증가율($n$)이 높아지면 1인당 총생산 증가율이 낮아진다.

ㄷ. 1인당 생산함수 $y = Ak$에서 A는 상수이므로 균형성장경로에서 $\frac{\Delta y}{y} = \frac{\Delta k}{k}$이다.

ㄹ. $\frac{\Delta y}{y} = \frac{\Delta k}{k} = sA-(n+\delta)$에서 $sA > n+\delta$이므로 $\frac{\Delta y}{y} = \frac{\Delta k}{k} > 0$의 조건이 성립하므로 이 경제는 항상 균형성장경로에 있다.

정답 ④

26 폐쇄경제 *IS–LM*모형에 관한 설명으로 옳은 것은?

① 유동성함정은 화폐수요의 이자율탄력성이 0인 경우에 발생한다.
② *LM*곡선이 수직선이고 *IS*곡선이 우하향할 때, 완전한 구축효과가 나타난다.
③ 피구효과는 소비가 이자율의 함수일 때 발생한다.
④ *IS*곡선이 수평선이고 *LM*곡선이 우상향할 때, 통화정책은 국민소득을 변화시킬 수 없다.
⑤ 투자의 이자율 탄력성이 0이면 *IS*곡선은 수평선이다.

해설 ① 유동성함정은 화폐수요의 이자율탄력성이 무한대인 경우에 발생한다.
② 고전학파의 모형과 동일하게 *LM*곡선이 수직선이면 완전한 구축효과가 나타난다.
③ 피구효과는 소비가 물가의 감소함수일 때 발생한다.
④ *IS*곡선이 수평선일 때 우상향하는 *LM*곡선이 우측 이동하면 *LM*곡선의 우측 이동폭만큼 국민소득이 증가한다.
⑤ 투자의 이자율탄력성이 0이면 *IS*곡선은 수직선이다.

정답 ②

27 통화공급은 외생적으로 결정되며, 실질화폐수요는 명목이자율의 감소함수이고 실질국민소득의 증가함수일 때, 화폐시장만의 균형에 관한 설명으로 옳은 것을 모두 고른 것은?

ㄱ. 중앙은행이 통화량을 증가시키면 명목이자율은 하락한다.
ㄴ. 물가수준이 상승하면 명목이자율은 하락한다.
ㄷ. 실질국민소득이 증가하면 이자율은 상승한다.

① ㄱ ② ㄴ ③ ㄱ, ㄴ ④ ㄱ, ㄷ ⑤ ㄴ, ㄷ

해설 ㄱ. 실질화폐수요는 명목이자율의 감소함수이므로 화폐수요곡선은 우하향한다. 이때 중앙은행이 통화량을 증가시키면 화폐공급곡선이 우측 이동하므로 명목이자율은 하락한다.
ㄴ. 화폐시장이 명목변수일 때 물가수준이 상승하면 명목화폐수요가 증가하므로 명목이자율은 상승하고, 화폐시장이 실질변수일 때 물가수준이 상승하면 실질화폐공급이 감소하므로 명목이자율은 상승한다.
ㄷ. 실질국민소득이 증가하면 화폐수요가 증가하므로 균형이자율은 상승한다.

정답 ③

28 고정환율제와 변동환율제에 관한 설명으로 옳지 않은 것은?

① 고정환율제에서는 독립적인 통화정책을 수행하기 어렵다.
② 고정환율제에서도 과도한 무역수지 불균형이 장기간 지속되면 환율이 조정될 수 있다.
③ 변동환율제에서 유가상승으로 인하여 무역적자가 발생하면 통화가치는 상승한다.
④ 변동환율제에서도 환율의 안정성 제고를 위해 정부가 외환시장에 개입할 수 있다.
⑤ 고정환율제와 변동환율제 모두 환율 변동을 활용하여 이익을 얻으려는 행위가 발생할 수 있다.

해설 ① 고정환율제에서는 국제수지의 변동에 의해 자동으로 통화량의 변동이 발생하므로 자율적인 금융정책이 실시되기 어렵다.
② 고정환율제에서도 과도한 무역수지 불균형이 장기간 지속되면 외환시장의 안정을 위하여 환율이 조정될 수 있다.
③ 변동환율제에서 무역적자가 발생하면 국제수지가 감소하여 원-달러환율이 상승하므로 자국의 통화가치는 하락한다.
④ 변동환율제에서도 환율의 안정성 제고를 위해 정부가 외환시장에 개입할 수 있다.
⑤ 변동환율제에서는 환율이 변동하므로 외환차익을 노린 단기적 투기자본의 이동이 많으므로 외환투기의 가능성이 있다. 하지만, 고정환율제에서도 과도한 무역수지 불균형이 장기간 지속되면 환율이 조정될 수 있으므로 환율 변동을 활용하여 이익을 얻으려는 행위가 발생할 수 있다.

정답 ③

29 경제학파에 관한 설명으로 옳은 것을 모두 고른 것은?

ㄱ. 정책무력성정리(policy ineffectiveness proposition)는 새고전학파 이론에 속한다.
ㄴ. 총수요 외부성(aggregate demand externalities)이론은 실물경기변동이론에 속한다.
ㄷ. 케인즈학파는 경기침체의 원인이 총수요의 부족에 있다고 주장한다.
ㄹ. 비동조적 가격설정(staggered price setting)모형은 새케인즈학파 이론에 속한다.

① ㄱ, ㄴ ② ㄱ, ㄹ ③ ㄴ, ㄷ ④ ㄴ, ㄹ ⑤ ㄱ, ㄷ, ㄹ

해설 ㄱ. 새고전학파의 정책무력성의 정리(policy ineffectiveness proposition)란 경제주체들이 합리적 기대를 하게 되면 미래의 경제변수를 정확하게 예측하기 때문에 미리 예상된 경제안정화정책은 장기뿐만 아니라 단기에서조차 정책효과가 없다는 것을 의미한다.
ㄴ. 총수요 외부성은 새케인즈학파의 가격경직성을 설명하는 조정실패모형의 이론적 근거가 된다. 실물경기변동이론은 새고전학의 경기변동이론에 속한다.
ㄷ. 케인즈학파는 경기침체의 원인이 총수요의 부족에 있으므로 인위적인 총수요확재정책을 통해 경기를 부양해야 한다고 주장한다.
ㄹ. 비동조적 가격설정(staggered price setting)모형은 가격경직성을 설명하는 새케인즈학파 이론에 속한다.

정답 ⑤

30 A국과 B국에서 X재와 Y재 각 1단위를 생산하는 데 필요한 노동량이 아래 표와 같다. A국의 총노동량이 20, B국의 총노동량이 60이라고 할 때, 이에 관한 설명으로 옳지 않은 것은?

	X재	Y재
A국	2	4
B국	4	6

① A국은 X재와 Y재 각각의 생산에서 B국보다 절대우위가 있다.
② A국에서 X재 1단위 생산의 기회비용은 Y재 1/2단위이다.
③ A국에서는 X재 6단위와 Y재 2단위를 생산할 수 있다.
④ B국에서 Y재 1단위에 대한 X재의 상대가격은 3/2이다.
⑤ 완전특화가 이루어지면, B국은 비교우위를 가지고 있는 재화를 10단위 생산한다.

해설 • A국의 국내상대가격비는 $(\frac{P_X}{P_Y})^A = \frac{2}{4} = \frac{1}{2}$이고, B국의 국내상대가격비는 $(\frac{P_X}{P_Y})^B = \frac{4}{6} = \frac{2}{3}$이므로 $(\frac{P_X}{P_Y})^A < (\frac{P_X}{P_Y})^B$의 관계식이 성립하여 A국은 X재 생산에, B국은 Y재 생산에 비교우위가 있다.

① A국은 모든 재화생산에 있어 더 적은 생산요소를 투입하므로 A국은 모든 재화생산에 B국보다 절대우위가 있다.
② A국의 국내상대가격비는 $(\frac{P_X}{P_Y})^A = \frac{2}{4} = \frac{1}{2}$이므로 X재 1단위 생산의 기회비용은 Y재 1/2단위이다.
③ A국이 부존노동량 20을 전부 X재 생산에 투입하면 10단위 생산 가능하고, 부존노동량 20을 전부 Y재 생산에 투입하면 5단위 생산 가능하다. 따라서, 생산가능곡선은 $Y = 5 - \frac{1}{2}X$이므로 $X = 6$일 때 $Y = 2$이다.
④ B국의 국내상대가격비는 $(\frac{P_X}{P_Y})^B = \frac{4}{6} = \frac{2}{3}$이므로 X재 1단위 생산의 기회비용은 Y재 2/3단위이다.
⑤ B국의 노동부존량은 60이고, Y재 생산에 필요한 노동투입량은 6이므로 B국이 비교우위가 있는 Y재 생산에 완전특화하면 $\frac{60}{6} = 10$단위 생산한다.

 ④

31 현재 한국과 미국의 햄버거가격이 각각 4,800원과 4달러이고, 명목환율(원/달러)이 1,300이며, 장기적으로 구매력평가설이 성립할 때, 이에 관한 설명으로 옳은 것은? (단, 햄버거는 대표 상품이며 변동환율제도를 가정한다.)

① 실질환율은 장기적으로 1보다 크다.
② 양국의 현재 햄버거가격에서 계산된 구매력평가환율은 1,250이다.
③ 양국의 햄버거가격이 변하지 않는다면 장기적으로 명목환율은 하락한다.
④ 미국의 햄버거가격과 명목환율이 변하지 않는다면 장기적으로 한국의 햄버거가격은 하락한다.
⑤ 한국의 햄버거가격이 변하지 않는다면 장기적으로 명목환율과 미국의 햄버거가격은 모두 상승한다.

해설 ① 장기적으로 구매력평가설이 성립하면 실질환율은 1이 된다.
② 양국의 현재 햄버거가격으로 계산된 구매력평가환율은 $e_P = \frac{P}{P_f} = \frac{4,800}{4} = 1,200$이다.

③ 장기적으로 현재환율 e = 1,300은 구매력평가환율 e_P = 1,200에 수렴할 것이므로 양국의 햄버거가격이 변하지 않는다면 장기적으로 명목환율은 하락한다.

④ 현재 원화표시 미국의 햄버거가격은 $e \times P_f$ = 1,300×4 = 5,200이고, 한국의 햄버거가격이 P = 4,800이므로 $e \times P_f > P$의 관계식이 성립한다. 장기적으로 구매력평가설이 성립하면 원화표시 미국의 햄버거가격(eP_f)과 한국의 햄버거가격이 일치해야 한다. P_f와 e가 고정된 상태에서 장기적으로 $e \times P_f = P$의 식이 성립하기 위해서는 한국의 햄버거가격(P)이 상승해야 한다.

⑤ $e \times P_f > P$의 상황에서 P가 불변이라면 장기적으로 $e \times P_f = P$의 식이 성립하기 위해서는 명목환율(e)과 미국의 햄버거가격(P_f)은 모두 하락한다.

정답 ③

32 다음 거시경제모형에서 잠재GDP가 1,500이라면, 잠재GDP를 달성하기 위해 정부지출을 얼마나 변화시켜야 하는가? (단, C는 소비, Y는 GDP, T는 조세, I는 투자, r은 이자율, G는 정부지출, M_S는 화폐공급, M_D는 화폐수요이다.)

• $C = 500+0.8(Y-T)$	• $I = 100-20r$
• $T = 200$	• $G = 300$
• $Y = C+I+G$	• $M_S = 1,000$
• $M_D = 500+0.4Y-10r$	

① 80% 감소 ② 50% 감소 ③ 20% 감소 ④ 20% 증가 ⑤ 40% 증가

해설 • 현재의 국민소득

▷생산물시장의 균형

− $Y = C+I+G$

− $Y = 500+0.8(Y-200)+100-20r+300$

− IS방정식 : $Y = 3,700-100r$

▷화폐시장의 균형

− $M_D = M_S$

− $500+0.4Y-10r = 1,000$

− LM방정식 : $Y = 1,250+25r$

▷IS방정식과 LM방정식을 연립하면 균형이자율은 r = 19.6이고, 균형국민소득은 Y = 1,740이다.

• 정부지출의 변화분

▷정부지출이 증가하여 IS곡선이 우측 이동하면 LM곡선상의 변화로 나타난다. 잠재국민소득 Y = 1,500을 LM곡선식에 대입하면 이자율은 r = 10이 된다.

▷생산물시장의 균형조건 $Y = 500+0.8(Y-200)+100-20r+G$에 Y = 1,500과 r = 10을 대입하면 G = 60이 된다.

▷현재의 정부지출 300에서 80%인 300×0.8 = 240만큼 감소하면 정부지출은 G = 60이 된다.

정답 ①

33 다음의 단기 필립스곡선에 관한 설명으로 옳은 것을 모두 고른 것은? (단, π_t, π^e_t, u_t는 각각 t기의 인플레이션율, 기대인플레이션율, 실업률이고 u_n은 자연실업률, β는 양(+)의 상수, υ_t는 t기의 공급충격이다.)

• $\pi_t = \pi^e_t - \beta(u_t - u_n) + \upsilon_t$

ㄱ. β가 클수록 희생비율이 커진다.
ㄴ. 유가상승충격은 $\upsilon_t > 0$을 의미하며 단기 필립스곡선을 상방 이동시킨다.
ㄷ. 오쿤의 법칙과 결합하면 인플레이션율과 총생산 사이에 양(+)의 관계가 도출된다.
ㄹ. 단기적으로 기대인플레이션율이 고정되어 있을 때, 인플레이션 감축 정책은 실업률을 높인다.

① ㄱ, ㄴ, ㄷ ② ㄱ, ㄴ, ㄹ ③ ㄱ, ㄷ, ㄹ ④ ㄴ, ㄷ, ㄹ ⑤ ㄱ, ㄴ, ㄷ, ㄹ

해설 ㄱ. β가 커서 필립스곡선이 가파를수록 희생비율이 작아진다.
ㄴ. 유가상승충격은 단기총공급곡선을 좌측(상방) 이동시키므로 단기필립스곡선을 상방(우측) 이동시킨다. 단기필립스곡선이 상방(우측) 이동하기 위해서는 $\upsilon_t > 0$이어야 한다.
ㄷ. 오쿤의 법칙은 총생산과 실업률 사이에 음(−)의 관계이고, 필립스곡선은 실업률과 인플레이션 사이에 음(−)의 관계이다. 따라서, 오쿤의 법칙과 필립스곡선을 결합하면 인플레이션율과 총생산 사이에 양(+)의 관계가 도출된다.
ㄹ. 단기적으로 기대인플레이션율이 고정되어 있을 때, 필립스곡선은 우하향하게 된다. 이때 실업률과 인플레이션 사이에 음(−)의 관계가 존재하므로 인플레이션 감축 정책은 실업률을 높인다.

정답 ④

34 노동수요에 관한 설명으로 옳지 않은 것은? (단, 생산요소는 자본과 노동이며, 두 요소의 한계기술대체율은 체감하고 완전경쟁요소시장을 가정한다.)

① 자본가격의 하락에 따른 대체효과는 노동수요를 증가시킨다.
② 제품수요의 가격탄력성이 높을수록 노동수요의 가격탄력성이 크다.
③ 단기보다 장기에서 노동수요의 가격탄력성이 크다.
④ 자본공급의 가격탄력성이 클수록 노동수요의 가격탄력성이 크다.
⑤ 노동과 자본 사이의 대체탄력성이 클수록 노동수요의 가격탄력성이 크다.

해설 ① 자본가격이 하락하면 두 생산요소의 상대가격($\frac{\omega}{r}$)이 상승하므로 대체효과에 의해 노동투입량은 감소하고 자본투입량은 증가한다.
② 노동에 대한 수요는 생산물의 수요에서 파생되어 나오는 파생수요이므로 상품에 대한 수요의 가격탄력성이 크면 노동수요의 임금탄력성도 커진다.
③ 장기로 갈수록 임금변화에 대한 기업의 적응력이 커지고 대체생산요소를 찾을 확률이 높아지기 때문에 단기보다 장기에 노동수요의 임금탄력성이 커진다.
④ 타 생산요소의 공급의 가격탄력성이 클수록 생산요소 간 대체가 쉬워지므로 노동수요의 임금탄력성이 커진다. 임금이 상승하여 자본에 대한 수요가 증가하는 경우 자본공급의 가격탄력성이 크다면 자본공급량의 증가폭이 크므로 노동수요량의 감소폭도 더 커진다.
⑤ 임금이 인상되면 타 생산요소로 대체할 유인이 발생하게 되는데 타 생산요소로의 기술적 대체 가능성이 커지면 노동수요의 임금탄력성이 커진다.

정답 ①

35 효용극대화를 추구하는 갑은 고정된 총가용시간을 노동시간과 여가시간으로 나누어 선택한다. 갑의 효용함수는 $U = U(H, I)$이며, 소득 $I = \omega L+A$일 때, 이에 관한 설명으로 옳지 않은 것은? (단, H는 여가시간, ω는 시간당 임금, L은 노동시간, A는 근로외 소득, 여가는 정상재이다. H와 I의 한계대체율(MRS_{HI})은 체감하며, 내부해를 가정한다.)

① 효용극대화 점에서 MRS_{HI}는 ω와 같다.
② ω가 상승하는 경우 소득효과는 노동공급을 감소시킨다.
③ 만약 여가가 열등재이면, ω의 상승은 노동공급을 증가시킨다.
④ ω가 상승하는 경우 대체효과는 노동공급을 증가시킨다.
⑤ 근로외 소득이 증가하는 경우 대체효과는 노동공급을 증가시킨다.

해설 • 총가용시간을 T라고 하면 예산제약식은 $I = \omega(T-H)+A$, $\omega H+I = \omega T+A$가 된다.

① 효용극대화 점에서 무차별곡선과 예산선이 접하므로 한계대체율 MRS_{HI}는 ω와 같다.
② 임금이 상승하면 실질소득이 증가하여 정상재인 여가가 증가하므로 소득효과에 의해 노동공급은 감소한다.
③ 여가가 열등재인 경우 임금상승의 효과
▷대체효과 : 임금 상승 → 여가의 상대가격 상승 → 여가 감소, 노동공급 증가
▷소득효과 : 임금 상승 → 실질소득 증가 → 열등재인 여가 감소, 노동공급 증가
④ 임금상승의 대체효과 : 임금 상승 → 여가의 상대가격 상승 → 여가 감소, 노동공급 증가
⑤ 근로외 소득이 증가하면 예산선이 나란히 상방 이동하므로 대체효과는 발생하지 않고 소득효과만 발생한다. 실질소득의 증가로 인해 정상재인 여가가 증가하므로 노동공급은 감소한다.

정답 ⑤

36 고용과 관련된 지표에 관한 설명으로 옳지 않은 것은?

① 경제활동인구란 15세 이상의 인구 중에서 취업자와 실업자를 합한 것이다.
② 15세 이상의 인구 중에서 취업할 의사가 없거나 일할 능력이 없는 사람은 비경제활동인구에 포함된다.
③ 군대 의무 복무자와 교도소 수감자는 경제활동 조사대상에서 제외된다.
④ 조사대상 기간 1주일 중 수입을 목적으로 1시간 이상 일을 한 사람은 취업자에 해당된다.
⑤ 일정한 직장을 가지고 있으나 일시적인 질병 등으로 조사대상 기간에 일을 하지 못한 사람은 실업자로 분류된다.

해설 ① 경제활동인구란 만 15세 이상의 생산가능인구 중에서 일할 의사와 능력을 가진 사람으로서 취업자와 실업자로 구성된다.
② 비경제활동인구는 만 15세 이상의 생산가능인구 중에서 일할 의사와 능력이 없는 사람들을 말한다.
③ 현역군인 및 공익근무요원, 상근예비역, 전투경찰(의무경찰 포함), 형이 확정된 교도소 수감자, 소년원 및 치료감호소 수감자, 경비교도대 등은 조사대상에서 아예 제외되기 때문에 비경제활동인구로 보지 않는다.
④ 취업자란 일할 의사와 능력이 있는 경제활동인구 중에서 실제로 취업한 자로서 매월 15일이 속한 1주일 동안 소득·이익·봉급·임금 등 수입을 목적으로 1시간 이상 일한 자이다.
⑤ 직업 또는 사업체를 가졌으나 조사기간에 일시적인 병·일기불순·휴가 또는 연가·노동쟁의 등의 이유로 일하지 못한 일시 휴직자는 취업자로 분류된다.

정답 ⑤

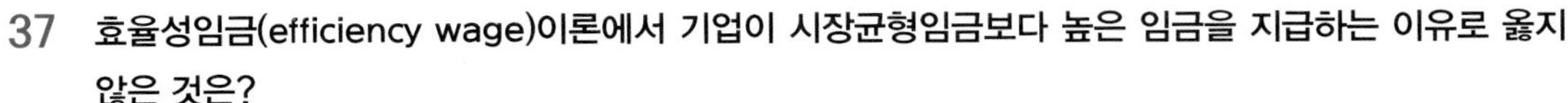

37 효율성임금(efficiency wage)이론에서 기업이 시장균형임금보다 높은 임금을 지급하는 이유로 옳지 않은 것은?

① 이직률이 낮아져 채용비용 및 교육훈련 비용이 절감되고 노동자의 생산성을 높게 유지할 수 있다.
② 생산성이 높은 노동자를 고용할 수 있어 평균적인 생산성을 높일 수 있다.
③ 노동자가 근무태만으로 해고될 경우 손실이 크기 때문에 근무태만을 줄여준다.
④ 노동자의 체력과 건강이 향상되어 생산성이 높아진다.
⑤ 기업의 브랜드 이미지가 제고되어 매출이 증대되고 이윤이 증가한다.

해설 효율성임금제도는 기업의 브랜드 이미지와는 직접적인 관계가 없다.

정답 ⑤

38 A국의 균제상태(steady state)에서의 실업률이 12%이고, 매 기간 실직률(취업자 중 실직하는 사람의 비율)이 3%일 때, 균제상태를 유지시키는 구직률(실업자 중 취업하는 사람의 비율)은?

① 5% ② 10% ③ 12% ④ 15% ⑤ 22%

해설 자연실업률의 공식에 자연실업률 u_N = 12, 실직률 s = 3을 대입하면 $u_N = \frac{s}{f+s} \times 100$, $12 = \frac{3}{f+3} \times 100$에서 구직률은 f = 22%이다.

정답 ⑤

39 어느 산업의 노동공급곡선은 $L_S = 20+2\omega$이고, 노동수요곡선은 $L_D = 50-4\omega$이다. 정부가 최저임금을 6으로 설정할 때 발생하는 고용 감소와 실업자는? (단, L_S, L_D는 각각 노동공급 및 노동수요이며, ω는 임금이다.)

① 2, 4 ② 2, 6 ③ 2, 8 ④ 4, 6 ⑤ 4, 8

해설
- 노동시장의 균형 : $L_D = L_S$, $50-4\omega = 20+2\omega$에서 균형임금은 $\omega = 5$이고, $\omega = 5$를 노동수요함수와 노동공급함수에 대입하면 고용량은 $L = 30$이다.
- 최저임금을 $\omega = 6$으로 설정하면 노동공급량은 $L^S = 32$이고, 노동수요량은 $L^D = 26$이므로 32−26 = 6만큼의 초과공급이 존재한다. 이때 고용량은 노동수요량에서 결정되어 $L = 26$이 된다.
- 고용량은 $L = 30$에서 $L = 26$으로 4만큼 감소하고, 실업자 수는 노동시장의 초과공급인 6인 된다.

정답 ④

40 실질임금의 경기순환성에 관한 설명으로 옳은 것은?

① 명목임금경직성 모형에서는 경기변동 요인이 총수요 충격일 때 실질임금이 경기순행적(pro-cyclical)이다.

② 중첩임금계약(staggered wage contracts) 모형에서는 경기변동 요인이 총수요 충격일때 실질임금이 경기순행적이다.

③ 효율성임금이론은 실질임금의 경기순행성을 설명한다.

④ 실물경기변동이론에 따르면 양(+)의 기술충격은 실질임금을 상승시킨다.

⑤ 실물경기변동이론에 따르면 노동공급곡선이 수평선인 경우 기술충격이 발생할 때 실질임금이 경기순행적이다.

해설 ①,② 중첩임금계약모형은 새케인즈학파의 명목임금 경직성을 설명하는 이론적 근거가 된다. 총수요가 증가하면 물가가 상승하게 되는데 명목임금이 경직성을 보이면 실질임금은 하락하므로 경기역행적이다.

③ 효율성임금이론은 실질임금의 경직성을 설명하는 이론이다.

④ 실물경기변동이론에서 양(+)의 기술충격이 발생하면 노동수요가 증가하여 실질임금이 상승한다.

⑤ 실물경기변동이론에서 노동공급곡선이 수평선인 경우 기술충격으로 노동수요가 변동하더라도 임금은 불변이 된다.

정답 ④

2023년도 제32회 공인노무사 경제학원론 기출문제

01 완전경쟁시장에 관한 설명으로 옳지 않은 것은?

① 개별기업의 최적산출량은 한계수입과 한계비용이 일치할 때 결정된다.
② 개별기업은 장기에 효율적인 생산 규모에서 생산하며 정상이윤만을 얻게 된다.
③ 개별기업이 단기에 손실을 보더라도 생산을 계속하는 이유는 고정비용의 일부를 회수할 수 있기 때문이다.
④ 단기균형과 장기균형에서 총잉여인 사회적 후생이 극대화된다.
⑤ 생산요소의 가격이 변하지 않는 비용불변산업에서 장기시장공급곡선은 우상향한다.

해설 ① 개별기업의 이윤극대화 산출량은 한계수입과 한계비용이 일치할 때 결정된다. 완전경쟁시장에서 가격은 한계수입과 일치하므로 가격과 한계비용이 일치하여 효율성이 달성되므로 최적산출량의 조건을 충족한다.
② 개별기업은 장기에 장기평균비용의 최저점에서 생산하므로 최적시설규모를 달성하고, 시장의 진입장벽이 존재하지 않으므로 정상이윤만을 얻는다.
③ 개별기업이 단기에 손실을 보더라도 생산을 계속하는 이유는 총수입이 총가변비용보다 커서 고정비용의 일부를 회수할 수 있기 때문이다.
④ 완전경쟁시장에서는 단기균형과 장기균형에서 모두 가격과 한계비용이 일치하므로 총잉여인 사회적 후생이 극대화된다.
⑤ 생산요소의 가격이 변하지 않는 비용불변산업에서 장기시장공급곡선은 수평이다.

정답 ⑤

02 독점기업 A의 생산함수는 $Q = [\min(4L, K)]^{1/2}$이고, 노동(L)의 가격은 16, 자본(K)의 가격은 4이다. 시장수요곡선이 $Q = 200-0.5P$일 때 이윤을 극대화하는 생산량(Q)과 가격(P)은? (단, 고정비용은 0이다.)

① Q : 20, P : 360 ② Q : 30, P : 340 ③ Q : 40, P : 320
④ Q : 50, P : 300 ⑤ Q : 60, P : 280

해설 • 생산함수
▷생산함수의 양변을 제곱하면 $Q^2 = \min(4L, K)$이므로 생산자균형조건은 $Q^2 = 4L = K$이다.
▷생산함수를 통해 생산요소의 조건부 요소수요함수를 도출하면 $L = \frac{1}{4}Q^2$, $K = Q^2$이다.

• 비용함수
▷생산요소로 측정한 비용함수 $TC = \omega L+rK$ 에 노동의 가격 $\omega = 16$, 자본의 가격 $r = 4$, 노동의 조건부 요소수요함수 $L = \frac{1}{4}Q^2$, 자본의 조건부 요소수요함수 $K = Q^2$을 대입하면 생산량변수로 측정한 비용함수는 $TC = (16\times\frac{1}{4}Q^2)+4Q^2 = 8Q^2$이 된다.
▷총비용함수를 통해 한계비용함수를 구하면 $MC = 16Q$이다.

- 독점기업의 이윤극대화
  ▷역수요함수가 $P = 400-2Q$이므로 한계수입함수는 $MR = 400-4Q$이다.
  ▷이윤극대화조건 $MR = MC$, $400-4Q = 16Q$, $20Q = 400$에서 이윤극대화 생산량은 $Q = 20$이 된다.
  ▷이윤극대화 생산량 $Q = 20$을 수요함수에 대입하면 가격은 $P = 360$이 된다.

정답 ①

03 수요의 가격탄력성에 관한 설명으로 옳은 것을 모두 고른 것은? (단, 시장수요곡선은 우하향하는 직선이다.)

> ㄱ. 종량세를 부과하면 수요의 가격탄력성이 공급의 가격탄력성보다 클수록 소비자의 부담은 작아지고 생산자의 부담은 커진다.
> ㄴ. 경쟁시장에 개별기업이 직면한 수요곡선은 완전탄력적이다.
> ㄷ. 독점기업의 총수입은 수요의 가격탄력성이 0일 때 극대화된다.

① ㄱ ② ㄷ ③ ㄱ, ㄴ ④ ㄴ, ㄷ ⑤ ㄱ, ㄴ, ㄷ

해설 ㄱ. 생산자에게 종량세를 부과할 때 수요의 가격탄력성이 공급의 가격탄력성보다 클수록 균형가격의 상승분이 작아지므로 소비자의 부담은 작아지고 생산자의 부담은 커진다.

ㄴ. 완전경쟁시장에 개별기업이 직면한 수요곡선은 시장의 가격수준에서 그은 수평선이므로 가격에 대해 완전탄력적이다.

ㄷ. 독점기업의 한계수입이 $MR = P(1-\frac{1}{\epsilon_P}) = 0$이면 수요의 가격탄력성이 $\epsilon = 1$이 되고, 이때 총수입은 극대화된다.

정답 ③

04 생산함수 $Q = A(aL^{\rho}+bK^{\rho})^{\upsilon/\rho}$에 관한 설명으로 옳은 것을 모두 고른 것은? (단, $A>0$, $a>0$, $b>0$, $\rho<1$, $\rho\neq0$, $\upsilon>0$이고 A, a, b, ρ, υ는 모두 상수이며, L은 노동, K는 자본이다.)

> ㄱ. A가 클수록 한계기술대체율($MRTS^{LK}$)이 커진다.
> ㄴ. υ가 1보다 크면 규모에 대한 수익체증(increasing returns to scale)이 된다.
> ㄷ. ρ가 클수록 대체탄력성이 크고 등량곡선이 직선에 가까워진다.
> ㄹ. a가 클수록 노동절약적 기술진보이다.

① ㄱ, ㄴ ② ㄱ, ㄷ ③ ㄱ, ㄹ ④ ㄴ, ㄷ ⑤ ㄷ, ㄹ

해설 ㄱ. 한계기술대체율이 $MRTS_{LK} = \frac{MP_L}{MP_K} = \frac{\frac{\upsilon}{\rho}A(aL^{\rho}+bK^{\rho})^{\frac{\upsilon}{\rho}-1}\times\rho aL^{\rho-1}}{\frac{\upsilon}{\rho}A(aL^{\rho}+bK^{\rho})^{\frac{\upsilon}{\rho}-1}\times\rho bK^{\rho-1}} = \frac{aL^{\rho-1}}{bK^{\rho-1}} = \frac{a}{b}(\frac{K}{L})^{1-\rho}$이므로 노동투입량($L$)이 증가하고 자본투입량($K$)이 감소할수록 한계기술대체율은 체감한다. 한계기술대체율은 A의 크기와 무관하다.

ㄴ. 각각의 생산요소를 λ배하면 $A[a(\lambda L)^{\rho}+b(\lambda K)^{\rho}]^{\frac{\upsilon}{\rho}} = A(\lambda^{\rho}aL^{\rho}+\lambda^{\rho}bK^{\rho})^{\frac{\upsilon}{\rho}} = A[\lambda^{\rho}(aL^{\rho}+bK^{\rho})]^{\frac{\upsilon}{\rho}} = \lambda^{\upsilon}A(aL^{\rho}+bK^{\rho})^{\frac{\upsilon}{\rho}} = \lambda^{\upsilon}Q$이다. υ가 1보다 크면 $\lambda^{\upsilon}Q>\lambda Q$이므로 규모에 대한 수익체증이 된다.

ㄷ. 대체탄력성은 $\sigma = \frac{d(K/L)}{dMRTS_{LK}} \times \frac{MRTS_{LK}}{(K/L)} = \frac{1}{(1-\rho)\frac{a}{b}(\frac{K}{L})^{-\rho}} \times \frac{a}{b}(\frac{K}{L})^{-\rho} = \frac{1}{1-\rho}$ 이므로 ρ가 클수록 대체탄력성이 커진다. 대체탄력성이 커질수록 등량곡선의 곡률은 작아지므로 등량곡선이 직선에 가까워진다.

ㄹ. 기술진보가 발생하면 등량곡선이 안쪽으로 이동하게 되는데 등비용곡선의 기울기가 일정하므로 생산자균형조건에서 한계기술대체율도 일정해야 한다. a가 클수록 한계기술대체율이 $MRTS_{LK} = \frac{a}{b}(\frac{K}{L})^{1-\rho}$이 커지므로 한계기술대체율이 일정하기 위해서는 요소집약도$(\frac{K}{L})$가 작아져야 한다. 즉, a가 클수록 노동집약적(자본절약적) 기술진보이다.

정답 ④

05 원룸 임대시장의 공급곡선과 수요곡선은 각각 $Q_s = 20+4P$, $Q_d = 420-6P$이다. 정부는 원룸의 임대료(P)가 너무 높다고 판단하여 상한을 30으로 규정하였다. 원룸 부족현상을 피하기 위해 수요량(Q_d)에 따라 공급량(Q_s)이 일치되도록 할 경우 정부가 원룸 당 지원해야 할 보조금은?

① 10 ② 15 ③ 20 ④ 25 ⑤ 30

해설 • 상한가격이 30일 때 수요량은 $Q_d = 420-(6\times30) = 420-180 = 240$이고, 공급량은 $Q_s = 20+(4\times30) = 20+120 = 140$이므로 $240-140 = 100$만큼의 초과수요가 존재한다.

• 단위당 보조금

▷ 생산자에게 단위당 보조금(s)을 지급하면 공급함수는 $Q_s = 20+4(P+s) = 20+4P+4s$가 되므로 $s = \frac{1}{4}Q_s-5-P$의 식이 도출된다.

▷ 초과수요를 제거하기 위해서는 보조금 지급 이후의 공급함수가 상한가격 $P = 30$의 수준에서 공급량은 $Q_s = 240$이 되어야 한다. 보조금 지급 이후의 공급함수에 가격 $P = 30$과 공급량 $Q_s = 240$을 대입하면 단위당 보조금은 $s = (\frac{1}{4}\times240)-5-30 = 25$가 된다.

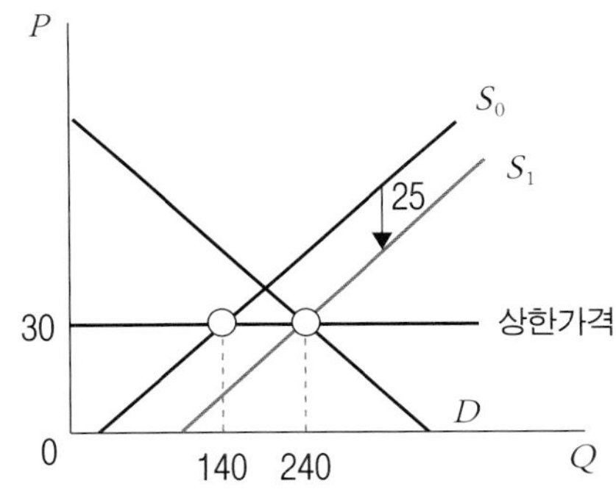

정답 ④

06 **효용을 극대화하는 갑(甲)의 효용함수는 $U = C \times L$, 시간당 임금은 2만 원이고 주당 40시간을 일하거나 여가를 사용할 수 있다. 한편 정부는 근로자 한 명당 주당 32만 원의 보조금을 주지만 근로소득은 20%를 소득세로 징수하는 제도를 시행중이다. 이때 갑(甲)의 주당 근로시간은? (단, C는 상품에 지출하는 금액, L은 여가시간이다.)**

① 10　② 24　③ 30　④ 36　⑤ 40

해설 • 예산제약

▷근로소득은 시간당 임금 $\omega = 2$(만 원)과 근로시간 $(40-L)$을 곱한 $2(40-L) = 80-2L$이 된다.

▷근로소득의 20%를 소득세로 징수하므로 세후 근로소득은 $(1-0.2)(80-2L) = 0.8(80-2L) = 64-1.6L$이 된다.

▷세후 근로소득에 보조금 32(만 원)을 더하면 총소득은 $64-1.6L+32 = 96-1.6L$이 된다.

▷총소득과 상품에 지출하는 금액이 일치해야 하므로 예산제약식은 $96-1.6L = C$, $1.6L+C = 96$이 된다.

• 소비자균형

▷한계대체율이 $MRS_{LC} = \frac{MU_L}{MU_Y} = \frac{C}{L}$이고 예산선의 기울기(절댓값)가 1.6이므로 소비자균형조건 $\frac{C}{L} = 1.6$에서 $1.6L = C$의 조건이 도출된다.

▷소비자균형조건 $1.6 = C$를 예산제약식에 대입하면 $2C = 96$에서 $C = 48$이 도출된다.

▷상품에 지출하는 금액이 $C = 48$일 때 여가시간은 $L = 30$이 된다.

▷여가시간이 $L = 30$이므로 근로시간은 $40-30 = 10$이 된다.

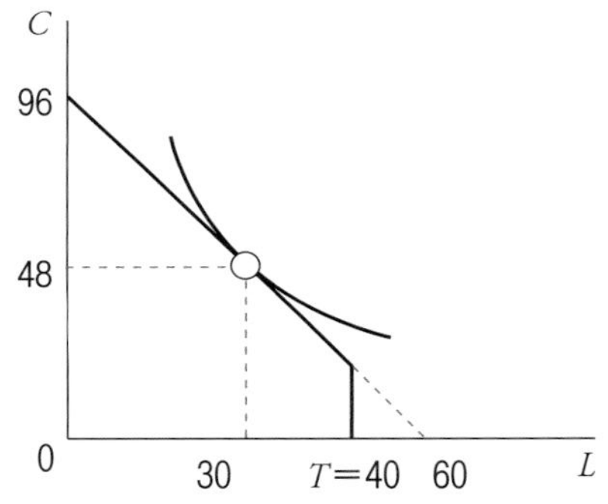

정답 ①

07 **갑(甲)이 소유한 건물의 가치는 화재가 발생하지 않을 시 3,600, 화재 발생 시 1,600이고, 건물의 화재 발생확률은 0.5이다. 갑(甲)의 효용함수가 $U(W)=\sqrt{W}$일 때 건물의 (ㄱ) 기대가치와 (ㄴ) 기대효용은? (단, W는 건물의 가치이다.)**

① ㄱ : 1,800, ㄴ : 40　② ㄱ : 2,400, ㄴ : 40　③ ㄱ : 2,400, ㄴ : 50
④ ㄱ : 2,600, ㄴ : 40　⑤ ㄱ : 2,600, ㄴ : 50

해설 • 기대가치 : $E(W) = pW_1+(1-p)W_2 = (0.5\times1,600)+(0.5\times3,600) = 800+1,800 = 2,600$

• 기대효용 : $E(U) = pU(W_1)+(1-p)U(W_2) = (0.5\times\sqrt{1,600})+(0.5\times\sqrt{3,600}) = (0.5\times40)+(0.5\times60) = 20+30 = 50$

정답 ⑤

경제학원론

08 **갑(甲) 기업이 생산함수가 $Q = AK^{0.5}L^{0.5}$일 때 등량곡선과 등비용곡선에 관한 설명으로 옳지 않은 것은? (단, $A>0$, K는 자본, L은 노동, MP_K는 자본의 한계생산, MP_L은 노동의 한계생산, r은 자본가격, ω는 노동가격이다.)**

① 비용극소화가 되려면 한계기술대체율이 생산요소가격의 비율과 일치해야 한다.
② 한계기술대체율은 체감한다.
③ $MP_K/r > MP_L/\omega$일 때 비용극소화를 위해서는 노동을 늘리고 자본을 줄여야 한다.
④ A가 커지면 등량곡선은 원점에 가까워진다.
⑤ 등량곡선과 등비용곡선이 접하는 점에서 비용극소화가 이루어진다.

해설 ①⑤ 생산자균형조건은 등량곡선과 등비용곡선이 접해야 하므로 한계기술대체율이 두 생산요소의 상대가격과 일치해야 한다.

② 한계기술대체율은 $MRTS_{LK} = \dfrac{MP_L}{MP_K} = \dfrac{0.5AK^{0.5}L^{-0.5}}{0.5AK^{-0.5}L^{0.5}} = \dfrac{K}{L}$이므로 노동투입량($L$)이 증가하고 자본투입량($K$)이 감소함에 따라 한계기술대체율이 체감한다.

③ $\dfrac{MP_L}{\omega} < \dfrac{MP_K}{r}$, $\dfrac{MP_L}{MP_K} < \dfrac{\omega}{r}$일 때 생산균형조건을 충족하기 위해서는 노동투입량(L)을 감소시키고 자본투입량(K)을 증가시켜야 한다.

④ A는 생산함수에서 기술수준을 의미한다. A가 커져서 기술이 진보하면 이전보다 더 적은 생산요소의 투입으로 동일한 생산량이 가능하므로 등량곡선은 안쪽으로 이동한다.

 정답 ③

09 **생산요소 노동(L)과 자본(K) 사이의 대체탄력성(σ)에 관한 설명으로 옳은 것을 모두 고른 것은? (단, r은 자본가격, ω는 노동가격, $\sigma = \dfrac{\Delta(\frac{K}{L})/(\frac{K}{L})}{\Delta(\frac{\omega}{r})/(\frac{\omega}{r})}$이다.)**

ㄱ. σ=0.5인 경우 노동의 상대가격 상승에 따라 노동소득의 상대적 비율이 더 커진다.
ㄴ. σ=1인 경우 노동의 상대가격이 상승해도 자본소득의 상대적 비율에 아무런 변화가 없다.
ㄷ. 콥-더글라스(Cobb-Douglas) 생산함수의 대체탄력성은 0이다.

① ㄱ ② ㄱ, ㄴ ③ ㄱ, ㄷ ④ ㄴ, ㄷ ⑤ ㄱ, ㄴ, ㄷ

해설 ㄱ. 대체탄력성이 1보다 작을 때 노동의 상대가격이 상승하면 노동소득분배율은 커지고, 자본소득분배율은 작아진다. 즉, $\frac{\omega}{r}$가 1% 증가했을 때 $\frac{L}{K}$은 1%를 초과하여 감소하므로 $\frac{\omega L}{rK}$는 작아진다.
ㄴ. 대체탄력성이 σ = 1일 때 노동의 상대가격이 변하더라도 노동소득분배율과 자본소득분배율은 불변이다.
ㄷ. 콥-더글라스 생산함수의 대체탄력성은 σ = 1이 되므로 생산요소의 가격 및 생산비용의 크기와 무관하게 생산요소의 요소소득분배율은 항상 일정하다.

정답 ②

10 꾸르노(Cournot) 복점모형에서 시장수요곡선이 $P = -2Q+70$이고, 두 기업의 한계비용은 10으로 동일하다. 내쉬(Nash)균형에서 두 기업 생산량의 합은? (단, P는 상품가격, Q는 총생산량이다.)

① 15　　② 20　　③ 25　　④ 30　　⑤ 35

해설 • 기업 A의 이윤극대화

▷총수입함수 : $TR_A = P(Q_A)\times Q_A = (70-2Q_A-2Q_B)Q_A = 70Q_A-2Q_A^2-2Q_AQ_B$

▷한계수입함수 : $MR_A = \frac{\partial TR_A}{\partial Q_A} = 70-4Q_A-2Q_B$

▷한계비용함수 : $MC_A = 10$

▷반응함수 : 이윤극대화조건 $MR_A = MC_A$, $70-4Q_A-2Q_B = 10$에서 $Q_A = 15-\frac{1}{2}Q_B$가 도출된다.

• 기업 B의 이윤극대화

▷총수입함수 : $TR_B = P(Q_B)\times Q_B = (70-2Q_A-2Q_B)Q_B = 70Q_B-2Q_B^2-2Q_AQ_B$

▷한계수입함수 : $MR_B = \frac{\partial TR_B}{\partial Q_B} = 70-4Q_B-2Q_A$

▷한계비용함수 : $MC_B = 10$

▷반응함수 : 이윤극대화조건 $MR_B = MC_B$, $70-4Q_B-2Q_A = 10$에서 $Q_B = 15-\frac{1}{2}Q_A$가 도출된다.

• 두 기업의 반응함수를 연립하면 기업 A의 생산량은 $Q_A = 10$, 기업 B의 생산량은 $Q_B = 10$이 된다.

• 시장 전체의 생산량 $Q = Q_A+Q_B = 10+10 = 20$이므로 이를 수요함수에 대입하면 시장가격은 $P = 30$이다.

• 완전경쟁시장의 생산량은 $P = MC$, $70-2Q = 10$에서 $Q = 30$이 된다. 꾸르노과점시장은 완전경쟁시장의 생산량의 $\frac{2}{3}$를 생산하므로 생산량은 $Q = Q_A+Q_B = 30\times\frac{2}{3} = 20$이다.

정답 ②

11 폐쇄경제에서 투자의 이자율탄력성이 0일 때, $IS-LM$모형을 이용한 중앙은행의 긴축통화정책 효과로 옳은 것은? (단, LM곡선은 우상향한다.)

① 소득 불변　　② 이자율 하락　　③ LM곡선 우측 이동
④ 이자율 불변　　⑤ 소득 감소

해설 • 투자의 이자율탄력성이 0이면 투자수요곡선과 IS곡선은 수직이 된다.

①⑤ IS곡선이 수직일 때 긴축통화정책으로 LM곡선이 좌측(상방) 이동하더라도 소득은 불변이다.
②④ IS곡선이 수직일 때 긴축통화정책으로 LM곡선이 좌측(상방) 이동하면 이자율이 상승한다.
③ 긴축통화정책을 실시하면 우상향하는 LM곡선이 좌측(상방) 이동한다.

정답 ①

12 **아래와 같이 주어진 폐쇄경제를 가정할 경우 (ㄱ) 균형국민소득과 (ㄴ) 균형이자율은? (단, Y는 GDP, C는 소비, I는 투자, G는 정부지출, r은 이자율, T는 조세, $(M/P)^d$는 실질화폐수요, M은 통화량, P는 물가이다.)**

$Y = C+I+G$	$C = 50+0.5(Y-T)$
$I = 100-5r$	$(M/P)^d = Y-20r$
$G = 100$	$T = 100$
$M = 400$	$P = 4$

① ㄱ : 200, ㄴ : 5　② ㄱ : 300, ㄴ : 5　③ ㄱ : 300, ㄴ : 10
④ ㄱ : 400, ㄴ : 15　⑤ ㄱ : 400, ㄴ : 20

해설 • 생산물시장의 균형

▷생산물시장의 균형조건 : $Y = C+I+G$

▷$Y = 50+0.5(Y-100)+100-5r+100$, $0.5Y = 200-5r$

▷IS방정식 : $Y = 400-10r$

• 화폐시장의 균형

▷ 화폐시장의 균형조건 : $(\frac{M}{P})^d = (\frac{M}{P})^s$

▷ $Y-20r = \frac{400}{4}$

▷ LM방정식 : $Y = 100+20r$

• IS방정식과 LM방정식을 연립하면 $400-10r = 100+20r$, $30r = 300$에서 균형이자율은 $r_E = 10$이고, 이를 IS방정식과 LM방정식에 대입하면 균형국민소득은 $Y_E = 300$가 된다.

정답 ③

13 **변동환율제 하에서 수입제한정책을 실시할 경우 나타나는 변화를 먼델-플레밍모형을 이용하여 옳게 설명한 것을 모두 고른 것은? (단, 소규모 개방경제 하에서 국가 간 자본의 완전이동과 물가불변을 가정하고, IS곡선은 우하향하고, LM곡선은 수직이다.)**

ㄱ. IS곡선은 오른쪽 방향으로 이동한다.
ㄴ. 자국통화가치는 하락한다.
ㄷ. 소득수준은 불변이다.
ㄹ. LM곡선은 왼쪽 방향으로 이동한다.

① ㄱ, ㄴ　② ㄱ, ㄷ　③ ㄱ, ㄹ　④ ㄴ, ㄷ　⑤ ㄷ, ㄹ

해설 • 변동환율제도에서 수입제한정책

▷1단계 : 수입 제한, 순수출 증가 → IS곡선 우측 이동($IS_0 \rightarrow IS_1$) → 국내이자율 상승 → 해외자본 유입

▷2단계 : 국제수지 흑자 → 환율 하락(자국통화가치 상승) → 순수출 감소 → IS곡선 좌측 이동($IS_1 \rightarrow IS_2$)

• 정책과정의 2단계에서 환율이 하락했을 때 수입제한정책으로 수입은 증가하지 못하므로 IS곡선은 원래의 수준까지 좌측으로 이동할 수 없다. 따라서, IS곡선은 최종적으로 우측 이동한다.

• IS곡선이 우측 이동하더라도 LM곡선이 수직이므로 국민소득은 Y_0의 수준에서 불변이 된다.

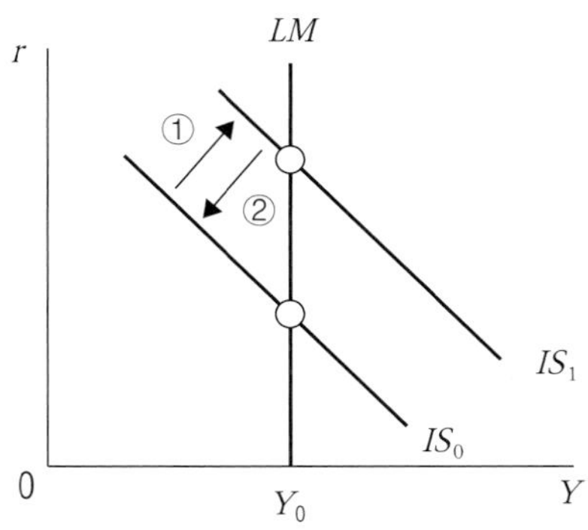

정답 ②

14 소비함수에 관한 설명으로 옳지 않은 것은?

① 케인즈에 따르면 현재소득이 소비를 결정하는 가장 중요한 결정요소이다.
② 항상소득가설에 의하면 야간작업에 의한 일시적 소득증가보다 승진에 의한 소득증가가 더 큰 소비의 변화를 초래한다.
③ 평생소득가설에 의하면 연령계층에 따라 소비성향이 다를 수 있다.
④ 확률보행가설은 소비자들이 장래소득에 관해 적응적 기대를 한다고 가정한다.
⑤ 케인즈는 평균소비성향이 소득 증가에 따라 감소한다고 가정한다.

해설 ① 케인즈(J. M. Keynes)는 현재소비의 크기가 현재소득의 절대적 크기에 의존한다는 절대소득가설(absolute income hypothesis)을 주장하였다.
② 항상소득가설에 의하면 실제소비는 오직 항상소득에만 의존하고, 임시소득은 대부분 소비되지 않고 저축된다.
③ 평생소득가설에 의하면 청년기와 노년기는 낮은 소득수준과 음(−)의 저축으로 평균소비성향이 높게 나타난다. 반면, 중장년기에는 높은 소득수준과 양(+)의 저축으로 평균소비성향이 낮게 나타난다.
④ 불규칙보행가설(random walk hypothesis)은 항상소득가설에 합리적 기대를 도입하여 소비행태를 설명하는 이론으로서 소비의 변화를 예측할 수 없으므로 소비변수는 확률보행(임의보행, random walk)을 따른다는 것이다.
⑤ 케인즈(J. M. Keynes)의 소비함수에 의하면 평균소비성향이 한계소비성향보다 항상 크므로 평균소비성향은 국민소득이 증가함에 따라 감소한다.

정답 ④

15 통화함수 $\frac{M}{P} = 0.4(\frac{Y}{i^{1/2}})$이다. 화폐수량방정식을 이용하여 명목이자율($i$)이 4일 때 화폐의 유통속도는? (단, Y는 균형소득, M은 통화량, P는 물가이다.)

① 2 ② 4 ③ 5 ④ 6 ⑤ 8

해설 • 명목이자율이 $i = 4$일 때 통화함수는 $\frac{M}{P} = 0.4(\frac{Y}{4^{1/2}}) = 0.4(\frac{Y}{2}) = 0.2Y$이다.
• 통화함수에서 $0.2PY = M$의 식이 도출되므로 화폐유통속도는 $V = \frac{PY}{M} = \frac{1}{0.2} = 5$이다.

정답 ③

경제학원론

16 **아래 조건을 만족하는 경제에 관한 설명으로 옳지 않은 것은? (M은 통화량, V는 화폐유통속도, P는 물가수준, Y는 총생산이다.)**

인플레이션율과 총생산성장률 간 양(+)의 관계가 성립한다. 총생산성장률과 실업률 간 음(−)의 관계가 성립한다. $MV=PY$가 성립한다. 화폐유통속도는 일정하다. 현재 통화량증가율은 10%이고, 인플레이션율은 6%이다.

① 오쿤의 법칙(Okun's law)이 성립한다.
② 필립스곡선은 우하향한다.
③ 명목 총생산성장률은 10%이다.
④ 총생산성장률은 4%이다.
⑤ 통화량증가율을 6%로 낮추어 인플레이션율이 4%로 인하되면 총생산은 감소한다.

해설 • EC방정식

▷화폐수량설 : $MV = PY$

▷EC방정식 : $\frac{\Delta M}{M}+\frac{\Delta V}{V}=\frac{\Delta P}{P}+\frac{\Delta Y}{Y}$

• $\frac{\Delta V}{V}=0$이므로 통화량증가율은 $\frac{\Delta M}{M}=\frac{\Delta P}{P}+\frac{\Delta Y}{Y}$, 총생산성장률은 $\frac{\Delta Y}{Y}=\frac{\Delta M}{M}-\frac{\Delta P}{P}$가 된다.

① 총생산성장률과 실업률 간 음(−)의 관계가 성립하므로 오쿤의 법칙(Okun's law)이 성립한다.
② 인플레이션율과 총생산성장률 간 양(+)의 관계가 성립하고, 총생산성장률과 실업률 간 음(−)의 관계가 성립하므로 인플레이션율과 실업률 간 음(−)의 관계가 성립한다. 따라서, 필립스곡선은 우하향한다.
③ 화폐수량방정식 $MV = PY$에서 화폐유통속도(V)는 일정하므로 통화량(M)의 변화율은 명목총생산(PY)의 변화율과 일치한다. 따라서, 통화량증가율이 10%이므로 명목총생산의 변화율도 10%이다.
④ 총생산성장률은 명목총생산의 변화율에서 인플레이션율을 차감하여 구해지므로 10−6 = 4(%)이다.
⑤ 통화량증가율이 6%이고, 인플레이션율이 4%이면 총생산성장률은 6−4 = 2(%)이다. 총생산성장률이 감소한 것이지 총생산성장률은 여전히 양(+)이므로 총생산은 증가한다.

 ⑤

17 **인플레이션의 비용이 아닌 것은?**

① 화폐보유액을 줄이는데 따르는 비용
② 가격을 자주 바꾸는 과정에서 발생하는 비용
③ 경직적인 조세제도로 인한 세금 부담 비용
④ 기대하지 못한 인플레이션에 의한 부(wealth)의 재분배
⑤ 상대가격이 유지되어 발생하는 자원배분 왜곡

해설 ① 인플레이션을 예상하는 사람들은 되도록 현금보유를 줄이려고 하기 때문에 은행에 더욱 자주 찾아가야 하는데 이 과정에서 시간이라든가 교통비 같은 거래비용이 발생하게 된다. 이를 구두창비용(shoe leather cost)이라고 한다.
② 메뉴비용(menu cost)이란 인플레이션이 예상된 경우 가격변동 시 가격조정과 관련된 제반비용을 말한다.

③ 누진세제 하에서는 명목소득에 대한 조세왜곡이 발생하여 세후실질임금과 세후실질이자소득이 감소하므로 예상된 인플레이션이라 하더라도 근로자와 채권자가 여전히 불리해질 가능성이 있다.

④ 예상치 못한 인플레이션에서는 실질임금이 하락하므로 노동자로부터 기업에게로 부와 소득이 재분배되고, 실질이자율이 하락하므로 채권자로부터 채무자에게로 부와 소득이 재분배된다. 예상치 못한 인플레이션에서는 명목자산의 실질가치가 하락하므로 금융자산(현금, 예금, 공채, 어음)의 보유자는 손실, 실물자산(토지, 빌딩, 주택)의 보유자는 이득을 본다.

⑤ 인플레이션이 발생하면 상품 사이의 가격상승률 격차가 커지면서 상대가격의 변화가 확대되면 가격이 더 많이 오를 것으로 생각되는 상품(부동산·골동품·금·외환)에 대한 투기가 성행하게 되고 이는 자원배분의 비효율성을 초래한다.

정답 ⑤

18 가격이 신축적인 폐쇄경제에서 조세와 정부지출을 각각 10 증가시킬 때 국민소득 증가분은? (단, Y는 국민소득, C는 소비, I는 투자, G는 정부지출, T는 조세, r은 이자율, L은 노동, W는 임금, M은 통화량, V는 화폐유통속도, P는 물가, L^S는 노동공급, L^D는 노동수요이다.)

$C = 10+0.8(Y-T)$	$I = 10-200r$
$T = 50$	$MV = PY$
$M = 100$	$Y = L$
$L^S = 50+10(W/P)$	$L^D = 150-10(W/P)$

① 0 ② 10 ③ 50 ④ 100 ⑤ 200

해설 • 노동시장의 균형

▷ 노동시장의 균형조건 $L^D = L^S$, $150-10(W/P) = 50+10(W/P)$, $20(W/P) = 100$에서 균형실질임금은 $W/P = 5$가 된다.

▷ 균형실질임금 $W/P = 5$를 노동수요함수와 노동공급함수에 대입하면 균형노동량은 $L = 100$이 된다.

• 생산물시장의 균형

▷ 균형노동량 $L = 100$을 생산함수에 대입하면 국민소득은 $Y = 100$이 된다.

▷ 가격이 신축적인 폐쇄경제에서는 총공급곡선이 $Y = 100$의 수준에서 수직이므로 총수요가 증가하더라도 국민소득은 불변이다.

정답 ①

경제학원론

19 솔로우(R. Solow) 경제성장모형의 균제상태(steady state)에 관한 설명으로 옳은 것을 모두 고른 것은?

ㄱ. 저축률이 증가하면 1인당 자본량은 증가한다.
ㄴ. 감가상각률이 증가하면 자본의 황금률 수준(Golden rule level of capital)은 감소한다.
ㄷ. 인구증가율이 증가하면 자본의 황금률 수준은 증가한다.

① ㄱ ② ㄱ, ㄴ ③ ㄱ, ㄷ ④ ㄴ, ㄷ ⑤ ㄱ, ㄴ, ㄷ

해설 ㄱ. 저축률이 증가하면 1인당 투자가 증가하여 1인당 자본량이 증가하므로 1인당 국민소득도 증가한다.
ㄴ. 감가상각률(δ)이 증가하면 황금률조건 $f(k) = n+\delta$에서 자본의 한계생산[$f(k)$]이 증가하므로 자본의 황금률 수준(Golden rule level of capital)은 감소한다.
ㄷ. 인구증가율(n)이 증가하면 황금률조건 $f(k) = n+\delta$에서 자본의 한계생산[$f(k)$]이 증가하므로 자본의 황금률 수준(Golden rule level of capital)은 감소한다.

정답 ②

20 **소득–여가 선택모형에서 갑(甲)의 효용함수가 $U = Y+3L$, 예산선 $Y = \omega(24-L)$이다. 이에 관한 설명으로 옳은 것은? (단, U는 효용, Y는 소득, L은 여가, ω는 임금률이다.)**

① 한계대체율은 체감한다.
② 임금률이 1이면 효용은 55이다.
③ 임금률이 1에서 2로 상승하면 근로시간은 증가한다.
④ 임금률이 4에서 5로 상승하면 여가시간은 불변이다.
⑤ 임금률과 무관하게 예산선은 고정된다.

해설 ① 주어진 효용함수는 선형 효용함수로서 한계대체율은 $MRS_{LY} = \frac{MU_L}{MU_Y} = 3$으로 일정하다.
② 한계대체율이 $MRS_{LY} = 3$이고, 임금률이 $\omega = 1$이면 $MRS_{LY} > \omega$의 관계식이 성립하므로 여가시간은 $L = 24$, 소득은 $Y = 0$의 수준에서 구석해가 발생한다. 이때 효용은 $U = 3\times24 = 71$이다.
③ 임금률이 $\omega = 1$에서 $\omega = 2$로 상승하더라도 $MRS_{LY} > \omega$의 관계식은 불변이므로 여가시간도 $L = 24$로 불변이다. 여가시간이 불변이므로 근로시간도 0으로 불변이다.
④ 임금률이 $\omega = 4$와 $\omega = 5$일 때 $MRS_{LY} < \omega$의 관계식이 성립하므로 여가시간은 $L = 0$, 소득은 $Y = 24\omega$의 수준에서 구석해가 발생한다. 따라서, 여가시간은 $L = 0$으로 불변이다.
⑤ 예산선의 기울기는 임금률(ω)이므로 임금률이 변동하면 예산선도 변동하게 된다.

정답 ④

21 **A국의 15세 이상 생산가능인구가 200명이다. 실업률이 10%, 경제활동참가율이 60%일 때 취업자 수는?**

① 54명 ② 100명 ③ 108명 ④ 120명 ⑤ 180명

해설 • 생산가능인구가 $P = 200$(명)이고 경제활동참가율이 $\frac{L}{P}\times100 = \frac{L}{200}\times100 = 60(\%)$이므로 경제활동인구는 $L = 120$(명)이다.
• 경제활동인구가 $L = 120$(명)이고, 실업률이 $\frac{U}{L}\times100 = \frac{U}{120}\times100 = 10(\%)$이므로 실업자 수는 $U = 12$(명)이다.
• 경제활동인구가 $L = 120$(명)이고, 실업자 수가 $U = 12$(명)이므로 취업자 수는 $E = L-U = 120-12 = 108$(명)이다.

정답 ③

22 **소득-여가 선택모형에서 효용극대화를 추구하는 갑(甲)의 임금률이 10일 때 a를 선택하였고, 이후 임금률이 8로 하락하자 b를 선택하였다. 이에 관한 설명으로 옳은 것은? (단, 여가는 정상재이다.)**

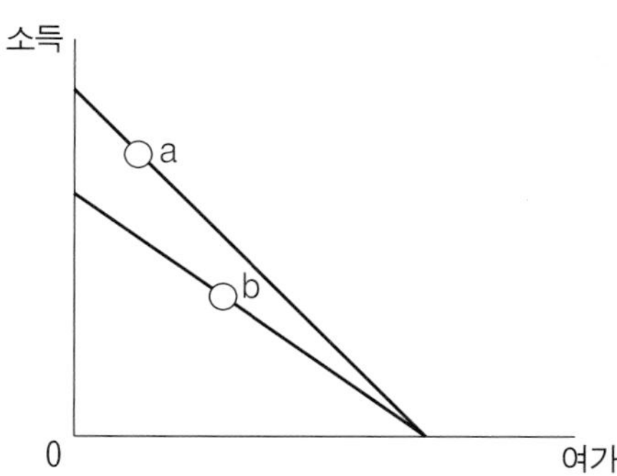

① 가격효과로 소득은 증가한다.
② 소득효과로 여가시간이 증가한다.
③ 가격효과로 노동시간은 증가한다.
④ 대체효과로 노동시간이 감소한다.
⑤ 효용수준 변화는 알 수 없다.

해설 • 임금하락의 대체효과 : 임금 하락 → 여가의 상대가격 하락 → 여가 증가, 노동공급량 감소
• 임금하락의 소득효과 : 임금 하락 → 실질소득 감소 → 정상재인 여가 감소, 노동공급량 증가
• 임금하락의 가격효과
▷대체효과>소득효과 → 여가 증가, 노동공급량 감소
▷소득효과>대체효과 → 여가 감소, 노동공급량 증가

① 임금하락의 가격효과로 여가는 증가하고, 소득은 감소하였으므로 대체효과가 소득효과보다 더 컸다는 것을 의미이다.
② 임금하락의 소득효과로 정상재인 여가가 감소한다.
③ 임금하락의 가격효과로 여가가 증가하므로 노동시간은 감소한다.
④ 임금하락의 대체효과로 여가가 증가하므로 노동시간은 감소한다.
⑤ 임금하락으로 예산영역이 감소하므로 효용도 감소한다.

정답 ④

23 **A국의 매 기간 동안 실직률(취업자 중 실직하는 사람의 비율)은 2%, 구직률(실직자 중 취업하는 사람의 비율)은 8%일 때 균제상태(steady state)의 실업률은?**

① 10% ② 12% ③ 16% ④ 20% ⑤ 25%

해설 • 실직률은 $s = 2(\%)$이고, 구직률은 $f = 8(\%)$이다.
• 균제상태(steady state)의 실업률(자연실업률)은 $\frac{s}{f+s} = \frac{2}{8+2} = \frac{2}{10} = \frac{1}{5}$에서 $\frac{1}{5} \times 100 = 20(\%)$가 된다.

정답 ④

경제학원론

24 암묵적 계약이론(implicit comtract theory)에 관한 설명으로 옳지 않은 것은?

① 실질임금이 단기에 노동수요 충격과 노동공급 충격에 민감하게 변화하지 않는 현상을 설명한다.
② 근로자와 사용자가 사전에 구체적인 업무를 명시하지 않고 불완전한 계약을 하는 이유를 설명한다.
③ 비대칭적 정보 하에서 근로자가 상황 변화에 따른 임금 조정보다 안정적 임금을 선호하는 이유를 설명한다.
④ 암묵적 계약은 자율적 강제성보다는 법적 강제성이 전제되어야 성립한다.
⑤ 암묵적 계약은 자유의사에 의한 고용원칙(the doctrine of employment-at-will) 하에서 더 효과적으로 집행될 수 있다.

해설 ① 묵시적 고용계약모형(implicit contract theory)은 기업과 노동자 간의 명시적 고용계약이 아닌 묵시적 고용계약으로 인해 실질임금이 경직성을 띤다는 이론이다.
② 묵시적 고용계약(암묵적 고용계약)이란 고용조건 등이 명문화되어 있지 않은 고용계약을 말하는데, 노동자와 기업이 암묵적 고용계약을 선호하는 이유는 명시적 고용계약에는 비용이 소요되기 때문이다.
③ 불확실성 하에서 노동자들은 위험기피적이므로 경기상황에 따라 임금의 변동폭이 큰 것보다는 고용계약을 통해 계약기간에는 경기상태와 관계없이 고용과 소득의 안정적인 흐름을 보장받는 것을 선호한다.
④ 묵시적 고용계약(암묵적 고용계약)이란 근로자와 사용자 사이에 명시적으로 요구되지 않은 불완전한 계약으로서 법적 강제성이 아닌 상호 간 자율에 의해 조성되고 유지될 수 있다
⑤ 묵시적 고용계약모형에서 묵시적 고용계약은 법적으로 규제받지 않더라도 양자 간의 상호 이해나 합의에 의해 작용할 수 있다.

정답 ④

25 일자리 탐색 모형(job search model)에 관한 설명으로 옳은 것은?

① 일자리 특성이 아니라 근로자의 특성에 따라 취업할 확률에 미치는 영향을 설명한다.
② 일자리 탐색 모형은 채용기준에 적합한 근로자를 찾는 과정을 설명한다.
③ 유보임금(reservation wage)은 근로를 위해 받아들일 수 있는 최저임금이다.
④ 유보임금이 증가하면 예상실업기간은 감소한다.
⑤ 근로자는 탐색과정에서 희망하는 최고의 임금을 받게 된다.

해설 ① 일자리 탐색 모형(Job search model)에서는 구직자가 일자리를 탐색하는 과정에서 일자리의 특성이 취업할 확률에 영향을 미친다.
② 일자리 탐색 모형(Job search model)은 구직자가 일자리를 찾는 구직 과정에 초점을 맞춘 이론적 모형이다.
③ 유보임금이란 구직자가 근로를 시작하기 위해 수용할 수 있는 최저임금이다.
④ 유보임금이 증가하면 구직자가 취업할 확률이 낮아지므로 예상실업기간은 증가한다.
⑤ 구직자는 자신이 생각하는 유보임금 이상이면 취업하게 되므로 희망하는 최고의 임금을 받을 수는 없다.

정답 ③

2022년도 제31회 공인노무사 경제학원론 기출문제

01 (　)에 들어갈 내용으로 옳은 것은? (단, 두 재화의 수요곡선은 우하향하고 공급곡선은 우상향한다.)

> X재의 가격이 상승할 때, X재와 대체 관계에 있는 Y재의 (ㄱ)곡선은 (ㄴ)으로 이동하고, 그 결과 Y재의 균형가격은 (ㄷ)한다.

① ㄱ: 수요, ㄴ: 우측, ㄷ: 상승
② ㄱ: 수요, ㄴ: 좌측, ㄷ: 상승
③ ㄱ: 수요, ㄴ: 좌측, ㄷ: 하락
④ ㄱ: 공급, ㄴ: 우측, ㄷ: 상승
⑤ ㄱ: 공급, ㄴ: 좌측, ㄷ: 하락

해설 수요의 교차탄력성(cross elasticity of demand)은 한 재화의 가격이 변화할 때 다른 재화의 수요의 변화정도를 측정하는 지표로서 X재와 Y재의 교차탄력성이 양수이면 대체재관계이고 음수이면 보완재관계이다. 따라서 X재의 가격이 상승하여 X재에 대한 수요가 감소하면(수요의 법칙), 즉 1원당 한계효용이 하락한 X재를 1원당 한계효용이 하락한 Y재로 대체하기 위해 Y재의 수요는 증가하므로 Y재의 수요곡선은 우측으로 이동하고 Y재의 균형가격은 상승한다.

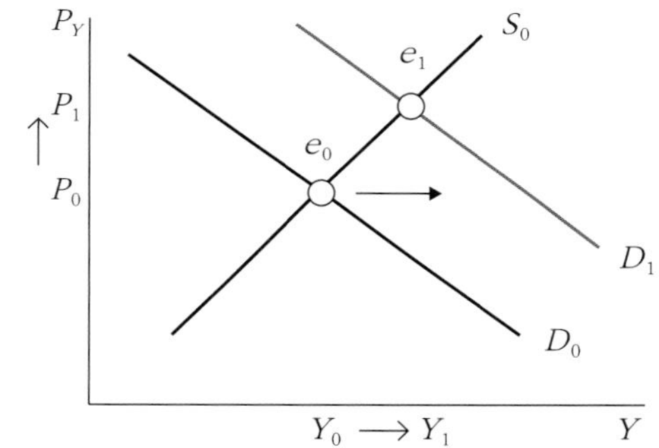

정답 ①

02 다음 생산함수에서 규모에 대한 수확이 체증, 불변, 체감의 순으로 짝지은 것으로 옳은 것은? (단, q는 생산량, L은 노동, K는 자본이다.)

> ㄱ. $q = 2L+3K$　　ㄴ. $q = (2L+K)^{\frac{1}{2}}$　　ㄷ. $q = 2LK$
> ㄹ. $q = L^{\frac{1}{3}}K^{\frac{2}{3}}$　　ㅁ. $q = 3L^{\frac{1}{2}}+3K$

① ㄱ－ㄴ－ㄷ　② ㄴ－ㄹ－ㅁ　③ ㄷ－ㄱ－ㄴ　④ ㄷ－ㄴ－ㅁ　⑤ ㅁ－ㄹ－ㄱ

해설 규모에 대한 수확(수익 혹은 보수)는 장기에서 모든 생산요소의 투입을 동일한 비율로 변화시킬 때 생산량의 변화를 측정하는 지표이다.

1. 규모에 대한 수확 체증
   모든 요소 투입량이 t배 증가할 때 생산량이 t배보다 더 크게 증가하는 경우
   $F(tL, tK) = t'*F(L, K) = t'*Q,\ t' > t$
   ㄷ. $[F(tL, tK) = 2tLtK = t^2(2LK) = t^2q\ ] > tq$
   (tip. $q = 2LK$은 L과 K에 대한 2차 동차 생산함수)

2. 규모에 대한 수확 불변
   모든 요소 투입량이 t배 증가할 때 생산량도 t배 증가하는 경우
   $F(tL, tK) = t'*F(L, K) = t'*Q,\ t' = t$
   ㄱ. $F(tL, tK) = 2tL+3tK = t(2L+3K) = tq$
   (tip. $q = 2L + 3K$ 은 첫 번째 항은 L에 대한 1차함수, 두 번째 항은 K에 대한 1차함수이므로 1차 동차생산함수)
   ㄹ. $F(tL, tK) = (tL)^{\frac{1}{3}}(tK)^{\frac{2}{3}} = (t^{\frac{1}{3}+\frac{2}{3}})L^{\frac{1}{3}}K^{\frac{2}{3}} = t(L^{\frac{1}{3}}K^{\frac{2}{3}}) = tq$
   (tip. $q = L^{\frac{1}{3}}K^{\frac{2}{3}}$은 L과 K에 대한 1차 동차생산함수)

3. 규모에 대한 수확 체감
   모든 요소 투입량이 t배 증가할 때 생산량이 t배보다 작게 증가하는 경우
   $F(tL, tK) = t'*F(L, K) = t'*Q,\ t' < t$
   ㄴ. $[F(tL, tK) = (2tL+tK)^{\frac{1}{2}} = t^{\frac{1}{2}}(2L+K)^{\frac{1}{2}} = t^{\frac{1}{2}}q] < tq$
   (tip. $q = (2L+K)^{\frac{1}{2}}$은 L과 K에 대한 $\frac{1}{2}$차 동차생산함수)
   ※ ㅁ. $F(tL, tK) = 3(tL)^{\frac{1}{2}}+3(tK) = t(3\frac{L^{\frac{1}{2}}}{t^{\frac{1}{2}}}+3K)$
   $0 < t < 1$일 때, $t^{\frac{1}{2}} > 1$이므로 규모에 대한 수익은 체감하고,
   $t > 1$일 때, $t^{\frac{1}{2}} < 1$이므로 규모에 대한 수익은 체증한다.

정답 ③

03 독점기업의 가격 전략에 관한 설명으로 옳은 것은?

① 소비자잉여를 유지하며 생산자의 이윤을 극대화한다.
② 독점가격은 한계비용과 같다.
③ 가격차별을 하는 경우 단일 가격을 설정하는 것에 비해 사회적 후생은 증가한다.
④ 가격차별을 하는 경우 수요의 가격탄력성이 더 높은 소비자들에게 더 높은 가격을 부과한다.
⑤ 이부가격제는 소비자들의 수요 행태가 다양할 때 가장 효과적이다.

해설 독점기업은 한계비용과 한계수입이 일치하도록 이윤극대화 생산량을 결정하고, 해당 생산량수준에서 소비자의 최대지불용의수준을 대변하는 수요곡선상에서 가격을 설정한다. 따라서 한계비용과 한계수입보다 높은 가격을 설정하므로 완전경쟁시장보다 소비자잉여는 감소한다. 또한 3급 가격차별에서 이윤극대화 조건[Amoroso-Robinson 공식, $MR=P(1-\frac{1}{\varepsilon})$]으로부터 $[MR_1=P_1(1-\frac{1}{\varepsilon_1})] = [MR_2=P_2(1-\frac{1}{\varepsilon_2})]$이므로 탄력적인 소비자(시장)에게는 낮은 가격을 부과하고 비탄력적인 소비자(시장)에게는 높은 가격을 부과한다. 그리고 이부가격제는 시장수요곡선을 전제로 소비자잉여에 해당하는 부분은 1부 가격(입장료, 가입비 등)으로 설정하고 한계비용에 해당하는 부분을 2부 가격(이용료)으로 설정하는데, 소비자들의 수요 행태가 다양하면 개별 소비자의 소비자잉여가 다르므로 단

일 1부 가격을 설정할 수 없어 시장 내의 소비자잉여를 전부 독점기업의 이윤으로 전환하는 것이 불가능하므로 효과적이지 않다. 가격차별을 하는 경우 가격차별이 없을 때보다 독점시장에서 생산량(거래량)이 증가하므로 소비자잉여와 생산자잉여의 합으로 구성되는 사회적 후생, 즉 교환의 이득은 증가한다.

정답 ③

04 경쟁시장에서 A기업의 단기 총비용함수는 $C(q) = 50+10q+2q^2$이고, 한계비용함수는 $MC(q) = 10+4q$이다. 시장가격이 $P = 30$일 때, A기업의 생산량(q)과 생산자잉여(PS)는?

① $q = 4, PS = 0$
② $q = 4, PS = 5$
③ $q = 5, PS = 0$
④ $q = 5, PS = 50$
⑤ $q = 15, PS = 50$

해설 생산자잉여(Producer Surplus)는 생산자의 실제 판매수입과 최소요구수입 금액 간의 격차이다.

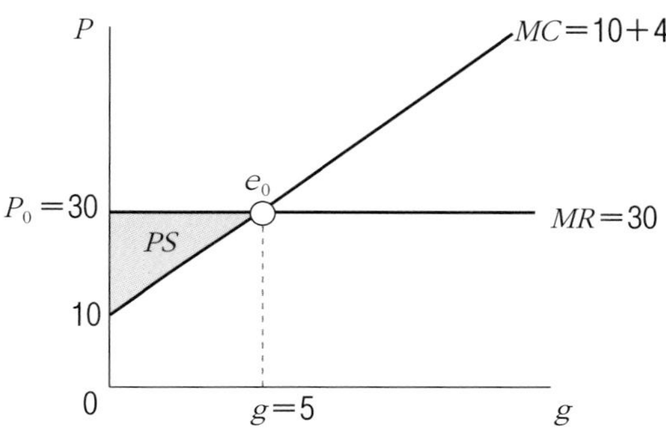

$PS = \frac{1}{2} \times (30-10) \times 5 = 50$

정답 ④

05 동일한 상품을 경쟁적으로 판매하고 있는 두 기업 A와 B는 이윤을 극대화하기 위해 광고 전략을 고려하고 있다. 다음은 두 기업이 전략을 동시에 선택할 경우 얻게 되는 보수행렬이다. 이에 관한 설명으로 옳은 것은? (단, A와 B는 전략을 동시에 선택하고 합리적으로 행동하며 본 게임은 1회만 행해진다. 괄호 안의 왼쪽 값은 A의 보수, 오른쪽 값은 B의 보수를 나타낸다.)

		B	
		광고함	광고 안함
A	광고함	(6, 4)	(8, 3)
	광고 안함	(3, 8)	(10, 4)

① 내쉬균형의 보수조합은 (6, 4)이다.
② A의 우월전략은 광고함을 선택하는 것이다.
③ B의 우월전략은 광고 안함을 선택하는 것이다.
④ A와 B가 각각 우월전략을 선택할 때 내쉬균형에 도달한다.
⑤ 내쉬균형은 파레토 효율적(Pareto efficient)이다.

해설 기업 B가 광고함 전략을 선택하면 기업 A는 광고함 전략을, 기업 B가 광고 안함 전략을 선택하면 기업 A는 광고 안함 전략을 선택하므로 기업 A는 우월전략이 존재하지 않는다.
기업 A가 광고함 전략을 선택하면 기업 B는 광고함 전략을, 기업 A가 광고 안함 전략을 선택하면 기업 B는 광고함 전략을 선택하므로 기업 B는 광고함의 우월전략이 존재한다.
따라서 기업 B는 언제나 광고함 전략을 선택하고, 기업 B가 광고함 전략을 선택할 때 기업 A는 광고함 전략을 선택하므로 (광고함, 광고함)이 내쉬균형이고, (광고함, 광고함) 전략에서 (광고 안함, 광고 안함) 전략으로 이동하면 B의 보수는 감소하지 않으면서(4→4), A의 보수는 증가하므로(6→10) 파레토 개선이 이루어진다. 따라서 현재의 내쉬균형(6, 4)는 파레토 개선이 가능한 비효율적인 자원배분상태이다.

정답 ①

06 정부는 물가급등에 따른 소비자 부담을 줄여주기 위해 X재에 부과하는 물품세를 단위당 100원만큼 인하하였다. 이에 관한 설명으로 옳은 것은? (단, X재의 수요곡선은 우하향하고 공급곡선은 우상향한다.)

① 소비자의 부담은 100원만큼 줄어든다.
② 조세 인하 혜택의 일정 부분은 생산자에게 귀착된다.
③ 조세 인하로 인해 X재 가격은 하락하지만, 소비량은 영향을 받지 않는다.
④ 조세 인하로 인해 후생손실이 늘어난다.
⑤ X재에 부과되는 물품세는 중립세여서 경제주체들에게 아무런 영향을 주지 않는다.

해설 공급곡선은 각 생산수준에서의 생산의 한계비용이므로 생산자의 최소판매요구(=수입)금액을 의미한다. 따라서 정부가 물품세를 생산 단위당 100원 만큼 인하하면 생산의 한계비용이 하락하여 우상향하는 공급곡선이 수직하방으로 100원 만큼 이동한다.

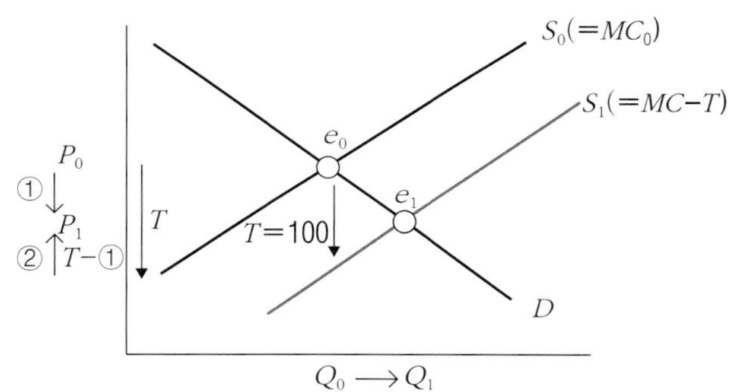

1. [① 가격하락분 = 물품세 인하의 소비자 혜택(귀속)분] <100
2. [T−① = 물품세 인하분−소비자 혜택분
   = 물품세 인하의 생산자 혜택분]

정답 ②

07 **생산과정에서 탄소를 배출하는 X재에 탄소세를 부과하려고 한다. 이에 관한 설명으로 옳은 것을 모두 고른 것은? (단, X재의 수요곡선은 우하향하고 공급곡선은 우상향한다.)**

ㄱ. 탄소세는 외부불경제를 해결하기 위한 조세이다. ㄴ. 탄소세를 부과하면 X재의 가격이 오를 것이다. ㄷ. 탄소세를 부과하면 자원배분의 효율성이 높아진다. ㄹ. X재의 주요사례로 태양광발전과 풍력발전을 들 수 있다.

① ㄱ, ㄴ　② ㄴ, ㄹ　③ ㄷ, ㄹ　④ ㄱ, ㄴ, ㄷ　⑤ ㄴ, ㄷ, ㄹ

해설 1. 긍정적인 외부효과 발생 : SMB(= PMB+EMB) > PMB [∵EMB > 0]

실제 생산량(PMB = PMC)이 사회적인 최적 생산량(SMB = SMC)보다 과소 생산되므로, 긍정적인 외부효과를 발생하는 재화의 생산량을 증가시키기 위해 정부는 생산자에게 보조금을 지급한다. 따라서 태양광발전과 풍력발전 등 긍정적 외부효과를 발생하는 재화에 대해서는 생산량을 늘리기 위해 피구세가 아니라 보조금을 지급하여야 한다.

2. 부정적인 외부효과 발생 : SMC(= PMC+EMC) > PMC [∵EMC > 0]

실제 생산량(PMB = PMC)이 사회적인 최적 생산량(SMB = SMC)보다 과다 생산되므로, 부정적인 외부효과를 발생하는 재화의 생산량을 감소시키기 위해 정부는 생산자에게 피구세(ex, 탄소세)를 부과한다.

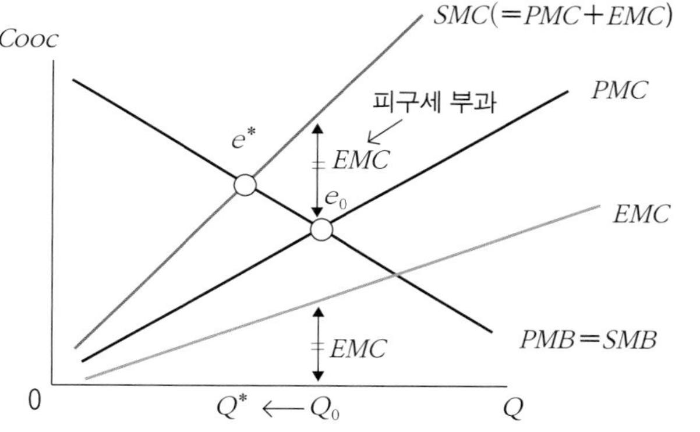

Q^* : 사회적 최적 생산량

Q_0 : 실제 생산량

정답 ④

08 **소득분배지표에 관한 설명으로 옳지 않은 것은?**

① 로렌츠곡선이 대각선에 접근할수록 지니계수는 커진다.

② 지니계수는 0과 1사이의 값을 가지며, 그 값이 작을수록 분배상태가 더 평등한 것으로 본다.

③ 로렌츠곡선은 인구의 누적비율과 소득의 누적비율을 각각 축으로 하여 계층별 소득분포를 표시한 곡선을 말한다.

④ 십분위분배율이란 최하위 40% 소득계층의 소득점유율을 최상위 20% 소득계층의 소득점유율로 나눈 값을 말한다.

⑤ 십분위분배율은 0과 2사이의 값을 가지며, 값이 클수록 더욱 평등한 분배상태를 의미한다.

해설 1. 소득분배지표란 계층별 소득분배를 능력의 유무와 관계없이, 즉 소득의 원천에 상관없이 고소득층과 저소득층 간의 소득분배를 측정하는 지표이다.

2. 로렌츠곡선이란 수평축에는 인구의 누적점유율로 수직축에는 소득의 누적점유율로 이루어진 정사각형 내에서 계층별 소득분포 사이의 대응관계를 연결한 궤적으로서 소득분배를 서수적으로 측정하는 지표이다. 로렌츠곡선이 대각선에 접근할수록 평등한 소득분배상태이고 수평축 모서리에 다가설수록 불평등한 소득분배상태를 의미한다.

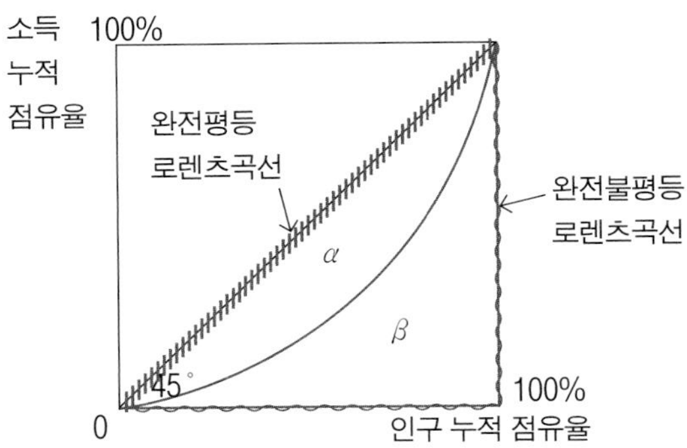

3. 지니계수는 로렌츠곡선이 대변하는 소득분배상태를 기수적으로 측정하는 소득분배지표이다. 로렌츠곡선이 교차하는 경우에는 양국의 소득분배상태를 서수적으로 비교할 수 없는 한계가 존재하므로 로렌츠곡선이 경계짓는 α와 β의 넓이를 통해 소득분배지표를 측정한다.

지니계수 $= \frac{\alpha}{\alpha+\beta}$

완전평등한 소득분배상태의 로렌츠곡선은 대각선이므로 ($\alpha = 0$) 지니계수는 0이고,
완전불평등한 소득분배상태의 로렌츠곡선은 ┘이므로 ($\beta = 0$) 지니계수는 1이다.
따라서 지니계수가 작을수록(로렌츠곡선이 대각선에 다가설수록) 보다 평등한 소득분배를 의미한다.

4. 십분위분배율 $= \frac{\text{최하위 40\%의 소득}}{\text{최상위 20\%의 소득}}$

완전평등한 사회에서는 모든 계층이 소득이 동일하므로 최하위 40%의 소득은 최상위 20%의 소득의 2배와 일치하여 십분위분배율은 2이고, 완전불평등한 사회에서는 극소수의 고소득계층이 전체 소득을 모두 점유하고 있으므로 최하위 40%의 소득점유율은 0%이고 십분위분배율은 0이다. 따라서 십분위분배율이 클수록(=2에 다가갈수록) 더욱 평등한 소득분배상태를 의미한다.

5. 소득 5분위배율 $= \frac{\text{최상위 20\%의 소득}}{\text{최하위 20\%의 소득}}$

완전평등한 사회에서는 모든 계층이 소득이 동일하므로 최하위 20%의 소득은 최상위 20%의 소득과 일치하여 소득 5분위배율은 1이고, 완전불평등한 사회에서는 극소수의 고소득계층이 전체 소득을 모두 점유하고 있으므로 최하위 20%의 소득점유율은 0%이고 십분위분배율은 ∞이다. 따라서 소득 5분위배율이 작을수록(=1에 다가갈수록) 더욱 평등한 소득분배상태를 의미한다.

 ①

09 **100명의 주민이 살고 있는 아파트에 주민들이 안전을 우려하여 공동으로 아파트 입구에 CCTV를 설치하고자 한다. 설치된 CCTV의 서비스에 관한 설명으로 옳은 것을 모두 고른 것은?**

ㄱ. CCTV 서비스는 주민들에게 공유자원이다.
ㄴ. CCTV 서비스는 주민들에게 사적재이다.
ㄷ. CCTV 서비스는 주민들에게 비배제성을 갖는다.
ㄹ. CCTV 서비스는 주민들에게 공공재이다.

① ㄱ ② ㄴ ③ ㄱ, ㄴ ④ ㄴ, ㄷ ⑤ ㄷ, ㄹ

해설 CCTV는 배제할수 없고, 경합성이 없는 순수공공재화이다.

	배제성	비배제성
경합성	사적재(사용재) 배, 과자 등	공유자원 공동소유의 목초지
비경합성	요금재 막히지 않는 유료도로, 와이파이 등 유료통신서비스	순수공공재 국방서비스, 치안서비스, 무료 공중파방송

정답 ⑤

10 **물가지수에 관한 설명으로 옳지 않은 것은?**

① 우리나라의 소비자물가지수는 농촌지역의 물가 동향을 파악하는 지표로는 적합하지 않다.
② 우리나라의 소비자물가지수는 소비자가 소비하는 모든 상품과 서비스를 대상으로 측정되기 때문에 정부 물가관리의 주요 대상지표가 된다.
③ GDP 디플레이터는 국내에서 생산된 상품만을 조사 대상으로 하기 때문에 수입상품의 가격 동향을 반영하지 못한다.
④ GDP 디플레이터는 명목국내총생산을 실질국내총생산으로 나눈 값으로 측정한다.
⑤ 우리나라의 생산자물가지수는 기업 간에 거래되는 일정 비율 이상의 비중을 갖는 원자재 및 자본재의 가격 변화를 반영한다.

해설 (1) 소비자물가지수(Consumer Price Index : CPI)는 통계청에서 도시가계의 평균적인 생계비나 화폐의 구매력을 소비자구입가격을 조사하여 라스파이레스방식(기준년도 가중치)로 작성하는 물가지수로서 도시가계소비지출 중에서 차지하는 비중이 1/10,000 이상인 460개 품목으로 구성된다. 또한 CPI는 라스파이레스방식으로 물가를 측정하므로 실제 물가변화를 과대평가하는 경향이 있다. [라·소·대]

$$CPI = \frac{\Sigma p_t * Q_0}{\Sigma p_0 * Q_0} \times 100$$

(2) 생산자물가지수(Producer Price Index : PPI)는 한국은행에서 국내생산자가 국내시장에 출하하는 재화 및 서비스의 생산자출하가격을 조사하여 라스파이레스방식(기준년도 가중치)로 작성하는 물가지수로서 국내시장에서 거래되는 상품거래 총액의 1/10,000(서비스는 1/2,000) 이상인 884내 품목으로 구성된다.

경제학원론

(3) GDP디플레이터는 한국은행에서 GDP추계에 포함되는 모든 재화와 서비스의 가격을 대상으로 파셰방식으로 측정한다. 명목GDP를 실질GDP로 나누어서 사후적(즉, 직접조사 아님)으로 산출하며 국내에서 생산되는 모든 재화와 서비스의 가격이 포함되므로 가장 포괄적인 물가지수이고 파셰방식(비교년도 가중치)로 측정하므로 실제 물가변화를 과소평가하는 경향이 있다. [파·비·소]

$$\text{GDP디플레이터} = \frac{\Sigma p_t * Q_1}{\Sigma p_0 * Q_1} \times 100 = \frac{\text{명목 GDP}}{\text{실질 GDP}} \times 100$$

정답 ②

11 A국과 B국이 자동차 1대와 옷 1벌을 생산하는 데 소요되는 노동의 양이 아래 표와 같다고 한다. 리카도의 비교 우위에 관한 설명으로 옳지 않은 것은?

구분	A국	B국
자동차	10	6
옷	5	2

① A국은 자동차 생산에 비교 우위가 있다.
② B국은 옷 생산에 비교 우위가 있다.
③ B국의 자동차 생산의 기회비용은 옷 2벌이다.
④ B국은 옷 생산에 있어 A국에 비해 절대 우위에 있다.
⑤ A국은 자동차 생산에 특화하고, B국은 옷 생산에 특화하여 교역을 하는 것이 상호 이익이다.

해설 리카르도의 비교우위론에 따르면 해당 재화를 생산하는데 기회비용이 낮은 국가가 비교 우위를 갖는다. 따라서 기회비용을 계산하기 위해서는 주어진 표를 A와 B국에서 노동 1단위가 생산하는 자동차와 옷 생산량으로 전환한다.

구분	A국	B국
자동차	$\frac{1}{10}$	$\frac{1}{6}$
옷	$\frac{1}{5}$	$\frac{1}{2}$

자동차의 기회비용은 자동차 한 단위를 생산하기 위해 포기해야 하는 옷($\frac{\Delta 옷}{\Delta 자동차}$)으로 측정하고, 옷의 기회비용은 옷 한 단위를 생산하기 위해 포기해야 하는 자동차($\frac{\Delta 자동차}{\Delta 옷}$)으로 측정하므로 자동차 기회비용의 역수가 옷의 기회비용이 된다.

기회비용	A국	B국
자동차	$\frac{1/5}{1/10} = 2$	$\frac{1/2}{1/6} = 3$
옷	$\frac{1/10}{1/5} = \frac{1}{2}$	$\frac{1/6}{1/2} = \frac{1}{3}$

따라서 자동차 생산은 기회비용이 낮은 A국이 비교우위를 갖고, 옷 생산은 기회비용이 낮은 B국이 비교우위를 갖는다.

또한 노동 1단위로 B국은 $\frac{1}{2}$의 옷을 생산하고, A국은 $\frac{1}{5}$의 옷을 생산하므로 옷 생산에 있어서 B국이 절대 우위에 있다.

정답 ③

12 2020년의 명목GDP는 2,000조원, 2021년의 명목GDP는 2,200조원이고, 2020년을 기준으로 하는 GDP 디플레이터는 2021년에 105였다. 2021년의 실질경제성장률은 약 얼마인가?

① 1.2% ② 2.4% ③ 4.8% ④ 9.6% ⑤ 14.4%

해설 2021년의 실질경제성장률을 측정하기 위해서는 2020년과 2021년의 실질GDP를 알아야 한다.

$$2021\text{년의 실질경제성장률} = \frac{2021\text{년 실질 GDP} - 2020\text{년 실질 GDP}}{2020\text{년 실질 GDP}} \times 100$$

$$\text{GDP디플레이터} = \frac{\Sigma p_t * Q_1}{\Sigma p_0 * Q_1} \times 100 = \frac{\text{명목 GDP}}{\text{실질 GDP}} \times 100$$

기준년도는 P_t와 P_0가 일치하므로 기준년도의 GDP디플레이터는 항상 100이다.

2021년의 실질GDP = 2021년의 명목GDP = 2,000조원

$$2022\text{년의 실질GDP} = \frac{2022\text{년 명목 GDP}}{2022\text{년 GDP 디플레이터}} \times 100 = \frac{2{,}200\text{조원}}{105} \times 100 = \text{약 } 2095\text{조원}$$

$$\begin{aligned} 2021\text{년의 실질경제성장률} &= \frac{2021\text{년 실질 GDP} - 2020\text{년 실질 GDP}}{2020\text{년 실질 GDP}} \times 100 \\ &= \frac{2{,}095\text{조원} - 2{,}000\text{조원}}{2{,}000\text{조원}} \times 100 \\ &= 4.75\% \\ &= \text{약 } 4.8\% \end{aligned}$$

정답 ③

13 장기 총공급곡선을 오른쪽으로 이동시키는 요인이 아닌 것은?

① 이민자의 증가로 노동인구 증가 ② 물적 및 인적 자본의 증대
③ 기술진보로 인한 생산성 증대 ④ 새로운 광물자원의 발견
⑤ 자연실업률의 상승

경제학원론

해설 (1) 장기 총공급곡선의 우측 이동은 경제 내에 존재하는 노동과 자본의 증가 및 기술의 진보 등 일국의 생산능력의 변화로부터 발생한다. 이민자의 증가, 물적 및 인적 자본의 증대, 새로운 광물자원의 발견은 생산요소부존량의 확대를 의미하므로 동일 기술수준에서 생산능력이 제고되어 장기 총공급곡선이 우측으로 이동한다. 기술진보가 발생하면 동일 생산요소수준에서도 생산능력이 제고되어 장기 총공급곡선이 우측으로 이동한다.

그러나 자연실업률이 상승하면 완전고용상태에서의 노동량이 감소하므로 노동인구의 감소와 같은 효과가 발생하여 일국의 생산능력이 위축되므로 장기 총공급곡선이 좌측으로 이동한다.

(2) 단기 총공급곡선의 이동은 경제 내에 존재하는 노동과 자본의 효율적 사용 여부로부터 발생한다. 임금, 자본의

사용자비용과 같은 생산요소의 가격이 하락하면 노동과 자본의 고용량이 증가하므로 단기 총공급곡선이 우측으로 이동한다.

정답 ⑤

14 인플레이션 비용과 관련이 없는 것은?

① 메뉴비용
② 누진소득세제하의 조세부담 증가
③ 상대가격 변화에 따른 자원배분 왜곡
④ 자산 가치 평가 기준의 안정화
⑤ 구두창비용

해설 인플레이션은 가격조정의 거래비용을 초래하는 메뉴비용을 발생시키고, 낮아진 화폐가치만큼 명목임금이 상승할 때 누진세제하에서 소득구간이 상승하므로 조세부담이 증가한다. 또한 일반적인 인플레이션은 모든 재화의 가격이 동일한 비율로 상승하지 않으므로 일국 내에서 상대가격의 변화에 따라 자원배분이 왜곡된다. 그리고 인플레이션은 화폐가치의 하락으로 화폐구매력을 낮추므로 화폐를 실물자산으로 교환하기 위한 구두창비용이 상승한다. 그리고 자산 가치 평가 기준인 화폐의 가치가 하락하면 경제내의 불확실성이 높아진다.

정답 ④

15 통화량 증가의 요인이 아닌 것은?

① 본원통화량 증가
② 은행의 지급준비율 인하
③ 통화승수 증가
④ 은행의 초과지급준비금 감소
⑤ 중앙은행의 재할인율 인상

해설 통화(공급)량(M^S) = 통화승수(m)×본원통화(H)

은행의 지급준비율이 인하되고 초과지급준비금이 감소하면 시중의 예금은행이 예금을 대출하는 신용창조과정(가계 및 기업 대출)이 확대되어 통화승수가 상승하므로 시중의 통화공급량이 확대된다. 그러나 중앙은행의 재할인율이 인상되면 시중의 예금은행이 중앙은행으로부터 대출할 때 지불하는 차입(이자)비용이 증가하므로 본원통화가 감소하여 통화량이 감소한다.

정답 ⑤

16 국민소득계정에 관한 설명으로 옳지 않은 것은?

① 국민총생산은 국내총생산과 국외순수취요소소득의 합계이다.
② 명목국내총생산은 생산량의 변화와 함께 가격 변화에도 영향을 받는다.
③ 국내총생산은 한 나라에서 일정기간 동안 생산된 최종 용도의 재화와 서비스의 시장가치 총합이다.
④ 국내총생산은 한 나라에서 일정기간 창출되는 부가가치의 총합이다.
⑤ 투자는 민간투자와 정부투자의 합계이며, 재고변동은 포함하지 않는다.

해설 국민총생산(GNP) = 국내총생산(GDP)+국외순수취요소소득

명목국내총생산 = $P \times Y$

당해 연도에 생산되었으나 판매되지 않은 재고물품은 재고투자항목으로 당해 연도의 GDP에 포함되고, 과거의 재고투자가 올해 소비되면 재고투자(I)의 감소는 소비지출(C)의 증가로 상계되어 올해 GDP에 포함되지 않는다.

정답 ⑤

17 다음은 A국의 경제를 나타낸다. 완전고용의 GDP를 회복하기 위한 정부지출은? (단, Y는 GDP, C는 민간소비, I는 투자, G는 정부지출, T는 조세, Y_f는 완전고용하에서 GDP이다.)

○ $Y = C + I + G$	○ $C = 100 + 0.5(Y - T)$
○ $I = 300$	○ $G = 100$
○ $T = 100$	○ $Y_f = 1,200$

① 100 ② 150 ③ 300 ④ 350 ⑤ 400

해설 (1) 케인즈의 단순 국민소득결정모형(유효수요이론)에 의하면 총공급($Y=AE$)과 총지출($AE = C+I+G$)이 일치할 때 균형국민소득이 결정된다.

$Y = AE = C+I+G$
$= 100+0.5(Y-T)+300+100$
$= 100+0.5(Y-100)+300+100$

$0.5Y = 450$

$\therefore Y = 900$

정부지출승수 $= \dfrac{1}{1-MPC} = \dfrac{1}{1-0.5} = 2$

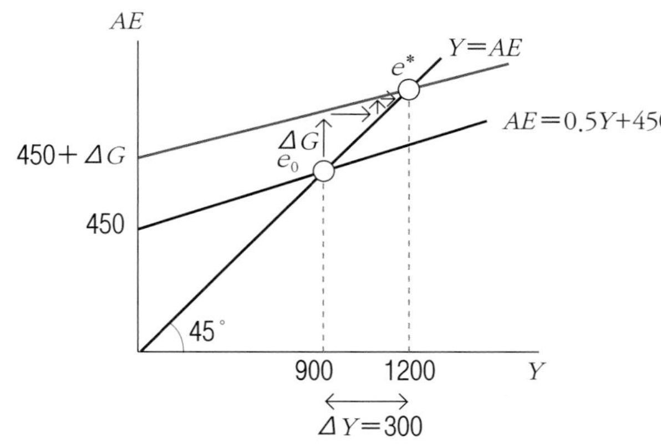

(2) 현재 국민소득(900)은 완전고용산출량(1200)에 미달하므로 디플레이션갭, 즉 유효수요의 부족이 존재하는 경기침체 상태이다. 이때 정부지출의 증가(ΔG)로 유효수요를 창출하면 승수효과(=2)에 의해 국민소득이 증가한다.

[ΔY(=300)] = ΔG×정부지출승수(=2)

$\therefore \Delta G = 150$

정답 ②

18 **1년간 정기예금의 실질이자율이 5%, 인플레이션율이 3%이고, 이자소득세율이 20% 일 때 세후 명목 이자율은?**

① 1.6% ② 4.8% ③ 5.0% ④ 6.4% ⑤ 8.0%

해설 피셔방정식

명목이자율(i) = 실질이자율(r)+(예상)인플레이션율(π)

= 5%+3%

= 8%

세후 명목이자율 = (1−t)×명목이자율

= (1−0.2)×8%

= 6.4%

정답 ④

19 **다음 표는 A국의 노동시장 현황을 나타내고 있다. 생산가능인구가 4,000명으로 일정할 때 2020년 대비 2021년의 노동시장 변화에 관한 설명으로 옳지 않은 것은?**

	2020년	2021년
취업자 수	1,100명	1,000명
비경제활동인구	2,000명	2,100명

① 경제활동참가율 감소 ② 실업률 증가 ③ 고용률 감소
④ 실업자 수 변화없음 ⑤ 취업률 변화없음

해설 생산가능인구 = 경제활동인구 + 비경제활동인구

경제활동인구 = 취업자 + 실업자

	2020년	2021년
생산가능인구	4,000명	4,000명
비경제활동인구	2,000명	2,100명
경제활동인구	2,000명	1,900명
취업자 수	1,100명	1,000명
실업자 수	900명	900명

$$\text{경제활동참가율} = \frac{\text{경제활동인구}}{\text{생산가능인구}} \times 100\% = [\frac{2,000}{4,000} = 50\%] > [\frac{1,900}{4,000} = 47.5\%], \text{감소}$$

$$\text{실업률} = \frac{\text{실업자}}{\text{경제활동인구}} \times 100\% = [\frac{900}{2,000} = 45\%] < [\frac{1,000}{1,900} = 52.6\%], \text{증가}$$

$$\text{고용률} = \frac{\text{취업자}}{\text{생산가능인구}} \times 100\% = [\frac{1,100}{4,000} = 27.5\%] < [\frac{1,000}{4,000} = 25\%], \text{감소}$$

취업률 = (1−실업률) = [55%] > [47.4%], 감소

정답 ⑤

20 **생산물시장과 노동시장이 완전경쟁일 때, A기업의 생산함수는 $Q = -4L^2 + 100L$ 이고 생산물가격은 50이다. 임금이 1,000에서 3,000으로 상승할 때 노동수요량의 변화는? (단, Q는 산출량, L은 노동시간이다.)**

① 변화없음 ② 5 감소 ③ 5 증가 ④ 10 감소 ⑤ 10 증가

해설 기업의 이윤극대화 행동원리

(1) 모든 생산요소가 가변적인 장기와는 달리 고정 생산요소가 존재하는 단기의 노동시장에서 개별 기업의 이윤극대화 행동원리[$MFC_L = MRP_L$]는 재화시장의 이윤극대화 행동원리[$MC = MR$]과 일치한다.

(2) 따라서 단기 노동시장의 개별 기업은 한계근로자를 고용할 때 발생하는 비용의 증가분인 한계요소비용[$MFC_L = \frac{\Delta TC}{\Delta L} = \frac{\Delta TC}{\Delta Q} \cdot \frac{\Delta Q}{\Delta L} = MC \cdot MP_L$]과 고용된 한계근로자로부터 얻는 수입의 증가분인 한계수입생산[$MRP_L = \frac{\Delta TR}{\Delta L} = \frac{\Delta TR}{\Delta Q} \cdot \frac{\Delta Q}{\Delta L} = MR \cdot MP_L$]이 일치하는 지점에서 이윤극대화를 달성하는 최적 고용량을 결정한다.

(3) 한계근로자의 한계요소비용[MFC_L]은 근로자의 임금[W]을 의미하고[$MFC_L = \frac{\Delta TC}{\Delta L} = \frac{\Delta(W \cdot L)}{\Delta L} = \frac{W \cdot \Delta L}{\Delta L} = W$] 완전경쟁시장의 개별 기업은 가격순응자(Price taker)로 행동하므로 기업의 한계수입[MR]은 최종 재화의 시장가격[P]과 일치한다.[$MR = \frac{\Delta TR}{\Delta Q} = \frac{\Delta(P \cdot Q)}{\Delta Q} = \frac{P \cdot \Delta Q}{\Delta Q} = P$]

[$MFC_L = \frac{\Delta TC}{\Delta L} = \frac{\Delta(W \cdot L)}{\Delta L} = \frac{W \cdot \Delta L}{\Delta L} = W$]

[$MRP_L = \frac{\Delta TR}{\Delta L} = \frac{\Delta TR}{\Delta Q} \cdot \frac{\Delta Q}{\Delta L} = MR \cdot MP_L = P \cdot MP_L = VMP_L$]

[$W = P \cdot MP_L = VMP_L$]

(4) 따라서 단기 노동시장에서 기업은 이윤극대화를 달성하기 위해 마지막으로 고용되는 한계근로자의 임금(W)과 한계생산물가치(VMP_L)가 동일하도록 최적고용량을 결정한다.

$MP_L = \frac{\Delta Q}{\Delta L} = -8L + 100$

$W = P \cdot MP_L$

$1{,}000 = 50(-8L+100) \quad \therefore L = 10$

$3{,}000 = 50(-8L+100) \quad \therefore L = 5$

임금이 상승하여 고용의 부담이 가중된 기업은 노동고용량을 5만큼 줄인다.

정답 ②

21 **노동시장과 임금격차에 관한 설명으로 옳은 것은?**

① 보상적 임금격차(compensating wage differential)이론에 따르면, 모든 근로자가 위험 선호자이기 때문에 고위험 직종의 임금이 높게 형성된다.

② 동등보수(equal pay)의 원칙은 유사한 직종에 종사하는 노동자에게 동일한 임금을 지급함을 의미한다.

③ 유보임금률(reservation wage rate)은 동일 업무에 대해서 모든 노동자에게 동일하게 적용된다.

④ 이중노동시장이론에 따르면, 1차노동시장과 2차노동시장 간의 이동 여부는 정부규제가 가장 큰 역할을 한다.

⑤ 숙련노동과 미숙련노동의 임금격차는 한계생산물가치의 차이에 영향을 받는다.

해설 (1) 보상적 임금격차이론에 따르면 위험 기피적인 근로자는 위험한 근로조건을 제공하는 기업에 고용되면 위험의 증가에 따른 효용의 하락분을 임금인상으로 보상받아야 위험을 무차별하게 인식하여 노동을 공급한다. 따라서 동일한 능력의 생산성을 지닌 노동자가 고위험 직종에 노동을 공급할 때 임금이 높은 이유는 위험을 비재화(bads)로 인식하는 위험 기피자이기 때문이다.

(2) 동등보수의 원칙은 동일직무에 고용되는 동일한 능력을 지닌 노동자에게 성별, 인종 등의 이유로 차별하지 않고 동일한 임금을 지급함을 의미한다.

(3) 유보임금은 노동시장 외부에서 존재하는 개인이 경제활동에 참여하여 최초 한 단위의 노동을 공급할 때 여가 한 단위 감소로 인한 효용의 하락분에 대해 요구하는 주관적인 보상임금수준이다. 따라서 노동시장의 외부인 초기 부존점에서 무차별곡선의 접선의 기울기, 즉 여가에 대한 소비의 한계대체율로 측정하는 유보임금은 여가와 노동에 대한 개인의 주관적인 선호도에 따라 결정된다.

(4) 이중노동시장이론에 의하면 일국의 노동시장은 1차 노동시장과 2차 노동시장으로 구분된다. 대기업과 같이 규모가 큰 1차 노동시장은 임금수준도 상대적으로 높고 근로조건도 양호하며 승진의 기회도 열려 있고 고용의 안전성이 보장된다. 반면 2차 노동시장은 1차 노동시장에 비하여 임금수준도 낮고 근로조건도 매우 열악하며 승진가능성도 낮고 고용이 불안정하다. 이때 2차 노동시장의 저임금근로자를 1차 노동시장으로 이동시키기 위해 정부가 노동시장 정책을 수립하거나 저숙련근로자의 시장적응을 도와주기 위한 정책을 실시하려 할 때 직업훈련의 제공이나 공공 일자리 플랫폼의 확대와 같은 노동공급 측면의 정책은 한계가 존재하다. 따라서 1차 노동시장내에서 고용의 주체인 기업이 노동자 고용에 있어서 제도적 차별을 철폐하도록 유도하는 등 노동수요 측면이 우선되어야 한다.

(5) 숙련노동자와 저숙련노동자의 생산성 [MP_L] 차이는 한계생산물가치 [$P \cdot MP_L = VMP_L$]에 영향을 미쳐 숙련도에 따른 임금격차[$W = VMP_L$]가 발생한다.

 ⑤

22 노동시장에서 노동에 대한 수요의 임금 탄력성을 작게 하는 요인을 모두 고른 것은?

> ㄱ. 노동과 다른 생산요소 간의 대체탄력성이 커진다.
> ㄴ. 총비용에서 차지하는 노동비용 비중이 커진다.
> ㄷ. 노동투입으로 생산되는 상품에 대한 신규 특허 적용에 따라 상품 수요의 가격 탄력성이 작아진다.

① ㄱ　② ㄴ　③ ㄷ　④ ㄱ, ㄷ　⑤ ㄴ, ㄷ

해설 1. 노동수요의 임금 탄력성은 임금이 1% 변화할 때 노동수요의 변화율을 측정하는 지표이다.

$$\varepsilon = \frac{\frac{\Delta L^d}{\Delta L} \; 100\%}{\frac{\Delta W}{W} \; 100\%}$$

$\varepsilon < 1$ 이면 비탄력적 (단 $\varepsilon = 0$은 완전비탄력적),
$\varepsilon = 1$ 이면 단위탄력적,
$\varepsilon > 1$ 이면 탄력적이다.

2. 마샬(Marshall)의 파생수요법칙

마샬은 우하향하는 노동수요곡선의 기울인인 노동수요의 임금 탄력성에 영향을 미치는 4가지 요소를 대체효과와 규모효과의 관점에서 분석한다.

(1) 대체효과에 의하면 임금이 하락할 때

① 노동과 자본의 대체 용이성이 클수록 임금이 하락할 때 고용부담이 증가한 자본을 노동으로 대체하는 비율이

커지고 ② 자본의 공급탄력성이 클수록 기업의 대체의지를 즉각적으로 실현할 수 있으므로, 노동수요가 큰 폭으로 증가하여 자본을 대체하므로 노동수요는 임금에 탄력적으로 반응한다.

(2) 규모효과에 의하면 임금이 하락할 때

① 총생산비용에서 노동비용이 차지하는 비중이 높고 ② 최종재화의 수요탄력성이 클수록, 생산의 한계비용이 큰 폭으로 하락하여 생산규모를 대폭 증설하기 위해 정상투입요소인 노동의 수요가 크게 증가하므로 노동수요는 임금에 탄력적으로 반응한다.

 ③

23 노동시장에서 경제적 지대(economic rent)와 전용수입(transfer earnings)에 관한 설명으로 옳은 것은?

① 공급이 고정되어 있는 노동에 대한 사용의 대가로 지불하는 금액은 전용수입에 해당한다.
② 노동공급곡선이 수평이면 지급한 보수 전액이 경제적 지대이다.
③ 노동을 현재의 고용상태로 유지하기 위해 지급해야 하는 최소한의 보수는 전용수입에 해당한다.
④ 경제적 지대의 비중이 높은 노동은 다른 요소로 대체하기가 더욱 수월하다.
⑤ 경제적 지대의 비중이 높은 노동의 경우 임금률이 상승할 때 노동 공급량이 쉽게 증가한다.

해설 (1) 지대(rent)란 토지와 같이 공급이 고정된 생산요소가 생산과정에서 제공한 서비스에 대한 대가로 획득하는 보수이다.

(2) 전용수입(transfer earnings)은 어떤 생산요소가 현재 용도에서 다른 용도로 이전하지 않도록 하기 위해 지급해야 하는 최소한의 금액이다. 노동공급곡선은 한계근로자들의 유보임금수준을 대변하는 궤적이므로 노동공급곡선의 하방 면적이 노동자의 이전수입이다. 또한 노동공급곡선은 노동을 공급할 때 근로자가 요구하는 최소요구금액이므로 이전수입은 생산요소 공급에 따른 기회비용을 의미한다.

(3) 경제적 지대(economic rent)는 생산요소가 얻는 소득 중에서 전용수입(=이전수입)을 초과하는 부분이다. 따라서 경제적 지대는 생산요소가 얻는 소득 중에서 기회비용을 초과하는 부분으로 생산요소 공급자의 잉여(surplus)에 해당한다.

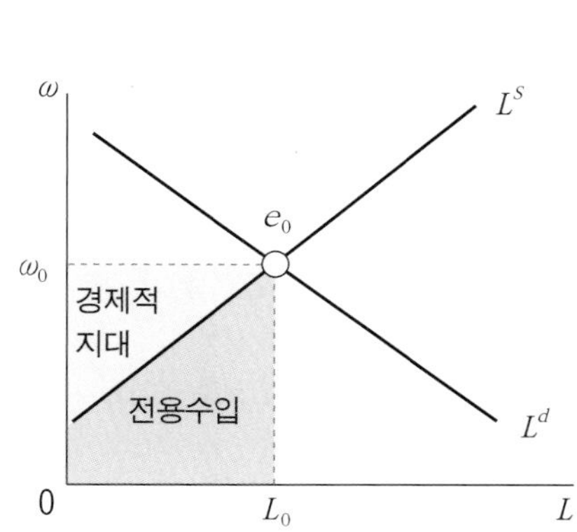

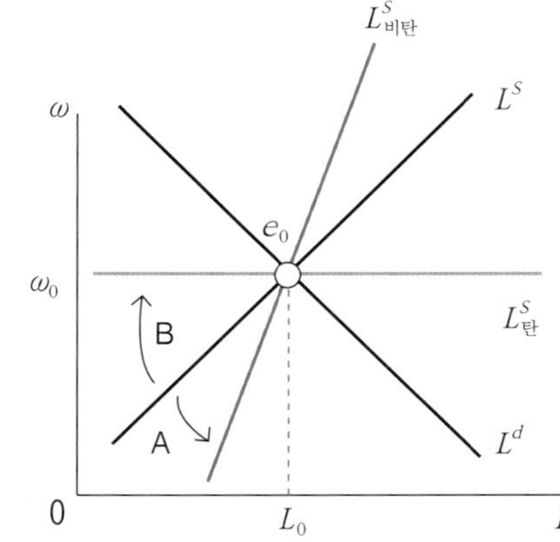

(4) 다른 생산요소로 대체하기 어려울수록 노동공급곡선은 비탄력적으로 변화되고, 노동공급곡선이 비탄력적일수록(A) 전용수입의 비중은 감소하고, 경제적 지대의 비중은 증가한다. 노동공급곡선이 탄력적일수록(B) 전용수입의 비중은 증가하고, 경제적 지대의 비중은 감소한다. 따라서 완전탄력적인 노동공급곡선은 근로자의 총소득 전부가 전용수입에 해당한다.

정답 ③

24 실업에 관한 설명으로 옳은 것은?

① 구직단념자의 증가는 비경제활동인구의 감소를 초래하여 실업률을 상승시킨다.
② 비자발적 실업이 존재한다는 것은 노동시장에서 실제 임금수준이 균형임금보다 낮다는 것을 의미한다.
③ COVID-19 팬데믹 문제로 산업 활동이 둔화하여 발생하는 실업은 마찰적 실업에 해당한다.
④ 전기차 등 친환경차 생산 증대로 기존 내연기관 자동차 생산에 종사하는 노동자가 일자리를 잃는 경우 구조적 실업에 해당한다.
⑤ 해외 유아의 국내 유입이 증가하는 경우 실업률이 하락한다.

해설 (1) 실망실업자효과는 경기불황으로 구직자의 취업확률이 하락할 때 일자리를 탐색하던 실업자가 구직활동을 단념하고 비경제활동인구로 전환하여 실업률이 하락하는 현상이다.
(2) 최저임금제, 효율임금제와 같이 균형임금보다 높은 수준에서 명목임금의 하방경직성이 존재하면 노동수요보다 노동공급의사가 많으므로 노동의 초과공급으로 인한 비자발적 실업이 발생한다.
(3) 산업 활동의 둔화와 같은 경기적 순환과정에서 발생하는 실업은 경기적 실업이다.
(4) 구조적 실업은 최저임금제와 효율임금제, 그리고 산업구조의 변화로 성장하는 부문에서 요구하는 숙련근로자 수요를 쇠퇴하는 부문의 저숙련근로자가 충족하지 못할 때 발생한다.
(5) 실업률은 경제활동인구 중에서 실업자가 차지하는 비중이다. 해외 유아가 유입되더라도 15세 이상이 아니므로 생산가능인구(=경제활동인구 + 비경제활동인구)는 영향을 받지 않으므로 실업률도 변함이 없다.

정답 ④

25 효율임금이론에 관한 설명으로 옳은 것은?

① 효율임금이 노동시장의 균형임금과 동일하여 비자발적 실업이 발생하지 않는다.
② 동일한 업무를 수행하지만 서로 다른 기업의 노동자 임금수준이 지속적으로 다른 경우는 효율임금이론으로 설명된다.
③ 효율임금이론은 노동자의 이동이 단기적으로 활발하여 균형임금이 효율적으로 결정되는 경우를 가정한다.
④ 효율임금을 지급하는 경우 소득효과로 인하여 노동의 태만이 증가한다.
⑤ 효율임금을 지급하는 경우 생산성이 낮은 노동자만 남는 역선택 문제가 야기된다.

해설 1. 효율성 임금

가격순응자로서 개별기업은 이윤극대화를 달성하기 위해 시장 임금에 순응(price-taker)하여 비용극소화 행동원리에 따라 최적 고용량을 결정한다. 그러나 기업 내부로 한정한다면 개별기업은 내부노동시장에서 산업 전체에서의 독점기업처럼 유일한 고용의 주체이다. 따라서 내부노동시장에서 이윤극대화를 달성하기 위해 외부 노동시장의 균형 임금 보다 높은 효율 임금을 설정하여 태만의 기회비용을 높이고, 이직률을 낮추고 또한 채용 과정에서 역선택을 방지하여 내부 노동자의 생산성을 제고할 수 있다.

2. 효율임금과 한계생산성
(1) 높은 효율임금은 태만의 기회비용을 상승
근로자가 근무시간 중 태만함이 적발되어 해고를 당한다면, 해고를 통해 높은 임금을 지급받을 기회를 상실하게 된다. 따라서 외부 균형임금보다 높은 임금은 근로자의 태만에 대한 기회비용을 증가시키게 된다.

(2) 높은 동기부여

효율임금은 근로자에게 동기부여를 제고시킨다. 높은 임금을 통해 사회학적 관점에서 기업에 대한 충성심과 조직몰입도가 높아지므로 근로의욕이 고취되므로 근로자의 한계생산성이 향상된다.

(3) 근로자의 이직률 감소

높은 임금은 근로자의 이직을 감소시키고 장기근속을 유도하여 기업내 기업특수적 사내 직무(Firm-specific)훈련을 받은 근로자가 많아진다. 즉, 고생산성의 노동력을 다수 보유함으로써 기업의 경쟁력이 강화된다.

(4) 역선택 방지

기업은 시장 경쟁임금보다 높은 임금을 제시함으로써 정보의 불완전성에 있는 고숙련 지원자에게 신호(Signal)를 발송한다. 그 결과 고숙련 지원자 역시 자신의 고생산성을 신호하기 위하여 대학진학을 마친 졸업증명서를 제출함으로써 고임금기업과 고숙련근로자의 일자리 매칭(Job match)이 가능해진다.

3. Graph의 도해

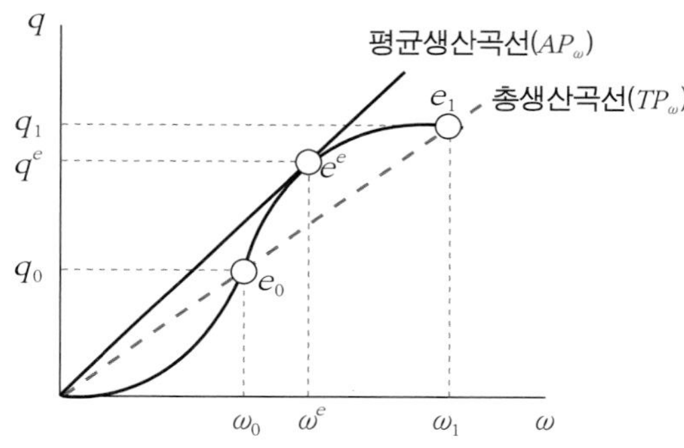

(1) 효율임금은 경쟁 임금보다 높은 임금을 지급하여 근로자의 생산성을 높임으로써 이윤극대화를 달성하는 임금이다. 이윤극대화를 달성하는 효율성 임금은 '생산의 임금탄력성=1'을 일치시키는 수준에서 설정된다.

[생산의 임금탄력성 $= \dfrac{\Delta q/q}{\Delta \omega/\omega} = 1$]

→ [$\dfrac{\Delta q/\Delta \omega}{q/\omega} = \dfrac{MP_\omega}{AP_\omega} = 1$]

→ [$\therefore MP_\omega = AP_\omega$]

임금의 한계생산성과 평균생산성이 일치하는 지점에서 효율임금이 결정되고, 이윤극대화를 달성한다.

(2) 위 Graph ① e_0점에서 [$MP_\omega > AP_\omega$]이므로 한단위 추가적인 생산을 통해 임금을 인상시킬 유인이 발생한다. 왜냐하면 여전히 평균생산성보다 높은 생산이 가능하기 때문이다. 반면, ② e_1점에서 [$MP_\omega < AP_\omega$]이므로 평균생산성보다 한단위 추가적인 생산성에 대한 생산량이 낮으므로 생산을 줄이고 임금을 낮출 유인이 발생한다. 그 결과 e^e점에서 [$MP_\omega = AP_\omega$]의 이윤극대화 조건이 달성된다.

②

경제학원론

2021년도 제30회 공인노무사 경제학원론 기출문제

01 수요의 가격탄력성에 관한 설명으로 옳지 않은 것은? (단, Q는 수량, P는 가격이다.)

① 상품가격이 변화할 때 상품수요가 얼마나 변하는가를 측정하는 척도이다.
② 수요곡선이 수직선이면 언제나 일정하다.
③ 수요곡선이 $Q=5/P$인 경우 수요의 가격탄력성(절댓값)은 수요곡선상의 모든 점에서 항상 1이다.
④ 정상재인 경우 수요의 가격탄력성이 1보다 클 때 가격이 하락하면 기업의 총수입은 증가한다.
⑤ 사치재에 비하여 생활필수품은 수요의 가격탄력성이 작다.

해설 수요의 가격탄력성은 상품의 가격이 1% 변화할 때 수요량의 변화율을 측정하는 지표이다.

$$\varepsilon = -\frac{\frac{\Delta Q^d}{Q^d}\times 100\%}{\frac{\Delta P}{P}\times 100\%} = -\frac{\Delta Q^d}{\Delta P}\cdot\frac{P}{Q^d}$$

탄력성은 변화율을 사용하므로 측정단위의 영향을 받지 않고 측정단위가 없다.
$\varepsilon < 1$ 이면 비탄력적 (단, ε=0이면 완전비탄력적),
ε=1 이면 단위탄력적,
$\varepsilon > 1$ 이면 탄력적이다. (단, $\varepsilon=\infty$이면 완전탄력적)

① 수요함수의 내생변수인 상품 가격이 변화하면 수요가 아니라 수요량이 변화한다. (즉, 곡선 자체의 이동인 수요가 아니라 곡선 상의 이동인 수요량의 변화)
②

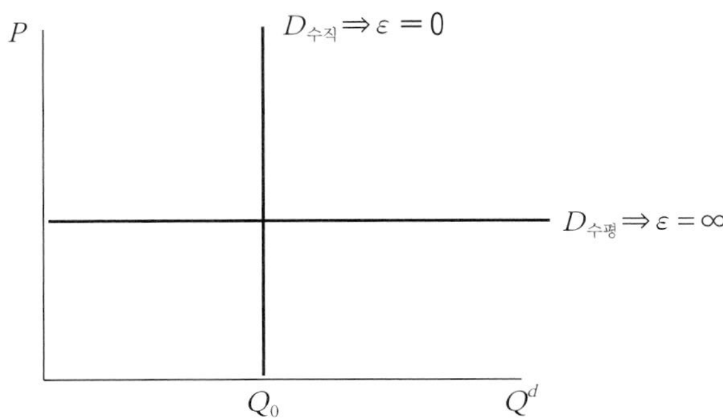

수요곡선이 수직선이면 가격이 변화하더라도 수요량은 변함이 없으므로 수요는 가격에 완전 비탄력적(ε =0)이고, 수요곡선이 수평선이면 가격이 1% 변화할 때 수요량은 무한대로 증가하므로 수요는 가격에 완전 탄력적(ε = ∞)이다.

③ Q $=\frac{5}{P}$인 수요곡선은 직각쌍곡선이다. $P\cdot Q$ = 5의 수요곡선은 재화가격의 변화에 관계없이 소비자는 항상 소득의 일정액(5) 만큼을 해당 재화 소비에 지출하고 있음을 의미한다. 따라서 가격이 1% 상승할 때 소득의 일정액(5)을 소비하기 위해서는 소비가 1% 감소해야 하므로 수요의 가격탄력성은 항상 1이다.

계산 1) $\varepsilon = -\dfrac{\dfrac{\Delta Q^d}{Q^d}\times 100\%}{\dfrac{\Delta P}{P}\times 100\%} = -\dfrac{\Delta Q^d}{\Delta P}\cdot\dfrac{P}{Q^d} = -(-5P^{-2})\cdot(\dfrac{P}{\dfrac{5}{P}}) = 5P^{-2}\cdot\dfrac{P^2}{5} = 1$

계산 2) $Q = \dfrac{5}{P}$ ☞ $P\cdot Q = 5$ ☞ $\dot{P}+\dot{Q} = \dot{5}$ ☞ $\dot{P}+\dot{Q} = 0$ ☞ $\dot{P} = -\dot{Q}$

[∵ 변화율(%)은 시간의 흐름을 전제로 한 개념이므로 수요함수를 시간에 대해 미분을 해주면 곱셈은 덧셈으로, 나눗셈은 뺄셈으로 정리된다.

$\dot{P} = \dfrac{\Delta P}{P},\quad \dot{Q} = \dfrac{\Delta Q}{Q},\quad \dot{5} = \dfrac{\Delta(5-5=0)}{5} = 0$]

$$\varepsilon = -\dfrac{\dfrac{\Delta Q^d}{Q^d}\times 100\%}{\dfrac{\Delta P}{P}\times 100\%} = -\dfrac{\dot{Q}}{\dot{P}} = -\dfrac{\dot{Q}}{-\dot{Q}} = 1$$

④ 기업의 총수입(TR) = 상품의 단위가격(P)×총판매량(Q)

$\dot{TR} = \dot{P}+\dot{Q}$ [총수입의 증감(변화율)을 알기 위해서 시간에 대해 미분]

수요의 가격탄력성이 1보다 크면 가격의 변화율($\dot{P}$)보다 수요량의 변화율($\dot{Q}$)이 더 크다. 따라서 수요의 법칙에 의해 가격이 1% 하락하면 수요량은 1% 보다 크게 증가하므로($\dot{P} < \dot{Q}$) 총수입은 증가한다($\dot{TR} > 0$) 이는 직관적으로 수요가 가격에 탄력적이면 가격이 1% 하락할 때 수요량(판매량)은 1% 보다 크게 증가하므로 기업의 총수입은 증대됨을 의미한다.

⑤ 생활필수품은 가격 변화에 대해 수요량의 변화가 작아 가격에 비탄력적($\varepsilon < 1$), 사치재는 가격 변화에 대해 수요량의 변화가 커서 가격에 탄력적($\varepsilon > 1$)이다.

정답 ①

02 기펜재(Giffen goods)에 관한 설명으로 옳지 않은 것은?

① 가격이 하락하면 재화의 소비량은 감소한다.
② 소득효과가 대체효과보다 큰 재화이다.
③ 가격상승 시 소득효과는 재화의 소비량을 감소시킨다.
④ 기펜재는 모두 열등재이지만 열등재가 모두 기펜재는 아니다.
⑤ 가격하락 시 대체효과는 재화의 소비량을 증가시킨다.

해설 (1) 가격효과 = 대체효과 + 소득효과

가격효과는 명목소득(M)이 일정할 때 해당 재화의 가격이 변화하면 상대가격의 변화를 반영하는 대체효과와 실질소득의 변화를 반영하는 소득효과로 구분하여 수요량의 변화를 분석한다.

- 대체효과 : 해당 재화의 가격(P_x)이 하락하면 실질소득이 불변일 때 동일한 효용수준을 유지하기 위해 1원당 한계효용이 상승한 재화(x)로 1원당 한계효용이 하락한 재화(y)를 대체하므로 해당 재화(x)의 수요량이 증가한다.
- 소득효과 : 해당 재화의 가격(P_x)이 하락하면 상대가격이 불변일 때 실질소득($\dfrac{M}{P_x}$)이 증가하므로 정상재의 수요량은 증가하고 열등재의 수요량은 감소한다.

(2) 정상재 ☞ 수요의 법칙 충족

해당 재화의 가격이 하락하면 대체효과와 소득효과 모두 재화의 수요량을 증가시키므로 우하향하는 수요곡선이 도출된다.

(3) 기펜재가 아닌 열등재 ☞ 수요의 법칙 충족

해당 재화의 가격이 하락하면 수요량을 늘리는 대체효과가 수요량을 감소시키는 소득효과를 압도하여 최종적인 가격효과는 수요량을 증가시키므로 우하향하는 수요곡선이 도출된다.

(4) 기펜재인 열등재 ☞ 수요의 법칙의 예외

해당 재화의 가격이 하락하면 수요량을 감소시키는 소득효과가 수요량을 늘리는 대체효과를 압도하여 최종적인 가격효과는 수요량을 감소시키므로 우상향하는 수요곡선이 도출된다.

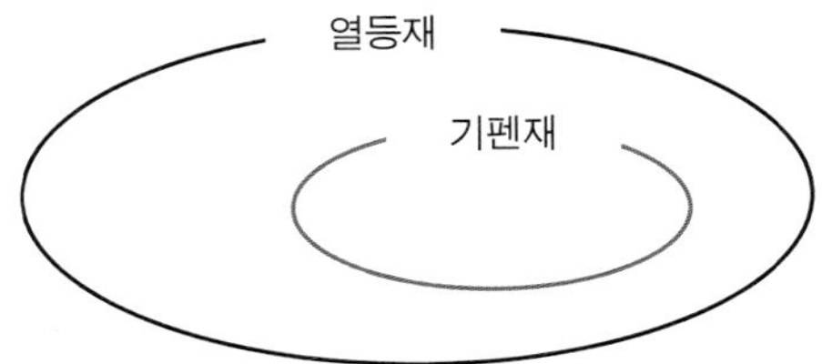

③ 가격이 상승하면 해당 재화의 1원당 한계효용이 하락하므로 대체효과에 의해 수요량은 감소하고, 실질소득이 하락하므로 열등재인 기펜재의 수요량은 증가하는 소득효과가 발생한다. 그리고 기펜재는 소득효과가 대체효과를 압도하므로 최종적인 가격효과는 수요량을 증가시키므로 우상향하는 수요곡선이 도출된다.

③

03 시장실패에 관한 설명으로 옳은 것은?

① 순수공공재는 배제성은 없으나 경합성은 있다.
② 상호 이익이 되는 거래를 방해할 경우 시장실패가 발생한다.
③ 시장실패의 존재는 정부개입의 필요조건이자 충분조건이다.
④ 완전경쟁시장은 자원배분의 효율성은 물론 공평성도 보장해 주는 시장이다.
⑤ 긍정적 외부경제는 시장실패를 유발하지 않는다.

해설 (1) 공공재란 국가, 지방자치단체 등 공공기관에 의해 생산이 이루어지면 비경합성과 비배제성의 특징을 갖는 국방 및 치안 서비스, 법률, 무료 공중파방송 등의 재화로서 공동체의 구성원 모두가 소비의 혜택을 공유하는 재화이다.

비경합성은 특정 개인의 소비가 다른 개인의 소비가능성을 낮추지 않는 특성이다.

비배제성(배제불가능성)은 재화의 공급(생산)이 이루어진 이후에는 생산비(사용료)를 부담하지 않은 개인이라도 소비를 배제할 수 없는 특성이다.

	배제성	비배제성
경합성	사적재(사용재) 배, 과자 등	공유자원 공동소유의 목초지
비경합성	요금재 막히지 않는 유료도로, 와이파이 등 유료통신서비스	순수공공재 국방서비스, 치안서비스, 무료 공중파방송

(2) 시장의 가격조정메커니즘이 원활하게 작동하지 않으면 파레토 효율적인 자원배분이 실현되지 못 하는 시장실패가 발생한다.

- 시장실패의 원인(미시적 시장실패)
  : 불완전한 경쟁 산업, 비용체감 산업, 위험과 불확실성, 외부성, 공공재
- 시장실패는 파레토 비효율적인 자원배분이므로 정부의 시장개입에 대한 정당성을 부여하는 정부개입의 필요조건이지만, 정부의 시장개입이 항상 파레토 효율적인 자원배분을 보장하지는 못 하고 정부실패가 발생할 수도 있으므로 파레토 자원배분을 만족하는 충분조건이 될 수는 없다.

② 불완전 경쟁 시장, 외부성, 공공재와 같이 시장에서 소비자와 생산자 간의 상호 이익이 되는 거래를 방해하는 요소가 존재하면 소비자잉여와 생산자잉여의 합으로 구성되는 사회잉여(사회후생)이 완전경쟁시장에서의 파레토 효율적인 사회후생수준보다 낮아지므로 시장실패가 발생한다.
④ 완전경쟁시장은 파레토 효율적인 자원배분을 실현시키지만, 소득분배의 공평성을 보장하지는 않는다.
⑤ 긍정적 외부경제(외부효과)가 존재하면 사회적으로 바람직한 수준에 실제 생산량 혹은 소비량이 미달하므로 파레토 효율적인 자원배분에 도달하지 못 하여 시장실패가 발생한다.

 ②

04 지니계수에 대한 설명으로 옳은 것을 모두 고른 것은?

ㄱ. 대표적인 소득분배 측정방법 중 하나이다.
ㄴ. 45도 대각선 이래의 삼각형 면적을 45도 대각선과 로렌츠곡선 사이에 만들어진 초승달 모양의 면적으로 나눈 비율이다.
ㄷ. −1과 1 사이의 값을 갖는다.
ㄹ. 계수의 값이 클수록 평등한 분배상태를 나타낸다.

① ㄱ　② ㄱ, ㄴ　③ ㄴ, ㄷ　④ ㄱ, ㄷ, ㄹ　⑤ ㄴ, ㄷ, ㄹ

해설 소득분배지표란 계층별 소득분배를 능력의 유무와 관계없이, 즉 소득의 원천에 상관없이 고소득층과 저소득층 간의 소득분배를 측정하는 지표이다.

1. 로렌츠곡선은 수평축에는 인구의 누적점유율로 수직축에는 소득의 누적점유율로 이루어진 정사각형 내에서 계층별 소득분포 사이의 대응관계를 연결한 궤적으로서 소득분배를 서수적으로 측정하는 지표이다. 로렌츠곡선이 대각선에 접근할수록 평등한 소득분배상태이고 수평축 모서리에 다가설수록 불평등한 소득분배상태를 의미한다.

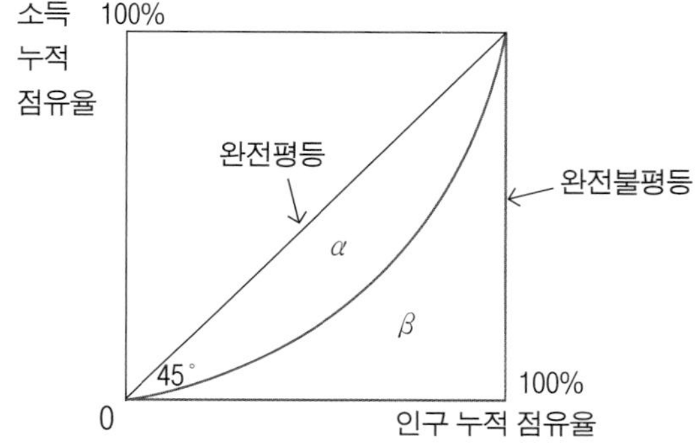

경제학원론

2. 지니계수는 로렌츠곡선이 대변하는 소득분배상태를 기수적으로 측정하는 소득분배지표이다. 로렌츠곡선이 교차하는 경우에는 양국의 소득분배상태를 서수적으로 비교할 수 없는 한계가 존재하므로 로렌츠곡선이 경계짓는 α와 β의 넓이를 통해 소득분배지표를 측정한다.

$$\text{지니계수} = \frac{\alpha}{\alpha+\beta}$$

완전평등한 소득분배상태의 로렌츠곡선은 대각선이므로 ($\alpha = 0$) 지니계수는 0이고,
완전불평등한 소득분배상태의 로렌츠곡선은 ┘ 형태이므로 ($\beta = 0$) 지니계수는 1이다.
따라서 지니계수가 작을수록(로렌츠곡선이 대각선에 다가설수록) 보다 평등한 소득분배를 의미한다.

3. $\text{십분위분배율} = \frac{\text{최하위 40\%의 소득}}{\text{최상위 20\%의 소득}}$

완전평등한 사회에서는 모든 계층이 소득이 동일하므로 최하위 40%의 소득은 최상위 20%의 소득의 2배와 일치하여 십분위분배율은 2이고, 완전불평등한 사회에서는 극소수의 고소득계층이 전체 소득을 모두 점유하고 있으므로 최하위 40%의 소득점유율은 0%이고 십분위분배율은 0이다. 따라서 십분위분배율이 클수록(=2에 다가갈수록) 더욱 평등한 소득분배상태를 의미한다.

4. $\text{소득 5분위배율} = \frac{\text{최상위 20\%의 소득}}{\text{최하위 20\%의 소득}}$

완전평등한 사회에서는 모든 계층이 소득이 동일하므로 최하위 20%의 소득은 최상위 20%의 소득과 일치하여 소득 5분위배율은 1이고, 완전불평등한 사회에서는 극소수의 고소득계층이 전체 소득을 모두 점유하고 있으므로 최하위 20%의 소득점유율은 0%이고 십분위분배율은 ∞이다. 따라서 소득 5분위배율이 작을수록(=1에 다가갈수록) 더욱 평등한 소득분배상태를 의미한다.

ㄴ. 지니계수는 45도 대각선과 로렌츠곡선 사이에 만들어진 초승달 모양의 면적을 45도 대각선 아래의 삼각형 면적으로 나눈 비율이다.
ㄷ. 지니계수는 0과 1사이의 값을 갖는다.
ㄹ. 지니계수가 0에 가까울수록 보다 평등한 소득분배상태이고, 1에 다가설수록 보다 불평등한 소득분배상태를 의미한다.

 ①

05 독점기업의 시장수요과 공급에 관한 설명으로 옳지 않은 것은? (단, 시장수요곡선은 우하향한다.)

① 독점기업은 시장의 유일한 공급자이기 때문에 수요곡선은 우하향한다.
② 독점기업의 공급곡선은 존재하지 않는다.
③ 독점기업의 한계수입은 가격보다 항상 높다.
④ 한계수입과 한계비용이 일치하는 점에서 독점기업의 이윤이 극대화된다.
⑤ 독점기업의 한계수입곡선은 항상 수요곡선의 아래쪽에 위치한다.

해설 ① 완전경쟁시장에 존재하는 개별기업은 시장에서 결정된 가격에 순응(price-taker)하므로 우하향하는 시장의 수요곡선과 달리 결정된 재화가격에 수평인 수요곡선에 직면한다. 그러나 독점기업은 독점시장에 존재하는 유일한 기업이므로 독점시장의 우하향하는 수요곡선과 독점기업이 직면하는 수요곡선은 일치한다.
② 수요곡선과 공급곡선은 주어진 가격수준에 순응하여 소비자의 효용극대화 및 생산자의 이윤극대화를 달성하는 최적의 소비량과 생산량 조합을 연결한 궤적이다. 따라서 수요곡선과 공급곡선은 시장의 가격에 영향력을 행사할 수 없는 가격순응자(price-taker)를 전제한다. 그러나 독점기업은 한계수입과 한계비용(MR=MC)이 일치하는 생산량 수준에서 이윤극대화를 달성하는 독점가격을 설정하는 가격 설정자(price-setter)이므로 공급곡선은 없고 오직 한계비용(MC)곡선만이 존재한다.

③, ④, ⑤

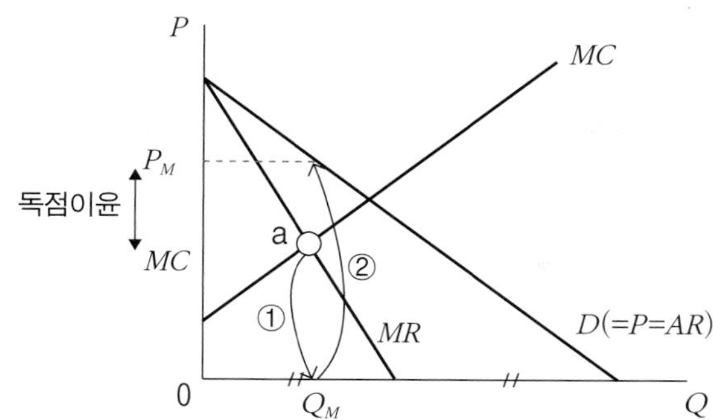

수요곡선은 한계소비량(Q) 수준에서 한계효용(MU)만큼의 소비자의 최대지불용의금액(P)을 연결한 궤적이다. 이때 독점기업의 평균수입($AR = \frac{TR}{Q} = \frac{P \times Q}{Q} = P$)은 재화가격($P$)과 일치하므로 독점기업은 수요곡선($D$)을 평균수입곡선으로 인식한다.

그리고 수요곡선은 우하향하므로 재화 판매량(소비량)이 증가할수록 평균수입(AR)은 하락한다. 따라서 추가적인 판매로부터 얻은 수입의 증가분인 한계수입(MR)은 점차 감소하고 평균수입보다 작음을 유추할 수 있다.(전학생의 점수가 기존 반평균보다 낮아서 전학생의 전입 이후에 반평균 점수는 하락) 이는 한계수입곡선이 평균수입곡선의 하방에 위치함을 의미한다.

독점기업 역시 이윤극대화 행동원리에 의해 재화의 한계수입과 한계비용이 일치(MR=MC)하도록 최적 생산량(Q_M)을 결정하고, 소비자의 최대 지불의사금액인 수요곡선(D) 상에서 독점가격(P_M)을 설정한다. 따라서 한계수입은 가격보다 낮으며 단위당 $[P_M - MR]$의 독점이윤을 획득한다.

정답 ③

06 완전경쟁시장에서 A기업의 단기 총비용함수가 $TC(Q) = 4Q^2+2Q+10$이다. 재화의 시장가격이 42일 경우 극대화된 단기이윤은? (단, Q는 생산량, $Q>0$이다.)

① 10 ② 42 ③ 52 ④ 84 ⑤ 90

해설 시장의 경쟁성과 관계없이 모든 시장에서 기업의 이윤극대화 행동원리는 한계수입과 한계비용이 일치(MR=MC)하도록 생산량을 결정한다.

그리고 완전경쟁시장에서 개별기업은 시장에서 결정된 재화가격(P)에 순응하므로 한계수입($MR = \frac{dTR}{dQ} = \frac{d(P \times Q)}{dQ} = \frac{P \cdot dQ}{dQ} = P$)은 재화가격과 일치한다.

$[P = MR] = [MC]$

$MC = \frac{dTC}{dQ} = \frac{d(4Q^2+2Q+10)}{dQ} = 8Q+2$

$[42 = 8Q+2]$

$\therefore Q = 5$

$$\begin{aligned} \text{이윤}(\pi) &= TR-TC \\ &= PQ-[4Q^2+2Q+10] \\ &= 42 \times 5-[4 \times 5^2+2 \times 5+10] \\ &= 90 \end{aligned}$$

정답 ⑤

경제학원론

07 상품 A의 수요함수가 $Q = 4P^{-2}Y^{0.4}$일 때 이에 관한 설명으로 옳은 것은? (단, Q는 수요량, P는 가격, Y는 소득이다.)

① 가격이 상승하면 총수입은 증가한다.
② 소득이 2% 감소하면, 수요량은 0.4% 감소한다.
③ 소득탄력성의 부호는 음(−)이다.
④ 가격이 상승함에 따라 수요의 가격탄력성도 증가한다.
⑤ 수요의 가격탄력성(절댓값)은 2이다.

해설 (1) 수요의 가격탄력성(ε)

계산 1) $\varepsilon = -\dfrac{\frac{\Delta Q^d}{Q^d}\times 100\%}{\frac{\Delta P}{P}\times 100\%} = -\dfrac{\Delta Q^d}{\Delta P}\cdot\dfrac{P}{Q^d} = -(-8P^{-3}Y^{0.4})\cdot(\dfrac{P}{4P^{-2}Y^{0.4}}) = 2$

계산 2) $Q = 4P^{-2}Y^{0.4}$ ☞ $\dot{Q} = \dot{4}+(-2)\dot{P}+0.4\dot{Y}$ ☞ $\dot{Q} = -2\dot{P}$

[∵ 변화율(%)은 시간의 흐름을 전제로 한 개념이므로 수요함수를 시간에 대해 미분을 해주면 곱셈은 덧셈으로, 나눗셈은 뺄셈으로 정리된다. 또한 수요의 가격탄력성은 가격의 변화율과 수요량의 변화율을 측정하는 지표이므로 다른 변수인 소득의 변화율($\dot{Y}$)은 0으로 가정한다.

$\dot{P} = \dfrac{\Delta P}{P}$, $\dot{Q} = \dfrac{\Delta Q}{Q}$, $\dot{4} = \dfrac{\Delta(4-4=0)}{5} = 0$, $\dot{Y} = 0$]

$$\varepsilon = -\dfrac{\frac{\Delta Q^d}{Q^d}\times 100\%}{\frac{\Delta P}{P}\times 100\%} = -\dfrac{\dot{Q}}{\dot{P}} = -\dfrac{(-2)\dot{P}}{\dot{P}} = 2$$

(2) 수요의 소득탄력성(ε_Y)

계산 1) $\varepsilon_Y = \dfrac{\frac{\Delta Q^d}{Q^d}\times 100\%}{\frac{\Delta Y}{Y}\times 100\%} = \dfrac{\Delta Q^d}{\Delta Y}\cdot\dfrac{Y}{Q^d} = (1.6P^{-2}Y^{-0.6})\cdot(\dfrac{Y}{4P^{-2}Y^{0.4}}) = 0.4$

계산 2) $Q = 4P^{-2}Y^{0.4}$ ☞ $\dot{Q} = \dot{4}+(-2)\dot{P}+0.4\dot{Y}$ ☞ $\dot{Q} = 0.4\dot{Y}$

[∵ 변화율(%)은 시간의 흐름을 전제로 한 개념이므로 수요함수를 시간에 대해 미분을 해주면 곱셈은 덧셈으로, 나눗셈은 뺄셈으로 정리된다. 또한 수요의 소득탄력성은 소득의 변화율과 수요량의 변화율을 측정하는 지표이므로 다른 변수인 가격의 변화율($\dot{P}$)은 0으로 가정한다.

$\dot{Y} = \dfrac{\Delta Y}{Y}$, $\dot{Q} = \dfrac{\Delta Q}{Q}$, $\dot{4} = \dfrac{\Delta(4-4=0)}{5} = 0$, $\dot{P} = 0$]

$$\varepsilon_Y = \dfrac{\frac{\Delta Q^d}{Q^d}\times 100\%}{\frac{\Delta Y}{Y}\times 100\%} = -\dfrac{\dot{Q}}{\dot{Y}} = \dfrac{0.4\dot{Y}}{\dot{Y}} = 0.4$$

① 수요의 가격탄력성(ε=2)이 1보다 크므로 가격이 1% 상승할 때 수요량은 2% 감소하므로 총수입은 1% 감소한다.

$\dot{TR} = \dot{P}+\dot{Q} = (+1\%) + (-2\%) = (-1\%)$

② 수요의 소득탄력성(ε_Y)이 0.4이므로 소득이 2% 감소할 때 수요는 0.8% 감소한다.

$\varepsilon_Y = \dfrac{\dot{Q}}{\dot{Y}} = 0.4$ ☞ $\dot{Q} = 0.4\dot{Y} = 0.4\times(-2\%) = (-0.8\%)$

④⑤ 수요곡선의 모든 점에서 수요의 가격탄력성은 2로 일정한다.

정답 ⑤

08 완전경쟁시장에서 이윤극대화를 추구하는 개별기업에 관한 설명으로 옳은 것은? (단, 개별기업의 평균비용곡선은 U-자 형태로 동일하며, 생산요소시장도 완전경쟁이다.)

① 한계수입곡선은 우하향하는 형태이다.

② 이윤은 단기에도 영(0)이다.

③ 수요의 가격탄력성은 영(0)이다.

④ 단기에는 평균가변비용곡선의 최저점이 조업중단점이 된다.

⑤ 이윤극대화 생산량에서 평균수입은 한계비용보다 크다.

해설 ① 완전경쟁시장에서 개별기업은 시장에서 결정된 재화가격(P)에 순응하므로 한계수입($MR = \frac{dTR}{dQ} = \frac{d(P \times Q)}{dQ} = \frac{P \cdot dQ}{dQ} = p$)은 재화가격과 일치한다. 따라서 개별 기업의 한계수입곡선과 수요곡선은 시장가격수준의 수평선이다.

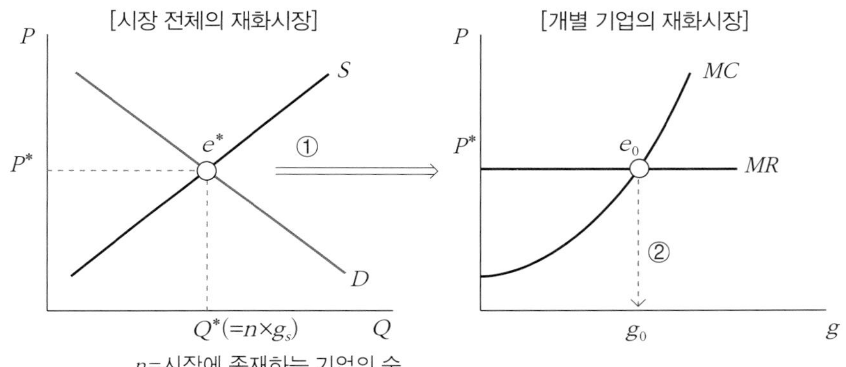

n=시장에 존재하는 기업의 수

② 이윤(π) = 총수입(TR) − 총비용(TC)

$$= P \cdot Q - AC \cdot Q \ [\because \text{평균비용}(AC) = \frac{TC}{Q}]$$
$$= (P - AC)Q$$

단기에서 개별기업은 가격(P)과 평균비용(AC)의 크기에 따라 손실, 정상이윤, 초과이윤을 모두 경험할 수 있다. 만약 $P < AC$ 이어서 손실이 발생하면 장기에 시장에서 퇴거하는 기업이 발생하여 시장전체의 공급이 감소하므로 재화가격이 상승하여 초과이윤은 0에 도달하고, $P > AC$이면 초과이윤이 발생하여 장기에 시장으로 진입하는 기업이 증가하므로 시장전체의 공급이 확대되어 재화가격이 하락하므로 초과이윤은 0으로 하락한다. 따라서 단기와는 달리 장기에서 개별 기업의 초과이윤은 항상 0이고 오직 정상이윤만을 획득할 뿐이다.

③ 완전경쟁시장에서 개별기업의 수요곡선은 수평선이므로 수요는 가격에 완전탄력적이다($\varepsilon = \infty$).

④

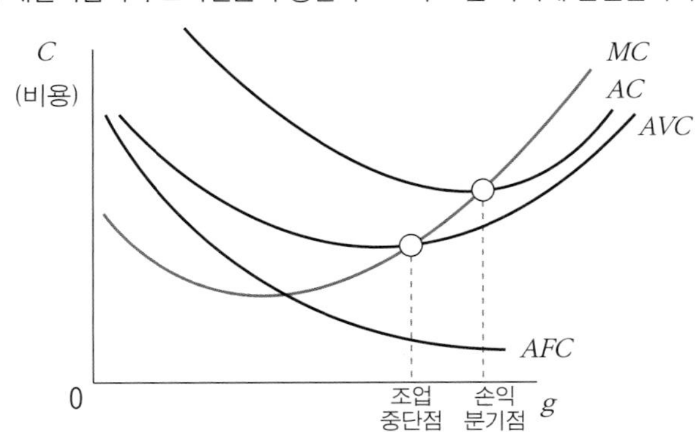

경제학원론

단기의 완전경쟁기업은 평균가변비용(AVC)과 평균비용(AC)의 최저 생산량 수준에서 한계비용이 각각 일치한다. 또한 완전경쟁기업은 가격과 한계수입이 일치하고($P = MR$), 한계수입과 한계비용이 일치하도록($MR = MC$) 이윤극대화 생산량을 결정하므로 단기균형에서는 가격과 한계비용이 동일하다($P = MC$) 이때 가격이 평균가변비용(AVC)보다 낮다면 생산할수록 고정비용을 넘어 추가적인 손실이 발생하므로 생산을 중단해야 한다. 그리고 가격이 평균가변비용보다 높으면 생산할수록 이미 지출된 고정비용(AFC)을 회수할 수 있으므로 공장을 가동시킬 유인이 존재한다. 따라서 가격($P = MC$)이 평균가변비용보다 낮아 고정비용을 회수할 수 없는 평균가변비용의 최저점($P = MC = AVC$)이 조업중단점이다.

또한 가격($P = MC$)이 평균비용(AC)를 상회하면 초과이윤이 발생하고, 가격이 평균비용보다 낮으면 손실이 발생하므로 한계비용과 평균비용이 일치하는 평균비용곡선의 최저점이 손익분기점이다.

⑤ 시장의 경쟁성과 무관하게 개별기업의 평균수입($AR = \frac{TR}{Q} = \frac{P \times Q}{Q} = P$)은 항상 가격($P$)과 일치한다. 완전경쟁시장에서 개별 기업의 이윤극대화 조건[$P = MR = MC$]에 의해 평균수입과 한계비용은 항상 같다($AR = P = MC$).

정답 ④

09 효용극대화를 추구하는 소비자 A의 효용함수가 $U = 4X^{1/2}Y^{1/2}$일 때 이에 관한 설명으로 옳지 않은 것은? (단, A는 모든 소득을 X재와 Y재의 소비에 지출한다. P_X와 P_Y는 각각 X재와 Y재의 가격, MU_X와 MU_Y는 각각 X재와 Y재의 한계효용이다.)

① X재와 Y재는 모두 정상재이다.
② $P_X=2P_Y$일 때 최적 소비조합에서 $MU_X=0.5MU_Y$를 충족한다.
③ $P_X=2P_Y$일 때 최적 소비조합은 $Y=2X$의 관계식을 충족한다.
④ 한계대체율은 체감한다.
⑤ Y재 가격이 상승하여도 X재 소비는 불변이다.

해설 소비자의 효용극대화 균형조건에 의해

$$[MRS_{xy} = \frac{MU_x}{MU_y} = \frac{4\frac{1}{2}(\frac{y}{x})^{\frac{1}{2}}}{4\frac{1}{2}(\frac{x}{y})^{\frac{1}{2}}} = \frac{y}{x}] = [\frac{P_x}{P_y}]$$

$P_x x = P_y y$ 이를 예산제약식에 대입하면

$P_x x + P_y y = M$

$2P_x x = M$

따라서 x재의 수요함수는 $x = \frac{1}{2}\frac{M}{P_x}$

동일한 효용극대화 행동원리에 의해 y재의 수요함수는 $y = \frac{1}{2}\frac{M}{P_y}$

① 소득의 일정비율을 재화 구입에 할애하는 경우에는 수요의 소득탄력성은 항상 1이다.

$\dot{x} = \dot{\frac{1}{2}} + \dot{M} - \dot{P_x} = 0 + \dot{M} + 0$ (수요와 소득의 관계를 추적하는 경우에 가격의 변화는 없다고 전제하므로 $\dot{P_x} = 0$)

$$\varepsilon_M^x = \frac{\frac{\Delta X}{X} \times 100\%}{\frac{\Delta M}{M} \times 100\%} = \frac{\dot{X}}{\dot{M}} = \frac{\dot{M}}{\dot{M}} = 1$$

같은 방식으로 y재의 소득탄력성(ε_M^y)도 1이다.

따라서 $\varepsilon_M^x = \varepsilon_M^x = 1$로 x재와 y재의 소득탄력성이 모두 양수이므로 x재와 y재는 소득이 증가할 때 수요가 증가하는 정상재이다.

② $P_x x = 2P_y$ 이면 $\frac{P_x}{P_y}=2$ 이고, 효용극대화조건에 의해 x재와 y재의 한계대체율과 상대가격이 일치하므로 $[MRS_{xy} = \frac{MU_x}{MU_y}] = [\frac{P_x}{P_y} = 2]$ 이므로 $MU_x = 2MU_y$이다.

③ $P_x = 2Py$ 이면 효용극대화조건에 의해 x재와 y재의 한계대체율과 상대가격이 일치하므로 $[MRS_{xy} = \frac{MU_x}{MU_y} = \frac{y}{x}] = [\frac{P_x}{P_y} = 2]$ 이므로 $y = 2x$이다.

④ $MRS_{xy} = \frac{MU_x}{MU_y} = \frac{y}{x}$ 이므로 주어진 예산제약조건에서 x재 소비가 증가할 때 y재 소비는 감소하므로 분모는 커질수록 분자는 작아져서 한계대체율은 체감한다.

⑤ x재의 수요함수는 $x = \frac{1}{2}\frac{M}{P_x}$ 이므로 y재 가격은 x재 수요에 영향을 미치지 않으며 두 재화는 독립적인 관계이다.

정답 ②

10 오염물질을 발생시키는 상품 A의 시장수요곡선은 $Q = 20-P$이고, 사적 한계비용곡선과 사회적 한계비용곡선이 각각 $PMC = 6+Q$, $SMC = 10+Q$이다. 사회적 최적 생산량을 달성하기 위하여 부과해야 하는 생산단위당 세금은? (단, Q는 생산량, P는 가격이고 완전경쟁시장을 가정한다.)

① 1.5 ② 2 ③ 3 ④ 4 ⑤ 5

해설 사적 한계비용(PMC)와 한계외부비용(EMC)의 합이 사회적 한계비용(SMC)이므로 SMC에서 PMC를 차감한 비용이 EMC이다.

SMC = 10 + Q
− PMC = 6 + Q
EMC = 4

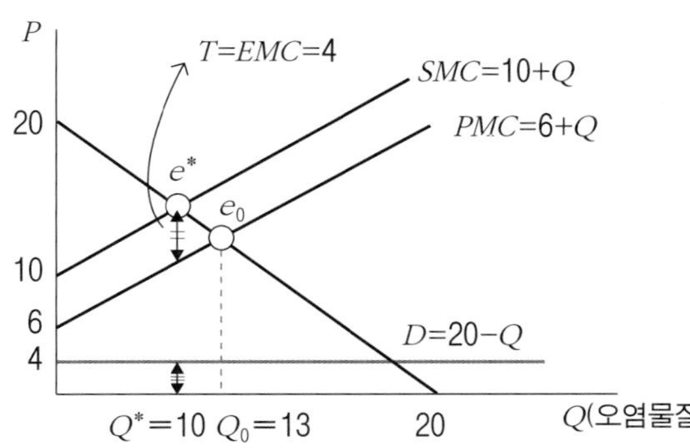

외부비용을 발생하며 과다 생산(13)되는 오염물질에 대하여 사회적 최적 생산량(10) 수준에서 발생하는 한계외부비용(4)만큼 피구세를 부과하면 PMC가 피구세만큼 수직 상방으로 이동하여 최적 생산량(10) 수준에 도달한다. 따라서 외부비용을 발생시키는 오염물질에 부과하는 피구세의 크기는 사회적 최적 생산량 수준에서 발생하는 한계외부비용이다.

정답 ④

경제학원론

11 **솔로우(R. Solow) 경제성장모형에서 1인당 생산함수는 $y = f(k) = 4(k)^{1/2}$이고, 저축률은 5%, 감가상각률은 2%, 그리고 인구증가율은 2%이다. 균제상태(steady state)에서 1인당 자본량은? (단, y는 1인당 산출량, k는 1인당 자본량이다.)**

① 21 ② 22 ③ 23 ④ 24 ⑤ 25

해설 솔로우 기본 방정식 ☞ $\Delta k = s \cdot f(k) - (n+\delta)k$

솔로우 성장모형의 균제상태 조건은 저축에 따른 1인당 자본량 증가분[$=s \cdot f(k)$]과 인구증가에 따른 1인당 자본량 감소분[$=(n+\delta)k$]이 일치하여 1인당 자본량 증가율[$\frac{\Delta k}{k}$]이 0인 상태이다.

따라서 솔로우 균제상태에서는 1인당 자본량의 변동이 없으므로[$\frac{\Delta k}{k}=0$] 자본증가율[$\frac{s \cdot f(k)}{k}$]이 인구증가율, 감가상각률의 합[$n+\delta$]과 일치한다.

$$\frac{\Delta k}{k} = \frac{s \cdot f(k)}{k} - \frac{(n+\delta)k}{k} = 0$$

$\therefore s \cdot f(k) = (n+\delta)k$

$0.05 \times 4k^{\frac{1}{2}} = (0.02 + 0.02)k$

$\therefore k = 25$

정답 ⑤

12 **균형국민소득은 $Y = C(Y-T)+G$이다. 정부가 민간분야에 대해 5,000억 권의 조세삭감과 5,000억 권의 지출증가를 별도로 실시할 경우 조세삭감과 정부지출로 인한 균형국민소득의 변화(절댓값)를 옳게 설명한 것은? (단, Y : 균형국민소득, $C(Y-T)$: 소비함수, T : 조세, G : 정부지출, 0<한계소비성향(MPC)<1이다.)**

① 조세삭감 효과가 정부지출 효과보다 크다.
② 조세삭감 효과와 정부지출 효과는 동일하다.
③ 조세삭감 효과가 정부지출 효과보다 작다.
④ 조세승수는 $-1/(1-MPC)$이다.
⑤ 정부지출승수는 $MPC/(1-MPC)$이다.

해설 정부지출승수($\frac{\Delta Y}{\Delta G}$) $= \frac{1}{1-MPC}$

조세승수($\frac{\Delta Y}{\Delta T}$) $= \frac{-MPC}{1-MPC}$

따라서 정부지출승수의 절대값[$\left|\frac{1}{1-MPC}\right|$]이 조세승수의 절대값[$\left|\frac{-MPC}{1-MPC}\right|$]보다 크므로 정부지출 1단위가 조세 1단위보다 국민소득에 미치는 효과가 1만큼 [$\frac{1}{1-MPC} - \frac{MPC}{1-MPC} = 1$] 크다.

정답 ③

13 ***A*국가의 총수요와 총공급곡선은 각각 $Y_d = -P+5$, $Y_s = (P-P^e)+6$이다. 여기서 P^e가 5일 때 (ㄱ) 균형 국민소득과 (ㄴ) 균형물가수준은? (단, Y_d는 총수요, Y_s는 총공급, P는 실제물가수준, P^e는 예상물가수준이다.)**

① ㄱ : 1, ㄴ : 0 ② ㄱ : 2, ㄴ : 1 ③ ㄱ : 3, ㄴ : 2
④ ㄱ : 4, ㄴ : 2 ⑤ ㄱ : 5, ㄴ : 3

해설 예상 물가수준이 5일 때($P^e = 5$), 총공급곡선은 $Y_s = (P-P^e)+6 = P+1$이다.
$[Y_d = -P+5] = [P+1 = Y_S]$
총수요와 총공급이 일치하는 균형물가수준(P)은 2이고, 이를 총수요함수와 총공급함수에 대입하면 균형국민소득(Y)은 3이다.

정답 ③

14 **먼델-플레밍모형을 이용하여 고정환율제 하에서 정부지출을 감소시킬 경우 나타나는 변화로 옳은 것은? (단, 소규모 개방경제 하에서 국가 간 자본의 완전이동과 물가불변을 가정하고, *IS*곡선은 우하향, *LM*곡선은 수직선이다.)**

① *IS*곡선은 오른쪽 방향으로 이동한다.
② *LM*곡선은 오른쪽 방향으로 이동한다.
③ 통화량은 감소한다.
④ 고정환율수준 대비 자국의 통화가치는 일시적으로 상승한다.
⑤ 균형국민소득은 증가한다.

해설

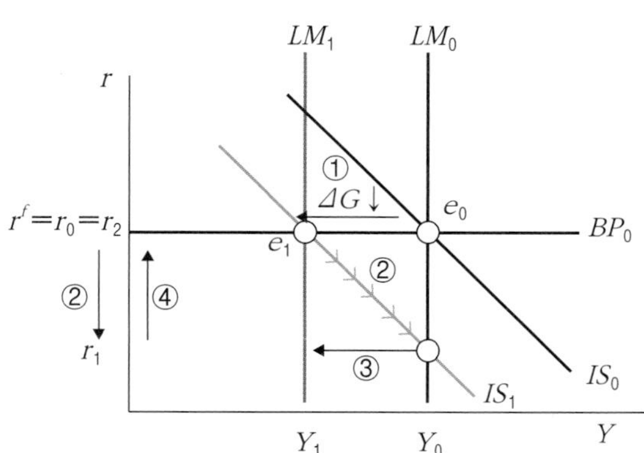

정부지출이 감소하면 유효수요가 감소하여 균형 국제 이자율(r^f) 수준에서 *IS*곡선이 좌측으로 이동하고 국내 이자율(r)이 하락한다. 국제 이자율보다 국내 이자율이 낮으면 국내 자본이 해외로 유출되므로 국내의 외환수요가 급증하여 환율 상승 압박이 증가한다. 고정환율제도에서 중앙은행은 환율을 방어하기 위해 시장에 외환을 공급하고 외환 매각에 대한 반대급부로 원화가 중앙은행으로 유입되므로 본원통화가 감소하여 통화량이 감소하므로 *LM*곡선이 좌측으로 이동한다. 이때 통화량은 낮아진 국내 이자율이 국제 이자율 수준으로 상승하여 자본유출이 멈출 때까지 감소하므로 좌측으로 이동한 IS_1곡선과 수평의 *BP*와 LM_1곡선이 만나는 지점에서 새로운 국제수지 균형이 달성된다.

정답 ③

경제학원론

15 **폐쇄경제 하 중앙은행이 통화량을 감소시킬 때 나타나는 변화를 *IS*-*LM*모형을 이용하여 설명한 것으로 옳은 것을 모두 고른 것은? (단, *IS*곡선은 우하향, *LM*곡선은 우상향한다.)**

> ㄱ. *LM*곡선은 오른쪽 방향으로 이동한다.
> ㄴ. 이자율은 상승한다.
> ㄷ. *IS*곡선은 왼쪽 방향으로 이동한다.
> ㄹ. 구축효과로 소득은 감소한다.

① ㄱ, ㄴ ② ㄱ, ㄷ ③ ㄱ, ㄹ ④ ㄴ, ㄹ ⑤ ㄴ, ㄷ, ㄹ

해설

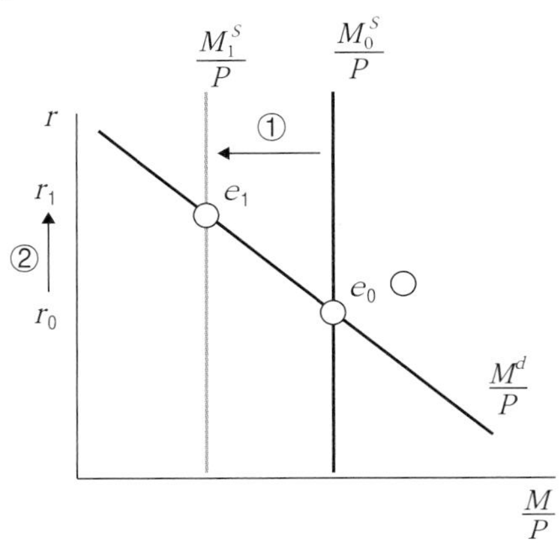

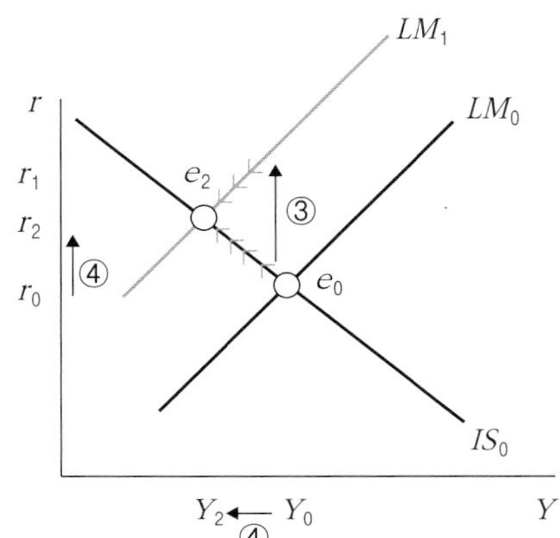

ㄱ. 주어진 소득수준(Y_0)에서 통화량이 감소하면($M_0^S \rightarrow M_1^S$), 실질 통화공급이 감소하여 화폐시장에서 초과수요가 발생한다. 따라서 투기적 동기의 화폐수요를 줄여 화폐시장의 균형을 달성하기 위해 이자율이 상승한다(r_1). 그러므로 주어진 소득수준(Y_0)에서 상승한 이자율(r_1)만큼 LM_1곡선이 수직으로 상방이동(결과적으로는 좌측 이동)한다.
ㄷ. 통화량의 변동은 *IS*곡선의 이동에 영향을 미치지 못 하므로 *IS*곡선은 이동하지 않는다.
ㄴ, ㄹ. 이자율이 상승하여 *IS*곡선 상에서 투자가 감소한다.
※구축효과는 확장적 재정정책이 시행될 때 *IS*곡선이 우상향하는 *LM*곡선에 직면하여 이자율이 상승하고, 상승한 이자율로 인해 투자가 감소하여 당초에 기대하였던 정부지출승수효과 만큼의 국민소득이 증가하지 못 하는 국민소득의 감소분을 의미한다. 따라서 본 문제는 긴축 통화정책으로 인한 이자율의 상승이 투자를 감소시키는 결과와 구축효과를 구분하지 못 하고 출제한 지문이므로 이자율의 상승이 투자를 감소시키는 결과만을 정리하고 구축효과와는 무관함을 확인하여야 한다.

정답 ④

16 **폐쇄경제 균형국민소득은 $Y = C+I+G$이고 다른 조건이 일정할 때 재정적자가 대부자금시장에 미치는 효과로 옳은 것은? (단, 총투자곡선은 우하향, 총저축곡선은 우상향, Y : 균형국민소득, C : 소비, I : 투자, G : 정부지출이다.)**

① 대부자금공급량은 감소한다.
② 이자율은 하락한다.

③ 공공저축은 증가한다.
④ 투자곡선은 왼쪽 방향으로 이동한다.
⑤ 저축곡선은 오른쪽 방향으로 이동한다.

해설 • 대부자금 공급(총저축곡선)
☞ 국민저축(S_N) = 정부(공공)저축($S_G = T - G$) + 민간저축($S_p = Y - T - C$)
• 대부자금 수요(총투자곡선)
☞ 총투자 = 국내투자(I)+해외투자(NX = 수출(X)− 수입(M))

소비(C)는 이자율의 감소함수이므로 민간저축은 이자율의 증가함수이고 국민저축도 이자율의 증가함수이다. 따라서 대부자금 공급곡선은 우상향한다.
국내투자는 이자율의 감소함수이므로 대부자금 수요곡선은 우하향한다.

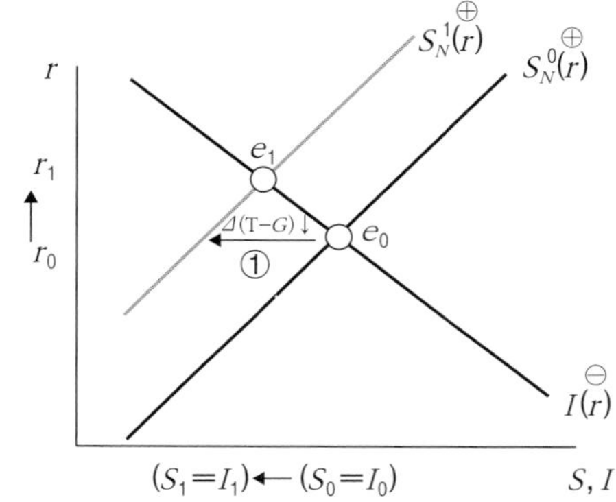

재정적자가 발생($T - G < 0$)하면 정부저축이 감소하여 대부자금 공급이 감소하므로 대부자금 공급곡선이 좌측 이동하여 이자율이 상승하고 대부자금 거래량이 감소한다. 그러나 정부저축이 감소하더라도 대부자금 수요곡선(총투자곡선)은 영향을 받지 않으므로 이동하지 않는다.

정답 ①

17 폐쇄경제 하 총수요(*AD*)−총공급(*AS*)모형을 이용하여 정부지출 증가로 인한 변화에 관한 설명으로 옳지 않은 것을 모두 고른 것은? (단, *AD*곡선은 우하향, 단기 *AS*곡선은 우상향, 장기 *AS*곡선은 수직선이다.)

ㄱ. 단기에 균형국민소득수준은 증가한다.
ㄴ. 장기에 균형국민소득수준은 증가한다.
ㄷ. 장기에 고전파의 이분법이 적용되지 않는다.
ㄹ. 장기 균형소득수준은 잠재산출량 수준에서 결정된다.

① ㄱ, ㄴ ② ㄱ, ㄷ ③ ㄴ, ㄷ ④ ㄴ, ㄹ ⑤ ㄱ, ㄴ, ㄹ

해설 단기 균형 : 단기 공급곡선(SAS)와 총수요곡선(AD)가 일치하는 지점
장기 균형 : 장기 공급곡선(LAS)와 총수요곡선(AD)가 일치하는 지점
(∵ LAS와 AD가 만나는 지점으로 SAS가 이동)

경제학원론

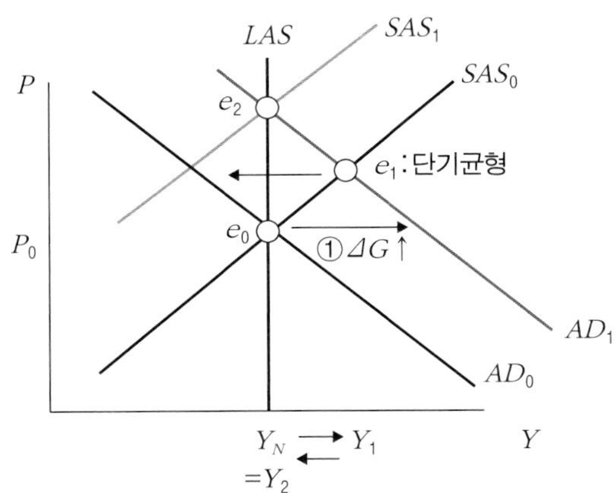

ㄱ. 정부지출(G)이 증가하면 유효수요가 창출되어 총수요가 확대되고 AD곡선이 우측으로 이동하여 e_1에서 단기 균형이 달성되어 균형국민소득수준(Y_1)이 증가한다.

ㄴ, ㄷ, ㄹ. e_1의 단기 균형에서는 실제 국민소득이 잠재 국민소득보다 큰 인플레이션갭이 발생하여 노동시장에서 초과수요가 발생하므로 임금(w)이 상승하므로 단기 공급이 축소된다. 따라서 SAS_0가 좌측으로 이동하여 AD_1과 LAS가 일치하는 e_2 지점까지 SAS_1이 이동하여 완전고용산출량수준에서 새로운 장기 균형에 도달한다($Y_N = Y_2$) 즉, 장기에서 총수요관리정책은 명목변수(P)만 변화시킬 뿐 실질변수(Y)에는 영향을 미치지 못하는 고전적 이분법이 성립한다.

정답 ③

18 경제학파별 이론에 관한 설명으로 옳은 것을 모두 고른 것은?

> ㄱ. 고전학파는 화폐의 중립성을 주장한다.
> ㄴ. 실물경기변동이론은 임금과 가격의 신축성을 전제한다.
> ㄷ. 케인즈학파는 경기침체의 원인이 총공급의 부족에 있다고 주장한다.
> ㄹ. 가격의 경직성을 설명하는 메뉴비용(menu cost)이론은 새케인즈학파(new Keynesian)의 주장이다.

① ㄱ, ㄴ　② ㄱ, ㄷ　③ ㄴ, ㄷ　④ ㄴ, ㄹ　⑤ ㄱ, ㄴ, ㄹ

해설 ㄱ. 고전학파의 화폐수량설 ☞ $M^S \cdot \overline{V} = P \cdot Y_N$

고전학파에 의하면 화폐유통속도($\overline{V}$)는 개인의 지불 습관에 의해 고정되어 있고, 경제는 항상 완전고용산출량(Y_N)을 달성하므로 통화정책(M^S)은 경제의 명목변수(P)에만 영향을 미치고 실물 변수(Y)에는 영향을 미치지 못 하는 화폐의 중립성이 성립한다.

ㄴ. 새고전학파의 균형경기변동이론인 실물경기변동이론(RBC)에 따르면 모든 시장은 완전경쟁시장이므로 시장의 불균형이 발생하면 신축적인 가격조정메커니즘에 의해 시장이 청산된다(market clearing). 따라서 경기변동은 균형에서 새로운 균형으로 이동하는 과정이다.

ㄷ. 고전학파 ☞ 세이의 법칙 : 공급이 수요를 창출한다.

케인즈 ☞ 유효수요이론 : 수요가 공급을 창출한다.

케인즈에 의하면 시장 내에 항상 초과설비(유휴설비)가 존재하여 유효수요만큼 총공급은 뒷받침되므로 유효수요의 부족이 경기침체의 원인이다.

ㄹ. 합리적 기대의 새케인즈학파는 미시적 기초에 입각하여 거시경제이론을 설명하는데, 합리적 기대 하에서도 가격변수가 경직적이면 단기적으로 총수요관리정책은 경제안정화 효과를 갖는다. 기업이 가격을 조정하는 비용인 메뉴비용이 존재하면 기업은 가격이 아니라 산출량 조정을 통해 이윤극대화를 추구하므로 단기 공급곡선은 우상향한다.

 ⑤

19 ***A*국가는 경제활동인구가 1,000만 명이고, 매 기간 동안 실직률(취업자 중 실직하는 사람의 비율)과 구직률(실직자 중 취업하는 사람의 비율)은 각각 2%와 18%이다. 균제상태(steady state)의 실업자 수는?**

① 25만 명 ② 40만 명 ③ 50만 명 ④ 75만 명 ⑤ 100만 명

해설 균제상태(정상상태)는 실직자 수와 구직자 수가 같아서 경제 내의 취업자 수와 실업자 수가 변동 없이 일정한 상태이다.

• 균제상태의 실업률

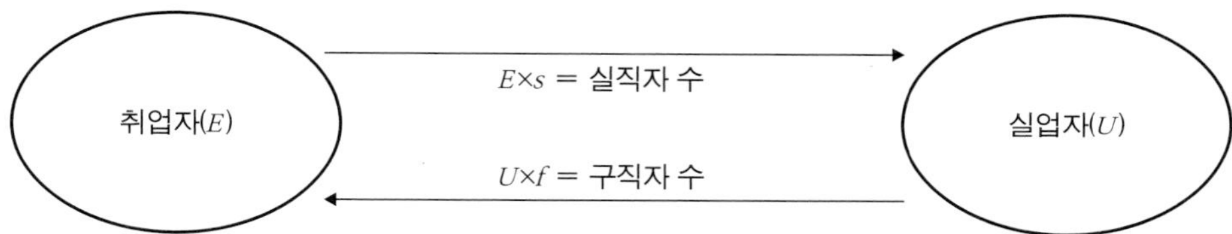

실직률$(s) = \frac{\text{실직자}}{\text{취업자}(E)}$, 구직률$(f) = \frac{\text{구직자}}{\text{실업자}(U)}$

1. 균제상태 ☞ $E \cdot s = U \cdot f \rightarrow E = \frac{f}{s} \times U$

2. 균제상태의 실업률 $= \frac{U}{E+U} = \frac{U}{\frac{f}{s} \times U + U} = \frac{1}{\frac{f}{s}+1} = \frac{1}{\frac{f+s}{s}} = \frac{s}{f+s}$

∴ 균제상태의 실업률 $= \frac{s}{f+s} = \frac{0.02}{0.18+0.02} = 0.1$

따라서 균제상태의 실업자 수는 경제활동인구(1,000만 명)에 실업률(0.1)을 곱한 100만 명이다.

 ⑤

20 **2021년 현재 우리나라 통계청의 고용통계 작성기준에 관한 설명으로 옳지 않은 것은? (단, 만 15세 이상 인구를 대상으로 한다.)**

① 아버지가 수입을 위해 운영하는 편의점에서 조사대상주간에 무상으로 주당 20시간 근로한 자녀는 비경제활동인구로 분류된다.

② 다른 조건이 같을 때 실업자가 구직활동을 포기하면 경제활동참가율은 하락한다.

③ 질병으로 입원하여 근로가 불가능한 상태에서 구직활동을 하는 경우에는 실업자로 분류되지 않는다.

④ 대학생이 수입을 목적으로 조사대상주간에 주당 1시간 이상 아르바이트를 하는 경우 취업자로 분류된다.

⑤ 실업률은 경제활동인구 대비 실업자 수의 비율이다.

해설 ① 가족이 운영하는 사업체나 농장에서 무상으로 주당 18시간 이상을 근무하는 가족원은 무급가족종사자로 분류되어 취업자에 해당하므로 경제활동인구에 속한다.

② 실망실업자효과는 경기불황으로 구직자의 취업확률이 하락할 때 일자리를 탐색하던 실업자가 구직활동을 단념하고 비경제활동인구로 전환하여 경제활동참가율과 실업률이 하락하는 현상이다.

③ 경제활동인구는 일할 의사와 능력이 존재해야 하므로 일할 의사가 있더라도 일할 능력을 갖추지 못 한 환자는 비경제활동인구에 포함되므로 실업자가 아니다.

④ 취업자는 일할 의사와 능력이 존재하는 경제활동인구 중에서 실제로 취업한 자로서 매월 15일이 속한 1주일 동안 소득, 이익, 봉급, 임금 등 수입을 목적으로 1시간 이상 일한 자이므로 지문의 대학생은 취업자에 해당한다.

⑤ 실업률 $= \dfrac{\text{실업자}}{\text{경제활동인구}} \times 100\%$

 ①

21 소득–여가선택모형에서 효용극대화를 추구하는 개인의 노동공급 의사결정에 관한 설명으로 옳지 않은 것은? (단, 여가(L)와 소득(Y)은 효용을 주는 재화이며 한계대체율$\left(\text{MRS} = \left|\dfrac{\Delta Y}{\Delta L}\right|\right)$은 체감한다.)

① 여가가 정상재인 경우 복권당첨은 근로시간의 감소를 초래한다.

② 여가가 열등재라면 노동공급곡선은 우하향한다.

③ 임금률이 한계대체율보다 크다면 효용극대화를 위해 근로시간을 늘려야 한다.

④ 개인 간 선호의 차이는 무차별곡선의 모양 차이로 나타난다.

⑤ 시장임금이 유보임금(reservation wage)보다 낮으면 노동을 제공하지 않는다.

해설 ① 복권에 당첨되면 근로 외 소득인 비근로소득이 증가하여 개인의 예산제약선이 수직으로 상방이동한다. 예산선의 기울기인 시간당 임금률은 변함이 없으므로 대체효과는 발생하지 않고 실질소득이 증가하여 소비의 기회집합이 확대되므로 정상재인 여가소비가 증가하는 소득효과에 의해 근로시간(총가용시간 = 여가+근로시간)이 감소한다.

② 시간당 임금률이 상승하면 소득에 대한 여가의 상대가격도 상승하므로 실질소득이 불변일 때 동일한 효용수준을 유지하기 위해 1원당 한계효용이 하락한 여가를 1원당 한계효용이 상승한 소득으로 대체하기 위해 노동공급을 늘리는 대체효과가 발생한다. 또한 상대가격이 불변일 때 동일 노동공급에 대한 실질소득이 증가하므로 열등재인 여가소비는 감소하여 노동공급이 증가한다. 따라서 시간당 임금률이 상승할 때 대체효과와 소득효과 모두 노동공급을 증가시키므로 우상향의 노동공급곡선이 도출된다.

③ 임금률이 한계대체율보다 크다면 여가의 1원당 한계효용이 소득의 1원당 한계효용보다 작으므로 1원당 한계효용이 하락한 여가를 소득(기타재)로 대체하기 위해 노동공급을 늘려야 한다.

④ 여가와 소득이 재화(goods)이면 여가의 기회비용이 클수록 여가에 대한 소득의 한계대체율이 높으므로 동일 소비조합에서 여가의 기회비용이 작은 근로선호자에 비해 보다 가파른 무차별곡선으로 도해된다.

⑤ 시장의 객관적 임금이 개인이 노동시장에 참여할 때 최소한으로 요구하는 주관적 임금률인 유보임금보다 낮다면 개인은 1원당 한계효용이 높은 여가 소비를 늘려 효용극대화를 추구하므로 노동시장 외부에 머무르며 경제활동에 참여하지 않는다.

 ②

22 이윤극대화를 추구하는 완전경쟁기업의 단기 노동수요에 관한 설명으로 옳은 것은? (단, 단기 총생산곡선의 형태는 원점으로부터 고용량 증가에 따라 체증하다가 체감하며, 노동시장은 완전경쟁이다.)

① 노동의 평균생산이 증가하고 있는 구간에서 노동의 한계생산은 노동의 평균생산보다 작다.
② 노동의 한계생산이 최대가 되는 점에서 노동의 한계생산과 노동의 평균생산은 같다.
③ 완전경쟁기업은 이윤극대화를 위해 자신의 노동의 한계생산가치와 동일한 수준으로 임금을 결정해야 한다.
④ 노동의 평균생산이 감소하고 있는 구간에서 노동의 한계생산은 감소한다.
⑤ 단기 노동수요곡선은 노동의 평균생산가치곡선과 같다.

해설 ①②④ 총생산함수와 한계생산체감의 법칙

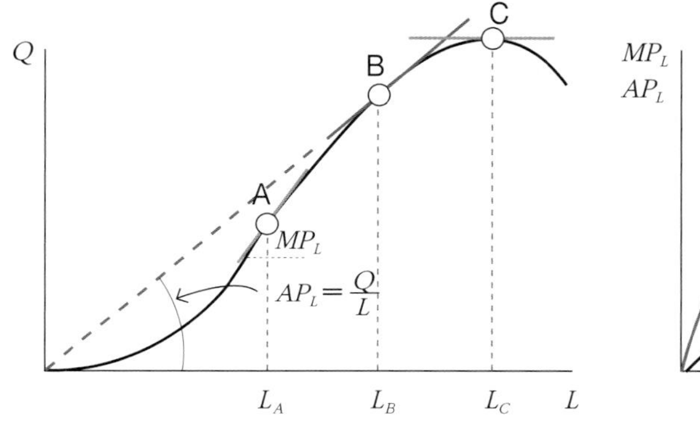

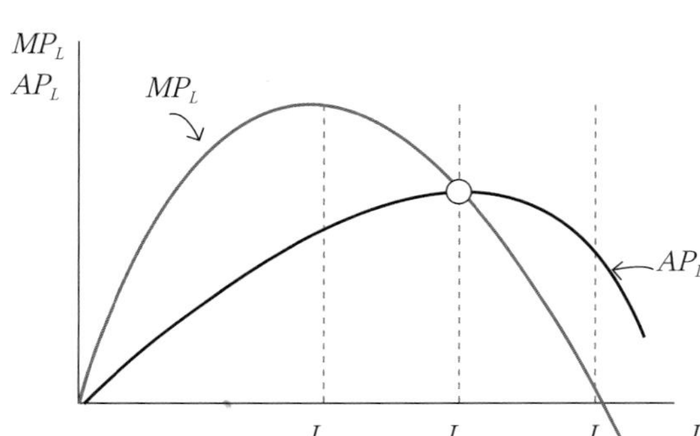

노동의 평균생산(AP_L)이 상승하는 구간에서 노동의 한계생산(MP_L)은 노동의 평균생산(AP_L)보다 작다. MP_L이 아니라 AP_L이 극대화 되는 고용수준에서 MP_L과 AP_L이 일치한다. AP_L이 하락하는 구간(L_B 이후)에서 MP_L은 감소하고 AP_L보다 낮다.

③, ⑤ 모든 생산요소가 가변적인 장기와는 달리 고정 생산요소가 존재하는 단기의 노동시장에서 개별 기업의 이윤극대화 행동원리[$MFC_L = MRP_L$]는 재화시장의 이윤극대화 행동원리[$MC = MR$]과 일치한다.

따라서 단기 노동시장의 개별 기업은 한계근로자를 고용할 때 발생하는 비용의 증가분인 한계요소비용[$MFC_L = \frac{\Delta TC}{\Delta L} = \frac{\Delta TC}{\Delta Q} \cdot \frac{\Delta Q}{\Delta L} = MC \cdot MP_L$]과 고용된 한계근로자로부터 얻는 수입의 증가분인 한계수입생산[$MRP_L = \frac{\Delta TR}{\Delta L} = \frac{\Delta TR}{\Delta Q} \cdot \frac{\Delta Q}{\Delta L} = MR \cdot MP_L$]이 일치하는 지점에서 이윤극대화를 달성하는 최적 고용량을 결정한다.

한계근로자의 한계요소비용[MFC_L]은 근로자의 임금[W]을 의미하고[$MFC_L = \frac{\Delta TC}{\Delta L} = \frac{\Delta(W \cdot L)}{\Delta L} = \frac{W \cdot \Delta L}{\Delta L} = W$] 완전경쟁시장의 개별 기업은 가격순응자(Price taker)로 행동하므로 기업의 한계수입[MR]은 최종 재화의 시장가격[P]과 일치한다.[$MR = \frac{\Delta TR}{\Delta Q} = \frac{\Delta(P \cdot Q)}{\Delta Q} = \frac{P \cdot \Delta Q}{\Delta Q} = P$]

[$MFC_L = \frac{\Delta TC}{\Delta L} = \frac{\Delta(W \cdot L)}{\Delta L} = \frac{W \cdot \Delta L}{\Delta L} = W$]

[$MRP_L = \frac{\Delta TR}{\Delta L} = \frac{\Delta TR}{\Delta Q} \cdot \frac{\Delta Q}{\Delta L} = MR \cdot MP_L = P \cdot MP_L = VMP_L$]

[$W = P \cdot MP_L = VMP_L$]

따라서 단기 노동시장에서 기업은 이윤극대화를 달성하기 위해 마지막으로 고용되는 한계근로자의 임금(W)과 한계생산물가치(VMP_L)가 동일하도록 최적고용량을 결정한다.

 ④

경제학원론

23 **노동시장에서 수요독점자인 A기업의 생산함수는 $Q = 2L+100$이다. 생산물시장은 완전경쟁이고 생산물가격은 100이다. 노동공급곡선이 $W = 10L$인 경우 다음을 구하시오. (단, Q는 산출량, L은 노동투입량, W은 임금이며 기업은 모든 근로자에게 동일한 임금을 지급한다.)**

> ㄱ. A기업의 이윤극대화 임금
> ㄴ. 노동시장의 수요독점에 따른 사회후생 감소분(절댓값)의 크기

① ㄱ : 50, ㄴ : 100 ② ㄱ : 50, ㄴ : 200 ③ ㄱ : 100, ㄴ : 300
④ ㄱ : 100, ㄴ : 400 ⑤ ㄱ : 100, ㄴ : 500

해설 • 경쟁적 재화시장($P = MR$)과 수요독점시장

노동자를 완전차별하지 않는 수요독점기업은 모든 근로자에게 개인의 유보임금 수준에 상관없이 마지막으로 고용되는 한계근로자의 유보임금을 기존에 고용된 노동자에도 동일하게 지급한다. 따라서 수요독점 기업은 노동공급곡선을 평균요소비용(AFC_L)으로 인식하는데 고용이 증가할수록 평균요소비용이 상승하므로 노동의 한계요소비용(MFC_L)곡선은 노동공급곡선의 상방에 위치함을 유추할 수 있다. 그리고 기업의 이윤극대화 행동원리에 의해 노동의 한계수입생산(MRP_L)과 한계요소비용(MFC_L)이 일치하도록 최적 고용량을 결정하고, 마지막으로 고용된 한계근로자의 유보임금수준을 대변하는 노동공급곡선 상에서 이윤극대화 임금을 설정한다.

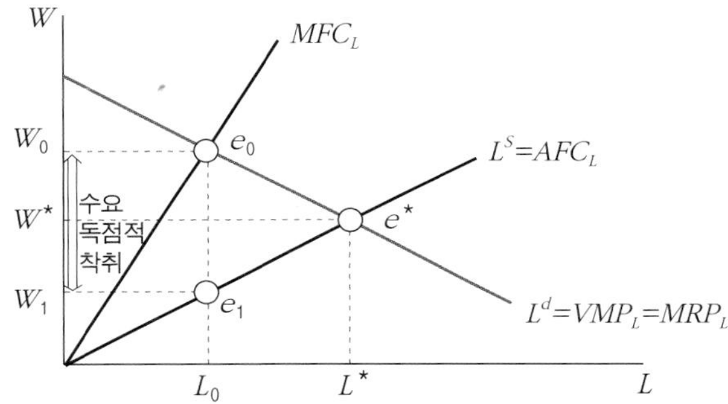

수요독점 시 완전경쟁에서와는 달리 불완전고용이 발생한다. 즉, 완전경쟁시장에서의 균형 임금, 균형 고용량 보다 낮은 수준의 임금과 고용량이 결정되어, 자원배분이 비효율적이다. 그 결과 단위 노동자 당 $[W_0-W_1]$만큼의 수요 독점적 착취가 발생하고, $e_0-e^*-e_1$의 삼각형 크기만큼 사중손실이 발생한다.

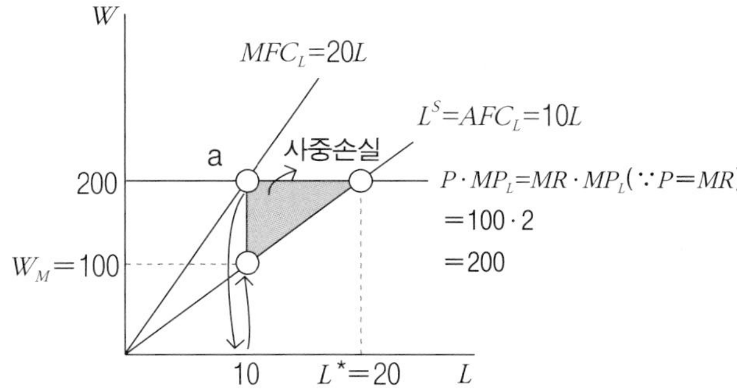

$$MFC_L = \frac{\Delta TFC_L}{\Delta L} = \frac{\Delta(10L \cdot L)}{\Delta L} = 20L(\because AFC_L = \frac{TFC_L}{L} \rightarrow TFC_L = AFC_L \cdot L)$$

$$MP_L = \frac{\Delta Q}{\Delta L} = \frac{\Delta(2L+100)}{\Delta L} = 2$$

사중손실 $= \frac{1}{2} \times (200-100) \times (20-10) = 500$

정답 ⑤

24 노동시장에서의 차별에 관한 설명으로 옳은 것을 모두 고른 것은?

ㄱ. 제품시장과 요소시장이 완전경쟁이라면 고용주의 선호(기호)차별은 정부개입 없이 기업 간 경쟁에 의해 사라지게 된다.
ㄴ. 통계적 차별은 개인적인 편견이 존재하지 않더라도 발생한다.
ㄷ. 통계적 차별은 개인이 속한 집단의 평균적 생산성을 기초로 개인의 생산성을 예측하는 데서 발생한다.
ㄹ. 동등가치론(comparable worth)은 차별시정을 위해 공정한 취업의 기회를 주장한다.

① ㄱ, ㄹ ② ㄴ, ㄷ ③ ㄱ, ㄴ, ㄷ
④ ㄴ, ㄷ, ㄹ ⑤ ㄱ, ㄴ, ㄷ, ㄹ

해설 ㄱ. 게리 베커의 고용주에 의한 차별모형에 의하면 동일한 생산성을 지닌 백인 노동자에 비해 흑인 노동자를 차별할 경우에는 차별적 선호(차별계수)가 높아질수록 더 높은 비용을 지불하고 백인 노동자를 고용하게 되므로 기업의 이윤이 하락하여 경쟁력을 상실하고 시장에서 퇴출된다.
ㄴ, ㄷ 개인의 차별적 선호(편견)에 의해 임금 차별을 설명하는 게리 베커의 차별적 선호모형과 달리 통계적 차별은 고용주, 동료, 고객의 차별적 선호가 존재하지 않더라도 기업이 노동자에 비해 노동자의 생산성에 관한 적은 정보를 보유하는 비대칭적 상황에서 해당 노동자가 속한 집단의 과거 평균 생산성에 의존해 생산성을 추정하는 과정에서 의도하지 않은 임금차별이 발생하는 현상을 설명한다.
ㄹ. 동등가치를 지닌 직무에 대하여는 동일임금을 지급하여 사용자에 의한 임금차별을 금지하는 동등가치론은 취업기회의 균등을 강조하는 공정한 취업기회와 무관하다.

정답 ③

25 노동시장에서 노동수요와 노동공급곡선은 각각 $L_d = -W+70$, $L_S = 2W-20$이다. 정부가 최저임금을 $W = 40$으로 결정하여 시행하는 경우 고용량은? (단, L_d는 노동수요량, L_S는 노동공급량, W는 노동 1단위당 임금이다.)

① 30 ② 40 ③ 50 ④ 60 ⑤ 70

해설 • 최저임금제의 의의

정부는 온정적 간섭주의에 입각하여 저숙련 근로자의 총소득 극대화를 위해 시장균형 임금보다 높은 수준에서 임금하한제로서의 최저임금제를 설정한다. 시장의 균형 임금보다 높은 수준에서 결정되는 최저임금은 노동의 초과공급을 유발하므로 비자발적 실업을 초래하고 노동수요가 임금 변화에 탄력적일수록 비자발적 실업의 규모도 커진다.

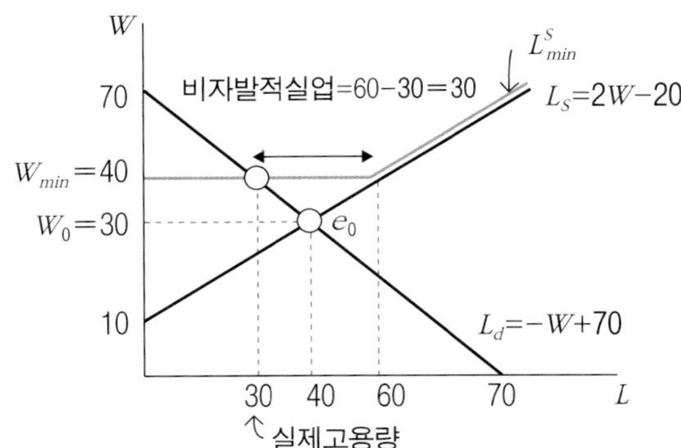
W
L^S_{min}
70
비자발적실업=60−30=30
$L_S=2W-20$
$W_{min}=40$
$W_0=30$
e_0
10
$L_d=-W+70$
30
40
60
70
L
실제고용량

정답 ①

2020년도 제29회 공인노무사 경제학원론 기출문제

01 경쟁시장에서 기업의 비용곡선에 관한 설명으로 옳지 않은 것은?

① 생산이 증가함에 따라 한계비용이 증가한다면, 이는 한계생산물이 체감하기 때문이다.
② 생산이 증가함에 따라 평균가변비용이 증가한다면, 이는 한계생산물이 체감하기 때문이다.
③ 한계비용이 평균총비용보다 클 때는 평균총비용이 하락한다.
④ 한계비용곡선은 평균총비용곡선의 최저점을 통과한다.
⑤ U자 모양의 평균총비용곡선 최저점의 산출량을 효율적 생산량이라고 한다.

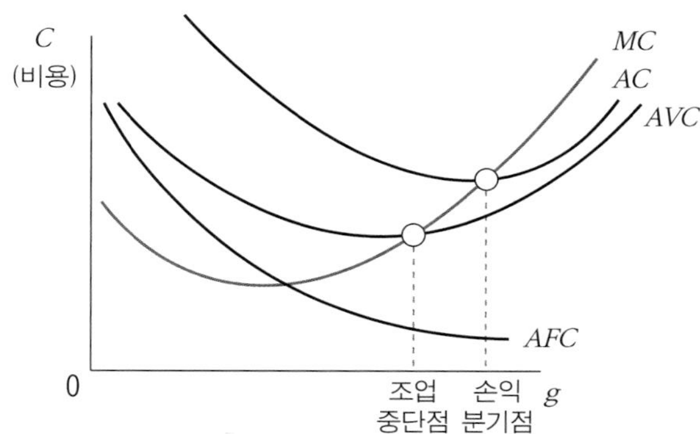

단기의 완전경쟁기업은 평균가변비용(AVC)과 평균비용(AC)의 최저 생산량 수준에서 한계비용이 각각 일치한다. 또한 완전경쟁기업은 가격과 한계수입이 일치하고($P = MR$), 한계수입과 한계비용이 일치하도록($MR = MC$) 이윤극대화 생산량을 결정하므로 단기균형에서는 가격과 한계비용이 동일하다($P = MC$) 이때 가격이 평균가변비용(AVC)보다 낮다면 생산할수록 고정비용을 넘어 추가적인 손실이 발생하므로 생산을 중단해야 한다. 그리고 가격이 평균가변비용보다 높으면 생산할수록 이미 지출된 고정비용(AFC)을 회수할 수 있으므로 공장을 가동시킬 유인이 존재한다. 따라서 가격($P = MC$)이 평균가변비용보다 낮아 고정비용을 회수할 수 없는 평균가변비용의 최저점($P = MC = AVC$)이 조업중단점이다.

또한 가격($P = MC$)이 평균비용(AC)를 상회하면 초과이윤이 발생하고, 가격이 평균비용보다 낮으면 손실이 발생하므로 한계비용과 평균비용이 일치하는 평균비용곡선의 최저점이 손익분기점이다.

① $MC = \dfrac{\Delta TC}{\Delta Q} = \dfrac{\Delta(W \cdot L)}{\Delta Q} = \dfrac{W \cdot \Delta L}{\Delta Q} = \dfrac{W \cdot \dfrac{\Delta L}{\Delta L}}{\dfrac{\Delta Q}{\Delta L}} = \dfrac{W}{MP_L}$

노동 고용을 늘려 생산이 증가할수록 노동의 한계생산성(MP_L)이 체감하므로 생산의 한계비용(MC)는 점차 증가한다.

② 평균가변비용(AVC)의 최저점인 조업중단점 이후부터는 AVC가 상승하는데 이는 MC가 AVC보다 높고 MP_L이 체감하여 MC가 지속적으로 상승하기 때문이다.

③ AC의 최저점인 손익분기점 이후에 생산량이 증가할수록 MC가 AC보다 크므로 AC는 점점 상승한다.

④, ⑤ 손익분기점에서 MC곡선은 AC곡선의 최저점을 통과하고 이때의 효율적 산출량 수준이 최적시설규모이다.

정답 ③

02 A기업은 완전경쟁시장에서 이윤을 극대화하는 생산량 1,000개를 생산하고 전량 판매하고 있다. 이때 한계비용은 10원, 평균가변비용은 9원, 평균고정비용은 2원이다. 이에 관한 설명으로 옳지 않은 것은?

① 총수입은 10,000원이다.
② 총비용은 11,000원이다.
③ 상품 개당 가격은 10원이다.
④ 총가변비용은 9,000원이다.
⑤ 단기에서는 조업을 중단해야 한다.

해설

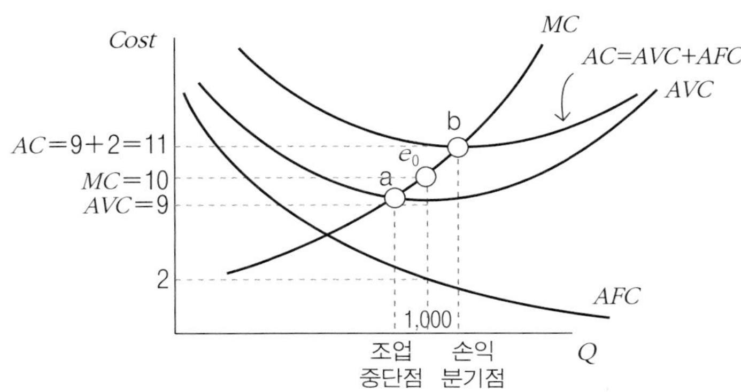

총수입 : $TR = P \cdot Q = 10 \times 1,000 = 10,000$₩ ($\because P = MC$)
총비용 : $TC = AC \times Q = (AVC + AFC) \cdot Q = (9+2) \times 1,000 = 11,000$₩
가격 : $P = MC = 10$
총가변비용 : $TVC = AVC \cdot Q = 9 \times 1,000 = 9,000$₩

⑤ 현 생산량(1,000개)은 MC가 AVC보다 크고 AC보다 작아서 조업중단점과 손익분기점 사이에 위치한다. 즉 단기에서 가격($P=MC$)이 AC보다 작으므로 손실을 보지만[이윤(π) = 총수입(TR)−총비용(TC) = $P \cdot Q - AC \cdot Q$ [$\because$ 평균비용(AC) = $\frac{TC}{Q}$] = $(P - AC)Q$] AVC보다 크므로 생산할수록 총고정비용을 회수할 수 있으므로 조업을 계속해야 한다.

정답 ⑤

03 효율적 시장가설(efficient market hypothesis)에 관한 설명으로 옳은 것을 모두 고른 것은?

ㄱ. 주식가격은 매 시점마다 모든 관련 정보를 반영한다.
ㄴ. 주식가격은 랜덤워크(random walk)를 따른다.
ㄷ. 미래 주식가격의 변화에 대한 체계적인 예측이 가능하다.
ㄹ. 주식가격의 예측이 가능해도 가격조정은 이루어지지 않는다.

① ㄱ, ㄴ ② ㄱ, ㄷ ③ ㄴ, ㄷ ④ ㄴ, ㄹ ⑤ ㄷ, ㄹ

해설 효율적 시장가설(EMH)에 의하면 자본시장에서 주식을 포함한 금융자산의 가격은 각 시점에서 이용가능한 모든 정보를 충분히 반영하여 결정된다. 또한 현재 시점에서 예상할 수 있는 모든 정보가 주식가격에 이미 반영되어 있으므로 주식가격은 오로지 현재 시점에서 예상하지 못한 요인에 의해서만 영향을 받는다. 그러므로 예상하지 못한 충격은 무작위적으로 발생하므로 주식가격의 움직임도 랜덤워크의 행태를 따른다. 이는 곧 과거의 주가추이를 기반으로 미래의 주가를 예측할 수 없고, 현 시점의 모든 정보가 금융자산가격에 충분히 반영되어 있으므로 공개된 정보를 이용하여 거래를 하는 투자자는 평균 이상의 추가적인 수익을 획득할 수 없다.

정답 ①

04 공공재에 관한 설명으로 옳은 것을 모두 고른 것은?

ㄱ. 공공재의 공급을 시장에 맡길 경우 무임승차자의 문제로 인해 공급부족이 야기될 수 있다.
ㄴ. 코우즈 정리(Coase theorem)에 따르면 일정한 조건하에서 이해 당사자의 자발적 협상에 의해 외부성의 문제가 해결될 수 있다.
ㄷ. 배제불가능성이란 한 사람이 공공재를 소비한다고 해서 다른 사람이 소비할 수 있는 기회가 줄어들지 않음을 의미한다.

① ㄱ ② ㄴ ③ ㄱ, ㄴ ④ ㄴ, ㄷ ⑤ ㄱ, ㄴ, ㄷ

해설 ㄱ. 대가를 지불하지 않더라도 소비를 배제할 수 없는 공공재의 비재제성이 무임승차자의 문제를 야기하여 과소공급에 의한 시장실패를 초래한다.
ㄴ. 코우즈 정리에 의하면 거래비용이 없거나 매우 낮고, 환경재산권을 설정할 수 있다면 정부의 시장개입 없이도 자발적인 협상에 의해 외부성의 문제를 해결할 수 있다.
ㄷ. 비경합성은 한 사람의 소비가 다른 사람의 소비 가능성에 영향을 미치지 않는 공공재의 특성이다.

정답 ③

05 독점기업의 가격차별에 관한 설명으로 옳지 않은 것은?

① 가격차별을 하는 경우의 생산량은 순수독점의 경우보다 더 작아진다.
② 가격차별을 하는 독점기업은 가격탄력성이 더 작은 시장에서의 가격을 상대적으로 더 높게 책정한다.
③ 가격차별은 소득재분배효과를 가져올 수 있다.
④ 소비자의 재판매가 가능하다면 가격차별이 유지되기 어렵다.
⑤ 완전가격차별의 사회적 후생은 순수독점의 경우보다 크다.

해설 ① 독점기업이 가격을 차별하면 생산량이 순수독점의 경우와 같을 수도 있으나 대부분의 경우에는 순수독점보다 많다.
②, ③ Amoro-Robinson 공식[$MR = P(1-\frac{1}{\varepsilon})$]에 의하면 독점기업은 가격탄력성이 낮은 소비자에게는 높은 가격, 가격탄력성이 높은 소비자에게는 낮은 가격을 설정하여 이윤극대화를 추구한다. 따라서 2급과 3급 가격차별의 경우 가격탄력성이 낮은 소비자로부터 높은 소비자에게로 부가 이전되는 소득재분배가 발생한다. 또한 완전(1급) 가격차별의 경우 소비자잉여가 모두 독점기업에게 귀속되므로 소비자로부터 생산자에게 소득재분배가 발생한다.
④ 3급 가격차별의 경우 시장 간에 동일한 재화에 대하여 다른 가격이 설정되므로 시장 간에 재판매가 가능하다면 차익거래(arbitrage)를 실현하므로 시장 간의 가격차별이 유지될 수 없다.

⑤ 완전(1급) 가격차별의 생산량은 완전경쟁시장의 생산량과 일치하므로 파레토 효율적인 자원배분에 도달하여 사중손실이 발생하지 않으므로 사회적 후생이 순수독점의 경우보다 크다.

정답 ①

06 국제무역의 효과로 옳지 않은 것은?

① 사회적 후생의 증가
② 보다 다양한 소비 기회의 제공
③ 규모의 경제를 누릴 수 있는 기회 발생
④ 수입으로 인한 동일제품 국내 생산자의 후생 증가
⑤ 경쟁의 촉진으로 국내 독과점 시장의 시장실패 교정 가능

해설 ① 국제무역이 발생하면 시장이 확대되어 거래량이 증대되므로 소비자잉여와 생산자잉여의 합으로 구성되는 사회적 후생은 증가한다.

②, ③ 비교열위의 제품을 국내 가격보다 낮은 가격에 수입하여 보다 낮은 가격으로 소비의 기회집합이 확대된다. 산업 간 무역이 발생하면 동일 산업 내에서 규모의 경제가 확대되어 보다 낮은 가격에 다양한 제품을 소비할 수 있게 된다.

④ 국내 제품보다 낮은 국제가격의 제품을 수입하면 국내 상품가격이 하락하여 소비자잉여는 증가하지만 생산자잉여는 감소한다.

⑤ 국내 시장이 독점일 경우 무역의 확대로 시장의 경쟁이 높아지면 거래량이 확대되어 사회후생이 증가하므로 시장실패를 교정할 수 있다.

정답 ④

07 독점기업 A의 수요곡선, 총비용곡선이 다음과 같을 때, 독점이윤극대화시 사중손실(deadweight loss)은? (단, P는 가격, Q는 수량이다.)

• 수요곡선 : $P=-Q+20$	• 총비용곡선 : $TC=2Q+10$

① 99/2 ② 94/2 ③ 88/2 ④ 81/2 ⑤ 77/2

해설 $MC = \frac{\Delta TC}{\Delta Q} = \frac{\Delta(2Q+10)}{\Delta Q} = 2$

완전경쟁시장의 이윤극대화 생산량 : $[P = MR] = MC$

$-Q+20 = 2$

$\therefore Q = 18$

$MR = \frac{\Delta TR}{\Delta Q} = \frac{\Delta(P \cdot Q)}{\Delta Q} = \frac{\Delta(-Q+20)Q}{\Delta Q} = -2Q+20$

독점시장의 이윤극대화 생산량 : $MR = MC$

$-2Q+20 = 2$

$\therefore Q = 9$ ☞ 수요곡선에 대입하면 $P = -9+20 = 11$

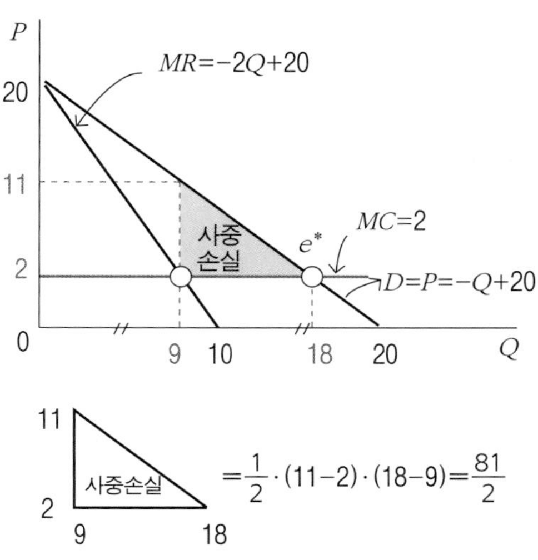

정답 ④

08 양의 효용을 주는 *X*재와 *Y*재가 있을 때, 소비자의 최적선택에 관한 설명으로 옳은 것은?

① 소비자의 효용극대화를 위해서는 두 재화의 시장 가격비율이 1보다 커야 한다.
② *X*재 1원당 한계효용이 *Y*재 1원당 한계효용보다 클 때 소비자의 효용은 극대화된다.
③ 가격소비곡선은 다른 조건이 일정하고 한 상품의 가격만 변할 때, 소비자의 최적선택점이 변화하는 것을 보여준다.
④ 예산제약이란 소비할 수 있는 상품의 양이 소비자의 예산범위를 넘을 수 있음을 의미한다.
⑤ 예산선의 기울기는 한 재화의 한계효용을 의미한다.

해설 ①, ② 소비자의 효용극대화 조건
$[MRS_{xy}=\frac{MU_x}{MU_y}]=[\frac{P_x}{P_y}]$ ☞ $[\frac{MU_x}{P_x}]=[\frac{M_y}{P_y}]$
x재와 y재의 주관적 교환비율인 한계대체율과 객관적 교환비율인 상대가격이 일치하는 소비조합은 x재와 y재의 1원당 한계효용이 균등하여 효용극대화를 달성한다.
③ 가격소비곡선은 재화가격의 변화에 따른 소비자균형점들을 연결한 선을 말한다.
④ 예산제약이란 소비의 기회집합으로서 소비자가 구입할 수 있는 재화의 양은 예산범위를 넘어설 수 없다.
⑤ 예산선의 기울기($\frac{P_x}{P_y}$)는 y재에 대한 x재의 상대가격을 의미한다.

정답 ③

09 *X*재의 공급함수가 *Q*=*P*−6일 때, 공급의 가격탄력성은? (단, *Q*는 공급량, *P*는 가격이다.)

① $(P-6)/P$ ② $(P+6)/P$ ③ $(-P+6)/P$ ④ $P/(P+6)$ ⑤ $P/(P-6)$

해설 공급의 가격탄력성(η)은 가격이 1% 변화할 때 공급량의 변화정도를 측정하는 지표이다.

$$\eta=\frac{\frac{\Delta Q^s}{Q^s}\times 100\%}{\frac{\Delta P}{P}\times 100\%}=\frac{\Delta Q^s}{\Delta P}\cdot\frac{P}{Q^s}=(1)\cdot(\frac{P}{P-6})$$

정답 ⑤

경제학원론

10 소비자 선택에 관한 설명으로 옳지 않은 것은? (단, 대체효과와 소득효과의 비교는 절댓값으로 한다.)

① 정상재의 경우, 대체효과가 소득효과보다 크면 가격 상승에 따라 수요량은 감소한다.
② 정상재의 경우, 대체효과가 소득효과보다 작으면 가격 상승에 따라 수요량은 감소한다.
③ 열등재의 경우, 대체효과가 소득효과보다 크면 가격 상승에 따라 수요량은 감소한다.
④ 열등재의 경우, 대체효과가 소득효과보다 작으면 가격 상승에 따라 수요량은 감소한다.
⑤ 기펜재의 경우, 대체효과가 소득효과보다 작기 때문에 수요의 법칙을 따르지 않는다.

해설 (1) 가격효과 = 대체효과+소득효과

가격효과는 명목소득(M)이 일정할 때 해당 재화의 가격이 변화하면 상대가격의 변화를 반영하는 대체효과와 실질소득의 변화를 반영하는 소득효과로 구분하여 수요량의 변화를 분석한다.

- 대체효과 : 해당 재화의 가격(P_x)이 하락하면 실질소득이 불변일 때 동일한 효용수준을 유지하기 위해 1원당 한계효용이 상승한 재화(x)로 1원당 한계효용이 하락한 재화(y)를 대체하므로 해당 재화(x)의 수요량이 증가한다.
- 소득효과 : 해당 재화의 가격 (P_x)이 하락하면 상대가격이 불변일 때 실질소득($\frac{M}{P_x}$)이 증가하므로 정상재의 수요량은 증가하고 열등재의 수요량은 감소한다.

(2) 정상재 ☞ 수요의 법칙 충족

해당 재화의 가격이 하락하면 대체효과와 소득효과 모두 재화의 수요량을 증가시키므로 우하향하는 수요곡선이 도출된다.

(3) 기펜재가 아닌 열등재 ☞ 수요의 법칙 충족

해당 재화의 가격이 하락하면 수요량을 늘리는 대체효과가 수요량을 감소시키는 소득효과를 압도하여 최종적인 가격효과는 수요량을 증가시키므로 우하향하는 수요곡선이 도출된다.

(4) 기펜재인 열등재 ☞ 수요의 법칙의 예외

해당 재화의 가격이 하락하면 수요량을 감소시키는 소득효과가 수요량을 늘리는 대체효과를 압도하여 최종적인 가격효과는 수요량을 감소시키므로 우상향하는 수요곡선이 도출된다.

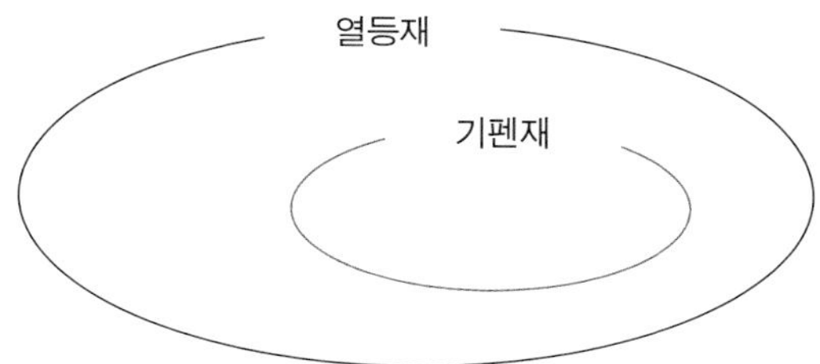

④ 열등재의 경우 가격이 상승할 때 수요량을 감소시키는 대체효과가 실질소득의 감소로 수요량을 늘리는 소득효과보다 작다면 수요량은 증가한다.

 ④

11 **벤담(J. Bentham)의 공리주의를 표현한 사회후생함수는? (단, 이 경제에는 갑, 을만 존재하며, W는 사회 전체의 후생, U는 갑의 효용, V는 을의 효용이다.)**

① $W=max(U, V)$　② $W=min(U, V)$　③ $W=U+V$
④ $W=U \times V$　⑤ $W=U/V$

해설 벤담의 공리주의에 따르면 사회후생은 사회구성원인 갑과 을의 효용의 합($U+V$)으로 결정되므로 사회후생함수는 선형 효용함수인 $W = U+V$이다.
① W = max(U, V)는 사회구성원 중에서 효용이 가장 큰 사람에 의해 전체 사회후생이 결정되는 최상층 우대의 사회후생함수이다.
② W = min(U, V)는 사회구성원 중에서 효용이 가장 작은 사람에 의해 전체 사회후생이 결정되는 롤즈의 사회후생함수이다.
④ W = UV는 사회구성원들의 효용의 곱으로 사회후생이 결정되는 내쉬의 사회후생함수로서 평등주의 사회후생함수이다.

정답 ③

12 **총수요-총공급모형에서 통화정책과 재정정책에 관한 설명으로 옳은 것은? (단, 폐쇄경제를 가정한다.)**

① 통화정책은 이자율의 변화를 통해 국민소득에 영향을 미친다.
② 유동성함정에 빠진 경우 확장적 통화정책은 총수요를 증가시킨다.
③ 화폐의 중립성에 따르면, 통화량을 늘려도 명목임금은 변하지 않는다.
④ 구축효과란 정부지출 증가가 소비지출 감소를 초래한다는 것을 의미한다.
⑤ 확장적 재정정책 및 통화정책은 모두 경기팽창효과가 있으며, 국민소득의 각 구성요소에 동일한 영향을 미친다.

해설 ① 통화정책의 파급경로 중에서 이자율경로에 의하면 중앙은행의 확대 금융정책은 통화통급량을 늘려 이자율을 하락시키고 하락한 이자율이 투자와 소비를 증가시켜 국민소득을 증가시킨다.
② 유동성함정에서는 실질화폐수요곡선이 이자율에 완전탄력적이므로 확장적 통화정책을 실시하더라도 증가한 통화량이 모두 투기적 화폐수요로 흡수되어 이자율이 하락하지 않고 변동이 없으므로 이자율 하락을 통한 투자 증대, 즉 총수요 확대를 기대할 수 없다.
③ 화폐의 중립성이 성립하면 통화량이 증가할 때 명목변수만 비례적으로 상승할 뿐 실질변수는 변하지 않아 실물경제에 어떠한 영향을 미치지 못 한다. 따라서 통화량이 증가하면 물가와 명목임금은 비례적으로 상승하나 실질임금과 실질국민소득은 불변이다.
④ 구축효과는 확장적 재정정책으로 정부지출이 증가하면 이자율이 상승하면 민간투자와 민간소비가 감소하는 효과이다.
⑤ 확장적 재정정책과 확장적 통화정책 모두 총수요를 증가시켜 국민소득을 증가시키는 경기팽창 효과가 발생하나, 확장적 재정정책은 IS곡선을 우측으로 이동시켜 이자율이 상승하고 상승한 이자율이 민간투자와 민간소비를 감소시키는 구축효과를 초래한다. 그러나 확장적 통화정책은 LM곡선을 수직 하방으로 이동시켜(결과적으로 우측이동) 이자율이 하락하므로 민간투자와 민간소비는 증가하므로 국민소득의 구성요소인 투자와 소비에 미치는 영향은 동일하지 않다.

정답 ①

13 거시경제지표에 관한 설명으로 옳지 않은 것은?

① 국내총생산은 영토를 기준으로, 국민총생산은 국민을 기준으로 계산한다.
② 국내총생산 삼면등가의 법칙은 폐쇄경제에서 생산, 지출, 분배국민소득이 항등관계에 있다는 것이다.
③ 국내총생산은 특정 시점에 한 나라 안에서 생산된 부가가치의 합이다.
④ 국민총생산은 국내총생산과 대외순수취 요소소득의 합이다.
⑤ 국내총소득은 국내총생산과 교역조건변화에 따른 실질무역손익의 합이다.

해설 Gross = 총,
National = 국민
Domestic = 국내,
Production = 생산,
Income = 소득

$N = D$ + 대외순수취 요소소득
$I = P$ + 교역조건 변화에 따른 실질무역손익

국민총생산(GNP) = 국내총생산(GDP) + 대외순수취 요소소득
국내총소득(GDI) = 국내총생산(GDP) + 교역조건 변화에 따른 실질무역손익
국민총소득(GNI) = 국내총생산(GDP) + 교역조건 변화에 따른 실질무역손익 + 대외순수취 요소소득
= 국내총소득(GDI) + 국외순수취 요소소득
= 국민총생산(GNP) + 교역조건 변화에 따른 실질무역손익

① 국내총생산(GDP)은 일국의 영토를 경계로 한 속지주의 개념이고, 국민총생산(GNP)은 일국의 국민을 기준으로 한 속인주의 개념이다.
③ 국내총생산(GDP)은 일정 기간 동안 한 나라 안에서 생산된 부가가치의 합으로 정의되므로 유량(flow)의 개념이다.

정답 ③

14 소비이론에 관한 설명으로 옳지 않은 것은?

① 항상소득이론에서 일시소득의 한계소비성향은 항상소득의 한계소비성향보다 크다.
② 생애주기이론에서 소비는 미래소득의 영향을 받는다.
③ 절대소득가설에서는 현재 처분가능소득의 절대적 크기가 소비의 가장 중요한 결정요인이다.
④ 처분가능소득의 한계소비성향과 한계저축성향의 합은 1이다.
⑤ 절대소득가설이 항상소득이론보다 한시적 소득세 감면의 소비진작 효과를 더 크게 평가한다.

해설 ① 항상소득이론에 의하면 일시적인 임시소득의 변화는 소비에 미치는 영향이 매우 작아 임시소득의 한계소비성향은 0에 가깝고, 소비는 항상소득의 일정비율이므로 항상소득의 한계소비성향은 일시소득의 한계소비성향보다 크다
⑤ 절대소득가설에 의하면 소비는 가처분소득과 절대적인 비례관계를 가지므로 한시적 소득세 감면으로 현재의 가처분소득이 증가하면 현재 소비는 진작된다. 그러나 항상소득이론에 의하면 한시적 소득세 감면은 일시적인 임시소득의 증가이므로 가계의 소비진작으로 이어지지 못 하고 모두 저축된다.

정답 ①

15 중앙은행의 화폐공급에 관한 설명으로 옳은 것은?

① 예금창조기능은 중앙은행의 독점적 기능이다.
② 본원통화는 현금과 은행의 예금을 합친 것이다.
③ 중앙은행이 민간에 국채를 매각하면 통화량이 증가한다.
④ 중앙은행이 재할인율을 인하한다고 발표하면 기업은 경기과열을 억제하겠다는 신호로 받아들인다.
⑤ 법정지급준비율은 통학승수에 영향을 미친다.

해설 ① 개인이 은행에 현금통화를 예금하면 일부는 지급준비금으로 은행이 보유하고 나머지 예금을 대출하면서 신용이 창조된다. 따라서 예금통화창조는 중앙은행이 아닌 시중 예금은행의 기능이다.
② 본원통화(H)는 중앙은행의 창구를 통해 민간에 공급된 통화로서 민간보유현금(C)와 은행의 지급준비금(Z)을 합계이다.
③ 중앙은행이 민간에 국채를 매각하면 매각 대금이 중앙은행으로 유입되므로 본원통화가 감소하여 통화량이 감소한다. [통화(공급)량(M^S) = 통화승수(m) × 본원통화(H)]
④ 재할인율은 시중 예금은행이 중앙은행으로부터 대부자금을 차입할 때 적용하는 기준금리이다. 따라서 중앙은행이 재할인율의 인하를 발표하면 예금은행이 중앙은행으로부터 차입금이 증가하여 본원통화가 증가하므로 통화량이 확대된다. 이러한 재할인율정책의 공표효과에 의해 재할인율의 인하 발표를 기업을 경기부양을 위한 확장적 통화정책의 신호로 인식한다.
⑤ 법정지급준비율이 인하되면 은행의 신용창조과정이 확대되므로 통화승수가 상승하고 통화량이 증가한다.

$$\text{통화승수}(m) = \frac{\text{통화량}(M^S)}{\text{본원통화}(H)} = \frac{\text{현금통화}(C)+\text{예금통화}(D)}{\text{현금통화}(C)+\text{지급준비금}(Z)}$$
$$= \frac{1}{c+z(1-c)} \quad [c=\text{현금통화비율},\ z=\text{법정지급준비율}+\text{초과지급준비율}]$$

정답 ⑤

16 물가지수에 관한 설명으로 옳지 않은 것은?

① 소비자물가지수는 재화의 품질 변화를 반영하는 데 한계가 있다.
② GDP디플레이터는 실질GDP를 명목GDP로 나눈 수치이다.
③ 소비자물가지수는 재화의 상대가격 변화에 따른 생계비의 변화를 과대평가한다.
④ 소비자물가지수는 재화 선택의 폭이 증가함에 따른 화폐가치의 상승효과를 측정할 수 없다.
⑤ 소비자물가지수는 GDP디플레이터와 달리 해외에서 수입되는 재화의 가격변화도 반영할 수 있다.

해설 1. 소비자물가지수(Consumer Price Index : CPI)는 통계청에서 도시가계의 평균적인 생계비나 화폐의 구매력을 소비자구입가격으로 조사하여 라스파이레스방식(기준년도 가중치)로 작성하는 물가지수로서 도시가계소비지출 중에서 차지하는 비중이 1/10,000 이상인 460개 품목으로 구성된다. 또한 CPI는 라스파이레스방식으로 물가를 측정하므로 실제 물가변화를 과대평가하는 경향이 있다.

$$\text{CPI} = \frac{\Sigma p_t * Q_0}{\Sigma p_0 * Q_0} \times 100$$

2. 생산자물가지수(Producer Price Index : PPI)는 한국은행에서 국내생산자가 국내시장에 출하하는 재화 및 서비스의 생산자출하가격을 조사하여 라스파이레스방식(기준년도 가중치)로 작성하는 물가지수로서 국내시장에서 거래되는 상품거래 총액의 1/10,000(서비스는 1/2,000) 이상인 884개 품목으로 구성된다.
3. GDP디플레이터는 한국은행에서 GDP추계에 포함되는 모든 재화와 서비스의 가격을 대상으로 파셰방식으로 측정한다. 명목GDP를 실질GDP로 나누어서 사후적(즉, 직접조사 아님)으로 산출하며 국내에서 생산되는 모든 재

경제학원론

화와 서비스의 가격이 포함되므로 가장 포괄적인 물가지수이고 파셰방식(비교년도 가중치)로 측정하므로 실제 물가변화를 과소평가하는 경향이 있다.

$$GDP디플레이터 = \frac{\Sigma p_t * Q_1}{\Sigma p_0 * Q_1} \times 100 = \frac{명목\ GDP}{실질\ GDP} \times 100$$

①, ③, ④ 소비자물가지수는 재화의 상대가격 변화에 대응하는 소비자의 대체가능성, 신제품의 등장에 의한 선택의 폭 증가, 재화의 품질변화를 반영하지 못 하므로 소비자의 생계비 변화, 즉 실제 물가변화를 과대평가하는 경향이 있다.

⑤ 소비자물가지수는 도시가계가 소비하는 수입품을 포함하지만, GDP디플레이터는 국내에서 생산된 품목만을 대상으로 하기 때문에 수입품의 가격변동을 반영하지 못 하는 한계가 있다.

정답 ②

17 단기총공급곡선이 우상향하는 이유로 옳지 않은 것은?

① 명목임금이 일반적인 물가 상승에 따라 변동하지 못한 경우
② 수요의 변화에 따라 수시로 가격을 변경하는 것이 어려운 경우
③ 화폐의 중립성이 성립하여, 통화량 증가에 따라 물가가 상승하는 경우
④ 일반적인 물가 상승을 자신이 생산하는 재화의 상대가격 상승으로 착각하는 경우
⑤ 메뉴비용이 발생하는 것과 같이 즉각적인 가격 조정을 저해하는 요인이 있는 경우

해설 ① 노동시장에서 명목임금의 경직성에 의해 우상향의 단기총공급곡선을 도출하는 새케인즈학파의 명목임금경직성모형이다.

② 재화시장에서 가격이 경직성에 의해 우상향의 단기총공급곡선을 도출하는 새케인즈학파의 가격경직성모형이다.

③ 화폐의 중립성이 성립하면 물가가 상승할 때 명목임금이 신축적으로 상승하므로 실질임금이 변하지 않아서 실질임금의 함수인 노동수요도 불변이므로 총생산량이 변하지 않고 총공급곡선은 수직으로 도출된다.

④ 재화시장에서 정보의 비대칭성에 의해 우상향의 단기총공급곡선을 도출하는 새고전학파인 루카스의 불완전 정보모형이다.

⑤ 재화시장에서 메뉴비용이 존재하면 산출량 조정으로 이윤극대화를 추구하므로 우상향의 단기총공급곡선이 도출되는 새케인즈학파의 가격경직성모형이다.

정답 ③

18 A국의 소비지출(C), 투자지출(I), 정부지출(G), 순수출(Xn), 조세징수액(T)이 다음과 같을 때, 이에 관한 설명으로 옳은 것은? (단, Y는 국민소득이고, 물가, 금리 등 가격변수는 고정되어 있으며, 수요가 존재하면 공급은 언제나 이루어진다고 가정한다.)

• $C=300+0.8(Y-T)$	• I : 300	• G : 500
• Xn : 400	• T : 500	

① 균형국민소득은 4,000이다.
② 정부지출이 10 증가하는 경우 균형국민소득은 30 증가한다.
③ 조세징수액이 10 감소하는 경우 균형국민소득은 30 증가한다.

④ 정부지출과 조세징수액을 각각 100씩 증가시키면 균형국민소득은 100 증가한다.
⑤ 정부지출승수는 투자승수보다 크다.

해설 ① $Y = AE = C+I+G+Xn = 300+0.8(Y-500)+300+500+400$
$Y = 5{,}500$

② 정부지출승수$(\frac{\Delta Y}{\Delta G}) = \frac{1}{1-MPC} = \frac{1}{1-0.8} = 5$
$\Delta Y = \Delta G\times$정부지출승수 $= 10\times5 = 50$

③ 조세승수$(\frac{\Delta Y}{\Delta T}) = \frac{-MPC}{1-MPC} = \frac{-0.8}{1-0.8} = -4$
[tip. 정액세의 균형재정승수는 1이므로 정부지출승수+조세승수 = 1에서 조세승수 = 1-5 = -4]
$\Delta Y = \Delta T\times$조세승수 $= -10\times-4 = 40$

④ 균형재정승수 = 정부지출승수$[\frac{1}{1-MPC}]$+조세승수$[\frac{-MPC}{1-MPC}] = \frac{1-MPC}{1-MPC} = 1$
$100\times1 = 100$

⑤ 정부지출승수와 투자승수는 일치한다.

정답 ④

19 인플레이션에 관한 설명으로 옳은 것은?

① 예상치 못한 인플레이션이 발생하면 채권자가 이득을 보고 채무자가 손해를 보게 된다.
② 피셔(I. Fisher)가설에 따르면 예상된 인플레이션의 사회적 비용은 미미하다.
③ 예상치 못한 인플레이션은 금전거래에서 장기계약보다 단기계약을 더 회피하도록 만든다.
④ 경기호황 속에 물가가 상승하는 현상을 스태그플레이션이라고 한다.
⑤ 인플레이션 조세는 정부가 화폐공급량을 줄여 재정수입을 얻는 것을 의미한다.

해설 ①, ② 피셔가설 ☞ 명목이자율(i) = 실질이자율(r)+예상 인플레이션율(π^e)
인플레이션이 예상(π^e)되면 채권자들이 실질이자율의 하락을 방지하기 위해 예상 인플레이션율만큼 명목이자율의 상승을 요구하므로 실질이자율은 불변이므로 채권자와 채무가 간의 소득재분배는 발생하지 않으므로 예상치 못한 인플레이션에 비해 사회적 비용은 낮다.
피셔가설 ☞ 실질이자율(r) = 명목이자율(i)－예상치 못한 실제 인플레이션율(π)
예상치 못한 인플레이션(π)이 발생하면 명목이자율이 고정된 상태에서 채권자의 실질이자율이 예상치 못한 실제 인플레이션율만큼 하락하므로 채권자의 부가 채무자에게 이전되는 소득 재분배가 발생한다.
③ 예상치 못한 인플레이션이 발생하면 경제의 불확실성이 증대되어 경제주체는 장기계약으로 인한 위험을 회피하기 위해 단기계약을 선호한다.
④ 스태그플레이션은 1970년대에 오일쇼크와 같은 부정적 공급충격으로 인하여 소득감소와 인플레이션이 동시에 발생하는 경기침체를 의미한다.
⑤ 인플레이션 조세는 정부의 화폐공급량 확대로 인하여 민간이 보유한 화폐의 구매력이 하락하여 채권자인 국민으로부터 채무자인 정부에게로 부가 이전되는 과정에서 발생하는 추가적인 재정수입을 의미한다.

정답 ②

20 실업에 관한 설명으로 옳지 않은 것은?

① 실업보험은 마찰적 실업을 감소시켜 자연실업률을 하락시키는 경향이 있다.
② 경기변동 때문에 발생하는 실업을 경기적 실업이라 한다.
③ 효율성임금이론(efficiency wage theory)에 따르면 높은 임금 책정으로 생산성을 높이려는 사용자의 시도가 실업을 야기할 수 있다.
④ 내부자-외부자가설(insider-outsider hypothesis)에 따르면 내부자가 임금을 높게 유지하려는 경우 실업이 발생할 수 있다.
⑤ 최저임금제도는 구조적 실업을 야기할 수 있다.

해설 ① 실업보험은 직업탐색의 기회비용(한계비용)을 낮춰 구직자가 낮은 부담으로 구직활동을 지속하도록 유인하여 직장탐색기간이 길어지므로 자발적 일자리 탐색과정에서 발생하는 마찰적 실업을 늘려 자연실업률을 상승시킨다. (자연실업률 = 마찰적 실업률 + 구조적 실업률)
③ 가격순응자로서 개별기업은 이윤극대화를 달성하기 위해 시장 임금에 순응하여 비용극소화 행동원리에 따라 최적 고용량을 결정한다. 그러나 기업 내부로 한정한다면 개별기업은 내부노동시장에서 산업 전체에서의 독점기업처럼 유일한 고용의 주체이다. 따라서 내부노동시장에서 이윤극대화를 달성하기 위해 외부 노동시장의 균형임금 보다 높은 효율임금을 설정하여 태만의 기회비용을 높이고, 이직률을 낮추며 채용 과정에서 역선택을 방지하여 내부 노동자의 생산성을 제고할 수 있다. 그러나 효율성임금은 내부노동시장과 외부노동시장의 임금격차를 확대시켜 최저임금제와 같이 비자발적인 구조적 실업을 초래하는 문제가 발생한다.
④ 기업 내부 노동시장의 독점적 노조는 기업 외부 노동시장에 존재하는 대기 노동자와의 대체성을 낮추기 위해 임금인상을 요구하고 이러한 임금격차는 대기실업을 발생시킨다.
⑤ 산업구조의 변동(성장과 쇠퇴), 효율성임금, 최저임금제는 비자발적 실업인 구조적 실업을 초래한다.

정답 ①

21 노동시장에서 수요독점자인 *A*기업의 생산함수는 $Q = 4L+100$이다. 생산물시장은 완전경쟁이고 생산물가격은 200이다. 노동공급곡선이 $\omega = 5L$인 경우, 이윤극대화가 달성되는 노동의 한계요소비용과 한계수입생산을 순서대로 옳게 나열한 것은? (단, Q는 산출량, L은 노동투입량, ω는 임금이다.)

① 400, 400 ② 400, 600 ③ 600, 800 ④ 800, 800 ⑤ 900, 900

해설 • 경쟁적 재화시장($P=MR$)과 수요독점시장
노동자를 완전차별하지 않는 수요독점기업은 모든 근로자에게 개개인의 유보임금 수준에 상관없이 마지막으로 고용되는 한계근로자의 유보임금을 기존에 고용된 노동자에도 동일하게 지급한다. 따라서 수요독점 기업은 노동공급곡선을 평균요소비용(AFC_L)으로 인식하는데 고용이 증가할수록 평균요소비용이 상승하므로 노동의 한계요소비용(MFC_L)곡선은 노동공급곡선의 상방에 위치함을 유추할 수 있다. 그리고 기업의 이윤극대화 행동원리에 의해 노동의 한계수입생산(MRP_L)과 한계요소비용(MFC_L)이 일치하도록 최적 고용량을 결정하고, 마지막으로 고용된 한계근로자의 유보임금수준을 대변하는 노동공급곡선 상에서 이윤극대화 임금을 설정한다.

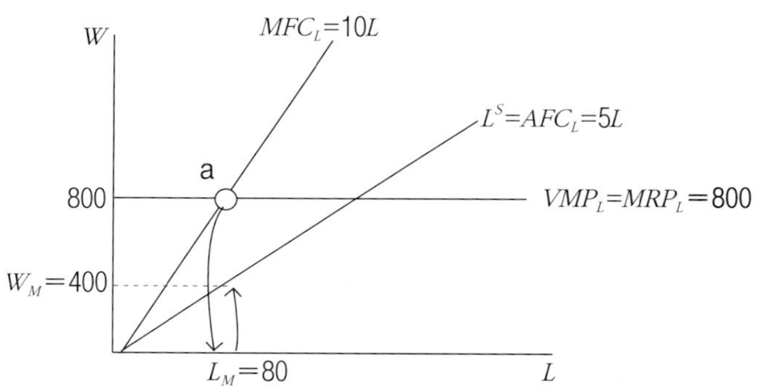

$Q = 4L+100$

$MP_L = \frac{\Delta Q}{\Delta L} = \frac{\Delta(4L+100)}{\Delta L} = 4$

$[VMP_L = P \cdot MP_L] = [MR \cdot MP_L = MRP_L]\ (\because P = MR)$

$\therefore MRP_L = 200 \cdot 4 = 800$

$MFC_L = \frac{\Delta TFC_L}{\Delta L} = \frac{\Delta(AFC_L \cdot L)}{\Delta L} = \frac{\Delta(5L \cdot L)}{\Delta L} = 10L$

$(\because AFC_L = \frac{\Delta TFC_L}{\Delta L})$

정답 ④

22 소득-여가선택모형에서 효용극대화를 추구하는 개인의 노동공급 의사결정에 관한 설명으로 옳지 않은 것은? (단, 대체효과와 소득효과의 비교는 절댓값으로 한다.)

① 소득과 여가가 정상재인 경우, 임금률 상승 시 대체효과가 소득효과보다 크면 노동공급은 증가한다.
② 소득과 여가가 정상재인 경우, 임금률 하락 시 소득효과가 대체효과보다 크면 노동공급은 감소한다.
③ 소득과 여가가 정상재인 경우, 임금률 하락 시 대체효과는 노동공급 감소요인이다.
④ 소득과 여가가 정상재인 경우, 임금률 상승 시 소득효과는 노동공급 감소요인이다.
⑤ 소득은 정상재이지만 여가가 열등재인 경우, 임금률 상승은 노동공급을 증가시킨다.

해설 1. 대체효과

시간당 임금률이 상승하면 동일한 효용 수준에서 소득에 대한 여가의 상대가격이 상승하므로 1원당 한계효용이 감소한 여가를 1원당 한계효용이 증가한 소득으로 대체하는 효과에 의해 개인의 노동공급은 증가한다.

2. 소득효과

시간당 임금률이 상승하면 동일 노동 공급에 대하여 실질소득이 증가하고 여가와 소득의 기회집합이 확대되어서 정상재인 여가의 소비는 증가하여 노동공급은 감소하고, 열등재인 여가의 소비는 감소하여 노동공급은 증가하는 소득효과가 발생한다.

따라서 시간당 임금률이 상승하면,

1. 대체효과에 따라 노동공급이 증가하고,
2. 소득효과에 따라 여가가 정상재라면 노동공급이 감소하고, 여가가 열등재라면 노동공급이 증가한다.

이 때, 여가가 정상재이고 소득효과가 대체효과를 압도하면 노동공급곡선이 일정 임금 수준에서 후방굴절하는 형태로 도출된다.

② 시간당 임금률이 하락하면 1원당 한계효용이 상승한 여가로 소득을 대체하므로 대체효과에 의해 노동공급은 감소하고, 동일 노동공급에 대한 실질소득이 감소하여 정상재인 여가소비는 감소하므로 노동공급은 증가한다. 따라서 노동공급을 늘리는 소득효과가 노동공급을 감소시키는 소득효과를 압도하면 노동공급은 증가한다.
⑤ 시간당 임금률이 상승하면 대체효과에 의해 노동공급은 증가하고, 동일노동 공급에 대해 실질소득이 증가하므로 열등재인 여가소비를 줄이고 정상재인 소득을 늘리기 위해 노동공급을 증가시키므로 대체효과와 소득효과 모두 노동공급을 증가시킨다.

정답 ②

23 B국의 총생산함수는 $Y = AK^{\alpha}L^{(1-\alpha)}$이다. 생산요소들이 한계생산물만큼 보상을 받는 경우, 자본소득에 대한 노동소득의 비율은? (단, Y는 생산량, A는 총요소생산성, $0 < \alpha < 1$, K는 자본량, L은 노동량이다.)

① α ② $1-\alpha$ ③ $\frac{\alpha}{Y}$ ④ $\frac{1-\alpha}{Y}$ ⑤ $\frac{1-\alpha}{\alpha}$

해설 1. 노동소득분배율
(1) 노동소득분배율은 재화시장에서 기업의 총수입($TR = PQ$)에 대하여 노동소득이 차지하는 비율을 의미하며 이를 수식으로 표현하면, $[WL/PQ]$와 같다.
(2) 완전경쟁시장에서 이윤극대화 조건은 $[W = P \cdot MP_L]$이므로 노동소득분배율 수식에 대입하여 A기업의 생산함수 하에서 노동소득분배율을 구할 수 있다.

$$[\frac{WL}{PQ} = \frac{P \cdot MP_L \cdot L}{PQ} = \frac{MP_L \cdot L}{Q(=Y)} = \frac{A \cdot (1-\alpha) \cdot K^{\alpha} \cdot L^{[(1-\alpha)-1]} \cdot L}{A \cdot K^{\alpha} \cdot L^{(1-\alpha)}}] = 1-\alpha$$

B국의 노동소득분배율은 $(1-\alpha)$이다.

2. 자본소득분배율
(1) 이는 재회시장에서 기업의 총수입(TR = PQ)에 대한 자본소득이 차지하는 비율로 수식으로 표현하면 $[rk/PQ]$이다.
(2) 완전경쟁시장에서 이윤극대화조건은 $[r = P \cdot MP_K]$이므로 노동소득분배율과 마찬가지로 자본소득분배율을 구하면 다음과 같다.

$$[\frac{rL}{PQ} = \frac{P \cdot MP_K \cdot L}{PQ} = \frac{MP_K \cdot K}{Q(=Y)} = \frac{A \cdot (\alpha) \cdot K^{\alpha-1} \cdot L^{(1-\alpha)} \cdot K}{A \cdot K^{\alpha} \cdot L^{(1-\alpha)}}] = \alpha$$

B국의 자본소득분배율은 α이다.

3. 자본소득에 대한 노동소득의 비율 = $\frac{\text{노동소득분배율}}{\text{자본소득분배율}} = \frac{1-\alpha}{\alpha}$

정답 ⑤

24 노동시장에서의 임금격차에 관한 설명으로 옳지 않은 것은?

① 임금격차는 인적자본의 차이에 따라 발생할 수 있다.
② 임금격차는 작업조건이 다르면 발생할 수 있다.
③ 임금격차는 각 개인의 능력과 노력 정도의 차이에 따라 발생할 수 있다.
④ 임금격차는 노동시장에 대한 정보가 완전해도 발생할 수 있다.
⑤ 임금격차는 차별이 없으면 발생하지 않는다.

해설 • 오하카 분해법 ☞ 임금격차 = 생산성 차이에 의한 임금격차 + 임금차별
그리고 근로자의 생산성이 동일하고 임금차별이 존재하지 않더라도 기업이 제공하는 근로조건의 차이가 보상적 임금격차를 발생시킨다.

• 총 임금격차 = 근로조건에 의한 보상적 임금격차 + 생산성 차이에 의한 임금격차 + 임금차별

개인의 능력과 노력 정도, 인적자본의 축적 정도에 의해 생산성이 향상되면 임금이 상승하여 임금격차가 발생한다. 따라서 정보가 완전하고 차별이 존재하지 않더라도 근로조건, 생산성, 개인의 능력과 노력(유인급여)에 의해 임금격차가 발생한다.

정답 ⑤

25 총인구 200명, 15세 이상 인구 100명, 비경제활동인구 20명, 실업자 40명인 *A*국이 있다. *A*국의 경제활동참가율(%), 고용률(%), 실업률(%)을 순서대로 옳게 나열한 것은? (단, 우리나라의 고용통계 작성방식에 따른다.)

① 40, 20, 40 ② 40, 50, 20 ③ 80, 20, 20
④ 80, 40, 50 ⑤ 80, 50, 20

해설 생산가능인구(15세 이상 인구) = 100명
경제활동인구 = 생산가능인구 − 비경제활동인구 = 100−20 = 80
취업자 = 경제활동인구 − 실업자 = 80−40 = 40

1. 경제활동 참가율(%) = $\frac{\text{경제활동인구}}{\text{생산가능인구}} = \frac{\text{취업자+실업자}}{\text{15세 이상 인구}}\ \frac{40+40}{100} * 100\% = 80\%$

2. 고용률(%) = $\frac{\text{취업자}}{\text{생산가능인구}} = \frac{\text{취업자}}{\text{15세 이상 인구}} = \frac{40}{100} * 100\% = 40\%$

3. 실업률(%) = $\frac{\text{실업자}}{\text{경제활동인구}} = \frac{\text{실업자}}{\text{취업자+실업자}} = \frac{40}{40+40} * 100\% = 50\%$

정답 ④

경제학원론

Certified Public Labor Attorney

부록 1

2025년 공인노무사 1차 대비 모의문제

제1과목 노동법 1

제2과목 노동법 2

제3과목 민 법

제4과목 사회보험법

제5과목(선택) 경영학개론

제5과목(선택) 경제학원론

제1과목 01

2025년도 제34회 공인노무사 제1차 대비 노동법 1 모의문제

01 노동법의 법원(法源)에 관한 다음 설명 중 옳지 않은 것은?

① 노동관계를 규율하는 모든 규율근거들이 노동법의 법원이 된다.
② 노동관계법령은 최초(1953년)에는 근로기준법, 노동조합법, 노동쟁의조정법 등 세 개의 법률로 출발하였다.
③ 특히 헌법(제32조 및 제33조)은 노동관계법령에 타당성의 근거를 부여하며 노동법의 해석·적용에 있어서 종국적 기준으로서의 효력을 갖는다.
④ ILO협약 등 노동에 관한 국제협약은 헌법 제6조 제1항에 의하여 국내법과 동일한 효력을 갖게 된다.
⑤ 민법상의 법리는 사인간의 관계인 노동관계를 규율할 때 노동법의 수정을 받으면서도 여전히 기초적 또는 보충적 규정으로서의 자리를 차지하고 있다.

02 노동법의 법원(法源)에 관한 다음 설명 중 옳지 않은 것은?

① 노동관행이란 노동관계에서 계속적·반복적으로 행해짐으로써 노사 간의 행위준칙으로 인정되는 것을 의미한다.
② 관행은 그 자체로서 특별한 법적 효력이 없기 때문에 원칙적으로 법원으로 인정되지 않는다.
③ 기업의 내부에 존재하는 특정의 관행이 근로계약의 내용을 이루고 있다고 하기 위한 기준을 우리 대법원이 제시한 바 있다.
④ 노동관행의 변경절차와 관련하여 취업규칙 불이익 변경에 준하는 절차를 거쳐야 한다고 우리 대법원이 판시한 바 있다.
⑤ 우리나라에서 판례는 법원이 될 수 없는 것이 원칙이다.

03 근로의 권리에 관한 다음 중 옳지 않은 것은?(다툼이 있으면 판례에 따름)

① 헌법 제32조의 근로의 권리에서 '부당한 해고로부터 근로자를 보호할 국가의 의무'를 도출할 수는 없다.
② 헌법 제32조 제1항의 근로의 권리의 주체는 '모든 국민'이다.
③ 국가에 대하여 고용증진을 위한 정책을 요구할 수 있는 권리(일할 자리에 관한 권리)는 사회권적 기본권으로서 국민에 대하여만 인정된다.
④ 헌법재판소는 외국인산업연수생도 근로의 권리의 주체가 된다고 하였다.
⑤ 헌법재판소는 국가에 대하여 직접적인 직장존속보장청구권을 근로자에게 인정할 헌법상의 근거는 없다고 하였다.

모의문제

04 **근로기준법 제59조 '근로시간 및 휴게시간의 특례'가 적용되는 것으로 묶은 것은?**

> ㄱ.수상운송업
> ㄴ.항공운송업
> ㄷ.「여객자동차 운수사업법」 제3조제1항제1호에 따른 노선(路線) 여객자동차운송사업
> ㄹ. 보건업

① ㄱ ② ㄱ.ㄴ ③ ㄱ.ㄴ.ㄹ ④ ㄱ.ㄴ.ㄷ ⑤ ㄱ.ㄴ.ㄷ.ㄹ

05 **근로기준법의 규정상 다음 중 옳지 않은 것은?**

① 사용자는 1년간 80퍼센트 출근한 근로자에게 15일의 유급휴가를 주어야 한다.
② 사용자는 3년 이상 계속하여 근로한 근로자에게는 제1항에 따른 휴가에 최초 1년을 초과하는 계속 근로 연수 매 2년에 대하여 1일을 가산한 유급휴가를 주어야 한다. 이 경우 가산휴가를 포함한 총 휴가 일수는 25일을 한도로 한다.
③ 사용자는 여성 근로자가 청구하면 월 1일의 생리휴가를 주어야 한다.
④ 사용자는 임신 중의 여성에게 출산 전과 출산 후를 통하여 90일(한 번에 둘 이상 자녀를 임신한 경우에는 120일)의 출산전후휴가를 주어야 한다. 이 경우 휴가 기간의 배정은 출산 후에 45일(한 번에 둘 이상 자녀를 임신한 경우에는 60일) 이상이 되어야 한다.
⑤ 생후 1년 미만의 유아(乳兒)를 가진 여성 근로자가 청구하면 1일 2회 각각 30분 이상의 유급 수유 시간을 주어야 한다.

06 **근로기준법상 근로자에 관한 다음 중 옳지 않은 것은?(다툼이 있으면 판례에 따름)**

① 근로기준법은 "직업의 종류와 관계없이 임금을 목적으로 사업과 사업장에 근로를 제공하는 자"를 근로자로 정의하고 있다.
② 근로의 내용이 정신노동·육체노동인가를 불문한다.
③ 공기업·사기업·비영리사업 근로자인가를 가리지 않는다.
④ 근로기준법상의 근로자에 해당하는지 여부는 계약의 형식이 고용계약인지 도급계약인지보다 그 실질에 있어 종속적인 관계에서 사용자에게 근로를 제공하였는지 여부에 따라 판단하여야 한다.
⑤ 상법상 선임절차를 거친 이사나 감사라 하더라도 회사로부터 위임받은 사무를 처리하는 외에 대표이사 등의 지휘,감독 아래 일정한 근로를 제공하면 그 대가로 보수를 받는 관계에 있다면 근로기준법상 근로자에 해당한다.

07 **근로자성과 관련한 다음 내용 중 옳지 않은 것은?(다툼이 있으면 판례에 따름)**

① 2022년 6월 개정된 산재보험법은 소위 '전속성 요건'을 폐지하지는 않았다.
② 산재보험법 시행령 제83조의5의 '노무제공자'는 원칙적으로 근로기준법상의 근로자는 아니지만, 산재보험법 적용에 있어서는 특별히 근로자로 간주하는 것이다.

③ 상법상 적법한 선임절차를 거친 임원에게 회사의 규정에 의하여 퇴직금을 지급하는 경우에도 그 퇴직금은 근로기준법 소정의 퇴직금이 아니다.
④ 판례는 출입국관리법령에서 외국인고용제한 규정을 두고 있는 것은 취업자격 없는 외국인의 고용이라는 사실적 행위 자체를 금지하고자 하는 것 뿐이라고 한다.
⑤ 불법체류 외국인이 근로를 제공하다가 작업 도중 부상을 당한 경우에는 산재보험법상의 보험급여를 받을 수 있다.

08 근로기준법상의 사용자와 관련한 다음 중 옳지 않은 것은?(다툼이 있으면 판례에 따름)

① 근로기준법은 사용자를 '사업주 또는 사업경영담당자, 그 밖에 근로자에 관한 사하에 대하여 사업주를 위하여 행위하는 자'로 정의하고 있다.
② '아파트 자치회'는 근로자를 직접 고용하고 지휘·명령하더라도 당해 단체 자체가 사업주가 될 수 없다.
③ 관계 법규에 의하여 제도적으로 근로기준법의 각 조항을 이행할 권한과 책임이 부여되었다면 사업경영담당자에 해당하며, 반드시 현실적으로 그러한 권한을 행사하여야만 하는 것은 아니다.
④ 묵시적 근로계약관계가 성립하기 위해서는 수급인에게 '사업경영의 독립성'이 없어야 하는데, 판례는 이에 대하여 온전한 독립성이 아니라 '약간의 독립성'으로 보고 있다.
⑤ 원청회사로부터 단체급식, 수송, 시설물유지관리, 경비업 등의 업무를 도급받아 수행해 온 하청회사가 수송업무를 다시 재하청회사에게 재하도급을 준 사건에서, 판례는 하청회사와 재하청회사 근로자간의 묵시적근로관계의 성립을 인정한 바 있다.

09 노동법상의 차별금지와 관련한 다음 중 옳지 않은 것은?(다툼이 있으면 판례에 따름)

① 헌법 제11조 제1항의 평등원칙은 합리적인 근거가 없는 차별을 금지하는 상대적 평등을 뜻한다.
② 헌법 제11조 제1항에서 열거한 사유는 예시적이라고 보는 것이 통설이다.
③ 정년차등은 어떠한 경우에도 차별대우에 해당한다.
④ 모집·채용에 있어서의 차별은 근로기준법 제6조 위반이 아니다.
⑤ 근로기준법은 벌칙외에 특별한 구제절차를 두고 있지 않다.

10 노동법상의 차별금지와 관련한 다음 중 옳지 않은 것은?(다툼이 있으면 판례에 따름)

① 근로기준법에서는 사용자의 증명책임을 명문으로 규정하고 있다.
② 공무원 관련법률에 특별한 규정이 없는 한, 고용관계에서 양성평등을 규정한 남녀고용평등법 제11조 제1항과 근로기준법 제6조는 국가기관과 공무원 간의 공법상 근무관계에도 적용된다.
③ 근로계약상의 근로 내용과는 무관한 다른 사정을 이유로 근로자에 대하여 불합리한 차별대우를 해서는 아니된다.
④ '합리적 이유가 없는 경우'란 달리 처우할 필요성이 인정되지 아니하거나 달리 처우하는 경우에도 그 방법·정도 등이 적정하지 아니한 경우를 말한다.
⑤ 남녀고평법은 모집 및 채용에 있어서 남녀를 차별해서는 아니된다고 규정하고 있다.

11 **다음 중 옳지 않은 것은?**

① 우리나라는 1991년 12월 9일 152번째 회원국으로서 국제노동기구(ILO)에 가입하였다.
② 필라델피아 선언문에 '노동은 상품이 아니다'가 명시되어 있다.
③ ILO는 1998년에 노동기본권 선언문을 채택하였다.
④ ILO는 1919년 4월 체결된 베르사유 평화조약(제13편)에 따라 국제연맹 산하에 설립되었다.
⑤ 우리나라는 2022년 6월 현재 '강제근로의 폐지에 관한 협약'을 비준하였다.

12 **다음 중 옳지 않은 것은?**

① 사용자는 폭행, 협박, 감금, 그 밖에 정신상 또는 신체상의 자유를 부당하게 구속하는 수단으로써 근로자의 자유의사에 어긋나는 근로를 강요하지 못한다.
② 근기법 제7조 강제근로의 금지 규정은 근로의 실행뿐만 아니라 준비단계의 착수도 포함한다.
③ 사용자는 사고의 발생이나 그 밖에 어떠한 이유로도 근로자에게 폭행을 하지 못한다.
④ 근기법 제8조 위반죄는 피해자가 원하지 않아도 처벌되는 일반범죄이다.
⑤ 누구든지 법령에 따르지 아니하고는 영리로 다른 사람의 취업에 개입하거나 중간인으로서 이익을 취득하지 못한다.

13 **근로기준법 제9조 중간착취의 베제와 관련하여 옳지 않은 것은?(다툼이 있으면 판례에 따름)**

① '누구든지'에 공무원은 포함되지 않는다.
② 단, 1회의 행위라도 영리의 목적으로 한 것이면 동조 위반이 된다.
③ 반드시 근로관계 성립 또는 갱신에 직접적인 영향을 미칠 정도의 구체적인 소개 또는 알선행위에까지 나아가야만 하는 것은 아니다.
④ 영리의 목적 없이 입사추천을 받도록 해 준 다음 취업사례금 명목의 돈을 받은 경우, '중간인으로서 이익을 취득'하는 행위에 해당하지는 않는다.
⑤ 직업안정법에 의한 경우에는 동조의 적용을 받지 아니한다.

14 **'직장 내 괴롭힘 금지'와 관련하여 다음 중 옳지 않은 것은?**

① 근로기준법 제76조의2 규정은 2018년 1월 15일에 신설되었다.
② 누구든지 직장 내 괴롭힘 발생사실을 알게 된 경우, 그 사실을 사용자에게 신고할 수 있다.
③ 사용자는 신고를 접수한 경우에는 지체없이 조사를 실시하여야 한다.
④ 사용자가 직장 내 괴롭힘을 한 경우에는 1천만원 이하의 과태료를 부과한다.
⑤ 사용자는 직장 내 괴롭힘 발생사실을 신고한 근로자 및 피해근로자등에게 해고나 그 밖의 불리한 처우를 하여서는 아니 된다.

15 근로감독관 제도와 관련하여 다음 중 옳지 않은 것은?

① 근로조건의 기준을 확보하기 위하여 고용노동부와 그 소속기관에 근로감독관을 둔다.
② 근로감독관은 사용자와 근로자에 대하여 심문할 수 있다.
③ 근로감독관이 근로기준법 위반 사실을 고의로 묵과하면 2년 이하의 징역 또는 3년 이하의 자격정지에 처한다.
④ 현장조사 또는 검진지령서에는 그 일시, 장소 및 범위를 분명하게 적어야 한다.
⑤ 근로감독관은 직무상 알게 된 비밀을 엄수하여야 하며, 근로감독관을 그만 둔 때에도 또한 같다.

16 근로관계의 성립과 관련하여 다음 중 옳지 않은 것은? (다툼이 있으면 판례에 따름)

① 친권자 또는 후견인은 미성년자의 미성년자의 근로계약을 대리할 수 없다.
② 사용자는 18세 미만인 사람과 근로계약을 체결하는 경우에는 근로조건을 서면으로 명시하여 교부하여야 한다.
③ 근로제공 의무의 불이행에 대해서는 강제이행이 허용되지 않는다.
④ 친권자라 할지라도 미성년자의 근로계약을 대리 또는 해지할 수 없다.
⑤ 근로계약의 법적 성질에 관하여 판례의 입장은 분명하지 아니하나, 기본적으로 채권계약의 성질을 전제로 하면서 인간관계의 형성 등 인격실현행위라는 표현을 쓰고 있다.

17 근로기준법 제17조에 의할 때, 서면으로 명시해야 할 사항이 아닌 것은?

① 임금의 구성항목 · 계산방법 · 지급방법
② 소정근로시간
③ 취업의 장소
④ 유급주휴일
⑤ 연차유급휴가

18 다음 중 옳지 않은 것은?

① 근로조건 명시의무를 위반한 사용자에 대하여는 300만원 이하의 벌금이 부과된다.
② 근로조건이 명시되지 않았다 하더라도 그 계약 자체는 유효하다.
③ 명시한 근로조건이 사실과 다를 경우의 사용자에 대한 벌칙규정은 없다.
④ 명시된 근로조건이 사실과 다를 때에는 근로자는 근로계약을 즉시 해제할 수 있다.
⑤ 명시된 근로조건이 사실과 다를 경우에 근로자는 근로조건 위반을 이유로 손해배상을 노동위원회에 청구할 수 있다.

19 다음 중 옳지 않은 것은? (다툼이 있으면 판례에 따름)

① 사용자는 근로계약 불이행에 대한 위약금 또는 손해배상액을 예정하는 계약을 체결하지 못한다.
② 근로자가 의무복무기간을 근무하지 아니할 경우에 파견한 기업체에게 파견된 해외 회사로부터 지급받은 봉급 및 집세 상당액을 반환하여야 한다는 약정은 근로기준법 제20조에서 금지된 위약금 또는 손해배상을 예정하는 계약이 아니다.
③ 사용자는 전차금이나 그 밖에 근로할 것을 조건으로 하는 전대채권과 임금을 상계하지 못한다.
④ 가불, 학자금대여 및 주택구입자금의 대부 등은 근로자의 편의를 위하여 임금의 일부를 미리 지급한 것으로서 근로기준법에 위배되지 않는다.
⑤ 사용자는 근로계약에 덧붙여 강제저축 또는 저축금의 관리를 규정하는 계약을 체결하지 못한다.

20 다음 중 옳지 않은 것은? (다툼이 있으면 판례에 따름)

① 사이닝보너스의 법적 성격에 관하여 판례는 입사사례금 또는 전속계약금의 성격을 갖는다고 한다.
② 사이닝보너스가 전속계약금의 성격을 가지고 있는 경우의 반환청구가 가능한지에 관하여 판례는 판단하고 있지 않다.
③ 채용내정은 본채용 때까지 사용종속관계하에서의 근로가 제공되지 않는 점에서 시용과 구별된다.
④ 채용내정자가 채용발령연기에 대하여 사전에 동의하고 이에 대하여 부제소합의를 하였더라도 임금채권까지 포기한 것이라고 할 수 없다.
⑤ 시용의 경우 본채용이 거부된 근로자는 노동위원회에 부당해고구제신청을 할 수 없다.

21 파견근로자 보호 등에 관한 법령과 관련하여 다음 중 옳지 않은 것은?(다툼이 있으면 판례에 따름)

① 근로자파견사업허가의 유효기간은 2년으로 한다.
② 근로자파견사업을 하려는 자는 고용노동부령으로 정하는 바에 따라 고용노동부장관의 허가를 받아야 한다.
③ 식품위생법상의 식품접객업을 하는 자는 근로자파견사업을 할 수 없다.
④ 공중위생관리법상의 숙박업을 하는 자는 근로자파견사업을 할 수 없다.
⑤ 근로자파견사업의 유효기간이 끝난 후 계속하여 근로자파견사업을 하려는 자는 고용노동부령으로 정하는 바에 따라 갱신허가를 받아야 한다.

22 파견근로자 보호 등에 관한 법령과 관련하여 다음 중 옳지 않은 것은?(다툼이 있으면 판례에 따름)

① 파견사업주는 자기의 명의로 타인에게 근로자파견사업을 하게 하여서는 아니 된다.
② 근로자파견사업은 제조업의 직접생산공정업무를 포함하여 전문지식·기술·경험 또는 업무의 성질 등을 고려하여 적합하다고 판단되는 업무로서 대통령령으로 정하는 업무를 대상으로 한다.
③ 출산·질병·부상 등으로 결원이 생긴 경우 또는 일시적·간헐적으로 인력을 확보하여야 할 필요가 있는 경우에는 근로자파견사업을 할 수 있다.
④ 선원법에 따른 선원의 업무는 절대금지업무이다.
⑤ 건설공사현장에서 이루어지는 업무는 절대금지업무이다.

23 파견근로자 보호 등에 관한 법령과 관련하여 다음 중 옳지 않은 것은?(다툼이 있으면 판례에 따름)

① 근로자파견의 기간은 1년을 초과하여서는 아니 된다.
② 파견사업주, 사용사업주, 파견근로자 간의 합의가 있는 경우에는 파견기간을 연장할 수 있다. 이 경우 1회를 연장할 때에는 그 연장기간은 1년을 초과하여서는 아니 되며, 연장된 기간을 포함한 총 파견기간은 2년을 초과하여서는 아니 된다.
③ 고령자인 파견근로자(50세 이상인 사람)에 대하여는 2년을 초과하여 근로자파견기간을 연장할 수 있다.
④ 판례는 파견기간 중 파견사업주가 변경된 경우 특별한 사정이 없는 한 직접고용의무 규정의 적용을 배제할 수 없다는 입장이다.
⑤ 해당 파견근로자가 명시적으로 반대의사를 표시하거나 대통령령으로 정하는 정당한 이유가 있는 경우에는 사용사업주의 직접고용의무 규정은 적용되지 아니한다.

24 파견근로자 보호 등에 관한 법령과 관련하여 다음 중 옳지 않은 것은?(다툼이 있으면 판례에 따름)

① 파견사업주는 근로자파견사업을 폐지하였을 때에는 고용노동부령으로 정하는 바에 따라 고용노동부장관에게 신고하여야 한다. 이에 다른 신고가 있을 때에는 근로자파견사업의 허가는 사업의 폐지일부터 그 효력을 잃는다.
② 파견사업주는 파견근로자의 고용관계가 끝난 후 사용사업주가 그 파견근로자를 고용하는 것을 정당한 이유 없이 금지하는 내용의 근로자파견계약을 체결하여서는 아니 된다.
③ 파견사업주는 그가 고용한 근로자 중 파견근로자로 고용하지 아니한 사람을 근로자파견의 대상으로 하려는 경우에는 미리 해당 근로자에게 그 취지를 서면으로 알리고 그의 동의를 받아야 한다.
④ 파견사업주는 쟁의행위 중인 사업장에 그 쟁의행위로 중단된 업무의 수행을 위하여 근로자를 파견하여서는 아니 된다.
⑤ 파견사업주는 자기의 명의로 타인에게 근로자파견사업을 하게 하여서는 아니 된다.

25 기간제 및 단시간근로자의 보호 등에 관한 법령과 관련하여 다음 중 옳지 않은 것은?(다툼이 있으면 판례에 따름)

① 기간제근로자 및 단시간근로자에 대한 불합리한 차별을 시정하고 기간제근로자 및 단시간근로자의 근로조건 보호를 강화함으로써 노동시장의 건전한 발전에 이바지함을 목적으로 한다.
② 국가 및 지방자치단체의 기관에 대하여는 상시 5인 이상일 때에 이 법을 적용한다.
③ "단시간근로자"라 함은 「근로기준법」 제2조의 단시간근로자를 말한다.
④ 사용자는 2년을 초과하지 아니하는 범위 안에서(기간제 근로계약의 반복갱신 등의 경우에는 그 계속근로한 총기간이 2년을 초과하지 아니하는 범위 안에서) 기간제근로자를 사용할 수 있다.
⑤ 사용자는 기간의 정함이 없는 근로계약을 체결하고자 하는 경우에는 해당 사업 또는 사업장의 동종 또는 유사한 업무에 종사하는 기간제근로자를 우선적으로 고용하도록 노력하여야 한다.

26 **기간제 및 단시간근로자의 보호 등에 관한 법령과 관련하여 다음 중 옳지 않은 것은?(다툼이 있으면 판례에 따름)**

① 사용자가 2년을 초과하여 기간제근로자로 사용할 수 있는 예외사유가 없거나 소멸되었음에도 불구하고 2년을 초과하여 기간제근로자로 사용하는 경우에는 그 기간제근로자는 기간의 정함이 없는 근로계약을 체결한 근로자로 본다.
② 기간제법의 입법 취지는 기간제 근로계약의 남용을 방지함으로써 근로자의 지위를 보장하려는 데에 있으므로, 기간제법 제4조 제2항은 강행규정이라고 보아야 한다. 따라서 근로계약의 당사자가 기간제법 제4조 제2항을 배제하기로 하는 합의를 하더라도 그 효력이 인정되지 않는다.
③ 사용자는 단시간근로자에 대하여 「근로기준법」 제2조의 소정근로시간을 초과하여 근로하게 하는 경우에는 해당 근로자의 동의를 얻어야 한다. 이 경우 1주간에 12시간을 초과하여 근로하게 할 수 없다.
④ 사용자는 통상근로자를 채용하고자 하는 경우에는 해당 사업 또는 사업장의 동종 또는 유사한 업무에 종사하는 단시간근로자를 우선적으로 고용하여야 한다.
⑤ 사용자는 가사, 학업 그 밖의 이유로 근로자가 단시간근로를 신청하는 때에는 해당 근로자를 단시간근로자로 전환하도록 노력하여야 한다.

27 **기간제 및 단시간근로자의 보호 등에 관한 법률 제4조의 단서 규정에 따라 2년을 초과하여 기간제근로자로 사용할 수 있는 경우가 아닌 것은?**

① 사업의 완료 또는 특정한 업무의 완성에 필요한 기간을 정한 경우
② 휴직·파견 등으로 결원이 발생하여 해당 근로자가 복귀할 때까지 그 업무를 대신할 필요가 있는 경우
③ 근로자가 학업, 직업훈련 등을 이수함에 따라 그 이수에 필요한 기간을 정한 경우
④ 전문적 지식·기술의 활용이 필요한 경우와 정부의 복지정책·실업대책 등에 따라 일자리를 제공하는 경우로서 대통령령으로 정하는 경우
⑤ 「고령자고용촉진법」 제2조제1호의 고령자(60세 이상인 사람)과 근로계약을 체결하는 경우

28 **기간제 및 단시간근로자의 보호 등에 관한 법령과 관련하여 다음 중 옳지 않은 것은?(다툼이 있으면 판례에 따름)**

① 기간제법 제4조 제1항 단서 제6호와 그 법률 시행령 제3조 제3항 제6호에서 정한 단시간근로자(초단시간 근로자)로 기간제 근로계약을 체결하였다가 해당 근로관계가 종료된 이후에 새로이 제4조 제1항 단서에 해당되지 않는 일반 기간제 근로계약을 체결한 경우에는 단시간근로자로 근무한 기간은 위 제4조 제2항의 '2년'에 포함된다.
② 반복하여 체결된 기간제 근로계약 사이에 기간제법 제4조 제1항 단서의 예외사유에 해당하는 기간이 존재하더라도, 계약체결의 경위와 당사자의 의사, 근로계약 사이의 시간적 단절 여부, 업무내용 및 근로조건의 유사성 등에 비추어 예외사유에 해당하는 기간 전후의 근로관계가 단절 없이 계속되었다고 평가되는 경우에는 예외사유에 해당하는 기간을 제외한 전후의 근로기간을 합산하여 기간제법 제4조의 계속근로한 총기간을 산정하는 것이 타당하다.
③ 사용자는 기간제근로자임을 이유로 해당 사업 또는 사업장에서 동종 또는 유사한 업무에 종사하는 기간의 정함이 없는 근로계약을 체결한 근로자에 비하여 차별적 처우를 하여서는 아니 된다.

④ 사용자는 단시간근로자임을 이유로 해당 사업 또는 사업장의 동종 또는 유사한 업무에 종사하는 통상 근로자에 비하여 차별적 처우를 하여서는 아니 된다.

⑤ 기간제근로자 또는 단시간근로자는 차별적 처우를 받은 경우 노동위원회에 그 시정을 신청할 수 있다.

29 기간제 및 단시간근로자의 보호 등에 관한 법령과 관련하여 다음 중 옳지 않은 것은?(다툼이 있으면 판례에 따름)

① 노동위원회는 제9조의 규정에 따른 차별적 처우 시정신청을 받은 때에는 지체 없이 필요한 조사와 관계당사자에 대한 심문을 하여야 한다.

② 차별적 처우가 있은 날(계속되는 차별적 처우는 그 종료일)부터 3개월이 지난 때에는 그 시정신청을 할 수 없다.

③ 노동위원회는 위①에 따른 심문을 하는 때에는 관계당사자의 신청 또는 직권으로 증인을 출석하게 하여 필요한 사항을 질문할 수 있다.

④ 노동위원회는 차별시정사무에 관한 전문적인 조사·연구업무를 수행하기 위하여 전문위원을 둘 수 있다.

⑤ 노동위원회는 조사·심문을 종료하고 차별적 처우에 해당된다고 판정한 때에는 사용자에게 시정명령을 내려야 하고, 차별적 처우에 해당하지 아니한다고 판정한 때에는 그 시정신청을 기각하는 결정을 하여야 한다.

30 기간제 및 단시간근로자의 보호 등에 관한 법령과 관련하여 다음 중 옳지 않은 것은?(다툼이 있으면 판례에 따름)

① 기간제 및 단시간근로자 보호 등에 관한 법률(이하 '기간제법'이라고 한다) 제4조 제2항에 따라 기간의 정함이 없는 근로계약을 체결한 것으로 간주되는 근로자가 사직서를 제출하고 퇴직금을 지급받은 후 다시 기간제 근로계약을 체결하였더라도, 그것이 근로자의 자의에 의한 것이 아니라 사용자의 일방적인 결정에 따라 기간제법 제4조 제2항의 적용을 회피하기 위하여 퇴직과 재입사의 형식을 거친 것에 불과한 때에는, 실질적으로 사용자의 일방적인 의사에 의하여 근로계약관계를 종료시키는 것이어서 해고에 해당한다.

② 근로계약기간을 정한 근로계약서를 작성한 경우 처분문서인 근로계약서의 문언에 따라 특별한 사정이 없는 한 근로자와 사용자 사이에는 기간의 정함이 있는 근로계약을 맺었다고 보아야 하고, 이 경우 근로계약기간이 끝나면 그 근로관계는 사용자의 해고 등 별도의 조처를 기다릴 것 없이 당연히 종료함이 원칙이다.

③ 노동위원회는 제10조의 규정에 따른 차별시정신청 심문의 과정에서 관계당사자 쌍방 또는 일방의 신청에 의하여 조정(調停)절차를 개시할 수 있으나, 직권으로는 이를 개시할 수 없다.

④ 노동위원회는 시정명령을 내리는 때에는 시정명령의 내용 및 이행기한 등을 구체적으로 기재하여야 한다.

⑤ 차별시정신청 시정명령의 내용 중 적절한 배상의 배상액은 차별적 처우로 인하여 기간제근로자 또는 단시간근로자에게 발생한 손해액을 기준으로 정한다.

31 **산업안전보건법령과 관련하여 다음 중 옳지 않은 것은?**

① 산업 안전 및 보건에 관한 기준을 확립하고 그 책임의 소재를 명확하게 하여 산업재해를 예방하고 쾌적한 작업환경을 조성함으로써 노무를 제공하는 사람의 안전 및 보건을 유지ㆍ증진함을 목적으로 한다.
② “산업재해”란 노무를 제공하는 사람이 업무에 관계되는 건설물ㆍ설비ㆍ원재료ㆍ가스ㆍ증기ㆍ분진 등에 의하거나 작업 또는 그 밖의 업무로 인하여 사망 또는 부상하거나 질병에 걸리는 것을 말한다.
③ “근로자대표”란 근로자의 과반수로 조직된 노동조합이 있는 경우에는 그 노동조합을, 근로자의 과반수로 조직된 노동조합이 없는 경우에는 근로자의 과반수를 대표하는 자를 말한다.
④ “도급인”이란 물건의 제조ㆍ건설ㆍ수리 또는 서비스의 제공, 그 밖의 업무를 도급하는 사업주를 말한다. 건설공사발주자를 포함한다.
⑤ “관계수급인”이란 도급이 여러 단계에 걸쳐 체결된 경우에 각 단계별로 도급받은 사업주 전부를 말한다.

32 **직업안정법령과 관련하여 다음 중 옳지 않은 것은?**

① 누구든지 성별, 연령, 종교, 신체적 조건, 사회적 신분 또는 혼인 여부 등을 이유로 직업소개 또는 직업지도를 받거나 고용관계를 결정할 때 차별대우를 받지 아니한다.
② “직업안정기관”이란 직업소개, 직업지도 등 직업안정업무를 수행하는 지방고용노동행정기관을 말한다.
③ 고용노동부장관은 직업안정기관에 직업소개, 직업지도 및 고용정보 제공 등의 업무를 담당하는 공무원이 아닌 직업상담원(이하 “민간직업상담원”이라 한다)을 배치할 수 있다.
④ 민간직업상담원의 배치기준과 그 밖에 필요한 사항은 대통령령으로 정한다.
⑤ 고용노동부장관은 소속 공무원 중에서 직업소개, 직업지도 등을 담당할 직업지도관을 지명할 수 있다.

33 **남녀고용평등과 일ㆍ가정 양립 지원에 관한 법령과 관련하여 다음 중 옳지 않은 것은?**

① 동일 가치 노동의 기준은 직무 수행에서 요구되는 기술, 노력, 책임 및 작업 조건 등으로 하고, 사업주가 그 기준을 정할 때에는 제25조에 따른 노사협의회의 근로자를 대표하는 위원의 의견을 들어야 한다.
② 사업주 및 근로자는 성희롱 예방 교육을 받아야 한다.
③ 사업주는 직장 내 성희롱을 예방하고 근로자가 안전한 근로환경에서 일할 수 있는 여건을 조성하기 위하여 직장 내 성희롱의 예방을 위한 교육을 매년 실시하여야 한다.
④ 사업주는 성희롱 예방 교육을 고용노동부장관이 지정하는 기관에 위탁하여 실시할 수 있다.
⑤ 5인 이상의 근로자를 사용하는 모든 사업 또는 사업장(이하 “사업”이라 한다)에 적용한다.

34 **남녀고용평등과 일ㆍ가정 양립 지원에 관한 법령과 관련하여 다음 중 옳지 않은 것은?**

① 사업주는 근로자가 배우자의 출산을 이유로 휴가(이하 “배우자 출산휴가”라 한다)를 청구하는 경우에 5일의 휴가를 주어야 한다.
② 배우자 출산휴가는 근로자의 배우자가 출산한 날부터 90일이 지나면 청구할 수 없다.
③ 배우자 출산휴가는 1회에 한정하여 나누어 사용할 수 있다.
④ 사업주는 근로자가 인공수정 또는 체외수정 등 난임치료를 받기 위하여 휴가(이하 “난임치료휴가”라 한다)를 청구하는 경우에 연간 3일 이내의 휴가를 주어야 한다.
⑤ 난임치료휴가 최초 1일은 유급으로 한다.

35 경업금지의무와 관련한 다음 중 옳지 않은 것은? (다툼이 있으면 판례에 따름)

① '보호할 가치 있는 사용자의 이익'이라 함은 부정경쟁방지 및 영업비밀보호에 관한 법률 제2조 제2호에 정한 '영업비밀'뿐만 아니라 그 정도에 이르지 아니하였더라도 당해 사용자만이 가지고 있는 지식 또는 정보로서 근로자와 이를 제3자에게 누설하지 않기로 약정한 것이거나 고객관계나 영업상의 신용의 유지도 이에 해당한다.

② 근로자가 경업금지약정을 위반하여 경쟁회사에 취직하거나 경쟁회사를 설립·운영하는 경우, 사용자는 관할법원에 전직금지가처분을 신청할 수 있다.

③ 손해가 발생한 경우 사용자는 경업금지약정 위반을 이유로 근로자에 대하여 손해배상을 청구할 수 있다.

④ 경업금지약정의 유효 여부와 관련한 제반 사정은 근로자가 주장·증명할 책임이 있다.

⑤ 근로계약이 종료한 경우에는 원칙적으로 경업금지의무를 부담하지 아니한다.

36 임금과 관련한 다음 중 옳지 않은 것은? (다툼이 있으면 판례에 따름)

① 자기 차량을 소유한 직원에 한하여 지급하는 자가운전보조비는 임금이 아니다.

② 연차휴가수당은 퇴직하는 해의 전 해 1년간의 근로에 대한 대가이지 퇴직하는 그 해의 근로에 대한 대가가 아니므로, 연차휴가권의 기초가 된 개근 또는 9할 이상 근로한 1년간의 일부가 퇴직한 날 이전 3개월간 내에 포함되는 경우에 그 포함된 부분에 해당하는 연차휴가수당만이 평균임금 산정의 기준이 되는 임금 총액에 산입된다.

③ '수습기간과 그 기간 중에 지급된 임금은 평균임금 산정기준이 되는 기간과 임금의 총액에서 공제한다'는 내용의 근로기준법 시행령 제2조 제1항 제1호는, 그 기간을 제외하지 않으면 평균임금이 부당하게 낮아짐으로써 결국 통상의 생활임금을 사실대로 반영함을 기본원리로 하는 평균임금 제도에 반하는 결과를 피하고자 하는 데 입법 취지가 있으므로, 그 적용범위는 평균임금 산정사유 발생일을 기준으로 그 전 3개월 동안 정상적으로 급여를 받은 기간뿐만 아니라 수습기간이 함께 포함되어 있는 경우에 한한다고 봄이 상당하다. 따라서 근로자가 수습을 받기로 하고 채용되어 근무하다가 수습기간이 끝나기 전에 평균임금 산정사유가 발생한 경우에는 위 시행령과 무관하게 평균임금 산정사유 발생 당시의 임금, 즉 수습사원으로서 받는 임금을 기준으로 평균임금을 산정하는 것이 평균임금 제도의 취지 등에 비추어 타당하다.

④ 법령에 따라 산출된 평균임금이 통상임금보다 적으면 그 통상임금액을 평균임금으로 한다.

⑤ 사회보험제도에 따라 사용자가 부담하는 보험료는 임금에 해당한다.

37 근로시간과 관련한 다음 중 옳지 않은 것은? (다툼이 있으면 판례에 따름)

① 사용자는 산후 1년이 지나지 아니한 여성에 대하여는 단체협약이 있는 경우라도 1일에 2시간, 1주에 6시간, 1년에 150시간을 초과하는 시간외근로를 시키지 못한다.

② 15세 이상 18세 미만인 사람의 근로시간은 1일에 7시간, 1주에 35시간을 초과하지 못한다. 다만, 당사자 사이의 합의에 따라 1일에 1시간, 1주에 6시간을 한도로 연장할 수 있다.

③ 사용자는 8시간을 초과한 휴일근로의 경우 통상임금의 100분의 50이상을 가산하여 근로자에게 지급하여야 한다.

④ 사용자는 18세 이상의 여성을 오후 10시부터 오전 6시까지의 시간 및 휴일에 근로시키려면 그 근로자의 동의를 받아야 한다.

⑤ 사업주는 유해하거나 위험한 작업으로서 높은 기압에서 하는 작업 등 대통령령으로 정하는 작업에 종사하는 근로자에게는 1일 6시간, 1주 34시간을 초과하여 근로하게 해서는 아니 된다.

38 근로복지기본법령과 관련하여 다음 중 옳지 않은 것은?

① 근로복지정책의 수립 및 복지사업의 수행에 필요한 사항을 규정함으로써 국민의 삶의 질을 향상시키고 국민경제의 균형 있는 발전에 이바지함을 목적으로 한다.
② "주택사업자"란 근로자에게 분양 또는 임대하는 것을 목적으로 주택을 건설하거나 구입하는 자를 말한다.
③ "우리사주조합"이란 주식회사의 소속 근로자가 그 주식회사의 주식을 취득·관리하기 위하여 이 법에서 정하는 요건을 갖추어 설립한 단체를 말한다.
④ 고용노동부장관은 관계 중앙행정기관의 장과 협의하여 근로복지증진에 관한 기본계획(이하 "기본계획"이라 한다)을 5년마다 수립하여야 한다.
⑤ 지방자치단체, 국가의 보조를 받는 비영리법인이 근로복지사업을 추진하는 경우에는 고용노동부장관과 협의하여야 한다.

39 외국인근로자의 고용 등에 관한 법령과 관련하여 다음 중 옳지 않은 것은?

① 외국인근로자의 고용관리 및 보호에 관한 주요 사항을 심의·의결하기 위하여 고용노동부장관 소속으로 외국인력정책위원회를 둔다.
② 외국인근로자를 체계적으로 도입·관리함으로써 원활한 인력수급 및 국민경제의 균형 있는 발전을 도모함을 목적으로 한다.
③ 외국인근로자를 고용하려는 자는 「직업안정법」 제2조의2제1호에 따른 직업안정기관에 우선 내국인 구인 신청을 하여야 한다.
④ 외국인근로자를 고용한 사업 또는 사업장의 사용자는 외국인근로자의 출국 등에 따른 퇴직금 지급을 위하여 외국인근로자를 피보험자 또는 수익자로 하는 보험 또는 신탁에 가입하여야 한다.
⑤ 외국인근로자는 귀국 시 필요한 비용에 충당하기 위하여 보험 또는 신탁에 가입하여야 한며, 보험 또는 신탁의 가입방법·내용·관리 및 지급 등에 필요한 사항은 대통령령으로 정한다.

40 임금채권보장법령과 관련하여 다음 중 옳지 않은 것은?

① "보수"란 「고용보험 및 산업재해보상보험의 보험료징수 등에 관한 법률」 제2조제3호에 따른 보수를 말한다.
② 임금채권보장법은 「산업재해보상보험법」 제6조에 따른 사업 또는 사업장에 적용한다. 다만, 국가와 지방자치단체가 직접 수행하는 사업은 그러하지 아니하다.
③ 국가는 매 회계연도 예산의 범위에서 이 법에 따른 임금채권보장을 위한 사무집행에 드는 비용의 일부를 특별회계에서 부담하여야 한다.
④ 임금채권보장기금의 관·운용에 관한 중요사항을 심의하기 위하여 고용노동부에 임금채권보장기금심의위원회를 둔다.
⑤ 미성년자인 근로자는 독자적으로 대지급금의 지급을 청구할 수 있다.

2025년도 제34회 공인노무사 제1차 대비 노동법 2 모의문제

01 노동3권에 관한 다음 중 옳지 않은 것은?(다툼이 있으면 판례에 따름)

① 헌법 제33조 제1항은 노동3권을 규정하고 있다.

② 우리 헌법은 노동3권을 집회·결사의 자유 등과 별도로 근로자에 대해서만 보장하고 있다.

③ 헌법재판소는 근로3권을 '사회적 보호기능을 담당하는 자유권' 또는 '사회권적 성격을 띤 자유권'이라 하여 이른바 혼합권설의 입장을 취한 것으로 볼 수 있다.

④ 2020. 9. 3. 대법원 전원합의체 판결의 다수의견은 "노동3권은 법률의 제정이라는 국가의 개입을 통하여 비로소 실현될 수 있는 권리"라고 하였다.

⑤ 대법원은 노동3권 중 단체교섭권이 가장 중핵적인 권리라고 판시하였다.

02 노동3권의 제한과 관련하여 다음 중 옳지 않은 것은?(다툼이 있으면 판례에 따름)

① 헌법 제33조 제1항은 "공무원인 근로자는 법령이 정하는 자에 한하여 단결권·단체교섭권 및 단체행동권을 가진다"고 규정하고 있다.

② 헌법 제33조 제3항은 "법률이 정하는 주요 방위산업체에 종사하는 근로자의 단체행동권은 법률이 정하는 바에 의하여 이를 제한하거나 인정하지 아니할 수 있다."고 규정하고 있다.

③ 헌법 제37조 제2항은 "국민의 모든 자유와 권리는 국가안전보장·질서유지 또는 공공복리를 위하여 필요한 경우에 한하여 법률로써 제한할 수 있으며..."라고 규정하고 있다.

④ 사립학교 교원에 대해 노동3권을 제한하고 있는 사립학교법 제55조에 대하여 헌법재판소는 1991년에 합헌 결정을 한 바 있다.

⑤ '방위사업법'에 의해 지정된 주요방위산업체에 종사하는 근로자 중 전력,용수 및 주로 방산물자를 생산하는 업무에 종사하는 자는 쟁의행위를 할 수 없다.

03 노동조합 및 노동관계조정법상의 정의 규정 중 옳지 않은 것은?

① "근로자"라 함은 직업의 종류를 불문하고 임금·급료 기타 이에 준하는 수입에 의하여 생활하는 자를 말한다.

② "사용자단체"라 함은 노동관계에 관하여 그 구성원인 사용자에 대하여 조정과 규제를할 수 있는 권한을 가진 사용자의 단체를 말한다.

③ "사용자"라 함은 사업주, 사업의 경영담당자 또는 그 사업의 근로자에 관한 사항에 대하여 사업주를 위하여 행동하는 자를 말한다.

④ "쟁의행위"라 함은 파업·태업·직장폐쇄 기타 노동관계 당사자가 그 주장을 관철할 목적으로 행하는 행위와 이에 대항하는 행위로서 업무의 정상적인 운영을 저해하는 행위를 말한다.

⑤ “노동쟁의”라 함은 노동조합과 사용자 또는 사용자단체(이하 “勞動關係 當事者”라 한다)간에 임금·근로시간·복지·해고 기타 대우등 근로조건의 결정에 관한 주장의 불일치로 인하여 발생한 분쟁상태를 말한다.

04 노동조합 및 노동관계조정법 제2조 제4호 단서에 따라 노동조합으로 보지 아니하는 경우에 해당하지 않는 것은?

① 사용자 또는 항상 그의 이익을 대표하여 행동하는 자의 참가를 허용하는 경우
② 경비의 주된 부분을 사용자로부터 원조받는 경우
③ 공제·수양 기타 복리사업을 목적으로 하는 경우
④ 근로자가 아닌 자의 가입을 허용하는 경우
⑤ 주로 정치운동을 목적으로 하는 경우

05 노동조합 설립신고서 기재사항으로 올바르게 묶은 것은?

ㄱ.명칭	ㄴ.주된 사무소의 소재지	ㄷ.목적과 사업
ㄹ.임원의 성명과 주소	ㅁ.조합비 기타 회계에 관한 사항	

① ㄱ.ㄴ.ㄹ ② ㄱ.ㄴ.ㄷ.ㄹ ③ ㄱ.ㄴ.ㅁ ④ ㄱ.ㄴ.ㄷ ⑤ ㄱ.ㄴ.ㄷ.ㄹ.ㅁ

06 노동조합의 설립과 관련한 규정 중 가장 옳지 않은 것은?

① 고용노동부장관, 특별시장·광역시장·특별자치시장·도지사·특별자치도지사 또는 시장·군수·구청장은 설립신고서를 접수한 때에는 3일 이내에 신고증을 교부하여야 한다.
② 행정관청은 설립신고서 또는 규약이 기재사항의 누락등으로 보완이 필요한 경우에는 대통령령이 정하는 바에 따라 30일 이내의 기간을 정하여 보완을 요구하여야 한다.
③ 노동조합이 신고증을 교부받은 경우에는 설립신고서가 접수된 때에 설립된 것으로 본다.
④ ‘소속된 연합단체가 있는 경우에는 그 명칭’은 설립신고서와 규약 모두의 기재사항이다.
⑤ ‘규율과 통제에 관한 사항’은 규약의 기재사항이다.

07 노동조합 및 노동관계조정법 제13조에 따른 변경신고 사항을 모두 올바르게 묶은 것은?

ㄱ.명칭	ㄴ.주된 사무소의 소재지	ㄷ.대표자의 성명
ㄹ.소속된 연합단체의 명칭	ㅁ.조합원수	ㅂ.임원 및 대의원의 선거절차에 관한 사항

① ㄱ.ㄴ.ㄷ.ㄹ.ㅁ ② ㄱ.ㄴ.ㄷ.ㄹ.ㅁ.ㅂ ③ ㄱ.ㄴ.ㄷ
④ ㄱ.ㄴ.ㄹ ⑤ ㄱ.ㄴ.ㄷ.ㄹ

08 노동조합 및 노동관계조정법상 '노동조합의 관리'와 관련한 다음 중 옳은 것은?

① 노동조합은 조합설립일부터 20일 이내에 관련 서류를 작성하여 그 주된 사무소에 비치하여야 한다.
② 노동조합은 매년 2회 이상 총회를 개최하여야 한다.
③ 대의원의 임기는 규약으로 정하되 2년을 초과할 수 없다.
④ 노동조합의 대표자는 그 회계감사원으로 하여금 6월에 1회 이상 당해 노동조합의 모든 재원 및 용도, 주요한 기부자의 성명, 현재의 경리 상황등에 대한 회계감사를 실시하게 하고 그 내용과 감사결과를 전체 조합원에게 공개하여야 한다.
⑤ 노동조합은 행정관청이 요구하는 경우에는 결산결과와 운영상황을 보고할 수 있다.

09 노동조합 및 노동관계조정법상 '근로시간면제심의위원회'와 관련하여 가장 옳지 않은 것은?

① 위원회는 근로시간 면제 한도를 심의·의결하고, 2년마다 그 적정성 여부를 재심의하여 의결하여야 한다.
② 위원의 자격, 위촉과 위원회의 운영 등에 필요한 사항은 대통령령으로 정한다.
③ 위원회는 근로자를 대표하는 위원과 사용자를 대표하는 위원 및 공익을 대표하는 위원 각 5명씩 성별을 고려하여 구성한다.
④ 위원회는 재적위원 과반수의 출석과 출석위원 과반수의 찬성으로 의결한다.
⑤ 근로시간면제자에 대한 근로시간 면제 한도를 정하기 위하여 근로시간면제심의위원회를 「경제사회노동위원회법」에 따른 경제사회노동위원회에 둔다.

10 노동조합 및 노동관계조정법상 가장 옳지 않은 것은?

① 총회 또는 대의원회는 회의개최일 7일전까지 그 회의에 부의할 사항을 공고하고 규약에 정한 방법에 의하여 소집하여야 한다.
② 노동조합의 회계감사원은 필요하다고 인정할 경우에는 당해 노동조합의 회계감사를 실시하고 그 결과를 공개할 수 있다.
③ 노동조합의 조합원은 균등하게 그 노동조합의 모든 문제에 참여할 권리와 의무를 가진다. 다만, 노동조합은 그 규약으로 조합비를 납부하지 아니하는 조합원의 권리를 제한할 수 있다.
④ 노동조합이 특정 조합원에 관한 사항을 의결할 경우에는 그 조합원은 표결권이 없다.
⑤ 노동조합의 대표자는 회계연도마다 결산결과와 운영상황을 공표하여야 하며 조합원의 요구가 있을 때에는 이를 열람하게 할 수 있다.

11 노동조합 및 노동관계조정법 제28조의 해산사유와 관련하여 가장 옳지 않은 것은?

① 규약에서 정한 해산사유가 발생한 경우
② 노동조합의 임원이 없거나 노동조합으로서의 활동을 1년 이상 하지 아니한 것으로 인정되는 경우로서 행정관청이 노동위원회의 의결을 얻은 경우
③ 합병 또는 분할로 소멸한 경우
④ 총회 또는 대의원회의 해산결의가 있는 경우
⑤ 노동조합이 해산한 때에는 그 대표자는 해산한 날부터 15일 이내에 행정관청에게 이를 신고하여야 한다.

12 노동조합 및 노동관계조정법상 가장 옳지 않은 것은?

① 행정관청은 단체협약중 위법한 내용이 있는 경우에는 노동위원회의 의결을 얻어 그 시정을 명할 수 있다.
② 단체협약의 유효기간은 3년을 초과하지 않는 범위에서 노사가 합의하여 정할 수 있다.
③ 단체협약의 당사자는 단체협약의 체결일부터 20일 이내에 이를 행정관청에게 신고하여야 한다.
④ 단체협약의 유효기간이 만료되는 때를 전후하여 당사자 쌍방이 새로운 단체협약을 체결하고자 단체교섭을 계속하였음에도 불구하고 새로운 단체협약이 체결되지 아니한 경우에는 별도의 약정이 있는 경우를 제외하고는 종전의 단체협약은 그 효력만료일부터 3월까지 계속 효력을 갖는다.
⑤ 국가 및 지방자치단체는 기업·산업·지역별 교섭 등 다양한 교섭방식을 노동관계 당사자가 자율적으로 선택할 수 있도록 지원하고 이에 따른 단체교섭이 활성화될 수 있도록 노력하여야 한다.

13 노동조합 및 노동관계조정법상 가장 옳지 않은 것은?

① 단체협약의 해석 또는 이행방법에 관하여 관계 당사자간에 의견의 불일치가 있는 때에는 당사자 쌍방 또는 단체협약에 정하는 바에 의하여 어느 일방이 노동위원회에 그 해석 또는 이행방법에 관한 견해의 제시를 요청할 수 있다.
② 위①에 의하여 노동위원회가 제시한 해석 또는 이행방법에 관한 견해는 중재재정과 동일한 효력을 가진다.
③ 노동위원회는 위①에 의한 요청을 받은 때에는 그 날부터 20일 이내에 명확한 견해를 제시하여야 한다.
④ 하나의 지역에 있어서 종업하는 동종의 근로자 3분의 2 이상이 하나의 단체협약의 적용을 받게 된 때에는 행정관청은 당해 단체협약의 당사자의 쌍방 또는 일방의 신청에 의하거나 그 직권으로 노동위원회의 의결을 얻어 당해 지역에서 종업하는 다른 동종의 근로자와 그 사용자에 대하여도 당해 단체협약을 적용한다는 결정을 할 수 있다.
⑤ 단체협약에 그 유효기간이 경과한 후에도 새로운 단체협약이 체결되지 아니한 때에는 새로운 단체협약이 체결될 때까지 종전 단체협약의 효력을 존속시킨다는 취지의 별도의 약정이 있는 경우에는 그에 따르되, 당사자 일방은 해지하고자 하는 날의 6월전까지 상대방에게 통고함으로써 종전의 단체협약을 해지할 수 있다.

14 노동조합 및 노동관계조정법 시행령 제21조에 규정된 '점거가 금지되는 시설'이 아닌 것은?

① 전기·전산 또는 통신시설
② 건조·수리 또는 정박중인 선박. 다만, 「선원법」에 의한 선원이 당해 선박에 승선하는 경우를 제외
③ 항공기·항행안전시설 또는 항공기의 이·착륙이나 여객·화물의 운송을 위한 시설
④ 철도(도시철도를 제외한다)의 차량 또는 선로
⑤ 화약·폭약 등 폭발위험이 있는 물질 또는 「화학물질관리법」 제2조제2호에 따른 유독물질을 보관·저장하는 장소

15 노동조합 및 노동관계조정법상 조정과 관련하여 가장 옳지 않은 것은?

① 조정위원회 위원장은 공익을 대표하는 조정위원이 된다.
② 노동위원회는 관계 당사자 쌍방의 신청이 있거나 관계 당사자 쌍방의 동의를 얻은 경우에는 조정위원회에 갈음하여 단독조정인에게 조정을 행하게 하여야 한다.
③ 조정은 조정의 신청이 있은 날부터 일반사업에 있어서는 10일, 공익사업에 있어서는 15일 이내에 종료하여야 한다.
④ 조정위원회는 조정위원 3인으로 구성한다.
⑤ 조정위원회 또는 단독조정인은 기일을 정하여 관계 당사자 쌍방을 출석하게 하여 주장의 요점을 확인하여야 한다.

16 노동조합 및 노동관계조정법상 중재와 관련하여 가장 옳지 않은 것은?

① 중재위원은 당해 노동위원회의 위원중에서 사용자를 대표하는 자, 근로자를 대표하는 자 및 공익을 대표하는 자 각 1인을 그 노동위원회의 위원장이 지명하되, 근로자를 대표하는 위원은 사용자가, 사용자를 대표하는 위원은 노동조합이 각각 추천하는 노동위원회의 위원중에서 지명하여야 한다.
② 중재위원회는 중재위원 3인으로 구성한다.
③ 위원장은 중재위원중에서 호선한다.
④ 중재재정은 서면으로 작성하여 이를 행하며 그 서면에는 효력발생 기일을 명시하여야 한다.
⑤ 중재재정의 내용은 단체협약과 동일한 효력을 가진다.

17 다음 중 필수공익사업이 아닌 것은?

① 철도사업, 도시철도사업 및 항공운수사업
② 수도사업, 전기사업, 가스사업, 석유정제사업 및 석유공급사업
③ 통신사업
④ 한국은행사업
⑤ 공중위생사업

18 노동조합 및 노동관계조정법상 특별조정위원회와 관련하여 가장 옳지 않은 것은?

① 공익사업의 노동쟁의의 조정을 위하여 노동위원회에 특별조정위원회를 둔다.
② 위①의 특별조정위원회는 특별조정위원 3인으로 구성한다.
③ 위②의 특별조정위원은 그 노동위원회의 공익을 대표하는 위원중에서 노동조합과 사용자가 순차적으로 배제하고 남은 3인 내지 5인중에서 노동위원회의 위원장이 지명한다.
④ 위원장은 공익을 대표하는 노동위원회의 위원인 특별조정위원중에서 호선하고, 당해 노동위원회의 위원이 아닌 자만으로 구성된 경우에는 그 중에서 호선한다.
⑤ 공익을 대표하는 위원인 특별조정위원이 1인인 경우에는 당해 위원이 위원장이 된다.

19 노동조합 및 노동관계조정법상 긴급조정과 관련하여 가장 옳지 않은 것은?

① 고용노동부장관은 긴급조정의 결정을 하고자 할 때에는 미리 중앙노동위원회의 의견을 들어야 한다.

② 고용노동부장관은 쟁의행위가 공익사업에 관한 것이거나 그 규모가 크거나 그 성질이 특별한 것으로서 현저히 국민경제를 해하거나 국민의 일상생활을 위태롭게 할 위험이 현존하는 때에는 긴급조정의 결정을 할 수 있다.

③ 고용노동부장관은 긴급조정을 결정한 때에는 지체없이 그 이유를 붙여 이를 공표함과 동시에 중앙노동위원회와 관계 당사자에게 각각 통고하여야 한다.

④ 관계 당사자는 긴급조정의 결정이 공표된 때에는 즉시 쟁의행위를 중지하여야 하며, 공표일부터 30일이 경과하지 아니하면 쟁의행위를 재개할 수 없다.

⑤ 중앙노동위원회의 위원장은 제78조의 규정에 의한 조정이 성립될 가망이 없다고 인정한 경우에는 공익위원의 의견을 들어 그 사건을 중재에 회부할 것인가의 여부를 결정하여야 한다. 이 결정은 제76조 제3항의 규정에 의한 통고를 받은 날부터 15일 이내에 하여야 한다.

20 노동조합 및 노동관계조정법 제81조 제1항 제4호 단서에는, '그 밖에 이에 준하여 노동조합의 자주적인 운영 또는 활동을 침해할 위험이 없는 범위에서의 운영비 원조행위는 예외로 한다.'고 규정되어 있다. 동조 제2항에 따를 때 "노동조합의 자주적 운영 또는 활동을 침해할 위험" 여부를 판단할 때에 고려하여야 할 사항을 모두 묶은 것은?

ㄱ.운영비 원조의 목적과 경위
ㄴ.원조된 운영비 횟수와 기간
ㄷ.원조된 운영비 금액과 원조방법
ㄹ.원조된 운영비가 노동조합의 총조합비에서 차지하는 비율
ㅁ.원조된 운영비의 관리방법 및 사용처 등

① ㄱ.ㄴ　② ㄱ.ㄷ.ㄹ　③ ㄱ.ㄴ.ㄷ　④ ㄱ.ㄴ.ㄷ.ㄹ.ㅁ　⑤ ㄱ.ㄴ.ㄷ.ㅁ

21 노동조합 및 노동관계조정법상 '부당노동행위'와 관련하여 가장 옳지 않은 것은?

① 사용자의 부당노동행위로 인하여 그 권리를 침해당한 근로자 또는 노동조합은 노동위원회에 그 구제를 신청할 수 있다.

② 위①에 의한 구제의 신청은 부당노동행위가 있은 날(계속하는 행위는 그 終了日)부터 3월 이내에 이를 행하여야 한다.

③ 노동위원회는 심문을 종료하고 부당노동행위가 성립한다고 판정한 때에는 사용자에게 구제명령을 발하여야 하며, 부당노동행위가 성립되지 아니한다고 판정한 때에는 그 구제신청을
기각하는 결정을 하여야 한다.

④ 지방노동위원회 또는 특별노동위원회의 구제명령 또는 기각결정에 불복이 있는 관계 당사자는 그 명령서 또는 결정서의 송달을 받은 날부터 15일 이내에 중앙노동위원회에 그 재심을 신청할 수 있다.

⑤ 노동위원회의 구제명령·기각결정 또는 재심판정은 중앙노동위원회에의 재심신청이나 행정소송의 제기에 의하여 그 효력이 정지되지 아니한다.

22 **노동조합 및 노동관계조정법 제6조 제2항에 따라 노동조합을 법인으로 하려는 때에는 그 주된 사무소의 소재지를 관할하는 등기소에 등기해야 하는 바, 등기사항으로 옳지 않은 것은?**

① 명칭
② 주된 사무소의 소재지
③ 소속된 연합단체가 있는 경우에는 그 명칭
④ 대표자의 성명 및 주소
⑤ 해산사유를 정한 때에는 그 사유

23 **노동조합의 등기와 관련한 다음 중 가장 옳지 않은 것은?**

① 법인인 노동조합이 그 주된 사무소를 다른 등기소의 관할 구역으로 이전한 경우 해당 노동조합의 대표자는 그 이전한 날부터 3주 이내에 구소재지에서는 이전등기를 해야 한다.
② 등기는 그 노동조합의 대표자가 신청한다.
③ 동일한 등기소의 관할구역안에서 주된 사무소를 이전한 경우에는 그 이전한 날부터 2주 이내에 이전등기를 해야 한다.
④ '목적과 사업'은 노동조합 및 노동관계조정법 시행령 제3조에 따른 등기사항이다.
⑤ 노동조합의 등기는 의무사항이 아니다.

24 **노동조합 및 노동관계조정법 시행령 제11조의7에 따라 노동조합의 대표자가 조합원이 아닌 공인회계사나 「공인회계사법」 제23조에 따른 회계법인으로 하여금 법 제25조에 따른 회계감사를 실시하게 할 수 있는 경우가 아닌 것은? (정답 2개)**

① 노동조합의 대표자가 노동조합 회계의 투명성 제고를 위하여 필요하다고 인정하는 경우
② 조합원 3분의 1 이상의 요구가 있는 경우
③ 연합단체인 노동조합의 경우에는 그 구성노동단체의 3분의 1 이상의 요구가 있는 경우
④ 대의원 4분의 1 이상의 요구가 있는 경우
⑤ 행정관청의 정당한 요구가 있는 경우

25 **근로자참여 및 협력증진에 관한 법률과 관련하여 가장 옳지 않은 것은?**

① 근로자와 사용자 쌍방이 참여와 협력을 통하여 노사 공동의 이익을 증진함으로써 산업 평화를 도모하고 국민경제 발전에 이바지함을 목적으로 한다.
② "노사협의회"란 근로자와 사용자가 참여와 협력을 통하여 근로자의 경제적·사회적 지위 향상과 기업의 건전한 발전을 도모하기 위하여 구성하는 협의기구를 말한다.
③ 노사협의회는 근로조건에 대한 결정권이 있는 사업이나 사업장 단위로 설치하여야 한다. 다만, 상시(常時) 30명 미만의 근로자를 사용하는 사업이나 사업장은 그러하지 아니하다.
④ 노사협의회는 하나의 사업에 지역을 달리하는 사업장이 있을 경우에는 그 사업장에도 설치할 수 있다.
⑤ 노동조합의 단체교섭이나 그 밖의 모든 활동은 이 법에 의하여 영향을 받지 아니한다.

26 **근로자참여 및 협력증진에 관한 법률에 따른 노사협의회와 관련하여 가장 옳지 않은 것은?**

① 근로자를 대표하는 위원은 근로자 과반수가 참여하여 직접 · 비밀 · 무기명 투표로 선출한다.
② 근로자위원이나 사용자위원의 선출과 위촉에 필요한 사항은 고용노동부령으로 정한다.
③ 협의회는 근로자와 사용자를 대표하는 같은 수의 위원으로 구성하되, 각 3명 이상 10명 이하로 한다.
④ 협의회에 의장을 두며, 의장은 위원 중에서 호선(互選)한다. 이 경우 근로자위원과 사용자위원 중 각 1명을 공동의장으로 할 수 있다.
⑤ 노사 쌍방은 회의 결과의 기록 등 사무를 담당하는 간사 1명을 각각 둔다.

27 **근로자참여 및 협력증진에 관한 법률에 따른 노사협의회와 관련하여 가장 옳지 않은 것은?**

① 협의회는 3개월마다 정기적으로 회의를 개최하여야 한다
② 의장은 회의 개최 7일 전에 회의 일시, 장소, 의제 등을 각 위원에게 통보하여야 한다.
③ 협의회의 회의는 공개한다. 다만, 협의회의 의결로 공개하지 아니할 수 있다.
④ 회의는 과반수의 출석으로 개최하고 출석위원 3분의 2 이상의 찬성으로 의결한다
⑤ 회의록은 작성한 날부터 3년간 보존하여야 한다.

28 **근로자참여 및 협력증진에 관한 법률상 노사협의회의 의결사항이 아닌 것은?**

① 근로자의 교육훈련 및 능력개발 기본계획의 수립
② 복지시설의 설치와 관리
③ 작업과 휴게 시간의 운용
④ 고충처리위원회에서 의결되지 아니한 사항
⑤ 각종 노사공동위원회의 설치

29 **근로자참여 및 협력증진에 관한 법률상 노사협의회의 보고사항이 아닌 것은?**

① 사내근로복지기금의 설치
② 경영계획 전반 및 실적에 관한 사항
③ 분기별 생산계획과 실적에 관한 사항
④ 인력계획에 관한 사항
⑤ 기업의 경제적 · 재정적 상황

30 **노동위원회법령상 가장 옳지 않은 것은?**

① 노동위원회 위원의 임기는 3년으로 하되, 연임할 수 있다.
② 노동위원회 위원이 궐위(闕位)된 경우 보궐위원의 임기는 새로 시작된다.
③ 노동위원회는 중앙노동위원회, 지방노동위원회 및 특별노동위원회로 구분한다.

④ 특별노동위원회는 관계 법률에서 정하는 사항을 관장하기 위하여 필요한 경우에 해당 사항을 관장하는 중앙행정기관의 장 소속으로 둔다.

⑤ 중앙노동위원회는 둘 이상의 지방노동위원회의 관할구역에 걸친 노동쟁의의 조정(調整)사건을 관장한다.

31 노동위원회의 관장과 관련하여 가장 옳지 않은 것은?

① 중앙노동위원회는 다른 법률에서 그 권한에 속하는 것으로 규정된 사건을 관장한다.

② 특별노동위원회는 관계 법률에서 정하는 바에 따라 그 설치목적으로 규정된 특정사항에 관한 사건을 관장한다.

③ 중앙노동위원회 위원장은 효율적인 노동쟁의의 조정을 위하여 필요하다고 인정하는 경우에는 지방노동위원회를 지정하여 해당 사건을 처리하게 할 수 있다.

④ 중앙노동위원회 위원장은 ⑤에 따른 주된 사업장을 정하기 어렵거나 주된 사업장의 소재지를 관할하는 지방노동위원회에서 처리하기 곤란한 사정이 있는 경우에는 직권으로 또는 관계 당사자나 지방노동위원회 위원장의 신청에 따라 지방노동위원회를 지정하여 해당 사건을 처리하게 할 수 있다.

⑤ 지방노동위원회는 해당 관할구역에서 발생하는 사건을 관장하되, 둘 이상의 관할구역에 걸친 사건(둘 이상의 지방노동위원회의 관할구역에 걸친 노동쟁의의 조정(調整)사건을 포함한다)은 주된 사업장의 소재지를 관할하는 지방노동위원회에서 관장한다.

32 노동위원회의 구성과 관련하여 가장 옳지 않은 것은?

① 근로자위원 및 사용자위원은 각 10명 이상 60명 이하의 범위에서 노동위원회의 업무량을 고려하여 대통령령으로 정한다.

② 공익위원은 각 10명 이상 70명 이하의 범위에서 노동위원회의 업무량을 고려하여 대통령령으로 정한다.

③ 중앙노동위원회 근로자위원은 노동조합이 추천한 사람 중에서, 사용자위원은 사용자단체가 추천한 사람 중에서 고용노동부장관의 제청으로 대통령이 위촉한다.

④ 지방노동위원회 근로자위원은 노동조합이 추천한 사람 중에서, 사용자위원은 사용자단체가 추천한 사람 중에서 지방노동위원회 위원장의 제청으로 중앙노동위원회 위원장이 위촉한다.

⑤ 공익위원은 해당 노동위원회 위원장, 노동조합 및 사용자단체가 각각 추천한 사람 중에서 노동조합과 사용자단체가 순차적으로 배제하고 남은 사람을 위촉대상 공익위원으로 한다.

33 공무원의 노동조합 설립 및 운영 등에 관한 법률에 관한 다음 중 가장 옳지 않은 것은?

① "공무원"이란 「국가공무원법」 제2조 및 「지방공무원법」 제2조에서 규정하고 있는 공무원을 말한다. 다만, 「국가공무원법」 제66조제1항 단서 및 「지방공무원법」 제58조제1항 단서에 따른 사실상 노무에 종사하는 공무원과 「교원의 노동조합 설립 및 운영 등에 관한 법률」의 적용을 받는 교원인 공무원은 제외한다.

② 2003년 1월 27일에 제정되었다.

③ 노동조합과 그 조합원은 정치활동을 하여서는 아니 된다.

④ 공무원이 노동조합을 설립하려는 경우에는 국회·법원·헌법재판소·선거관리위원회·행정부·특별시·광역시·특별자치시·도·특별자치도·시·군·구(자치구를 말한다) 및 특별시·광역시·특별자치시·도·특별자치도의 교육청을 최소 단위로 한다.
⑤ 노동조합을 설립하려는 사람은 고용노동부장관에게 설립신고서를 제출하여야 한다.

34 공무원의 노동조합 설립 및 운영 등에 관한 법률상 가입범위에 관하여 가장 옳지 않은 것은?

① 특정직공무원 중 외교정보기술직렬 외무공무원은 원칙적으로 가입할 수 없다.
② 특정직공무원 중 외무영사직렬 외무공무원은 원칙적으로 가입할 수 있다.
③ 소방공무원은 원칙적으로 가입할 수 있다.
④ 교정·수사 등 공공의 안녕과 국가안전보장에 관한 업무에 종사하는 공무원은 가입할 수 없다.
⑤ 업무의 주된 내용이 다른 공무원에 대하여 지휘·감독권을 행사하거나 다른 공무원의 업무를 총괄하는 업무에 종사하는 공무원은 가입할 수 없다.

35 공무원의 노동조합 설립 및 운영 등에 관한 법률상 가장 옳지 않은 것은?

① 노동조합의 대표자는 그 노동조합에 관한 사항 또는 조합원의 보수·복지, 그 밖의 근무조건에 관하여 국회사무총장·법원행정처장·헌법재판소사무처장·중앙선거관리위원회사무총장·인사혁신처장(행정부를 대표한다)·특별시장·광역시장·특별자치시장·도지사·특별자치도지사·시장·군수·구청장(자치구의 구청장을 말한다) 또는 특별시·광역시·특별자치시·도·특별자치도의 교육감 중 어느 하나에 해당하는 사람과 각각 교섭하고 단체협약을 체결할 권한을 가진다.
② 법령 등에 따라 국가나 지방자치단체가 그 권한으로 행하는 정책결정에 관한 사항, 임용권의 행사 등 그 기관의 관리·운영에 관한 사항으로서 근무조건과 직접 관련되지 아니하는 사항은 교섭의 대상이 될 수 없다.
③ 단체협약의 내용 중 법령·조례 또는 예산에 의하여 규정되는 내용과 법령 또는 조례에 의하여 위임을 받아 규정되는 내용은 단체협약으로서의 효력을 가지지 아니한다.
④ 노동조합과 그 조합원은 파업, 태업 또는 그 밖에 업무의 정상적인 운영을 방해하는 어떠한 행위도 하여서는 아니 된다. 이를 위반하여 파업, 태업 또는 그 밖에 업무의 정상적인 운영을 방해하는 행위를 한 자는 3년 이하의 징역 또는 3천만원 이하의 벌금에 처한다.
⑤ 공무원은 임용권자의 동의를 받아 노동조합으로부터 급여를 지급받으면서 노동조합의 업무에만 종사할 수 있다.

36 교원의 노동조합 설립 및 운영 등에 관한 법률상 가장 옳지 않은 것은?

① "교원"에는 강사를 포함하여 「고등교육법」 제14조제2항 및 제4항에 따른 교원이 포함된다.
② "교원"에는 「유아교육법」 제20조제1항에 따른 교원이 포함된다.
③ 교원으로 임용되어 근무하였던 사람으로서 노동조합 규약으로 정하는 사람은 노동조합에 가입할 수 있다.

④ 임용권자의 동의를 받아 노동조합의 업무에만 종사하는 사람은 그 기간 중「교육공무원법」제44조 및 「사립학교법」제59조에 따른 휴직명령을 받은 것으로 본다.
⑤ 임용권자는 국민이 알 수 있도록 전년도에 노동조합별로 근무시간을 면제받은 시간 및 사용인원, 지급된 보수 등에 관한 정보를 대통령령으로 정하는 바에 따라 공개하여야 한다.

37 교원의 노동조합 설립 및 운영 등에 관한 법률상 가장 옳지 않은 것은?

① 교원 노동관계 조정위원회는 중앙노동위원회 위원장이 지명하는 조정담당 공익위원 3명으로 구성한다.
② 교원 노동관계 조정위원회의 위원장은 위원회의 위원 중에서 호선(互選)한다.
③ 교원의 노동쟁의를 조정·중재하기 위하여 국무총리 소속하에 교원 노동관계 조정위원회를 둔다
④ 관계 당사자는 중앙노동위원회의 중재재정(仲裁裁定)이 위법하거나 월권(越權)에 의한 것이라고 인정하는 경우에는「행정소송법」제20조에도 불구하고 중재재정서를 송달받은 날부터 15일 이내에 중앙노동위원회 위원장을 피고로 하여 행정소송을 제기할 수 있다.
⑤ 중앙노동위원회가 제시한 조정안을 당사자의 어느 한쪽이라도 거부한 경우 중앙노동위원회는 중재(仲裁)를 한다.

38 다음 노동조합 및 노동관계조정법 조항의 규정을 위반한 자에 대해 동법에 규정된 벌칙규정과 관련하여 가장 옳지 않은 것은? (2021 기출변형)

① 조합원은 노동조합에 의하여 주도되지 아니한 쟁의행위를 하여서는 아니된다. → 3년이하의 징역 또는 3천만원 이하의 벌금
② 작업시설의 손상이나 원료、제품의 변질 또는 부패를 방지하기 위한 작업은 쟁의행위 기간중에도 정상적으로 수행되어야 한다. → 2년이하의 징역 또는 2천만원 이하의 벌금
③ 노동조합은 쟁의행위가 적법하게 수행될 수 있도록 지도·관리·통제할 책임이 있다. → 벌칙규정 없음
④ 필수유지업무의 정당한 유지·운영을 정지·폐지 또는 방해하는 행위는 쟁의행위로서 이를 행할 수 없다. → 3년이하의 징역 또는 3천만원 이하의 벌금
⑤ 노동조합은 쟁의행위 기간에 대한 임금의 지급을 요구하여 이를 관철할 목적으로 쟁의행위를 하여서는 아니된다. → 2년이하의 징역 또는 2천만원 이하의 벌금

39 노동조합 및 노동관계조정법령상 쟁의행위에 관한 설명으로 가장 옳지 않은 것은?(다툼이 있으면 판례에 따름) (2021, 2022 기출변형)

① 하나의 쟁의행위에서 추구하는 목적이 여러 가지이고 그중 일부가 정당하지 못한 경우에는 주된 목적 내지 진정한 목적의 당부에 의하여 그 쟁의행위의 당부를 판단하여야 할 것이다.
② 근로자의 쟁의행위가 정당한 것으로 인정받기 위해서는 그 목적이 근로조건의 향상을 위한 노사 간의 자치적 교섭을 조성하는 데에 있어야 한다.
③ 사용자는 이 법에 의한 단체교섭 또는 쟁의행위로 인하여 손해를 입은 경우에 노동조합 또는 근로자에 대하여 그 배상을 청구할 수 없다.

④ 노동조합 및 노동관계조정법 시행령 제17조에서 규정하고 있는 쟁의행위의 일시·장소·참가인원 및 그 방법에 관한 서면신고의무는 쟁의행위를 함에 있어 그 세부적·형식적 절차를 규정한 것으로서 쟁의행위에 적법성을 부여하기 위하여 필요한 본질적인 요소는 아니므로, 신고절차의 미준수만을 이유로 쟁의행위의 정당성을 부정할 수는 없다.
⑤ 쟁의행위가 폭력이나 파괴행위의 형태로 행하여질 경우 사용자는 즉시 그 상황을 행정관청이나 관할 노동위원회에 신고하여야 한다.

40 다음 중 가장 옳지 않은 것은? (다툼이 있으면 판례에 따름)

① 교섭창구 단일화 절차에 참여한 노동조합은 단체협약의 내용의 일부가 공정대표의무에 위반되는 경우에는 그 사실을 안 날로부터 3개월 이내에 그 시정을 요청할 수 있다.
② 교섭대표노동조합이나 사용자가 교섭창구 단일화 절차에 참여한 다른 노동조합 또는 그 조합원을 차별한 것으로 인정되는 경우, 그와 같은 차별에 합리적인 이유가 있다는 점은 교섭대표노동조합이나 사용자에게 주장·증명책임이 있다.
③ 교섭대표노동조합이 단체교섭 과정의 모든 단계에서 소수노동조합에 대하여 일체의 정보제공 및 의견수렴 절차를 거치지 아니하였다고 하여 절차적 공정대표의무를 위반하였다고 단정할 것은 아니고, 단체교섭의 전 과정을 전체적·종합적으로 살필 때 소수노동조합에 기본적이고 중요한 사항에 대한 정보제공 및 의견수렴 절차를 충분히 거치지 않았다고 인정되는 경우와 같이 교섭대표노동조합이 가지는 재량권의 범위를 일탈하여 소수노동조합을 합리적 이유 없이 차별하였다고 평가할 수 있는 때에 절차적 공정대표의무 위반을 인정할 수 있다.
④ 노동조합과 사용자 또는 사용자단체로부터 교섭 또는 단체협약의 체결에 관한 권한을 위임받은 자는 그 노동조합과 사용자 또는 사용자단체를 위하여 위임받은 범위안에서 그 권한을 행사할 수 있다.
⑤ 노동조합은 해당 사업장에 단체협약이 2개 이상 있는 경우에는 먼저 이르는 단체협약의 유효기간 만료일 이전 3개월이 되는 날부터 사용자에게 교섭을 요구할 수 있다.

2025년도 제34회 공인노무사 제1차 대비 민법 모의문제

01 신의성실 및 금반언의 원칙에 관한 설명으로 옳지 않은 것은? (다툼이 있는 경우 판례에 의함)

① 피보험자의 서면동의 없이 체결된 타인의 사망을 보험사고로 하는 생명보험계약의 보험자가 위 생명보험계약의 무효를 주장하는 것은 신의성실의 원칙 등에 위반되지 않는다.
② 병원에 환자가 입원하여 치료를 받는 경우, 병원은 입원환자의 휴대품 등의 도난을 방지함에 필요한 적절한 조치를 강구하여 줄 신의칙상의 보호의무가 있다.
③ 변호사의 소송위임사무에 관한 약정 보수액이 부당하게 과다하여 신의성실의 원칙이나 형평의 관념에 반한다고 볼 만한 특별한 사정이 있는 경우, 변호사의 보수 청구가 적당하다고 인정되는 범위 내로 제한될 수 있다.
④ 사용자가 근로계약에 수반되는 신의칙상의 부수적 의무인 보호의무를 위반하여 근로자에게 손해를 입힘으로써 발생한 근로자의 손해배상청구권은 사용자가 상인인 이상 5년의 상사시효가 적용된다.
⑤ 일반 공중의 통행에 공용되는 도로 부지의 소유자가 이를 점유、관리하는 지방자치단체를 상대로 도로의 철거, 점유 이전 또는 통행금지를 청구하는 것은 원칙적으로 권리남용에 해당한다.

02 물건에 관한 설명으로 옳은 것은? (다툼이 있는 경우 판례에 의함)

① 등기된 입목의 소유자는 입목을 토지와 분리하여 양도할 수 있고, 이를 저당권의 목적으로 할 수 있다.
② 종물은 주물의 처분에 따르므로 당사자는 주물을 처분할 때에 특약으로 종물을 제외하거나 종물만 별도로 처분할 수는 없다.
③ 횟집으로 사용할 점포 건물에 거의 붙여서 횟감용 생선을 보관하기 위하여 신축한 수족관 건물은 점포 건물의 종물에 해당한다.
④ 부동산 이외의 물건은 모두 동산이다.
⑤ 법정과실은 수취할 권리의 존속기간 일수의 비율로 취득함이 원칙이다.

03 사단법인 甲의 대표이사 乙은 甲을 대표하여 매수인 丙과 매매계약을 체결하였다. 이에 관한 설명으로 옳지 않은 것은? (다툼이 있으면 판례에 따름)

① 매매계약이 乙의 적법한 대표권 범위 내에서 체결된 것이라면 매매계약의 불이행에 따른 채무불이행책임은 甲이 직접 부담한다.
② 매매계약이 乙의 대표권 범위 내에서 체결되기는 하였으나 乙 자신만을 위한 것인 경우라도, 丙이 이러한 사실을 알았거나 알 수 있었던 경우가 아닌 이상, 甲과 丙 사이의 매매계약은 유효하다.
③ 甲이 丙에 대하여 매매계약에 따른 채무불이행책임을 지는 경우, 甲의 고의·과실은 乙의 고의·과실 여부를 기준으로 결정한다.

④ 甲이 乙의 직무상 행위로 丙에게 손해를 가한 경우라도 甲은 선임감독상의 주의의무 위반이 없음을 이유로 면책될 수 있다.
⑤ 丙이 매수하는 것에 관하여 乙의 이익과 甲의 이익이 상반되는 경우, 乙은 위 매매계약 체결에 대해 甲을 대표할 권한이 없다.

04 민법상 조건과 기한에 관한 설명으로 옳지 않은 것은? (다툼이 있는 경우 판례에 의함)

① 법률행위의 효력 발생 또는 소멸을 장래 불확실한 사실의 발생 여부에 의존케 하려는 의사가 있더라도, 외부에 표시되지 않으면 법률행위의 부관으로서의 조건이 될 수 없다.
② 조건이 법률행위 당시에 이미 성취할 수 없는 것인 경우 그 조건이 해제조건이면 그 법률행위는 조건 없는 법률행위가 된다.
③ 당사자가 불확정한 사실이 발생한 때를 이행기한으로 정한 경우에는 그 사실이 발생한 때는 물론 그 사실의 발생이 불가능하게 된 때에도 이행기한이 도래한 것으로 보아야 한다.
④ 신의성실의 원칙에 반하여 조건성취를 방해한 경우 조건성취로 의제되는 시기는 그러한 행위가 없었더라면 조건이 성취되었으리라고 추산되는 시점이다.
⑤ '조건의 성취를 방해한 때'란 사회통념상 일방 당사자의 방해행위가 없었더라면 조건이 성취되었을 것으로 보이는 상황에서 방해행위로 인하여 조건이 성취되지 못한 경우로서, 이는 방해행위가 없었더라도 조건의 성취가능성이 현저히 낮은 경우까지 포함한다.

05 소멸시효에 관한 설명으로 옳은 것은? (다툼이 있는 경우 판례에 의함)

① 채무불이행으로 인한 손해배상채권은 본래의 채권이 시효로 소멸하더라도 함께 소멸하지 않는다.
② 3년의 단기소멸시효가 적용되는 도급을 받은 자의 공사에 관한 채권에 그 공사에 부수되는 채권으로서 수급인의 저당권설정청구권은 포함되지 않는다.
③ 후순위담보권자는 선순위담보권의 피담보채권의 소멸로 직접 이익을 받는 자이므로 선순위담보권의 피담보채권에 관한 소멸시효의 완성을 원용할 수 있다.
④ 물상보증인이 그 피담보채무의 부존재를 이유로 제기한 소송에서, 채권자 겸 저당권자가 응소하여 승소하더라도 채권자의 위 응소행위는 피담보채권에 대한 시효중단 사유인 '재판상 청구'에 해당하지 않는다.
⑤ 채권자가 채무자의 제3채무자에 대한 채권을 압류 또는 가압류한 경우, 채무자의 제3채무자에 대한 채권에 확정적 시효중단의 효력이 생긴다.

06 민법상 능력에 관한 설명으로 옳지 않은 것은? (다툼이 있는 경우 판례에 의함)

① 의사능력 없이 한 법률행위는 무효인데, 의사능력의 유무는 구체적인 법률행위와 관련하여 개별적으로 판단되어야 한다.
② 제한능력자인지 여부는 획일적 내지는 법원 심판에 의하여 정해지기 때문에, 행위능력제도의 근본적인 입법취지는 제한능력자의 보호보다 거래의 안전을 확보함에 있다고 보아야 한다.

③ 피성년후견인의 법률행위는 취소할 수 있지만, 일용품의 구입 등 일상생활에 필요하고 그 대가가 과도하지 아니한 법률행위는 성년후견인이 취소할 수 없다.
④ 법인에 대하여 청산종결등기가 경료되었더라도 청산사무가 종료되지 않는 한 그 범위에서 청산법인으로 권리능력을 갖는다.
⑤ 법인도 성년후견인이 될 수 있고, 미성년후견인은 한 명이어야 하지만 성년후견인은 여러 명일 수 있다.

07 소멸시효의 기산점에 관한 설명으로 옳지 않은 것은? (다툼이 있는 경우 판례에 의함)

① 당사자가 주장하는 소멸시효의 기산일과 본래의 소멸시효 기산일이 다른 경우, 법원은 본래의 소멸시효 기산일을 기준으로 소멸시효를 계산하여야 한다.
② 무권대리인 상대방이 무권대리인에 대해 가지는 계약이행청구권이나 손해배상청구권의 소멸시효는 상대방이 위 두 청구권 중 하나를 선택할 수 있을 때부터 진행한다.
③ 부작위를 목적으로 하는 채권의 소멸시효는 위반행위를 한 때로부터 진행한다.
④ 동시이행의 항변권이 붙어있는 채권은 이행기가 도래한 때로부터 소멸시효가 진행한다.
⑤ 부당이득반환채권은 그 채권이 발생한 때부터 그 채권의 소멸시효가 진행된다.

08 흠 있는 의사표시에 관한 설명으로 옳은 것은? (다툼이 있는 경우 판례에 의함)

① 비진의 의사표시에 있어서 진의란 표의자가 진정으로 마음속에서 바라는 사항을 뜻하는 것이다.
② 재단법인의 설립을 위하여 서면에 의한 출연행위를 한 경우에도 착오에 기한 의사표시라는 이유로 위 출연행위를 취소할 수 있다.
③ 부동산 매매계약에 있어 당사자인 甲과 乙이 모두 A 토지를 계약의 목적물로 삼았으나 그 목적물의 지번 등에 관하여 착오를 일으켜 계약서상 그 목적물을 B 토지로 표시하였다면, 규범적 해석에 따라 일단 B 토지에 관하여 매매계약이 성립된 것으로 보아야 하고, 다만 매도인 甲은 착오를 이유로 위 매매계약을 취소할 수 있다.
④ 임대차계약에 따른 임대차보증금반환채권을 담보할 목적으로 임대인과 임차인 사이의 합의에 따라 전세권설정계약을 체결한 경우 통정허위표시에 해당할 여지가 없다.
⑤ 동기의 착오는 동기가 표시되어 법률행위의 내용으로 되어야 착오를 이유로 취소할 수 있고, 이는 동기착오가 상대방에 의하여 유발된 경우에도 같다.

09 사기·강박에 의한 의사표시에 관한 설명으로 옳지 않은 것은? (다툼이 있는 경우 판례에 의함)

① 사기에 의한 의사표시에는 의사와 표시의 불일치가 있을 수 없고, 단지 의사표시의 동기에 착오가 있을 뿐이다.
② 재산권의 거래계약에 있어서 일방 당사자에게 상대방에 대한 고지의무가 인정되는 경우에는 상대방이 고지의무의 대상이 되는 사실을 이미 알고 있는 때에도 여전히 고지의무를 부담한다.
③ 민법상의 법률행위에 관한 규정은 특별한 사정이 없는 한 소송행위에는 적용이 없으므로, 소송행위가 강박에 의하여 이루어지더라도 이를 이유로 취소할 수는 없다.

④ 제3자의 사기로 인하여 계약을 체결한 경우, 그 제3자에 대하여 불법행위로 인한 손해배상을 청구하기 위해서 먼저 그 계약을 취소할 필요는 없다.
⑤ 강박행위의 주체가 국가 공권력이고 그 공권력 행사의 내용이 기본권을 침해하는 것이라고 하여 그 강박에 의한 의사표시가 항상 반사회성을 띠게 되어 당연히 무효로 된다고는 볼 수 없다.

10 법률행위의 무효에 관한 설명으로 옳지 않은 것은? (다툼이 있으면 판례에 따름)

① 불공정한 법률행위에 해당하여 무효인 법률행위는 추인에 의하여 유효로 될 수 없다.
② 법인 아닌 사단의 총회에서 회의 소집 통지에 목적 사항으로 기재하지 않은 사항에 관하여 결의한 경우, 구성원 전원이 회의에 참석하여 해당 사항에 관하여 의결하였더라도 그 결의는 효력이 없다.
③ 증여계약과 같이 아무런 대가관계 없이 당사자 일방이 상대방에게 일방적인 급부를 하는 법률행위는 불공정한 법률행위의 해당 여부를 논의할 수 있는 성질의 것이 아니다.
④ 양도소득세의 일부를 회피할 목적으로 매매계약서에 실제로 거래한 가액을 매매대금으로 기재하지 아니하고 그보다 낮은 금액을 매매대금으로 기재하였더라도 그 매매계약을 사회질서에 반하는 법률행위로서 무효라고 할 수는 없다.
⑤ 토지거래허가구역 내의 토지에 대하여 토지거래허가 없이 매매계약이 체결되었으나 이후 토지거래허가구역이 지정해제 되었다면 그 매매계약은 확정적으로 유효로 된다.

11 乙은 甲으로부터 甲 소유의 X 토지를 매도하는 대리권한을 받아 丙과 X 토지에 대해 매매계약을 체결하였다. 이에 관한 설명으로 옳지 않은 것은? (다툼이 있는 경우 판례에 의함)

① 甲이 무권대리라고 주장할 경우, 대리권의 존부에 대한 증명은 丙이 하여야 한다.
② 乙이 매수인 丙으로부터 잔금을 수령하였다면, 특별한 사정이 없는 한 乙이 잔금을 甲에게 전달하지 않았더라도 丙의 잔금지급채무는 소멸한다.
③ 丙이 乙로부터 기망을 당하여 매매계약을 체결한 경우, 甲이 乙의 기망사실을 알았거나 알 수 있었을 때 한하여 丙은 사기에 의한 의사표시를 이유로 매매계약을 취소할 수 있다.
④ 甲이 불공정 법률행위로서 무효라고 주장하는 경우, 이에 대하여 궁박 요건은 甲을 기준으로 판단하고, 경솔·무경험 요건은 乙을 기준으로 판단한다.
⑤ 甲이 乙에게 대리권을 수여한 후 甲에 대하여 성년후견이 개시되더라도 乙의 대리권은 소멸하지 않는다.

12 복대리에 관한 설명으로 옳지 않은 것은? (다툼이 있는 경우 판례에 의함)

① 표현대리의 규정은 복임권 없는 대리인에 의하여 선임된 복대리인의 대리행위에 관하여도 적용된다.
② 복대리인의 대리권은 대리인이 파산선고를 받더라도 그것만으로 소멸하지 않는다.
③ 복대리인은 본인의 대리인이므로 본인을 위한다는 표시를 하면 되고 대리인의 이름을 표시할 필요가 없다.
④ 임의대리인은 본인의 승낙이 있거나 부득이한 사유가 있으면 복대리인을 선임할 수 있다.
⑤ 임의대리인이 대리권 소멸된 뒤에 복대리인을 선임한 경우, 그 복대리인이 한 법률행위에 대하여도 대리권 소멸 후의 표현대리가 성립할 수 있다.

13 표현대리 및 협의의 무권대리에 관한 설명으로 옳지 않은 것은? (다툼이 있는 경우 판례에 의함)

① 표현대리가 성립한다고 하여 무권대리의 성질이 유권대리로 전환되는 것은 아니다.
② 무권대리인과 계약을 체결한 상대방이 계약체결 당시 대리권이 없었다는 사정을 알았다고 하더라도 본인의 추인이 있기 전에는 계약을 철회할 수 있다.
③ 무권대리행위에 대한 추인은 무권대리인 및 상대방 뿐만 아니라 무권대리상의 계약으로 인한 권리 또는 법률관계의 승계인을 상대로도 할 수 있다.
④ 권한을 넘은 표현대리인지를 판단함에 있어 정당한 이유의 유무는 대리행위를 기준으로 판단한다.
⑤ 대리권소멸 후의 표현대리의 경우에는 본인이 상대방의 악의, 과실을 증명해야 한다.

14 법률행위의 무효에 관한 설명으로 옳지 않은 것은? (다툼이 있는 경우 판례에 의함)

① 불공정한 법률행위에도 무효행위의 전환의 법리가 적용될 수 있다.
② 토지거래허가구역 내의 토지매매가 아직 관할관청의 허가를 받지 못한 경우라도 매도인은 계약금의 배액을 상환하고 매매계약을 해제할 수 있다.
③ 당사자의 궁박, 경솔, 무경험으로 인하여 현저하게 공정을 잃은 법률행위의 무효는 선의의 제3자에게도 대항할 수 있다.
④ 법률행위의 일부가 무효인 경우, 그 무효부분이 없더라도 법률행위를 하였을 것으로 인정되는 때에는 나머지 부분은 무효가 되지 않는다.
⑤ 무효인 법률행위의 당사자가 그 무효임을 알면서 추인한 경우에는 소급하여 유효한 법률행위로 된다.

15 법률행위의 취소에 관한 설명으로 옳은 것은? (다툼이 있는 경우 판례에 의함)

① 착오가 법률행위 내용의 일부에만 관계된 경우라면 일부무효의 법리가 유추적용되어 일부취소가 인정될 수 있다.
② 법률행위의 취소를 당연한 전제로 한 소송상의 이행청구를 하였더라도 그 속에 취소의 의사표시가 포함되어 있다고 볼 수는 없다.
③ 제한능력으로 인한 의사표시의 취소는 선의의 제3자에게 대항할 수 없다.
④ 취소할 수 있는 법률행위가 이미 취소되었더라도, 취소할 수 있는 법률행위의 추인에 의하여 확정적으로 유효하게 할 수 있다.
⑤ 취소권은 법률행위를 추인할 수 있는 날로부터 5년 뒤에도 소멸하지 않는다.

16 손해배상액의 예정 및 과실상계에 관한 설명으로 옳지 않은 것은? (다툼이 있는 경우 판례에 의함)

① 손해배상 예정액의 감액사유에 대한 사실인정이나 그 비율을 정하는 것은 원칙적으로 사실심의 전권에 속하지만, 그것이 형평의 원칙에 비추어 현저히 불합리하다고 인정되는 경우에는 위법한 것으로 허용되지 않는다.
② 법원은 손해배상 예정액이 부당하게 과다한지를 판단할 때에는 예정 당시를 기준으로 여러 사정을 종합적으로 고려하여야 한다.

③ 위약벌의 약정은 손해배상액의 예정과 달라서 민법 제398조 제2항을 유추적용하여 그 액을 감액할 수 없다.

④ 매매계약이 해제되어 원상회복의무의 이행으로서 이미 지급한 매매대금 기타의 급부의 반환을 구하는 경우에는 과실상계의 법리가 적용되지 않는다.

⑤ 손해배상액의 예정이 있는 경우 감액이 감액하므로 별도로 과실상계 하지 않는다.

17 다수당사자 채권관계에 관한 설명으로 옳은 것(O)과 옳지 않은 것(X)을 올바르게 조합한 것은? (다툼이 있는 경우 판례에 의함)

ㄱ. 연대채무자 중 1인이 채무 일부를 면제받는 경우에도 전액 면제의 경우와 같이 절대적 효력이 있다.
ㄴ. 주채무자에 대한 소멸시효가 완성되어 보증채무가 소멸된 상태에서 보증인이 보증채무를 이행하거나 승인하였다고 하더라도 주채무에 대한 소멸시효 이익 포기의 효과가 생기지 않는다.
ㄷ. 수인이 공동으로 부당이득을 한 경우의 반환채무는 특별한 사정이 없는 한 불가분채무라 할 것이다.
ㄹ. 채권자의 신청에 의한 경매개시결정에 따라 연대채무자 1인의 소유 부동산이 압류된 경우, 이로써 다른 연대채무자에 대하여도 시효중단의 효력이 생긴다.

① ㄱ(○), ㄴ(○), ㄷ(○), ㄹ(×)
② ㄱ(○), ㄴ(○), ㄷ(×), ㄹ(○)
③ ㄱ(○), ㄴ(×), ㄷ(×), ㄹ(○)
④ ㄱ(○), ㄴ(×), ㄷ(×), ㄹ(×)
⑤ ㄱ(×), ㄴ(○), ㄷ(○), ㄹ(×)

18 이행불능에 관한 설명으로 옳지 않은 것은? (다툼이 있으면 판례에 따름)

① 매매의 목적이 된 부동산에 관하여 이미 제3자의 처분금지가처분등기가 기입되었다 할지라도, 바로 계약의 이행이 불능으로 되는 것은 아니다.

② 이행불능이 있는 경우 이행지체와 달리 최고할 필요 없이 계약을 해제할 수 있다.

③ 증여의 대상인 권리가 계약 당시 타인에게 귀속되어 있다면 증여자의 계약에 따른 이행은 불능이라고 보아야 한다.

④ 매매 목적 부동산에 관하여 매도인이 이중으로 제3자와 매매계약을 체결하였다는 사실만 가지고는 선행 매매계약이 이행불능이라고 할 수 없다.

⑤ 임대차계약상 목적물을 사용·수익하게 할 임대인의 의무는 임대인이 소유권을 상실하였다는 이유만으로는 불능하게 된 것이라고 단정할 수 없다.

19 채권자대위권에 관한 설명으로 옳지 않은 것은? (다툼이 있는 경우 판례에 의함)

① 채권자대위소송에서 피보전채권이 인정되지 않는다는 이유로 소각하 판결이 확정된 경우, 확정판결의 기판력은 채권자가 채무자를 상대로 피보전채권의 이행을 구하는 후소에 미치지 않는다.

② 채권자대위권 행사로 매매에 기한 소유권이전등기청구권을 행사하였는데, 대위권 행사의 통지를 받은 뒤 채무자와 제3채무자가 매매계약을 합의해제된 경우, 제3채무자는 이를 가지고 채권자에게 대항할 수 없다.
③ 물권적 청구권도 채권자대위권의 피보전권리가 될 수 있다.
④ 피보전채권 및 피대위권리가 금전채권인 경우 채권자는 제3채무자로부터 직접 대위수령이 가능하다.
⑤ 채권자는 자신의 금전채권을 보전하기 위하여 채무자를 대위하여 채무자가 보유한 부동산에 관한 공유물분할청구권을 행사할 수 있다.

20 **甲이 乙을 대위하여 丙에 대하여 채권대위권을 행사한 경우에 관한 설명으로 옳은 것은? (다툼이 있는 경우 판례에 의함)**

① 乙이 丙에 대하여 채무의 이행을 청구하는 소를 제기하였다가 패소한 경우에는 甲은 丙에 대하여 채권자대위권을 행사할 수 있다.
② 甲이 丙에 대하여 채권자대위권을 행사한 경우 丙은 甲의 乙에 대한 채권이 시효로 소멸하였음을 주장할 수 있다.
③ 甲이 乙에 대하여 이행청구의 소를 제기하여 승소한 경우에도, 丙은 甲의 채권자대위권 행사에 대항하여 乙에 대한 甲의 채권이 무효임을 주장할 수 있다.
④ 무자력이 丙이 자신의 채무자인 丁의 채무를 면제함으로써 乙에 대한 관계에서 사해행위를 한 경우, 甲은 丙의 사해행위를 취소하기 위하여 乙의 채권자취소권을 대위할 수 있다.
⑤ 甲이 채권자대위권을 행사하는 과정에서 비용을 지출하였더라도 甲은 乙에게 그 비용의 상환을 청구할 수 없다.

21 **채권자취소권에 관한 설명으로 옳지 않은 것은? (다툼이 있는 경우 판례에 의함)**

① 어느 채권자가 수익자를 상대로 사해행위 취소 및 원상회복으로 소유권이전등기의 말소를 명하는 판결을 받았으나 말소등기를 마치지 아니한 경우라도, 다른 채권자는 위 판결에 기하여 채무자를 대위하여 말소등기를 신청할 수 없다.
② 채무자가 근저당권이 설정되어 있는 부동산을 양도한 경우, 근저당권의 피담보채권액과 채권최고액이 모두 부동산 가격을 초과하는 때에는 부동산의 양도가 사해행위에 해당하지 않는다.
③ 채권자취소권 행사에 있어 채권자가 취소원인을 알았다고 하기 위하여서는 단순히 채무자가 재산의 처분행위를 하였다는 사실을 아는 것만으로는 부족하고 채무자에게 사해의 의사가 있었다는 사실까지 알 것을 요하며, 나아가 채권자가 수익자나 전득자의 악의까지 알아야 한다.
④ 전득자의 악의 판단에서는 전득자가 전득행위 당시 채무자와 수익자 사이의 법률행위의 사해성을 인식하였는지만이 문제가 될 뿐이고, 수익자가 채무자와 수익자 사이 법률행위의 사해성을 인식하였는지는 원칙적으로 문제 되지 않는다.
⑤ 수익자가 원고가 되어 채무자를 상대로 제기한 부동산 소유권이전등기 소송에서 채무초과 상태의 채무자가 자백간주 확정판결을 받아 수익자 앞으로 소유권이전등기를 마친 경우 사해행위가 될 수 있다.

22 **변제에 관한 설명으로 옳은 것을 모두 고른 것은? (다툼이 있는 경우 판례에 의함)**

ㄱ. 예금주 甲의 대리인이라고 주장하는 乙이 甲의 통장과 인감을 소지하고 丙은행에 예금반환청구를 한 경우, 대리인을 사칭한 을은 채권의 준점유라고 볼 수 없다.
ㄴ. 변제자가 주채무자인 경우 보증인이 있는 경우와 없는 경우 사이에는 변제이익의 차이가 없고 물상보증인이 있는 채무와 물상보증인이 없는 채무 사이에서도 같다.
ㄷ. 민법 제477조의 법정변제충당의 순서에 따라 변제충당을 할 경우, 법정변제충다의 순서는 채무자의 변제제공 당시를 기준으로 정하여야 한다.

① ㄱ　② ㄱ, ㄴ　③ ㄱ, ㄷ　④ ㄴ, ㄷ　⑤ ㄱ, ㄴ, ㄷ

23 **변제자대위에 관한 설명으로 옳지 않은 것은? (다툼이 있는 경우 판례에 의함)**

① 채권이 이중으로 양도된 경우 양수인 상호간의 우열은 통지 또는 승낙에 붙여진 확정일자의 선후에 의하여 결정할 것이 아니라, 채권양도에 대한 채무자의 인식의 선후로 결정해야 한다.
② 변제자대위는 채무자에 대한 구상권을 담보하는 효력을 가지므로 구상권이 없으면 변제자대위가 성립하지 않는다.
③ 양도금지특약을 위반하여 채권을 제3자에게 양도한 경우에 채권자가 채무자에게 특약 위반을 이유로 한 책임만 질 뿐이지 양도계약의 효력에는 영향이 없다. 따라서 채무자는 무조건 양수인에게 채권양도에 대한 책임을 부담한다.
④ 채권양도가 있더라도 양수인은 대항요건을 갖춰야 채무자 또는 제3자에게 대항할 수 있으므로, 양수인은 대항요건을 갖추기 위해 채권자에게 채권양도통지절차의 이행을 청구할 수 있다.
⑤ 소송행위를 하게 하는 것을 주목적으로 채권양도 등이 이루어진 경우 그 채권양도가 신탁법상의 신탁에 해당하지 않는다고 하여도 신탁법 제7조가 유추적용되므로 무효라고 할 것이다.

24 **채권양도에 관한 설명으로 옳지 않은 것은? (다툼이 있는 경우 판례에 의함)**

① 제3자가 채무자를 위하여 대물변제로 채권자에게 채권 일부의 만족을 준 때에도 변제자대위가 인정된다.
② 채권양도의 대항요건으로서의 통지에는 조건을 붙일 수 없으나, 승낙에는 붙일 수 있다.
③ 근저당권의 피담보채권이 확정되기 전에 채권의 일부가 대위변제된 경우, 근저당권이전의 부기등기 여부와 관계없이 근저당권은 대위변제자에게 법률상 당연히 이전된다.
④ 변제할 정당한 이익이 있는 자가 채무자를 위하여 채권의 일부를 대위변제할 경우에 대위변제자는 변제한 가액의 범위내에서 종래 채권자가 가지고 있던 채권 및 담보에 관한 권리를 취득하게 되나 이 경우에도 채권자는 일부 대위변제자에 대하여 우선변제권을 가진다.
⑤ 제3취득자는 채권자에 대하여 대여금채무를 모두 변제한 경우 채무자의 보증인에 대하여 대위할 수 없다.

25 **중첩적 채무인수에 관한 설명으로 옳지 않은 것으로 묶은 것은? (다툼이 있는 경우 판례에 의함)**

ㄱ. 甲이 乙에게 임대한 자기 소유 건물을 丙에게 매도하면서 乙의 승낙 없이 乙에 대한 임대차보증금반환채무를 丙이 인수하고 그 채무액만큼 매매대금에서 공제하기로 약정한 경우, 특별한 사정이 없는 한 그 약정은 중첩적 채무인수에 해당한다. ㄴ. 甲이 乙에 대해 부담하는 채무를 乙과 丙의 합의에 따라 丙이 중첩적으로 인수하는 경우, 그 채무인수에 대하여 甲이 동의하지 않더라도 중첩적 채무인수의 효력에는 아무런 영향이 없다. ㄷ. 乙이 甲 소유의 토지를 매수하면서, 甲과 乙 사이에 중도금 및 잔금을 乙이 甲의 채권자 丙에게 직접 지급하기로 하여 丙으로 하여금 그 채권을 취득하게 할 의사로 약정한 경우, 그 약정은 제3자를 위한 계약으로서 중첩적 채무인수에 해당한다. ㄹ. 채무자와 인수인 사이의 관계는 원칙적으로 부진정연대채무관계에 있다.

① ㄱ ② ㄱ, ㄴ ③ ㄱ, ㄷ ④ ㄱ, ㄹ ⑤ ㄱ, ㄴ, ㄹ

26 **채권의 소멸에 관한 설명으로 옳지 않은 것은? (다툼이 있는 경우 판례에 의함)**

① 채무자가 채권자의 승낙을 얻어 본래의 채무이행에 갈음하여 부동산으로 대물변제를 하였으나 본래의 채무가 존재하지 않았던 경우에는, 당사자가 특별한 의사표시를 하지 않은 한 대물변제는 무효로서 부동산의 소유권이 이전되는 효과가 발생하지 않는다.
② 경개로 인한 신채무가 원인의 불법 또는 당사자가 알지 못한 사유로 인하여 성립되지 아니하거나 취소된 때에는 구채무는 소멸되지 아니한다.
③ 변제공탁의 목적인 채무는 현존하는 확정채무일 필요는 없으므로 장래의 채무나 불확정채무도 그 목적이 될 수 있다.
④ 주택임대차에서 대항력을 갖춘 임차인이 당해 주택을 양수한 경우에는 임차인의 보증금반환채권은 혼동으로 인하여 소멸한다.
⑤ 변제공탁이 적법한 경우에는 채권자가 공탁물 출급청구를 하였는지와 관계없이 공탁을 한 때에 변제의 효력이 생긴다.

27 **상계에 관한 설명으로 옳지 않은 것은? (다툼이 있는 경우 판례에 의함)**

① 甲은 乙에 대하여 1억 원의 대여금채권(변제기 2023. 5. 3.)을 가지고, 乙은 甲에 대하여 8,000만 원의 매매대금채권(변제기 2023. 9. 25.)을 가진다. 乙이 2023. 11. 5. 상계의 의사표시를 하여 같은 날 그 의사표시가 甲에게 도달하였다면, 2023. 9. 25.로 소급하여 두 채권은 대등액의 범위에서 소멸한 것으로 본다.
② 甲의 乙에 대한 대여금채권에 상계금지특약이 붙어 있더라도 甲으로부터 그 채권을 선의로 양수한 丙은 그 채권으로 乙의 丙에 대한 채권과 상계할 수 있다.
③ 甲의 乙에 대한 고의의 행위가 불법행위를 구성함과 동시에 채무불이행을 구성하는 경우, 甲이 채무불이행으로 인한 손해배상채권을 수동채권으로 하여 甲의 乙에 대한 대여금채권과 상계를 하는 것은 허용된다.

④ 부진정연대채무자 甲과 乙 중 甲이 자신의 채권자에 대한 반대채권으로 상계한 경우, 상계로 인한 채무소멸의 효력은 소멸한 채무 전액에 관하여 乙에게도 미친다.
⑤ 피고(乙)의 소송상 상계에 대하여 원고(甲)가 乙의 자동채권을 소멸시키기 위하여 다시 소송상 상계의 재항변을 하는 것은 특별한 사정이 없는 한 허용되지 아니한다.

28 계약의 성립에 관한 설명으로 옳지 않은 것은? (다툼이 있는 경우 판례에 의함)

① 승낙기간을 정한 계약의 청약은 그 기간 내에 승낙을 통지를 받지 못한 때에는 그 효력을 잃는다.
② 격지자간의 계약은 승낙의 통지를 발송한 때에 성립한다.
③ 계약의 청약이나 승낙은 원칙적으로 채권자대위권의 목적이 될 수 없다.
④ 매도인이 매매계약의 합의해제를 청약하였으나, 매수인이 그 청약에 대하여 조건을 붙이거나 변경을 가하여 승낙한 경우, 매도인의 종전 청약은 실효된다.
⑤ 청약자가 미리 정한 기간 내에 이의를 하지 아니하면 승낙한 것으로 간주한다는 뜻을 청약시 표시한 경우, 실제 정한 기간 내에 이의가 없으면 승낙으로 간주된다.

29 동시이행의 항변권에 관한 설명으로 옳은 것은? (다툼이 있는 경우 판례에 의함)

① 도급계약에서 수급인이 도급계약에 따른 의무를 제대로 이행하지 못함으로 말미암아 도급인의 신체 또는 재산에도 손해가 발생한 경우, 이러한 확대손해로 인한 수급인의 손해배상채무와 도급인의 공사대금채무는 동시이행관계에 있지 아니하다.
② 채무담보의 목적으로 경료된 채권자 명의의 소유권이전등기나 그 청구권보전 가등기의 말소의무는 피담보채무의 변제와 동시이행관계에 있다.
③ 이행의 제공이 있었으나 수령을 거절한 채권자는 상대방이 이행의 제공을 계속하지 않더라도 과거에 이행제공이 있었다는 사정만으로 동시이행의 항변권을 상실한다.
④ 하수급인에 대한 수급인의 공사대금채무를 인수한 도급인은 하수급인의 공사대금청구에 대하여 하수급인에 대한 수급인의 하자보수청구권에 기한 동시이행항변으로 대항할 수 있다.
⑤ 토지거래허가구역 내 토지의 토지 매매에서 허가신청절차에 협력할 의무는 매수인의 대금지급의무와 동시이행관계에 있다.

30 제3자를 위한 계약에 관한 설명으로 옳지 않은 것은? (다툼이 있는 경우 판례에 의함)

① 낙약자는 요약자와 수익자 사이의 법률관계에 기한 항변으로 수익자에게 대항하지 못하지만, 요약자는 대가관계의 부존재나 효력의 상실을 이유로 자신이 낙약자에게 부담하는 채무의 이행을 거부할 수 있다.
② 채무자와 인수인의 합의에 따른 중첩적 채무인수는 일종의 제3자를 위한 계약이므로, 중첩적 채무인수 계약이 유효하게 존속하는 한 채권자는 인수인에게 채무이행을 청구하거나 그 밖에 채권자로서 권리를 행사하는 방법으로 수익의 의사표시를 함으로써 인수인에 대한 채권을 가진다.
③ 요약자와 낙약자 사이의 매매계약이 무효가 된 경우, 이미 낙약자가 수익자에게 급부를 제공했더라도 낙약자는 수익자에게 부당이득반환청구를 할 수 없다.

④ 수익의 의사표시를 한 수익자는 낙약자에게 직접 그 이행을 청구할 수 있을 뿐만 아니라 요약자가 계약을 해제한 경우에는 낙약자에게 자기가 입은 손해배상을 청구할 수 있다.
⑤ 수익자의 수익의 의사표시 이후에는 요약자와 낙약자는 이를 변경 또는 소멸시키지 못하나, 미리 유보한 경우에는 그러하지 아니하다.

31 계약의 해제에 관한 설명으로 옳은 것을 모두 고르면? (다툼이 있는 경우 판례에 의함)

ㄱ. 채권자가 채무불이행을 이유로 계약을 해제하는 경우 특별한 사정이 없는 한 해제된 계약의 내용에 포함된 손해배상액의 예정도 소급적으로 소멸한다.
ㄴ. 채권자가 협력행위를 하지 않아 계약 목적을 달성할 수 없는 경우, 채무자가 이를 이유로 계약을 해제하려면 채권자의 협력의무에 대한 약정이 있거나 신의칙상 채권자에게 협력의무가 있다고 인정될 만한 특별한 사정이 있어야 한다.
ㄷ. 원래의 계약에 있는 위약금에 관한 약정은 그것이 합의해제에도 적용된다고 볼 만한 특별한 사정이 없는 한 합의해제의 경우에까지 적용되지는 않는다.
ㄹ. 계약이 합의에 따라 해제된 경우에는 다른 사정이 없는 한 채무불이행으로 인한 손해배상을 청구할 수 없다.

① ㄱ, ㄴ ② ㄴ, ㄷ ③ ㄷ, ㄹ ④ ㄱ, ㄴ, ㄹ ⑤ ㄴ, ㄷ, ㄹ

32 매매계약에 관한 설명으로 옳지 않은 것은? (다툼이 있는 경우 판례에 의함)

① 토지거래허가구역 내 토지에 관하여 매매계약을 체결하고 계약금만 주고받은 상태라면 토지거래허가를 받았다고 하더라도 매도인은 계약금의 배액을 상환하여 매매계약을 해제할 수 있다.
② 매매목적물의 하자로 인하여 확대손해가 발생하였다는 이유로 매도인에게 배상책임을 지우기 위해서는 채무의 내용으로 된 하자 없는 목적물을 인도하지 못한 의무위반사실 외에 그 의무위반에 대한 매도인의 귀책사유가 인정되어야 한다.
③ 타인의 권리를 매매한 자가 그 권리를 이전할 수 없게 된 경우, 매도인은 선의의 매수인에 대하여 불능 당시의 시가를 표준으로 이행이익을 배상할 의무가 있다.
④ 저당권이 설정된 부동산의 매수인이 저당권의 행사로 그 소유권을 취득할 수 없는 경우, 악의의 매수인이라도 특별한 사정이 없는 한 계약을 해제할 수 있다.
⑤ 매매계약 후에도 인도하지 아니한 목적물로부터 생긴 과실은 매도인에 속하므로, 매수인이 매매대금을 완납한 후라도 매매목적물을 인도하기까지는 과실수취권은 매도인에게 귀속된다.

33 **위임에 관한 설명으로 옳은 것(O)과 옳지 않은 것(X)을 올바르게 조합한 것은? (다툼이 있는 경우 판례에 의함)**

ㄱ. 수임인이 위임사무의 처리과정에서 받은 물건으로 위임인에게 인도할 목적물이 대체물이더라도 당사자 사이에는 특정된 물건과 같은 것으로 보아야 한다.
ㄴ. 수임이이 위임사무를 처리하기 위하여 과실 없이 손해를 입은 때에는 위임인의 과실 유무와 관계없이 손해의 배상을 청구할 수 있다.
ㄷ. 유상위임의 수임인도 언제든지 위임계약을 해지할 수 있다.
ㄹ. 보수 약정이 있는 경우, 수임인의 귀책사유 없이 위임이 종료했더라도, 수임인은 이미 행해진 이행의 비율에 따라 보수의 지급을 청구할 수 없다.

① ㄱ(○), ㄴ(○), ㄷ(○), ㄹ(×)
② ㄱ(○), ㄴ(○), ㄷ(×), ㄹ(○)
③ ㄱ(○), ㄴ(×), ㄷ(×), ㄹ(○)
④ ㄱ(○), ㄴ(×), ㄷ(×), ㄹ(×)
⑤ ㄱ(×), ㄴ(○), ㄷ(○), ㄹ(×)

34 **甲과 乙 2인은 사업을 동업하기로 하는 민법상 조합계약을 체결하였다. 이후 乙이 조합을 탈퇴하게 되었다. 이에 관한 설명으로 옳은 것으로만 묶인 것은? (다툼이 있는 경우 판례에 의함)**

ㄱ. 조합원의 임의 탈퇴는 조합계약에 관한 일종의 해지로서 다른 조합원에 대한 의사표시로써 하여야 하는데, 그 의사표시는 묵시적으로도 할 수 있다.
ㄴ. 乙이 탈퇴함으로써 조합관계가 종료되고 그 결과 조합은 당연히 해산 또는 청산된다.
ㄷ. 甲과 乙의 합유에 속한 조합재산은 乙의 탈퇴 후 甲의 단독소유에 속한다.
ㄹ. 乙은 甲에 대해 탈퇴로 인한 조합재산의 계산을 요구할 수 있으며 그 계산은 乙의 탈퇴 당시의 조합재산 상태에 의하여야 한다.

① ㄱ, ㄴ
② ㄱ, ㄴ, ㄷ
③ ㄱ, ㄷ, ㄹ
④ ㄷ, ㄹ
⑤ ㄴ, ㄷ, ㄹ

35 **도급계약에 관한 설명으로 옳지 않은 것은? (다툼이 있는 경우 판례에 의함)**

① 건설공사 도급계약에서 많이 행해지는 지체상금 약정의 법적 성질은 손해배상액의 예정이므로 법원은 이를 감액할 수도 있다.
② 공사도급계약상 도급인의 지체상금채권과 수급인의 공사대금채권은 특별한 사정이 없는 한 동시이행의 관계에 있다고 할 수 없다.
③ 공사도급계약에서 소멸시효의 기산점이 되는 보수청구권의 지급시기는 당사자 사이에 특약이 있으면 그에 따르고, 특약이 없으면 관습에 따르나, 특약이나 관습도 없으면 공사를 마친 때이다.
④ 자기 비용과 노력으로 건물을 신축한 자와 그 건축허가명의자가 다른 경우, 원칙적으로 건축허가명의자가 소유권을 원시취득한다.
⑤ 신축건물의 도급인이 민법 제666조가 정한 수급인의 저당권설정청구권의 행사에 따라 공사대금채무의 담보로 그 건물에 저당권을 설정하는 행위는 특별한 사정이 없는 한 사해행위에 해당하지 아니한다.

36 **민법상 임치에 관한 설명으로 옳지 않은 것은? (다툼이 있는 경우 판례에 의함)**

① 수치인이 계약에 의하여 임치물을 소비할 수 있는 있는 경우에 반환시기의 약정이 없는 때에 임치인은 상당기간을 정하여 반환을 최고하여야 한다.
② 임치물에 대한 권리를 주장하는 제3자가 수치인에 대하여 소를 제기한 때에는 수치인은 지체없이 임치인에게 이를 통지하여야 한다.
③ 보수없이 임치를 받은 자는 임치물을 자기재산과 동일한 주의로 보관하여야 하는데, 이점에서 보수없이 위임을 받은 자와 동일하다.
④ 임치기간의 약정이 있는 때에는 수치인은 부득이한 사유없이 기간 만료전에 계약을 해지하지 못하나 임치인은 언제든지 해지할 수 있다.
⑤ 임치물은 그 보관한 장소에서 반환하여야 하나, 수치인이 정당한 사유로 인하여 그 물건을 전치한 때에는 현존하는 장소에서 반환할 수 있다.

37 **임대차에 관한 설명으로 옳지 않은 것은? (다툼이 있는 경우 판례에 의함)**

① 건물의 소유를 목적으로 하는 토지임대차계약에서 지상물매수청구권의 행사로 인하여 임대인과 임차인 사이에 지상물에 대한 매매가 성립하게 되며, 임대인은 그 매수를 거절하지 못한다.
② 임차인의 차임연체를 이유로 임대차계약이 해지되어, 임대인이 임차목적물의 인도와 연체차임의 지급을 구하는 소송을 제기한 경우 그 소송비용은 특별한 합의가 없는 한 보증금에서 당연히 공제될 수 없다.
③ 임대차계약에서 보증금의 지급약정이 있는 경우, 보증금의 수수는 임대차계약의 성립요건이 아니다.
④ 임대이의 수선의무 면제특약에 면제되는 수선의무의 범위를 명시하지 않은 경우, 특별한 사정이 없는 한 대규모의 수선은 여전이 임대인이 그 의무를 부담한다.
⑤ 임차인의 비용상환청구권은 임차인에게 불리한 약정을 하여도 그 효력이 인정된다.

38 **사무관리에 관한 설명으로 옳지 않은 것은? (다툼이 있는 경우 판례에 의함)**

① 제3자와의 약정에 따라 타인의 사무를 처리한 경우에도 그 타인과의 관계에서는 의무 없이 타인의 사무를 처리한 것이므로, 그 타인과의 관계에서 사무관리가 성립한다.
② 관리자가 사무관리를 함에 있어서 과실 없이 손해를 받은 때에는 본인의 현존이익의 한도에서 그 손해의 보상을 청구할 수 있다.
③ 관리인이 본인에게 인도할 금전을 자기를 위하여 소비한 때에는 소비한 날 이후의 이자뿐만 아니라 그에 따른 손해까지 배상하여야 한다.
④ 타인을 위하여 사무를 처리하는 의사는 관리자 자신이 이익을 위한 의사와 병존할 수 있고, 반드시 외부적으로 표시될 필요도 없으며, 사무를 관리할 당시에 확정되어 있을 필요가 없다.
⑤ 사무관리 관계의 종료를 위해서 사무관리자에게 그 관리를 종료하여 줄 것을 내용으로 하는 의사표시를 하여야 하는 것은 아니므로 본인 자신이 직접 관리하겠다는 의사가 외부적으로 명백히 표현된 경우에는 사무관리는 그 이상 성립할 수 없다.

39 **불법행위에 관한 설명으로 옳지 않은 것을 모두 고른 것은? (다툼이 있는 경우 판례에 의함)**

ㄱ. 지입차량의 차주가 고용한 운전자의 과실로 인한 불법행위로 인해 타인에게 손해가 발생한 경우, 그 운전자의 불법행위에 대해 지입회사는 사용자책임을 질 수 있다.
ㄴ. 책임능력 있는 미성년자의 불법행위로 인하여 손해가 발생한 경우, 그 발생된 손해가 당해 미성년자의 감독의무자의 의무위반과 상당인관관계가 있을 때에는 감독의무자는 일반 불법행위자로서 손해배상책임이 있다.
ㄷ. 금전을 대여한 채권자가 고의 또는 과실로 이자제한법을 위반하여 최고이자율을 초과하는 이자를 받아 채무자에게 손해를 입힌 경우, 특별한 사정이 없는 한 불법행위가 성립한다.

① ㄱ ② ㄴ ③ ㄴ, ㄷ ④ ㄱ, ㄴ ⑤ ㄱ, ㄴ, ㄷ

40 **부당이득에 관한 설명으로 옳은 것을 모두 고른 것은? (다툼이 있는 경우 판례에 의함)**

ㄱ. 甲이 악의의 수익자로 인정되려면, 악의가 의제되는 경우 등을 제외하면, 자신의 이익 보유가 법률상 원인 없는 것임을 인식해야 하고, 부당이득반환의무의 발생요건에 해당하는 사실이 있음을 인식하는 것만으로는 부족하다.
ㄴ. 甲이 乙로부터 위탁받아 보관 중이던 돈을 가지고 자신의 채권자인 丙에게 임의로 변제하여 이를 횡령한 경우, 丙이 甲의 횡령사실을 알았더라도 丙은 乙에 대하여 부당이득반환의무를 지지 않는다.
ㄷ. 특별한 사정이 없으면, 불법의 원인으로 乙에게 재산을 급여한 甲은 그 불법의 원인에 가공한 乙의 불법행위를 이유로 그 재산의 급여로 인하여 발생한 자신의 손해를 배상할 것을 乙에게 청구할 수 있다.

① ㄱ ② ㄱ, ㄷ ③ ㄴ, ㄷ ④ ㄱ, ㄴ ⑤ ㄱ, ㄴ, ㄷ

2025년도 제34회 공인노무사 제1차 대비 사회보험법 모의문제

01 사회보장기본법상 사회보장수급권에 대한 설명으로 옳은 것은?

① 사회보장수급권은 관계 법령에서 정하는 바에 따라 타인에게 양도할 수 있다.
② 사회보장수급권은 관계 법령에서 따로 정하고 있는 경우 외에는 제한되거나 정지될 수 없다.
③ 사회보장수급권은 정당한 권한이 있는 기관에 구두로 통지하여 포기할 수 있다.
④ 사회보장수급권의 포기는 취소할 수 없다.
⑤ 제3자의 불법행위로 피해를 입은 국민이 그로 인하여 사회보장수급권을 가지게 된 경우 사회보장제도를 운영하는 자는 그 불법행위의 책임이 있는 자에 대하여 관계 법령에서 정하는 바에 따라 구상권을 행사할 수 없다.

02 사회보장기본법령상 사회보장기본계획에 관한 설명으로 옳은 것을 모두 고른 것은?

ㄱ. 고용노동부장관은 관계 중앙행정기관의 장과 협의하여 사회보장 증진을 위하여 사회보장에 관한 기본계획을 5년마다 수립하여야 한다.
ㄴ. 사회보장 기본계획에는 국내외 사회보장환경의 변화와 전망이 포함되어야 한다.
ㄷ. 사회보장 기본계획은 사회보장위원회와 국무회의의 심의를 거쳐 확정한다.
ㄹ. 고용노동부장관 및 관계 중앙행정기관의 장은 기본계획에 따라 사회보장과 관련된 소관 주요 시책의 시행계획을 2년마다 수립·시행하여야 한다.

① ㄱ, ㄷ ② ㄴ, ㄹ ③ ㄴ, ㄷ ④ ㄱ, ㄷ, ㄹ ⑤ ㄴ, ㄷ, ㄹ

03 사회보장기본법령상 사회보장제도의 운영에 관한 설명으로 옳지 않은 것은?

① 국가와 지방자치단체는 사회보장 관계 법령에서 규정한 권리나 의무를 모든 국민에게 설명하여야 한다.
② 국가와 지방자치단체는 사회보장에 관한 관계 법령에서 정하는 바에 따라 사회보장에 관한 상담에 응하여야 한다.
③ 국가와 지방자치단체는 효과적인 사회보장정책의 수립·시행을 위하여 사회보장에 관한 통계를 작성·관리하여야 한다.
④ 국가와 지방자치단체는 사회보장에 관한 관계 법령에서 정하는 바에 따라 사회보장에 관한 사항을 해당 국민에게 알려야 한다.
⑤ 보건복지부장관은 사회서비스의 품질기준 마련, 평가 및 개선 등의 업무를 수행하기 위하여 필요한 전담기구를 설치할 수 있다.

04 고용보험법에서 사용하는 용어의 뜻으로 옳은 것은?

① 피보험자: 근로기준법상 근로자와 사업주를 말한다.
② 이직: 근로계약이 당사자의 합의에 의해 해지되는 것을 말하며, 정년퇴직은 포함되지 아니한다.
③ 실업: 근로의 의사와 능력이 있음에도 불구하고 취업하지 못한 상태에 있는 것을 말한다.
④ 보수: 사용자로부터 받는 일체의 금품을 말한다.
⑤ 일용근로자: 1일 단위로 근로계약이 체결되는 근로자를 말한다.

05 고용보험법령상 적용 제외 근로자에 관한 내용이다. ( )에 들어갈 숫자를 순서대로 옳게 나열한 것은?

> 1개월간 소정근로시간이 ( )시간 미만이거나 1주간 소정근로시간이 ( )시간 미만인 자에게는 이 법을 적용하지 아니한다. 다만, 생업을 목적으로 근로를 제공하는 자 중 ( )개월 이상 계속하여 근로를 제공하는 자와 법 제2조제6호에 따른 일용근로자는 제외한다.

① 15, 40, 1 ② 15, 40, 3 ③ 60, 15, 1 ④ 60, 40, 3 ⑤ 60, 15, 3

06 고용보험법령상 피보험자격에 관한 내용으로 옳지 않은 것은?

① 사업주가 그 사업에 고용된 근로자의 피보험자격의 취득에 관한 사항을 신고하지 아니하면 근로자가 근로계약서 등 고용관계를 증명할 수 있는 서류를 제출하여 신고할 수 있다.
② 자영업자인 피보험자는 피보험자격의 취득 및 상실에 관한 신고를 하지 아니한다.
③ 사업주는 그 사업에 고용된 근로자의 피보험자격 취득에 관한 사항을 신고하려는 경우 그 사유가 발생한 날이 속하는 달의 다음 달 말일까지 고용노동부장관에게 신고해야 한다.
④ 피보험자 또는 피보험자였던 사람은 언제든지 고용노동부장관에게 피보험자격의 취득 또는 상실에 관한 확인을 청구할 수 있다.
⑤ 피보험자가 적용 제외 근로자에 해당하게 된 경우에는 그 적용 제외 대상자가 된 날에 피보험자격을 상실한다.

07 고용보험법령상 실업급여에 관한 내용이다. ( )안에 들어갈 내용으로 옳은 것은?

> 직업안정기관의 장은 수급자격자의 신청이 있는 경우에는 실업급여를 수급자격자 명의의 지정된 계좌로 입금하여야 한다. 지정된 실업급여수급계좌의 예금 중 ( )이하의 금액에 관한 채권은 압류할 수 없다.

① 월보수총액 ② 월보험료액 ③ 3개월 평균임금
④ 월 최저임금액 ⑤ 실업급여수급계좌에 입금된 금액 전액

08 **고용보험법상 근로자인 피보험자가 구직급여를 받기 위한 요건에 관한 설명으로 옳지 않은 것은?**

① 수급자격자가 인터넷 등을 이용하여 구인에 응모한 경우에는 적극적인 재취업 활동을 한 것으로 보지 아니한다.
② 중대한 귀책사유로 해고된 피보험자로서 정당한 사유없이 근로계약 또는 취업규칙 등을 위반하여 장기간 무단 결근한 경우가 아니어야 한다.
③ 이직일 이전 18개월간 피보험 단위기간이 통산하여 180일 이상이어야 한다.
④ 최종 이직 당시 일용근로자였던 피보험자가 구직급여를 받으려는 경우에는 수급 자격 인정신청일이 속한 달의 직전 달 초일부터 수급자격 인정신청일까지의 근로일 수의 합이 같은 기간 동안의 총 일수의 3분의 1 미만이어야 한다.
⑤ 최종 이직 당시 건설일용근로자였던 피보험자가 구직급여를 받으려는 경우에는 건설 일용근로자로서 수급자격 인정신청일 이전 14일간 연속하여 근로내역이 없어야 한다.

09 **고용보험법령상 육아휴직 급여의 특례에 관한 내용 중 하나이다. ( )에 들어갈 내용으로 옳은 것은?**

같은 자녀에 대하여 자녀 출생 후 (ㄱ)개월이 될 때까지 부모가 모두 육아휴직을 하는 경우 최초 (ㄴ)개월의 육아휴직 급여는 (ㄷ)에 해당하는 금액으로 한다. 이 경우 그 월별 상한액은 육아휴직을 사용한 기간에 따라 다르다.

① ㄱ: 12, ㄴ: 3, ㄷ: 월 통상임금 80%
② ㄱ: 12, ㄴ: 6, ㄷ: 월 통상임금
③ ㄱ: 18, ㄴ: 3, ㄷ: 월 통상임금 80%
④ ㄱ: 18, ㄴ: 6, ㄷ: 월 통상임금 80%
⑤ ㄱ: 18, ㄴ: 6, ㄷ: 월 통상임금

10 **고용보험법령상 육아휴직 급여에 관한 설명으로 옳은 것은?**

① 육아휴직 기간 중 지급대상이 1월에 못 미치는 달에 대하여도 같은 액수의 급여를 지급한다.
② 육아휴직급여의 적용대상이 되는 육아휴직 기간에는 근로기준법상 출산전후 휴가기간과 중복되는 기간도 포함된다.
③ 직업안정기관의 장은 피보험자의 신청에 따라 필요하다고 인정하면 그 자에게 행하는 육아휴직급여에 관한 사무를 다른 직업안정기관의 장에게 위탁하여 처리할 수 있다.
④ 피보험자가 육아휴직 급여 기간 중에 그 사업에서 이직한 경우에도 육아휴직 급여를 지급한다.
⑤ 피보험자가 사업주로부터 육아휴직을 이유로 금품을 제공받았다고 하더라도 이를 감액할 수는 없다.

11 고용보험법령상 심사 및 재심사에 관한 설명으로 옳지 않은 것은?

① 실업급여에 관한 처분에 이의가 있는 자는 고용보험심사관에게 심사를 청구할 수 있고 그 결정에 이의가 있는 자는 심사위원회에 재심사를 청구할 수 있다.
② 직업안정기관 또는 근로복지공단은 심사청구서를 받은 날부터 14일 이내에 의견서를 첨부하여 심사청구서를 심사관에게 보내야 한다.
③ 심사관은 심사청구를 받으면 30일 이내에 그 심사청구에 대한 결정을 하여야 한다. 다만, 부득이한 사정으로 그 기간에 결정할 수 없을 때에는 한 차례만 10일을 넘지 아니하는 범위에서 그 기간을 연장할 수 있다.
④ 고용보험심사위원회는 재심사의 청구를 받으면 그 청구에 대한 심리 기일(審理期日) 및 장소를 정하여 심리 기일 3일 전까지 당사자 및 그 사건을 심사한 고용보험심사관에게 알려야 한다.
⑤ 재심사청구에 대한 심리는 공개로 하나, 당사자의 양쪽 또는 어느 한 쪽이 신청한 경우에는 공개하지 아니할 수 있다.

12 고용보험법령상 노무제공자인 피보험자의 구직급여에 관한 내용으로 옳지 않은 것은?

① 이직일 이전 24개월 동안의 피보험 단위기간이 통산하여 12개월 이상일 것을 지급요건으로 한다.
② 이직일 이전 24개월 중 3개월 이상을 노무제공자인 피보험자로 피보험자격을 유지하였을 것을 지급요건으로 한다.
③ 예술인의 구직급여일액은 기초일액에 100분의 60을 곱한 금액으로 한다.
④ 예술인의 구직급여일액의 상한액은 6만6천원이다.
⑤ 실업의 신고일부터 계산하기 시작하여 30일간은 대기기간으로 보아 구직급여를 지급하지 아니한다.

13 고용보험법령상 피보험기간이 6년인 자영업자인 경우 구직급여의 소정급여일수는?

① 120일 ② 150일 ③ 180일 ④ 210일 ⑤ 240일

14 산업재해보상보험법령상 산업재해보상보험법의 적용 제외 사업에 해당하지 않는 것은?

①「군인 재해보상법」에 따라 재해보상이 되는 사업
②「선원법」에 따라 재해보상이 되는 사업
③ 벌목업 중 법인이 아닌 자의 사업으로서 상시근로자 수가 5명 미만인 사업
④ 수렵업 중 법인이 아닌 자의 사업으로서 상시근로자 수가 5명 미만인 사업
⑤ 가구내 고용활동

15 **산업재해보상보험법령상 휴업급여에 관한 설명으로 옳은 것은?**

① 1일당 지급액은 평균임금의 100분의 70에 상당하는 금액으로 하며 취업하지 못한 기간이 5일 이내이면 지급하지 아니한다.
② 요양을 받고 있는 근로자가 그 요양기간 중 단시간 취업을 하는 경우에는 취업한 시간에 해당하는 그 근로자의 평균임금에서 취업한 날에 대한 임금을 뺀 금액의 100분의 70에 상당하는 금액을 지급할 수 있다.
③ 휴업급여를 받는 근로자가 60세가 되면 그 이후의 휴업급여는 감액하여 지급한다.
④ 재요양을 받는 자에 대하여는 재요양 당시의 임금을 기준으로 산정한 평균임금의 100분의 90에 상당하는 금액을 1일당 휴업급여 지급액으로 한다.
⑤ 재요양을 받는 자에 대하여 산정한 1일당 휴업급여 지급액이 최저임금액보다 적으면 최저임금액을 1일당 휴업급여 지급액으로 한다.

16 **산업재해보상보험법령상 보험급여에 관한 설명으로 옳지 않은 것은?**

① 요양급여는 소정의 산재보험 의료기관에서 요양을 하게 하는 것이고 부득이한 경우에는 요양을 갈음하여 요양비를 지급할 수 있다.
② 요양급여는 근로자가 업무상의 사유로 부상을 당하거나 질병에 걸린 경우에 그 보험가입자에게 지급한다.
③ 요양급여의 신청을 한 자는 근로복지공단이 요양급여에 관한 결정을 하기 전에는 국민건강보험법상 요양급여를 받을 수 있다.
④ 요양급여를 받은 자가 치유 후 치유 당시보다 상태가 악화되어 이를 치유하기 위한 적극적인 치료가 필요하다는 의학적 소견이 있으면 재요양을 받을 수 있다.
⑤ 요양급여에는 당해 근로자에 대한 이송도 포함된다.

17 **산업재해보상보험법령에 따른 업무상 재해에 해당하는 것을 모두 고른 것은?**

ㄱ. 휴게시간 중 사업주의 지배관리하에 있다고 볼 수 있는 행위로 발생한 사고 ㄴ. 사업주가 제공한 시설물등을 사업주의 구체적인 지시를 위반하여 이용한 행위로 발생한 사고 ㄷ. 직장 내 괴롭힘 등으로 인한 업무상 정신적 스트레스가 원인이 되어 발생한 질병 ㄹ. 업무와 관련하여 정신적 충격을 유발할 수 있는 사건에 의해 발생한 외상후스트레스장애

① ㄱ, ㄴ ② ㄴ, ㄷ ③ ㄱ, ㄴ, ㄹ ④ ㄱ, ㄷ, ㄹ ⑤ ㄴ, ㄷ, ㄹ

18 **산업재해보상보험법령상 보험급여에 관한 설명으로 옳지 않은 것은?**

① 장해급여 청구사유 발생 당시 대한민국 국민이 아닌 자로서 외국에서 거주하고 있는 근로자에게는 장해보상일시금을 지급한다.
② 2급 장해등급 근로자에게는 장해보상연금 또는 장해보상일시금을 근로자의 선택에 따라 지급한다.
③ 상병보상연금을 산정할 때 평균임금이 최저임금액의 70분의 100보다 적을 때에는 최저임금액의 70분의 100에 해당하는 금액을 평균임금으로 본다.
④ 간병급여 수급권자가 재요양을 받는 경우 그 재요양 기간 중에는 간병급여를 지급하지 않는다.
⑤ 장례비는 장례를 지낼 유족이 없는 경우에는 평균임금의 120일분에 상당하는 금액의 범위에서 실제 드는 비용을 그 장례를 지낸 자에게 지급한다.

19 **산업재해보상보험법상 심사청구에 관한 설명이다. ( ) 안에 들어갈 내용으로 옳은 것은?**

> 보험급여에 관한 결정에 불복하는 자는 보험급여 결정이 있음을 안 날부터 (ㄱ) 이내에 근로복지공단에 심사청구를 하여야 하고, 심사청구서를 받은 근로복지공단의 소속기관은 (ㄴ) 이내에 의견서를 첨부하여 근로복지공단에 보내야 한다. 근로복지공단은 심사청구서를 받은 날부터 (ㄷ) 이내에 심사청구에 대한 결정을 하여야 한다.

① ㄱ: 60일, ㄴ: 5일, ㄷ: 60일
② ㄱ: 60일, ㄴ: 7일, ㄷ: 90일
③ ㄱ: 90일, ㄴ: 5일, ㄷ: 60일
④ ㄱ: 90일, ㄴ: 5일, ㄷ: 90일
⑤ ㄱ: 90일, ㄴ: 7일, ㄷ: 90일

20 **산업재해보상보험법령상 노무제공자의 직종에 해당하는 않는 자는?**

① 우체국 예금·보험에 관한 법률에 따른 우체국보험의 모집을 전업으로 하는 사람
② 여신전문금융업법에 따른 신용카드회원 모집인
③ 택배서비스종사자로서 집화 또는 배송(설치를 수반하는 배송 포함) 업무를 하는 사람
④ 택배업으로서 퀵서비스업자로부터 업무를 의뢰받아 직원을 채용하여 배송 업무를 하는 사람
⑤ 체육시설의 설치·이용에 관한 법률에 따라 직장체육시설로 설치된 골프장에서 골프경기를 보조하는 골프장 캐디

21 **산업재해보상보험법상 과태료 부과 대상이 되는 자는?**

① 근로복지공단이 아닌 자가 근로복지공단과 비슷한 명칭을 사용한 자
② 거짓이나 그 밖의 부정한 방법으로 보험급여를 받은 자
③ 거짓으로 보험급여를 받도록 시키거나 도와준 자
④ 근로자가 보험급여를 신청한 것을 이유로 근로자를 해고한 사업주
⑤ 근로복지공단의 임직원이나 그 직에 있었던 사람이 그 직무상 알게 된 비밀을 누설한 자

22 **산업재해보상보험법령상 심사청구의 대상이 아닌 것은?**

① 보험료 부과에 관한 결정
② 보험급여에 관한 결정
③ 약제비의 징수에 관한 결정
④ 부당이득의 징수에 관한 결정
⑤ 수급권의 대위에 관한 결정

23 **산업재해보상보험법상 진폐에 따른 보험급여에 관한 설명으로 옳지 않은 것은?**

① 진폐에 따른 보험급여의 종류는 요양급여, 간병급여, 장례비, 직업재활급여, 진폐보상연금 및 진폐유족연금으로 한다.
② 진폐보상연금은 진폐장해등급별 진폐장해연금과 기초연금을 합산한 금액으로 한다.
③ 진폐유족연금은 사망 당시 진폐근로자에게 지급하고 있거나 지급하기로 결정된 진폐 보상연금과 같은 금액으로 하되 유족보상연금을 초과할 수 없다.
④ 장해보상연금을 받고 있는 사람에게는 진폐에 대한 진단을 받는 경우 진단수당을 지급하지 아니한다.
⑤ 진폐의 진단결과에 대하여 진폐병형 및 합병증 등을 심사하기 위하여 안전보건공단에 관계 전문가 등으로 구성된 진폐심사회의를 둔다.

24 **국민연금법령상 국민연금 가입기간에 관한 설명으로 옳지 않은 것은?**

① 임의계속가입자의 자격을 취득한 경우에는 자격을 취득한 날이 속하는 달을 가입기간에 산입한다.
② 사용자가 근로자의 임금에서 기여금을 공제하고 연금보험료를 내지 아니한 경우에는 그 내지 아니한 기간은 근로자의 가입기간에 산입하지 아니한다.
③ 가입자가 지급받은 반환일시금이 환수할 급여에 해당하는 경우 이를 반납하지 아니하는 때에는 그에 상응하는 기간을 가입기간에 산입하지 아니한다.
④ 가입자의 자격을 상실한 후 다시 그 자격을 취득한 자에 대하여는 전후의 가입기간을 합산한다.
⑤ 가입자의 가입 종류가 변동되면 그 가입자의 가입기간은 각 종류별 가입기간을 합산한 기간으로 한다.

25 **국민연금법상 급여의 종류가 아닌 것은?**

① 반환일시금 ② 장애연금 ③ 유족연금 ④ 노령연금 ⑤ 상병연금

26 국민연금법령상 유족연금에 관한 설명으로 옳은 것은?

① 자녀인 수급권자가 25세가 된 때부터 유족연금의 지급을 정지한다.
② 유족연금을 지급받을 수 있는 유족의 범위는 배우자, 자녀, 부모, 손자녀, 조부모 및 형제자매이다.
③ 유족연금 수급권자인 자녀가 사망 시 다음 순위자인 부모에게 유족연금을 지급한다.
④ 부모, 손자녀 또는 조부모인 유족의 유족연금 수급권은 가입자 또는 가입자였던 사람이 사망할 당시에 그 가입자 또는 가입자였던 사람의 태아가 출생하여 수급권을 갖게 되면 소멸한다.
⑤ 사실상의 혼인관계에 있는 배우자는 유족연금을 지급받을 수 있는 유족에 해당하지 않는다.

27 국민연금법상 시효에 관한 설명으로 옳지 않은 것은?

① 연금보험료를 징수할 권리는 3년간 행사하지 아니하면 소멸시효가 완성된다.
② 환수금을 환수할 권리는 3년간 행사하지 아니하면 소멸시효가 완성된다.
③ 급여를 받거나 과오납금을 반환받을 수급권자 또는 가입자 등의 권리는 3년간 행사하지 아니하면 소멸시효가 완성된다.
④ 급여를 지급받을 권리는 그 급여 전액에 대하여 지급이 정지되어 있는 동안은 시효가 진행되지 아니한다.
⑤ 급여의 지급이나 과오납금 등의 반환청구에 관한 기간을 계산할 때 그 서류의 송달에 들어간 일수는 그 기간에 산입하지 아니한다.

28 국민연금법상 장애등급 3급에 해당하는 자에 대하여 지급하는 장애연금액은?

① 기본연금액의 100%
② 기본연금액의 90%에 부양가족연금액을 더한 금액
③ 기본연금액의 80%에 부양가족연금액을 더한 금액
④ 기본연금액의 70%에 부양가족연금액을 더한 금액
⑤ 기본연금액의 60%에 부양가족연금액을 더한 금액

29 국민건강보험법상 보험가입자의 자격상실 시기에 해당하지 않는 것은?

① 사망한 날의 다음 날
② 국적을 잃은 날의 다음 날
③ 국내에 거주하지 아니하게 된 날
④ 직장가입자의 피부양자가 된 날
⑤ 수급권자가 된 날

30 국민건강보험법상의 요양급여가 아닌 것은?

① 입원　② 이송　③ 건강검진
④ 예방 · 재활　⑤ 약제 · 치료재료의 지급

31 국민건강보험법상 보험료에 관한 내용으로 옳지 않은 것은?

① 가입자의 자격을 취득한 날이 속하는 달의 다음 달부터 가입자의 자격을 잃은 날의 전날이 속하는 달까지 징수한다.
② 직장가입자의 보수월액보험료는 보수월액에 보험료율을 곱하여 얻은 금액으로 한다.
③ 지역가입자의 월별 보험료액은 세대 단위로 산정한다.
④ 직장가입자의 보수월액보험료 상한은 보험료가 부과되는 연도의 전전년도 직장가입자 평균 보수월액보험료의 20배에 해당하는 금액을 고려하여 보건복지부장관이 정하여 고시하는 금액으로 한다.
⑤ 휴직으로 보수의 전부 또는 일부가 지급되지 아니하는 가입자의 보수월액보험료는 해당 사유가 생기기 전 달의 보수월액을 기준으로 산정한다.

32 국민건강보험법상 건강보험심사평가원의 관장 업무가 아닌 것은?

① 직장가입자의 보험료율에 대한 심사
② 요양급여비용의 심사
③ 요양급여의 적정성 평가
④ 심사기준 및 평가기준의 개발
⑤ 건강보험과 관련하여 보건복지부장관이 필요하다고 인정한 업무

33 국민건강보험법상 보험급여가 정지되는 사유에 해당하는 것은?

① 고의 또는 중대한 과실로 인한 범죄행위에 그 원인이 있거나 고의로 사고를 일으킨 경우
② 고의 또는 중대한 과실로 요양기관의 요양에 관한 지시에 따르지 아니한 경우
③ 다른 법령에 따라 국가로부터 보험급여에 상당하는 비용을 지급받게 되는 경우
④ 업무로 생긴 재해로 다른 법령에 따른 보험급여를 받게 되는 경우
⑤ 국외에 체류하는 경우

34 다음은 국민건강보험법에 관한 내용이다. ( )안에 들어갈 내용으로 옳은 것은?

> 가입자 및 피부양자의 자격·보험료에 관한 국민건강보험공단의 처분에 이의가 있는 자는 (ㄱ)에, 요양급여비용 및 요양급여의 적정성에 대한 평가에 관한 건강보험심사평가원의 처분에 이의가 있는 자는 (ㄴ)에 이의신청을 할 수 있다. 다만 이의신청은 처분이 있은 날부터 (ㄷ)일을 경과하면 이를 제기하지 못하는 것이 원칙이다. 한편, 이의신청에 대한 결정에 불복이 있는 자는 (ㄹ)에 심판청구를 할 수 있다.

① ㄱ: 국민건강보험공단, ㄴ: 건강보험심사평가원, ㄷ: 180일, ㄹ: 건강보험분쟁조정위원회
② ㄱ: 건강보험심사평가원, ㄴ: 국민건강보험공단, ㄷ: 90일, ㄹ: 보건복지부
③ ㄱ: 보건복지부, ㄴ: 국민건강보험공단, ㄷ: 180일, ㄹ: 건강보험분쟁조정위원회
④ ㄱ: 국민건강보험공단, ㄴ: 건강보험심사평가원, ㄷ: 180일, ㄹ: 행정법원
⑤ ㄱ: 건강보험심사평가원, ㄴ: 국민건강보험공단, ㄷ: 90일, ㄹ: 행정법원

35 고용보험 및 산업재해보상보험의 보험료징수 등에 관한 법령상 보험가입자에 관한 설명으로 옳지 않은 것은?

① 고용보험법을 적용받는 사업의 사업주와 근로자는 당연히 고용보험법에 따른 고용보험의 보험가입자가 된다.

② 고용보험법을 적용하지 아니하는 사업의 사업주가 근로자의 과반수의 동의를 받아 근로복지공단의 승인을 받으면 그 사업의 사업주와 근로자는 고용보험에 가입할 수 있다.

③ 고용보험법을 적용하지 아니하는 사업장의 근로자는 개별적으로 고용보험에 가입할 수 있다.

④ 근로복지공단은 사업 실체가 없는 등의 사유로 계속하여 보험관계를 유지할 수 없다고 인정하는 경우에는 그 보험관계를 소멸시킬 수 있다.

⑤ 임의가입 사업주가 산업재해보상보험계약을 해지하고자 할 때에는 공단의 승인을 얻어야 한다.

36 고용보험 및 산업재해보상보험의 보험료징수 등에 관한 법령상 (　)안에 들어갈 내용으로 옳은 것은?

> 사업주는 보험에 가입된 사업에 다음 각 호의 사항이 변경되면 그 변경된 날부터 (ㄱ) 이내에 공단에 신고하여야 한다. 다만, 제6호는 (ㄴ) 이내에 신고하여야 한다.
> 1. 사업주(법인인 경우에는 대표자)의 이름 및 주민등록번호
> 2. 사업의 명칭 및 소재지
> 3. 사업의 종류
> 4. 사업자등록번호(법인인 경우에는 법인등록번호를 포함한다)
> 5. 건설공사 또는 벌목업 등 기간의 정함이 있는 사업의 경우 사업의 기간
> 6. 「고용보험법 시행령」 제12조에 따른 우선지원 대상기업의 해당 여부에 변경이 있는 경우 상시근로자수

① ㄱ: 14일, ㄴ: 다음달 15일

② ㄱ: 14일, ㄴ: 다음 보험연도 3월 15일

③ ㄱ: 14일, ㄴ: 다음 보험연도 첫날부터 14일

④ ㄱ: 다음달 15, ㄴ: 다음 보험연도 3월 15일

⑤ ㄱ: 다음달 15, ㄴ: 다음 보험연도 첫날부터 14일

37 고용보험 및 산업재해보상보험의 보험료징수 등에 관한 법률상 고액·상습 체납자의 인적사항 공개에 관한 설명으로 옳지 않은 것은?

① 국민건강보험공단은 이 법에 따른 납부기한의 다음 날부터 1년이 지난 보험료와 이 법에 따른 그 밖의 징수금과 체납처분비의 총액이 2천만원 이상인 체납자가 납부능력이 있음에도 불구하고 체납한 경우에는 그 인적사항 및 체납액 등을 공개할 수 있다.

② 국민건강보험공단은 체납된 보험료, 이 법에 따른 그 밖의 징수금과 체납처분비와 관련하여 행정소송이 계류 중인 경우에는 체납자의 인적사항등을 공개할 수 없다.

③ 체납자의 인적사항등에 대한 공개 여부를 심의하기 위하여 국민건강보험공단에 보험료정보공개심의위원회를 둔다.

④ 국민건강보험공단은 보험료정보공개심의위원회의 심의를 거쳐 인적사항등의 공개가 결정된 자에 대하여 공개 대상자임을 알림으로써 소명할 기회를 주어야 한다.
⑤ 체납자 인적사항등의 공개는 관보에 게재하거나, 고용·산재정보통신망 또는 국민건강보험공단 게시판에 게시하는 방법에 따른다.

38 **고용보험 및 산업재해보상보험의 보험료 징수 등에 관한 법률상 보험료에 관한 설명으로 옳은 것은?**

① 사업주는 근로자가 휴직하는 경우에는 그 사유 발생일이 속하는 달의 다음 달 15일까지 그 사실을 근로복지공단에 신고하여야 한다.
② 사업주는 근로자를 새로 고용한 경우 그 근로자의 성명 등을 그 근로자를 고용한 날이 속하는 달의 말일까지 근로복지공단에 신고하여야 한다.
③ 사업주는 근로자와 고용관계를 종료한 때에는 그 근로자에게 지급한 보수총액, 고용관계 종료일 등을 그 근로자의 고용관계가 종료한 날이 속하는 달의 다음 달 15일까지 근로복지공단에 신고하여야 한다.
④ 사업주는 전년도에 근로자에게 지급한 보수총액 등을 매년 1월 31일까지 근로복지공단에 신고하여야 한다.
⑤ 보수총액신고는 문서로 함을 원칙으로 한다.

39 **고용보험 및 산업재해보상보험의 보험료징수 등에 관한 법률상 징수금의 결손처분에 해당하는 사유를 모두 고른 것은?**

ㄱ. 경매가 개시된 경우 ㄴ. 소멸시효가 완성된 경우 ㄷ. 체납자의 행방이 분명하지 않아 징수할 가능성이 없다고 인정되는 경우 ㄹ. 체납처분이 끝나고 체납액에 충당된 배분금액이 그 체납액보다 적은 경우

① ㄷ ② ㄴ, ㄷ ③ ㄴ, ㄹ ④ ㄴ, ㄷ, ㄹ ⑤ ㄱ, ㄴ, ㄷ, ㄹ

40 **고용보험 및 산업재해보상보험의 보험료징수 등에 관한 법령상 보험사무대행기관 인가의 취소에 대한 설명으로 옳지 않은 것은?**

① 근로복지공단은 보험사무대행기관이 거짓이나 그 밖의 부정한 방법으로 인가를 받은 경우에는 그 인가를 취소할 수 있다.
② 근로복지공단은 보험사무대행기관이 정당한 사유 없이 계속하여 2개월 이상 보험사무를 중단한 경우에는 그 인가를 취소할 수 있다.
③ 근로복지공단은 보험사무대행기관이 보험사무를 거짓이나 그 밖의 부정한 방법으로 운영한 경우에는 그 인가를 취소할 수 있다.
④ 근로복지공단은 보험사무대행기관이 고용보험 및 산업재해보상보험의 보험료징수 등에 관한 법률에 따른 명령을 따르지 않은 경우에는 그 인가를 취소할 수 있다.
⑤ 근로복지공단은 보험사무대행기관의 인가를 취소하면 지체 없이 그 사실을 해당 보험사무대행기관과 보험사무를 위임한 사업주에게 알려야 한다.

2025년도 제34회 공인노무사 제1차 대비 경영학개론 모의문제

01 신제품 개발과정으로 옳은 것은?

아이디어발굴 → 아이디어 평가 → (a) →(b) → (c) → (d) → 출시

	(a)	(b)	(c)	(d)
①	사업성분석	제품개념개발	제품개발	시험마케팅
②	사업성분석	제품개념개발	시험마케팅	제품개발
③	제품개념개발	사업성분석	제품개발	시험마케팅
④	제품개념개발	시험마케팅	사업성분석	제품개발
⑤	제품개발	시험마케팅	사업성분석	제품개념개발

02 다음은 마케팅 전략으로 가격관리에 대한 설명이다. 가장 적절하지 않은 것은?

① 가격-품질연상효과가 나타나는 이유는 소비자의 정보부족 때문이다.
② 제품의 최종가격을 설정할 때 구매자의 심리를 이용하는 심리적 가격결정으로 단수가격, 관습가격, 단계화가격이 있다.
③ 규모의 경제를 통한 이득이 미미할 때는 상대적 저가전략이 적합하다.
④ 침투가격정책은 신제품을 도입하는 초기에 저가격을 설정하여 신속하게 시장에 침투하는 전략으로 수요가 가격에 대해 민감하지 않은 제품에 많이 사용한다.
⑤ 제조업자의 교섭력이 약해지면 유통업자의 협상에 의해 가격을 결정할 수 밖에 없다.

03 다음은 경영혁신 기법들에 대한 설명이다. 옳지 않은 것은?

① 시간 중심 경쟁은 품질이나 비용, 시간 등의 경영자원 중 시간에 중점을 둔 경쟁 전략으로 생산라인의 길이를 줄이거나 공정 중심의 설비 배치를 통해 달성된다.
② 리엔지니어링이란 기업의 전략에 부합하도록 경영과정과 자원시스템을 프로세스 중심으로 재설계하는 것을 말한다.
③ 영기준 예산이란 예산 검토시에 전년도 실적을 고려하지 않고 당해 년도에 실시해야 할 과업의 비율을 새로이 검토하는 것을 의미한다.
④ 벤치마킹이란 어느 특정 분야에서 우수한 상대를 찾아 성과 차이를 확인하고 이를 극복하기 위해 그들의 뛰어난 운영 프로세스를 배우면서 부단한 혁신을 추구하는 기법을 의미한다.
⑤ ERP란 구매, 생산관리, 물류, 판매, 회계 등의 기업활동 전반에 걸친 업무를 통합하여 경영자원을 최적화하려는 활동이다.

04 가격전략에 관한 다음 설명 중 올바른 것으로만 이루어진 것은?

a. 프린터를 싸게 판 다음, 잉크토너 등 관련 소모품을 비싸게 파는 가격정책을 혼합 묶음가격 전략(mixed bundling pricing)이라 한다.
b. 가격차별(price discrimination)이란 유보가격이 높은 세분시장에서는 높은 가격을 받고, 가격민감도가 높은 세분시장에서는 낮은 가격을 받는 것을 말한다.
c. 손익분기점(break-even point)은 고정비용을 공헌마진(contribution margin)으로 나누어 계산한다.
d. 프로스펙트 이론(prospect theory)에 따르면 사람들은 손실회피(loss aversion) 경향이 강한데, 예를 들면 소비자는 가격 10% 인상보다는 가격 10% 인하에 더 민감하게 반응한다는 것이다.
e. 준거가격(reference price)은 구매자가 가격이 비싼지 싼지를 판단하는 기준으로 삼는 가격으로 구매자에 따라 달라질 수 있다.

① b, c, e ② a, b, c ③ b, c, d ④ c, d, e ⑤ b, d, e

05 브랜드 자산(brand equity)에 대한 다음 설명 중 올바른 것으로만 구성된 것은?

a. 브랜드 자산이 형성되려면 독특하거나, 강력한 브랜드 이미지가 있어야 한다.
b. 높은 브랜드 인지도는 브랜드 자산의 필요조건이자 충분조건이다.
c. 기존 브랜드와 다른 상품범주에 속하는 신상품에 기존 브랜드를 붙이는 것을 라인 확장(line extension)이라고 한다.
d. 라인 확장된 신상품이 기존 브랜드의 이미지 또는 브랜드 자산을 약화시키는 것을 희석 효과(dilution effect)라 한다.

① a, b ② a, c ③ a, d ④ b, c ⑤ c, d

06 광고모델의 효과에 대한 다음 설명 중 가장 옳지 않은 것은?

① 광고모델이 신뢰성(credibility)을 갖고 있다고 생각하면 소비자들은 내면화(internalization) 과정을 거쳐 메시지를 수용할 수 있다.
② 신뢰성이 낮은 모델이 전달하는 메시지에는 시간이 지난 다음에 그 효과가 나타나는 수면효과(sleeper effect)가 발생하기도 한다.
③ 광고모델의 매력(attractiveness)은 동일시(identification)과정을 거쳐 소비자를 설득시킬 수 있다.
④ 저관여 상품의 경우 유명한 모델이 아닌 소비자와 유사한 일반모델을 사용한 증언형(testimonial)광고는 효과가 없다.
⑤ 일반적으로 광고모델의 매력은 유사성(similarity), 친근감(familiarity), 호감(likability)을 포함하는 개념으로 본다.

07 **촉진믹스(광고, PR, 판매촉진, 인적판매) 중 '인적판매(personal selling)' 에 관한 설명이다. 다음 항목 중 올바른 것으로만 구성된 것은?**

a. 인적판매는 효과계층모형(hierachy-of-effects model)의 여섯 단계(인지-지식-호감-선호-확신-구매) 중 인지와 지식 단계에 가장 큰 영향을 미친다.
b. 촉진믹스 중에서 인적판매는 산업재 시장에서 촉진예산의 가장 높은 비중을 차지한다.
c. 인적판매는 전형적인 풀(pull) 촉진정책이다.
d. 인적판매는 혁신적인 신제품 도입에 효과적인 촉진수단이다.
e. 인적판매는 고객 1인당 비용은 매우 많이 드나, 목표시장에 효율적으로 자원을 집중할 수 있다.

① a, c, e ② b, c, e ③ b, d, e ④ a, b, c ⑤ a, d, e

08 **TQM(Total Quality Management)에 관한 다음 설명 중에서 올바른 것으로만 구성된 것은?**

a. TQM은 품질경영 전략이라기보다 파레토도표, 원인결과도표 등 다양한 자료분석 도구들의 묶음으로 구성된 품질관리기법이다.
b. TQM은 내부고객 및 외부고객의 만족을 강조한다.
c. TQM은 프로세스의 지속적인 개선을 중요시한다.
d. TQM은 결과지향적인 경영방식으로 완성품의 검사를 강조 한다.
e. TQM은 품질관리부서 최고책임자의 강력한 리더십에 의해 추진되는 단기적 품질혁신 프로그램이다.

① a, d, e ② b, d, e ③ a, d ④ b, c ⑤ a, c

09 **리더십 연구에 관한 다음의 설명 중 옳지 않은 것은?**

① 수직쌍 연결이론에 의하면 리더는 각각의 하급자들을 동일하게 다루지 않고 각각 상이한 쌍관계를 형성한다고 한다.
② 피들러의 상황적응적이론에서는 리더십은 비교적 고정적이라고 본 반면, 경로 목표이론에서는 4가지 스타일 중 하나를 리더가 선택할 수 있다고 보고 있다.
③ 쓰나미의 PM이론에서는, 관리격자도에서 주장하는 절충형 리더를 적용시키지 못한다.
④ 행위이론과 상황이론은 유일한 이상적인 형태의 리더가 존재한다는 전제 위에서 전개되었다.
⑤ 리커트의 4시스템 모형에서 시스템 IV가 부하에 대한 신뢰도가 가장 높고 목표 달성에 있어 가장 효율적이고 생산적인 참가적 시스템이다.

10 **다음은 평가에 관한 설명이다. 옳은 것을 모두 고른 것은?**

a. 켈리에 의해 제시된 입방체이론에 따르면 개인들의 행위원인은 자극대상, 행위자, 상황의 세 가지로 이루어져 있고, 이 세가지 차원에 대한 귀속의 정도는 특이성, 합의성, 일관성 등의 세가지 정보를 통하여 결정된다.

b. 인상관리론에 따르면 사람들은 상대방에 대해 자신의 인상을 관리하여는 속성을 가지고 있다.
c. 인상형성이론에 따르면 우리는 타인에 대한 인상을 형성하는 데 일정한 패턴을 가지고 있다.
d. 인지일관성이론에 따르면 어떤 대상들에 대한 인지들 사이에 차이성을 극대화 하는 방향으로 평가를 하는 경향이 있다.

① a ② a, b ③ b, c ④ a, b, c ⑤ a, b, c, d

11 현혹효과(halo effect)에 대한 설명으로 옳지 않은 것은?

① 전반적 인상을 형성한 특정의 인상으로 다른 개별적인 특성을 평가하려는 경향이다.
② 인사고과에 많은 평가기준을 삽입시키면 이러한 오류는 제거된다.
③ 상관적 편견이 없다면, 현혹효과도 발생하지 않을 것이다.
④ 어떤 사람에 대한 전반적인 인상을, 구체적 특질을 평가하여 일반화시키는 오류를 말한다.
⑤ 현혹효과가 작용되는 경우에는 아무리 많은 평가기준을 삽입하여도 의미가 없다.

12 인력 모집과 선발에 관한 다음의 서술 중 가장 옳지 않은 것은?

① 이력서와 추천서는 응모자에 대한 배경정보를 얻는 수단이다.
② 비구조화된 면접은 응모자에게 의사표시의 자유를 최대한 주도록 질문하는 방법이다.
③ 신입사원 선발도구로 시험과 면접이 대표적이다.
④ 패널면접은 다수의 면접자가 하나의 피면접자를 면접평가하는 방법으로 면접이 끝나면 그 피면접자에 대해 의견을 교환한다.
⑤ 정형적 면접은 피면접자인 응모자에게 최대한 의사표시의 자유를 주고 그 가운데서 응모자에 관한 정보를 얻는 방법이다.

13 연봉제에 대한 다음 설명으로 가장 옳지 않은 것은?

① 연봉제는 개인별 능력과 업적을 평가해 임금을 결정하여 지급하는 방식이다.
② 연공서열에 따라 임금을 지급하는 기존의 직급제나 호봉제를 깨뜨리면서 과거 고용관행과 기업문화를 바꿔어 놓은 새로운 급여체계이다.
③ 연봉제에서는 본인의 업무성과에 따라 보수를 계약하게 된다. 따라서 평생직장이라는 개념은 사라지고 종업원들은 매년 회사나 급여수준에 대해 재계약을 맺는다.
④ 글로벌경쟁의 시대에 생존하기 위해서는 연공서열제의 비효율적인 요소를 과감히 버려야 하지만 아직은 기존 제도에 성과급제도를 추가하는 정보에 그치고 있다.
⑤ 연봉제에 대한 장점으로는 종업원의 동기부여, 인재기용, 경영감각 증진, 개인주의, 쉬운 임금관리 등이 있다.

14 다음 중 투사의 오류에 해당하는 것은?

① 어떤 사람이 타인의 행동을 예측하고, 그렇게 되리라고 믿고 그를 대했을 때 상대가 이에 적응하는 과정에서 예측한 대로 행동하게 되는 것을 말한다.
② 어떤 대상으로부터 얻은 일부의 정보를 가지고 여러 특성을 추론하는 것이다.
③ 부분적인 정보만을 받아들여 전체에 대한 판단을 내리는 경향을 말한다.
④ 사물이나 사람을 보는 습성에 어긋나는 정보를 회피하거나, 왜곡시키는 것이다.
⑤ 타인의 평가에 자신의 감정이나 경향을 전가시키는 것이다.

15 다음은 보상관리에 대한 설명이다. 가장 적절하지 않은 것은?

① 집단자극제는 임금이 개개인의 노력과 직접적인 관련이 없다는 단점이 있다.
② 시간급제는 절약임금과 낭비임금이 모두 회사에 귀속된다.
③ 홀리스틱(wholistic) 복리후생은 조직, 개인, 가정의 삼위일체를 통해 삶의 질 향상을 강조하는 것이다.
④ 라이프사이클 복리후생은 육체적, 심리적 측면에서 균형된 삶을 추구할 수 있도록 지원하는 것이다.
⑤ 성과배분제는 집단 구성원의 협력을 중시하는 임금제도이다.

16 다음은 직무분석, 직무평가, 직무설계와 관련된 설명이다. 가장 적절하지 않은 것은?

① 직무평가는 기업 내 임금격차의 합리적 배분, 즉 보상관리에 기초를 제공한다.
② 직무특성이론은 직무설계의 변화에 대한 종업원의 개인차, 동 변화로 인한 직무만족의 향상도 등을 고려하여 직무설계를 하는 것이다.
③ 분업에 의한 전문화의 원리에서 비롯되어 직무확대, 직무충실화, 직무특성이론이 발전되어 왔다.
④ 점수법에서 중요도는 평가요소 전체에 대한 백분율로 나타낸다.
⑤ 직무충실화는 이를 실시하려고 하는 경우 개인차이를 고려해야 하기 때문에 종업원 훈련 등 비용이 많이 발생한다는 문제점이 있다.

17 다음 중 목표계획법(GP: goal programming)에 관한 설명으로 옳지 않은 것은?

① 같은 우선순위에 있는 편차변수들에 똑같은 가중치를 부여할 수도 있고 상이한 가중치를 부여할 수도 있다.
② GP는 상충된 복수의 목표를 달성하기 위한 방법이다.
③ 목표의 중요도를 고려한 우선순위에 따라 만족시킬 수 있는 최적해를 구할 수 있다.
④ 낮은 순위의 목표의 편차가 아무리 커도 이를 만족시킬 수 있는 최적해를 구할 수 있다.
⑤ 측정단위가 서로 다른 목적이, 같은 우선순위에 포함될 수 있다.

18 **사회적 책임의 긍정론에 대한 설명으로 적합 하지 않는 것을 고르시오.**

① 사회의 요구에 부응해야함(기업은 사회와 상호의존시스템이므로)
② 장기적 이윤극대화 실현가능
③ 정부에 의한 새로운 규제 회피
④ 기업의 이미지 제고
⑤ 기업의 이윤극대화의 노력이 사회에 최대이익을 가져옴

19 **시장조사에 관한 다음의 설명 중 가장 적절하지 않은 것은?**

① 기술조사는 조사문제와 관련하여 자료를 수집하고 그 결과를 기술하는 것으로 대부분 마케팅조사가 여기에 해당한다.
② 탐색조사는 전문가의 의견조사나 문헌조사에 의한다.
③ 1차자료 수집시 전화조사는 우편조사보다 면접자의 편견이 개입될 가능성이 있다는 단점이 있으나 응답률이 높고 비용이 적다는 장점이 있다.
④ 우편조사는 면접을 허락하지 않는 피면접자에게 도달하는 가장 좋은 방법이다.
⑤ 관찰법은 조사자가 소비자의 행동이나 기타 조사대상을 직접 혹은 기계를 이용하여 자료를 수집하는 방법이다.

20 **공정 및 일정관리에 관한 다음의 설명 중 가장 옳지 않은 것은?**

① 공수계획은 부하와 작업능력을 비교하여 조정하려는 것으로 부하와 능력의 비교는 화폐가치로 환산하여 실시한다.
② 전진부하할당의 경우 납기일을 초과하여 할당할 수도 있다.
③ 일정계획은 주문의 납기내 생산, 기계가동률의 극대화, 공정재고나 잔업축소를 통하여 생산비용을 최소화시킨다.
④ 서비스업의 경우 일정관리를 위해 약속시스템, 예약시스템, 납품연기 등을 이용한다.
⑤ 작업장이 두 개 이상인 경우의 일정관리는 존슨법과 잭슨법을 이용하여 작업순서를 결정한다.

21 **재고관리에 대한 다음의 설명 중 가장 적절하지 않은 것은?**

① 린 생산방식에는 최대한의 업무책임을 실질적인 부가가치를 창출하는 작업자에게 넘겨준다.
② 린 생산방식은 수공업생산방식과 대량생산방식을 결합한 절약형시스템으로 안돈이라는 제도를 이용한다.
③ MRP가 계획을 중심으로 한 정보처리적 시스템이라면, JIT는 작업현장을 중심으로 한 실물생산처리적 시스템이다.
④ MRP는 공장을 주어진 그대로 받아들이고 작업자를 규정에 의해 관리하는 반면 JIT는 공장의 변화를 요구하고 작업자의 합의제에 의해 관리한다.
⑤ MRP는 계획의 수립과 실행에 중점을 두며 JIT는 생산현장의 통제를 강조하지만 두 시스템모두 변화가 심한 주일정계획에 잘 대처할 수 있다.

22 **제품가격 의사결정에 필요한 내용에 관한 설명 중 가장 옳지 않은 것은?**

① 신형모델의 제품을 구입하려는 소비자가 사용하던 구형모델을 반환할 경우에 일정금액을 보상해주고 신형모델을 판매하는 할인 가격전략을 거래공제(Trade – in – allowance)라 한다.
② (주)등대전자가 신형컴퓨터의 가격을 업계 최고가격으로 결정했다면 일반적으로 이 기업의 가격목표는 품질선도자 위치 확보에 있다고 할 수 있다.
③ 학습곡선(경험곡선)의 효과로 장기적으로 생산비의 하락을 가져올 수 있는 경우에는 시장침투가격을 사용하는 것이 경쟁을 배제하는데 이론적으로 바람직하다.
④ 원가기준 가격결정시에 기업에서 극단적으로 허용할 수 있는 최저가격의 기준이 되는 것은 총제조원가이다.
⑤ 원가기준 가격결정법은 결정된 가격이 객관적으로 보일 수 있어 판매자, 구매자 모두 쉽게 수용하는 장점이 있다.

23 **다음은 기업경영활동관리에 관한 설명이다. 가장 적절하지 않은 것은?**

① 테크노스트럭처는 기업의 의사결정에 참여하는 지식인 집단으로서 관료제가 빠지기 쉬운 기능마비현상을 극복하기 위한 방법으로 제시된 것이다.
② 이권자 지배란 기업의 이해관계자집단이 지배하는 유형으로 주로 은행이 지배한다.
③ ZBB는 예산통제기법으로서 예산편성에 있어 전년도 예산은 없는 것으로 하여 기업자원의 효과적 배분을 위한 예산편성이다.
④ 사이먼의 법칙이란 일상적 업무와 긴급한 업무의 과중으로 중요한 업무수행이 등한시되는 현상을 말한다.
⑤ 전통적 경영관리에 대비되어 등장한 MBO는 효과적인 계획을 촉진함으로써 신축성 있는 목표변경을 허용하여 환경에의 적응이 용이하다.

24 **최근에 부각되고 있는 인터넷 상거래에 대한 설명으로 잘못된 것은?**

① 전자상거래란 전자문서 교환, 인터넷, PC통신, 전자화폐 등을 이용한 온라인 상거래 활동을 말한다.
② 소비자 상거래란 기업과 소비자간 전자상거래(B to CEC)를 말한다.
③ 기업간 상거래란 기업과 기업간 전자상거래(B to BEC)를 말한다.
④ 옥션거래나, 소비자들의 공동구매는 C2C 거래의 예라 할 수 있다.
⑤ 사이버 쇼핑몰이란 사이버 공간에서 물건을 구매하는 것을 말한다.

25 **신제품도입과 제품설계에 대한 다음의 설명 중 옳지 않은 것은?**

① 제품선정을 위한 분석 목적은 생산에 대한 최종결정을 내리는 것이 아니고, 최상의 아이디어를 분별하는 것이므로 어느 정도 제한된 정보에 의해 이루어진다.
② 제품선정에 대한 분석은 매우 주관적인 성격을 가지고 있다.
③ 생산설계는 제품의 기능과 형태에 영향을 주지 않으면서 경제적, 효율적 생산을 가능하게 하는 과정이다.

④ 가치공학은 제품이나 공정의 설계분석에 치중하고 가치분석은 구매품의 원가분석에 치중한다.
⑤ 동시설계란 제품설계에서 생산설계 단계를 강조하는 개념으로 제품의 단순화, 표준화, 모듈화 원칙을 사용한다.

26 다음 중에서 품질 전개 기능(QFD: quality function deployment)에 해당하는 설명을 고르시오.

① 사람과 자연환경 등을 고려하여 제품을 설계하는 것을 말한다.
② 서로 다른 부성의 다기능 팀을 구성하여, 재품 설계 단계에서부터 함계 참여하는 것을 말한다.
③ 한정된 기본 구성픔으로 다양한 제품을 제공하려는 설계 방식이다.
④ 컴퓨터 등을 사용하여 공장 전체를 제어하고 제품을 설계하는 것을 말한다.
⑤ 고객의 요구를 생산에서 사용하는 기술적 명세서로 바꾸어는 것을 말한다.

27 일정계획에 대한 설명으로 옳지 않은 것을 고르시오.

① 연속 생산시스템의 일정계획은 표준화된 제품을 제품별 라인에 의해 생산하는 일정계획이다.
② 일정계획은 납기이행률을 제고하고, 기계가동률을 높이며, 재고의 적정수준을 유지함으로써 생산원가를 효과적으로 극소화하는 것을 목적으로 한다.
③ 주일정계획은 수요예측 또는 고객의 주문에 근거를 두고, 제품별 생산순위와 생산수량을 결정하는 것을 내용으로 한다.
④ 세부일정계획은 주일정계획에 근거하여 공정 및 설비별로 작성되는 운영계획이다.
⑤ 일정계획은 특정기간 내의 수요 변동에 대하여 관리가능한 변수(생산율, 작업자수, 재고수준)등을 최적결합하는 것이다.

28 품질 향상 기법에 대한 설명 중 틀린 설명인 것을 고르시오.

① 한 불량 항목의 진정한 불량 원인을 발견하기 위한 기법이다. -특성 요인도(인과분석도)
② 품질 특성의 발생빈도를 기록하고 분석하는 방법이다.→ 체크리스트
③ 어떤 요인과 품질문제간의 관계를 발견하고 분석하는 기법이다.→ 산포도
④ 우선적으로 해결해야 할 불량 항목을 발견하기 기법이다. → 인과 분석
⑤ 품질 성능이 환경변수에 영향을 덜 받게하기 위한 설계기법이다. → 로버스트 설계

29 다음은 위험자산만이 존재하는 세계에서 효율적 포트폴리오와 최적포트폴리오의 선택에 대한 설명이다. 옳은 것을 모두 고른 것은?

ㄱ 두 주식으로 포트폴리오를 구성할 경우 투자비율을 변화시킴으로써 기대수익률과 위험이 다른 많은 포트폴리오를 만들어 낼 수 있는데 이들을 연결한 선을 포트폴리오 결합선이라고 한다.
ㄴ 포트폴리오 결합선이 원점에 대해서 오목한 형태의 곡선을 가지는 이유는 개별주식 수익률간의 상관계수가 -1에서 1사이의 값을 가지기 때문이다.

㉢ 공매가 허용되는 경우에는 공매가 허용되지 않는 경우에 비하여 훨씬 효율적인 포트폴리오를 구성할 수 있다.
㉣ 효율적 포트폴리오는 평균과 분산이라는 객관적 지표에 의해서는 무엇을 구입해야 할 지 알 수가 없는 포트폴리오다.
㉤ 투자자에게 주어지는 효율적 투자선은 동일하지만 투자자들의 상대적인 위험회피정도에 따라 최적포트폴리오 선택은 달라진다.

① ㉠㉡㉣ ② ㉠㉡㉢㉤ ③ ㉠㉡㉣㉤ ④ ㉠㉢㉣㉤ ⑤ ㉠㉡㉢㉣㉤

30 **다음은 CML과 SML에 대한 비교 설명이다. 가장 적절하지 것은?**

① CML과 SML은 균형시장에서 기대수익률과 위험간의 관계를 선형으로 나타내는 모형이다.
② 증권시장에서 말하는 위험이란 체계적 위험으로서 베타로 특정한 것을 말한다.
③ 자본 시장선상의 포트폴리오의 총위험은 체계적 위험을 의미한다.
④ 효율적 포트폴리오의 기대수익률과 위험간의 관계를 설명할 때는 CML과 SML이 동일하게 된다.
⑤ CML 상에 위치하는 포트폴리오나 개별 주식은 SML의 아래쪽에 위치하게 된다.

31 **지식기반경영에 관한 설명으로 가장 적절하지 않은 것은?**

① 유형자산을 기본으로 하여 TQM, BPR등에 의한 경영혁신을 추구한다.
② 지식기반경영을 위한 요소로는 비즈니스가치, 프로세스, 지식 및 평가, 정보기술, 변화관리가 있다.
③ 지식의 개념정립이 불확실하여 지식이 무엇을 의미하는지가 불분명하다.
④ 지식경영은 계획-집행-통제라는 경영관리사이클을 통하여 수행된다.
⑤ 지식개념의 재정립이 지식경영의 출발점이다.

32 **시장세분화에 관한 다음 서술 중 가장 적절하지 않은 것은?**

① 효과적인 시장세분화를 위해서는 세분시장의 규모가 측정 가능해야 한다.
② 시장세분화에서는 동일한 세분시장 내에 있는 소비자들의 이질성이 극대화되도록 해야 한다.
③ 시장세분화를 통해 소비자들의 다양한 욕구를 보다 잘 만족시킬 수 있다.
④ 시장세분화 변수로 추구효익을 사용할 때는 세분시장의 규모나 접근가능성을 측정하기 어렵다.
⑤ 시장을 세분화할 때는 세분시장 특성 모두를 설명할 수 있는 여러 변수를 조합하여 사용해야 한다.

33 **정보시스템에 관한 다음의 설명 중 가장 적절하지 않은 것은?**

① 정보시스템의 기본목표는 최대의 효율성으로 주어진 효과를 달성해야 하므로 효율성, 효과성 두 측면을 모두 고려해야 한다.
② 정보시스템의 평가대상으로 시스템투자, 시스템개발, 시스템운영、관리, 시스템조직 등이 있다.

③ 정보시스템의 도입으로 중간관리자의 역할이 표준화되어 라인으로부터 집중되는 인력구조 변화가 발생한다.
④ 조직구조에 대한 영향으로 조직계층의 수평화, 전문화, 분권화현상이 발생한다.
⑤ 정보시스템의 평가는 주로 비용효과분석과 소프트웨어품질의 평가를 통해 실시된다.

34 인터넷 마케팅에 관한 다음 설명 중 틀린 것은?

① 인터넷 마케팅의 발달로 실질적인 매스 카스터마이제이션(mass customization)이 가능하게 되었다.
② 인터넷 제품은 경험적 속성을 가진 정보제품이 주종이므로 수확체증의 법칙(returns to scale)이 발생한다.
③ 인터넷광고와 촉진수단 못지 않게 인터넷 구전(word of mouse)의 효과가 커지고 있다.
④ 인터넷쇼핑몰에서는 전환비용이 낮아 가격에 민감하기 때문에 저렴한 가격이 항상 유효한 가격전략이다.
⑤ 디지털 상품은 물리적 상품에 비해 고정비가 높고 변동비가 낮다.

35 일정계획 및 통제의 병행기법과 관련한 다음의 설명 중 가장 적절하지 않은 것은?

① LOB 기법에서는 통제점을 선정하여 이들을 중점관리 한다.
② 전통적 기법에서는 공정전체를 최종제품의 수량만을 기준으로 통제한다.
③ 간트도표는 작업을 시간적·수량적으로 일목요연하게 표시하므로 사전예측, 사후통제가 가능하다.
④ 서비스업의 일정계획으로 약속시스템, 예약시스템, 납품연기 등이 있다.
⑤ 단기간 일정법(SIS)은 사전에 작성된 작업량을 짧은 시간을 기준으로 책정하여 할당함으로써 목표관리가 가능하다.

36 전문경영자에 관한 다음 서술 중 가장 올바른 것을 고르시오

① 전문경영자는 지역사회 등과 관계가 없다.
② 전문경영자는 이윤극대화의 목표를 위해서 수단방법을 가리지 않아야 한다.
③ 전문경영자의 주요 임무는 이해집단의 조정을 통해 기업을 유지/연장시키는 것이다.
④ 전문경영자는 수익보다는 노사관계의 개선을 최우선시 해야 한다.
⑤ 전문경영자는 대주주의 이익을 대표하는 주체이다.

37 경영혁신기법에 대한 다음의 설명 중 옳지 않은 것을 고르시오.

① 벤치마킹은 최고수준의 기업과 자사의 차이를 구체화하고 이를 메우는 것을 혁신의 목표로 활용하는 것이다.
② 리스트럭처링은 발전가능성이 있는 쪽으로 사업구조를 변경하거나, 비교우위에 있는 사업에 투자재원을 집중하는 경영전략이다.

③ ERP는 폐쇄시스템을 추구한다.
④ 시간단축형 조직은 제품을 중심으로 조직이 나누어져 있기 때문에 고객과 밀착해야 한다.
⑤ 글로벌경영을 추구하기 위해서는 전략적 제휴와 토착화 등에 초점을 두어야 한다.

38 테일러에 대한 설명으로 올바른 것을 고르시오.

① 호(오)손 실험을 실시하였다.
② 관료제를 주장하였다.
③ 컨베이어시스템에 의한 대량생산방식을 개발하였다.
④공장조직을 철저한 기능식 조직으로 전환하였다.
⑤ 인간중심의 경영철학이다.

39 권력의 특성에 관한 서술 중 가장 적절한 것으로 묶인 것은?

a. A가 B로 하여금 어떤 일을 수행하도록 할 수 있을 때 A는 B에 대하여 권력을 갖는다라고 하는데 이는 권력이 한쪽 사람에게만 주어진 한정된 특성을 의미한다.
b. A가 권력을 많이 가졌다고 B나 C에 대해서도 그렇다는 것은 아니므로 권력은 상대적 개념을 가진다.
c. 조직내의 권력구조는 상황과 시간에 따라 항상 바뀐다.
d. 권력은 다른 사람이나 다른 집단과의 상호작용을 통하여 이루어지는 사회적관계를 나타낸다.
e. 권력은 권한과는 다른 특성을 갖지만 영향력과는 같은 특성을 갖는다.

① a ② b, c, e ③ a, e ④ b, c, d ⑤ d, e

40 다음 중 아웃소싱(outsouring)에 대한 설명으로 가장 적절하지 않은 것은?

① 아웃소싱(outsouring)은 기업의 내부 프로젝트나 활동을 외부의 제3자에게 위탁처리하는 것을 말한다. 이러한 아웃소싱은 경쟁력이 없는 사업부문을 외부업체에 주문한다고 해서 일명 외주라고 불리기도 한다.
② 고용조정을 통한 비용절감효과라는 차원으로 접근하여야 아웃소싱을 성공할 수 있다.
③ 아웃소싱은 기업 생존을 위해 필수적인 조건으로 인식하여 잘 할 수 있는 분야에 경영자원은 집중하되 잘 할 수 없는 부분은 과감하게 전문기업에 맡겨야 경쟁력을 확보할 수 있다.
④ 기업은 경쟁력을 확보하기 위해 핵심사업에만 집중하고 부수적인 부분은 아웃소싱에 의존함으로써 자사 제품 및 서비스의 부가가치를 높일 수 있다.
⑤ 회사의 장기적인 비젼하에서 진행해야 한다. 자사 핵심역량이 무엇이며, 어떤 사업에 주력해야 하는가 등에 대한 신중한 검토가 필요하다.

제5과목(선택)

06

2025년도 제34회 공인노무사 제1차 대비 경제학원론 모의문제

01 열등재인 X재는 수요곡선이 우하향하고 공급곡선이 우상향한다. 최근 경기호황으로 소비자들의 소득이 증가하였고, X재의 보완재인 Y재 가격이 하락하였는데 X재의 시장가격은 최종적으로 상승하였다. 다음 설명 중 옳지 않은 것은?

① X재의 총판매수입은 증가한다.
② X재의 균형거래량은 증가한다.
③ X재 소비자의 소비자잉여는 증가한다.
④ X재 생산자의 소비자잉여는 증가한다.
⑤ X재와 Y재가 대체관계에 있다면 X재의 가격은 상승하였을 것이다.

02 가격탄력성에 관한 보기의 설명 중 맞는 것만 고르면?

> ㉠ 수요의 가격탄력성은 가격 한 단위의 변화에 대한 수요량의 변화를 측정한 것이다.
> ㉡ 개별기업이 직면하는 수요함수가 $Q^D=60-0.5P$이라면 $P=60$원일 때 이 기업의 총수입은 극대가 된다.
> ㉢ 가격이 5% 상승할 때 수요량이 3% 감소하는 재화에 대해 최저가격제가 적용되어 가격이 1% 상승하면 그 재화의 판매액은 증가한다.
> ㉣ 기술진보로 공급이 증가하였는데 이 재화를 공급하는 기업의 총수입이 감소하였다면 수요의 가격탄력성이 1보다 작다고 할 수 있다.

① ㉡, ㉢　　② ㉢, ㉣　　③ ㉡, ㉢, ㉣　　④ ㉠, ㉡, ㉣　　⑤ ㉠, ㉢, ㉣

03 수요의 탄력성에 대한 다음 설명으로 옳은 것만 고르면?

> ㉠ 매달 일정량의 소주를 구입하는 사람의 수요의 가격탄력성은 0이다.
> ㉡ 수요의 가격탄력성이 1이고 소득탄력성이 0.5인 소비자의 소득이 10% 증가하였는데 소비량이 예전과 동일하다면 가격은 5% 상승하였을 것이다.
> ㉢ 수요함수가 $Q^D=-3P+16$, 공급함수가 $Q^S=4P-12$라고 할 때 균형점에서 수요의 가격탄력성은 3이다.
> ㉣ 수요의 가격탄력성이 가격수준에 관계없이 일정하다면 수요곡선은 직선이다.

① ㉠, ㉡　　② ㉡, ㉢　　③ ㉠, ㉡, ㉢　　④ ㉡, ㉢, ㉣　　⑤ ㉠, ㉡, ㉢, ㉣

모의문제

04 **어떤 상품에 대해 10만 원 정액의 소비세를 부과하였을 때 조세의 전가와 귀착에 대한 설명으로 옳은 설명만 고른 것은?**

> ㉠ 우상향하는 공급곡선과 우하향하는 수요곡선이 주어진 경우 조세가 부과되면 소비자잉여와 생산자잉여가 모두 감소하지만 이는 정부의 조세수입으로 전액 회수된다.
> ㉡ 이 상품의 수요과정에서 대체재가 많이 존재한다면 조세부담은 생산자에게 상대적으로 많이 귀착될 가능성이 있다.
> ㉢ 우상향하는 공급곡선이 주어져 있을 때 소비자에게 조세를 부과하면 소비자지불가격이 상승하므로 시장의 균형가격도 상승한다.
> ㉣ 공급이 가격에 대해 비탄력적일수록 부과된 조세의 많은 부분을 소비자가 부담한다.
> ㉤ 수요곡선이 수평선이라면 조세부과 시 소비자로의 전가는 발생하지 않고 모든 조세를 생산자가 부담하게 된다.

① ㉠, ㉡　② ㉡, ㉤　③ ㉡, ㉢, ㉤　④ ㉢, ㉣, ㉤　⑤ ㉡, ㉢, ㉣, ㉤

05 **효용극대화를 추구하는 어떤 소비자가 주어진 소득 120을 이용하여 X재를 2단위, Y재를 4단위 구입하고 있다. Y재 가격이 20이라면 이 소비점에서 한계대체율은 얼마인가? (단, 무차별곡선은 원점에 대해 볼록한 일반적인 형태의 무차별곡선이다.)**

① 0.5　② 1　③ 2　④ 3　⑤ 4

06 **두 재화 X재와 Y재가 모두 선호재일 때 다음 그림은 무차별곡선과 예산선을 나타내고 있다. 보기에서 옳은 설명만 고른 것은?**

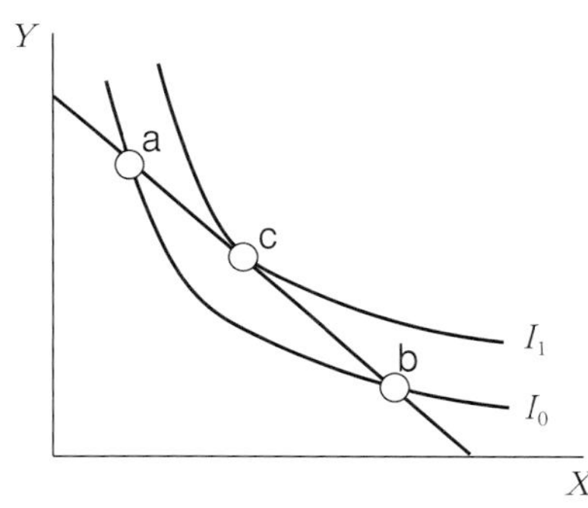

> ㉠ a점, b점, c점은 소비자에게 동일한 지출을 가져오는 점이지만, c점의 효용이 가장 크다.
> ㉡ Y재의 개수로 표시한 X재의 한계대체율이 b점이 a점보다 작다.
> ㉢ a점에서 X재의 1원당 한계효용이 Y재의 1원당 한계효용보다 크다.
> ㉣ a점과 b점은 소비자의 효용과 지출액이 모두 동일하다.
> ㉤ b점에서 효용을 극대화하기 위해서는 X재의 소비를 증가시키고 Y재의 소비를 감소시켜야 한다.

① ㉠, ㉡ ② ㉠, ㉡, ㉢ ③ ㉠, ㉢, ㉤
④ ㉠, ㉡, ㉢, ㉣ ⑤ ㉡, ㉢, ㉣, ㉤

07 **소비자의 효용을 U, 재산을 M이라고 할 때 소비자의 효용함수가 $U=M^{0.5}$이다. 재산이 100일 확률이 0.5이고, 재산이 400일 확률이 0.5일 때 이 불확실한 상황에서 소비자의 위험의 가격은 얼마인가?**

① 10 ② 20 ③ 25 ④ 30 ⑤ 35

08 **생산량을 Q, 노동투입량을 L, 자본투입량을 K라고 할 때 생산함수가 다음과 같이 주어져 있다. 이 기업의 총생산비용이 500이고, 임금(ω)과 자본임대료(r)가 모두 10이라면 생산량극대화(비용극소화)를 위한 노동고용량은 얼마인가?**

- 생산함수 : $Q=50LK-L^2-K^2$

① 20 ② 25 ③ 30 ④ 35 ⑤ 40

09 **Cobb-Douglas 생산함수 $Q=10L^{0.75}K^{0.25}$에 대한 다음의 설명 중 옳은 것만 고른 것은? (단, 여기에서 Q는 생산량, L은 노동투입량, K는 자본투입량을 나타낸다.)**

㉠ 1차 동차 생산함수로서 규모에 대한 보수 불변의 특징을 갖는다.
㉡ 생산요소에 대한 수확불변 현상이 나타난다.
㉢ 생산의 자본탄력성과 자본소득분배율은 0.25로 동일하다.
㉣ 노동투입량을 8% 증가시키고, 자본투입량을 4% 증가시키면 생산량은 7% 증가한다.
㉤ 임금이 상승하면 총비용에서 노동비용이 차지하는 비중도 올라간다.

① ㉠, ㉢, ㉣ ② ㉠, ㉡, ㉢ ③ ㉡, ㉢, ㉣ ④ ㉠, ㉡, ㉣ ⑤ ㉠, ㉢, ㉣, ㉤

10 **생산비용에 대한 다음 설명 중 맞는 것만 고르면?**

㉠ 한계비용이 최저가 되는 생산량수준에서 평균가변비용은 한계비용과 일치한다.
㉡ 한계비용이 증가하더라도 평균비용은 감소할 수 있다.
㉢ 평균비용이 생산량과 무관하게 일정하면 한계비용도 마찬가지로 일정하다.
㉣ 평균비용이 한계비용보다 큰 영역에서는 평균비용이 감소한다.
㉤ 평균고정비용은 생산량이 증가함에 따라 감소한다.

① ㉠, ㉡, ㉣ ② ㉠, ㉢, ㉣ ③ ㉡, ㉢, ㉤ ④ ㉢, ㉣, ㉤ ⑤ ㉡, ㉢, ㉣, ㉤

11 완전경쟁시장에서 거래되는 어떤 상품의 시장수요함수는 Q_D=300−2P이고, 시장공급함수는 Q^S=100+0.5P이다. 이 시장에서 생산활동을 하고 있는 어떤 개별기업의 한계비용함수는 MC=2Q+10일 때 이윤극대화를 추구하는 개별기업의 산출량은 얼마인가?

① 35 ② 40 ③ 50 ④ 70 ⑤ 80

12 어느 독점기업이 책정하는 이윤극대화가격은 100이고, 수요의 가격탄력성이 4인 수준에서 생산을 하고 있다. 독점기업의 총비용이 Q^2+15Q일 때 독점기업의 이윤극대화 생산량은 얼마인가?

① 15개 ② 20개 ③ 25개 ④ 30개 ⑤ 35개

13 완전경쟁기업과 독점기업의 차이를 설명한 것 중 맞는 것만 고르면?

> ㉠ 완전경쟁기업은 시장에서 주어진 가격으로 원하는 만큼 판매할 수 있는데 반해, 독점기업은 판매량을 증가시키기 위해 가격을 인하해야 한다.
> ㉡ 독점기업이 책정하는 가격은 한계비용보다 높지만, 완전경쟁기업의 경우는 가격이 한계비용보다 낮다.
> ㉢ 독점기업은 이윤극대화가격을 설정함으로써 초과이윤을 얻을 수 있지만, 완전경쟁기업은 가격수용자이므로 그러한 초과이윤을 얻을 수 없다.
> ㉣ 완전경쟁시장과 독점시장 모두에서 평균수입은 가격과 동일하다.
> ㉤ 완전경쟁시장과 독점시장 모두 동질적인 재화를 생산한다.

① ㉠, ㉡, ㉢, ㉣ ② ㉠, ㉣ ③ ㉠, ㉡, ㉣ ④ ㉡, ㉢, ㉣ ⑤ ㉠, ㉣, ㉤

14 다음 중 독점적 경쟁시장에 대한 서술로서 옳지 않은 것은?

① 독점적 경쟁기업의 장기균형에서의 평균수입과 장기평균비용이 일치한다.
② 개별기업은 단기에 초과이윤을 얻을 수 있으나 장기에는 정상이윤만 확보한다.
③ 장기에서는 각 기업들은 가격과 한계비용을 일치시키도록 생산하게 되고 이윤은 0이 된다.
④ 독점적 경쟁시장에서 장기균형 생산량은 가격과 한계비용이 일치하는 생산량에 미치지 못한다.
⑤ 독점적 경쟁시장의 장기균형에서 장기한계비용은 장기평균비용보다 작다.

15 다음에 제시된 게임나무는 기업 A와 기업 B의 의사결정에 따른 보수를 나타낸다. 기업 A사가 먼저 의사결정을 하고, 기업 B가 기업 A의 의사결정을 확인한 다음 자신의 의사결정을 하게 된다. 두 기업은 모든 선택에 대한 보수를 사전에 알고 있다. 두 회사 간의 신빙성 있는 약속이 없을 때 각 기업이 얻게 되는 이윤의 조합은? (단, 괄호 안은 A사가 얻는 이윤, B사가 얻는 이윤을 나타낸다.)

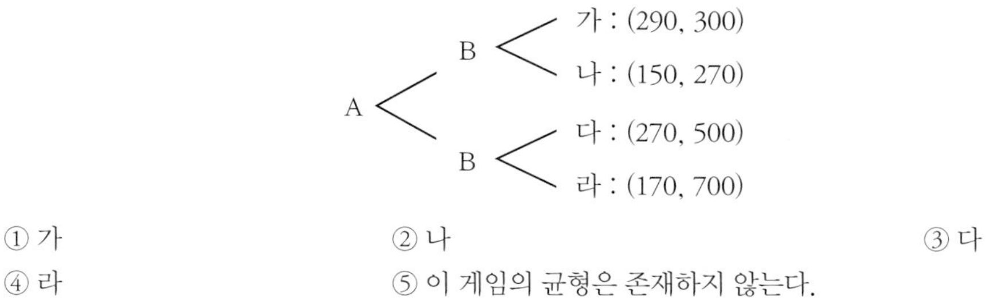

① 가 ② 나 ③ 다
④ 라 ⑤ 이 게임의 균형은 존재하지 않는다.

16 수요독점기업에 의하여 노동시장이 지배되고 있는 경우 다음 진술 중 잘못된 것은 ?

① 노동의 한계요소비용곡선과 한계수입생산곡선의 교차점에서 수요독점기업의 이윤이 극대화된다.
② 노동의 한계요소비용곡선은 평균요소비용곡선보다 상방에 위치한다.
③ 기업이 지불하고자 하는 임금과 노동자가 받고자 하는 임금 간에 격차가 발생하여 수요독점적 착취가 일어난다.
④ 노동공급곡선은 노동의 평균요소비용곡선과 같아지고 노동의 평균요소비용곡선에서 기업은 임금을 책정한다.
⑤ 단체교섭의 결과 임금이 상승하면 노동시장에 초과공급이 존재하여 고용량은 감소한다.

17 다음 중 후생경제학과 관련된 내용 중 옳은 것만 고르면?

㉠ 후생경제학의 제1정리는 공평성을 위해 효율성을 희생할 필요가 없음을 시사한다.
㉡ 생산가능곡선상의 한 점에서 소비의 에지워스상자를 통해 소비의 파레토효율성을 만족하는 점을 효용공간에 옮기면 효용가능경계가 도출된다.
㉢ 공리주의의 사회무차별곡선은 우하향하는 직선이다.
㉣ 차선의 이론에 의하면 점진적 해결책이 최적은 아닐 수 있음을 보여준다.
㉤ 애로우(K. Arrow)의 불가능성 정리에 의하면 파레토원칙은 다수결투표제를 의미한다.

① ㉠, ㉡ ② ㉡, ㉢ ③ ㉢, ㉣ ④ ㉢, ㉣, ㉤ ⑤ ㉠, ㉢, ㉣, ㉤

18 어떤 재화의 생산에 외부비경제가 존재하여 외부비용을 발생시키고 있다고 하자. 시장수요함수, 사적 한계비용함수, 그리고 사회적 한계비용함수가 다음과 같을 때 과다생산으로 인한 사회적인 후생손실의 크기는 얼마인가?

• 시장수요함수 : $P=100-2Q$
• 사적 한계비용함수 : $PMC=10+Q$
• 사회적 한계비용함수 : $SMC=10+3Q$

① 120 ② 240 ③ 216 ④ 340 ⑤ 360

19 P_A를 소비자 A의 소비가격, P_B를 소비자 B의 소비가격, Q를 수요량이라고 할 때 두 소비자 A와 B의 공공재에 대한 수요함수는 각각 다음과 같다. 이 공공재의 한계비용이 100으로 일정하다고 할 때 효율적인 공공재 공급량의 수준은?

> • $P_A=150-2Q$
> • $P_B=200-3Q$

① 25 ② 50 ③ 100 ④ 150 ⑤ 200

20 역선택과 도덕적 해이에 대한 다음 설명으로 가장 맞지 않은 것은?

① 정부가 담배에 유해경고문구를 의무적으로 표시하도록 하면 역선택이 방지된다.
② 선별(screening)이란 정보를 갖지 못한 측에서 상대방의 특성을 알아내려고 노력하는 것으로서 역선택을 방지하기 위함이다.
③ 자동차보험회사에서 일정한 나이 미만인 사람들에게 높은 보험료를 책정하는 것은 도덕적 해이를 방지하기 위함이다.
④ 근무태만을 방지하기 위해 기업은 생산성임금 및 효율성임금을 지급한다.
⑤ 보험시장에서의 도덕적 해이는 자신의 행위로부터 발생한 비용을 다른 사람에게 전가시키게 된다.

21 국내총생산과 관련된 다음 진술 중 틀린 것은?

① 기준연도의 실질*GDP*와 명목*GDP*는 항상 같다.
② 신규주택의 건설은 *GDP* 구성요소 중에서 투자지출에 포함된다.
③ 작년에 생산되어 재고로 보유되다가 올해에 판매된 재화의 가치는 올해의 *GDP*에 포함된다.
④ *GDP*는 한 국가 내에서 모든 경제주체가 일정 기간 동안에 창출한 부가가치(value added)의 합이다.
⑤ 한국의 자동차 회사가 미국에서 생산하여 한국에서 판매한 자동차의 가치는 미국의 *GDP*에 포함된다.

22 민간투자를 I, 정부지출을 G라고 할 때 어느 폐쇄경제의 거시경제모형이 다음과 같다고 하자. 외생적인 투자가 100만큼 증가한다면 균형국민소득은 어떻게 변동하는가?

> • 국민소득 : $Y=C+I+G$
> • 소비 : $C=50+0.8Y_d$
> • 처분가능소득 : $Y_d=Y-T$
> • 조세 : $T=0.25Y$

① 100만큼 증가 ② 150만큼 증가 ③ 200만큼 증가
④ 250만큼 증가 ⑤ 300만큼 증가

23 **다음은 항상소득가설을 설명한 것이다. 옳지 않은 것은?**

① 항상소득이란 미래에 인적자산, 물적자산, 금융자산으로부터 얻을 것으로 기대되는 장기적인 평균소득을 의미한다.

② 영구적인 세율의 인하는 항상소득을 증가시켜 소비증가와 총수요증가로 이어지기 때문에 국민소득에 큰 영향을 미치게 된다.

③ 항상소득가설에 의하면 사람들은 소비수준을 비교적 일정하게 유지하고 싶어하고, 그 소비수준은 자신의 항상소득을 고려하여 결정한다.

④ 항상소득가설에 의하면 현재소득이 항상소득 이상으로 증가하면 평균소비성향이 일시적으로 커진다.

⑤ 경기 호황기에 평균소비성향은 작아진다.

24 **다음 중 투자 및 투자함수에 관한 설명으로 옳은 것만 고르면?**

㉠ 소득이 증가하면 투자가 증가하는 원리를 가속도원리라 한다. ㉡ 케인즈는 투자의 한계효율(marginal efficiency)과 이자율이 일치하는 수준에서 투자수준이 결정된다고 보았다. ㉢ 투자는 총수요에서 차지하는 비중이 낮지만, 경기변동에 따라 큰 폭으로 변화하기 때문에 경기변동 측면에서의 영향력이 있다는 점에서 그 중요성이 있다. ㉣ 투자는 총수요의 구성요소로서 총수요에 영향을 미치고 총공급에는 영향을 미치지 않는다. ㉤ 투자의 한계효율이 0보다 큰 값을 가지면 투자가 증가한다.

① ㉠, ㉡ ② ㉡, ㉢ ③ ㉠, ㉡, ㉢ ④ ㉡, ㉢, ㉤ ⑤ ㉡, ㉣, ㉤

25 **통화량을 조정하는 정책의 효과에 대한 설명으로 가장 타당하지 않는 것은?**

① 법정지급준비율을 인상하면 통화량이 감소한다.

② 정부의 재정적자가 증가하면 통화량이 감소한다.

③ 중앙은행이 통화안정증권을 발행하면 통화량이 감소한다.

④ 중앙은행이 공채의 일부를 매각하면 통화량이 감소한다.

⑤ 고정환율제도 하에서 국제수지 흑자가 발생하면 본원통화가 증가한다.

26 **화폐의 유통속도와 관련된 다음 내용 중 가장 옳지 않은 것은?**

① 화폐유통속도의 감소하면 통화승수가 감소한다.

② 명목국민소득이 1,000이고, 통화량이 500이라면 화폐유통속도는 2이다.

③ 실질화폐에 대한 수요가 실질소득에 비례한다면, 화폐의 소득유통속도는 일정하다.

④ 현금보유비율이 감소하면 화폐의 유통속도도 감소한다.

⑤ 한국은행이 기준금리를 인하하면 유통속도가 감소한다.

27 다음은 $IS-LM$이론에 대한 설명이다. 옳지 않은 것은?

① 케인즈학파는 투자수요의 이자율탄력성이 아주 작기 때문에 IS곡선의 기울기가 가파르게 나타난다.
② 화폐공급곡선이 우상향하게 되면 LM곡선의 기울기가 더욱 완만해진다.
③ 화폐의 소득유통속도가 클수록 LM곡선은 기울기가 완만해진다.
④ 유동성함정구간에서 화폐수요의 이자율탄력성이 0이 되므로 LM곡선은 수평이 된다.
⑤ $IS-LM$모형에서 정부가 조세증가를 통한 재원조달로 정부지출을 증가시키면 이자율이 상승한다.

28 유동성함정에 대한 다음 설명 중 옳은 것은?

가. 실질이자율이 0일 경우 유동성함정이 발생한다. 나. 유동성함정에서 재정정책은 총수요에 영향을 미치지 못한다. 다. 유동성함정에서 화폐수요가 이자율에 대해 완전탄력적이다. 라. 유동성함정에서 채권가격이 하락할 것이라고 예상된다.

① 가, 나 ② 가, 다 ③ 나, 다 ④ 나, 라 ⑤ 다, 라

29 어떤 국민경제의 총수요함수는 $Y^D=-2P+300$이고 총공급함수는 $Y^S=P-P^e+200$이다. 예상물가가 $P^e=20$일 때 다음 설명 중 틀린 것은 무엇인가? (단, P는 물가수준, Y^D는 총수요, Y^S는 총공급, P^e는 기대물가수준이다.)

① 이 경제의 단기균형에서 $P=40$, $Y=220$이다.
② 이 경제는 장기균형상태에 있지 않다.
③ 합리적 기대가설 하에서는 기대물가수준은 $P^e=50$이다.
④ 장기적으로 단기총공급곡선이 우측 이동할 것이다.
⑤ 장기적으로 예상물가가 상승할 것이다.

30 어떤 경제의 생산가능인구는 200명, 취업자 수는 70명, 실업률은 30%이다. 이 경제의 경제활동참가율은 얼마인가?

① 20% ② 30% ③ 40% ④ 50% ⑤ 70%

31 **예상치 못한 인플레이션의 영향으로 옳은 것만 고르면?**

㉠ 현금을 보유하고 있는 사람은 인플레이션조세(inflation tax)를 내는 효과가 발생한다. ㉡ 메뉴비용과 구두창비용이 발생한다. ㉢ 화폐의 구매력이 감소한다. ㉣ 실물소유자에게는 보조금을 지급하는 결과를 초래한다. ㉤ 단기적으로 생산이 증가하므로 단기에 노동고용량도 증가한다. ㉥ 피셔가설이 성립하므로 실질이자율은 불변이다.

① ㉠, ㉡, ㉢
② ㉠, ㉢, ㉣
③ ㉠, ㉢, ㉣, ㉤
④ ㉢, ㉣, ㉤, ㉥
⑤ ㉠, ㉡, ㉣, ㉤

32 **어떤 국민경제의 필립스곡선식이 다음과 같이 주어져 있다고 하자. 이 경제에서 전기의 실제인플레이션율(π_{t-1})이 기대인플레이션율(π^e_t)과 항상 같고, $t-1$기의 실업률이 자연실업률과 동일했다면 자연실업률의 크기는 얼마인가? (단, u_N은 자연실업률이다.)**

$$\pi_t - \pi_{t-1} = 12 - 4u_N$$

① 2
② 3
③ 4
④ 5
⑤ 6

33 **A국의 국민경제에서 실업률이 1% 포인트 증가할 때 실질국민소득이 0.5%만큼 감소한다는 현상을 발견하였다. 그리고, 이 국민경제의 자연실업률은 3%, 잠재성장률은 2%이다. 아래와 같은 필립스곡선을 이용하여 성장률의 관점에서 희생률(sacrifice ratio)을 구하면?**

$$\pi = 5 - 0.5(u - u_N)$$

(단, π는 인플레이션율, u는 실업률, u_N은 자연실업률이다.)

① 0
② 1
③ 2
④ 3
⑤ 4

34 **새케인즈학파(New Keynesian)의 이론적 내용에 대한 설명으로 옳지 않은 것만 고르면?**

㉠ 새고전학파의 '정책무력성의 명제'는 임금과 물가의 신축성을 가정한 것에 기인한다고 주장한다. ㉡ 합리적 기대로 인해 시장은 균형상태에 있지만, 가격변수의 경직성으로 경제안정화정책은 유효하다. ㉢ 가계와 기업은 합리적 기대를 바탕으로 의사결정을 하게 된다. ㉣ 재량적이고 자의적인 총수요관리정책을 총수요관리정책을 주장하였다. ㉤ 가격변수의 변동성이 커질수록 단기총공급곡선의 기울기는 수평에 근접하게 된다.

① ㉡
② ㉠, ㉢
③ ㉡, ㉤
④ ㉡, ㉣, ㉤
⑤ ㉡, ㉢, ㉣, ㉤

모의문제

35 **총생산함수가 $Y=10L^{0.5}K^{0.5}$이고, 인구증가율은 0.2, 저축률은 0.4, 고정자본소모율은 0인 솔로우 단순경제에서 균제상태의 1인당 국민소득은 얼마인가? (단, Y는 총생산량, L은 노동투입량, K는 자본투입량을 나타낸다.)**

① 100 ② 200 ③ 300 ④ 400 ⑤ 500

36 **산업 간 무역과 산업 내 무역에 대한 다음의 설명 중 옳지 않은 것은?**

① 국가 간 소비구조가 유사할수록 산업 내 무역이 활성화될 수 있다.
② 산업 간 무역은 소득분배에 영향을 미치지만, 산업 내 무역은 모든 계층의 소득을 향상시킨다.
③ 국제시장에서 독점적 경쟁 하에서는 헥셔-올린정리가 상정하는 산업 간 무역이 아니라 산업 내 무역이 이뤄진다.
④ 상이한 부존자원과 상이한 기술 등이 산업 내 무역을 결정한다.
⑤ 립진스키정리(Rybczynski theorem)에 의하면 생산요소의 부존량이 증가하면 그 생산요소를 집약적으로 사용하여 생산하는 재화의 생산량은 증가한다.

37 **교역조건(terms of trade)과 관련된 다음 설명 중 적절하지 못한 것은?**

① 교역조건(terms of trade)이란 수출상품 한 단위와 교환되는 수입상품의 수량을 말한다.
② 환율이 인상(원화가치 하락)되면 수출상품의 국제가격이 하락하므로 교역조건이 악화된다.
③ 교역조건이 개선되면 수출품의 가격경쟁력이 강화되어 경상수지가 개선된다.
④ 수입원자재가격이 상승하면 수입상품의 국제가격이 상승하므로 교역조건이 악화된다.
⑤ 경제성장 시 후생 측면에서 소국이 더 유리하다.

38 **자유무역을 하는 소국 개방경제가 수입수량할당제를 실시할 경우 그에 대한 결과로 옳지 않은 것은? (단, 국내수요곡선은 우하향하고, 국내공급곡선은 우상향하며, 개방 이전의 국내가격은 국제가격보다 높은 상태였다.)**

① 국내소비량이 감소하면서 소비자잉여가 감소한다.
② 국내생산량이 증가하면서 생산자잉여가 증가한다.
③ 수입수량할당제 실시 후 사회 전체의 후생은 감소하였다.
④ 수입수량할당제 실시 후 원/달러 환율이 상승할 것이다.
⑤ 수입수량할당제 실시 후 수입업자의 이윤이 증가할 수 있다.

39 환율과 환율결정이론에 대한 설명으로 옳지 않은 것은?

① 명목환율이 상승해도 국내물가가 상승하면 무역수지가 악화될 수 있다.
② 명목환율이 일정하고 실질환율이 상승(절하)하면 우리나라 제품가격이 미국 제품에 비해 더 비싸진다.
③ 무역장벽이 높을수록 구매력평가설의 현실 설명력은 떨어진다.
④ 국내물가가 불변인 상태에서 명목환율이 5% 상승하고, 외국재화의 가격이 5% 하락하면 실질환율은 불변이다.
⑤ 무역상대국의 경기호황은 자국의 경상수지 흑자를 유발할 수 있다.

40 소국-개방경제가 변동환율제도를 채택하고 있다. 정부가 경기진작을 위해 재정지출을 확대시키는 정책을 실시한 경우 최종적으로 나타날 수 있는 결과라고 볼 수 없는 것은?

① 경상수지가 악화된다.
② 국내의 통화가치가 평가절상된다.
③ 정부저축의 감소로 인해 국내이자율이 상승한다.
④ 자본수지가 개선된다.
⑤ 국제수지는 균형이 된다.

모의문제

Certified Public Labor Attorney

부 록 2

2025년 공인노무사 1차 대비 모의문제 정답과 해설

제1과목 노동법 1

제2과목 노동법 2

제3과목 민 법

제4과목 사회보험법

제5과목(선택) 경영학개론

제5과목(선택) 경제학원론

제1과목 01

2025년도 제34회 공인노무사 노동법 1 모의문제 정답과 해설

01	02	03	04	05	06	07	08	09	10	11	12	13	14	15	16	17	18	19	20
②	④	①	③	①	①	①	②	③	①	⑤	⑤	①	①	③	④	③	①	②	⑤
21	22	23	24	25	26	27	28	29	30	31	32	33	34	35	36	37	38	39	40
①	②	③	①	②	④	⑤	①	②	③	④	④	⑤	①	④	⑤	②	①	①	③

01

정답 ②

근로기준법, 노동조합법, 노동쟁의조정법, 노동위원회법 등 네 개의 법률로 출발하였다.

02

정답 ④

③ 대판 2002.4.23.,2000다50701
④ 서울고판 2000.8.10.,2000나8009
대법원이 직접적인 기준을 제시한 바는 없다.

03

정답 ①

① 헌재 2002.11.28.,2001헌바50
헌법 제32조의 근로의 권리에서 '부당한 해고로부터 근로자를 보호할 국가의 의무'를 도출할 수도 있다.
③ 헌재 2007.8.30.,2004헌마670
④ 헌재 2007.8.30.,2004헌마670
⑤ 헌재 2002.11.28.,2001헌바50

04

정답 ③

제59조(근로시간 및 휴게시간의 특례) ① 「통계법」 제22조제1항에 따라 통계청장이 고시하는 산업에 관한 표준의 중분류 또는 소분류 중 다음 각 호의 어느 하나에 해당하는 사업에 대하여 사용자가 근로자대표와 서면으로 합의한 경우에는 제53조제1항에 따른 주(週) 12시간을 초과하여 연장근로를 하게 하거나 제54조에 따른 휴게시간을 변경할 수 있다.

1. 육상운송 및 파이프라인 운송업. **다만, 「여객자동차 운수사업법」 제3조제1항제1호에 따른 노선(路線) 여객자동차 운송사업은 제외**한다.
2. 수상운송업
3. 항공운송업
4. 기타 운송관련 서비스업
5. 보건업

모의문제해설

05

정답 ①

① 근기법 제60조 제1항. '80퍼센트 **이상**'
② 근기법 제60조 제4항
③ 근기법 제73조
④ 근기법 제74조 제1항
⑤ 근기법 제75조

06

정답 ①

① 근기법 제2조 제1항 제1호. '사업이나 사업장에'
② 근기법 제2조 제1항 제3호 참조
④ 대판 2006.12.7.,2004다29736
⑤ 대판 2003.9.26.,2002다64681

07

정답 ①

① 전속성 요건을 폐지하고 기존 특수형태근로종사자 및 온라인 플랫폼 종사자 등을 포괄하는 개념으로 '노무제공자'의 정의를 신설하였다.
③ 대판 2003.9.26.,2002다64681
④ 대판 1995.9.15.,94누12067
⑤ 대판 1995.9.15.,94누12067

08

정답 ②

① 근기법 제2조 제1항 제2호
② '아파트 자치회'같이 근로자를 직접 고용하고 지휘·명령한다면 당해 단체 자체가 사업주가 된다.
③ 대판 2008.4.10.2007도1199 / 대판 2007.9.6.2007도4904
⑤ 대판 2020.4.9.2019다267013(웰리브수송 사건)

09

정답 ③

① 헌재 1998.9.30.98헌가7 결정
③ 대판 1996.8.23.94누 13589
'정년차등에 사회통념상 합리성(합리적인 이유)가 있다고 인정되는 경우에는 차별대우에 해당하지 않는다.'

10

정답 ①

① 근로기준법에서는 차별에 대한 증명책임을 근로자가 부담하나, 남녀고평법에서는 사용자의 증명책임을 명문으로 규정하고 있다.(남녀고평법 제30조)
② 대판 2019.10.31.2013두20011
③ 대판 2019.3.14.2015두46321
④ 대판 2019.3.14.2015두46321
⑤ 남녀고평법 제7조

11

정답 ⑤

⑤ 우리나라는 2022년 6월 현재 '강제근로의 폐지에 관한 협약'을 비준하지 않고 있다.

12

정답 ⑤

① 근기법 제7조
③ 근기법 제8조
⑤ 근기법 제9조. '법률에 따르지 아니하고는'

13

정답 ①

① 공무원도 이에 포함될 수 있다.
② 대판 2001.12.14. 2001도5025
③ 대판 2008.9.25. 2006도7660
④ 대판 2007.8.23. 2007도3192

14

정답 ①

① 2019년 1월 15일
② 근기법 제76조의3
③ 근기법 제76조의3
④ 근기법 제116조 제1항
⑤ 근기법 제76조의3

15

정답 ③

① 근기법 제101조 제1항
② 근기법 제102조
③ 근기법 제108조. '3년 이하의 징역 또는 5년 이하의 자격정지'
⑤ 근기법 제103조

16

정답 ④

① 근기법 제67조 제1항
② 근기법 제67조 제3항
④ 친권자, 후견인 또는 고용노동부장관은 근로계약이 미성년자에게 불리하다고 인정하는 경우에는 향후 이를 해지할 수 있다.(근기법 제67조 제2항)
⑤ 대판 1997.12.13.97다25477

17

정답 ③

근기법 제17조 제2항

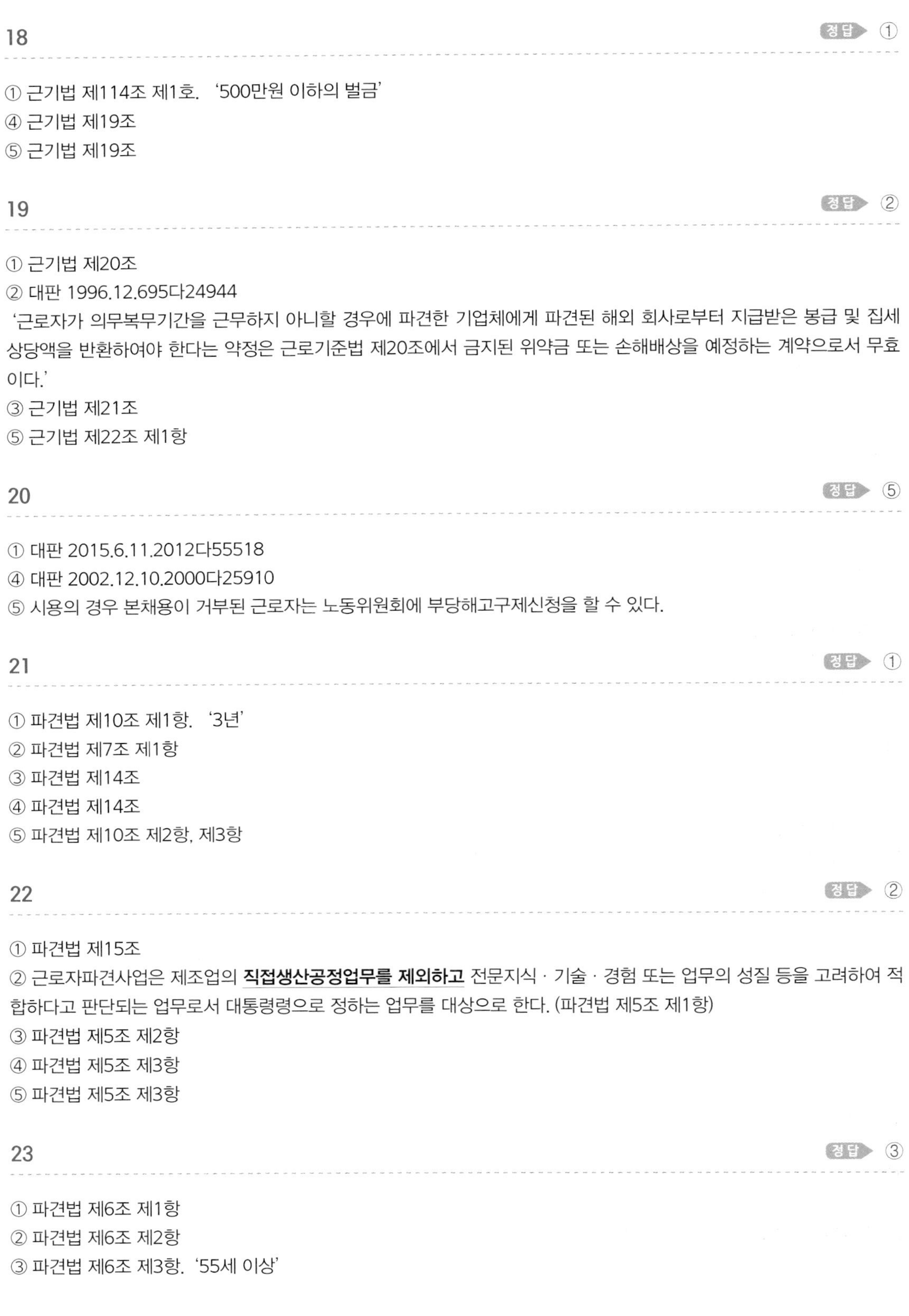

18

정답 ①

① 근기법 제114조 제1호. '500만원 이하의 벌금'
④ 근기법 제19조
⑤ 근기법 제19조

19

정답 ②

① 근기법 제20조
② 대판 1996.12.695다24944
'근로자가 의무복무기간을 근무하지 아니할 경우에 파견한 기업체에게 파견된 해외 회사로부터 지급받은 봉급 및 집세 상당액을 반환하여야 한다는 약정은 근로기준법 제20조에서 금지된 위약금 또는 손해배상을 예정하는 계약으로서 무효이다.'
③ 근기법 제21조
⑤ 근기법 제22조 제1항

20

정답 ⑤

① 대판 2015.6.11.2012다55518
④ 대판 2002.12.10.2000다25910
⑤ 시용의 경우 본채용이 거부된 근로자는 노동위원회에 부당해고구제신청을 할 수 있다.

21

정답 ①

① 파견법 제10조 제1항. '3년'
② 파견법 제7조 제1항
③ 파견법 제14조
④ 파견법 제14조
⑤ 파견법 제10조 제2항, 제3항

22

정답 ②

① 파견법 제15조
② 근로자파견사업은 제조업의 **직접생산공정업무를 제외하고** 전문지식 · 기술 · 경험 또는 업무의 성질 등을 고려하여 적합하다고 판단되는 업무로서 대통령령으로 정하는 업무를 대상으로 한다. (파견법 제5조 제1항)
③ 파견법 제5조 제2항
④ 파견법 제5조 제3항
⑤ 파견법 제5조 제3항

23

정답 ③

① 파견법 제6조 제1항
② 파견법 제6조 제2항
③ 파견법 제6조 제3항. '55세 이상'

④ 대판 2015.11.26. 2013다14965
⑤ 파견법 제6조의2 제2항

24

정답 ①

① 파견법 제11조. '신고일부터'
② 파견법 제25조 제2항
③ 파견법 제24조 제2항
④ 파견법 제16조 제1항
⑤ 파견법 제15조

25

 ②

① 기단법 제1조
② 기단법 제3조 제3항
'국가 및 지방자치단체의 기관에 대하여는 상시 사용하는 근로자의 수와 관계없이 이 법을 적용한다.'
③ 기단법 제2조 제2호
④ 기단법 제4조 제1항 본문
⑤ 기단법 제5조

26

 ④

① 기단법 제4조 제2항
② 대판 2018.6.15.2016두62795
③ 기단법 제6조 제1항
④ 기단법 제7조 제1항
'사용자는 통상근로자를 채용하고자 하는 경우에는 해당 사업 또는 사업장의 동종 또는 유사한 업무에 종사하는 단시간 근로자를 우선적으로 고용하도록 노력하여야 한다.'
⑤ 기단법 제7조 제2항

27

 ⑤

기간제법 제4조 제1항
⑤ 55세 이상인 사람

28

 ①

① 대판 2014.11.27. 2013다2672

> 기간제법 제4조 제1항 단서 제6호와 그 법률 시행령 제3조 제3항 제6호에서 정한 단시간근로자로 기간제 근로계약을 체결하였다가 해당 근로관계가 종료된 이후에 새로이 제4조 제1항 단서에 해당되지 않는 일반 기간제 근로계약을 체결한 경우에는 단시간근로자로 근무한 기간은 위 제4조 제2항의 **'2년'에 포함되지 않는다.**

② 대판 2018.6.19.2017두54975
③ 기간제법 제8조 제1항

④ 기간제법 제8조 제2항
⑤ 기간제법 제9조 제1항

29

 ②

① 기간제법 제10조 제1항
② 기간제법 제9조 제1항 단서. '6개월'
③ 기간제법 제10조 제2항
④ 기간제법 제10조 제5항
⑤ 기간제법 제12조 제1항

30

 ③

① 대판 2017.2.3. 2016다255910
② 대판 2007.9.7. 2005두16901
③ 기단법 제11조 제1항

노동위원회는 제10조의 규정에 따른 심문의 과정에서 관계당사자 쌍방 또는 일방의 신청 또는 **직권에 의하여 조정(調停)절차를 개시할 수** 있고, 관계당사자가 미리 노동위원회의 중재(仲裁)결정에 따르기로 합의하여 중재를 신청한 경우에는 중재를 할 수 있다.

④ 기단법 제12조 제2항 후문
⑤ 기단법 제13조 제2항

31

 ④

① 산안법 제1조
② 산안법 제2조 제1호
③ 산안법 제2조 제5호
④ 산안법 제2조 제7호

"도급인"이란 물건의 제조 · 건설 · 수리 또는 서비스의 제공, 그 밖의 업무를 도급하는 사업주를 말한다. **다만, 건설공사발주자는 제외**한다.

⑤ 산안법 제2조 제9호

32

 ④

① 직안법 제2조
② 직안법 제2조의2 제1호
③ 직안법 제4조의4 제1항
④ 직안법 제4조의4 제2항. '고용노동부령으로'
⑤ 직안법 제6조 제2항

33

정답 ⑤

① 남녀고평법 제8조 제2항
② 남녀고평법 제13조 제2항
③ 남녀고평법 제13조 제1항
④ 남녀고평법 제13조의2 제1항
⑤ 남녀고평법 제3조 제1항

이 법은 근로자를 사용하는 모든 사업 또는 사업장(이하 "사업"이라 한다)에 적용한다.

34

정답 ①

① 남녀고평법 제18조의2 제1항

사업주는 근로자가 배우자의 출산을 이유로 휴가(이하 "배우자 출산휴가"라 한다)를 청구하는 경우에 **10일**의 휴가를 주어야 한다.

② 남녀고평법 제18조의2 제3항
③ 남녀고평법 제18조의2 제4항
④ 남녀고평법 제18조의3 제1항
⑤ 남녀고평법 제18조의3 제1항

35

정답 ④

① 대판 2010.3.11. 2009다82244
④ 대판 2016.10.27. 2015다221903

경업금지약정의 유효성을 인정할 수 있는 제반 사정은 **사용자가** 주장·증명할 책임이 있다.

36

⑤

① 대판 1995.5.12. 94다55934
② 대판 2011.10.13. 2009다86246
③ 대판 2014.9.4. 2013두1232
④ 근기법 제2조 제2항
⑤ 대판 1994.7.29. 92다30801

사회보험제도에 따라 사용자가 부담하는 보험료는 임금에 해당하지 않는다.

37

②

① 근기법 제71조
② 근기법 제69조. '1주에 5시간을 한도로'
③ 근기법 제56조 제2항 제2호
④ 근기법 제70조 제1항
⑤ 산안법 제139조 제1항

38

정답 ①

① 근복법 제1조. '**근로자**의 삶의 질을'
② 근복법 제2조 제3호
③ 근복법 제2조 제4호
④ 근복법 제9조 제1항
⑤ 근복법 제11조

39

정답 ①

① 외고법 제4조 제1항. '**국무총리** 소속으로'
② 외고법 제1조
③ 외고법 제6조 제1항
④ 외고법 제13조 제1항
⑤ 외고법 제15조 제1항, 제2항

40

정답 ③

① 임채법 제2조 제4호
② 임채법 제3조
③ 임채법 제5조. '**일반회계**에서…'
④ 임채법 제6조 제1항
⑤ 임채법 제11조의2 제3항

제2과목 02

2025년도 제34회 공인노무사 노동법 2 모의문제 정답과 해설

01	02	03	04	05	06	07	08	09	10	11	12	13	14	15	16	17	18	19	20
④	①	②	③	①	②	⑤	④	①	⑤	②	③	③	④	②	①	⑤	③	①	⑤
21	**22**	**23**	**24**	**25**	**26**	**27**	**28**	**29**	**30**	**31**	**32**	**33**	**34**	**35**	**36**	**37**	**38**	**39**	**40**
④	③	③	④⑤	②	②	④	③	①	②	⑤	①	②	①	④	①	③	②	⑤	①

01

정답 ④

④ 대판(전합)2020.9.3.,2016두32992,이른바'전교조 판결'
'법률이 없더라도 헌법의 규정만으로 직접 법규범으로서의 효력을 발휘할 수 있는 구체적 권리라고 보아야 한다'
⑤ 대법 1990.5.15.,90도357

02

정답 ①

① '법률이 정하는 자에 한하여'
④ 헌재 1991.7.22.,89헌가106
⑤ 노조법 제41조 제2항

03

정답 ②

① 노조법 제2조 제1호
② 노조법 제2조 제3호

> "사용자단체"라 함은 노동관계에 관하여 그 구성원인 사용자에 대하여 조정 **또는** 규제할 수 있는 권한을 가진 사용자의 단체를 말한다.

③ 노조법 제2조 제2호
④ 노조법 제2조 제6호
⑤ 노조법 제2조 제5호

04

정답 ③

③ 공제 · 수양 기타 복리사업**만을** 목적으로 하는 경우

05

정답 ①

노조법 제10조, 제11조
목적과 사업, 조합비 기타 회계에 관한 사항은 규약의 기재사항이다.

모의문제해설

제10조(설립의 신고) ①노동조합을 설립하고자 하는 자는 **다음 각호의 사항을 기재한 신고서**에 제11조의 규정에 의한 규약을 첨부하여 연합단체인 노동조합과 2 이상의 특별시 · 광역시 · 특별자치시 · 도 · 특별자치도에 걸치는 단위노동조합은 고용노동부장관에게, 2 이상의 시 · 군 · 구(자치구를 말한다)에 걸치는 단위노동조합은 특별시장 · 광역시장 · 도지사에게, 그 외의 노동조합은 특별자치시장 · 특별자치도지사 · 시장 · 군수 · 구청장(자치구의 구청장을 말한다. 이하 제12조제1항에서 같다)에게 제출하여야 한다. 〈개정 1998. 2. 20., 2006. 12. 30., 2010. 6. 4., 2014. 5. 20.〉

1. 명칭
2. 주된 사무소의 소재지
3. 조합원수
4. 임원의 성명과 주소
5. 소속된 연합단체가 있는 경우에는 그 명칭
6. 연합단체인 노동조합에 있어서는 그 구성노동단체의 명칭, 조합원수, 주된 사무소의 소재지 및 임원의 성명 · 주소

제11조(규약) 노동조합은 그 조직의 자주적 · 민주적 운영을 보장하기 위하여 당해 노동조합의 규약에 다음 각 호의 사항을 기재하여야 한다. 〈개정 2006. 12. 30.〉

1. 명칭
2. 목적과 사업
3. 주된 사무소의 소재지
4. 조합원에 관한 사항(聯合團體인 勞動組合에 있어서는 그 構成團體에 관한 사항)
5. 소속된 연합단체가 있는 경우에는 그 명칭
6. 대의원회를 두는 경우에는 대의원회에 관한 사항
7. 회의에 관한 사항
8. 대표자와 임원에 관한 사항
9. 조합비 기타 회계에 관한 사항
10. 규약변경에 관한 사항
11. 해산에 관한 사항
12. 쟁의행위와 관련된 찬반투표 결과의 공개, 투표자 명부 및 투표용지 등의 보존 · 열람에 관한 사항
13. 대표자와 임원의 규약위반에 대한 탄핵에 관한 사항
14. 임원 및 대의원의 선거절차에 관한 사항
15. 규율과 통제에 관한 사항

06

 ②

① 노조법 제12조 제1항
② 노조법 제12조 제2항. ‘20일’
③ 노조법 제12조 제4항
④ 노조법 제10조, 제11조
⑤ 노조법 제11조 제15호

7

정답 ⑤

노조법 제13조

> **제13조(변경사항의 신고등)** ①노동조합은 제10조제1항의 규정에 의하여 설립신고된 사항중 다음 각호의 1에 해당하는 사항에 변경이 있는 때에는 그 날부터 30일 이내에 행정관청에게 변경신고를 하여야 한다. 〈개정 1998. 2. 20., 2001. 3. 28.〉
> 1. 명칭
> 2. 주된 사무소의 소재지
> 3. 대표자의 성명
> 4. 소속된 연합단체의 명칭

08

정답 ④

① 노조법 14조 제1항. '30일 이내에'
② 노조법 15조. '매년 1회 이상'
③ 노조법 17조 제4항. '3년'
④ 노조법 25조
⑤ 노조법 27조. '보고하여야 한다.'

09

정답 ①

① 노조법 제24조의2 제2항

> 위원회는 근로시간 면제 한도를 심의 · 의결하고, **3년마다** 그 적정성 여부를 재심의하여 **의결할 수 있다.**

② 노조법 제24조의2 제8항
③ 노조법 제24조의2 제5항
④ 노조법 제24조의2 제7항
⑤ 노조법 제24조의2 제1항

10

정답 ⑤

① 노조법 제19조
② 노조법 제25조 제2항
③ 노조법 제22조
④ 노조법 제20조
⑤ 노조법 제26조

> 노동조합의 대표자는 회계연도마다 결산결과와 운영상황을 공표하여야 하며 조합원의 요구가 있을 때에는 이를 열람하게 **하여야 한다.**

11

정답 ②

> 제28조(해산사유) ①노동조합은 다음 각호의 1에 해당하는 경우에는 해산한다. 〈개정 1998. 2. 20.〉
> 1. 규약에서 정한 해산사유가 발생한 경우
> 2. 합병 또는 분할로 소멸한 경우
> 3. 총회 또는 대의원회의 해산결의가 있는 경우
> 4. 노동조합의 임원이 **없고** 노동조합으로서의 활동을 1년 이상 하지 아니한 것으로 인정되는 경우로서 행정관청이 노동위원회의 의결을 얻은 경우
>
> ②제1항 제1호 내지 제3호의 사유로 노동조합이 해산한 때에는 그 대표자는 해산한 날부터 15일 이내에 행정관청에게 이를 신고하여야 한다. 〈개정 1998. 2. 20.〉

12

 ③

① 노조법 제31조 제3항
② 노조법 제32조 제1항
③ 노조법 제31조 제2항

> 단체협약의 당사자는 단체협약의 체결일부터 **15일 이내**에 이를 행정관청에게 신고하여야 한다.

④ 노조법 제32조 제3항 본문
⑤ 노조법 제30조 제3항

13

 ③

① 노조법 제34조 제1항
② 노조법 제34조 제3항
③ 노조법 제34조 제2항. '30일 이내에'
④ 노조법 제36조 제1항
⑤ 노조법 제32조 제3항 단서

14

 ④

> 제21조(점거가 금지되는 시설) 법 제42조제1항에서 "대통령령이 정하는 시설"이란 다음 각 호의 시설을 말한다. 〈개정 1999. 8. 6., 2007. 11. 30., 2010. 7. 12., 2014. 12. 9., 2021. 6. 29.〉
> 1. 전기 · 전산 또는 통신시설
> 2. 철도(도시철도를 **포함한다**)의 차량 또는 선로
> 3. 건조 · 수리 또는 정박중인 선박. 다만, 「선원법」에 의한 선원이 당해 선박에 승선하는 경우를 제외한다.
> 4. 항공기 · 항행안전시설 또는 항공기의 이 · 착륙이나 여객 · 화물의 운송을 위한 시설
> 5. 화약 · 폭약 등 폭발위험이 있는 물질 또는 「화학물질관리법」 제2조제2호에 따른 유독물질을 보관 · 저장하는 장소
> 6. 기타 점거될 경우 생산 기타 주요업무의 정지 또는 폐지를 가져오거나 공익상 중대한 위해를 초래할 우려가 있는 시설로서 고용노동부장관이 관계중앙행정기관의 장과 협의하여 정하는 시설

15

정답 ②

① 노조법 제56조 제2항
② 노조법 제57조 제1항

노동위원회는 관계 당사자 쌍방의 신청이 있거나 관계 당사자 쌍방의 동의를 얻은 경우에는 조정위원회에 갈음하여 단독조정인에게 조정을 행하게 **할 수 있다.**

③ 노조법 제54조 제1항
④ 노조법 제55조 제2항
⑤ 노조법 제58조

16

 ①

① 노조법 제64조 제3항

중재위원은 당해 노동위원회의 공익을 대표하는 위원중에서 관계 당사자의 합의로 선정한 자에 대하여 그 노동위원회의 위원장이 지명한다. 다만, 관계 당사자간에 합의가 성립되지 아니한 경우에는 노동위원회의 공익을 대표하는 위원중에서 지명한다.

② 노조법 제64조 제2항
③ 노조법 제65조 제1항
④ 노조법 제68조 제1항
⑤ 노조법 제70조 제1항

17

 ⑤

노조법 제71조

제71조(공익사업의 범위등) ①이 법에서 **"공익사업"**이라 함은 공중의 일상생활과 밀접한 관련이 있거나 국민경제에 미치는 영향이 큰 사업으로서 다음 각호의 사업을 말한다. 〈개정 2006. 12. 30.〉
1. 정기노선 여객운수사업 및 항공운수사업
2. 수도사업, 전기사업, 가스사업, 석유정제사업 및 석유공급사업
3. **공중위생사업,** 의료사업 및 혈액공급사업
4. 은행 및 조폐사업
5. 방송 및 통신사업

②이 법에서 **"필수공익사업"**이라 함은 제1항의 공익사업으로서 그 업무의 정지 또는 폐지가 공중의 일상생활을 현저히 위태롭게 하거나 국민경제를 현저히 저해하고 그 업무의 대체가 용이하지 아니한 다음 각호의 사업을 말한다. 〈개정 2006. 12. 30.〉
1. 철도사업, 도시철도사업 및 항공운수사업
2. 수도사업, 전기사업, 가스사업, 석유정제사업 및 석유공급사업
3. 병원사업 및 혈액공급사업
4. 한국은행사업
5. 통신사업

18

정답 ③

① 노조법 제72조 제1항
② 노조법 제72조 제2항
③ 노조법 제72조 제3항

> 특별조정위원은 그 노동위원회의 공익을 대표하는 위원중에서 노동조합과 사용자가 순차적으로 배제하고 남은 **4인 내지 6인중에서** 노동위원회의 위원장이 지명한다.

④ 노조법 제73조 제2항 본문
⑤ 노조법 제73조 제2항 단서

19

정답 ①

① 노조법 제76조 제2항. '중앙노동위원회 위원장의 의견을 들어야'
② 노조법 제76조 제1항
③ 노조법 제76조 제3항
④ 노조법 제77조
⑤ 노조법 제79조

20

정답 ⑤

노조법 제81조 제2항 참조

> 1. 운영비 원조의 목적과 경위
> 2. 원조된 운영비 횟수와 기간
> 3. 원조된 운영비 금액과 원조방법
> 4. 원조된 운영비가 노동조합의 **총수입에서** 차지하는 비율
> 5. 원조된 운영비의 관리방법 및 사용처 등

21

정답 ④

① 노조법 제82조 제1항
② 노조법 제82조 제2항
③ 노조법 제84조 제1항
④ 노조법 제85조 제1항. '**10일** 이내에'
⑤ 노조법 제86조

22

정답 ③

> 시행령 제3조(등기사항) 제2조에 따른 등기사항은 다음 각호와 같다. 〈개정 2021. 6. 29.〉
> 1. 명칭
> 2. 주된 사무소의 소재지
> 3. 목적 및 사업
> 4. 대표자의 성명 및 주소
> 5. 해산사유를 정한 때에는 그 사유

23

정답 ③

① 노조법 시행령 제5조 제1항
② 노조법 시행령 제4조 제1항
③ 노조법 시행령 제5조 제2항. '**3주** 이내에'
④ 노조법 시행령 제3조 참조

24

정답 ④⑤

> **제11조의7(회계감사원 등)** ① 법 제25조에 따른 회계감사원(이하 이 조에서 "회계감사원"이라 한다)은 재무 · 회계 관련 업무에 종사한 경력이 있거나 전문지식 또는 경험이 풍부한 사람 등으로 한다.
> ② 노동조합의 대표자는 다음 각 호의 어느 하나에 해당하는 경우에는 조합원이 아닌 공인회계사나 「공인회계사법」 제23조에 따른 회계법인(이하 "회계법인"이라 한다)으로 하여금 법 제25조에 따른 회계감사를 실시하게 할 수 있다. 이 경우 회계감사원이 회계감사를 한 것으로 본다.
> 1. 노동조합의 대표자가 노동조합 회계의 투명성 제고를 위하여 필요하다고 인정하는 경우
> 2. 조합원 3분의 1 이상의 요구가 있는 경우
> 3. 연합단체인 노동조합의 경우에는 그 구성노동단체의 3분의 1 이상의 요구가 있는 경우
> 4. 대의원 **3분의 1 이상**의 요구가 있는 경우
>
> [본조신설 2023. 9. 26.]

25

정답 ②

① 근참법 제1조
② 근참법 제3조 참조. '근로자의 복지증진'
③ 근참법 제4조 제1항
④ 근참법 제4조 제2항
⑤ 근참법 제5조

26

정답 ②

① 근참법 제6조 제2항 본문
② 근참법 제6조 제5항. '대통령령으로'
③ 근참법 제6조 제1항
④ 근참법 제7조 제1항
⑤ 근참법 제7조 제3항

27

정답 ④

① 근참법 제12조 제1항
② 근참법 제13조 제3항
③ 근참법 제16조
④ 근참법 제15조

> 회의는 **근로자위원과 사용자위원 각 과반수의 출석**으로 개최하고 출석위원 3분의 2 이상의 찬성으로 의결한다

⑤ 근참법 제19조 제2항

28

정답 ③

'작업과 휴게 시간의 운용'은 협의 사항이다.

제21조(의결 사항) 사용자는 다음 각 호의 어느 하나에 해당하는 사항에 대하여는 협의회의 의결을 거쳐야 한다. 1. 근로자의 교육훈련 및 능력개발 기본계획의 수립 2. 복지시설의 설치와 관리 3. 사내근로복지기금의 설치 4. 고충처리위원회에서 의결되지 아니한 사항 5. 각종 노사공동위원회의 설치

29

정답 ①

'사내근로복지기금의 설치'는 의결 사항이다.

제22조(보고 사항 등) ① 사용자는 정기회의에 다음 각 호의 어느 하나에 해당하는 사항에 관하여 성실하게 보고하거나 설명하여야 한다. 1. 경영계획 전반 및 실적에 관한 사항 2. 분기별 생산계획과 실적에 관한 사항 3. 인력계획에 관한 사항 4. 기업의 경제적 · 재정적 상황

30

정답 ②

① 노위법 제7조 제1항
② 노위법 제7조 제2항. '전임자 임기의 남은 기간으로 한다.'
③ 노위법 제2조 제1항
④ 노위법 제2조 제3항
⑤ 노위법 제3조 제1항 참조

31

⑤

① 노위법 제3조 제1항 제3호
② 노위법 제3조 제3항.
③ 노위법 제3조 제4항.
④ 노위법 제3조 제5항.
⑤ 노위법 제3조 제2항.
'둘 이상의 지방노동위원회의 관할구역에 걸친 노동쟁의의 조정(調整)사건은 제외한다.'

32

정답 ①

① 노위법 제6조 제2항 제1호. '10명 이상 50명 이하'
② 노위법 제6조 제2항 제2호
③ 노위법 제6조 제3항 제1호
④ 노위법 제6조 제3항 제3호

⑤ 노위법 제6조 제4항

33

정답 ②

① 공무원노조법 제2조
② 2005년 1월 27일에 제정되었다.
③ 공무원노조법 제4조
④ 공무원노조법 제5조 제1항
⑤ 공무원노조법 제5조 제2항

34

정답 ① 공무원노조법 제6조 참조

제6조(가입 범위) ① 노동조합에 **가입할 수 있는** 사람의 범위는 다음 각 호와 같다. 〈개정 2011. 5. 23., 2012. 12. 11., 2021. 1. 5.〉
1. 일반직공무원
2. **특정직공무원 중** 외무영사직렬 · **외교정보기술직렬 외무공무원**, 소방공무원 및 교육공무원(다만, 교원은 제외한다)
3. 별정직공무원
4. 제1호부터 제3호까지의 어느 하나에 해당하는 공무원이었던 사람으로서 노동조합 규약으로 정하는 사람
5. 삭제 〈2011. 5. 23.〉

② 제1항에도 불구하고 다음 **각 호의 어느 하나에 해당하는 공무원은 노동조합에 가입할 수 없다.** 〈개정 2021. 1. 5.〉
1. 업무의 주된 내용이 다른 공무원에 대하여 지휘 · 감독권을 행사하거나 다른 공무원의 업무를 총괄하는 업무에 종사하는 공무원
2. 업무의 주된 내용이 인사 · 보수 또는 노동관계의 조정 · 감독 등 노동조합의 조합원 지위를 가지고 수행하기에 적절하지 아니한 업무에 종사하는 공무원
3. 교정 · 수사 등 공공의 안녕과 국가안전보장에 관한 업무에 종사하는 공무원
4. 삭제 〈2021. 1. 5.〉
③ 삭제 〈2021. 1. 5.〉
④ 제2항에 따른 공무원의 범위는 대통령령으로 정한다.
[전문개정 2010. 3. 17.]

35

정답 ④

① 공무원노조법 제8조 제1항 본문
② 공무원노조법 제8조 제1항 단서
③ 공무원노조법 제10조 제1항
④ 공무원노조법 제18조. ‘5년 이하의 징역 또는 5천만원 이하의 벌금’
⑤ 공무원노조법 제7조 제1항

36

 ①

① 교원노조법 제2조 제3호. ‘강사는 제외한다.’
② 교원노조법 제2조 제1호
③ 교원노조법 제4조의2 제2호

④ 교원노조법 제5조 제2항
⑤ 교원노조법 제5조의3

37

정답 ③

① 교원노조법 제11조 제2항
② 교원노조법 제11조 제3항
③ 교원노조법 제11조 제1항. '중앙노동위원회에'
④ 교원노조법 제12조 제1항
⑤ 교원노조법 제10조

38

정답 ②

① 노조법 제89조 제1호
② 노조법 제91조. '1년이하의 징역 또는 1천만원 이하의 벌금'
④ 노조법 제89조 제1호
⑤ 노조법 제90조

39

⑤

① 대판 1992.5.12. 91다34523
② 대판 2018.2.13. 2014다33604
③ 노조법 제3조
④ 대판 2007.12.28. 2007도5204
⑤ 노조법 제42조 제1항, 동법 시행령 제18조 제1항.
'행정관청과 관할 노동위원회에'

40

정답 ①

① 노조법 제29조의4 제2항. '단체협약 체결일부터 3개월'
② 대판 2018.8.30. 2017다218642
③ 대판 2020.10.29. 2019다262582
④ 노조법 제29조 제3항
⑤ 노조법 시행령 제14조의2 제1항 참조

2025년도 제34회 공인노무사 민법 모의문제 정답과 해설

01	02	03	04	05	06	07	08	09	10	11	12	13	14	15	16	17	18	19	20
④	②	④	⑤	④	②	①	②	②	②	③	②	②	⑤	①	②	①	③	⑤	④
21	**22**	**23**	**24**	**25**	**26**	**27**	**28**	**29**	**30**	**31**	**32**	**33**	**34**	**35**	**36**	**37**	**38**	**39**	**40**
③	④	③	③	④	③	③	⑤	④	①	⑤	⑤	①	③	④	①	②	①	⑤	①

01

 ④

① 강행규정위반 후 무효를 주장하는 것은 원칙적으로 신의칙에 반하지 않는다(대법원 2006. 9. 22. 선고 2004다56677 판결 참조).
② 대법원 2003. 4. 11. 선고 2002다63275 판결의 판례이다. "환자가 병원에 입원하여 치료를 받은 경우에 있어서, 병원은 진료뿐만 아니라 환자에 대한 숙식의 제공을 비롯하여 간호, 보호 등 입원에 따른 포괄적 채무를 지는 것인 만큼, 병원은 병실에의 출입자를 통제 감독하든가 그것이 불가능하다면 최소한 임원환자에게 휴대품을 안전하게 보관할 수 있는 시정장치가 있는 사물함을 제공하는 등으로 입원환자의 휴대품 등의 도난을 방지함에 필요한 적절한 조치를 강구하여 줄 신의칙상의 보호의무가 있다고 할 것이고, 이를 소홀히 하여 입원환자와는 아무런 관련이 없는 자가 입원환자의 병실에 무단출입하여 입원환자의 휴대품 등을 절취하였다면 병원을 그로 인한 손해배상책임을 면하지 못한다. 병원이 입원환자에게 귀중품 등 물건보관에 관한 주의를 촉구하면서 도난시에는 병원이 책임질 수 없다는 설명을 한 것만으로는 병원의 과실에 의한 손해배상책임까지 면제되는 것이라고는 할 수 없다."
③ 대법원 2023. 8. 31. 선고 20222다293937 판결 참조
④ 사용자가 근로계약에 수반되는 신의칙상의 부수적 의무인 보호의무를 위반하여 근로자에게 손해를 입힘으로써 발생한 근로자의 손해배상청구와 관련된 법률관계는 근로자의 생명, 신체, 건강 침해 등으로 인한 손해의 전보에 관한 것으로서 그 성질상 정형적이고 신속하게 해결할 필요가 있다고 보기 어렵다. 따라서 근로계약상 보호의무 위반에 따른 근로자의 손해배상청구권은 특별한 사정이 없는 한 10년의 민사 소멸시효기간이 적용된다고 봄이 타당하다(대법원 2021. 8. 19. 선고 20148다270876 판결).
⑤ 대법원 2021. 10. 14. 선고 2021다242154 판결 참조

02

 ②

① 입목법에 따라 등기된 입목, 등기를 하지 못했어도 명인방법을 갖춘 경우에는 모두 독립한 부동산이다.
② 종물은 주물의 처분에 따른다는 제100조 제2항은 임의규정이므로 특약으로 달리 정할 수 있다(대법원 2012. 1. 26. 선고 2009다76546 판결).
③ 대법원 1993. 2. 12. 선고 92도3234 판결 참조
④ 제99조 제2항 참조
⑤ 제102조 제2항 참조

03

정답 ④

① 유효한 대리(표)의 경우 그 대리(표)행위에 대한 효과는 본인에게 귀속한다.

② 대리권(대표권) 남용(대리권 범위 내에서 한 행위이지만 본인을 위한 것이 아니라 대리인 또는 제3자의 이익을 위한 행위)행위라도 일단 유효하나, 상대방이 이를 알았거나 알 수 있었을 때에는 무효가 된다. 상대방의 악의, 과실은 본인이 증명해야 한다.

③ 제116조 제1항 참조

④ 제35조의 법인의 불법행위 책임은 무과실책임이다. 따라서 면책이 되지 않는다. 이 점이 면책이 가능한 사용자책임과 다르다.

⑤ 법인과 이사의 이익이 상반하는 사항에 관하여는 이사는 대표권이 없다. 이 경우에는 법원을 통해 특별대리인을 선임하여야 한다(제64조 참조).

04

 ⑤

① 조건을 붙이고자 하는 의사는 법률행위의 내용으로 외부에 표시되어야 한다(대법원 2003. 5. 13. 선고 2003다10797 판결).

② 제151조 제3항 참조

③ 대법원 2011. 4. 28. 2010다89036 판결 참조

④ 대법원 1998.12.22. 선고 98다42356 판결 참조

⑤ 방해행위가 없었더라도 조건의 성취가능성이 현저히 낮은 경우까지 포함하는 것은 아니라는 것이 판례이다(대법원 2022. 12. 29. 선고 2022다26665 판결).

05

 ④

① 본래의 채권과 동일성을 가진다. 따라서 본래의 채권이 시효로 소멸한 때에는 손해배상채권도 함께 소멸한다(대법원 2018. 2. 28. 선고 2016다45779 판결).

② 이 역시 3년의 단기소멸시효의 대상이다(대법원 2016. 10. 27. 선고 2014다211978 판결).

③ 후순위담보권자는 직접 이익을 받는 자가 아니다(대법원 2021. 2. 25. 선고 2016다232597 판결). 따라서 시효소멸을 원용할 수 없다.

④ 대법원 2007. 1. 11. 선고 2006다33364 판결 참조. 채무자가 제기한 소송에서 응소하여 승소한 경우는 시효중단 사유인 재판상 청구에 해당하므로 이와 비교해야 한다.

⑤ 채무자의 제3채무자에 대한 채권을 압류, 가압류한 경우 채권자의 채무자에 대한 채권에 관하여 시효중단의 효력이 생긴다고 할 것이나, 채무자의 제3채무자에 대한 채권에 대하여는 민법 제168조 제2호 소정의 소멸시효 중단사유에 준하는 확정적인 시효중단의 효력이 생긴다고 할 수 없다(대법원 2003. 5. 13. 선고 2003다16238 판결).

06

 ②

① 의사능력 존부는 개별적으로 판단함에 반해, 행위능력은 획일적으로 판단한다.

② 행위능력 제도는 제한능력자를 위한 것이다.

③ 제10조 제4항 참조

④ 대법원 1997. 4. 22. 97다3408 판결 참조

⑤ 제930조 제1항, 제2항 참조

07

정답 ①

① 변론주의원칙상 당사자가 주장하는 소멸시효의 기산일을 기준으로 계산하여야 한다(대법원 1995. 8. 25. 선고 94다35886 판결).
② 제135조 제1항 및 제166조 제1항 각 참조
③ 제166조 제2항 참조
④ 부동산에 대한 매매대금 채권이 소유권이전등기청구권과 동시이행의 관계에 있다고 할지라도 매도인은 매매대금의 지급기일 이후 언제라도 그 대금의 지급을 청구할 수 있는 것이며, 다만 매수인은 매도인으로부터 그 이전등기에 관한 이행의 제공을 받기까지 그 지급을 거절할 수 있는 데 지나지 아니하므로 매매대금 청구권은 그 지급기일 이후 시효의 진행에 걸린다(대법원 1991. 3. 22. 선고 90다9797 판결).
⑤ 제166조 제1항 참조

08

 ②

① 진정으로 마음속에서 바라는 사항을 뜻하는 것이 아니다. 따라서 표의자가 강박에 의하여 증여의 의사표시를 할 당시 재산을 강제로 뺏긴다는 것이 표의자의 본심으로 잠재되어 있었다고 하더라도 위 증여의 의사표시는 비진의 의사표시에 해당하지 않는다(대법원 2003. 4. 25. 선고 2002다11458 판결).
② 서면에 의한 증여의 해제는 민법 총칙상의 취소와는 요건과 효과가 다르므로 서면에 의한 출연이더라도 민법 총칙규정에 따라 출연자가 착오에 기한 의사표시라는 이유로 출연의 의사표시를 취소할 수 있고, 상대방 없는 단독행위인 재단법인에 대한 출연행위라고 하여 달리 볼 것은 아니다(대법원 1999. 7. 9. 선고 98다9045 판결).
③ A 토지에 관하여 매매계약이 성립된 것으로 보아야 한다(대법원 1993. 10. 26. 선고 93다2629 판결).
④ 지문과 같은 전세권설정계약은 임대차계약과 양립할 수 없는 범위에서 통정허위표시에 해당한다는 것이 판례이다(대법원 2021. 12. 30. 선고 2018다268538 판결).
⑤ 상대방에 의하여 제공되거나 유발된 경우에는 표시와 무관하게 취소할 수 있다(대법원 1997. 9. 30. 선고 97다26210 판결).

09

 ②

① 대법원 2005. 5. 27. 선고 2004다43824 판결 참조
② 이미 알고 있거나 스스로 이를 확인할 의무가 있는 경우 또는 거래 관행상 상대방이 당연히 알고 있을 것으로 예상되는 경우 등에는 알리지 않았다고 하여 고지의무를 위반한 것이라고 볼 수 없다(대법원 2014. 7. 24. 선고 2013다97076 판결).
③ 대법원 1997. 10. 10. 선고 96다35484 판결 참조
④ 대법원 1998. 3. 10. 선고 97다55829 판결 참조
⑤ 대법원 2002. 12. 10. 선고 2002다56031 판결 참조

10

 ②

① 절대적 무효이므로 그렇다(대법원 1994. 6. 24. 선고 94다10900 판결 참조).
② 전원이 참석하여 의결하였다면 그 결의는 유효하다(대법원 2013. 2. 14. 선고 2010다102403 판결).
③ 대법원 2000. 2. 11. 선고 99다56833 판결 참조
④ 대법원 2007. 6. 14. 선고 2007다3285 판결 참조
⑤ 대법원 1999. 6. 17. 선고 98다40459 전원합의체 판결 참조

11

정답 ③

① 유권대리에 관한 증명은 대리인의 행위가 유효하다고 주장하는 상대방에게 있다(대법원 1994. 2. 22. 선고 93다42047 판결).
② 대리인에게는 매매대금 수령권이 있으므로 대리인에게 매매대금을 지급하는 것으로 대금지급의무는 소멸한다. 설사 대리인이 본인에게 전달했는지 여부는 丙의 지급의무와 무관하다.
③ 대리인은 상대방과 동일시 할 수 있는 자이므로 제110조 제2항의 제3자가 아니다(대법원 1998. 1. 23. 선고 96다41496 판결). 따라서 甲의 지, 부지, 과실 유무에 상관없이 丙은 언제나 취소할 수 있다.
④ 경솔과 무경험은 대리인을 기준으로, 궁박상태 있었는지 여부는 본인의 입장에서 판단해야 한다(대법원 2002. 10. 22. 선고 2002다38927 판결).
⑤ 의사표시자가 그 통지를 발송한 후 사망하거나 제한능력자가 되어도 의사표시의 효력에 영향을 미치지 아니한다(제111조 제2항). 따라서 옳다.

12

 ②

① 대법원 1998. 3. 27. 선고 97다48982 판결 참조
② 복대리인도 대리인이므로 대리권 소멸 일반 사유로 대리권이 소멸한다. 대리인의 파산선고는 대리권 소멸사유인바, 복대리인이 파산선고를 받으면 이로써 복대리권은 소멸한다. 또 복대리인은 대리인의 대리권이 존재할 것을 전제로 하는 것이므로 대리인의 대리권이 소멸하면 복대리권도 소멸한다.
③ 제121조 참조
④ 제120조 참조
⑤ 대법원 1998. 5. 29. 선고 97다55317 판결 참조

13

 ②

① 대법원 1983. 12. 13. 선고 83카다1489 전원합의체 판결 참조
② 선의만 철회할 수 있다(제134조 참조).
③ 대법원 1981. 4. 14. 선고 80다2314 판결 참조
④ 대법원 1987. 7. 7. 선고 86다카2475 판결 참조
⑤ 표현대리에서 제125조와 제129조의 경우에는 상대방이 표현대리를 주장하면 오히려 본인이 상대방의 악의, 과실을 증명해서 책임을 면할 수 있으나, 제126조의 경우에는 정당한 이유 등에 대하여 모두 상대방이 증명해야 한다(대법원 2009. 4. 23. 선고 2008다95861 판결 참조).

14

① 대법원 2010. 7. 15. 선고 2009다50308 판결 참조
② 대법원 1997. 6. 27. 선고 97다9369 판결 참조
③ 절대적 무효이기 때문이다.
④ 제137조 참조
⑤ 제139조에 따라 장래를 향하여 효력이 발생한다.

15

 ①

① 대법원 1998. 2. 10. 선고 97다44737 판결 참조

② 법률행위의 취소는 상대방에 대한 의사표시로 하여야 하나 그 취소의 의사표시는 특별히 재판상 행하여짐이 요구되는 경우 이외에는 특정한 방식이 요구되는 것이 아니고, 취소의 의사가 상대방에 의하여 인식될 수 있다면 어떠한 방법에 의하더라도 무방하다고 할 것이고, 법률행위의 취소를 당연한 전제로 한 소송상의 이행청구나 이를 전제로 한 이행거절 가운데는 취소의 의사표시가 포함되어 있다고 볼 수 있다(대법원 1993. 9. 14. 선고 93다13162 판결).
③ 제109조, 제110조와 다르다. 선의의 제3자에게도 대항할 수 있다.
④ 이미 확정적으로 무효가 된 이상 불가하다(대법원 1997. 12. 12. 선고 95다38240 판결).
⑤ 추인할 수 있는 날로부터 3년 내에 행사하여야 한다(제146조).

16

정답 ②

① 대법원 2020. 11. 26. 선고 2020다253379 판결 참조
② 부당하게 과다한지 여부는 사실심 변론종결시를 기준으로 판단한다(대법원 2009. 2. 26. 선고 2007다19051 판결).
③ 대법원 2002. 4. 23. 선고 2000다56976 판결 참조
④ 대법원 2014. 3. 13. 선고 2013다34143 판결 참조
⑤ 대법원 2002. 1. 25. 선고 99다57126 판결 참조

17

 ①

ㄱ. 연대채무에서 면제는 부담부분형 절대적 효력이 있다. 일부를 면제한 경우에도 같다는 것이 판례이다.
ㄴ. 대법원 2012. 7. 12. 선고 2010다51192 판결 참조
ㄷ. 대법원 2001. 12. 11. 선고 2000다13948 판결 참조
ㄹ. 제416조 내지 제422조에서 정한 사유 외에는 모두 상대적 효력에 불과하다.

18

 ③

① 그것만으로 바로 이행불능이라고 할 수 없다(대법원 199. 7. 9. 선고 98다13754, 13761 판결).
③, ⑤ 매매, 임대차, 증여 모두 타인 소유의 목적물이라도 그 계약이 유효하게 성립하고 그것만으로 이행불능이라고 할 수 없다.
④ 이중매매 자체만으로 이행불능이 아니고, 제2매수인에게 등기가 이전된 경우에 이행불능이 된다(대법원 1965. 7. 27. 선고 65다947 판결).

19

 ⑤

① 대법원 2014. 1. 23. 선고 2011다108095 판결 참조
② 합의해제는 처분행위에 해당하므로, 대위권행사 통지를 받은 이후에는 합의해제를 할 수 없다(제405조). cf) 채무불이행에 기한 해제는 처분행위가 아니다.
③ 대법원 2007. 5. 10. 선고 2006다82700, 82717 판결 참조
④ 대법원 2024. 3. 12. 선고 2023다301682 판결 참조. 다만, 동 판례는 '그러나 채무자가 제3채무자에게 채권의 양도를 구할 수 있는 권리를 가지고 있고, 채권자가 채무자의 위 권리를 대위행사하는 경우에는 채권자의 직접 청구를 인정할 예외적인 사유가 없으므로, 원칙으로 돌아가 채권자는 제3채무자에 대하여 채무자에게 채권양도절차를 이행하도록 청구하여야 하고, 직접 자신에게 채권양도절차를 이행하도록 청구할 수 없다'고 하였다.
⑤ 판례는 공유물분할청구권이 채권자대위권의 목적이 될 수는 있지만, 금전채권자가 자신의 채권을 보전하기 위하여 채무자가 보유한 부동산에 관한 공유물분할청구권을 대위행사할 수 없다고 한다(보전의 필요성 불인정; 대법원 2020. 5. 21. 선고 2018다879 판결).

20

정답 ④

① 불행사라는 요건을 구비하지 못했다(대법원 1979. 3. 27. 선고 78다2342 판결).
② 제3채무자는 시효원용권자 아니다(대법원 2018. 9. 10. 선고 2013다55300 판결).
③ 이 경우 제3채무자는 그 청구권의 존재를 다툴 수 없다(대법원 2007. 5. 10. 선고 2006다82700 판결).
④ 대법원 2001. 12. 27. 선고 2000다73049 판결 참조
⑤ 비용을 청구할 수 있다(대법원 1992. 4. 10. 선고 91다41620 판결).

21

 ③

① 사해행위취소의 상대적 효력상, 채무자와 수익자 사이에서는 여전히 유효하기 때문이다.
cf) 집행이 완료되기 전에 다른 채권자가 또 취소소송을 제기하는 것은 가능하다.
② 그 양도로 인하여 채권자를 해하는 것이 아니다(어차피 근저당권부 채권이 채권자보다 우선이므로).
③ 나아가 채권자가 수익자나 전득자의 악의까지 알아야 하는 것은 아니다(대법원 2005. 6. 9. 선고 2004다17535 판결).
④ 대법원 2015. 6. 11. 선고 2014다237192 판결 참조
⑤ 이 경우 그 확정판결에도 불구하고 사해행위 취소소송을 제기하여 말소된다고 하더라도 기판력에 저촉되는 것도 아니라고 한다(대법원 2017. 4. 7. 선고 2016다204783 판결).

22

 ④

ㄱ. 채권자라고 하여 채권을 행사하는 경우뿐만 아니라 채권자의 대리인이라고 하면서 행사하는 경우에도 채권의 준점유자에 해당한다(대법원 2004. 4. 23. 선고 2004다5389 판결).
ㄴ. 대법원 2014. 4. 30. 선고 2013다8250 판결 참조
ㄷ. 대법원 2015. 11. 26. 선고 2014다71712 판결 참조

23

 ③

① 대법원 1994. 4. 26. 선고 93다24223 전원합의체 판결 참조
② 대법원 2014. 4. 30. 선고 2013다80429 판결 참조
④ 대법원 2022. 10. 27. 선고 2017다243143 판결 참조
⑤ 대법원 2022. 1. 14. 선고 2017다257098 판결 참조

24

 ③

① 제483조의 변제에는 대물변제도 포함된다.
③ 확정되기 전에는 이전되지 않지만, 확정된 후에는 부기등기의 경료 여부와 관계 없이 당연히 이전된다(대법원 2002. 7. 26. 선고 2001다53929 판결).
④ 대법원 1988. 9. 27. 선고 88다카1797 판결 참조
⑤ 제482조 제2항 제2호 참조

25

 ④

ㄱ. 위와 같이 매매대금에서 피담보채무 및 보증금채무를 공제하면서 나머지만 지급하기로 하는 약정은 이행인수이다.

ㄴ. 면책적 채무인수와 달리 중첩적 채무인수의 경우에는 채권자의 동의가 필요 없다.
ㄹ. 원칙적으로 연대채무관계이고, 인수인이 채무자의 부탁을 받지 아니한 경우에 한하여 부진정연대가 된다(대법원 2014. 8. 20. 선고 2012다97420, 97437 판결).

26

 ③

① 대법원 1991. 11. 12. 선고 91다9503 판결 참조
② 제504조 참조
③ 판례(대법원 2014. 12. 24. 선고 2014다207245, 207252 판결)는 장래의 채무나 불확정채무는 변제공탁의 목적이 되지 못한다고 한다.
④ 대법원 1996. 11. 22. 선고 96다38216 판결 참조
⑤ 대법원 2020. 5. 22. 선고 2018마5697 결정 참조

27

 ③

① 상계의 효과는 상계적상시(지문에서는 2023. 9. 22.)로 소급한다(제493조 제2항 참조).
② 상계금지특약이 있더라도 선의의 제3자에게 대항할 수 없다(제492조 제2항).
③ 제496조는 고의의 불법행위로 인한 손해배상채권을 수동채권으로 한 상계에 관한 것이고 고의의 채무불이행으로 인한 손해배상채권에는 적용되지 않는다. 다만 고의에 의한 행위가 불법행위를 구성함과 동시에 채무불이행을 구성하여 불법행위로 인한 손해배상채권과 채무불이행으로 인한 손해배상채권이 경합하는 경우에는 이 규정을 유추적용한다는 것이 판례이다(대법원 2017. 2. 15. 선고 2014다19776, 19783 판결). 따라서 양자 경합하는 경우 설사 수동채권을 채불손배채권으로 하는 경우라도 상계할 수 없다.
④ 부진정연대채무에서 상계 역시 절대적 효력이 있다(대법원 2005. 7. 8. 선고 2005다8125 판결).
⑤ 피고의 소송상 상계 항변에 대하여 원고가 다시 피고의 자동채권을 소멸시키기 위하여 소송상 상계의 재항변을 하는 경우, 법원이 원고의 소송상 상계의 재항변과 무관한 사유로 피고의 소송상 상계 항변을 배척하는 경우에는 소송상 상계의 재항변을 판단할 필요가 없고, 피고의 소송상 상계 항변이 이유 있다고 판단하는 경우에는 원고의 청구채권인 수동채권과 피고의 자동채권이 상계적상 당시에 대등액에서 소멸한 것으로 보게 될 것이므로 원고가 소송상 상계의 재항변으로써 상계할 대상인 피고의 자동채권이 그 범위에서 존재하지 아니하는 것이 되어 이때에도 역시 원고의 소송상 상계의 재항변에 관하여 판단할 필요가 없게 된다. 또한, 원고가 소송물인 청구채권 외에 피고에 대하여 다른 채권을 가지고 있다면 소의 추가적 변경에 의하여 그 채권을 당해 소송에서 청구하거나 별소를 제기할 수 있는 것이다. 그렇다면 원고의 소송상 상계의 재항변은 일반적으로 이를 허용할 이익이 없다고 할 것이다. 따라서 피고의 소송상 상계 항변에 대하여 원고가 소송상 상계의 재항변을 하는 것은 다른 특별한 사정이 없는 한 허용되지 않는다고 보는 것이 타당하다(대법원 2014. 6. 12. 선고 2013다95964 판결).

28

 ⑤

① 제528조 제1항 참조
② 제531조 참조
③ 대법원 2012. 3. 29. 선고 2011다100527 판결 참조
④ 조건을 붙이거나 변경을 가하여 한 승낙은 청약의 거절과 동시에 새로운 청약이 된다. 따라서 종전 청약은 실효된다(제534조).
⑤ 청약자가, 미리 정한 기간 내에 이의를 하지 아니하면, 승낙한 것으로 간주한다는 뜻을, 청약시 표시하였다고 하더라도, 이는 상대방을 구속하지 아니하고, 그 기간은 경우에 따라 단지 승낙기간을 정하는 의미를 가질 수 있을 뿐이라는 것이 판례이다(대법원 1999. 1. 29. 선고 98다48903 판결).

29

④

① 도급계약에 있어서 완성된 목적물에 하자가 있는 때에 민법 제667조 제2항에 의하여 도급인이 수급인에 대하여 그 하자의 보수에 갈음하여 또는 보수와 함께 손해배상을 청구할 수 있는 권리는 민법 제667조 제3항에 의하여 민법 제536조가 준용되는 결과 특별한 사정이 없는 한 수급인이 가지는 보수채권과 동시이행관계에 있는 것이고, 나아가 동시이행항변권 제도의 취지로 볼 때 비록 당사자가 부담하는 각 채무가 쌍무계약관계에서 고유의 대가관계가 있는 채무가 아니라고 하더라도 구체적인 계약관계에서 각 당사자가 부담하는 채무에 관한 약정내용에 따라 그것이 대가적 의미가 있어 이행상의 견련관계를 인정하여야 할 사정이 있는 경우에는 동시이행의 항변권이 인정되어야 하는 점에 비추어 보면, 수급인이 도급계약에 따른 의무를 제대로 이행하지 못함으로 말미암아 도급인에게 손해가 발생한 경우 그와 같은 하자확대손해로 인한 수급인의 손해배상채무와 도급인의 보수지급채무 역시 동시이행관계에 있는 것으로 보아야 한다(대법원 2007. 8. 23. 선고 2007다26455,26462 판결).
② 피담보채무의 변제가 선이행 의무이다(대법원 1984. 9. 11. 선고 84다카781 판결).
③ 수령지체의 채권자라도 상대방이 이행의 제공을 계속하지 않는 한 과거에 이행제공이 있었다는 사정만으로 동시이행의 항변권을 상실하지는 않는다(대법원 1995. 3. 14. 선고 94다26646 판결).
⑤ 협력의무가 선이행의무이다(대법원 1996. 10. 25. 선고 96다23825 판결). 그래서 이를 이행하지 않으면 소구할 수도 있는 것이다.

30

①

① 제3자를 위한 계약의 체결 원인이 된 요약자와 제3자(수익자) 사이의 법률관계(이른바 대가관계)의 효력은 제3자를 위한 계약 자체는 물론 그에 기한 요약자와 낙약자 사이의 법률관계(이른바 기본관계)의 성립이나 효력에 영향을 미치지 아니하므로 낙약자는 요약자와 수익자 사이의 법률관계에 기한 항변으로 수익자에게 대항하지 못하고, 요약자도 대가관계의 부존재나 효력의 상실을 이유로 자신이 기본관계에 기하여 낙약자에게 부담하는 채무의 이행을 거부할 수 없다(대법원 2003. 12. 11. 선고 2003다49771 판결).
③ 대법원 2010. 8. 19. 선고 2010다31860, 31877 판결 참조
④ 수익자는 계약 당사자가 아니어서 해제권을 행사할 수 없으나 손해배상청구는 할 수 있다(대법원 1994. 8. 12. 선고 92다41559 판결).
⑤ 제541조에 따르면 소멸시키지 못하나, 미리 유보한 경우에는 수익의 의사표시 이후에도 요약자와 낙약자가 변경 또는 소멸시킬 수 있다(대법원 2002. 1. 25. 선고 2001다30285 판결).

31

⑤

ㄱ. 소멸하지 않는다(대법원 2022. 4. 14. 선고 2019다292736, 292743 판결). 소멸해버리면 해제한 경우에는 손배액 예정했어도 이를 청구하지 못하는 상황이 되어 버린다.
ㄷ, ㄹ. 합의해제는 해제하면서 한 합의의 내용에 따라 결정된다. 따라서 계약이 합의에 따라 해제되거나 해지된 경우에는 상대방에게 손해배상을 하기로 특약하거나 손해배상청구를 유보하는 의사표시를 하는 등 다른 사정이 없는 한 채무불이행으로 인한 손해배상을 청구할 수 없다(대법원 2021. 5. 7. 선고 2017다220416 판결). 단, 제3자 보호규정은 적용된다.

32

⑤

① 아직 이행의 착수라고 보기 어려원 해약금 규정에 따른 해제를 할 수 있다는 것이 판례이다(대법원 2009. 4. 23. 선고 2008다62427 판결).
② 대법원 1997. 5. 7. 선고 96다39455 판결 참조
③ 판례는 전부타인권리의 매매 및 일부타인권리의 매매의 경우 이행이익배상(이행된 것과 동일한 경제적 이익을 배상)

의무가 있다.
④ 제576조 참조
⑤ 제587조가 있지만, 인도 전이라도 매수인이 대금을 완제한 때에는 매수인에게 귀속된다(대법원 2004. 4. 23. 선고 2004다8210 판결).

33

정답 ①

ㄱ. 대법원 1962. 12. 16. 선고 67다1525 판결 참조
ㄴ. 제688조 제3항 참조
ㄷ. 제689조 참조
ㄹ. 제686조 제3항에 반한다.

34

정답 ③

ㄱ. 조합원의 탈퇴는 일종의 해지이고, 다른 형성권의 행사와 같이 다른 조합원에 대한 의사표시로 한다.
ㄴ, ㄷ, ㄹ. 2인으로 구성된 조합에서 한 사람이 탈퇴하면 조합관계는 종료되나 특별한 사정이 없는 한 조합은 해산이나 청산이 되지 않고, 다만 조합원의 합유에 속한 조합재산은 남은 조합원의 단독소유에 속하여 탈퇴 조합원과 남은 조합원 사이에는 탈퇴 당시의 조합재산 상태에 의하여 탈퇴로 인한 계산을 해야 한다(대법원 2018. 12. 13. 선고 2015다72385 판결).

35

정답 ④

① 대법원 2012. 10. 11. 선고 2010다34043 판결 참조
② 대법원 2015. 8. 27. 2013다81224 판결 참조
③ 제665조 제2항, 제656조 제2항; 대법원 2017. 4. 7. 선고 2016다35451 판결 참조
④ 원칙적으로 자기 비용과 노력을 건물을 신축한 자가 원시취득한다. 다만 도급계약에서 수급인이 자기의 노력과 재료를 들여 건물을 완성하더라도 도급인과 수급인 사이에 도급인 명의로 건축허가를 받아 소유권보존등기를 하기로 하는 등의 합의가 있는 경우에는 도급인에게 원시적으로 귀속된다(대법원 1992. 8. 18. 선고 91다25505 판결).
⑤ 수급인의 저당권설정청구권을 규정하는 민법 제666조는 부동산공사에서 그 목적물이 보통 수급인의 자재와 노력으로 완성되는 점을 감안하여 그 목적물의 소유권이 원시적으로 도급인에게 귀속되는 경우 수급인에게 목적물에 대한 저당권설정청구권을 부여함으로써 수급인이 사실상 목적물로부터 공사대금을 우선적으로 변제받을 수 있도록 하는 데 그 취지가 있고, 이러한 수급인의 지위가 목적물에 대하여 유치권을 행사하는 지위보다 더 강화되는 것은 아니어서 도급인의 일반 채권자들에게 부당하게 불리해지는 것도 아닌 점 등에 비추어, 신축건물의 도급인이 민법 제666조가 정한 수급인의 저당권설정청구권의 행사에 따라 공사대금채무의 담보로 그 건물에 저당권을 설정하는 행위는 특별한 사정이 없는 한 사해행위에 해당하지 아니한다(대법원 2008. 3. 27. 선고 2007다78616,78623 판결 참조).

36

①

① 소비임치는 소비대차 규정을 준용하나, 반환시기의 약정이 없는 경우 임치인은 언제든지 반환청구할 수 있다(제702조).
② 제696조 참조
③ 위임은 보수 유무와 상관없이 선관주의의무(제681조), 임치는 보수 없을 때에는 자기재산과 동일한 주의의무를 진다(제695조).
④ 제698조. 단, 제699조에 따라 기간의 약정이 없는 임치는 각 당사자가 언제든지 해지 가능
⑤ 제700조 참조

37

정답 ②

① 대법원 1995. 7. 11. 선고 94다34265 전원합의체 판결 참조
② 이러한 소송비용은 임차인이 부담할 원상복구비용 및 차임지급의무 불이행으로 인한 것이어서 임대차관계에서 발생하는 임차인의 채무에 해당하므로 당연히 공제할 수 있다(대법원 2012. 9. 27. 선고 2012다49490 판결).
③ 임대차계약은 낙성계약이다(제618조 참조).
④ 임대차계약에 있어서 임대인은 목적물을 계약 존속 중 그 사용·수익에 필요한 상태를 유지하게 할 의무를 부담하는 것이므로, 목적물에 파손 또는 장해가 생긴 경우 그것이 임차인이 별 비용을 들이지 아니하고도 손쉽게 고칠 수 있을 정도의 사소한 것이어서 임차인의 사용·수익을 방해할 정도의 것이 아니라면 임대인은 수선의무를 부담하지 않지만, 그것을 수선하지 아니하면 임차인이 계약에 의하여 정해진 목적에 따라 사용·수익할 수 없는 상태로 될 정도의 것이라면 임대인은 그 수선의무를 부담한다(대법원 1994. 12. 9. 선고 94다34692,34708 판결 참조). 면제특약으로 면제되는 것은 소규모의 수선에 한한다.
⑤ 제626조는 임의규정이다.

38

 ①

① 이러한 경우에는 의무 없이 타인의 사무를 처리한 것이므로 원칙적으로 사무관리가 된다고 볼 수 없다(대법원 2013. 9. 26. 선고 2012다43539 판결).
② 제740조 침조
③ 제738조에 의해 준용되는 제685조 참조
④ 대법원 2013. 8. 22. 선고 2013다30882 판결 참조
⑤ 사무관리는 의사표시를 요소로 하는 법률행위가 아니므로 본인이 사무관리의 목적이었던 사무를 본인이 직접 관리하려면 사무관리자에게 그 관리를 종료하여 줄 것을 내용으로 하는 의사표시를 하여야 하는 것이 아니고 본인 자신이 직접 관리하겠다는 의사가 외부적으로 명백히 표현된 경우에는 사무관리는 그 이상 성립할 수 없다(대법원 1975. 4. 8. 선고 75다254 판결 참조).

39

 ⑤

ㄱ. 대법원 1991. 8. 23. 선고 91다15409 판결 참조
ㄴ. 대법원 1994. 2. 8. 선고 93다13605 판결 참조
ㄷ. 대법원 2021. 2. 25. 선고 2020다230239 판결 참조

40

 ①

ㄱ. 부당이득반환의무자가 악의의 수익자라는 점에 대하여는 이를 주장하는 측에서 입증책임을 진다. 여기서 '악의'라고 함은, 민법 제749조 제2항에서 악의로 의제되는 경우 등은 별론으로 하고, 자신의 이익 보유가 법률상 원인 없는 것임을 인식하는 것을 말하고, 그 이익의 보유를 법률상 원인이 없는 것이 되도록 하는 사정, 즉 부당이득반환의무의 발생요건에 해당하는 사실이 있음을 인식하는 것만으로는 부족하다. 따라서 계약명의신탁에서 명의수탁자가 수령한 매수자금이 명의신탁약정에 기하여 지급되었다는 사실을 알았다고 하여도 그 명의신탁약정이 부동산 실권리자명의 등기에 관한 법률 제4조 제1항에 의하여 무효임을 알았다는 등의 사정이 부가되지 아니하는 한 명의수탁자가 그 금전의 보유에 관하여 법률상 원인 없음을 알았다고 쉽사리 말할 수 없다(대법원 2010. 1. 28. 선고 2009다24187,24194 판결 참조).
ㄴ. 그 금전이 횡령한 것이라는 사실에 대하여 악의 또는 중대한 과실이 없는 한 법률상 원인없는 부당이득이 아니다. 이러한 법리는 횡령한 돈으로 증여한 경우에도 같다(대법원 2012. 1. 12. 선고 2011다74246 판결).
ㄷ. 불법의 원인으로 재산을 급여한 사람은 상대방 수령자가 그 '불법의 원인'에 가공하였다고 하더라도 상대방에게만 불

법의 원인이 있거나 그의 불법성이 급여자의 불법성보다 현저히 크다고 평가되는 등으로 제반 사정에 비추어 급여자의 손해배상청구를 인정하지 아니하는 것이 오히려 사회상규에 명백히 반한다고 평가될 수 있는 특별한 사정이 없는 한 상대방의 불법행위를 이유로 그 재산의 급여로 말미암아 발생한 자신의 손해를 배상할 것을 주장할 수 없다고 할 것이다. 그와 같은 경우에 급여자의 위와 같은 손해배상청구를 인용한다면, 이는 급여자는 결국 자신이 행한 급부 자체 또는 그 경제적 동일물을 환수하는 것과 다름없는 결과가 되어, 민법 제746조에서 실정법적으로 구체화된 법이념에 반하게 되는 것이다(대법원 2013. 8. 22. 선고 2013다35412 판결 참조). 이런 경우 손해배상청구도 청구할 수 없다는 것이 판례이다.

2025년도 제34회 공인노무사 사회보험법 모의문제 정답과 해설

01	02	03	04	05	06	07	08	09	10	11	12	13	14	15	16	17	18	19	20
②	③	①	③	⑤	③	⑤	①	⑤	③	②	⑤	③	③	⑤	②	④	②	③	④
21	**22**	**23**	**24**	**25**	**26**	**27**	**28**	**29**	**30**	**31**	**32**	**33**	**34**	**35**	**36**	**37**	**38**	**39**	**40**
①	①	⑤	②	⑤	④	③	⑤	③	③	④	①	⑤	①	③	③	①	③	④	①

01

 ②

① 사회보장기본법 제12조 사회보장수급권은 관계 법령에서 정하는 바에 따라 타인에게 양도할 수 **없다**. ~~있다.~~
② 사회보장기본법 제13조 제1항
③ 사회보장기본법 제14조 제1항 사회보장수급권은 정당한 권한이 있는 기관에 **서면**으로 구두로 통지하여 포기할 수 있다.
④ 사회보장기본법 제14조 제2항 사회보장수급권의 포기는 취소할 수 **있다**. ~~없다.~~
⑤ 사회보장기본법 제15조 제3자의 불법행위로 피해를 입은 국민이 그로 인하여 사회보장수급권을 가지게 된 경우사회보장제도를 운영하는 자는 그 불법행위의 책임이 있는 자에 대하여 관계 법령에서 정하는 바에 따라 구상권을 행사할 수 **있다**. ~~없다.~~

02

 ③

ㄱ) 사회보장기본법 제16조 제1항 **보건복지부장관**은 ~~고용노동부장관은~~ 관계 중앙행정기관의 장과 협의하여 사회보장 증진을 위하여 사회보장에 관한 기본계획을 5년마다 수립하여야 한다.
(ㄴ) 사회보장기본법 제16조 제2항
(ㄷ) 사회보장기본법 제16조 제3항
(ㄹ) 사회보장기본법 제18조 제1항 **보건복지부장관** ~~고용노동부장관~~ 및 관계 중앙행정기관의 장은 기본계획에 따라 사회보장과 관련된 소관 주요 시책의 시행계획을 **매년** ~~2년마다~~ 수립·시행하여야 한다.

03

 ①

① 사회보장기본법 제34조 국가와 지방자치단체는 사회보장 관계 법령에서 규정한 권리나 의무를 모든 국민에게 설명하도록 **노력해야** 한다. ~~설명하여야 한다.~~
② 사회보장기본법 제35조
③ 사회보장기본법 제32조 제1항
④ 사회보장기본법 제36조
⑤ 사회보장기본법 제30조 제2항

04

정답 ③

① 고용보험법 제2조 제1호 피보험자란 징수법에 따라 보험에 가입되거나 가입된 것으로 보는 근로자, 예술인, 노무제공자, 자영업자를 말하며, 사업주를 포함하지 않는다.
② 고용보험법 제2조 제2호 이직이란 피보험자와 사업주 사이의 고용관계가 끝나게 되는 것을 말한다.
③ 고용보험법 제2조 제3호
④ 고용보험법 제2조 제5호 보수란 근로소득에서 비과세근로소득을 뺀 금액을 말한다.
⑤ 고용보험법 제2조 제6호 일용근로자란 1개월 미만 동안 고용되는 사람을 말한다.

05

 ⑤

1개월간 소정근로시간이 **60시간** 미만이거나 1주간의 소정근로시간이 **15시간** 미만인 근로자에게는 이 법을 적용하지 아니한다. 다만, 생업을 목적으로 근로를 제공하는 자 중 **3개월** 이상 계속하여 근로를 제공하는 자와 법 제2조제6호에 따른 일용근로자는 제외한다.

06

 ③

① 고용보험법 제15조 제3항
② 고용보험법 제15조 제7항
③ 고용보험법 시행령 제7조 제1항 사업주는 그 사업에 고용된 근로자의 피보험자격 취득에 관한 사항을 신고하려는 경우 그 사유가 발생한 날이 속하는 달의 다음 달 **15일까지** ~~말일까지~~ 고용노동부장관에게 신고해야 한다.
④ 고용보험법 제17조 제1항
⑤ 고용보험법 제14조 제1항 제1호

07

 ⑤

지정된 실업급여수급계좌의 예금 중 대통령령으로 정하는 액수(실업급여수급계좌에 입금된 금액 전액) 이하의 금액에 관한 채권은 압류할 수 없다.

08

 ①

① 고용보험법 시행규칙 제87조 제1항 제1호 수급자격자가 인터넷 등을 이용하여 구인에 응모한 경우에는 적극적인 재취업 활동을 한 것으로 본다.
② 고용보험법 제42조 제1항
③ 고용보험법 제58조 제1호
④ 고용보험법 제40조 제1항 제5호 가목
⑤ 고용보험법 제40조 제1항 제5호 나목

09

 ⑤

같은 자녀에 대하여 자녀 출생 후 **18개월**이 될 때까지 부모가 모두 육아휴직을 하는 경우 최초 **6개월**의 육아휴직 급여는 **월 통상임금**에 해당하는 금액으로 한다. 이 경우 그 월별 상한액은 육아휴직을 사용한 기간에 따라 다르다.

10

 ③

① 고용보험법 시행령 제95조 제1항 제3항 육아휴직 급여의 지급대상 기간이 1개월을 채우지 못하는 경우에는 **월별 지급액을 해당 월에 휴직한 일수에 비례하여 계산한 금액**을 지급액으로 한다.
② 고용보험법 제70조 제1항 육아휴직급여의 적용대상이 되는 육아휴직 기간에는 근로기준법상 출산전후 휴가기간과 중복되는 기간은 **제외**한다.
③ 고용보험법 시행령 제99조
④ 고용보험법 제73조 제1항 피보험자가 육아휴직 기간 중에 그 사업에서 이직한 경우에는 그 이직하였을 때부터 육아휴직 급여를 **지급하지 아니한다**.
⑤ 고용보험법 제73조 제3항 피보험자가 사업주로부터 육아휴직을 이유로 금품을 지급받은 경우 대통령령으로 정하는 바에 따라 급여를 **감액하여 지급**할 수 있다.

11

 ②

① 고용보험법 제87조 제1항
② 고용보험법 제90조 제2항 직업안정기관 또는 근로복지공단은 심사청구서를 받은 날부터 **5일** ~~14일~~ 이내에 의견서를 첨부하여 심사청구서를 심사관에게 보내야 한다.
③ 고용보험법 제89조 제2항
④ 고용보험법 제101조 제1항
⑤ 고용보험법 제101조 제3항

12

 ⑤

① 고용보험법 제77조의8 제1항 제1호
② 고용보험법 제77조의8 제1항 제4호
③ 고용보험법 시행령 제104조의15 제4항
④ 고용보험법 제77조의8 제5항
⑤ 고용보험법 제77조의8 제6항 노무제공자는 실업의 신고일부터 계산하기 시작하여 **7일간은** 대기기간으로 보아 구직급여를 지급하지 아니한다

13

 ③

구분	피보험기간			
	1~3	3~5	5~10	10~
일수	120	150	180	210

14

 ③

① 산재보험법 제2조 제1항 제1호
② 산재보험법 제2조 제1항 제2호
③ 산재보험법 제2조 제1항 제6호 임업 중 벌목업은 (적용 제외 사업에서) 제외한다.
④ 산재보험법 제2조 제1항 제6호
⑤ 산재보험법 제2조 제1항 제4호

15

정답 ⑤

① 산재보험법 제52조 단서 1일당 지급액은 평균임금의 100분의 70에 상당하는 금액으로 하며 취업하지 못한 기간이 **3일** 5일 이내이면 지급하지 아니한다.
② 산재보험법 제53조 제1항 요양을 받고 있는 근로자가 그 요양기간 중 단시간 취업을 하는 경우에는 취업한 시간에 해당하는 그 근로자의 평균임금에서 취업한 날에 대한 임금을 뺀 금액의 **100분의 80** ~~100분의 70~~에 상당하는 금액을 지급할 수 있다.
③ 산재보험법 제55조 휴업급여를 받는 근로자가 **61세** ~~60세~~가 되면 그 이후의 휴업급여는 감액하여 지급한다.
④ 산재보험법 제56조 제1항 재요양을 받는 자에 대하여는 재요양 당시의 임금을 기준으로 산정한 평균임금의 **100분의 70** ~~100분의 90~~에 상당하는 금액을 1일당 휴업급여 지급액으로 한다.
⑤ 산재보험법 제56조 제2항 재요양을 받는 자에 대하여 산정한 1일당 휴업급여 지급액이 최저임금액보다 적으면 최저임금액을 1일당 휴업급여 지급액으로 한다.

16

 ②

① 산재보험법 제40조 제2항
② 산재보험법 제40조 제1항 요양급여는 근로자가 업무상의 사유로 부상을 당하거나 질병에 걸린 경우에 그 **근로자에게** ~~보험가입자에게~~ 지급한다.
③ 산재보험법 제42조 제1항
④ 산재보험법 제51조 제1항
⑤ 산재보험법 제40조 제4항 제7호

17

 ④

ㄱ) 제37조 제1항 제1호 나목
(ㄴ) 제37조 제1항 제1호 마목 사업주가 제공한 시설물등을 사업주의 ~~구체적인 지시를 위반하여~~ 이용한 행위로 발생한 사고
(ㄷ) 제37조 제1항 제2호 다목
(ㄹ) 제37조 제1항 제2호 다목

18

 ②

① 산재보험법 제66조 제1항 제3호
② 산재보험법 시행령 제53조 제5항 2급 장해등급 근로자에게는 장해보상연금을 ~~또는 장해보상일시금을 근로자의 선택에 따라~~ 지급한다.
③ 산재보험법 제67조 제1항
④ 산재보험법 시행령 제59조 제5항
⑤ 산재보험법 제71조 제1항 단서

19

 ③

(ㄱ) 산재보험법 제103조 제3항 90일
(ㄴ) 산재보험법 제103조 제4항 5일
(ㄷ) 산재보험법 제105조 제1항 60일

20

정답 ④

① 산재보험법 시행령 제83조의5 1호 다목
② 산재보험법 시행령 제83조의5 제8호
③ 산재보험법 시행령 제83조의5 제5호 가목
④ 산재보험법 시행령 제83조의5 제6호 산재보험법 시행령 택배업으로서 퀵서비스업자로부터 업무를 의뢰받아 직원을 채용하여 배송 업무를 하는 사람
⑤ 산재보험법 시행령 제83조의5 제4호

21

정답 ①

① 산재보험법 제129조 제2항 제1호 과태료
② 산재보험법 제127조 제3항 제1호 벌칙
③ 산재보험법 제127조 제3항 제2호 벌칙
④ 산재보험법 제127조 제3항 제3호 벌칙
⑤ 산재보험법 제127조 제4항 벌칙

22

정답  ①

① 보험료 부과에 대한 결정은 심사 청구를 제기할 수 없다.
② 산재보험법 제103조 제1항 제1호
③ 산재보험법 제103조 제1항 제3호
④ 산재보험법 제103조 제1항 제6호
⑤ 산재보험법 제103조 제1항 제7호

23

정답  ⑤

① 산재보험법 제36조 제1항 단서
② 산재보험법 제91조의3 제2항
③ 산재보험법 제91조의4 제2항
④ 산재보험법 제91조의6 제5항 단서
⑤ 산재보험법 제91조의7 제1항 진폐의 진단결과에 대하여 진폐병형 및 합병증 등을 심사하기 위하여 **근로복지공단**에 ~~안전보건공단에~~ 관계 전문가 등으로 구성된 진폐심사회의를 둔다.

24

 ②

① 국민연금법 제17조 제1항 제2호
② 국민연금법 제17조 제2항 사용자가 근로자의 임금에서 기여금을 공제하고 연금보험료를 내지 아니한 경우에는 그 내지 아니한 기간의 **2분의 1**에 해당하는 기간을 근로자의 가입기간으로 **산입한다**. 이 경우 1개월 미만의 기간은 1개월로 한다.
③ 국민연금법 제17조 제6항
④ 국민연금법 제20조 제1항
⑤ 국민연금법 제20조 제2항

25

정답 ⑤

이 법에 따른 급여의 종류는 다음과 같다.
1. 노령연금
2. 장애연금
3. 유족연금
4. 반환일시금

26

정답 ④

① 국민연금법 제75조 제1항 제4호 자녀인 수급권자가 25세가 된 때부터 **유족연금 수급권은 소멸한다.** ~~유족연금의 지급을 정지한다.~~
② 국민연금법 제73조 제1항 유족연금을 지급받을 수 있는 유족의 범위는 배우자, 자녀, 부모, 손자녀, 조부모 및 형제자매이다.
③ 국민연금법 제73조 제2항 유족연금은 최우선 순위자에게만 지급한다. 다만, 유족연금 수급권자인 **배우자** 사망 시 **다음 순위자인 자녀**에게 유족연금을 지급한다.
④ 국민연금법 제75조 제2항
⑤ 제3조 제2항 국민연금법 사실상의 혼인관계에 있는 배우자는 유족연금을 지급받을 수 있는 유족에 **해당한다.** 해당하지 않는다.

27

정답 ③

① 국민연금법 제115조 제1항
② 국민연금법 제115조 제1항
③ 국민연금법 제115조 제1항 급여를 받거나 과오납금을 반환받을 수급권자 또는 가입자 등의 권리는 **5년간** ~~3년간~~ 행사하지 아니하면 소멸시효가 완성된다.
④ 국민연금법 제115조 제2항
⑤ 국민연금법 제115조 제3항

28

정답 ⑤

장애연금액은 장애 등급에 따라 다음 각 호의 금액으로 한다.
1. 장애등급 1급에 해당하는 자에 대하여는 기본연금액에 부양가족연금액을 더한 금액
2. 장애등급 2급에 해당하는 자에 대하여는 기본연금액의 1천분의 800에 해당하는 금액에 부양가족연금액을 더한 금액
3. 장애등급 3급에 해당하는 자에 대하여는 기본연금액의 1천분의 600에 해당하는 금액에 부양가족연금액을 더한 금액

29

정답 ③

① 건강보험법 제10조 제1항 제1호
② 건강보험법 제10조 제1항 제2호
③ 건강보험법 제10조 제1항 제3호 국내에 거주하지 아니하게 된 **날의 다음날**
④ 건강보험법 제10조 제1항 제4호
⑤ 건강보험법 제10조 제1항 제5호

30

정답 ③

건강보험법 제41조 제1항
가입자와 피부양자의 질병, 부상, 출산 등에 대하여 다음 각 호의 요양급여를 실시한다.
1. 진찰·검사
2. 약제(藥劑)·치료재료의 지급
3. 처치·수술 및 그 밖의 치료
4. 예방·재활
5. 입원
6. 간호
7. 이송(移送)

31

① 건강보험법 제69조 제2항
② 건강보험법 제69조 제4항 제1호
③ 건강보험법 제69조 제5항
④ 건강보험법 시행령 제32조 제1호 가목 직장가입자의 보수월액보험료 상한은 보험료가 부과되는 연도의 전전년도 직장가입자 평균 보수월액보험료의 **30배** ~~20배~~에 해당하는 금액을 고려하여 보건복지부장관이 정하여 고시하는 금액으로 한다.
⑤ 건강보협법 제70조 제2항

32

① 직장가입자 보험료율에 대한 심사는 심사평가원의 업무가 아니며, 직장가입자의 보험료율은 제73조 제1항에 따라 심의위원회의 의결을 거쳐 대통령령으로 정한다.
② 건강보험법 제63조 제1항 제1호
③ 건강보험법 제63조 제1항 제2호
④ 건강보험법 제63조 제1항 제3호
⑤ 건강보험법 제63조 제1항 제6호

33

① 건강보험법 제53조 제1항 제1호
② 건강보험법 제53조 제1항 제2호
③ 건강보험법 제53조 제1항 제3호
④ 건강보험법 제53조 제1항 제4호
⑤ 건강보험법 제54조 제2호

34

ㄱ) 건강보험법 제87조 제1항 국민건강보험공단
(ㄴ) 건강보험법 제87조 제2항 건강보험심사평가원
(ㄷ) 건강보험법 제87조 제3항 180일

(ㄹ) 건강보험법 제88조 제1항 건강보험분쟁조정위원회

35

정답 ③

① 보험료징수법 제5조 제1항
② 보험료징수법 제5조 제2항
③ 보험료징수법 제5조 제2항 고용보험법을 적용하지 아니하는 사업장의 근로자는 개별적으로 고용보험에 가입할 수 없다.
④ 보험료징수법 제5조 제7항
⑤ 보험료징수법 제5조 제5항

36

 ③

사업주는 보험에 가입된 사업에 다음 각 호의 사항이 변경되면 그 변경된 날부터 (14일) 이내에 공단에 신고하여야 한다. 다만, 제6호는 (다음 보험연도 첫날부터 14일) 이내에 신고하여야 한다. 1. 사업주(법인인 경우에는 대표자)의 이름 및 주민등록번호 2. 사업의 명칭 및 소재지 3. 사업의 종류 4. 사업자등록번호(법인인 경우에는 법인등록번호를 포함한다) 5. 건설공사 또는 벌목업 등 기간의 정함이 있는 사업의 경우 사업의 기간 6. 「고용보험법 시행령」 제12조에 따른 우선지원 대상기업의 해당 여부에 변경이 있는 경우 상시근로자수

37

① 보험료징수법 제28조의6 제1항 국민건강보험공단은 이 법에 따른 납부기한의 다음 날부터 1년이 지난 보험료와 이 법에 따른 그 밖의 징수금과 체납처분비의 총액이 **5천만원** ~~2천만원~~ 이상인 체납자가 납부능력이 있음에도 불구하고 체납한 경우에는 그 인적사항 및 체납액 등을 공개할 수 있다.
② 보험료징수법 제28조의6 제1항 단서
③ 보험료징수법 제28조의6 제2항
④ 보험료징수법 제28조의6 제3항 전단
⑤ 보험료징수법 제28조의6 제4항

38

 ③

① 보험료징수법 제16조의10 제5항 사업주는 근로자가 휴직하는 경우에는 그 사유 발생일부터 **14일 이내**에 ~~다음달 15일까지~~ 그 사실을 근로복지공단에 신고하여야 한다.
② 보험료징수법 제16조의10 제3항 사업주는 근로자를 새로 고용한 경우 그 근로자의 성명 등을 그 근로자를 고용한 날이 속하는 달의 **다음달 15일** 말일까지 근로복지공단에 신고하여야 한다.
③ 보험료징수법 제16조의10 제4항
④ 보험료징수법 제16조의10 제1항 사업주는 전년도에 근로자에게 지급한 보수총액 등을 매년 **3월 15일** ~~1월 31일~~까지 근로복지공단에 신고하여야 한다.
⑤ 보험료징수법 제16조의10 제8항 사업주는 신고를 정보통신망을 이용하거나 콤팩트디스크(Compact Disc) 등 전자적 기록매체로 제출하는 방식으로 하여야 한다.(원칙) 다만, 대통령령으로 정하는 규모에 해당하는 사업주는 해당 신고를 문서로 할 수 있다.(예외)

39

 ④

보험료징수법 시행령 제41조 제1항

징수금 결손처분 사유
1. 체납처분이 끝나고 체납액에 충당된 배분금액이 그 체납액보다 적은 경우
2. 소멸시효가 완성된 경우
3. 체납자의 행방이 분명하지 않은 경우
4. 체납자의 재산이 없거나 체납처분의 목적물인 총재산의 견적가격이 체납처분비에 충당하고 나면 나머지가 생길 여지가 없음이 확인된 경우
5. 체납처분의 목적물에 보험료보다 우선하는 국세·지방세 등의 채권 변제에 충당하고 나면 나머지가 생길 여지가 없음이 확인된 경우
6. 체납회사가 보험료 등의 납부책임을 지지 않게 된 경우

40

 ①

① 보험료징수법 시행령 제48조 제1항 제1호 근로복지공단은 보험사무대행기관이 거짓이나 그 밖의 부정한 방법으로 인가를 받은 경우에는 그 인가를 **취소하여야 한다**. ~~취소할 수 있다~~.
② 보험료징수법 시행령 제48조 제1항 제2호
③ 보험료징수법 시행령 제48조 제1항 제3호
④ 보험료징수법 시행령 제48조 제1항 제4호
⑤ 보험료징수법 시행령 제48조 제2항

2025년도 제34회 공인노무사 경영학개론 모의문제 정답과 해설

01	02	03	04	05	06	07	08	09	10	11	12	13	14	15	16	17	18	19	20
③	③	①	①	③	④	③	④	④	④	②	⑤	⑤	⑤	④	⑤	⑤	⑤	③	⑤
21	**22**	**23**	**24**	**25**	**26**	**27**	**28**	**29**	**30**	**31**	**32**	**33**	**34**	**35**	**36**	**37**	**38**	**39**	**40**
⑤	④	⑤	④	⑤	⑤	⑤	④	④	⑤	①	②	③	④	③	③	③	④	④	②

01

정답 ③

제품의 개발과정은 신제품에 대한 아이디어의 창출 후, 아이디어 스크리닝 및 평가, 제품개념개발, 사업타당성 분석, 제품개발, 시험마케팅, 시장생산으로 이어진다.

02

정답 ③

규모의 경제를 통한 이득이 미미할 때는 상대적 고가전략이 적합하다.

03

정답 ①

시간중심경쟁(TBC : Time-Based Competition)은 제품의 기획 · 개발 단계에서부터 최종서비스에 이르기까지 전 비지니스 과정에서 시간의 단축을 위해 전사적 노력을 꾀하는 것으로 설비배치는 제품 중심으로 설계되어 진다.

04

정답 ①

① [올바른 것 : b, c, e]
a : 묶음가격 전략이 아니고 포획제품가격전략에 대한 설명이다.
d : 프로스펙트 이론(prospect theory)에 따르면 사람들은 손실회피(loss aversion)경향이 강하다. 따라서 손실은 크게 인식하고 이익은 작게 인식하는 경향을 나타낸다. 같은 크기의 가격 인상(소비자에게 손해)을 가격 인하(소비자에게 이익)에 비해 더 민감하게 반응하다.

05

정답 ③

③ [올바른 것 : a, d]
b : 높은 인지도는 브랜드 자신의 충분조건일 뿐이다. 브랜드 자산이 되려면 높은 인지도를 보유하여야 한다(충분조건). 그러나 인지도가 높다고 해서, 언제나 브랜드 자산이 되는 것은 아니다(필요조건은 아님).
c : 라인 확장(line extension)이 아니고 브랜드 확장(brand extension)에 대한 설명이다.

06
정답 ④

④ 증언형 광고의 효과를 높이기 위해서는, 전문성이 요구되는 고관여 제품의 경우에는 그 분야에서 전문성이 인지될 수 있는 인물이어야 하며, 저관여 제품의 경우에는 구전 커뮤니케이션 당사자와의 동질성(similarity) 및 근접성(proximity)이 전제되어야 한다. 따라서 소비자와 유사한 일반 모델을 사용한 증언형 광고는 효과가 있다.

07
정답 ③

③ [올바른 것 : b, d, e]
a : 인적판매는 확신 및 구매 단계 등 계층모형의 후반 단계에서 큰 영향력을 발휘한다.
c : 인적판매는 가장 대표적인 푸쉬(push) 촉진정책이다.

08
정답 ④

④ [올바른 것 : b, c]
a : TQM은 현대적인 품질경영 전략 중 대표적인 것으로, 단순한 품질관리기법을 넘어선 개념이다.
d : TQM은 고객의 요구조건에 맞는 산출물을 창출하는 사람과 그 과정을 중시하는 접근법이다.
e : TQM의 성공을 위한 핵심적 요건으로 지속적인 개선활동이 제시된다. 단기적 품질혁신 프로그램이 아닌 장기적 품질경영전략이다.

09
정답 ④

④ 리더십 이론의 발전과정은 특성추구이론→행위이론→상황이론의 과정을 거쳐 왔다. 특성추구이론은 우수한 리더가 가진 남다른 특징을 추출하려 하였고, 행위이론은 리더의 행위(리더십 스타일)과 성과와의 관계에 대한 연구를 통해 리더십 유형간의 차이를 밝히고 가장 바람직한 리더십 유형을 찾으려 하였다. 반면 상황이론에서는 특정유형의 리더십이 모든 상황에서 효과적일 수는 없기에 상황에 가장 부합하는 리더십을 연구하였다.
① 결국 리더는 하급자를 in-group과 out-group으로 발전시킨다.
② 피들러는 리더십 유형 분류에 LPC점수(Least prefered coworker)를 사용하였고 리더의 직위권한, 과업 구조, 리더-구성원 관계의 3가지 상황변수에 의해 결정되는 상황의 호의성 정도에 따라 아주 호의적이거나 아님 아주 비호의적일 때 과업지향적 리더십 (LPC 점수가 낮은 리더)이 효과적이라고 보고 있다. House & Evans의 경로-목표이론(path-goal theory)은 수단적, 후원적, 참여적, 성취지향적 리더십의 4가지 리더십 스타일이 욕구 등과 같은 종업원의 특성과 작업환경의 특성과 같은 상황 변수에 따라 그 유효성이 결정된다고 보고 있다. 리더십 유형의 고정성 정도 이외에 전자와 달리 후자의 경우 종업원의 특성을 상황변수에서 고려하고 있다는 차이가 있다.

10
정답 ④

인지일관성이론에 따르면 어떤 대상에 대한 인지들 사이에 일관성이 없는 경우, 두 개 이상의 태도 사이에 불일치가 있는 경우, 행동과 태도 사이에 불일치가 있는 경우에 불편함을 느끼게 된다. 따라서 일관성을 이루는 방향으로 인지를 조정하거나 행동과 태도사이에 조정을 모색한다.

11
정답 ②

② 현혹효과가 나타나는 경우 평가자는 사실상 하나의 기분밖에 갖고 있지 않기 때문에, 아무리 많은 평가기준을 인사고과에 삽입해도 별의미가 없다. 일반적으로 현혹효과는 평가요소를 보다 분명히 하고 평가를 뚜렷한 행동과 연결시킴으로

써 어느 정도 제거할 수 있다. 인사 고과시 현혹효과를 방지하기 위해 적용할 수 있는 기법으로는 중요사건서술법, 행위기준고과법(BARS), 목표관리법(MBO) 등이 있다.

12

정답 ⑤

⑤ 비지시적 면접에 대한 설명이다. 즉 면접자가 일반적이고 광범위한 질문을 하면, 이에 대해 응모자가 생각나는 대로 자기를 표현케 하는 방법이다. 정형적 면접은 직무명세서를 기초로 하여 미리 질문의 내용목록을 준비해 두고 이에 따라 면접자가 차례로 질문해 나가며 이것에 벗어나는 질문은 하지 않는다.

13

정답 ⑤

개인주의는 연봉제에 대한 단점이다.

14

정답 ⑤

① 기대의 오류 = 자기충족적 예언
② 후광효과 = 현혹효과
③ 선택적 지각
④ 방어적 지각

15

정답 ④

④는 홀리스틱 복리후생에 대한 설명이다. 라이프사이클 복리후생은 종업원의 연령에 따라 변하는 생활패턴과 의식변화를 고려하여 복리후생프로그램을 달리 제공하는 것이다.

16

정답 ⑤

직무충실화는 모든 종업원을 동일하게 취급하여 적용하는데, 이는 개인차이를 무시하여 효과가 적을 수도 있다. 이를 보완하기 위한 방법이 직무특성이론이다.

17

정답 ⑤

⑤ 목표계획법의 목적함수에서 하나의 우선순위에 여러 개의 편차변수가 포함될 수 있으나, 이들의 측정단위는 동일해야 한다. 따라서 측정단위가 서로 상이한 목적이, 같은 우선순위에 포함될 수는 없다.

18

정답 ⑤

⑤ 기업의 이윤극대화의 노력이 사회에 최대이익을 가져옴
→ 부정론에 대한 설명

19

정답 ③

전화조사는 우편조사보다 응답률이 높지만 응답자 1인당 비용이 많이 드는 문제가 있다.

20

정답 ⑤

존손법과 잭슨법은 작업장이 2개인 경우에 사용하는 방법이다.

21

정답 ⑤

JIT는 안정된 주일정계획이 요구되지만 MRP는 변화가 심한 주일정계획도 무방하다.

22

정답 ④

④ 원가기준 가격결정시에 기업에서 극단적으로 허용할 수 있는 최저가격의 기준이 되는 것은 총제조원가가 아니라 총제조원가를 생산량으로 나눈 단위원가이며, 한시적으로는 단위당 변동원가까지로 가격을 낮게 가져갈 수도 있다.

23

정답 ⑤

MBO는 조직목표의 명확한 제시가 어렵고, 목표의 변경이 신축적이지 못한 것이 단점이다.

24

정답 ④

소비자들의 공동구매는 C2B 거래의 예라 할 수 있다.
C2B(Customer to Business) : 소비자대 기업간 인터넷 비즈니스
C2C(consumer to consumer) : 소비자간 상거래

25

정답 ⑤

제조용이성 설계에 대한 설명이다. 제조용이성 설계는 제조에 용이한 제품-설계 특성을 확인하고 조작 및 조립에 용이한 구성품을 설계하는데 초점을 맞추며 제품설계와 공정설계를 통합한다.

26

정답 ⑤

② 서로 다른 부성의 다기능 팀을 구성하여, 재품 설계 단계에서부터 함계 참여하는 것을 말한다. --〉 동시 공학
③ 한정된 기본구성픔으로 다양한 제품을 제공하려는 설계 방식이다. --〉 모듈러 설계

27

정답 ⑤

⑤ 일정계획은 특정기간 내의 수요 변동에 대하여 관리가능한 변수(생산율, 작업자수, 재고수준)등을 최적결합 하는 것이다. → 총괄생산계획의 설명이다.

28

정답 ④

④ 우선적으로 해결해야 할 불량 항목을 발견하기 기법이다. --〉 파레토 분석

29

정답 ④

㉡ 원점에 대해서 오목한 형태의 곡선을 가지는 이유는 개별주식 수익률간의 상관계수가 -1에서 1사이의 값을 가지지만 현실적으로 대부분의 개별주식들이 이자율이나 인플레이션 등 시장의 전반적인 경기변동에 대해서 동일한 영향을 받기 때문에 개별주식 수익률간의 상관계수가 0과 1사이에 존재하기 때문이다.

30

정답 ⑤

SML 상에 위치하는 포트폴리오나 개별 주식은 CML과 같거나 아래쪽에 위치하게 된다.

31

정답 ①

① 기존의 전통적 경영방식에 대한 설명이다.
지식기반경영은 무형자산, 즉 지적자본을 기본으로 신정보기술, e-비지니스에 적합한 인적자원 등을 활용하여 기업의 성장발전을 직접 추구하는 새로운 경영체계다.

32

정답 ②

② 세분시장 내에서는 동질성이 극대화 되어야 하고, 세분시장 상호간에는 이질성이 극대화 되어야 한다.

33

정답 ③

일선업무의 감독과 경영층에 대한 정보의 제공과 같은 기능이 정보시스템에 의해 대체되거나 효율적으로 지원되면서 중간관리자의 역할과 기능이 감소된다. 이런 경우 중간관리자의 수가 줄어들거나 전문화되어 라인으로부터 이탈하는 인력구조의 변화가 발생한다.

34

정답 ④

④ 인터넷쇼핑몰은 제품에 대한 충분한 정보를 제공할 수 있어, 고관여도 제품이나 차별화된 제품의 공급도 가능하다.

35

정답 ③

간트도표는 작업간의 유기적 관련성 파악이 어렵고 사전예측 및 사후통제가 곤란하다는 문제가 있다.

36

정답 ③

전문경영인은 소유와 경영이 분리된 환경에서 기업의 성장과 발전을 추구하는 경영자이다.

37

정답 ③

ERP는 오픈시스템을 추구한다.

38

정답 ④

① 호오손 실험을 실시하였다.(메이요)
② 관료제를 주장하였다(막스베버)
③ 컨베이어시스템에 의한 대량생산방식을 개발하였다.(포드)
⑤ 인간중심의 경영철학이다.(인간관계론)

39

④

a. 권력은 상호적이다.
b. 권력은 상대적 개념이다.
c. 권력은 가변적 개념이다.
d. 권력은 사회적 성격을 가진다.
e. 권력은 권한이나 영향력과는 다른 특성을 갖는다. 영향력은 개인이나 집단에게 영향이 가해지는 과정으로 동태적인 성격을 가지나 권력은 영향력을 미칠 수 있는 능력이나 잠재력으로서 정태적 성격을 가진다.

40

②

아웃소싱은 단순한 고용 조정이 아니라 기업 경쟁력 확보라는 차원에서 접근해야 한다. 발상의 대전환을 통해 기업의 구조를 혁신하는데 아웃소싱을 이용해야 성공할 수 있다.

2025년도 제34회 공인노무사 경제학원론 모의문제 정답과 해설

01	02	03	04	05	06	07	08	09	10	11	12	13	14	15	16	17	18	19	20
④	③	③	②	②	④	③	②	①	⑤	①	④	②	③	①	⑤	③	⑤	②	③
21	**22**	**23**	**24**	**25**	**26**	**27**	**28**	**29**	**30**	**31**	**32**	**33**	**34**	**35**	**36**	**37**	**38**	**39**	**40**
③	④	④	③	②	④	④	⑤	④	④	③	②	②	④	②	④	③	④	②	③

01

 ④

①, ② 소득이 증가하면 열등재인 X재의 수요는 감소하고, 보완재인 Y재 가격이 하락하면 X재의 수요는 증가한다. 그런데 X재 가격이 최종적으로 상승하였다면 수요증가분이 수요감소분보다 컸다는 것을 의미한다. 수요가 증가하면 가격과 균형거래량이 모두 증가하므로 총판매수입은 증가한다.
③, ④ 수요가 증가하면 소비자잉여와 생산자잉여는 모두 증가한다.
⑤ Y재가 X재의 대체재였다면 Y재 가격이 하락하였을 때 X재 수요는 감소한다. 소득에 의해 수요가 감소하고 관련재가격에 의해서도 수요가 감소하므로 수요는 반드시 감소하여 X재의 가격은 하락한다.

02

 ③

㉠ 수요의 가격탄력성은 가격의 한 단위의 변화율에 대한 수요량의 변화율을 측정한 것이다.
㉡ 수요곡선의 중점인 $P = 60$에서 총수입은 극대가 된다.
㉢ 수요의 가격탄력성은 3/5이므로 가격비탄력적이다. 가격비탄력적인 재화의 가격이 상승하면 가격상승률에 비해 판매량감소율이 더 작으므로 총판매액은 증가한다.
㉣ 공급이 증가하여 가격이 하락하였을 때 수요의 가격탄력성이 1보다 작다면 가격하락률에 비해 수요량증가율이 더 작으므로 총수입이 감소한다.

03

 ③

㉠ 어떤 상품을 가격수준과 무관하게 일정량을 소비한다면 가격이 변동하더라도 수요량의 변동이 없으므로 수요의 가격탄력성은 0이다.
㉡ 소득탄력성이 0.5인 소비자의 소득이 10% 증가하면 수요는 0.5×10 = 5% 증가한다. 그런데도 소비량이 예전과 동일하다면 가격변동에 의해 수요량이 5% 감소하였다고 할 수 있다. 수요의 가격탄력성이 1이므로 수요량이 5% 감소하기 위해서는 가격은 5% 상승해야 한다.
㉢ 수요함수가 $Q^D = -3P+16$, 공급함수가 $Q^S = 4P-12$라고 할 때 $-3P+16 = 4P-12$, $7P = 28$에서 균형가격은 $P_E = 4$가 되고, 균형거래량은 $Q_E = 4$가 된다. 균형점에서 수요의 가격탄력성은 $\epsilon_p = -\frac{dP^D}{dP}\frac{P}{Q^D} = 3\times\frac{4}{4}=3$이 된다.
㉣ 수요의 가격탄력성이 가격수준에 관계없이 일정하다면 수요곡선은 수직선과 직각쌍곡선 두 가지 경우가 존재한다. 수요곡선은 수직선이면 가격탄력성이 0으로 일정하고, 직각쌍곡선이면 가격탄력성이 1로 일정하다. 직각쌍곡선인 경우가 있으므로 수요의 가격탄력성이 가격수준에 관계없이 일정할 때 수요곡선은 직선이라는 진술은 틀린 진술이다.

04

 ②

㉠ 우상향하는 공급곡선과 우하향하는 수요곡선이 주어진 경우 조세가 부과되면 소비자잉여와 생산자잉여의 감소분의 합이 정부의 조세수입보다 크므로 후생손실이 발생한다.
㉡ 수요과정에서 대체재가 많이 존재한다면 수요의 가격탄력성이 커져서 조세부과의 소비자부담은 작아지고, 생산자부담은 커진다.
㉢ 우상향하는 공급곡선이 주어져 있을 때 소비자에게 조세를 부과하면 수요가 감소하여 시장의 균형가격이 하락하지만, 조세를 포함한 소비자지불가격은 상승한다.
㉣ 공급이 가격에 대해 비탄력적일수록 생산자부담은 커지고, 소비자부담은 작아진다.
㉤ 수요곡선이 수평선이어서 수요의 가격탄력성이 무한대이면 조세부과 시 소비자부담은 0이 되고, 모든 조세부담을 생산자가 지게 된다.

05

 ②

- 소비자의 예산제약식 $P_X X + P_X Y = M$에 주어진 조건을 대입하면 $2P_X + (4 \times 20) = 120$, $2P_X = 40$, $P_X = 20$이 도출된다.
- 효용극대화를 추구하는 소비자는 한계대체율과 두 재화의 상대가격이 동일한 수준에서 소비를 해야 한다. 따라서, 한계대체율은 $MRS_{XY} = \frac{P_X}{P_Y} = \frac{20}{20} = 1$이 된다.

06

 ④

㉠ a점, b점, c점은 동일한 예산선상의 점이므로 소비자에게 동일한 지출을 가져오는 점이다. a점과 b점은 동일한 무차별곡선상의 점이므로 효용이 동일하지만, c점을 지나는 무차별곡선은 a점과 b점을 지나는 무차별곡선보다 원점에서 더 멀리 떨어져 있으므로 c점의 효용이 가장 크다.
㉡ b점에서 측정한 무차별곡선곡선의 기울기가 a점에서 측정한 무차별곡선곡선의 기울기보다 더 완만하므로 Y재의 개수로 표시한 X재의 한계대체율이 b점이 a점보다 작다.
㉢ a점에서의 한계대체율이 두 재화의 상대가격보다 크므로 $\frac{MU_X}{MU_Y} > \frac{P_X}{P_Y}$, $\frac{MU_X}{P_X} > \frac{MU_Y}{P_Y}$의 관계식이 성립하므로 X재의 1원당 한계효용이 Y재의 1원당 한계효용보다 크다.
㉣ a점과 b점은 동일한 무차별곡선과 예산선상에 존재하므로 소비자의 효용과 지출액이 모두 동일하다.
㉤ b점에서 한계대체율이 두 재화의 상대가격보다 작으므로 $\frac{MU_X}{MU_Y} < \frac{P_X}{P_Y}$, $\frac{MU_X}{P_X} < \frac{MU_Y}{P_Y}$의 관계식이 성립하므로 효용을 극대화하기 위해서는 X재의 소비를 감소시키고 Y재의 소비를 증가시켜야 한다.

07

 ③

- 기대재산 : $E(M) = (0.5 \times 100) + (0.5 \times 400) = 250$
- 기대효용 : $E(U) = (0.5 \times \sqrt{100}) + (0.5 \times \sqrt{400}) = (0.5 \times 10) + (0.5 \times 20) = 15$
- 확실성등가 : 기대효용과 동일한 수준의 효용을 주는 어떤 확실한 소득수준이 확실성등가이다. $U(C_E) = \sqrt{C_E} = 15$의 식을 만족하는 C_E가 확실성등가이므로 확실성등가는 $C_E = 15^2 = 225$이다.
- 위험프리미엄(위험의 가격) : 기대재산−확실성등가 = 250−225 = 25

08

정답 ②

- 생산자균형

▷ 한계기술대체율의 식 $MRTS_{LK} = \frac{MP_L}{MP_K} = \frac{50K-2L}{50L-2K}$에서 노동투입량을 증가시키고, 자본투입량을 감소시켜감에 따라 한계기술대체율이 체감하므로 생산자균형조건을 적용할 수 있다.

▷ 생산량극대화(비용극소화) 조건 : $MRTS_{LK} = \frac{\omega}{r}$, $\frac{MP_L}{\omega} = \frac{MP_K}{r}$

▷ 등비용선식 : $\omega L + rK = 500$

- 노동의 한계생산은 $MP_L = 50K-2L$이고, 자본의 한계생산은 $MP_K = 50L-2K$이므로 이를 생산량극대화(비용극소화) 조건식에 대입하면 $\frac{50K-2L}{10} = \frac{50L-2K}{10}$의 식이 도출된다. $50K-2L = 50L-2K$, $52L = 52K$에서 $L = K$의 식이 성립한다.
- $\omega = r = 10$과 $L = K$의 식을 등비용선식 $\omega L + rK = 500$에 대입하면 $10L+10K = 500$, $20L = 500$에서 $L = 25$이다.

09

 ①

㉠ $\alpha+\beta = 1$이므로 1차 동차 생산함수로서 규모에 대한 보수 불변이다.
㉡ 각 생산요소의 지수가 1보다 작으므로 수확불변이 아닌 수확체감의 현상이 나타난다.
㉢ 생산의 자본탄력성과 자본소득분배율은 자본(K)의 지수인 0.25로 동일하다.
㉣ $\frac{\Delta Q}{Q} = (0.75\times\frac{\Delta L}{L}) + (0.25\times\frac{\Delta K}{K}) = (0.75\times8\%) + (0.25\times4\%) = 6\% + 1\% = 7\%$
㉤ 생산함수가 콥-더글라스 생산함수이면 생산요소의 가격이 변동하더라도 총비용에서 각 생산요소의 비용이 차지하는 비중은 일정하다. 위의 생산함수에서 임금이 상승하더라도 면 총비용에서 노동비용이 차지하는 비중은 0.75로 일정하다.

10

 ⑤

㉠ 평균가변비용과 한계비용과 일치하는 생산량수준에서 한계비용이 아닌 평균가변비용이 최저가 된다.
㉡ 한계비용이 증가하는 구간에서 평균비용은 감소할 수도 있고 증가할 수도 있다.
㉢ 평균비용이 생산량과 무관하게 일정하면 총비용곡선은 원점을 지나는 직선이 된다. 이때 한계비용과 평균비용은 서로 일치하면서 일정하다.
㉣ 평균비용이 한계비용보다 큰 영역 즉 한계비용이 평균비용보다 작다면 평균비용이 감소한다.
㉤ 평균고정비용곡선은 우하향의 직각쌍곡선의 형태를 보인다.

11

 ①

- 완전경쟁시장의 균형 : $Q^D = Q^S$, $300-2P = 100+0.5P$, $\frac{5}{2}P = 200$에서 시장의 균형가격은 $P_E = 80$이 된다.
- 완전경쟁시장의 개별기업은 시장에서 주어진 가격 $P_E = 80$을 그대로 받아들이는 가격수용자이므로 $P = MR = MC$의 수준에서 이윤이 극대화된다. $80 = 2Q+10$에서 개별기업의 산출량은 $Q = 35$이다.

12

 ④

- 아모로소 - 로빈슨 공식 : $MR = P(1-\frac{1}{e_P}) = 100(1-\frac{1}{4}) = 75$
- 한계비용함수 : $MC = \frac{dTC}{dQ} = 2Q+15$
- 이윤극대화 조건 $MR = MC$, $75 = 2Q+15$, $2Q = 60$에서 $Q = 30$이 도출된다.

13

 ②

㉠ 완전경쟁시장에서 개별기업은 가격수용자로서 완전경쟁시장의 균형가격을 주어진 것으로 받아들이기 때문에 개별기업이 직면하는 수요곡선은 시장의 균형가격수준에서 그은 수평선이 된다. 개별기업이 직면하는 수요곡선이 수평선이라는 것은 개별기업 입장에서 주어진 시장가격에 따라 자기제품을 얼마든지 팔 수 있음을 의미한다. 반면 독점기업이 직면하는 수요곡선은 시장수요곡선으로서 우하향하므로 판매량을 증가시키기 위해 가격을 인하해야 한다.
㉡ 독점기업이 책정하는 가격은 한계비용보다 높지만, 완전경쟁기업의 경우는 가격이 한계비용과 일치한다.
㉢ 단기에 완전경쟁기업은 가격(P)과 평균비용(AC)의 크기에 따라 초과이윤을 얻을 수 있고, 정상이윤만을 얻거나 손실을 볼 수도 있다.
㉣ 시장의 형태에 관계없이 평균수입은 가격과 동일하다.
㉤ 완전경쟁시장에서는 다수의 기업이 동질적인 재화를 생산하고, 독점시장에서는 독점기업 하나만 존재하므로 동질적인 재화를 생산한다.

14

 ③

① 독점적 경쟁기업의 장기균형에서의 '가격(=평균수입)=단기평균비용=장기평균비용'의 관계식이 성립한다.
② 단기에 독점적 경쟁기업은 가격과 평균비용의 크기에 따라 초과이윤을 얻을 수 있고, 정상이윤만을 얻거나 손실을 볼 수도 있다. 독점적 경쟁시장에는 장기에 진입장벽이 없으므로 독점적 경쟁기업은 완전경쟁기업과 마찬가지로 초과이윤을 얻지 못하고 정상이윤만 얻는다.
③④ 장단기와 장기 모두 가격은 한계비용보다 더 높으므로 자원이 비효율적으로 배분되고 있고, 사회적 후생손실이 발생한다.
⑤ 독점적 경쟁시장의 장기균형에서 $P(=AR)=SAC=LAC>MR=SMC=LMC$의 조건식이 성립한다.

15

 ①

- B사의 조건부전략 : A사가 위쪽 경로를 선택하면 B사는 위쪽 경로를 선택하고, A사가 아래쪽 경로를 선택하면 B사는 아래쪽 경로를 선택한다.
- A사의 선택 : B사의 조건부전략을 알고 있는 A사는 '가'의 전략조합을 선택하게 된다. 왜냐하면 '가'의 전략조합에서 A사의 보수는 290이고, '라'의 전략조합에서 A사의 보수는 170이기 때문이다.

16

 ⑤

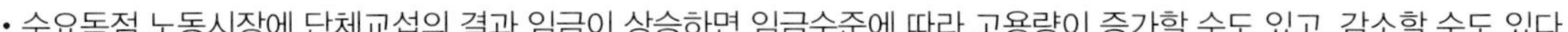

- 수요독점 노동시장에 단체교섭의 결과 임금이 상승하면 임금수준에 따라 고용량이 증가할 수도 있고, 감소할 수도 있다.
- 노동의 한계수입생산물(MRP_L)과 한계요소비용(MFC_L)이 일치하는 수준에서 임금이 결정되면 수요독점시장과 고용량은 동일하게 유지한 채 임금수준을 최대한 상승시킬 수 있다.
- 한계수입생산물과 한계요소비용이 일치하는 수준보다 약간 낮은 수준에서 임금이 결정되면 오히려 고용량이 증가한다.

17

 ③

㉠ 후생경제학의 제1정리에 의하면 모든 시장이 완전경쟁이면 파레토효율성을 만족한다는 것이다. 지문은 후생경제학의 제2정리에 해당하는 지문이다.
㉡ 생산가능곡선상의 한 점에서 소비의 파레토효율성을 만족하는 점들은 효용가능경계가 아닌 효용가능곡선이다.
㉢ 공리주의 사회후생함수는 $SW=U_A+U_B$이므로 사회무차별곡선은 우하향하는 직선이다.
㉣ 차선의 이론(theory of the second best)에 의하면 하나 이상의 효율성조건이 이미 파괴된 상태에서는 효율성조건의

수가 많아진다고 해서 사회적 후생이 더욱 커진다는 보장이 없다. 따라서 경제개혁조치를 추진할 때 부분적인 개혁보다는 전면적인 개혁에 의해 비합리적 요인들을 제거해 나가야 한다.
ⓔ 파레토원칙(Pareto principle) 이란 모든 사람이 A를 B보다 선호하면 사회도 A를 B보다 선호해야 한다는 것이다. 파레토개선이란 어떤 사람의 후생도 감소시키지 않은 상태에서 다른 사람의 후생이 증가하는 것을 의미한다. 모든 사람이 선호해야 하므로 파레토원칙을 만족하므로 파레토원칙은 만장일치제를 의미한다.

18

 ⑤

- 시장생산량 : $P = PMC$, $100-2Q = 10+Q$, $Q_E = 30$
- 최적생산량 : $P = SMC$, $100-2Q = 10+3Q$, $Q^* = 18$
- 시장생산량 $Q_E = 30$에서 $SMC = 100$이고, $PMC = 40$이므로 SMC와 PMC의 차이는 60이다. 또한 최적생산량과 시장생산량의 차이는 30－18 = 12이다.
- 사회적 후생손실 : $60 \times 12 \times \frac{1}{2} = 360$

19

 ②

- 공공재의 경우 모든 사람이 동일한 수요량에 직면해 있고, 각 수요자의 지불가격이 다르므로 시장수요곡선은 개별수요곡선의 수직적 합으로 구해진다.
- 시장수요함수 : $P_A+P_B = P = 350-5Q$
- 시장수요함수와 한계비용이 일치하는 점에서 공공재의 공급량이 결정되므로 $P = MC$, $350-5Q = 100$, $5Q = 250$에서 $Q = 50$이 도출된다.

20

 ③

① 역선택은 정보의 비대칭성으로 인하여 발생하는 현상이므로 정보정책을 통해 정보의 흐름을 촉진해야 한다. 정보정책에는 과장·허위광고 규제, 표준설정, 성능표시의 의무화, 기업 재무제표공시의 의무화, KS마크와 품 마크의 제정, 담배의 유해경고문제 등이 있다.
② 선별(screening)이란 정보를 갖지 못한 측에서 상대방의 특성을 알아내려고 노력하는 것을 말한다. 이는 역선택을 방지하기 위한 대책방안이다. 보험시장에서의 선별에는 보험회사가 암보험을 판매하면서 사전에 신체검사를 요구하는 것, 단체암보험시장을 개발하여 회사직원 모두를 강제 가입시키는 것, 탄력적인 보험요율제도를 도입하여 보험가입자들에게 건강상태에 따라 차등보험료를 적용하는 것, 자동차보험회사에서 일정한 나이 미만인 사람들에게 높은 보험료를 책정하는 것 등이 있다.
③ 자동차보험회사에서 일정한 나이 미만인 사람들에게 높은 보험료를 책정하는 것은 보험시장에서 발생하는 역선택을 방지하기 위함이다.
④ 효율성임금(efficiency wage)이란 시장의 임금수준보다 더 높은 임금으로서 기업들이 효율성임금을 지급하는 이유는 노동자의 생산성을 향상시키기 위함이다. 근무태만을 방지하기 위한 생산성임금 및 효율성임금을 지급하면 노동자들은 해고당하지 않고 계속 그 직장에 다니기 위해서 열심히 일할 것이다. 왜냐하면, 만약 열심히 일하지 않아 해고당하게 되면 다시 높은 임금을 주는 직장을 찾기가 어렵기 때문이다.
⑤ 보험시장에서의 도덕적 해이는 보험에 가입한 후 보험가입자의 행동이 바뀌어 사고가 날 확률이 높아지는 현상을 말한다. 실제로 보험가입 이후에 화재발생확률이 높은 것을 보더라도 보험시장에서의 도덕적 해이는 현실적으로 증명된다. 사고발생확률이 높아지면 전반적으로 보험료가 상승하므로 자신의 행위로부터 발생한 비용을 다른 사람에게 전가시키게 된다.

21

정답 ③

② 가계가 새로 지은 집이나 아파트를 구입하기 위해 지출한 것은 '주거용 건물에 대한 투자'로서 국민계정상 투자지출로 분류된다.
③ 작년에 생산된 재고투자는 작년의 GDP에 포함된다.
④ GDP는 일정 기간 동안에 한 국가 내에서 생산된 최종재가치의 합이지만, 부가가치의 합으로 계산될 수 있다.
⑤ GDP는 생산의 주체에 관계없이 국내에서 생산된 상품만을 포함하므로 한국의 자동차회사가 미국에서 생산하여 판매한 자동차의 가치는 한국의 GDP에 포함되지 않고 미국의 GDP에 포함된다.

22

정답 ④

• 투자승수 : $\frac{\Delta Y}{\Delta I}=\frac{1}{1-MPC(1-t)}=\frac{1}{1-0.8(1-0.25)}=\frac{1}{1-(0.8\times0.75)}=\frac{1}{1-0.6}=2.5$
• 투자승수가 2.5이므로 외생적인 투자가 100만큼 증가한다면 국민소득이 100×2.5 = 250만큼 증가한다.

23

정답 ④

• 현재소득이 항상소득 이상으로 증가하면 이는 대부분 임시소득에 해당한다. 항상소득가설에 의하면 사람들의 소비는 장기적인 평균소득인 항상소득에 의존하고 임시소득의 대부분은 소비되지 않고 저축되므로 평균소비성향이 일시적으로 작아진다.

24

정답 ③

㉣ 투자는 총수요의 구성요소로서 총수요에 영향을 미쳐 국민소득을 증가시키는 소득창출효과를 갖는다. 또한 투자는 자본축적을 통해 장기적으로 생산능력을 증가시켜 총공급을 증가시키는 생산력증대효과를 갖는다.
㉤ 투자의 한계효율은 기업의 내부수익률으로서 투자의 한계효율이 이자율보다 크면 투자가 증가하고, 투자의 한계효율이 이자율보다 작으면 투자가 감소한다.

25

정답 ②

① 법정지급준비율을 인상하면 통화승수가 작아져서 통화량이 감소한다.
② 정부의 재정적자가 증가하면 중앙은행으로부터의 정부대출이 증가하므로 통화량이 증가한다.
③ 중앙은행이 통화안정증권을 발행하면 본원통화가 감소하므로 통화량이 감소한다.
④ 중앙은행이 공채의 일부를 매각하면 본원통화가 감소하므로 통화량이 감소한다.
⑤ 고정환율제도 하에서 국제수지 흑자가 발생하면 중앙은행이 외환을 매입하게 되므로 본원통화가 증가한다.

26

정답 ④

① 화폐유통속도의 감소하면 마샬의 k가 증가하므로 화폐수요가 커진다. 민간의 화폐보유가 커지면 통화승수가 감소한다.
② 화폐수량설 $MV=PY$명목국민소득이 PY=1,000이고, 통화량이 M=500이면 화폐유통속도는 $V=\frac{PY}{M}=\frac{1,000}{500}=2$가 된다.
③ 실질화폐에 대한 수요가 실질소득에 비례한다면 화폐수요의 소득탄력성이 1로 일정하여 마샬의 k가 일정하다는 의미이다. 마샬의 k가 일정하므로 화폐의 소득유통속도도 $V=\frac{1}{k}$도 일정하다.

④ 현금보유비율이 감소하면 화폐의 유통속도는 증가한다.
⑤ 한국은행이 기준금리를 인하하면 시장이자율도 하락하여 유통속도가 감소한다.

27

 ④

① 케인즈(J. M. Keynes)의 맥을 이은 케인즈학파는 투자수요의 이자율탄력성이 아주 작기 때문에 *IS*곡선의 기울기가 가파르게 나타나고, 고전학파의 맥을 이은 통화주의학파는 투자수요의 이자율탄력성이 아주 크기 때문에 *IS*곡선의 기울기가 완만하게 나타난다.
② 케인즈학파는 화폐공급이 이자율의 증가함수라는 화폐공급의 내생성을 주장하였다. 화폐공급곡선이 우상향하게 되면 *LM*곡선의 기울기를 완만하게 한다.
③ 화폐의 소득유통속도(V)가 크다는 것은 고전학파의 화폐수요함수에서 마샬(A. Marshall)의 k가 작다는 의미와 같다. 마샬(A. Marshall)의 k가 작을수록 즉 화폐의 소득유통속도가 클수록 국민소득 증가 시 화폐수요의 증가분이 적게 되므로 균형이자율의 상승도 낮아져서 *LM*곡선의 기울기가 완만해진다.
④ 유동성함정구간에서 화폐수요의 이자율탄력성이 0이 아닌 무한대이다. 화폐수요가 이자율에 대해 완전탄력적인 유동성함정을 가정하게 되면 유동성함정구간에서 케인즈(J. M. Keynes)의 *LM*곡선은 수평선이 된다.
⑤ 정부지출과 조세를 동일한 금액만큼 변화시키면 균형재정승수(=1)에 정부지출의 증가분을 곱한 만큼 *IS*곡선이 우측으로 이동한다. *IS*곡선이 우측으로 이동하면 국민소득은 증가하고 이자율은 상승한다.

28

 ⑤

가. 화폐수요는 명목이자율의 감소함수이므로 유동성함정에서는 명목이자율이 매우 낮은 수준일 때 나타난다. 따라서, 인플레이션율이 매우 높은 상황이라면 실질이자율은 음(−)이 될 수 있으므로 실질이자율이 0이라는 보장은 없다.
나. 유동성함정에서 *LM*곡선은 수평이므로 금융정책의 효과는 없지만, 재정정책의 효과는 크게 나타난다.
다. 유동성함정에서 화폐수요의 이자율탄력성이 무한대이므로 화폐수요가 이자율에 대해 완전탄력적이다.
라. 유동성함정에서는 이자율이 매우 낮아 앞으로 이자율이 상승할 것이라고 예상하는 구간이다. 이는 채권가격이 하락할 것이라고 예상한다는 의미와 동일하다.

29

 ④

① P^e=20일 때 총공급함수는 $Y^S=P+180$이다. 총수요함수와 총공급함수를 연립하면 $-2P+300=P+180$, $3P=120$에서 $P=40$이 도출되고 이를 총수요함수와 총공급함수에 대입하면 $Y=220$이 된다.
② 장기균형에서는 실제물가와 예상물가가 일치해야 하므로 장기총공급은 $Y^S=200$이 된다. $Y^D=Y^S$의 식에서 $P=50$이 도출되어 장기에서는 $P=P^e=50$이 되어야 하므로 이 경제는 장기균형상태에 있지 않다.
③ 합리적 기대가설 하에서는 실제물가와 예상물가가 일치해야 하므로 $P=P^e=50$이 된다.
④, ⑤ 장기적으로는 예상물가가 상승하므로 단기총공급곡선이 좌측 이동하여 장기균형에 접근하게 된다.

30

 ④

- 실업률 $= \dfrac{\text{실업자}}{\text{취업자}+\text{실업자}} \times 100 = \dfrac{\text{실업자}}{70+\text{실업자}} \times 100 = 30(\%)$에서 실업자 수는 30명이 된다.
- 경제활동인구는 취업자 수 70명과 실업자 수 30명을 합한 100명이 된다.
- 경제활동참가율 $= \dfrac{\text{경제활동인구}}{\text{생산가능인구}} \times 100 = \dfrac{100}{200} \times 100 = 50(\%)$

31

 ③

㉠㉣ 예상치 못한 인플레이션이 발생하면 금융자산(현금, 예금, 공채, 어음)의 보유자는 손실을 보고 실물자산(토지, 빌딩, 주택)의 보유자는 이득을 보게 되므로 화폐소유자에게는 과세, 실물소유자에게는 보조금을 지급하는 결과를 초래한다. 따라서 화폐보다 실물을 선호하려고 경쟁하게 된다.
㉡ 메뉴비용과 구두창비용은 예상된 인플레이션 하에서 발생하는 비용이다.
㉢ 인플레이션은 화폐가치의 하락을 초래하므로 화폐의 구매력이 감소한다.
㉤ 예상치 못한 인플레이션이 발생하면 민간의 예상이 왜곡되어 실제의 물가수준(P)과 예상물가(P^e) 간의 괴리가 발생할 수 있다. 이때 $P > P^e$의 조건이 성립하여 예상치 못한 인플레이션은 단기적으로 생산을 증가시킨다. 하지만, 이것은 장기적으로 미래의 인플레이션에 대한 경제주체들의 예상을 어렵게 만들고 안정적인 생산계획을 세울 수 없게 한다.
㉥ 예상된 인플레이션 하에서는 피셔가설이 성립하므로 인플레이션율만큼 명목이자율이 상승하므로 실질이자율은 불변이 된다. 예상치 못한 인플레이션에서는 명목이자율이 불변이므로 명목이자율에서 인플레이션율을 차감한 실질이자율은 하락한다.

32

 ②

- 전기의 실제인플레이션율(π_{t-1})이 기대인플레이션율(π^e_t)과 항상 같다면 $\pi_{t-1} = \pi^e$의 식이 성립하고, 실업률이 자연실업률과 동일다면 $\pi = \pi^e$의 식이 성립한다.
- 따라서, 필립스곡선식은 0 = 12−4u_N이 되고, 이 식을 통해 자연실업률은 u_N = 3(%)가 된다.

33

 ②

- 오쿤(Okun)의 법칙에 의해 $\frac{\Delta Y/Y}{\Delta u} = -0.5$이다.
- 필립스곡선식에 의해 $\frac{\Delta \pi}{\Delta u} = -0.5$이므로 $\frac{\Delta u}{\Delta \pi} = -2$에 의해 물가상승률($\pi$)이 1%p 하락할 때 실업률($u$)이 2%p 상승한다.
- 희생률은 $\frac{\Delta Y/Y}{\Delta \pi} = \frac{\Delta u}{\Delta \pi} \times \frac{\Delta Y/Y}{\Delta u} = -2 \times (-0.5) = 1$이 된다.

34

 ④

㉠ 새케인즈학파(new Keynesian school)는 새고전학파의 '정책무력성의 명제'가 합리적 기대이론의 논리적 귀결이 아니라, 임금과 물가의 신축성을 가정한 것에 기인한다고 주장한다.
㉡ 새케인즈학파는 시장이 항상 균형상태에 있다고 주장하는 새고전학파이론에 대응하여 시장불균형이론을 구축하였고, 시장불균형의 원천은 주요 가격변수의 경직성이라고 하였다.
㉢ 새케인즈학파는 새고전학파의 합리적 기대이론을 분석의 방법론으로 수용하되, 임금과 물가의 경직성에 대한 미시경제학적 설명을 제시하는 새로운 이론체계를 구축하였다.
㉣ 새케인즈학파는 미시적인 가격이나 임금의 경직성을 유도하여 재량적인 총수요관리정책의 유효성을 증명하려고 하였지만, 케인즈학파와는 달리 자의적인 총수요관리정책에 대해서는 비판적이다.
㉤ 새케인즈학파의 가격경직성모형(sticky price model)에 의하면 비신축적 가격조정기업의 비중이 클수록 단기총공급곡선의 기울기는 완만해지고, 신축적 가격조정기업의 비중이 클수록 단기총공급곡선의 기울기는 가팔라진다. 따라서, 신축적 가격조정기업의 비중이 커서 물가의 변동성이 커지면 단기총공급곡선의 기울기는 가팔라진다.

35

정답 ②

- 1인당 생산함수 : $\frac{Y}{L} = \frac{10L^{0.5}K^{0.5}}{L^{0.5}L^{0.5}} = 10(\frac{K}{L})^{0.5}$, $y = 10k^{0.5}$
- 균형성장조건 : $\frac{sf(K)}{K} = n$, $\frac{4\times10K^{0.5}}{K^{0.5}} = 0.2$, $\frac{4}{K^{0.5}} = 0.2$, $k^{0.5} = 20$, $k^* = 400$
- 균제상태의 1인당 국민소득 : $y^* = 10\times20 = 200$

36

정답 ④

① 대표적 수요이론에 의하면 제조업 부문에서 한 나라의 비교우위는 국내수요가 상대적으로 큰 그 나라의 '대표적 수요(representative demand)'에 의해 결정되고, 대표적 수요는 그 나라의 1인당 국민소득수준에 의해 결정된다. 1인당 국민소득수준이 비슷할수록 국가 간 수요구조가 비슷해지고 각국이 대표적 수요제품을 대량 생산하면 비슷한 수요구조를 가진 외국으로 수출하게 된다. 대표적 수요이론은 산업 내 무역이론에 해당한다.

② 산업 간 무역이 이뤄지면 풍부한 생산요소는 이득을 보고 희소한 생산요소는 손해를 봄으로써 무역으로 인한 소득재분배가 발생하였다. 하지만, 산업 내 무역이 발생하면 모든 생산요소가 이득을 얻을 수 있기 때문에 소득재분배가 크지 않게 되고, 이에 따라 무역분쟁의 소지가 비교적 작게 나타날 가능성이 있다.

③ 국제 독점적 경쟁시장이론(international monopolistic competition theory)에 의하면 독점적 경쟁 하에서는 동일산업 내에서도 차별적 상품을 생산한다. 이때 국제무역으로 시장규모가 확대되면 동일산업 내에서도 해당 기업들은 규모의 경제에 따른 무역이득을 얻기 위해 더욱더 차별화된 상품생산에 특화하게 된다. 이에 따라 무역 이후 각국의 소비자들은 더 저렴한 가격으로 다양한 종류의 상품소비가 가능하게 되므로 각국의 후생수준은 증대한다. 독점적 경쟁 하에서는 헥셔–올린정리가 상정하는 산업 간 무역이 아니라 산업 내 무역이 이뤄진다.

④ 절대우위론과 비교우위론에서는 노동생산성의 차이가 무역발생의 원인이고, 헥셔–올린정리에서 비교우위의 원인은 '생산요소부존량의 차이'와 '요소집약도의 차이'에 있다고 본다. 비교우위론과 헥셔–올린정리는 산업 내 무역이 아닌 산업 간 무역에 해당한다.

⑤ 립진스키정리(Rybczynski theorem)란 재화의 상대가격이 일정할 때 생산요소의 부존량이 증가하면 그 생산요소를 집약적으로 사용하여 생산하는 재화의 생산량은 증가하고, 다른 생산요소를 집약적으로 사용하여 생산하는 재화의 생산량은 감소한다는 것이다. 립진스키정리는 자본축적에 따른 생산 및 무역패턴의 변화를 예측해 주는 이론이다.

37

정답 ③

① 교역조건(terms of trade)이란 수출상품 한 단위와 교환되는 수입상품의 수량으로서 수입상품의 개수로 표시한 수출상품 한 단위의 교환가치를 의미한다.

② 환율이 인상되면 수출상품의 국제가격이 하락하므로 교역조건이 악화된다. 이때 원화표시 수입품가격은 상승하지만 수입품의 국제가격은 불변이므로 수입품가격에 의해 교역조건이 개선된 것은 아니다.

③ 교역조건이 개선된다고 하여 경상수지가 개선되는 것은 아니다. 일반적으로 환율이 하락하면 수출품의 국제가격(달러표시)이 상승하여 교역조건이 개선되지만, 수출이 감소하고 수입이 증가하므로 경상수지는 악화된다.

⑤ 경제성장 시 소국은 교역조건이 불변이지만, 대국은 수출품의 국제가격 하락으로 교역조건이 악화된다. 따라서 후생측면에서 소국이 더 유리하다.

38

정답 ④

• 수입수량할당제를 실시하면 국내시장에서 초과수요가 발생하므로 국내가격이 상승한다.
① 국내가격이 상승하면 국내소비량이 감소하므로 소비자잉여가 감소한다.
② 국내가격이 상승하면 국내생산량이 증가하므로 생산자잉여가 증가한다.
③ 수입수량할당제 실시하면 후생손실이 발생한다.
④ 수입수량할당제 실시 후 수입량이 감소하면 경상수지가 개선되고 이는 외환시장의 초과공급을 가져와 원/달러 환율을 하락시킬 것이다.
⑤ 수입수량할당제 실시 후 국내가격이 상승하므로 수입업자는 더 높은 가격에 판매하면서 이윤이 증가한다.

39

 ②

① 명목환율이 상승할 때 경상수지가 개선된다는 것은 국내물가와 외국물가가 고정되어 있다는 가정 하에 성립하는 조건이다. 경상수지의 개선 여부는 실질환율의 증감 여부로 판단해야 한다. 실질환율(real exchange rate)이란 두 나라의 물가를 감안하여 조정한 환율로서 한 나라의 상품이 다른 나라의 상품과 교환되는 비율을 말한다. 실질환율이 상승하면 우리나라 상품이 외국상품보다 상대적으로 싸진다는 것을 뜻하기 때문에 우리나라 수출은 증가하고 수입은 감소하여 경상수지가 개선된다. 반면 실질환율이 하락하면 그 반대현상이 나타난다.
② 명목환율을 e, 외국물가수준을 P_f, 국내물가수준을 P라고 정의할 때 실질환율은 $q = \frac{e \times P_f}{P}$이다. 실질환율의 분자 $e \times P_f$는 외국의 제품을 자국의 화폐로 표시한 가격이고, 분모 P는 자국제품의 가격이므로 실질환율은 외국산 제품 한 단위와 국내산 제품이 교환되는 비율을 의미한다. 따라서 실질환율이 상승하면 우리나라 상품이 외국상품보다 상대적으로 싸진다는 것을 뜻한다.
③ 구매력평가설은 '국제적 1물 1가의 법칙'에 그 이론적 바탕을 두고 있다. 만약 국제무역에서 수송비나 거래수수료, 정보획득비용, 보호무역장벽 등 일체의 거래비용이 없다고 가정하면 통화 1단위의 실질가치 즉 구매력이 모든 나라에서 동일해야 한다는 것이다. 구매력평가설은 자유무역주의 사상을 반영하고 있으므로 양국의 시장이 완전경쟁시장이고 수송비가 없을 때 두 나라 사이에 자유무역이 이뤄지면서 구매력평가설이 성립하는 것이다. 구매력평가설은 국제적인 일물일가의 법칙을 전제로 하고 있지만, 수송비용과 정부의 무역제한조치들은 국가 간의 재화이동에 비용을 발생시키고 이에 따라 이 이론의 기초가 되는 일물일가의 법칙의 성립을 약화시킨다.
④ 실질환율 $q = \frac{e \times P_f}{P}$를 변화율로 나타내면 $\frac{\Delta q}{q} = \frac{\Delta e}{e} + \frac{\Delta P_f}{P_f} - \frac{\Delta P}{P}$이다. 국내물가상승률이 $\frac{\Delta P}{P}$ = 0, 명목환율의 변화율이 $\frac{\Delta e}{e}$ = 5(%), 외국물가상승률이 $\frac{\Delta P_f}{P_f}$ = −5(%)이면 실질환율의 변화율은 $\frac{\Delta q}{q} = \frac{\Delta e}{e} + \frac{\Delta P_f}{P_f} - \frac{\Delta P}{P}$ = 5%−5%−0% = 0%이다. 따라서, 실질환율은 불변이다.
⑤ 무역상대국의 경기호황→무역상대국의 수입 증가→자국의 수출 증가→외환의 공급 증가→환율 하락(자국 화폐가치의 상승)

정답 ③

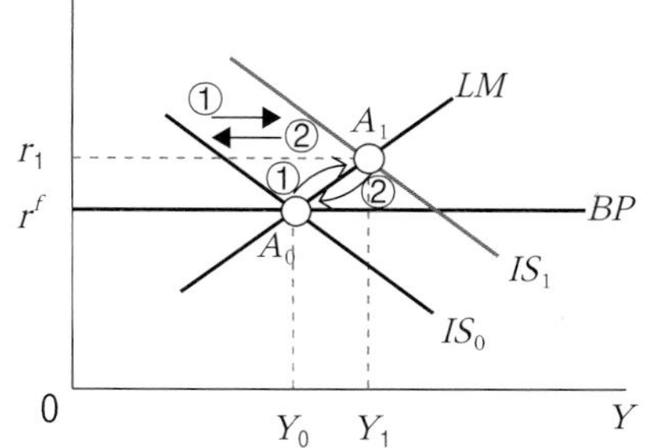

①②④ 최초의 균형점 $A_0(Y_0, r_0)$→정부지출 증가→IS곡선 우측 이동(IS_0→IS_1)→A_1점→국내금리〉국제금리→해외자본 유입(자본수지 흑자)→환율하락(국내 통화가치 평가절상)→경상수지 악화→IS곡선 좌측 이동(IS_1→IS_0)

- 변동환율제도를 채택하고 있는 소국-개방경제에서 확대재정정책을 실시하면 국민소득과 이자율은 최초의 수준으로 복귀하므로 재정정책은 무력하다. (자본수지 흑자, 경상수지 적자)

③ 재정지출을 증가시켰으므로 재정적자가 발생하여 정부저축이 감소하였다. 정부저축의 감소로 처음에는 이자율이 상승하지만, 이자율은 최초의 수준으로 복귀하므로 이자율은 불변이다.

⑤ 자본수지 흑자와 경상수지 적자를 통해 최종적으로 국제수지는 균형이 된다.

2025 공인노무사
5개년 1차 기출문제 (모의문제 포함)

초 판 발 행 2021년 02월 08일
전면개정2판발행 2021년 12월 20일
전면개정판발행 2022년 12월 21일
전면개정판발행 2024년 11월 01일

편저자와 협의하여 인지는 생략합니다.

공 편 저 임재진 김광수 이지영 김병석 신경수
발 행 인 정 상 훈
디 자 인 신 아 름
발 행 처 고시계사

서울특별시 관악구 봉천로 472
코업레지던스 B1층 102호 고시계사

대 표 817-2400 팩 스 817-8998
考試界 · 고시계사 · 미디어북 817-0418 ~ 9
www.gosi-law.com
E-mail : goshigye@gmail.com

정가 30,000원 ISBN 978-89-5822-649-9 13360